세계최고의 MLB 가이드북

메이저리그 스카우팅 리포트 2017

박노준 | 장원구 | 강준막 | 이희영

지음

북카라반
CARAVAN

2017 MLB SCOUTING REPORT

004　COLUMN 1
KOREAN MAJOR LEAGUERS

022　COLUMN 2
2017 대기록이 눈앞에

030　COLUMN 3
코리 시거의 위대한 도전

040　COLUMN 4
시간 단축이냐, 전통이냐. 그것이 문제로다

044　스카우팅 리포트 보는 법

CONTENTS

048   AMERICAN LEAGUE

050   EAST
052   BALTIMORE ORIOLES
068   BOSTON RED SOX
084   NEW YORK YANKEES
100   TAMPA BAY RAYS
116   TORONTO BLUE JAYS

132   CENTRAL
134   CHICAGO WHITE SOX
150   CLEVELAND INDIANS
166   DETROIT TIGERS
182   KANSAS CITY ROYALS
198   MINNESOTA TWINS

214   WEST
216   HOUSTON ASTROS
232   LOS ANGELES ANGELS
248   OAKLAND ATHLETICS
264   SEATTLE MARINERS
280   TEXAS RANGERS

296   NATIONAL LEAGUE

298   EAST
300   ATLANTA BRAVES
316   MIAMI MARLINS
332   NEW YORK METS
348   PHILADELPHIA PHILLIES
364   WASHINGTON NATIONALS

380   CENTRAL
382   CHICAGO CUBS
398   CINCINNATI REDS
414   MILWAUKEE BREWERS
430   PITTSBURGH PIRATES
446   SAINT LOUIS CARDINALS

462   WEST
464   ARIZONA DIAMONDBACKS
480   COLORADO ROCKIES
496   LOS ANGELES DODGERS
512   SAN DIEGO PADRES
528   SAN FRANCISCO GIANTS

지난 시즌은 코리안 메이저리거의 활약에 일희일비했다. 그중 오승환, 김현수, 강정호는 성공적인 한 해를 보낸 반면 추신수, 박병호, 이대호, 류현진은 존재감마저 사라질 위기에 봉착했다. 2017시즌에는 이대호가 국내무대에 복귀하고 황재균 선수가 샌프란시스코에 둥지를 틀었다. 특히 황재균 선수는 시범경기에서 뛰어난 활약으로 동료와 코치가 뽑는 올해의 스프링캠프 신인상인 '2017 바니 뉴전트 어워드' 수상자로 선정되어 25인 로스터 잔류에 희망을 갖게 했다. 류현진

KOREAN MAJOR LEAGUERS

은 시범경기에서 전성기의 모습을 찾아가며 부상의 염려도 불식시켰다. 그러나 강정호 선수는 3번의 음주운전으로 미국 비자 발급이 거절되는 상황에 봉착하며 올 시즌을 통째로 날릴 위기에 처해 있다. 올 시즌은 그 어느 해보다 코리안 메이저리거의 대활약이 기대된다. 추신수와 김현수, 오승환, 박병호, 류현진의 부활 등 그 어느 해보다도 풍성한 눈요기를 제공해줄 것이다.

파이널 보스는
살아 있다

오 승 환

2006년 3월 13일 제1회 WBC 월드베이스볼 클래식이 열리고 있던 LA 에인절 스타디움에서 한국과 미국은 제2라운드 예선을 치르고 있었다. 7:3으로 앞서고 있던 한국은 9회초 미국의 마지막 공격에 마무리 오승환을 내보냈다. 약관 23세의 어린선수는 거침없는 투구로 1회를 완벽하게 막아냈다. 당시 오승환과 대결했던 뉴욕 양키스의 4번타자 마크 텍세이라는 "그의 공은 마치 시속 160km/h의 강속구 같았다. 저렇게 막강한 선수가 메이저리그에서 뛰지 않는다는 사실이 의아할 따름이다"라고 말했다. 오승환은 당시 삼성 라이온즈 소속으로 선동렬 투수코치의 조련을 받으며 성장하는 중이었다. 그는 9년간 KBO리그에서 통산 277SV와 18 블론 세이브, 방어율 .169를 기록했다. 그리고 2014년 일본으로 건너가 한신 타이거즈에서 2년간 활약하면서 80SV, 방어율 .202를 기록했다.

드디어 2016년 꿈에 그리던 메이저리그에 입성해 세인트루이스 카디널스와 2년간 500만 달러에 계약을 하였다. 그의 2016 시즌은 대단히 성공적인 한 해였다. 사실 오승환의 공의 위력이 메이저리그에서 통할 수 있을까 반신반의했다. 전성기에 비해 3~4km/h 떨어진 직구 구속과 결정구의 부재 등 성공을 장담할 수 없었다. 그러나 그에게 찾아온 행운은 "남의 불행은 나의 행복"이라는 못된 말이 있듯이 그는 세인트루이스의 특급 마무리 트래버 로젠탈의 부진으로 팀의 마무리를 맡으면서 그의 진가를 발휘했다.

76경기에 출전하여 6승3패 14홀드 19세이브 평균자책점 1.92. 준수한 성적을 남겼으며, 세이브 기회 23번 중 블론세이브는 4차례만 기록을 했고 성공률은 0.826에 달했다. 성공적인 첫 시즌을 마감한 오승환의 성공 비결은, 시즌 초 리그 평균 이하의 직구 구속(4월 첫째 주 오승환의 평균 직구 구속은 148km/h)에도 불구하고 직구에 속수무책이었던 이유는 엄청난 회전력이 있었기 때문이었다. 오승환 직구는 2,292rpm으로 리그 평균 이상의 회전력 (MLB 평균 회전력 - 2,241rpm)을 기록하며, 평범한 구속의 공을 전혀 평범하지 않게 만들었다. 이번 시즌 오승환의 직구보다 더욱 강렬한 인상을 보여준 것은 슬라이더였다. 오승환의 슬라이더는 오랫동안 그의 세컨드 피치였지만, 그의 묵직한 직구에 가려져 빛을 보지 못하고 있었다. 하지만 메이저에서 오승환은 일본 프로야구 시절 70%에 달하는 직구 비중을 대폭 줄이고(69% → 60.6%) 줄어든 비율을 슬라이더로 채워 넣었다(20% → 31.3%). 결과는 성공적이었다. 오승환의 슬라이더는 직구만큼의 삼진을 잡아내며 효자 노릇을 해줬다(직구 51탈삼진, 슬라이더 47탈삼진). 피안타율은 0.167(직구 피안타율 0.205)을 기록했다. 이는 포스트시즌에서 최고의 활약을 보여준 MLB 최상의 슬라이더를 던지는 앤드루 밀러와 비슷한 수치였다(밀러의 슬라이더 피안타율 0.166). 각종 매체들은 오승환을 칭찬하기에 바빴다. 그리고 디셉션(공을 숨기는 행위) 동작이 뛰어나 타자들이 애를 먹기 때문이다. 미국 스포츠 전문매체 ESPN은 2016년 활약한 구원 투수 10명을 뽑으면서 오승환을 9위에 올려놓았다. 이 매체는 "오승환은 지난해 연봉 대비 최고의 효율을 보인 선수다. 연봉 250만 달러 이상의 효과를 봤다"라고 설명했다. ESPN은 "오승환보다 많은 이닝을 던진 구원 투수는 6명뿐이다. 부담 속에서도 오승환은 108탈삼진, 볼넷 18개를 기록했다"라며 "마무리 트레버 로젠탈의 자리를 시즌 중 이어받아 19세이브를 올렸다"라고 강조했다. 또 "오승환은 헛스윙률 18%를 기록했다. 타자들이 오승환의 슬라이더를 대처하느라 고전했다"라고 설명했다. 또한 베이스볼 아메리카는 오승환을 알레디미즈 디아즈와 함께 올 시즌 주목할 만한 세인트루이스 신인으로 선정했다. 그러면서 "한국에서 온 오승환이 올 시즌 '끝판왕(Final Boss)'이라는 별명에 부응했다. 후반기 완전한 팀의 마무리투수로 자리잡으며 22번의 세이브 기회 중 19번을 살렸다"라고 칭찬했다. 그러나 오승환은 이런 칭찬에 귀 기울여서는 안 된다. 2017시즌은 그에게 위기이자 기회인 해다. 이제 같은 지구의 팀들은 말할 것도 없고, 타 팀들도 오승환에 대한 집중적인 분석 작업에 들어가 쉽지 않을 한 해가 될 것이다. 이를 타개하기 위해서는 제구력의 향상과 체인지업을 실전에 사용할 수 있도록 스프링캠프에서 부단한 노력이 필요하다. 지금 메이저리그는 마무리 투수가 금값이 되었다. 성공적인 FA를 위해서라도 끝판왕의 진면목을 다시 한 번 보여주기를 바란다.

타격기계
플래툰 시스템을
극복한다

김 현 수

바야흐로 때는 개막을 일주일 앞두고 시범경기가 막바지를 향해 달려가고 있었다. 덕아웃 한쪽 구석에서 멍 때리는 한 선수가 있었다. 김현수였다. 결혼도 일찌감치 하면서 청운의 꿈을 안고 메이저리그에 입성했으나 시범경기 성적은 45타석 8안타 타율 0.178을 기록하였다. 도저히 스스로에게도 용납되지 않는 성적이었다. 한때 국내에서는 타격기계로 불리며 KBO리그 한 시대를 풍미했던 그가 자존심이 상할 수밖에 없었다.

볼티모어 수뇌부는 그를 마이너리그로 보내 적응력을 키우게 할 작정이었다. 그러나 김현수는 거부권을 행사하였다. 추신수는 볼티모어 코치진의 결정에 맹비난을 퍼부었다. "시범경기에서 부진했다고 마이너리그로 보내는 일은 있을 수 없는 일이라고 했다." 이대호는 전화통화로 "고마 쎄려뿌려라(한 방 날려라)"며 김현수를 위로하였다. 2016년 4월 5일 볼티모어 홈구장 캠든 야즈 개막식 행사에서 김현수가 호명되자 홈팬들은 야유를 퍼부었다. 그러나 김현수는 의연했다. "어디 두고 보자"라며 다짐을 하였다. 그는 개막전부터 벤치신세를 면치 못하면서 경쟁자인 신인 조이 리카드의 활약(4타수 2안타 1득점)을 지켜봐야 했다. 그는 4월 11일 개막일로부터 일주일 후 템파베이와의 홈경기에서 3타수 2안타 1득점으로 눈도장을 찍었다. 빅 쇼월터 감독의 철저한 플래툰 시스템에 의해 우투수 선발 시 꾸준히 출장기회를 늘려나갔다. 경쟁자 조이 리카드는 7월에 부상을 당하면서 시즌타율 0.268로 시즌을 마감했다.

김현수는 4월 한 달간 15타수 9안타 타율 6할을 기록하며 코치진의 신뢰를 받으면서 시즌을 마감하였다. 2016시즌 성적은 95경기 346타석 92안타 6홈런 22타점과 .302/.382/.420(타율, 출루율, 장타율)을 기록하였다. 또한 9월 29일 김현수(28, 볼티모어 오리올스)가 9회말 대타로 나와 역전 투런포를 터트렸던 경기가 올해 최고의 경기 중 하나로 선정됐다. 당시 김현수는 팀이 1대 2로 뒤진 9회초 1사 2루에서 대타로 나섰다. 그는 마무리 로베르토 오수나의 96마일 패스트볼을 받아쳐 우측 담장을 훌쩍 넘겼다. 이로써 3대 2 승리를 거둔 볼티모어는 와일드카드 순위 2위를 지켜 포스트시즌(와일드카드)에 진출하였다. MLB닷컴은 "지구 라이벌을 상대로 한 드라마틱한 막판 역전승이었다"며 "김현수가 오수나를 상대로 역전 2점 홈런을 쳐내 팀의 리드를 가져왔다. 이어 마무리 잭 브리튼이 완벽한 투구로 시즌 47번째 세이브를 따냈다"라고 설명했다.

또한 통계전문사이트인 팬그래프닷컴은 아메리칸리그 좌익수들의 컨택 순위를 매겼는데 김현수는 1위에 올랐다. 팬그래프닷컴은 타율이 아닌 땅볼과 뜬공, 라인드라이브 타구의 평균 속도와 비율, 삼진율과 볼넷율, 조정득점생산력(wRC+), 타구 방향 등을 고려해 조정된 수치의 컨택 능력을 산출했다. 김현수는 이 수치에서 124를 기록해 아메리칸리그 좌익수 중 가장 뛰어난 컨택 능력을 인정받았다. 2위는 119를 기록한 저스틴 업튼(디트로이트 타이거즈)이었고, 3위는 106의 알렉스 고든(캔자스

시티 로열스)이었다. 아오키 노리치카는 78에 그쳤고, 월드시리즈 7차전에서 아롤디스 채프먼을 상대로 홈런을 때려낸 라자이 데이비스는 71에 불과했다. 팬그래프닷컴은 "볼티모어는 스프링캠프에서 부진한 김현수에게 많은 기회를 주지 않았다"며 "조이 리카드가 시즌 초반 주전 좌익수로 기용됐지만 막판에는 김현수가 출전 시간을 늘렸다. 김현수는 플래툰 선수로서 매우 생산적이었고 라인업 위에 위치할 수 있는 활약을 했다"라고 호평했다. 또한 MASN은 "김현수는 비록 도루 능력이 뛰어나지는 않지만, 타석에서 끈질기고 출루율도 괜찮다"라며 2017시즌 리드오프 역할을 맡을 가능성을 언급했다. 아울러 김현수의 '클러치 히터(득점 기회에서 안타를 치는 타자)'로서 능력도 치켜세웠다. 특히 "2아웃 이후 득점권에선 22타수 8안타 7타점을 올렸다"라고 전했다. 또한 약점도 지적했는데 좌익수로서의 수비도 조금은 보완할 필요가 있다고 전했다.

그러나 볼티모어는 선발투수 요바니 가야르도를 내주고 외야수 세스 스미스를 받는 트레이드를 했다. 스미스의 포지션은 외야수다. 주로 우익수를 보지만 좌익수나 1루수로 나설 때도 있다. 지난 시즌 시애틀에서 137경기에 나와 타율 0.249(378타수 94안타), 16홈런, 63타점, 62득점을 기록했다. 볼티모어는 김현수 영입 당시 출루율을 높이 샀는데 스미스는 지난 시즌 출루율 0.342(김현수 0.382)를 기록했다. 좌타 외야수인 김현수와 경쟁이 불가피할 것으로 보인다. 그러나 김현수는 경쟁에서 이겨낼 능력을 갖춘 선수다. 사실 김현수는 잡초 같은 선수다. KBO리그에서조차 계약금은 고사하고 신고 선수로 어렵게 두산 베어즈에 입단하여 눈물 젖은 빵을 먹으며 자신의 신화를 써내려갔다. 2008년 베이징 올림픽 때 국민타자 이승엽이 연일 방망이가 죽 쑤고 있었다. 이 때 이승엽이 김현수의 놀라운 타격능력을 진심으로 존경하고 현재 자기의 문제점을 자문받고 결정적인 홈런을 쳐낸 일화는 유명하다.

2017시즌은 김현수에게 중요한 한 해가 될 것이다. "대박이냐 쪽박이냐" 올해 계약이 만료되기 때문이다. 성공적인 한 해를 보낸다면 연봉이 최소 500~1,000만 달러가 예상되나 반대의 경우 KBO리그로 컴백할 수도 있기 때문이다. 플래툰의 적용을 받다보니 2016시즌에 좌타자를 상대로 18타수 무안타를 기록했다. 그러나 김현수는 국내리그에서 좌타자(.329)와 우타자(.330)를 상대로 편차 없는 성적을 올렸다. 이는 특별하게 좌타자에 약점이 없고 다만 좌타자에 대한 출장 기회가 부족했기 때문이다. 그러나 빅리그에서는 기다려주지 않는다. 좌타자 상대로 기회가 왔을 때 성과를 보여주어야 한다. 그리고 적극적인 타격을 주문하고 싶다. 타율은 떨어질 수 있으나 상대적으로 20홈런이 가능하기 때문이다. 2017시즌 김현수는 대체적으로 맑다고 할 수 있다. 진정한 타격기계의 면모를 보여주길 바란다.

킹캉은 허무하게
죽음을 맞이한
킹콩의 전철을
밟을 것인가?

강 정 호

2016시즌은 킹캉 강정호에게는 다사다난한 한 해였다. 2015년 9월 18일 시카고 컵스와의 대결에서 크리스 코글란의 2루 슬라이딩 쇄도로 왼쪽 무릎에 부상을 당하면서 팀의 포스트시즌 진출에도 불구하고 벤치에서 바라만 봐야 했다. 그리고 오랜 재활 끝에 232일 만에 복귀하여 세인트루이스 카디널스전에서 2개의 홈런을 기록하며 그의 존재감을 알렸다. 클린트 허들 감독의 철저한 배려 속에 이틀간 경기에 임하고 하루 휴식의 스케줄을 소화하면서 그는 무사히 2016시즌을 마감하였다. 그의 2016시즌 성적을 살펴보면 .255/.354/.513(타율/출루율/장타율) 홈런 21, 62타점을 기록하였다. 성공적인 한 해를 보냈다. 'MLB.com'은 2016년을 결산하는 의미에서 스탯캐스트를 인용, 2016시즌 메이저리그에서 나온 홈런 중 가장 빠른 공을 쳐서 넘긴 10개의 홈런을 선정했는데 강정호가 지난 9월 8일 세인트루이스 카디널스와의 홈경기에서 상대 선발 알렉스 레예스의 99.3마일 강속구를 홈런으로 만들며 이 부문 8위에 올랐다.

그는 빠른 볼에는 강점을 가진 선수다. 크지 않은 체격에도 불구하고 풀스윙으로 다이나믹한 배팅을 한다. 그러나 바깥쪽으로 흐르는 볼에 대해 약점을 가지고 있으며, 특히 오른손타자임에도 불구하고 왼손투수에게 약점을 보이고 있다. 그는 왼손투수에게 홈런(3개), 타율(.209)를 기록했다. 그리고 득점 찬스에서 .225리를 기록하였으나 팀이 동점 상황이거나 1점차 박빙의 승부처에서는 .436을 기록하여 나름대로 찬스에 강한 면모를 보여주었다. 그러나 그는 불리한 볼카운트에서 삼진을 잘 당한다. 적극적인 배팅은 바람직하지만 볼카운트에 따라 상황에 맞는 배팅이 요구된다.

강정호는 이제 피츠버그의 3루를 책임지는 핵심 선수로 부상했다. 강정호로 인해 많은 한국 선수들과 NC 다이노스 출신의 에릭 테임즈 또한 메이저리그에 도전할 기회를 잡은 것도 주지의 사실이다. 그러나 프로야구 선수는 실력 못지않게 경기장 밖의 생활도 매우 중요하다. 지난 7월에 불거진 강정호 성추문 사건은 많은 팬들에게 극도의 실망감을 안겨주었다. 그것도 부족하여 음주운전으로 인해 WBC 참가마저 무산되어 팀과 본인에게 큰 피해를 안겨주었다. 같은 팀 동료인 프리즈는 피츠버그 지역지 〈피츠버그 포스트 가젯〉과의 인터뷰에서 "강정호가 음주운전을 시도, 도주하는 장면을 영상으로 접했다. 강정호의 음주운전 적발이 이번이 3번째라는 사실도 알게 됐다"면서 "(선수에게는) 경기장 밖에서의 삶이 경기장 안에서 쌓는 경력보다 더 중요하다. 그것을 최우선으로 해야 한다"라고 따끔하게 충고했다. 그는 앞으로 메이저리그 사무국으로 어떤 징계를 받을지 알 수 없지만 현재 스프링캠프 참여문제도 확신할 수 없는 상태다. 그리고 성추문사건 또한 현재에도 진행형이다. 신시내티 레즈의 '타격의 신'이라 불리었던 피트 로즈는 도박추문으로 영원히 명예의 전당 입성을 박탈당했다. 결국 경기장 밖의 사생활이 중요하다는 것은 아무리 강조해도 지나침이 없는 것이다. 강정호는 대오각성하여 실력 이전에 인성을 갖추는 것이 급선무다. 2017년에는 실력과 인성을 갖춘 선수로 거듭나기를 바란다.

추락하는 것은
날개가 없다.

실패를 맛본
코리안리거들
다시 비상할 수 있을까?

박병호
추신수
류현진
황재균

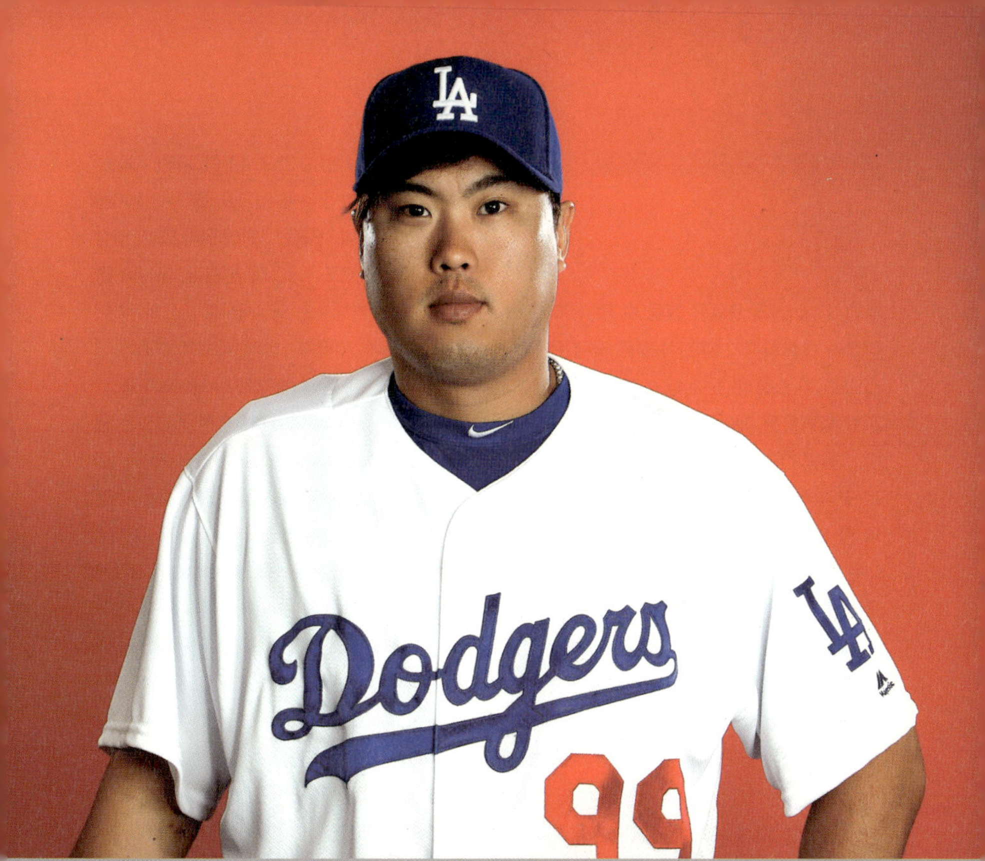
LA
Dodgers
99
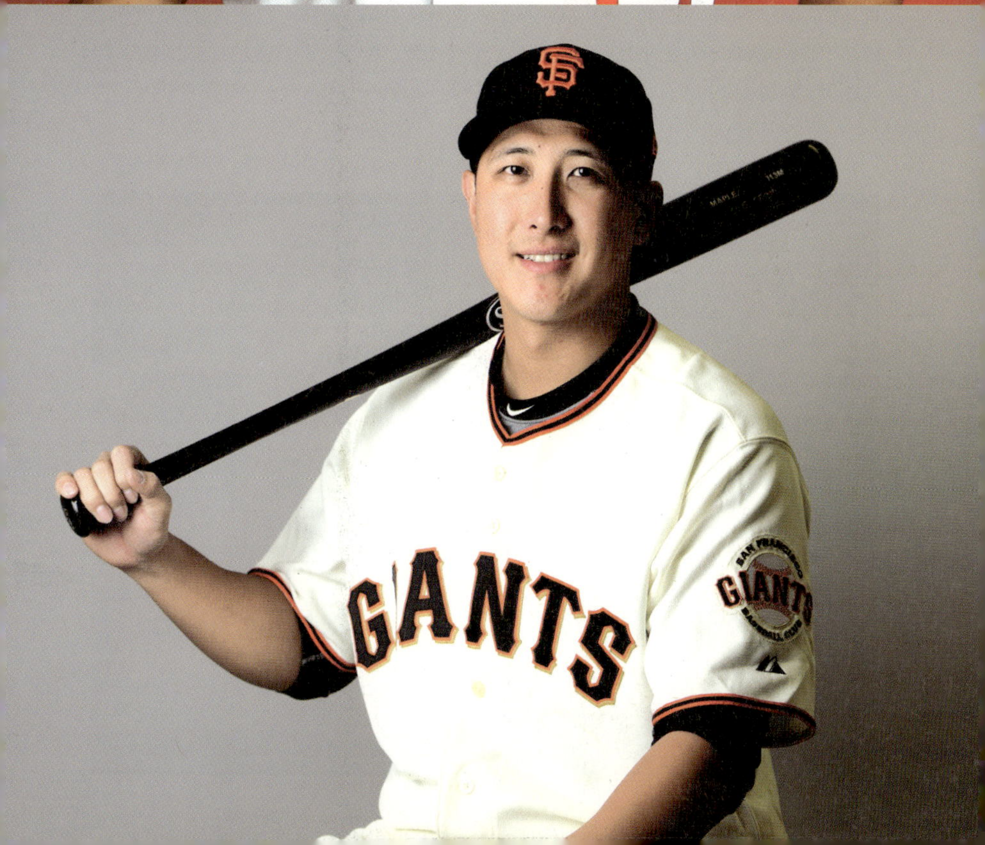
SF
GIANTS

박뱅, 더 이상의 모욕은 참을 수 없다. 메이저리그를 초토화시키겠다. 수많은 국내 팬들의 스포트라이트를 한 몸에 받고 메이저리그에 도전한 박병호는 메이저리그의 높은 벽을 절감한 쓰라린 한 해였다. 그는 미겔 사노를 우익수로 밀어내고 개막전 지명타자로 나서 시즌 개막 한 달 타율 .227에 그쳤지만 6홈런으로 장타율 .561을 기록했다. 특히, wRC+ 수치(조정 득점 생산력) 119로 평균보다 약 19% 더 영향가 있는 타자라는 점을 증명했다. 특히, 2016년 4월 17일 경기에서 터뜨린 홈런은 박병호의 파워를 알리기에 충분했다. 박병호의 홈런 타구는 미네소타 홈구장 타깃 필드의 가운데 담장 상단 지점이었다. 이 지점까지 타구를 날려 보낸 선수는 미겔 카브레라 이후 처음이었다. 박병호가 부진에 빠진 계그러나 2017시즌 시범경기에서 희망의 찬가를 부르고 있다. 박병호는 3월 24일까지 시범경기 15경기에서 39타수 14안타, 타율 0.359, 4홈런 9타점 5볼넷, 출루율 0.422, 장타율 0.718, OPS 1.140을 기록 중이다. 팀 내 홈런 1위에 올라 있고, 타점도 2위다. OPS도 1.000이 넘는다. 지난해 정규시즌에서 박병호는 95마일(약 152.9km) 이상의 속구에 20타수 1안타, 타율 0.050에 그쳤다. 그러나 이번 시범경기에서는 96마일(약 154.5km)짜리 속구를 때려 홈런을 만드는 등 달라진 모습을 보이고 있다. MLB.com은 "90마일 중반의 속구에 대한 박병호의 대응이 현저히 좋아졌다"라고 짚었다. 그게 끝이 아니었다. 3할을 훌쩍 넘는 타율을 기록하면서 타격의 정확도도 높였다. 여기에 5볼넷-11삼진으로 지난해 1볼넷-17삼진과 비교해 확연히 좋은 눈 야구를 보이고 있다. 결국 그동안 와신상담한 노력이 빛을 발하고 있는 것이다. 이처럼 박병호가 좋은 모습을 보이면서 빅리그 재진입도 가시권에 들어왔다. 경쟁자 케니 바르가스를 압도하고 있다. 바르가스는 시범경기 6경기에서 13타수 1안타, 타율 0.077에 그쳤다. 박병호는 계약기간이 3년이나 남았음에도 40인 로스터에서 제외되는 수모를 겪었다. 그리

고 이것이 박병호를 더 단단하게 만들었다. 이제 2017시즌에 그가 가지고 있는 모든 역량을 발휘해야 한다. 빅리그는 기회를 마냥 베풀지 않는다. 마지막이라는 절박한 심정으로 최선을 다하길 기대한다.

추신수는 박찬호에 이어 코리안 메이저리거로서 성공한 선수다. 2005년도에 메이저리그에 데뷔하여 15시즌 동안 4310타석에서 1206개의 안타, 146홈런 통산타율 .280을 기록하고 있다. 그는 2013시즌 신시내티 레즈에서 맹활약하여 2014년 텍사스와 7년간 1억 4,752만 1,800달러(약 1788억 원)에 계약하였다. 텍사스에서의 2014시즌은 부상으로 인해 박찬호에 이어 먹튀 선수라는 오명을 뒤집어썼다. 2015시즌에는 부상에서도 불구하고 나름대로 역할을 했으나 2016시즌 또한 부상으로 제대로 경기에 뛸 수조차 없었다. '건강한' 추신수에 대한 구단의 기대는 크다. 다만 2016년 네 차례나 부상자 명단에 오른 추신수의 몸 상태에 대한 평가엔 늘 의문부호가 따라붙는다. 미 스포츠매체 〈팬사이디드〉는 2017년 1월 5일 '2017년 추신수에게 기대할 것'이라는 제목의

기사를 통해 추신수의 다음 시즌을 예측했다. 해당 매체는 "추신수가 여전히 훌륭한 성적을 거둘 수 있다고 믿는다. 다만 그가 얼마나 건강할지가 관건이다"라고 분석했다. 또한 이 매체는 다음과 같이 말했다.

"우리는 추신수의 2015시즌 초반이 어땠는지 기억한다. 2015시즌 4월 추신수는 타율 .095에 그쳤으며 좌우를 가리지 않고 연거푸 삼진을 당하기 일쑤였다. 하지만 7월 22일 추신수는 텍사스의 역대 9번째 사이클링 히트를 때려낸 선수가 됐으며 한국 최초로 대기록을 달성하는 영광을 누렸다"라며 추신수가 후반기 타율 .343 OPS 1.016을 기록하며 반등을 이뤄냈다는 것을 강조했다.

1961년 창단한 미국 프로야구 텍사스 레인저스는 아직 월드시리즈 우승이 없다. 2016년까지 최근 7시즌 동안 4차례나 지구 우승을 차지할 정도로 강팀으로 자리를 잡았지만, 월드시리즈 우승의 과업은 완수하지 못했다. 그리고 다가오는 2017시즌 텍사스는 다시 한 번 월드시리즈 우승에 도전한다. 우승을 하기 위해서는 추신수의 활약이 절실하다. 팀의 노장 아드리안 벨트레는 그의 능력 모든 것을 꾸준하게

보어주었다. 두 노장이 합심히여 팀의 우승을 이끌어야 한다. 부상 없는 추신수의 활약이 몹시도 그립다.

괴물은 부활할 것인가, 사라질 것인가 그것이 문제로다. 류현진은 2013년과 2014년 다저스의 3선발로 활약하며 포스트시즌까지 활약을 이어갔지만 2015년 왼쪽 어깨 수술을 받으며 긴 터널에 들어갔다. 재활을 마친 지난해 메이저리그 마운드에 복귀하는 데 성공한 류현진은 불과 1경기 만에 팔꿈치 부상이 찾아왔고, 팔꿈치 괴사조직을 제거하는 수술을 받고 2016시즌을 마감했다. 2016시즌 다저스는 NL 챔피언 시리즈 시카고 컵스와의 대결에서 류현진의 공백을 철저하게 맛본 한 해였다. 그레인키가 떠나고 커쇼 외에는 믿을 만한 투수가 없었던 것이다. 큰 경기에 강한 류현진의 공백이 사무치게 그리웠다. 포스트시즌에서의 성적은 3게임에 선발 출장하여 16이닝 동안 방어율 2.81, 1승을 올렸다. 현재 LA 다저스는 선발투수가 차고도 넘친다. 제1선발 클래이튼 커쇼를 선두로 리치 힐, 마에다 겐타, 남은 4, 5선발은 치열하기 그지없다. 브랜든 맥카시, 스캇 카즈미어, 알렉스 우드, 훌리오 유리아스까지 첩첩산중이다. 그러나 류현진은 2017시즌 시범경기에서 부활의 신호탄을 올렸다. 류현진은 3경기에 선발 등판, 9이닝 동안 단 1실점만을 해 평균자책점 1.00을 기록 중이다. 이닝당 출루허용률(WHIP)은 0.67에 불과하다. 다른 선발투수들에 비해 이닝 소화가 조금 떨어질 뿐 투구 내용 자체는 가장 좋았다. 그는 항상 두 자리 승수가 가능한 투수지만 무엇보다도 큰 경기에 강한 투수다. 커쇼는 정작 포스트시즌에서 약한 모습을 보이면서 연봉에 걸맞지 않는 약점을 드러냈다. 그러나 류현진은 포스트시즌과 큰 경기에 강한 선수다. LA다저스 코치진도 류현진의 정상적인 복귀가 가장 반가운 이유가 포스트시즌에서 확실한 원투펀치가 완성되었다는 점이 월드시리즈 제패까지 희망을 갖게 하는 요인이다.

그가 부상 없이 2017시즌을 보낸다면 메이저리그에서도 충분한 경쟁력을 갖춘 검증된 선수로 자리매김할 것이다. 더 이상의 부상은 그를 사랑하는 팬들에 대한 모독이다. 제발 건강하게 시즌을 마무리하기를 바란다.

꽃미남은 샌프란시스코에서 태평양 로맨스의 찬가를 부를 것인가? 아니면 쪽박을 찰 것인가? 꽃미남 황재균 선수가 메이저리그의 문을 두드렸다. 그러나 아시아 야구에 대한 편견으로 굴욕적인 계약을 감수하면서도 꿈에 그리던 메이저리그에 입성했다. 그는 2006년 신인 드래프트에서 현대 유니콘스 2차 3순위로 유격수로 지명되어 계약금 6,000만 원에 입단하였다. 입단 첫해에는 1군에 올라오지 못했고, 2군에서만 활동하였다. 2007년 시즌 초반에 2군에서 뛰던 중 4월 21일 사직 롯데전을 통해 1군에 데뷔하면서 기회를 잡기 시작하였다. 처음에는 주로 대주자나 대수비 등 백업 요원으로 뛰다가 시즌 막바지에 주전 유격수로 기용되면서 활약하였는데, 1군 입성 때 첫해 성적은 0.300 타율에 2홈런, 12타점을 기록함

으로써 기대되는 유망주로 자리 잡기 시작하였다. KBO리그 10년 동안 .286/.343/.436 홈런 115개를 기록했다. 그는 메이저리그에 대한 향수를 뿌리치지 못하고 샌프란시스코 자이언츠와 1년 총액 310만 달러에 스플릿 계약을 했다. 2017시즌 시범경기에서 34번 타석에 들어서 타율 0.326 4홈런 10타점(3월 24일 기준)으로 제 몫을 하고 있다. 자이언츠는 아브라함 누네스에게 주전 3루수 자리를 보장해줄 것이 유력하고, 따라서 황재균은 후보로서 25인 로스터를 노려야 하는 입장이다. 그러나 가장 중요한 사실은 황재균이 정말 메이저리그에서도 한국과 같은 활약을 펼칠 수 있느냐는 점이다. 그가 메이저리그에서 성공하기 위해서는 유틸리티 수비 능력을 보여주어야 한다. 그러나 KBO리그에서 그의 주 포지션 3루에서도 그다지 뛰어난 수비력을 보이지는 못했다. 1루수, 외야수까지 소화할 수 있는 수비 능력을 보여주어야 그나마 생존의 길이 열린다. 비록 시범경기지만 장타력과 준수한 타격을 선보이며 보치 감독에게 눈도장은 받았다. 부디 험난한 메이저리그에서 생존하기를 간절하게 기원한다.

2017
대기록이 눈앞에

애드리안 벨트레

3,000안타 도전 / 역대 31번째

1998년 박찬호가 LA 다저스에서 전성기를 구가할 무렵, 19세의 풋내기 선수가 메이저리그에 데뷔했다. 바로 애드리안 벨트레다. 계약이 허용되지 않는 16세 때 17세로 나이를 속여 다저스와 계약한 벨트레는 데뷔 시즌 77경기에 출장했다. 홈런을 7개를 때려냈지만 타율 .215에 그치며 빅리그의 높은 벽을 실감했다.

이듬해인 1999년, 첫 풀타임 시즌을 치른 벨트레는 자신의 잠재력을 터뜨리기 시작했다. 그리고 FA를 앞둔 2004년에 .334 48홈런을 기록, MVP 2위에 오르며 커리어 최고의 시즌을 만들었다. 그리고 시애틀과 5년 계약(6,400만 달러)을 맺고 다저스를 떠났다. 하지만 시애틀에서의 성적은 기대 이하였다. 단 한 시즌도 타율 .280-30홈런을 넘겨본 적이 없었다. 그때까지 벨트레가 빅리그 12년 동안 기록한 성적은 .270, 250홈런, 1,700안타. 어린 나이에 데뷔해 누적 성적은 좋았지만 누가 봐도 명예의 전당에 입성할 만한 성적은 아니었다.

벨트레에게 2010년 보스턴과의 1년 계약은 커리어의 전환점이 되었다. 보스턴에서 완벽하게 부활에 성공한 벨트레는 2011년 텍사스에 입단, 제2의 전성기를 맞이한다. 벨트레가 32세였던 2012년부터 37세가 된 지난 시즌까지 6시즌 동안 때려낸 안타는 1053개. 앞선 13시즌 동안 때려낸 1,889안타의 절반이 넘는다. 그러면서 통산 타율도 .286까지 끌어올렸고, OPS도 8할을 넘기며 명예의 전당에 들어가기에 부끄럽지 않은 성적을 기록하게 됐다.

벨트레는 3000안타까지 58개의 안타만이 남았다(현재 2,942안타). 빠르면 5월 중 역대 31번째 3000안타 선수를 만날 수 있을 것이다. 여기에 9개의 2루타와 5개의 홈런만 추가하게 되면 통산 600 2루타와 450홈런을 기록하게 되는데, 이는 벨트레 이전에 단 두 명만이 달성한 기록. 그 두 명은 명예의 전당에 입성한 스탠 뮤지얼과 칼 야스트렘스키다.

또한 벨트레는 35홈런을 추가하면 500홈런-3,000안타를 달성하는 역대 6번째 선수가 된다(에이로드, 에디 머레이, 라파엘 팔메이로, 윌리 메이스, 행크 애런). 지난 시즌 32홈런을 기록하긴 했지만 올해 38세의 나이이기 때문에 500홈런은 내년 시즌에 달성할 가능성이 커보인다.

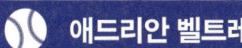

벨트레 32~37세 시즌 성적

성적	역대 순위
1053안타	19위
167홈런	20위
194 2루타	29위
563타점	28위

알버트 푸홀스

600홈런 도전(역대 9번째)

아무도 주목하지 않았던 드래프트 13라운드 지명 선수가 전설이 되었다. 2001년 내셔널리그 신인왕(.329 37홈런 130타점)을 시작으로 MVP 3회 수상, 올스타 10회 선정됐다. 2003년엔 타율 1위, 2009-2010년엔 2년 연속 홈런왕을 차지할 정도로 전성기 시절엔 정확도와 파워를 겸비한 타자였다.

하지만 세인트루이스를 떠나 LA 에인절스에 입단하면서 부진을 거듭, 푸홀스의 명성에 금이 가기 시작했다. 특히 10년 2억 4,000만 달러의 대형 계약을 맺었기 때문에 더 큰 비난에 시달리게 됐고, 팀의 간판 타자 자리는 마이크 트라웃에게 넘겨줬다. 하지만 최근의 부진은 노쇠화로 인한 자연스러운 성적 하락. 그래도 최근 2시즌 연속 30홈런 이상을 때려내며 노익장을 과시 중이다.

푸홀스는 600홈런까지 이제 9개가 남았다(현재 591홈런). 앞서 600홈런을 기록한 선수는 8명. 이 중 배리 본즈(762홈런), 새미 소사(609홈런), 지난 시즌 은퇴한 에이로드(696홈런)만이 아직 명예의 전당에 입성하지 못했다. 바로 약물 의혹 때문. 대표적 청정타자인 푸홀스가 600홈런을 달성한다면 명예의 전당 입성은 떼어놓은 당상이다. 또한 푸홀스는 아직까지 3할 타율을 유지 중인데 600홈런 타자 중 3할 타율을 기록한 타자는 베이브 루스가 유일하다. 또한 푸홀스의 통산 OPS .965는 600홈런 타자 중 루스와 본즈에 이어 3위에 해당하는 수치다.

푸홀스는 3,000안타까지 175안타를 남겨놓고 있다. 예년과 같았다면 올 시즌 중 달성이 가능했겠지만, 푸홀스는 에인절스로 넘어와 아직까지 175안타를 때려본 적이 없다(2012년 173안타가 최고). 그렇기 때문에 3,000안타 달성은 내년을 기대해보는 게 좋을 듯하다.

푸홀스 2001-2010년 주요 기록

10시즌 .331 408홈런 1230타점 OPS 1.037
데뷔 후 10시즌 연속 30홈런(역대 최초)
데뷔 후 10시즌 연속 100타점(역대 2번째)
2001 신인왕, MVP 3회, 2003 타격왕,
2009-2010 홈런왕

푸홀스 에인절스 5시즌 홈런 수 변화

2012(32세)	30홈런
2013(33세)	17홈런(99경기 출장)
2014(34세)	28홈런
2015(35세)	40홈런
2016(36세)	31홈런

바톨로 콜론

통산 2,500탈삼진 도전 (역대 33번째)

올해 나이 44세, 하지만 나이를 잊은 활약으로 매년 메이저리그 팬들을 놀라게 하고 있다. 2014시즌엔 200이닝을 투구했고, 지난 시즌에도 191.2이닝을 던지며 15승을 따냈다. 거기에 5월 8일 샌디에이고를 상대로 통산 첫 홈런을 때려내며 역대 최고령 홈런을 친 투수로 기록되었다.

콜론이 2,500탈삼진까지 남은 탈삼진 수는 135개. 지난 3시즌 동안 평균 138개의 탈삼진을 잡고 있기 때문에 충분히 가능한 수치다. 게다가 선발진이 두터웠던 메츠를 떠나 리빌딩이 진행 중인 애틀랜타로 팀을 옮긴 것도 대기록에 호재. 올 시즌 내내 젊은 투수들의 멘토 역할을 하며 꾸준히 선발 기회를 잡을 것으로 예상된다.

40세가 넘은 콜론이 롱런할 수 있는 비결은 바로 제구. 최근 5시즌 동안 9이닝당 볼넷이 고작 1.3개에 불과하다. 그러면서 통산 3172.1이닝을 던지는 동안 내준 볼넷은 고작 888개뿐이다. 올 시즌 콜론이 2,500탈삼진을 달성한다면 1,000볼넷을 내주지 않고 2,500탈삼진을 달성한 역대 9번째 투수가 된다.

콜론은 이번 애틀랜타 유니폼이 9번째 유니폼이다. 만약 콜론이 2,500탈삼진을 잡아낸다면 역대 가장 많은 소속팀에서 뛴 2,500탈삼진 선수가 된다. 이전 기록은 명예의 전당 투수인 게이로드 페리의 8팀이다.

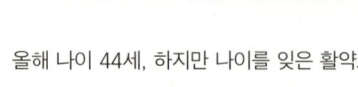

또한 콜론은 통산 250승까지도 17승이 남아 있다. 하지만 올 시즌 리그 하위권 성적이 예상되는 애틀랜타에서 17승을 올릴 수 있을지는 의문. 2018년이 되야 45세의 나이로 250승을 달성하는 콜론의 모습을 볼 수 있을 듯하다.

이 밖에도 'K-로드' 프란시스코 로드리게스는 역대 4번째 450세이브 투수에 도전한다(현재 430세이브). 또한 1,119탈삼진을 잡고 있는 K-로드는 트레버 호프먼(1,133탈삼진), 마리아노 리베라(1,173탈삼진)의 탈삼진 수를 넘어설 것으로 보인다.

2016 AL MVP 마이크 트라웃 역시도 대기록에 도전한다. 현재 트라웃이 기록하고 있는 홈런 수는 168개. 32개만 추가하면 200홈런을 달성하게 되는데 생일인 8월 7일(현지 시간 기준) 이전에 때려낸다면 26세 이전에 200홈런을 달성하는 역대 8번째 선수가 된다. 200홈런을 최연소로 달성한 선수는 명예의 전당 타자인 멜 오트다(1934년, 25세 144일).

올 시즌 부활이 기대되는 추신수는 마쓰이 히데키에 이은 아시아 타자 2번째 150홈런에 도전한다. 146홈런을 치고 있는 추신수는 부상으로 이탈하지만 않는다면 4월 중엔 충분히 달성할 것으로 보인다. 또한 2루타 45개를 추가하면 이치로에 이어 아시아 타자 2번째 300 2루타를 달성하게 된다. 하지만 개인 통산 최다 2루타가 43개(2012년)이기 때문에 올 시즌 달성은 다소 힘들어 보인다.

이처럼 2017년도 풍성한 기록 달성의 해가 될 것으로 보인다. 이러한 위대한 대기록을 달성하는 장면들을 지켜보는 것도 올 시즌을 즐기는 재미 중 하나가 될 것이다.

콜론 성적 변화

2006-2012시즌(33~39세)
32승 40패 573.2이닝 4.38

2013-2016시즌(40~43세)
62승 40패 779.0이닝 3.59

2012시즌 이후 BB/9

1	클리프 리	515.0이닝 1.26
2	바톨로 콜론	931.1이닝 1.33
3	조시 톰린	449.0이닝 1.34
4	마크 멜란슨	335.0이닝 1.53
5	다나카 마사히로	490.0이닝 1.54

코리 시거의
위대한 도전

지난 시즌 LA 다저스의 코리 시거가 신인왕을 수상했다. 다저스 출신으로는 역대 16번째 신인왕. 그리고 올 시즌 또 하나의 대기록에 도전한다. 바로 역대 4명밖에 신인왕 이듬해 MVP 수상이다. 앞서 달성한 4명의 면면을 살펴보면 전부 샛별처럼 빛나는 선수들이다.

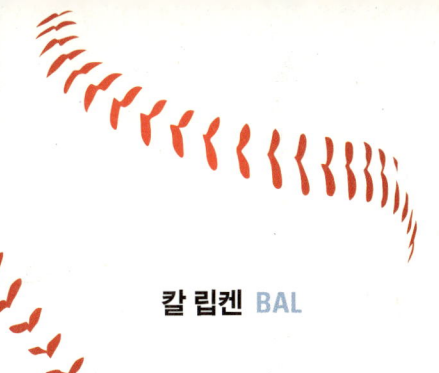

칼 립켄 BAL

1982	.264 28홈런 93타점 AL 신인왕
1983	.318 27홈런 102타점 AL MVP

'아이언맨' 칼 립켄이 신인왕 이듬 해 MVP를 수상한 최초의 선수다. 고졸 신인으로 1978년 2라운드 볼티모어 지명을 받은 립켄은 마이너를 3년 만에 졸업하고 1981년 빅리그 무대를 밟는다. 신인왕을 노리던 1982년, 시작은 좋지 않았다(4월 .123 1홈런). 하지만 5월부터 무섭게 치고 올라오더니 매월 홈런이 늘어나며 28홈런으로 시즌을 마쳤다. 28홈런은 당시 역대 신인 유격수 최다 홈런. 그러면서 .301 23홈런을 때려낸 미네소타의 켄트 허벡을 제치고 신인왕에 올랐다. 그리고 그 해 5월 30일(현지 시간 기준), 전설의 2,632경기 연속 출장 경기가 시작됐다.

1983년 립켄은 성장을 멈추지 않았다. 커리어 첫 3할 타율을 기록했고 첫 100타점을 기록했다. 특히 팀이 포스트시즌 경쟁을 하던 9월엔 .385 6홈런 20타점의 맹활약을 펼치며 팀을 AL 동부 지구 우승으로 이끌었다. 그러면서 같은 팀의 선배 1루수 에디 머레이를 제치고 역대 최초 신인왕 이듬 해 MVP의 주인공이 됐다. 그리고 MVP 1, 2위 듀오의 맹활약으로 볼티모어는 팀 역대 3번째이자 마지막 월드시리즈 우승을 차지했다.

역대 신인 유격수 최다 홈런

1997	노마 가르시아파라	30홈런
1982	칼 립켄	28홈런
2016	트레버 스토리	27홈런
2016	코리 시거	26홈런

1983년 립켄-머레이 성적 비교

립켄(유격수)	머레이(1루)
.318 27홈런	.306 33홈런
102타점	111타점
OPS .888 8.2bWAR	OPS .930 6.6bWAR

라이언 하워드 PHI

2005	88G .288 22홈런 63타점 NL 신인왕
2006	159G .313 58홈런 149타점 NL MVP

지금은 먹튀로 전락했지만, 라이언 하워드만큼 센세이션한 데뷔를 한 선수도 드물다. 하워드는 2001년 5라운드 필라델피아에 드래프트되어 2004년까지 마이너를 초토화시켰다. 2004년엔 마이너에서 무려 46홈런을 터뜨리기도 했다. 하지만 짐 토미라는 거대한 벽이 하워드의 데뷔를 가로막았다. 2005년 드디어 기회가 왔다. 짐 토미가 부상으로 이탈한 것.

7월 이후 하워드는 쳤다 하면 타구를 담장 밖으로 넘겼다. 후반기 67경기에서 하워드가 기록한 홈런 수는 19개. 앤드루 존스(24개)에 이어 2위였다. 타점도 52타점을 올리며 65타점을 올린 체이스 어틀리와 함께 타선을 이끌었다. 하워드의 맹활약에 열성적인 필라델피아 팬들은 기존의 간판스타 짐 토미가 나오면 야유를 보내며 하워드를 외쳤다. 그리고 하워드는 뛰어난 성적을 인정받으며 88경기만 뛰고도 152경기를 뛴 윌리 타베라스를 제치고 신인왕을 차지했다. 1959년 윌리 매코비가 52경기만을 뛰고 신인왕을 수상한 이후 최소 경기 출장으로 신인왕에 오른 타자가 된 것이다.

그리고 이듬해 첫 풀타임 시즌을 맞은 하워드는 리그를 폭격하기 시작한다. 4월에 5홈런으로 가볍게 워밍업을 한 후 5월엔 무려 13홈런 35타점으로 엄청난 공격 생산력을 과시한다. 전반기에 때려낸 홈런만 무려 28개. 그 활약을 인정받아 생애 첫 올스타에 오른다. 하지만 전반기 활약은 예고편에 불과했다. 후반기엔 전반기보다 더 적은 경기 수에도 불구, 무려 30홈런 75타점을 기록한 것. 홈런-타점 모두 2위 아라미스 라미레스(22홈런 67타점)와의 차이가 압도적이었다. 그러면서 시즌 총합 58홈런 149타점으로 홈런왕-타점왕을 석권, 팀의 포스트 시즌 진출이 좌절됐음에도 불구하고 알버트 푸홀스를 제치고 MVP에 올랐다. 필라델피아 선수가 MVP에 오른 것은 1986년 마이크 슈미트 이후 20년 만이었다.

역대 최소 경기 신인왕

1959	윌리 매코비(NL)	52G
2005	라이언 하워드(NL)	88G
2013	윌 마이어스(AL)	88G
1978	밥 호너(NL)	89G

2006 NL MVP 투표 결과

하워드	푸홀스
159G .313 58홈런 149타점 OPS 1.084 5.2bWAR	143G .331 49홈런 137타점 OPS 1.102 8.4bWAR

더스틴 페드로이아 BOS

2007 139G .317 8홈런 50타점
AL 신인왕

2008 157G .326 17홈런 83타점
20도루 AL MVP

빨간 양말을 신은 작은 거인 더스틴 페드로이아가 세 번째 주인공이다. 페드로이아는 대학 시절부터 뛰어난 야구 재능을 가지고 있음에도 불구, 작은 신체 조건이 약점으로 지적받으며 2004년 드래프트 2라운드로 지명됐다. 그리고 마이너에 있는 3년간 그에 대한 비판을 비웃기라도 하듯, 맹활약을 펼치며 2007년 8월 말 메이저리그 데뷔에 성공했다.

2007년 말 빅리그의 맛을 본 페드로이아는 첫 풀타임 시즌인 2008년부터 맹활약을 펼친다. 4월 20경기 .182 0홈런으로 부진하긴 했지만 5월엔 .415 2홈런으로 반등에 성공했다. 그 이후 시즌이 끝날 때까지 단 하루도 3할 밑으로 타율이 떨어지지 않으며 AL 타율 10위에 올랐다. 그러면서 2003년 전체 1순위로 뽑혔던 탬파베이의 델몬 영을 제치고 1997년 노마 가르시아파라 이후 신인왕을 수상한 첫 보스턴 선수가 됐다.

이듬해인 2008년은 페드로이아 11시즌 커리어 중 최고의 시즌이었다. 타율은 개인 최고인 .326(AL 2위), OPS 역시 개인 최고인 .869(AL 18위)를 찍었다.

213안타는 지난 시즌 무키 베츠가 214안타를 치기 전까지 보스턴 역대 우타자 중 최다 안타 기록. 54 2루타 역시 2002년 가르시아파라가 친 56개에 이어 우타자 2위 기록이다. 페드로이아의 맹활약 속에 팀은 95승을 거두며 와일드 카드로 포스트시즌 진출에 성공한다. 그리고 그 활약을 인정받아 미네소타의 저스틴 모어노를 제치고 MVP를 차지한다.

보스턴 역대 신인왕

2007	더스틴 페드로이아
1997	노마 가르시아파라
1975	프레드 린 (MVP 동시 수상)
1972	칼튼 피스크
1961	돈 슈월
1950	월트 드로포

2004 드래프트 선수 중 통산 bWAR 순위

더스틴 페드로이아(BOS)	2라운드 24번픽 50.7
저스틴 벌랜더(DET)	1라운드 2번픽 50.2
제러드 위버(LAA)	1라운드 12번픽 35.9
헌터 펜스(HOU)	2라운드 23번픽 29.6
요바니 가야르도(MIL)	2라운드 5번픽 23.4

크리스 브라이언트 CHC

- 2015 151G .275 26홈런 99타점 OPS .858 NL 신인왕
- 2016 155G .292 39홈런 102타점 OPS .939 NL MVP

브라이언트는 샌디에이고 대학 시절부터 될성부른 떡잎이었다. 2013년 전체 2순위로 컵스에 지명된 브라이언트는 마이너 2년간 181경기 .327 55홈런을 기록하며 자신을 빨리 빅리그로 올리라고 시위했다. 그리고 2015년 4월 17일 드디어 브라이언트가 리글리 필드에 모습을 드러냈다.

브라이언트에게 빅리그 적응에 긴 시간이 필요하지 않았다. 데뷔 두 경기 만에 커리어 첫 홈런을 기록한 브라이언트는 전반기를 .269 12홈런의 준수한 성적으로 마감, 데뷔 시즌부터 올스타에 선정되는 감격을 누렸다. 그리고 후반기엔 .282 14홈런의 전반기보다 뛰어난 성적을 거두며 시즌을 마감, 만장일치로 신인왕에 선정됐다.

브라이언트는 신인왕에 만족하지 않았다. 2016년 앤서니 리조와 함께 'Bryzzo' 듀오를 결성, 컵스 타선을 이끈다. 전반기에만 25홈런을 때려내며 2년 연속 올스타에 오른 브라이언트는 팀의 포스트시즌 경쟁이 한창이던 8월에 .383 10홈런으로 맹활약, 생애 첫 이달의 선수를 차지한다. 9-10월에 다소 주춤하긴 했지만 시즌 내내 보여준 브라이언트의 활약은 MVP를 받기 충분했다. 그리고 브라이언트는 월드 시리즈에서 염소의 저주를 깨는 마지막 아웃카운트를 직접 처리, 월드 시리즈 우승과 MVP를 동시에 수상하는 겹경사를 누렸다.

지난 시즌 코리 시거는 신인왕을 수상함과 동시에 MVP 투표 3위에 올랐다. 앞선 4명 중 신인왕 시절 코리 시거보다 높은 MVP 투표 순위를 기록한 선수는 없다. 거기에 다저스는 올 시즌 가장 강력한 NL 서부 지구 우승 후보다. 이미 팀 타선의 중심이 된 시거가 올 시즌 앞선 위대한 선수들의 뒤를 이어 5번째 대기록의 주인공이 될지 기대되는 올 시즌이다.

컵스 역대 신인 최다 홈런

2016	크리스 브라이언트 26홈런(신인왕)
1961	빌리 윌리엄스 25홈런(신인왕)
2008	지오바니 소토 23홈런(신인왕)
1956	월트 모린 23홈런
2010	타일러 코빈 20홈런

2015년 버드 셀릭 커미셔너의 시대가 끝나고 새로운 커미셔너 롭 맨프레드가 부임했다. 롭 맨프레드가 부임한 이후 가장 먼저 개혁의 칼을 꺼내든 분야는 경기 시간 단축. 부임하자마자 비디오 챌린지 관련된 룰을 개정(덕아웃에서 신청)했고, 타자가 타석에서 발을 빼지 못하게 했다. 그리고 취임 3년째인 올 시즌, 시간 단축을 위해 더욱 강력한 칼을 내들었다.

가장 큰 이슈는 역시 고의사구. 기존엔 고의사구 상황에서 투수가 천천히 공 4개를 던졌지만, 올해부터는 벤치 지시만으로 타자를 1루로 진루시킬 수 있다. 이 규정에 대한 시행이 확정되자 역시 찬반 논란이 일었다. 하지만 선수들 중 대부분은 부정적인 의견을 내비쳤다. 토론토의 포수 러셀 마틴은 "이럴 거면 홈런 치고 베이스 안 돌고 자동 점수를 올리는 걸로 하지?"라며 부정적인 의견을 피력했고, 캔자스시티의 베테랑 투수 피터 모일란 역시도 "우리가 비디오게임 속에서 플레이해야 하나?"라며 비야냥 섞인 비판을 내놓았다. 반대로 양키스의 일본인 투수 다나카 마사히로는 "투수 리듬이 흔들리지 않는다"라는 이유로 찬성 의견을 내놓았다.

실제로 고의사구가 경기 시간에 미치는 영향은 극히 미비하다. 고의사구를 위한 공 4개를 던지는 데 소요되는 시간은 채 1분이 되지 않는다. 게다가 지난 시즌 경기당 고의사구는 0.19로 고의사구를 집계하기 시작한 1955년 이후 최저 수치를 기록했다.

위의 수치만 봐도 고의사구가 경기 시간의 증가에 기여하는 부분은 커보이지 않는다. 게다가 고의사구 시 가끔씩 나오는 폭투나 실투 같은 상황은 팬들에게 즐거움을 선사하는 요소다. 이번 룰 개정은 이러한 변수 자체를 아예 없애버리는 것이다.

고의사구 다음으로 올 시즌 추가된 또 하나의 촉진룰은 연장전 승부치기다. 승부치기는 WBC나 2008 베이징 올림픽에서 선보이며 국내 팬들에게 익숙한 규정. 물론 당장 메이저리그에서 시행되는 게 아니라 마이너 루키 레벨에서 시범 운영된다. 조 토레 메이저리그 부사장은 승부치기 도입을 두고 "경기 후반 유틸리티 플레이어가 마운드에 오르는 모습을 보고 싶지 않다"라는 의견을 밝혔다. 하지만 팬들은 이치로가 데뷔 23년 만에 마운드에 오른 모습과 유틸리티 플레이어 대니 워스가 던지는 너클볼을 보고 환호를 보냈다. 게다가 승부치기를 하게 되면 연장전 특유의 긴장감이 더 감소할 것으로 예상된다.

2010년 이후 평균 경기 시간

연도	2010	2011	2012	2013	2014	2015	2016
경기시간	2:54	2:56	3:00	3:04	3:08	3:00	3:04

역대 경기당 고의사구 최저 Top3 시즌 경기 시간

연도	2016	2014	2015
고의사구	0.19개	0.20개	0.20개
경기시간	3:04	3:08	3:00

최고 Top3 시즌 경기 시간

연도	1967	1970	1968
고의사구	0.40개	0.38개	0.38개
경기시간	2:37	2:34	2:33

2010년 이후 연장전 등판 포지션 플레이어 승리 투수
2011년 윌슨 발데스 19회 1이닝 0실점
2012년 크리스 데이비스 16~17회 2이닝 0실점
2014년 존 베이커 16회 1이닝 0실점

이번에 발표한 촉진룰 중 가장 즉각적 효과를 볼 것으로 기대되는 항목은 챌린지 관련 항목. 먼저 감독이 심판에게 챌린지를 신청할 때 30초 이내에 결정해야 한다. 이 룰이 시행되게 되면 팬들이 지루하게 느꼈던 비디오 코디네이터에게 물어보는 장면이 많이 줄어들 것으로 보인다. 여기에 뉴욕 리플레이 센터에서도 2분 안에 리플레이 결과를 발표해야 하기 때문에 리플레이로 인한 경기 지연 시간을 크게 줄일 것으로 보인다(역대 리플레이 최장 시간 10분 33초). 또한 심판 재량으로 리플레이를 볼 수 있는 이닝을 7회가 아니라 8회 이후로 늦춰졌다. 그러면서 리플레이 확인 시간뿐 아니라 경기당 리플레이를 보는 횟수 자체도 더 줄일 수 있을 것으로 기대된다.

사실 경기 시간 지연에 가장 큰 주범 중 하나는 바로 투수들의 인터벌이다. fangraphs.com이 투수들의 인터벌을 집계하기 시작한 2007년 이후 평균 22.5초가 넘어간 시즌은 2013, 2014, 2016시즌이다. 모두 평균 경기 시간이 3시간을 초과한 시즌이다. 지난 시즌 다저스의 불펜투수 페드로 바에스는 평균 30.2초 만에 공을 던지며 '휴먼 레인딜레이'라는 불명예스러운 별명을 얻기도 했다.

이러한 투수들의 긴 인터벌 시간을 줄이기 위해 2015년부터 더블A와 트리플A에 투구 인터벌을 20초로 제한하는 피치 클록(투구 시계)을 도입했다. 이로 인해 2014시즌에 비해 경기 시간을 12분이나 단축시킬 수 있었다.

지난해 8월 맨프레드 커미셔너는 인터뷰를 통해 메이저리그에서도 조만간 피치 클록을 도입할 것이라고 밝혔다. 하지만 빅리그 선수들의 피치 클록에 대한 반응은 부정적이다. 특히 투수들은 자신의 투구 루틴이 깨질 수도 있다. 타자들 중에는 지난 시즌 NL MVP 크리스 브라이언트는 인터벌이 긴 투수를 상대할 때 "생각할 시간이 많아서 좋다"라고 의견을 밝혔다.

올 시즌 당장 도입되진 않겠지만 맨프레드 커미셔너는 인터뷰에서 시프트 금지, 투수 교체 제한이라는 극단적인 수단도 고려하고 있다고 의견을 밝혔다. 하지만 골드글러브 포수 맷 위터스는 이 같은 커미셔너의 의견에 대해 "현재의 규정을 바꿔가면서까지 경기 시간을 줄이는 건 야구의 순수성을 망치는 것"이라고 반박했다.

2010년 이후 평균 경기 시간

연도	2010	2011	2012	2013	2014	2015	2016
경기시간	2:54	2:56	3:00	3:04	3:08	3:00	3:04

2010년 이후 투수 평균 인터벌/평균 경기 시간

연도	2010	2011	2012	2013	2014	2015	2016
인터벌/평균경기시간	21.5초/2:54	21.6초/2:56	22.1초/3:00	22.6초/3:04	23.0초/3:08	22.1초/3:00	22.7초/3:04

시프트가 최근 들어서 엄청나게 늘긴 했지만, 경기 시간이 2시간 20분대였던 1940년대에도 이미 테드 윌리엄스에 대항하는 시프트가 있었다. 또한, 투수 교체는 감독의 고유 권한이기 때문에 그것에 대해 비판하는 목소리는 거의 없다
2015년 ESPN의 조사에 의하면 NFL 시청자의 평균 연령은 47세, NBA 시청자의 평균 연령은 37세인 데 비해 MLB 시청자의 평균 연령은 무려 53세였다. 리그의 장기적인 발전을 위해선 젊은 시청자층들을 사로잡아야 한다. 그러기 위해선 경기 시간 단축은 필수다. 하지만 극단적인 촉진룰 추진이 기존의 야구팬들의 등을 돌리게 할 수도 있다. 사무국이 전통을 지키면서도 새로운 야구팬들을 끌어 모을 수 있는 최선책을 찾아내길 기대해본다.

2016시즌 50이닝 이상 투수 중 인터벌 Top5

페드로 바에스	30.2초
산티아고 카시야	28.6초
대니얼 허드슨	28.1초
안토니오 바스타도	28.1초
맷 반스	28.1초

2010년 이후 시프트 횟수

2010	2,464
2011	2,350
2012	4,577
2013	6,882
2014	13,299
2015	17,744
2016	28,074

투수 스카우팅 리포트 보는 법

SP RYU Hyun Jin
류현진

NO.99

좌투우타 1987년 3월 25일 190cm, 113kg

*는 낮을수록 좋은 기록임

시즌	경기	이닝	피안타	피홈런	볼넷	탈삼진	승-패-세-홀	평균자책
2016	1	4.2	8	1	2	4	0-1-0-0	11.57
통산	57	348.2	342	24	80	297	28-16-0-0	3.28

2
항목	기록	MLB
평균자책*	11.57	4.19
탈삼진 / 9	7.71	8.10
볼넷 / 9*	3.86	3.14
탈삼진 / 볼넷	2.00	2.58
피홈런 / 9*	1.93	1.17
피안타율*	0.364	0.252
WHIP*	2.14	1.32
잔루율	46.5%	72.9%
FIP*	5.50	4.19

1 PITCHING ZONE

좌타자·몸쪽 / 우타자·몸쪽

PITCHING REPERTORY / VELOCITY km/h / MOVEMENT cm

3	평균	전체	초구	2-2	좌타자	우타자	피타율	상하	좌우
포심패스트볼	144	56%	65%	20%	65%	54%	0.455	↑25	←16
투심 / 싱커	–	–	–	–	–	–	–	–	–
컷패스트볼	–	–	–	–	–	–	–	–	–
슬라이더	134	12%	9%	60%	25%	8%	0.000	↓9	→3
커브	111	13%	17%	20%	5%	15%	0.250	↓19	→14
체인지업	132	19%	9%	0%	5%	23%	0.333	↓18	←20
스플리터	–	–	–	–	–	–	–	–	–

홈 ERA 11.57 원정 ERA
VS. 좌타자 0.200 VS. 우타자 0.412
VS. 추신수 2타수 1볼넷 0안타 0.000

1 PITCHING ZONE 해당 투수가 지난해 어느 코스로 공을 많이 던졌는지 좌우 타자를 구분해 0~2%, 3~5%, 6~8%, 9~11%, 12~14%, 15% 이상 등 6단계를 색으로 표시했다. 3~5%는 평균으로 보면 되고, 6~8%는 약간 많은 편, 9~11%는 많은 편, 12% 이상은 매우 자주 던지는 코스라고 보면 된다. 투수별로 많이 던지는 코스가 습관적으로 나타난다. 해당 투수의 최근 2년(2015, 2016년)간 누적 통계를 기초로 했다.

2 특수 기록 평균자책, 삼진/9이닝, 볼넷/9이닝, 삼진/볼넷, 홈런/9이닝, 피안타율, WHIP, 잔루율, FIP 등의 기록을 제시하고 MLB 투수 평균과 비교했다. 해당 투수의 능력치를 한눈에 볼 수 있다.

3 PITCHING REPERTORY / VELOCITY 투수의 구종을 패스트볼 계열(포심, 투심, 싱커, 컷패스트볼), 변화구(슬라이더, 커브), 오프스피드피치(체인지업, 스플리터, 너클볼) 등으로 구분하고 평균 스피드를 산출했다. 또한 전체 구사율, 초구 구사율, 2B-2S 구사율 등을 백분율로 나타냈다. 이 표를 보면 해당 투수의 구위, 경기 운영 형태를 한눈에 알 수 있다. 최근 2년(2015, 2016년)간 누적 통계를 기초로 했다.

타자 스카우팅 리포트 보는 법

DH **CHOO Shin-Soo**
추신수   **NO. 17**

좌투좌타   1982년 7월 13일   180cm, 95kg   *는 낮을수록 좋은 기록임

시즌	타수	안타	홈런	타점	볼넷	도루	타율	출루율	장타율	구분	기록	MLB
2016	178	43	7	17	25	6	0.242	0.357	0.399	타율	0.242	0.255
통산	4310	1206	146	566	608	118	0.28	0.381	0.452	출루율	0.357	0.322

장타율	0.399 / 0.417
볼넷%	11.90% / 8.2%
삼진%*	21.90% / 21.1%
볼넷 / 삼진	0.54 / 0.39
순장타율	0.157 / 0.162
BABIP	0.288 / 0.3
wOBA	0.334 / 0.318

1 VS. 패스트볼   VS. 변화구
좌타자 / 좌타자
*5타수 미만은 색을 표시하지 않음. ●●: Ball zone

2 SPRAY ZONE
2 2 3
25% 34% 41%
홈런
타구분포 %

3 BATTED BALL

항목	비율
볼존 공격률	23%
S존 공격률	55%
볼존 컨택트율	61%
S존 컨택트율	88%
라인드라이브	22%
그라운드볼	47%
플라이볼	31%

DEFENSE

위치	자살	보살	실책	수비율
RF	85	4	3	0.967

홈 타율 0.309   원정 타율 0.301
VS. 좌투수 0.252   VS. 우투수 0.343
득점권 0.318   L/C 0.287
VS. 류현진 상대 없음
VS. 오승환 상대 없음

1 HITTING ZONE HOT & COLD   패스트볼과 변화구를 구분하여 코스별 타율을 색으로 표시했다. 시각은 투수의 시각(TV 중계방송의 시각)이다. 타율 0.400 이상이면 빨간색, 0.300~0.399는 오렌지색, 0.200~0.299는 회색, 0.100~0.199는 하늘색, 타율 0.099 이하는 파란색이다. 볼존도 표시했다. 볼존을 공략한 것 중 3할 이상의 결과를 낸 것은 오렌지색, 4할 이상은 빨간색 점이다. 해당 타자의 최근 2년(2015, 2016년)간 데이터를 기초로 했다.

2 SPRAY ZONE   지난해 어느 방향으로 타구를 많이 날렸는지 알려주는 데이터. 안타뿐 아니라 아웃된 공, 희생플라이까지 모두 포함하여 백분율로 표기했다. 부채꼴 위에 빨간색으로 표기한 홈런 개수가 눈에 확 띈다. 해당 타자가 당겨치는 타자인지, 스프레이 히터인지, 장타력이 있는지 없는지 한눈에 알 수 있다.

3 BATTED BALL   지난해 정규리그에서 타자가 볼과 스트라이크를 얼마나 잘 구별했는지, 공격 시에 볼을 방망이에 얼마나 잘 맞췄는지를 표시했다. 타구의 질을 알기 위해서는 라인드라이브, 땅볼, 뜬공의 비율을 살펴봐야 한다. 라인드라이브가 많다는 것은 타자가 방망이 중심에 정확히 맞히는 능력이 좋다는 뜻이다.

MOVEMENT

MLB에서는 최첨단 과학을 이용해 '피칭 트래킹시스템(Pitch fx)'를 개발해 서비스한다. 회전하지 않고 중력만 반영된 가상의 공이 있다고 가정해 보자. 이 가상의 공은 계산된 고유의 궤적이 있을 것이다. '가상 공의 궤적과 실제 투수가 던진 공의 궤적 차이'를 나타낸 게 바로 Pfx다. 이 책에서는 Pfx 중 가장 중요한 요소인 무브먼트의 통계를 내서 제공한다.

무브먼트는 공의 궤적이 아니다. 그러나 진행 방향에 매우 큰 영향을 주는 요소다.

멀리서 움직이는 자동차를 보자. 자동차가 직선 주로를 최대 속도로 달리건, 커브를 멋지게 돌건, 엔진 동력이 구동바퀴로 전달되어야 움직인다. 동력은 엔진 → 클러치 → 변속기 → 추진축 → 종감속 장치 및 차동 기어장치 → 차축 → 구동바퀴 순서로 전달된다.

멀리 서 있는 우리는 자동차의 성능, 운전자의 운전 습관에 의해 움직이는 자동차의 궤적을 볼 수 있다. 그러나 그 움직임에 영향을 미친 동력 전달 체계는 눈으로 볼 수가 없다.

마찬가지다. 우리는 야구공의 실제 궤적(자동차의 실제 움직임)을 보는 것이지, 그 공의 움직임에 큰 영향을 주는 무브먼트(동력 전달 장치)를 보는 게 아니다. 무브먼트는 시시각각 변하는 값이고, 최첨단 시스템에 의해 고도로 계산된 물리학적인 성질일 뿐이다.

이 책에서는 MLB의 Pfx 중 무브먼트 통계를 냈다.

무브먼트에는 상-하 움직임과 좌-우 움직임이 있다. MLB에서는 포수의 시각을 기준으로 위로 올라가면 +, 아래로 향하면 -, 오른쪽(좌타자 방향)이면 +, 왼쪽(우타자 방향)이면 - 값을 줬다.

하지만 이 책에선 좌우 방향이 바뀐다. 즉, 투수의 시각에서 모든 걸 풀어나갔다. 왜냐하면 투수의 시각은 TV 중계방송의 시각이기 때문이다. 그래서 오른쪽(우타자 방향)이면 +, 왼쪽(좌타자 방향)이면 - 값이다. 여러분이 TV 중계를 시청하는 그대로 보면 된다. 매우 편하다.

그런데 +·- 값은 독자들에게 잘 인식이 되지 않는다. 그래서 화살표와 색으로 쉽게 구분했다. 상하 움직임은 ⬆⬇, 좌우 움직임은 ⬅➡로 표시했다.

무브먼트의 ⬆ 의미를 살펴보자. 포심패스트볼 무브먼트가 ⬆25cm라고 해서 공이 솟아오른다는 뜻이 절대 아니다. 투수의 손을 떠난 공은 중력의 영향을 받아 계속 조금씩 낙하한다. 단지 공 스피드, 회전수, 스핀 방향(역스핀, 탑스핀)에 따라 낙폭이 달라질 뿐이다.

⬆25cm는 포심패스트볼이 '회전하지 않고 중력만 작용하는 가상의 공'에 비해 상대적으로 25cm 더 높은 위치로 간다, 즉 상대적으로 공이 덜 낙하한다는 의미다.

선수들은 타격을 하기 전 각자의 시각으로 공을 본다. 그런데 상승 무브먼트가 매우 큰 패스트볼이 들어올 경우 상대적으로 떠오르는 듯한 '착시 현상'을 일으킨다. 그래서 헛스윙을 하거나 공 밑부분을 건드려 팝-플라이 아웃 당하는 일이 많다.

반대로 대표적인 변화구인 커브는 아래로 떨어지는 성질이 강하기에 ⬇값을 갖는다. 그리고 옆으로 휘어져나가는 슬라이더의 경우 우투수는 ⬅값이, 좌투수는 ➡값이 나온다.

패스트볼의 상승 무브먼트가 크면 실제 공의 궤적은 다른 투수의 패스트볼보다 상대적으로 낙폭이 작다. 흔히들 '라이징 패스트볼'이라고 부른다. 물론 착시 현상이다.

커브의 하강 무브먼트가 크면 다른 투수의 커브 궤적보다 더 많이 떨어진다. 이른바 '12시에서 6시 방향으로 떨어지는 커브' 혹은 '폭포수 커브'라고 부르는 것이다.

우투수 슬라이더 무브먼트가 크면 우타자 바깥쪽(좌타자 몸쪽)으로 더 많이 공이 흐르고, 좌투수 슬라이더의 무브먼트가 크면 좌타자 바깥쪽(우타자 몸쪽)으로 더 크게 빠져나간다.

메이저리그 스카우팅 리포트 2017   47

시각은 투수(TV 중계방송)의 시각

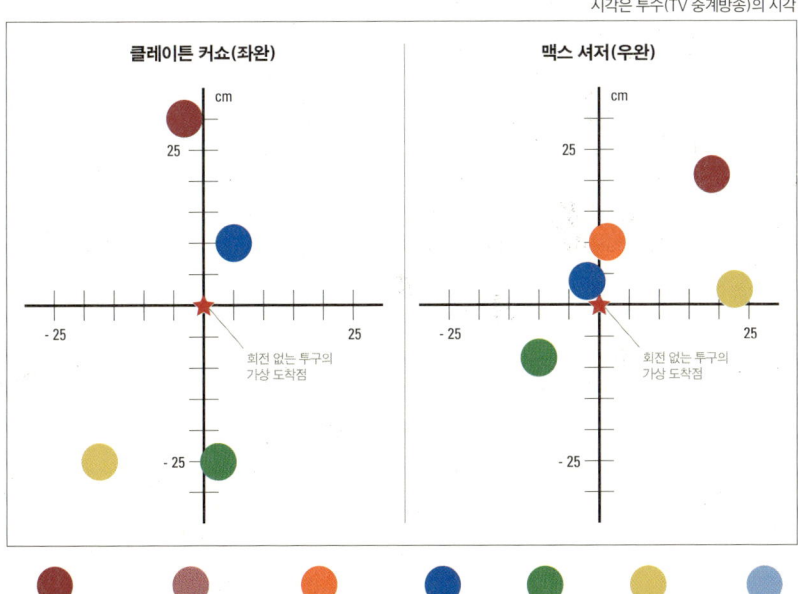

AMERICAN LEAGUE

역대 AL 우승팀

　　　　　　　　　　　　　　　　　　는 1903년부터 시작된 월드시리즈 우승.

연도	우승팀	연도	우승팀
1901	Chicago White Stockings	1959	Chicago White Sox
1902	Philadelphia Athletics	1960	New York Yankees
1903	Boston Americans	1961	New York Yankees
1904	Boston Americans	1962	New York Yankees
1905	Philadelphia Athletics	1963	New York Yankees
1906	Chicago White Sox	1964	New York Yankees
1907	Detroit Tigers	1965	Minnesota Twins
1908	Detroit Tigers	1966	Baltimore Orioles
1909	Detroit Tigers	1967	Boston Red Sox
1910	Philadelphia Athletics	1968	Detroit Tigers
1911	Philadelphia Athletics	1969	Baltimore Orioles
1912	Boston Red Sox	1970	Baltimore Orioles
1913	Philadelphia Athletics	1971	Baltimore Orioles
1914	Philadelphia Athletics	1972	Oakland Athletics
1915	Boston Red Sox	1973	Oakland Athletics
1916	Boston Red Sox	1974	Oakland Athletics
1917	Chicago White Sox	1975	Boston Red Sox
1918	Boston Red Sox	1976	New York Yankees
1919	Chicago White Sox	1977	New York Yankees
1920	Cleveland Indians	1978	New York Yankees
1921	New York Yankees	1979	Baltimore Orioles
1922	New York Yankees	1980	Kansas City Royals
1923	New York Yankees	1981	New York Yankees
1924	Washington Senators	1982	Milwaukee Brewers
1925	Washington Senators	1983	Baltimore Orioles
1926	New York Yankees	1984	Detroit Tigers
1927	New York Yankees	1985	Kansas City Royals
1928	New York Yankees	1986	Boston Red Sox
1929	Philadelphia Athletics	1987	Minnesota Twins
1930	Philadelphia Athletics	1988	Oakland Athletics
1931	Philadelphia Athletics	1989	Oakland Athletics
1932	New York Yankees	1990	Oakland Athletics
1933	Washington Senators	1991	Minnesota Twins
1934	Detroit Tigers	1992	Toronto Blue Jays
1935	Detroit Tigers	1993	Toronto Blue Jays
1936	New York Yankees	1994	선수노조 파업으로 중단
1937	New York Yankees	1995	Cleveland Indians
1938	New York Yankees	1996	New York Yankees
1939	New York Yankees	1997	Cleveland Indians
1940	Detroit Tigers	1998	New York Yankees
1941	New York Yankees	1999	New York Yankees
1942	New York Yankees	2000	New York Yankees
1943	New York Yankees	2001	New York Yankees
1944	St. Louis Browns	2002	Anaheim Angels
1945	Detroit Tigers	2003	New York Yankees
1946	Boston Red Sox	2004	Boston Red Sox
1947	New York Yankees	2005	Chicago White Sox
1948	Cleveland Indians	2006	Detroit Tigers
1949	New York Yankees	2007	Boston Red Sox
1950	New York Yankees	2008	Tampa Bay Rays
1951	New York Yankees	2009	New York Yankees
1952	New York Yankees	2010	Texas Rangers
1953	New York Yankees	2011	Texas Rangers
1954	Cleveland Indians	2012	Detroit Tigers
1955	New York Yankees	2013	Boston Red Sox
1956	New York Yankees	2014	Kansas City Royals
1957	New York Yankees	2015	Kansas City Royals
1958	New York Yankees	2016	Cleveland Indians

AMERICAN LEAGUE
EAST

동부지구는 1강 2중 2약으로 예상이 된다. 1강은 보스턴 레드삭스로 벅홀츠를 보내고 메이저리그 최고의 왼손투수 중의 하나인 크리스 세일을 영입하여 마운드의 높이를 더 강화했다. 2중은 볼티모어와 토론토. 볼티모어는 특별한 전력보강 없이 지난해 대활약을 펼친 마크 트럼보와 재계약에 성공했다. 그러나 토론토 역시 특별한 전력보강을 못한 채 후안 엔카나시온과의 재계약에 실패하며 공격력이 약화되었다. 2약은 뉴욕 양키스와 탬파베이로 두 팀 모두 정상권과의 전력 차가 뚜렷하다. 당장 올해보다는 장래를 내다보며 팀을 리빌딩 중에 있다. 레드삭스는 동부지구를 떠나 아메리칸리그에서 클리블랜드와 월드시리즈 진출을 다툴 만큼 투타에서 리그 최고의 전력을 갖추었다.

최근 3년간 순위

2016

팀	승	패	승률	승차
보스턴	93	69	0.574	--
볼티모어	89	73	0.549	4
토론토	89	73	0.549	4
NY 양키스	84	78	0.519	9
탬파베이	68	94	0.420	25

2015

팀	승	패	승률	승차
토론토	93	69	0.574	--
NY양키스	87	75	0.537	6
볼티모어	81	81	0.5	12
탬파베이	80	82	0.494	13
보스턴	78	84	0.481	15

2014

팀	승	패	승률	승차
볼티모어	96	66	0.593	--
NY양키스	84	78	0.519	12
토론토	83	79	0.512	13
탬파베이	77	85	0.475	19
보스턴	71	91	0.438	25

월드시리즈 **우승 배당률**

※우승 확률이 높을수록 배당률은 낮아짐

BALTIMORE ORIOLES

2016시즌 포스트시즌(와일드카드)에 진출했지만, 힘 한 번 못쓰고 토론토 블루제이스에 패하고 말았다. 메이저리그 팀 홈런(253개) 최고기록을 세우며 막강한 타선을 자랑했지만, 투수진의 약세가 결국 발목을 잡고 말았다. 과연 2017시즌에는 1970년대의 영광을 재현할지 귀추가 주목된다.

BET365	**35배**
	AL 10위, ML 16위
LADBROKES	**40배**
	AL 9위, ML 15위
WILLIAM HILL	**40배**
	AL 9위, ML 15위

BOSTON REDSOX

밤비노의 저주를 푸는 데 성공한 레드삭스는 2년 연속 지구 최하위에서 벗어나 동부지구 우승을 차지하였다. 아쉽게 포스트시즌에서 탈락했지만 절반의 성공을 이룬 한 해였다.

BET365	**6배**
	AL 1위, ML 2위
LADBROKES	**6.5배**
	AL 1위, ML 2위
WILLIAM HILL	**6배**
	AL 1위, ML 2위

NEW YORK YANKEES

한때 "악의 제국"으로 불렸던 뉴욕 양키스의 몰락은 야구는 돈으로만 하는 것이 아니라는 교훈을 남겨 주었다. 그러나 2000년대를 풍미했던 양키스의 화려한 등극은 시간문제일 뿐이다.

BET365	**20배**
	AL 5위, ML 10위
LADBROKES	**22배**
	AL 5위, ML 10위
WILLIAM HILL	**22배**
	AL 5위, ML 10위

TAMPA BAY RAYS

스몰팀의 한계를 극복한다는 것은 매우 어려운 일이다. 그것도 부자 구단이 즐비한 동부지구에서 말이다. 그러나 자금력의 열세를 극복하고 나름대로 선전을 해왔던 템파베이 레이스에도 과연 쨍 하고 해 뜰 날은 돌아올 것인지 그것이 문제로다.

BET365	**80배**
	AL 12위, ML 21위
LADBROKES	**80배**
	AL 11위, ML 19위
WILLIAM HILL	**66배**
	AL 11위, ML 18위

TORONTO BLUE JAYS

연일 5만 관중 앞에서 경기를 한다는 것은 선수들에게 참으로 행복한 일이다. 연일 터지는 다이너마이트 타선은 로저스 센터의 열기를 더욱 고조시켰다. 지난해에 이어 올해는 월드시리즈 챔피언으로 등극할 채비를 갖추고 있다.

BET365	**14배**
	AL 3위, ML 6위
LADBROKES	**18배**
	AL 4위, ML 8위
WILLIAM HILL	**20배**
	AL 4위, ML 9위

BALTIMORE ORIOLES

2016시즌 포스트시즌(와일드카드)에 진출했지만, 힘 한 번 못쓰고 토론토 블루제이스에 패하고 말았다. 메이저 리그 팀 홈런(253개) 최고기록을 세우며 막강한 타선을 자랑했지만, 투수진의 약세가 결국 발목을 잡고 말았다. 과연 2017시즌에는 1970년대의 영광을 재현할지 귀추가 주목된다.

TEAM IMFORMATION

창단 : 1894년
이전 연고지 : 밀워키, 세인트루이스
월드시리즈 우승 : 3회
AL 우승 : 7회
디비전 우승 : 9회
와일드카드 진출 : 3회
구단주 : 피터 앤젤로스
감독 : 벅 쇼월터
단장 : 댄 듀켓

FRANCHISE

UNIFORM

Home / Away

Alternate

MANAGER

Buck Showalter

생년월일 : 1956년 5월 23일
출생지 : 디퍼니악 스프링스(플로리다)
MLB 감독 경력 : 올해로 19년째
뉴욕 양키스(1992년~1995년), 애리조나(1998년~2000년),
텍사스(2003년~2006년), 볼티모어(2010년~현재)
정규시즌 통산 : 1429승 1315패 승률 0.521
포스트시즌 통산 : 9승 14패 승률 0.391
AL 올해의 감독상 : 3회(1994, 2004, 2014년)

LINE-UP

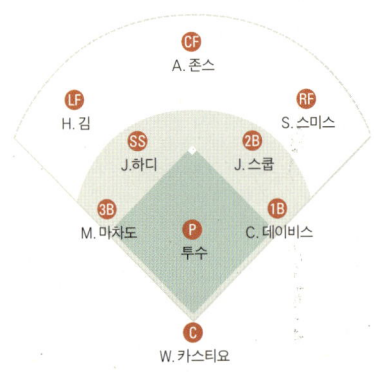

ROTATION	
SP	C. 틸먼
SP	K. 가우즈먼
SP	D. 번디
SP	NW. 마일리
SP	U. 히메네스

BULLPEN	
RP	A. 타바레스
RP	D. 오데이
RP	B. 브락
RP	O. 드레이크
RP	M. 기븐스
RP	D. 하트
CL	Z. 브리튼

BATTING	
1	H. 김
2	A. 존스
3	M. 마차도
4	C. 데이비스
5	M. 트럼보
6	S. 스미스
7	J. 하디
8	W. 카스티요
9	J. 스쿱

UTILITY PLAYERS	
IF	R. 플레허티
IF	T. 만시니
OF	J. 리카드
OF	A. 타바레즈

BALL PARK : Oriole Park at Camden Yards

주소 : 333 West Camden Street Baltimore, Maryland 21201
펜스 거리 : 왼쪽 102m, 좌중간 111m, 중앙 125m,
　　　　　우중간 114m, 오른쪽 97m
펜스 높이 : 왼쪽~좌중간 2.1m, 우중간~오른쪽 7.6m
최초공식경기 : 1992년 4월 6일
잔디 : 켄터키 블루 그래스(천연잔디)
수용 인원 : 4만 5,971명
홈팀 덕아웃 : 1루
파크팩터 : 1.228(MLB 3위)

투수진의 열세를
극복할 비법은 무엇인가?

2016 리뷰
시즌 내내 1위를 질주하다가 후반기에 보스턴 레드삭스에 1위를 내어주고 시즌 막판까지 힘겹게 와일드카드 접전을 벌리다, 극적으로 와일드카드로 포스트시즌에 진출하였으나 허무하게 패배하고 말았다. 제1선발 크리스 틸먼은 16승 6패 방어율 3.77로 선전하였으나, 가야르도, 가우즈먼 히메네스 등 나머지 선발진이 너무 부진하였다. 불펜진은 잭 브리튼의 뛰어난 활약(47세이브)으로 철벽 마무리를 과시했다. 틸먼의 뒤를 이어줄 강력한 2선발의 부재는 시즌 내내 팀의 아킬레스건으로 작용했다. 타선은 팀 홈런이 말해주듯 홈런 숫자(253개)는 리그 최고였지만 팀 타율(0.256)은 리그 15위에 그쳤다. 즉 장타력을 가진 선수는 많으나 정교한 타격을 하는 선수는 드물어 타격의 균형을 이루는 데 실패하였다. 그나마 플래툰시스템의 적용을 받았지만 김현수와 같이 출루율과 타율이 뛰어난 선수를 발굴한 것은 그나마 위안거리였다. 팀의 기둥 매니 마차도의 놀라운 성적(.294, 홈런 37개)과 마크 트럼보(.256 홈런 47개)의 재기는 볼티모어 타선에 힘을 불어주었다. 그러나 크리스 데이비스(.221 홈런 38개)의 득점권에서 타율은 .194로 그쳐 팀에 도움을 주지 못했다. 가장 아쉬운 것은 포스트시즌에서 마무리 잭 브리튼을 기용하지 않았던 일은 두고두고 아쉬움을 갖게 하였다. 볼티모어의 2016시즌은 절반의 성공인 셈이다.

2017 프리뷰
볼티모어의 2017시즌은 매우 힘난할 것으로 보인다. 왜냐하면 같은 리그의 보스턴 레드삭스와 토론토 블루제이스가 대대적인 선수보강을 통하여 투타에서 막강한 전력을 구축하였기 때문이다. 반면에 오리올스는 특별하게 보강된 선수가 없으며, 떠오르는 신인도 눈에 띠지 않는다. 또한 FA가 된 마크 트럼보와 맷 위터스의 자리를 어떻게 메우느냐가 가장 큰 고민이다. 공격력은 여전히 막강한 전력을 유지했으나 문제는 선발진에 대한 보강이 전혀 이루어지지 않았다는 것이다. 또한 팀의 제2 선발 케빈 가우즈먼의 성장속도가 더디어 팀의 불안요소로 자리 잡았다. 3, 4, 5선발 또한 믿음을 주기에는 역부족이다. 그러나 볼티모어 투수진의 강점은 중간계투조와 마무리로 이어지는 불펜의 힘은 타 팀을 압도할 만큼 강력하다. 대런 오데이(방어율 3.77)와 잭 브리튼(방어율 0.54)의 마무리는 리그 최고 수준이며 선발진이 6회까지 자기의 몫을 수행한다면 금상첨화의 결과를 가져올 수도 있다. 타격에서는 여전히 강세이나 특별한 타자보강 없이 포수 에반 게티스(.251 홈런 32개)와 지명타자 페드로 알바레스(.249 홈런 22개)의 트레이드로 홈런과 장타력이 후퇴할 수밖에 없는 상황이다. 2년차 김현수의 리드오프로서의 활약과 주포 크리스 데이비스가 출루율과 타율에서 좋은 성적을 올려준다면, 애덤 존스, 매니 마차도, 크리스 데이비스로 이어지는 타선은 리그에서도 공포의 타선이 될 것이다. 후반기에 포스트시즌 가능성이 열리면 가을야구를 위해 강력한 투수를 트레이드하여 정상에 도전해볼 수 있는 전력임에는 틀림없다.

BALTIMORE ORIOLES

SQUAD LIST
*선수 명단은 2017년 3월 16일 기준 (source : ESPN)

투수

번호	이름	위치	투	타	나이	출생지
64	Jayson Aquino	RP	L	L	24	San Pedro de Macoris, Dominican Republic
90	Tim Berry	SP	L	L	25	San Diego, CA
48	Richard Bleier	RP	L	L	29	North Miami Beach, FL
35	Brad Brach	RP	R	R	30	Freehold, NJ
68	Parker Bridwell	RP	R	R	25	Hereford, TX
53	Zach Britton	RP	L	L	29	Panorama, CA
37	Dylan Bundy	RP	R	B	24	Tulsa, OK
71	Oliver Drake	RP	R	R	30	Worcester, MA
61	Jason Garcia	RP	R	R	24	Bronx, NY
39	Kevin Gausman	SP	R	L	26	Centennial, CO
60	Mychal Givens	RP	R	R	26	Tampa, FL
43	Joe Gunkel	SP	R	R	25	Boynton Beach, FL
58	Donnie Hart	RP	L	L	26	Fulsher, TX
29	Tommy Hunter	RP	R	R	30	Indianapolis, IN
31	Ubaldo Jimenez	SP	R	R	33	Nagua, Dominican Republic
62	Chris Lee	RP	L	L	24	Savannah, GA
65	Jesus Liranzo	RP	R	R	22	La Romana, Dominican Republic
38	Wade Miley	SP	L	L	30	Hammond, LA
52	Vidal Nuno	SP	L	L	29	National City, CA
56	Darren O'Day	RP	R	R	34	Jacksonville, FL
51	Logan Ondrusek	RP	R	R	32	Shiner, TX
30	Chris Tillman	SP	R	R	28	Anaheim, CA
41	Logan Verrett	SP	R	R	26	Corpus Christi, TX
63	Tyler Wilson	SP	R	R	27	Lynchburg, VA
59	Mike Wright	SP	R	R	27	Bennettsville, SC
49	Gabriel Ynoa	SP	R	R	23	La Vega, Dominican Republic

포수

번호	이름	위치	투	타	나이	출생지
29	Welington Castillo	C	R	R	29	San Isidro, Dominican Republic
36	Caleb Joseph	C	R	R	30	Nashville, TN

내야

번호	이름	위치	투	타	나이	출생지
19	Chris Davis	1B	R	L	30	Longview, TX
3	Ryan Flaherty	3B	R	L	30	Portland, ME
2	J.J. Hardy	SS	R	R	34	Tucson, AZ
34	Paul Janish	3B	R	R	34	Houston, TX
13	Manny Machado	3B	R	R	24	Miami, FL
67	Trey Mancini	1B	R	R	24	Winter Haven, FL
6	Jonathan Schoop	2B	R	R	25	Willemstad, Netherlands Antilles

외야

번호	이름	위치	투	타	나이	출생지
17	Dariel Alvarez	RF	R	R	28	Camaguey, Cuba
88	Alex Castellanos	LF	R	R	30	Miami, FL
10	Adam Jones	CF	R	R	31	San Diego, CA
25	Hyun Soo Kim	LF	R	L	29	Seoul, South Korea
23	Joey Rickard	RF	L	R	25	Las Vegas, NV
54	Anthony Santander	LF	R	B	22	Margarita, Venezuela
12	Seth Smith	RF	L	L	34	Jackson, MS
57	Aneury Tavarez	RF	R	L	24	Barrio Obrero, Dominican Republic
45	Mark Trumbo	RF	R	R	31	Anaheim, CA

지명타자

번호	이름	위치	투	타	나이	출생지
24	Pedro Alvarez	DH	R	L	30	Santo Domingo, Dominican Republic

SUMMARY

우타자	좌타자	스위치	우투수	좌투수	평균나이	최연소	최연장
12명	6명	1명	18명	8명	26.6세	22세	34세

BALTIMORE ORIOLES

2017 REGULAR SEASON SCHEDULE

■ 는 홈경기, 시간은 미국 동부시간 기준

날짜	상대팀	경기시간	날짜	상대팀	경기시간	날짜	상대팀	경기시간
Mon, 4/3	Toronto Blue Jays	PM 3:05	Sat, 6/10	New York Yankees	PM 7:15	Mon, 8/14	Seattle Mariners	PM 10:10
Wed, 4/5	Toronto Blue Jays	PM 7:05	Sun, 6/11	New York Yankees	PM 1:05	Tue, 8/15	Seattle Mariners	PM 10:10
Fri, 4/7	New York Yankees	PM 7:05	Mon, 6/12	Chicago White Sox	PM 8:10	Wed, 8/16	Seattle Mariners	PM 3:40
Sat, 4/8	New York Yankees	PM 4:05	Tue, 6/13	Chicago White Sox	PM 8:10	Fri, 8/18	Los Angeles Angels	PM 7:05
Sun, 4/9	New York Yankees	PM 1:35	Wed, 6/14	Chicago White Sox	PM 8:10	Sat, 8/19	Los Angeles Angels	PM 7:05
Tue, 4/11	Boston Red Sox	PM 7:10	Thu, 6/15	Chicago White Sox	PM 2:10	Sun, 8/20	Los Angeles Angels	PM 1:35
Wed, 4/12	Boston Red Sox	PM 7:10	Fri, 6/16	St. Louis Cardinals	PM 7:05	Mon, 8/21	Oakland Athletics	PM 7:05
Thu, 4/13	Toronto Blue Jays	PM 7:07	Sat, 6/17	St. Louis Cardinals	PM 4:05	Tue, 8/22	Oakland Athletics	PM 7:05
Fri, 4/14	Toronto Blue Jays	PM 7:07	Sun, 6/18	St. Louis Cardinals	PM 1:35	Wed, 8/23	Oakland Athletics	PM 3:05
Sat, 4/15	Toronto Blue Jays	PM 1:07	Mon, 6/19	Cleveland Indians	PM 7:05	Fri, 8/25	Boston Red Sox	PM 7:10
Sun, 4/16	Toronto Blue Jays	PM 1:07	Tue, 6/20	Cleveland Indians	PM 7:05	Sat, 8/26	Boston Red Sox	PM 4:05
Tue, 4/18	Cincinnati Reds	PM 7:10	Wed, 6/21	Cleveland Indians	PM 7:05	Sun, 8/27	Boston Red Sox	PM 1:35
Wed, 4/19	Cincinnati Reds	PM 7:10	Thu, 6/22	Cleveland Indians	PM 7:05	Mon, 8/28	Seattle Mariners	PM 7:05
Thu, 4/20	Cincinnati Reds	PM 7:10	Fri, 6/23	Tampa Bay Rays	PM 7:10	Tue, 8/29	Seattle Mariners	PM 7:05
Fri, 4/21	Boston Red Sox	PM 7:05	Sat, 6/24	Tampa Bay Rays	PM 4:10	Wed, 8/30	Seattle Mariners	PM 3:05
Sat, 4/22	Boston Red Sox	PM 7:05	Sun, 6/25	Tampa Bay Rays	PM 1:10	Thu, 8/31	Toronto Blue Jays	PM 7:05
Sun, 4/23	Boston Red Sox	PM 1:35	Tue, 6/27	Toronto Blue Jays	PM 7:07	Fri, 9/1	Toronto Blue Jays	PM 7:05
Mon, 4/24	Tampa Bay Rays	PM 7:05	Wed, 6/28	Toronto Blue Jays	PM 7:07	Sat, 9/2	Toronto Blue Jays	PM 7:05
Tue, 4/25	Tampa Bay Rays	PM 7:05	Thu, 6/29	Toronto Blue Jays	PM 7:07	Sun, 9/3	Toronto Blue Jays	PM 1:35
Wed, 4/26	Tampa Bay Rays	PM 7:05	Fri, 6/30	Tampa Bay Rays	PM 7:05	Mon, 9/4	New York Yankees	PM 1:35
Fri, 4/28	New York Yankees	PM 7:05	Sat, 7/1	Tampa Bay Rays	PM 4:05	Tue, 9/5	New York Yankees	PM 7:05
Sat, 4/29	New York Yankees	PM 1:05	Sun, 7/2	Tampa Bay Rays	PM 1:35	Wed, 9/6	New York Yankees	PM 7:05
Sun, 4/30	New York Yankees	PM 1:05	Mon, 7/3	Milwaukee Brewers	PM 7:05	Fri, 9/8	Cleveland Indians	PM 7:10
Mon, 5/1	Boston Red Sox	PM 7:05	Tue, 7/4	Milwaukee Brewers	PM 4:10	Sat, 9/9	Cleveland Indians	PM 7:05
Tue, 5/2	Boston Red Sox	PM 7:10	Wed, 7/5	Milwaukee Brewers	PM 8:10	Sun, 9/10	Cleveland Indians	PM 1:10
Wed, 5/3	Boston Red Sox	PM 7:10	Thu, 7/6	Minnesota Twins	PM 8:10	Mon, 9/11	Toronto Blue Jays	PM 7:07
Thu, 5/4	Boston Red Sox	PM 7:10	Fri, 7/7	Minnesota Twins	PM 8:10	Tue, 9/12	Toronto Blue Jays	PM 7:07
Fri, 5/5	Chicago White Sox	PM 7:05	Sat, 7/8	Minnesota Twins	PM 2:10	Wed, 9/13	Toronto Blue Jays	PM 7:07
Sat, 5/6	Chicago White Sox	PM 7:05	Sun, 7/9	Minnesota Twins	PM 2:10	Thu, 9/14	New York Yankees	PM 7:05
Sun, 5/7	Chicago White Sox	PM 1:35	Fri, 7/14	Chicago Cubs	PM 7:05	Fri, 9/15	New York Yankees	PM 7:05
Mon, 5/8	Washington Nationals	PM 7:05	Sat, 7/15	Chicago Cubs	PM 7:05	Sat, 9/16	New York Yankees	PM 4:05
Tue, 5/9	Washington Nationals	PM 7:05	Sun, 7/16	Chicago Cubs	PM 1:35	Sun, 9/17	New York Yankees	PM 1:05
Wed, 5/10	Washington Nationals	PM 7:05	Mon, 7/17	Texas Rangers	PM 7:05	Mon, 9/18	Boston Red Sox	PM 7:05
Thu, 5/11	Washington Nationals	PM 7:05	Tue, 7/18	Texas Rangers	PM 7:05	Tue, 9/19	Boston Red Sox	PM 7:05
Fri, 5/12	Kansas City Royals	PM 8:15	Wed, 7/19	Texas Rangers	PM 7:05	Wed, 9/20	Boston Red Sox	PM 7:05
Sat, 5/13	Kansas City Royals	PM 7:15	Thu, 7/20	Texas Rangers	PM 7:05	Thu, 9/21	Tampa Bay Rays	PM 7:05
Sun, 5/14	Kansas City Royals	PM 2:15	Fri, 7/21	Houston Astros	PM 7:05	Fri, 9/22	Tampa Bay Rays	PM 7:05
Tue, 5/16	Detroit Tigers	PM 7:10	Sat, 7/22	Houston Astros	PM 7:05	Sat, 9/23	Tampa Bay Rays	PM 7:05
Wed, 5/17	Detroit Tigers	PM 7:10	Sun, 7/23	Houston Astros	PM 1:35	Sun, 9/24	Tampa Bay Rays	PM 1:35
Thu, 5/18	Detroit Tigers	PM 1:10	Mon, 7/24	Tampa Bay Rays	PM 7:10	Tue, 9/26	Pittsburgh Pirates	PM 7:05
Fri, 5/19	Toronto Blue Jays	PM 7:05	Tue, 7/25	Tampa Bay Rays	PM 7:10	Wed, 9/27	Pittsburgh Pirates	PM 7:05
Sat, 5/20	Toronto Blue Jays	PM 4:05	Wed, 7/26	Tampa Bay Rays	PM 12:10	Fri, 9/29	Tampa Bay Rays	PM 7:10
Sun, 5/21	Toronto Blue Jays	PM 1:35	Fri, 7/28	Texas Rangers	PM 8:05	Sat, 9/30	Tampa Bay Rays	PM 6:10
Mon, 5/22	Minnesota Twins	PM 7:05	Sat, 7/29	Texas Rangers	PM 8:05	Sun, 10/1	Tampa Bay Rays	PM 3:10
Tue, 5/23	Minnesota Twins	PM 7:05	Sun, 7/30	Texas Rangers	PM 3:05			
Wed, 5/24	Minnesota Twins	PM 12:35	Mon, 7/31	Kansas City Royals	PM 7:05			
Fri, 5/26	Houston Astros	PM 8:10	Tue, 8/1	Kansas City Royals	PM 7:05			
Sat, 5/27	Houston Astros	PM 7:15	Wed, 8/2	Kansas City Royals	PM 7:05			
Sun, 5/28	Houston Astros	PM 2:05	Thu, 8/3	Detroit Tigers	PM 7:05			
Mon, 5/29	New York Yankees	PM 1:05	Fri, 8/4	Detroit Tigers	PM 7:05			
Tue, 5/30	New York Yankees	PM 7:05	Sat, 8/5	Detroit Tigers	PM 7:05			
Wed, 5/31	New York Yankees	PM 7:05	Sun, 8/6	Detroit Tigers	PM 1:35			
Thu, 6/1	Boston Red Sox	PM 7:05	Mon, 8/7	Los Angeles Angels	PM 10:07			
Fri, 6/2	Boston Red Sox	PM 7:05	Tue, 8/8	Los Angeles Angels	PM 10:07			
Sat, 6/3	Boston Red Sox	PM 7:15	Wed, 8/9	Los Angeles Angels	PM 3:37			
Sun, 6/4	Boston Red Sox	PM 1:35	Thu, 8/10	Oakland Athletics	PM 10:05			
Tue, 6/6	Pittsburgh Pirates	PM 7:05	Fri, 8/11	Oakland Athletics	PM 10:05			
Wed, 6/7	Pittsburgh Pirates	PM 7:05	Sat, 8/12	Oakland Athletics	PM 9:05			
Fri, 6/9	New York Yankees	PM 7:35	Sun, 8/13	Oakland Athletics	PM 4:05			

BALTIMORE ORIOLES

■ 15% 이상　■ 12–14%　■ 9–11%　■ 6–8%　■ 3–5%　□ 2% 이하

SP　Chris TILLMAN
크리스 틸먼　NO.30

우투우타　1988년 4월 15일　196cm, 95kg　*는 낮을수록 좋은 기록임

시즌	경기	이닝	피안타	피홈런	볼넷	탈삼진	승-패-세-홀	평균자책	구분	기록	MLB
2016	30	172.0	155	19	66	140	16-6-0-0	.377	평균자책*	.377	.415
통산	179	1025.1	975	134	368	771	72-48-0-0	.413	탈삼진 / 9	7.33	8.10
									볼넷 / 9*	3.45	3.14
									탈삼진 / 볼넷	2.12	2.58
									피홈런 / 9*	0.99	1.17
									피안타율*	0.241	0.252
									WHIP*	1.28	1.32
									잔루율	77.0%	72.9%
									FIP*	4.23	4.24

PITCHING ZONE

PITCHING REPERTORY / VELOCITY km/h **/ MOVEMENT** cm

구종	평균	전체	초구	2-2	좌타자	우타자	피타율	상하	좌우
포심패스트볼	148	46%	48%	42%	48%	44%	0.258	↑28	→7
투심 / 싱커	148	15%	15%	15%	14%	15%	0.288	↑23	→17
컷패스트볼	139	11%	11%	14%	7%	6%	0.216	↑5	←8
슬라이더	135	0%	1%	0%	0%	1%	0.600	↓3	←8
커브	122	13%	17%	10%	15%	12%	0.274	↓26	←11
체인지업	135	14%	13%	19%	14%	13%	0.218	↑19	→14
스플리터	–	–	–	–	–	–	–		

홈 ERA 4.61　원정 ERA 2.97
VS. 좌타 4.15　VS. 우타 3.45
VS. 추신수 8타수 2안타 1홈런 타율 .250
VS. 박병호 1타수 무안타

팀의 실질적인 에이스다. 포심 패스트볼의 평균구속은 149km/h이고, 너클커브와 체인지업, 커터, 슬라이더까지 다양한 구질을 던진다. 패스트볼의 움직임이 좋고 볼 끝이 살아 있어 타자들이 공략하기에 애를 먹는다. 주자견제 능력도 뛰어나며 2015년(11승 11패, 방어율 4.99)에 비해 승수와 방어율에서 월등하게 좋아졌다. 2017년 볼티모어의 포스트 진출 여부는 틸먼의 활약에 달려 있다고 해도 과언이 아니다.

SP　Kevin GAUSMAN
케빈 가우즈먼　NO.39

우투좌타　1991년 1월 6일　190cm, 86kg　*는 낮을수록 좋은 기록임

시즌	경기	이닝	피안타	피홈런	볼넷	탈삼진	승-패-세-홀	평균자책	구분	기록	MLB
2016	30	179.2	183	28	47	147	9-12-0-0	.361	평균자책*	.361	.415
통산	95	453.0	454	60	127	414	23-31-0-0	.397	탈삼진 / 9	8.72	8.10
									볼넷 / 9*	2.35	3.14
									탈삼진 / 볼넷	3.70	2.58
									피홈런 / 9*	1.40	1.17
									피안타율*	0.260	0.252
									WHIP*	1.28	1.32
									잔루율	81.2%	72.9%
									FIP*	4.10	4.24

PITCHING ZONE

PITCHING REPERTORY / VELOCITY km/h **/ MOVEMENT** cm

구종	평균	전체	초구	2-2	좌타자	우타자	피타율	상하	좌우
포심패스트볼	154	63%	62%	66%	63%	67%	0.261	↑26	→15
투심 / 싱커	151	4%	4%	2%	4%	2%	0.258	↑20	→20
컷패스트볼	–	–	–	–	–	–	–		
슬라이더	132	0%	5%	2%	2%	5%	0.500	↓1	←5
커브	129	12%	11%	4%	4%	11%	0.330	↓5	←5
체인지업	141	2%	3%	3%	2%	2%	0.375	↑21	→18
스플리터	137	18%	14%	23%	24%	12%	0.204	↑10	→19

홈 ERA 2.67　원정 ERA 4.32
VS. 좌타 3.14　VS. 우타 4.04
VS. 추신수 8타수 2안타 1홈런 타율 .250
VS. 박병호 3타수 무안타

2012년 1라운드 4위로 지명되어 2013년 5월 23일에 빅리그에 데뷔했다. 포심 패스트볼의 평균구속이 153km/h이다. 그러나 구위에 비해 지난 4년간의 성적은 평균 이하의 투구를 보여주고 있다. 그나마 2016시즌에는 발전된 모습을 보여주었으나 가야르도가 떠난 2선발 자리를 유지하기 위해서는 더욱 분발해야만 한다. 새로 개발한 스플리터가 빛을 발하며 좌타자에 대한 적응력은 개선되었으나 고질적인 1회 부진을 어떻게 극복할지 주목된다.

BALTIMORE ORIOLES

■ 15% 이상　■ 12–14%　■ 9–11%　■ 6–8%　■ 3–5%　□ 2% 이하

RP Dylan BUNDY
딜런 번디
NO.37

우투양타　1992년 11월 15일　186cm, 91kg　*는 낮을수록 좋은 기록임

시즌	경기	이닝	피안타	피홈런	볼넷	탈삼진	승-패-세-홀	평균자책	구분	기록	MLB
2016	36	109.2	183	18	42	104	10-6-0-3	.402	평균자책*	.402	.415
통산	38	111.1	454	18	43	104	10-6-0-3	.396	탈삼진 / 9	8.53	8.10
									볼넷 / 9*	3.45	3.14
									탈삼진 / 볼넷	2.48	2.58
									피홈런 / 9*	1.48	1.17
									피안타율*	0.256	0.252
									WHIP*	1.48	1.32
									잔루율	79.7%	72.9%
									FIP*	4.70	4.24

PITCHING ZONE (좌타자·몸쪽 / 우타자·몸쪽)

PITCHING REPERTORY / VELOCITY km/h　MOVEMENT cm

구종	평균	전체	초구	2-2	좌타자	우타자	피타율	상하	좌우
포심패스트볼	152	57%	54%	51%	54%	60%	0.262	↑29	→11
투심 / 싱커	151	4%	4%	5%	6%	3%	0.500	↑23	→18
컷패스트볼	–	–	–	–	–	–	–		
슬라이더	–	–	–	–	–	–	–		
커브	124	18%	25%	16%	13%	23%	0.196	↓17	→15
체인지업	137	20%	17%	29%	27%	13%	0.220	↑14	→19
스플리터	–	–	–	–	–	–	–		

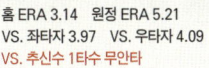

홈 ERA 3.14　원정 ERA 5.21
VS. 좌타자 3.97　VS. 우타자 4.09
VS. 추신수 1타수 무안타

2011년 1라운드 4번째로 지명되어 2012년 9월 23일 빅리그에 데뷔하였다. 3년간 만년 유망주라는 꼬리표를 달고 다닌 딜런 번디는 수술을 하기 전 150km/h 중반대의 패스트볼(최대 158km/h)을 던졌고, 수준급의 커브와 체인지업을 구사했다. 특히 체인지업은 2012년 시즌 동안 엄청난 발전을 보인 구질이었다. 현재는 평균구속 152km/h의 포심 패스트볼을 보유하였으며 2016시즌에는 좋은 투구를 보여주었다. 그러나 주자가 출루 시 득점권 방어율이 8.46을 기록했다.

SP Wade MILEY
웨이드 마일리
NO.38

좌투좌타　1986년 11월 13일　183cm, 100kg　*는 낮을수록 좋은 기록임

시즌	경기	이닝	피안타	피홈런	볼넷	탈삼진	승-패-세-홀	평균자책	구분	기록	MLB
2016	30	166.0	187	25	49	137	9-13-0-0	.537	평균자책*	.537	.415
통산	168	988.1	1037	106	309	783	58-59-0-0	.418	탈삼진 / 9	7.53	8.10
									볼넷 / 9*	2.66	3.14
									탈삼진 / 볼넷	2.80	2.58
									피홈런 / 9*	1.36	1.17
									피안타율*	0.285	0.252
									WHIP*	1.42	1.32
									잔루율	68.6%	72.9%
									FIP*	4.45	4.24

PITCHING ZONE (좌타자·몸쪽 / 우타자·몸쪽)

PITCHING REPERTORY / VELOCITY km/h　MOVEMENT cm

구종	평균	전체	초구	2-2	좌타자	우타자	피타율	상하	좌우
포심패스트볼	146	28%	30%	22%	29%	28%	0.298	↑26	←10
투심 / 싱커	146	26%	32%	19%	23%	26%	0.291	↑22	←6
컷패스트볼	141	3%	2%	3%	2%	3%	0.220	↑12	←1
슬라이더	135	15%	8%	26%	31%	11%	0.246	↑1	→3
커브	124	10%	15%	10%	13%	9%	0.276	↓15	→5
체인지업	133	18%	13%	20%	2%	23%	0.266	↑17	→24
스플리터	–	–	–	–	–	–	–		

홈 ERA 5.17　원정 ERA 7.24
VS. 좌타자 1.74　VS. 우타자 7.21
VS. 추신수 11타수 3안타 타율 2.73
VS. 강정호 2타수 무안타

마일리는 2008년 1라운드 43번째로 애리조나에 지명되었으며, 2011년 빅리그에 데뷔하여 2016년 후반기에 볼티모어로 이적했다. 146km/h의 포심 패스트볼과 커브, 체인지업을 구사한다. 130km/h 초반대의 변화구를 구사한다. 그의 비밀병기는 고속 슬라이더이다. 구속보다는 제구력에 신경을 써며 2012년에는 올스타에 선정되기도 할 만큼 좋은 구위를 보여주었으나 2014년부터 제구가 급격히 떨어져 결국 방출당한 뒤 볼티모어에서도 평균 이하의 성적에 그치고 있다.

BALTIMORE ORIOLES

■ 15% 이상   ■ 12-14%   ■ 9-11%   ■ 6-8%   ■ 3-5%   □ 2% 이하

홈 ERA 5.83   원정 ERA 4.91
VS. 좌타자 3.86   VS. 우타자 5.00
VS. 추신수 12타수 2안타 1홈런 타율1.67
VS. 박병호 2타수 무안타

SP Ubaldo JIMÉNEZ
우발도 히메네스   NO.31

우투우타   1984년 1월 22일   196cm, 95kg   *는 낮을수록 좋은 기록임

시즌	경기	이닝	피홈런	볼넷	탈삼진	승-패-세-홀	평균자책	구분	기록	MLB
2016	29	142.1	150	16	72	125	8-12-1-0	.544	평균자책*	.544	.415
통산	298	1727.1	1588	153	790	1581	108-106-1-1	.413	탈삼진 / 9	7.90	8.10
									볼넷 / 9*	4.55	3.14
									탈삼진 / 볼넷	1.74	2.58
									피홈런 / 9*	1.01	1.17
									피안타율	0.266	0.252
									WHIP	1.56	1.32
									잔루율	65.1	72.9%
									FIP*	4.43	4.24

PITCHING REPERTORY / VELOCITY km/h **/ MOVEMENT** cm

구종	평균	전체	초구	2-2	좌타자	우타자	피타율	상하	좌우
포심패스트볼	147	12%	5%	16%	12%	13%	0.187	↑26	→11
투심 / 싱커	146	46%	48%	33%	42%	49%	0.299	↑21	→19
컷패스트볼	142	1%	1%	1%	2%	1%	0.167	↑19	→2
슬라이더	134	15%	20%	13%	13%	17%	0.247	↑8	←12
커브	122	6%	11%	3%	7%	5%	0.312	↓13	→19
체인지업	134	1%	0%	0%	0%	0%	0.143	↑23	→20
스플리터	136	19%	13%	34%	23%	15%	0.227	↑10	→16

145km/h의 투심 패스트볼과 스플리터, 슬라이더, 커브를 섞어 던진다. 볼이 긁히는 날에는 언터처블이지만 문제는 들쑥날쑥한 제구로 팬들과 코치진의 인내심을 요한다. 특히 스플리터는 경쟁력이 있는 구질이지만 스플리터를 활용할 볼카운트를 유리하게 끌고 가야 하지만 불리한 볼카운트에서 스플리터의 사용은 경쟁력을 가질 수가 없다. 2016시즌에는 피홈런 숫자는 줄어들었지만 고질적인 제구력 난조로 방어율이 5점대까지 치솟아 여전히 5선발로도 불안감을 자울 수 없다.

홈 ERA 3.15   원정 ERA 4.91
VS. 좌타자 3.86   VS. 우타자 3.74
VS. 추신수 2타수 2안타 1홈런 타율1.000
VS. 박병호 1타수 무안타

RP Darren O'DAY
대런 오데이   NO.56

우투우타   1982년 10월 22일   193cm, 100kg   *는 낮을수록 좋은 기록임

시즌	경기	이닝	피홈런	볼넷	탈삼진	승-패-세-홀	평균자책	구분	기록	MLB
2016	34	31.0	25	6	13	38	3-1-3-10	.377	평균자책*	.377	.415
통산	493	474.2	360	47	124	469	34-14-17-133	.413	탈삼진 / 9	7.90	8.10
									볼넷 / 9*	4.55	3.14
									탈삼진 / 볼넷	1.74	2.58
									피홈런 / 9*	1.01	1.17
									피안타율	0.266	0.252
									WHIP	1.56	1.32
									잔루율	65.1	72.9%
									FIP*	4.43	4.24

PITCHING REPERTORY / VELOCITY km/h **/ MOVEMENT** cm

구종	평균	전체	초구	2-2	좌타자	우타자	피타율	상하	좌우
포심패스트볼	141	32%	12%	51%	41%	27%	0.124	↑10	→18
투심 / 싱커	140	23%	39%	13%	28%	20%	0.291	↓9	→21
컷패스트볼									
슬라이더	129	44%	49%	36%	30%	53%	0.226	↑4	←11
커브									
체인지업	128	0%	0%	0%	0%	0%	0.000	↓13	→13
스플리터									

평균구속이 140km/h에 불과해도 메이저리그에서 드문 사이드암 투수다. 슬라이더와 패스트볼이 주무기다. 특히 패스트볼은 무브먼트가 좋고 제구력이 뛰어나 타자들은 높은 패스트볼에 당하기 일쑤다. 그러나 2016시즌에는 1점대 방어율에서 3점대 방어율로 치솟아 불안감을 드리웠다. 마무리 잭 브리튼과 함께 볼티모어 뒷문을 책임지는 중요한 임무를 수행하기 때문에 2017시즌에는 다시 1점대 방어율로 회귀할지 궁금한 대목이다.

BALTIMORE ORIOLES

■ 15% 이상　■ 12–14%　■ 9–11%　■ 6–8%　■ 3–5%　□ 2% 이하

홈 ERA 2.01　원정 ERA 2.09
VS. 좌타자 2.78　VS. 우타자 1.54
VS. 추신수 2타수 무안타
VS. 박병호 1타수 무안타

RP Brad BRACH
브래드 브락　 NO.35

우투우타　1986년 4월 12일　198cm, 98kg　*는 낮을수록 좋은 기록임

시즌	경기	이닝	피안타	피홈런	볼넷	탈삼진	승-패-세-홀	평균자책	구분	기록	MLB
2016	71	79.0	57	7	25	92	10-4-2-24	.205	평균자책*	.205	.415
통산	288	325.1	257	34	147	325	25-14-3-64	.296	탈삼진 / 9	10.48	8.10
									볼넷 / 9*	2.85	3.14
									탈삼진 / 볼넷	3.68	2.58
									피홈런 / 9*	0.08	1.17
									피안타율*	0.199	0.252
									WHIP*	1.04	1.32
									잔루율	81.7	72.9%
									FIP*	2.92	4.24

PITCHING REPERTORY / VELOCITY km/h **/ MOVEMENT** cm

구종	평균	전체	초구	2-2	좌타자	우타자	피안타율	상하	좌우
포심패스트볼	153	54%	50%	62%	50%	58%	0.183	↑ 21	→ 12
투심 / 싱커	151	6%	11%	1%	11%	2%	0.370	↑ 15	→ 22
컷패스트볼	–	–	–	–	–	–	–	–	–
슬라이더	139	15%	21%	10%	8%	22%	0.259	↑ 2	← 7
커브	–	–	–	–	–	–	–	–	–
체인지업	140	24%	19%	27%	31%	18%	0.192	↑ 1	→ 23
스플리터	–	–	–	–	–	–	–	–	–

2011년 샌디에이고에서 활약하다가 2014년 볼티모어로 와서 방어율이 해가 갈수록 좋아지고 있다. 157km/h의 강력한 직구를 바탕으로 빠른 공으로 승부를 즐기며 스플리터는 좌타에게 효과적이다. 또한 해가 갈수록 직구의 구속이 올라가는 것도 고무적인 현상이다. 그러나 제구의 불안으로 볼넷이 다소 많은 것이 흠이다. 오데이와 잭 브리튼 앞에 출전하여 볼티모어 필승 계투진의 한 축을 담당하고 있다.

홈 ERA 2.48　원정 ERA 3.89
VS. 좌타자 5.68　VS. 우타자 2.26
VS. 추신수 2타수 무안타
VS. 박병호 1타수 무안타

RP Mychal GIVENS
마이칼 기븐스　  NO.60

우투우타　1990년 5월 13일　183cm, 94kg　*는 낮을수록 좋은 기록임

시즌	경기	이닝	피안타	피홈런	볼넷	탈삼진	승-패-세-홀	평균자책	구분	기록	MLB
2016	66	74.2	59	6	36	96	8-2-0-13	.313	평균자책*	.313	.415
통산	88	104.2	79	7	42	134	10-2-0-17	.275	탈삼진 / 9	11.57	8.10
									볼넷 / 9*	4.34	3.14
									탈삼진 / 볼넷	2.67	2.58
									피홈런 / 9*	0.72	1.17
									피안타율*	0.218	0.252
									WHIP*	1.31	1.32
									잔루율	78.8	72.9%
									FIP*	3.31	4.24

PITCHING REPERTORY / VELOCITY km/h **/ MOVEMENT** cm

구종	평균	전체	초구	2-2	좌타자	우타자	피안타율	상하	좌우
포심패스트볼	153	63%	61%	58%	68%	60%	0.224	↑ 16	→ 10
투심 / 싱커	152	1%	1%	0%	1%	0%	0.500	↑ 2	→ 20
컷패스트볼	–	–	–	–	–	–	–	–	–
슬라이더	138	30%	33%	37%	14%	38%	0.171	↑ 2	← 8
커브	–	–	–	–	–	–	–	–	–
체인지업	138	6%	5%	4%	17%	2%	0.235	↓ 6	→ 16
스플리터	–	–	–	–	–	–	–	–	–

2010년 2라운드 54번째로 지명되어 2015년 6월 24일에 빅리그에 데뷔하였다. 처음에는 유격수로 입단하였으나 활약이 미미하여 투수로 전향하여 가능성을 보인 선수다. 사이드암의 투수로 평균구속 152km/h의 패스트볼과 각도 큰 슬라이더를 던진다. 제구에 약점이 있지만 나날이 향상되고 있다. 2016시즌에는 방어율이 3점대로 올랐지만 볼티모어의 비밀병기로 올해 눈여겨보아야 할 선수다.

BALTIMORE ORIOLES

Zach BRITTON
잭 브리튼

NO. 53

좌투좌타　1987년 12월 22일　190cm, 89kg

*는 낮을수록 좋은 기록임

시즌	경기	이닝	피안타	피홈런	볼넷	탈삼진	승-패-세-홀	평균자책	구분	기록	MLB
2016	69	67.0	38	1	18	74	2-1-47-0	0.54	평균자책*	0.54	.415
통산	252	463.2	410	30	166	383	27-21-120-7	.324	탈삼진 / 9	9.94	8.10
									볼넷 / 9*	2.42	3.14
									탈삼진 / 볼넷	4.11	2.58
									피홈런 / 9*	0.13	1.17
									피안타율*	0.161	0.252
									WHIP*	0.84	1.32
									잔루율	89.7	72.9%
									FIP*	1.94	4.24

PITCHING ZONE

PITCHING REPERTORY / VELOCITY km/h **/ MOVEMENT** cm

구종	평균	전체	초구	2-2	좌타자	우타자	피타율	상하	좌우
포심패스트볼	–	–	–	–	–	–	–		
투심 / 싱커	156	91%	90%	95%	88%	92%	0.197	↑ 9	← 20
컷패스트볼	–	–	–	–	–	–	–		
슬라이더	133	0%	0%	0%	0%	0%	0.000	↓ 6	→ 10
커브	134	9%	10%	5%	12%	8%	-0.103	↓ 8	→ 12
체인지업									
스플리터									

홈 ERA 0.26　원정 ERA 0.84
VS. 좌타자 0.00　VS. 우타자 0.70
VS. 추신수 9타수 1안타 타율 .111
VS. 박병호 2타수 무안타

2011년 빅리그에 데뷔하여 선발로 재미를 못 보고 2014 마무리로 전향 후 메이저리그에서도 가장 강력한 마무리 투수가 되었다. 160km/h의 강력한 직구와 무브먼트를 앞세운 싱커는 메이저리그 최고로 불린다. 또한 슬라이더도 위력적이다. 특히 2016시즌은 0점대 방어율을 기록하며 최고의 마무리로 군림하였다. 선발진의 열세를 마무리로 극복한 볼티모어의 수호신이다.

Welington CASTILLO
웰링턴 카스티요

NO. 29

우투우타　1987년 4월 24일　178cm, 100kg

*는 낮을수록 좋은 기록임

시즌	타수	안타	홈런	타점	볼넷	도루	타율	출루율	장타율	구분	기록	MLB
2016	416	110	14	68	33	2	.264	.322	.423	타율	0.264	.255
통산	1721	438	60	230	136	4	.255	.318	.416	출루율	0.322	0.322
										장타율	0.423	0.417
										볼넷%	7.2	8.2
										삼진%	26.5	21.1
										볼넷 / 삼진	0.27	0.39
										순장타율	1.59	0.162
										BABIP	3.37	3.00
										wOBA	3.19	0.318

VS. 패스트볼　　**VS. 변화구**

*5타수 미만은 색을 표시하지 않았음. ● ● Ball zone

SPRAY ZONE
3
9　　32%　　2
45%　　22%
홈런
타구분포 %

BATTED BALL

항목	비율
볼존 공격률	28%
S존 공격률	62%
볼존 컨택트율	57%
S존 컨택트율	83%
라인드라이브	25%
그라운드볼	42%
플라이볼	33%

DEFENSE

위치	자살	보살	실책	수비율
C	799	72	7	0.992

홈타율 .262　원정타율 .267
VS. 좌투수 .262 VS. 우투수 .267
득점권 .294　L/C .256

2010년 8월 11일 시카고 컵스에서 빅리그에 데뷔하였다. 주로 백업포수로 10년간 활약하다가 2016년 스토브리그 때 볼티모어로 이적하였다. 주전포수였던 맷 위터스의 이적으로 주전포수 자리를 꿰차게 되었다. 공격형 포수이며 포수수비도 안정적이다. 2016시즌에는 38%의 도루 저지율을 기록했다. 맷 위터스에 비해 공격력이 떨어지지만 공격력을 상쇄하고도 남을 수비력이 좋기 때문에 공격력이 조금만 좋아진다면 팀의 전력에 긍정적인 요소로 볼 수 있다.

BALTIMORE ORIOLES

Caleb JOSEPH — NO.36
C 칼렙 조지프

우투우타   1986년 6월 18일   191cm, 82kg   *는 낮을수록 좋은 기록임

시즌	타수	안타	홈런	타점	볼넷	도루	타율	출루율	장타율	구분	기록	MLB
2016	132	23	0	7	0	0	.174	.216	.197	타율	0.174	0.255
통산	698	149	20	77	51	0	.213	.271	.342	출루율	0.216	0.322
										장타율	0.197	0.417
										볼넷%	5.0	8.2
										삼진%*	19.9	21.1
										볼넷/삼진	0.25	0.39
										순장타율	0.023	0.162
										BABIP	0.221	3.00
										wOBA	0.188	0.318

홈타율 .183   원정타율 .167
VS. 좌투수 .083   VS. 우투수 .208
득점권 .294   L/C .250

SPRAY ZONE — 타구분포 %: 좌 32%, 중 33%, 우 35%, 홈런 0, 0, 0

BATTED BALL
항목	비율
볼존 공격률	36%
S존 공격률	67%
볼존 컨택트율	60%
S존 컨택트율	89%
라인드라이브	19%
그라운드볼	41%
플라이볼	39%

DEFENSE
위치	자살	보살	실책	수비율
C	322	24	2	0.994
1B	1	0	0	1.000

2014년 5월 7일 데뷔하여 주로 백업포수로 활약하였다. 2015년 토미 존 수술을 받았으며 지난 3시즌 동안 출장시간이 짧았으며 공격력에 심각한 문제점을 드러냈다. 전형적인 수비형 포수이며 리그 평균 수준의 도루 저지력을 갖고 있다. 그는 2015시즌 100게임에 출장하여 .234/.299/.394(타율/출루율/장타율) 데뷔 이래 가장 좋은 성적을 기록했다.

Chris DAVIS — NO.19
1B 크리스 데이비스

우투좌타   1986년 3월 17일   190cm, 104kg   *는 낮을수록 좋은 기록임

시즌	타수	안타	홈런	타점	볼넷	도루	타율	출루율	장타율	구분	기록	MLB
2016	566	125	38	84	88	1	.221	.216	.459	타율	0.221	0.255
통산	3693	922	241	633	411	16	.213	.250	.499	출루율	0.332	0.322
										장타율	0.459	0.417
										볼넷%	13.2	8.2
										삼진%*	32.9	21.1
										볼넷/삼진	0.40	0.39
										순장타율	0.239	0.162
										BABIP	0.279	3.00
										wOBA	0.340	0.318

홈타율 .196   원정타율 .244
VS. 좌투수 .216   VS. 우투수 .223
득점권 .194   L/C .246
VS. 류현진 3타수 2안타 타율 .667

SPRAY ZONE — 타구분포 %: 좌 23%, 중 36%, 우 42%, 홈런 13, 11, 14

BATTED BALL
항목	비율
볼존 공격률	28%
S존 공격률	64%
볼존 컨택트율	49%
S존 컨택트율	76%
라인드라이브	20%
그라운드볼	36%
플라이볼	44%

DEFENSE
위치	자살	보살	실책	수비율
1B	1325	62	10	0.997
RF	5	0	0	1.000

최근 5년간 평균 38홈런을 기록 중인 강타자다. 지난해 포함 2차례 리그 홈런왕에 올랐으며 2013년의 53홈런은 볼티모어 역대 한 시즌 최다 홈런 기록이다. 거포 유망주로 기대를 모았던 텍사스 시절엔 빛을 보지 못했지만 볼티모어 이적 후 완전히 다른 선수가 되었다. 부드러운 스윙에서 나오는 펀치력이 일품이며 비거리 또한 상당하다. 2016시즌에는 삼진이 많고 타율도 많이 떨어졌지만 홈런 숫자를 감안한다면 괜찮은 성적이다. 좀 더 선구안을 기르면 좋은 결과를 낼 수 있을 것이다.

BALTIMORE ORIOLES

■ 타율 0.400 이상 ■ 0.300-0.399 ■ 0.200-0.299 ■ 0.100-0.199 ■ 타율 0.099 이하

2B Jonathan SCHOOP NO.06
조너선 스쿱

우투우타 1991년 10월 16일 188cm, 95kg

*는 낮을수록 좋은 기록임

시즌	타수	안타	홈런	타점	볼넷	도루	타율	출루율	장타율
2016	615	164	25	82	21	1	.267	.298	.454
통산	1389	348	57	167	44	5	.251	.283	.428

구분	기록	MLB
타율	0.267	0.255
출루율	0.298	0.322
장타율	0.454	0.417
볼넷%	3.2	8.2
삼진%*	21.2	21.1
볼넷/삼진	0.15	0.39
순장타율	0.187	0.162
BABIP	0.305	3.00
wOBA	0.320	0.318

VS. 패스트볼 VS. 변화구

*5타수 미만은 색을 표시하지 않았음. ●●● : Ball zone

SPRAY ZONE
2
22   1
31%
45% 24%
홈런
타구분포 %

BATTED BALL

항목	비율
볼존 공격률	43%
S존 공격률	80%
볼존 컨택트율	52%
S존 컨택트율	86%
라인드라이브	20%
그라운드볼	45%
플라이볼	35%

DEFENSE

위치	자살	보살	실책	수비율
2B	277	447	8	0.989

홈타율 .264 원정타율 .269
VS. 좌투수 .243 VS. 우투수 .273
득점권 .262 L/C .329

네덜란드 퀴라소 출신으로 마이너리거 신분으로 2013년 WBC 한국과의 경기에 출전했다. 특급 유망주는 아니었지만 2011년 팀 내 올해의 유망주로 선정되기도 하였다. 하지만 2015년 무릎 부상 이후 비약적인 발전을 하였다. 매년 20홈런을 칠 수 있는 능력을 가진 선수다. 아직 나이가 젊어 발전 가능성이 무궁무진한 선수다. 2017시즌에는 큰일을 저지를 능력을 가진 선수다.

3B Manny MACHADO NO.13
매니 마차도

우투우타 1992년 7월 6일 188cm, 82kg

*는 낮을수록 좋은 기록임

시즌	타수	안타	홈런	타점	볼넷	도루	타율	출루율	장타율
2016	640	188	37	96	48	0	.267	.294	.533
통산	2458	699	105	311	176	30	.251	.284	.477

구분	기록	MLB
타율	0.294	0.255
출루율	0.343	0.322
장타율	0.533	0.417
볼넷%	6.9	8.2
삼진%*	17.2	21.1
볼넷/삼진	0.40	0.39
순장타율	0.239	0.162
BABIP	0.309	3.00
wOBA	0.366	0.318

VS. 패스트볼 VS. 변화구

*5타수 미만은 색을 표시하지 않았음. ●●● : Ball zone

SPRAY ZONE
14
16   7
34%
42% 24%
홈런
타구분포 %

BATTED BALL

항목	비율
볼존 공격률	32%
S존 공격률	71%
볼존 컨택트율	65%
S존 컨택트율	88%
라인드라이브	20%
그라운드볼	37%
플라이볼	43%

DEFENSE

위치	자살	보살	실책	수비율
3B	86	236	7	0.979
SS	76	125	6	0.971

홈타율 .299 원정타율 .289
VS. 좌투수 .329 VS. 우투수 .283
득점권 .255 L/C .298
VS 류현진 3타수 무안타

올해 나이 24세. 하지만 이미 팀의 중심선수로 자리를 잡았다. 2012년 데뷔하여 2년간 숨고르기를 하고 잠재력이 2015시즌부터 터지기 시작했다. 2015, 2016 35개, 37개의 홈런을 터트리며 파워와 정확성을 갖춘 선수로 급성장하였다. 부드러운 수비와 강한 어깨로 3루수 골든글러브를 수상하며 최고의 블루칩으로 떠올랐다. 앞으로 볼티모어의 미래를 10년간 책임질 선수로 부상하였다. 2017시즌 별 이변이 없는 한 좋은 성적이 기대된다.

BALTIMORE ORIOLES

범례: 타율 0.400 이상 / 0.300–0.399 / 0.200–0.299 / 0.100–0.199 / 타율 0.099 이하

SS — J.J. HARDY
제이 제이 하디
NO.02

우투우타 1982년 8월 19일 185cm, 86kg

시즌	타수	안타	홈런	타점	볼넷	도루	타율	출루율	장타율
2016	405	109	9	48	26	0	.267	.269	.407
통산	555	1433	184	664	399	5	.251	.258	.412

VS. 패스트볼   VS. 변화구   우타자

구분	기록	MLB
타율	0.269	0.255
출루율	0.309	0.322
장타율	0.407	0.417
볼넷%	5.9	8.2
삼진%*	15.5	21.1
볼넷 / 삼진	0.38	0.39
순장타율	0.138	0.162
BABIP	0.299	3.00
wOBA	0.307	0.318

*5타수 미만은 색을 표시하지 않았음. ●●●●: Ball zone *는 낮을수록 좋은 기록임

SPRAY ZONE 1 / 6 / 2 → 35% / 44% / 20% / 홈런 타구분포 %

BATTED BALL

항목	비율
볼존 공격률	24%
S존 공격률	47%
볼존 컨택트율	71%
S존 컨택트율	93%
라인드라이브	18%
그라운드볼	46%
플라이볼	36%

DEFENSE

위치	자살	보살	실책	수비율
SS	140	326	6	0.987

홈타율 .267 원정타율 .271
VS. 좌투수 .269 VS. 우투수 .269
득점권 .295 L/C .234
VS. 류현진 2타수 1안타 .500

볼티모어 주전 유격수다. 2011년 30홈런으로 한때 장타력을 갖춘 거포 유격수로 입지를 굳혔으나 2014년을 기점으로 나이에 따른 노쇠로 인해 장타력이 실종되어버렸다. 골든글러브를 3회 수상을 하였다. 유격수로서 수비는 나무랄 데가 없다. 그러나 컨택트 능력과 선구안이 떨어지면서 흐르는 세월은 어쩔 수 없는 모양이다. 2017시즌에 다시 한 번 도약하기 위해 절치부심하고 있다. 20개는 아니어도 두 자릿수 홈런은 충분히 칠 능력을 갖춘 선수이기에 반등을 기대해본다.

IF — Ryan FLAHERTY
라이언 플레허티
NO.03

우투좌타 1986년 7월 27일 191cm, 100kg

시즌	타수	안타	홈런	타점	볼넷	도루	타율	출루율	장타율
2016	157	34	3	15	17	2	.217	.291	.318
통산	1104	238	35	124	90	6	.216	.284	.359

VS. 패스트볼 (좌타자)   VS. 변화구 (좌타자) NO DATA

구분	기록	MLB
타율	0.217	0.255
출루율	0.319	0.322
장타율	0.377	0.417
볼넷%	6.4	8.2
삼진%*	19.1	21.1
볼넷 / 삼진	0.33	0.39
순장타율	0.109	0.162
BABIP	0.320	3.00
wOBA	0.304	0.318

*5타수 미만은 색을 표시하지 않았음. ●●●●: Ball zone

SPRAY ZONE 0 / 0 / 3 → 38% / 21% / 41% / 홈런 타구분포 %

BATTED BALL

항목	비율
볼존 공격률	26%
S존 공격률	65%
볼존 컨택트율	52%
S존 컨택트율	90%
라인드라이브	17%
그라운드볼	56%
플라이볼	27%

DEFENSE

위치	자살	보살	실책	수비율
1B	18	3	0	1.000
2B	0	1	0	1.000
3B	17	1	3	0.969

홈타율 .288 원정타율 .155
VS. 좌투수 .300 VS. 우투수 .204
득점권 .355 L/C .043

2008년 1라운드 41번째로 시카고 컵스에 지명을 받고 2012년 볼티모어에서 4월 7일에 빅리그에 데뷔하였다. 주로 2루수, 3루수, 유격수 백업요원으로 활약하였다. 공격보다는 수비에 훨씬 가중치를 두는 선수다. 5시즌 동안 통산타율이 .216에 이를 만큼 공격력은 기대할 바가 못 된다. 그러나 수비 능력은 내야 전 포지션을 커버할 수 있는 유틸리티맨으로 자리를 잡았다.

BALTIMORE ORIOLES

■ 타율 0.400 이상　■ 0.300–0.399　■ 0.200–0.299　■ 0.100–0.199　■ 타율 0.099 이하

LF　KIM Hyun SOO
김현수　　NO.25

좌투좌타　1988년 1월 12일　188cm, 95kg　　*는 낮을수록 좋은 기록임

시즌	타수	안타	홈런	타점	볼넷	도루	타율	출루율	장타율	구분	기록	MLB
2016	305	92	6	22	36	1	.302	.382	.420	타율	0.302	0.255
통산	305	92	6	22	36	1	.302	.382	.420	출루율	0.382	0.322
										장타율	0.420	0.417
										볼넷%	10.4	8.2
										삼진%*	14.7	21.1
										볼넷 / 삼진	0.71	0.39
										순장타율	0.118	0.162
										BABIP	0.345	3.00
										wOBA	0.352	0.318

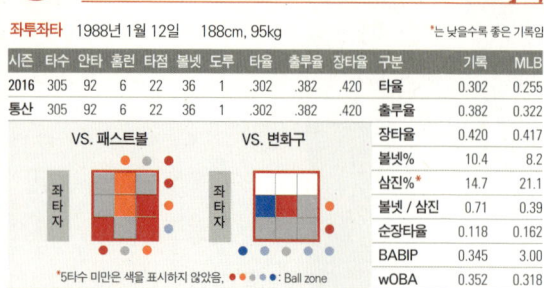

홈타율 .316　원정타율 .288
VS. 좌투수 .000　VS. 우투수 .321
득점권 .306　L/C .379

BATTED BALL	
항목	비율
볼존 공격률	23%
S존 공격률	57%
볼존 컨택트율	79%
S존 컨택트율	89%
라인드라이브	21%
그라운드볼	52%
플라이볼	27%

DEFENSE				
위치	자살	보살	실책	수비율
LF	110	4	0	1.000

2016시즌 플래툰시스템의 적용을 받았지만 모든 기록이 말해주듯 메이저리그 평균치보다도 월등한 지표를 보여주고 있다. 표본이 너무 적어 의미가 없지만 좌투수에 19타석 무안타는 좌투수에 대해 꾸준한 출장이 보장된다면 극복하리라 생각된다. 선구안이 좋고 내야안타를 많이 생산했으나 2017시즌에는 삼진을 많이 당하더라도 특유의 장타력을 발휘했으면 한다. 그래야 두 자릿수 홈런도 기대할 수 있기 때문이다. 올해가 매우 중요한 한 해가 될 것이다.

CF　Adam JONES
애덤 존스　　NO.10

우투우타　1985년 8월 1일　188cm, 98kg　　*는 낮을수록 좋은 기록임

시즌	타수	안타	홈런	타점	볼넷	도루	타율	출루율	장타율	구분	기록	MLB
2016	619	164	6	22	36	2	.265	.310	.436	타율	0.265	0.255
통산	5347	1480	6	22	36	86	.277	.318	.460	출루율	0.310	0.322
										장타율	0.436	0.417
										볼넷%	5.8	8.2
										삼진%*	17.1	21.1
										볼넷 / 삼진	0.34	0.39
										순장타율	0.171	0.162
										BABIP	0.280	3.00
										wOBA	0.319	0.318

홈타율 .281　원정타율 .251
VS. 좌투수 .218　VS. 우투수 .280
득점권 .291　L/C .266
VS. 류현진 2타수 무안타

BATTED BALL	
항목	비율
볼존 공격률	44%
S존 공격률	82%
볼존 컨택트율	59%
S존 컨택트율	86%
라인드라이브	17%
그라운드볼	43%
플라이볼	40%

DEFENSE				
위치	자살	보살	실책	수비율
CF	349	4	2	0.994

볼티모어에서 10시즌을 맞이하는 팀의 간판이자 주축선수다. 8년간 평균 24홈런 81타점을 기록 중이며 같은 기간 5번의 올스타와 4번의 골든글러브를 수상하였다. 꾸준함과 성실함이 장점이며 자기의 몫을 다해주는 선수다. 2016시즌 팀의 리드오프를 맡았으나 출루율이 떨어져 그 자리를 김현수가 맡고 존스은 중심타선에서 활약하는 것이 팀에 유리할 것 같다. 수비는 리그 최고 수준이며 강한 어깨가 일품이다.

BALTIMORE ORIOLES

Seth SMITH `RF` NO.12
세스 스미스

좌투좌타　1982년 9월 30일　191cm, 95kg

*는 낮을수록 좋은 기록임

시즌	타수	안타	홈런	타점	볼넷	도루	타율	출루율	장타율		구분	기록	MLB
2016	378	94	16	63	48	0	.249	.342	.415		타율	0.268	0.255
통산	3252	849	113	426	395	20	.261	.344	.447		출루율	0.319	0.322

	장타율	0.377 / 0.417
	볼넷%	6.4 / 8.2
	삼진%*	19.1 / 21.1
	볼넷 / 삼진	0.33 / 0.39
	순장타율	0.109 / 0.162
	BABIP	0.320 / 3.00
	wOBA	0.304 / 0.318

VS. 패스트볼　VS. 변화구

*5타수 미만은 색을 표시하지 않았음. ● ● ● Ball zone

SPRAY ZONE
5 / 2 / 9
17% / 40% / 43%
홈런
타구분포 %

BATTED BALL
항목	비율
볼존 공격률	23%
S존 공격률	56%
볼존 컨택트율	59%
S존 컨택트율	88%
라인드라이브	22%
그라운드볼	48%
플라이볼	30%

DEFENSE
위치	자살	보살	실책	수비율
LF	49	3	1	0.981
RF	106	4	0	1.000

홈타율 .275　원정타율 .222
VS. 좌투수 .167　VS. 우투수 .256
득점권 .326　L/C .156
오승환 VS. 1타수 무안타

2016년 스토브리그 때 시애틀 매리너스에서 이적해왔다. 중거리 타자로 매년 15홈런과 30개의 2루타를 기대할 수 있다. 높은 공보다 낮은 공을 잘 때려낸다. 투심이나 싱커처럼 가라앉는 궤적의 공에 강점을 보인다. 강속구에는 약점을 보이고 통산 좌완투수 상대로 .205로 플래툰시스템의 굴레에서 벗어나지 못하고 있다. 올해도 김현수나 조이 리카드와 함께 플래툰시스템으로 번갈아 출장이 예상된다.

Mark TRUMBO `DH` NO.45
마크 트럼보

우투우타　1986년 1월 16일　194cm, 102kg

*는 낮을수록 좋은 기록임

시즌	타수	안타	홈런	타점	볼넷	도루	타율	출루율	장타율		구분	기록	MLB
2016	613	157	47	108	51	2	.256	.316	.533		타율	0.256	0.255
통산	3167	796	178	517	231	2	.251	.303	.473		출루율	0.316	0.322

	장타율	0.533 / 0.417
	볼넷%	7.6 / 0.082
	삼진%*	25.5 / 21.1
	볼넷 / 삼진	0.30 / 0.39
	순장타율	0.277 / 0.162
	BABIP	0.278 / 0.300
	wOBA	0.358 / 0.318

VS. 패스트볼　VS. 변화구

*5타수 미만은 색을 표시하지 않았음. ● ● ● Ball zone

SPRAY ZONE
15 / 26 / 6
42% / 34% / 24%
홈런
타구분포 %

BATTED BALL
항목	비율
볼존 공격률	34%
S존 공격률	68%
볼존 컨택트율	55%
S존 컨택트율	83%
라인드라이브	17%
그라운드볼	40%
플라이볼	43%

DEFENSE
위치	자살	보살	실책	수비율
LF	3	1	0	0.750
RF	163	5	1	0.972

홈 타율 .254　원정 타율 .258
VS. 좌투수 .173　VS. 우투수 .284
득점권 .285　L/C .222
VS. 류현진 타수 안타
VS. 오승환 타수 안타

통산 두 차례 30홈런 시즌을 보냈을 만큼 큰 것 한 방을 갖추고 있어 홈런으로 대표되는 팀 색깔에 들어맞는 선수다. 하지만 정확도가 떨어지며 볼넷 대비 삼진이 지나치게 많다. 통산 득점권 타율이 .244로 찬스에서의 해결 능력도 부족한 편이다. 또한 수비 능력도 떨어진다. 그러나 2016년 볼티모어 이적후 타율 2할5푼6리, 47홈런, 108타점을 기록하며 팀의 포스트시즌 진출을 이끌었고, 생애 첫 홈런왕 타이틀도 차지했다.

BOSTON RED SOX

밤비노의 저주를 푸는 데 성공한 레드삭스는 2년 연속 지구 최하위에서 벗어나 동부지구 우승을 차지하였다. 아쉽게 포스트시즌에서 탈락했지만 절반의 성공을 이룬 한 해였다.

TEAM IMFORMATION

창단 : 1901년
이전 연고지 : -
월드시리즈 우승 : 8회
AL 우승 : 13회
디비전 우승 : 8회
와일드카드 진출 : 7회
구단주 : 존 헨리
감독 : 존 패럴
단장 : 데이브 돔브로스키

FRANCHISE

UNIFORM

Home / Away

Alternate

BOSTON RED SOX

MANAGER

John Farrell

생년월일 : 1962년 8월 4일
출생지 : 만머스비치(뉴저지)
MLB 감독 경력 : 올해로 7년째
토론토(2011년~2012년), 보스턴(2013년~현재)
정규시즌 통산 : 493승 479패 승률 0.507
포스트시즌 통산 : 11승 8패 승률 0.579

LINE-UP

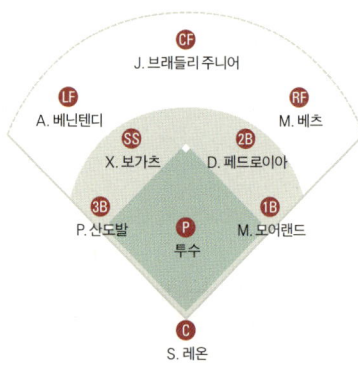

ROTATION		BATTING	
SP	R. 포셀로	1	M. 베츠
SP	C. 세일	2	X. 보가츠
SP	D. 프라이스	3	D. 페드로이아
SP	S. 라이트	4	H. 라미레스
SP	D. 포머런츠	5	M. 모어랜드
		6	P. 산도발
BULLPEN		7	A. 베닌텐디
RP	T. 손버그	8	S. 레온
RP	M. 바네즈	9	J. 브래들리 주니어
RP	J. 켈리		
RP	R. 로스 주니어	UTILITY PLAYERS	
RP	F. 아베드	IF	B. 홀트
RP	R. 스캇	IF	J. 루트리지
CL	C. 킴브렐	OF	C. 영
		OF	B. 브렌츠

BALL PARK : Fenway Park

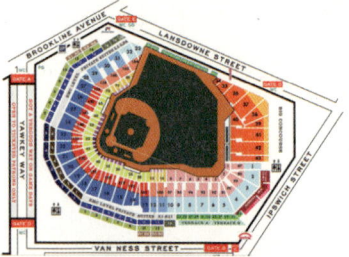

주소 : 4 Yawkey Way Boston, Massachusetts 02815
펜스 거리 : 왼쪽 95m, 좌중간 116m, 중앙 119m,
　　　　　중앙 우측 뒤쪽 128m, 우중간 116m, 오른쪽 92m
펜스 높이 : 왼쪽 11.3m, 중앙 5.2m, 오른쪽 0.9~1.5m
최초공식경기 : 1912년 4월 20일
확장 공사 : 1934, 1946, 2011년　　재건축 : 1988, 2011년
잔디 : 켄터키 블루 그래스(천연잔디)
수용 인원 : 3만 7,402명
홈팀 덕아웃 : 1루
파크팩터 : 1.191(MLB 4위)

막강한 전력을 보유한 레드삭스, 두 번의 실패는 없다

2016 리뷰

2년 연속 지구 최하위로 떨어져 성난 팬들의 민심을 온몸으로 느껴야 했다. 그러나 레드삭스는 혼연일체가 되어 9월에 대역전극을 펼치며 지구우승을 차지하였다. 올해 은퇴하기로 결심한 빅파피의 뜨거운 방망이는 은퇴를 번복해야 할 만큼 엄청난 활약을 하였다. 그리고 무키 베츠라는 괴물 신인의 활약도 눈부셨다. 클리블랜드 인디언스와의 디비전시리즈에서 당연히 이길 줄 알았던 보스턴 팬들은 인디언스의 돌풍에 맥없이 3패를 당하면서 내년을 기약해야 했다. 절반의 성공을 달성한 한 해였다. 특히 젊은 선수들의 급성장은 앞으로 보스턴이 강팀으로 군림할 수 있는 근본적인 뼈대를 만들어주었다. 또한 부진의 연속이었던 투수진도 살아나면서 레스터의 이적에 따른 후유증을 씻어주었다. 그러나 여전히 라미레스와 산도발은 부진의 연속이었다. 한때 팀의 에이스를 자처했던 벅홀츠의 부진은 2015,16시즌 두 자릿수 승수에도 실패하였다. 그러나 가장 뼈아픈 것은 프라이스의 가을야구에 대한 치명적인 약점이다. 정규 시즌 통산 121승 65패 평균자책점 3.21을 기록하고 있는 프라이스의 포스트시즌 통산 성적은 15경기(9선발) 2승 8패 평균자책점 5.54로 실망스러운 수준이다. 프라이스는 2008년 포스트시즌 첫 승 이후 4번(2010, 2011, 2013, 2014년)의 가을야구에서 1승도 거두지 못했다. 아직까지 포스트시즌 선발승이 없는 프라이스는 2016년 10월 8일 클리블랜드 인디언스와 ALCS 2차전에서도 승리 대신 패배를 떠안았다. 프라이스는 $3\frac{1}{3}$이닝 6피안타 5실점(5자책점)으로 무너지며 팀의 0-6 패배를 지켜봐야만 했다. 1차전을 접전 끝에 4-5로 내줬던 보스턴이기 때문에 프라이스의 활약이 절실하게 필요했지만 기대에 부응하지 못했다. 결과적으로 투타에 걸쳐 약점이 많은 한 해였다.

2017 프리뷰

아메리칸리그에서 월드시리즈에 근접한 팀은 클리블랜드, 보스턴, 뉴욕, 텍사스 정도다. 보스턴은 스토브리그에서 크리스 세일을 영입하여 릭 포셀로와 완투펀치를 완성하였다. 또한 데이비드 프라이스, 스티븐 라이트, 드류 포머런츠, 에두아르도 로드리게스로 이어지는 선발진은 리그 최강의 전력이며, 마무리 크렉 킴브렐의 건재는 뒷문을 든든하게 받쳐준다. 그러나 우에하라 고지와 다자와의 공백으로 약간의 불안감도 존재한다. 타격에서는 은퇴한 데이비드 오티스의 공백이 클 것으로 보인다. 일찌감치 헨리 라미레스를 지명타자로 돌리고 텍사스에서 1루수 미치 모어랜드를 영입하여 짜임새 있는 라인을 구성하였다. 문제는 산도발과 라미레스가 연봉에 걸맞은 활약이 절실하다. 특히 산도발은 2015시즌 .245/.292/366(타율/출루율/장타율)를 기록했으며 홈런 10개로 메이저리그 평균에도 못 미치는 성적을 남겼다. 게다가 2016시즌은 부상으로 3게임밖에 못 뛰면서 왕먹튀의 대명사가 되었다. 1루수 미치 모어랜드의 영입으로 오티스의 지명타자 빈자리를 맡게 된 라미레스는 2015시즌에 비해 2016시즌에는 부활하였다. 이 상승세를 2017시즌에도 반드시 이어나가야 한다. 또한 무키 베츠, 젠더 보카츠의 성장은 보스턴 레드삭스 입장에서는 고무적인 일이다. 특히 2016년은 무키 베츠의 독무대였다. 작은 체구에도 불구하고 31개의 홈런과 .318의 타격으로 발군의 실력을 보여주었다. 2017시즌 동부지구 우승 가능성이 가장 높은 팀은 보스턴 레드삭스다. 막강한 클리블랜드를 꺾고 과연 월드시리즈에 진출할지 결과가 흥미진진하다.

BOSTON RED SOX

SQUAD LIST

• 선수 명단은 2017년 3월 16일 기준(source : ESPN)

투 수

번호	이름	위치	투	타	나이	출생지
58	Fernando Abad	RP	L	L	31	La Romana, Dominican Republic
68	Matt Barnes	RP	R	R	26	Danbury, CT
29	Roenis Elias	RP	L	L	28	Guantanamo, Cuba
37	Heath Hembree	RP	R	R	28	Spartanburg, SC
61	Brian Johnson	SP	L	L	26	Lakeland, FL
56	Joe Kelly	RP	R	R	28	Anaheim, CA
46	Craig Kimbrel	RP	R	R	28	Huntsville, AL
72	Kyle Martin	RP	R	R	26	Austin, TX
60	Henry Owens	SP	L	L	24	Orange, CA
31	Drew Pomeranz	SP	L	R	28	Collierville, TN
22	Rick Porcello	SP	R	R	28	Morristown, NJ
24	David Price	SP	L	L	31	Murfreesboro, TN
66	Noe Ramirez	RP	R	R	27	Los Angeles, CA
52	Eduardo Rodriguez	SP	L	L	23	Valencia, Venezuela
28	Robbie Ross Jr.	RP	L	L	27	Lexington, KY
41	Chris Sale	SP	L	L	27	Lakeland, FL
63	Robby Scott	RP	L	B	27	Miami, FL
39	Carson Smith	RP	R	R	27	Midland, TX
47	Tyler Thornburg	SP	R	R	28	Houston, TX
76	Hector Velazquez	SP	R	R	28	Mexico City, Mexico
67	Brandon Workman	SP	R	R	28	Arlington, TX
35	Steven Wright	SP	R	R	32	Torrance, CA
78	Luis Ysla	RP	L	L	24	Carabodo, Venezuela

포 수

번호	이름	위치	투	타	나이	출생지
3	Sandy Leon	C	R	B	28	Maracaibo, Venezuela
7	Christian Vazquez	C	R	R	26	Bayamon, Puerto Rico

내 야

번호	이름	위치	투	타	나이	출생지
2	Xander Bogaerts	SS	R	R	24	Oranjestad, Aruba
40	Marco Hernandez	2B	R	L	24	Santiago, Dominican Republic
17	Deven Marrero	3B	R	R	26	Miami, FL
18	Mitch Moreland	1B	L	L	31	Amory, MS
15	Dustin Pedroia	2B	R	R	33	Woodland, CA
13	Hanley Ramirez	1B	R	R	33	Samana, Dominican Republic
32	Josh Rutledge	2B	R	R	27	Birmingham, AL
48	Pablo Sandoval	3B	R	B	30	Puerto Cabello, Venezuela

외 야

번호	이름	위치	투	타	나이	출생지
16	Andrew Benintendi	LF	L	L	22	Cincinnati, OH
50	Mookie Betts	RF	R	R	24	Nashville, TN
19	Jackie Bradley Jr.	CF	R	L	26	Richmond, VA
64	Bryce Brentz	LF	R	R	28	Crossville, TN
12	Brock Holt	LF	R	L	28	Fort Worth, TX
62	Steve Selsky	RF	R	R	27	Manhattan Beach, CA
23	Blake Swihart	LF	R	B	24	Bedford, TX
30	Chris Young	LF	R	R	33	Houston, TX

SUMMARY

우타자	좌타자	스위치	우투수	좌투수	평균나이	최연소	최연장
10명	5명	3명	12명	11명	27.4세	22세	33세

BOSTON RED SOX

2017 REGULAR SEASON SCHEDULE

■ 는 홈경기, 시간은 미국 동부시간 기준

날짜	상대팀	경기시간	날짜	상대팀	경기시간	날짜	상대팀	경기시간
Mon, 4/3	Pittsburgh Pirates	PM 2:05	Thu, 6/8	New York Yankees	PM 7:05	Tue, 8/15	St. Louis Cardinals	PM 7:10
Wed, 4/5	Pittsburgh Pirates	PM 7:10	Fri, 6/9	Detroit Tigers	PM 7:10	Wed, 8/16	St. Louis Cardinals	PM 7:10
Thu, 4/6	Pittsburgh Pirates	PM 1:35	Sat, 6/10	Detroit Tigers	PM 7:15	Fri, 8/18	New York Yankees	PM 7:10
Fri, 4/7	Detroit Tigers	PM 1:10	Sun, 6/11	Detroit Tigers	PM TBD	Sat, 8/19	New York Yankees	PM 7:10
Sat, 4/8	Detroit Tigers	PM 1:10	Mon, 6/12	Philadelphia Phillies	PM 7:10	Sun, 8/20	New York Yankees	PM 1:30
Sun, 4/9	Detroit Tigers	PM 1:10	Tue, 6/13	Philadelphia Phillies	PM 7:10	Mon, 8/21	Cleveland Indians	PM 7:10
Mon, 4/10	Detroit Tigers	PM 1:10	Wed, 6/14	Philadelphia Phillies	PM 7:05	Tue, 8/22	Cleveland Indians	PM 7:10
Tue, 4/11	Baltimore Orioles	PM 7:10	Thu, 6/15	Philadelphia Phillies	PM 7:05	Wed, 8/23	Cleveland Indians	PM 7:10
Wed, 4/12	Baltimore Orioles	PM 7:10	Fri, 6/16	Houston Astros	PM 8:10	Thu, 8/24	Cleveland Indians	PM 7:10
Fri, 4/14	Tampa Bay Rays	PM 7:10	Sat, 6/17	Houston Astros	PM 8:15	Fri, 8/25	Baltimore Orioles	PM 7:05
Sat, 4/15	Tampa Bay Rays	PM 4:05	Sun, 6/18	Houston Astros	PM 2:10	Sat, 8/26	Baltimore Orioles	PM 4:05
Sun, 4/16	Tampa Bay Rays	PM 1:35	Mon, 6/19	Kansas City Royals	PM 8:15	Sun, 8/27	Baltimore Orioles	PM 1:35
Mon, 4/17	Tampa Bay Rays	AM 11:05	Tue, 6/20	Kansas City Royals	PM 8:15	Mon, 8/28	Toronto Blue Jays	PM 7:07
Tue, 4/18	Toronto Blue Jays	PM 7:07	Wed, 6/21	Kansas City Royals	PM 2:15	Tue, 8/29	Toronto Blue Jays	PM 7:07
Wed, 4/19	Toronto Blue Jays	PM 7:07	Fri, 6/23	Los Angeles Angels	PM 7:10	Wed, 8/30	Toronto Blue Jays	PM 7:07
Thu, 4/20	Toronto Blue Jays	PM 12:37	Sat, 6/24	Los Angeles Angels	PM 7:15	Thu, 8/31	New York Yankees	PM 7:05
Fri, 4/21	Baltimore Orioles	PM 7:05	Sun, 6/25	Los Angeles Angels	PM 1:35	Fri, 9/1	New York Yankees	PM 7:05
Sat, 4/22	Baltimore Orioles	PM 7:05	Mon, 6/26	Minnesota Twins	PM 7:10	Sat, 9/2	New York Yankees	PM 1:05
Sun, 4/23	Baltimore Orioles	PM 1:35	Tue, 6/27	Minnesota Twins	PM 7:10	Sun, 9/3	New York Yankees	PM 1:05
Tue, 4/25	New York Yankees	PM 7:10	Wed, 6/28	Minnesota Twins	PM 7:10	Mon, 9/4	Toronto Blue Jays	PM 7:10
Wed, 4/26	New York Yankees	PM 7:10	Thu, 6/29	Minnesota Twins	PM 7:10	Tue, 9/5	Toronto Blue Jays	PM 7:10
Thu, 4/27	New York Yankees	PM 7:10	Fri, 6/30	Toronto Blue Jays	PM 7:07	Wed, 9/6	Toronto Blue Jays	PM 7:10
Fri, 4/28	Chicago Cubs	PM 7:10	Sat, 7/1	Toronto Blue Jays	PM 1:07	Fri, 9/8	Tampa Bay Rays	PM 7:10
Sat, 4/29	Chicago Cubs	PM 4:05	Sun, 7/2	Toronto Blue Jays	PM 1:07	Sat, 9/9	Tampa Bay Rays	PM 7:10
Sun, 4/30	Chicago Cubs	PM 8:05	Mon, 7/3	Texas Rangers	PM 8:05	Sun, 9/10	Tampa Bay Rays	PM 1:35
Mon, 5/1	Baltimore Orioles	PM 7:10	Tue, 7/4	Texas Rangers	PM 8:05	Tue, 9/12	Oakland Athletics	PM 7:10
Tue, 5/2	Baltimore Orioles	PM 7:10	Wed, 7/5	Texas Rangers	PM 8:05	Wed, 9/13	Oakland Athletics	PM 7:10
Wed, 5/3	Baltimore Orioles	PM 7:10	Thu, 7/6	Tampa Bay Rays	PM 7:10	Thu, 9/14	Oakland Athletics	PM 1:35
Thu, 5/4	Baltimore Orioles	PM 7:10	Fri, 7/7	Tampa Bay Rays	PM 7:10	Fri, 9/15	Tampa Bay Rays	PM 7:10
Fri, 5/5	Minnesota Twins	PM 8:10	Sat, 7/8	Tampa Bay Rays	PM 4:10	Sat, 9/16	Tampa Bay Rays	PM 6:10
Sat, 5/6	Minnesota Twins	PM 2:10	Sun, 7/9	Tampa Bay Rays	PM 1:10	Sun, 9/17	Tampa Bay Rays	PM 1:35
Sun, 5/7	Minnesota Twins	PM 2:10	Fri, 7/14	New York Yankees	PM 7:10	Mon, 9/18	Baltimore Orioles	PM 7:05
Tue, 5/9	Milwaukee Brewers	PM 7:40	Sat, 7/15	New York Yankees	PM 4:05	Tue, 9/19	Baltimore Orioles	PM 7:05
Wed, 5/10	Milwaukee Brewers	PM 8:10	Sun, 7/16	New York Yankees	PM 8:05	Wed, 9/20	Baltimore Orioles	PM 7:05
Thu, 5/11	Milwaukee Brewers	PM 1:10	Mon, 7/17	Toronto Blue Jays	PM 7:10	Fri, 9/22	Cincinnati Reds	PM 7:10
Fri, 5/12	Tampa Bay Rays	PM 7:10	Tue, 7/18	Toronto Blue Jays	PM 7:10	Sat, 9/23	Cincinnati Reds	PM 4:10
Sat, 5/13	Tampa Bay Rays	PM 7:10	Wed, 7/19	Toronto Blue Jays	PM 7:10	Sun, 9/24	Cincinnati Reds	PM 1:10
Sun, 5/14	Tampa Bay Rays	PM 1:35	Thu, 7/20	Toronto Blue Jays	PM 1:35	Mon, 9/25	Toronto Blue Jays	PM 7:10
Tue, 5/16	St. Louis Cardinals	PM 8:15	Fri, 7/21	Los Angeles Angels	PM 10:07	Tue, 9/26	Toronto Blue Jays	PM 7:10
Wed, 5/17	St. Louis Cardinals	PM 8:15	Sat, 7/22	Los Angeles Angels	PM 9:07	Wed, 9/27	Toronto Blue Jays	PM 7:10
Thu, 5/18	Oakland Athletics	PM 10:05	Sun, 7/23	Los Angeles Angels	PM 3:37	Thu, 9/28	Houston Astros	PM 7:10
Fri, 5/19	Oakland Athletics	PM 9:35	Mon, 7/24	Seattle Mariners	PM 10:10	Fri, 9/29	Houston Astros	PM 7:10
Sat, 5/20	Oakland Athletics	PM 4:05	Tue, 7/25	Seattle Mariners	PM 10:10	Sat, 9/30	Houston Astros	TBD
Sun, 5/21	Oakland Athletics	PM 4:05	Wed, 7/26	Seattle Mariners	PM 3:40	Sun, 10/1	Houston Astros	PM 3:05
Tue, 5/23	Texas Rangers	PM 7:10	Fri, 7/28	Kansas City Royals	PM 7:10			
Wed, 5/24	Texas Rangers	PM 7:10	Sat, 7/29	Kansas City Royals	PM 7:10			
Thu, 5/25	Texas Rangers	PM 7:10	Sun, 7/30	Kansas City Royals	TBD			
Fri, 5/26	Seattle Mariners	PM 7:10	Mon, 7/31	Cleveland Indians	PM 7:10			
Sat, 5/27	Seattle Mariners	PM 4:05	Tue, 8/1	Cleveland Indians	PM 7:10			
Sun, 5/28	Seattle Mariners	PM 1:35	Wed, 8/2	Cleveland Indians	PM 7:10			
Mon, 5/29	Chicago White Sox	PM 2:10	Thu, 8/3	Chicago White Sox	PM 7:10			
Tue, 5/30	Chicago White Sox	PM 8:10	Fri, 8/4	Chicago White Sox	PM 7:10			
Wed, 5/31	Chicago White Sox	PM 8:10	Sat, 8/5	Chicago White Sox	PM 7:10			
Thu, 6/1	Baltimore Orioles	PM 7:05	Sun, 8/6	Chicago White Sox	PM 1:35			
Fri, 6/2	Baltimore Orioles	PM 7:05	Tue, 8/8	Tampa Bay Rays	PM 7:10			
Sat, 6/3	Baltimore Orioles	PM 7:15	Wed, 8/9	Tampa Bay Rays	PM 7:10			
Sun, 6/4	Baltimore Orioles	PM 1:35	Fri, 8/11	New York Yankees	PM 7:05			
Tue, 6/6	New York Yankees	PM 7:05	Sat, 8/12	New York Yankees	PM 4:05			
Wed, 6/7	New York Yankees	PM 7:05	Sun, 8/13	New York Yankees	PM 1:05			

BOSTON RED SOX

■ 15% 이상 ■ 12-14% ■ 9-11% ■ 6-8% ■ 3-5% □ 2% 이하

SP Rick PORCELLO
릭 포셀로   **NO.22**

우투우타   1988년 12월 27일   196cm, 91kg

*는 낮을수록 좋은 기록임

시즌	경기	이닝	피안타	피홈런	볼넷	탈삼진	승-패-세-홀	평균자책
2016	33	223.0	193	23	32	189	22-4-0-0	.315
통산	245	1468.1	1585	159	333	993	107-82-0-0	.276

구분	기록	MLB
평균자책*	.315	.415
탈삼진 / 9	7.63	8.10
볼넷 / 9*	1.29	3.14
탈삼진 / 볼넷	5.91	2.58
피홈런 / 9*	0.93	1.17
피안타율*	0.228	0.252
WHIP*	1.01	1.32
잔루율	74.3	72.9
FIP*	3.40	4.24

PITCHING ZONE

PITCHING REPERTORY / VELOCITY km/h / MOVEMENT cm

구종	평균	전체	초구	2-2	좌타자	우타자	피안타율	상하	좌우
포심패스트볼	148	24%	18%	25%	27%	20%	0.215	↑24	→12
투심 / 싱커	145	40%	49%	39%	34%	47%	0.297	↑15	→22
컷패스트볼	139	8%	8%	8%	6%	11%	0.239	↑10	→3
슬라이더	136	3%	3%	3%	1%	6%	0.302	↑5	←7
커브	120	14%	18%	13%	15%	12%	0.218	↓21	→20
체인지업	131	11%	7%	13%	17%	4%	0.228	↑12	→19
스플리터	–	–	–	–	–	–	–		

홈 ERA 2.97   원정 ERA 3.31
VS. 좌타자 2.62   VS. 우타자 3.74
VS. 추신수 39타수 11안타 1홈런 타율 .282
VS. 김현수 7타수 2안타 .286

2014년 11월 세스페데스를 내주고 영입하였으나 2015시즌 9승 15패라는 참담한 성적을 올렸다. 그러나 2016년 절치부심하여 22승 4패를 기록하면서 사이영상을 수상하였다. 145km/h의 투심 패스트볼과 위력적인 커브를 중심으로 체인지업과 슬라이더를 곁들인다. 공은 빠르지 않지만 뛰어난 제구력을 바탕으로 코너를 잘 찌르며 노련한 피칭이 돋보인다. 2017시즌 팀의 에이스로 작년과 같은 성적을 올린다면 레드삭스의 대권의 꿈은 현실로 다가올 것이다.

SP Chris SALE
크리스 세일   **NO.41**

좌투좌타   1989년 3월 30일   198cm, 82kg

*는 낮을수록 좋은 기록임

시즌	경기	이닝	피안타	피홈런	볼넷	탈삼진	승-패-세-홀	평균자책
2016	32	226.2	190	27	45	233	17-10-0-0	.334
통산	228	1110.0	922	113	260	1244	74-50-12-18	.300

구분	기록	MLB
평균자책*	.334	.415
탈삼진 / 9	9.25	8.10
볼넷 / 9*	1.79	3.14
탈삼진 / 볼넷	5.18	2.58
피홈런 / 9*	1.07	1.17
피안타율*	0.225	0.252
WHIP*	1.04	1.32
잔루율	76.6	72.9
FIP*	3.46	4.24

PITCHING ZONE

PITCHING REPERTORY / VELOCITY km/h / MOVEMENT cm

구종	평균	전체	초구	2-2	좌타자	우타자	피안타율	상하	좌우
포심패스트볼	151	43%	40%	47%	40%	44%	0.225	↑15	←29
투심 / 싱커	148	14%	21%	6%	15%	14%	0.301	↑7	←31
컷패스트볼	–	–	–	–	–	–	–		
슬라이더	127	22%	17%	36%	34%	20%	0.183	↓9	→13
커브	–	–	–	–	–	–	–		
체인지업	138	21%	22%	17%	11%	23%	0.251	↑6	→33
스플리터	–	–	–	–	–	–	–		

홈 ERA 3.88   원정 ERA 2.87
VS. 좌타자 3.28   VS. 우타자 3.35
VS. 추신수 19타수 1안타 1홈런 타율 .053

메이저리그를 대표하는 좌완 에이스 중에 하나다. 2010년 전체13 순위로 화이트삭스에 지명되어 그해 바로 빅리그에 데뷔하였다. 2011년까지 불펜에서 활약하다가 2012년부터 선발로 전환하였다. 최대 159km/h의 투심 패스트볼을 바탕으로 정상급의 슬라이더와 체인지업 또한 위력적이다. 2017년 레드삭스에 합류하여 가을 잔치에 참여할 기회를 잡았다. 2017시즌 레드삭스가 강력한 이유는 바로 크리스 세일이 있기 때문이다.

BOSTON RED SOX

■ 15% 이상　■ 12-14%　■ 9-11%　■ 6-8%　■ 3-5%　□ 2% 이하

SP　**David PRICE**
데이비드 프라이스　　**NO.24**

좌투좌타　1985년 8월 26일　198cm, 100kg　　＊는 낮을수록 좋은 기록임

시즌	경기	이닝	피안타	피홈런	볼넷	탈삼진	승-패-세-홀	평균자책	구분	기록	MLB
2016	35	230.0	227	30	50	228	17-9-0-0	.399	평균자책*	.399	.415
통산	253	1671.2	1488	159	421	1600	121-65-0-1	.321	탈삼진 / 9	8.92	8.10
									볼넷 / 9*	1.96	3.14
									탈삼진 / 볼넷	4.56	2.58
									피홈런 / 9*	1.17	1.17
									피안타율*	0.254	0.252
									WHIP*	1.20	1.32
									잔루율	73.5	72.9
									FIP*	3.60	4.24

PITCHING ZONE — 좌타자·몸쪽 / 우타자·몸쪽

PITCHING REPERTORY / VELOCITY km/h　**MOVEMENT** cm

구종	평균	전체	초구	2-2	좌타자	우타자	피타율	상하	좌우
포심패스트볼	151	23%	25%	20%	30%	24%	0.274	↑25	←18
투심 / 싱커	150	27%	29%	23%	36%	26%	0.233	↑21	←24
컷패스트볼	143	18%	16%	23%	13%	17%	0.282	↑14	←4
슬라이더	–	–	–	–	–	–	–	–	–
커브	128	8%	12%	7%	13%	11%	0.237	↓3	→10
체인지업	137	23%	18%	27%	9%	21%	0.219	↑15	←26
스플리터	–	–	–	–	–	–	–	–	–

홈 ERA 4.11　원정 ERA 3.88
VS. 좌타자 3.60　VS. 우타자 4.11
VS. 추신수 24타수 10안타 2홈런 타율 .0417

2014년 7년간 2억 1,700만 달러의 초대형 계약을 맺고 레드삭스에 입단했다. 2007년 전체 1순위로 템파베이에 입단하여 2012년 사이영상을 수상하였고 7년 연속 두 자리 승수를 달성한 에이스다. 151km/h 후반대의 빠른 볼과 커터와 체인지업, 너클 커브까지 수준급의 구위를 가지고 있다. 그러나 가을야구만 만나면 2승 8패(방어율 5.54)로 약해지는 새가슴을 극복하는 것이 2017년 레드삭스의 가장 큰 숙제다.

SP　**Steven WRIGHT**
스티븐 라이트　　**NO.35**

우투우타　1984년 8월 30일　185cm, 100kg　　＊는 낮을수록 좋은 기록임

시즌	경기	이닝	피안타	피홈런	볼넷	탈삼진	승-패-세-홀	평균자책	구분	기록	MLB
2016	24	156.2	138	12	57	127	13-6-0-0	.333	평균자책*	.333	.415
통산	35	263.2	238	26	57	211	20-11-0-0	.358	탈삼진 / 9	7.30	8.10
									볼넷 / 9*	3.27	3.14
									탈삼진 / 볼넷	2.23	2.58
									피홈런 / 9*	0.69	1.17
									피안타율*	0.234	0.252
									WHIP*	1.24	1.32
									잔루율	69.3	72.9
									FIP*	3.77	4.24

PITCHING ZONE — 좌타자·몸쪽 / 우타자·몸쪽

PITCHING REPERTORY / VELOCITY km/h　**MOVEMENT** cm

구종	평균	전체	초구	2-2	좌타자	우타자	피타율	상하	좌우
포심패스트볼	138	4%	4%	4%	2%	6%	0.147	↑26	←10
투심 / 싱커	133	9%	9%	2%	9%	8%	0.299	↑17	←17
컷패스트볼	–	–	–	–	–	–	–	–	–
슬라이더	–	–	–	–	–	–	–	–	–
커브	111	2%	2%	2%	2%	2%	0.111	↓15	←10
체인지업	122	0%	0%	0%	0%	0%	0.000	↑17	←16
너클볼	118	85%	85%	92%	86%	84%	0.239	0	←1

홈 ERA 4.54　원정 ERA 2.09
VS. 좌타자 3.19　VS. 우타자 3.44
VS. 추신수 5타수 무안타
S. 김현수 6타수 무안타
VS. 박병호 3타수 무안타

디키와 함께 메이저리그에 현존하는 너클볼 투수다. 2006년 클리블랜드에 지명된 뒤 오랜 시간을 기다린 후 2013년 레드삭스에서 빅리그에 데뷔하였다. 패스트볼과 너클볼의 평균구속은 134km/h, 120km/h다. 그러나 라이트의 공을 못 치는 선수는 죽어도 못 칠 정도로 어려움을 겪는다. 특히 신인들이 어려움을 겪는다. 희소성의 가치와 준수한 방어율(.321)은 레드삭스의 선발 한 축을 담당하기에 부족함이 없다.

BOSTON RED SOX

■ 15% 이상 ■ 12~14% ■ 9~11% ■ 6~8% ■ 3~5% □ 2% 이하

홈 ERA 6.43 원정 ERA 3.32
VS. 좌타자 2.87 VS. 우타자 5.09
VS. 추신수 7타수 무안타

SP Drew POMERANZ
드류 포머란츠   NO.31

좌투우타 1988년 11월 22일 196cm, 108kg

*는 낮을수록 좋은 기록임

시즌	경기	이닝	피안타	피홈런	볼넷	탈삼구	승-패-세-홀	평균자책	구분	기록	MLB
2016	31	170.2	137	22	65	186	11-12-0-0	.332	평균자책*	.332	.415
통산	138	462.1	400	55	192	447	25-36-3-12	.380	탈삼진 / 9	9.81	8.10
									볼넷 / 9*	3.43	3.14
									탈삼진 / 볼넷	2.86	2.58
									피홈런 / 9*	1.16	1.17
									피안타율	0.215	0.252
									WHIP*	1.18	1.32
									잔루율	80.1	72.9
									FIP*	3.80	4.24

PITCHING REPERTORY / VELOCITY km/h **MOVEMENT** cm

구종	평균	전체	초구	2-2	좌타자	우타자	피안타율	상하	좌우
포심패스트볼	148	45%	41%	43%	58%	40%	0.201	↑26	←11
투심 / 싱커	144	5%	8%	3%	3%	6%	0.391	↑23	←21
컷패스트볼	138	8%	6%	5%	7%	8%	0.195	↑10	0
슬라이더	138	0%	0%	0%	0%	1%	0.000	↑7	→2
커브	128	36%	36%	48%	31%	38%	0.234	↓22	→8
체인지업	139	6%	9%	1%	0%	8%	0.205	↑23	←19
스플리터	–	–	–	–	–	–	–		

2010년 전체 5순위로 클리블랜드에 지명될 정도로 이미 대학시절 완성된 선수였다. 하지만 기대만큼 자리를 잡지 못하고 선발과 불펜을 오가다 2016년 9월 레드삭스로 트레이드되었다. 140km/h 후반의 빠른 공과 함께 변화구는 너클커브가 주무기로 좌타자에게는 공포의 대상이다. 투구 시 디셉션 동작이 좋아 타자들이 구종을 파악하는 데 애를 먹는다. 그가 체인지업을 가다듬어 적절하게 사용한다면 레드삭스의 비밀병기가 될 수 있다.

홈 ERA 6.02 원정 ERA 3.71
VS. 좌타자 3.38 VS. 우타자 5.04
VS. 추신수 3타수 1안타 타율 .333
VS. 박병호 2타수 무안타

SP Eduardo RODRIGUEZ
에두아르도 로드리게스   NO.52

좌투좌타 1993년 4월 7일 188cm, 91kg

*는 낮을수록 좋은 기록임

시즌	경기	이닝	피안타	피홈런	볼넷	탈삼구	승-패-세-홀	평균자책	구분	기록	MLB
2016	20	107.0	99	16	40	100	3-7-0-0	.471	평균자책*	.471	.415
통산	41	228.2	219	29	77	198	13-13-0-0	.425	탈삼진 / 9	8.41	8.10
									볼넷 / 9*	3.36	3.14
									탈삼진 / 볼넷	2.50	2.58
									피홈런 / 9*	1.35	1.17
									피안타율	0.239	0.252
									WHIP*	1.30	1.32
									잔루율	70.2	72.9
									FIP*	4.43	4.24

PITCHING REPERTORY / VELOCITY km/h **MOVEMENT** cm

구종	평균	전체	초구	2-2	좌타자	우타자	피안타율	상하	좌우
포심패스트볼	151	62%	63%	58%	62%	62%	0.249	↑22	←15
투심 / 싱커	150	5%	5%	6%	8%	5%	0.208	↑17	←24
컷패스트볼	144	2%	1%	2%	2%	2%	0.286	↑15	→3
슬라이더	138	12%	15%	13%	20%	11%	0.333	↑7	←1
커브	–	–	–	–	–	–	–		
체인지업	140	18%	17%	21%	8%	21%	0.209	↑12	←27
스플리터	–	–	–	–	–	–	–		

2015년 5월 28일 빅리그에 데뷔한 에두아르도 로드리게스는 10승 6패 방어율 3.85를 기록하며 무난한 첫해를 보냈지만 부상과 2년차 징크스에 시달리며 2016시즌에는 3승7패 방어율 4.71로 부진하였다. 150km/h 초반대의 포심패스트와 바깥쪽으로 떨어지는 슬라이더가 일품이다. 2017시즌 보스턴 마운드에 신병기로 데뷔 시절의 모습을 보여준다면 그야말로 레드삭스의 마운드는 엄청난 위력을 보유할 것이다.

BOSTON RED SOX 77

■ 15% 이상   ■ 12~14%   ■ 9~11%   ■ 6~8%   ■ 3~5%   □ 2% 이하

RP **Tyler THORNBURG**
타일러 손버그   NO.**47**

우투우타   1988년 9월 29일   180cm, 86kg   *는 낮을수록 좋은 기록임

시즌	경기	이닝	피안타	피홈런	볼넷	탈삼진	승-패-세-홀	평균자책	구분	기록	MLB
2016	67	67.0	38	2	25	90	8-5-13-20	.215	평균자책*	.215	.415
통산	144	219.2	170	23	91	220	14-9-13-26	.287	탈삼진 / 9	12.09	8.10
									볼넷 / 9*	3.36	3.14
									탈삼진 / 볼넷	3.60	2.58
									피홈런 / 9*	0.81	1.17
									피안타율*	0.161	0.252
									WHIP*	0.94	1.32
									잔루율	81.3	72.9
									FIP*	2.83	4.24

PITCHING ZONE
좌타자·몸쪽 / 우타자·몸쪽

PITCHING REPERTORY / VELOCITY km/h / MOVEMENT cm

구종	평균	전체	초구	2-2	좌타자	우타자	피안타율	상하	좌우
포심패스트볼	151	62%	55%	67%	60%	63%	0.205	↑29	→5
투심 / 싱커									
컷패스트볼									
슬라이더									
커브	126	22%	37%	18%	20%	24%	0.191	↑23	←11
체인지업	136	16%	8%	15%	20%	13%	0.133	↑16	→15
스플리터									

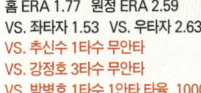

홈 ERA 1.77   원정 ERA 2.59
VS. 좌타자 1.53   VS. 우타자 2.63
VS. 추신수 1타수 무안타
VS. 강정호 3타수 무안타
VS. 박병호 1타수 1안타 타율 .1000

2010년 밀워키에서 지명되어 2012년 6월 19일 데뷔하였다. 5시즌 동안 밀워키에서 활약하다 2016 스토브리그 때 레드삭스로 이적했다. 팀내 유망주들을 내주면서 영입한 손 버그의 보직은 중간계투 요원으로 활약하면서 마무리 킴브렐 앞에서 8회를 책임져줄 셋업맨으로 영입을 하였다. 153km/h의 빠른 포심패스트볼과 슬라이더 커브, 체인지업 등 구위가 뛰어나다. 손 버그의 영입으로 마운드의 마지막 퍼즐을 맞춘 레드삭스는 우에하라 고지와 다자와의 빈자리를 모두 채워 넣었다.

RP **Matt BARNES**
맷 반스   NO.**68**

우투우타   1990년 6월 17일   193cm, 95kg   *는 낮을수록 좋은 기록임

시즌	경기	이닝	피안타	피홈런	볼넷	탈삼진	승-패-세-홀	평균자책	구분	기록	MLB
2016	62	66.2	62	6	31	71	4-3-1-16	.405	평균자책*	.405	.415
통산	99	118.2	129	16	48	118	7-7-1-19	.455	탈삼진 / 9	9.59	8.10
									볼넷 / 9*	4.19	3.14
									탈삼진 / 볼넷	2.29	2.58
									피홈런 / 9*	0.81	1.17
									피안타율*	0.245	0.252
									WHIP*	1.40	1.32
									잔루율	73.1	72.9
									FIP*	3.72	4.24

PITCHING ZONE

PITCHING REPERTORY / VELOCITY km/h / MOVEMENT cm

구종	평균	전체	초구	2-2	좌타자	우타자	피안타율	상하	좌우
포심패스트볼	155	63%	61%	66%	62%	65%	0.265	↑25	→13
투심 / 싱커	156	0%	0%	0%	1%	0%	0.667	↑19	→21
컷패스트볼									
슬라이더	143	4%	4%	3%	0%	7%	0.267	↑11	0
커브	132	23%	29%	21%	25%	22%	0.303	↑16	←6
체인지업	140	6%	6%	9%	12%	6%	0.255	↑17	→19
스플리터									

홈 ERA 4.38   원정 ERA 3.64
VS. 좌타자 5.19   VS. 우타자 3.32
VS. 추신수 1타수 무안타
VS. 김현수 3타수 1안타
VS. 박병호 1타수 무안타

2011년 레드삭스에 1라운드 19번째로 지명되어 2014년 9월9일 빅리그에 데뷔하였다. 100대 유망주 중에서 38위에 랭크될 정도로 빠른 구속이 매력적이다. 3시즌 동안 주로 팀이 지고 있거나 점수 차가 많이 벌어질 때 등판하였다. 156km/h의 빠른 포심패스트볼과 슬라이더 체인지업 등을 구사한다. 그러나 제구에 어려움을 겪는 전형적인 파이어볼러의 악습을 투구 패턴에서도 보여주고 있다. 커맨드와 제구의 향상이 항상 관건이다.

BOSTON RED SOX

■ 15% 이상 ■ 12-14% ■ 9-11% ■ 6-8% ■ 3-5% □ 2% 이하

홈 ERA 3.30 원정 ERA 3.52
VS. 좌타자 4.56 VS. 우타자 2.45
VS. 추신수 6타수 3안타 1홈런 타율 .500
VS. 김현수 3타수 무안타

Craig KIMBREL
크랙 킴브렐
NO.46

우투우타 1988년 5월 28일 180cm, 100kg

*는 낮을수록 좋은 기록임

시즌	경기	이닝	피안타	피홈런	볼넷	탈삼진	승-패-세-홀	평균자책
2016	57	53.0	28	4	30	83	2-6-31-1	.340
통산	412	401.1	221	22	160	646	21-18-256-3	.186

구분	기록	MLB
평균자책*	.340	.415
탈삼진 / 9	14.09	8.10
볼넷 / 9*	5.09	3.14
탈삼진 / 볼넷	2.77	2.58
피홈런 / 9*	0.68	1.17
피안타율*	0.151	0.252
WHIP*	1.09	1.32
잔루율	70.6	72.9
FIP*	2.92	4.24

PITCHING ZONE

PITCHING REPERTORY / VELOCITY km/h / MOVEMENT cm

구종	평균	전체	초구	2-2	좌타자	우타자	피타율	상하	좌우
포심패스트볼	157	69%	75%	56%	68%	71%	0.202	↑22	→16
투심 / 싱커									
컷패스트볼									
슬라이더									
커브	140	31%	25%	43%	32%	29%	0.115	↓15	←13
체인지업	149	0%	0%	1%	0%	0.000		↑10	→18
스플리터									

현역 최고의 마무리 투수 중의 하나. 보스턴이 2015시즌 무려 4명의 유망주 출혈을 감수하고 샌디에이고에서 영입하였다. 2011년부터 4년 연속 구원 왕에 올랐으며 통산 세이브 성공률은 무려 90.7%다. 최고구속 160km/h의 패스트볼과 140km/h대 중반까지 나오는 너클 커브 모두가 언터처블 수준 2012년엔 상대한 타자의 절반 이상을 삼진으로 잡아내는 전무후무한 기록을 세웠다. 2017시즌 막강한 선발진에 막강한 마무리까지 그래서 레드삭스의 가을야구가 기대된다.

홈타율 .325 원정타율 .295
VS. 좌투수 .373 VS. 우투수 .286
득점권 .313 L/C .083

Sandy LEON
샌디 레온
NO.03

우투양타 1989년 3월 13일 178cm, 102kg

*는 낮을수록 좋은 기록임

시즌	타수	안타	홈런	타점	볼넷	도루	타율	출루율	장타율
2016	252	78	7	35	23	0	.310	.369	.476
통산	461	117	8	43	40	0	.254	.319	.362

구분	기록	MLB
타율	0.310	0.255
출루율	0.369	0.322
장타율	0.476	0.417
볼넷%	8.1	8.2
삼진%	23.3	21.1
볼넷 / 삼진	0.35	0.39
순장타율	0.167	0.162
BABIP	0.392	3.00
wOBA	0.362	0.318

VS. 패스트볼 **VS. 변화구**

*5타수 미만은 색을 표시하지 않음 ● ● : Ball zone

SPRAY ZONE 4 / 0 / 3 35% / 28% / 37% 홈런 타구분포%

BATTED BALL

항목	비율
볼존 공격률	31%
S존 공격률	58%
볼존 컨택트율	71%
S존 컨택트율	90%
라인드라이브	25%
그라운드볼	44%
플라이볼	31%

DEFENSE

위치	자살	보살	실책	수비율
C	561	35	1	0.998

레온은 수비는 뛰어나지만 방망이 실력을 형편없던 선수였다. 오랜 시간 마이너리그에서 뛰면서 기록한 타격 라인은 0.238/0.325/0.230. 그의 과거 스카우팅 리포트에는 "수비력이 좋은 투수의 타격 실력을 가진 포수"라고 적혀 있었다. 그러나 2016시즌 5시즌 만에 처음으로 3할대에 등극했다. 지금과 같은 수비력만 유지해도 충분히 가치 있는 선수다. 포수 유망주인 스와이하트가 메이저리그에서 뛸 준비를 갖출 때까지 징검다리 역할만 해주어도 보스턴은 크게 만족할 것이다.

| | 타율 0.400 이상 | 0.300-0.399 | 0.200-0.299 | 0.100-0.199 | 타율 0.099 이하 |

ⓒ Blake SWIHART
블레이크 스와이하트   NO. 23

우투양타 1992년 4월 3일 185cm, 91kg   *는 낮을수록 좋은 기록임

시즌	타수	안타	홈런	타점	볼넷	도루	타율	출루율	장타율
2016	62	16	0	5	11	0	.258	.365	.355
통산	350	95	5	36	29	4	.271	.328	.386

VS. 패스트볼   VS. 변화구

구분	기록	MLB
타율	0.258	0.255
출루율	0.365	0.322
장타율	0.355	0.417
볼넷%	14.9	8.2
삼진%*	23.0	21.1
볼넷 / 삼진	0.65	0.39
순장타율	0.097	0.162
BABIP	0.348	3.00
wOBA	0.321	0.318

*5타수 미만은 색을 표시하지 않았음. ● ● ● ● : Ball zone

SPRAY ZONE
0
35% 41% 24%
홈런
타구분포 %

BATTED BALL

항목	비율
볼존 공격률	28%
S존 공격률	62%
볼존 컨택트율	63%
S존 컨택트율	93%
라인드라이브	22%
그라운드볼	46%
플라이볼	32%

DEFENSE

위치	자살	보살	실책	수비율
C	59	3	0	1.000
LF	30	1	0	1.000

홈타율 .276 원정타율 .242
VS. 좌투수 .800 VS. 우투수 .211
득점권 .154 L/C .200

2011년 1라운드 26번째로 지명되어 2015년 5월 2일 빅리그에 데뷔하였다. 운동능력이 탁월한 고졸 포수로 무키 베츠와 함께 팀 내 최고의 유망주였던 그는 올해 초반 마이너리그를 폭격하며 부상당한 헤니건 대신 5월에 콜업되었다. 포수 유망주 중에서도 최고로 떠올랐다. 스위치타자로 양쪽 모두에서 강한 타구를 날리며 송구능력도 플러스급이다. 2014년 마이너리 그에서 진일보한 스와이하트의 파워는 46%의 도루저지율과 97경기에서 패스트볼도 하나만 기록했다.

1B Mitch MORELAND
미치 모어랜드   NO. 18

좌투좌타 1985년 9월 6일 188cm, 104kg   *는 낮을수록 좋은 기록임

시즌	타수	안타	홈런	타점	볼넷	도루	타율	출루율	장타율
2016	460	107	22	60	35	1	.233	.298	.422
통산	2496	633	110	354	211	8	.254	.315	.438

VS. 패스트볼   VS. 변화구

구분	기록	MLB
타율	0.233	0.255
출루율	0.298	0.322
장타율	0.422	0.417
볼넷%	7.0	8.2
삼진%*	23.5	21.1
볼넷 / 삼진	0.30	0.39
순장타율	0.189	0.162
BABIP	0.266	3.00
wOBA	0.307	0.318

*5타수 미만은 색을 표시하지 않았음. ● ● ● ● : Ball zone

SPRAY ZONE
4 5 13
21% 34% 34%
홈런
타구분포 %

BATTED BALL

항목	비율
볼존 공격률	33%
S존 공격률	68%
볼존 컨택트율	55%
S존 컨택트율	84%
라인드라이브	21%
그라운드볼	42%
플라이볼	37%

DEFENSE

위치	자살	보살	실책	수비율
1B	1036	65	2	0.998

홈타율 .249 원정타율 .216
VS. 좌투수 .277 VS. 우투수 .221
득점권 .256 L/C .305
VS. 오승환 1타수 무안타

FA 자격을 얻어 텍사스에서 보스턴으로 둥지를 틀었다. 매년 크고 작은 부상에 시달려 제 실력을 마음껏 발휘하지 못한 점은 아쉬움으로 남는다. 1루 수비는 좋으나 1루수로서 홈런이나 장타력은 약한 편이다. 또한 통산 타율이 2할 5푼대로 평범한 성적이며 빠른 볼에는 강점이 있지만 브레이킹 볼에는 타격중심이 무너지는 약점을 보인다. 매년 20개 정도의 홈런은 언제 든 칠 수 있는 선수다.

BOSTON RED SOX

- 타율 0.400 이상
- 타율 0.300–0.399
- 타율 0.200–0.299
- 타율 0.100–0.199
- 타율 0.099 이하

2B Dustin PEDROIA
더스틴 페드로이아

NO. 15

우투우타 1983년 8월 17일 185cm, 75kg

*는 낮을수록 좋은 기록임

시즌	타수	안타	홈런	타점	볼넷	도루	타율	출루율	장타율
2016	633	201	15	74	61	7	.318	.376	.449
통산	5594	1683	133	662	572	134	.301	.366	.445

VS. 패스트볼 / VS. 변화구

구분	기록	MLB
타율	0.318	0.255
출루율	0.376	0.322
장타율	0.449	0.417
볼넷%	8.7	8.2
삼진%*	10.5	21.1
볼넷 / 삼진	0.84	0.39
순장타율	0.131	0.162
BABIP	0.339	3.00
wOBA	0.358	0.318

*5타수 미만은 색을 표시하지 않았음, ●●● : Ball zone

SPRAY ZONE: 2 / 11 / 33% / 2 / 36% / 31% — 홈런 타구분포 %

BATTED BALL
항목	비율
볼존 공격률	29%
S존 공격률	57%
볼존 컨택트율	84%
S존 컨택트율	91%
라인드라이브	24%
그라운드볼	49%
플라이볼	27%

DEFENSE
위치	자살	보살	실책	수비율
2B	245	362	6	0.990

홈타율 .334 원정타율 .301
VS. 좌투수 .305 VS. 우투수 .320
득점권 .325 L/C .262
VS. 류현진 3타수 1안타 .333

보스턴 최고의 프랜차이스 스타 2004년 드래프트 2라운드에서 보스턴에 지명되어 2007시즌 리그 신인왕을 차지했으며 이듬해 MVP까지 수상했다. 작은 체구에도 불구하고 항상 투지 넘치는 플레이로 보스턴 팬들의 가장 많은 사랑을 받는 선수가 되었다. 지난 2년간 잦은 부상으로 고전했으나 2016시즌에는 화려하게 부활하였다. 최초로 2루수 1억 달러의 시대를 열었으며 오티스의 은퇴 이후 보스턴의 리더가 되었다. 2017시즌 팀의 우승을 위해 중요한 역할을 수행할지 주목된다.

3B Pablo SANDOVAL
파블로 산도발

NO. 48

우투양타 1986년 8월 11일 185cm, 111kg

*는 낮을수록 좋은 기록임

시즌	타수	안타	홈런	타점	볼넷	도루	타율	출루율	장타율
2016	6	0	0	0	1	0	.000	.143	.000
통산	3691	1061	116	509	285	11	.287	.339	.451

VS. 패스트볼 / VS. 변화구

구분	기록	MLB
타율	0.000	0.255
출루율	0.143	0.322
장타율	0.000	0.417
볼넷%	14.3	8.2
삼진%*	57.1	21.1
볼넷 / 삼진	0.25	0.39
순장타율	0.000	0.162
BABIP	0.000	3.00
wOBA	0.099	0.318

*5타수 미만은 색을 표시하지 않았음, ●●● : Ball zone

SPRAY ZONE: 0 / 0 / 33% / 0 / 33% / 33% — 홈런 타구분포 %

BATTED BALL
항목	비율
볼존 공격률	28%
S존 공격률	95%
볼존 컨택트율	80%
S존 컨택트율	61%
라인드라이브	0%
그라운드볼	0%
플라이볼	100%

DEFENSE
위치	자살	보살	실책	수비율
3B	1	3	1	0.800

홈타율 .000 원정타율 .000
VS. 우투수 .000
득점권 .000 L/C .000
VS. 류현진 21타수 4안타 .190

왕 먹튀의 대명사로 불린다. 자이언츠 시절에도 체중과의 싸움에 전력을 다했지만, 레드삭스로 이적 후 자유를 만끽하다가 체중관리에 실패하고 2년간 허송세월을 하였다. 체중이 불어나 수비도 무너지고 타격 또한 데뷔 후 최악의 결과를 초래했다. 체중을 줄이고 예전의 모습으로 돌아간다면 1년에 20개 이상의 홈런이 가능하고 타격에 대한 재질도 뛰어나 자기관리에 실패한 점이 아쉬울 따름이다. 2017시즌 그가 부활한다면 레드삭스의 공격력은 더욱 막강해질 것이다.

BOSTON RED SOX

■ 타율 0.400 이상　■ 0.300-0.399　■ 0.200-0.299　■ 0.100-0.199　■ 타율 0.099 이하

SS Xander BOGAERTS
젠더 보가츠
 NO.02

우투우타　1992년 10월 1일　185cm, 79kg　　*는 낮을수록 좋은 기록임

시즌	타수	안타	홈런	타점	볼넷	도루	타율	출루율	장타율	구분	기록	MLB
2016	652	192	21	89	58	13	.294	.356	.446	타율	0.294	0.255
통산	1847	528	41	221	134	26	.286	.337	.411	출루율	0.356	0.322
										장타율	0.446	0.417
										볼넷%	8.1	8.2
										삼진%*	17.1	21.1
										볼넷/삼진	0.47	0.39
										순장타율	0.152	0.162
										BABIP	0.335	3.00
										wOBA	0.348	0.318

VS. 패스트볼　VS. 변화구　우타자

*5타수 미만은 색을 표시하지 않음, ●●●: Ball zone

SPRAY ZONE　　**BATTED BALL**　　**DEFENSE**

SPRAY: 2 / 19 / 0 / 45% / 31% / 24% / 홈런 타구분포 %

항목	비율
볼존 공격률	32%
S존 공격률	60%
볼존 컨택트율	67%
S존 컨택트율	91%
라인드라이브	20%
그라운드볼	45%
플라이볼	35%

위치	자살	보살	실책	수비율
SS	195	355	13	0.977

홈타율 .323　원정타율 .267
VS. 좌투수 .304　VS. 우투수 .292
득점권 .269　L/C .342

카리브해의 조그마한 섬나라 아루바 출신인 보가츠는 2013년 빅리그에 데뷔하여 유격수로 활약하고 있다. 과거 노마 가르시아파라에 버금가는 잠재력을 가진 선수다. 2015년 메이저리그 전체 유격수 중에 유일하게 3할대를 기록했으며 타율과 최다안타 부문에서 리그 2위에 올랐다. 2016시즌에는 .294에 21개의 홈런을 달성해 펀치력도 향상되었음을 보여준다. 무키 베츠와 더불어 앞으로 레드삭스를 10년간 이끌어갈 특급 유망주다.

IF Brock HOLT
브록 홀트
 NO.12

우투좌타　1988년 6월 11일　178cm, 82kg　　*는 낮을수록 좋은 기록임

시즌	타수	안타	홈런	타점	볼넷	도루	타율	출루율	장타율	구분	기록	MLB
2016	290	74	7	34	27	4	.255	.322	.383	타율	0.255	0.255
통산	1317	358	13	122	117	25	.272	.332	.373	출루율	0.322	0.322
										장타율	0.383	0.417
										볼넷%	8.3	8.2
										삼진%*	17.9	21.1
										볼넷/삼진	0.47	0.39
										순장타율	0.128	0.162
										BABIP	0.294	3.00
										wOBA	0.308	0.318

VS. 패스트볼　VS. 변화구　좌타자

*5타수 미만은 색을 표시하지 않음, ●●●: Ball zone

SPRAY ZONE　　**BATTED BALL**　　**DEFENSE**

SPRAY: 2 / 0 / 5 / 30% / 33% / 36% / 홈런 타구분포 %

항목	비율
볼존 공격률	27%
S존 공격률	50%
볼존 컨택트율	79%
S존 컨택트율	96%
라인드라이브	24%
그라운드볼	55%
플라이볼	22%

위치	자살	보살	실책	수비율
SS	6	12	0	1.000
RF	4	0	0	1.000

홈타율 .231　원정타율 .280
VS. 좌투수 .103　VS. 우투수 .279
득점권 .247　L/C .133

2009년 피츠버그에 지명되어 2012년 빅리그에 데뷔하였고 2013년 레드삭스로 이적했다. 주로 2루수, 3루수, 유격수 내야 전 포지션을 아우르는 백업요원이다. 공격력 또한 2년 연속 2할 8푼대를 기록했으며 점점 타격이 좋아지고 있다. 그러나 장타력이 부족한 게 흠이다. 수비에서 물샐틈없는 수비로 호평을 받고 있다. 2015년 첫 힛 포더 사이클의 주인공이며, 생애 처음으로 올스타전에도 출전했다. 그러나 타석에서 선구안을 늘리고 참을성을 갖는다면 좋은 결과가 있으리라 생각된다.

BOSTON RED SOX

■ 타율 0.400 이상 ■ 0.300–0.399 ■ 0.200–0.299 ■ 0.100–0.199 ■ 타율 0.099 이하

LF Andrew BENINTENDI   NO.40
앤드루 베닌텐디

좌투좌타   1994년 7월 5일   178cm, 77kg

*는 낮을수록 좋은 기록임

시즌	타수	안타	홈런	타점	볼넷	도루	타율	출루율	장타율	구분	기록	MLB
2016	105	31	2	14	10	1	.295	.359	.476	타율	0.295	0.255
통산	105	31	2	14	10	1	.295	.359	.476	출루율	0.359	0.322
										장타율	0.476	0.417
										볼넷%	8.3	8.2
										삼진%*	17.9	21.1
										볼넷/삼진	0.47	0.39
										순장타율	0.128	0.162
										BABIP	0.294	3.00
										wOBA	0.308	0.318

VS. 패스트볼   VS. 변화구

*5타수 미만은 색을 표시하지 않았음. ●●● : Ball zone

SPRAY ZONE
0
0 / 2
27% / 29% / 44%
홈런
타구분포 %

BATTED BALL
항목	비율
볼존 공격률	26%
S존 공격률	59%
볼존 컨택트율	67%
S존 컨택트율	89%
라인드라이브	25%
그라운드볼	36%
플라이볼	39%

DEFENSE
위치	자살	보살	실책	수비율
LF	48	0	1	0.980
CF	7	0	0	1.000

홈타율 .364 원정타율 .264
VS. 좌투수 .179 VS. 우투수 .338
득점권 .348 L/C .077

2015년 전체 7번째로 지명을 받고 2016년 8월 2일 빅리그에 데뷔하였다. 베닌텐디는 예술적인 좌타 스윙을 하며 투구 반응속도가 아주 좋다. 또한 스트라이크 존에 대한 감각을 유지하는 능력이 뛰어나다. 체형은 작지만 빠른 배트 스피드가 일품이며 스피드가 뛰어나 외야수로서 좋은 수비 범위를 가지고 있다. 그러나 외야수로서 어깨가 약한 것이 흠이다. 그는 포스트 시즌에도 떨지 않고 중요할 때 타점을 올리며 가치를 증명했다.

CF Jackie BRADLEY Jr.   NO.40
재키 브래들리 주니어

우투좌타   1990년 4월 19일   178cm, 91kg

*는 낮을수록 좋은 기록임

시즌	타수	안타	홈런	타점	볼넷	도루	타율	출루율	장타율	구분	기록	MLB
2016	558	149	26	87	63	9	.267	.349	.486	타율	0.267	0.255
통산	1258	298	40	170	131	22	.237	.316	.409	출루율	0.349	0.322
										장타율	0.486	0.417
										볼넷%	9.9	8.2
										삼진%*	22.5	21.1
										볼넷/삼진	0.44	0.39
										순장타율	0.219	0.162
										BABIP	0.312	3.00
										wOBA	0.354	0.318

VS. 패스트볼   VS. 변화구

*5타수 미만은 색을 표시하지 않았음. ●●● : Ball zone

SPRAY ZONE
9
3 / 14
20% / 34% / 46%
홈런
타구분포 %

BATTED BALL
항목	비율
볼존 공격률	30%
S존 공격률	61%
볼존 컨택트율	62%
S존 컨택트율	83%
라인드라이브	18%
그라운드볼	47%
플라이볼	35%

DEFENSE

위치	자살	보살	실책	수비율
CF	365	13	3	0.992

홈타율 .299 원정타율 .234
VS. 좌투수 .245 VS. 우투수 .277
득점권 .348 L/C .190

2011년 전체 40번째로 레드삭스에 지명되어 2013년 4월 1일 빅리그에 데뷔하였다. 그는 무한한 가능성을 갖추었지만 3년 간 빅리그의 높은 벽을 절감해야 했다. 그러나 2016시즌에는 타격이 만개하여 꽃을 피우기 시작했다. 수비는 메이저리그 정상급으로 강한 어깨가 강점이나, 기복 있는 공격력만 살아난다면 골든글러브 후보로도 손색이 없다. 2017년 레드삭스에는 신인 3인방의 활약 여부가 대권의 운명을 가를 것으로 본다.

BOSTON RED SOX

■ 타율 0.400 이상　■ 0.300-0.399　■ 0.200-0.299　■ 0.100-0.199　■ 타율 0.099 이하

홈타율 .335　원정타율 .301
VS. 좌투수 .264　VS. 우투수 .331
득점권 .355　L/C .271

RF Mookie BETTS　NO.50
무키 베츠

우투우타　1992년 10월 7일　185cm, 70kg　*는 낮을수록 좋은 기록임

시즌	타수	안타	홈런	타점	볼넷	도루	타율	출루율	장타율	구분	기록	MLB
2016	672	214	31	113	49	26	.318	.363	.534	타율	0.318	0.255
통산	1458	443	54	208	116	54	.304	.355	.500	출루율	0.363	0.322
										장타율	0.534	0.417
										볼넷%	6.7	8.2
										삼진%*	11.0	21.1
										볼넷 / 삼진	0.61	0.39
										순장타율	0.216	0.162
										BABIP	0.322	3.00
										wOBA	0.379	0.318

VS. 패스트볼　VS. 변화구　우타자
*5타수 미만은 색을 표시하지 않았음.　● ● ● : Ball zone

SPRAY ZONE
27 (40%)　3 (35%)　1 (25%)
홈런 타구분포 %

BATTED BALL
항목	비율
볼존 공격률	26%
S존 공격률	56%
볼존 컨택트율	68%
S존 컨택트율	96%
라인드라이브	19%
그라운드볼	42%
플라이볼	39%

DEFENSE
위치	자살	보살	실책	수비율
RF	346	14	1	0.997

무키 베츠는 2016시즌 레드삭스의 최고의 히트상품이었다. 2016아메리칸리그 우익수 부문 골든글러브와 실버슬러거를 동시에 석권하였다. 즉 최고의 공격력과 최고의 수비력을 갖춘 선수라는 것이 입증되었다. 작은 체격에도 불구하고 홈런과 장타력도 대단하였다. 그에게 최대의 적은 자만심이 아닐까 생각된다. 앞으로 10년간 레드삭스의 외야를 호령할 최고의 선수이기 때문이다. 그가 펼칠 2017시즌이 더욱 기다려진다.

홈타율 .303　원정타율 .266
VS. 좌투수 .346　VS. 우투수 .268
득점권 .297　L/C .245

DH Hanley RAMIREZ　NO.13
헨리 라미레스

우투우타　1983년 12월 23일　185cm, 102kg　*는 낮을수록 좋은 기록임

시즌	타수	안타	홈런	타점	볼넷	도루	타율	출루율	장타율	구분	기록	MLB
2016	549	157	30	111	60	9	.286	.361	.505	타율	0.386	0.255
통산	5627	1660	240	818	587	276	.295	.366	.495	출루율	0.322	0.322
										장타율	0.383	0.417
										볼넷%	8.3	8.2
										삼진%*	17.9	21.1
										볼넷 / 삼진	0.47	0.39
										순장타율	0.128	0.162
										BABIP	0.294	3.00
										wOBA	0.308	0.318

VS. 패스트볼　VS. 변화구　우타자
*5타수 미만은 색을 표시하지 않았음.　● ● ● : Ball zone

SPRAY ZONE
12 (38%)　10 (36%)　8 (26%)
홈런 타구분포 %

BATTED BALL
항목	비율
볼존 공격률	31%
S존 공격률	65%
볼존 컨택트율	59%
S존 컨택트율	88%
라인드라이브	19%
그라운드볼	48%
플라이볼	33%

DEFENSE

위치	자살	보살	실책	수비율
1B	1000	39	4	0.996

2005년 9월 20일 레드삭스에서 데뷔하여 12년 만에 친정으로 돌아와 2015시즌은 죽을 쑤었으나 2016시즌에는 본연의 모습의 활약을 하였다. 원래 천재적인 타격 센스와 장타력을 보유한 라미네스는 지난 10여 년 동안 잦은 부상에 시달리며 제 기량을 발휘하지 못했다. 그러나 그가 건강한 모습을 유지한다면 은퇴한 오티스의 공백을 충분히 커버하리라 생각한다. 그의 반등에 2017시즌 레드삭스의 운명이 걸려 있다.

NEW YORK YANKEES

한때 "악의 제국"으로 불렸던 뉴욕 양키스의 몰락은 야구는 돈으로만 하는 것이 아니라는 교훈을 남겨 주었다. 그러나 2000년대를 풍미했던 양키스의 화려한 등극은 시간문제일 뿐이다.

TEAM IMFORMATION

창단 : 1901년
이전 연고지 : -
월드시리즈 우승 : 27회
AL 우승 : 40회
디비전 우승 : 18회
와일드카드 진출 : 5회
구단주 : YGE(스타인브레너 형제)
감독 : 조 지라디
단장 : 브라이언 캐시맨

FRANCHISE

UNIFORM

Home / Away

MANAGER

Joe Girardi

생년월일 : 1964년 10월 14일
출생지 : 피오리아(일리노이)
MLB 감독 경력 : 올해로 11년째
플로리다(2006년), 뉴욕 양키스(2008년~현재)
정규시즌 통산 : 897승 723패 승률 0.554
포스트시즌 통산 : 21승 17패 승률 0.553

LINE-UP

ROTATION	
SP	M. 다나카
SP	M. 피네이다
SP	C. 사바시아
SP	L. 서베리노
SP	C. 그린

BULLPEN	
RP	D. 베탄시스
RP	T. 클리퍼드
RP	D. 언스
RP	T. 레이네
RP	J. 바바토
RP	D. 저먼
CL	A. 채프먼

BATTING	
1	J. 엘스버리
2	D. 그레고리우스
3	G. 버드
4	M. 할라데이
5	G. 산체스
6	A. 저지
7	C. 헤들리
8	S. 카스트로
9	B. 가드너

UTILITY PLAYERS	
IF	R. 레프스나이더
IF	R. 토레예스
OF	A. 힉스
OF	M. 윌리엄스

BALL PARK : Yankee Stadium

주소 : 1 East 161st Street Bronx, New York City, New York 10451
펜스 거리 : 왼쪽 97m, 좌중간 122m, 중앙 124m, 우중간 117m, 오른쪽 96m
펜스 높이 : 왼쪽~좌중간 2.5m, 오른쪽 2.4m
최초공식경기 : 2009년 4월 16일
잔디 : 켄터키 블루 그래스(천연잔디)
수용 인원 : 5만 329명
홈팀 덕아웃 : 1루
파크팩터 : 1.022(MLB 10위)

끈기, 뒷심, 투지의 부족을 절감한 양키스, 그래도 내일은 태양이 뜬다

2016 리뷰

2016시즌을 시작하면서 아롤디스 채프먼을 영입하였다. 그러나 6월 말까지 승률 5할을 밑돌자 시즌을 포기하고 리빌딩에 나섰다. 7월 26일 채프먼을 컵스로, 8월 1일에는 밀러와 벨트란을 각각 클리블랜드와 텍사스로 트레이드했다. 또한 8월 6일과 8일에는 테세이라, 알렉스 로드리게스가 은퇴를 발표했다. 이때 개리 산체스라는 괴물 신인 포수가 나타났다. 그는 공격과 수비 그리고 태도 모두에서 놀라운 모습을 보이며 53경기만 뛰고도 팀에서 두 번째로 많은 20개의 홈런을 때려냈다(.299 .376 .657). 데뷔 후 첫 23경기에서 기록한 11홈런은 메이저리그 역대 최고기록을 세웠다. 팀이 마음을 비우자 갑자기 성적이 오르기 시작했다. 9월 5일부터 깜짝 7연승을 달리며 와일드카드 1위 토론토와 2위 볼티모어를 턱밑까지 따라붙은 것(토론토 78승, 볼티모어 77승, 양키스 76승). 마침 양키스 선수들의 왼소매에는 "끝날 때까지는 끝난 게 아니다"라는 말을 남긴 요기 베라(2015년 9월 사망)의 등번호 8번이 붙어 있었다. 그러나 양키스는 이후 8경기에서 1승 7패에 그치는 것으로 백기를 들었다(볼티모어 82승, 토론토 81승, 양키스 77승). 특히 세 번의 역전패를 당한 펜웨이파크에서의 4연패는 수모에 가까웠다. 마지막 양키스타디움 대결을 모두 승리하는 것으로 보스턴의 홈어드밴티지 획득을 방해한 양키스는 월드시리즈에서 채프먼과 밀러가 격돌하는 장면을 지켜봐야 했다.

2017 프리뷰

괴물 신인 산체스의 등장으로 주전 포수 매캔을 휴스턴으로 트레이드하면서 최고구속 159km/h를 자랑하는 우완 알버트 아브레유(21)를 받았다. 그리고 새로운 지명타자로 맷 할러데이(36)를 영입했다(1년 1300만). 올해 부상 속에서도 강한 타구 속도를 꾸준히 유지한 할러데이(.246 .322 .461 20홈런)는 좋은 선택이라는 평가를 받고 있다. 그리고 채프먼을 다시 데려와 5년간 8600만 달러에 계약했다. 양키스의 선발 라인업은 다나카, 피네다, 사바시아, 서베리노, 워런으로 이어지며 불펜에는 돌아온 채프먼과 베탄시스, 클리퍼드, 바베토 등 강력한 선발진을 만드는 데 실패하였다. 또한 눈에 띄게 노쇠해진 사바시아와 피네다의 부진으로 지구 라이벌 레드삭스와 볼티모어를 따라잡기에는 역부족이다. 타격에서는 괴물 신인 산체스, 할라데이 등 새로운 얼굴들이 은퇴와 이적으로 헐거워진 타선의 공백을 어떻게 메꾸느냐가 관건일 전망이다. 그러나 양키스는 그간 27번의 월드시리즈 챔피언다운 우승의 DNA가 팀에 고스란히 녹아 있다. 작년 후반기 탈락의 상황에서도 무서운 뒷심을 발휘하여 선두팀들을 위협했듯이 후반기까지 포스트시즌 진출이라는 가능성을 열어 놓으면 트레이드를 통해 언제든지 패권을 차지할 수 있는 역량을 갖춘 팀이다. 2017시즌은 막강한 레드삭스에 이어 볼티모어, 토론토 블루제이스와 와일드카드 진출을 위한 치열한 다툼이 예상된다. 명문가의 재건을 위한 코칭 스태프와 선수들의 혼연일체가 팀의 성적을 좌우한다는 지극히 평범한 논리 속에 답이 있지 않을까 생각한다.

SQUAD LIST

*선수 명단은 2017년 3월 16일 기준(source : ESPN)

투 수

번호	이름	위치	투	타	나이	출생지
64	Johnny Barbato	RP	R	R	24	Miami, FL
68	Dellin Betances	RP	R	R	28	New York, NY
85	Luis Cessa	RP	R	R	24	Cordoba, Mexico
54	Aroldis Chapman	RP	L	L	29	Holguin, Cuba
29	Tyler Clippard	RP	R	R	32	Lexington, KY
91	Dietrich Enns	RP	L	L	25	Frankfort, IL
41	Ernesto Frieri	RP	R	R	31	Arjona, Colombia
92	Giovanny Gallegos	RP	R	R	25	Obregon, Mexico
76	Domingo German	SP	R	R	24	San Pedro de Macoris, Dominican Republic
57	Chad Green	SP	R	L	25	Greenville, SC
61	Ben Heller	RP	R	R	25	Milwaukee, WI
96	Ronald Herrera	RP	R	R	21	Maracay, Venezuela
65	Jonathan Holder	RP	R	R	23	Gulfport, MS
39	Tommy Layne	RP	L	L	32	St. Louis, MO
55	Bryan Mitchell	SP	R	L	25	Reidsville, NC
35	Michael Pineda	SP	R	R	28	Yaguate, Dominican Republic
95	Yefrey Ramirez	RP	R	R	23	Santo Domingo, Dominican Republic
52	CC Sabathia	SP	L	L	36	Vallejo, CA
40	Luis Severino	RP	R	R	23	Sabana De La Mar, Dominican Republic
45	Chasen Shreve	RP	L	L	26	Las Vegas, NV
19	Masahiro Tanaka	SP	R	R	28	Itami, Japan
43	Adam Warren	RP	R	R	29	Birmingham, AL

포 수

번호	이름	위치	투	타	나이	출생지
86	Kyle Higashioka	C	R	R	26	Huntington Beach, CA
27	Austin Romine	C	R	R	28	Lake Forest, CA
24	Gary Sanchez	C	R	R	24	Santo Domingo, Dominican Republic

내 야

번호	이름	위치	투	타	나이	출생지
94	Miguel Andujar	3B	R	R	22	San Cristobal, Dominican Republic
26	Tyler Austin	1B	R	R	25	Conyers, GA
33	Greg Bird	1B	R	L	24	Memphis, TN
48	Chris Carter	1B	R	R	30	Redwood City, CA
14	Starlin Castro	2B	R	R	26	Monte Cristi, Dominican Republic
18	Didi Gregorius	SS	R	L	27	Amsterdam, Netherlands
12	Chase Headley	3B	R	B	32	Fountain, CO
93	Jorge Mateo	SS	R	R	21	Santo Domingo, Dominican Republic
38	Rob Refsnyder	1B	R	R	25	Seoul, South Korea
74	Ronald Torreyes	3B	R	R	24	Libertad, Venezuela

외 야

번호	이름	위치	투	타	나이	출생지
22	Jacoby Ellsbury	CF	L	L	33	Madras, OR
11	Brett Gardner	LF	L	L	33	Holly Hill, SC
31	Aaron Hicks	RF	B	R	27	San Pedro, CA
17	Matt Holliday	LF	R	R	37	Stillwater, OK
99	Aaron Judge	RF	R	R	24	Linden, CA
66	Mason Williams	CF	L	R	25	Pawtucket, RI

SUMMARY

우타자	좌타자	스위치	우투수	좌투수	평균나이	최연소	최연장
12명	5명	2명	17명	5명	26.2세	21세	37세

NEW YORK YANKEES

2017 REGULAR SEASON SCHEDULE

* ▓▓▓▓ 는 홈경기, 시간은 미국 동부시간 기준

날짜	상대팀	경기시간	날짜	상대팀	경기시간	날짜	상대팀	경기시간
Sun, 4/2	Tampa Bay Rays	PM 1:10	Fri, 6/9	Baltimore Orioles	PM 7:35	Tue, 8/15	New York Mets	PM 7:05
Tue, 4/4	Tampa Bay Rays	PM 7:10	Sat, 6/10	Baltimore Orioles	PM 7:15	Wed, 8/16	New York Mets	PM 7:10
Wed, 4/5	Tampa Bay Rays	PM 7:10	Sun, 6/11	Baltimore Orioles	PM 1:05	Thu, 8/17	New York Mets	PM 7:10
Fri, 4/7	Baltimore Orioles	PM 7:05	Mon, 6/12	Los Angeles Angels	PM 10:07	Fri, 8/18	Boston Red Sox	PM 7:10
Sat, 4/8	Baltimore Orioles	PM 4:05	Tue, 6/13	Los Angeles Angels	PM 10:07	Sat, 8/19	Boston Red Sox	PM 7:10
Sun, 4/9	Baltimore Orioles	PM 1:35	Wed, 6/14	Los Angeles Angels	PM 10:07	Sun, 8/20	Boston Red Sox	PM 1:30
Mon, 4/10	Tampa Bay Rays	PM 1:05	Thu, 6/15	Oakland Athletics	PM 10:05	Tue, 8/22	Detroit Tigers	PM 7:10
Wed, 4/12	Tampa Bay Rays	PM 1:05	Fri, 6/16	Oakland Athletics	PM 9:35	Wed, 8/23	Detroit Tigers	PM 7:10
Thu, 4/13	Tampa Bay Rays	PM 7:05	Sat, 6/17	Oakland Athletics	PM 4:05	Thu, 8/24	Detroit Tigers	PM 1:10
Fri, 4/14	St. Louis Cardinals	PM 7:05	Sun, 6/18	Oakland Athletics	PM 4:05	Fri, 8/25	Seattle Mariners	PM 7:05
Sat, 4/15	St. Louis Cardinals	PM 1:05	Tue, 6/20	Los Angeles Angels	PM 7:05	Sat, 8/26	Seattle Mariners	PM 1:05
Sun, 4/16	St. Louis Cardinals	PM 8:05	Wed, 6/21	Los Angeles Angels	PM 7:05	Sun, 8/27	Seattle Mariners	PM 1:05
Mon, 4/17	Chicago White Sox	PM 7:05	Thu, 6/22	Los Angeles Angels	PM 7:05	Mon, 8/28	Cleveland Indians	PM 7:05
Tue, 4/18	Chicago White Sox	PM 7:05	Fri, 6/23	Texas Rangers	PM 7:05	Tue, 8/29	Cleveland Indians	PM 7:05
Wed, 4/19	Chicago White Sox	PM 7:05	Sat, 6/24	Texas Rangers	PM 1:05	Wed, 8/30	Cleveland Indians	PM 1:05
Fri, 4/21	Pittsburgh Pirates	PM 7:05	Sun, 6/25	Texas Rangers	PM 2:05	Thu, 8/31	Boston Red Sox	PM 7:05
Sat, 4/22	Pittsburgh Pirates	PM 4:05	Mon, 6/26	Chicago White Sox	PM 8:10	Fri, 9/1	Boston Red Sox	PM 7:05
Sun, 4/23	Pittsburgh Pirates	PM 1:35	Tue, 6/27	Chicago White Sox	PM 8:10	Sat, 9/2	Boston Red Sox	PM 7:05
Tue, 4/25	Boston Red Sox	PM 7:10	Wed, 6/28	Chicago White Sox	PM 8:10	Sun, 9/3	Boston Red Sox	PM 1:05
Wed, 4/26	Boston Red Sox	PM 7:10	Thu, 6/29	Chicago White Sox	PM 8:10	Mon, 9/4	Baltimore Orioles	PM 1:35
Thu, 4/27	Boston Red Sox	PM 7:10	Fri, 6/30	Houston Astros	PM 8:10	Tue, 9/5	Baltimore Orioles	PM 7:05
Fri, 4/28	Baltimore Orioles	PM 7:05	Sat, 7/1	Houston Astros	PM 7:15	Wed, 9/6	Baltimore Orioles	PM 7:05
Sat, 4/29	Baltimore Orioles	PM 1:05	Sun, 7/2	Houston Astros	PM 2:10	Fri, 9/8	Texas Rangers	PM 8:05
Sun, 4/30	Baltimore Orioles	PM 1:05	Mon, 7/3	Toronto Blue Jays	PM 7:05	Sat, 9/9	Texas Rangers	PM 8:05
Mon, 5/1	Toronto Blue Jays	PM 7:05	Tue, 7/4	Toronto Blue Jays	PM 1:05	Sun, 9/10	Texas Rangers	PM 3:05
Tue, 5/2	Toronto Blue Jays	PM 7:05	Wed, 7/5	Toronto Blue Jays	PM 1:05	Mon, 9/11	Tampa Bay Rays	PM 7:05
Wed, 5/3	Toronto Blue Jays	PM 7:05	Fri, 7/7	Milwaukee Brewers	PM 8:10	Tue, 9/12	Tampa Bay Rays	PM 7:05
Fri, 5/5	Chicago Cubs	PM 2:20	Sat, 7/8	Milwaukee Brewers	PM 1:05	Wed, 9/13	Tampa Bay Rays	PM 7:10
Sat, 5/6	Chicago Cubs	PM 7:15	Sun, 7/9	Milwaukee Brewers	PM 7:05	Thu, 9/14	Baltimore Orioles	PM 7:05
Sun, 5/7	Chicago Cubs	PM 8:05	Fri, 7/14	Boston Red Sox	PM 7:10	Fri, 9/15	Baltimore Orioles	PM 7:05
Mon, 5/8	Cincinnati Reds	PM 7:10	Sat, 7/15	Boston Red Sox	PM 4:05	Sat, 9/16	Baltimore Orioles	PM 4:05
Tue, 5/9	Cincinnati Reds	PM 7:10	Sun, 7/16	Boston Red Sox	PM 8:05	Sun, 9/17	Baltimore Orioles	PM 1:05
Thu, 5/11	Houston Astros	PM 7:05	Mon, 7/17	Minnesota Twins	PM 8:10	Mon, 9/18	Minnesota Twins	PM 7:05
Fri, 5/12	Houston Astros	PM 7:05	Tue, 7/18	Minnesota Twins	PM 8:10	Tue, 9/19	Minnesota Twins	PM 7:05
Sat, 5/13	Houston Astros	PM 1:05	Wed, 7/19	Minnesota Twins	PM 1:10	Wed, 9/20	Minnesota Twins	PM 1:05
Sun, 5/14	Houston Astros	PM 7:35	Thu, 7/20	Seattle Mariners	PM 10:10	Fri, 9/22	Toronto Blue Jays	PM 7:07
Tue, 5/16	Kansas City Royals	PM 8:15	Fri, 7/21	Seattle Mariners	PM 10:10	Sat, 9/23	Toronto Blue Jays	PM 1:07
Wed, 5/17	Kansas City Royals	PM 8:15	Sat, 7/22	Seattle Mariners	PM 9:10	Sun, 9/24	Toronto Blue Jays	PM 1:07
Thu, 5/18	Kansas City Royals	PM 8:15	Sun, 7/23	Seattle Mariners	PM 4:10	Tue, 9/26	Tampa Bay Rays	PM 7:10
Fri, 5/19	Tampa Bay Rays	PM 7:10	Tue, 7/25	Cincinnati Reds	PM 7:05	Wed, 9/27	Tampa Bay Rays	PM 7:05
Sat, 5/20	Tampa Bay Rays	PM 4:10	Wed, 7/26	Cincinnati Reds	PM 1:05	Thu, 9/28	Tampa Bay Rays	PM 7:05
Sun, 5/21	Tampa Bay Rays	PM 1:10	Thu, 7/27	Tampa Bay Rays	PM 7:05	Fri, 9/29	Toronto Blue Jays	PM 1:05
Mon, 5/22	Kansas City Royals	PM 7:05	Fri, 7/28	Tampa Bay Rays	PM 7:05	Sat, 9/30	Toronto Blue Jays	PM 4:05
Tue, 5/23	Kansas City Royals	PM 7:05	Sat, 7/29	Tampa Bay Rays	PM 1:05	Sun, 10/1	Toronto Blue Jays	PM 3:05
Wed, 5/24	Kansas City Royals	PM 7:05	Sun, 7/30	Tampa Bay Rays	PM 1:05			
Thu, 5/25	Kansas City Royals	PM 1:05	Mon, 7/31	Detroit Tigers	PM 7:05			
Fri, 5/26	Oakland Athletics	PM 7:05	Tue, 8/1	Detroit Tigers	PM 7:05			
Sat, 5/27	Oakland Athletics	PM 1:05	Wed, 8/2	Detroit Tigers	PM 1:05			
Sun, 5/28	Oakland Athletics	PM 1:05	Thu, 8/3	Cleveland Indians	PM 7:10			
Mon, 5/29	Baltimore Orioles	PM 1:05	Fri, 8/4	Cleveland Indians	PM 7:10			
Tue, 5/30	Baltimore Orioles	PM 7:05	Sat, 8/5	Cleveland Indians	PM 7:10			
Wed, 5/31	Baltimore Orioles	PM 7:05	Sun, 8/6	Cleveland Indians	PM 1:10			
Thu, 6/1	Toronto Blue Jays	PM 7:07	Tue, 8/8	Toronto Blue Jays	PM 7:07			
Fri, 6/2	Toronto Blue Jays	PM 7:07	Wed, 8/9	Toronto Blue Jays	PM 7:07			
Sat, 6/3	Toronto Blue Jays	PM 1:07	Thu, 8/10	Toronto Blue Jays	PM 7:07			
Sun, 6/4	Toronto Blue Jays	PM 1:07	Fri, 8/11	Boston Red Sox	PM 7:05			
Tue, 6/6	Boston Red Sox	PM 7:05	Sat, 8/12	Boston Red Sox	PM 4:05			
Wed, 6/7	Boston Red Sox	PM 7:05	Sun, 8/13	Boston Red Sox	PM 1:05			
Thu, 6/8	Boston Red Sox	PM 7:05	Mon, 8/14	New York Mets	PM 7:05			

NEW YORK YANKEES

■ 15% 이상 ■ 12~14% ■ 9~11% ■ 6~8% ■ 3~5% □ 2% 이하

SP TANAKA Masahiro
다나카 마사히로 **NO.19**

우투우타 1988년 11월 1일 188cm 93kg *는 낮을수록 좋은 기록임

시즌	경기	이닝	피안타	피홈런	볼넷	탈삼진	승-패-세-홀	평균자책	구분	기록	MLB
2016	31	199.2	179	22	36	165	14-4-0-0	.307	평균자책*	.307	.415
통산	75	490.0	428	62	84	445	39-16-0-0	.312	탈삼진 / 9	7.44	8.10
									볼넷 / 9*	1.62	3.14
									탈삼진 / 볼넷	4.58	2.58
									피홈런 / 9*	0.99	1.17
									피안타율	0.234	0.252
									WHIP	1.08	1.32
									잔루율	76.4	72.9
									FIP*	3.51	4.24

PITCHING REPERTORY / VELOCITY km/h / **MOVEMENT** cm

구종	평균	전체	초구	2-2	좌타자	우타자	피타율	상하	좌우
포심패스트볼	148	13%	18%	8%	13%	14%	0.305	↑24	→15
투심 / 싱커	145	22%	22%	16%	22%	22%	0.290	↑15	→21
컷패스트볼	143	9%	9%	7%	7%	11%	0.227	↑16	→5
슬라이더	135	24%	21%	29%	19%	28%	0.193	↑7	←4
커브	122	6%	14%	3%	9%	4%	0.263	↓11	←12
체인지업	–	–	–	–	–	–	–		
스플리터	140	26%	16%	36%	30%	22%	0.182	↑6	→16

홈 ERA 3.86 원정 ERA 2.34
VS. 좌타자 2.88 VS. 우타자 3.24
VS. 추신수 6타수 4안타 타율 .667
VS. 김현수 2타수 무안타
VS. 박병호 2타수 무안타

일본에서 보여주었던 언더처블 수준의 볼은 메이저리그에서는 그다지 위력이지 못했다. 150km/h 초반대의 포심패스트볼과 140km/h 스플리터를 장착했지만 스플리터가 크게 위력적이질 못해 홈런으로 연결되는 일이 자주 일어난다. 토미존 수술 대신 자기혈청주사로 버티며 나름대로 양키스에서 제1선발의 역할을 지켜주고 있다. 부상 없이 한 시즌을 잘 보낸다면 15승 이상 충분히 달성이 가능하다.

SP Michael PINEDA
마이클 피네다 **NO.35**

우투우타 1989년 1월 18일 200cm, 120kg *는 낮을수록 좋은 기록임

시즌	경기	이닝	피안타	피홈런	볼넷	탈삼진	승-패-세-홀	평균자책	구분	기록	MLB
2016	32	175.2	184	27	53	207	6-12-0-0	.482	평균자책*	.482	.415
통산	100	583.2	549	71	136	595	32-37-0-0	.399	탈삼진 / 9	10.61	8.10
									볼넷 / 9*	2.72	3.14
									탈삼진 / 볼넷	3.91	2.58
									피홈런 / 9*	1.38	1.17
									피안타율	0.264	0.252
									WHIP	1.35	1.32
									잔루율	70.7	72.9
									FIP*	3.80	4.24

PITCHING REPERTORY / VELOCITY km/h / **MOVEMENT** cm

구종	평균	전체	초구	2-2	좌타자	우타자	피타율	상하	좌우
포심패스트볼	–	–	–	–	–	–	–		
투심 / 싱커	149	0%	0%	0%	0%	0%	0.000	↑11	→16
컷패스트볼	151	53%	63%	39%	52%	53%	0.338	↑18	→5
슬라이더	138	38%	31%	52%	33%	43%	0.202	↑1	←4
커브	119	0%	0%	0%	0%	0%	0.000	↓2	←10
체인지업	142	9%	6%	9%	15%	4%	0.276	↑13	→21
스플리터	–	–	–	–	–	–	–		

홈 ERA 4.57 원정 ERA 3.26
VS. 좌타자 3.28 VS. 우타자 4.06
VS. 추신수 6타수 2안타 타율 .333
VS. 김현수 2타수 1안타 타율 .500
VS. 박병호 4타수 1안타 타율 .250

2016시즌 데뷔 이래 최악의 성적을 보여주었다. 한때 시애틀 시절 에르난데스와 완투펀치를 이룰 것이라는 기대를 한 몸에 받았지만, 부상으로 인한 패스트볼의 구속도 2km/h 이상 떨어진 149km/h로 타자들의 좋은 먹잇감으로 전락했다. 또한 슬라이더와 체인지업도 많이 무너졌다. 그러나 가장 큰 문제는 해가 갈수록 구위가 떨어지고 체력적인 문제도 대두되었다. 2017년 시즌에 재기할 수 있는지가 관건이다.

15% 이상   12-14%   9-11%   6-8%   3-5%   2% 이하

SP CC SABATHIA
CC 사바시아
NO.52

좌투좌타   1980년 7월 21일   200cm, 129kg   *는 낮을수록 좋은 기록임

시즌	경기	이닝	피안타	피홈런	볼넷	탈삼진	승-패-세-홀	평균자책	구분	기록	MLB
2016	30	179.2	172	22	65	152	9-12-0-0	.391	평균자책*	4.391	4.415
통산	482	3168.1	3003	315	959	2756	223-141-0-0	.370	탈삼진 / 9	7.61	8.10
									볼넷 / 9*	3.26	3.14
									탈삼진 / 볼넷	2.34	2.58
									피홈런 / 9*	1.10	1.17
									피안타율	0.248	0.252
									WHIP*	1.32	1.32
									잔루율	75.2	72.9
									FIP*	4.28	4.24

PITCHING ZONE (좌타자 몸쪽 / 우타자 몸쪽)

PITCHING REPERTORY / VELOCITY km/h   MOVEMENT cm

구종	평균	전체	초구	2-2	좌타자	우타자	피타율	상하	좌우
포심패스트볼	146	15%	17%	11%	15%	15%	0.306	↑20	←11
투심 / 싱커	145	30%	33%	22%	38%	28%	0.296	↑15	←24
컷패스트볼	143	17%	14%	19%	7%	19%	0.224	↑13	→3
슬라이더	129	23%	26%	29%	39%	19%	0.227	0	→14
커브	131	0%	1%	1%	0%	1%	0.000	↓1	→16
체인지업	135	15%	9%	18%	1%	18%	0.269	↑12	→18
스플리터	–	–	–	–	–	–	–		

홈 ERA 4.57   원정 ERA 3.26
VS. 좌타자 3.28   VS. 우타자 4.06
VS. 추신수 21타수 6안타 1홈런 타율 .286
VS. 김현수 2타수 무안타
VS. 박병호 3타수 1안타 타율 .333

영원할 것만 같던 그의 고무 팔도 세월의 흐름 앞에선 고개를 숙였다. 한때 현역 선수 중 가장 유력한 300승 후보로 거론되었지만 이제는 불가능한 일이 되어가고 있다. 패스트볼 평균구속이 145km/h까지 떨어졌고 슬라이더와 체인지업이 많이 무뎌졌다. 지난 2년간 그를 괴롭힌 무릎 상태도 물음표다. 특히 2014년부터 한 자리 승수를 올리며 노쇠의 기미가 뚜렷한 그에게 명예로운 은퇴 시기를 잡아야 하지 않을까 생각한다.

RP Luis SEVERINO
루이스 세베리노
NO.35

우투우타   1994년 2월 20일   183cm, 88kg   *는 낮을수록 좋은 기록임

시즌	경기	이닝	피안타	피홈런	볼넷	탈삼진	승-패-세-홀	평균자책	구분	기록	MLB
2016	22	71.0	78	11	25	66	3-8-0-1	.583	평균자책*	.583	.415
통산	33	133.1	131	20	47	122	8-11-0-1	.446	탈삼진 / 9	8.37	8.10
									볼넷 / 9*	3.17	3.14
									탈삼진 / 볼넷	2.64	2.58
									피홈런 / 9*	1.39	1.17
									피안타율	0.275	0.252
									WHIP*	1.45	1.32
									잔루율	64.0	72.9
									FIP*	4.48	4.24

PITCHING ZONE (좌타자 몸쪽 / 우타자 몸쪽)

PITCHING REPERTORY / VELOCITY km/h   MOVEMENT cm

구종	평균	전체	초구	2-2	좌타자	우타자	피타율	상하	좌우
포심패스트볼	154	54%	61%	49%	54%	54%	0.289	↑24	→9
투심 / 싱커	–	–	–	–	–	–	–		
컷패스트볼	–	–	–	–	–	–	–		
슬라이더	143	34%	33%	37%	29%	40%	0.224	↑2	→10
커브	–	–	–	–	–	–	–		
체인지업	143	12%	6%	13%	17%	6%	0.241	↑13	→21
스플리터	–	–	–	–	–	–	–		

홈 ERA 6.08   원정 ERA 5.52
VS. 좌타자 5.30   VS. 우타자 6.37
VS. 김현수 2타수 무안타

양키스의 차세대 유망주로 메이저리그 선발 투수치곤 작은 183cm의 키와 도미니카 공화국 출신으로 낮은 릴리스 포인트에서 던져져 마치 솟아오르는 것처럼 느껴지는 156.1km/h 패스트볼과 마치 브레이크에라도 걸린 것처럼 가라앉으며 휘어져 나가는 체인지업과 위력적인 구위에도 쉽사리 볼넷을 허용하지 않는 제구력을 갖춘 선수다. 그러나 빅리그의 벽은 높았다. 2016시즌 혹독한 신고식을 치른 그가 2017 시즌에는 과연 일을 낼 수 있는지가 관전 포인트다.

NEW YORK YANKEES

■ 15% 이상 ■ 12~14% ■ 9~11% ■ 6~8% ■ 3~5% □ 2% 이하

홈 ERA 4.05 원정 ERA 2.65
VS. 좌타자 2.03 VS. 우타자 4.24
VS. 추신수 1타수 무안타
VS. 김현수 1타수 무안타

RP Adam WARREN
애덤 워런   NO.43

우투우타 1987년 8월 5일 185cm 102kg   *는 낮을수록 좋은 기록임

시즌	경기	이닝	피안타	피홈런	볼넷	탈삼진	승-패-세-홀	평균자책
2016	58	65.1	59	11	29	52	7-4-0-12	.468
통산	205	354.2	324	37	124	297	20-19-5-39	.363

구분	기록	MLB
평균자책*	.468	.415
탈삼진 / 9	7.16	8.10
볼넷 / 9*	3.99	3.14
탈삼진 / 볼넷	1.79	2.58
피홈런 / 9*	1.52	1.17
피안타율*	0.239	0.252
WHIP	1.35	1.32
잔루율	70.6	72.9
FIP	5.12	4.24

PITCHING ZONE (좌타자·몸쪽 / 우타자·몸쪽)

PITCHING REPERTORY / VELOCITY km/h / **MOVEMENT** cm

구종	평균	전체	초구	2-2	좌타자	우타자	피타율	상하	좌우
포심패스트볼	150	36%	37%	30%	31%	37%	0.258	↑24	→7
투심 / 싱커	149	8%	10%	8%	12%	10%	0.426	↑17	→20
컷패스트볼	–	–	–	–	–	–	–	–	–
슬라이더	141	30%	25%	32%	21%	34%	0.236	↑9	←9
커브	128	11%	20%	8%	13%	9%	0.202	↓17	←11
체인지업	136	15%	8%	21%	22%	11%	0.140	↑10	→21
스플리터	–	–	–	–	–	–	–	–	–

2009년 4라운드 135번째로 양키스에 지명되어 2012년 빅리그에 데뷔하여 지난 7년간 주로 중간계투조로 활약하였다. 나름대로 활약을 인정받아 선발투수 이오발디의 부상으로 선발의 한 자리를 차지했으나 선발투수의 높은 벽을 실감해야 했다. 150km/h의 포심패스트볼과 슬라이더, 체인지업을 구사한다. 2015년 131.1이닝 외에는 80이닝 이하의 투구만 하여 풀타임을 뛸 수 있는 체력이 관건이다.

홈 ERA 1.29 원정 ERA 4.74
VS. 좌타자 2.30 VS. 우타자 3.67
VS. 추신수 5타수 무안타
VS. 김현수 2타수 1안타 타율 .500
VS. 박병호 1타수 무안타

RP Dellin BETANCES
델린 베탄시스   NO.68

우투우타 1988년 3월 23일 203cm, 118kg   *는 낮을수록 좋은 기록임

시즌	경기	이닝	피안타	피홈런	볼넷	탈삼진	승-패-세-홀	평균자책
2016	73	73.0	54	5	28	126	3-6-12-28	.308
통산	225	254.2	155	16	100	404	14-10-22-78	.216

구분	기록	MLB
평균자책*	.308	.415
탈삼진 / 9	15.53	8.10
볼넷 / 9*	3.45	3.14
탈삼진 / 볼넷	4.50	2.58
피홈런 / 9*	0.62	1.17
피안타율*	0.200	0.252
WHIP	1.12	1.32
잔루율	68.4	72.9
FIP	1.78	4.24

PITCHING ZONE (좌타자·몸쪽 / 우타자·몸쪽)

PITCHING REPERTORY / VELOCITY km/h / **MOVEMENT** cm

구종	평균	전체	초구	2-2	좌타자	우타자	피타율	상하	좌우
포심패스트볼	157	46%	47%	32%	45%	47%	0.263	↑23	→4
투심 / 싱커	–	–	–	–	–	–	–	–	–
컷패스트볼	–	–	–	–	–	–	–	–	–
슬라이더	–	–	–	–	–	–	–	–	–
커브	136	54%	53%	68%	55%	53%	0.116	↓8	←19
체인지업	–	–	–	–	–	–	–	–	–
스플리터	–	–	–	–	–	–	–	–	–

양키스 불펜의 핵심이다. 지난 시즌에는 3점대의 방어율로 다소 부진했다. 최고구속 161km/h의 빠른 공과 너클커브가 주무기다. 특히 너클커브는 브레이킹 각이 예리할 뿐만 아니라 최고구속이 142km/h로 대단히 빨라 타자들이 공략에 애를 먹는다. 2017시즌에는 과거 2015, 16시즌의 강력함이 살아날지 귀추가 주목된다. 채프먼과 함께 양키스의 뒷문을 걸어 잠글 강력한 열쇠이기 때문이다.

NEW YORK YANKEES

■ 15% 이상　■ 12~14%　■ 9~11%　■ 6~8%　■ 3~5%　□ 2% 이하

홈 ERA 0.61　원정 ERA 5.06
VS. 좌타자 1.69　VS. 우타자 3.07

RP Tyler CLIPPARD
타일러 클리파드　　　　　NO. 29

우투우타　1985년 2월 14일　191cm, 91kg

*는 낮을수록 좋은 기록임

시즌	경기	이닝	피안타	피홈런	볼넷	탈삼진	승-패-세-홀	평균자책	구분	기록	MLB
2016	69	63.0	54	10	26	72	4-6-3-25	.583	평균자책*	.357	.415
통산	558	625.0	436	75	256	684	46-35-56-183	.446	탈삼진 / 9	10.29	8.10
									볼넷 / 9*	3.71	3.14
									탈삼진 / 볼넷	2.77	2.58
									피홈런 / 9*	1.43	1.17
									피안타율	0.230	0.252
									WHIP	1.27	1.32
									잔루율	80.6	72.9
									FIP*	4.21	4.24

PITCHING ZONE
좌타자 몸쪽　　우타자 몸쪽

PITCHING REPERTORY / VELOCITY km/h **/ MOVEMENT** cm

구종	평균	전체	초구	2-2	좌타자	우타자	피타율	상하	좌우
포심패스트볼	148	45%	47%	43%	43%	47%	0.194	↑29	→7
투심 / 싱커	—	—	—	—	—	—	—		
컷패스트볼	—	—	—	—	—	—	—		
슬라이더	132	8%	12%	7%	6%	11%	0.216	↑3	←4
커브	121	2%	4%	0%	2%	2%	0.600	↓15	←9
체인지업	128	36%	36%	34%	41%	31%	0.225	↑24	→15
스플리터	133	9%	1%	15%	8%	10%	0.167	↑3	→5

2003년 9라운드 274번째로 뉴욕 양키스에 지명되어 2007년 빅리그에 데뷔하였다. 그 후 워싱턴, 오클랜드, 뉴욕 메츠, 양키스, 애리조나, 양키스로 컴백한 전형적인 저니맨 선수다. 평균구속148km/h 포심패스트볼과 슬라이더, 체인지업을 구사하는 선수로 강력한 구위보다는 맞춰 잡는 유형의 선수다. 중간 계투진에서 1이닝을 요긴하게 책임져줄 선수다.

홈 ERA .810　원정 ERA .711
VS. 좌타자 14.40　VS. 우타자 3.38

RP Johnny BARBATO
조니 바바토　　　　　NO. 26

우투우타　1992년 7월 11일　185cm 107kg

*는 낮을수록 좋은 기록임

시즌	경기	이닝	피안타	피홈런	볼넷	탈삼진	승-패-세-홀	평균자책	구분	기록	MLB
2016	13	13.0	13	2	5	15	1-2-0-0	.762	평균자책*	.762	.415
통산	13	13.0	13	2	5	15	1-2-0-0	.762	탈삼진 / 9	10.38	8.10
									볼넷 / 9*	3.46	3.14
									탈삼진 / 볼넷	3.00	2.58
									피홈런 / 9*	1.38	1.17
									피안타율	0.260	0.252
									WHIP	1.38	1.32
									잔루율	52.3	72.9
									FIP*	4.45	4.24

PITCHING ZONE
좌타자 몸쪽　　우타자 몸쪽

PITCHING REPERTORY / VELOCITY km/h **/ MOVEMENT** cm

구종	평균	전체	초구	2-2	좌타자	우타자	피타율	상하	좌우
포심패스트볼	153	49%	55%	20%	53%	47%	0.227	↑24	→16
투심 / 싱커	—	—	—	—	—	—	—		
컷패스트볼	—	—	—	—	—	—	—		
슬라이더	142	26%	14%	55%	15%	33%	0.222	↑8	←2
커브	126	25%	31%	25%	32%	20%	0.400	↓18	←20
체인지업	—	—	—	—	—	—	—		
스플리터	—	—	—	—	—	—	—		

2010년 샌디에이고 파드리스에서 6라운드 184번째로 지명되어 2016년 4월 5일 빅리그에 데뷔하였다. 숀 켈리를 내주고 데리고 온 불펜 유망주다. 그러나 마이너리그에서 팔꿈치 부상으로 시즌 아웃되면서 토미존 수술을 할 수도 있는 상태다. 150km/h 중반대의 포심패스트볼과 너클커브 체인지업 등 플러스급으로 성장할 세 종류의 구질을 가졌다. 하지만 딜리버리와 커맨드의 문제로 인해 불펜투수로 전환하였으며, 보직은 셋업맨이 될 것으로 보인다.

NEW YORK YANKEES

□ 15% 이상 □ 12–14% □ 9–11% □ 6–8% □ 3–5% □ 2% 이하

홈 ERA 1.59 원정 ERA 2.51
VS. 좌타자 0.00 VS. 우타자 2.36
VS. 추신수 2타수 1안타 타율 .500
VS. 강정호 2타수 1안타 타율 .500
VS. 박병호 2타수 무안타

CL Aroldis CHAPMAN
아롤디스 채프먼 NO.54

우투우타 1988년 2월 28일 193cm 98kg

*는 낮을수록 좋은 기록임

시즌	경기	이닝	피안타	피홈런	볼넷	탈삼진	승-패-세-홀	평균자책	구분	기록	MLB
2016	59	58.0	32	2	18	90	4-1-36-0	.155	평균자책*	.155	.415
통산	383	377.0	201	19	173	636	23-21-182-23	.446	탈삼진 / 9	13.97	8.10
									볼넷 / 9*	2.79	3.14

PITCHING ZONE

				탈삼진 / 볼넷	5.00	2.58
				피홈런 / 9*	0.31	1.17
				피안타율*	0.157	0.252
				WHIP*	0.86	1.32
				잔루율	80.5	72.9
				FIP*	1.42	4.24

PITCHING REPERTORY / VELOCITY km/h / MOVEMENT cm

구종	평균	전체	초구	2-2	좌타자	우타자	피타율	상하	좌우
포심패스트볼	161	78%	79%	84%	80%	77%	0.170	↑27	←11
투심 / 싱커	–	–	–	–	–	–	–		
컷패스트볼	–	–	–	–	–	–	–		
슬라이더	141	16%	15%	15%	18%	16%	0.161	↑10	←11
커브	–	–	–	–	–	–	–		
체인지업	142	6%	6%	1%	1%	7%	0.103	↑18	←21
스플리터	–	–	–	–	–	–	–		

최고의 쿠바산 미사일. 시카고 컵스를 우승시키고 FA 신분으로 다시 반 년 만에 양키스로 컴백하였다. 리그에서 가장 몸값이 비싼(5년간 8,500만 달러) 비싼 마무리 투수다. 160km/h에 이르는 강속구를 던지며 슬라이더 체인지업을 섞어 던진다. 가끔 제구가 안 될 경우 볼넷과 장타를 허용하는 경우가 있다. 특히 좌타자에게는 방어율 0.000으로 언터처블 수준이다.

홈타율 .283 원정타율 .314
VS. 좌투수 .189 VS. 우투수 .338
득점권 .163 L/C .263

C Gary SÁNCHEZ
게리 산체스 NO.24

우투우타 1992년 12월 2일 188cm, 104kg

*는 낮을수록 좋은 기록임

시즌	타수	안타	홈런	타점	볼넷	도루	타율	출루율	장타율	구분	기록	MLB
2016	201	60	20	42	24	1	.299	.376	1.032	타율	0.299	0.255
통산	203	60	20	42	24	1	.296	.372	1.023	출루율	0.376	0.322

VS. 패스트볼	VS. 변화구	구분	기록	MLB
		장타율	0.657	0.417
		볼넷%	10.5	8.2
		삼진%	24.9	21.1
		볼넷 / 삼진	0.42	0.39
		순장타율	0.358	0.162
		BABIP	0.317	3.00
		wOBA	0.425	0.318

*5타수 미만은 색을 표시하지 않았음 ● : Ball zone

SPRAY ZONE

6
12 31% 2
54% 15%

홈런
타구분포 %

BATTED BALL

항목	비율
볼존 공격률	33%
S존 공격률	60%
볼존 컨택트율	50%
S존 컨택트율	85%
라인드라이브	16%
그라운드볼	49%
플라이볼	34%

DEFENSE

위치	자살	보살	실책	수비율
C	799	72	3	0.991

빅리그 데뷔 이후 23경기 11홈런 기록은 역대 최고기록이었다. 특히 산체스는 지난 2016시즌 53경기 출장에도 불구하고 타율 0.299, 20홈런, 42타점을 올렸다. 산체스는 2개월만 뛰고 아메리칸리그 신인왕 투표 2위에 올랐다. 그는 우타석에서 근력과 배트 스피드, 공을 띄우는 스윙을 이용한 엄청난 Raw 파워를 가지고 있으며 그의 어깨는 평균에서 훨씬 이상이다. 그는 때때로 타석에서 모 아니면 도식의 타격을 보일 때가 있으나, 그의 타격 잠재력은 무궁무진하다.

NEW YORK YANKEES

■ 타율 0.400 이상 ■ 0.300–0.399 ■ 0.200–0.299 ■ 0.100–0.199 ■ 타율 0.099 이하

홈타율 .205   원정타율 .280
VS. 좌투수 .274   VS. 우투수 .200
득점권 .364   L/C .214

C Austin ROMINE
오스틴 로마인
NO.27

우투우타   1988년 11월 22일   186cm, 100kg   *는 낮을수록 좋은 기록임

시즌	타수	안타	홈런	타점	볼넷	도루	타율	출루율	장타율
2016	165	40	4	24	7	1	.242	.269	.382
통산	334	74	5	37	16	2	.222	.256	.329

구분	기록	MLB
타율	0.242	0.255
출루율	0.269	0.322
장타율	0.382	0.417
볼넷%	4.0	8.2
삼진%*	17.6	21.1
볼넷 / 삼진	0.23	0.39
순장타율	0.139	0.162
BABIP	0.271	3.00
wOBA	0.275	0.318

VS. 패스트볼   VS. 변화구   우타자

*5타수 미만은 색을 표시하지 않았음. ●●● : Ball zone

SPRAY ZONE
1 / 3 / 0
31% / 39% / 30%
홈런
타구분포 %

BATTED BALL
항목	비율
볼존 공격률	38%
S존 공격률	72%
볼존 컨택트율	67%
S존 컨택트율	89%
라인드라이브	19%
그라운드볼	47%
플라이볼	33%

DEFENSE
위치	자살	보살	실책	수비율
C	318	22	1	0.997

2007년 뉴욕 양키스에 2라운드 94번째로 지명을 받았고 2011년 9월 11일 데뷔를 하였다. 마이너리그 시절 2009년 .274 12홈런 70타점 11도루를 기록하며 FSL 올해의 선수로 선정되었다. 논 텐더 후보였던 포수 오스틴 로마인은 브라이언 맥캔이 트레이드된 이후 팀에 남게 됐다. 로마인은 나이도 26세이고 최저연봉 대상 선수이고 2할 중반의 타율과 20~25홈런을 칠 수 있는 선수이기 때문에 백업요원으로 활용하면서 트레이드 카드로 쓸 수 있는 유용한 선수다.

홈타율 .246   원정타율 .253
VS. 좌투수 .274   VS. 우투수 .233
득점권 .200   L/C .200

1B Rob REFSNYDER
롭 레프스나이더
NO.27

우투우타   1991년 3월 26일   183cm, 91kg   *는 낮을수록 좋은 기록임

시즌	타수	안타	홈런	타점	볼넷	도루	타율	출루율	장타율
2016	152	38	0	12	18	2	.250	.328	.309
통산	195	51	2	17	21	4	.262	.332	.354

구분	기록	MLB
타율	0.250	0.255
출루율	0.328	0.322
장타율	0.309	0.417
볼넷%	10.3	8.2
삼진%*	17.1	21.1
볼넷 / 삼진	0.60	0.39
순장타율	0.059	0.162
BABIP	0.304	3.00
wOBA	0.282	0.318

VS. 패스트볼   VS. 변화구   우타자

*5타수 미만은 색을 표시하지 않았음. ●●● : Ball zone

SPRAY ZONE
0 / 0 / 0
41% / 38% / 22%
홈런
타구분포 %

BATTED BALL
항목	비율
볼존 공격률	26%
S존 공격률	60%
볼존 컨택트율	62%
S존 컨택트율	93%
라인드라이브	26%
그라운드볼	53%
플라이볼	21%

DEFENSE
위치	자살	보살	실책	수비율
1B	166	5	3	0.983
2B	5	9	2	0.875
3B	6	0	0	0.000

한국 이름 김정태. 생후 5개월 만에 입양되어 메이저리거가 된 선수다. 2012년 5라운드 지명을 받고 양키스에 입단해 특급 유망주로 평가받지는 못했다. 마이너 시절부터 지적받던 수비력이 개선되지 않아 양키스가 2016시즌 주전 2루수로 스탈린 카스트로를 영입하게 만들었다. 레프슈나이더가 자신의 부족한 점을 개선하여 양키스 리빌딩에 기여할 수 있을지 관심이 모아진다.

NEW YORK YANKEES

■ 타율 0.400 이상   ■ 0.300-0.399   ■ 0.200-0.299   ■ 0.100-0.199   ■ 타율 0.099 이하

2B Starlin CASTRO
스탈린 카스트로
NO.19

우투우타   1990년 3월 24일   183cm, 86kg

*는 낮을수록 좋은 기록임

시즌	타수	안타	홈런	타점	볼넷	도루	타율	출루율	장타율
2016	577	156	21	70	24	4	.270	.300	.433
통산	4101	1147	83	433	210	79	.280	.318	.408

VS. 패스트볼   VS. 변화구

*5타수 미만은 색을 표시하지 않았음.   ● ● ● ● : Ball zone

구분	기록	MLB
타율	0.270	0.255
출루율	0.318	0.322
장타율	0.433	0.417
볼넷%	3.9	8.2
삼진%*	19.3	21.1
볼넷 / 삼진	0.20	0.39
순장타율	0.163	0.162
BABIP	0.305	3.00
wOBA	0.313	0.318

SPRAY ZONE
6
11 35% 4
40%   25%
홈런
타구분포 %

BATTED BALL
항목	비율
볼존 공격률	36%
S존 공격률	69%
볼존 컨택트율	65%
S존 컨택트율	86%
라인드라이브	21%
그라운드볼	49%
플라이볼	30%

DEFENSE
위치	자살	보살	실책	수비율
2B	221	377	12	0.980
SS	6	6	0	1.000

홈타율 .310   원정타율 .230
VS. 좌투수 .265   VS. 우투수 .272
득점권 .242   L/C .200
VS. 류현진 6타수 3안타 타율 .500

컵스가 암흑기를 보내던 시절 컵스의 미래로 불리던 선수였지만 에디슨 러셀에 밀려 양키스로 트레이드됐다. 3번의 올스타에 선정될 만큼 실력과 인기를 갖춘 선수다. 양키스에서 보직은 2루수다. 매년 20개의 홈런을 칠 수 있는 능력과 2할 8푼대의 타율을 달성할 수 있는 선수다. 유격수 디디 그레고리우스와의 키스톤플레이는 리그 정상급의 수비력을 자랑한다.

3B Chase HEADLEY
체이스 헤들리
NO.12

우투양타   1984년 5월 9일   188cm, 100kg

*는 낮을수록 좋은 기록임

시즌	타수	안타	홈런	타점	볼넷	도루	타율	출루율	장타율
2016	467	58	14	51	51	8	.253	.331	.385
통산	4524	1191	118	531	508	84	.263	.343	.401

VS. 패스트볼   VS. 변화구

*5타수 미만은 색을 표시하지 않았음.   ● ● ● ● : Ball zone

구분	기록	MLB
타율	0.253	0.255
출루율	0.331	0.322
장타율	0.385	0.417
볼넷%	9.6	8.2
삼진%*	22.3	21.1
볼넷 / 삼진	0.43	0.39
순장타율	0.133	0.162
BABIP	0.303	3.00
wOBA	0.311	0.318

SPRAY ZONE
2
4 34% 8
28%   38%
홈런
타구분포 %

BATTED BALL
항목	비율
볼존 공격률	26%
S존 공격률	65%
볼존 컨택트율	56%
S존 컨택트율	87%
라인드라이브	24%
그라운드볼	44%
플라이볼	32%

DEFENSE
위치	자살	보살	실책	수비율
3B	90	278	10	0.974

홈타율 .224   원정타율 .281
VS. 좌투수 .277   VS. 우투수 .240
득점권 .234   L/C .333

2014년 중반 트레이드로 양키스에 합류한 뒤 4년간 5200만 달러의 FA계약을 맺었다. 샌디에이고에서의 활약은 눈부셨다. 2012년 당시 31홈런, 115타점을 기록하며 골든글러브와 실버슬러거를 동시에 수상을 하고 3루 거포로 주목을 받았으나 2년간 양키스에서 성적은 15개 미만의 홈런과 2할 5푼대로 추락하였다. 게다가 수비마저 흔들리면서 실패한 트레이드가 되었다. 2017시즌에는 명예를 회복할지 궁금하다.

NEW YORK YANKEES

■ 타율 0.400 이상   ■ 0.300–0.399   ■ 0.200–0.299   ■ 0.100–0.199   ■ 타율 0.099 이하

홈타율 .276 **원정타율** .276
VS. 좌투수 .324   VS. 우투수 .258
득점권 .242   L/C .228
VS. 류현진 5타수 2안타 1홈런 타율 .400

Didi GREGORIUS
디디 그레고리우스   NO. 18

우투좌타   1990년 2월 18일   188cm, 93kg   *는 낮을수록 좋은 기록임

시즌	타수	안타	홈런	타점	볼넷	도루	타율	출루율	장타율	구분	기록	MLB
2016	562	155	20	70	19	7	.276	.304	.447	타율	0.276	0.255
통산	1734	451	42	183	111	15	.260	.312	.393	출루율	0.304	0.322
										장타율	0.447	0.417
										볼넷%	3.2	8.2
										삼진%*	13.7	21.1
										볼넷 / 삼진	0.23	0.39
										순장타율	0.171	0.162
										BABIP	0.290	3.00
										wOBA	0.319	0.318

VS. 패스트볼   VS. 변화구   *5타수 미만은 색을 표시하지 않았음. ● ● ● ● : Ball zone

SPRAY ZONE: 0 / 29% 33% 38% 20 / 홈런 타구분포 %

BATTED BALL
항목	비율
볼존 공격률	38%
S존 공격률	75%
볼존 컨택트율	71%
S존 컨택트율	90%
라인드라이브	20%
그라운드볼	40%
플라이볼	40%

DEFENSE
위치	자살	보살	실책	수비율
SS	180	380	15	0.974

네덜란드령 퀴라소 출신으로 2014년 삼각트레이드를 통해 양키스에 입단하였다. 데릭 지터의 은퇴로 2015시즌부터 주전 유격수로 활약하였다. 전반기에는 .238 .293 .326의 물방망이와 6개의 알까기 에러 등 부진했지만 후반기에는 타격과 수비에서 크게 성장하였으며 후반기 .294 .345 .417을 기록했다. 2016시즌에는 20홈런을 달성하며 장타율 또한 상승하여 앞으로도 더 성장할 여지를 보여주었다.

홈타율 .280   **원정타율** .244
VS. 좌투수 .247   VS. 우투수 .268
득점권 .231   L/C .351
VS. 류현진 3타수 1안타 타율 .333

Brett GARDNER
브렛 가드너   NO. 11

좌투좌타   1983년 8월 24일   178cm, 84kg   *는 낮을수록 좋은 기록임

시즌	타수	안타	홈런	타점	볼넷	도루	타율	출루율	장타율	구분	기록	MLB
2016	547	143	7	41	70	16	.261	.351	.362	타율	0.261	0.255
통산	3605	950	63	342	424	218	.264	.346	.388	출루율	0.351	0.322
										장타율	0.362	0.417
										볼넷%	11.0	8.2
										삼진%*	16.7	21.1
										볼넷 / 삼진	0.66	0.39
										순장타율	0.101	0.162
										BABIP	0.310	3.00
										wOBA	0.317	0.318

VS. 패스트볼   VS. 변화구   *5타수 미만은 색을 표시하지 않았음. ● ● ● ● : Ball zone

SPRAY ZONE: 1 / 28% 38% 34% 6 / 홈런 타구분포 %

BATTED BALL
항목	비율
볼존 공격률	23%
S존 공격률	51%
볼존 컨택트율	73%
S존 컨택트율	92%
라인드라이브	21%
그라운드볼	52%
플라이볼	27%

DEFENSE
위치	자살	보살	실책	수비율
LF	249	9	3	0.989
CF	1	0	0	1.000

뉴욕 양키스의 프랜차이스 스타다. 화려하지는 않지만 건실한 플레이가 인상적인 선수이나 컨택트 능력이 다소 부족하나 빠른 발로 40도루를 달성하기도 하였다. 수비는 어깨가 강하지는 않지만 빠른 발로 수비범위가 넓고 정확한 송구 능력을 갖추고 있다. 2015년에는 올스타에도 선정되었다. 통산 타율은 .264이며 양키스의 유망주들을 이끌어갈 고참 선수로 평가받고 있다.

NEW YORK YANKEES

■ 타율 0.400 이상　■ 0.300–0.399　■ 0.200–0.299　■ 0.100–0.199　■ 타율 0.099 이하

CF　Jacoby ELLSBURY　NO.22
자코비 엘스버리

좌투좌타　1983년 9월 11일　185cm, 88kg

시즌	타수	안타	홈런	타점	볼넷	도루	타율	출루율	장타율
2016	551	145	9	56	54	20	.263	.330	.374
통산	4490	1282	97	473	358	321	.286	.342	.419

VS. 패스트볼　VS. 변화구

*5타수 미만은 색을 표시하지 않았음. ●: Ball zone

구분	기록	MLB
타율	0.263	0.255
출루율	0.330	0.322
장타율	0.374	0.417
볼넷%	8.6	8.2
삼진%*	13.4	21.1
볼넷 / 삼진	0.64	0.39
순장타율	0.111	0.162
BABIP	0.295	3.00
wOBA	0.308	0.318

*는 낮을수록 좋은 기록임

SPRAY ZONE　0 / 23% / 2 / 38% / 7 / 39%　홈런 타구분포 %

BATTED BALL

항목	비율
볼존 공격률	29%
S존 공격률	64%
볼존 컨택트율	66%
S존 컨택트율	93%
라인드라이브	23%
그라운드볼	46%
플라이볼	31%

DEFENSE

위치	자살	보살	실책	수비율
CF	272	5	3	0.989

홈타율 .264　원정타율 .263
VS. 좌투수 .247　VS. 우투수 .271
득점권 .298　L/C .213

양키스의 1번타자로 보스턴에서 7시즌을 보낸 뒤 7년간 1억 5,300만 달러의 계약을 맺었다. 준수한 타격과 리그 정상급의 중견수 수비를 자랑한다. 2011년 .321에 홈런 32개 타점 105개 1번타자로서 놀라운 장타력과 활약을 보여주었다. 2013년에는 52개의 도루로 아메리칸리그 도루왕에 올랐다. 그러나 지금은 나이가 들면서 부상의 염려로 도루를 자제하고 있다. 부상만 없다면 자기 몫을 충분히 수행할 수 있는 선수다.

RF　Aaron JUDGE　NO.99
아론 저지

우투우타　1992년 4월 26일　201cm, 125kg

시즌	타수	안타	홈런	타점	볼넷	도루	타율	출루율	장타율
2016	84	15	4	10	9	0	.179	.263	.345
통산	84	15	4	10	9	0	.179	.263	.345

VS. 패스트볼　VS. 변화구

*5타수 미만은 색을 표시하지 않았음. ●: Ball zone

구분	기록	MLB
타율	0.179	0.255
출루율	0.263	0.322
장타율	0.345	0.417
볼넷%	9.5	8.2
삼진%*	44.2	21.1
볼넷 / 삼진	0.21	0.39
순장타율	0.167	0.162
BABIP	0.282	3.00
wOBA	0.267	0.318

*는 낮을수록 좋은 기록임

SPRAY ZONE　2 / 47% / 1 / 33% / 1 / 21%　홈런 타구분포 %

BATTED BALL

항목	비율
볼존 공격률	35%
S존 공격률	60%
볼존 컨택트율	41%
S존 컨택트율	74%
라인드라이브	14%
그라운드볼	35%
플라이볼	51%

DEFENSE

위치	자살	보살	실책	수비율
RF	35	2	1	0.974

홈타율 .255　원정타율 .081
VS. 좌투수 .067　VS. 우투수 .203
득점권 .188　L/C .286

2016년 8월 13일에 데뷔한 양키스의 아론 저지는 신장 2m, 124kg의 거구의 체격을 가지고 있는 유망주다. 파워는 지안카를로 스탠튼과 맞먹는다는 평가를 받을 정도로 파워가 좋은 저지는 지금 메이저리그 파이프라인 선정 MLB 전체 27위 (팀 내 4위) 유망주로 평가받고 있다. 그러나 빅리그의 벽은 높았다. 1할대의 타율로 시즌을 마감했지만 저지가 얼마나 어떤 식으로 성장할지 더 지켜봐야만 한다.

| | 타율 0.400 이상 | 0.300-0.399 | 0.200-0.299 | 0.100-0.199 | 타율 0.099 이하 |

GF Aaron HICKS
아론 힉스 NO.31

우투양타 1989년 10월 2일 186cm, 93kg

*는 낮을수록 좋은 기록임

시즌	타수	안타	홈런	타점	볼넷	도루	타율	출루율	장타율		구분	기록	MLB
2016	327	71	8	31	30	3	.217	.281	.336		타율	0.217	0.255
통산	1146	255	28	109	124	29	.237	.316	.346		출루율	0.281	0.322

VS. 패스트볼 / VS. 변화구

구분	기록	MLB
장타율	0.336	0.417
볼넷%	8.3	8.2
삼진%*	18.8	21.1
볼넷/삼진	0.44	0.39
순장타율	0.119	0.162
BABIP	0.248	3.00
wOBA	0.270	0.318

SPRAY ZONE: 0 / 4 / 34% / 31% / 35% / 4 — 홈런 타구분포 %

BATTED BALL
항목	비율
볼존 공격률	23%
S존 공격률	68%
볼존 컨택트율	56%
S존 컨택트율	84%
라인드라이브	17%
그라운드볼	46%
플라이볼	38%

DEFENSE
위치	자살	보살	실책	수비율
CF	54	0	0	1.000
LF	36	2	0	1.000
RF	96	1	1	0.990

홈타율 .221 원정타율 .213
VS. 좌투수 .161 VS. 우투수 .249
득점권 .197 L/C .276

아론 힉스는 2008년 1라운드 14번째로 미네소타 트윈스에 지명되어 2013년 4월 빅리그에 데뷔하였다. 수비력이 뛰어난 외야수로 미네소타 트윈스에서 양키스로 트레이드됐다. 그러나 타격은 별로 신통치 않다. 주로 백업요원으로 활약할 예정이다. 힉스는 미네소타에서 3시즌 동안 247경기에 나서며 타율 0.225 출루율 0.306 OPS 0.655를 기록했다. 외야 세 포지션 모두를 소화할 수 있다.

DH Matt HOLLIDAY
맷 할러데이 NO.17

우투우타 1980년 1월 15일 193cm, 109kg

시즌	타수	안타	홈런	타점	볼넷	도루	타율	출루율	장타율		구분	기록	MLB
2016	382	94	20	62	35	0	.246	.322	.461		타율	0.246	0.255
통산	6583	1995	295	1153	744	107	.303	.382	.515		출루율	0.316	0.322

VS. 패스트볼 / VS. 변화구

구분	기록	MLB
장타율	0.461	0.417
볼넷%	8.2	8.2
삼진%*	16.7	21.1
볼넷/삼진	0.49	0.39
순장타율	0.215	0.162
BABIP	0.253	3.00
wOBA	0.335	0.318

SPRAY ZONE: 6 / 6 / 38% / 34% / 28% / 8 — 홈런 타구분포 %

BATTED BALL
항목	비율
볼존 공격률	29%
S존 공격률	71%
볼존 컨택트율	62%
S존 컨택트율	90%
라인드라이브	14%
그라운드볼	50%
플라이볼	36%

DEFENSE
위치	자살	보살	실책	수비율
LF	111	2	0	1.000

홈타율 .203 원정타율 .297
VS. 좌투수 .233 VS. 우투수 .252
득점권 .247 L/C .083
VS. 류현진 6타수 3안타 타율 .500

메이저리그를 대표하는 강타자다. 스프레이 히터로 타구를 라인드라이브로 전 지역으로 날릴 수 있는 선수다. 매년 3할대의 타율과 20홈런 이상을 칠 수 있는 선수이나 잦은 부상으로 지난 2년간은 명성에 걸맞지 않은 성적을 냈다. 새로운 보금자리인 양키스에서 부상만 없다면 어린 유망주들의 멘토 역할을 수행하면서 양키스에 새로운 바람을 불러일으킬 선수다. 2017 시즌은 지명타자로 활약할 예정이다.

TAMPA BAY RAYS

스몰팀의 한계를 극복한다는 것은 매우 어려운 일이다. 그것도 부자 구단이 즐비한 동부지구에서 말이다. 그러나 자금력의 열세를 극복하고 나름대로 선전을 해왔던 템파베이 레이스에도 과연 쨍 하고 해 뜰 날은 돌아올 것인가 그것이 문제로다.

TEAM IMFORMATION

창단 : 1998년
이전 연고지 : -
월드시리즈 우승 : 0회
AL 우승 : 1회
디비전 우승 : 2회
와일드카드 진출 : 2회
구단주 : 스튜어트 스턴버그
감독 : 케빈 캐시
단장 : 에릭 닌더

FRANCHISE

UNIFORM

Home / Away

Alternate

MANAGER

Kevin Cash

생년월일 : 1977년 12월 6일
출생지 : 탬파(플로리다)
MLB 감독 경력 : 올해로 3년째
탬파(2015년~현재)
정규시즌 통산 : 148승 176패 승률 0.457
포스트시즌 통산 : -

LINE-UP

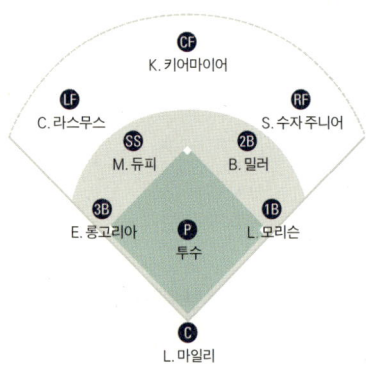

ROTATION	
SP	C. 아처
SP	J. 오도리지
SP	A. 콥
SP	B. 스넬
SP	M. 안드리스

BULLPEN	
RP	B. 박스버거
RP	X. 세데뇨
RP	D. 파쿠어
RP	E. 라미네스
RP	R. 가튼
RP	C. 휘틀리
CL	A. 콜로메

BATTING	
1	B. 밀러
2	M. 듀피
3	C. 라스무스
4	E. 롱고리아
5	L. 모리슨
6	C. 디커슨
7	K. 키어마이어
8	L. 마일리
9	S. 수자 주니어

UTILITY PLAYERS	
IF	N. 프랭클린
IF	T. 베컴
OF	M. 스미스
OF	C. 디커슨

BALL PARK : Tropicana Field

주소 : One Tropicana Drive St. Petersburg, Florida 33705
펜스 거리 : 왼쪽 96m, 좌중간 110m, 중앙 123m, 우중간 110m, 오른쪽 98m
펜스 높이 : 왼쪽~좌중간 3.5m, 가운데 2.8m, 우중간~오른쪽 3.5m
최초공식경기 : 1998년 3월 31일
잔디 : 애스트로 터프(인조잔디)
수용 인원 : 3만 4,078명
홈팀 덕아웃 : 1루
파크팩터 : 0.940(MLB 17위)

젊어진 선발진에 기대했지만 5위로 주저앉다

2016 리뷰
2년 연속 5할대에 가까운 승률을 올렸지만, 가장 치열한 동부지구에 속한 운명으로 꼴찌에 머물고 말았다. 4월을 11승 12패로 시작했지만 6월 중순부터 7월 중순까지 한 달간 3승 24패를 당하며 팀은 자멸하였다. 8월, 9월 또한 뚜렷한 상승세 없이 지구 5위로 마감했다. 공격에서는 롱고리아가 4년 만에 30홈런을 달성했고, 포사이드의 20홈런 스티브 피어스의 3할 타율, 그러나 .250의 타율에도 못 미치는 선수가 9명이었고, 이는 레드삭스의 팀 타율보다도 낮은 수준이었다. 선발투수진 역시 지리멸렬하였다. 선발투수진에서는 제1선발 아처가 9승-19패를 기록했고, 잭 오도리지가 유일한 10승-3점대 ERA를 기록했다. 드루 스마일리가 개인 첫 30번의 선발등판을 했지만, 성적은 7승-12패 4.88로 부진했다. 불펜진은 마무리 맥기가 빠져나간 2016시즌엔 박스버거, 겔츠 등 등 불펜의 한 축이었던 선수들이 부진해 MLB 최다패의 불명예를 얻었다. FA로 영입한 라이언 웹은 18경기 동안 5.19 ERA를 기록하며 끝내 방출당했다. 긍정적인 요소보다 부정적인 요소가 더 많았던 시즌이었다. 유일한 희망은 롱고리아가 전성기 시점인 30세에 커리어하이인 36홈런을 기록했고, 160경기 출전으로 내구성에도 더 이상 문제가 없었다. 나빠진 볼넷/삼진 비율을 증가한 장타로 극복한 롱고리아는 최근 3년 중 가장 좋은 성적을 기록했다.

2017 프리뷰
2017시즌 아메리칸리그 동부지구는 보스턴 레드삭스와 볼티모어 오리올스, 토론토 블루제이스의 3파전이 예상되고 뉴욕 양키스와 템파베이 레이스가 탈 꼴찌를 다툴 것으로 예상된다. 템파베이의 선발진 중 제1선발 크리스 아처는 지난 시즌 9승 19패, 방어율 4.02를 기록했다.
드루 심리의 트레이드로 공석이 된 2선발은 제이크 오도리지가 맡을 예정이다. 제이크 오도리지(10승 6패 방어율 3.69)를 제외하고 3,4,5 선발 역시 부진하기는 마찬가지다. 불펜도 마무리 알렉스 콜로메를 제외하곤 신인 유망주가 대부분이며 2016시즌 성적도 가능성만 열어놓았다. 예컨대 선발진이 6회 이전에 무너지거나 박빙의 점수 차가 유지될 때, 이를 역전시키거나 지키는 야구가 가능할지 의심스럽다. 또한 타선도 무기력하기는 마찬가지다. 2016 시즌 에반 롱고리아, 브래드 밀러, 코리 디커슨을 제외하면 대부분 타자들이 2할 5푼대에도 못 미치는 성적을 올렸다. 그러나 대부분의 선수들이 20대 중 · 후반으로 미래의 가능성은 무궁무진하다. 선발진의 잠재력과 타선의 힘은 절대 나쁘지 않다. 불펜과 벤치의 강화는 필요한 요소다. 올시즌 당장 포스트 시즌 경쟁에 뛰어들긴 쉽지 않다. 당장의 시즌에 연연하기보다는 팀을 리빌딩한다는 차원에서 긴 호흡을 갖고 유망주들에게 충분한 경험을 쌓게 한다면 2~3년 안으로 좋은 결과가 나오리라 생각한다. 2016시즌 월드시리즈 챔피언 시카고 컵스도 리빌딩하는 과정에서 3년 연속 지구 꼴찌를 하지 않았던가? 어느 때보다도 기다림의 미학이 필요한 시기이다.

TAMPA BAY RAYS

SQUAD LIST

*선수 명단은 2017년 3월 16일 기준(source : ESPN)

투수

번호	이름	위치	투	타	나이	출생지
46	Jose Alvarado	RP	L	L	21	Maracaibo, Venezuela
35	Matt Andriese	SP	R	R	27	Redlands, CA
22	Chris Archer	SP	R	R	28	Clayton, NC
26	Brad Boxberger	RP	R	R	28	Fullerton, CA
31	Xavier Cedeno	RP	L	L	30	Guayanilla, Puerto Rico
53	Alex Cobb	SP	R	R	29	Boston, MA
37	Alex Colome	RP	R	R	28	Santo Domingo, Dominican Republic
87	Jose De Leon	SP	R	R	24	Isabela, Puerto Rico
24	Nathan Eovaldi	SP	R	R	27	Houston, TX
34	Jacob Faria	SP	R	R	23	La Palma, CA
43	Danny Farquhar	RP	R	R	30	Pembroke Pines, FL
54	Kevin Gadea	RP	R	R	22	Esteli, Nicaragua
52	Ryan Garton	RP	R	R	27	Clearwater, FL
56	Taylor Guerrieri	SP	R	R	24	Augusta, GA
58	Chih-Wei Hu	RP	R	R	23	Taichung, Taiwan
23	Jake Odorizzi	SP	R	R	26	Breese, IL
63	Austin Pruitt	RP	R	R	27	The Woodlands, TX
30	Erasmo Ramirez	RP	R	R	26	Rivas, Nicaragua
57	Jaime Schultz	SP	R	R	25	Albany, NY
4	Blake Snell	SP	L	L	24	Seattle, WA
62	Ryne Stanek	SP	R	R	25	St. Louis, MO
38	Shawn Tolleson	RP	R	R	29	Dallas, TX
47	Chase Whitley	RP	R	R	27	Ranburne, AL
61	Hunter Wood	RP	R	R	23	Rogers, AR

포수

번호	이름	위치	투	타	나이	출생지
19	Curt Casali	C	R	R	28	Walnut Creek, CA
21	Luke Maile	C	R	R	26	Edgewood, KY
40	Wilson Ramos	C	R	R	29	Valencia, Venezuela

내야

번호	이름	위치	투	타	나이	출생지
27	Willy Adames	SS	R	R	21	Santiago, Dominican Republic
1	Tim Beckham	SS	R	R	27	Griffin, GA
5	Matt Duffy	3B	R	R	26	Long Beach, CA
3	Evan Longoria	3B	R	R	31	Downey, CA
13	Brad Miller	SS	R	L	27	Orlando, FL
7	Logan Morrison	1B	L	L	29	Kansas City, MO
36	Daniel Robertson	SS	R	R	22	Upland, CA

외야

번호	이름	위치	투	타	나이	출생지
–	Jason Coats	LF	R	R	27	Dallas, TX
10	Corey Dickerson	LF	R	L	27	McComb, MS
2	Nick Franklin	LF	R	B	26	Orlando, FL
39	Kevin Kiermaier	CF	R	L	26	Ft. Wayne, IN
20	Steven Souza Jr.	RF	R	R	27	Everett, WA

SUMMARY

우타자	좌타자	스위치	우투수	좌투수	평균나이	최연소	최연장
10명	4명	1명	21명	3명	26.2세	21세	31세

2017 REGULAR SEASON SCHEDULE

■ 는 홈경기, 시간은 미국 동부시간 기준

날짜	상대팀	경기시간	날짜	상대팀	경기시간	날짜	상대팀	경기시간
Sun, 4/2	New York Yankees	PM 1:10	Tue, 6/6	Chicago White Sox	PM 7:10	Sun, 8/13	Cleveland Indians	PM 1:10
Tue, 4/4	New York Yankees	PM 7:10	Wed, 6/7	Chicago White Sox	PM 7:10	Mon, 8/14	Toronto Blue Jays	PM 7:07
Wed, 4/5	New York Yankees	PM 7:10	Thu, 6/8	Chicago White Sox	PM 7:10	Tue, 8/15	Toronto Blue Jays	PM 7:07
Thu, 4/6	Toronto Blue Jays	PM 7:10	Fri, 6/9	Oakland Athletics	PM 7:10	Wed, 8/16	Toronto Blue Jays	PM 7:07
Fri, 4/7	Toronto Blue Jays	PM 7:10	Sat, 6/10	Oakland Athletics	PM 2:10	Thu, 8/17	Toronto Blue Jays	PM 4:07
Sat, 4/8	Toronto Blue Jays	PM 6:10	Sat, 6/10	Oakland Athletics	TBD	Fri, 8/18	Seattle Mariners	PM 10:10
Sun, 4/9	Toronto Blue Jays	PM 1:10	Sun, 6/11	Oakland Athletics	PM 1:10	Sat, 8/19	Seattle Mariners	PM 6:10
Mon, 4/10	New York Yankees	PM 1:05	Tue, 6/13	Toronto Blue Jays	PM 7:07	Sun, 8/20	Seattle Mariners	PM 1:10
Wed, 4/12	New York Yankees	PM 1:05	Wed, 6/14	Toronto Blue Jays	PM 7:07	Tue, 8/22	Toronto Blue Jays	PM 7:10
Thu, 4/13	Detroit Tigers	PM 7:05	Thu, 6/15	Detroit Tigers	PM 7:10	Wed, 8/23	Toronto Blue Jays	PM 7:10
Fri, 4/14	Boston Red Sox	PM 7:10	Fri, 6/16	Detroit Tigers	PM 7:10	Thu, 8/24	Toronto Blue Jays	PM 1:10
Sat, 4/15	Boston Red Sox	PM 4:05	Sat, 6/17	Detroit Tigers	PM 4:10	Fri, 8/25	St. Louis Cardinals	PM 8:15
Sun, 4/16	Boston Red Sox	PM 1:35	Sun, 6/18	Detroit Tigers	PM 1:10	Sat, 8/26	St. Louis Cardinals	PM 7:15
Mon, 4/17	Boston Red Sox	AM 11:05	Mon, 6/19	Cincinnati Reds	PM 7:10	Sun, 8/27	St. Louis Cardinals	PM 2:15
Tue, 4/18	Detroit Tigers	PM 7:10	Tue, 6/20	Cincinnati Reds	PM 7:10	Mon, 8/28	Kansas City Royals	PM 8:15
Wed, 4/19	Detroit Tigers	PM 7:10	Wed, 6/21	Cincinnati Reds	PM 12:10	Tue, 8/29	Kansas City Royals	PM 8:15
Thu, 4/20	Detroit Tigers	PM 1:10	Fri, 6/23	Baltimore Orioles	PM 7:10	Wed, 8/30	Kansas City Royals	PM 8:15
Fri, 4/21	Houston Astros	PM 7:10	Sat, 6/24	Baltimore Orioles	PM 4:10	Fri, 9/1	Chicago White Sox	PM 8:10
Sat, 4/22	Houston Astros	PM 6:10	Sun, 6/25	Baltimore Orioles	PM 1:10	Sat, 9/2	Chicago White Sox	PM 7:10
Sun, 4/23	Houston Astros	PM 1:10	Tue, 6/27	Pittsburgh Pirates	PM 7:05	Sun, 9/3	Chicago White Sox	PM 2:10
Mon, 4/24	Baltimore Orioles	PM 7:05	Wed, 6/28	Pittsburgh Pirates	PM 7:05	Mon, 9/4	Minnesota Twins	PM 7:10
Tue, 4/25	Baltimore Orioles	PM 7:05	Thu, 6/29	Pittsburgh Pirates	PM 7:05	Tue, 9/5	Minnesota Twins	PM 7:10
Wed, 4/26	Baltimore Orioles	PM 7:05	Fri, 6/30	Baltimore Orioles	PM 7:05	Wed, 9/6	Minnesota Twins	PM 7:10
Fri, 4/28	Toronto Blue Jays	PM 7:07	Sat, 7/1	Baltimore Orioles	PM 4:05	Fri, 9/8	Boston Red Sox	PM 7:10
Sat, 4/29	Toronto Blue Jays	PM 1:07	Sun, 7/2	Baltimore Orioles	PM 1:35	Sat, 9/9	Boston Red Sox	PM 7:10
Sun, 4/30	Toronto Blue Jays	PM 1:07	Tue, 7/4	Chicago Cubs	PM 2:20	Sun, 9/10	Boston Red Sox	PM 1:35
Mon, 5/1	Miami Marlins	PM 7:10	Wed, 7/5	Chicago Cubs	PM 2:20	Mon, 9/11	New York Yankees	PM 7:10
Tue, 5/2	Miami Marlins	PM 7:10	Thu, 7/6	Boston Red Sox	PM 7:10	Tue, 9/12	New York Yankees	PM 7:10
Wed, 5/3	Miami Marlins	PM 7:10	Fri, 7/7	Boston Red Sox	PM 7:10	Wed, 9/13	New York Yankees	PM 7:10
Thu, 5/4	Miami Marlins	PM 7:10	Sat, 7/8	Boston Red Sox	PM 4:10	Fri, 9/15	Boston Red Sox	PM 7:10
Fri, 5/5	Toronto Blue Jays	PM 7:10	Sun, 7/9	Boston Red Sox	PM 1:10	Sat, 9/16	Boston Red Sox	PM 6:10
Sat, 5/6	Toronto Blue Jays	PM 4:10	Fri, 7/14	Los Angeles Angels	PM 10:07	Sun, 9/17	Boston Red Sox	PM 1:10
Sun, 5/7	Toronto Blue Jays	PM 1:10	Sat, 7/15	Los Angeles Angels	PM 9:07	Tue, 9/19	Chicago Cubs	PM 7:10
Mon, 5/8	Kansas City Royals	PM 7:10	Sun, 7/16	Los Angeles Angels	PM 3:37	Wed, 9/20	Chicago Cubs	PM 7:10
Tue, 5/9	Kansas City Royals	PM 7:10	Mon, 7/17	Oakland Athletics	PM 10:05	Thu, 9/21	Baltimore Orioles	PM 7:05
Wed, 5/10	Kansas City Royals	PM 7:10	Tue, 7/18	Oakland Athletics	PM 10:05	Fri, 9/22	Baltimore Orioles	PM 7:05
Thu, 5/11	Kansas City Royals	PM 1:10	Wed, 7/19	Oakland Athletics	PM 3:35	Sat, 9/23	Baltimore Orioles	PM 7:05
Fri, 5/12	Boston Red Sox	PM 7:10	Fri, 7/21	Texas Rangers	PM 7:10	Sun, 9/24	Baltimore Orioles	PM 1:35
Sat, 5/13	Boston Red Sox	PM 7:10	Sat, 7/22	Texas Rangers	PM 7:10	Tue, 9/26	New York Yankees	PM 7:05
Sun, 5/14	Boston Red Sox	PM 1:35	Sun, 7/23	Texas Rangers	PM 1:10	Wed, 9/27	New York Yankees	PM 7:05
Mon, 5/15	Cleveland Indians	PM 6:10	Mon, 7/24	Baltimore Orioles	PM 7:10	Thu, 9/28	New York Yankees	PM 7:05
Tue, 5/16	Cleveland Indians	PM 6:10	Tue, 7/25	Baltimore Orioles	PM 7:10	Fri, 9/29	Baltimore Orioles	PM 7:10
Wed, 5/17	Cleveland Indians	PM 12:10	Wed, 7/26	Baltimore Orioles	PM 12:10	Sat, 9/30	Baltimore Orioles	PM 6:10
Fri, 5/19	New York Yankees	PM 7:10	Thu, 7/27	New York Yankees	PM 7:05	Sun, 10/1	Baltimore Orioles	PM 3:10
Sat, 5/20	New York Yankees	PM 4:10	Fri, 7/28	New York Yankees	PM 7:05			
Sun, 5/21	New York Yankees	PM 1:10	Sat, 7/29	New York Yankees	PM 1:05			
Mon, 5/22	Los Angeles Angels	PM 7:10	Sun, 7/30	New York Yankees	PM 1:05			
Tue, 5/23	Los Angeles Angels	PM 7:10	Mon, 7/31	Houston Astros	PM 8:10			
Wed, 5/24	Los Angeles Angels	PM 7:10	Tue, 8/1	Houston Astros	PM 8:10			
Thu, 5/25	Los Angeles Angels	PM 1:10	Wed, 8/2	Houston Astros	PM 8:10			
Fri, 5/26	Minnesota Twins	PM 8:10	Thu, 8/3	Houston Astros	PM 8:10			
Sat, 5/27	Minnesota Twins	PM 2:10	Fri, 8/4	Milwaukee Brewers	PM 7:10			
Sun, 5/28	Minnesota Twins	PM 2:10	Sat, 8/5	Milwaukee Brewers	PM 6:10			
Mon, 5/29	Texas Rangers	PM 8:05	Sun, 8/6	Milwaukee Brewers	PM 1:10			
Tue, 5/30	Texas Rangers	PM 8:05	Tue, 8/8	Boston Red Sox	PM 7:10			
Wed, 5/31	Texas Rangers	PM 8:05	Wed, 8/9	Boston Red Sox	PM 7:10			
Fri, 6/2	Seattle Mariners	PM 10:10	Thu, 8/10	Cleveland Indians	PM 7:10			
Sat, 6/3	Seattle Mariners	PM 10:10	Fri, 8/11	Cleveland Indians	PM 7:10			
Sun, 6/4	Seattle Mariners	PM 4:10	Sat, 8/12	Cleveland Indians	PM 6:10			

■ 15% 이상   ■ 12–14%   ■ 9–11%   ■ 6–8%   ■ 3–5%   □ 2% 이하

홈 ERA 2.65   원정 ERA 5.44
VS. 좌타자 4.32   VS. 우타자 3.75
VS. 추신수 8타수 2안타 타율 .250
VS. 김현수 3타수 1안타 타율 .333

SP Chris ARCHER
크리스 아처   NO.22

우투우타   1988년 9월 26일   190cm, 86kg   *는 낮을수록 좋은 기록임

시즌	경기	이닝	피안타	피홈런	볼넷	탈삼진	승-패-세-홀	평균자책	구분	기록	MLB
2016	33	201.1	183	32	67	233	9-19-0-0	.402	평균자책*	.402	.415
통산	128	766.0	665	79	256	795	41-51-0-0	.351	탈삼진 / 9	10.42	8.10
									볼넷 / 9*	3.00	3.14
									탈삼진 / 볼넷	3.48	2.58
									피홈런 / 9*	1.34	1.17
									피안타율*	0.235	0.252
									WHIP*	1.24	1.32
									잔루율	72.5	72.9
									FIP*	3.81	4.24

PITCHING REPERTORY / VELOCITY km/h / MOVEMENT cm

구종	평균	전체	초구	2-2	좌타자	우타자	피안타율	상하	좌우
포심패스트볼	153	51%	65%	27%	51%	52%	0.271	↑26	→9
투심 / 싱커	–	–	–	–	–	–	–	–	–
컷패스트볼	–	–	–	–	–	–	–	–	–
슬라이더	142	40%	25%	68%	34%	45%	0.194	↑1	←8
커브	–	–	–	–	–	–	–	–	–
체인지업	140	9%	10%	5%	15%	3%	0.259	↑11	→19
스플리터	–	–	–	–	–	–	–	–	–

템파베이의 에이스다. 포심패스트볼의 구속이 160km/h에 이르는 파이어볼러이며 주무기는 슬라이더이다. 그러나 2016시즌 입단 후 가장 많은 32개의 피홈런과 4점대의 방어율을 기록했다. 특히 빠른 패스트볼을 던져 17개의 홈런을 허용했다. 슬라이더의 위력은 여전했지만 빠른 볼 컨트롤이 흔들렸고 빠른 볼이 맞아 나가니 슬라이더에 대한 의존도가 더 높아졌다. 하지만 그의 잠재력은 아직도 무시할 수 없다. 다시 발전의 여지를 찾는다면 여전히 매력적인 선수다.

홈 ERA 3.55   원정 ERA 3.84
VS. 좌타자 2.08   VS. 우타자 4.96
VS. 추신수 16타수 4안타 타율 .250
VS. 김현수 5타수 1안타 타율 .200
VS. 박병호 2타수 무안타

SP Jake ODORIZZI
제이크 오도리지   NO.23

우투우타   1990년 3월 27일   188cm, 86kg   *는 낮을수록 좋은 기록임

시즌	경기	이닝	피안타	피홈런	볼넷	탈삼진	승-패-세-홀	평균자책	구분	기록	MLB
2016	33	187.2	170	29	54	166	10-6-0-0	.369	평균자책*	.369	.415
통산	101	562.0	511	71	179	516	30-30-1-0	.375	탈삼진 / 9	7.96	8.10
									볼넷 / 9*	2.59	3.14
									탈삼진 / 볼넷	3.07	2.58
									피홈런 / 9*	1.39	1.17
									피안타율*	0.238	0.252
									WHIP*	1.19	1.32
									잔루율	79.0	72.9
									FIP*	4.31	4.24

PITCHING REPERTORY / VELOCITY km/h / MOVEMENT cm

구종	평균	전체	초구	2-2	좌타자	우타자	피안타율	상하	좌우
포심패스트볼	148	54%	49%	56%	57%	50%	0.236	↑27	→11
투심 / 싱커	148	2%	2%	3%	2%	2%	0.080	↑24	→16
컷패스트볼	139	6%	12%	4%	1%	17%	0.246	↑21	→6
슬라이더	133	7%	10%	5%	2%	12%	0.269	↑6	←11
커브	115	4%	11%	5%	5%	2%	0.280	↓20	←14
체인지업	134	1%	0%	0%	0%	0%	0.400	↑10	→14
스플리터	137	24%	18%	30%	32%	17%	0.243	↑15	→15

2016시즌 템파베이 선발진 중에서 가장 좋은 성적을 올렸다. 데뷔 당시 안정적인 컨트롤을 바탕으로 빠른 볼과 커브, 슬라이더 유형의 투수였다면 이제는 스플리터와 커터를 능숙하게 구사한다. 최고구속은 153km/h이지만 150km/h 초반대 주로 형성된다. 빠른 볼의 컨트롤이 좋고 커터로 그라운드볼 유도에 능하다. 스플리터/체인지업으로 타이밍을 뺏는다. 오도리지는 안정된 제구력을 바탕으로 향후 템파베이 마운드에서 자기 몫을 해줄 수 있는 투수다.

TAMPA BAY RAYS

■ 15% 이상　■ 12-14%　■ 9-11%　■ 6-8%　■ 3-5%　□ 2% 이하

SP Blake SNELL
블레이크 스넬　NO.04

좌투좌타　1992년 12월 4일　193cm, 82kg

*는 낮을수록 좋은 기록임

시즌	경기	이닝	피안타	피홈런	볼넷	탈삼진	승-패-세-홀	평균자책	구분	기록	MLB
2016	19	89.0	93	5	51	98	6-8-0-0	.354	평균자책	.354	.415
통산	19	89.0	93	5	51	98	6-8-0-0	.354	탈삼진 / 9	9.91	8.10
									볼넷 / 9*	5.16	3.14
									탈삼진 / 볼넷	1.92	2.58
									피홈런 / 9*	0.51	1.17
									피안타율	0.266	0.252
									WHIP*	1.62	1.32
									잔루율	73.0	72.9
									FIP*	3.39	4.24

PITCHING REPERTORY / VELOCITY km/h / MOVEMENT cm

구종	평균	전체	초구	2-2	좌타자	우타자	피타율	상하	좌우
포심패스트볼	151	57%	63%	43%	64%	55%	0.344	↑27	←8
투심 / 싱커	152	0%	0%	0%	0%	0%	0.000	↑17	←15
컷패스트볼	–	–	–	–	–	–	–	–	–
슬라이더	133	12%	11%	15%	21%	10%	0.294	↓2	0
커브	123	13%	9%	22%	14%	13%	0.044	↓19	→5
체인지업	137	18%	17%	20%	2%	23%	0.213	↑22	←20
스플리터	–	–	–	–	–	–	–	–	–

홈 ERA 3.04　원정 ERA 4.19
VS. 좌타자 2.33　VS. 우타자 3.88

2011년 1라운드 52번째로 지명하여 2016년 4월 23일 빅리그에 데뷔하였다. 탬파베이가 제2의 데이비드 프라이스로 생각하는 스넬은 지난 시즌 중반에 승격, 19경기에서 6승 8패 평균자책점 3.54를 기록했다. 절반의 성공을 거두었다. 체인지업에 능하고 낙차 큰 커브 그리고 슬라이더를 다양하게 활용한다. 구속도 갈수록 빨라져 지난해 최고구속은 156km/h에 달했다. 아직은 미완성이다. 컨트롤은 많이 다듬어야 한다. 작년 9이닝당 볼넷 허용이 무려 5.16개였다.

SP Alex COBB
알렉스 콥　NO.53

우투우타　1987년 10월 7일　190cm, 91kg

*는 낮을수록 좋은 기록임

시즌	경기	이닝	피안타	피홈런	볼넷	탈삼진	승-패-세-홀	평균자책	구분	기록	MLB
2016	5	22.0	32	5	7	16	1-2-0-0	.859	평균자책	.859	.415
통산	86	520.2	473	43	160	442	36-25-0-0	.344	탈삼진 / 9	6.55	8.10
									볼넷 / 9*	2.86	3.14
									탈삼진 / 볼넷	2.29	2.58
									피홈런 / 9*	2.05	1.17
									피안타율	0.330	0.252
									WHIP*	1.77	1.32
									잔루율	53.1	72.9
									FIP*	5.60	4.24

PITCHING REPERTORY / VELOCITY km/h / MOVEMENT cm

구종	평균	전체	초구	2-2	좌타자	우타자	피타율	상하	좌우
포심패스트볼	146	1%	1%	0%	1%	0%	0.000	↑29	←15
투심 / 싱커	146	48%	55%	28%	42%	53%	0.408	↑23	←20
컷패스트볼	–	–	–	–	–	–	–	–	–
슬라이더	–	–	–	–	–	–	–	–	–
커브	129	23%	36%	31%	25%	21%	0.357	↓23	→9
체인지업	–	–	–	–	–	–	–	–	–
스플리터	137	28%	8%	41%	33%	26%	0.219	↑22	←17

홈 ERA 12.79　원정 ERA 6.89
VS. 좌타자 10.24　VS. 우타자 7.30
VS. 추신수 8타수 4안타 타율 .500

토미존 수술의 후유증으로 후반기에 등판하여 2016년 최악의 시즌을 보냈다. 최고구속 151km/h의 패스트볼을 뿌리며 투심과 슬라이더, 커브를 구사하며 체인지업 구사에 능해 그라운드볼 유도에 일가견이 있다. 안정된 제구로 기복 없는 투구를 하며 묵직한 구위를 가지고 있어 피홈런이 적다는 것도 장점이다. 근성이 강하고 스스로의 공에 대한 자신감이 있다. 메이저리그 통산 그라운드볼 유도율이 56.3%로 정상급이다. 그의 본궤도 진입은 팀으로도 상당히 중요한 부분이다.

■ 15% 이상　■ 12–14%　■ 9–11%　■ 6–8%　■ 3–5%　□ 2% 이하

SP Matt ANDRIESE
맷 앤드리스　　　　　　　　NO.35

우투양타　1989년 8월 28일　191cm, 98kg

*는 낮을수록 좋은 기록임

시즌	경기	이닝	피안타	피홈런	볼넷	탈삼진	승-패-세-홀	평균자책	구분	기록	MLB
2016	29	127.2	131	1	25	109	8-8-1-4	.437	평균자책*	.437	.415
통산	54	193.1	200	3	43	158	11-13-3-4	.428	탈삼진 / 9	7.68	8.10
									볼넷 / 9*	1.76	3.14
									탈삼진 / 볼넷	4.36	2.58
									피홈런 / 9*	1.20	1.17
									피안타율*	0.261	0.252
									WHIP*	1.22	1.32
									잔루율	69.8	72.9
									FIP*	3.78	4.24

PITCHING ZONE (좌타자·몸쪽 / 우타자·몸쪽)

PITCHING REPERTORY / VELOCITY km/h　**MOVEMENT** cm

구종	평균	전체	초구	2-2	좌타자	우타자	피타율	상하	좌우
포심패스트볼	148	45%	41%	45%	45%	44%	0.274	↑25	→9
투심 / 싱커	146	5%	8%	4%	8%	3%	0.303	↑16	→21
컷패스트볼	139	19%	24%	15%	11%	27%	0.236	↑5	←6
슬라이더	–	–	–	–	–	–	–	–	–
커브	129	11%	16%	10%	13%	10%	0.239	↓20	←13
체인지업	138	19%	10%	27%	22%	16%	0.283	↑1	→5
스플리터	–	–	–	–	–	–	–	–	–

홈 ERA 4.18　원정 ERA 4.57
VS. 좌타자 3.86　VS. 우타자 4.84
VS. 추신수 3타수 1안타 타율 .333
VS. 김현수 6타수 2안타 타율 .333

지난 2년간 자주 불펜과 선발을 오갔다. 좋은 컨트롤과 경쟁력 있는 커터와 커브를 구사하며 슬라이더와 체인지업 등 자신의 다양한 레파토리를 사용한다. 일단 선발 시 제 몫을 할 수 있다는 자신감을 가지고 스마일리를 트레이드시켰다. FIP가 3.78로 준수하다는 것도 감독의 눈도장을 받았다. 최고구속이 151km/h 정도로 빠른 볼을 던지는 투수는 아니지만 체인지업 활용을 잘해 좌타자 상대를 능숙하게 한다. 근성을 가진 선수라 위기 상황에서 잘 흔들리지 않는다는 장점을 가지고 있다.

RP Brad BOXBERGER
브래드 박스버거　　　　　　NO.26

우투우타　1988년 5월 27일　188cm, 102kg

*는 낮을수록 좋은 기록임

시즌	경기	이닝	피안타	피홈런	볼넷	탈삼진	승-패-세-홀	평균자책	구분	기록	MLB
2016	27	24.1	23	3	19	22	4-3-0-7	.481	평균자책*	.481	.415
통산	201	201.2	152	27	102	257	13-16-44-29	.317	탈삼진 / 9	8.14	8.10
									볼넷 / 9*	7.03	3.14
									탈삼진 / 볼넷	1.16	2.58
									피홈런 / 9*	1.11	1.17
									피안타율*	0.247	0.252
									WHIP*	1.73	1.32
									잔루율	77.9	72.9
									FIP*	5.53	4.24

PITCHING ZONE (좌타자·몸쪽 / 우타자·몸쪽)

PITCHING REPERTORY / VELOCITY km/h　**MOVEMENT** cm

구종	평균	전체	초구	2-2	좌타자	우타자	피타율	상하	좌우
포심패스트볼	150	61%	58%	60%	57%	65%	0.208	↑25	→11
투심 / 싱커	–	–	–	–	–	–	–	–	–
컷패스트볼	–	–	–	–	–	–	–	–	–
슬라이더	137	3%	6%	3%	1%	5%	0.333	↑7	←10
커브	126	3%	4%	2%	1%	4%	0.000	↓20	←5
체인지업	129	33%	32%	36%	41%	26%	0.278	↑4	→22
스플리터	–	–	–	–	–	–	–	–	–

홈 ERA 3.07　원정 ERA 7.45
VS. 좌타자 6.35　VS. 우타자 3.46
VS. 추신수 2타수 무안타

패스트볼, 체인지업 투 피치의 마무리 투수. 패스트볼 최고구속은 154km/h까지 나온다. 2015년 브래드 박스버거는 부상당한 제이크 맥기를 대신해 41세이브/6블론 3.71의 준수한 활약을 했다. 그러나 박스버거는 스프링캠프 첫 등판에서 당한 대퇴근 부상으로 넉 달을 날렸고 돌아와서도 27경기 4.81에 그쳤다. 2017시즌은 2년 전의 성적을 낼지 궁금하다.

TAMPA BAY RAYS 109

■ 15% 이상   ■ 12-14%   ■ 9-11%   ■ 6-8%   ■ 3-5%   □ 2% 이하

RP Xavier CEDEÑO
하비에르 세데뇨   NO.31

좌투좌타   1986년 8월 26일   183cm, 98kg   *는 낮을수록 좋은 기록임

시즌	경기	이닝	피안타	피홈런	볼넷	탈삼진	승-패-세-홀	평균자책	구분	기록	MLB
2016	54	41.1	36	2	13	49	3-4-0-19	.370	평균자책*	.370	.415
통산	192	139.1	138	5	49	140	7-6-2-46	.381	탈삼진 / 9	9.36	8.10
									볼넷 / 9*	2.83	3.14
									탈삼진 / 볼넷	3.31	2.58
									피홈런 / 9*	0.44	1.17
									피안타율	0.224	0.252
									WHIP	1.19	1.32
									잔루율	69.3	72.9
									FIP*	2.64	4.24

PITCHING ZONE

PITCHING REPERTORY / VELOCITY km/h / MOVEMENT cm

구종	평균	전체	초구	2-2	좌타자	우타자	피안타율	상하	좌우
포심패스트볼	145	3%	3%	3%	5%	2%	0.429	↑21	→7
투심 / 싱커	—	—	—	—	—	—	—		
컷패스트볼	142	58%	62%	53%	45%	72%	0.254	↑11	→5
슬라이더	—	—	—	—	—	—	—		
커브	130	39%	35%	44%	50%	27%	0.192	↓10	→11
체인지업	—	—	—	—	—	—	—		
스플리터	—	—	—	—	—	—	—		

홈 ERA 3.55   원정 ERA 3.94
VS. 좌타자 2.18   VS. 우타자 5.23
VS. 추신수 2타수 1안타 타율 .500
VS. 박병호 2타수 1안타 타율 .500

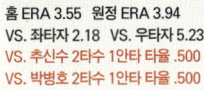

2015년에만 세 팀의 유니폼을 입었다. 워싱턴, LA다저스, 템파베이까지 우여곡절은 있었지만 2016시즌은 방어율 3.70 19홀드를 기록했다. 2015년에 비해 성적은 떨어졌지만 중간계투진에서 나름의 역할을 충분히 소화했다. 패스트볼 평균구속은 142km/h로 빠르지 않지만 커터성 직구를 구사하며 130km/h의 슬라이더, 가끔 110km/h 후반의 커브볼을 던진다.

RP Danny FARQUHAR
대니 파쿼   NO.43

우투우타   1987년 2월 17일   175cm, 84kg   *는 낮을수록 좋은 기록임

시즌	경기	이닝	피안타	피홈런	볼넷	탈삼진	승-패-세-홀	평균자책	구분	기록	MLB
2016	35	35.1	33	8	15	46	1-0-0-7	.306	평균자책*	.306	.415
통산	193	215.0	192	24	78	255	5-12-18-30	.381	탈삼진 / 9	11.72	8.10
									볼넷 / 9*	3.82	3.14
									탈삼진 / 볼넷	3.07	2.58
									피홈런 / 9*	2.04	1.17
									피안타율	0.237	0.252
									WHIP	1.36	1.32
									잔루율	93.1	72.9
									FIP*	5.10	4.24

PITCHING ZONE

PITCHING REPERTORY / VELOCITY km/h / MOVEMENT cm

구종	평균	전체	초구	2-2	좌타자	우타자	피안타율	상하	좌우
포심패스트볼	150	35%	25%	34%	24%	43%	0.266	↑27	→11
투심 / 싱커	150	2%	3%	1%	3%	1%	0.333	↑18	→20
컷패스트볼	143	27%	42%	15%	34%	22%	0.352	↑18	←1
슬라이더	—	—	—	—	—	—	—		
커브	121	14%	24%	12%	9%	19%	0.125	↓13	→19
체인지업	139	22%	6%	38%	31%	16%	0.211	↑7	→21
스플리터	—	—	—	—	—	—	—		

홈 ERA 4.50   원정 ERA 1.56
VS. 좌타자 3.46   VS. 우타자 2.82
VS. 추신수 3타수 1안타 타율 .333
VS. 김현수 1타수 1안타 타율 1.000

2015년 11월 시애틀에서 템파베이로 트레이드되었다. 평균구속 143km/h의 커터를 즐겨 던지며 포심패스트볼도 구사한다. 주무기는 커브다. 2016시즌 중간계투진에서 방어율 3.06의 준수한 성적을 올렸으나 피홈런이 9이닝당 2.04를 기록했으며 35.1이닝 동안 8개의 홈런을 내주었다. 공의 스피드가 떨어지다보니 제대로 제구가 안 되는 공은 홈런이 될 가능성이 많다. 일단 피홈런을 줄여야 하는 숙제를 안고 있다.

TAMPA BAY RAYS

범례: 15% 이상 | 12-14% | 9-11% | 6-8% | 3-5% | 2% 이하

CL Alex COLOMÉ
알렉스 콜로메   NO.37

우투우타   1988년 12월 31일   188cm, 100kg

*는 낮을수록 좋은 기록임

시즌	경기	이닝	피안타	피홈런	볼넷	탈삼진	승-패-세-홀	평균자책
2016	57	56.2	43	6	15	71	2-4-37-1	.191
통산	108	206.0	188	18	65	184	13-10-37-9	.310

구분	기록	MLB
평균자책*	.191	.415
탈삼진/9	11.28	8.10
볼넷/9*	2.38	3.14
탈삼진/볼넷	4.73	2.58
피홈런/9*	0.95	1.17
피안타율*	.206	.252
WHIP*	1.02	1.32
잔루율	93.0	72.9
FIP*	2.92	4.24

PITCHING ZONE
좌타자·몸쪽 / 우타자·몸쪽

PITCHING REPERTORY / VELOCITY km/h / MOVEMENT cm

구종	평균	전체	초구	2-2	좌타자	우타자	피타율	상하	좌우
포심패스트볼	153	54%	65%	36%	57%	51%	0.299	↑28	→4
투심/싱커	-	-	-	-	-	-	-		
컷패스트볼	142	31%	21%	44%	21%	42%	0.200	↑9	←6
슬라이더	-	-	-	-	-	-	-		
커브	130	6%	6%	10%	7%	6%	0.170	↓2	←14
체인지업	139	9%	8%	9%	16%	2%	0.264	↑17	→9
스플리터/기타	-	-	-	-	-	-	-		

홈 ERA 1.86 원정 ERA 1.95
VS. 좌타자 1.48 VS. 우타자 2.23
VS. 추신수 1타수 무안타
VS. 박병호 0타수 0안타 1볼넷

2016시즌 지구 꼴찌에도 불구하고 유일하게 기쁨을 선물한 선수다. 2015년 선발에서 불펜으로 전향했고 지난해 브래드 박스버거가 부상을 당하며 마무리로 승격했고 대성공을 거두었다. 블로운 세이브 3개, 11.28K/9이닝, 잔루율 93% 등 인상적인 성적을 남겼다. 던지는 공의 97% 이상이 빠른 볼과 커터다. 선발 시절 많이 던졌던 체인지업도 거의 보이지 않았다. 빠른 볼 최고구속은 155km/h로 마무리 투수로 아주 빠른 볼은 아니지만 커터의 움직임이 환상적이다.

C Wilson RAMOS
윌슨 라모스   NO.40

우투우타   1987년 8월 10일   185cm, 115kg

*는 낮을수록 좋은 기록임

시즌	타수	안타	홈런	타점	볼넷	도루	타율	출루율	장타율
2016	482	148	22	80	35	0	.307	.354	.496
통산	2136	574	83	321	140	0	.269	.313	.430

구분	기록	MLB
타율	0.307	0.255
출루율	0.354	0.322
장타율	0.496	0.417
볼넷%	6.7	8.2
삼진%*	15.1	21.1
볼넷/삼진	0.44	0.39
순장타율	0.189	0.162
BABIP	0.327	3.00
wOBA	0.361	0.318

VS. 패스트볼 / VS. 변화구
*5타수 미만은 색을 표시하지 않음. ● ● : Ball zone

SPRAY ZONE
홈런 6
38% 34% 28%
8 / 8
홈런 타구분포 %

BATTED BALL
항목	비율
볼존 공격률	31%
S존 공격률	71%
볼존 컨택트율	64%
S존 컨택트율	91%
라인드라이브	20%
그라운드볼	54%
플라이볼	26%

DEFENSE
위치	자살	보살	실책	수비율
C	1094	61	3	0.997

홈타율 .308 원정타율 .306
VS. 좌투수 .330 VS. 우투수 .301
득점권 .333 L/C .362

라모스가 부상당하지 않고 건강한 한 시즌을 보낸다면 메이저리그 포수 중 가장 뛰어난 공격력을 갖춘 포수가 될 것이다. 2016시즌은 라모스를 증명한 해였다. 시즌 종료를 일주일 앞두고 무릎 부상을 당해 다시 복귀하는 데는 6월 정도가 가능하다는 소식이다. 포수로서 수비도 인정받고 틀도 잘 잡아준다는 평가다. 그는 다른 선수와의 대결보다는 부상과의 대결이 더 시급하다.

TAMPA BAY RAYS   111

■ 타율 0.400 이상   ■ 0.300-0.399   ■ 0.200-0.299   ■ 0.100-0.199   ■ 타율 0.099 이하

홈타율 .174 원정타율 .197
VS. 좌투수 .233 VS. 우투수 .163
득점권 .137 L/C .207

C Curt CASALI NO.19
커트 카살리

우투우타   1988년 11월 9일   188cm, 104kg   *는 낮을수록 좋은 기록임

시즌	타수	안타	홈런	타점	볼넷	도루	타율	출루율	장타율	구분	기록	MLB
2016	226	42	8	25	25	0	.186	.273	.336	타율	0.186	0.255
통산	399	78	18	46	41	0	.195	.280	.378	출루율	0.273	0.322
										장타율	0.336	0.417
										볼넷%	9.8	8.2
										삼진%*	32.0	21.1
										볼넷/삼진	0.30	0.39
										순장타율	0.150	0.162
										BABIP	0.250	3.00
										wOBA	0.268	0.318

VS. 패스트볼   VS. 변화구

*5타수 미만은 색을 표시하지 않았음. ●●●: Ball zone

SPRAY ZONE
0
8   0
 51% 27% 22%
홈런
타구분포 %

BATTED BALL
항목	비율
볼존 공격률	26%
S존 공격률	67%
볼존 컨택트율	53%
S존 컨택트율	79%
라인드라이브	19%
그라운드볼	37%
플라이볼	44%

DEFENSE
위치	자살	보살	실책	수비율
C	538	37	4	0.993

마이너리그에서 인내심이 많기로 유명했다. 2014년 볼넷%가 24%까지 올라갔으며 타율은 3.14에 출루율이 5.00이었다. 타격 폼이 간결하고, 타격 시 공을 끝까지 밀고 나간다. 타격 포인트를 뒤에 놓고 치며, 타격하는 순간 디딤 축 다리가 쭉 펴지면서 공의 하단을 때려 라인드라이브성 타구를 많이 생산한다. 그러나 빅리그의 벽은 역시 높았다. 1할대의 타격에서 허우적대고 있다. 분발을 촉구한다.

홈타율 0.201 원정타율 0.276
VS. 좌투수 0.258 VS. 우투수 0.234
득점권 0.297 L/C 0.121
VS. 류현진 3타수1안타 .333
VS. 오승환 상대 없음

1B Logan MORRISON NO.07
로간 모리슨

좌투좌타   1987년 8월 25일   188cm, 109kg   *는 낮을수록 좋은 기록임

시즌	타수	안타	홈런	타점	볼넷	도루	타율	출루율	장타율	구분	기록	MLB
2016	353	84	14	43	37	4	.238	.319	.414	타율	0.238	0.255
통산	2441	597	84	297	272	20	.245	.325	.416	출루율	0.319	0.322
										장타율	0.414	0.417
										볼넷%	9.3%	8.2%
										삼진%*	22.4%	21.1%
										볼넷/삼진	0.42	0.39
										순장타율	0.176	0.162
										BABIP	0.278	0.300
										wOBA	0.318	0.318

VS. 패스트볼   VS. 변화구

*5타수 미만은 색을 표시하지 않았음. ●●●: Ball zone

SPRAY ZONE
10
4   0
 20% 30% 50%
홈런
타구분포 %

BATTED BALL
항목	비율
볼존 공격률	28%
S존 공격률	69%
볼존 컨택트율	56%
S존 컨택트율	87%
라인드라이브	21%
그라운드볼	44%
플라이볼	35%

DEFENSE
위치	자살	보살	실책	수비율
1B	566	42	4	0.993

2005년 플로리다 마린스에 지명되어 2010년 7월 27일 빅리그에 데뷔하였다. 2016년 시즌 템파베이로 트레이드되어 1루를 책임지게 되었다. 빅리그 7년 동안 .245/.325/.414 홈런 84개를 기록하고 있다. 타격이 정교한 것도 아니며 그렇다고 파워 있는 장타력도 없는 선수다. 마이애미 시절 주로 1루와 대타요원으로 활약하였다. 2011년 유일하게 23홈런을 기록하며 기대를 모았지만 그 이후로는 한 번도 20홈런을 기록하지 못하였다.

TAMPA BAY RAYS

타율 0.400 이상 | 0.300-0.399 | 0.200-0.299 | 0.100-0.199 | 타율 0.099 이하

2B Brad MILLER
브래드 밀러   NO.13

우투좌타 1989년 10월 18일 188cm, 91kg   *는 낮을수록 좋은 기록임

시즌	타수	안타	홈런	타점	볼넷	도루	타율	출루율	장타율	구분	기록	MLB
2016	548	133	30	81	47	6	.243	.304	.482	타율	.243	0.255
통산	1659	408	59	199	152	28	.246	.310	.423	출루율	.382	0.322
										장타율	.515	0.417
	VS. 패스트볼				VS. 변화구					볼넷%	7.8	8.2
										삼진%*	24.8	21.1
										볼넷 / 삼진	0.32	0.39
										순장타율	0.239	0.162
										BABIP	0.277	3.00
	*5타수 미만은 색을 표시하지 않음. ●●● : Ball zone									wOBA	0.333	0.318

SPRAY ZONE — 11 / 5 25% / 33% / 14 43% 홈런 타구분포 %

BATTED BALL
항목	비율
볼존 공격률	33%
S존 공격률	68%
볼존 컨택트율	63%
S존 컨택트율	82%
라인드라이브	18%
그라운드볼	45%
플라이볼	37%

DEFENSE
위치	자살	보살	실책	수비율
1B	277	12	4	0.986
LF	0	0	1	0.000
SS	132	215	14	0.961

홈타율 .249 원정타율 .236
VS. 좌투수 .227 VS. 우투수 .247
득점권 .256 L/C .175

유격수로서 큰 것 한 방이 있고 수비도 무난하여 기대를 모았지만 기복이 심했고 공격력에 집중하기 시작했다. 시애틀 시절 방망이가 재능 때문에 외야 전향도 시도했지만 문제가 있었다. 오프 시즌 동안 피지컬 운동으로 파워를 키웠지만 30홈런까지 칠 줄은 기대하지 않았다. 이 정도 파워라면 충분히 1루수가 가능하다는 생각으로 주전 1루수로 시즌에 돌입한다. 지난해 이미 39경기에서 1루수로 뛰었다.

3B Evan LONGORIA
에반 롱고리아   NO.03

우투우타 1985년 10월 7일 188cm, 95kg   *는 낮을수록 좋은 기록임

시즌	타수	안타	홈런	타점	볼넷	도루	타율	출루율	장타율	구분	기록	MLB
2016	633	173	36	98	42	0	.273	.318	.521	타율	.273	0.255
통산	4837	1311	241	806	523	45	.271	.344	.490	출루율	.318	0.322
										장타율	.521	0.417
	VS. 패스트볼				VS. 변화구					볼넷%	6.1	8.2
										삼진%*	21.0	21.1
										볼넷 / 삼진	0.29	0.39
										순장타율	0.248	0.162
										BABIP	0.298	0.300
	*5타수 미만은 색을 표시하지 않음. ●●● : Ball zone									wOBA	0.350	0.318

SPRAY ZONE — 11 / 23 43% / 34% / 2 23% 홈런 타구분포 %

BATTED BALL
항목	비율
볼존 공격률	34%
S존 공격률	65%
볼존 컨택트율	60%
S존 컨택트율	84%
라인드라이브	21%
그라운드볼	32%
플라이볼	47%

DEFENSE
위치	자살	보살	실책	수비율
3B	103	254	9	0.975

홈타율 .258 원정타율 .287
VS. 좌투수 .250 VS. 우투수 .280
득점권 .311 L/C .194

템파베이 최고의 프랜차이스 스타다. 3할-20홈런이 가능한 선수다. 파워와 정교함을 바탕으로 4번의 30홈런과 2번의 100타점을 기록하였다. 골든글러브를 2회 수상하였고 초창기만큼은 아니더라도 수비는 아직 견고하다. 그간 부진에 빠졌지만 4년 만에 이름값을 했다. 4년 연속 160+경기에 출장한 것은 보너스다. 하지만 모든 점이 좋을 수만은 없다. 볼넷율이 계속 떨어지며 작년은 6.1%까지 떨어졌다. 클럽하우스 리더로 지역 팬들의 절대적인 지지를 받고 있다.

TAMPA BAY RAYS 113

타율 0.400 이상 | 0.300-0.399 | 0.200-0.299 | 0.100-0.199 | 타율 0.099 이하

홈타율 .357 원정타율 .176
VS. 좌투수 .233 VS. 우투수 .321
득점권 .273 L/C .333
VS.오승환 1타수 1안타 타율 .1000

SS Matt DUFFY NO.05
맷 더피

우투우타 1991년 1월 15일 188cm, 77kg *는 낮을수록 좋은 기록임

시즌	타수	안타	홈런	타점	볼넷	도루	타율	출루율	장타율	구분	기록	MLB
2016	333	86	5	28	23	6	.258	.310	.357	타율	0.258	0.255
통산	966	271	17	113	54	20	.281	.324	.395	출루율	0.310	0.322
										장타율	0.357	0.417
										볼넷%	6.3	8.2
										삼진%*	14.5	21.1
										볼넷/삼진	0.43	0.39
										순장타율	0.099	0.162
										BABIP	0.290	0.300
										wOBA	0.292	0.318

VS. 패스트볼 / VS. 변화구 — 우타자
*5타수 미만은 색을 표시하지 않았음. ● : Ball zone

SPRAY ZONE: 1 ↑ 36%, 4 ← 29%, 0 → 35%, 홈런 ↓ 타구분포 %

BATTED BALL
항목	비율
볼존 공격률	27%
S존 공격률	65%
볼존 컨택트율	68%
S존 컨택트율	93%
라인드라이브	22%
그라운드볼	50%
플라이볼	29%

DEFENSE
위치	자살	보살	실책	수비율
SS	15	40	0	1.000
3B	44	142	5	0.974

2012년 신인드래프트 18라운드 전체 568순위로 샌프란시스코에 지명된 더피는 2014년에 빅리그에 데뷔했다. 환상적인 루키 시즌에서 아킬레스건 부상 등으로 얼룩지며 결국 템파베이로 트레이드되었다. 브랜든 크로포드에게 막혀 3루수로 뛰었지만 대학 시절 유격수 수비가 오히려 강점이었다. 타격 기술이 좋았음에도 불구하고 빠른 공에 약하다. 빠른 공에 대처가 된다면 3할 이상의 타율이 가능한 선수다.

홈타율 .168 원정타율 .245
VS. 좌투수 .136 VS. 우투수 .226
득점권 .268 L/C .164
VS. 류현진 3타수 1안타 타율 .333

DH Colby RASMUS NO.28
콜비 라스무스

좌투좌타 1986년 8월 11일 188cm, 88kg *는 낮을수록 좋은 기록임

시즌	타수	안타	홈런	타점	볼넷	도루	타율	출루율	장타율	구분	기록	MLB
2016	369	76	15	54	43	4	.206	.286	.355	타율	0.206	0.255
통산	3538	851	156	457	352	34	.241	.311	.434	출루율	0.286	0.322
										장타율	0.355	0.417
										볼넷%	10.3	8.2
										삼진%*	29.0	21.1
										볼넷/삼진	0.36	0.39
										순장타율	0.149	0.162
										BABIP	0.257	3.00
										wOBA	0.282	0.318

VS. 패스트볼 / VS. 변화구 — 좌타자
*5타수 미만은 색을 표시하지 않았음. ● : Ball zone

SPRAY ZONE: 2 ↑ 27%, 0 ← 20%, 13 → 53%, 홈런 ↓ 타구분포 %

BATTED BALL
항목	비율
볼존 공격률	32%
S존 공격률	66%
볼존 컨택트율	48%
S존 컨택트율	80%
라인드라이브	21%
그라운드볼	36%
플라이볼	43%

DEFENSE
위치	자살	보살	실책	수비율
CF	33	1	0	1.000
LF	122	11	0	1.000
RF	78	1	0	1.000

휴스턴에서 FA가 되어 템파베이와 1년 계약을 맺었다. 지난해는 엉덩이 부상 등이 겹치며 출장 경기 수나 성적이 형편없었다. 하지만 불과 2년 전 25개 홈런을 기록했고 4번의 20+홈런이 이력에 올라 있는 선수다. 디커슨에 비하면 수비도 분명히 업그레이드가 될 것이다. 정확도보다는 한 방이 돋보이는 선수다. 상황에 따라 우타자 디커슨과 지명타자로도 꽤 기용이 될 전망이고 그럴 때는 역시 새롭게 영입된 스피드가 좋은 말렉스 스미스가 좌익수를 맡을 전망이다.

TAMPA BAY RAYS

● 타율 0.400 이상　● 0.300–0.399　● 0.200–0.299　● 0.100–0.199　● 타율 0.099 이하

홈타율 .239　원정타율 .253
VS. 좌투수 .262　VS. 우투수 .241
득점권 .274　L/C .279

CF　Kevin KIERMAIER
케빈 키어마이어　　NO.39

우투좌타　1990년 4월 22일　185cm, 88kg　　*는 낮을수록 좋은 기록임

시즌	타수	안타	홈런	타점	볼넷	도루	타율	출루율	장타율	구분	기록	MLB
2016	366	90	12	37	40	21	.246	.331	.410	타율	0.246	0.255
통산	1202	310	32	112	87	44	.258	.313	.425	출루율	0.331	0.322

VS. 패스트볼　　VS. 변화구

구분	기록	MLB
장타율	0.410	0.417
볼넷%	9.7	8.2
삼진%*	17.9	21.1
볼넷 / 삼진	0.54	0.39
순장타율	0.164	0.162
BABIP	0.278	3.00
wOBA	0.323	0.318

*5타수 미만은 색을 표시하지 않았음. ●●: Ball zone

SPRAY ZONE
0
0　　12
23%　28%　49%
홈런
타구분포 %

BATTED BALL

항목	비율
볼존 공격률	28%
S존 공격률	63%
볼존 컨택트율	64%
S존 컨택트율	86%
라인드라이브	21%
그라운드볼	42%
플라이볼	38%

DEFENSE

위치	자살	보살	실책	수비율
CF	264	7	2	0.993

현역 최고의 수비수다. 중견수로서 강력한 어깨를 가지고 있으며 얕은 수비 위치에도 불구하고 뛰어난 스피드로 엄청난 수비 범위를 자랑한다. 다리 부상으로 많은 경기에 뛰지 못했지만 상한가를 치고 있다. 그동안 로건 포사이트가 주로 1번을 맡으며 역할을 잘해냈지만 장타력이 살아나며 중심 타선으로 이동할 가능성이 높아졌다. 키어마이어의 볼넷율이 9.7%로 커리어 하이를 기록했고, 장타력도 좋아지고 있다. 타율은 다시 상승세가 이어질 전망이다.

홈타율 .239　원정타율 .253
VS. 좌투수 .237　VS. 우투수 .250
득점권 .290　L/C .231

RF　Steven SOUZA Jr.
스티븐 수자 주니어　　NO.20

우투우타　1989년 4월 24일　193cm, 102kg　　*는 낮을수록 좋은 기록임

시즌	타수	안타	홈런	타점	볼넷	도루	타율	출루율	장타율	구분	기록	MLB
2016	430	106	17	49	31	7	.247	.303	.409	타율	0.247	0.255
통산	826	193	35	91	80	19	.234	.308	.404	출루율	0.303	0.322

VS. 패스트볼　　VS. 변화구

구분	기록	MLB
장타율	0.409	0.417
볼넷%	6.6	8.2
삼진%*	34.0	21.1
볼넷 / 삼진	0.19	0.39
순장타율	0.163	0.162
BABIP	0.348	3.00
wOBA	0.308	0.318

*5타수 미만은 색을 표시하지 않았음. ●●: Ball zone

SPRAY ZONE
4
11　　2
46%　31%　32%
홈런
타구분포 %

BATTED BALL

항목	비율
볼존 공격률	32%
S존 공격률	69%
볼존 컨택트율	54%
S존 컨택트율	76%
라인드라이브	25%
그라운드볼	41%
플라이볼	34%

DEFENSE

위치	자살	보살	실책	수비율
RF	226	8	3	0.987

2014년 워싱턴에서 데뷔해 2015년 템파베이에서 활약 중이다. 트리플 A 인터내셔널리그 타율, 출루율, 장타율 1위에 올랐으나 빅리그의 높은 벽을 실감하고 있다. 일단 지난 2년간 아쉬운 타율을 한 방으로 달래며 주전 자리를 굳히고 있다. 낮은 타율과 지나치게 많은 삼진을 커버하기 위해서는 컨택트 능력을 보완하고 선구안을 개선해야 한다. 또한 칠 수 있는 공을 놓치는 확률이 높다. 이러한 단점이 2017시즌에 보완이 될지 궁금하다.

TAMPA BAY RAYS

■ 타율 0.400 이상 ■ 0.300-0.399 ■ 0.200-0.299 ■ 0.100-0.199 ■ 타율 0.099 이하

OF **Mallex SMITH**
말렉스 스미스
NO. 00

우투좌타 1993년 5월 6일 175cm, 82kg

*는 낮을수록 좋은 기록임

시즌	타수	안타	홈런	타점	볼넷	도루	타율	출루율	장타율	구분	기록	MLB
2016	189	45	3	22	20	16	.238	.316	.365	타율	0.238	0.255
통산	189	45	3	22	20	16	.238	.316	.365	출루율	0.316	0.322

VS. 패스트볼 VS. 변화구

	기록	MLB
장타율	0.365	0.417
볼넷%	9.3%	8.2%
삼진%*	22.3%	21.1%
볼넷 / 삼진	0.42	0.39
순장타율	0.127	0.162
BABIP	0.302	0.300
wOBA	0.300	0.318

*5타수 미만은 색을 표시하지 않음. ●●●● Ball zone

SPRAY ZONE
0
1: 33% 홈런: 33% 2: 34%
홈런 타구분포 %

BATTED BALL
항목	비율
볼존 공격률	29%
S존 공격률	61%
볼존 컨택트율	53%
S존 컨택트율	83%
라인드라이브	16%
그라운드볼	61%
플라이볼	23%

DEFENSE
위치	자살	보살	실책	수비율
CF	95	3	1	0.990
LF	27	2	0	1.000

홈타율 0.222 원정타율 0.256
VS. 좌투수 0.080 VS. 우투수 0.295
득점권 0.320 L/C 0.222
VS. 류현진 상대 없음
VS. 오승환 상대 없음

2012년 샌디에이고 파드리스에서 5라운드 165번째로 지명받아 2016년 4월 11일 애틀랜타에서 빅리그에 데뷔하였다. 2017시즌 시애틀로 트레이드되었다가 하루 만에 템파베이로 트레이드되었다. 빠른 발과 뛰어난 주루플레이로 미래의 리드오프감이다. 대단한 재능을 가졌지만 아직 좀 더 다듬어져야 할 필요가 있다. 수비 능력도 출중해서 외야 어떤 포지션이라도 맡을 수 있다. 2016시즌 72경기에 나와 타율 .238, 출루율 .316을 기록했고, 3개의 홈런과 3루타 4개를 때려냈다.

LF **Corey DICKERSON**
코리 디커슨
NO. 10

우투좌타 1989년 5월 22일 185cm, 93kg

*는 낮을수록 좋은 기록임

시즌	타수	안타	홈런	타점	볼넷	도루	타율	출루율	장타율	구분	기록	MLB
2016	510	125	24	70	33	0	.245	.293	.469	타율	0.245	0.255
통산	1364	380	63	194	96	10	.279	.326	.510	출루율	0.293	0.322

VS. 패스트볼 VS. 변화구

	기록	MLB
장타율	0.469	0.417
볼넷%	6.0	8.2
삼진%*	24.5	21.1
볼넷 / 삼진	0.25	0.39
순장타율	0.224	0.162
BABIP	0.285	3.00
wOBA	0.319	0.318

*5타수 미만은 색을 표시하지 않음. ●●●● Ball zone

SPRAY ZONE
6
5: 34% 홈런: 34% 13: 33%
홈런 타구분포 %

BATTED BALL
항목	비율
볼존 공격률	46%
S존 공격률	70%
볼존 컨택트율	69%
S존 컨택트율	77%
라인드라이브	17%
그라운드볼	38%
플라이볼	45%

DEFENSE

위치	자살	보살	실책	수비율
RF	2	0	0	1.000
LF	132	2	2	0.985

홈타율 .213 원정타율 .273
VS. 좌투수 .241 VS. 우투수 .246
득점권 .223 L/C .083
VS. 류현진 2타수 무안타

콜로라도에서 트레이드를 통해 템파베이로 건너왔다. 3할-20홈런이 가능한 펀치력과 정교함을 겸비한 타자로 거포에 목말라 있는 템파베이에 단비와 같은 선수다. 타구의 방향을 골고루 분산시키는 스프레이 히터다. 그러나 어깨가 약하고 좌익수 수비에는 문제가 있다. 2년차로 전반적인 성적이 오를 것이라 기대하고 있다. 리그 적응이 무난하다면 중심 타선에 다시 들어갈 수 있다.

TORONTO BLUE JAYS

연일 5만 관중 앞에서 경기를 한다는 것은 선수들에게 참으로 행복한 일이다. 연일 터지는 다이너마이트 타선은 로저스 센터의 열기를 더욱 고조시켰다. 지난해에 이어 올해는 월드시리즈 챔피언으로 등극할 채비를 갖추고 있다.

TEAM IMFORMATION

창단 : 1977년
이전 연고지 : -
월드시리즈 우승 : 2회
AL 우승 : 2회
디비전 우승 : 6회
와일드카드 진출 : 1회
구단주 : 로저스 커뮤니케이션스
감독 : 존 기본스
단장 : 로스 애트킨스

FRANCHISE

UNIFORM

Home / Away

Alternate

TORONTO BLUE JAYS

MANAGER

John Gibbons

생년월일 : 1962년 6월 8일
출생지 : 그레이트폴(몬태나)
MLB 감독 경력 : 올해로 10년째
토론토(2004년~2008년), 토론토(2013년~현재)
정규시즌 통산 : 644승 614패 승률 0.512
포스트시즌 통산 : 10승 10패 승률 0.500

LINE-UP

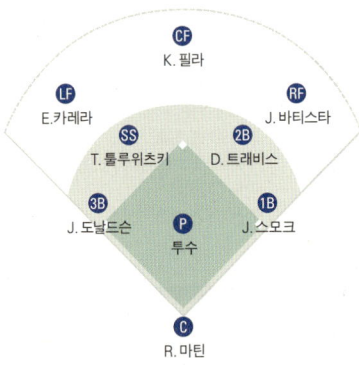

ROTATION	
SP	A. 산체스
SP	M. 에스트라다
SP	J. 햅
SP	M. 스트로맨
SP	F. 리리아노

BULLPEN	
RP	J. 그릴
RP	J. 하웰
RP	J. 스미스
RP	J. 비아지니
RP	M. 레이토스
RP	M. 볼싱어
CL	R. 오수나

BATTING	
1	K. 필라
2	D. 트래비스
3	T. 툴루위츠키
4	J. 바티스타
5	K. 모랄레스
6	J. 도날드슨
7	R. 마틴
8	J. 스모크
9	E. 카레라

UTILITY PLAYERS	
IF	D. 바니
IF	R. 고인스
OF	M. 업튼 주니어
OF	D. 폼페이

BALL PARK : Rogers Centre

주소 : 1 Blue Jays Way Toronto, Ontario
펜스 거리 : 왼쪽 100m, 좌중간 114m, 중앙 122m,
　　　　　우중간 114m, 오른쪽 100m
펜스 높이 : 전 구간 3.0m로 통일
최초공식경기 : 1989년 6월 5일
잔디 : 애스트로 터프 3D Xtreme(인조잔디)
수용 인원 : 4만 9,282명
홈팀 덕아웃 : 3루
파크팩터 : 0.906(MLB 24위)

강력한 선발진과 다이너마이트 타선이 조화를 이루며 정상에 등극할 것인가?

22016 리뷰
2016년 토론토는 특별한 전력 보강 없이 AL 동부의 가장 유력한 우승 후보로 꼽혔다. 6월까지 성적은 43승 38패 지구 3위였다. 7~8월의 성적이 33승19패를 기록하며 지구 1위로 올라섰다. 그러나 9월 토론토는 내리막길을 걸었다. 갑작스런 불펜의 난조가 이어져 보스턴에게 1위를 빼앗기고 포스트시즌 탈락의 위기까지 몰렸다. 그러나 토론토는 10월에 열린 마지막 두 경기를 모두 승리하고 볼티모어와 리그 공동 4위로 정규시즌을 끝냈다. 볼티모어와 단판승부로 와일드카드 결정전에 진출하여 홈에서 열린 시합에서 엔카나시온의 11회말 끝내기 스리런홈런에 힘입어 승리한 토론토는 디비전시리즈에서 2년 연속 텍사스를 만났다. 정규시즌 승률 1위 팀 텍사스를 3연승으로 제압했다. 다음 상대는 보스턴을 꺾고 올라온 클리블랜드였다. 그러나 클리블랜드 마운드는 무시무시했다. 토론토는 1차전 무득점을 시작으로 5경기 만에 패하고 말았다. 그러나 월드시리즈 진출의 문턱에서 2년 연속 고배를 마셨지만 토론토에게는 즐겁고 알찬 시즌이었다. 관중도 2015년 연 280만 명에서 340만 명으로 20% 늘어나 아메리칸리그 1위를 차지했다. 특히 J A 햅을 3년에 3600만 달러에 계약한 것은 행운이었다. 햅은 로이 할러데이(2003년 2008년) 이후 처음으로 팀의 20승 투수가 됐다.(195이닝 20승4패 3.18) 또한 토론토 선발진은 평균자책점이 지난해 리그 5위(3.96)에서 1위(3.64)로 올라섰다. 아쉬움은 남지만 2017시즌을 기대해본다.

2017 프리뷰
먼저 투수진을 살펴보면 산체스, 에스트라다, 햅, 스트로맨, 리리아노로 이어지는 선발진은 보스턴 레드삭스와 비교하면 막상막하의 강력한 선발진을 보유하였다. 특히 작년에 피츠버그에서 이적한 리리아노는 시즌 막판 부활의 신호를 보냈다. 리리아노까지 살아난다면 그야말로 난공불락의 마운드를 구축하게 된다. 그러나 불펜진에서는 클로저 오수나를 제외하면 작년 하반기의 부진이 생각나 아직도 불안감이 엄습한다. 그리고 타격에서는 토론토의 다이너마이트 타선의 쌍두마차 바티스타와 엔카나시온의 이적은 팀 타선의 약화를 불러올 게 뻔하다. 남은 정상급 타자로는 도널드슨이 유일하다. 유격수 툴로위츠키의 가세는 분명 내야진의 안정을 불러왔다. 그러나 콜로라도 시절 .885(.299 .371 .513)에 달했던 툴로위츠키의 ops는 .745(.250 .318 .427)로 떨어졌다. 안방마님 러셀 마틴도 기대에 미치지 못하고 있는 것도 마찬가지 근심거리다. 토론토 이적 후 지난해(.240 .329 .458)와 올해(.231 .335 .398) 성적은 2014년 피츠버그에서의 기록(.290 .402 .430)과는 영 딴판이다. 특히 도루 저지율이 2015년 44%에서 15%로 떨어졌다. 그리고 엔카나시온의 대타로 영입한 모랄레스가 과연 어느 정도 활약할지도 미지수다. 전반적으로 투수진은 A제로, 타선은 B마이너스를 주고 싶다. 그러나 토론토는 동부지구에서 여전히 보스턴의 대항마로 와일드카드로나마 포스트시즌에 진출할 것으로 예상해본다.

TORONTO BLUE JAYS

SQUAD LIST

*선수 명단은 2017년 3월 16일 기준(source : ESPN)

투수

번호	이름	위치	투	타	나이	출생지
24	Danny Barnes	RP	R	L	27	Manhasset, NY
31	Joe Biagini	RP	R	R	26	Menlo Park, CA
49	Mike Bolsinger	SP	R	R	29	Chicago, IL
72	Ryan Borucki	RP	L	L	22	Mundelein, IL
50	Matt Dermody	RP	L	R	26	Norwalk, IA
25	Marco Estrada	SP	R	R	33	Sonora, Mexico
37	Jason Grilli	RP	R	R	40	Royal Oak, MI
33	J.A. Happ	SP	L	L	34	Peru, IL
56	J.P. Howell	RP	L	L	33	Modesto, CA
51	Dominic Leone	RP	R	R	25	Norwich, CT
45	Francisco Liriano	SP	L	L	33	San Cristobal, Dominican Republic
62	Aaron Loup	RP	L	L	29	Raceland, LA
54	Roberto Osuna	RP	R	R	22	Juan Jose Rios, Mexico
41	Aaron Sanchez	SP	R	R	24	Barstow, CA
47	Bo Schultz	RP	R	R	31	Dallas, TX
35	Chris Smith	RP	R	R	28	Louisville, KY
38	Joe Smith	RP	R	R	32	Cincinnati, OH
46	Glenn Sparkman	RP	R	B	24	Ganado, TX
6	Marcus Stroman	SP	R	R	25	Medford, NY
52	Ryan Tepera	RP	R	R	29	Houston, TX

포수

번호	이름	위치	투	타	나이	출생지
69	Juan Graterol	C	R	R	28	Maracay, Venezuela
55	Russell Martin	C	R	R	34	East York, Canada

내야

번호	이름	위치	투	타	나이	출생지
18	Darwin Barney	2B	R	R	31	Portland, OR
20	Josh Donaldson	3B	R	R	31	Pensacola, FL
17	Ryan Goins	2B	R	L	29	Round Rock, TX
13	Lourdes Gurriel	SS	R	R	23	Sancti Spiritus, Cuba
8	Kendrys Morales	1B	R	B	33	Fomento, Cuba
28	Steve Pearce	1B	R	R	33	Lakeland, FL
14	Justin Smoak	1B	L	B	30	Goose Creek, SC
29	Devon Travis	2B	R	R	26	West Palm Beach, FL
2	Troy Tulowitzki	SS	R	R	32	Santa Clara, CA
15	Richard Urena	SS	R	B	21	Duarte, Dominican Republic

외야

번호	이름	위치	투	타	나이	출생지
30	Anthony Alford	CF	R	R	22	Columbia, MS
19	Jose Bautista	RF	R	R	36	Santo Domingo, Dominican Republic
1	Andy Burns	LF	R	R	26	Greensville, SC
3	Ezequiel Carrera	RF	L	L	29	Guiria, Venezuela
9	Darrell Ceciliani	CF	L	L	26	Tracy, CA
11	Kevin Pillar	CF	R	R	28	West Hills, CA
23	Dalton Pompey	CF	R	B	24	Mississauga, Canada
48	Harold Ramirez	CF	R	R	22	Cartegena, Colombia
7	Melvin Upton Jr.	LF	R	R	32	Norfolk, VA

SUMMARY

우타자	좌타자	스위치	우투수	좌투수	평균나이	최연소	최연장
14명	3명	4명	14명	6명	28.5세	21세	40세

TORONTO BLUE JAYS

2017 REGULAR SEASON SCHEDULE

■ 는 홈경기, 시간은 미국 동부시간 기준

날짜	상대팀	경기시간	날짜	상대팀	경기시간	날짜	상대팀	경기시간
Mon, 4/3	Baltimore Orioles	PM 3:05	Wed, 6/7	Oakland Athletics	PM 3:35	Tue, 8/15	Tampa Bay Rays	PM 7:07
Wed, 4/5	Baltimore Orioles	PM 7:05	Fri, 6/9	Seattle Mariners	PM 10:10	Wed, 8/16	Tampa Bay Rays	PM 7:07
Thu, 4/6	Tampa Bay Rays	PM 7:10	Sat, 6/10	Seattle Mariners	PM 10:10	Thu, 8/17	Tampa Bay Rays	PM 4:07
Fri, 4/7	Tampa Bay Rays	PM 7:10	Sun, 6/11	Seattle Mariners	PM 4:10	Fri, 8/18	Chicago Cubs	PM 2:20
Sat, 4/8	Tampa Bay Rays	PM 6:10	Tue, 6/13	Tampa Bay Rays	PM 7:07	Sat, 8/19	Chicago Cubs	PM 2:20
Sun, 4/9	Tampa Bay Rays	PM 1:10	Wed, 6/14	Tampa Bay Rays	PM 7:07	Sun, 8/20	Chicago Cubs	PM 2:20
Tue, 4/11	Milwaukee Brewers	PM 7:07	Fri, 6/16	Chicago White Sox	PM 7:07	Tue, 8/22	Tampa Bay Rays	PM 7:10
Wed, 4/12	Milwaukee Brewers	PM 7:07	Sat, 6/17	Chicago White Sox	PM 1:07	Wed, 8/23	Tampa Bay Rays	PM 7:10
Thu, 4/13	Baltimore Orioles	PM 7:07	Sun, 6/18	Chicago White Sox	PM 1:07	Thu, 8/24	Tampa Bay Rays	PM 1:10
Fri, 4/14	Baltimore Orioles	PM 7:07	Mon, 6/19	Texas Rangers	PM 8:05	Fri, 8/25	Minnesota Twins	PM 7:07
Sat, 4/15	Baltimore Orioles	PM 1:07	Tue, 6/20	Texas Rangers	PM 8:05	Sat, 8/26	Minnesota Twins	PM 1:07
Sun, 4/16	Baltimore Orioles	PM 1:07	Wed, 6/21	Texas Rangers	PM 8:05	Sun, 8/27	Minnesota Twins	PM 1:07
Tue, 4/18	Boston Red Sox	PM 7:07	Thu, 6/22	Texas Rangers	PM 2:05	Mon, 8/28	Boston Red Sox	PM 7:07
Wed, 4/19	Boston Red Sox	PM 7:07	Fri, 6/23	Kansas City Royals	PM 8:15	Tue, 8/29	Boston Red Sox	PM 7:07
Thu, 4/20	Boston Red Sox	PM 12:35	Sat, 6/24	Kansas City Royals	PM 2:15	Wed, 8/30	Boston Red Sox	PM 7:07
Fri, 4/21	Los Angeles Angels	PM 10:07	Sun, 6/25	Kansas City Royals	PM 2:15	Thu, 8/31	Baltimore Orioles	PM 7:05
Sat, 4/22	Los Angeles Angels	PM 9:07	Tue, 6/27	Baltimore Orioles	PM 7:07	Fri, 9/1	Baltimore Orioles	PM 7:05
Sun, 4/23	Los Angeles Angels	PM 3:37	Wed, 6/28	Baltimore Orioles	PM 7:07	Sat, 9/2	Baltimore Orioles	PM 7:05
Mon, 4/24	Los Angeles Angels	PM 10:07	Thu, 6/29	Baltimore Orioles	PM 7:07	Sun, 9/3	Baltimore Orioles	PM 1:35
Tue, 4/25	St. Louis Cardinals	PM 8:15	Fri, 6/30	Boston Red Sox	PM 7:07	Mon, 9/4	Boston Red Sox	PM 7:10
Wed, 4/26	St. Louis Cardinals	PM 8:15	Sat, 7/1	Boston Red Sox	PM 1:07	Tue, 9/5	Boston Red Sox	PM 7:10
Thu, 4/27	St. Louis Cardinals	PM 1:45	Sun, 7/2	Boston Red Sox	PM 1:07	Wed, 9/6	Boston Red Sox	PM 7:10
Fri, 4/28	Tampa Bay Rays	PM 7:07	Mon, 7/3	New York Yankees	PM 7:05	Fri, 9/8	Detroit Tigers	PM 7:07
Sat, 4/29	Tampa Bay Rays	PM 1:07	Tue, 7/4	New York Yankees	PM 1:05	Sat, 9/9	Detroit Tigers	PM 1:07
Sun, 4/30	Tampa Bay Rays	PM 1:07	Wed, 7/5	New York Yankees	PM 1:05	Sun, 9/10	Detroit Tigers	PM 1:07
Mon, 5/1	New York Yankees	PM 7:05	Thu, 7/6	Houston Astros	PM 7:07	Mon, 9/11	Baltimore Orioles	PM 7:07
Tue, 5/2	New York Yankees	PM 7:05	Fri, 7/7	Houston Astros	PM 7:07	Tue, 9/12	Baltimore Orioles	PM 7:07
Wed, 5/3	New York Yankees	PM 7:05	Sat, 7/8	Houston Astros	PM 1:07	Wed, 9/13	Baltimore Orioles	PM 7:07
Fri, 5/5	Tampa Bay Rays	PM 7:10	Sun, 7/9	Houston Astros	PM 1:07	Thu, 9/14	Minnesota Twins	PM 8:10
Sat, 5/6	Tampa Bay Rays	PM 4:10	Fri, 7/14	Detroit Tigers	PM 7:10	Fri, 9/15	Minnesota Twins	PM 8:10
Sun, 5/7	Tampa Bay Rays	PM 1:10	Sat, 7/15	Detroit Tigers	PM 6:10	Sat, 9/16	Minnesota Twins	PM 7:10
Mon, 5/8	Cleveland Indians	PM 7:07	Sun, 7/16	Detroit Tigers	PM 1:10	Sun, 9/17	Minnesota Twins	PM 2:10
Tue, 5/9	Cleveland Indians	PM 7:07	Mon, 7/17	Boston Red Sox	PM 7:10	Tue, 9/19	Kansas City Royals	PM 7:07
Wed, 5/10	Cleveland Indians	PM 7:07	Tue, 7/18	Boston Red Sox	PM 7:10	Wed, 9/20	Kansas City Royals	PM 7:07
Thu, 5/11	Seattle Mariners	PM 7:07	Wed, 7/19	Boston Red Sox	PM 7:10	Thu, 9/21	Kansas City Royals	PM 7:07
Fri, 5/12	Seattle Mariners	PM 7:07	Thu, 7/20	Boston Red Sox	PM 1:35	Fri, 9/22	New York Yankees	PM 7:07
Sat, 5/13	Seattle Mariners	PM 1:07	Fri, 7/21	Cleveland Indians	PM 7:10	Sat, 9/23	New York Yankees	PM 1:07
Sun, 5/14	Seattle Mariners	PM 1:07	Sat, 7/22	Cleveland Indians	PM 4:10	Sun, 9/24	New York Yankees	PM 1:07
Mon, 5/15	Atlanta Braves	PM 7:07	Sun, 7/23	Cleveland Indians	PM 1:10	Mon, 9/25	Boston Red Sox	PM 7:10
Tue, 5/16	Atlanta Braves	PM 4:07	Mon, 7/24	Oakland Athletics	PM 7:07	Tue, 9/26	Boston Red Sox	PM 7:10
Wed, 5/17	Atlanta Braves	PM 7:35	Tue, 7/25	Oakland Athletics	PM 7:07	Wed, 9/27	Boston Red Sox	PM 7:10
Thu, 5/18	Atlanta Braves	PM 7:35	Wed, 7/26	Oakland Athletics	PM 7:07	Fri, 9/29	New York Yankees	PM 1:05
Fri, 5/19	Baltimore Orioles	PM 7:05	Thu, 7/27	Oakland Athletics	PM 12:37	Sat, 9/30	New York Yankees	PM 4:05
Sat, 5/20	Baltimore Orioles	PM 4:05	Fri, 7/28	Los Angeles Angels	PM 7:07	Sun, 10/1	New York Yankees	PM 3:05
Sun, 5/21	Baltimore Orioles	PM 1:35	Sat, 7/29	Los Angeles Angels	PM 1:07			
Tue, 5/23	Milwaukee Brewers	PM 7:40	Sun, 7/30	Los Angeles Angels	PM 1:07			
Wed, 5/24	Milwaukee Brewers	PM 1:10	Mon, 7/31	Chicago White Sox	PM 8:10			
Fri, 5/26	Texas Rangers	PM 7:07	Tue, 8/1	Chicago White Sox	PM 8:10			
Sat, 5/27	Texas Rangers	PM 1:07	Wed, 8/2	Chicago White Sox	PM 2:10			
Sun, 5/28	Texas Rangers	PM 1:07	Fri, 8/4	Houston Astros	PM 8:10			
Mon, 5/29	Cincinnati Reds	PM 7:07	Sat, 8/5	Houston Astros	PM 7:10			
Tue, 5/30	Cincinnati Reds	PM 7:07	Sun, 8/6	Houston Astros	PM 2:10			
Wed, 5/31	Cincinnati Reds	PM 12:37	Tue, 8/8	New York Yankees	PM 7:07			
Thu, 6/1	New York Yankees	PM 7:07	Wed, 8/9	New York Yankees	PM 7:07			
Fri, 6/2	New York Yankees	PM 7:07	Thu, 8/10	New York Yankees	PM 7:07			
Sat, 6/3	New York Yankees	PM 7:07	Fri, 8/11	Pittsburgh Pirates	PM 7:07			
Sun, 6/4	New York Yankees	PM 1:07	Sat, 8/12	Pittsburgh Pirates	PM 7:07			
Mon, 6/5	Oakland Athletics	PM 10:05	Sun, 8/13	Pittsburgh Pirates	PM 1:07			
Tue, 6/6	Oakland Athletics	PM 10:05	Mon, 8/14	Tampa Bay Rays	PM 7:07			

TORONTO BLUE JAYS

■ 15% 이상　■ 12-14%　■ 9-11%　■ 6-8%　■ 3-5%　□ 2% 이하

SP Aaron SANCHEZ
아론 산체스　　　NO.41

우투우타　1992년 7월1일　193cm, 91kg　　*는 낮을수록 좋은 기록임

시즌	경기	이닝	피안타	피홈런	볼넷	탈삼진	승-패-세-홀	평균자책	구분	기록	MLB
2016	30	192.0	161	15	63	161	15-2-0-0	.300	평균자책*	.300	.415
통산	95	317.1	249	25	116	249	24-10-3-17	.286	탈삼진 / 9	7.55	8.10
									볼넷 / 9*	2.95	3.14
									탈삼진 / 볼넷	2.56	2.58
									피홈런 / 9*	0.70	1.17
									피안타율*	0.223	0.252
									WHIP*	1.17	1.32
									잔루율	76.9	72.9
									FIP*	3.55	4.24

PITCHING REPERTORY / VELOCITY km/h　**MOVEMENT** cm

구종	평균	전체	초구	2-2	좌타자	우타자	피타율	상하	좌우
포심패스트볼	153	18%	27%	15%	19%	15%	0.250	↑22	→15
투심 / 싱커	153	58%	61%	49%	52%	66%	0.239	↑16	→23
컷패스트볼	148	1%	0%	2%	1%	1%	0.400	↑1	→1
슬라이더	135	0%	0%	0%	0%	0%	-	↑1	←11
커브	127	15%	8%	24%	17%	14%	0.152	↓23	→20
체인지업	143	8%	3%	9%	10%	4%	0.184	↑11	→25
스플리터	-	-	-	-	-	-	-		

홈 ERA 2.38　원정 ERA 2.14
VS. 좌타자 3.33　VS. 우타자 2.68
VS. 추신수 1타수 무안타 타율 .000
VS. 김현수 11타수 3안타 타율 .273

불펜에서 활약하다 올해 풀타임 선발로 활약하며 토론토의 코칭 스태프와 팬들을 즐겁게 해주었다. 15승 2패 방어율 3.00이라는 엄청난 성적을 올렸다. 최고구속 159km/h의 투심패스트볼과 수준급의 커브를 사용한다. 특히 싱커로 땅볼 유도를 많이 하고 가끔씩 던지는 체인지업도 훌륭하다. 특히 제구력 향상은 괄목할 만한 성적의 밑바탕이 되었다. 2016시즌의 페이스를 유지한다면 향후 10년간 토론토를 책임질 에이스다.

SP Marco ESTRADA
마르코 에스트라다　　　NO.25

우투우타　1983년 7월 5일　183cm, 91kg　　*는 낮을수록 좋은 기록임

시즌	경기	이닝	피안타	피홈런	볼넷	탈삼진	승-패-세-홀	평균자책	구분	기록	MLB
2016	29	176.0	132	23	65	165	9-9-0-0	.348	평균자책*	.348	.415
통산	217	898.0	761	132	266	804	45-43-0-8	.351	탈삼진 / 9	8.44	8.10
									볼넷 / 9*	3.32	3.14
									탈삼진 / 볼넷	2.54	2.58
									피홈런 / 9*	1.18	1.17
									피안타율*	0.202	0.252
									WHIP*	1.12	1.32
									잔루율	75.8	72.9
									FIP*	4.15	4.24

PITCHING REPERTORY / VELOCITY km/h　**MOVEMENT** cm

구종	평균	전체	초구	2-2	좌타자	우타자	피타율	상하	좌우
포심패스트볼	143	51%	53%	48%	51%	51%	0.211	↑32	→6
투심 / 싱커	-	-	-	-	-	-	-		
컷패스트볼	140	10%	12%	5%	9%	10%	0.289	↑20	←5
슬라이더	-	-	-	-	-	-	-		
커브	124	11%	14%	9%	9%	13%	0.218	↓19	←14
체인지업	125	28%	20%	38%	30%	26%	0.163	↑26	→15
스플리터	-	-	-	-	-	-	-		

홈 ERA 3.57　원정 ERA 3.39
VS. 좌타자 2.97　VS. 우타자 4.06
VS. 추신수 5타수 1안타 타율 .200
VS. 김현수 8타수 2안타 타율 .250

평균 143km/h의 느린 구속이지만 구위보다는 타이밍으로 승부하기 때문에 철저히 타자의 바깥쪽 위주로 투구를 한다. 정교한 제구와 체인지업을 앞세워 제2의 전성기를 보내고 있다. 그러나 볼이 위력적이지 못해 피홈런이 많다는 것이 약점이다. 올해 아쉽게 10승 달성에는 실패했지만 나름대로 팀의 기여도가 높다. 포스트시즌 텍사스를 상대로 8.1이닝 1실점의 호투를 보여주었으나 클리블랜드와의 챔피언시리즈에서는 6이닝 2실점으로 패전투수가 되었다.

TORONTO BLUE JAYS

■ 15% 이상   ■ 12–14%   ■ 9–11%   ■ 6–8%   ■ 3–5%   □ 2% 이하

SP J.A. HAPP
J.A. 햅   NO.33

좌투좌타   1982년 10월 19일   196cm, 93kg   *는 낮을수록 좋은 기록임

시즌	경기	이닝	피안타	피홈런	볼넷	탈삼진	승-패-세-홀	평균자책	구분	기록	MLB
2016	32	195.0	168	22	60	163	20-4-0-0	.318	평균자책*	.318	.415
통산	228	1207.2	1153	144	459	1022	82-65-0-2	.398	탈삼진 / 9	7.52	8.10
									볼넷 / 9*	2.77	3.14
									탈삼진 / 볼넷	2.72	2.58
									피홈런 / 9*	1.02	1.17
									피안타율*	0.230	0.252
									WHIP*	1.17	1.32
									잔루율	79.7	72.9
									FIP*	3.96	4.24

PITCHING ZONE

PITCHING REPERTORY / VELOCITY km/h / MOVEMENT cm

구종	평균	전체	초구	2-2	좌타자	우타자	피타율	상하	좌우
포심패스트볼	148	50%	47%	52%	54%	49%	0.215	↑26	←16
투심 / 싱커	146	20%	28%	17%	17%	22%	0.300	↑13	←24
컷패스트볼	137	1%	1%	1%	1%	1%	0.333	↑8	0
슬라이더	136	12%	11%	11%	18%	10%	0.264	↑7	←1
커브	126	9%	8%	11%	10%	8%	0.180	↑8	←4
체인지업	136	8%	5%	7%	0%	10%	0.281	↑19	←24
스플리터	–	–	–	–	–	–	–		

홈 ERA 2.90   원정 ERA 3.43
VS. 좌타자 4.12   VS. 우타자 2.95
VS. 추신수 6타수 무안타 타율 .000

기본적인 투구 스타일은 148km/h의 투심패스트볼, 슬라이더, 커브, 체인지업을 사용한다. 구위보다는 경험과 볼배합으로 상대한다. 2013년에는 탬파베이 원정 경기에서 데스몬드 제닝스의 라인드라이브 타구에 머리를 맞으면서 힘든 시간을 보냈으나 2016년 시즌 30번째 등판에서 20승(4패)째를 거둔 햅은 평균자책점도 3.28을 마크했다. 이로써 햅은 릭 포셀로(보스턴 · 21승)에 이어 올 시즌 메이저리그 두 번째 20승 투수 반열에 올랐다.

SP Marcus STROMAN
마커스 스트로맨   NO.06

우투우타   1991년 5월 1일   173cm, 82kg   *는 낮을수록 좋은 기록임

시즌	경기	이닝	피안타	피홈런	볼넷	탈삼진	승-패-세-홀	평균자책	구분	기록	MLB
2016	32	204.0	209	4	84	166	9-10-0-0	.437	평균자책*	.437	.415
통산	62	361.2	354	8	88	295	24-16-1-0	.351	탈삼진 / 9	7.32	8.10
									볼넷 / 9*	2.38	3.14
									탈삼진 / 볼넷	3.07	2.58
									피홈런 / 9*	0.93	1.17
									피안타율*	0.262	0.252
									WHIP*	1.29	1.32
									잔루율	68.6	72.9
									FIP*	3.71	4.24

PITCHING ZONE

PITCHING REPERTORY / VELOCITY km/h / MOVEMENT cm

구종	평균	전체	초구	2-2	좌타자	우타자	피타율	상하	좌우
포심패스트볼	150	8%	10%	7%	10%	0.273	↑21	←7	
투심 / 싱커	149	48%	61%	27%	44%	53%	0.297	↑7	←15
컷패스트볼	145	12%	11%	8%	16%	6%	0.205	↑6	←4
슬라이더	139	16%	5%	35%	15%	17%	0.202	↑5	←9
커브	131	10%	9%	12%	10%	0.173	↑7	←22	
체인지업	136	6%	3%	8%	7%	5%	0.317	↑11	←17
스플리터	–	–	–	–	–	–	–		

홈 ERA 4.59   원정 ERA 4.14
VS. 좌타자 5.03   VS. 우타자 3.71
VS. 추신수 3타수 무안타 타율 .000
VS. 김현수 7타수 3안타 타율 .429

작은 키에도 불구하고 최고구속 152km/h의 투심패스트볼이 주무기이며, 좌타자 기준 몸쪽 투심과 낮게 떨어지는 슬라이더에 모두 능하다. 그리고 제3의 구종 슬러브(슬라이더와 커브의 중간)를 자유자재로 던지며 결정구로 사용하고 있다. 2015년 3월 수비 훈련 도중 무릎 십자인대 부상을 당하고도 9월에 복귀했다. 2016년은 부상후유증으로 인해 성적은 신통치 않았지만 토론토의 미래를 책임질 선수다.

TORONTO BLUE JAYS

■ 15% 이상　■ 12-14%　■ 9-11%　■ 6-8%　■ 3-5%　□ 2% 이하

SP　Francisco LIRIANO　NO.45
프란시스코 리리아노

좌투좌타　1983년 10월 26일　188cm, 102kg　*는 낮을수록 좋은 기록임

시즌	경기	이닝	피안타	피홈런	볼넷	탈삼진	승-패-세-홀	평균자책	구분	기록	MLB
2016	31	163.0	157	26	85	168	8-13-0-0	.469	평균자책*	.469	.415
통산	285	1513.0	1357	146	655	1557	96-92-1-2	.405	탈삼진 / 9	9.28	8.10
									볼넷 / 9*	4.69	3.14
									탈삼진 / 볼넷	1.98	2.58
									피홈런 / 9*	1.44	1.17
									피안타율*	0.248	0.252
									WHIP*	1.48	1.32
									잔루율	71.3	72.9
									FIP*	4.89	4.24

PITCHING ZONE

PITCHING REPERTORY / VELOCITY km/h / MOVEMENT cm

구종	평균	전체	초구	2-2	좌타자	우타자	피타율	상하	좌우
포심패스트볼	150	4%	7%	3%	6%	4%	0.239	↑21	←17
투심 / 싱커	149	44%	55%	28%	47%	43%	0.302	↑15	←23
컷패스트볼	–	–	–	–	–	–	–	–	–
슬라이더	137	31%	21%	49%	45%	27%	0.144	↓6	→1
커브	128	0%	0%	0%	0%	0%	0.000	↓11	←4
체인지업	137	19%	16%	18%	1%	25%	0.272	↑11	←23
스플리터	–	–	–	–	–	–	–	–	–

홈 ERA 3.07　원정 ERA 2.70
VS. 좌타자 1.86　VS. 우타자 3.18
VS. 추신수 31타수 6안타 타율 .219
VS. 김현수 3타수 1안타 타율 .333

리그 정상급의 슬라이더를 구사하는 좌완으로 130km/h 중반대의 슬라이더로 좌우타자 가리지 않고 헛스윙을 이끌어낸다. 또한 체인지업도 수준급이다. 거기에 150km/h 초중반의 투심으로 많은 땅볼을 유도한다. 그리고 공을 감추는 능력이 뛰어나 타자가 타이밍을 잡기가 어렵다. 그러나 제구의 기복이 심하여 많은 이닝을 소화하는 능력이 떨어진다. 2016년 부진을 거듭하다가 9월 피츠버그에서 토론토로 트레이드되었다.

RP　Jason GRILLI　NO.37
제이슨 그릴리

우투우타　1976년 11월 11일　196cm, 107kg　*는 낮을수록 좋은 기록임

시즌	경기	이닝	피안타	피홈런	볼넷	탈삼진	승-패-세-홀	평균자책	구분	기록	MLB
2016	67	59.0	44	10	32	81	1-2-2-23	.412	평균자책*	.412	.415
통산	549	644.2	598	64	274	646	32-42-78-110	.409	탈삼진 / 9	12.36	8.10
									볼넷 / 9*	4.88	3.14
									탈삼진 / 볼넷	2.53	2.58
									피홈런 / 9*	1.53	1.17
									피안타율*	0.203	0.252
									WHIP*	1.29	1.32
									잔루율	78.1	72.9
									FIP*	4.33	4.24

PITCHING ZONE

PITCHING REPERTORY / VELOCITY km/h / MOVEMENT cm

구종	평균	전체	초구	2-2	좌타자	우타자	피타율	상하	좌우
포심패스트볼	150	64%	59%	57%	70%	59%	0.235	↑23	→19
투심 / 싱커	–	–	–	–	–	–	–	–	–
컷패스트볼	–	–	–	–	–	–	–	–	–
슬라이더	131	34%	39%	42%	26%	41%	0.167	↓1	←16
커브	–	–	–	–	–	–	–	–	–
체인지업	136	2%	2%	1%	3%	0%	0.000	↑16	→25
스플리터	–	–	–	–	–	–	–	–	–

홈 ERA 2.96　원정 ERA 4.58
VS. 좌타자 6.50　VS. 우타자 1.50
VS. 추신수 5타수 1안타 타율 .200
VS. 강정호 1타수 무안타 타율 .000

올해 40세인 그릴리는 2000년 플로리다에서 데뷔하여 8개 팀을 전전한 전형적인 저니맨이다. 최고구속 146km/h의 포심패스트볼을 바탕으로 슬라이더, 커브, 체인지업을 던진다. 그릴리는 2013년 54경기에서 33세이브를 올리며 평균자책점 2.70으로 활약했지만, 다음 시즌 부상과 부진으로 마무리 자리를 마크 멜란슨에게 뺏기고 LA에인절스로 트레이드됐다. 2017년의 활약 여부에 따라 은퇴 여부가 결정될 것으로 보인다.

TORONTO BLUE JAYS

■ 15% 이상　■ 12-14%　■ 9-11%　■ 6-8%　■ 3-5%　□ 2% 이하

RP Danny BARNES
대니 반스
NO.24

우투좌타　1989년 10월 21일　186cm, 88kg　*는 낮을수록 좋은 기록임

시즌	경기	이닝	피안타	피홈런	볼넷	삼진	승-패-세-홀	평균자책	구분	기록	MLB
2016	12	13.2	14	0	5	14	0-0-0-1	3.95	평균자책*	3.95	4.15
통산	12	13.2	14	0	5	14	0-0-0-1	3.95	탈삼진 / 9	10.42	8.10
									볼넷 / 9*	3.00	3.14
									탈삼진 / 볼넷	3.48	2.58
									피홈런 / 9*	1.34	1.17
									피안타율	0.235	0.252
									WHIP*	1.24	1.32
									잔루율	72.5	72.9
									FIP*	3.81	4.24

PITCHING ZONE (좌타자·몸쪽 / 우타자·몸쪽)

PITCHING REPERTORY / VELOCITY km/h **/ MOVEMENT** cm

구종	평균	전체	초구	2-2	좌타자	우타자	피안타율	상하	좌우
포심패스트볼	148	67%	73%	55%	64%	69%	0.306	↑25	→18
투심 / 싱커	–	–	–	–	–	–	–	–	–
컷패스트볼	–	–	–	–	–	–	–	–	–
슬라이더	133	12%	10%	14%	2%	18%	0.000	↑9	←2
커브	–	–	–	–	–	–	–	–	–
체인지업	130	22%	17%	32%	34%	14%	0.231	↑4	→21
스플리터	–	–	–	–	–	–	–	–	–

홈 ERA 8.10　원정 ERA 0.00
VS. 좌타자 1.50　VS. 우타자 5.87

2010년 블루제이스에 35번째로 지명되어 2016년 8월 2일 빅리그에 데뷔하였다. 평균구속 148 km/h의 포심패스트볼과 슬라이더, 체인지업을 주로 사용한다. 올해 주로 셋업맨으로 활약하여 12경기, 13.2이닝을 투구하여 3.95의 평범한 성적을 남겼다. 포스트시즌 명단에 들지 못했으나 리리아노가 머리에 공을 맞는 뇌진탕으로 아웃되면서 대타로 로스터에 합류하는 행운도 얻었다. 나이가 어린만큼 2017시즌의 활약 여부가 중요하다.

RP Joe BIAGINI
조 비아지니
NO.31

우투우타　1990년 5월 29일　196cm, 109kg　*는 낮을수록 좋은 기록임

시즌	경기	이닝	피안타	피홈런	볼넷	삼진	승-패-세-홀	평균자책	구분	기록	MLB
2016	60	67.2	69	3	19	62	4-3-1-9	3.06	평균자책*	3.06	4.15
통산	60	67.2	69	3	19	62	4-3-1-9	3.06	탈삼진 / 9	8.25	8.10
									볼넷 / 9*	2.53	3.14
									탈삼진 / 볼넷	3.26	2.58
									피홈런 / 9*	1.40	1.17
									피안타율	0.255	0.252
									WHIP*	1.30	1.32
									잔루율	73.2	72.9
									FIP*	2.95	4.24

PITCHING ZONE (좌타자·몸쪽 / 우타자·몸쪽)

PITCHING REPERTORY / VELOCITY km/h **/ MOVEMENT** cm

구종	평균	전체	초구	2-2	좌타자	우타자	피안타율	상하	좌우
포심패스트볼	152	59%	69%	39%	56%	61%	0.272	↑24	→15
투심 / 싱커	–	–	–	–	–	–	–	–	–
컷패스트볼	145	1%	0%	0%	0%	1%	0.500	↑15	→1
슬라이더	144	17%	16%	19%	15%	19%	0.268	↑13	→1
커브	129	17%	10%	30%	16%	18%	0.171	↓22	←10
체인지업	138	6%	5%	12%	13%	1%	0.211	↑13	→20
스플리터	–	–	–	–	–	–	–	–	–

홈 ERA 2.84　원정 ERA 3.34
VS. 좌타자 3.08　VS. 우타자 3.05
VS. 김현수 3타수 1안타 타율 .333

룰5 드래프트를 통해 블루제이스가 전체 10순위로 영입하였다. 탈삼진 능력은 떨어지나 148km/h의 빠른 볼과 슬러브성 브레이킹 볼 등 세 가지 구질을 이용해 땅볼 유도를 잘하는 편이다. 커브 볼은 133km/h 초반대를 기록하고 있다. 보유한 세 구종이 꾸준히 발전하고, 4번째 구질을 개발한다면 더 높은 평가를 받을 수도 있다. 메이저리그 선발투수가 될 재목은 아닌 듯 하고 롱 릴리프에 가깝다.

■ 15% 이상   ■ 12–14%   ■ 9–11%   ■ 6–8%   ■ 3–5%   □ 2% 이하

홈 ERA 2.16 원정 ERA 3.10
VS. 좌타자 3.82 VS. 우타자 1.63
VS. 추신수 2타수 1안타 타율 .500
VS. 김현수 3타수 2안타 1홈런 타율 .667

Roberto OSUNA
로베르토 오수나   NO.54

우투우타   1995년 2월 7일   188cm, 104kg   *는 낮을수록 좋은 기록임

시즌	경기	이닝	피안타	피홈런	볼넷	탈삼진	승-패-세-홀	평균자책	구분	기록	MLB
2016	72	74.0	55	9	14	82	4-3-36-0	.268	평균자책*	.268	4.19
통산	140	143.2	103	16	30	157	5-9-56-7	.263	탈삼진 / 9	9.97	8.10
									볼넷 / 9*	1.70	3.14
									탈삼진 / 볼넷	5.86	2.58
									피홈런 / 9*	1.09	1.17
									피안타율*	.203	.252
									WHIP*	0.93	1.32
									잔루율	82.5	72.9
									FIP*	3.20	4.24

PITCHING ZONE

PITCHING REPERTORY / VELOCITY km/h / MOVEMENT cm

구종	평균	전체	초구	2-2	좌타자	우타자	피타율	상하	좌우
포심패스트볼	154	65%	72%	58%	65%	66%	0.225	↑28	→9
투심 / 싱커	153	4%	5%	1%	6%	2%	0.238	↑5	→18
컷패스트볼	148	2%	2%	1%	2%	2%	0.455	↑16	←4
슬라이더	140	18%	14%	25%	11%	27%	0.143	↑6	→9
커브	–	–	–	–	–	–	–		
체인지업	133	11%	8%	15%	17%	4%	0.087	↑19	→20
스플리터									

2011년 토론토가 150만 달러의 계약금을 투자해서 잡은 멕시코 출신의 우완 오수나는 15세의 나이에 150km/h 중반의 공을 뿌려 주목을 받았다. 160km/h에 육박하는 빠른 공이 일품이며 체인지업과 슬라이더도 수준급이다. 2016시즌 리그에서도 준수한 성적(4승 3패 방어율 2.68)으로 특급 마무리 반열에 올랐다. 나이가 어려 그가 써내려갈 각종 기록을 지켜보는 일도 흥미롭다. 당분간 토론토는 뒷문걱정은 안 해도 될 듯하다.

홈타율 .248 원정타율 .215
VS. 좌투수 .220 VS. 우투수 .234
득점권 .261 L/C .190
VS. 류현진 3타수 1안타 타율 .333

Russell MARTIN
러셀 마틴   NO.55

우투우타   1983년 2월 15일   178cm, 98kg   *는 낮을수록 좋은 기록임

시즌	타수	안타	홈런	타점	볼넷	도루	타율	출루율	장타율	구분	기록	MLB
2016	455	105	20	74	64	2	.231	.335	.398	타율	0.231	0.255
통산	4896	1246	162	691	656	99	.254	.350	.404	출루율	0.335	0.322
										장타율	0.398	0.417
										볼넷%	12.0	8.2
										삼진%*	27.7	21.1
										볼넷 / 삼진	0.43	0.39
										순장타율	0.167	0.162
										BABIP	0.291	3.00
										wOBA	0.322	0.318

VS. 패스트볼   VS. 변화구

*5타수 미만은 색을 표시하지 않았음   ●●: Ball zone

SPRAY ZONE
10 5   5
37% 37% 26%
홈런
타구분포 %

BATTED BALL

항목	비율
볼존 공격률	21%
S존 공격률	59%
볼존 컨택트율	53%
S존 컨택트율	80%
라인드라이브	18%
그라운드볼	47%
플라이볼	36%

DEFENSE

위치	자살	보살	실책	수비율
C	989	55	4	0.996

공·수를 겸비한 올스타 2015년 5년간 8,200만 달러의 계약으로 고향인 토론토에 입성했다. 그의 진정한 가치는 수비에 있다. 포수로서 투수 리드는 물론 민첩한 풋워크와 강한 어깨를 바탕으로 한 도루 저지 능력은 가히 압권이다. 2016시즌 홈런을 20개 쳤으나 .231/.335/.396으로 공격력은 미흡했다. 2016시즌 포수의 가치평가에서 5위 안에도 못 들고 말았다. 가장 큰 이유는 공격력의 약화에 있다. 2017 화끈한 공격력을 기대해본다.

TORONTO BLUE JAYS

| ■ 타율 0.400 이상 | ■ 0.300–0.399 | ■ 0.200–0.299 | ■ 0.100–0.199 | ■ 타율 0.099 이하 |

1B Justin SMOAK
저스틴 스모크 NO.13

좌투양타 1986년 12월 5일 193cm, 104kg

*는 낮을수록 좋은 기록임

시즌	타수	안타	홈런	타점	볼넷	도루	타율	출루율	장타율	구분	기록	MLB
2016	299	14	34	40	1	.217	.314	.391	타율	0.217	0.255
통산	2555	571	106	327	307	3	.223	.308	.392	출루율	0.314	0.322

장타율	0.391 / 0.417
볼넷%	11.7 / 8.2
삼진%*	32.8 / 21.1
볼넷 / 삼진	0.36 / 0.39
순장타율	0.174 / 0.162
BABIP	0.295 / 3.00
wOBA	0.309 / 0.318

VS. 패스트볼 · VS. 변화구 · 좌타자 / 우타자
*5타수 미만은 색을 표시하지 않았음. ●●●● : Ball zone

SPRAY ZONE
3 / 5 / 6
28% / 35% / 37%
홈런 타구분포 %

BATTED BALL
항목	비율
볼존 공격률	30%
S존 공격률	63%
볼존 컨택트율	52%
S존 컨택트율	83%
라인드라이브	27%
그라운드볼	31%
플라이볼	42%

DEFENSE
위치	자살	보살	실책	수비율
1B	758	38	3	0.996

홈타율 .226 원정타율 .207
VS. 좌투수 .209 VS. 우투수 .221
득점권 .167 L/C .357

2008년 드래프트 1라운드 11순위로 텍사스에 지명되었다. 미래의 거포 1루수로 각광을 받았으나 현재까지 성적은 기대와는 달리 괴리감이 있다. 타자 친화적 구장인 토론토로 이적했으나 상황은 별반 달라지지 않았다. 파워는 위력적이나 낙제에 가까운 정확도가 문제다. 빅리그 데뷔 이래 한 번도 2할 4푼대의 타율조차 기록하지 못했다. 2016시즌은 2.17를 기록했다. 올해도 1루수, 대타, 백업요원으로 활동할 것으로 전망된다.

2B Devon TRAVIS
데본 트래비스 NO.29

우투우타 1991년 2월 21일 180cm, 86kg

*는 낮을수록 좋은 기록임

시즌	타수	안타	홈런	타점	볼넷	도루	타율	출루율	장타율	구분	기록	MLB
2016	410	123	11	50	20	4	.300	.322	.454	타율	0.300	0.255
통산	627	189	19	85	38	7	.301	.342	.469	출루율	0.322	0.322

장타율	0.454 / 0.417
볼넷%	4.6 / 8.2
삼진%*	20.1 / 21.1
볼넷 / 삼진	0.23 / 0.39
순장타율	0.154 / 0.162
BABIP	0.358 / 3.00
wOBA	0.337 / 0.318

VS. 패스트볼 · VS. 변화구 · 우타자
*5타수 미만은 색을 표시하지 않았음. ●●●● : Ball zone

SPRAY ZONE
2 / 9 / 0
33% / 35% / 32%
홈런 타구분포 %

BATTED BALL
항목	비율
볼존 공격률	35%
S존 공격률	63%
볼존 컨택트율	67%
S존 컨택트율	91%
라인드라이브	19%
그라운드볼	46%
플라이볼	34%

DEFENSE
위치	자살	보살	실책	수비율
2B	150	276	11	0.975

홈타율 .273 원정타율 .323
VS. 좌투수 .260 VS. 우투수 .313
득점권 .325 L/C .222

2015년 디트로이트에서 토론토로 트레이드로 와서 눈부신 활약을 펼치고 있다. 작은 체격에도 빠른 배트 스피드와 동작이 간결한 스윙으로 150km/h 중반의 패스트볼도 홈런을 쳐 빠른 볼에도 강하다. 수비도 탄탄한 수비력을 자랑하며 토론토의 고질적인 문제였던 2루수 공격력이 타 팀과 비교해도 손색이 없다. 나이가 젊어 미래의 토론토의 내야를 이끌어갈 유망주다.

■ 타율 0.400 이상   ■ 0.300–0.399   ■ 0.200–0.299   ■ 0.100–0.199   ■ 타율 0.099 이하

3B Josh DONALDSON
조시 도날드슨

 NO.20

우투우타   1985년 12월 8일   183cm, 100kg

*는 낮을수록 좋은 기록임

시즌	타수	안타	홈런	타점	볼넷	도루	타율	출루율	장타율	구분	기록	MLB
2016	577	164	37	109	35	7	.284	.404	.549	타율	0.284	0.255
통산	2690	748	141	350	744	30	.278	.365	.503	출루율	0.404	0.322
										장타율	0.549	0.417
										볼넷%	15.6	8.2
										삼진%*	17.0	21.1
										볼넷/삼진	0.92	0.39
										순장타율	0.265	0.162
										BABIP	0.300	3.00
										wOBA	0.403	0.318

VS. 패스트볼   VS. 변화구

SPRAY ZONE
12
18   7
46% 28% 26%
홈런
타구분포 %

BATTED BALL
항목	비율
볼존 공격률	25%
S존 공격률	67%
볼존 컨택트율	63%
S존 컨택트율	84%
라인드라이브	21%
그라운드볼	38%
플라이볼	41%

DEFENSE
위치	자살	보살	실책	수비율
3B	110	237	14	0.961

홈타율 .297   원정타율 .272
VS. 좌투수 .279   VS. 우투수 .286
득점권 .261   L/C .303

2015년 아메리칸리그 MVP. 통산 첫 40홈런 고지를 밟았으며 리그 타점 왕에도 오르며 토론토가 22년 만에 지구 우승의 1 등 공신이 되었다. 2012년까지 포수로 활동했던 그는 3루수로서 강한 어깨를 가지고 있으며 3루수로도 완벽한 수비를 선보였다. 그는 아버지의 범죄로 혼자가 되어 먹고 살기위해 야구를 하였다. 현재 아메리칸리그에서 아드리안 벨트레를 제치고 최고의 3루수로 평가하고 있다.

SS Troy TULOWITZKI
트로이 툴로위츠키

NO.02

우투우타   1984년 10월 10일   190cm, 98kg

*는 낮을수록 좋은 기록임

시즌	타수	안타	홈런	타점	볼넷	도루	타율	출루율	장타율	구분	기록	MLB
2016	492	125	24	79	43	1	.254	.318	.443	타율	0.254	0.255
통산	4552	1329	217	753	492	57	.292	.364	.501	출루율	0.319	0.322
										장타율	0.443	0.417
										볼넷%	8.2	8.2
										삼진%*	16.7	21.1
										볼넷/삼진	0.49	0.39
										순장타율	0.215	0.162
										BABIP	0.253	3.00
										wOBA	0.335	0.318

VS. 패스트볼   VS. 변화구

SPRAY ZONE

4
19   1
45% 32% 23%
홈런
타구분포 %

BATTED BALL
항목	비율
볼존 공격률	29%
S존 공격률	62%
볼존 컨택트율	71%
S존 컨택트율	86%
라인드라이브	19%
그라운드볼	41%
플라이볼	40%

DEFENSE
위치	자살	보살	실책	수비율
SS	158	366	9	0.983

홈타율 .260   원정타율 .248
VS. 좌투수 .266   VS. 우투수 .251
득점권 .264   L/C .262
VS. 류현진 11타수 3안타 타율 .273

메이저리그를 대표하는 유격수다. 정확도와 파워를 겸비한 타격 능력은 유격수 중 최고 수준이다. 엄청난 어깨를 보유한 그의 수비는 화려함과 건실함을 동시에 지니고 있다. 그러나 2010년 이후 단 한 번도 150경기 이상을 소화하지 못했을 만큼 잦은 부상에 시달리는 점은 옥의 티다. 토론토로 이적 후 제 기량을 보여주지 못하고 평균 이하의 성적을 보여주고 있다. 그의 분발을 촉구해본다.

TORONTO BLUE JAYS

■ 타율 0.400 이상　■ 0.300–0.399　■ 0.200–0.299　■ 0.100–0.199　■ 타율 0.099 이하

Ryan GOINS
IF 라이언 고인스　　NO.17

우투좌타　1988년 2월 13일　177cm, 82kg　　*는 낮을수록 좋은 기록임

시즌	타수	안타	홈런	타점	볼넷	도루	타율	출루율	장타율		구분	기록	MLB
2016	183	34	3	12	9	1	.186	.228	.306		타율	0.186	0.255
통산	859	192	11	80	55	3	.224	.270	.325		출루율	0.228	0.322

VS. 패스트볼　　VS. 변화구

	기록	MLB
장타율	0.306	0.417
볼넷%	4.6	8.2
삼진%*	24.5	21.1
볼넷 / 삼진	0.16	0.39
순장타율	0.120	0.162
BABIP	0.235	3.00
wOBA	0.232	0.318

*5타수 미만은 색을 표시하지 않았음. ●●●●: Ball zone

SPRAY ZONE　　BATTED BALL　　DEFENSE

항목	비율
볼존 공격률	33%
S존 공격률	58%
볼존 컨택트율	64%
S존 컨택트율	85%
라인드라이브	11%
그라운드볼	54%
플라이볼	35%

위치	자살	보살	실책	수비율
SS	31	65	1	0.990
RF	1	1	0	1.000

홈타율 .171　원정타율 .196
VS. 좌투수 .167　VS. 우투수 .190
득점권 .200　L/C .192

왜소한 체격의 라이언 고인스는 2009년 4라운드 130번째로 토론토에 지명되어 2013년 빅리그에 데뷔하였다. 매년 100타석 이상 출전하였으며 2015년에는 378타석을 기록하였다. 4시즌 동안 가장 좋은 성적이 2013년 .252를 기록했고 1할대 타격도 2번을 기록할 정도로 공격력은 빈약하다. 빠른 발을 가지고 있으면서도 도루를 거의 안 하는 스타일이다. 그러나 수비에서는 견고한 수비를 자랑한다. 백업요원으로 생존하기 위해서는 타격보강이 시급하디.

Melvin UPTON Jr.
LF 멜빈 업튼 주니어　　NO.07

우투우타　1984년 8월 21일　191cm, 84kg　　*는 낮을수록 좋은 기록임

시즌	타수	안타	홈런	타점	볼넷	도루	타율	출루율	장타율		구분	기록	MLB
2016	492	117	20	61	37	27	.238	.291	.402		타율	0.238	0.255
통산	5175	1260	164	586	589	300	.243	.321	.402		출루율	0.291	0.322

VS. 패스트볼　　VS. 변화구

	기록	MLB
장타율	0.402	0.417
볼넷%	8.2	8.2
삼진%*	16.7	21.1
볼넷 / 삼진	0.49	0.39
순장타율	0.215	0.162
BABIP	0.253	3.00
wOBA	0.335	0.318

*5타수 미만은 색을 표시하지 않았음. ●●●●: Ball zone

SPRAY ZONE　　BATTED BALL　　DEFENSE

항목	비율
볼존 공격률	30%
S존 공격률	69%
볼존 컨택트율	56%
S존 컨택트율	73%
라인드라이브	18%
그라운드볼	49%
플라이볼	34%

위치	자살	보살	실책	수비율
LF	177	8	3	0.984

홈타율 .222　원정타율 .171
VS. 좌투수 .257　VS. 우투수 .177
득점권 .136　L/C .158
VS. 류현진 10타수 2안타 1홈런 타율 .200

뛰어난 툴과 재능을 가지고 있지만, 메이저리그 내내 재능이 만개한 적이 극히 드문 선수이기도 하다. 동생인 저스틴 업튼과 함께 형제 선수로 유명하다. 2006년 템파베이에서 빅리그에 데뷔하였으나 느린 성장세와 기대 이하의 플레이 때문에 애틀란타, 샌디에이고, 토론토로 트레이드되었다. 바티스타와 엔카나시온의 빈자리를 대비하고 타자 친화적인 토론토 홈구장에서 일발 장타의 기대감을 갖고 영입하였다.

TORONTO BLUE JAYS

CF Kevin PILLAR
케빈 필라   NO. 11

우투우타   1989년 1월 4일   183cm, 93kg   *는 낮을수록 좋은 기록임

시즌	타수	안타	홈런	타점	볼넷	도루	타율	출루율	장타율	구분	기록	MLB
2016	548	146	7	53	24	14	.266	.303	.376	타율	0.266	0.255
통산	1352	361	24	129	60	40	.267	.303	.385	출루율	0.303	0.322

구분	기록	MLB
장타율	0.376	0.417
볼넷%	4.1	8.2
삼진%*	15.4	21.1
볼넷/삼진	0.27	0.39
순장타율	0.109	0.162
BABIP	0.306	3.00
wOBA	0.295	0.318

VS. 패스트볼   VS. 변화구   우타자
*5타수 미만은 색을 표시하지 않았음. ●: Ball zone

SPRAY ZONE   **BATTED BALL**   **DEFENSE**

SPRAY ZONE: 6 39%   1 31%   0 30%   홈런 타구분포 %

항목	비율
볼존 공격률	37%
S존 공격률	61%
볼존 컨택트율	69%
S존 컨택트율	90%
라인드라이브	21%
그라운드볼	46%
플라이볼	34%

위치	자살	보살	실책	수비율
CF	337	6	6	0.983

홈타율 .301 원정타율 .233
VS. 좌투수 .283 VS. 우투수 .261
득점권 .324 L/C .324

2011년 32라운드 979번째로 토론토에 지명되어 2013년 빅리그에 데뷔하였다. 마이너리그에서 줄곧 3할을 쳤던 필라는 모든 외야 수비가 가능한 유틸리티맨이며 타격보다는 뛰어난 주루와 수비력이 일품이다. 특히 그의 수비는 예술의 경지에 이르렀다는 평가를 받기도 하였다. 공격력은 전반적으로 메이저리그 평균이하지만 그의 수비력을 감안한다면 공격력을 상쇄하고도 남는다. 그러나 반쪽 선수의 한계를 뛰어넘기 위해서는 타격에서도 가시적인 성적이 요구된다.

RF José BAUTISTA
호세 바티스타   NO. 19

우투우타   1980년 10월 19일   182cm, 92kg   *는 낮을수록 좋은 기록임

시즌	타수	안타	홈런	타점	볼넷	도루	타율	출루율	장타율	구분	기록	MLB
2016	423	99	22	69	87	2	.234	.366	.452	타율	0.234	0.255
통산	5139	1311	308	862	881	60	.255	.368	.493	출루율	0.366	0.322

구분	기록	MLB
장타율	0.452	0.417
볼넷%	16.8%	8.2%
삼진%*	19.9%	21.1%
볼넷/삼진	0.84	0.39
순장타율	0.217	0.162
BABIP	0.255	0.300
wOBA	0.355	0.318

VS. 패스트볼   VS. 변화구   우타자
*5타수 미만은 색을 표시하지 않았음. ●: Ball zone

SPRAY ZONE   **BATTED BALL**   **DEFENSE**

SPRAY ZONE: 20 53%   2 31%   0 16%   홈런 타구분포 %

항목	비율
볼존 공격률	20%
S존 공격률	57%
볼존 컨택트율	60%
S존 컨택트율	89%
라인드라이브	19%
그라운드볼	40%
플라이볼	41%

위치	자살	보살	실책	수비율
RF	149	5	2	0.987
1B	3	0	0	1.000

홈 타율 0.214 원정 타율 0.251
VS. 좌투수 0.220 VS. 우투수 0.238
득점권 0.290 L/C 0.191

vs 류현진 맞대결 없음
vs 오승환 맞대결 없음

토론토 구단 역사상 최고의 홈런타자. 특히 2010년 54홈런을 시작으로 7년 간 249개의 홈런을 몰아쳤다. 이는 같은 기간 메이저리그 최다 홈런 기록이다. 지난해에는 햄스트링 부상이 자주 재발하며 116경기에 출전해 22개의 홈런을 기록하는 데 그쳤고, 이 때문에 FA로 풀렸음에도 장기계약에 실패한 뒤 친정팀 토론토와 1년 1800만 달러에 합의할 수밖에 없었다. 전형적인 파워히터 겸 풀히터로 몸쪽 빠른 공에 대처하는 능력은 단연 최고다. 반면 낮게 떨어지는 변화구에는 약점을 보인다.

TORONTO BLUE JAYS

● 타율 0.400 이상 ● 0.300–0.399 ● 0.200–0.299 ● 0.100–0.199 ● 타율 0.099 이하

OF Ezequiel CARRERA NO.03
에제퀴엘 카레라

좌투좌타   1987년 6월 11일   180cm, 84kg   *는 낮을수록 좋은 기록임

시즌	타수	안타	홈런	타점	볼넷	도루	타율	출루율	장타율		구분	기록	MLB
2016	270	67	6	23	27	7	.248	.323	.356		타율	0.248	0.255
통산	877	224	11	77	66	34	.255	.314	.351		출루율	0.323	0.322

장타율	0.356	0.417
볼넷%	8.2	8.2
삼진%*	16.7	21.1
볼넷 / 삼진	0.49	0.39
순장타율	0.215	0.162
BABIP	0.253	3.00
wOBA	0.335	0.318

VS. 패스트볼   VS. 변화구

*5타수 미만은 색을 표시하지 않았음. ●●●: Ball zone

SPRAY ZONE
```
        3
    2       1
   26%  33%  41%
      홈런
   타구분포 %
```

BATTED BALL
항목	비율
볼존 공격률	25%
S존 공격률	60%
볼존 컨택트율	61%
S존 컨택트율	87%
라인드라이브	17%
그라운드볼	58%
플라이볼	26%

DEFENSE
위치	자살	보살	실책	수비율
RF	87	6	0	1.000
LF	41	2	1	0.977

홈타율 .288   원정타율 .191
VS. 좌투수 .329   VS. 우투수 .218
득점권 .333   L/C .263

베네수엘라 태생으로 2011년 5월 20일 클리블랜드에서 빅리그에 데뷔하였다. 2015년 토론토로 이적하여 빅리그 8년차 백업요원으로 활동하였다. 뛰어난 수비력은 빠른 발과 넓은 수비 범위로 올스타 2회 선정(2010, 2012), 골든글러브 2회 수상(2009, 2010)의 기록을 남겼다. 공격력은 메이저리그 평균치 이하이며, 많은 경기에 출전하지 못했지만 토론토에서 두 시즌 동안 170타석 이상 출전하며 공격력을 향상시키고 있다.

DH Kendrys MORALES NO.08
켄드리스 모랄레스

우투양타   1983년 6월 20일   186cm, 102kg   *는 낮을수록 좋은 기록임

시즌	타수	안타	홈런	타점	볼넷	도루	타율	출루율	장타율		구분	기록	MLB
2016	558	147	30	93	48	0	.263	.327	.468		타율	0.263	0.255
통산	3716	1014	162	586	298	4	.273	.331	.465		출루율	0.327	0.322

장타율	0.468	0.417
볼넷%	7.8	8.2
삼진%*	19.4	21.1
볼넷 / 삼진	0.40	0.39
순장타율	0.204	0.162
BABIP	0.283	3.00
wOBA	0.339	0.318

VS. 패스트볼   VS. 변화구

*5타수 미만은 색을 표시하지 않았음. ●●●: Ball zone

SPRAY ZONE
```
        11
   4         15
  27%  38%  35%
      홈런
   타구분포 %
```

BATTED BALL
항목	비율
볼존 공격률	34%
S존 공격률	65%
볼존 컨택트율	60%
S존 컨택트율	89%
라인드라이브	20%
그라운드볼	44%
플라이볼	36%

DEFENSE

위치	자살	보살	실책	수비율
1B	46	3	0	1.000

홈타율 .277   원정타율 .250
VS. 좌투수 .330   VS. 우투수 .231
득점권 .311   L/C .237

쿠바에서 야구천재로 불리던 모랄레스는 쿠바를 탈출해 2004년 에인절스와 계약을 하고 2006년 텍사스에서 빅리그에 데뷔하였으나 빅리그의 높은 벽을 실감했다. 2016년 바티스타와 엔카나시온의 공백을 메꾸기 위해 영입했다. 그는 공격력에서는 뛰어나지만 형편없는 주루플레이와 수비는 기본적으로 아예 불가능한 수준이다. 그는 분명히 가공할 만한 장타력을 가지고 있으나 시즌마다 기복이 심하나, 기본적으로 20홈런 이상을 칠 수 있는 파워를 가지고 있다.

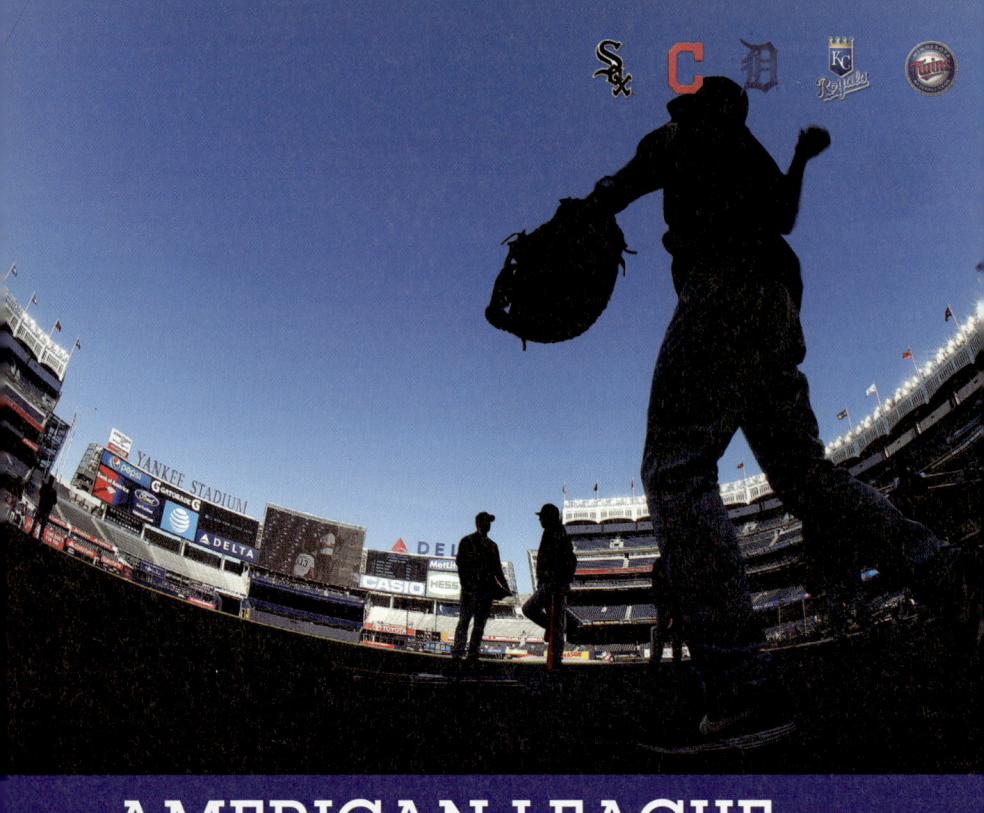

AMERICAN LEAGUE
CENTRAL

중부지구는 3강 2약으로 예상된다. 3강 중에서도 클리블랜드가 단연 돋보인다. 막강하고도 안정적인 투수력에 후안 엔카나시온까지 영입하여 공격력을 한층 더 강화시켰다. 디트로이트는 지난해 아쉬움을 떨치고 전성기 모드가 살아나는 저스틴 발랜더의 활약 여부와 나머지 선발진이 제 몫을 한다면 클리블랜드를 위협할 강력한 다크호스가 될 전망이다. 또한 캔자스시티는 불의의 사고로 에이스 요다 벤추라를 잃었지만 두 팀을 위협할 강팀으로 군림하기에 손색이 없다. 나머지 2약인 시카고 화이트삭스와 미네소타는 미래를 기약하며 팀 리빌딩 중이라 당연한 약세가 예상된다. 결과적으로 클리블랜드가 월드시리즈 진출을 위해 보스턴과 최종적으로 진검승부를 가릴 것으로 보인다.

최근 3년간 순위

2016

팀	승	패	승률	승차
클리블랜드	94	67	0.584	--
디트로이트	86	75	0.534	8
캔자스시티	81	81	0.500	13.5
시카고WS	78	84	0.481	16.5
미네소타	59	103	0.364	35.5

2015

팀	승	패	승률	승차
캔자스시티	95	67	0.586	--
미네소타	83	79	0.512	12
클리블랜드	81	80	0.503	13.5
시카고WS	76	86	0.469	19
디트로이트	74	87	0.46	20.5

2014

팀	승	패	승률	승차
디트로이트	90	72	0.556	--
캔자스시티	89	73	0.549	1
클리블랜드	85	77	0.525	5
시카고WS	73	89	0.451	17
미네소타	70	92	0.432	20

월드시리즈 **우승 배당률**

※우승 확률이 높을수록 배당률은 낮아짐

CHICAGO WHITE SOX

중부지구 꼴지는 면했지만 옆 동네 컵스의 월드시리즈 제패로 배가 아프다. 팀의 간판 크리스 세일을 트레이드하고 유망주들을 받았다. 다시 시작이다. 향후 2, 3년 동안 리빌딩을 통해 2005년도의 영광을 재현하리라.

BET365	125배
	AL 13위, ML 25위
LADBROKES	150배
	AL 15위, ML 27위
WILLIAM HILL	100배
	AL 13위, ML 22위

CLEVELAND INDIANS

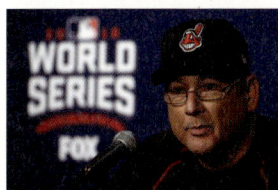

스몰팀들은 클리블랜드를 벤치마킹하라. 다크호스에서 강력한 실세로 떠올랐다. 두 번 다시 실패는 없다. 과연 권토중래는 이루어질 것인가?

BET365	6배
	AL 1위, ML 2위
LADBROKES	7배
	AL 2위, ML 3위
WILLIAM HILL	7배
	AL 2위, ML 3위

DETROIT TIGERS

죽기 전에 월드시리즈 제패를 보고 싶다. FA 영입(저스틴 업튼, 조던 짐머맨, 마이클 펠프리, 마크 로)으로 2억 7,000만 달러를 쓴 마이클 일리치 구단주. 그러나 한 끗 차이로 포스트시즌에서 밀려났다. 더 이상의 흑역사는 없다. 다시 시작이다.

BET365	30배
	AL 8위, ML 14위
LADBROKES	28배
	AL 8위, ML 14위
WILLIAM HILL	33배
	AL 8위, ML 14위

KANSAS CITY ROYALS

2년 연속 포스트시즌에 진출한 탓인지 피로감을 극복하지 못하고 뒷심 부족으로 주저앉은 한 해였다. 탄탄한 전력은 그대로인데 자만심과 마지막 고비를 넘기지 못한 아쉬운 한 해였다. 뭔가 보여주고 말리라.

BET365	33배
	AL 9위, ML 15위
LADBROKES	40배
	AL 9위, ML 15위
WILLIAM HILL	40배
	AL 8위, ML 15위

MINNESOTA TWINS

처참하게 무너졌다. 30개 팀 중에서 59승 103패로 메이저리그 꼴찌의 상처를 얻었다. 청운의 꿈을 안고 메이저리그에 입성한 박병호도 팀과 함께 추락했다. 더 이상 물러설 곳도 없다. 2017시즌 꼴찌라도 면해보자.

BET365	200배
	AL 15위, ML 27위
LADBROKES	125배
	AL 13위, ML 24위
WILLIAM HILL	150배
	AL 15위, ML 28위

CHICAGO
WHITE SOX

중부지구 꼴지는 면했지만 옆 동네 컵스의 월드시리즈 제패로 배가 아프다. 팀의 간판 크리스 세일을 트레이드하고 유망주들을 받았다. 다시 시작이다. 향후 2, 3년 동안 리빌딩을 통해 2005년도의 영광을 재현하리라.

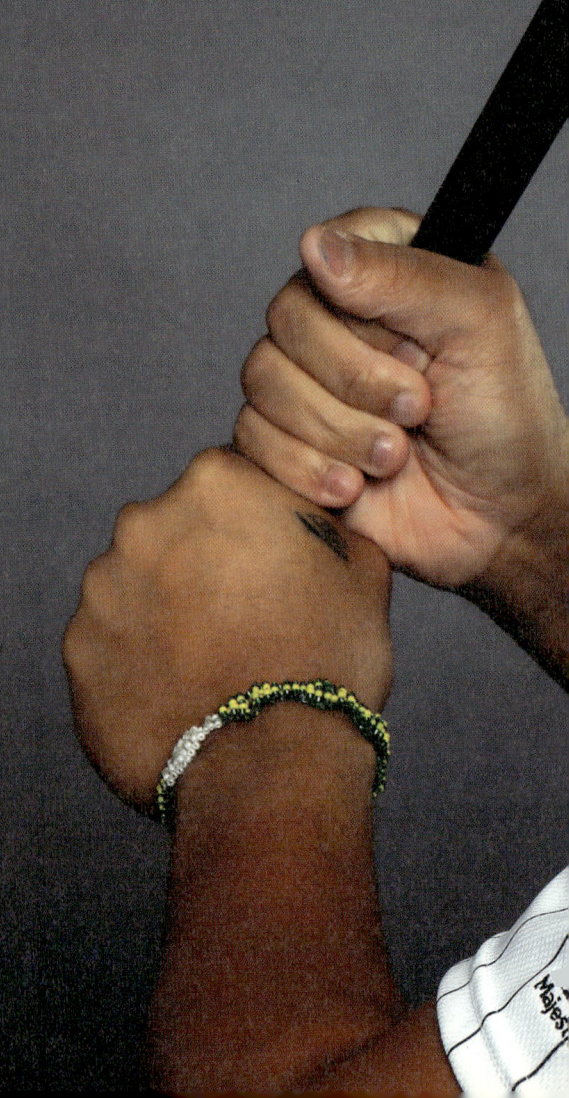

TEAM IMFORMATION

창단 : 1900년
이전 연고지 : -
월드시리즈 우승 : 3회
AL 우승 : 6회
디비전 우승 : 5회
와일드카드 진출 : -
구단주 : 제리 라인스도프
감독 : 릭 렌테리아
단장 : 릭 한

FRANCHISE

UNIFORM

Home / Away

Alternate

CHICAGO WHITE SOX

MANAGER

Rick Renteria
생년월일 : 1961년 12월 25일
출생지 : 하버 시티(캘리포니아)
MLB 감독 경력 : 올해로 2년째
시카고 컵스(2014년), 시카고 화이트삭스(2017년~현재)
정규시즌 통산 : 73승 89패 승률 0.451
포스트시즌 통산 : -

LINE-UP

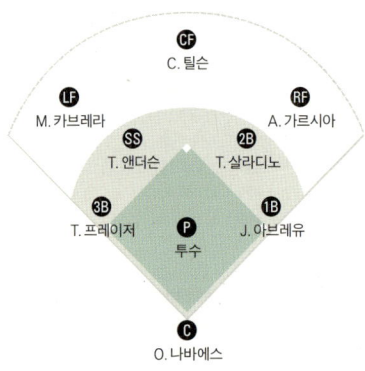

ROTATION	
SP	J. 퀸타나
SP	C. 로돈
SP	J. 쉴즈
SP	M. 곤잘레스
SP	D. 홀랜드

BULLPEN	
RP	N. 존스
RP	D. 제닝스
RP	Z. 풋남
RP	M. 요노아
RP	J. 페트리카
RP	T. 칸레
CL	D. 로버트슨

BATTING	
1	C. 틸슨
2	M. 카브레라
3	J. 아브레유
4	T. 프레이저
5	M. 데이비슨
6	A. 가르시아
7	T. 앤더슨
8	O. 나바에스
9	T. 살라디노

UTILITY PLAYERS	
IF	M. 데이비슨
IF	Y. 산체스
OF	C. 틸슨
OF	J. 메이

BALL PARK : U.S. Cellular Field

주소 : 333 West 35th Street Chicago, Illinois 60616
펜스 거리 : 왼쪽 101m, 좌중간 114m, 중앙 122m,
　　　　　 우중간 114m, 오른쪽 102m
펜스 높이 : 전 구간 2.4m로 통일
최초공식경기 : 1991년 4월 18일
잔디 : 블루그래스(천연잔디)
수용 인원 : 4만 615명
홈팀 덕아웃 : 3루
파크팩터 : 0.904(MLB 25위)

새로운 신화 창조를 위해
트레이드로 유망주를 키워야 한다

2016 리뷰
화이트삭스는 거포 3루수 토드 프레이저를 보강하고 또 한 번 포스트시즌에 도전했다. 그러나 출발부터 좋지 않았다. 스프링 캠프 도중 라로쉬가 1300만 달러 연봉을 포기하고 돌연 은퇴를 선언했다. 개막과 함께 화이트삭스는 5월10일까지 리그 1위를 달렸다(23승10패). 그러나 그때뿐이었다. 6승 20패라는 심각한 부진이 이어졌다. 그래서 급하게 제임스 실즈(6승 19패 방어율 5.85)를 샌디에이고에서 영입했지만 오히려 성적은 더 곤두박질쳤다. 화이트삭스는 6월 26일 토론토전에서 7개의 홈런(모두 솔로)을 치고도 8-10으로 패하는 수모를 당했다. 결국 전년 대비 2승 증가에 그친 78승 84패 중부지구 4위로 시즌을 끝냈다. 시즌 후 화이트삭스는 오래 전부터 선수들과 갈등관계에 있었던 로빈 벤추라 감독을 마침내 교체했다. 새로운 감독으로 릭 렌테리아가 왔다. 한편 버락 오바마 대통령은 열성적인 화이트삭스 팬이었는데 끝내 자신의 재임 기간 8년 동안 화이트삭스를 백악관으로 한 번도 초대하지 못함은 물론 마지막에는 영부인의 응원 팀인 컵스의 우승을 보고 물러나게 됐다. 화이트 삭스의 몰락은 새로 영입한 선수들이 집단으로 부진했고 크리스 세일의 유니폼 파동으로 팀 분위기가 망가지면서 스스로 자멸의 길을 걸었다. 그러나 퀸타나의 역투(13승 12패 방어율 3.20)와 카를로스 로돈의 성장, 우익수 애덤 이튼의 맹타, 그리고 불펜에서 네이트 존슨의 활약이 내년 시즌을 밝게 하였다.

2017 프리뷰
시카고 화이트삭스와 시카고 불스를 모두 소유한 제리 레인스도프(80) 구단주는 오랜 기간 우승에 대한 목마름에 시달리고 있다. 그러나 화이트 삭스는 기존의 좋은 선수들을 트레이드하여 유망주를 받아 2, 3년간 잘 키워야 한다. 4년 연속 5할 승률 실패를 통해 팀의 리빌딩을 더 이상 외면할 수 없게 됐다. 지난 드래프트 때 1라운드에서 뽑은 포수 잭 콜린스(10순위)와 우완 잭 버디(26순위)가 〈베이스볼 아메리카〉의 11월 랭킹에서 팀 유망주 1, 2위에 올라 있을 정도로, 화이트삭스는 부실한 팜을 가지고 있다. 크리스 세일을 보스턴에 내주면서 받은 유망주 요안 몬카다, 마이클 코펙, 루이스 알렉산더, 바사베데스는 화이트 삭스의 리빌딩에 적합한 선수들이다. 또한 호세 퀸타나, 호세 아브레유(29)와 내년 시즌 후 FA 되는 토드 프레이저(30)까지 과감하게 트레이드하여 좋은 유망주들을 얻는 길만이 화이트 삭스가 사는 길이다. 화이트 삭스의 부진은 관중동원 감소로(지난 시즌 화이트 삭스의 관중은 경기당 2만 1,559명으로 2만 1,820명을 기록한 불스보다도 적었다) 이어지면서 농구팀보다도 못한 관중동원을 보여주고 있는 현실이 리빌딩을 적극적으로 서두를 이유이기도 하다. 지금 당장의 성적에 연연하기보다는 앞으로 2, 3년을 내다보면서 팀을 재정비해야만 한다. 2017 시즌은 미네소타와 탈꼴찌 다툼이 치열할 것으로 예상된다.

CHICAGO WHITE SOX

SQUAD LIST

*선수 명단은 2017년 3월 16일 기준(source : ESPN)

투수

번호	이름	위치	투	타	나이	출생지
54	Chris Beck	RP	R	R	26	Commerce, GA
68	Dylan Covey	SP	R	R	25	Glendale, CA
60	Tyler Danish	RP	R	R	22	Brandon, FL
51	Carson Fulmer	RP	R	R	23	Lakeland, FL
27	Lucas Giolito	SP	R	R	22	Santa Monica, CA
67	Brad Goldberg	RP	R	R	27	Cleveland, OH
58	Miguel Gonzalez	SP	R	R	32	Guadalajara, Mexico
45	Derek Holland	SP	L	B	30	Newark, OH
43	Dan Jennings	RP	L	L	29	Berkeley, CA
65	Nate Jones	RP	R	R	31	Butler, KY
48	Tommy Kahnle	RP	R	R	27	Latham, NY
40	Reynaldo Lopez	SP	R	R	23	San Pedro de Macoris, Dominican Republic
37	Juan Minaya	RP	R	R	26	Maimon, Dominican Republic
52	Jake Petricka	RP	R	R	28	Faribault, MN
57	Zach Putnam	RP	R	R	29	Rochester, MI
62	Jose Quintana	SP	L	R	28	Arjona, Colombia
30	David Robertson	RP	R	R	31	Birmingham, AL
55	Carlos Rodon	SP	L	L	24	Miami, FL
33	James Shields	SP	R	R	35	Newhall, CA
50	Giovanni Soto	SP	L	L	25	Carolina, Puerto Rico
66	Michael Ynoa	RP	R	R	25	Puerto Plata, Dominican Republic

포수

번호	이름	위치	투	타	나이	출생지
70	Alfredo Gonzalez	C	R	R	24	Santa Teresa del Tuy, Venezuela
38	Omar Narvaez	C	R	L	25	Maracay, Venezuela

내야

번호	이름	위치	투	타	나이	출생지
79	Jose Abreu	1B	R	R	30	Cruces, Cuba
7	Tim Anderson	SS	R	R	23	Tuscaloosa, AL
24	Matt Davidson	3B	R	R	25	Yucaipa, CA
21	Todd Frazier	3B	R	R	31	Toms River, NJ
10	Yoan Moncada	2B	R	B	21	Abreus, Cuba
20	Tyler Saladino	2B	R	R	27	San Diego, CA
5	Carlos Sanchez	2B	R	B	24	Maracay, Venezuela

외야

번호	이름	위치	투	타	나이	출생지
53	Melky Cabrera	LF	L	B	32	Bajos De Haina, Dominican Republic
63	Adam Engel	CF	R	R	25	Cincinnati, OH
28	Leury Garcia	CF	R	B	25	Santiago, Dominican Republic
61	Willy Garcia	CF	R	R	24	Santo Domingo, Dominican Republic
32	Rymer Liriano	CF	R	R	25	Santo Domingo, Dominican Republic
64	Jacob May	CF	R	B	25	Williamsport, PA
22	Charlie Tilson	CF	L	L	24	Wilmette, IL

지명타자

번호	이름	위치	투	타	나이	출생지
26	Avisail Garcia	DH	R	R	25	Anaco Edo, Venezuela

SUMMARY

우타자	좌타자	스위치	우투수	좌투수	평균나이	최연소	최연장
10명	2명	5명	16명	5명	26.4세	21세	35세

CHICAGO WHITE SOX

2017 REGULAR SEASON SCHEDULE

■ 는 홈경기, 시간은 미국 동부시간 기준

날짜	상대팀	경기시간	날짜	상대팀	경기시간	날짜	상대팀	경기시간
Mon, 4/3	Detroit Tigers	PM 3:10	Fri, 6/9	Cleveland Indians	PM 6:10	Thu, 8/17	Texas Rangers	PM 7:05
Wed, 4/5	Detroit Tigers	PM 1:10	Sat, 6/10	Cleveland Indians	PM 6:15	Fri, 8/18	Texas Rangers	PM 7:05
Thu, 4/6	Detroit Tigers	PM 1:10	Sun, 6/11	Cleveland Indians	PM 12:10	Sat, 8/19	Texas Rangers	PM 7:05
Fri, 4/7	Minnesota Twins	PM 7:10	Mon, 6/12	Baltimore Orioles	PM 7:10	Sun, 8/20	Texas Rangers	PM 2:05
Sat, 4/8	Minnesota Twins	PM 1:10	Tue, 6/13	Baltimore Orioles	PM 7:10	Mon, 8/21	Minnesota Twins	PM 7:10
Sun, 4/9	Minnesota Twins	PM 1:10	Wed, 6/14	Baltimore Orioles	PM 7:10	Tue, 8/22	Minnesota Twins	PM 7:10
Tue, 4/11	Cleveland Indians	PM 3:10	Thu, 6/15	Baltimore Orioles	PM 1:10	Wed, 8/23	Minnesota Twins	PM 7:10
Wed, 4/12	Cleveland Indians	PM 5:10	Fri, 6/16	Toronto Blue Jays	PM 6:07	Thu, 8/24	Minnesota Twins	PM 7:10
Thu, 4/13	Cleveland Indians	PM 5:10	Sat, 6/17	Toronto Blue Jays	PM 12:07	Fri, 8/25	Detroit Tigers	PM 7:10
Fri, 4/14	Minnesota Twins	PM 7:10	Sun, 6/18	Toronto Blue Jays	PM 12:07	Sat, 8/26	Detroit Tigers	PM 6:10
Sat, 4/15	Minnesota Twins	PM 1:10	Tue, 6/20	Minnesota Twins	PM 7:10	Sun, 8/27	Detroit Tigers	PM 1:10
Sun, 4/16	Minnesota Twins	PM 3:10	Wed, 6/21	Minnesota Twins	PM 7:10	Tue, 8/29	Minnesota Twins	PM 7:10
Mon, 4/17	New York Yankees	PM 6:05	Thu, 6/22	Minnesota Twins	PM 12:10	Wed, 8/30	Minnesota Twins	PM 7:10
Tue, 4/18	New York Yankees	PM 6:05	Fri, 6/23	Oakland Athletics	PM 7:10	Thu, 8/31	Minnesota Twins	PM 12:10
Wed, 4/19	New York Yankees	PM 6:05	Sat, 6/24	Oakland Athletics	PM 1:10	Fri, 9/1	Tampa Bay Rays	PM 7:10
Fri, 4/21	Cleveland Indians	PM 7:10	Sun, 6/25	Oakland Athletics	PM 1:10	Sat, 9/2	Tampa Bay Rays	PM 6:10
Sat, 4/22	Cleveland Indians	PM 6:10	Mon, 6/26	New York Yankees	PM 7:10	Sun, 9/3	Tampa Bay Rays	PM 1:10
Sun, 4/23	Cleveland Indians	PM 1:10	Tue, 6/27	New York Yankees	PM 7:10	Mon, 9/4	Cleveland Indians	PM 1:10
Mon, 4/24	Kansas City Royals	PM 7:10	Wed, 6/28	New York Yankees	PM 7:10	Tue, 9/5	Cleveland Indians	PM 7:10
Tue, 4/25	Kansas City Royals	PM 7:10	Thu, 6/29	New York Yankees	PM 7:10	Wed, 9/6	Cleveland Indians	PM 7:10
Wed, 4/26	Kansas City Royals	PM 1:10	Fri, 6/30	Texas Rangers	PM 7:10	Thu, 9/7	Cleveland Indians	PM 7:10
Fri, 4/28	Detroit Tigers	PM 6:10	Sat, 7/1	Texas Rangers	PM 1:10	Fri, 9/8	San Francisco Giants	PM 7:10
Sat, 4/29	Detroit Tigers	PM 12:10	Sun, 7/2	Texas Rangers	PM 1:10	Sat, 9/9	San Francisco Giants	PM 6:10
Sun, 4/30	Detroit Tigers	PM 12:10	Mon, 7/3	Oakland Athletics	PM 8:05	Sun, 9/10	San Francisco Giants	PM 1:10
Mon, 5/1	Kansas City Royals	PM 7:15	Tue, 7/4	Oakland Athletics	PM 3:05	Mon, 9/11	Kansas City Royals	PM 7:15
Tue, 5/2	Kansas City Royals	PM 7:15	Wed, 7/5	Oakland Athletics	PM 2:35	Tue, 9/12	Kansas City Royals	PM 7:15
Wed, 5/3	Kansas City Royals	PM 7:15	Fri, 7/7	Colorado Rockies	PM 7:40	Wed, 9/13	Kansas City Royals	PM 1:15
Thu, 5/4	Kansas City Royals	PM 1:15	Sat, 7/8	Colorado Rockies	PM 8:10	Thu, 9/14	Detroit Tigers	PM 12:10
Fri, 5/5	Baltimore Orioles	PM 6:05	Sun, 7/9	Colorado Rockies	PM 2:10	Fri, 9/15	Detroit Tigers	PM 6:10
Sat, 5/6	Baltimore Orioles	PM 6:10	Fri, 7/14	Seattle Mariners	PM 7:10	Sat, 9/16	Detroit Tigers	PM 7:10
Sun, 5/7	Baltimore Orioles	PM 12:35	Sat, 7/15	Seattle Mariners	PM 6:10	Sun, 9/17	Detroit Tigers	PM 12:10
Tue, 5/9	Minnesota Twins	PM 7:10	Sun, 7/16	Seattle Mariners	PM 1:10	Tue, 9/19	Houston Astros	PM 7:10
Wed, 5/10	Minnesota Twins	PM 7:10	Tue, 7/18	Los Angeles Dodgers	PM 7:10	Wed, 9/20	Houston Astros	PM 7:10
Thu, 5/11	Minnesota Twins	PM 7:10	Wed, 7/19	Los Angeles Dodgers	PM 7:10	Thu, 9/21	Houston Astros	PM 7:10
Fri, 5/12	San Diego Padres	PM 7:10	Fri, 7/21	Kansas City Royals	PM 7:15	Fri, 9/22	Kansas City Royals	PM 7:10
Sat, 5/13	San Diego Padres	PM 6:10	Sat, 7/22	Kansas City Royals	PM 6:15	Sat, 9/23	Kansas City Royals	PM 6:10
Sun, 5/14	San Diego Padres	PM 7:10	Sun, 7/23	Kansas City Royals	PM 7:10	Sun, 9/24	Kansas City Royals	PM 1:10
Mon, 5/15	Los Angeles Angels	PM 9:07	Mon, 7/24	Chicago Cubs	PM 1:20	Mon, 9/25	Los Angeles Angels	PM 7:10
Tue, 5/16	Los Angeles Angels	PM 9:07	Tue, 7/25	Chicago Cubs	PM 1:20	Tue, 9/26	Los Angeles Angels	PM 7:10
Wed, 5/17	Los Angeles Angels	PM 9:07	Wed, 7/26	Chicago Cubs	PM 7:10	Wed, 9/27	Los Angeles Angels	PM 7:10
Thu, 5/18	Seattle Mariners	PM 9:10	Thu, 7/27	Chicago Cubs	PM 7:10	Thu, 9/28	Los Angeles Angels	PM 7:10
Fri, 5/19	Seattle Mariners	PM 9:10	Fri, 7/28	Cleveland Indians	PM 7:10	Fri, 9/29	Cleveland Indians	PM 6:10
Sat, 5/20	Seattle Mariners	PM 9:10	Sat, 7/29	Cleveland Indians	PM 6:10	Sat, 9/30	Cleveland Indians	PM 6:10
Sun, 5/21	Seattle Mariners	PM 3:10	Sun, 7/30	Cleveland Indians	PM 1:10	Sun, 10/1	Cleveland Indians	PM 2:10
Mon, 5/22	Arizona D-backs	PM 8:40	Mon, 7/31	Toronto Blue Jays	PM 7:10			
Tue, 5/23	Arizona D-backs	PM 8:40	Tue, 8/1	Toronto Blue Jays	PM 7:10			
Wed, 5/24	Arizona D-backs	PM 2:40	Wed, 8/2	Toronto Blue Jays	PM 1:10			
Fri, 5/26	Detroit Tigers	PM 7:10	Thu, 8/3	Boston Red Sox	PM 6:10			
Sat, 5/27	Detroit Tigers	PM 1:10	Fri, 8/4	Boston Red Sox	PM 6:10			
Sun, 5/28	Detroit Tigers	PM 1:10	Sat, 8/5	Boston Red Sox	PM 6:10			
Mon, 5/29	Boston Red Sox	PM 1:10	Sun, 8/6	Boston Red Sox	PM 12:35			
Tue, 5/30	Boston Red Sox	PM 7:10	Tue, 8/8	Houston Astros	PM 7:10			
Wed, 5/31	Boston Red Sox	PM 7:10	Wed, 8/9	Houston Astros	PM 7:10			
Fri, 6/2	Detroit Tigers	PM 6:10	Thu, 8/10	Houston Astros	PM 7:10			
Sat, 6/3	Detroit Tigers	PM 3:10	Fri, 8/11	Kansas City Royals	PM 7:10			
Sun, 6/4	Detroit Tigers	PM 12:10	Sat, 8/12	Kansas City Royals	PM 6:10			
Tue, 6/6	Tampa Bay Rays	PM 7:10	Sun, 8/13	Kansas City Royals	PM 1:10			
Wed, 6/7	Tampa Bay Rays	PM 6:10	Tue, 8/15	Los Angeles Dodgers	PM 9:10			
Thu, 6/8	Tampa Bay Rays	PM 6:10	Wed, 8/16	Los Angeles Dodgers	PM 9:10			

CHICAGO WHITE SOX

■ 15% 이상   ■ 12–14%   ■ 9–11%   ■ 6–8%   ■ 3–5%   □ 2% 이하

SP Jose QUINTANA 호세 퀸타나   NO.62

좌투우타   1989년 1월 24일   185cm, 100kg

*는 낮을수록 좋은 기록임

시즌	경기	이닝	피안타	피홈런	볼넷	탈삼진	승-패-세-홀	평균자책	구분	기록	MLB
2016	32	208.0	192	22	50	181	13-12-0-0	3.20	평균자책*	3.20	4.19
통산	154	951.0	937	159	85	781	46-46-0-0	3.41	탈삼진 / 9	7.83	8.10
									볼넷 / 9*	2.16	3.14
									탈삼진 / 볼넷	3.62	2.58
									피홈런 / 9*	0.95	1.17
									피안타율*	0.245	0.252
									WHIP*	1.16	1.32
									잔루율	79.0%	72.9%
									FIP*	3.56	4.24

PITCHING ZONE (좌타자·몸쪽 / 우타자·몸쪽)

PITCHING REPERTORY / VELOCITY km/h   MOVEMENT cm

구종	평균	전체	초구	2-2	좌타자	우타자	피안타율	상하	좌우
포심패스트볼	148	40%	47%	34%	33%	41%	0.279	↑24	←11
투심 / 싱커	148	21%	15%	24%	32%	18%	0.251	↑21	←21
컷패스트볼	145	2%	2%	1%	1%	3%	0.184	↑17	←5
슬라이더	–	–	–	–	–	–	–		
커브	127	28%	28%	35%	33%	27%	0.215	↓7	→5
체인지업	138	9%	8%	4%	1%	11%	0.360	↑17	←19
스플리터	–	–	–	–	–	–	–		

홈 ERA 2.77 원정 ERA 3.58
VS. 좌타자 2.740 VS. 우타자 3.330
VS. 추신수 12타수 6안타 0.500
VS. 강정호 3타수 1안타 0.333

콜럼비아 출신의 불운의 아이콘이다. 데뷔 첫해인 2012년부터 4년 연속 3점대 방어율을 기록했지만 두 자리 승수를 올려본 적이 없다. 타자들의 부족한 지원사격이 문제다. 평균구속 147km/h의 패스트볼과 주무기인 커브가 상당히 예리하다. 폭발적인 구위로 많은 탈삼진을 잡는 스타일이 아니라 뛰어난 코너워크를 앞세워 범타를 유도하는 스타일이다. 2017년 시즌은 크리스 세일의 이적으로 팀의 에이스가 되어 부담감을 어떻게 극복하느냐가 관건이다.

SP Carlos RODON 카를로스 로돈   NO.55

좌투좌타   1992년 12월 10일   190cm, 106kg

*는 낮을수록 좋은 기록임

시즌	경기	이닝	피안타	피홈런	볼넷	탈삼진	승-패-세-홀	평균자책	구분	기록	MLB
2016	28	165.0	176	23	54	168	9-10-0-0	4.04	평균자책*	4.04	4.19
통산	54	304.1	306	41	125	307	18-16-0-0	3.90	탈삼진 / 9	9.16	8.1
									볼넷 / 9*	2.95	3.14
									탈삼진 / 볼넷	3.11	2.58
									피홈런 / 9*	1.25	1.17
									피안타율*	0.269	0.252
									WHIP*	1.39	1.32
									잔루율	75.6%	72.9%
									FIP*	4.01	4.24

PITCHING ZONE (좌타자·몸쪽 / 우타자·몸쪽)

PITCHING REPERTORY / VELOCITY km/h   MOVEMENT cm

구종	평균	전체	초구	2-2	좌타자	우타자	피안타율	상하	좌우
포심패스트볼	151	37%	38%	32%	36%	38%	0.314	↑23	←17
투심 / 싱커	150	25%	28%	19%	25%	24%	0.348	↑15	←25
컷패스트볼	–	–	–	–	–	–	–		
슬라이더	140	28%	24%	43%	38%	26%	0.155	↑5	←6
커브	–	–	–	–	–	–	–		
체인지업	135	10%	11%	6%	2%	12%	0.267	↑6	←24
스플리터	–	–	–	–	–	–	–		

홈 ERA 4.09 원정 ERA 3.98
VS. 좌타자 0.189 VS. 우타자 4.580
VS. 추신수 4타수 무안타 0.000
VS. 강정호 2타수 1안타 0.500

팀 내 최고의 유망주 투수다. 드래프트 이후 10개월 만에 빅리그에 데뷔하였다. 190cm의 신장과 106kg의 당당한 체격에서 나오는 최고구속 158km/h의 빠른 공을 던진다. 결정구는 130km/h 중반대의 슬라이더이다. 그러나 슬라이더 의존도가 너무 높다는 게 문제다. 또한 들쭉날쭉한 제구에도 문제가 있고 주자 견제 능력, 그리고 우타자를 효과적으로 상대하기 위한 체인지업 연마는 그가 안고 있는 숙제다.

■ 15% 이상 ■ 12–14% ■ 9–11% ■ 6–8% ■ 3–5% □ 2% 이하

홈 ERA 5.54 원정 ERA 9.49
VS. 좌타자 5.170 VS. 우타자 8.200
VS. 추신수 18타수 6안타 0.333
VS. 김현수 1타수 1안타 0.1000
VS. 강정호 5타수 무안타

SP James SHIELDS
제임스 쉴즈   NO.25

우투우타   1981년 12월 20일   191cm, 98kg

*는 낮을수록 좋은 기록임

시즌	경기	이닝	피안타	피홈런	볼넷	탈삼진	승-패-세-홀	평균자책	구분	기록	MLB
2016	33	181.2	208	40	82	135	6-19-0-0	5.85	평균자책*	5.85	4.19
통산	352	2294.1	2275	300	615	1977	133-116-0-0	3.91	탈삼진 / 9	6.69	8.10
									볼넷 / 9*	4.06	3.14
									탈삼진 / 볼넷	1.65	2.58
									피홈런 / 9*	1.98	1.17
									피안타율*	0.284	0.252
									WHIP*	1.6	1.32
									잔루율	72.7%	72.9%
									FIP*	6.01	4.24

PITCHING ZONE

PITCHING REPERTORY / VELOCITY km/h MOVEMENT cm

구종	평균	전체	초구	2-2	좌타자	우타자	피타율	상하	좌우
포심패스트볼	147	30%	43%	20%	23%	36%	0.282	↑25	→12
투심 / 싱커	146	13%	17%	8%	21%	6%	0.332	↑17	→20
컷패스트볼	139	18%	17%	16%	14%	23%	0.297	↑8	→8
슬라이더	131	1%	1%	1%	0%	1%	0.300	↑7	→13
커브	126	17%	14%	21%	17%	17%	0.208	↓13	→12
체인지업	135	21%	8%	34%	25%	17%	0.232	↓13	→20
슬로커브	109	0%	0%	0%	1%	0%	0.267	↓22	→20

2007년 이후 9년 연속 200이닝을 소화한 리그를 대표하는 이닝이터다. 150km/h 초반대의 포심, 투심과 체인지업, 너클커브, 커터 등 다양한 구질을 구사한다. 체인지업은 우투수 중 최고 수준이며 주자견제 능력도 뛰어나며 좋은 커맨드를 가졌다. 그러나 샌디에이고에서 11경기 4.28의 평균자책점을 기록하며 화이트 삭스로 이적했으나 평균자책점은 6.77로 치솟고 22경기에서 홈런 33개를 맞았다. 2017년 명예회복을 할 수 있을까?

홈 ERA 3.79 원정 ERA 3.68
VS. 좌타자 2.700 VS. 우타자 4.850
VS. 추신수 11타수 4안타 1홈런 0.364
VS. 김현수 3타수 무안타

SP Miguel GONZÁLEZ
미겔 곤잘레스   NO.58

우투우타   1984년 5월 27일   185cm, 77kg

*는 낮을수록 좋은 기록임

시즌	경기	이닝	피안타	피홈런	볼넷	탈삼진	승-패-세-홀	평균자책	구분	기록	MLB
2016	24	135.0	132	11	35	95	5-8-0-0	3.73	평균자책*	3.73	4.19
통산	125	715.1	687	97	225	512	44-41-0-0	3.80	탈삼진 / 9	6.33	8.10
									볼넷 / 9*	2.33	3.14
									탈삼진 / 볼넷	2.71	2.58
									피홈런 / 9*	0.73	1.17
									피안타율*	0.251	0.252
									WHIP*	1.24	1.32
									잔루율	71.1%	72.9%
									FIP*	3.71	4.24

PITCHING ZONE

PITCHING REPERTORY / VELOCITY km/h MOVEMENT cm

구종	평균	전체	초구	2-2	좌타자	우타자	피타율	상하	좌우
포심패스트볼	147	38%	42%	33%	37%	38%	0.285	↑27	→12
투심 / 싱커	148	16%	12%	17%	14%	17%	0.273	↑19	→20
컷패스트볼	138	1%	1%	0%	2%	0%	0.400	↑10	→5
슬라이더	138	18%	19%	16%	15%	21%	0.232	↑9	→5
커브	124	10%	13%	12%	11%	9%	0.323	↓15	→15
체인지업	–	–	–	–	–	–	–	–	–
스플리터	136	18%	12%	21%	22%	13%	0.196	↑8	→16

멕시코 출신으로 2012년 5월 27일 볼티모어에서 빅리그에 데뷔하였다. 평균구속 147km/h의 포심패스트볼과 슬라이더, 커브, 스플리터를 던지는 기교파 투수다. 뛰어난 커맨드와 위기상황에서도 흔들리지 않는 강력한 멘탈이 뛰어나다. 12시즌 동안 9승 4패, 방어율 3.25의 인상적인 성적을 올리기까지 고생스런 긴 여정을 거쳤다. 토미존 수술과 방출, 기나긴 마이너 리그 생활 등 2017년 화이트 삭스에서 과연 만개할 수 있을지 궁금하다.

CHICAGO WHITE SOX

■ 15% 이상 ■ 12–14% ■ 9–11% ■ 6–8% ■ 3–5% □ 2% 이하

홈 ERA 3.65 원정 ERA 6.05
VS. 좌타자 2.250 VS. 우타자 5.560
VS. 추신수 3타수 무안타

SP Derek HOLLAND
데릭 홀랜드   NO.45

좌투양타   1986년 10월 9일   188cm, 98kg   *는 낮을수록 좋은 기록임

시즌	경기	이닝	피안타	피홈런	볼넷	탈삼진	승-패-세-홀	평균자책	구분	기록	MLB
2016	22	107.1	116	15	35	67	7-9-0-0	4.95	평균자책*	4.95	4.19
통산	179	985.0	997	132	311	790	62-50-0-0	4.35	탈삼진 / 9	5.62	8.10
									볼넷 / 9*	2.93	3.14
									탈삼진 / 볼넷	1.91	2.58
									피홈런 / 9*	1.26	1.17
									피안타율*	0.274	0.252
									WHIP*	1.41	1.32
									잔루율	68.9%	72.9%
									FIP*	4.75	4.24

PITCHING REPERTORY / VELOCITY km/h   **MOVEMENT** cm

구종	평균	전체	초구	2-2	좌타자	우타자	피타율	상하	좌우
포심패스트볼	149	38%	39%	32%	33%	39%	0.269	↑22	←21
투심 / 싱커	149	23%	27%	21%	38%	20%	0.318	↑17	←27
컷패스트볼	134	0%	0%	0%	0%	0%	0.000	↑24	←8
슬라이더	132	14%	6%	28%	19%	12%	0.227	↑9	←7
커브	126	15%	22%	11%	4%	17%	0.259	0	←2
체인지업	135	10%	6%	7%	5%	12%	0.274	↑22	←19
스플리터	131	0%	0%	0%	1%	0%	0.000	↑6	←16

전형적인 강속구 파이어볼러로 150km/h 중반대의 투심 패스트볼과 140km/h 초반대에 형성되는 슬라이더, 체인지업과 120km/h의 커브를 던지며 슬라이더가 주무기다. 2011년부터 3년 연속 두 자리 승수를 올리며 주가를 올렸지만, 2014,15 시즌에는 무릎부상과 어깨부상으로 도합 16경기에 그쳤다. 부상후유증으로 2016년 7승 9패 방어율 .495로 부진하여 화이트 삭스로 이적되었다.

홈 ERA 1.04 원정 ERA 3.5
VS. 좌타자 2.960 VS. 우타자 1.870
VS. 추신수 1타수 무안타

RP Nate JONES
네이트 존스   NO.65

우투우타   1986년 1월 28일   196cm, 100kg   *는 낮을수록 좋은 기록임

시즌	경기	이닝	피안타	피홈런	볼넷	탈삼진	승-패-세-홀	평균자책	구분	기록	MLB
2016	71	70.2	48	7	15	80	5-3-3-28	2.29	평균자책*	2.29	4.19
통산	227	239.1	198	21	82	261	19-10-3-57	3.16	탈삼진 / 9	10.19	8.10
									볼넷 / 9*	1.91	3.14
									탈삼진 / 볼넷	5.33	2.58
									피홈런 / 9*	0.89	1.17
									피안타율*	0.188	0.252
									WHIP*	0.89	1.32
									잔루율	81.8%	72.9%
									FIP*	2.93	4.24

PITCHING REPERTORY / VELOCITY km/h   **MOVEMENT** cm

구종	평균	전체	초구	2-2	좌타자	우타자	피타율	상하	좌우
포심패스트볼	–	–	–	–	–	–	–	–	–
투심 / 싱커	156	61%	75%	35%	62%	61%	0.267	↑21	→19
컷패스트볼	–	–	–	–	–	–	–	–	–
슬라이더	142	37%	23%	62%	36%	39%	0.083	↑2	←4
커브	129	0%	0%	0%	1%	0%	0.000	↓6	←22
체인지업	142	1%	1%	3%	1%	0%	0.000	↑15	→20
스플리터	–	–	–	–	–	–	–	–	–

최고구속 160km/h의 투심패스트볼을 던지며 결정구는 슬라이더다. 2016시즌 70.2이닝을 소화했다(9이닝당 1.9볼넷 10.2삼진). 구위만큼은 폭발적이나 기복 있는 투구는 약점으로 꼽힌다. 허리 디스크 수술과 토미존 수술로 2년 간 19이닝에 그쳤다. 화이트삭스는 내년 시즌 후 FA가 될 수 있었던 존스와 일찌감치 장기 계약을 맺은 덕분에 그를 4년간 1565만 달러에 더 쓸 수 있다. 존스는 최고의 불펜 에이스 중 한 명이 되거나 트레이드 시장의 최고 히트작도 될 수 있다.

RP Dan JENNINGS
댄 제닝스   NO.43

좌투좌타   1987년 4월 17일   191cm, 95kg

*는 낮을수록 좋은 기록임

시즌	경기	이닝	피안타	피홈런	볼넷	탈삼진	승-패-세-홀	평균자책	구분	기록	MLB
2016	64	60.2	57	1	28	46	4-3-1-10	2.08	평균자책*	2.08	4.19
통산	233	217.0	214	10	96	176	9-12-1-20	2.74	탈삼진 / 9	6.82	8.10
									볼넷 / 9*	4.15	3.14
									탈삼진 / 볼넷	1.64	2.58
									피홈런 / 9*	0.15	1.17
									피안타율*	0.250	0.252
									WHIP*	1.4	1.32
									잔루율	80.8%	72.9%
									FIP*	3.38	4.24

PITCHING REPERTORY / VELOCITY km/h / MOVEMENT cm

구종	평균	전체	초구	2-2	좌타자	우타자	피안율	상하	좌우
포심패스트볼	147	22%	19%	26%	19%	23%	0.296	↑13	←13
투심 / 싱커	147	39%	45%	26%	40%	38%	0.280	↑9	←20
컷패스트볼	–	–	–	–	–	–	–		
슬라이더	135	40%	36%	48%	41%	38%	0.220	↑5	→7
커브	–	–	–	–	–	–	–		
체인지업	132	0%	0%	0%	0%	0%	0.000	↑18	←14
스플리터	–	–	–	–	–	–	–		

홈 ERA 1.49 원정 ERA 2.96
VS. 좌타자 1.440 VS. 우타자 2.520
VS. 추신수 2타수 2안타 1.000
VS. 강정호 1타수 무안타

2008년 플로리다에서 9라운드 268번째로 지명을 받아 2012년 4월 30일 빅리그에 데뷔하였다. 평균구속 140km/h 중반의 포심패스트볼과 슬라이더 체인지업을 사용한다. 구속은 빠르지 않지만 제구력이 뛰어나고 주무기는 슬라이더이다. 플로리다 시절 3시즌 동안 주로 불펜에서 활약한 제닝스는 짝수해에는 좋은 성적(19.0이닝/ 1.89, 40.1이닝/ 1.34)을 보여주었으나 홀수해에는 3점대 방어율을 보여주었다. 지난해 화이트 삭스로 이적하여 60.2이닝 2.08)로 좋은 활약을 보였다.

RP Zach PUTNAM
잭 푸트넘   NO.57

좌투좌타   1987년 7월 3일   188cm, 100kg

*는 낮을수록 좋은 기록임

시즌	경기	이닝	피안타	피홈런	볼넷	탈삼진	승-패-세-홀	평균자책	구분	기록	MLB
2016	25	27.1	25	2	11	30	1-0-0-2	2.30	평균자책*	2.30	4.19
통산	138	143.1	128	13	56	153	10-7-6-24	3.33	탈삼진 / 9	9.88	8.10
									볼넷 / 9*	3.62	3.14
									탈삼진 / 볼넷	2.73	2.58
									피홈런 / 9*	0.66	1.17
									피안타율*	0.243	0.252
									WHIP*	1.32	1.32
									잔루율	87.3%	72.9%
									FIP*	3.11	4.24

PITCHING REPERTORY / VELOCITY km/h / MOVEMENT cm

구종	평균	전체	초구	2-2	좌타자	우타자	피안율	상하	좌우
포심패스트볼	146	12%	16%	4%	20%	6%	0.429	↑20	←18
투심 / 싱커	–	–	–	–	–	–	–		
컷패스트볼	144	23%	35%	9%	12%	32%	0.278	↑19	→3
슬라이더	–	–	–	–	–	–	–		
커브	–	–	–	–	–	–	–		
체인지업	–	–	–	–	–	–	–		
스플리터	136	65%	49%	87%	68%	63%	0.194	↑5	→19

홈 ERA 1.65 원정 ERA 3.27
VS. 좌타자 2.790 VS. 우타자 2.040
VS. 추신수 3타수 1안타 .333
VS. 김현수 1타수 1안타 .286
VS. 강정호 1타수 무안타

2008년 5라운드 171번째로 클리블랜드에 지명되어 2011년 9월 13일 빅리그에 데뷔하였다. 평균구속 140km/h 중반대의 패스트볼과, 평균구속 136km/h의 스플리터가 주무기이며, 슬라이더를 주로 사용한다. 그동안 부상으로 많은 경기를 뛰지 못했으며, 작년에도 부상 여파로 27.1이닝 동안 2.30의 방어율을 기록하였다. 중간 계투진에서 1이닝을 책임져줄 요긴한 선수이다.

CHICAGO WHITE SOX

범례: 15% 이상 | 12-14% | 9-11% | 6-8% | 3-5% | 2% 이하

CL David ROBERTSON
데이비드 로버트슨 **NO.30**

우투우타 1989년 1월 24일 185cm, 88kg *는 낮을수록 좋은 기록임

시즌	경기	이닝	피안타	피홈런	볼넷	탈삼진	승-패-세-홀	평균자책
2016	62	62.1	53	6	32	75	5-3-37-0	3.47
통산	524	519.0	411	43	211	685	36-27-118-116	2.97

구분	기록	MLB
평균자책*	3.47	4.19
탈삼진/9	10.83	8.10
볼넷/9*	4.62	3.14
탈삼진/볼넷	2.34	2.58
피홈런/9*	0.87	1.17
피안타율*	0.226	0.252
WHIP*	1.36	1.32
잔루율	79.9%	72.9%
FIP*	3.58	4.24

PITCHING ZONE (좌타자·몸쪽 / 우타자·몸쪽)

PITCHING REPERTORY / VELOCITY km/h / MOVEMENT cm

구종	평균	전체	초구	2-2	좌타자	우타자	피타율	상하	좌우
포심패스트볼	–	–	–	–	–	–	–	–	–
투심/싱커	147	2%	2%	3%	1%	3%	0.375	↑23	→13
컷패스트볼	148	66%	73%	55%	65%	68%	0.252	↑22	←5
슬라이더	–	–	–	–	–	–	–	–	–
커브	133	30%	25%	39%	32%	29%	0.147	↓15	←16
체인지업	138	2%	1%	3%	2%	1%	0.250	↑21	→15
스플리터	–	–	–	–	–	–	–	–	–

홈 ERA 2.10 원정 ERA 4.73
VS. 좌타자 2.730 VS. 우타자 4.300
VS. 추신수 5타수 무안타
VS. 강정호 1타수 무안타

화이트삭스의 마무리투수. 2008년 양키스에서 데뷔하여 4년서 4,600만 달러의 FA 계약을 맺고 화이트삭스에서 뛰고 있다. 평균구속 148km/h의 커터가 위력적인 선수. 주무기는 너클커브다. 152km/h까지 나오는 포심패스트볼도 경쟁력이 있다. 그러나 전반적으로 위기를 극복하는 힘이 부족하다. 지난 시즌 성적은(37세이브/7블론 3.47). 그러나 WHIP가 0.93에서 1.36으로 나빠지는 등 내용은 더 불안했다.

C Omar NARVAEZ
오마르 나바에스 **NO.38**

우투좌타 1992년 5월 26일 180cm, 97kg *는 낮을수록 좋은 기록임

시즌	타수	안타	홈런	타점	볼넷	도루	타율	출루율	장타율
2016	34	27	1	10	14	0	0.267	0.350	0.337
통산	34	27	1	10	14	0	0.267	0.350	0.337

구분	기록	MLB
타율	0.337	0.255
출루율	0.350	0.322
장타율	0.337	0.417
볼넷%	12.0%	8.2%
삼진%*	12.0%	21.1%
볼넷/삼진	1.00	0.39
순장타율	0.069	0.162
BABIP	0.295	3.00
wOBA	0.304	0.318

VS. 패스트볼 (좌타자) VS. 변화구 (좌타자)

*5타수 미만은 색을 표시하지 않았음 ●○○: Ball zone

SPRAY ZONE

0 0 1
39% 30% 30%
홈런
타구분포 %

BATTED BALL

항목	비율
볼존 공격률	23%
S존 공격률	72%
볼존 컨택트율	74%
S존 컨택트율	88%
라인드라이브	28%
그라운드볼	40%
플라이볼	32%

DEFENSE

위치	자살	보살	실책	수비율
C	253	11	2	0.992

홈 타율 0.222 원정 타율 3.190
VS. 좌투수 0.333 VS. 우투수 0.250
득점권 0.381 L/C 0.667

베네수엘라 태생으로 2016년 7월 17일에 빅리그에 데뷔하였다. 주전 디오너 나바로의 이적으로 백업 요원이었던 그가 케빈 스미스와 더불어 화이트삭스의 안방을 책임지게 되었다. 하지만 도루저지율이 8%(25번 중 2번 잡음)로 아직까지 빅리그 레벨에는 못 미친다. 타격에서는 장타력은 없지만 컨택트 능력이 뛰어나고 선구안이 좋다. 앞으로 경험을 더 쌓는다면 좋은 포수가 될 것이다.

CHICAGO WHITE SOX

■ 타율 0.400 이상 ■ 0.300–0.399 ■ 0.200–0.299 ■ 0.100–0.199 ■ 타율 0.099 이하

1B Jose ABREU
호세 아브레유   NO. 79

우투우타   1987년 1월 29일   190cm, 116kg   *는 낮을수록 좋은 기록임

시즌	타수	안타	홈런	타점	볼넷	도루	타율	출루율	장타율
2016	624	183	25	100	47	0	0.293	0.353	0.468
통산	1793	537	91	308	137	3	0.299	0.360	0.515

구분	기록	MLB
타율	0.293	0.255
출루율	0.353	0.322
장타율	0.468	0.417
볼넷%	6.8%	8.2%
삼진%*	18.0%	21.1%
볼넷 / 삼진	0.38	0.39
순장타율	0.175	0.162
BABIP	0.327	3.00
wOBA	0.349	0.318

VS. 패스트볼   VS. 변화구
*5타수 미만은 색을 표시하지 않았음, ●●●● : Ball zone

SPRAY ZONE
7
13   5
36% 34% 30%
홈런
타구분포 %

BATTED BALL
항목	비율
볼존 공격률	40%
S존 공격률	66%
볼존 컨택트율	64%
S존 컨택트율	89%
라인드라이브	21%
그라운드볼	46%
플라이볼	33%

DEFENSE
위치	자살	보살	실책	수비율
1B	1243	84	10	0.993

홈 타율 0.315 원정 타율 0.274
VS. 좌투수 0.262 VS. 우투수 0.301
득점권 0.294 L/C 0.303

쿠바 출신으로 2014년 빅리그에 데뷔하여, 데뷔 시즌부터 최정상급 활약을 펼치며 신인왕과 실버슬러거를 수상했다. 배트 스피드가 빠르지는 않지만 엄청난 파워를 자랑하며 특히 빠른 패스트볼 공략에 강점을 가지고 있다. 화이트삭스의 공격력을 실질적으로 이끌어 나가는 선수다. 한 시즌에 30홈런을 칠 수 있는 강타자이며 장타율 또한 5할대를 기록하고 있다. 그가 앞으로도 펼칠 활약은 무궁무진하다. 리빌딩 과정에서 트레이드 단골손님 1순위로 거론되고 있다.

2B Tyler SALADINO
타일러 살라디노   NO. 18

우투우타   1989년 7월 20일   183cm, 91kg   *는 낮을수록 좋은 기록임

시즌	타수	안타	홈런	타점	볼넷	도루	타율	출루율	장타율
2016	298	84	8	60	35	11	0.282	0.315	0.409
통산	534	137	12	354	211	19	0.257	0.294	0.376

구분	기록	MLB
타율	0.282	0.255
출루율	0.315	0.322
장타율	0.409	0.417
볼넷%	4.1%	8.2%
삼진%*	19.4%	21.1%
볼넷 / 삼진	0.21	0.39
순장타율	0.128	0.162
BABIP	0.329	3.00
wOBA	0.313	0.318

VS. 패스트볼   VS. 변화구
*5타수 미만은 색을 표시하지 않았음, ●●●● : Ball zone

SPRAY ZONE
1
7   0
39% 35% 26%
홈런
타구분포 %

BATTED BALL
항목	비율
볼존 공격률	27%
S존 공격률	68%
볼존 컨택트율	66%
S존 컨택트율	91%
라인드라이브	20%
그라운드볼	51%
플라이볼	29%

DEFENSE
위치	자살	보살	실책	수비율
2B	60	111	1	0.994
3B	4	22	3	0.897

홈 타율 0.290 원정 타율 0.275
VS. 좌투수 0.329 VS. 우투수 0.265
득점권 0.324 L/C 0.209

2010년 신인드래프트 7라운드 전체 218순위로 화이트삭스에 지명된 살라디노는 2015년 빅리그 무대를 처음 밟아 68경기에서 .225/.267/.335, 4홈런 20타점을 기록했다. 2016시즌에는 2015년에 비해 일취월장한 공격력(.282/.315/.409 홈런 8개)을 보여주었으나, 수비에서는 아쉬운 모습을 보여주었다. 그러나 부상으로 팀을 이탈한 롤린스와 라우리의 공백을 그럭저럭 메꾸었다. 그가 2017년 주전으로 도약하기 위해서는 주전들의 부상을 틈타 천재일우의 기회를 살려야 한다.

CHICAGO WHITE SOX

■ 타율 0.400 이상 ■ 0.300-0.399 ■ 0.200-0.299 ■ 0.100-0.199 ■ 타율 0.099 이하

3B Todd FRAZIER
토드 프레이저   NO. 21

우투우타 1986년 2월 12일 190cm, 100kg *는 낮을수록 좋은 기록임

시즌	타수	안타	홈런	타점	볼넷	도루	타율	출루율	장타율
2016	590	133	40	98	64	15	0.225	0.302	0.464
통산	2871	719	148	422	253	58	0.250	0.317	0.464

구분	기록	MLB
타율	0.225	0.255
출루율	0.302	0.322
장타율	0.464	0.417
볼넷%	9.6%	8.2%
삼진%*	24.5%	21.1%
볼넷 / 삼진	0.39	0.39
순장타율	0.239	0.162
BABIP	0.236	3.00
wOBA	0.326	0.318

SPRAY ZONE
8
30 29% 2
49%   23%
홈런
타구분포 %

BATTED BALL
항목	비율
볼존 공격률	32%
S존 공격률	65%
볼존 컨택트율	58%
S존 컨택트율	82%
라인드라이브	16%
그라운드볼	36%
플라이볼	49%

DEFENSE
위치	자살	보살	실책	수비율
3B	91	293	11	0.972

홈 타율 0.218 원정 타율 0.233
VS. 좌투수 0.308 VS. 우투수 0.301
득점권 0.169 L/C 0.292
VS. 류현진 8타수 1안타 타율 .125

메이저리그를 대표하는 거포 3루수다. 시원한 장타를 날리는 호쾌한 스윙이 일품이다. 올스타전 홈런레이스 1위답게 2016 시즌에는 40개의 홈런을 날리면서 막강한 장타력을 과시했다. 다만 투 스트라이크 이후 낮게 떨어지는 변화구에 치명적인 약점이 있어 3할대 타율은 기대하기 어렵다. 실책이 늘긴 했으나 수비력은 수준급이다. 호세 아브레유와 멜키 카브레라와 함께 클린업 트리오는 가공할 타선을 이루면서 타선에 시너지 효과를 얻을 수 있다.

SS Tim ANDERSON
팀 앤더슨   NO. 12

우투우타 1993년 6월 23일 185cm, 84kg *는 낮을수록 좋은 기록임

시즌	타수	안타	홈런	타점	볼넷	도루	타율	출루율	장타율
2016	410	116	9	30	13	10	0.283	0.306	0.432
통산	410	116	9	30	13	10	0.283	0.306	0.432

구분	기록	MLB
타율	0.283	0.255
출루율	0.306	0.322
장타율	0.432	0.417
볼넷%	3.0%	8.2%
삼진%*	27.1%	21.1%
볼넷 / 삼진	0.11	0.39
순장타율	0.149	0.162
BABIP	0.375	3.00
wOBA	0.315	0.318

SPRAY ZONE
1
8 35% 0
42%   23%
홈런
타구분포 %

BATTED BALL
항목	비율
볼존 공격률	38%
S존 공격률	64%
볼존 컨택트율	53%
S존 컨택트율	83%
라인드라이브	21%
그라운드볼	54%
플라이볼	25%

DEFENSE
위치	자살	보살	실책	수비율
SS	142	244	14	0.965

홈 타율 0.315 원정 타율 0.247
VS. 좌투수 0.326 VS. 우투수 0.270
득점권 0.239 L/C 0.260

2016년 6월 23일에 빅리그에 데뷔한 루키다. 좋은 운동 능력을 가진 선수이며, 폭발적인 스피드와 근력을 갖고 있어 갭파워를 보여주고 있다. 좋은 선구안과 유격수에서 넓은 수비 범위와 송구 능력을 자랑한다. 가끔 송구 에러가 있지만 경험이 쌓이면 개선될 것으로 보인다. 스윙 시 풀스윙을 고집하다 균형을 잃는 경우가 있다. 데뷔 첫해 .283/.306/.432의 준수한 성적을 올렸다. 내년에 활약이 더 기대되는 선수다.

CHICAGO WHITE SOX

■ 타율 0.400 이상   ■ 0.300-0.399   ■ 0.200-0.299   ■ 0.100-0.199   ■ 타율 0.099 이하

LF Melky CABRERA NO.53
밀키 카브레라

좌투양타   1984년 8월 11일   178cm, 95kg   *는 낮을수록 좋은 기록임

시즌	타수	안타	홈런	타점	볼넷	도루	타율	출루율	장타율
2016	591	175	14	86	47	2	0.296	0.345	0.455
통산	5630	1609	144	683	437	97	0.286	0.337	0.417

구분	기록	MLB
타율	0.296	0.255
출루율	0.345	0.322
장타율	0.455	0.417
볼넷%	7.3%	8.2%
삼진%*	10.7%	21.1%
볼넷 / 삼진	0.68	0.39
순장타율	0.159	0.162
BABIP	0.314	3.00
wOBA	0.342	0.318

VS. 패스트볼   VS. 변화구

SPRAY ZONE
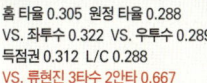

BATTED BALL	
항목	비율
볼존 공격률	35%
S존 공격률	64%
볼존 컨택트율	80%
S존 컨택트율	92%
라인드라이브	22%
그라운드볼	43%
플라이볼	35%

DEFENSE

위치	자살	보살	실책	수비율
LF	232	12	3	0.988

홈 타율 0.305 원정 타율 0.288
VS. 좌투수 0.322 VS. 우투수 0.289
득점권 0.312 L/C 0.288
VS. 류현진 3타수 2안타 0.667

2005년 20세의 나이로 양키스에 데뷔하여 충분한 기회를 보장 받았지만 기회를 잡지 못하고 애틀란타를 거쳐 2011년 캔자스시티, 2012년 샌프란시스코에서 최고의 활약을 펼쳤지만 금지약물 복용으로 이미지가 실추되었다. 2013년 토론토에서 2시즌을 뛰고 2015년 화이트삭스에 둥지를 틀었다. 스위치히터로 좌타석에서 강점이 있고 변화구 대처 능력이 뛰어나 삼진이 적다. 좌익수 수비는 다소 아쉬운 수준이다.

CF Charlie TILSON NO.24
찰리 틸슨

좌투좌타   1992년 12월 2일   180cm, 88kg   *는 낮을수록 좋은 기록임

시즌	타수	안타	홈런	타점	볼넷	도루	타율	출루율	장타율
2016	2	1	0	0	0	0	0.500	0.500	0.500
통산	2	1	0	0	0	0	0.500	0.500	0.500

구분	기록	MLB
타율	0.500	0.255
출루율	0.500	0.322
장타율	0.500	0.417
볼넷%	0.0%	8.2%
삼진%*	0.0%	21.1%
볼넷 / 삼진	0	0.39
순장타율	0.000	0.162
BABIP	0.500	3.00
wOBA	0.439	0.318

VS. 패스트볼   VS. 변화구

SPRAY ZONE

BATTED BALL	
항목	비율
볼존 공격률	50%
S존 공격률	67%
볼존 컨택트율	100%
S존 컨택트율	50%
라인드라이브	0%
그라운드볼	100%
플라이볼	0%

DEFENSE

위치	자살	보살	실책	수비율
CF	1	0	0	1.000

홈 타율 0.500 원정 타율 0.500
VS. 좌투수 0.277 VS. 우투수 0.221
득점권 0.000 L/C 0.000

2011년 세인트루이스에서 지명받아 2016년 8월 2일 화이트삭스에서 빅리그에 데뷔하였다. 그러나 다음 날 게임에서 부상당하며 시즌 아웃되었다. 올해 한 게임 두 타석에 들어선 게 전부이나 마이너리그 시절 빠른 발과 넓은 수비 범위 그리고 강한 어깨로 수비만큼은 일품인 선수다. 공격력은 빅리그에서 얼마만큼 성장할지 지켜봐야 하겠지만 팀의 유망주로 기대를 한 몸에 받고 있는 선수다.

CHICAGO WHITE SOX

■ 타율 0.400 이상　■ 0.300–0.399　■ 0.200–0.299　■ 0.100–0.199　■ 타율 0.099 이하

IF　Carlos SANCHEZ
카를로스 산체스
NO. 05

우투양타　1992년 6월 29일　180cm, 84kg　*는 낮을수록 좋은 기록임

시즌	타수	안타	홈런	타점	볼넷	도루	타율	출루율	장타율
2016	154	32	2	11	5	0	.208	.236	.357
통산	643	144	9	57	27	3	.224	.261	.330

VS. 패스트볼　　VS. 변화구

좌타자　NO DATA　우타자　　좌타자　NO DATA　우타자

*5타수 미만은 색을 표시하지 않았음. ●●●●● : Ball zone

구분	기록	MLB
타율	0.208	0.255
출루율	0.236	0.322
장타율	0.357	0.417
볼넷%	3.1%	8.2%
삼진%*	25.8%	21.1%
볼넷 / 삼진	0.12	0.39
순장타율	0.149	0.162
BABIP	0.257	0.300
wOBA	0.253	0.318

SPRAY ZONE
0
1　29%　3
38%　　33%
홈런
타구분포 %

BATTED BALL
항목	비율
볼존 공격률	36%
S존 공격률	63%
볼존 컨택트율	69%
S존 컨택트율	84%
라인드라이브	21%
그라운드볼	39%
플라이볼	40%

DEFENSE
위치	자살	보살	실책	수비율
2B	50	75	3	0.977

홈타율 0.198　원정타율 0.219
VS. 좌투수 0.167　VS. 우투수 0.223
득점권 0.256　L/C 0.350
VS. 류현진 상대 없음
VS. 오승환 상대 없음

베네수엘라 출신으로 2014년 시카고 화이트삭스에서 빅리그에 데뷔하였다. 지난 3년간 .224/.261/.330 홈런 9개를 기록하였다. 주로 내야 백업요원으로 활약하였다. 타격에서는 아직까지 보완할 점이 많은 선수이나 내야 수비는 어느 포지션을 갖다 놓아도 발군의 수비 실력을 보여준다. 아직 유망주이고 성장 가능성이 높은 선수라 꾸준하게 타격만 보강한다면 앞으로 10년간 화이트삭스의 내야를 책임질 선수다.

OF　Avisail GARCÍA
아비사일 가르시아
NO. 26

우투우타　1991년 6월 12일　193cm, 109kg　*는 낮을수록 좋은 기록임

시즌	타수	안타	홈런	타점	볼넷	도루	타율	출루율	장타율
2016	413	101	12	51	34	4	.245	.307	.385
통산	1429	369	39	173	96	18	.258	.305	.438

VS. 패스트볼　　VS. 변화구

*5타수 미만은 색을 표시하지 않았음. ●●●●● : Ball zone

구분	기록	MLB
타율	0.245	0.255
출루율	0.307	0.322
장타율	0.385	0.417
볼넷%	7.5%	8.2%
삼진%*	25.4%	21.1%
볼넷 / 삼진	0.30	0.39
순장타율	0.140	0.162
BABIP	0.309	3.00
wOBA	0.302	0.318

SPRAY ZONE
6
4　37%　2
37%　　26%
홈런
타구분포 %

BATTED BALL
항목	비율
볼존 공격률	39%
S존 공격률	74%
볼존 컨택트율	45%
S존 컨택트율	83%
라인드라이브	22%
그라운드볼	55%
플라이볼	23%

DEFENSE
위치	자살	보살	실책	수비율
RF	103	3	2	0.981
LF	15	2	0	1.000

홈 타율 0.265　원정 타율 0.226
VS. 좌투수 0.222　VS. 우투수 0.252
득점권 0.355　L/C 0.263

2015년 빅리그에 데뷔했다. 주목받는 유망주는 아니었으나 베컴의 부진과 갈라스피의 이적으로 공백이 생긴 3루 자리를 차지하는 행운을 잡았다. 마이너 시절 유격수로 활동할 만큼 풋워크와 포구 능력 강견까지 기본적인 수비력은 갖춘 선수다. 첫 해에는 타격이 .255로 신통치 않았으나 2016년 .282로 공격력이 부쩍 향상되었다. 유틸리티맨으로 내야 어느 포지션도 소화할 능력을 갖추었고 주로 3루수로 활동하면서 팀 사정에 따라 포지션은 변경될 수 있다.

CHICAGO WHITE SOX

| 타율 0.400 이상 | 0.300–0.399 | 0.200–0.299 | 0.100–0.199 | 타율 0.099 이하 |

DH **Matt DAVIDSON**
맷 데이비슨

NO. 22

우투우타 1991년 3월 26일 191cm, 104kg

*는 낮을수록 좋은 기록임

시즌	타수	안타	홈런	타점	볼넷	도루	타율	출루율	장타율	구분	기록	MLB
2016	2	1	0	1	0	0	0.500	0.500	0.500	타율	0.500	0.255
통산	78	19	3	13	10	0	0.244	0.337	0.436	출루율	0.500	0.322
										장타율	0.500	0.417
VS. 패스트볼				VS. 변화구						볼넷%	0.0%	8.2%
										삼진%*	50.0%	21.1%
										볼넷 / 삼진	0.000	0.39
										순장타율	0.000	0.162
										BABIP	1.000	3.00
										wOBA	0.439	0.318

*5타수 미만은 색을 표시하지 않았음. ●●: Ball zone

홈 타율 0.500 원정 타율 0.500
VS. 좌투수 0.500 VS. 우투수
득점권 0.500 L/C

SPRAY ZONE

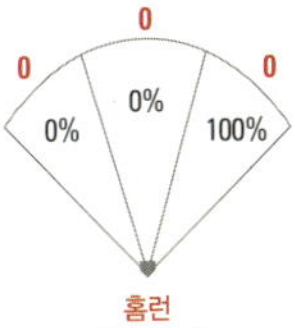

0 0
0% 0% 100%

홈런
타구분포 %

BATTED BALL

항목	비율
볼존 공격률	33%
S존 공격률	50%
볼존 컨택트율	50%
S존 컨택트율	100%
라인드라이브	100%
그라운드볼	0%
플라이볼	0%

DEFENSE

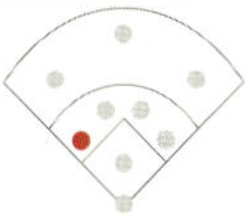

위치	자살	보살	실책	수비율
3B	10	25	1	0.974

2009년 1라운드 35번째로 애리조나에 지명되어, 2013년 8월 11일 빅리그에 데뷔하였다. 은퇴한 애덤 라로쉬의 빈자리를 가르시아, 아브레유와 번갈아서 맡을 예정이다. 부상으로 거의 3년을 개점 휴업한 데이비슨은 2017년 절치부심하여 주전자리를 확보해야 하는 기로에 서 있다. 비록 나이는 젊지만 빅리그에서는 특별한 루키가 아닌 이상 절대로 기다려주지 않는다. 그렇다고 수비가 월등하게 뛰어나지 않기 때문에 공격력에서 뭔가 보여줘야 할 해다.

CLEVELAND INDIANS

스몰팀들은 클리블랜드를 벤치마킹하라. 다크호스에서 강력한 실세로 떠올랐다. 두 번 다시 실패는 없다. 과연 권토중래는 이루어질 것인가?

TEAM IMFORMATION

창단 : 1901년
이전 연고지 : -
월드시리즈 우승 : 2회
AL 우승 : 6회
디비전 우승 : 8회
와일드카드 진출 : 1회
구단주 : 래리 돌런, 폴 돌런
감독 : 테리 프랑코나
단장 : 마이크 처노프

FRANCHISE

UNIFORM

Home / Away

Alternate

MANAGER

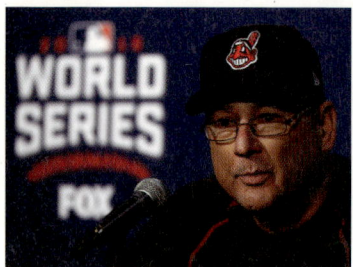

Terry Francona

생년월일 : 1959년 4월 22일
출생지 : 애버딘(사우스다코다).
MLB 감독 경력 : 올해로 17년째
필라델피아(1997년~2000년), 보스턴(2004년~2011년),
클리블랜드(2013년~현재)
정규시즌 통산 : 1381승 1209패 승률 0.553
포스트시즌 통산 : 38승 23패 승률 0.623
월드시리즈 : 2회 우승(2004, 2007년)
AL 올해의 감독상 : 2회(2013, 2016년)

LINE-UP

ROTATION	
SP	C. 클루버
SP	C. 카라스코
SP	D. 살라자르
SP	T. 바우어
SP	J. 톰린

BULLPEN	
RP	A. 밀러
RP	B. 쇼
RP	B. 로건
RP	D. 오테로
RP	Z. 맥어리스터
RP	S. 암스트롱
CL	C. 알렌

BATTING	
1	J. 킵니스
2	F. 린도어
3	M. 브랜틀리
4	E. 엔카나시온
5	C. 산타나
6	L. 치즌홀
7	T. 내퀸
8	Y. 곰즈
9	J. 라미레즈

UTILITY PLAYERS	
IF	E. 곤잘레스
IF	G. 우쉘라
OF	B. 가이어
OF	A. 알몬트

BALL PARK : Progressive Field

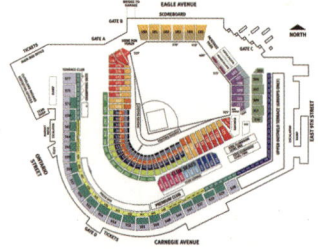

주소 : 2401 Ontario Street Cleveland, Ohio
펜스 거리 : 왼쪽 99m, 좌중간 113m, 중앙 123m,
　　　　　　중앙 뒤쪽 125m, 우중간 114m, 오른쪽 99m
펜스 높이 : 왼쪽~좌중간 5.8m, 중앙~오른쪽 2.8m
최초공식경기 : 1994년 4월 4일
잔디 : 켄터키 블루그래스(천연잔디)
수용 인원 : 3만 7,675명
홈팀 덕아웃 : 3루
파크팩터 : 타자 친화적 투수 친화적

다 잡은 대어를 놓치다,
이번에는 안 놓친다

2016 리뷰
코리 클루버는 2015년 리그 최다 패를 기록했다. 2016년 클루버는 보기 좋게 재기하여 에이스의 면모를 보여주었다(215이닝 18승 9패 3.14). 클루버와 함께 카라스코(146이닝 11승 8패 3.32) 살라자르(137이닝 11승 6패 3.87) 바우어(190이닝 12승 8패 4.26) 톰린(174이닝 13승 9패 4.40)이 도합 150경기에 선발로 나서 평균자책점이 리그 2위를 기록했다. 막강한 선발진과 더불어 유망주 네 명을 내주고 양키스에서 특급 불펜 앤드루 밀러를 데려왔다. 브라이언 쇼, 맥컬리스터, 등 불펜진과 마무리 코디 알렌의 활약으로 투수진은 빈틈이 없었다. 타격에서는 프란시스코 린도어의 활약이 눈부셨고, 또한 로니 치즌홀과 제이슨 킵니스까지 준수한 활약을 하였다. 우승을 확정지은 클리블랜드는 포스트시즌을 준비하였으나 전망은 좋지 못했다. 2선발 카를로스 카라스코와 3선발 대니 살라자르가 부상으로 빠졌다. 그러나 대신 선발을 맡은 트레버 바우어와 조시 톰린에게 커브 집중 연마를 주문했다. 보스턴과 토론토가 커브에 약하다는 점을 노렸다. 클리블랜드는 보스턴을 3연승, 토론토를 4승1패로 꺾고 월드시리즈에서 컵스와 만났다. 최종 7차전에서 데이비스가 투런 홈런을 날려 극적인 6-6 동점을 만들었다. 그러나 와후 추장의 저주는 계속되었다. 9회말 종료 후 17분의 우천 지연이 브라이언 쇼의 컨디션을 난조에 빠뜨리며 클리블랜드는 10회초 두 점을 내줬다. 그리고 10회말 데이비스의 적시타로 한 점을 따라 붙는 것으로, 만족해야 했다.

2017 프리뷰
AL리그에서 가장 막강한 보스턴 레드삭스와 클리블랜드 인디언스가 월드시리즈 진출을 놓고 혈투를 펼칠 것으로 보인다. 강력한 투수진은 변동 없이 2017년에도 그 기세를 이어갈 전망이다. 특히 작년 포스트시즌을 앞두고 부상당한 2선발 카를로스 카라스코와 3선발 대니 살라자르가 건강한 모습으로 복귀한다면 인디언스의 선발진은 더욱 강력해질 것이다. 불펜 또한 큰 변동이 없어 두터운 중간계투조에 8, 9회를 확실하게 틀어막아줄 앤드루 밀러와 코디 알렌의 특급 마무리조도 신뢰를 갖게 만든다. 타격에서는 마이크 나폴리(35), 라제이 데이비스(36), 코코 크리습(37), 말론 버드(39) 베테랑 네 명이 FA로 풀린다. 이 중에서 한두 명은 반드시 잡아야한다. FA 시장에 나온 대어 엔카나시온을 잡아 중심타선의 무게감이 작년보다 강해졌다. 타선의 폭발력을 한층 강화시킬 수 있는 기회를 잡은 것은 물론이고, 기존의 브랜틀리, 킵니스, 린도어, 산타나, 치즌홀 등의 활약 여부도 중요한 변수이다. 투타에 걸쳐 빈틈이 없어 보이는 인디언스이지만, 와후 추장의 저주를 풀기 위해서는 팀의 융화도 매우 중요하다. 그런 면에서 인디언스 선수들은 팜 출신이 주축을 이루고 있기 때문에 다른 팀에 비해 강점으로 작용한다. 또한 아무리 좋은 선수들을 모아놓아도 단합이 안 되면 전력 외적인 이유로 무너지는 예를 수없이 보아왔기 때문이다. 2016년의 실패를 반면교사로 삼아 다시 한 번 꿈을 이룰지 궁금하다.

CLEVELAND INDIANS

SQUAD LIST

* 선수 명단은 2017년 3월 16일 기준(source : ESPN)

투 수

번호	이름	위치	투	타	나이	출생지
37	Cody Allen	RP	R	R	28	Orlando, FL
56	Cody Anderson	RP	R	R	26	Quincy, CA
51	Shawn Armstrong	RP	R	R	26	New Bern, NC
71	Dylan Baker	SP	R	R	24	Juneau, AK
47	Trevor Bauer	SP	R	R	26	North Hollywood, CA
59	Carlos Carrasco	SP	R	R	29	Barquisimeto, Venezuela
52	Mike Clevinger	SP	R	R	26	Jacksonville, FL
65	Joe Colon	RP	R	R	27	Caguas, Puerto Rico
67	Tim Cooney	SP	L	L	26	Collegeville, PA
57	Kyle Crockett	RP	L	L	25	Newport News, VA
53	Carlos Frias	SP	R	R	27	Nagua, Dominican Republic
66	Perci Garner	RP	R	R	28	Dover, OH
62	Nick Goody	RP	R	R	25	Orlando, FL
64	Neil Holland	RP	R	R	28	Owensboro, KY
28	Corey Kluber	SP	R	R	30	Birmingham, AL
48	Boone Logan	RP	L	R	32	San Antonio, TX
34	Zach McAllister	RP	R	R	29	Chillicothe, IL
54	Ryan Merritt	RP	L	L	25	McKinney, TX
24	Andrew Miller	RP	L	L	31	Gainesville, FL
75	Hoby Milner	RP	L	L	26	Ft. Worth, TX
74	Shawn Morimando	RP	L	L	24	Virginia Beach, VA
61	Dan Otero	RP	R	R	32	Miami, FL
62	Adam Plutko	SP	R	R	25	Upland, CA
31	Danny Salazar	SP	R	L	27	Santo Domingo, Dominican Republic
27	Bryan Shaw	RP	R	B	29	Livermore, CA
43	Josh Tomlin	SP	R	R	32	Tyler, TX

포 수

번호	이름	위치	투	타	나이	출생지
7	Yan Gomes	C	R	R	29	Sao Paulo, Brazil
73	Francisco Mejia	C	R	B	21	Bani, Dominican Republic
55	Roberto Perez	C	R	R	28	Mayaguez, Puerto Rico

내 야

번호	이름	위치	투	타	나이	출생지
10	Edwin Encarnacion	3B	R	R	34	La Romana, Dominican Republic
9	Erik Gonzalez	2B	R	R	25	Puerto Plata, Dominican Republic
22	Jason Kipnis	2B	R	L	29	Northbrook, IL
12	Francisco Lindor	SS	R	B	23	Caguas, Puerto Rico
11	Jose Ramirez	3B	R	B	24	Bani, Dominican Republic
39	Giovanny Urshela	3B	R	R	25	Cartagena, Colombia

외 야

번호	이름	위치	투	타	나이	출생지
35	Abraham Almonte	RF	R	B	27	Santo Domingo, Dominican Republic
23	Michael Brantley	LF	L	L	29	Bellevue, WA
8	Lonnie Chisenhall	RF	R	L	28	Morehead City, NC
6	Brandon Guyer	LF	R	R	31	West Chester, PA
30	Tyler Naquin	CF	R	L	25	Spring, TX

지명타자

번호	이름	위치	투	타	나이	출생지
41	Carlos Santana	DH	R	B	30	Santo Domingo, Dominican Republic

SUMMARY

우타자	좌타자	스위치	우투수	좌투수	평균나이	최연소	최연장
6명	4명	5명	19명	7명	27.3세	21세	34세

CLEVELAND INDIANS

2017 REGULAR SEASON SCHEDULE

■ 는 홈경기, 시간은 미국 동부시간 기준

날짜	상대팀	경기시간	날짜	상대팀	경기시간	날짜	상대팀	경기시간
Mon, 4/3	Texas Rangers	PM 7:05	Wed, 6/7	Colorado Rockies	PM 3:10	Wed, 8/16	Minnesota Twins	PM 8:10
Tue, 4/4	Texas Rangers	PM 8:05	Fri, 6/9	Chicago White Sox	PM 7:10	Thu, 8/17	Minnesota Twins	PM 1:10
Wed, 4/5	Texas Rangers	PM 8:05	Sat, 6/10	Chicago White Sox	PM 7:15	Fri, 8/18	Kansas City Royals	PM 8:15
Fri, 4/7	Arizona D-backs	PM 9:40	Sun, 6/11	Chicago White Sox	PM 1:10	Sat, 8/19	Kansas City Royals	PM 7:15
Sat, 4/8	Arizona D-backs	PM 8:10	Tue, 6/13	Los Angeles Dodgers	PM 7:10	Sun, 8/20	Kansas City Royals	PM 2:15
Sun, 4/9	Arizona D-backs	PM 4:10	Wed, 6/14	Los Angeles Dodgers	PM 7:10	Mon, 8/21	Boston Red Sox	PM 7:10
Tue, 4/11	Chicago White Sox	PM 4:10	Thu, 6/15	Los Angeles Dodgers	PM 12:10	Tue, 8/22	Boston Red Sox	PM 7:10
Wed, 4/12	Chicago White Sox	PM 6:10	Fri, 6/16	Minnesota Twins	PM 8:10	Wed, 8/23	Boston Red Sox	PM 7:10
Thu, 4/13	Chicago White Sox	PM 6:10	Sat, 6/17	Minnesota Twins	PM 2:10	Thu, 8/24	Boston Red Sox	PM 7:10
Fri, 4/14	Detroit Tigers	PM 7:10	Sun, 6/18	Minnesota Twins	PM 2:10	Fri, 8/25	Kansas City Royals	PM 7:10
Sat, 4/15	Detroit Tigers	PM 4:10	Mon, 6/19	Baltimore Orioles	PM 7:05	Sat, 8/26	Kansas City Royals	PM 7:15
Sun, 4/16	Detroit Tigers	PM 1:10	Tue, 6/20	Baltimore Orioles	PM 7:05	Sun, 8/27	Kansas City Royals	PM 1:10
Mon, 4/17	Minnesota Twins	PM 8:10	Wed, 6/21	Baltimore Orioles	PM 7:05	Mon, 8/28	New York Yankees	PM 7:05
Tue, 4/18	Minnesota Twins	PM 8:10	Thu, 6/22	Baltimore Orioles	PM 7:05	Tue, 8/29	New York Yankees	PM 7:05
Wed, 4/19	Minnesota Twins	PM 8:10	Fri, 6/23	Minnesota Twins	PM 7:10	Wed, 8/30	New York Yankees	PM 1:05
Thu, 4/20	Minnesota Twins	PM 1:10	Sat, 6/24	Minnesota Twins	PM 4:10	Fri, 9/1	Detroit Tigers	PM 7:10
Fri, 4/21	Chicago White Sox	PM 8:10	Sun, 6/25	Minnesota Twins	PM 1:10	Sat, 9/2	Detroit Tigers	PM 6:10
Sat, 4/22	Chicago White Sox	PM 7:10	Mon, 6/26	Texas Rangers	PM 7:10	Sun, 9/3	Detroit Tigers	PM 1:10
Sun, 4/23	Chicago White Sox	PM 2:10	Tue, 6/27	Texas Rangers	PM 7:10	Mon, 9/4	Chicago White Sox	PM 2:10
Tue, 4/25	Houston Astros	PM 6:10	Wed, 6/28	Texas Rangers	PM 7:10	Tue, 9/5	Chicago White Sox	PM 8:10
Wed, 4/26	Houston Astros	PM 6:10	Thu, 6/29	Texas Rangers	PM 12:10	Wed, 9/6	Chicago White Sox	PM 8:10
Thu, 4/27	Houston Astros	PM 6:10	Fri, 6/30	Detroit Tigers	PM 7:10	Thu, 9/7	Chicago White Sox	PM 8:10
Fri, 4/28	Seattle Mariners	PM 7:10	Sat, 7/1	Detroit Tigers	PM 7:15	Fri, 9/8	Baltimore Orioles	PM 7:10
Sat, 4/29	Seattle Mariners	PM 4:10	Sun, 7/2	Detroit Tigers	PM 1:10	Sat, 9/9	Baltimore Orioles	PM 1:05
Sun, 4/30	Seattle Mariners	PM 1:10	Tue, 7/4	San Diego Padres	PM 7:10	Sun, 9/10	Baltimore Orioles	PM 1:10
Mon, 5/1	Detroit Tigers	PM 7:10	Wed, 7/5	San Diego Padres	PM 7:10	Mon, 9/11	Detroit Tigers	PM 7:10
Tue, 5/2	Detroit Tigers	PM 7:10	Thu, 7/6	San Diego Padres	PM 7:10	Tue, 9/12	Detroit Tigers	PM 7:10
Wed, 5/3	Detroit Tigers	PM 7:10	Fri, 7/7	Detroit Tigers	PM 7:10	Wed, 9/13	Detroit Tigers	PM 12:10
Thu, 5/4	Detroit Tigers	PM 1:10	Sat, 7/8	Detroit Tigers	PM 7:15	Thu, 9/14	Kansas City Royals	PM 7:10
Fri, 5/5	Kansas City Royals	PM 8:15	Sun, 7/9	Detroit Tigers	PM 8:05	Fri, 9/15	Kansas City Royals	PM 7:10
Sat, 5/6	Kansas City Royals	PM 4:10	Fri, 7/14	Oakland Athletics	PM 10:05	Sat, 9/16	Kansas City Royals	PM 4:10
Sun, 5/7	Kansas City Royals	PM 2:15	Sat, 7/15	Oakland Athletics	PM 9:05	Sun, 9/17	Kansas City Royals	PM 1:10
Mon, 5/8	Toronto Blue Jays	PM 7:07	Sun, 7/16	Oakland Athletics	PM 4:05	Tue, 9/19	Los Angeles Angels	PM 10:07
Tue, 5/9	Toronto Blue Jays	PM 7:07	Mon, 7/17	San Francisco Giants	PM 10:15	Wed, 9/20	Los Angeles Angels	PM 10:07
Wed, 5/10	Toronto Blue Jays	PM 7:07	Tue, 7/18	San Francisco Giants	PM 10:15	Thu, 9/21	Los Angeles Angels	TBD
Fri, 5/12	Minnesota Twins	PM 7:10	Wed, 7/19	San Francisco Giants	PM 3:45	Fri, 9/22	Seattle Mariners	PM 10:10
Sat, 5/13	Minnesota Twins	PM 4:10	Fri, 7/21	Toronto Blue Jays	PM 7:10	Sat, 9/23	Seattle Mariners	PM 4:10
Sun, 5/14	Minnesota Twins	PM 1:10	Sat, 7/22	Toronto Blue Jays	PM 7:10	Sun, 9/24	Seattle Mariners	PM 4:10
Mon, 5/15	Tampa Bay Rays	PM 6:10	Sun, 7/23	Toronto Blue Jays	PM 1:10	Tue, 9/26	Minnesota Twins	PM 7:10
Tue, 5/16	Tampa Bay Rays	PM 6:10	Tue, 7/25	Los Angeles Angels	PM 7:10	Wed, 9/27	Minnesota Twins	PM 7:10
Wed, 5/17	Tampa Bay Rays	PM 12:10	Wed, 7/26	Los Angeles Angels	PM 7:10	Thu, 9/28	Minnesota Twins	PM 12:10
Fri, 5/19	Houston Astros	PM 8:10	Thu, 7/27	Los Angeles Angels	PM 12:10	Fri, 9/29	Chicago White Sox	PM 7:10
Sat, 5/20	Houston Astros	PM 4:10	Fri, 7/28	Chicago White Sox	PM 8:10	Sat, 9/30	Chicago White Sox	PM 7:10
Sun, 5/21	Houston Astros	PM 2:10	Sat, 7/29	Chicago White Sox	PM 7:10	Sun, 10/1	Chicago White Sox	PM 3:10
Mon, 5/22	Cincinnati Reds	PM 7:10	Sun, 7/30	Chicago White Sox	PM 2:10			
Tue, 5/23	Cincinnati Reds	PM 7:10	Mon, 7/31	Boston Red Sox	PM 7:10			
Wed, 5/24	Cincinnati Reds	PM 6:10	Tue, 8/1	Boston Red Sox	PM 7:10			
Thu, 5/25	Cincinnati Reds	PM 6:10	Wed, 8/2	Boston Red Sox	PM 7:10			
Fri, 5/26	Kansas City Royals	PM 7:10	Thu, 8/3	New York Yankees	PM 7:10			
Sat, 5/27	Kansas City Royals	PM 4:10	Fri, 8/4	New York Yankees	PM 7:10			
Sun, 5/28	Kansas City Royals	PM 1:10	Sat, 8/5	New York Yankees	PM 7:10			
Mon, 5/29	Oakland Athletics	PM 4:10	Sun, 8/6	New York Yankees	PM 1:10			
Tue, 5/30	Oakland Athletics	PM 6:10	Tue, 8/8	Colorado Rockies	PM 7:10			
Wed, 5/31	Oakland Athletics	PM 6:10	Wed, 8/9	Colorado Rockies	PM 12:10			
Thu, 6/1	Oakland Athletics	PM 12:10	Thu, 8/10	Tampa Bay Rays	PM 7:10			
Fri, 6/2	Kansas City Royals	PM 8:15	Fri, 8/11	Tampa Bay Rays	PM 7:10			
Sat, 6/3	Kansas City Royals	PM 2:15	Sat, 8/12	Tampa Bay Rays	PM 6:10			
Sun, 6/4	Kansas City Royals	PM 2:15	Sun, 8/13	Tampa Bay Rays	PM 1:10			
Tue, 6/6	Colorado Rockies	PM 8:40	Tue, 8/15	Minnesota Twins	PM 8:10			

CLEVELAND INDIANS

■ 15% 이상　■ 12~14%　■ 9~11%　■ 6~8%　■ 3~5%　□ 2% 이하

홈 ERA 3.24　원정 ERA 3.03
VS. 좌타자 2.970　VS. 우타자 3.290
VS. 추신수 상대 없음
VS. 강정호 상대 없음

SP Corey KLUBER
코리 클루버　　　　　NO.28

우투우타　1986년 4월 10일　193cm, 98kg

시즌	경기	이닝	피안타	피홈런	볼넷	탈삼진	승-패-세-홀	평균자책
2016	32	215.0	170	22	57	227	18-9-0-0	3.14
통산	139	887.1	801	82	207	936	58-44-0-0	3.33

구분	기록	MLB
평균자책*	3.14	4.19
탈삼진 / 9	9.50	8.10
볼넷 / 9*	2.39	3.14
탈삼진 / 볼넷	3.98	2.58
피홈런 / 9*	0.92	1.17
피안타율	0.214	0.252
WHIP*	1.06	1.32
잔루율	74.8%	72.9%
FIP*	3.26	4.24

*는 낮을수록 좋은 기록임

PITCHING ZONE (좌타자·몸쪽 / 우타자·몸쪽)

PITCHING REPERTORY / VELOCITY km/h / **MOVEMENT** cm

구종	평균	전체	초구	2-2	좌타자	우타자	피타율	상하	좌우
포심패스트볼	150	19%	17%	19%	21%	17%	0.261	↑23	→8
투심 / 싱커	150	33%	41%	27%	32%	33%	0.288	↑16	→19
컷패스트볼	144	26%	26%	21%	24%	29%	0.222	↑9	→6
슬라이더	135	18%	11%	32%	15%	21%	0.118	↓1	→24
커브	–	–	–	–	–	–	–	–	–
체인지업	138	5%	5%	2%	9%	1%	0.196	↑9	→17
스플리터	–	–	–	–	–	–	–	–	–

메이저리그를 대표하는 에이스다. 2010년 클리블랜드로 이적한 뒤 삼진, 볼넷이 많았던 투수였으나 캘러웨이(현대 유니콘스) 코치를 만나 제구력이 향상되면서 2014년 AL 사이영상을 수상했다. 155km/h의 빠른 싱커와 포심 패스트볼이 위력적이다. 주무기는 커터와 커브의 조합이다. 2015시즌 리그 최다 패를 기록했지만 2016시즌에는 18승 9패 방어율 .314로 화려하게 부활하면서 팀을 월드시리즈까지 이끌었다. 2017시즌 월드시리즈 제패는 그의 손에 달려 있다.

홈 ERA 2.44　원정 ERA 4.05
VS. 좌타자 2.620　VS. 우타자 3.740
VS. 추신수 6타수 1안타 0.167
VS. 강정호 상대 없음

SP Carlos CARRASCO
카를로스 카라스코　　NO.59

우투우타　1987년 3월 21일　185cm, 91kg

시즌	경기	이닝	피안타	피홈런	볼넷	탈삼진	승-패-세-홀	평균자책
2016	25	146.1	134	21	34	150	22-4-0-0	3.32
통산	143	702.1	672	77	189	670	44-46-1-0	3.92

구분	기록	MLB
평균자책*	3.32	4.19
탈삼진 / 9	9.23	8.10
볼넷 / 9*	2.09	3.14
탈삼진 / 볼넷	4.41	2.58
피홈런 / 9*	1.29	1.17
피안타율	0.238	0.252
WHIP*	1.15	1.32
잔루율	75.6%	72.9%
FIP*	3.72	4.24

*는 낮을수록 좋은 기록임

PITCHING ZONE

PITCHING REPERTORY / VELOCITY km/h / **MOVEMENT** cm

구종	평균	전체	초구	2-2	좌타자	우타자	피타율	상하	좌우
포심패스트볼	153	41%	54%	28%	43%	39%	0.321	↑21	→18
투심 / 싱커	151	14%	15%	9%	14%	13%	0.206	↑12	→23
컷패스트볼	–	–	–	–	–	–	–	–	–
슬라이더	142	19%	13%	24%	9%	28%	0.217	↑7	→3
커브	135	11%	8%	19%	11%	11%	0.144	↓8	←8
체인지업	143	15%	10%	19%	23%	8%	0.173	↑2	→16
스플리터	–	–	–	–	–	–	–	–	–

베네수엘라 출신으로 클루버와 원투펀치를 이루고 있다. 강력한 구위로 상대를 압도하는 피칭을 하는데 152km/h의 빠른 공을 던지며 슬라이더, 커브, 체인지업의 구위가 뛰어나다. 2012년 토미존 수술로 한 해를 날리고 캘러웨이 코치를 만나 환골탈태한 케이스다. 2016시즌 22승 4패 방어율 .332로 빅리그 데뷔 이래 가장 좋은 성적을 올렸다. 그러나 아쉽게도 9월 18일 디트로이트와의 경기에서 손 골절로 시즌 아웃되면서 월드시리즈까지 악영향을 끼쳤다.

CLEVELAND INDIANS

■ 15% 이상   ■ 12~14%   ■ 9~11%   ■ 6~8%   ■ 3~5%   □ 2% 이하

홈 ERA 4.19 원정 ERA 3.57
VS. 좌타자 3.640 VS. 우타자 4.070
VS. 추신수 7타수 2안타 1홈런 0.286
VS. 김현수 3타수 무안타
VS. 강정호 2타수 1안타 0.500

SP Danny SALAZAR
대니 살라자르   NO.31

우투좌타   1990년 1월 11일   183cm, 88kg   *는 낮을수록 좋은 기록임

시즌	경기	이닝	피안타	피홈런	볼넷	탈삼진	승-패-세-홀	평균자책	구분	기록	MLB
2016	25	137.1	121	16	63	161	11-06-0-0	3.87	평균자책*	3.87	4.19
통산	85	484.1	438	59	166	541	33-27-0-0	3.72	탈삼진 / 9	10.55	8.10
									볼넷 / 9*	4.13	3.14
									탈삼진 / 볼넷	2.56	2.58
									피홈런 / 9*	1.05	1.17
									피안타율*	0.233	0.252
									WHIP*	1.34	1.32
									잔루율	76.4%	72.9%
									FIP*	3.74	4.24

PITCHING ZONE

PITCHING REPERTORY / VELOCITY km/h / **MOVEMENT** cm

구종	평균	전체	초구	2-2	좌타자	우타자	피타율	상하	좌우
포심패스트볼	153	51%	60%	36%	48%	53%	0.250	↑25	→15
투심 / 싱커	152	17%	19%	10%	20%	15%	0.322	↑19	→21
컷패스트볼	148	1%	1%	1%	0%	1%	0.111	↑19	→3
슬라이더	138	7%	8%	6%	3%	11%	0.294	↑3	→4
커브	130	4%	6%	4%	6%	3%	0.242	↓18	→9
체인지업	138	20%	6%	44%	23%	17%	0.144	↑8	→11
스플리터	–	–	–	–	–	–	–		

도미니카 출신의 클리블랜드가 키우는 유망주다. 평균 구속 150km/h 중반의 묵직한 빠른 공을 던지며 체인지업 위력이 상당하다. 슬라이더, 커브도 던지고 있다. 배짱이 두둑해 팀의 차기 에이스감으로 손색이 없다. 평균 10.55의 탈삼진 능력을 갖고 있으나 정작 본인은 토미존 수술을 받아 체력도 약해지고 마이너 시절부터 이닝이터와는 거리가 멀어 이닝이터로서의 역할을 중요시하고 있다.

홈 ERA 4.72 원정 ERA 3.67
VS. 좌타자 4.010 VS. 우타자 4.500
VS. 추신수 5타수 1안타 0.200
VS. 김현수 2타수 무안타

SP Trevor BAUER
트레버 바우어   NO.47

우투우타   1991년 1월 17일   185cm, 91kg   *는 낮을수록 좋은 기록임

시즌	경기	이닝	피안타	피홈런	볼넷	탈삼진	승-패-세-홀	평균자책	구분	기록	MLB
2016	35	190.0	179	20	70	168	12-8-0-0	4.26	평균자책*	4.26	4.19
통산	100	552.1	511	64	238	509	30-32-0-0	4.42	탈삼진 / 9	7.96	8.10
									볼넷 / 9*	3.32	3.14
									탈삼진 / 볼넷	2.40	2.58
									피홈런 / 9*	0.95	1.17
									피안타율*	0.245	0.252
									WHIP*	1.31	1.32
									잔루율	70.4%	72.9%
									FIP*	3.99	4.24

PITCHING ZONE

PITCHING REPERTORY / VELOCITY km/h / **MOVEMENT** cm

구종	평균	전체	초구	2-2	좌타자	우타자	피타율	상하	좌우
포심패스트볼	150	32%	42%	18%	32%	33%	0.271	↑25	→12
투심 / 싱커	150	21%	17%	32%	22%	20%	0.265	↑19	→20
컷패스트볼	144	9%	8%	6%	7%	11%	0.262	↑15	→3
슬라이더	137	11%	11%	9%	7%	14%	0.233	↑4	→9
커브	125	16%	22%	16%	16%	17%	0.130	↓24	→14
체인지업	139	11%	11%	5%	16%	6%	0.291	↑11	→19
스플리터	137	1%	1%	0%	2%	0%	0.083	↑12	→13

평균 149km/h의 패스트볼을 던지며, 커터와 투심을 함께 구사한다. 각도 큰 커브가 주무기이며, 체인지업, 슬라이더까지 다양한 구종을 섞는다. 문제는 제구력인데 스트라이크를 중심으로 던질 수 있는데, 투구 수 관리를 좀 더 잘하면 훨씬 더 효율적인 투구를 할 수 있을 것이다. 지난 10월 17일 자신의 취미 활동인 드론을 조종하다 급발진한 드론에 새끼손가락 부상을 입어 팀에 중요한 포스트시즌을 망쳐버리는 막대한 손실을 끼쳤다.

CLEVELAND INDIANS

■ 15% 이상   ■ 12~14%   ■ 9~11%   ■ 6~8%   ■ 3~5%   □ 2% 이하

 Josh TOMLIN
조시 톰린

NO.43

우투우타   1984년 10월 19일   185cm, 86kg   *는 낮을수록 좋은 기록임

시즌	경기	이닝	피안타	피홈런	볼넷	탈삼진	승-패-세-홀	평균자책	구분	기록	MLB
2016	30	174.0	187	36	20	119	13-9-0-0	4.40	평균자책*	4.40	4.19
통산	125	687.1	711	119	107	457	49-39-0-0	4.58	탈삼진 / 9	6.10	8.10
									볼넷 / 9*	1.03	3.14
									탈삼진 / 볼넷	5.90	2.58
									피홈런 / 9*	1.86	1.17
									피안타율*	0.266	0.252
									WHIP*	1.19	1.32
									잔루율	70.8%	72.9%
									FIP*	4.88	4.24

홈 ERA 4.50   원정 ERA 4.31
VS. 좌타자 3.400   VS. 우타자 5.180
VS. 추신수 4타수 무안타 0.000

PITCHING REPERTORY / VELOCITY km/h **MOVEMENT** cm

구종	평균	전체	초구	2-2	좌타자	우타자	피타율	상하	좌우
포심패스트볼	142	36%	41%	32%	36%	37%	0.245	↑23	→8
투심 / 싱커	142	5%	6%	3%	5%	5%	0.139	↑18	→14
컷패스트볼	138	37%	33%	44%	32%	41%	0.296	↑15	←7
슬라이더	–	–	–	–	–	–	–	–	–
커브	122	14%	11%	18%	14%	15%	0.184	↓19	←11
체인지업	134	7%	9%	3%	13%	2%	0.208	↑13	→15
스플리터	–	–	–	–	–	–	–	–	–

패스트볼 구속이 142km/h로 메이저리그 최하위권이다. 주무기는 메이저리그에서도 인정하는 낙차 큰 커브이며, 컷패스트볼과 포심패스트볼을 적절하게 섞어 던진다. 하지만 극강의 제구력으로 상대 타자들을 제압한다. 2016시즌 볼넷 개수가 6이닝당 1.03에 불과하다. 2016시즌 피홈런은 36개 볼넷은 20개로 볼넷 숫자보다 피홈런 숫자가 더 많은 선수다. 커맨드와 제구가 조금만 흔들리면 장타와 홈런으로 바로 연결되면서 난타를 당하는 스타일이다.

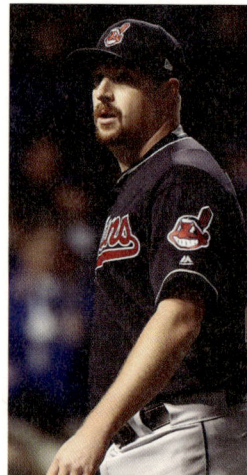

 Bryan SHAW
브라이언 쇼

NO.27

우투양타   1987년 11월 8일   185cm, 95kg   *는 낮을수록 좋은 기록임

시즌	경기	이닝	피안타	피홈런	볼넷	탈삼진	승-패-세-홀	평균자책	구분	기록	MLB
2016	75	66.2	193	8	28	69	2-5-1-25	3.24	평균자책*	3.15	4.19
통산	396	369.2	1585	32	129	325	19-22-8-103	3.04	탈삼진 / 9	9.32	8.10
									볼넷 / 9*	3.78	3.14
									탈삼진 / 볼넷	2.46	2.58
									피홈런 / 9*	1.08	1.17
									피안타율*	0.228	0.252
									WHIP*	1.26	1.32
									잔루율	79.9%	72.9%
									FIP*	3.94	4.24

홈 ERA 1.56   원정 ERA 5.06
VS. 좌타자 2.360   VS. 우타자 3.830
VS. 추신수 1타수 무안타 0.000
VS. 강정호 1타수 무안타 0.000

PITCHING REPERTORY / VELOCITY km/h **MOVEMENT** cm

구종	평균	전체	초구	2-2	좌타자	우타자	피타율	상하	좌우
포심패스트볼	–	–	–	–	–	–	–	–	–
투심 / 싱커	–	–	–	–	–	–	–	–	–
컷패스트볼	150	80%	85%	65%	87%	76%	0.235	↑13	←6
슬라이더	131	19%	15%	35%	13%	24%	0.256	↓4	←22
커브	–	–	–	–	–	–	–	–	–
체인지업	134	1%	0%	0%	1%	0%	0.500	↑8	→13
스플리터	–	–	–	–	–	–	–	–	–

8회를 책임지는 셋업맨으로 지난 3년 동안 2번이나 등판 횟수 1위에 올랐다. 2013년 시즌을 앞두고 바우어와 함께 애리조나에서 이적해왔다. 커터, 슬라이더 투피치 투수로 커터의 비중이 80%에 이른다. 포심이나 투심이 아닌 커터와 슬라이더의 투피치는 비슷한 궤적의 구질이기에 좀처럼 보기 힘든 조합이다. 하지만 쇼는 두 구종의 브레이킹 각도는 물론 평균구속 차이를 18km/h까지 이끌어내려 상대 타자들을 혼란에 빠뜨린다. 삼진보다는 맞춰 잡는 스타일이다.

CLEVELAND INDIANS

■ 15% 이상　■ 12–14%　■ 9–11%　■ 6–8%　■ 3–5%　□ 2% 이하

RP　Zach MCALLISTER
잭 매칼리스터　　NO.34

우투우타　1987년 12월 8일　198cm, 109kg　*는 낮을수록 좋은 기록임

시즌	경기	이닝	피안타	피홈런	볼넷	탈삼진	승-패-세-홀	평균자책	구분	기록	MLB
2016	53	52.1	53	6	23	54	3-2-0-7	3.44	평균자책*	3.44	4.19
통산	186	484.2	512	53	168	437	26-31-1-7	4.09	탈삼진 / 9	9.29	8.10
									볼넷 / 9*	3.96	3.14
		PITCHING ZONE							탈삼진 / 볼넷	2.35	2.58
									피홈런 / 9*	1.03	1.17
									피안타율*	0.255	0.252
									WHIP*	1.45	1.32
									잔루율	81.9%	72.9%
									FIP*	4.01	4.24

PITCHING REPERTORY / VELOCITY km/h **/ MOVEMENT** cm

구종	평균	전체	초구	2-2	좌타자	우타자	피안율	상하	좌우
포심패스트볼	153	76%	71%	87%	80%	73%	0.247	↑ 21	→ 19
투심 / 싱커	–	–	–	–	–	–	–	–	–
컷패스트볼	144	9%	12%	5%	3%	15%	0.353	↑ 18	→ 2
슬라이더	–	–	–	–	–	–	–	–	–
커브	131	13%	16%	6%	14%	12%	0.261	↓ 4	← 10
체인지업	142	1%	1%	2%	3%	0%	0.167	↑ 12	← 22
스플리터	–	–	–	–	–	–	–	–	–

홈 ERA 3.25　원정 ERA 3.65
VS. 좌타자 3.600　VS. 우타자 3.290
VS. 추신수 4타수 2안타 0.500
VS. 김현수 1타수 무안타

2011년 데뷔 후 클리블랜드가 선발로 키우기 위해 부단한 노력을 해봤지만, 2015년 결국 불펜투수로 전향했다. 건장한 체구에서 나오는 157km/h의 포심패스트볼이 위력적이며 투심과 커터, 커브, 슬라이더를 섞어 던진다. 불펜 전향 후 체인지업은 거의 던지지 않고 있다. 힘을 비축할 필요가 사라지면서 패스트볼 평균구속이 약 2.5km/h 정도 빨라졌고 들쭉날쭉한 기복도 줄어들었다. 안정된 경기력만 유지한다면 불펜에서 활용도가 높은 선수다.

RP　Andrew MILLER
앤드루 밀러　　NO.24

좌투좌타　1985년 5월 21일　203cm, 93kg　*는 낮을수록 좋은 기록임

시즌	경기	이닝	피안타	피홈런	볼넷	탈삼진	승-패-세-홀	평균자책	구분	기록	MLB
2016	70	74.1	42	8	9	123	10-01-12-9	1.45	평균자책*	1.45	4.19
통산	389	628.2	575	58	298	713	43-41-49-70	4.22	탈삼진 / 9	14.89	8.10
									볼넷 / 9*	1.09	3.14
		PITCHING ZONE							탈삼진 / 볼넷	1.72	2.58
									피홈런 / 9*	1.36	1.17
									피안타율*	0.245	0.252
									WHIP*	1.49	1.32
									잔루율	70.8%	72.9%
									FIP*	1.68	4.24

PITCHING REPERTORY / VELOCITY km/h **/ MOVEMENT** cm

구종	평균	전체	초구	2-2	좌타자	우타자	피안율	상하	좌우
포심패스트볼	152	42%	50%	32%	35%	44%	0.202	↑ 21	← 15
투심 / 싱커	–	–	–	–	–	–	–	–	–
컷패스트볼	–	–	–	–	–	–	–	–	–
슬라이더	135	58%	50%	68%	65%	56%	0.134	↓ 5	← 12
커브	–	–	–	–	–	–	–	–	–
체인지업	–	–	–	–	–	–	–	–	–
스플리터	–	–	–	–	–	–	–	–	–

홈 ERA 1.89　원정 ERA 0.90
VS. 좌타자 2.080　VS. 우타자 1.330
VS. 추신수 5타수 무안타
VS. 김현수 1타수 무안타

뉴욕 양키스에서 2016시즌 9월 포스트시즌을 위해 클리블랜드로 이적해왔다. 최고구속 157km/h의 왼손 파이어볼러다. 특히 슬라이더가 위력적이다. 2016시즌에는 두 가지 종류의 슬라이더를 선보였는데 그중 130km/h 초반의 횡으로 떨어지는 슬라이더가 더욱 위력적이었다. 원래는 선발자원이었으나 재미를 못보고 불펜으로 전향 후 탄탄대로를 걷고 있다. 특히 2016 시즌에는 10승 1패 12세이브, 9홀드 방어율 .145를 기록하며 블론세이브 없이 뒷문을 단단하게 막았다.

CLEVELAND INDIANS

■ 15% 이상 ■ 12–14% ■ 9–11% ■ 6–8% ■ 3–5% □ 2% 이하

홈 ERA 3.67 원정 ERA 1.34
VS. 좌타자 3.720 VS. 우타자 1.620
VS. 추신수 2타수 무안타 0.000

Cody ALLEN
코디 앨런
NO.37

우투우타 1988년 11월 20일 185cm, 95kg

*는 낮을수록 좋은 기록임

시즌	경기	이닝	피안타	피홈런	볼넷	탈삼진	승-패-세-홀	평균자책	구분	기록	MLB
2016	67	68.0	41	8	27	87	3-5-32-0	2.51	평균자책*	2.51	4.19
통산	317	306.1	236	26	119	392	17-16-92-21	2.61	탈삼진 / 9	11.51	8.10
									볼넷 / 9	3.57	3.14
									탈삼진 / 볼넷	3.22	2.58
									피홈런 / 9*	1.06	1.17
									피안타율*	0.173	0.252
									WHIP*	1.00	1.32
									잔루율	79.2%	72.9%
									FIP*	3.31	4.24

PITCHING ZONE

PITCHING REPERTORY / VELOCITY km/h **MOVEMENT** cm

구종	평균	전체	초구	2-2	좌타자	우타자	피타율	상하	좌우
포심패스트볼	153	63%	69%	58%	66%	60%	0.400	↑27	→14
투심 / 싱커	–	–	–	–	–	–	–		
컷패스트볼	–	–	–	–	–	–	–		
슬라이더	–	–	–	–	–	–	–		
커브	138	37%	31%	41%	33%	40%	0.169	↓10	→17
체인지업	141	0%	0%	1%	1%	0%	0.250	↑17	→12
스플리터	–	–	–	–	–	–	–		

클리블랜드의 마무리 선수다. 드래프트 지명 당시 2011년 23라운드에 지명되어 그다지 주목받는 선수는 아니었다. 2012년 빅리그에 데뷔했다. 대학 시절 토미존 수술을 받은 이후 빅리그에서 평균구속이 6km/h 이상 빨라지면서 양상이 달라졌다. 선발에서 불펜으로 전향하였고 결과적으로 본인에게나 팀에게 신의 한 수가 되었다. 153km/h의 빠른 공과 주무기인 너클커브는 리그 정상급이다. 다만 마무리로서 제구가 정교하지 못해 가끔 볼넷을 내주며 위기를 자초하기도 한다.

홈 타율 0.123 원정 타율 0.250
VS. 좌투수 0.283 VS. 우투수 0..286
득점권 0.293 L/C 0.200

Roberto PEREZ
로베르토 페레스
NO.55

우투우타 1988년 12월 23일 180cm, 100kg

*는 낮을수록 좋은 기록임

시즌	타수	안타	홈런	타점	볼넷	도루	타율	출루율	장타율	구분	기록	MLB
2016	153	28	3	17	23	0	0.183	0.285	0.294	타율	0.183	0.255
통산	422	93	11	42	61	0	0.220	0.318	0.355	출루율	0.285	0.322
										장타율	0.294	0.417
										볼넷%	12.5%	8.2%
										삼진%*	23.9%	21.1%
										볼넷 / 삼진	0.52	0.39
										순장타율	0.111	0.162
										BABIP	0.229	0.300
										wOBA	0.261	0.318

VS. 패스트볼 VS. 변화구

*5타수 미만은 색을 표시하지 않았으며 ●●●●●: Ball zone

SPRAY ZONE

0 — 25%
1 — 47%
2 — 28%
홈런
타구분포 %

BATTED BALL

항목	비율
볼존 공격률	18%
S존 공격률	62%
볼존 컨택트율	47%
S존 컨택트율	87%
라인드라이브	16%
그라운드볼	54%
플라이볼	31%

DEFENSE

위치	자살	보살	실책	수비율
C	476	29	2	0.996

2008년 드래프트 33라운드에서 지명된 페레스는 2010~2012년 인디언스 시스템에서 가장 수비가 훌륭한 포수로 평가받았고, 2013년 시즌이 끝난 후에는 baseball america 선정 팀내 유망주 15위까지 오르기도 했었다. 2014년 시즌 타격에서 장족의 발전을 보임으로써 그는 수비만 뛰어난 포수 그 이상으로 성장할 수 있는 기회를 가지게 되었다. 특히 컨택트 능력은 압권이었다. 정규시즌 61경기 동안 고작 3홈런밖에 때려내지 못했지만 월드시리즈에서 홀로 홈런 2개를 뽑아냈다.

CLEVELAND INDIANS

■ 타율 0.400 이상　■ 0.300-0.399　■ 0.200-0.299　■ 0.100-0.199　■ 타율 0.099 이하

C Yan GOMES   NO.10
얀 곰스

우투우타　1987년 7월 19일　188cm, 98kg

*는 낮을수록 좋은 기록임

시즌	타수	안타	홈런	타점	볼넷	도루	타율	출루율	장타율	구분	기록	MLB
2016	251	42	9	34	9	0	0.167	0.201	0.327	타율	0.167	0.255
통산	1490	367	57	204	70	2	0.201	0.315	0.438	출루율	0.201	0.322
										장타율	0.327	0.417
										볼넷%	7.0%	8.2%
										삼진%*	23.5%	21.1%
										볼넷 / 삼진	0.30	0.39
										순장타율	0.189	0.162
										BABIP	0.266	0.300
										wOBA	0.307	0.318

VS. 패스트볼　VS. 변화구　우타자

*5타수 미만은 색을 표시하지 않았음.　● ● ● : Ball zone

SPRAY ZONE　　BATTED BALL　　DEFENSE

0
8　　　1
42%　34%　23%

홈런 타구분포 %

항목	비율
볼존 공격률	41%
S존 공격률	72%
볼존 컨택트율	66%
S존 컨택트율	84%
라인드라이브	16%
그라운드볼	39%
플라이볼	45%

위치	자살	보살	실책	수비율
C	539	32	3	0.995

홈 타율 0.187　원정 타율 0.148
VS. 좌투수 0.271　VS. 우투수 0.127
득점권 0.250　L/C 0.098
VS. 류현진 3타수 1안타 0.333

브라질 출신의 클리블랜드 주전 안방마님이다. 2015년 무릎부상을 당해 주춤했지만 빠른 배트 스피드를 바탕으로 준수한 공격력을 가졌다. 2016시즌에는 어깨탈골과 타율 .167로 무너지면서 데뷔 후 최악의 시즌을 보냈다. 결국 백업요원인 로베르토 페레스에게 자리를 넘겨주었다. 마이너 시절에 비해 수비력도 일취월장하였다. 통산 34%의 도루저지율을 기록하며 비교적 어린 선수들이 주축이 된 투수진을 잘 리드하는 능력이 돋보인다.

DH Carlos SANTANA   NO.41
카를로스 산타나

우투양타　1986년 4월 8일　180cm, 95kg

*는 낮을수록 좋은 기록임

시즌	타수	안타	홈런	타점	볼넷	도루	타율	출루율	장타율	구분	기록	MLB
2016	582	151	34	87	99	5	0.259	0.366	0.498	타율	0.256	0.255
통산	3423	847	151	508	638	35	0.254	0.315	0.438	출루율	0.366	0.322
										장타율	0.498	0.417
										볼넷%	14.4%	8.2%
										삼진%*	14.4%	21.1%
										볼넷 / 삼진	1.00	0.39
										순장타율	0.239	0.162
										BABIP	0.258	0.300
										wOBA	0.370	0.318

VS. 패스트볼　좌타자　VS. 변화구　우타자

*5타수 미만은 색을 표시하지 않았음.　● ● ● : Ball zone

SPRAY ZONE　　BATTED BALL　　DEFENSE

6
4　　　24
27%　31%　42%

홈런 타구분포 %

항목	비율
볼존 공격률	20%
S존 공격률	60%
볼존 컨택트율	63%
S존 컨택트율	89%
라인드라이브	16%
그라운드볼	43%
플라이볼	41%

위치	자살	보살	실책	수비율
1B	513	53	5	0.991

홈 타율 0.259　원정 타율 0.260
VS. 좌투수 0.267　VS. 우투수 0.256
득점권 0.270　L/C 0.258
VS. 류현진 3타수 1안타 0.333

2010년 데뷔 후 클리블랜드의 포수로 시작했으나 포수로서 취약한 수비와 공격력 극대화를 위해 처음엔 3루수를 보았으나 3루 수비는 거의 재앙에 가까운 수준으로 1루수로 전향하여 자리를 잡았다. 특히 타율이 낮아도 출루율이 좋아 뛰어난 선구안과 참을성을 자랑한다. 스위치타자로 정확도는 우타석, 파워는 좌타석이 더 뛰어나다. 특히 2016시즌에는 .259 .366 .498 34홈런 87타점으로 홈런과 타점 부문에서 커리어하이를 찍은 것은 물론 OPS 부문 역시 커리어하이를 기록했다.

CLEVELAND INDIANS

타율 0.400 이상 | 0.300–0.399 | 0.200–0.299 | 0.100–0.199 | 타율 0.099 이하

2B Jason KIPNIS 제이슨 킵니스 NO. 22

우투좌타 1987년 4월 13일 180cm, 88kg   *는 낮을수록 좋은 기록임

시즌	타수	안타	홈런	타점	볼넷	도루	타율	출루율	장타율	구분	기록	MLB
2016	610	168	23	82	60	15	0.275	0.343	0.469	타율	0.275	0.255
통산	2966	808	76	354	321	115	0.254	0.315	0.438	출루율	0.343	0.322
										장타율	0.469	0.417
										볼넷%	8.7%	8.2%
										삼진%*	21.2%	21.1%
										볼넷 / 삼진	0.41	0.39
										순장타율	0.193	0.162
										BABIP	0.324	0.300
										wOBA	0.347	0.318

VS. 패스트볼   VS. 변화구 (좌타자 / 우타자)
*5타수 미만은 색을 표시하지 않았음. ●●●● : Ball zone

SPRAY ZONE: 0 | 4 | 19 / 24% | 35% | 41% 홈런 타구분포 %

BATTED BALL
항목	비율
볼존 공격률	28%
S존 공격률	58%
볼존 컨택트율	65%
S존 컨택트율	90%
라인드라이브	24%
그라운드볼	39%
플라이볼	37%

DEFENSE
위치	자살	보살	실책	수비율
2B	198	422	12	0.981

홈 타율 0.285 원정 타율 0.266
VS. 좌투수 0.282 VS. 우투수 0.272
득점권 0.277 L/C 0.229
VS. 류현진 4타수 무안타

2009년 드래프트에 참가했고 2라운드 63순위로 클리블랜드 인디언스에 지명되었다. 준수한 컨택트, 선구안, 파워를 뽐내며 1라운드 3루 유망주인 로니 치즌홀과 함께 인디언스의 차기 내야의 핵으로 각광받았다. 타격 시 배트를 뒤로 쭉 내미는 독특한 타격 폼 덕분에 배트가 나오는 이동거리가 줄어들어 빠른 공에 대한 반응속도가 빠르며, 싱커 계열의 공에 강점을 보인다. 또한 2루수 수비도 갈수록 좋아지고 있다. 2016년에는 타율과 출루율은 깎였지만 홈런과 타점이 비약적으로 증가했다.

3B Jose RAMIREZ 호세 라미레스 NO. 11

우투양타 1992년 9월 17일 175cm, 82kg   *는 낮을수록 좋은 기록임

시즌	타수	안타	홈런	타점	볼넷	도루	타율	출루율	장타율	구분	기록	MLB
2016	565	176	11	76	44	22	0.312	0.363	0.462	타율	0.312	0.255
통산	1129	311	19	120	91	42	0.275	0.331	0.404	출루율	0.363	0.322
										장타율	0.462	0.417
										볼넷%	7.1%	8.2%
										삼진%*	10.0%	21.1%
										볼넷 / 삼진	0.71	0.39
										순장타율	0.150	0.162
										BABIP	0.333	0.300
										wOBA	0.355	0.318

VS. 패스트볼   VS. 변화구 (좌타자 / 우타자)
*5타수 미만은 색을 표시하지 않았음. ●●●● : Ball zone

SPRAY ZONE: 3 | 1 | 7 / 34% | 33% | 33% 홈런 타구분포 %

BATTED BALL
항목	비율
볼존 공격률	28%
S존 공격률	60%
볼존 컨택트율	82%
S존 컨택트율	93%
라인드라이브	23%
그라운드볼	41%
플라이볼	36%

DEFENSE
위치	자살	보살	실책	수비율
3B	54	174	5	0.979
SS	46	99	8	0.948

홈 타율 0.347 원정 타율 0.275
VS. 좌투수 0.311 VS. 우투수 0.312
득점권 0.355 L/C 0.279

도미니카 출신으로 2013년 클리블랜드에서 빅리그에 데뷔한 라미레스는 3년간 빅리그의 적응을 마치고 2016시즌 .312/.363/.462 홈런 11개로 만개하였다. 코칭 스태프의 기다림이 그를 진정한 메이저리거로 만들었다. 2016년 라미레스(22도루)는 빠른 발과 3할을 넘나드는 타율을 동시에 갖춘 호타준족이 되었다. 그러나 아직 검증은 끝나지 않았다. 한해 반짝이던 선수는 부지기수로 많다. 진정한 메이저리거로서 입지를 굳히기 위해서는 2017시즌이 분수령이 될 전망이다.

CLEVELAND INDIANS

■ 타율 0.400 이상   ■ 0.300-0.399   ■ 0.200-0.299   ■ 0.100-0.199   ■ 타율 0.099 이하

Francisco LINDOR
프란시스코 린도어

 NO.12

우투우타   1992년 5월 26일   180cm, 86kg   *는 낮을수록 좋은 기록임

시즌	타수	안타	홈런	타점	볼넷	도루	타율	출루율	장타율	구분	기록	MLB
2016	604	182	15	78	57	19	0.301	0.358	0.435	타율	0.301	0.255
통산	994	304	27	129	84	31	0.306	0.356	0.454	출루율	0.358	0.322
										장타율	0.435	0.417
										볼넷%	8.3%	8.2%
										삼진%*	12.9%	21.1%
										볼넷 / 삼진	0.65	0.39
										순장타율	0.134	0.162
										BABIP	0.324	0.300
										wOBA	0.340	0.318

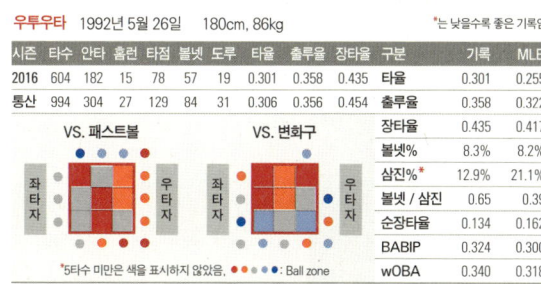

홈 타율 0.344 원정 타율 0.258
VS. 좌투수 0.292 VS. 우투수 0.306
득점권 0.244 L/C 0.344

푸에르토리코 출신의 스위치 타자다. 2011년 1라운드 8번째로 클리블랜드에 지명받아 2015년 6월에 빅리그에 데뷔했다. 제이슨 킵니스와 함께 팀내 최고의 내야수로 활동했다. 도루 실력도 뛰어나지만 공·수에서도 뛰어난 활약을 펼쳤다. 빠른 공에 강하고, 수비 또한 일품이다. 미 스포츠전문매체 'ESPN'에서 선정한 포지션별 파워랭킹 유격수 부문 1위는 린도어에게 돌아갔다. ESPN은 "클리블랜드의 전설적 유격수 오마 비스켈을 떠올리게 할 정도로 엄청난 재능을 갖추고 있다"고 평가했다.

Michael BRANTLEY
마이클 브랜틀리

 NO.23

좌투좌타   1987년 5월 15일   188cm, 91kg   *는 낮을수록 좋은 기록임

시즌	타수	안타	홈런	타점	볼넷	도루	타율	출루율	장타율	구분	기록	MLB
2016	39	9	0	7	3	1	0.231	0.279	0.282	타율	0.231	0.255
통산	3147	918	61	400	272	95	0.292	0.348	0.421	출루율	0.279	0.322
										장타율	0.282	0.417
										볼넷%	7.0%	8.2%
										삼진%*	14.0%	21.1%
										볼넷 / 삼진	0.50	0.39
										순장타율	0.051	0.162
										BABIP	0.265	0.300
										wOBA	0.238	0.318

홈 타율 0.389 원정 타율 0.095
VS. 좌투수 0.286 VS. 우투수 0.219
득점권 0.385 L/C 0.333
VS. 류현진 3타수 무안타 0.000

팀의 중심타자로 자리를 잡았다. 2014년 데뷔 후 첫 20홈런, 200안타, 3할 타율을 동시에 달성한 후 야구인생의 전환점이 되었다. 컨택트 위주의 타자였지만 최근에는 장타도 늘어났다. 그는 수비보다는 주루가 낫고, 주루보다는 타격이 훨씬 뛰어나다는 평가를 받았다. 좀처럼 삼진을 당하지 않으며, 수비력 또한 뛰어나다. 그러나 2015년 11월 어깨부상으로 인한 후유증으로 2016 시즌에 복귀는 하였지만 39타석에 불과했다. 2017년 그의 부활이 팀 타력에 상당한 영향을 미칠 것이다.

CLEVELAND INDIANS

■ 타율 0.400 이상　■ 0.300–0.399　■ 0.200–0.299　■ 0.100–0.199　■ 타율 0.099 이하

CF Tyler NAQUIN　NO.72
타일러 내퀸

우투좌타　1991년 4월 24일　188cm, 88kg　*는 낮을수록 좋은 기록임

시즌	타수	안타	홈런	타점	볼넷	도루	타율	출루율	장타율	구분	기록	MLB
2016	321	95	14	43	36	6	0.296	0.372	0.514	타율	0.296	0.255
통산	321	95	14	43	36	6	0.296	0.372	0.514	출루율	0.372	0.322

구분	기록	MLB
장타율	0.514	0.417
볼넷%	9.9%	8.2%
삼진%*	30.7%	21.1%
볼넷 / 삼진	0.32	0.39
순장타율	0.218	0.162
BABIP	0.411	0.300
wOBA	0.374	0.318

VS. 패스트볼　VS. 변화구
5타수 미만은 색을 표시하지 않았음.　● ● : Ball zone

SPRAY ZONE　3　2　10　27%　36%　38%　홈런
타구분포 %

BATTED BALL

항목	비율
볼존 공격률	37%
S존 공격률	68%
볼존 컨택트율	64%
S존 컨택트율	76%
라인드라이브	23%
그라운드볼	46%
플라이볼	30%

DEFENSE

위치	자살	보살	실책	수비율
CF	183	6	1	0.995

홈 타율 0.333　원정 타율 0.264
VS. 좌투수 0.250　VS. 우투수 0.301
득점권 0.200　L/C 0.233

2012년 클리블랜드에 1라운드 15번째로 지명되어 2016년 4월 5일에 빅리그에 데뷔했다. 데뷔 첫해 준수한 성적 (.296/.372/.514)을 기록하며 주전 자리를 굳혀갔다. 6월 내퀸은 23경기에서 타율 0.338 12득점 2루타 5개 3루타 3개 6홈런 15타점 2도루를 기록하며 클리블랜드의 상승세를 이끌면서 이달의 신인상을 수상했다. 수비력에서는 어깨는 좋으나 상황 판단이 부족하다는 약점을 가지고 있다. 그 결과 가장 중요한 월드시리즈에서 어처구니없는 수비 실책을 저질렀다.

RF Lonnie CHISENHALL　NO.08
로니 치즌홀

우투좌타　1988년 10월 4일　188cm, 86kg　*는 낮을수록 좋은 기록임

시즌	타수	안타	홈런	타점	볼넷	도루	타율	출루율	장타율	구분	기록	MLB
2016	385	110	8	57	23	6	0.286	0.328	0.439	타율	0.286	0.255
통산	1839	483	51	234	117	17	0.263	0.311	0.414	출루율	0.328	0.322

구분	기록	MLB
장타율	0.439	0.417
볼넷%	5.5%	8.2%
삼진%*	16.7%	21.1%
볼넷 / 삼진	0.33	0.39
순장타율	0.153	0.162
BABIP	0.328	0.300
wOBA	0.327	0.318

VS. 패스트볼　VS. 변화구
5타수 미만은 색을 표시하지 않았음.　● ● : Ball zone

SPRAY ZONE　0　0　8　31%　31%　38%　홈런
타구분포 %

BATTED BALL

항목	비율
볼존 공격률	44%
S존 공격률	73%
볼존 컨택트율	73%
S존 컨택트율	91%
라인드라이브	24%
그라운드볼	35%
플라이볼	41%

DEFENSE

위치	자살	보살	실책	수비율
RF	186	7	3	0.985

홈 타율 0.309　원정 타율 0.265
VS. 좌투수 0.217　VS. 우투수 0.295
득점권 0.291　L/C 0.311
VS. 류현진 3타수 1안타 0.333

대형 3루수로의 성장을 기대했지만 공 · 수 모두에서 실망감을 안긴 채 외야수로 전향하였다. 일발 장타력을 갖추고 있지만 내야수에 어울리는 수준은 아니었다. 또한 정확도도 떨어지며, 특히 빠른 공에 약하고 수비에서도 기대치를 밑돌면서 3루수 자리에서 물러나고 우익수로 전향하였다. 우익수 전향 후 반등에 성공했다. 강한 어깨를 바탕으로 준수한 수비를 펼치면서 우익수 정착 가능성을 높였다. 확실한 주전 자리를 확보하기 위해서는 2017시즌 성적이 중요하다.

CLEVELAND INDIANS

● 타율 0.400 이상　● 0.300–0.399　● 0.200–0.299　● 0.100–0.199　● 타율 0.099 이하

3B　Edwin ENCARNACION　NO.10
에드윈 엔카나시온

우투우타　1983년 1월 7일　185cm, 104kg

*는 낮을수록 좋은 기록임

시즌	타수	안타	홈런	타점	볼넷	도루	타율	출루율	장타율	구분	기록	MLB
2016	601	158	42	127	87	2	0.263	0.357	0.529	타율	0.263	0.255
통산	5409	1439	310	942	662	56	0.266	0.352	0.498	출루율	0.357	0.322
										장타율	0.529	0.417
										볼넷%	12.4%	8.2%
										삼진%*	19.7%	21.1%
										볼넷 / 삼진	0.63	0.39
										순장타율	0.266	0.162
										BABIP	0.270	0.300
										wOBA	0.373	0.318

VS. 패스트볼　　VS. 변화구

*5타수 미만은 색을 표시하지 않았음. ●●●: Ball zone

SPRAY ZONE

10　　31　1　52%　29%　18%

홈런 타구분포 %

BATTED BALL

항목	비율
볼존 공격률	24%
S존 공격률	64%
볼존 컨택트율	60%
S존 컨택트율	86%
라인드라이브	20%
그라운드볼	38%
플라이볼	42%

DEFENSE

위치	자살	보살	실책	수비율
1B	602	27	2	0.997

홈 타율 0.282　원정 타율 0.246
VS. 좌투수 0.242　VS. 우투수 0.268
득점권 0.250　L/C 0.186
VS. 류현진 3타수 3안타 1.000

FA 신분으로 토론토에서 클리블랜드로 이적하였다. 2012년을 기점으로 타율 상승은 물론 홈런 숫자도 급격하게 늘어났다. 선구안까지 뛰어나 2016시즌에는 42개의 홈런을 기록했다. 또한 홈런 개수에 비해 삼진이 적은 것도 큰 장점이다. 공격력 극대화를 위해 수비 부담을 줄여주기 위해 2015년부터 지명타자로 활동하고 있다. 35세의 나이가 걸림돌이 될 수 있지만 내구력을 갖춘 그는 큰 부상이 없는 한 기복 없는 플레이를 펼칠 것으로 예상된다.

LF　Brandon GUYER　NO.06
브랜든 가이어

우투우타　1986년 1월 28일　188cm, 91kg

*는 낮을수록 좋은 기록임

시즌	타수	안타	홈런	타점	볼넷	도루	타율	출루율	장타율	구분	기록	MLB
2016	293	78	9	32	19	3	0.333	0.438	0.469	타율	0.333	0.255
통산	932	244	23	90	61	19	0.262	0.349	0.402	출루율	0.438	0.322
										장타율	0.469	0.417
										볼넷%	5.5%	8.2%
										삼진%*	15.9%	21.1%
										볼넷 / 삼진	0.35	0.39
										순장타율	0.157	0.162
										BABIP	0.300	0.300
										wOBA	0.351	0.318

VS. 패스트볼　　VS. 변화구

*5타수 미만은 색을 표시하지 않았음. ●●●: Ball zone

SPRAY ZONE

2　　7　0　42%　32%　26%

홈런 타구분포 %

BATTED BALL

항목	비율
볼존 공격률	31%
S존 공격률	69%
볼존 컨택트율	69%
S존 컨택트율	88%
라인드라이브	22%
그라운드볼	41%
플라이볼	38%

DEFENSE

위치	자살	보살	실책	수비율
LF	42	1	1	0.977

홈 타율 0.340　원정 타율 0.323
VS. 좌투수 0.328　VS. 우투수 0.348
득점권 0.375　L/C 0.333

2007년 5라운드 157번째로 컵스에 지명되었다. 그 후 2011년 템파베이에서 빅리그에 데뷔하였고, 2016년 클리블랜드로 이적하였다. 배트 스피드가 빠르고 스피드도 뛰어나다. 선구안만 개선된다면 가이어는 올스타급 외야수가 될 수 있다. 라이너타구를 잘 때려내고 깊은 내야땅볼로 안타를 많이 만든다. 가이어는 2015, 2016시즌 동안 두 번의 3사구 경기를 펼쳤다. 가이어는 2016시즌 31사구로 메이저리그 전체 사구 1위를 기록했다.

DETROIT TIGERS

죽기 전에 월드시리즈 제패를 보고 싶다. FA 영입(저스틴 업튼, 조던 짐머맨, 마이클 펠프리, 마크 로)으로 2억 7,000만 달러를 쓴 마이클 일리치 구단주. 그러나 한 끗 차이로 포스트시즌에서 밀려났다. 더 이상의 흑역사는 없다. 다시 시작이다.

TEAM IMFORMATION

창단 : 1894년
이전 연고지 : -
월드시리즈 우승 : 4회
AL 우승 : 11회
디비전 우승 : 7회
와일드카드 진출 : 1회
구단주 : 크리스토퍼 일리치 패밀리
감독 : 브래드 아스머스
단장 : 알 아빌라

FRANCHISE

UNIFORM

Home / Away

MANAGER

Brad Ausmus

생년월일 : 1969년 4월 14일
출생지 : 뉴헤이븐(코네티컷)
MLB 감독 경력 : 올해로 4년째
디트로이트(2014년~현재)
정규시즌 통산 : 250승 234패 승률 0.517
포스트시즌 통산 : 0승 3패 승률 0.000

LINE-UP

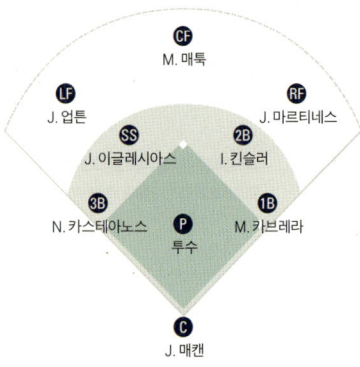

ROTATION	
SP	J. 벌렌더
SP	M. 풀머
SP	J. 짐머맨
SP	D. 노리스
SP	M. 보이드

BULLPEN	
RP	B. 로돈
RP	M. 로위
RP	A. 윌슨
RP	K. 라이언
RP	B. 하디
RP	J. 윌슨
CL	F. 로드리게스

BATTING	
1	I. 킨슬러
2	J. 업튼
3	M. 카브레라
4	V. 마르티네스
5	N. 카스테야노스
6	J. 매캔
7	J. 마르티네스
8	M. 매툭
9	J. 이글레시아스

UTILITY PLAYERS	
IF	A. 로마인
IF	J. 마르티네스
OF	S. 모야
OF	T. 콜린스

BALL PARK : Comerica Park

주소 : 2401 2100 Woodward Avenue Detroit, Michigan 48201
펜스 거리 : 왼쪽 105m, 좌중간 113m, 중앙 128m, 우중간 111m, 오른쪽 101m
펜스 높이 : 왼쪽 2.1m, 좌중간 2.6m, 우중간 3.5m, 오른쪽 2.6m
최초공식경기 : 2000년 4월 11일
잔디 : 켄터키 블루그래스(천연잔디)
수용 인원 : 4만 1,574명
홈팀 덕아웃 : 3루
파크팩터 : 0.902(MLB 26위)

신구의 조화와 트레이드로 타이거스 일원이 된 4명의 활약이 승부를 가른다

2016 리뷰

디트로이트는 우승을 위해 저스틴 업튼(6년 1억 3,275만) 조던 짐머맨(5년 1억 1,000만) 마이클 펠프리(2년 1,600만) 마크 로(2년 1,100만) 등의 FA 영입 비용으로 2억 7,000만 달러를 썼다.

5월12일 워싱턴과의 인터리그 경기에서 맥스 슈어저는 친정팀을 상대로 20K를 달성하며 승리투수가 되었다. 디트로이트는 5월 4일부터 15일까지 1승 11패라는 저조한 성적으로 첫 두 달간 24승27패에 그쳤다. 그러나 6월 17승 11패를 기록하며 디트로이트는 6월부터 9월까지 클리블랜드(66승 43패)와 텍사스(64승 44패) 다음으로 좋은 62승 46패를 기록했다. 그러나 그 후 추락에 추락을 거듭하여 아쉬움을 삼켜야 했다. 특히 선발진의 무기력한 성적이 치명타였다.

산체스(1,680만), 짐머맨(1,800만)과 펠프리(800만) 세 명은 도합 4,280만 달러의 연봉으로 선발 66경기 18승 29패 5.45를 기록했다. 특히 산체스가 선발 경기에서 기록한 8승 18패가 치명적이었다. 또한 마무리 로드리게스가 마지막 18경기에서 12세이브, 3블론 4.58로 부진하면서 결정타를 맞았다. 디트로이트는 이번에도 연봉 총액이 자신들의 절반에 불과한 클리블랜드(8,600만 ML 24위)가 월드시리즈에 오르는 장면을 목격했다. 포스트시즌 탈락은 클리블랜드에게 당한 4승 14패가 결정적이었다. 그러나 에이스 저스틴 발렌더의 부활(227이닝 16승 9패 3.04)과 신인 마이클 풀머(159이닝 11승 7패 3.06)의 활약과 미겔 카브레라의 부활(158경기 타율 3.16, 38홈런 108타점)이 그나마 위안을 주었다.

2017 프리뷰

죽기 전에 우승을 보고 싶다는 마이클 일리치 구단주의 염원은 이루어질 것인가? 올해가 우승에 근접한 마지막 해가 될지 모른다. 2018년도에는 카브레라, 벌렌더, 짐머맨, 빅터 마르티네스가 FA로 풀리기 때문이다. 먼저 투수력을 살펴보면 제1선발 저스틴 벌렌더, 풀머, 짐머맨, 그린, 펠프리, 산체스로 이어지는 선발진은 같은 지구 인디언스에 비해 좋으면 좋았지 절대 밀리지 않는 선발진이다. 작년에 부진했던 펠프리와 산체스의 부활이 간절하다. 불펜진은 프란시스코 로드리게스가 여전히 위력적이나 2016시즌 막판의 부진과 전반적으로 평균자책점 순위가 13위에 머무는 불펜진으로는 정상 탈환이 어렵다. 그나마 알렉스 윌슨(73이닝 2.96)이 유일하게 제 몫을 다했다. 대니얼 노리스와 맷 보이드가 중간계투진에서 제 몫을 해준다면 반등의 여지가 남아 있다. 공격력에서는 미겔 카브레라를 필두로 킨슬러, 업튼에 이르기까지 막강한 타선을 보유하고 있다. 그러나 소문난 잔치에 먹을 게 없다고 선수 개개인은 엄청난 능력을 가지고 있지만 모래알 같은 조직력과 부상 선수의 속출로 타선의 위용을 보여주지 못했다. 어느 때보다도 아스무스 감독의 리더십과 용병술이 절실할 때다. 특히 같은 지구의 미네소타와 화이트삭스가 리빌딩 상태에 있으며 캔자스시티 불펜에도 구멍이(웨이드 데이비스 이적) 생겨 내년 시즌에 모든 것을 올인해야 하는 이유다. 2016년 클리블랜드와 맞대결에서 4승 14패라는 성적이 포스트진출을 막았다. 올해는 인디언스와 5할대 승부를 이룬다면 지구 우승도 가능한 전력이기 때문이다.

DETROIT TIGERS

SQUAD LIST *선수 명단은 2017년 3월 16일 기준(source : ESPN)

투수

번호	이름	위치	투	타	나이	출생지
58	Victor Alcantara	SP	R	R	23	Santo Domingo, Dominican Republic
62	Sandy Baez	RP	R	R	23	Juan Baron, Dominican Republic
64	Chad Bell	RP	L	R	28	Knoxville, TN
48	Matt Boyd	SP	L	L	26	Bellevue, WA
45	Buck Farmer	RP	R	L	26	Conyers, GA
32	Michael Fulmer	SP	R	R	24	Oklahoma City, OK
61	Shane Greene	RP	R	R	28	Clermont, FL
36	Blaine Hardy	RP	L	L	30	Seattle, WA
65	Myles Jaye	SP	R	B	25	Fayetteville, GA
63	Jairo Labourt	SP	L	L	23	Azua, Dominican Republic
21	Mark Lowe	RP	R	L	33	Houston, TX
44	Daniel Norris	SP	L	L	23	Johnson City, TN
37	Mike Pelfrey	SP	R	R	33	Wright Patterson Afb, OH
57	Francisco Rodriguez	RP	R	R	35	Caracas, Venezuela
43	Bruce Rondon	RP	R	R	26	Valencia, Venezuela
56	Kyle Ryan	RP	L	L	25	Auburndale, FL
19	Anibal Sanchez	SP	R	R	33	Maracay, Venezuela
53	Warwick Saupold	RP	R	R	27	Redcliffe, Australia
68	Daniel Stumpf	SP	L	L	26	Humble, TX
54	Drew VerHagen	RP	R	R	26	Royse City, TX
35	Justin Verlander	SP	R	R	34	Manakin-Sabot, VA
30	Alex Wilson	RP	R	R	30	Dhahran
38	Justin Wilson	RP	L	L	29	Anaheim, CA
27	Jordan Zimmermann	SP	R	R	30	Auburndale, WI

포수

번호	이름	위치	투	타	나이	출생지
31	Alex Avila	C	R	L	30	Hialeah, FL
55	John Hicks	C	R	R	27	Richmond, VA
34	James McCann	C	R	R	26	Santa Barbara, CA

내야

번호	이름	위치	투	타	나이	출생지
24	Miguel Cabrera	1B	R	R	33	Maracay, Venezuela
9	Nick Castellanos	3B	R	R	25	Davie, FL
1	Jose Iglesias	SS	R	R	27	Havana, Cuba
3	Ian Kinsler	2B	R	R	34	Tucson, AZ
49	Dixon Machado	SS	R	R	25	San Cristobal-Tachira, Venezuela
17	Andrew Romine	3B	R	B	31	Winter Haven, FL

외야

번호	이름	위치	투	타	나이	출생지
18	Tyler Collins	CF	L	L	26	Lubbock, TX
40	JaCoby Jones	CF	R	R	24	Chickasha, OK
15	Mikie Mahtook	CF	R	R	27	Lafayette, LA
28	J.D. Martinez	RF	R	R	29	Miami, FL
33	Steven Moya	RF	R	L	25	Rio Piedras, Puerto Rico
8	Justin Upton	LF	R	R	29	Norfolk, VA

지명타자

번호	이름	위치	투	타	나이	출생지
41	Victor Martinez	DH	R	B	38	Ciudad Bolivar, Venezuela

SUMMARY

우타자	좌타자	스위치	우투수	좌투수	평균나이	최연소	최연장
11명	3명	2명	16명	8명	28.1세	23세	38세

DETROIT TIGERS

2017 REGULAR SEASON SCHEDULE

■ 는 홈경기, 시간은 미국 동부시간 기준

날짜	상대팀	경기시간	날짜	상대팀	경기시간	날짜	상대팀	경기시간
Mon, 4/3	Chicago White Sox	PM 4:10	Thu, 6/8	Los Angeles Angels	PM 1:10	Mon, 8/14	Texas Rangers	PM 8:05
Wed, 4/5	Chicago White Sox	PM 2:10	Fri, 6/9	Boston Red Sox	PM 7:10	Tue, 8/15	Texas Rangers	PM 8:05
Thu, 4/6	Chicago White Sox	PM 2:10	Sat, 6/10	Boston Red Sox	PM 7:15	Wed, 8/16	Texas Rangers	PM 8:05
Fri, 4/7	Boston Red Sox	PM 1:10	Sun, 6/11	Boston Red Sox	TBD	Fri, 8/18	Los Angeles Dodgers	PM 7:10
Sat, 4/8	Boston Red Sox	PM 1:10	Tue, 6/13	Arizona D-backs	PM 7:10	Sat, 8/19	Los Angeles Dodgers	PM 4:05
Sun, 4/9	Boston Red Sox	PM 1:10	Wed, 6/14	Arizona D-backs	PM 7:10	Sun, 8/20	Los Angeles Dodgers	PM 1:10
Mon, 4/10	Boston Red Sox	PM 1:10	Thu, 6/15	Tampa Bay Rays	PM 7:10	Tue, 8/22	New York Yankees	PM 7:10
Tue, 4/11	Minnesota Twins	PM 1:10	Fri, 6/16	Tampa Bay Rays	PM 7:10	Wed, 8/23	New York Yankees	PM 7:10
Wed, 4/12	Minnesota Twins	PM 1:10	Sat, 6/17	Tampa Bay Rays	PM 4:10	Thu, 8/24	New York Yankees	PM 1:10
Thu, 4/13	Minnesota Twins	PM 1:10	Sun, 6/18	Tampa Bay Rays	PM 1:10	Fri, 8/25	Chicago White Sox	PM 8:10
Fri, 4/14	Cleveland Indians	PM 7:10	Mon, 6/19	Seattle Mariners	PM 10:10	Sat, 8/26	Chicago White Sox	PM 7:10
Sat, 4/15	Cleveland Indians	PM 4:10	Tue, 6/20	Seattle Mariners	PM 10:10	Sun, 8/27	Chicago White Sox	PM 2:10
Sun, 4/16	Cleveland Indians	PM 1:10	Wed, 6/21	Seattle Mariners	PM 10:10	Mon, 8/28	Colorado Rockies	PM 8:40
Tue, 4/18	Tampa Bay Rays	PM 7:10	Thu, 6/22	Seattle Mariners	PM 10:10	Tue, 8/29	Colorado Rockies	PM 8:40
Wed, 4/19	Tampa Bay Rays	PM 7:10	Fri, 6/23	San Diego Padres	PM 10:10	Wed, 8/30	Colorado Rockies	PM 3:10
Thu, 4/20	Tampa Bay Rays	PM 1:10	Sat, 6/24	San Diego Padres	PM 10:10	Fri, 9/1	Cleveland Indians	PM 7:10
Fri, 4/21	Minnesota Twins	PM 8:10	Sun, 6/25	San Diego Padres	PM 4:40	Sat, 9/2	Cleveland Indians	PM 6:10
Sat, 4/22	Minnesota Twins	PM 2:10	Tue, 6/27	Kansas City Royals	PM 7:10	Sun, 9/3	Cleveland Indians	PM 1:10
Sun, 4/23	Minnesota Twins	PM 2:10	Wed, 6/28	Kansas City Royals	PM 1:10	Mon, 9/4	Kansas City Royals	PM 1:10
Tue, 4/25	Seattle Mariners	PM 7:10	Thu, 6/29	Kansas City Royals	PM 1:10	Tue, 9/5	Kansas City Royals	PM 7:10
Wed, 4/26	Seattle Mariners	PM 7:10	Fri, 6/30	Cleveland Indians	PM 7:10	Wed, 9/6	Kansas City Royals	PM 7:10
Thu, 4/27	Seattle Mariners	PM 1:10	Sat, 7/1	Cleveland Indians	PM 7:15	Fri, 9/8	Toronto Blue Jays	PM 7:07
Fri, 4/28	Chicago White Sox	PM 7:10	Sun, 7/2	Cleveland Indians	PM 1:10	Sat, 9/9	Toronto Blue Jays	PM 1:07
Sat, 4/29	Chicago White Sox	PM 7:10	Tue, 7/4	San Francisco Giants	PM 1:10	Sun, 9/10	Toronto Blue Jays	PM 1:07
Sun, 4/30	Chicago White Sox	PM 1:10	Wed, 7/5	San Francisco Giants	PM 1:10	Mon, 9/11	Cleveland Indians	PM 7:10
Mon, 5/1	Cleveland Indians	PM 7:10	Thu, 7/6	San Francisco Giants	PM 1:10	Tue, 9/12	Cleveland Indians	PM 7:10
Tue, 5/2	Cleveland Indians	PM 7:10	Fri, 7/7	Cleveland Indians	PM 7:10	Wed, 9/13	Cleveland Indians	PM 12:10
Wed, 5/3	Cleveland Indians	PM 7:10	Sat, 7/8	Cleveland Indians	PM 7:15	Thu, 9/14	Chicago White Sox	PM 1:10
Thu, 5/4	Cleveland Indians	PM 1:10	Sun, 7/9	Cleveland Indians	PM 8:05	Fri, 9/15	Chicago White Sox	PM 7:10
Fri, 5/5	Oakland Athletics	PM 10:05	Fri, 7/14	Toronto Blue Jays	PM 7:07	Sat, 9/16	Chicago White Sox	PM 6:10
Sat, 5/6	Oakland Athletics	PM 9:05	Sat, 7/15	Toronto Blue Jays	PM 6:10	Sun, 9/17	Chicago White Sox	PM 1:10
Sun, 5/7	Oakland Athletics	PM 4:05	Sun, 7/16	Toronto Blue Jays	PM 1:10	Mon, 9/18	Oakland Athletics	PM 7:10
Tue, 5/9	Arizona D-backs	PM 9:40	Mon, 7/17	Kansas City Royals	PM 8:15	Tue, 9/19	Oakland Athletics	PM 7:10
Wed, 5/10	Arizona D-backs	PM 9:40	Tue, 7/18	Kansas City Royals	PM 8:15	Wed, 9/20	Oakland Athletics	PM 7:10
Thu, 5/11	Los Angeles Angels	PM 10:07	Wed, 7/19	Kansas City Royals	PM 8:15	Thu, 9/21	Minnesota Twins	PM 7:10
Fri, 5/12	Los Angeles Angels	PM 10:07	Thu, 7/20	Kansas City Royals	PM 8:15	Fri, 9/22	Minnesota Twins	PM 7:10
Sat, 5/13	Los Angeles Angels	PM 9:07	Fri, 7/21	Minnesota Twins	PM 8:10	Sat, 9/23	Minnesota Twins	PM 7:10
Sun, 5/14	Los Angeles Angels	PM 3:37	Sat, 7/22	Minnesota Twins	PM 7:10	Sun, 9/24	Minnesota Twins	PM 1:10
Tue, 5/16	Baltimore Orioles	PM 7:10	Sun, 7/23	Minnesota Twins	PM 2:10	Tue, 9/26	Kansas City Royals	PM 8:15
Wed, 5/17	Baltimore Orioles	PM 7:10	Mon, 7/24	Kansas City Royals	PM 7:10	Wed, 9/27	Kansas City Royals	PM 8:15
Thu, 5/18	Baltimore Orioles	PM 1:10	Tue, 7/25	Kansas City Royals	PM 7:10	Thu, 9/28	Kansas City Royals	PM 8:15
Fri, 5/19	Texas Rangers	PM 7:10	Wed, 7/26	Kansas City Royals	PM 7:10	Fri, 9/29	Minnesota Twins	PM 8:10
Sat, 5/20	Texas Rangers	PM 7:15	Fri, 7/28	Houston Astros	PM 7:10	Sat, 9/30	Minnesota Twins	PM 7:10
Sun, 5/21	Texas Rangers	PM 8:05	Sat, 7/29	Houston Astros	PM 6:10	Sun, 10/1	Minnesota Twins	PM 3:10
Mon, 5/22	Houston Astros	PM 8:10	Sun, 7/30	Houston Astros	PM 1:10			
Tue, 5/23	Houston Astros	PM 8:10	Mon, 7/31	New York Yankees	PM 7:05			
Wed, 5/24	Houston Astros	PM 8:10	Tue, 8/1	New York Yankees	PM 7:05			
Thu, 5/25	Houston Astros	PM 8:10	Wed, 8/2	New York Yankees	PM 1:05			
Fri, 5/26	Chicago White Sox	PM 8:10	Thu, 8/3	Baltimore Orioles	PM 7:05			
Sat, 5/27	Chicago White Sox	PM 7:10	Fri, 8/4	Baltimore Orioles	PM 7:05			
Sun, 5/28	Chicago White Sox	PM 2:10	Sat, 8/5	Baltimore Orioles	PM 7:05			
Mon, 5/29	Kansas City Royals	PM 7:15	Sun, 8/6	Baltimore Orioles	PM 1:35			
Tue, 5/30	Kansas City Royals	PM 8:15	Mon, 8/7	Pittsburgh Pirates	PM 7:05			
Wed, 5/31	Kansas City Royals	PM 8:15	Tue, 8/8	Pittsburgh Pirates	PM 7:05			
Fri, 6/2	Chicago White Sox	PM 7:10	Wed, 8/9	Pittsburgh Pirates	PM 7:10			
Sat, 6/3	Chicago White Sox	PM 4:10	Thu, 8/10	Pittsburgh Pirates	PM 1:10			
Sun, 6/4	Chicago White Sox	PM 1:10	Fri, 8/11	Minnesota Twins	PM 7:10			
Tue, 6/6	Los Angeles Angels	PM 7:10	Sat, 8/12	Minnesota Twins	PM 6:10			
Wed, 6/7	Los Angeles Angels	PM 7:10	Sun, 8/13	Minnesota Twins	PM 1:10			

DETROIT TIGERS

■ 15% 이상 ■ 12–14% ■ 9–11% ■ 6–8% ■ 3–5% □ 2% 이하

SP Justin VERLANDER   NO.35
저스틴 벌렌더

우투우타 1983년 2월 20일 196cm, 102kg

*는 낮을수록 좋은 기록임

시즌	경기	이닝	피안타	피홈런	볼넷	탈삼진	승-패-세-홀	평균자책	구분	기록	MLB
2016	34	227.2	171	30	57	254	16-9-0-0	3.04	평균자책*	3.04	4.19
통산	352	2339.0	2072	217	699	2197	173-106-0-0	3.47	탈삼진 / 9	10.04	8.10
									볼넷 / 9*	2.25	3.14
									탈삼진 / 볼넷	4.46	2.58
									피홈런 / 9*	1.19	1.17
									피안타율	0.204	0.252
									WHIP	1.00	1.32
									잔루율	79.9%	72.9%
									FIP*	3.48	4.24

PITCHING ZONE (좌타자·몸쪽 / 우타자·몸쪽)

PITCHING REPERTORY / VELOCITY km/h   MOVEMENT cm

구종	평균	전체	초구	2-2	좌타자	우타자	피안타율	상하	좌우
포심패스트볼	150	58%	67%	50%	60%	56%	0.231	↑26	→19
투심 / 싱커	–	–	–	–	–	–	–		
컷패스트볼	143	1%	0%	1%	1%	1%	0.067	↑14	←3
슬라이더	140	17%	12%	20%	13%	22%	0.182	↑12	←1
커브	127	16%	14%	21%	15%	17%	0.183	↓14	←14
체인지업	137	9%	6%	9%	12%	5%	0.271	↑13	→25
스플리터	–	–	–	–	–	–	–		

홈 ERA 3.07 원정 ERA 3.01
VS. 좌타자 2.830 VS. 우타자 3.260
VS. 추신수 58타수 13안타 2홈런 0.224
VS. 김현수 2타수 무안타
VS. 강정호 2타수 무안타

메이저리그를 대표하는 우완 에이스. 2011년 사이영상과 MVP를 동시에 수상했다. 2013년부터 구속저하로 고전을 하였다. 그러나 2016년 예전의 구속을 회복하며 16승 9패, .304를 기록했다. 벌렌더는 150km/h 중반에 육박하는 묵직한 포심패스트볼, 130km/h 후반대의 고속 슬라이더, 130km/h 초반의 커브, 그리고 130km/h 후반대의 서클체인지업을 구사한다. 그는 슬라이더를 주로 우타자를 상대로 사용하고, 좌타자를 상대할 때는 체인지업을 사용한다. 그는 자주 투 스트라이크 이후 커브를 구사한다. 그는 패스트볼의 구속을 자유자재로 바꾸면서 타자의 타이밍을 뺏는 데 능하다.

SP Michael FULMER   NO.32
마이클 풀머

우투우타 1993년 3월 15일 191cm, 95kg

*는 낮을수록 좋은 기록임

시즌	경기	이닝	피안타	피홈런	볼넷	탈삼진	승-패-세-홀	평균자책	구분	기록	MLB
2016	26	159.0	136	16	42	132	11-7-0-0	3.06	평균자책*	3.06	4.19
통산	26	159.0	136	16	42	132	11-7-0-0	3.06	탈삼진 / 9	7.47	8.10
									볼넷 / 9*	2.38	3.14
									탈삼진 / 볼넷	3.14	2.58
									피홈런 / 9*	0.91	1.17
									피안타율	0.228	0.252
									WHIP	1.12	1.32
									잔루율	79.0%	72.9%
									FIP*	3.76	4.24

PITCHING ZONE (좌타자·몸쪽 / 우타자·몸쪽)

PITCHING REPERTORY / VELOCITY km/h   MOVEMENT cm

구종	평균	전체	초구	2-2	좌타자	우타자	피안타율	상하	좌우
포심패스트볼	153	37%	39%	44%	40%	34%	0.244	↑25	→5
투심 / 싱커	153	20%	21%	10%	20%	20%	0.284	↑19	→19
컷패스트볼	–	–	–	–	–	–	–		
슬라이더	142	26%	23%	28%	18%	34%	0.197	↑8	←7
커브	–	–	–	–	–	–	–		
체인지업	139	18%	17%	19%	13%	0.167		↑5	→16
스플리터	–	–	–	–	–	–	–		

홈 ERA 3.00 원정 ERA 3.09
VS. 좌타자 2.500 VS. 우타자 3.660
VS. 추신수 4타수 무안타
VS. 김현수 2타수 무안타

루키 투수인 그는 2016 AL 신인왕을 차지했다. 디트로이트 선수로는 2006년 저스틴 벌렌더가 있었다. 2015년 요에니스 세스페데스가 포함된 트레이드를 통해 뉴욕 메츠에서 디트로이트로 이적한 풀머는 특히 시즌 초반 뜨거운 활약을 펼쳤다. 5월과 6월에 걸쳐 33이닝 연속 무실점 행진을 기록했고 8경기 연속 1실점 이하 경기를 펼쳤다. 올 시즌 디트로이트는 풀머가 등판한 경기에서 19승 7패라는 압도적인 성적을 거뒀다.

DETROIT TIGERS

■ 15% 이상 ■ 12-14% ■ 9-11% ■ 6-8% ■ 3-5% □ 2% 이하

SP Jordan ZIMMERMANN NO.27
조던 짐머맨

우투우타 1986년 5월 23일 188cm, 100kg *는 낮을수록 좋은 기록임

시즌	경기	이닝	피안타	피홈런	볼넷	탈삼진	승-패-세-홀	평균자책	구분	기록	MLB
2016	19	105.1	118	14	26	66	9-7-0-0	4.87	평균자책*	4.87	4.19
통산	197	1199.1	1165	118	247	969	79-54-0-0	3.45	탈삼진 / 9	5.64	8.10
									볼넷 / 9*	2.22	3.14
									탈삼진 / 볼넷	2.54	2.58
									피홈런 /9*	1.20	1.17
									피안타율*	0.280	0.252
									WHIP*	1.37	1.32
									잔루율	65.7%	72.9%
									FIP*	4.42	4.24

PITCHING ZONE 좌타자·몸쪽 / 우타자·몸쪽

PITCHING REPERTORY / VELOCITY km/h / MOVEMENT cm

구종	평균	전체	초구	2-2	좌타자	우타자	피타율	상하	좌우
포심패스트볼	149	59%	65%	52%	64%	54%	0.313	↑22	→11
투심 / 싱커	148	0%	0%	0%	0%	0%	1.000	↑13	→21
컷패스트볼	–	–	–	–	–	–	–		
슬라이더	141	25%	21%	29%	13%	39%	0.232	↑10	←5
커브	129	14%	13%	18%	21%	7%	0.194	↓12	←9
체인지업	140	1%	1%	0%	2%	0%	0.417	↑11	→19
스플리터	–	–	–	–	–	–	–		

홈 ERA 7.00 원정 ERA 2.63
VS. 좌타자 5.430 VS. 우타자 4.300
VS. 추신수 4타수 무안타 .000

평균 150km/h의 빠른 공을 던지며 수준급의 슬라이더와 커브를 구사한다. 그간 패스트볼의 정교한 제구와 무브먼트가 전매특허였던 선수. 하지만 최근 2년 연속 패스트볼 구속이 감소하고 있으며, 피홈런이 급증했다는 점은 불안한 대목이다. 그러나 다행인 것은 워낙 정교한 제구력을 갖고 있다. 2016시즌에는 첫 5경기에서 5승 평균자책점 0.55를 기록한 것이다. 그러나 토미존 수술 경력이 있는 짐머맨은 시즌 내내 잔부상에 시달리며 19경기만 등판, 105.1이닝 평균자책점 4.87에 그쳤다.

SP Daniel NORRIS NO.44
대니얼 노리스

좌투좌타 1993년 4월 25일 188cm, 82kg *는 낮을수록 좋은 기록임

시즌	경기	이닝	피안타	피홈런	볼넷	탈삼진	승-패-세-홀	평균자책	구분	기록	MLB
2016	14	69.1	75	10	22	71	4-2-0-0	3.38	평균자책*	3.38	4.19
통산	32	136.0	133	20	46	120	7-4-0-1	3.64	탈삼진 / 9	9.22	8.10
									볼넷 / 9*	2.86	3.14
									탈삼진 / 볼넷	3.23	2.58
									피홈런 /9*	1.30	1.17
									피안타율*	0.268	0.252
									WHIP*	1.40	1.32
									잔루율	80.7%	72.9%
									FIP*	3.93	4.24

PITCHING ZONE 좌타자·몸쪽 / 우타자·몸쪽

PITCHING REPERTORY / VELOCITY km/h / MOVEMENT cm

구종	평균	전체	초구	2-2	좌타자	우타자	피타율	상하	좌우
포심패스트볼	149	46%	48%	55%	55%	43%	0.272	↑25	←11
투심 / 싱커	149	14%	16%	24%	8%	16%	0.318	↑23	→20
컷패스트볼	–	–	–	–	–	–	–		
슬라이더	138	15%	12%	7%	22%	12%	0.237	↑3	←5
커브	122	9%	11%	0%	10%	9%	0.194	↓21	←5
체인지업	138	15%	13%	11%	4%	21%	0.222	↑9	←18
스플리터	–	–	–	–	–	–	–		

홈 ERA 3.86 원정 ERA 2.81
VS. 좌타자 3.930 VS. 우타자 3.180
VS. 추신수 2타수 1안타 1홈런 .500

2014년 토론토에서 빅리그에 데뷔 후 2015년 7월 프라이스 트레이드 때 디트로이트로 건너왔다. 2015년 토론토 팀 내 가장 뛰어난 유망주였다. 평균구속 148km/h의 패스트볼을 던지며, 슬라이더와 커브 그리고 체인지업을 곁들인다. 마이너리그 시절 제구 문제는 상당 부분 개선되었다. 그는 밴에서 생활하는 독특한 라이프 스타일을 즐긴다. 시즌이 끝난 후 갑상선암 수술을 받았다. 2016년 성적은 부상으로 많은 경기를 못 뛰면서 4승 2패 방어율 3.64를 기록했다.

DETROIT TIGERS

■ 15% 이상   ■ 12–14%   ■ 9–11%   ■ 6–8%   ■ 3–5%   □ 2% 이하

Justin WILSON
저스틴 윌슨

NO.38

좌투좌타 1987년 8월 18일 188cm, 92kg

*는 낮을수록 좋은 기록임

시즌	경기	이닝	피안타	피홈런	볼넷	탈삼진	승-패-세-홀	평균자책	구분	기록	MLB
2016	66	58.2	61	6	17	65	4-5-1-0	4.14	평균자책*	4.14	4.19
통산	276	258.0	219	17	98	258	18-10-1-85	3.28	탈삼진 / 9	9.97	8.10
									볼넷 / 9*	2.61	3.14
									탈삼진 / 볼넷	3.82	2.58
									피홈런 / 9*	0.92	1.17
									피안타율*	0.262	0.252
									WHIP*	1.33	1.32
									잔루율	70.8%	72.9%
									FIP*	3.18	4.24

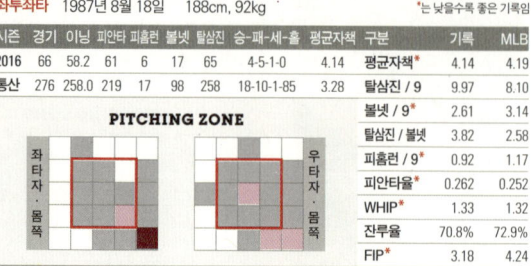

PITCHING REPERTORY / VELOCITY km/h **MOVEMENT** cm

구종	평균	전체	초구	2-2	좌타자	우타자	피타율	상하	좌우
포심패스트볼	153	56%	59%	47%	57%	56%	0.260	↑28	←13
투심 / 싱커	153	17%	22%	12%	12%	19%	0.254	↑23	←22
컷패스트볼	146	21%	14%	28%	23%	19%	0.237	↑1	→1
슬라이더	137	4%	2%	9%	5%	3%	0.115	↑1	→4
커브	128	2%	1%	4%	3%	2%	0.333	↑9	→8
체인지업	143	0%	1%	0%	1%	0%	0.000	↑16	←21
스플리터	–	–	–	–	–	–	–	–	–

홈 ERA 3.41 원정 ERA 5.00
VS. 좌타자 5.910 VS. 우타자 3.130
VS. 추신수 7타수 1안타 0.143

팀에 새로 합류한 좌완 불펜투수다. 2012년 피츠버그에서 대뷔했으며 2015년 양키스에서 활약하며 리그에서 두 번째로 많은 29개의 홀드를 기록했다. 좌완으로서 평균구속 153km/h의 빠른 공과 커터를 던진다. 두 구종의 도합 구사율이 90%이상을 차지할 정도로 상대타자와의 정면승부를 즐긴다. 커브는 간간이 섞어 던지며, 좌우타자를 모두 효과적으로 상대하며, 패스트볼 구위가 묵직해 장타 허용 빈도가 높지 않다. 기복을 보이던 제구력도 향상되었다.

Bruce RONDON
브루스 론돈

NO.43

우투우타 1990년 12월 9일 190cm, 125kg

*는 낮을수록 좋은 기록임

시즌	경기	이닝	피안타	피홈런	볼넷	탈삼진	승-패-세-홀	평균자책	구분	기록	MLB
2016	37	36.1	23	5	12	45	5-2-0-6	2.97	평균자책*	2.97	4.19
통산	102	96.0	82	10	42	111	7-4-6-14	4.03	탈삼진 / 9	11.15	8.10
									볼넷 / 9*	2.97	3.14
									탈삼진 / 볼넷	3.75	2.58
									피홈런 / 9*	1.24	1.17
									피안타율*	0.178	0.252
									WHIP*	0.96	1.32
									잔루율	83.9%	72.9%
									FIP*	3.70	4.24

PITCHING REPERTORY / VELOCITY km/h **MOVEMENT** cm

구종	평균	전체	초구	2-2	좌타자	우타자	피타율	상하	좌우
포심패스트볼	157	60%	71%	36%	63%	56%	0.277	↑25	→10
투심 / 싱커	157	0%	0%	0%	0%	0%	0.000	↑14	→20
컷패스트볼	–	–	–	–	–	–	–	–	–
슬라이더	139	35%	27%	58%	28%	44%	0.113	↑3	←4
커브	–	–	–	–	–	–	–	–	–
체인지업	144	5%	2%	7%	3%	0%	0.364	↑14	→22
스플리터	–	–	–	–	–	–	–	–	–

홈 ERA 2.79 원정 ERA 3.18
VS. 좌타자 1.400 VS. 우타자 4.760
VS. 강정호 1타수 무안타
VS. 김현수 0타수 0안타 1볼넷

한때 미래의 마무리투수로 각광받았으나 워크 에씩(work ethic, 노동관)에 치명적인 결함이 있다. 2015년 9월 디트로이트 구단은 론돈의 불성실함을 문제 삼아 시즌이 채 끝나기도 전에 고향인 베네수엘라로 보냈다. 2013년 대뷔했으며 이듬해 토미존 수술을 받고 한 시즌을 온전히 쉰 뒤 지난해 6월 복귀했다. 제구에는 문제가 있지만 최고구속 163km/h의 폭발적인 강속구를 자랑하는 투수, 140km/h대의 슬라이더가 주무기다. 후반기에 좋은 모습을 보여줘 2017시즌을 기대하게 만든다.

DETROIT TIGERS

■ 15% 이상　■ 12-14%　■ 9-11%　■ 6-8%　■ 3-5%　□ 2% 이하

RP **Alex WILSON**　　NO.30
알렉스 윌슨

우투우타　1986년 11월 3일　183cm, 98kg　　*는 낮을수록 좋은 기록임

시즌	경기	이닝	피안타	피홈런	볼넷	탈삼진	승-패-세-홀	평균자책
2016	62	73.0	68	5	21	49	4-0-0-14	2.96
통산	165	199.0	183	13	51	128	9-4-2-22	2.80

구분	기록	MLB
평균자책*	2.96	4.19
탈삼진 / 9	6.04	8.10
볼넷 / 9*	2.59	3.14
탈삼진 / 볼넷	2.33	2.58
피홈런 / 9*	0.62	1.17
피안타율	0.247	0.252
WHIP*	1.22	1.32
잔루율	77.1%	72.9%
FIP*	3.60	4.24

PITCHING REPERTORY / VELOCITY km/h / MOVEMENT cm

구종	평균	전체	초구	2-2	좌타자	우타자	피타율	상하	좌우
포심패스트볼	149	27%	29%	26%	28%	0.248	↑25	→8
투심 / 싱커	148	28%	32%	24%	37%	21%	0.200	↑20	→16
컷패스트볼	140	39%	33%	42%	31%	45%	0.285	↑9	←7
슬라이더	134	5%	8%	4%	3%	6%	0.120	↓4	←8
커브	—	—	—	—	—	—	—		
체인지업	142	1%	1%	1%	2%	0%	0.444	↑15	→22
스플리터	—	—	—	—	—	—	—		

홈 ERA 2.11　원정 ERA 3.89
VS. 좌타자 2.120　VS. 우타자 3.530
VS. 강정호 2타수 1안타 .500
VS. 김현수 1타수 1안타 1.000

웨스트버지니아주에서 자랐지만 사우디에서 태어난 독특한 태생의 이력을 가진 선수다. 2013년 보스턴에서 메이저리그 무대를 밟았으며, 지난해부터 디트로이트에서 뛰고 있다. 평균 148km/h의 패스트볼을 던지며, 포심과 투심을 모두 구사한다. 결정구는 슬라이더다. 지난해 첫 풀타임 시즌을 보냈으며 2016시즌 14홀드 .296의 성적을 올렸다. 마이너 시절 선발 경험도 풍부해 전방위적 활약이 가능하다.

RP **Mark LOWE**　　NO.21
마크 로우

우투좌타　1983년 6월 7일　190cm, 95kg　　*는 낮을수록 좋은 기록임

시즌	경기	이닝	피안타	피홈런	볼넷	탈삼진	승-패-세-홀	평균자책
2016	54	49.1	57	12	24	49	1-3-0-8	7.11
통산	382	385.2	386	47	163	352	10-27-6-78	4.22

구분	기록	MLB
평균자책*	7.11	4.19
탈삼진 / 9	8.94	8.10
볼넷 / 9*	3.83	3.14
탈삼진 / 볼넷	2.33	2.58
피홈런 / 9*	2.19	1.17
피안타율	0.282	0.252
WHIP*	1.58	1.32
잔루율	61.1%	72.9%
FIP*	5.66	4.24

PITCHING REPERTORY / VELOCITY km/h / MOVEMENT cm

구종	평균	전체	초구	2-2	좌타자	우타자	피타율	상하	좌우
포심패스트볼	151	54%	52%	45%	59%	49%	0.292	↑20	→22
투심 / 싱커	—	—	—	—	—	—	—		
컷패스트볼	—	—	—	—	—	—	—		
슬라이더	138	45%	48%	54%	39%	51%	0.216	↑6	→2
커브	—	—	—	—	—	—	—		
체인지업	140	1%	0%	1%	2%	0%	0.400	↑13	→20
스플리터	—	—	—	—	—	—	—		

홈 ERA 5.68　원정 ERA 8.63
VS. 좌타자 5.870　VS. 우타자 8.200
VS. 추신수 6타수 1안타 0.167

2년 간 1300만 달러에 디트로이트와 계약을 하였다. 최고구속 159km/h에 육박하는 빠른 공을 던지며, 슬라이더가 결정구다. 우타자 킬러라고 해도 과언이 아닐 만큼 우타자를 상대로 강력한 모습을 보여주었다. 최근 몇 년간 부상으로 고생하면서 제대로 된 커리어를 이어가지 못했다. 2016시즌에는 패스트볼 구속이 4km/h 저하되었고 제구불안에 슬라이더는 예리한 각이 사라지면서 난타를 당하며 49.1이닝 동안 방어율 .711을 기록하는 부진을 보였다.

DETROIT TIGERS

■ 15% 이상 ■ 12-14% ■ 9-11% ■ 6-8% ■ 3-5% □ 2% 이하

홈 ERA 3.45 원정 ERA 3.03
VS. 좌타자 3.940 VS. 우타자 2.510
VS. 추신수 3타수 1안타 0.333
VS. 강정호 2타수 무안타

RP Francisco RODRIGUEZ NO.57
프란시스코 로드리게스

우투우타 1982년 1월 7일 183cm, 88kg

*는 낮을수록 좋은 기록임

시즌	경기	이닝	피안타	피홈런	볼넷	탈삼진	승-패-세-홀	평균자책	구분	기록	MLB
2016	61	58.1	45	6	21	52	3-4-44-0	3.24	평균자책*	3.24	4.19
통산	920	950.2	707	89	378	1119	50-48-430-88	2.76	탈삼진 / 9	8.02	8.10
									볼넷 / 9*	3.24	3.14
									탈삼진 / 볼넷	2.48	2.58

PITCHING ZONE

좌타자·몸쪽 / 우타자·몸쪽

구분	기록	MLB
피홈런 / 9*	0.93	1.17
피안타율	0.211	0.252
WHIP*	1.13	1.32
잔루율	73.4%	72.9%
FIP*	3.83	4.24

PITCHING REPERTORY / VELOCITY km/h / MOVEMENT cm

구종	평균	전체	초구	2-2	좌타자	우타자	피타율	상하	좌우
포심패스트볼	144	23%	23%	26%	21%	24%	0.288	↑26	←11
투심 / 싱커	144	21%	35%	5%	20%	26%	0.365	↑20	←18
컷패스트볼	–	–	–	–	–	–	–		
슬라이더	–	–	–	–	–	–	–		
커브	122	12%	15%	9%	9%	14%	0.143	↓17	→18
체인지업	134	42%	27%	60%	50%	36%	0.128	↑9	←16
스플리터	–	–	–	–	–	–	–		

베네수엘라 출신으로 통산 430세이브는 현역투수 중 1위의 기록 2008년 62세이브는 역대 한 시즌 최다 기록이다. 전성기 시절인 2000년대 중·후반에는 160km/h에 육박하는 강속구로 명성을 날렸으나 지금은 평균구속의 저하로 144km/h이며 지금은 체인지업 투수로 변신을 하였다. 2010년에는 마무리에서 밀려나는 수모도 겪었다. 2014년을 기점으로 재기에 성공 하면서 2016년에는 44세이브에 방어율 .324를 기록하며 다시 한 번 회춘하고 있다.

홈 타율 0.218 원정 타율 0.224
VS. 좌투수 0.258 VS. 우투수 0.201
득점권 0.231 L/C 0.160

C James MCCANN NO.34
제임스 매캔

우투우타 1990년 6월 13일 188cm, 95kg

*는 낮을수록 좋은 기록임

시즌	타수	안타	홈런	타점	볼넷	도루	타율	출루율	장타율	구분	기록	MLB
2016	105	76	12	48	23	0	0.221	0.272	0.358	타율	0.221	0.255
통산	228	185	19	89	39	1	0.244	0.284	0.373	출루율	0.272	0.322

VS. 패스트볼 VS. 변화구

구분	기록	MLB
장타율	0.358	0.417
볼넷%	6.2%	8.2%
삼진%*	29.2%	21.1%
볼넷 / 삼진	0.21	0.39
순장타율	0.137	0.162
BABIP	0.283	0.300
wOBA	0.273	0.318

*5타수 미만은 색을 표시하지 않았음. ●●●: Ball zone

SPRAY ZONE

8 4 0
39% 33% 28%

홈런
타구분포 %

BATTED BALL

항목	비율
볼존 공격률	31%
S존 공격률	61%
볼존 컨택트율	55%
S존 컨택트율	84%
라인드라이브	18%
그라운드볼	41%
플라이볼	41%

DEFENSE

위치	자살	보살	실책	수비율
C	756	4	4	0.995

2015년 팀의 주전 포수로 발돋움했다. 2014시즌 데뷔했으며 2015년 첫 풀타임 시즌이었다. 파워가 떨어지며 타석에서의 공격적인 성향은 현재까지 독이 되고 있다. 하지만 포수로서 타격의 정확도는 결코 나쁘지 않다. 매캔이 단숨에 주전 포수로 도약할 수 있었던 것은 수비에서의 가치 덕분이다. 블로킹과 프레이밍 능력이 뛰어나며, 강한 어깨를 지니고 있어 주자 견제 에 능하다. 어린 나이에도 성숙한 플레이를 펼친다는 찬사도 받고 있다. 2016시즌에는 저조한 공격력을 보였다.

DETROIT TIGERS

■ 타율 0.400 이상 ■ 0.300–0.399 ■ 0.200–0.299 ■ 0.100–0.199 ■ 타율 0.099 이하

C | John HICKS
존 힉스
NO.55

우투우타 | 1989년 8월 31일 | 188cm, 104kg

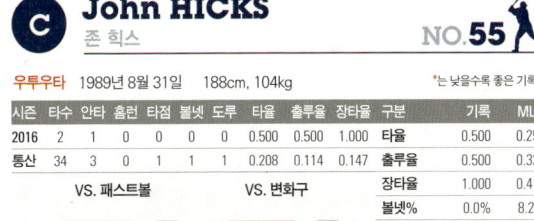

시즌	타수	안타	홈런	타점	볼넷	도루	타율	출루율	장타율	구분	기록	MLB
2016	2	1	0	0	0	0	0.500	0.500	1.000	타율	0.500	0.255
통산	34	3	0	1	1	1	0.208	0.114	0.147	출루율	0.500	0.322
										장타율	1.000	0.417
	VS. 패스트볼			VS. 변화구						볼넷%	0.0%	8.2%
										삼진%*	0.0%	21.1%
										볼넷 / 삼진	0.00	0.39
										순장타율	0.500	0.162
										BABIP	0.500	0.300
	*5타수 미만은 색을 표시하지 않았음.					Ball zone				wOBA	0.621	0.318

SPRAY ZONE

0 / 0 / 0 / 0% / 50% / 50%

홈런 타구분포 %

BATTED BALL
항목	비율
볼존 공격률	25%
S존 공격률	80%
볼존 컨택트율	0%
S존 컨택트율	100%
라인드라이브	50%
그라운드볼	50%
플라이볼	0%

DEFENSE

위치	자살	보살	실책	수비율
1B	3	1	0	1.000

홈 타율 0.500 원정 타율 0.500
VS. 좌투수 0.000 VS. 우투수 1.000
득점권 0.000 L/C

디트로이트의 포수 유망주. 당분간은 제임스 매켄의 백업요원으로 활동할 것으로 보인다. 2011년 4라운드 123번째로 시애틀에 지명되어 2015년 8월 29일 빅리그에 데뷔하였다. 마이너리그 시절 4번의 올스타에 선정되었다. 그의 마이너리그 타격 성적은 통산 5시즌 동안 .285/.332/421 홈런 42개를 기록하고 있다.

1B | Miguel CABRERA
미겔 카브레라
NO.24

우투우타 | 1983년 4월 18일 | 193cm, 109kg

시즌	타수	안타	홈런	타점	볼넷	도루	타율	출루율	장타율	구분	기록	MLB
2016	595	188	38	108	75	0	0.316	0.393	0.563	타율	0.316	0.255
통산	7853	2519	446	1553	1011	38	0.321	0.399	0.562	출루율	0.393	0.322
										장타율	0.563	0.417
	VS. 패스트볼			VS. 변화구						볼넷%	11.0%	8.2%
										삼진%*	17.1%	21.1%
										볼넷 / 삼진	0.65	0.39
										순장타율	0.247	0.162
										BABIP	0.336	0.300
	*5타수 미만은 색을 표시하지 않았음.					Ball zone				wOBA	0.399	0.318

SPRAY ZONE

10 / 13 / 15 / 38% / 33% / 29%

홈런 타구분포 %

BATTED BALL
항목	비율
볼존 공격률	32%
S존 공격률	70%
볼존 컨택트율	66%
S존 컨택트율	86%
라인드라이브	23%
그라운드볼	42%
플라이볼	36%

DEFENSE

위치	자살	보살	실책	수비율
1B	1186	95	7	0.995
3B	2	0	0	1.000

홈 타율 0.322 원정 타율 0.321
VS. 좌투수 0.302 VS. 우투수 0.321
득점권 0.297 L/C 0.310
VS. 류현진 2타수 1안타 0.500

현역 최고의 타자. 현역 타율 1위. 홈런과 타점에서 5위에 올라 있다. 두 차례 리그 MVP에 선정되었다. 2012년 트리플 크라운을 비롯해 최근 5년간 4번의 타격왕을 차지했으며 통산 11차례 올스타에 선정되었다. 컴팩트한 타격과 장타력을 모두 갖추고 있으며 선구안도 좋아 삼진 개수도 적다. 타석에서 위압감이 엄청난 선수로 타격에 빈틈이 없다. 데뷔 초반에 비하여 체격이 불어나 수비에 약점이 있다. 2016년 홈런 38개 .316/.393/.563을 기록했다.

DETROIT TIGERS

■ 타율 0.400 이상　■ 0.300–0.399　■ 0.200–0.299　■ 0.100–0.199　■ 타율 0.099 이하

2B　Ian KINSLER　　NO.03
이안 킨슬러

우투우타　1982년 6월 22일　183cm, 91kg

*는 낮을수록 좋은 기록임

시즌	타수	안타	홈런	타점	볼넷	도루	타율	출루율	장타율	구분	기록	MLB
2016	618	178	28	83	45	14	0.288	0.348	0.484	타율	0.288	0.255
통산	6127	1696	212	787	579	211	0.277	0.344	0.451	출루율	0.348	0.322
										장타율	0.484	0.417
										볼넷%	6.6%	8.2%
										삼진%*	16.9%	21.1%
										볼넷 / 삼진	0.39	0.39
										순장타율	0.196	0.162
										BABIP	0.314	0.300
										wOBA	0.356	0.318

VS. 패스트볼　VS. 변화구
*5타수 미만은 색을 표시하지 않았음. ●●●●● : Ball zone

SPRAY ZONE
2　26　0
44%　35%　21%
홈런
타구분포 %

BATTED BALL

항목	비율
볼존 공격률	28%
S존 공격률	63%
볼존 컨택트율	72%
S존 컨택트율	91%
라인드라이브	24%
그라운드볼	32%
플라이볼	45%

DEFENSE

위치	자살	보살	실책	수비율
2B	303	432	9	0.988

홈 타율 0.309　원정 타율 0.267
VS. 좌투수 0.309　VS. 우투수 0.281
득점권 0.319　L/C 0.226
VS. 류현진 2타수 1안타 0.500

공·수를 모두 갖춘 2루수 2006년 텍사스에서 데뷔하였고 2014년 필더와 맞트레이드로 디트로이트 유니폼을 입었다. 배트 컨트롤이 뛰어나고 펀치력과 정확도를 겸비하고 있어 어느 타선에 갖다놔도 제 역할을 해주는 선수다. 모든 구질에 특별한 약점이 없는 것도 투수들을 곤혹스럽게 만든다. 흐름을 읽는 능력이 탁월해 경기의 맥을 집는 플레이를 펼친다. 2009년 사이클링 히트를 기록했으며, 공격, 수비, 도루 모두가 뛰어난 선수다.

3B　Nick CASTELLANOS　　NO.09
닉 카스테야노스

우투우타　1992년 3월 4일　193cm, 95kg

*는 낮을수록 좋은 기록임

시즌	타수	안타	홈런	타점	볼넷	도루	타율	출루율	장타율	구분	기록	MLB
2016	411	117	18	58	28	1	0.285	0.331	0.496	타율	0.285	0.255
통산	1511	400	44	197	103	3	0.265	0.311	0.430	출루율	0.331	0.322
										장타율	0.496	0.417
										볼넷%	6.3%	8.2%
										삼진%*	24.8%	21.1%
										볼넷 / 삼진	0.25	0.39
										순장타율	0.212	0.162
										BABIP	0.345	0.300
										wOBA	0.350	0.318

VS. 패스트볼　VS. 변화구
*5타수 미만은 색을 표시하지 않았음. ●●●●● : Ball zone

SPRAY ZONE
5　10　3
39%　34%　27%
홈런
타구분포 %

BATTED BALL

항목	비율
볼존 공격률	38%
S존 공격률	72%
볼존 컨택트율	52%
S존 컨택트율	85%
라인드라이브	26%
그라운드볼	32%
플라이볼	43%

DEFENSE

위치	자살	보살	실책	수비율
3B	66	184	9	0.965

홈 타율 0.285　원정 타율 0.284
VS. 좌투수 0.207　VS. 우투수 0.315
득점권 0.330　L/C 0.304
VS. 류현진 2타수 2안타 1.000

팀 내 유망주 1위 출신의 선수. 하지만 데뷔 후 현실은 지금까지 녹록지 않다. 강한 손목 힘을 바탕으로 하는 스프레이 히터이며, 다양한 구질에 대처 능력이 좋고, 빠른 공에도 잘 대응한다. 중장거리 타자로서의 가능성은 있지만 컨택트 능력이 기대에 못 미치고 있다. 타석에서의 인내심도 부족하다. 3루 수비는 최악일 정도로 수비력이 대단히 실망스럽다. 그러나 아직 나이가 젊어 구단에서 인내심을 가지고 계속 키워나가야 할 선수다.

DETROIT TIGERS

■ 타율 0.400 이상　■ 0.300–0.399　■ 0.200–0.299　■ 0.100–0.199　■ 타율 0.099 이하

SS　Jose IGLESIAS　NO.01
호세 이글레시아스

우투우타　1990년 1월 5일　180cm, 84kg　*는 낮을수록 좋은 기록임

시즌	타수	안타	홈런	타점	볼넷	도루	타율	출루율	장타율	구분	기록	MLB
2016	467	119	4	32	28	7	0.255	0.306	0.336	타율	0.255	0.255
통산	1307	360	10	86	72	24	0.275	0.325	0.353	출루율	0.306	0.322
										장타율	0.336	0.417
										볼넷%	5.5%	8.2%
										삼진%*	9.7%	21.1%
										볼넷/삼진	0.56	0.39
										순장타율	0.081	0.162
										BABIP	0.276	0.300
										wOBA	0.283	0.318

VS. 패스트볼　VS. 변화구　우타자

*5타수 미만은 색을 표시하지 않았음. : Ball zone

SPRAY ZONE
0
3　1
38%　31%　31%
홈런
타구분포 %

BATTED BALL
항목	비율
볼존 공격률	36%
S존 공격률	52%
볼존 컨택트율	82%
S존 컨택트율	97%
라인드라이브	20%
그라운드볼	51%
플라이볼	28%

DEFENSE
위치	자살	보살	실책	수비율
SS	180	389	5	0.991

홈 타율 0.241　원정 타율 0.267
VS. 좌투수 0.254　VS. 우투수 0.255
득점권 0.257　L/C 0.258

쿠바 출신의 선수로 2011년 보스턴에서 데뷔했으며 2014년 디트로이트로 트레이드되었다. 장타력은 없지만 공을 맞히는 능력이 빼어나 좀처럼 삼진을 당하지 않는 것도 장점이다. 그는 일명 똑딱이 타자다. 그는 공격력보다는 수비력에서 리그 정상급으로 유격수에서 넓은 수비 범위와 강한 어깨를 가지고 있으며, 물 흐르듯 부드러운 명품수비를 자랑한다. 공격력에서 보다 나은 결과를 보여주지 못하는 아쉬움이 많은 선수다.

LF　Justin UPTON　NO.08
저스틴 업튼

우투우타　1987년 8월 25일　188cm, 93kg　*는 낮을수록 좋은 기록임

시즌	타수	안타	홈런	타점	볼넷	도루	타율	출루율	장타율	구분	기록	MLB
2016	570	140	9	31	50	9	0.246	0.310	0.465	타율	0.246	0.255
통산	4899	1315	23	221	559	124	0.268	0.347	0.472	출루율	0.310	0.322
										장타율	0.465	0.417
										볼넷%	8.0%	8.2%
										삼진%*	28.6%	21.1%
										볼넷/삼진	0.28	0.39
										순장타율	0.219	0.162
										BABIP	0.301	0.300
										wOBA	0.329	0.318

VS. 패스트볼　VS. 변화구　우타자

*5타수 미만은 색을 표시하지 않았음. : Ball zone

SPRAY ZONE
9
19　3
39%　36%　24%
홈런
타구분포 %

BATTED BALL
항목	비율
볼존 공격률	24%
S존 공격률	65%
볼존 컨택트율	53%
S존 컨택트율	79%
라인드라이브	18%
그라운드볼	39%
플라이볼	43%

DEFENSE
위치	자살	보살	실책	수비율
LF	253	4	4	0.985

홈 타율 0.255　원정 타율 0.239
VS. 좌투수 0.236　VS. 우투수 0.249
득점권 0.272　L/C 0.254
VS. 류현진 8타수 2안타 .250

저스틴 업튼은 2016년 1월 18일 6년 1억 3275만 달러에 계약했다 메이저리그의 대표적인 5툴 플레이어다. 특히 주력이 뛰어나 준수한 주루플레이를 펼친다. 5번의 20홈런을 기록할 정도의 파워를 가지고 있다. 19세의 나이에 데뷔해 올해 29세에 불과하다. 이 선수의 최대 약점은 기복이 너무 심하다는 것이다. 2016년 상반기에는 형편없는 성적을 보여주었으나 후반기에는 완전히 살아나 팀이 필요할 때 홈런을 때리며 31홈런을 달성하였다.

DETROIT TIGERS

■ 타율 0.400 이상   ■ 0.300-0.399   ■ 0.200-0.299   ■ 0.100-0.199   ■ 타율 0.099 이하

CF Tyler COLLINS
타일러 콜린스   NO.18

좌투좌타   1990년 6월 6일   180cm, 98kg   *는 낮을수록 좋은 기록임

시즌	타수	안타	홈런	타점	볼넷	도루	타율	출루율	장타율	구분	기록	MLB
2016	136	32	4	15	13	1	0.235	0.305	0.382	타율	0.235	0.255
통산	352	89	9	44	27	1	0.253	0.309	0.401	출루율	0.305	0.322

구분	기록	MLB
장타율	0.382	0.417
볼넷%	8.6%	8.2%
삼진%*	25.2%	21.1%
볼넷 / 삼진	0.34	0.39
순장타율	0.147	0.162
BABIP	0.295	0.300
wOBA	0.299	0.318

VS. 패스트볼   VS. 변화구
*5타수 미만은 색을 표시하지 않았음. ●●●● : Ball zone

SPRAY ZONE
0
0   4
28% 32% 39%
홈런
타구분포 %

BATTED BALL
항목	비율
볼존 공격률	29%
S존 공격률	65%
볼존 컨택트율	65%
S존 컨택트율	84%
라인드라이브	19%
그라운드볼	41%
플라이볼	39%

DEFENSE
위치	자살	보살	실책	수비율
CF	58	2	1	0.984
LF	16	0	0	1.000

홈 타율 0.260 원정 타율 0.203
VS. 좌투수 0.111 VS. 우투수 0.266
득점권 0.333 L/C 0.412

2011년 6라운드 197번째로 디트로이트에 지명되어 2014년 3월 31일에 데뷔하였다. 마이너리그 시절 4번의 올스타에 뽑히기도 하였다. 빅리그에서는 2014년 24타석에 불과했으나 2015년 192타석, 2016년 136타석을 소화했다. 원래 중견수를 보았던 메이빈의 트레이드로 무주공산이 된 상태에서 여러 명의 루키들이 번갈아가며 출장하고 있다. 공격력은 아직 기대에 못 미치나 수비의 범위가 넓고 강한 어깨를 바탕으로 빨랫줄 송구가 유명하다.

RF J.D. MARTINEZ
J.D. 마르티네스   NO.28

우투우타   1987년 8월 21일   191cm, 100kg   *는 낮을수록 좋은 기록임

시즌	타수	안타	홈런	타점	볼넷	도루	타율	출루율	장타율	구분	기록	MLB
2016	460	141	22	68	49	1	0.307	0.373	0.535	타율	0.307	0.255
통산	2396	574	107	372	195	12	0.281	0.336	0.483	출루율	0.373	0.322

구분	기록	MLB
장타율	0.535	0.417
볼넷%	9.5%	8.2%
삼진%*	24.8%	21.1%
볼넷 / 삼진	0.38	0.39
순장타율	0.228	0.162
BABIP	0.378	0.300
wOBA	0.384	0.318

VS. 패스트볼   VS. 변화구
*5타수 미만은 색을 표시하지 않았음. ●●●● : Ball zone

SPRAY ZONE
5
10   7
40% 36% 24%
홈런
타구분포 %

BATTED BALL
항목	비율
볼존 공격률	33%
S존 공격률	75%
볼존 컨택트율	50%
S존 컨택트율	85%
라인드라이브	21%
그라운드볼	42%
플라이볼	36%

DEFENSE
위치	자살	보살	실책	수비율
RF	201	3	6	0.971

홈 타율 0.362 원정 타율 0.254
VS. 좌투수 0.306 VS. 우투수 0.307
득점권 0.275 L/C 0.300
VS. 류현진 2타수 1안타 0.500

2009년 휴스턴에서 빅리그에 데뷔했으나 2012, 2013년 공격, 수비에서 낙제점을 받고 방출당하여 디트로이트와 마이너 계약을 하였다. 2014년 마이너에서 대활약을 펼치며 4월 21일 콜업되고 그 해 .282/.344/.535 38홈런을 기록하며 올해의 재기상을 받았다. 2015년에도 실버 슬러거상을 받았으며, 2016년에도 변함없는 성적을 올렸다. 미겔 카브레라에게 타격 폼을 조언받고 잔 동작을 없애고 하체를 사용하는 타격으로 좋은 타격을 할 수 있었다.

DETROIT TIGERS

■ 타율 0.400 이상 ■ 0.300–0.399 ■ 0.200–0.299 ■ 0.100–0.199 ■ 타율 0.099 이하

DH Victor MARTINEZ
빅터 마르티네스   NO.41

우투양타 1978년 12월 23일 188cm, 95kg

*는 낮을수록 좋은 기록임

시즌	타수	안타	홈런	타점	볼넷	도루	타율	출루율	장타율
2016	553	160	27	86	50	0	0.289	0.351	0.476
통산	6438	1936	227	1077	662	7	0.301	0.366	0.467

구분	기록	MLB
타율	0.289	0.255
출루율	0.351	0.322
장타율	0.476	0.417
볼넷%	8.2%	8.2%
삼진%*	14.8%	21.1%
볼넷 / 삼진	0.56	0.39
순장타율	0.186	0.162
BABIP	0.303	0.300
wOBA	0.351	0.318

VS. 패스트볼   VS. 변화구

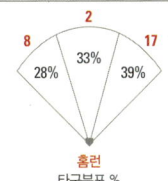

*5타수 미만은 색을 표시하지 않았음. ●●●●●: Ball zone

SPRAY ZONE

홈런 타구분포 %

BATTED BALL
항목	비율
볼존 공격률	31%
S존 공격률	65%
볼존 컨택트율	74%
S존 컨택트율	90%
라인드라이브	23%
그라운드볼	37%
플라이볼	39%

홈 타율 0.257 원정 타율 0.322
VS. 좌투수 0.295 VS. 우투수 0.287
득점권 0.287 L/C 0.316

정확도와 파워를 겸비한 타자. 통산 아홉 번의 3할 타율과 여섯 번의 20홈런, 다섯 번의 100타점 시즌을 보냈다. 부드러운 스윙이 일품이며 스위치히터로서 좌우타석에서 모두 뛰어난 생산력을 발휘한다. 통산 타율이 .301로 타격에 관한 한 흠잡을 것이 없는 선수이다. 문제는 나이와 건강이다. 고질적인 왼쪽 무릎 부상은 언제 그를 덮칠지 모른다. 2015년 왼다리에 체중을 실어야하는 좌타석에서 성적이 급락한 것도 시즌 전 무릎 수술의 영향이라는 분석이다.

RF Steven MOYA
스티븐 모야   NO.33

우투좌타 1991년 8월 9일 201cm, 118kg

*는 낮을수록 좋은 기록임

시즌	타수	안타	홈런	타점	볼넷	도루	타율	출루율	장타율
2016	94	24	5	11	5	0	0.255	0.290	0.500
통산	124	31	5	11	8	0	0.250	0.293	0.452

구분	기록	MLB
타율	0.255	0.255
출루율	0.290	0.322
장타율	0.500	0.417
볼넷%	5.0%	8.2%
삼진%*	38.0%	21.1%
볼넷 / 삼진	0.13	0.39
순장타율	0.245	0.162
BABIP	0.365	0.300
wOBA	0.331	0.318

VS. 패스트볼   VS. 변화구

*5타수 미만은 색을 표시하지 않았음. ●●●●●: Ball zone

SPRAY ZONE
0 4 1
21% 37% 42%
홈런 타구분포 %

BATTED BALL
항목	비율
볼존 공격률	47%
S존 공격률	79%
볼존 컨택트율	59%
S존 컨택트율	83%
라인드라이브	26%
그라운드볼	39%
플라이볼	35%

DEFENSE
위치	자살	보살	실책	수비율
RF	27	3	2	0.938

홈 타율 0.244 원정 타율 0.264
VS. 좌투수 0.600 VS. 우투수 0.236
득점권 0.160 L/C 0.182

푸에르토리코 출신으로 디트로이트의 차세대 유망주다. 모야 선수는 2008년 디트로이트와 자유계약에 서명했다. 착실하게 구단 하위 리그에서부터 성장한 선수. 하지만 2012년 토미존 수술을 받게 되면서 많은 경기에 출전할 수 없었다. 모야는 2014년 마이너리그(이스턴리그)에서 멋진 활약을 펼쳤다. 이스턴리그 올스타전 MVP, 이스턴리그 MVP를 수상했다. 2014년 9월 1일 팀 40인 로스터에 이름을 올렸다. 클리블랜드의 투수 오스틴 아담스를 상대로 첫 안타를 기록했다.

KANSAS CITY ROYALS

2년 연속 포스트시즌에 진출한 탓인지 피로감을 극복하지 못하고 뒷심 부족으로 주저앉은 한 해였다. 탄탄한 전력은 그대로인데 자만심과 마지막 고비를 넘기지 못한 아쉬운 한 해였다. 뭔가 보여주고 말리라.

TEAM IMFORMATION

창단 : 1969년
이전 연고지 : -
월드시리즈 우승 : 2회
AL 우승 : 4회
디비전 우승 : 7회
와일드카드 진출 : 1회
구단주 : 데이비드 글래스
감독 : 네드 요스트
단장 : 데이턴 무어

FRANCHISE

UNIFORM

Home / Away

Alternate

KANSAS CITY ROYALS

MANAGER

Ned Yost

생년월일 : 1955년 8월 19일
출생지 : 유레카(캘리포니아)
MLB 감독 경력 : 올해로 14년째
밀워키(2003년~2008년), 캔자스시티(2010년~현재)
정규시즌 통산 : 1006승 1051패 승률 0.489
포스트시즌 통산 : 22승 9패 승률 0.710
월드시리즈 우승 : 1회(2015년)

LINE-UP

ROTATION	
SP	D. 듀피
SP	I. 케네디
SP	J. 해멀
SP	J. 바르가스
SP	T. 우드

BULLPEN	
RP	J. 소리아
RP	M. 스트람
RP	M. 미노
RP	C. 영
RP	S. 알렉산더
RP	M. 알몬테
CL	K. 에레라

BATTING	
1	A. 에스코바
2	M. 무스타카스
3	L. 케인
4	E. 호스머
5	B. 모스
6	A. 고든
7	S. 페레스
8	J. 솔러
9	W. 매리필드

UTILITY PLAYERS	
IF	C. 콜론
IF	R. 몬데시
OF	B. 번즈
OF	B. 모스

BALL PARK : Kauffman Stadium

주소 : One Royal Way Kansas City, Missouri
펜스 거리 : 왼쪽 101m, 좌중간 118m, 중앙 125m, 우중간 118m, 오른쪽 101m
펜스 높이 : 전 구간 2.4m로 통일
최초공식경기 : 1973년 4월 10일
잔디 : 켄터키 블루그라스(천연잔디)
수용 인원 : 4만 933명
홈팀 덕아웃 : 1루
파크팩터 : 1.019(MLB 11위)

영건들의 자신감에 고참 선수들 융합, 정상의 재탈환을 노린다

2016 리뷰
월드시리즈 2연패 달성을 위해 이안 케네디(5년 7,000만 달러)와 호아킴 소리아노(3년 2,500만 달러)를 영입하였다. 그러나 캔자스시티는 7월을 7승 19패로 망치면서 5할 승률에서 -7(51승 58패)까지 내려가며 시즌을 접는 듯했지만 캔자스시티는 쉽게 물러나지 않았다. 8월 7일 토론토전 승리를 시작으로 22경기에서 18승 4패를 질주하고 눈 깜짝할 사이에 와일드카드 2위 볼티모어에 2경기 차로 따라 붙었다. 그러나 8월 들어 불펜의 불쇼가 벌어지면서 포스트시즌 가능성은 물 건너가고 말았다. 그런데 재미있는 것은 디트로이트-화이트삭스-미네소타를 상대로 41승 16패를 기록했지만 클리블랜드(5승 14패), 텍사스(1승 6패), 에인절스(1승 5패) 오클랜드(1승 6패) 네 팀과의 대결에서 8승 31패를 당하였다. 특히 바닥 수준의 오클랜드와 에인절스 게임에서 당한 것이 아쉬웠다. 또한 부상으로 케인, 무스타커스, 고든의 결장으로 수비의 근간을 흔들어버렸다. 그리고 8월 이후 불펜의 난조는 따라갈 동력을 스스로 끊어버린 결과를 가져왔다. 그러나 에릭 호스머의 건재와 살바도르 페레스의 활약은 눈부셨다. 그리고 대니 더피의 선발 첫 19경기에서 11승 1패 방어율 2.61을 기록하며 승승장구했으나 1승 2패에 방어율 6.37을 기록한 마지막 7경기가 두고두고 아쉬움으로 남는다. 또한 새로운 클로저를 맡은 에레라는 좋은 투구를 선보이며 2017시즌 가능성을 밝게 했다. 어찌 보면 아쉬운 한 해였으나 한 박자 쉬어가라는 운명의 장난이 아닐까 생각해본다.

2017 프리뷰
캔자스시티의 올해 전력은 리그에서도 가히 정상급이라고 말할 수 있다. AL리그의 포스트시즌에서 다툴 팀으로는 보스턴, 토론토, 클리블랜드, 텍사스가 주요 경쟁 상대일 가능성이 높다. 투수진은 이들 네 팀에 비교하면 비교적 떨어지는 편이다. 2015 월드시리즈에서 대활약을 했던 에드윈 볼케즈를 마이애미로 트레이드시키며 좋은 선발을 하나 잃었다. 또한 벤추라가 부진의 터널에서 빠져나와야 한다. 이적 첫해 비교적 자기 몫을 다한 이안 케네디의 호투, 제이슨 바르가스, 크리스 영, 호아킴 소리아노 등 먹튀들의 부활이 절실하다. 그리고 중간계투진 맷 스트람, 브라이언 플린, 마무리 케빈 에레라 이들이 2016시즌처럼만 활약한다면 든든한 계투진을 자랑한다. 타격에서는 작년에 부상으로 활약을 못한 마이크 무스타커스와 로렌조 케인이 부상 없이 제 몫을 해주어야만 한다. 특히 신인 선수들(파울러 올랜도, 체슬로 쿠드베르트, 화이트 메리필드)의 활약이 팀에 변수로 작용할 전망이다. 이미 검증된 에릭 호스머, 살바도르 페레스, 알시데스 에스코바와 같은 선수들이 작년처럼만 활약한다면 막강한 타력을 보유하게 될 것이다. 캔자스시티가 올해 우승을 못하면 당분간 우승은 어려워진다. 내년에 고액 연봉선수들이 대거 FA로 풀리기 때문이다. 즉 연봉 총액에 짓눌려 선수들을 팔아치우고 화이트삭스나 미네소타처럼 리빌딩에 들어가야 하기 때문이다. 마지막이라는 절박함이 우승의 동력이 될지 자못 흥미롭다.

KANSAS CITY ROYALS

SQUAD LIST

* 선수 명단은 2017년 3월 16일 기준(source : ESPN)

투수

번호	이름	위치	투	타	나이	출생지
54	Scott Alexander	RP	L	L	27	Windsor, CA
50	Miguel Almonte	RP	R	R	23	Santiago, Dominican Republic
41	Danny Duffy	SP	L	L	28	Goleta, CA
60	Andrew Edwards	RP	R	R	25	Gilbertsville, KY
33	Brian Flynn DL60	RP	L	L	26	Tulsa, OK
39	Jason Hammel	SP	R	R	34	Greenville, SC
40	Kelvin Herrera	RP	R	R	27	Tenares, Dominican Republic
65	Jake Junis	RP	R	R	24	Rock Falls, IL
55	Nathan Karns	SP	R	R	29	Franklin, PA
31	Ian Kennedy	SP	R	R	32	Huntington Beach, CA
61	Kevin McCarthy	RP	R	R	25	Rockville Center, NY
26	Mike Minor	SP	L	R	29	Chapel Hill, TN
48	Joakim Soria	RP	R	R	32	Monclova, Mexico
64	Matt Strahm	RP	L	R	25	West Fargo, ND
51	Jason Vargas	SP	L	L	34	Apple Valley, CA
34	Travis Wood	SP	L	R	30	Little Rock, AR
32	Chris Young	RP	R	R	37	Dallas, TX
45	Kyle Zimmer	SP	R	R	25	San Francisco, CA

포수

번호	이름	위치	투	타	나이	출생지
9	Drew Butera	C	R	R	33	Evansville, IN
82	Allan de San Miguel	C	R	R	29	Bentley, Australia
36	Cam Gallagher	C	R	R	24	Lancaster, PA
13	Salvador Perez	C	R	R	26	Valencia, Venezuela

내야

번호	이름	위치	투	타	나이	출생지
24	Christian Colon	2B	R	R	27	Cayey, Puerto Rico
19	Cheslor Cuthbert	3B	R	R	24	Corn Island, Nicaragua
2	Alcides Escobar	SS	R	R	30	La Sabana, Venezuela
35	Eric Hosmer	1B	L	L	27	South Miami, FL
15	Whit Merrifield	2B	R	R	28	Florence, SC
27	Raul Mondesi	2B	R	B	21	Los Angeles, CA
8	Mike Moustakas	3B	R	L	28	Los Angeles, CA
46	Ramon Torres	3B	R	B	24	Santiago Rodriguez, Dominican Republic

외야

번호	이름	위치	투	타	나이	출생지
38	Jorge Bonifacio	RF	R	R	23	Santo Domingo, Dominican Republic
14	Billy Burns	CF	R	B	27	Atlanta, GA
6	Lorenzo Cain	CF	R	R	30	Valdosta, GA
17	Hunter Dozier	RF	R	R	25	Wichita Falls, TX
67	Samir Duenez	RF	R	L	20	Macuto, Venezuela
4	Alex Gordon	LF	R	L	33	Lincoln, NE
--	Terrance Gore	LF	R	R	25	Macon, GA
37	Brandon Moss	RF	R	L	33	Monroe, GA
7	Peter O'Brien	LF	R	R	26	Hialeah, FL
16	Paulo Orlando	RF	R	R	31	Sao Paulo, Brazil
12	Jorge Soler	RF	R	R	25	Havana, Cuba
11	Bubba Starling	CF	R	R	24	Gardner, KS

SUMMARY

우타자	좌타자	스위치	우투수	좌투수	평균나이	최연소	최연장
17명	5명	3명	11명	7명	26.1세	20세	37세

KANSAS CITY ROYALS

2017 REGULAR SEASON SCHEDULE

* 는 홈경기, 시간은 미국 동부시간 기준

날짜	상대팀	경기시간	날짜	상대팀	경기시간	날짜	상대팀	경기시간
Mon, 4/3	Minnesota Twins	PM 3:10	Wed, 6/7	Houston Astros	PM 7:15	Mon, 8/14	Oakland Athletics	PM 9:05
Wed, 4/5	Minnesota Twins	PM 12:10	Thu, 6/8	Houston Astros	PM 7:15	Tue, 8/15	Oakland Athletics	PM 9:05
Thu, 4/6	Minnesota Twins	PM 12:10	Fri, 6/9	San Diego Padres	PM 9:10	Wed, 8/16	Oakland Athletics	PM 2:35
Fri, 4/7	Houston Astros	PM 7:10	Sat, 6/10	San Diego Padres	PM 3:10	Fri, 8/18	Cleveland Indians	PM 7:15
Sat, 4/8	Houston Astros	PM 6:10	Sun, 6/11	San Diego Padres	PM 3:40	Sat, 8/19	Cleveland Indians	PM 6:15
Sun, 4/9	Houston Astros	PM 1:10	Tue, 6/13	San Francisco Giants	PM 9:15	Sun, 8/20	Cleveland Indians	PM 1:15
Mon, 4/10	Oakland Athletics	PM 3:15	Wed, 6/14	San Francisco Giants	PM 2:45	Tue, 8/22	Colorado Rockies	PM 7:15
Wed, 4/12	Oakland Athletics	PM 7:15	Thu, 6/15	Los Angeles Angels	PM 9:07	Wed, 8/23	Colorado Rockies	PM 7:15
Thu, 4/13	Oakland Athletics	PM 7:15	Fri, 6/16	Los Angeles Angels	PM 9:07	Thu, 8/24	Colorado Rockies	PM 1:15
Fri, 4/14	Los Angeles Angels	PM 7:15	Sat, 6/17	Los Angeles Angels	PM 7:15	Fri, 8/25	Cleveland Indians	PM 6:10
Sat, 4/15	Los Angeles Angels	PM 6:15	Sun, 6/18	Los Angeles Angels	PM 2:37	Sat, 8/26	Cleveland Indians	PM 6:15
Sun, 4/16	Los Angeles Angels	PM 1:15	Mon, 6/19	Boston Red Sox	PM 7:15	Sun, 8/27	Cleveland Indians	PM 12:10
Tue, 4/18	San Francisco Giants	PM 7:15	Tue, 6/20	Boston Red Sox	PM 7:15	Mon, 8/28	Tampa Bay Rays	PM 7:15
Wed, 4/19	San Francisco Giants	PM 7:15	Wed, 6/21	Boston Red Sox	PM 1:15	Tue, 8/29	Tampa Bay Rays	PM 7:15
Thu, 4/20	Texas Rangers	PM 7:05	Fri, 6/23	Toronto Blue Jays	PM 7:15	Wed, 8/30	Tampa Bay Rays	PM 7:15
Fri, 4/21	Texas Rangers	PM 7:05	Sat, 6/24	Toronto Blue Jays	PM 1:15	Fri, 9/1	Minnesota Twins	PM 7:10
Sat, 4/22	Texas Rangers	PM 7:05	Sun, 6/25	Toronto Blue Jays	PM 1:15	Sat, 9/2	Minnesota Twins	PM 6:10
Sun, 4/23	Texas Rangers	PM 2:05	Tue, 6/27	Detroit Tigers	PM 6:10	Sun, 9/3	Minnesota Twins	PM 1:10
Mon, 4/24	Chicago White Sox	PM 7:10	Wed, 6/28	Detroit Tigers	PM 6:10	Mon, 9/4	Detroit Tigers	PM 12:10
Tue, 4/25	Chicago White Sox	PM 7:10	Thu, 6/29	Detroit Tigers	PM 12:10	Tue, 9/5	Detroit Tigers	PM 6:10
Wed, 4/26	Chicago White Sox	PM 1:10	Fri, 6/30	Minnesota Twins	PM 7:15	Wed, 9/6	Detroit Tigers	PM 6:10
Fri, 4/28	Minnesota Twins	PM 7:15	Sat, 7/1	Minnesota Twins	PM 1:15	Thu, 9/7	Minnesota Twins	PM 7:15
Sat, 4/29	Minnesota Twins	PM 6:15	Sun, 7/2	Minnesota Twins	PM 1:15	Fri, 9/8	Minnesota Twins	PM 7:15
Sun, 4/30	Minnesota Twins	PM 1:15	Mon, 7/3	Seattle Mariners	PM 9:10	Sat, 9/9	Minnesota Twins	PM 6:15
Mon, 5/1	Chicago White Sox	PM 7:10	Tue, 7/4	Seattle Mariners	PM 5:40	Sun, 9/10	Minnesota Twins	PM 1:15
Tue, 5/2	Chicago White Sox	PM 7:10	Wed, 7/5	Seattle Mariners	PM 9:10	Mon, 9/11	Chicago White Sox	PM 7:15
Wed, 5/3	Chicago White Sox	PM 7:15	Fri, 7/7	Los Angeles Dodgers	PM 9:10	Tue, 9/12	Chicago White Sox	PM 7:15
Thu, 5/4	Chicago White Sox	PM 1:15	Sat, 7/8	Los Angeles Dodgers	PM 6:15	Wed, 9/13	Chicago White Sox	PM 1:15
Fri, 5/5	Cleveland Indians	PM 7:15	Sun, 7/9	Los Angeles Dodgers	PM 3:10	Thu, 9/14	Cleveland Indians	PM 6:10
Sat, 5/6	Cleveland Indians	PM 3:15	Fri, 7/14	Texas Rangers	PM 7:15	Fri, 9/15	Cleveland Indians	PM 6:10
Sun, 5/7	Cleveland Indians	PM 1:15	Sat, 7/15	Texas Rangers	PM 6:15	Sat, 9/16	Cleveland Indians	PM 3:10
Mon, 5/8	Tampa Bay Rays	PM 6:10	Sun, 7/16	Texas Rangers	PM 1:15	Sun, 9/17	Cleveland Indians	PM 12:10
Tue, 5/9	Tampa Bay Rays	PM 6:10	Mon, 7/17	Detroit Tigers	PM 7:15	Tue, 9/19	Toronto Blue Jays	PM 6:07
Wed, 5/10	Tampa Bay Rays	PM 6:10	Tue, 7/18	Detroit Tigers	PM 7:15	Wed, 9/20	Toronto Blue Jays	PM 6:07
Thu, 5/11	Tampa Bay Rays	PM 12:10	Wed, 7/19	Detroit Tigers	PM 7:15	Thu, 9/21	Toronto Blue Jays	PM 6:07
Fri, 5/12	Baltimore Orioles	PM 7:15	Thu, 7/20	Detroit Tigers	PM 7:15	Fri, 9/22	Chicago White Sox	PM 7:10
Sat, 5/13	Baltimore Orioles	PM 6:15	Fri, 7/21	Chicago White Sox	PM 7:15	Sat, 9/23	Chicago White Sox	PM 6:10
Sun, 5/14	Baltimore Orioles	PM 1:15	Sat, 7/22	Chicago White Sox	PM 6:15	Sun, 9/24	Chicago White Sox	PM 1:10
Tue, 5/16	New York Yankees	PM 7:15	Sun, 7/23	Chicago White Sox	PM 1:15	Tue, 9/26	Detroit Tigers	PM 7:15
Wed, 5/17	New York Yankees	PM 7:15	Mon, 7/24	Detroit Tigers	PM 6:10	Wed, 9/27	Detroit Tigers	PM 7:15
Thu, 5/18	New York Yankees	PM 7:15	Tue, 7/25	Detroit Tigers	PM 6:10	Thu, 9/28	Detroit Tigers	PM 7:15
Fri, 5/19	Minnesota Twins	PM 7:10	Wed, 7/26	Detroit Tigers	PM 6:10	Fri, 9/29	Arizona D-backs	PM 7:15
Sat, 5/20	Minnesota Twins	PM 1:10	Fri, 7/28	Boston Red Sox	PM 6:10	Sat, 9/30	Arizona D-backs	PM 6:15
Sun, 5/21	Minnesota Twins	PM 1:10	Sat, 7/29	Boston Red Sox	PM 6:10	Sun, 10/1	Arizona D-backs	PM 2:15
Mon, 5/22	New York Yankees	PM 6:05	Sun, 7/30	Boston Red Sox	TBD			
Tue, 5/23	New York Yankees	PM 6:05	Mon, 7/31	Baltimore Orioles	PM 6:05			
Wed, 5/24	New York Yankees	PM 6:05	Tue, 8/1	Baltimore Orioles	PM 6:05			
Thu, 5/25	New York Yankees	PM 12:05	Wed, 8/2	Baltimore Orioles	PM 6:05			
Fri, 5/26	Cleveland Indians	PM 6:10	Thu, 8/3	Seattle Mariners	PM 7:15			
Sat, 5/27	Cleveland Indians	PM 3:10	Fri, 8/4	Seattle Mariners	PM 7:15			
Sun, 5/28	Cleveland Indians	PM 12:10	Sat, 8/5	Seattle Mariners	PM 6:15			
Mon, 5/29	Detroit Tigers	PM 6:15	Sun, 8/6	Seattle Mariners	PM 1:15			
Tue, 5/30	Detroit Tigers	PM 7:15	Mon, 8/7	St. Louis Cardinals	PM 7:15			
Wed, 5/31	Detroit Tigers	PM 7:15	Tue, 8/8	St. Louis Cardinals	PM 7:15			
Fri, 6/2	Cleveland Indians	PM 7:15	Wed, 8/9	St. Louis Cardinals	PM 7:15			
Sat, 6/3	Cleveland Indians	PM 1:15	Thu, 8/10	St. Louis Cardinals	PM 6:15			
Sun, 6/4	Cleveland Indians	PM 1:15	Fri, 8/11	Chicago White Sox	PM 7:10			
Mon, 6/5	Houston Astros	PM 7:15	Sat, 8/12	Chicago White Sox	PM 6:10			
Tue, 6/6	Houston Astros	PM 7:15	Sun, 8/13	Chicago White Sox	PM 1:10			

KANSAS CITY ROYALS

■ 15% 이상 ■ 12~14% ■ 9~11% ■ 6~8% ■ 3~5% □ 2% 이하

홈 ERA 3.57 원정 ERA 3.42
VS. 좌타자 1.760 VS. 우타자 3.870
VS. 추신수 5타수 2안타 0.400

SP Danny DUFFY
대니 더피   NO.41

좌투좌타 | 1988년 12월 21일 | 190cm, 93kg

*는 낮을수록 좋은 기록임

시즌	경기	이닝	피안타	피홈런	볼넷	탈삼진	승-패-세-홀	평균자책	구분	기록	MLB
2016	42	179.2	163	27	42	188	12-3-0-2	3.51	평균자책*	3.51	4.19
통산	134	623.0	577	71	231	540	36-33-1-5	3.71	탈삼진 / 9	9.42	8.10
									볼넷 / 9*	2.10	3.14
									탈삼진 / 볼넷	4.48	2.58
									피홈런 / 9*	1.35	1.17
									피안타율	0.239	0.252
									WHIP*	1.14	1.32
									잔루율	80.9%	72.9%
									FIP*	3.83	4.24

PITCHING REPERTORY / VELOCITY km/h **MOVEMENT** cm

구종	평균	전체	초구	2-2	좌타자	우타자	피타율	상하	좌우
포심패스트볼	152	45%	40%	46%	61%	42%	0.253	↑29	←11
투심 / 싱커	152	17%	28%	5%	9%	18%	0.324	↑24	←12
컷패스트볼	141	0%	0%	0%	0%	0%	0.000	↑10	←2
슬라이더	133	22%	19%	28%	26%	21%	0.220	↓6	→6
커브	127	2%	2%	2%	2%	2%	0.158	↓17	←11
체인지업	137	14%	11%	20%	2%	16%	0.219	↑20	←25
스플리터									

최고구속 157km/h의 빠른 공을 던진다. 커브가 주무기이며, 체인지업을 곁들인다. 콤팩트한 투구 동작과 좋은 각도에서 투구를 한다. 2012년 토미존 수술 이후 구속이 3km/h 가까이 줄었다. 스트라이크를 던지는 데 어려움은 없으나 커맨드를 더 다듬어야 한 단계 도약할 수 있다. 현재 커맨드와 컨트롤은 확실히 평균 이하다. 마운드에서의 감정표현도 자제할 필요가 있다. 지난 2년 연속 포스트시즌에서 탈락하여 아쉬움을 곱씹은 바 있다. 2017시즌에는 팀의 1, 2선발을 맡을 예정이다.

홈 ERA 3.41 원정 ERA 3.89
VS. 좌타자 3.810 VS. 우타자 3.540
VS. 추신수 8타수 무안타
VS. 강정호 2타수 1안타 1홈런 .500

SP Ian KENNEDY
이안 케네디   NO.31

우투우타 | 1984년 12월 19일 | 183cm, 86kg

*는 낮을수록 좋은 기록임

시즌	경기	이닝	피안타	피홈런	볼넷	탈삼진	승-패-세-홀	평균자책	구분	기록	MLB
2016	33	195.2	173	33	66	184	11-11-0-0	3.68	평균자책*	3.15	4.19
통산	239	1430.1	1336	186	478	1324	86-79-0-1	3.94	탈삼진 / 9	8.46	8.10
									볼넷 / 9*	3.04	3.14
									탈삼진 / 볼넷	2.79	2.58
									피홈런 / 9*	1.52	1.17
									피안타율	0.234	0.252
									WHIP*	1.22	1.32
									잔루율	83.1%	72.9%
									FIP*	4.67	4.24

PITCHING REPERTORY / VELOCITY km/h **MOVEMENT** cm

구종	평균	전체	초구	2-2	좌타자	우타자	피타율	상하	좌우
포심패스트볼	148	64%	65%	61%	65%	64%	0.233	↑25	→17
투심 / 싱커	147	0%	0%	0%	0%	0%	0.000	↑15	→21
컷패스트볼	138	8%	10%	6%	3%	14%	0.300	↑8	←1
슬라이더	–	–	–	–	–	–	–	–	–
커브	125	14%	17%	15%	9%	2%	0.282	↓20	←15
체인지업	135	13%	8%	18%	13%	0%	0.245	↑15	→20
스플리터									

2007년 양키스에서 데뷔하여 애리조나, 샌디에이고를 거쳐 2016년부터 캔사스로 뛰고 있다.147km/h의 패스트볼을 던지며 너클커브와 슬라이더, 체인지업이 주무기다. 다양한 변화구를 바탕으로 탈삼진 능력은 갖고 있지만 피홈런이 다소 많은 편이다(2016년 피홈런 33개). 애리조나 시절 21승을 따내며 다승왕에 오른 바 있다. 하지만 그 이후로는 부진하여 최근 3년간 평균자책점이 4.25를 기록하여 과연 연 평균 1,400만 달러의 가치가 있는 투수인지 의문스럽다.

KANSAS CITY ROYALS

■ 15% 이상   ■ 12–14%   ■ 9–11%   ■ 6–8%   ■ 3–5%   □ 2% 이하

SP **Jason HAMMEL**
제이슨 하멜   NO.39

우투우타   1982년 9월 2일   198cm, 102kg

*는 낮을수록 좋은 기록임

시즌	경기	이닝	피안타	피홈런	볼넷	탈삼진	승-패-세-홀	평균자책	구분	기록	MLB
2016	30	166.2	148	25	53	144	15-10-0-0	3.83	평균자책*	3.83	4.19
통산	306	1503.0	1542	188	480	1191	84-87-4-2	4.42	탈삼진 / 9	7.78	8.10
									볼넷 / 9*	2.86	3.14
									탈삼진 / 볼넷	2.72	2.58
									피홈런 / 9*	1.35	1.17
									피안타율*	0.235	0.252
									WHIP*	1.21	1.32
									잔루율	76.0%	72.9%
									FIP*	4.48	4.24

PITCHING ZONE (좌타자·몸쪽 / 우타자·몸쪽)

PITCHING REPERTORY / VELOCITY km/h / MOVEMENT cm

구종	평균	전체	초구	2-2	좌타자	우타자	피타율	상하	좌우
포심패스트볼	149	30%	32%	27%	26%	33%	0.255	↑25	←11
투심 / 싱커	149	23%	24%	16%	28%	19%	0.307	↑19	←19
컷패스트볼	–	–	–	–	–	–	–	–	–
슬라이더	136	36%	31%	49%	28%	42%	0.176	0	←8
커브	124	8%	11%	4%	11%	6%	0.286	↓18	←16
체인지업	137	3%	3%	4%	6%	1%	0.194	↑12	←20
스플리터	–	–	–	–	–	–	–	–	–

홈 ERA 2.42   원정 ERA.5.33
VS. 좌타자 3.95   VS. 우타자 3.75
VS. 김현수 상대 없음   VS. 박병호 상대 없음
VS. 강정호 6타수 무안타 .000
VS. 추신수 9타수 3안타 1홈런 .333

2002년 템파베이에서 10라운드 284번째로 지명되어 2006년 빅리그에 데뷔하였다. 그 이후 콜로라도 로키스, 볼티모어 오리올스, 오클랜드 어슬레틱스, 시카고 컵스를 거쳤다. 2014시즌부터는 3년 연속 두 자릿수 승수를 거뒀으며 특히 2016시즌에는 데뷔 이후 최다인 15승(10패)을 올렸다. 빅리그 통산 306경기(248선발) 84승 87패 평균자책 4.42.를 기록했다. 2016시즌에는 9월에 1승 3패 평균자책 8.71로 부진하며 포스트시즌 로스터에는 들지 못했다.

SP **Jason VARGAS**
제이슨 바르가스   NO.51

좌투좌타   1983년 2월 2일   183cm, 98kg

*는 낮을수록 좋은 기록임

시즌	경기	이닝	피안타	피홈런	볼넷	탈삼진	승-패-세-홀	평균자책	구분	기록	MLB
2016	3	12.0	8	1	3	11	0-0-0-0	2.25	평균자책*	2.25	4.19
통산	216	1221.2	1242	150	357	805	67-70-0-0	4.18	탈삼진 / 9	8.25	8.10
									볼넷 / 9*	2.25	3.14
									탈삼진 / 볼넷	3.67	2.58
									피홈런 / 9*	0.75	1.17
									피안타율*	0.182	0.252
									WHIP*	0.92	1.32
									잔루율	83.3%	72.9%
									FIP*	3.15	4.24

PITCHING ZONE (좌타자·몸쪽 / 우타자·몸쪽)

PITCHING REPERTORY / VELOCITY km/h / MOVEMENT cm

구종	평균	전체	초구	2-2	좌타자	우타자	피타율	상하	좌우
포심패스트볼	141	26%	36%	13%	33%	24%	0.250	↑28	←16
투심 / 싱커	141	30%	30%	28%	34%	29%	0.312	↑23	←23
컷패스트볼	–	–	–	–	–	–	–	–	–
슬라이더	–	–	–	–	–	–	–	–	–
커브	119	14%	22%	7%	19%	9%	0.214	↓13	←4
체인지업	130	31%	12%	51%	15%	35%	0.224	↑20	←27
스플리터	–	–	–	–	–	–	–	–	–

홈 ERA 1.13   원정 ERA 4.50
VS. 좌타자 6.750   VS. 우타자 1.690
VS. 추신수 8타수 2안타 .250
VS. 강정호 1타수 무안타

2004년 2라운드 68번째로 플로리다에 지명받아 2005년 7월 14일에 빅리그에 데뷔하였다. 바르가스는 140km/h 후반대의 패스트볼과 왼손타자들에게 효과적인 슬라이더와 체인지업을 보유하고 있다. 투구 메카닉과 커맨드에 있어서는 좋은 점수를 받고 있다. 하지만 오른손타자에게 고전하고 있고, 신장에 비해 체중이 다소 과해 부상우려가 있다는 평이다. 11시즌 동안 선발, 불펜을 오가며 전 방위로 활동하였다. 2013년 부상 여파로 2015년, 2016년은 50이닝도 못 채웠다.

KANSAS CITY ROYALS

■ 15% 이상 ■ 12-14% ■ 9-11% ■ 6-8% ■ 3-5% □ 2% 이하

홈 ERA 5.44 원정 ERA 7.23
VS. 좌타자 8.270 VS. 우타자 4.700
VS. 추신수 4타수 2안타 1홈런 .500

RP Chris YOUNG
크리스 영   NO.32

우투우타   1979년 5월 25일   208cm, 116kg   *는 낮을수록 좋은 기록임

시즌	경기	이닝	피안타	피홈런	볼넷	탈삼진	승-패-세-홀	평균자책	구분	기록	MLB
2016	34	88.2	104	28	43	94	3-9-1-2	6.19	평균자책*	6.19	4.19
통산	257	1267.2	1083	179	488	1040	79-67-1-4	3.87	탈삼진/9	9.54	8.10
									볼넷/9*	4.36	3.14
									탈삼진/볼넷	2.19	2.58
									피홈런/9*	2.84	1.17
									피안타율*	0.287	0.252
									WHIP*	1.66	1.32
									잔루율	78.1%	72.9%
									FIP*	6.62	4.24

PITCHING REPERTORY / VELOCITY km/h / MOVEMENT cm

구종	평균	전체	초구	2-2	좌타자	우타자	피타율	상하	좌우
포심패스트볼	140	53%	62%	31%	57%	48%	0.279	↑31	→4
투심/싱커	128	1%	1%	3%	2%	0%	0.286	↑24	→8
컷패스트볼	–	–	–	–	–	–	–		
슬라이더	131	46%	37%	66%	40%	52%	0.204	↑13	←8
커브	115	0%	0%	0%	0%	0%	0.000	↓19	←3
체인지업	–	–	–	–	–	–	–		
스플리터	–	–	–	–	–	–	–		

2004년 데뷔 후 두 번의 어깨수술을 받을 만큼 그간의 선수생활이 녹록치 않았다. 2014년 시애틀에서 재기에 성공한 뒤 2015년부터 캔사스에서 뛰고 있다. 평균구속 139km/h의 패스트볼과 슬라이더를 주로 던지며 커브를 섞어 던진다. 구속은 빠르지 않지만 높은 신장을 효과적으로 이용한다. 최대한 공을 앞으로 끌고나서 던지며, 높은 타점에서 공을 뿌려 타자들의 체감 구속은 훨씬 빠르다는 평가다. 뜬공을 많이 유도하는 전형적인 플라이볼 투수다.

홈 ERA 4.02 원정 ERA 4.08
VS. 좌타자 3.740 VS. 우타자 4.360
VS. 추신수 8타수 3안타 0.375
VS. 김현수 1타수 무안타
VS. 강정호 1타수 무안타

RP Joakim SORIA
호아킴 소리아   NO.48

우투우타   1984년 5월 18일   190cm, 91kg   *는 낮을수록 좋은 기록임

시즌	경기	이닝	피안타	피홈런	볼넷	탈삼진	승-패-세-홀	평균자책	구분	기록	MLB
2016	70	66.2	70	10	27	68	5-8-1-20	4.05	평균자책*	4.05	4.19
통산	514	517.2	423	46	153	549	24-28-203-47	2.76	탈삼진/9	9.18	8.10
									볼넷/9*	3.65	3.14
									탈삼진/볼넷	2.52	2.58
									피홈런/9*	1.35	1.17
									피안타율*	0.265	0.252
									WHIP*	1.46	1.32
									잔루율	80.0%	72.9%
									FIP*	4.36	4.24

PITCHING REPERTORY / VELOCITY km/h / MOVEMENT cm

구종	평균	전체	초구	2-2	좌타자	우타자	피타율	상하	좌우
포심패스트볼	149	67%	81%	49%	70%	64%	0.299	↑24	→4
투심/싱커	–	–	–	–	–	–	–		
컷패스트볼	139	0%	0%	0%	0%	0%	0.000	↑16	→2
슬라이더	128	10%	12%	8%	1%	18%	0.277	↓5	←15
커브	115	10%	3%	18%	11%	0%	0.173	↑26	←19
체인지업	139	13%	4%	24%	19%	8%	0.168	↑8	→10
스플리터	–	–	–	–	–	–	–		

네 시즌 만에 캔사스시티로 돌아왔다. 소리아에게 캔사스시티는 자신의 이름을 알릴 수 있게 해준 고마운 팀이다. 박병호에게 메이저리그 첫 홈런을 선사한 고마운 주인공이기도 하다. 이후 마무리로 활약하며 5년간 160세이브를 수확했다. 평균구속 148km/h의 패스트볼을 던지며 커터와 슬라이더, 커브를 적절히 섞어 던진다. 정교한 제구로 홈 플레이트 좌·우를 잘 활용한다. 두 번의 토미존 수술을 이겨낸 선수이기도 하다.

KANSAS CITY ROYALS

| 15% 이상 | 12-14% | 9-11% | 6-8% | 3-5% | 2% 이하 |

RP Matt STRAHM NO.64
맷 스트람

좌투우타 1991년 11월 12일 191cm, 84kg   *는 낮을수록 좋은 기록임

시즌	경기	이닝	피안타	피홈런	볼넷	탈삼진	승-패-세-홀	평균자책	구분	기록	MLB
2016	33	21.0	13	0	11	30	2-2-0-6	1.23	평균자책*	1.23	4.19
통산	33	21.0	13	0	11	30	2-2-0-6	1.23	탈삼진 / 9	2.27	8.10
									볼넷 / 9*	4.50	3.14
									탈삼진 / 볼넷	2.73	2.58
									피홈런 / 9*	0.00	1.17
									피안타율*	0.171	0.252
									WHIP*	1.09	1.32
									잔루율	84.0%	72.9%
									FIP*	2.06	4.24

PITCHING ZONE — 좌타자·몸쪽 / 우타자·몸쪽

PITCHING REPERTORY / VELOCITY km/h **MOVEMENT** cm

구종	평균	전체	초구	2-2	좌타자	우타자	피안타율	상하	좌우
포심패스트볼	151	78%	93%	81%	84%	75%	0.183	↑20	←26
투심 / 싱커	–	–	–	–	–	–	–		
컷패스트볼	–	–	–	–	–	–	–		
슬라이더	138	2%	1%	4%	8%	0%	0.000	↑10	→3
커브	124	11%	1%	9%	8%	13%	0.250	↑14	→20
체인지업	136	8%	5%	6%	0%	12%	0.000	↑11	←29
스플리터	–	–	–	–	–	–	–		

홈 ERA 0.96 원정 ERA 1.42
VS. 좌타자 1.420 VS. 우타자 1.150

스트람은 선발투수가 본인의 가장 큰 무기이지만 불펜에서 더 좋은 모습을 보여주었다. 140km/h 후반의 패스트볼과 볼 끝의 무브먼트가 좋아 많은 헛스윙을 유도한다. 또한 130km/h 중반의 체인지업과 커브볼은 평균 수준이다. 딜리버리 때 왼쪽 어깨가 무너지는 것을 바로잡았는데 이 효과로 커브의 낙차 폭이 더욱 커졌다. 멘탈이 강하고 컨트롤은 평균 수준으로 평가되고 있다. 스터프 자체는 선발급이지만 2017년에는 불펜투수로 로얄스 로스터에 적합할 것으로 보인다.

RP Travis WOOD NO.34
트래비스 우드

좌투우타 1987년 2월 6일 180cm, 79kg   *는 낮을수록 좋은 기록임

시즌	경기	이닝	피안타	피홈런	볼넷	탈삼진	승-패-세-홀	평균자책	구분	기록	MLB
2016	77	61.0	45	8	24	47	4-0-0-12	2.95	평균자책*	2.95	4.19
통산	259	900.0	820	101	325	736	43-52-4-15	4.00	탈삼진 / 9	6.93	8.10
									볼넷 / 9*	3.54	3.14
									탈삼진 / 볼넷	1.96	2.58
									피홈런 / 9*	1.18	1.17
									피안타율*	0.198	0.252
									WHIP*	1.13	1.32
									잔루율	78.2%	72.9%
									FIP*	4.54	4.19

PITCHING ZONE — 좌타자·몸쪽 / 우타자·몸쪽

PITCHING REPERTORY / VELOCITY km/h **MOVEMENT** cm

구종	평균	전체	초구	2-2	좌타자	우타자	피안타율	상하	좌우
포심패스트볼	146	53%	56%	54%	56%	52%	0.195	↑28	←10
투심 / 싱커	144	8%	13%	5%	2%	12%	0.259	↑24	←19
컷패스트볼	140	22%	16%	24%	27%	20%	0.238	↑16	→0
슬라이더	130	8%	3%	10%	12%	5%	0.196	↑7	→7
커브	114	4%	10%	2%	2%	5%	0.308	↑17	→6
체인지업	130	5%	3%	6%	0%	7%	0.258	↑18	←22
스플리터	–	–	–	–	–	–	–		

홈 ERA 4.26 원정 ERA 1.53
VS. 좌타자 0.128 VS. 우타자 0.263
VS. 추신수 13타수 2안타 0.154
VS. 강정호 3타수 1안타 0.333

2013년 200이닝까지 소화했던 선발 투수였지만 2015시즌부터 불펜 투수로 전향했다. 빠른공 구속이 빨라진 않다. 선발 등판시 140km/h 중반, 불펜으로 등판할 땐 140km/h 후반 정도로 형성된다. 구속이 빠르지 않지만 공을 숨기는 동작이 좋아 타자들이 타이밍을 잡는 데 어려움을 겪는다. 커터, 슬라이더, 커브, 체인지업 등 다양한 변화구를 섞어던진다. 특히 좌타자를 상대로 던지는 슬라이더가 위력적. 타격에도 소질이 있어 통산 홈런 수가 무려 9개에 달한다. 가끔 대타로 출전하기도 한다.

KANSAS CITY ROYALS

■ 15% 이상   ■ 12-14%   ■ 9-11%   ■ 6-8%   ■ 3-5%   □ 2% 이하

홈 ERA 3.19 원정 ERA 2.29
VS. 좌타자 2.920 VS. 우타자 2.570
VS. 추신수 4타수 2안타 0.500
VS. 강정호 1타수 무안타

 Kelvin HERRERA
켈빈 에레라   NO.40

좌투좌타 1989년 12월 31일 177cm, 91kg   *는 낮을수록 좋은 기록임

시즌	경기	이닝	피안타	피홈런	볼넷	탈삼진	승-패-세-홀	평균자책	구분	기록	MLB
2016	72	72.0	57	6	12	86	2-6-12-26	2.75	평균자책*	2.75	4.19
통산	279	284.1	235	19	94	274	17-17-5-81	2.63	탈삼진 / 9	10.75	8.10
									볼넷 / 9*	1.50	3.14

PITCHING ZONE

탈삼진 / 볼넷	7.17	2.58
피홈런 / 9*	0.75	1.17
피안타율	0.213	0.252
WHIP*	0.96	1.32
잔루율	77.0%	72.9%
FIP*	2.47	4.24

PITCHING REPERTORY / VELOCITY km/h / MOVEMENT cm

구종	평균	전체	초구	2-2	좌타자	우타자	피타율	상하	좌우
포심패스트볼	157	49%	56%	39%	47%	52%	0.229	↑24	→11
투심 / 싱커	157	19%	22%	13%	20%	17%	0.235	↑21	→17
컷패스트볼	147	1%	1%	1%	0%	2%	0.400	↑15	→1
슬라이더	137	6%	4%	11%	1%	11%	0.136	↑2	←16
커브	131	7%	5%	11%	4%	11%	0.204	↑10	←20
체인지업	143	18%	11%	26%	27%	8%	0.168	↑11	→21
스플리터	–	–	–	–	–	–	–		

도미니카 출신으로 2011년 빅리그에서 데뷔하였다. 캔자스시티의 막강 불펜의 핵심 요원으로 자리 잡았다. 최고구속 156km/h의 빠른 공을 던지며 상대를 옥박지르는 투구를 펼친다. 투심을 함께 던지며, 체인지업도 곁들인다. 특기할 만한 점은 그동안 거의 던지지 않던 슬라이더의 비중을 지난해 포스트시즌에서 급격히 높였다는 점이다. 브레이킹볼이 강하지 않던 그가 슬라이더 장착에 성공한다면 지금과는 또 다른 모습을 보여줄 수 있을 것이다.

홈 타율 0.266 원정 타율 0.231
VS. 좌투 0.247 VS. 우투 0.247
득점권 0.250 L/C 0.298

 Salvador PEREZ
살바도르 페레스   NO.13

우투우타 1990년 5월 10일 190cm, 109kg   *는 낮을수록 좋은 기록임

시즌	타수	안타	홈런	타점	볼넷	도루	타율	출루율	장타율	구분	기록	MLB
2016	514	127	22	64	22	119	0.247	0.288	0.438	타율	0.247	0.255
통산	2556	696	87	343	97	396	0.272	0.302	0.432	출루율	0.288	0.322

장타율	0.438	0.417
볼넷%	4.0%	8.2%
삼진*	21.8%	21.1%
볼넷 / 삼진	0.18	0.39
순장타율	0.191	0.162
BABIP	0.280	0.300
wOBA	0.308	0.318

VS. 패스트볼   VS. 변화구

*5타수 미만은 색을 표시하지 않았음. ● ● ● Ball zone

SPRAY ZONE

5
17   0
47% 32% 21%
홈런
타구분포 %

BATTED BALL

항목	비율
볼존 공격률	45%
S존 공격률	68%
볼존 컨택트율	66%
S존 컨택트율	90%
라인드라이브	18%
그라운드볼	35%
플라이볼	47%

DEFENSE

위치	자살	보살	실책	수비율
C	989	77	4	0.996

아메리칸리그 최고 포수로 발돋움 중이다. 2013년부터 풀타임으로 활약한 세 시즌 모두 골든글러브를 수상했다. 프레이밍 능력이 탁월하며, 도루 저지 능력도 뛰어나다. 특히 앉아서 자세에서 보여주는 어깨파워는 2루까지 팝타임을 1.8초대로 가져가 주자들의 도루의지를 꺾어놓는다. 20홈런이 가능한 파워를 갖추고 있으며 포수 포지션을 감안하면 정확도도 나쁘지 않다. 그러나 인내심이 부족해 볼넷과는 거리가 멀다. 마틴과 리그 최고의 안방마님으로 군림할 전망이다.

KANSAS CITY ROYALS

■ 타율 0.400 이상　■ 0.300–0.399　■ 0.200–0.299　■ 0.100–0.199　■ 타율 0.099 이하

C　Drew BUTERA
드루 부테라　　　　　NO.09

우투우타　1983년 8월 9일　185cm, 91kg

시즌	타수	안타	홈런	타점	볼넷	도루	타율	출루율	장타율	구분	기록	MLB
2016	123	35	4	16	8	0	0.285	0.328	0.480	타율	0.285	0.255
통산	897	178	13	76	55	0	0.198	0.253	0.295	출루율	0.328	0.322

*는 낮을수록 좋은 기록임

구분	기록	MLB
장타율	0.480	0.417
볼넷%	6.0%	8.2%
삼진%*	27.1%	21.1%
볼넷 / 삼진	0.22	0.39
순장타율	0.195	0.162
BABIP	0.373	0.300
wOBA	0.345	0.318

VS. 패스트볼　　VS. 변화구

*5타수 미만은 색을 표시하지 않았음. ●●●● : Ball zone

SPRAY ZONE
0 / 4 / 28% / 0 / 42% / 30%
홈런 타구분포 %

BATTED BALL
항목	비율
볼존 공격률	27%
S존 공격률	71%
볼존 컨택트율	51%
S존 컨택트율	85%
라인드라이브	22%
그라운드볼	40%
플라이볼	38%

DEFENSE
위치	자살	보살	실책	수비율
C	288	16	6	0.981

홈 타율 0.342　원정 타율 0.200
VS. 좌투수 0.179　VS. 우투수 0.316
득점권 0.229　L/C 0.105
VS. 오승환 1타수 1안타 1.000

전형적인 수비형 포수다. 2010년 미네소타에서 데뷔하여 다저스와 에인절스를 거쳐 2015년 시즌 도중 캔자스시티로 트레이드되었다. 오직 수비 능력만으로 메이저리그에서 버티고 있는 선수. 투수리드가 뛰어나고, 포구 능력, 빠른 풋워크와 블로킹 능력까지 갖추고 있다. 강한 어깨와 정확한 송구로 도루 저지 능력도 뛰어나다. 다만 통산 타율이 .198로 공격력이 부족하나 2016시즌에는 .285/.328/.480을 기록하며 공격에서도 가능성을 열어놨다.

1B　Eric HOSMER
에릭 호스머　　　　　NO.35

좌투좌타　1989년 10월 24일　193cm, 102kg

시즌	타수	안타	홈런	타점	볼넷	도루	타율	출루율	장타율	구분	기록	MLB
2016	605	161	25	104	57	5	0.266	0.328	0.433	타율	0.266	0.255
통산	3388	940	102	472	294	54	0.277	0.335	0.428	출루율	0.328	0.322

*는 낮을수록 좋은 기록임

구분	기록	MLB
장타율	0.433	0.417
볼넷%	8.5%	8.2%
삼진%*	19.8%	21.1%
볼넷 / 삼진	0.43	0.39
순장타율	0.167	0.162
BABIP	0.301	0.300
wOBA	0.326	0.318

VS. 패스트볼　　VS. 변화구

*5타수 미만은 색을 표시하지 않았음. ●●●● : Ball zone

SPRAY ZONE
9 / 9 / 35% / 7 / 29% / 36%
홈런 타구분포 %

BATTED BALL
항목	비율
볼존 공격률	36%
S존 공격률	66%
볼존 컨택트율	60%
S존 컨택트율	86%
라인드라이브	17%
그라운드볼	59%
플라이볼	25%

DEFENSE

위치	자살	보살	실책	수비율
1B	1240	77	6	0.995

홈 타율 0.270　원정 타율 0.262
VS. 좌투수 0.233　VS. 우투수 0.283
득점권 0.309　L/C 0.242
VS. 오승환 1타수 무안타

3년 연속 메이저리그 골드글러브를 받을 정도로 안정적인 수비력을 갖고 있으면서 공격력은 30홈런 이상 기록할 정도의 파괴력은 없지만 3할 전후의 타율과 20홈런 언저리를 칠 수 있는 준수한 타격 능력을 가지고 있다. 2016시즌은 캔자스시티 타선이 다소 침체된 가운데 살바도르 페레스와 함께 OPS 8할 듀오를 형성하며 로열스의 타선을 이끌었으며 이 활약을 바탕으로 생애 첫 올스타에 참가하여 올스타전 MVP가 되었다. 최근 2년간 가을야구를 경험하며 한 단계 성숙해진 모습이다.

KANSAS CITY ROYALS

■ 타율 0.400 이상   ■ 0.300-0.399   ■ 0.200-0.299   ■ 0.100-0.199   ■ 타율 0.099 이하

2B Whit MERRIFIELD — NO.15
화이트 메리필드

좌투우타   1989년 1월 24일   183cm, 88kg   *는 낮을수록 좋은 기록임

시즌	타수	안타	홈런	타점	볼넷	도루	타율	출루율	장타율	구분	기록	MLB
2016	81	88	2	29	19	8	0.283	0.323	0.392	타율	0.283	0.255
통산	81	88	2	29	19	8	0.283	0.323	0.392	출루율	0.323	0.322
										장타율	0.392	0.417
										볼넷%	5.7%	8.2%
										삼진%*	21.7%	21.1%
										볼넷 / 삼진	0.26	0.39
										순장타율	0.109	0.162
										BABIP	0.361	0.300
										wOBA	0.309	0.318

VS. 패스트볼   VS. 변화구   *5타수 미만은 색을 표시하지 않았음. ● ● ● : Ball zone

SPRAY ZONE
0 / 2 / 33% / 0
34%   32%
홈런
타구분포 %

BATTED BALL
항목	비율
볼존 공격률	36%
S존 공격률	60%
볼존 컨택트율	66%
S존 컨택트율	92%
라인드라이브	26%
그라운드볼	45%
플라이볼	30%

DEFENSE
위치	자살	보살	실책	수비율
2B	92	156	4	0.984
LF	20	2	0	1.000
3B	1	8	1	0.900

홈 타율 0.291   원정 타율 0.273
VS. 좌투수 0.351   VS. 우투수 0.261
득점권 0.276   L/C 0.345
VS. 오승환 2타수 무안타

캔자스시티 로열스의 유틸리티 선수로 지난 스프링트레이닝 당시 메리필드가 내구성을 강하게 향상시키기 위해 오프시즌 동안 하루에 7끼니를 먹었다. 이는 메리필드의 근육량을 증가시켰고 메리필드는 9kg의 몸무게를 더 증가시켜 88kg이 되었다. 그 결과로 2016년에 메이저리그 데뷔을 이뤄냈고 타율 .283, 2루타 22개, 8도루를 기록했다. 또한 "투 히트 위트(2안타 위트라는 의미)"라는 별명을 얻게 됐다. 메리필드가 잦은 멀티안타 경기를 했기 때문이다.

3B Mike MOUSTAKAS — NO.08
마이크 무스타카스

우투좌타   1988년 9월 11일   183cm, 88kg   *는 낮을수록 좋은 기록임

시즌	타수	안타	홈런	타점	볼넷	도루	타율	출루율	장타율	구분	기록	MLB
2016	104	25	7	13	9	0	0.240	0.301	0.500	타율	0.240	0.255
통산	2483	613	81	294	180	11	0.247	0.303	0.404	출루율	0.301	0.322
										장타율	0.500	0.417
										볼넷%	8.0%	8.2%
										삼진%*	11.5%	21.1%
										볼넷 / 삼진	0.69	0.39
										순장타율	0.260	0.162
										BABIP	0.214	0.300
										wOBA	0.339	0.318

VS. 패스트볼   VS. 변화구   *5타수 미만은 색을 표시하지 않았음. ● ● ● : Ball zone

SPRAY ZONE
3 / 0 / 29% / 4
31%   41%
홈런
타구분포 %

BATTED BALL
항목	비율
볼존 공격률	27%
S존 공격률	61%
볼존 컨택트율	76%
S존 컨택트율	92%
라인드라이브	19%
그라운드볼	42%
플라이볼	40%

DEFENSE
위치	자살	보살	실책	수비율
3B	29	40	2	0.972

홈 타율 0.313   원정 타율 0.179
VS. 좌투수 0.286   VS. 우투수 0.229
득점권 0.167   L/C 0.000

2007년 드래프트 전체 2순위의 유망주 출신. 매년 스프링캠프에서 맹타를 과시하다가도 정작 정규시즌에선 침묵을 지켜 팬과 구단의 애간장을 태워왔다. 하지만 2015년 도루를 제외한 타격 전 부문에서 개인 최고 성적을 찍었다. 그간 잡아당기기 일변도의 타격을 해왔지만, 타구를 좌측으로 보내기 시작한 것이 반등의 시작. 시프트를 무력화시킨 가운데, 2014년까지 .211에 불과했던 타율이 2016년 .286까지 상승하였다.

KANSAS CITY ROYALS

Alcides ESCOBAR SS
알시데스 에스코바 **NO.02**

우투우타 1986년 12월 16일 185cm, 84kg   *는 낮을수록 좋은 기록임

시즌	타수	안타	홈런	타점	볼넷	도루	타율	출루율	장타율	구분.	기록	MLB
2016	637	166	7	55	27	17	0.261	0.292	0.350	타율	0.261	0.255
통산	4223	1105	31	354	187	162	0.262	0.297	0.345	출루율	0.292	0.322
										장타율	0.350	0.417
										볼넷%	4.0%	8.2%
										삼진%*	14.1%	21.1%
										볼넷 / 삼진	0.28	0.39
										순장타율	0.089	0.162
										BABIP	0.295	0.300
										wOBA	0.278	0.318

VS. 패스트볼   VS. 변화구

*5타수 미만은 색을 표시하지 않음.   ● Ball zone

SPRAY ZONE
2 / 5 / 0
42% / 33% / 25%
홈런 타구분포 %

BATTED BALL
항목	비율
볼존 공격률	38%
S존 공격률	70%
볼존 컨택트율	69%
S존 컨택트율	87%
라인드라이브	20%
그라운드볼	50%
플라이볼	30%

DEFENSE
위치	자살	보살	실책	수비율
SS	221	426	14	0.979

홈 타율 0.271 원정 타율 0.251
VS. 좌투수 0.222 VS. 우투수 0.273
득점권 0.290 L/C 0.306
VS. 오승환 2타수 1안타 .500

잭 그레인키 유산 중 한 명. 팀의 리드오프이자 주전 유격수다. 2008년 밀워키에서 데뷔했으며, 캔자스시티에서는 2011년부터 뛰고 있다. 주력은 빠르나 타석에서의 모습은 전형적인 1번 타자 유형은 아니다. 매 시즌 타격의 정교함에서 기복을 보이고 있으며, 초구 공략을 즐기는 등 공을 오래 보는 스타일은 아니어서 통산 출루율이 3할이 채 되지 않는다(통산 .297). 유격수로서 넓은 수비범위를 자랑하며, 재치가 있어 순간적인 응용동작에 능하다. 2015년 데뷔 첫 골든글러브를 수상하였다.

Alex GORDON LF
알렉스 고든 **NO.04**

우투좌타 1984년 2월 10일 185cm, 100kg   *는 낮을수록 좋은 기록임

시즌	타수	안타	홈런	타점	볼넷	도루	타율	출루율	장타율	구분.	기록	MLB
2016	445	98	17	40	52	8	0.220	0.312	0.380	타율	0.220	0.255
통산	4690	1238	151	563	520	89	0.264	0.345	0.430	출루율	0.312	0.322
										장타율	0.380	0.417
										볼넷%	10.3%	8.2%
										삼진%*	29.2%	21.1%
										볼넷 / 삼진	0.35	0.39
										순장타율	0.160	0.162
										BABIP	0.288	0.300
										wOBA	0.303	0.318

VS. 패스트볼   VS. 변화구

*5타수 미만은 색을 표시하지 않음.   ● Ball zone

SPRAY ZONE
2 / 2 / 13
22% / 33% / 45%
홈런 타구분포 %

BATTED BALL
항목	비율
볼존 공격률	27%
S존 공격률	64%
볼존 컨택트율	50%
S존 컨택트율	84%
라인드라이브	24%
그라운드볼	38%
플라이볼	38%

DEFENSE
위치	자살	보살	실책	수비율
LF	222	6	2	0.991

홈 타율 0.190 원정 타율 0.247
VS. 좌투수 0.214 VS. 우투수 0.223
득점권 0.182 L/C 0.212
VS. 오승환 2타수 무안타

초특급 유망주 출신. 데뷔 초반에는 실망스러웠으나, 3루에서 좌익수로 포지션을 옮긴 뒤 본인의 잠재력을 꽃피우기 시작했다. 2011년 첫 3할을 기록한 이후 최근에는 타격이 하락세다. 특히 2016시즌에는 무스타카스와 충돌하면서 손목뼈가 부러지는 부상의 여파로 타율 .220을 기록했다. 그러나 진정한 그의 가치는 수비에 있다. 좌익수 수비는 현역 최고 수준. 2015년에는 부상으로 발목이 잡혔으나 2014년까지 4년 연속 골든글러브를 수상했다.

KANSAS CITY ROYALS

■ 타율 0.400 이상 ■ 0.300~0.399 ■ 0.200~0.299 ■ 0.100~0.199 ■ 타율 0.099 이하

 Lorenzo CAIN
로렌조 케인

 NO.06

우투우타 1986년 4월 13일 188cm, 93kg

*는 낮을수록 좋은 기록임

시즌	타수	안타	홈런	타점	볼넷	도루	타율	출루율	장타율	구분	기록	MLB
2016	397	114	9	56	31	14	0.287	0.339	0.408	타율	0.287	0.255
통산	2209	635	42	277	150	101	0.254	0.315	0.438	출루율	0.339	0.322
										장타율	0.408	0.417
										볼넷%	7.1%	8.2%
										삼진%*	19.4%	21.1%
										볼넷 / 삼진	0.37	0.39
										순장타율	0.121	0.162
										BABIP	0.341	0.300
										wOBA	0.322	0.318

VS. 패스트볼   VS. 변화구

*5타수 미만은 색을 표시하지 않았음. ●●●: Ball zone

SPRAY ZONE
3
3   38%   3
34%   27%
홈런
타구분포 %

BATTED BALL

항목	비율
볼존 공격률	30%
S존 공격률	68%
볼존 컨택트율	60%
S존 컨택트율	88%
라인드라이브	23%
그라운드볼	47%
플라이볼	30%

DEFENSE

위치	자살	보살	실책	수비율
RF	61	1	0	1.000

홈 타율 0.280 원정 타율 0.293
VS. 좌투수 0.420 VS. 우투수 0.314
득점권 0.311 L/C 0.263

계속해서 발전하는 선수. 2015년 데뷔 후 첫 두 자릿수 홈런을 때려내는 등 타격 전 부문에서 2014년 자신이 세운 최고 기록을 1년 만에 모두 갈아치웠다. 올스타전에도 출전하였다. 패스트볼에 대단한 강점을 보이며, 빠른 발을 이용해 내야 안타도 곧잘 만들어낸다. 선구안과 타석에서의 인내심도 좋아지는 등 한 단계 성숙한 타자로 진화 중이다. 특히 좌타자에게 매우 강하다. 넓은 수비 범위로 중견수 수비는 리그 최정상급이지만 어깨가 약한 것이 흠이다.

 Jorge SOLER
호르헤 솔러

 NO.12

우투우타 1992년 2월 25일 194cm, 98kg

*는 낮을수록 좋은 기록임

시즌	타수	안타	홈런	타점	볼넷	도루	타율	출루율	장타율	구분	기록	MLB
2016	227	54	12	31	31	0	0.238	0.333	0.436	타율	0.238	0.255
통산	682	176	27	98	69	4	0.258	0.328	0.434	출루율	0.333	0.322
										장타율	0.436	0.417
										볼넷%	11.7%	8.2%
										삼진%*	25.0%	21.1%
										볼넷 / 삼진	0.47	0.39
										순장타율	0.198	0.162
										BABIP	0.276	0.300
										wOBA	0.333	0.318

VS. 패스트볼   VS. 변화구

*5타수 미만은 색을 표시하지 않았음. ●●●: Ball zone

SPRAY ZONE
5
7   35%   0
43%   22%
홈런
타구분포 %

BATTED BALL

항목	비율
볼존 공격률	28%
S존 공격률	68%
볼존 컨택트율	50%
S존 컨택트율	79%
라인드라이브	17%
그라운드볼	40%
플라이볼	43%

DEFENSE

위치	자살	보살	실책	수비율
RF	4	0	1	0.800

홈 타율 0.262 원정 타율 0.218
VS. 좌투수 0.267 VS. 우투수 0.224
득점권 0.232 L/C 0.263
VS. 오승환 3타수 무안타

LA 다저스의 야시엘 푸이그보다 조금 먼저 쿠바를 탈출하여 컵스와 9년간 3,000만 달러에 계약을 하였다. 2014년 8월 25일 빅리그에 데뷔하였고, 2016시즌에는 86경기 54안타 12홈런, 타율238을 기록. 포스트 시즌에서 홈런을 치며 팀의 월드 시리즈 우승에 일조하며 챔피언 반지를 챙겼다. 타격과 경기에 임하는 자세, 수비에 대해 나무랄 점이 없는 선수다. 2016년 12월 13일 캔자스시티 마무리 투수 웨이드 데이비스와의 트레이드로 로열스의 일원이 되었다.

KANSAS CITY ROYALS

■ 타율 0.400 이상 ■ 0.300–0.399 ■ 0.200–0.299 ■ 0.100–0.199 ■ 타율 0.099 이하

RF Paulo ORLANDO 파울러 올랜도 NO.16

우투우타 1992년 11월 16일 185cm, 86kg *는 낮을수록 좋은 기록임

시즌	타수	안타	홈런	타점	볼넷	도루	타율	출루율	장타율	구분	기록	MLB
2016	128	38	5	43	13	14	0.302	0.329	0.405	타율	0.302	0.255
통산	214	198	12	70	18	17	0.284	0.309	0.418	출루율	0.329	0.322
										장타율	0.405	0.417
										볼넷%	2.7%	8.2%
										삼진%*	21.7%	21.1%
										볼넷/삼진	0.12	0.39
										순장타율	0.103	0.162
										BABIP	0.380	0.300
										wOBA	0.317	0.318

SPRAY ZONE: 0 / 5 / 39% / 0 / 34% / 27% — 홈런 타구분포 %

BATTED BALL
항목	비율
볼존 공격률	40%
S존 공격률	73%
볼존 컨택트율	60%
S존 컨택트율	87%
라인드라이브	22%
그라운드볼	52%
플라이볼	26%

DEFENSE
위치	자살	보살	실책	수비율
RF	158	74	3	0.982

홈 타율 0.331 원정 타율 0.271
VS. 좌투수 0.307 VS. 우투수 0.300
득점권 0.314 L/C 0.262
VS. 오승환 1타수 무안타

브라질 출신으로 2014년 4월 9일 캔자스시티에서 빅리그에 데뷔하였다. 주로 외야에서 전 포지션을 소화할 수 있는 수비가 매우 뛰어난 백업요원이다. 공격력에서도 뛰어난 성적을 보여주고 있어 차세대 캔자스시티의 외야 한 곳을 차지할 유망주다. 2016시즌에는 우익수로 가장 많이 기용된 파울로 올란도(.302/.329/.405)는 홈런을 줄이고, 타율을 올리며 지난해와 정반대의 성적을 기록했다. 2017시즌은 부상에서 빠진 알렉스 고든 자리를 메꾸면서 코칭 수뇌부에게 인정받아야 한다.

3B Cheslor CUTHBERT 체슬러 커스버트 NO.19

우투우타 1992년 11월 16일 185cm, 86kg *는 낮을수록 좋은 기록임

시즌	타수	안타	홈런	타점	볼넷	도루	타율	출루율	장타율	구분	기록	MLB
2016	475	130	12	46	32	2	0.274	0.318	0.413	타율	0.274	0.255
통산	521	140	13	54	36	2	0.269	0.315	0.409	출루율	0.318	0.322
										장타율	0.413	0.417
										볼넷%	6.3%	8.2%
										삼진%*	18.8%	21.1%
										볼넷/삼진	0.33	0.39
										순장타율	0.139	0.162
										BABIP	0.320	0.300
										wOBA	0.316	0.318

SPRAY ZONE: 4 / 7 / 32% / 1 / 41% / 27% — 홈런 타구분포 %

BATTED BALL
항목	비율
볼존 공격률	32%
S존 공격률	67%
볼존 컨택트율	63%
S존 컨택트율	86%
라인드라이브	17%
그라운드볼	48%
플라이볼	35%

DEFENSE
위치	자살	보살	실책	수비율
3B	77	216	16	0.948

홈 타율 0.290 원정 타율 0.257
VS. 좌투수 0.320 VS. 우투수 0.258
득점권 0.273 L/C 0.276

니카라과 출신으로, 2015년 7월 7일 빅리그에 데뷔하였다. 그는 2017시즌에는 내야 백업요원이나 지명타자로 활약할 예정이다. 공격력은 경력이 쌓이면 20홈런 이상을 칠 수 있으며, 타율 또한 내야수로는 준수한 성적이 기대된다. 그러나 2016년 체슬러 커스버트는 -12의 DRS를 기록하며 최악의 수비상인 골든글러브의 불명예를 차지했다. 2017년은 지난해 부상을 당한 무스타커스가 복귀할 때까지 3루를 책임질 것으로 보인다.

MINNESOTA TWINS

처참하게 무너졌다. 30개 팀 중에서 59승 103패로 메이저리그 꼴찌의 상처를 얻었다. 청운의 꿈을 안고 메이저리그에 입성한 박병호도 팀과 함께 추락했다. 더 이상 물러설 곳도 없다. 2017시즌 꼴찌라도 면해보자.

TEAM IMFORMATION

창단 : 1901년
이전 연고지 : 워싱턴
월드시리즈 우승 : 3회
AL 우승 : 6회
디비전 우승 : 10회
와일드카드 진출 : 0회
구단주 : 짐 폴래드
감독 : 폴 몰리토
단장 : 사드 레빈

FRANCHISE

UNIFORM

Home / Away

Alternate

MANAGER

Paul Molitor

생년월일 : 1956년 8월 22일
출생지 : 세인트폴 (미네소타)
MLB 감독 경력 : 올해로 3년째
미네소타(2015년~현재)
정규시즌 통산 : 142승 182패 승률 0.438
포스트시즌 통산 : -

LINE-UP

ROTATION	
SP	E. 산타나
SP	H. 산티아고
SP	K. 깁슨
SP	P. 휴지스
SP	J. 베리오스

BULLPEN	
RP	G. 퍼킨스
RP	R. 프레슬리
RP	M. 톤킨
RP	T. 로저스
RP	P. 휴지스
RP	B. 보서스
CL	B. 킨즐러

BATTING	
1	J. 폴랑코
2	B. 벅스턴
3	J. 마우어
4	M. 사노
5	B. 도저
6	E. 로사리오
7	M. 케플러
8	J. 카스트로
9	K. 바르가스

UTILITY PLAYERS	
IF	E. 에스코바
IF	K. 바르가스
OF	E. 로사리오
OF	R. 그로스맨

BALL PARK : Target Field

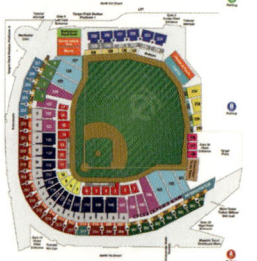

주소 : 1 Twins Way Minneapolis, Minnesota
펜스 거리 : 왼쪽 103m, 좌중간 115m, 중앙 125m, 우중간 111m, 오른쪽 100m
펜스 높이 : 왼쪽~우중간 2.1m, 우중간~오른쪽 7m
최초공식경기 : 2010년 4월 12일
잔디 : 켄터키 블루 그래스 (천연잔디)
수용 인원 : 3만 9,021명
홈팀 덕아웃 : 1루
파크팩터 : 0.994 (MLB 13위)

리빌딩만이 살길이다. 유망주를 잘 키워서 앞으로 10년을 대비하자

2016 리뷰
초반부터 마운드가 무너지면서 개막전부터 9경기를 모두 패했다. 에인절스와의 홈 3연전을 모두 승리하며 기운을 차리나 싶더니 다시 긴 연패의 수렁에 빠지면서 전반기를 33승 58패로 마감했다. 선발진에서 에이스 어빈 산타나만 제 몫을 해주었고 필 휴즈, 리키 놀라스코, 호세 베리우스, 타일러 더피, 카일 깁슨 등 모두가 무너져버렸다. 설상가상으로 불펜진은 6회까지 리드를 잡은 경기도 불쇼로 날려버렸다. 믿음을 주었던 퍼킨스는 두 경기 만에 부상자 명단에 오른 후 시즌아웃이 되었다. 그리고 젭슨은 불쇼의 주인공이 되면서 수습하기가 어려운 지경으로 만들었다. 타격에서는 유력한 신인왕후보 바이런 벅스턴은 시즌 중 두 번이나 마이너리그로 내려가면서 실망감을 주었다. 또한 박병호는 22경기 만에 홈런 7개(42개 홈런 페이스)를 치면서 승승장구했으나 빅리그 투수들의 본격적인 견제가 시작되면서 타율이 1할대로 곤두박질치면서 마이너리그로 내려가 부상으로 시즌을 접었다. 또한 백전노장 조 마우어의 노쇠화는 그가 은퇴가 다가왔음을 알리는 신호탄이었다. 그러나 2루수 브라이언 도저는 전반기에는 평범한 성적(홈런 14개 .246/.335/.450)을 올렸으나 후반기에 폭발(40홈런 .291/.344/.646)하며 그나마 팀에 위안을 주었다. 박병호 외에는 특별한 전력보강 없이 시작한 시즌은 팀 수뇌부의 생각과 완전히 어긋난 한 해였다.

2017 프리뷰
스몰팀이 리빌딩을 한다는 자체가 얼마나 어려운 일인지 미네소타가 작년에 확실하게 보여주었다. 명예의 전당 출신인 폴 몰리터 감독은 인내심을 갖고 작년의 참사를 지켜봤다. 작년에 집단적으로 부진을 겪었던 선발진은 올해는 작년보다 훨씬 상태가 좋아질 것으로 예상된다. 제 1선발 어빈 산타나를 필두로 헥토르 산티아고, 카일 깁슨, 호세 베리우스는 기본적으로 좋은 투수들이기 때문에 작년보다는 훨씬 준수한 성적이 예상된다. 또한 큰 약점 중에 하나였던 불펜진은 퍼킨스와 젭슨이 부진할 때 불펜에 합류한 브랜든 킨츨러(2패 17세이브 1홀드 방어율 .315)의 후반기 활약은 올해 불펜이 작년보다는 좋아지리라 생각한다. 그리고 다수의 팀들이 브라이언 도저가 시장에 나오길 학수고대하고 있다. 그러나 미네소타는 FA까지 2년이 남은 도저를 필두로 사노, 누네스, 케플러, 마우어, 플루프 등 타력 강화에 힘쓰고 있다. 또한 젊은 투수들의 리드를 위해 베테랑 포수를 영입했다. 3년 2,400만 달러 계약을 맺고 입단한 제이슨 카스트로(.210 .307 .377)는 지난 3년간 팀의 주전 포수였던 커트 스즈키(.258 .301 .403)보다 훨씬 뛰어난 프레이밍을 자랑한다. 신인 선수인 독일 출신 케플러와 벅스턴의 활약과 무엇보다도 코리언 메이저리거 박병호의 부활이 절실하다. 스프링캠프 기간 동안 타격 폼도 수정하면서 빠른 공에 대한 대처능력을 키우고 선구안을 키워야 한다. 박병호가 부활한다면 미네소타 타선도 공포감을 주기에 충분하다. 미네소타는 2017년 화이트삭스와 탈꼴찌 다툼이 치열할 것으로 예상된다.

MINNESOTA TWINS

SQUAD LIST

*선수 명단은 2017년 3월 16일 기준(source : ESPN)

투수

번호	이름	위치	투	타	나이	출생지
9	Matt Belisle	RP	R	R	36	Austin, TX
17	Jose Berrios	SP	R	R	22	Bayamon, Puerto Rico
62	Buddy Boshers	RP	L	L	28	Huntsville, AL
60	J.T. Chargois	RP	R	B	26	Sulphur, LA
56	Tyler Duffey	SP	R	R	26	Houston, TX
44	Kyle Gibson	SP	R	R	29	Greenfield, IN
58	Justin Haley	RP	R	R	25	Orangevale, CA
45	Phil Hughes	SP	R	R	30	Mission Viejo, CA
--	Zach Jones	RP	R	R	26	San Jose, CA
76	Felix Jorge	SP	R	R	23	Santiago, Dominican Republic
27	Brandon Kintzler	RP	R	R	32	Las Vegas, NV
65	Trevor May	RP	R	R	27	Longview, WA
49	Adalberto Mejia	RP	L	R	23	Bonao, Dominican Republic
74	Mason Melotakis	RP	L	R	25	Bloomington, IN
61	Ryan O'Rourke	RP	L	R	28	Worcester, MA
15	Glen Perkins	RP	L	L	34	St. Paul, MN
57	Ryan Pressly	RP	R	R	28	Dallas, TX
55	Taylor Rogers	RP	L	L	26	Littleton, CO
77	Fernando Romero	RP	R	R	22	San Juan de la Maguana, Dominican Republic
64	Randy Rosario	SP	L	L	22	Nagua, Dominican Republic
54	Ervin Santana	SP	R	R	34	San Cristobal, Dominican Republic
53	Hector Santiago	SP	L	R	29	Newark, NJ
59	Michael Tonkin	RP	R	R	27	Glendale, CA

포수

번호	이름	위치	투	타	나이	출생지
21	Jason Castro	C	R	L	29	Castro Valley, CA
43	Mitch Garver	C	R	R	26	Albuquerque, NM
12	John Ryan Murphy	C	R	R	25	Bradenton, FL

내야

번호	이름	위치	투	타	나이	출생지
16	Ehire Adrianza	SS	R	B	27	Guarenas, Venezuela
2	Brian Dozier	2B	R	R	29	Fulton, MS
5	Eduardo Escobar	SS	R	B	28	Villa de Cura, Venezuela
7	Joe Mauer	1B	R	L	33	St. Paul, MN
73	Daniel Palka	1B	L	L	25	Greenville, SC
11	Jorge Polanco	SS	R	B	23	San Pedro de Macoris, Dominican Republic
22	Miguel Sano	3B	R	R	23	San Pedro de Macoris, Dominican Republic
19	Kennys Vargas	1B	R	B	26	Canovanas, Puerto Rico
1	Engelb Vielma	SS	R	B	22	Maracaibo, Venezuela

외야

번호	이름	위치	투	타	나이	출생지
25	Byron Buxton	CF	R	R	23	Baxley, GA
66	Zach Granite	CF	L	L	24	Staten Island, NY
36	Robbie Grossman	LF	L	B	27	San Diego, CA
26	Max Kepler	RF	L	L	24	Berlin, Germany
20	Eddie Rosario	LF	R	L	25	Guayama, Puerto Rico
39	Danny Santana	CF	R	B	26	Monte Plata, Dominican Republic

SUMMARY

우타자	좌타자	스위치	우투수	좌투수	평균나이	최연소	최연장
5명	6명	7명	15명	8명	26.0세	22세	36세

MINNESOTA TWINS

2017 REGULAR SEASON SCHEDULE

* 는 홈경기, 시간은 미국 동부시간 기준

날짜	상대팀	경기시간	날짜	상대팀	경기시간	날짜	상대팀	경기시간
Mon, 4/3	Kansas City Royals	PM 3:10	Fri, 6/9	San Francisco Giants	PM 9:15	Wed, 8/16	Cleveland Indians	PM 7:10
Wed, 4/5	Kansas City Royals	PM 12:10	Sat, 6/10	San Francisco Giants	PM 3:05	Thu, 8/17	Cleveland Indians	PM 12:10
Thu, 4/6	Kansas City Royals	PM 12:10	Sun, 6/11	San Francisco Giants	PM 3:05	Fri, 8/18	Arizona D-backs	PM 7:10
Fri, 4/7	Chicago White Sox	PM 7:10	Mon, 6/12	Seattle Mariners	PM 7:10	Sat, 8/19	Arizona D-backs	PM 6:10
Sat, 4/8	Chicago White Sox	PM 1:10	Tue, 6/13	Seattle Mariners	PM 7:10	Sun, 8/20	Arizona D-backs	PM 1:10
Sun, 4/9	Chicago White Sox	PM 1:10	Wed, 6/14	Seattle Mariners	PM 7:10	Mon, 8/21	Chicago White Sox	PM 7:10
Tue, 4/11	Detroit Tigers	PM 12:10	Thu, 6/15	Seattle Mariners	PM 12:10	Tue, 8/22	Chicago White Sox	PM 7:10
Wed, 4/12	Detroit Tigers	PM 12:10	Fri, 6/16	Cleveland Indians	PM 7:10	Wed, 8/23	Chicago White Sox	PM 7:10
Thu, 4/13	Detroit Tigers	PM 12:10	Sat, 6/17	Cleveland Indians	PM 1:10	Thu, 8/24	Chicago White Sox	PM 7:10
Fri, 4/14	Chicago White Sox	PM 7:10	Sun, 6/18	Cleveland Indians	PM 1:10	Fri, 8/25	Toronto Blue Jays	PM 6:07
Sat, 4/15	Chicago White Sox	PM 1:10	Tue, 6/20	Chicago White Sox	PM 7:10	Sat, 8/26	Toronto Blue Jays	PM 1:07
Sun, 4/16	Chicago White Sox	PM 3:10	Wed, 6/21	Chicago White Sox	PM 7:10	Sun, 8/27	Toronto Blue Jays	PM 12:07
Mon, 4/17	Cleveland Indians	PM 7:10	Thu, 6/22	Chicago White Sox	PM 12:10	Tue, 8/29	Chicago White Sox	PM 7:10
Tue, 4/18	Cleveland Indians	PM 7:10	Fri, 6/23	Cleveland Indians	PM 6:10	Wed, 8/30	Chicago White Sox	PM 7:10
Wed, 4/19	Cleveland Indians	PM 7:10	Sat, 6/24	Cleveland Indians	PM 3:10	Thu, 8/31	Chicago White Sox	PM 12:10
Thu, 4/20	Cleveland Indians	PM 12:10	Sun, 6/25	Cleveland Indians	PM 12:10	Fri, 9/1	Kansas City Royals	PM 7:10
Fri, 4/21	Detroit Tigers	PM 7:10	Mon, 6/26	Boston Red Sox	PM 6:10	Sat, 9/2	Kansas City Royals	PM 6:10
Sat, 4/22	Detroit Tigers	PM 1:10	Tue, 6/27	Boston Red Sox	PM 6:10	Sun, 9/3	Kansas City Royals	PM 1:10
Sun, 4/23	Detroit Tigers	PM 1:10	Wed, 6/28	Boston Red Sox	PM 6:10	Mon, 9/4	Tampa Bay Rays	PM 6:10
Mon, 4/24	Texas Rangers	PM 7:05	Thu, 6/29	Boston Red Sox	PM 6:10	Tue, 9/5	Tampa Bay Rays	PM 6:10
Tue, 4/25	Texas Rangers	PM 7:05	Fri, 6/30	Kansas City Royals	PM 7:15	Wed, 9/6	Tampa Bay Rays	PM 12:10
Wed, 4/26	Texas Rangers	PM 7:05	Sat, 7/1	Kansas City Royals	PM 1:15	Thu, 9/7	Kansas City Royals	PM 7:15
Fri, 4/28	Kansas City Royals	PM 7:15	Sun, 7/2	Kansas City Royals	PM 1:15	Fri, 9/8	Kansas City Royals	PM 7:15
Sat, 4/29	Kansas City Royals	PM 6:15	Mon, 7/3	Los Angeles Angels	PM 7:10	Sat, 9/9	Kansas City Royals	PM 6:15
Sun, 4/30	Kansas City Royals	PM 1:15	Tue, 7/4	Los Angeles Angels	PM 1:10	Sun, 9/10	Kansas City Royals	PM 1:15
Tue, 5/2	Oakland Athletics	PM 7:10	Wed, 7/5	Los Angeles Angels	PM 7:10	Tue, 9/12	San Diego Padres	PM 7:10
Wed, 5/3	Oakland Athletics	PM 7:10	Thu, 7/6	Baltimore Orioles	PM 7:10	Wed, 9/13	San Diego Padres	PM 7:10
Thu, 5/4	Oakland Athletics	PM 12:10	Fri, 7/7	Baltimore Orioles	PM 7:10	Thu, 9/14	Toronto Blue Jays	PM 7:10
Fri, 5/5	Boston Red Sox	PM 7:10	Sat, 7/8	Baltimore Orioles	PM 7:10	Fri, 9/15	Toronto Blue Jays	PM 7:10
Sat, 5/6	Boston Red Sox	PM 1:10	Sun, 7/9	Baltimore Orioles	PM 1:10	Sat, 9/16	Toronto Blue Jays	PM 6:10
Sun, 5/7	Boston Red Sox	PM 1:10	Fri, 7/14	Houston Astros	PM 7:10	Sun, 9/17	Toronto Blue Jays	PM 1:10
Tue, 5/9	Chicago White Sox	PM 7:10	Sat, 7/15	Houston Astros	PM 6:10	Mon, 9/18	New York Yankees	PM 6:05
Wed, 5/10	Chicago White Sox	PM 7:10	Sun, 7/16	Houston Astros	PM 1:10	Tue, 9/19	New York Yankees	PM 6:05
Thu, 5/11	Chicago White Sox	PM 7:10	Mon, 7/17	New York Yankees	PM 7:10	Wed, 9/20	New York Yankees	PM 12:05
Fri, 5/12	Cleveland Indians	PM 6:10	Tue, 7/18	New York Yankees	PM 7:10	Thu, 9/21	Detroit Tigers	PM 6:10
Sat, 5/13	Cleveland Indians	PM 3:10	Wed, 7/19	New York Yankees	PM 12:10	Fri, 9/22	Detroit Tigers	PM 6:10
Sun, 5/14	Cleveland Indians	PM 12:10	Fri, 7/21	Detroit Tigers	PM 7:10	Sat, 9/23	Detroit Tigers	PM 6:10
Tue, 5/16	Colorado Rockies	PM 7:10	Sat, 7/22	Detroit Tigers	PM 6:10	Sun, 9/24	Detroit Tigers	PM 12:10
Wed, 5/17	Colorado Rockies	PM 7:10	Sun, 7/23	Detroit Tigers	PM 1:10	Tue, 9/26	Cleveland Indians	PM 6:10
Thu, 5/18	Colorado Rockies	PM 12:10	Mon, 7/24	Los Angeles Dodgers	PM 9:10	Wed, 9/27	Cleveland Indians	PM 6:10
Fri, 5/19	Kansas City Royals	PM 7:10	Tue, 7/25	Los Angeles Dodgers	PM 9:10	Thu, 9/28	Cleveland Indians	AM 11:10
Sat, 5/20	Kansas City Royals	PM 1:10	Wed, 7/26	Los Angeles Dodgers	PM 9:10	Fri, 9/29	Detroit Tigers	PM 7:10
Sun, 5/21	Kansas City Royals	PM 1:10	Fri, 7/28	Oakland Athletics	PM 9:05	Sat, 9/30	Detroit Tigers	PM 6:10
Mon, 5/22	Baltimore Orioles	PM 6:05	Sat, 7/29	Oakland Athletics	PM 8:05	Sun, 10/1	Detroit Tigers	PM 2:10
Tue, 5/23	Baltimore Orioles	PM 6:05	Sun, 7/30	Oakland Athletics	PM 3:05			
Wed, 5/24	Baltimore Orioles	AM 11:35	Tue, 8/1	San Diego Padres	PM 9:10			
Fri, 5/26	Tampa Bay Rays	PM 7:10	Wed, 8/2	San Diego Padres	PM 2:40			
Sat, 5/27	Tampa Bay Rays	PM 1:10	Thu, 8/3	Texas Rangers	PM 7:10			
Sun, 5/28	Tampa Bay Rays	PM 1:10	Fri, 8/4	Texas Rangers	PM 7:10			
Mon, 5/29	Houston Astros	PM 1:10	Sat, 8/5	Texas Rangers	PM 6:10			
Tue, 5/30	Houston Astros	PM 7:10	Sun, 8/6	Texas Rangers	PM 1:10			
Wed, 5/31	Houston Astros	PM 12:10	Mon, 8/7	Milwaukee Brewers	PM 7:10			
Thu, 6/1	Los Angeles Angels	PM 9:07	Tue, 8/8	Milwaukee Brewers	PM 7:10			
Fri, 6/2	Los Angeles Angels	PM 9:07	Wed, 8/9	Milwaukee Brewers	PM 7:10			
Sat, 6/3	Los Angeles Angels	PM 9:07	Thu, 8/10	Milwaukee Brewers	PM 7:10			
Sun, 6/4	Los Angeles Angels	PM 2:37	Fri, 8/11	Detroit Tigers	PM 6:10			
Tue, 6/6	Seattle Mariners	PM 9:10	Sat, 8/12	Detroit Tigers	PM 5:10			
Wed, 6/7	Seattle Mariners	PM 9:10	Sun, 8/13	Detroit Tigers	PM 12:10			
Thu, 6/8	Seattle Mariners	PM 9:10	Tue, 8/15	Cleveland Indians	PM 7:10			

MINNESOTA TWINS

■ 15% 이상   ■ 12-14%   ■ 9-11%   ■ 6-8%   ■ 3-5%   □ 2% 이하

홈 ERA 3.75 원정 ERA 2.95
VS. 좌타자 2.940 VS. 우타자 3.790
VS. 추신수 18타수 5안타 .278
VS. 강정호 3타수 1안타 1홈런 .286

SP Ervin SANTANA
어빈 산타나   NO.54

우투우타   1982년 12월 12일   188cm, 84kg

*는 낮을수록 좋은 기록임

시즌	경기	이닝	피안타	피홈런	볼넷	탈삼진	승-패-세-홀	평균자책	구분	기록	MLB
2016	30	181.1	168	19	53	149	7-11-0-0	3.38	평균자책*	3.38	4.19
통산	346	2172.0	2099	276	678	1738	133-116-0-1	4.09	탈삼진 / 9	7.63	8.10
									볼넷 / 9*	1.29	3.14
									탈삼진 / 볼넷	5.91	2.58
									피홈런 / 9*	0.93	1.17
									피안타율*	0.228	0.252
									WHIP*	1.01	1.32
									잔루율	74.3%	72.9%
									FIP*	3.40	4.24

PITCHING REPERTORY / VELOCITY km/h **/ MOVEMENT** cm

구종	평균	전체	초구	2-2	좌타자	우타자	피타율	상하	좌우
포심패스트볼	150	42%	51%	36%	43%	42%	0.288	↑23	→8
투심 / 싱커	148	10%	13%	5%	9%	11%	0.214	↑19	←15
컷패스트볼	140	0%	0%	0%	0%	0%	0.000	↑19	←3
슬라이더	135	36%	28%	37%	27%	44%	0.189	↑5	←10
커브	125	0%	1%	0%	1%	0%	0.333	↓1	←11
체인지업	137	12%	7%	21%	20%	3%	0.306	↑17	→13
스플리터	-	-	-	-	-	-	-		

4년간 5,500만 달러의 FA 계약을 맺고 2015년부터 미네소타에서 뛰고 있다. 선발 보강을 위해 영입했지만 금지약물 복용으로 80경기 출장정지를 받고 2015년 7월에 마운드에 복귀했다. 2015, 2016시즌 14승 16패 방어율 .374를 기록하며 에이스로서의 면모를 보여주지 못했다. 평균구속 149km/h의 패스트볼을 던지며 슬라이더가 주무기다. 좌타자 상대 시 주로 던지는 체인지업도 경쟁력이 있다. 그러나 2016시즌 타선의 지원을 못 받아 7승에 그쳤다.

홈 ERA 5.63 원정 ERA 3.06
VS. 좌타자 4.130 VS. 우타자 4.290
VS. 추신수 32타수 6안타 1홈런 .188
VS. 강정호 1타수 무안타

SP Hector SANTIAGO
헥토르 산티아고   NO.66

좌투우타   1987년 12월 16일   183cm, 98kg

*는 낮을수록 좋은 기록임

시즌	경기	이닝	피안타	피홈런	볼넷	탈삼진	승-패-세-홀	평균자책	구분	기록	MLB
2016	33	182.0	169	5	79	144	13-10-0-0	4.70	평균자책*	4.70	4.19
통산	174	714.2	637	40	316	632	36-38-4-8	3.84	탈삼진 / 9	7.12	8.10
									볼넷 / 9*	3.91	3.14
									탈삼진 / 볼넷	1.82	2.58
									피홈런 / 9*	1.63	1.17
									피안타율*	0.241	0.252
									WHIP*	1.36	1.32
									잔루율	74.0%	72.9%
									FIP*	5.31	4.24

PITCHING REPERTORY / VELOCITY km/h **/ MOVEMENT** cm

구종	평균	전체	초구	2-2	좌타자	우타자	피타율	상하	좌우
포심패스트볼	146	62%	62%	64%	63%	62%	0.222	↑25	←21
투심 / 싱커	141	0%	0%	0%	0%	0%	0.000	↑12	←30
컷패스트볼	139	7%	6%	6%	10%	6%	0.284	↑15	→3
슬라이더	130	6%	6%	7%	14%	3%	0.257	↑1	→2
커브	120	6%	6%	3%	5%	6%	0.250	↓7	→9
체인지업	133	19%	20%	17%	7%	23%	0.246	↑16	←27
스플리터	-	-	-	-	-	-	-		

2016년 시즌 도중 에인젤스에서 미네소타로 이적해왔다. 한때 빅리그 유일의 스크루볼러였으나 2014년 이후 거의 던지지 않고 있다. 평균구속 145km/h의 패스트볼과 커터와 체인지업, 슬라이더, 커브까지 다양한 구종을 구사한다. 2015년 올스타 선정 이후 제구와 커맨드가 흔들리면서 어려운 시즌을 보냈다. 2016시즌에는 두 자리 승수를 올렸으나 여전히 방어율은 .470으로 좋지 않다. 2017년 어빈 산타나와 원투펀치를 이룰 것으로 예상된다.

MINNESOTA TWINS

■ 15% 이상   ■ 12–14%   ■ 9–11%   ■ 6–8%   ■ 3–5%   □ 2% 이하

SP Kyle GIBSON
카일 깁슨
NO.44

우투우타   1987년 10월 23일   198cm, 95kg   *는 낮을수록 좋은 기록임

시즌	경기	이닝	피안타	피홈런	볼넷	탈삼진	승-패-세-홀	평균자책	구분	기록	MLB
2016	25	147.1	175	20	55	104	6-11-0-0	5.07	평균자책*	5.07	4.19
통산	98	572.1	608	57	197	385	32-38-0-0	4.59	탈삼진 / 9	6.35	8.10
									볼넷 / 9*	3.36	3.14
									탈삼진 / 볼넷	1.89	2.58
									피홈런 / 9*	1.22	1.17
									피안타율*	0.295	0.252
									WHIP*	1.56	1.32
									잔루율	70.4%	72.9%
									FIP*	4.70	4.24

PITCHING ZONE (좌타자·몸쪽 / 우타자·몸쪽)

PITCHING REPERTORY / VELOCITY km/h   MOVEMENT cm

구종	평균	전체	초구	2-2	좌타자	우타자	피안타율	상하	좌우
포심패스트볼	148	16%	23%	9%	21%	10%	0.434	↑24	→11
투심 / 싱커	147	42%	38%	34%	38%	45%	0.300	↑17	→20
컷패스트볼	–	–	–	–	–	–	–		
슬라이더	136	21%	20%	27%	13%	28%	0.205	↑5	←6
커브	128	4%	5%	2%	4%	3%	0.129	↓7	→7
체인지업	134	19%	14%	28%	24%	14%	0.217	↑9	→21
스플리터	–	–	–	–	–	–	–		

홈 ERA 5.21 원정 ERA 4.92
VS. 좌타자 5.590 VS. 우타자 4.650
VS. 추신수 14타수 3안타 1홈런 .214
VS. 김현수 3타수 1안타 .333

미네소타에 2010년 드래프트 1라운드 22순위로 지명되었다. 마이너 시절 토미존 수술로 공백기를 거쳐 예상보다 데뷔가 늦어졌다. 평균구속 147km/h의 투심패스트볼과 결정구인 체인지업과 슬라이더의 완성도가 상당하여 땅볼을 많이 유도한다. 특히 체인지업의 경우 우투수인 그가 수준급의 좌타자들을 상대로 선방할 수 있게 만들어주는 최고의 무기다. 에이스의 반열에 오르기 위해서는 갈수록 떨어지는 구속 감소와 들쭉날쭉한 제구력과 경기마다 요동치는 기복을 줄여야 한다.

SP José BERRÍOS
호세 베리오스
NO.17

우투우타   1994년 5월 27일   183cm, 84kg   *는 낮을수록 좋은 기록임

시즌	경기	이닝	피안타	피홈런	볼넷	탈삼진	승-패-세-홀	평균자책	구분	기록	MLB
2016	14	58.1	74	12	35	49	3-7-0-0	8.02	평균자책*	8.02	4.19
통산	14	58.1	74	12	35	49	3-7-0-0	8.02	탈삼진 / 9	7.56	8.10
									볼넷 / 9*	5.40	3.14
									탈삼진 / 볼넷	1.4	2.58
									피홈런 / 9*	1.85	1.17
									피안타율*	0.307	0.252
									WHIP*	1.87	1.32
									잔루율	59.7%	72.9%
									FIP*	6.20	4.24

PITCHING ZONE (좌타자·몸쪽 / 우타자·몸쪽)

PITCHING REPERTORY / VELOCITY km/h   MOVEMENT cm

구종	평균	전체	초구	2-2	좌타자	우타자	피안타율	상하	좌우
포심패스트볼	151	51%	56%	37%	52%	49%	0.336	↑22	→11
투심 / 싱커	150	13%	10%	6%	15%	11%	0.214	↑17	→22
컷패스트볼	–	–	–	–	–	–	–		
슬라이더	–	–	–	–	–	–	–		
커브	131	21%	25%	38%	13%	30%	0.276	↓6	←21
체인지업	137	15%	8%	20%	19%	10%	0.278	↑8	→20
스플리터	–	–	–	–	–	–	–		

홈 ERA 9.89 원정 ERA 6.75
VS. 좌타자 7.630 VS 우타자 8.460

푸에르토리코 출신으로, 2012년 1라운드 32번째로 미네소타에 지명되어 2016년 4월 27일 빅리그에 데뷔하였다. 패스트볼 평균구속은 140km/h 후반이며, 체인지업, 커브를 구사한다. 커맨드 또한 수준급이다. 2016시즌 선발로 활약했지만, 로케이션이 좋지 않아 메이저리그에 적응을 못하고 난타를 당하였다. 방어율 .802로 빅리그의 높은 벽을 실감한 한 해였다. 2017시즌에도 선발 기회가 있겠지만 투구의 기본 메커닉을 정교하게 다듬을 필요가 있다.

MINNESOTA TWINS

■ 15% 이상 ■ 12~14% ■ 9~11% ■ 6~8% ■ 3~5% □ 2% 이하

홈 ERA 6.54 원정 ERA 6.29
VS. 좌타자 3.860 VS. 우타자 9.290
VS. 추신수 6타수 무안타

SP Tyler DUFFEY
타일러 더피

NO. 56

우투우타   1990년 12월 27일   191cm, 100kg

*는 낮을수록 좋은 기록임

시즌	경기	이닝	피안타	피홈런	볼넷	탈삼진	승-패-세-홀	평균자책	구분	기록	MLB
2016	26	133.0	167	25	32	14	9-12-0-0	5.43	평균자책*	6.43	4.19
통산	245	1468.1	1585	159	333	993	107-82-0-0	2.76	탈삼진 / 9	7.71	8.10
									볼넷 / 9*	2.17	3.14
									탈삼진 / 볼넷	3.56	2.58
									피홈런 / 9*	1.69	1.17
									피안타율*	0.299	0.252
									WHIP*	1.50	1.32
									잔루율	60.0%	72.9%
									FIP*	4.73	4.24

PITCHING REPERTORY / VELOCITY km/h **/ MOVEMENT** cm

구종	평균	전체	초구	2-2	좌타자	우타자	피타율	상하	좌우
포심패스트볼	146	34%	38%	32%	28%	40%	0.316	↑21	→9
투심 / 싱커	145	21%	22%	10%	24%	18%	0.312	↑11	→20
컷패스트볼	143	0%	0%	0%	0%	0%	1.000	↑10	→5
슬라이더	131	1%	0%	1%	1%	0%	–	↓12	←6
커브	129	38%	34%	52%	38%	39%	0.260	↓17	←13
체인지업	133	6%	6%	4%	9%	3%	0.333	↑12	→19
스플리터	–	–	–	–	–	–	–		

2012년 드래프트 5라운드에 지명되어 2015년 빅리그에 데뷔하였다. 스리쿼터형의 우완투수다. 평균구속 146km/h의 패스트볼을 던지며, 투심의 움직임이 좋다. 결정구는 커브다. 마이너리그 통산 9이닝당 1.8개일 만큼 안정된 제구력을 가지고 있다. 마이너 시절 좌타자에게 약점을 보였지만 빅리그 데뷔 이후에는 비교적 잘 막아내고 있다. 2016시즌 전반적으로 미네소타의 마운드 자체가 무너진 상황에서도 꾸준하게 등판한 점이 고무적인 현상이다.

홈 ERA 9.00 원정 ERA 18.00
VS. 좌타자 9.000 VS. 우타자 9.000
VS. 추신수 6타수 1안타 0.167
VS. 강정호 2타수 2안타 1.000

RP Glen PERKINS
글렌 퍼킨스

NO. 15

좌투좌타   1983년 3월 2일   183cm, 93kg

*는 낮을수록 좋은 기록임

시즌	경기	이닝	피안타	피홈런	볼넷	탈삼진	승-패-세-홀	평균자책	구분	기록	MLB
2016	2	2.0	5	0	1	3	0-0-0-0	9.00	평균자책*	9.00	4.19
통산	401	618.2	638	74	153	502	35-25-120-35	3.83	탈삼진 / 9	13.50	8.10
									볼넷 / 9*	4.50	3.14
									탈삼진 / 볼넷	3.00	2.58
									피홈런 / 9*	0.00	1.17
									피안타율*	0.455	0.252
									WHIP*	3.00	1.32
									잔루율	66.7%	72.9%
									FIP*	1.65	4.24

PITCHING REPERTORY / VELOCITY km/h **/ MOVEMENT** cm

구종	평균	전체	초구	2-2	좌타자	우타자	피타율	상하	좌우
포심패스트볼	151	64%	74%	51%	57%	66%	0.234	↑26	←18
투심 / 싱커	150	6%	8%	4%	11%	4%	0.583	↑17	←26
컷패스트볼	–	–	–	–	–	–	–		
슬라이더	133	30%	19%	45%	32%	30%	0.274	↓2	0
커브	101	0%	0%	%	0%	0%	0.000	↓7	→7
체인지업	–	–	–	–	–	–	–		
스플리터	–	–	–	–	–	–	–		

팀의 주축 마무리투수. 2006년 데뷔 후 줄곧 미네소타에서 뛰고 있다. 2013, 2014, 2015시즌 풀타임 마무리로 뛰면서 30세이브 이상을 올렸다. 평균구속 151km/h의 패스트볼과 슬라이더를 주무기로 한다. 정교한 제구력을 가지고 있으며, 마무리로서 위기관리 능력도 뛰어나다. 예전보다 투심 대신 포심의 비중을 늘리며, 땅볼투수에서 뜬공투수로 변모 중이다. 2015시즌 부상으로 인한 여파가 2016시즌에도 지속되어 팀의 불펜이 붕괴되는 데 일조를 했다.

MINNESOTA TWINS

■ 15% 이상　■ 12-14%　■ 9-11%　■ 6-8%　■ 3-5%　□ 2% 이하

홈 ERA 2.41　원정 ERA 4.97
VS. 좌타자 2.870　VS. 우타자 4.300
VS. 추신수 4타수 1안타 .250
VS. 강정호 2타수 1안타 .500
VS. 김현수 1볼넷

RP　Ryan PRESSLY
라이언 프레슬리　　NO.57

우투우타　1988년 12월 15일　191cm, 95kg　　*는 낮을수록 좋은 기록임

시즌	경기	이닝	피안타	피홈런	볼넷	탈삼진	승-패-세-홀	평균자책	구분	기록	MLB
2016	72	75.1	79	8	23	67	6-7-1-13	3.70	평균자책*	3.70	4.19
통산	173	208.0	207	16	70	152	14-12-1-20	3.55	탈삼진/9	8.00	8.10
									볼넷/9*	2.75	3.14
									탈삼진/볼넷	2.91	2.58
									피홈런/9*	0.96	1.17
									피안타율	0.261	0.252
									WHIP	1.35	1.32
									잔루율	75.4%	72.9%
									FIP*	3.74	4.24

PITCHING REPERTORY / VELOCITY km/h / MOVEMENT cm

구종	평균	전체	초구	2-2	좌타자	우타자	피타율	상하	좌우
포심패스트볼	153	46%	35%	34%	43%	48%	0.299	↑26	→5
투심/싱커	151	6%	11%	0%	13%	1%	0.345	↑16	→18
컷패스트볼	–	–	–	–	–	–	–		
슬라이더	143	25%	28%	7%	17%	31%	0.301	↑4	←7
커브	134	22%	5%	59%	26%	19%	0.193	↑11	←22
체인지업	145	1%	1%	0%	1%	1%	0.333	↑13	→16
스플리터	–	–	–	–	–	–	–		

2013년 메이저리그에 데뷔했다. 2007년 드래프트 11라운드에서 보스턴에 지명된 뒤 2013년을 앞두고 룰 5 드래프트를 통해 미네소타로 건너왔다. 최고구속 157km/h의 빠른 공을 던지며 결정구인 커브가 상당히 날카롭다. 슬라이더는 이른 카운트에서 사용한다. 지난해 불펜에서 쏠쏠한 활약을 펼쳤지만, 어깨부상으로 7월초에 시즌을 마감했다. 2016시즌에는 선발, 마무리할 것 없이 팀의 마운드 자체가 붕괴된 상황에서도 방어율 .370을 기록하며, 세 번째로 좋은 방어율을 기록했다.

홈 ERA 4.67　원정 ERA 5.68
VS. 좌타자 5.460　VS. 우타자 4.850
VS. 추신수 1타수 1안타 1.000

RP　Trevor MAY
트레버 메이　　NO.65

우투우타　1989년 9월 23일　196cm, 98kg　　*는 낮을수록 좋은 기록임

시즌	경기	이닝	피안타	피홈런	볼넷	탈삼진	승-패-세-홀	평균자책	구분	기록	MLB
2016	44	42.2	39	7	17	60	2-2-0-6	5.27	평균자책*	5.27	4.19
통산	102	203.0	225	25	65	214	13-17-0-13	5.14	탈삼진/9	12.66	8.10
									볼넷/9*	3.59	3.14
									탈삼진/볼넷	3.53	2.58
									피홈런/9*	1.49	1.17
									피안타율	0.232	0.252
									WHIP	1.31	1.32
									잔루율	66.4%	72.9%
									FIP*	3.8	4.24

PITCHING REPERTORY / VELOCITY km/h / MOVEMENT cm

구종	평균	전체	초구	2-2	좌타자	우타자	피타율	상하	좌우
포심패스트볼	151	52%	52%	52%	48%	56%	0.292	↑25	→10
투심/싱커	148	8%	9%	4%	13%	4%	0.322	↑17	→19
컷패스트볼	–	–	–	–	–	–	–		
슬라이더	137	6%	10%	5%	1%	11%	0.294	↑2	→8
커브	125	17%	22%	10%	17%	16%	0.235	↑16	→20
체인지업	138	16%	8%	30%	21%	12%	0.220	↑21	→14
스플리터	–	–	–	–	–	–	–		

2008년 필라델피아에서 4라운드 136번째로 지명되어 2014년 8월 9일 미네소타에서 빅리그에 데뷔하였다. 예전에는 강속구 투수였지만 지금은 평균구속 140km/h 중반대의 포심패스트볼과 슬로우 커브, 슬라이더, 체인지업을 구사한다. 원래 선발 투수용이었으나 불펜으로 내려온 후 150km/h 초반대까지 구속이 상승하였다. 2016시즌에는 세 차례 DL에 오른 뒤 허리에 피로 골절 진단을 받으면서 42.2이닝을 소화했으며 방어율은 .527로 대체적으로 부진하였다.

MINNESOTA TWINS

| 15% 이상 | 12~14% | 9~11% | 6~8% | 3~5% | 2% 이하 |

홈 ERA 6.27 원정 ERA 5.54
VS. 좌타자 6.230 VS. 우타자 5.830
VS. 추신수 18타수 3안타 0.167

SP Phil HUGHES
필 휴즈   NO.45

우투우타   1986년 6월 24일   196cm, 109kg   *는 낮을수록 좋은 기록임

시즌	경기	이닝	피안타	피홈런	볼넷	탈삼진	승-패-세-홀	평균자책	구분	기록	MLB
2016	12	59.0	76	11	13	34	1-7-0-0	5.95	평균자책*	5.95	4.19
통산	253	1204.2	1268	168	240	970	84-76-3-18	4.41	탈삼진 / 9	5.19	8.10
									볼넷 / 9*	1.98	3.14
									탈삼진 / 볼넷	2.62	2.58
									피홈런 / 9*	1.68	1.17
									피안타율	0.309	0.252
									WHIP*	1.51	1.32
									잔루율	66.6%	72.9%
									FIP*	5.08	4.24

PITCHING ZONE

PITCHING REPERTORY / VELOCITY km/h / MOVEMENT cm

구종	평균	전체	초구	2-2	좌타자	우타자	피타율	상하	좌우
포심패스트볼	146	50%	63%	29%	52%	%	0.340	↑21	→15
투심 / 싱커	145	6%	7%	1%	10%	%	0.365	↑15	→23
컷패스트볼	142	21%	12%	38%	15%	%	0.216	↑16	→2
슬라이더	130	1%	0%	2%	0%	%	0.333	↑4	←11
커브	124	17%	17%	23%	16%	%	0.280	↓17	→15
체인지업	136	4%	1%	7%	6%	%	0.276	↑11	→16
스플리터	–	–	–	–	–	–			

2007년 양키스에서 데뷔했으며, 5년 계약을 맺고 2014년부터 미네소타에서 뛰고 있다. 플라이볼 투수로 양키스타디움을 벗어나면 달라질 것이라는 예상은 적중했다. 그러나 미네소타에서의 활약은 기대에 못 미치고 있다. 평균구속 146km/h의 패스트볼과 커터를 주로 던지며, 너클 커브가 주무기다. 이미 전성기 때의 빠른 구속이 나오질 않으면서 2016년 6점대의 방어율을 보이고 있다. 그간 좌투수에게 강했던 면모는 사라지고 방어율 .623을 기록했다. 2017시즌 필히 재기해야 한다.

홈 ERA 4.20 원정 ERA 1.85
VS. 좌타자 3.280 VS. 우타자 3.030
VS. 추신수 6타수 1안타 .167

CL Brandon KINTZLER
브랜든 킨츨러   NO.27

우투우타   1984년 8월 1일   183cm, 86kg   *는 낮을수록 좋은 기록임

시즌	경기	이닝	피안타	피홈런	볼넷	탈삼진	승-패-세-홀	평균자책	구분	기록	MLB
2016	54	54.1	59	8	8	35	2-17-1-0	3.15	평균자책*	3.15	4.19
통산	226	235.1	241	22	39	169	10-11-17-37	3.33	탈삼진 / 9	7.63	8.10
									볼넷 / 9*	1.29	3.14
									탈삼진 / 볼넷	5.91	2.58
									피홈런 / 9*	0.93	1.17
									피안타율	0.228	0.252
									WHIP*	1.01	1.32
									잔루율	74.3%	72.9%
									FIP*	3.40	4.24

PITCHING ZONE

PITCHING REPERTORY / VELOCITY km/h / MOVEMENT cm

구종	평균	전체	초구	2-2	좌타자	우타자	피타율	상하	좌우
포심패스트볼	149	6%	5%	4%	6%	5%	0.500	↑19	→15
투심 / 싱커	149	79%	89%	77%	79%	79%	0.283	↑14	→19
컷패스트볼	–	–	–	–	–	–			
슬라이더	137	9%	4%	11%	2%	14%	0.222	↑3	←4
커브	–	–	–	–	–	–			
체인지업	140	6%	2%	8%	12%	2%	0.350	↑9	→23
스플리터	–	–	–	–	–	–			

2004년 40라운드에서 샌디에이고에 지명되었다. 2010년 9월 10일 밀워키에서 빅리그에 데뷔하여 2016년부터 미네소타에서 셋업맨 역할을 수행하던 중 주전 마무리투수 글렌 퍼킨스가 어깨 부상으로 시즌 아웃되면서 마무리를 수행하였다. 킨츨러는 올 겨울 연봉조정을 통해 연봉을 세 배 가량 올릴 수 있을 것으로 보이는 가운데, 첫 14차례의 세이브 상황에서 13세이브(그리고 엄청나게 높은 땅볼 비율)를 거두면서 작은 체격이 무색할 정도로 호투하는 싱커볼 투수의 전형을 보여주었다.

MINNESOTA TWINS

■ 타율 0.400 이상   ■ 0.300–0.399   ■ 0.200–0.299   ■ 0.100–0.199   ■ 타율 0.099 이하

Jason CASTRO
제이슨 카스트로   **NO.21**

우투좌타   1987년 6월 18일   191cm, 98kg

*는 낮을수록 좋은 기록임

시즌	타수	안타	홈런	타점	볼넷	도루	타율	출루율	장타율	구분	기록	MLB
2016	329	69	11	32	45	2	0.210	0.377	0.422	타율	0.210	0.255
통산	2018	469	62	212	215	5	0.232	0.309	0.390	출루율	0.377	0.322
										장타율	0.422	0.417
										볼넷%	12.0%	8.2%
										삼진%*	32.7%	21.1%
										볼넷 / 삼진	0.37	0.39
										순장타율	0.167	0.162
										BABIP	0.297	0.300
										wOBA	0.301	0.318

VS. 패스트볼   VS. 변화구

*5타수 미만은 색을 표시하지 않았음.   ● ● ● ● : Ball zone

SPRAY ZONE / **BATTED BALL** / **DEFENSE**

SPRAY ZONE: 3, 2, 6, 28%, 29%, 43%, 홈런 타구분포 %

항목	비율
볼존 공격률	29%
S존 공격률	61%
볼존 컨택트율	55%
S존 컨택트율	80%
라인드라이브	20%
그라운드볼	46%
플라이볼	34%

위치	자살	보살	실책	수비율
C	865	53	4	0.996

홈 타율 0.196   원정 타율 0.223
VS. 좌투수 0.149   VS. 우투수 0.231
득점권 0.194   L/C 0.140
VS. 오승환 1타수 무안타

지난 3년간 기나긴 침묵의 시간을 보냈다. 풀타임 첫해인 2013년 .276의 타율과 18개의 홈런을 때려내며 리그를 대표하는 포수로 성장하길 기대했지만 이후 활약은 신통치 않았다. 장타율도 기대 이하이고, 정확도가 너무 떨어진다. 슬라이더, 커브, 브레이킹볼에 대한 대처가 전혀 이루어지지 않는 것이 결정적 이유. 투수리드와 도루저지 능력은 여전히 준수하다. 2017년 FA 신분으로 미네소타와 계약을 하였고 최악의 성적을 내고 있는 미네소타에 얼마나 기여할지 궁금하다.

John Ryan MURPHY
존 라이언 머피   **NO.12**

우투우타   1991년 5월 13일   180cm, 93kg

*는 낮을수록 좋은 기록임

시즌	타수	안타	홈런	타점	볼넷	도루	타율	출루율	장타율	구분	기록	MLB
2016	82	12	1	3	5	0	0.146	0.193	0.220	타율	0.146	0.255
통산	344	82	5	27	22	0	0.238	0.283	0.337	출루율	0.193	0.322
										장타율	0.220	0.417
										볼넷%	5.6%	8.2%
										삼진%*	21.1%	21.1%
										볼넷 / 삼진	0.26	0.39
										순장타율	0.073	0.162
										BABIP	0.175	0.300
										wOBA	0.184	0.318

VS. 패스트볼   VS. 변화구

*5타수 미만은 색을 표시하지 않았음.   ● ● ● ● : Ball zone

SPRAY ZONE / **BATTED BALL** / **DEFENSE**

SPRAY ZONE: 0, 1, 0, 37%, 31%, 32%, 홈런 타구분포 %

항목	비율
볼존 공격률	26%
S존 공격률	67%
볼존 컨택트율	67%
S존 컨택트율	86%
라인드라이브	16%
그라운드볼	38%
플라이볼	46%

위치	자살	보살	실책	수비율
C	187	12	1	0.995

홈 타율 0.189   원정 타율 0.111
VS. 좌투수 0.192   VS. 우투수 0.125
득점권 0.100   L/C 0.214

2009년 2라운드 76번째로 양키스에 지명되어 트레이드를 통해 2013년 9월 2일 미네소타에서 빅리그에 데뷔했다. 2016 시즌 박병호와 함께 가장 많은 돈을 들였지만 성적은 두 선수가 가장 나빠 나란히 마이너리그로 내려갔다. 그는 공격형 포수라는 특징을 높이 산 미네소타 코치진의 결정을 무참하게 저버렸다. 결국 커트 스즈키가 떠난 자리를 휴스턴에서 FA로 나온 카스트로와 계약을 하여 머피는 백업포수로 2017시즌을 시작할 것으로 보인다.

MINNESOTA TWINS

■ 타율 0.400 이상 ■ 0.300–0.399 ■ 0.200–0.299 ■ 0.100–0.199 ■ 타율 0.099 이하

1B Joe MAUER
조 마우어 **NO. 07**

우투좌타 | 1983년 4월 19일 | 196cm, 104kg

*는 낮을수록 좋은 기록임

시즌	타수	안타	홈런	타점	볼넷	도루	타율	출루율	장타율
2016	494	129	11	49	79	2	0.261	0.363	0.389
통산	5919	1826	130	804	822	50	0.308	0.391	0.446

구분	기록	MLB
타율	0.261	0.255
출루율	0.363	0.322
장타율	0.389	0.417
볼넷%	13.7%	8.2%
삼진%*	16.1%	21.1%
볼넷 / 삼진	0.85	0.39
순장타율	0.128	0.162
BABIP	0.301	0.300
wOBA	0.327	0.318

VS. 패스트볼   VS. 변화구 (좌타자)

*5타수 미만은 색을 표시하지 않았음. ●●●: Ball zone

SPRAY ZONE
1: 34%
8: 35%
2: 31%
홈런 타구분포 %

BATTED BALL

항목	비율
볼존 공격률	27%
S존 공격률	46%
볼존 컨택트율	80%
S존 컨택트율	90%
라인드라이브	27%
그라운드볼	52%
플라이볼	21%

DEFENSE

위치	자살	보살	실책	수비율
1B	811	53	2	0.998

홈 타율 0.265 원정 타율 0.257
VS. 좌투수 0.224 VS. 우투수 0.272
득점권 0.295 L/C 0.200
VS. 류현진 상대 없음

미네소타의 간판선수다. 통산 .308의 타율은 현역 선수 중 3위의 기록. 2009년 리그 MVP까지 수상했다. 하지만 30대 중반의 나이가 되면서 예전의 기량에서 많이 후퇴했다. 2015년 부진에서 2016년에도 부진을 면치 못하고 있다. 특유의 선구안도 무너지고 있다. 그의 2,300만 달러의 연봉은 미네소타에게 부담스러운 금액으로 작용하고 있다. 무릎 상태가 좋지 않아 포수가 아닌 1루수나, 지명타자로 나서고 있다. 은퇴 시까지 그의 반등이 절실하다.

2B Brian DOZIER
브라이언 도저 **NO. 02**

우투우타 | 1987년 5월 15일 | 180cm, 86kg

*는 낮을수록 좋은 기록임

시즌	타수	안타	홈런	타점	볼넷	도루	타율	출루율	장타율
2016	615	165	42	99	61	18	0.268	0.340	0.546
통산	2715	668	117	346	278	74	0.246	0.320	0.442

구분	기록	MLB
타율	0.268	0.255
출루율	0.340	0.322
장타율	0.546	0.417
볼넷%	8.8%	8.2%
삼진%*	20.0%	21.1%
볼넷 / 삼진	0.44	0.39
순장타율	0.278	0.162
BABIP	0.280	0.300
wOBA	0.370	0.318

VS. 패스트볼   VS. 변화구 (우타자)

*5타수 미만은 색을 표시하지 않았음. ●●●: Ball zone

SPRAY ZONE
5: 28%
36: 56%
1: 15%
홈런 타구분포 %

BATTED BALL

항목	비율
볼존 공격률	29%
S존 공격률	59%
볼존 컨택트율	65%
S존 컨택트율	86%
라인드라이브	16%
그라운드볼	36%
플라이볼	48%

DEFENSE

위치	자살	보살	실책	수비율
2B	286	419	8	0.989

홈 타율 0.271 원정 타율 0.265
VS. 좌투수 0.282 VS. 우투수 0.264
득점권 0.241 L/C 0.214

메이저리그를 대표하는 거포 2루수다. 그가 지난 3년 간 때려낸 93개의 홈런은 리그 최다다. 마이너 시절과 달리 2012년 빅리그 데뷔 이후 파워에서 더욱 두각을 나타내고 있다. 테이블 세터로서 콘택트 능력은 떨어지는 편이며, 장타에 치중하다보니 지난해는 본인의 장점으로 평가받던 선구안이 흔들리고 말았다. 이에 후반기에는 슬럼프가 길어지는 양상으로 보였는데, 본인에게는 딜레마에 빠질 수 있는 대목이다. 넓은 수비 범위를 자랑하는 2루 수비는 준수한 편이다.

MINNESOTA TWINS

■ 타율 0.400 이상   ■ 0.300–0.399   ■ 0.200–0.299   ■ 0.100–0.199   ■ 타율 0.099 이하

3B Miguel SANÓ
미겔 사노   NO. 22

우투우타 1993년 5월 11일   190cm, 100kg

*는 낮을수록 좋은 기록임

시즌	타수	안타	홈런	타점	볼넷	도루	타율	출루율	장타율
2016	437	103	25	66	54	1	0.236	0.319	0.462
통산	716	178	43	118	107	2	0.249	0.346	0.489

구분	기록	MLB
타율	0.236	0.255
출루율	0.319	0.322
장타율	0.462	0.417
볼넷%	10.9%	8.2%
삼진%*	36.0%	21.1%
볼넷 / 삼진	0.30	0.39
순장타율	0.227	0.162
BABIP	0.329	0.300
wOBA	0.334	0.318

VS. 패스트볼 VS. 변화구

*5타수 미만은 색을 표시하지 않았음. ●●● : Ball zone

SPRAY ZONE

4
16 2
36% 39% 24%
홈런 타구분포 %

BATTED BALL
항목	비율
볼존 공격률	24%
S존 공격률	61%
볼존 컨택트율	38%
S존 컨택트율	79%
라인드라이브	20%
그라운드볼	34%
플라이볼	46%

DEFENSE

위치	자살	보살	실책	수비율
3B	75	0	3	0.962

홈 타율 0.223 원정 타율 0.247
VS. 좌투수 0.227 VS. 우투수 0.238
득점권 0.255 L/C 0.321

벅스턴과 함께 미네소타를 이끌어갈 유망주다. 2015년 빅리그에 데뷔해 엄청난 파워를 보여주었다. 매년 30홈런 이상이 가능한 선수다. 하체를 동반한 호쾌한 스윙이 일품이다. 밀어치는 데도 능해 타구의 분포를 골고루 분산시킬 수 있다. 주포지션은 3루수이나 수비력은 현저히 떨어진다. 토미존 수술을 받아 송구에도 부담을 안고 있다. 2016년 3루수로 42경기, 우익수로 38경기에 출전했고 나머지는 지명타자로 나섰다. 타격에서 힘은 인정받았으나 아직 잠재력을 다 폭발시키지 못했다.

SS Jorge POLANCO
호르헤 폴랑코   NO. 11

우투양타 1993년 7월 5일   180cm, 91kg

*는 낮을수록 좋은 기록임

시즌	타수	안타	홈런	타점	볼넷	도루	타율	출루율	장타율
2016	245	69	4	27	17	4	0.282	0.322	0.424
통산	261	74	4	31	21	5	0.284	0.340	0.429

구분	기록	MLB
타율	0.282	0.255
출루율	0.322	0.322
장타율	0.424	0.417
볼넷%	6.3%	8.2%
삼진%*	17.0%	21.1%
볼넷 / 삼진	0.37	0.39
순장타율	0.143	0.162
BABIP	0.328	0.300
wOBA	0.326	0.318

VS. 패스트볼 VS. 변화구

*5타수 미만은 색을 표시하지 않았음. ●●● : Ball zone

SPRAY ZONE
1
2 1
28% 38% 34%
홈런 타구분포 %

BATTED BALL
항목	비율
볼존 공격률	31%
S존 공격률	55%
볼존 컨택트율	69%
S존 컨택트율	92%
라인드라이브	30%
그라운드볼	33%
플라이볼	37%

DEFENSE
위치	자살	보살	실책	수비율
SS	50	128	11	0.942

홈 타율 0.246 원정 타율 0.313
VS. 좌투수 0.309 VS. 우투수 0.271
득점권 0.304 L/C 0.240

올스타 출신의 유격수 에두아르도 누네스의 트레이드로 3루수와 유격수 자리에 백업요원으로 자리를 잡은 팀의 유망주 폴랑코는, 타석에서의 참을성과 컨택트율은 트윈스 구단을 통틀어 가장 높은 수준이었다. 또한 스위치 타격 능력은 의심의 여지가 없을 정도로 잘해주고 있다. 그러나 타격에서는 제 몫의 활약을 했지만 수비에서는 아쉬움을 남겼다. 팀 내야(3루수 및 유격수)의 55개 실책 중에 15개의 실책을 범했다. 그러나 부드러운 풋워크와 뒤에서 캐치하는 능력과 송구가 돋보인다.

MINNESOTA TWINS

■ 타율 0.400 이상　■ 0.300-0.399　■ 0.200-0.299　■ 0.100-0.199　■ 타율 0.099 이하

LF Eddie ROSARIO 에디 로사리오   NO.20

우투좌타　1991년 9월 28일　183cm, 77kg

시즌	타수	안타	홈런	타점	볼넷	도루	타율	출루율	장타율
2016	335	90	10	32	12	5	0.269	0.295	0.421
통산	788	211	23	82	27	16	0.268	0.292	0.443

*는 낮을수록 좋은 기록임

구분	기록	MLB
타율	0.269	0.255
출루율	0.295	0.322
장타율	0.421	0.417
볼넷%	3.4%	8.2%
삼진%*	25.7%	21.1%
볼넷 / 삼진	0.13	0.39
순장타율	0.152	0.162
BABIP	0.338	0.300
wOBA	0.304	0.318

VS. 패스트볼　　VS. 변화구

*5타수 미만은 색을 표시하지 않았음. ● ● : Ball zone

SPRAY ZONE
1 : 40%
3 : 24%　6 : 36%
홈런 타구분포 %

BATTED BALL
항목	비율
볼존 공격률	44%
S존 공격률	72%
볼존 컨택트율	65%
S존 컨택트율	79%
라인드라이브	19%
그라운드볼	46%
플라이볼	34%

DEFENSE
위치	자살	보살	실책	수비율
LF	96	4	1	0.990
CF	79	6	3	0.966

홈 타율 0.193　원정 타율 0.323
VS. 좌투수 0.263　VS. 우투수 0.270
득점권 0.192　L/C 0.238

크게 주목받는 유망주는 아니었지만 본인에게 온 기회를 놓치지 않았다. 2010년 드래프트 10라운드에서 지명되어 2015년 빅리그에 데뷔했다. 데뷔 첫 타석 초구 홈런을 때리며 13개의 홈런과 18개의 2루타, 15개의 3루타를 때려 3루타 메이저리그 1위를 기록했다. 스윙이 빠르고, 손목 힘이 좋아 라인 드라이브 타구를 잘 만들어낸다. 마이너리그에서는 주로 2루수로 활약했으나 2016년에는 좌익수를 맡아 무난한 수비를 선보였다. 그러나 변화구에 대한 약점은 보완해야 할 사항이다.

CF Byron BUXTON 바이런 벅스턴   NO.25

우투우타　1993년 12월 18일　188cm, 86kg

시즌	타수	안타	홈런	타점	볼넷	도루	타율	출루율	장타율
2016	298	67	10	38	23	10	0.225	0.284	0.430
통산	427	94	12	4	29	12	0.220	0.273	0.398

*는 낮을수록 좋은 기록임

구분	기록	MLB
타율	0.225	0.255
출루율	0.284	0.322
장타율	0.430	0.417
볼넷%	6.9%	8.2%
삼진%*	35.6%	21.1%
볼넷 / 삼진	0.19	0.39
순장타율	0.205	0.162
BABIP	0.329	0.300
wOBA	0.304	0.318

VS. 패스트볼　　VS. 변화구

*5타수 미만은 색을 표시하지 않았음. ● ● : Ball zone

SPRAY ZONE
3 : 29%
7 : 48%　0 : 24%
홈런 타구분포 %

BATTED BALL
항목	비율
볼존 공격률	34%
S존 공격률	61%
볼존 컨택트율	43%
S존 컨택트율	82%
라인드라이브	22%
그라운드볼	35%
플라이볼	43%

DEFENSE
위치	자살	보살	실책	수비율
CF	243	2	4	0.984

홈 타율 0.250　원정 타율 0.197
VS. 좌투수 0.223　VS. 우투수 0.225
득점권 0.175　L/C 0.115

미네소타의 미래다. 2012년 드래프트 전체 2순위로 지명되어 2015년 데뷔하였다. 전형적인 5툴 플레이어다. 강한 손목 힘과 빠른 배트 스피드를 바탕으로 타격 능력을 인정받았다. 타석에서 1루까지 3.9초에 주파할 만큼 빠른 주력을 가지고 있다. 빅리그에서도 신시내티의 해밀턴과 쌍벽을 이룬다. 외야에서 엄청 빠른 발로 넓은 수비 범위와 어깨가 강하며 중견수 수비는 수준급을 자랑한다. 그러나 아직 신인이라 낮게 떨어지는 변화구에 약점을 보인다. 시간이 해결해주리라 생각한다.

MINNESOTA TWINS

RF Max KEPLER
맥스 케플러 NO.26

좌투좌타 1993년 2월 10일 194cm, 93kg *는 낮을수록 좋은 기록임

시즌	타수	안타	홈런	타점	볼넷	도루	타율	출루율	장타율	구분	기록	MLB
2016	396	93	17	63	42	6	0.235	0.309	0.424	타율	0.235	0.255
통산	403	94	17	63	42	6	0.233	0.307	0.419	출루율	0.309	0.322
										장타율	0.424	0.417
										볼넷%	9.4%	8.2%
										삼진%*	20.8%	21.1%
										볼넷/삼진	0.45	0.39
										순장타율	0.189	0.162
										BABIP	0.261	0.300
										wOBA	0.313	0.318

VS. 패스트볼 VS. 변화구

SPRAY ZONE: 0 / 5 / 12 / 20% / 36% / 44% — 홈런 타구분포 %

BATTED BALL
항목	비율
볼존 공격률	33%
S존 공격률	55%
볼존 컨택트율	66%
S존 컨택트율	91%
라인드라이브	16%
그라운드볼	47%
플라이볼	37%

DEFENSE
위치	자살	보살	실책	수비율
RF	219	8	7	0.970

홈 타율 0.243 원정 타율 0.227
VS. 좌투수 0.203 VS. 우투수 0.248
득점권 0.206 L/C 0.200

독일 출신의 메이저리거. 2015년 9월 27일 빅리그에 데뷔하였다. 미네소타 트윈즈 국제 스카우터 앤디 존슨이 14세의 어린 케플러를 발견했고 2009년 계약금 80만 달러에 계약을 했다. 이 금액은 유럽 출신 선수 중에서 가장 큰 계약금이었다. 스윙 시 배트 헤드가 내려가며 타격되어 공의 약간 아래쪽을 타격하면서 백스핀이 걸려 타구가 멀리 날아간다. 그는 전형적인 홈런타자보다는 끈질긴 승부를 하고, 라인드라이브 타구로 홈런을 만드는 유형의 타자다. 매년 20홈런 이상 가능하다.

IF Eduardo ESCOBAR
에두아르도 에스코바 NO.05

우투양타 1989년 1월 5일 177cm, 84kg *는 낮을수록 좋은 기록임

시즌	타수	안타	홈런	타점	볼넷	도루	타율	출루율	장타율	구분	기록	MLB
2016	352	83	6	37	21	0	0.236	0.280	0.338	타율	0.236	0.255
통산	1497	378	27	151	95	7	0.253	0.298	0.381	출루율	0.280	0.322
										장타율	0.338	0.417
										볼넷%	5.6%	8.2%
										삼진%*	19.1%	21.1%
										볼넷/삼진	0.29	0.39
										순장타율	0.102	0.162
										BABIP	0.280	0.300
										wOBA	0.269	0.318

VS. 패스트볼 VS. 변화구

SPRAY ZONE: 2 / 0 / 4 / 35% / 29% / 36% — 홈런 타구분포 %

BATTED BALL
항목	비율
볼존 공격률	37%
S존 공격률	64%
볼존 컨택트율	73%
S존 컨택트율	88%
라인드라이브	24%
그라운드볼	39%
플라이볼	37%

DEFENSE
위치	자살	보살	실책	수비율
LF	0	0	0	0.000
SS	87	200	9	0.970
3B	35	1	4	0.980

홈 타율 0.294 원정 타율 0.185
VS. 좌투수 0.207 VS. 우투수 0.249
득점권 0.305 L/C 0.167

공격력이 나날이 발전하고 있는 선수다. 2011년 화이트삭스에서 데뷔했으며, 이듬해 7월 미네소타로 이적했다. 30개 이상의 2루타가 가능한 갭파워를 갖추고 있으며, 2015년에는 데뷔 후 첫 자릿수 홈런을 기록했다. 2014년 타석에서 갈피를 잡지 못하던 그는 스프레이 히터 대신 잡아당기는 데 집중하기 시작했고, 초구부터 공격적으로 타격에 임하면서 공격력의 상승을 꾀했다. 주포지션은 유격수이나, 1루를 제외한 전 포지션과 외야 수비까지 가능하다.

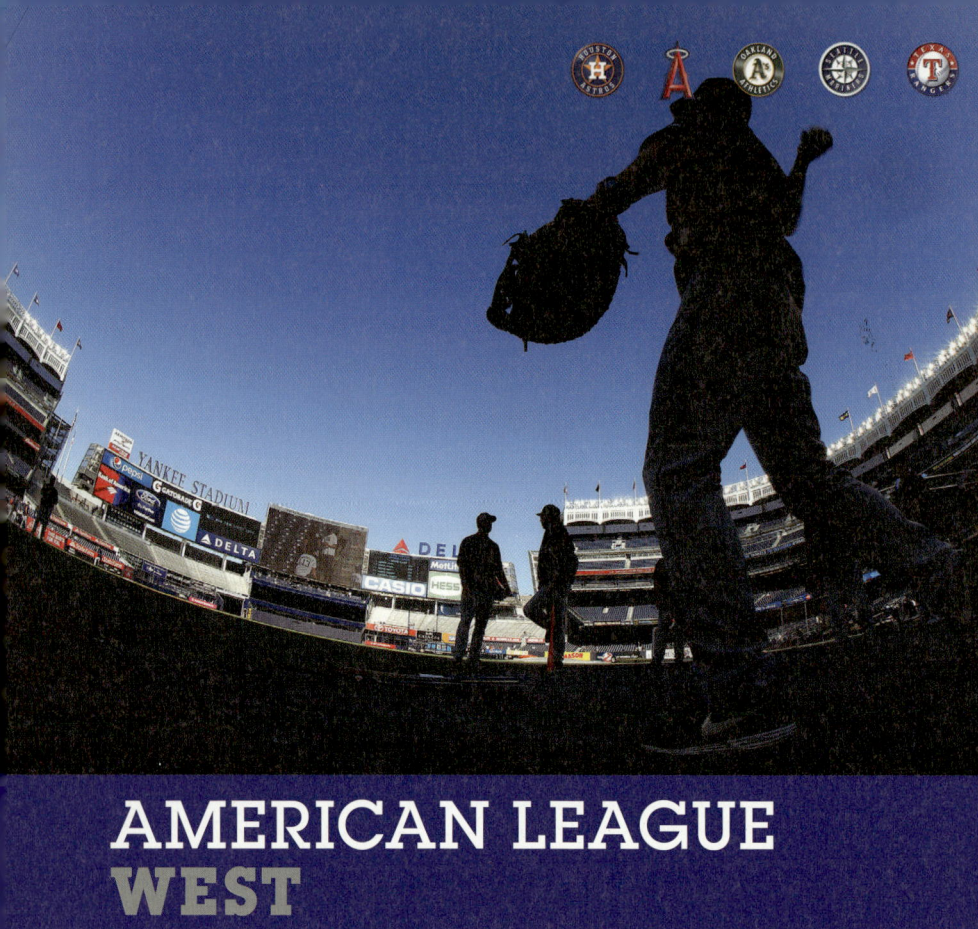

AMERICAN LEAGUE
WEST

최근 3년간 순위

2강 1중 2약으로 예상이 된다. 지난해처럼 텍사스는 별 이변이 없는 한 휴스턴과 지구우승을 다툴 예정이다. 특히 부상에서 돌아온 다르빗슈가 제 몫을 한다면 쉽게 지구우승을 차지할 것으로 보이며 공격력에서는 프린스 필더의 공백을 최소화하고 추신수의 재기 여부가 팀의 공격력을 가를 것으로 예상된다. 휴스턴은 에이스 댈라스 카이클의 활약 여부가 팀의 성적에 직결되며, 특히 후반부에 집중력을 높인다면 텍사스와 좋은 승부가 예상된다. 1중인 시애틀은 제3선발 팩스턴의 활약 여부가 상위성적으로 오를 것인지 말건지 시험대가 될 전망이다. 2약으로 예상되는 오클랜드와 LA 엔젤스는 지속적인 팀 리빌딩을 통하여 전력을 끌어올리는 한 해가 될 것으로 예상된다.

2016

팀	승	패	승률	승차
텍사스	95	67	0.586	--
시애틀	86	76	0.531	9
휴스턴	84	78	0.519	11
LA에인절스	74	88	0.457	21
오클랜드	69	93	0.426	26

2015

팀	승	패	승률	승차
텍사스	88	74	0.543	--
휴스턴	86	76	0.531	2
LA에인절스	85	77	0.525	3
시애틀	76	86	0.469	12
오클랜드	68	94	0.42	20

2014

팀	승	패	승률	승차
LA에인절스	98	64	0.605	--
오클랜드	88	74	0.543	10
시애틀	87	75	0.537	11
휴스턴	70	92	0.432	28
텍사스	67	95	0.414	31

월드시리즈 우승 배당률

※우승 확률이 높을수록 배당률은 낮아짐

HOUSTON ASTROS

항상 바닥에서 놀던 팀이 상전벽해를 이루었다. 그러나 아쉬운 1%를 못 채웠다. 2015, 2016 그들은 문턱 입구에서 주저 앉고 말았다. 올해는 달라질 것이다. 아니 달라져야만 한다. 그래야 팀도 살고 선수들도 사는 길이다. 와신상담은 두 번으로 끝이다. 가자, 가을야구를 위해서!

BET365	14배
	AL 3위, ML 6위
LADBROKES	12배
	AL 3위, ML 5위
WILLIAM HILL	14배
	AL 3위, ML 6위

LOS ANGELES ANGELS

트라웃, 푸홀스라는 강력한 선수들이 있다. 그러나 야구는 소수의 인원이 잘한다고 해서 해결될 문제가 아니다. 나머지 선수들이 최선을 다 해주어야 한다. 우승은 힘들지만 최선은 결과와 상관없이 의미심장한 말이기 때문이다.

BET365	66배
	AL 11위, ML 20위
LADBROKES	80배
	AL 11위, ML 19위
WILLIAM HILL	80배
	AL 12위, ML 21위

OAKLAND ATHLETICS

머니볼의 한계인가? 2012, 2013년 2년 연속 지구 우승을 차지했지만 2015, 2016년 연속 지구 꼴찌로 추락했다. 잦은 선수 이동으로 미래가 불확실한 그들에게 팀워크는 없었다.

BET365	125배
	AL 13위, ML 25위
LADBROKES	125배
	AL 13위, ML 24위
WILLIAM HILL	100배
	AL 13위, ML 22위

SEATTLE MARINERS

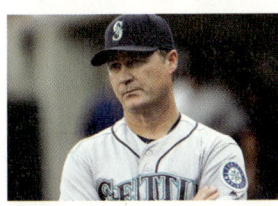

오랜 시간 포스트시즌 진출을 이루지 못했다. 2017시즌만큼은 가을야구를 하고 싶다. 빼앗긴 들에도 봄은 올 것인가?

BET365	25배
	AL 7위, ML 13위
LADBROKES	22배
	AL 5위, ML 10위
WILLIAM HILL	28배
	AL 7위, ML 12위

TEXAS RANGERS

텍사스는 아직 월드시리즈 우승 경험이 없는 팀. 2010년부터 2년 연속 월드시리즈 패배는 여전히 한으로 남아 있다. 2년 연속 지구 우승을 차지했다. 1%의 부족을 채워 이번에야말로 월드시리즈 우승이다.

BET365	20배
	AL 5위, ML 10위
LADBROKES	22배
	AL 5위, ML 10위
WILLIAM HILL	25배
	AL 6위, ML 11위

HOUSTON ASTROS

항상 바닥에서 놀던 팀이 상전벽해를 이루었다. 그러나 아쉬운 1%를 못 채웠다. 2015, 2016 그들은 문턱 입구에서 주저 앉고 말았다. 올해는 달라질 것이다. 아니 달라져야만 한다. 그래야 팀도 살고 선수들도 사는 길이다. 와신상담은 두 번으로 끝이다. 가자, 가을야구를 위해서!

TEAM IMFORMATION

창단 : 1901년
이전 연고지 : -
월드시리즈 우승 : 0회
AL 우승 : 0회
NL 우승 : 1회
디비전 우승 : 6회
와일드카드 진출 : 3회
구단주 : 짐 크레인
감독 : A.J. 힌치
단장 : 제프 루노프

FRANCHISE

UNIFORM

Home / Away

Alternate

MANAGER

A.J. Hinch
생년월일 : 1974년 5월 15일
출생지 : 웨이벌리(아이오와)
MLB 감독 경력 : 올해로 5년째
애리조나(2009년~2010년), 휴스턴(2015년~현재)
정규시즌 통산 : 259승 277패 승률 0.483
포스트시즌 통산 : 3승 3패 승률 0.500

LINE-UP

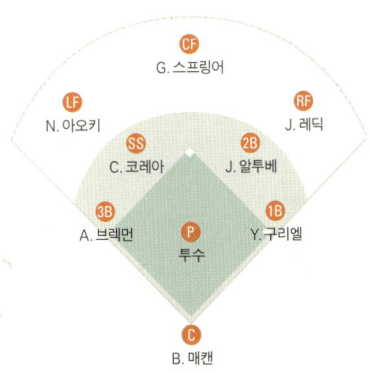

ROTATION	
SP	D. 카이클
SP	C. 맥휴
SP	L. 맥컬러스주니어
SP	C. 모튼
SP	M. 파이어스

BULLPEN	
RP	L. 그레거슨
RP	W. 해리스
RP	J. 호이트
RP	B. 로저스
RP	T. 십
RP	C. 데벤스키
CL	K. 자일스

BATTING	
1	J. 알투베
2	G. 스프링어
3	C. 코레아
4	B. 매캔
5	C. 벨트란
6	Y. 구리엘
7	J. 레딕
8	A. 브레먼
9	N. 아오키

UTILITY PLAYERS	
IF	C. 모란
OF	J. 레딕
OF	T. 에르난데스
OF	P. 터커

BALL PARK : Minute Maid Park

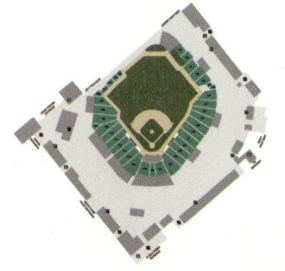

주소 : 501 Crawford Street Houston, Texas
펜스 거리 : 왼쪽 96m, 좌중간 110m, 중앙 125m, 우중간 114m, 오른쪽 99m
펜스 높이 : 왼쪽 5.8m, 좌중간 7.6m, 우중간 3.0m, 오른쪽 2.3m
최초공식경기 : 2000년 4월 7일
재건축 : 2010년 겨울
잔디 : 플래티넘 TE 파스팔룸(천연잔디)
수용 인원 : 4만 1,574명
홈팀 덕아웃 : 1루
파크팩터 : 0.927(MLB 22위)

뒷심 부족을 해결하라
그러면 가을야구가 열릴 것이다

2016 리뷰
2015년에 이어 2016시즌에도 막판에 힘이 떨어져 포스트시즌 진출에 실패하고 말았다. 그러나 계속되는 선전으로, 관중이 2012년의 160만 명에서 230만 명으로 늘어났다. 개막부터 출발이 부진했던 휴스턴은 5월 하순부터 반등의 기미를 보이며, 9월 초순까지 와일드카드 2위 볼티모어와의 차이는 2경기밖에 되지 않았다. 그러나 그 이후 게임부터 연패에 빠지면서, 와일드카드는 고사하고 지구 2위 자리마저 시애틀에게 내주고 말았다. 공격에서는 알투베의 활약이 단연 돋보였다. 알투베(216안타 .338)는 3년 연속 안타왕과 통산 두 번째 타격왕 타이틀을 따냈다. 또한 코레아의 활약도 대단했다. 153경기 20홈런 96타점(.274 .361 .451)으로 시즌을 마쳤다. 그러나 포수진과 중견수 자리의 펑크로 인해 시즌 내내 곤욕을 치렀다. 포수 제이슨 카스트로의 부진(.210/.307/.377)과 중견수 카를로스 고메스의 부진(.210/.272/.322)이 계속되었다. 그러나 가장 심각한 부진은 선발진의 몰락이었다. 카이클의 부상과 기대주 매컬러스의 부상 등으로 2015년 평균자책점 리그 2위(3.71)에서 2016년 8위(4.37)로 떨어졌다.

2017 프리뷰
비록 포스트시즌 진출에는 실패했지만 여전히 휴스턴의 미래는 밝다. 리그에서 두 번째로 젊은 (27.4세) 선수단과 의욕적인 투자를 하는 제프 루나우 단장은 이번 스토브리그에서 포수 브라이언 매캔 외야수 조시 레딕, 카를로스 벨트란, 노리 아오키를 영입했으며 선발 찰리 모튼을 영입했다. 다만 부상에서 돌아올 카이클과 맥컬러스의 상태가 중요한 변수로 작용할 것이다. 2017시즌 휴스턴은 로테이션에 댈러스 카이클, 랜스 맥컬러스, 콜린 맥휴가 자리를 차지하고, 있으며 FA로 영입한 찰리 모튼과 기존 선수 조 머스그로브, 크리스 데벤스키, 프란시스 마르테스가 4, 5선발을 놓고 경쟁을 펼칠 것으로 예상된다. 다만 아쉬운 점은 공격에서는 보강을 보였지만, 에이스 보강이라는 '화룡점정'을 해내지 못한 휴스턴이 어떤 성적을 거둘지 관심이 모아진다. 같은 지구의 텍사스는 2017시즌에도 여전히 우승할 것으로 예상된다. 최소한 휴스턴은 와일드 카드에 진출해야 가을야구를 맛볼 수 있다. 그러나 이마저도 결코 쉬운 일은 아닐 듯싶다. 그러나 2년 연속 뒷심 부족을 해결한다면 좋은 결과도 예상해본다.

HOUSTON ASTROS

SQUAD LIST

* 선수 명단은 2017년 3월 16일 기준 (source : ESPN)

투수

번호	이름	위치	투	타	나이	출생지
47	Chris Devenski	RP	R	R	26	Cerritos, CA
45	Michael Feliz	RP	R	R	23	Azua, Dominican Republic
54	Mike Fiers	SP	R	R	31	Hollywood, FL
53	Ken Giles	RP	R	R	26	Albuquerque, NM
44	Luke Gregerson	RP	R	L	32	Park Ridge, IL
64	Reymin Guduan	RP	L	L	24	San Pedro de Macoris, Dominican Republic
61	Jandel Gustave	RP	R	R	24	Pimentel, Dominican Republic
36	Will Harris	RP	R	R	32	Houston, TX
51	James Hoyt	RP	R	R	30	Boise, ID
60	Dallas Keuchel	SP	L	L	29	Tulsa, OK
43	Lance McCullers	SP	R	L	23	Tampa, FL
31	Collin McHugh	SP	R	R	29	Naperville, IN
50	Charlie Morton	SP	R	R	33	Flemington, NJ
59	Joe Musgrove	SP	R	R	24	El Cajon, CA
63	David Paulino	SP	R	R	23	Nizao, Dominican Republic
41	Brad Peacock	RP	R	R	29	Palm Beach, FL
62	Brady Rodgers	RP	R	R	26	Richmond, TX
29	Tony Sipp	RP	L	L	33	Pascagoula, MS
46	Ashur Tolliver	RP	L	L	29	Little Rock, AR

포수

번호	이름	위치	투	타	나이	출생지
16	Brian McCann	C	R	L	33	Athens, GA
12	Max Stassi	C	R	R	25	Woodland, CA

내야

번호	이름	위치	투	타	나이	출생지
27	Jose Altuve	2B	R	R	26	Maracay, Venezuela
2	Alex Bregman	3B	R	R	22	Albuquerque, NM
1	Carlos Correa	SS	R	R	22	Ponce, Puerto Rico
9	Marwin Gonzalez	1B	R	B	28	Puerto Ordaz, Venezuela
10	Yuli Gurriel	3B	R	R	32	Sancti Spiritus, Cuba
19	Colin Moran	3B	R	L	24	Port Chester, NY
23	A.J. Reed	1B	L	L	23	Terre Haute, IN
13	Tyler White	1B	R	R	26	Mooresboro, NC

외야

번호	이름	위치	투	타	나이	출생지
3	Norichika Aoki	LF	R	L	35	Hyuga City, Japan
80	Andrew Aplin	RF	L	L	25	Vallejo, CA
15	Carlos Beltran	RF	R	B	39	Manati, Puerto Rico
35	Teoscar Hernandez	LF	R	R	24	Cotui, Dominican Republic
18	Tony Kemp	LF	R	L	25	Franklin, TN
6	Jake Marisnick	CF	R	R	25	Riverside, CA
22	Josh Reddick	LF	R	L	30	Savannah, GA
4	George Springer	RF	R	R	27	New Britain, CT

지명타자

번호	이름	위치	투	타	나이	출생지
11	Evan Gattis	DH	R	R	30	Dallas, TX
20	Preston Tucker	DH	L	L	26	Tampa, FL

SUMMARY

우타자	좌타자	스위치	우투수	좌투수	평균나이	최연소	최연장
10명	8명	2명	15명	4명	27.5세	22세	39세

HOUSTON ASTROS

2017 REGULAR SEASON SCHEDULE

* 는 홈경기, 시간은 미국 동부시간 기준

날짜	상대팀	경기시간	날짜	상대팀	경기시간	날짜	상대팀	경기시간
Mon, 4/3	Seattle Mariners	PM 7:10	Tue, 6/6	Kansas City Royals	PM 7:15	Mon, 8/14	Arizona D-backs	PM 8:40
Tue, 4/4	Seattle Mariners	PM 7:10	Wed, 6/7	Kansas City Royals	PM 7:15	Tue, 8/15	Arizona D-backs	PM 2:40
Wed, 4/5	Seattle Mariners	PM 7:10	Thu, 6/8	Kansas City Royals	PM 7:15	Wed, 8/16	Arizona D-backs	PM 7:10
Thu, 4/6	Seattle Mariners	PM 7:10	Fri, 6/9	Los Angeles Angels	PM 7:10	Thu, 8/17	Arizona D-backs	PM 1:10
Fri, 4/7	Kansas City Royals	PM 7:10	Sat, 6/10	Los Angeles Angels	PM 3:10	Fri, 8/18	Oakland Athletics	PM 7:10
Sat, 4/8	Kansas City Royals	PM 6:10	Sun, 6/11	Los Angeles Angels	PM 1:10	Sat, 8/19	Oakland Athletics	PM 6:10
Sun, 4/9	Kansas City Royals	PM 1:10	Mon, 6/12	Texas Rangers	PM 7:10	Sun, 8/20	Oakland Athletics	PM 1:10
Mon, 4/10	Seattle Mariners	PM 4:10	Tue, 6/13	Texas Rangers	PM 7:10	Tue, 8/22	Washington Nationals	PM 7:10
Tue, 4/11	Seattle Mariners	PM 9:10	Wed, 6/14	Texas Rangers	PM 7:10	Wed, 8/23	Washington Nationals	PM 7:10
Wed, 4/12	Seattle Mariners	PM 9:10	Fri, 6/16	Boston Red Sox	PM 7:10	Thu, 8/24	Washington Nationals	PM 7:10
Fri, 4/14	Oakland Athletics	PM 9:05	Sat, 6/17	Boston Red Sox	PM 7:15	Fri, 8/25	Los Angeles Angels	PM 9:07
Sat, 4/15	Oakland Athletics	PM 3:05	Sun, 6/18	Boston Red Sox	PM 1:10	Sat, 8/26	Los Angeles Angels	PM 8:07
Sun, 4/16	Oakland Athletics	PM 3:05	Mon, 6/19	Oakland Athletics	PM 9:05	Sun, 8/27	Los Angeles Angels	TBD
Mon, 4/17	Los Angeles Angels	PM 7:10	Tue, 6/20	Oakland Athletics	PM 9:05	Tue, 8/29	Texas Rangers	PM 7:10
Tue, 4/18	Los Angeles Angels	PM 7:10	Wed, 6/21	Oakland Athletics	PM 9:05	Wed, 8/30	Texas Rangers	PM 7:10
Wed, 4/19	Los Angeles Angels	PM 7:10	Thu, 6/22	Oakland Athletics	PM 2:35	Thu, 8/31	Texas Rangers	PM 7:10
Thu, 4/20	Los Angeles Angels	PM 7:10	Fri, 6/23	Seattle Mariners	PM 9:10	Fri, 9/1	New York Mets	PM 7:10
Fri, 4/21	Tampa Bay Rays	PM 6:10	Sat, 6/24	Seattle Mariners	PM 9:10	Sat, 9/2	New York Mets	PM 6:10
Sat, 4/22	Tampa Bay Rays	PM 5:10	Sun, 6/25	Seattle Mariners	PM 3:10	Sun, 9/3	New York Mets	PM 1:10
Sun, 4/23	Tampa Bay Rays	PM 12:10	Tue, 6/27	Oakland Athletics	PM 7:10	Mon, 9/4	Seattle Mariners	PM 5:40
Tue, 4/25	Cleveland Indians	PM 5:10	Wed, 6/28	Oakland Athletics	PM 7:10	Tue, 9/5	Seattle Mariners	PM 9:10
Wed, 4/26	Cleveland Indians	PM 5:10	Thu, 6/29	Oakland Athletics	PM 1:10	Wed, 9/6	Seattle Mariners	PM 9:10
Thu, 4/27	Cleveland Indians	PM 5:10	Fri, 6/30	New York Yankees	PM 7:10	Fri, 9/8	Oakland Athletics	PM 9:05
Fri, 4/28	Oakland Athletics	PM 7:10	Sat, 7/1	New York Yankees	PM 6:15	Sat, 9/9	Oakland Athletics	PM 3:05
Sat, 4/29	Oakland Athletics	PM 6:10	Sun, 7/2	New York Yankees	PM 1:10	Sun, 9/10	Oakland Athletics	PM 3:05
Sun, 4/30	Oakland Athletics	PM 1:10	Tue, 7/4	Atlanta Braves	PM 6:35	Tue, 9/12	Los Angeles Angels	PM 9:07
Mon, 5/1	Texas Rangers	PM 7:10	Wed, 7/5	Atlanta Braves	PM 6:35	Wed, 9/13	Los Angeles Angels	PM 9:07
Tue, 5/2	Texas Rangers	PM 7:10	Thu, 7/6	Toronto Blue Jays	PM 6:07	Thu, 9/14	Los Angeles Angels	PM 9:07
Wed, 5/3	Texas Rangers	PM 7:10	Fri, 7/7	Toronto Blue Jays	PM 6:07	Fri, 9/15	Seattle Mariners	PM 7:10
Thu, 5/4	Texas Rangers	PM 1:10	Sat, 7/8	Toronto Blue Jays	PM 12:07	Sat, 9/16	Seattle Mariners	PM 6:10
Fri, 5/5	Los Angeles Angels	PM 9:07	Sun, 7/9	Toronto Blue Jays	PM 12:07	Sun, 9/17	Seattle Mariners	PM 1:10
Sat, 5/6	Los Angeles Angels	PM 8:07	Fri, 7/14	Minnesota Twins	PM 7:10	Tue, 9/19	Chicago White Sox	PM 7:10
Sun, 5/7	Los Angeles Angels	PM 2:37	Sat, 7/15	Minnesota Twins	PM 6:10	Wed, 9/20	Chicago White Sox	PM 7:10
Tue, 5/9	Atlanta Braves	PM 7:10	Sun, 7/16	Minnesota Twins	PM 1:10	Thu, 9/21	Chicago White Sox	PM 7:10
Wed, 5/10	Atlanta Braves	PM 1:10	Mon, 7/17	Seattle Mariners	PM 7:10	Fri, 9/22	Los Angeles Angels	PM 7:10
Thu, 5/11	New York Yankees	PM 6:05	Tue, 7/18	Seattle Mariners	PM 7:10	Sat, 9/23	Los Angeles Angels	PM 6:10
Fri, 5/12	New York Yankees	PM 6:05	Wed, 7/19	Seattle Mariners	PM 7:10	Sun, 9/24	Los Angeles Angels	PM 1:10
Sat, 5/13	New York Yankees	PM 12:05	Fri, 7/21	Baltimore Orioles	PM 6:05	Mon, 9/25	Texas Rangers	PM 7:05
Sun, 5/14	New York Yankees	PM 6:35	Sat, 7/22	Baltimore Orioles	PM 6:05	Tue, 9/26	Texas Rangers	PM 7:05
Mon, 5/15	Miami Marlins	PM 6:10	Sun, 7/23	Baltimore Orioles	PM 12:35	Wed, 9/27	Texas Rangers	PM 1:05
Tue, 5/16	Miami Marlins	PM 6:10	Mon, 7/24	Philadelphia Phillies	PM 6:05	Thu, 9/28	Boston Red Sox	PM 6:10
Wed, 5/17	Miami Marlins	AM 11:10	Tue, 7/25	Philadelphia Phillies	PM 6:05	Fri, 9/29	Boston Red Sox	PM 6:10
Fri, 5/19	Cleveland Indians	PM 7:10	Wed, 7/26	Philadelphia Phillies	PM 6:05	Sat, 9/30	Boston Red Sox	TBD
Sat, 5/20	Cleveland Indians	PM 3:10	Fri, 7/28	Detroit Tigers	PM 6:10	Sun, 10/1	Boston Red Sox	PM 2:05
Sun, 5/21	Cleveland Indians	PM 1:10	Sat, 7/29	Detroit Tigers	PM 5:10			
Mon, 5/22	Detroit Tigers	PM 7:10	Sun, 7/30	Detroit Tigers	PM 12:10			
Tue, 5/23	Detroit Tigers	PM 7:10	Mon, 7/31	Tampa Bay Rays	PM 7:10			
Wed, 5/24	Detroit Tigers	PM 7:10	Tue, 8/1	Tampa Bay Rays	PM 7:10			
Thu, 5/25	Detroit Tigers	PM 7:10	Wed, 8/2	Tampa Bay Rays	PM 7:10			
Fri, 5/26	Baltimore Orioles	PM 7:10	Thu, 8/3	Tampa Bay Rays	PM 7:10			
Sat, 5/27	Baltimore Orioles	PM 6:15	Fri, 8/4	Toronto Blue Jays	PM 7:10			
Sun, 5/28	Baltimore Orioles	PM 1:10	Sat, 8/5	Toronto Blue Jays	PM 6:10			
Mon, 5/29	Minnesota Twins	PM 1:10	Sun, 8/6	Toronto Blue Jays	PM 1:10			
Tue, 5/30	Minnesota Twins	PM 7:10	Tue, 8/8	Chicago White Sox	PM 7:10			
Wed, 5/31	Minnesota Twins	PM 12:10	Wed, 8/9	Chicago White Sox	PM 7:10			
Fri, 6/2	Texas Rangers	PM 7:05	Thu, 8/10	Chicago White Sox	PM 7:10			
Sat, 6/3	Texas Rangers	PM 6:15	Fri, 8/11	Texas Rangers	PM 7:05			
Sun, 6/4	Texas Rangers	PM 2:05	Sat, 8/12	Texas Rangers	PM 7:05			
Mon, 6/5	Kansas City Royals	PM 7:15	Sun, 8/13	Texas Rangers	PM 2:05			

HOUSTON ASTROS

■ 15% 이상 ■ 12-14% ■ 9-11% ■ 6-8% ■ 3-5% □ 2% 이하

SP Dallas KEUCHEL
댈러스 카이클 NO.60

좌투좌타 1988년 1월 1일 190cm, 95kg

*는 낮을수록 좋은 기록임

시즌	경기	이닝	피안타	피홈런	볼넷	탈삼진	승-패-세-홀	평균자책	구분	기록	MLB
2016	32	168.0	168	20	48	144	9-12-0-0	4.55	평균자책*	4.55	4.15
통산	135	839	817	82	238	26	50-47-0-0	3.78	탈삼진 / 9	7.71	8.1
									볼넷 / 9*	2.57	3.14
									탈삼진 / 볼넷	3	2.58
									피홈런 / 9*	1.07	1.17
									피안타율*	0.258	0.252
									WHIP*	1.29	1.32
									잔루율	68.4%	72.9%
									FIP*	3.87	4.24

PITCHING ZONE (좌타자·몸쪽 / 우타자·몸쪽)

PITCHING REPERTORY / VELOCITY km/h **MOVEMENT** cm

구종	평균	전체	초구	2-2	좌타자	우타자	피안타율	상하	좌우
포심패스트볼	144	6%	8%	3%	3%	6%	0.286	↑24	←6
투심 / 싱커	144	48%	56%	41%	57%	46%	0.263	↑13	←19
컷패스트볼	139	12%	9%	7%	2%	14%	0.312	↑11	→1
슬라이더	127	22%	18%	33%	36%	19%	0.137	↓7	←16
커브	125	1%	2%	1%	1%	0%	0.000	↓12	→8
체인지업	128	12%	8%	16%	1%	15%	0.205	↓14	←22
스플리터	–	–	–	–	–	–	–		

홈 ERA 3.60 원정 ERA 5.42
VS. 좌타자 2.700 VS. 우타자 5.070
VS. 김현수 상대 없음
VS. 강정호 상대 없음
VS. 추신수 7타수 2안타 .259

2015년 리그 사이영상 수상자. 다승왕과 최다 이닝, WHIP에서 리그 1위에 올랐다. 최고구속 150km/h의 싱커가 위력적이다. 주무기는 슬라이더며, 체인지업도 날카롭다. 홈에서 절대적으로 강해, 2015년 홈경기 15승 무패라는 단일 시즌 홈 최다승 무패 신기록도 작성했다. 2016년 왼쪽 어깨 통증으로 8월 말 이후 마운드에 서지 않았다. 26경기에 선발 등판해 9승 12패와 평균자책점 4.55를 기록했다. 비록 골든글러브를 받았지만, 성적은 지난 2014년 이래 가장 좋지 못했다.

SP Collin MCHUGH
콜린 맥휴 NO.31

우투우타 1987년 6월 19일 188cm, 88kg

*는 낮을수록 좋은 기록임

시즌	경기	이닝	피안타	피홈런	볼넷	탈삼진	승-패-세-홀	평균자책	구분	기록	MLB
2016	33	184.2	206	25	54	177	13-10-0-0	4.34	평균자책*	4.34	4.15
통산	105	590.1	602	68	161	533	43-34-0-0	4.13	탈삼진 / 9	8.63	8.1
									볼넷 / 9*	2.63	3.14
									탈삼진 / 볼넷	3.28	2.58
									피홈런 / 9*	1.22	1.17
									피안타율*	0.280	0.252
									WHIP*	1.41	1.32
									잔루율	75.2%	72.9%
									FIP*	3.95	4.24

PITCHING ZONE

PITCHING REPERTORY / VELOCITY km/h **MOVEMENT** cm

구종	평균	전체	초구	2-2	좌타자	우타자	피안타율	상하	좌우
포심패스트볼	146	33%	41%	28%	31%	34%	0.302	↑23	→13
투심 / 싱커	144	1%	1%	1%	0%	2%	0.422	↑13	→18
컷패스트볼	140	34%	31%	27%	32%	36%	0.280	↑11	←5
슬라이더	135	0%	0%	0%	0%	0%	0.167	↑1	→8
커브	117	27%	25%	40%	28%	26%	0.176	↓20	←21
체인지업	134	5%	2%	4%	8%	2%	0.296	↓10	→19
스플리터	–	–	–	–	–	–	–		

홈 ERA 3.67 원정 ERA 4.95
VS. 좌타자 4.260 VS. 우타자 4.410
VS. 김현수 3타수 2안타 .667
VS. 강정호 상대 없음
VS. 추신수 6타수 2안타 .333

카이클에 이은 팀 내 2선발. 닉차 큰 커브가 일품으로, 패스트볼 평균구속은 145km/h다. 슬라이더와 커터, 체인지업도 섞어 던진다. 2012년 메츠에서 데뷔한 후 이듬해 콜로라도에서도 전혀 두각을 드러내지 못하던 선수. 하지만 2014년 휴스턴 입단 이후 패스트볼 커맨드가 향상되며 완전히 다른 투수가 되었다. 구속은 이전과 차이가 없으며, 빠르지 않은 구속으로 많은 헛스윙을 이끌어내는 것도 특징이다. 2016년은 원투펀치 카이클과 동반 부진으로 리그 3위에 머물고 말았다.

HOUSTON ASTROS   223

■ 15% 이상   ■ 12~14%   ■ 9~11%   ■ 6~8%   ■ 3~5%   □ 2% 이하

홈 ERA 2.40 원정 ERA 5.57
VS. 좌타자 3.050 VS. 우타자 3.380
VS. 김현수 2타수 무안타
VS. 강정호 상대 없음
VS. 추신수 4타수 3안타 .750

SP Lance MCCULLERS — NO.43
랜스 맥컬러스

우투우타   1993년 10월 2일   188cm, 93kg   *는 낮을수록 좋은 기록임

시즌	경기	이닝	피안타	피홈런	볼넷	탈삼진	승-패-세-홀	평균자책
2016	14	81.0	80	5	45	106	6-5-0-0	3.22
통산	36	206.2	186	15	88	235	12-12-0-0	3.22

PITCHING ZONE

구분	기록	MLB
평균자책*	3.22	4.15
탈삼진 / 9	11.78	8.1
볼넷 / 9*	5.00	3.14
탈삼진 / 볼넷	2.36	2.58
피홈런 / 9*	0.56	1.17
피안타율*	0.261	0.252
WHIP*	1.54	1.32
잔루율	81.4%	72.9%
FIP*	3	4.24

PITCHING REPERTORY / VELOCITY km/h **MOVEMENT** cm

구종	평균	전체	초구	2-2	좌타자	우타자	피타율	상하	좌우
포심패스트볼	152	49%	64%	33%	47%	51%	0.324	↑18	→9
투심 / 싱커	151	0%	0%	0%	0%	0%	0.500	↑13	→20
컷패스트볼	149	0%	0%	0%	0%	1%	0.000	↑14	←4
슬라이더	139	1%	1%	1%	0%	2%	0.182	↓2	←11
커브	136	40%	30%	59%	38%	42%	0.148	↑16	←16
체인지업	143	9%	5%	7%	14%	5%	0.316	↑5	→20
스플리터	–	–	–	–	–	–	–		

휴스턴이 기대를 걸고 있는 스물한 살의 젊은 투수. 지난해 빅리그에 성공적으로 데뷔했다. 최고구속 158km/h의 빠른 공을 던지고, 너클 커브가 주무기다. 체인지업은 서드 피치로 활용한다. 마이너 시절 제구 문제가 최대 관건이었지만, 정작 빅리그 무대에서는 제구도 나쁘지 않았다. 커브의 위력이 워낙 좋아, 체인지업을 가다듬으면 또 다른 매력을 보여줄 수 있다. 2016년 성적은 데뷔 2년차를 감안해도 6승 5패 .322를 기록하며 2017시즌 전망을 밝게 해주고 있다.

홈 ERA 0.71 원정 ERA 13.5
VS. 좌타자 4.320 VS. 우타자 4.000
VS. 김현수 상대 없음
VS. 강정호 상대 없음
VS. 추신수 3타수 2안타 .667

SP Charlie MORTON — NO.50
찰리 모튼

우투우타   1983년 11월 12일   194cm, 106kg   *는 낮을수록 좋은 기록임

시즌	경기	이닝	피안타	피홈런	볼넷	탈삼진	승-패-세-홀	평균자책
2016	27	17.1	15	1	8	19	1-1-0-0	4.15
통산	162	893.04	950	71	337	630	46-71-0-0	4.54

PITCHING ZONE

구분	기록	MLB
평균자책*	4.15	4.15
탈삼진 / 9	9.87	8.1
볼넷 / 9*	4.15	3.14
탈삼진 / 볼넷	2.38	2.58
피홈런 / 9*	0.52	1.17
피안타율*	0.238	0.252
WHIP*	1.33	1.32
잔루율	69.4%	72.9%
FIP*	3.09	4.24

PITCHING REPERTORY / VELOCITY km/h **MOVEMENT** cm

구종	평균	전체	초구	2-2	좌타자	우타자	피타율	상하	좌우
포심패스트볼	149	5%	6%	4%	6%	3%	0.261	↑15	→21
투심 / 싱커	148	61%	70%	45%	52%	70%	0.311	↑5	→24
컷패스트볼	145	1%	0%	5%	2%	0%	0.333	↑7	→3
슬라이더	–	–	–	–	–	–	–		
커브	127	24%	16%	46%	26%	22%	0.131	↓17	←23
체인지업	–	–	–	–	–	–	–		
스플리터	136	9%	7%	5%	14%	4%	0.327	↑1	→25

2008년 빅리그 데뷔 이후 애틀랜타 브레이브스, 피츠버그 파이어리츠, 필라델피아 필리스에서 뛰었다. 투심패스트볼의 구속이 146.9km/h에서 149.3km/h이다. 또한 2.48의 비교적 좋은 뜬공 대비 땅볼 유도 비율을 갖고 있다. 그러나 내구성은 항상 문제였다. 토미존 수술(2012), 엉덩이 수술(2014), 햄스트링 수술(2016)을 받았다. 모튼은 한 시즌에 29번 이상 선발 등판한 적이 없고, 150이닝 이상 소화한 것은 두 번뿐이었다. 통산 성적은 162경기 46승 71패 평균자책점 4.54.

HOUSTON ASTROS

■ 15% 이상　■ 12-14%　■ 9-11%　■ 6-8%　■ 3-5%　□ 2% 이하

홈 ERA 4.09 원정 ERA 4.99
VS. 좌타자 4.160 VS. 우타자 4.740
VS. 김현수 3타수 무안타
VS. 강정호 2타수1안타1홈런 .500
VS. 추신수 3타수 무안타

SP Mike FIERS
마이크 피어스

NO.54

우투우타　1985년 6월 15일　188cm, 86kg

*는 낮을수록 좋은 기록임

시즌	경기	이닝	피안타	피홈런	볼넷	탈삼진	승-패-세-홀	평균자책	구분	기록	MLB
2016	31	168.2	187	26	42	134	11-8-0-0	4.48	평균자책*	4.48	4.15
통산	112	572.2	550	77	168	542	34-37-0-0	3.87	탈삼진 / 9	7.15	8.1
									볼넷 / 9*	2.24	3.14
									탈삼진 / 볼넷	3.19	2.58
									피홈런 / 9*	1.39	1.17
									피안타율*	0.277	0.252
									WHIP*	1.36	1.32
									잔루율	73.7%	72.9%
									FIP*	4.43	4.24

PITCHING ZONE

PITCHING REPERTORY / VELOCITY km/h / MOVEMENT cm

구종	평균	전체	초구	2-2	좌타자	우타자	피타율	상하	좌우
포심패스트볼	145	48%	52%	43%	47%	50%	0.280	↑29	→6
투심 / 싱커	144	1%	2%	1%	1%	2%	0.381	↑23	→15
컷패스트볼	139	11%	12%	7%	11%	11%	0.329	↑17	→6
슬라이더	131	4%	4%	3%	0%	8%	0.197	↑4	→9
커브	119	18%	18%	22%	20%	16%	0.175	↓30	→12
체인지업	134	17%	12%	23%	22%	14%	0.248	↑12	→19
스플리터	-	-	-	-	-	-	-	-	-

2015년 트레이드 데드라인을 앞두고 밀워키에서 이적해왔다. 빅리그 데뷔는 2011년에 했다. 이적 후 네 번째 경기인 다저스전에서 134구 노히트 노런을 달성하며 휴스턴 팬들에게 화끈한 신고식을 했다. 평균구속 144km/h의 패스트볼을 던지며, 체인지업과 커브를 결정구로 삼는다. 패스트볼 구속이 빠르지는 않지만, 스트라이크존의 낮은 코스를 잘 활용해 구속 이상의 효과를 내고 있다. 투구 수가 많아 이닝 소화 능력이 부족한 것은 아쉬운 대목. 2016년 성적은 준수한 편이었다.

홈 ERA 5.57 원정 ERA 4.37
VS. 좌타자 4.700 VS. 우타자 5.230
VS. 김현수 상대 없음
VS. 강정호 상대 없음
VS. 추신수 6타수 1안타 .167

RP Tony SIPP
토니 십

NO.29

좌투좌타　1983년 7월 12일　183cm, 86kg

*는 낮을수록 좋은 기록임

시즌	경기	이닝	피안타	피홈런	볼넷	탈삼진	승-패-세-홀	평균자책	구분	기록	MLB
2016	60	43.2	52	12	18	40	1-2-1-12	4.95	평균자책*	4.95	4.15
통산	480	406.2	323	64	183	432	22-18-7-99	3.65	탈삼진 / 9	8.24	8.1
									볼넷 / 9*	3.71	3.14
									탈삼진 / 볼넷	2.22	2.58
									피홈런 / 9*	2.47	1.17
									피안타율*	0.295	0.252
									WHIP*	1.6	1.32
									잔루율	83.0%	72.9%
									FIP*	6.19	4.24

PITCHING ZONE

PITCHING REPERTORY / VELOCITY km/h / MOVEMENT cm

구종	평균	전체	초구	2-2	좌타자	우타자	피타율	상하	좌우
포심패스트볼	147	46%	50%	39%	33%	35%	0.296	↑26	←14
투심 / 싱커	146	3%	3%	2%	1%	2%	0.143	↑16	←26
컷패스트볼	-	-	-	-	-	-	-	-	-
슬라이더	130	28%	28%	31%	59%	8%	0.233	↑1	→4
커브	-	-	-	-	-	-	-	-	-
체인지업	-	-	-	-	-	-	-	-	-
스플리터	126	23%	19%	28%	6%	54%	0.217	↑5	←17

좌완 불펜 요원이다. 클리블랜드 시절 추신수와 함께 뛰어 국내 팬들에게도 낯익은 인물. 휴스턴에서는 2014년부터 뛰고 있다. FA 자격을 얻어 3년간 1,800만 달러의 계약을 맺었다. 평균구속 146km/h의 패스트볼을 던지며, 슬라이더를 결정구로 한다. 지난해는 제한적으로 사용하던 체인지업 구사에 자신감을 가지며 더욱 까다로운 투수가 되었다. 클리블랜드 시절과 비교하면 제구에 있어 비약적인 발전을 이뤘다. 좌투수임에도 좌우타자를 가리지 않는 것도 장점이다.

HOUSTON ASTROS

■ 15% 이상　■ 12-14%　■ 9-11%　■ 6-8%　■ 3-5%　■ 2% 이하

RP Will HARRIS
윌 해리스
NO.36

우투우타　1984년 8월 28일　193cm, 102kg

*는 낮을수록 좋은 기록임

시즌	경기	이닝	피안타	피홈런	볼넷	탈삼진	승-패-세-홀	평균자책	구분	기록	MLB
2016	66	64.0	52	3	15	69	1-2-12-28	2.25	평균자책*	2.25	4.15
통산	244	234.1	198	20	67	244	11-12-1451	3	탈삼진 / 9	9.70	8.1
									볼넷 / 9*	2.11	3.14
									탈삼진 / 볼넷	4.6	2.58
									피홈런 / 9*	0.42	1.17
									피안타율*	0.218	0.252
									WHIP*	1.05	1.32
									잔루율	79.9%	72.9%
									FIP*	2.35	4.24

홈 ERA 2.78　원정 ERA 1.59
VS. 좌타자 2.010　VS. 우타자 2.480
VS. 김현수 1타수1안타 1.000
VS. 강정호 상대 없음
VS. 추신수 4타수 무안타

PITCHING ZONE

PITCHING REPERTORY / VELOCITY km/h / MOVEMENT cm

구종	평균	전체	초구	2-2	좌타자	우타자	피타율	상하	좌우
포심패스트볼	–	–	–	–	–	–	–	–	–
투심 / 싱커	–	–	–	–	–	–	–	–	–
컷패스트볼	149	73%	84%	67%	73%	74%	0.213	↑ 20	← 3
슬라이더	–	–	–	–	–	–	–	–	–
커브	132	26%	15%	33%	26%	26%	0.144	↓ 21	← 17
체인지업	137	1%	0%	0%	1%	0%	0.000	↑ 10	← 12
스플리터	–	–	–	–	–	–	–	–	–

콜로라도와 애리조나에서 자리를 잡지 못하고 휴스턴으로 건너와 데뷔 후 최고의 시즌을 보냈다. 평균 147km/h의 커터를 던지며, 커브가 주무기다. 포심패스트볼 그립을 쥐고 팔목을 사용해 커터의 움직임을 만들어낸다. 이에 커터 구속도 빠른 축에 속한다. 커브의 그립을 미세 조정하며, 움직임과 구속이 모두 좋아졌다. 2016년 득점권 피안타율이 .264로 2015년 (.097)에 비해 위기관리 능력이 나빠졌다. 2016시즌 불펜에서 좋은 활약(1승 2패 .225)을 펼쳤다.

SP Joe MUSGROVE
조 머스그로브
NO.59

우투우타　1992년 12월 4일　197cm, 121kg

*는 낮을수록 좋은 기록임

시즌	경기	이닝	피안타	피홈런	볼넷	탈삼진	승-패-세-홀	평균자책	구분	기록	MLB
2016	11	62.0	59	9	16	55	4-4-0-0	4.06	평균자책*	4.06	4.15
통산	11	62	59	9	16	55	4-4-0-0	4.06	탈삼진 / 9	7.98	8.1
									볼넷 / 9*	2.32	3.14
									탈삼진 / 볼넷	3.44	2.58
									피홈런 / 9*	1.31	1.17
									피안타율*	0.249	0.252
									WHIP*	1.21	1.32
									잔루율	76.5%	72.9%
									FIP*	4.18	4.24

홈 ERA 1.75　원정 ERA 7.27
VS. 좌타자 5.130　VS. 우타자 3.280
VS. 김현수 3타수 3안타 1.000
VS. 강정호 상대 없음
VS. 추신수 3타수 무안타

PITCHING ZONE

PITCHING REPERTORY / VELOCITY km/h / MOVEMENT cm

구종	평균	전체	초구	2-2	좌타자	우타자	피타율	상하	좌우
포심패스트볼	149	38%	41%	44%	40%	36%	0.250	↑ 21	→ 8
투심 / 싱커	145	8%	7%	14%	5%	10%	0.333	↑ 4	→ 13
컷패스트볼	142	4%	4%	2%	4%	3%	0.250	↑ 10	→ 1
슬라이더	132	35%	31%	25%	23%	45%	0.215	↓ 3	→ 18
커브	126	8%	9%	5%	15%	1%	0.300	↓ 20	→ 13
체인지업	133	9%	6%	11%	13%	5%	0.286	↑ 6	→ 17
스플리터	–	–	–	–	–	–	–	–	–

2006년 콜로라도에 지명되어 2012년 빅리그에 데뷔했다. 애리조나를 거쳐 2015년부터 휴스턴에서 활약하고 있다. 불펜에서 좋은 모습을 보여 2016년 올스타에 선정되는 영광을 얻었다. 머스그로브는 2015년 평균자책점 1.90을 기록했다. 하지만 인플레이타율(BABIP)이 지나치게 낮고, 잔루율(87.4%)은 심하게 높았다. 이런 수치에는 '운'이라는 요소가 개입한다. 팀 승리에 더 많이 기여했다는 의미다. 2015년보다 삼진이 는 반면 볼넷은 감소했다. 그의 2016년은 운이 아니었다.

HOUSTON ASTROS

■ 15% 이상 ■ 12~14% ■ 9~11% ■ 6~8% ■ 3~5% □ 2% 이하

CL Ken GILES
켄 자일스   NO. 53

우투우타   1990년 9월 20일   188cm, 93kg   *는 낮을수록 좋은 기록임

시즌	경기	이닝	피안타	피홈런	볼넷	탈삼진	승-패-세-홀	평균자책	구분	기록	MLB
2016	69	65.2	60	8	25	102	2-5-15-18	4.11	평균자책*	4.11	4.15
통산	182	181.1	144	11	61	253	11-9-31-29	2.48	탈삼진 / 9	13.98	8.1
									볼넷 / 9*	3.43	3.14
									탈삼진 / 볼넷	4.05	2.58
									피홈런 / 9*	1.1	1.17
									피안타율*	0.232	0.252
									WHIP*	1.29	1.32
									잔루율	72.6%	72.9%
									FIP*	2.86	4.24

PITCHING ZONE

PITCHING REPERTORY / VELOCITY km/h / MOVEMENT cm

구종	평균	전체	초구	2-2	좌타자	우타자	피타율	상하	좌우
포심패스트볼	156	57%	64%	48%	64%	52%	0.306	↑25	→7
투심 / 싱커	–	–	–	–	–	–	–		
컷패스트볼	–	–	–	–	–	–	–		
슬라이더	139	43%	36%	52%	36%	48%	0.132	↑1	0
커브	–	–	–	–	–	–	–		
체인지업	138	0%	0%	0%	0%	0.000		↑7	→15
스플리터	–	–	–	–	–	–	–		

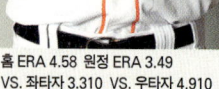

홈 ERA 4.58 원정 ERA 3.49
VS. 좌타자 3.310 VS. 우타자 4.910
VS. 김현수 1타수 1안타 1.000
VS. 강정호 2타수 무안타
VS. 추신수 1타수 무안타

휴스턴의 마무리 투수. 2015년 12월 트레이드를 통해 필라델피아에서 데려왔다. 5명의 유망주 손실이 있었지만 FA까지 4년간 시간이 남아 있어 당분간 확실한 마무리 투수를 보유할 수 있게 되었다. 강속구 투수로 160km/h 초반까지 나오는 패스트볼을 뿌린다. 결정구는 슬라이더. 2015년 7월 파펠본 이적 후 마무리에 입성했다. 2016년은 그에게 가혹한 한 해가 되었다. 1점대의 방어율에서 4점대로 방어율이 치솟았기 때문이다. 일시적인 현상인지는 2017시즌이 답을 줄 것이다.

C Brian MCCANN
브라이언 매캔   NO. 16

우투좌타   1984년 2월 20일   191cm, 102kg   *는 낮을수록 좋은 기록임

시즌	타수	안타	홈런	타점	볼넷	도루	타율	출루율	장타율	구분	기록	MLB
2016	429	104	20	58	54	1	0.242	0.335	0.413	타율	0.242	0.255
통산	5252	1397	245	888	552	24	0.266	0.340	0.459	출루율	0.335	0.322
										장타율	0.413	0.417
										볼넷%	11.0%	8.2%
										삼진%*	20.1%	21.1%
										볼넷 / 삼진	0.55	0.39
										순장타율	0.170	0.162
										BABIP	0.269	3.00
										wOBA	0.326	0.318

VS. 패스트볼   VS. 변화구

*5타수 미만은 색을 표시하지 않음. ●●● : Ball zone

SPRAY ZONE 4 / 18% / 32% / 50% / 15 홈런 타구분포 %

BATTED BALL

항목	비율
볼존 공격률	29%
S존 공격률	60%
볼존 컨택트율	68%
S존 컨택트율	90%
라인드라이브	22%
그라운드볼	34%
플라이볼	44%

DEFENSE

위치	자살	보살	실책	수비율
1B	5	0	0	1.000
C	773	36	4	0.995

홈 타율 0.240 원정 타율 0.245
VS. 좌투수 0.218 VS. 우투수 0.249
득점권 0.209 L/C 0.267
VS. 류현진
VS. 오승환

애틀란타에서 데뷔해 5년간 8,500만 달러의 FA 계약을 맺고 2014년부터 양키스에서 뛰다가 2016년 겨울 휴스턴으로 이적했다. 공·수를 겸비한 올스타 포수로 통산 7차례 올스타에 출전했으며 2015년까지 여섯 번의 실버 슬러거상을 수상했다. 정확도는 다소 떨어지나 최근 9년간 연속 20개 이상의 홈런을 때려내고 있으며 수비력도 준수하다. 통산 12시즌 동안 245개의 홈런과 888타점, 타율 .266을 기록하고 있다. 그러나 나이가 들면서 공격지표에서 파워와 타율이 떨어지고 있다.

HOUSTON ASTROS

■ 타율 0.400 이상　■ 0.300–0.399　■ 0.200–0.299　■ 0.100–0.199　■ 타율 0.099 이하

C　Evan GATTIS　　NO. 11
에반 게티스

우투우타　1986년 8월 18일　194cm, 122kg　　*는 낮을수록 좋은 기록임

시즌	타수	안타	홈런	타점	볼넷	도루	타율	출루율	장타율	구분	기록	MLB
2016	447	112	32	72	43	2	0.251	0.319	0.508	타율	0.251	0.255
통산	1736	434	102	277	116	2	0.250	0.302	0.484	출루율	0.319	0.322

VS. 패스트볼　　VS. 변화구

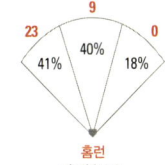

	기록	MLB
장타율	0.508	0.417
볼넷%	8.6%	8.2%
삼진%*	25.5%	21.1%
볼넷 / 삼진	0.34	0.39
순장타율	0.257	0.162
BABIP	0.273	0.30
wOBA	0.345	0.318

*5타수 미만은 색을 표시하지 않았음. ●●●: Ball zone

SPRAY ZONE　　BATTED BALL　　DEFENSE

```
        9
   23       0
      40%
   41%   18%

      홈런
    타구분포 %
```

항목	비율
볼존 공격률	32%
S존 공격률	63%
볼존 컨택트율	62%
S존 컨택트율	83%
라인드라이브	18%
그라운드볼	41%
플라이볼	41%

위치	자살	보살	실책	수비율
C	448	34	2	0.996

홈 타율 0.234　원정 타율 0.269
VS. 좌투수 0.288　VS. 우투수 0.230
득점권 0.239　L/C 0.246
VS. 류현진 6타수 1안타 .167
VS. 오승환 상대 없음

인생 역전의 스토리를 갖고 있다. 우울증으로 마약에 손을 대며 대학 입학을 포기한 뒤, 청소부와 피자 배달 등을 하며 떠돌이 생활을 했다. 지난 2010년 드래프트에서 애틀랜타의 지명을 받았으며, 2013년 빅리그 무대까지 밟게 된다. 정확도는 떨어지나 가공할 만한 파워로, 데뷔 후 3년 연속 20개 이상의 홈런을 때려내고 있다. 순발력이 부족해 수비에서는 정착할 곳이 없어 그의 역할은 지명타자로 한정된다. 휴스턴 애스트로스에서 32홈런을 때려내며 거포로 완전히 인정받았다.

3B　Yulieski GURRIEL　　NO. 10
율리에스키 구리엘

우투우타　1984년 6월 9일　183cm, 86kg　　*는 낮을수록 좋은 기록임

시즌	타수	안타	홈런	타점	볼넷	도루	타율	출루율	장타율	구분	기록	MLB
2016	130	34	3	15	5	1	0.262	0.292	0.385	타율	0.262	0.255
통산	130	34	3	15	5	1	0.262	0.292	0.385	출루율	0.292	0.322

VS. 패스트볼　　VS. 변화구

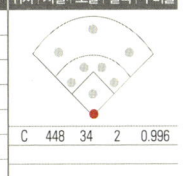

	기록	MLB
장타율	0.385	0.417
볼넷%	3.6%	8.2%
삼진%*	8.8%	21.1%
볼넷 / 삼진	0.42	0.39
순장타율	0.123	0.162
BABIP	0.267	0.30
wOBA	0.292	0.318

*5타수 미만은 색을 표시하지 않았음. ●●●: Ball zone

SPRAY ZONE　　BATTED BALL　　DEFENSE

```
        0
   3        0
      39%
   42%   18%

      홈런
    타구분포 %
```

항목	비율
볼존 공격률	38%
S존 공격률	76%
볼존 컨택트율	73%
S존 컨택트율	91%
라인드라이브	20%
그라운드볼	42%
플라이볼	38%

위치	자살	보살	실책	수비율
1B	35	4	0	1.000
3B	13	30	1	0.997
LF	0	0	0	0.000

홈 타율 0.269　원정 타율 0.254
VS. 좌투수 0.220　VS. 우투수 0.281
득점권 0.3　L/C 0.25
VS. 류현진 상대 없음
VS. 오승환 상대 없음

2016년 8월 21일 빅리그에 데뷔했다. 2년간 일본 프로야구에서 맹활약을 펼치며, 파워와 수준급 스윙을 하는 엄청난 컨택트 히터임을 보여주었다. 쿠바에서 17시즌 동안(925경기), 구리엘은 250홈런, 1018 타점, 121 도루, 그리고 .335/.417/.580의 믿을 수 없는 라인에, 통산 OPS도 .997도 좋다. 2016년 36경기에서 15안타 3홈런 .262/.292/.385를 기록했다. 빅리그에서 어느 정도까지 활약할지는 미지수다. 그러나 그간 경력으로 볼 때 쉽게 안착하리라고 본다.

HOUSTON ASTROS

■ 타율 0.400 이상　■ 0.300–0.399　■ 0.200–0.299　■ 0.100–0.199　■ 타율 0.099 이하

2B José ALTUVE   호세 알투베   NO.27

우투우타　1990년 5월 6일　168cm, 75kg　*는 낮을수록 좋은 기록임

시즌	타수	안타	홈런	타점	볼넷	도루	타율	출루율	장타율	구분	기록	MLB
2016	640	216	24	96	60	30	0.338	0.396	0.531	타율	0.338	0.255
통산	3361	1046	60	322	206	199	0.311	0.354	0.437	출루율	0.396	0.322
										장타율	0.531	0.417
										볼넷%	8.4%	8.2%
										삼진%*	9.8%	21.1%
										볼넷/삼진	0.86	0.39
										순장타율	0.194	0.162
										BABIP	0.347	0.30
										wOBA	0.391	0.318

홈 타율 0.299　원정 타율 0.376
VS. 좌투수 0.306　VS. 우투수 0.348
득점권 0.372　L/C 0.274
VS. 류현진 상대 없음
VS. 오승환 1타수 1안타 1.000

SPRAY ZONE: 3 / 16 / 5 / 45% / 36% / 19% 홈런 타구분포 %

BATTED BALL:
- 볼존 공격률 34%
- S존 공격률 66%
- 볼존 컨택트율 77%
- S존 컨택트율 91%
- 라인드라이브 26%
- 그라운드볼 42%
- 플라이볼 32%

DEFENSE
위치	자살	보살	실책	수비율
2B	206	361	7	0.988
SS	0	2	0	1.000

메이저리그의 작은 거인. 168cm의 최단신 선수이나, 거구들을 뛰어넘는 활약을 펼치고 있다. 2014년 타격왕을 차지했으며, 지난 2년 연속 리그 최다 안타와 도루 1위를 독식했다. 체구는 작지만 40개 이상의 2루타가 가능한 갭 파워도 지니고 있다. 라인드라이브 타구를 노리는 스윙을 하며, 초구부터 적극적인 공략에 나선다. 지난해는 데뷔 첫 골든글러브까지 수상했다. 2016년 알투베는 베츠와 페드로이아의 추격을 따돌리고 3년 연속 안타왕과 통산 두 번째 타격왕 타이틀을 따냈다.

3B Alex BREGMAN   알렉스 브레그먼   NO.02

우투우타　1994년 3월 30일　183cm, 82kg　*는 낮을수록 좋은 기록임

시즌	타수	안타	홈런	타점	볼넷	도루	타율	출루율	장타율	구분	기록	MLB
2016	201	53	8	34	15	2	0.264	0.313	0.478	타율	0.264	0.255
통산	201	53	8	34	15	2	0.264	0.313	0.478	출루율	0.313	0.322
										장타율	0.478	0.417
										볼넷%	6.9%	8.2%
										삼진%*	24.0%	21.1%
										볼넷/삼진	0.29	0.39
										순장타율	0.214	0.162
										BABIP	0.317	0.30
										wOBA	0.336	0.318

홈 타율 0.232　원정 타율 0.292
VS. 좌투수 0.250　VS. 우투수 0.269
득점권 0.388　L/C 0.063
VS. 류현진 상대 없음
VS. 오승환 1타수 무안타

SPRAY ZONE: 2 / 4 / 2 / 38% / 37% / 25% 홈런 타구분포 %

BATTED BALL:
- 볼존 공격률 29%
- S존 공격률 65%
- 볼존 컨택트율 59%
- S존 컨택트율 83%
- 라인드라이브 28%
- 그라운드볼 29%
- 플라이볼 43%

DEFENSE
위치	자살	보살	실책	수비율
2B	2	5	0	1.000
3B	28	80	8	0.931
SS	6	9	1	0.938

2016년 7월 25일 빅리그에 데뷔했다. 퓨처스게임 최초의 히트포더사이클을 아깝게 실패하고 MVP마저 요안 몬카다(보스턴)에게 내줬던 알렉스 브레그먼은 첫 10경기 38타수 2안타(.053)에 그쳤다. 그러나 이후 39경기에서 .313 .354 .577를 기록하고 시즌을 끝냈다. 2012년 드래프트에서 코레아를 전체 1순위로 뽑은 휴스턴은 2014년에는 역시 1순위로 지명한 에이켄과 계약하지 못했다. 하지만 2순위 지명권으로 브레그먼을 얻을 수 있었다.

HOUSTON ASTROS

Carlos CORREA
SS 카를로스 코레아   NO.01

우투우타 1994년 9월 22일 193cm, 95kg   *는 낮을수록 좋은 기록임

시즌	타수	안타	홈런	타점	볼넷	도루	타율	출루율	장타율	구분	기록	MLB
2016	577	158	20	96	75	13	0.274	0.361	0.451	타율	0.274	0.255
통산	964	266	42	164	115	27	0.276	0.354	0.475	출루율	0.361	0.322

구분	기록	MLB
장타율	0.451	0.417
볼넷%	11.4%	8.2%
삼진%*	21.1%	21.1%
볼넷 / 삼진	0.54	0.39
순장타율	0.177	0.162
BABIP	0.328	0.30
wOBA	0.349	0.318

SPRAY ZONE: 6 / 8 / 6 / 39% 35% 26% / 홈런 타구분포 %

BATTED BALL
항목	비율
볼존 공격률	31%
S존 공격률	62%
볼존 컨택트율	65%
S존 컨택트율	84%
라인드라이브	22%
그라운드볼	50%
플라이볼	27%

DEFENSE
위치	자살	보살	실책	수비율
SS	202	426	14	0.978

홈 타율 0.270 원정 타율 0.278
VS. 좌투수 0.236 VS. 우투수 0.287
득점권 0.288 L/C 0.311
VS. 류현진 상대 없음
VS. 오승환 1타수 무안타

2015년 아메리칸리그 신인왕으로, 거포 유격수 계보를 이어갈 차세대 스타다. 2012년 드래프트 전체 1순위 지명자로, 지난 해 6월에야 빅리그에 데뷔했음에도 22개의 홈런을 때려냈다. 빠른 주력까지 갖추고 있어. 향후 20-20 클럽의 단골손님이 유력하다. 아직도 발전 가능성이 무궁무진한 선수다. 2016년 153경기에서 타율 2할7푼4리 20홈런 96타점을 기록하며 '2년차 징크스'를 무색하게 만들었다. 땅볼/뜬공 비율은 1.83으로 메이저리그 전체 1위였다. 뜬공 생산량을 조금 늘릴 필요가 있다.

AOKI Norichika
LF 아오키 노리치카   NO.03

우투좌타 1982년 1월 5일 175cm, 82kg   *는 낮을수록 좋은 기록임

시즌	타수	안타	홈런	타점	볼넷	도루	타율	출루율	장타율	구분	기록	MLB
2016	417	118	4	28	34	7	0.283	0.349	0.388	타율	0.283	0.255
통산	2380	681	28	184	205	88	0.286	0.353	0.387	출루율	0.349	0.322

구분	기록	MLB
장타율	0.388	0.417
볼넷%	7.3%	8.2%
삼진%*	9.6%	21.1%
볼넷 / 삼진	0.76	0.39
순장타율	0.106	0.162
BABIP	0.309	0.30
wOBA	0.325	0.318

SPRAY ZONE: 0 / 0 / 4 / 30% 39% 31% / 홈런 타구분포 %

BATTED BALL
항목	비율
볼존 공격률	27%
S존 공격률	65%
볼존 컨택트율	76%
S존 컨택트율	94%
라인드라이브	17%
그라운드볼	61%
플라이볼	22%

DEFENSE
위치	자살	보살	실책	수비율
CF	28	1	1	0.967
LF	160	4	0	1.000

홈 타율 0.303 원정 타율 0.267
VS. 좌투수 0.227 VS. 우투수 0.300
득점권 0.25 L/C 0.275
VS. 류현진 4타수 2안타 .500
VS. 오승환 상대 없음

일본에서 화려한 야구인생을 접고 2011년 밀워키를 시작으로, 캔자스시티, 샌프란시스코, 시애틀, 최종적으로 휴스턴에 안착했다. 기본적으로 높은 타율의 타자로 적절한 갭파워와 스피드도 갖춘, 여러 면에서 스즈키 이치로의 다운그레이드 버전이라고 보면 적합하다. 장타력이 없는 선수는 아니지만, 뛰어난 시력과 넓은 컨택트를 바탕으로 안타를 주로 노리는 스타일이다. 발도 빠르다보니 수비범위도 넓은 편. 매년 2할 8푼대를 유지해 단기계약을 원하는 팀에게 인기 1순위 선수다.

HOUSTON ASTROS

■ 타율 0.400 이상　■ 0.300-0.399　■ 0.200-0.299　■ 0.100-0.199　■ 타율 0.099 이하

RF　George SPRINGER　NO.04
조지 스프링어

우투우타　1989년 9월 19일　190cm, 93kg

*는 낮을수록 좋은 기록임

시즌	타수	안타	홈런	타점	볼넷	도루	타율	출루율	장타율	구분	기록	MLB
2016	644	168	29	82	88	9	0.261	0.359	0.815	타율	0.261	0.255
통산	1327	343	65	174	177	30	0.258	0.356	0.816	출루율	0.359	0.322
										장타율	0.815	0.417
										볼넷%	11.8%	8.2%
										삼진%*	23.9%	21.1%
										볼넷 / 삼진	0.49	0.39
										순장타율	0.196	0.162
										BABIP	0.317	0.30
										wOBA	0.353	0.318

VS. 패스트볼　VS. 변화구

*5타수 미만은 색을 표시하지 않았음. ●●● : Ball zone

SPRAY ZONE
8
11　10
39%　38%　23%
홈런
타구분포 %

BATTED BALL

항목	비율
볼존 공격률	26%
S존 공격률	72%
볼존 컨택트율	57%
S존 컨택트율	81%
라인드라이브	20%
그라운드볼	48%
플라이볼	32%

DEFENSE

위치	자살	보살	실책	수비율
CF	4	0	0	1.000
RF	304	12	2	0.994

홈 타율 0.265　원정 타율 0.257
VS. 좌투수 0.274　VS. 우투수 0.256
득점권 0.243　L/C 0.231
VS. 오승환 1타수 무안타
VS. 류현진 상대 없음

휴스턴이 가진 또 하나의 미래. 2011년 드래프트 전체 11순위로 휴스턴에 지명되었으며, 빅리그 데뷔는 2014년에 이뤘다. 빠른 배트 스피드를 자랑하며, 주력과 어깨, 수비까지 다재다능함을 갖추고 있다. 몸을 아끼지 않는 허슬 플레이에도 거침이 없다. 현자까지는 장·단점이 극명히 나뉘는 상황. 20홈런 이상이 가능한 파워와 수비에서는 강점을 보이지만, 콘택트에서는 다소 어려움을 겪고 있다. 2016시즌에는 29홈런을 터트리며 8할이 넘는 장타력을 과시했다. 그의 성장이 더욱 주목된다.

CF　Josh REDDICK　NO.22
조시 레딕

우투좌타　1987년 2월 19일　188cm, 88kg

*는 낮을수록 좋은 기록임

시즌	타수	안타	홈런	타점	볼넷	도루	타율	출루율	장타율	구분	기록	MLB
2016	398	112	10	37	39	8	0.281	0.345	0.405	타율	0.281	0.255
통산	2658	679	84	346	239	41	0.255	0.316	0.43	출루율	0.345	0.322
										장타율	0.405	0.417
										볼넷%	8.9%	8.2%
										삼진%*	12.8%	21.1%
										볼넷 / 삼진	0.70	0.39
										순장타율	0.123	0.162
										BABIP	0.306	0.30
										wOBA	0.324	0.318

VS. 패스트볼　VS. 변화구

*5타수 미만은 색을 표시하지 않았음. ●●● : Ball zone

SPRAY ZONE
1
0　9
25%　40%　35%
홈런
타구분포 %

BATTED BALL

항목	비율
볼존 공격률	29%
S존 공격률	60%
볼존 컨택트율	76%
S존 컨택트율	91%
라인드라이브	22%
그라운드볼	41%
플라이볼	37%

DEFENSE

위치	자살	보살	실책	수비율
RF	205	8	6	0.973

홈 타율 0.261　원정 타율 0.326
VS. 좌투수 0.172　VS. 우투수 0.341
득점권 0.341　L/C 0.276
VS. 류현진 상대 없음
VS. 오승환 상대 없음

2006년 보스턴에 지명되어 2009년 7월 31일 빅리그에 데뷔했다. 레딕은 보스턴(2009-2011) 오클랜드(2012-2016) 다저스(2016)에서 통산 786경기에 출전, 타율 0.255 출루율 0.316 장타율 0.430을 기록했다. 오클랜드 이적 후 주전 우익수로 성장했다. 2016년에는 오클랜드와 다저스 두 팀에서 115경기에 출전, 10홈런 37타점 타율 0.281 OPS 0.749를 기록했다. 우익수에서 평균 이상의 수비 능력을 갖췄다. 현재 휴스턴에는 조지 스프링어가 있어 둘의 치열한 경쟁이 예상된다.

HOUSTON ASTROS

■ 타율 0.400 이상 ■ 0.300-0.399 ■ 0.200-0.299 ■ 0.100-0.199 ■ 타율 0.099 이하

DH Carlos BELTRÁN NO.15
카를로스 벨트란

우투양타   1977년 4월 24일   185cm, 98kg   *는 낮을수록 좋은 기록임

시즌	타수	안타	홈런	타점	볼넷	도루	타율	출루율	장타율	구분	기록	MLB
2016	429	163	29	93	35	1	0.295	0.337	0.513	타율	0.295	0.255
통산	9301	2617	421	1536	1051	312	0.281	0.354	0.492	출루율	0.337	0.322
										장타율	0.513	0.417
										볼넷%	5.9%	8.2%
										삼진%*	17.0%	21.1%
										볼넷/삼진	17.00	0.39
										순장타율	0.217	0.162
										BABIP	0.315	0.30
										wOBA	0.358	0.318

홈 타율 0.302 원정 타율 0.306
VS. 좌투수 0.351 VS. 우투수 0.282
득점권 0.217 L/C 0.343
VS. 류현진 3타수 무안타
VS. 오승환 상대 없음

SPRAY ZONE: 좌 9 (31%) / 중 2 (30%) / 우 18 (39%) 홈런 타구분포 %

BATTED BALL
항목	비율
볼존 공격률	30%
S존 공격률	64%
볼존 컨택트율	68%
S존 컨택트율	91%
라인드라이브	21%
그라운드볼	42%
플라이볼	37%

DEFENSE
위치	자살	보살	실책	수비율
RF	97	4	1	0.990

호타준족의 대명사. 통산 421홈런- 312도루로, 스위치 히터로는 역대 첫 300-300클럽에 가입했다. 네 차례의 30홈런 일곱 번의 100타점 시즌을 보낸 바 있다. 가을에 대단히 강한 사나이로 유명한데 2004년엔 휴스턴에서 8개의 단일 포스트시즌 최다 홈런 기록을 수립한 바 있다. 2016는 겨울 양키스에서 휴스턴으로 다시 컴백했다. 그는 베테랑으로서 자부심을 갖고 있다. "그라운드 안팎에서 젊은 선수들에게 긍정적인 영향을 끼치고 싶다"라고 말했다.

OF Preston TUCKER NO.20
프레스턴 터커

좌투좌타   1990년 7월 6일   183cm, 98kg   *는 낮을수록 좋은 기록임

시즌	타수	안타	홈런	타점	볼넷	도루	타율	출루율	장타율	구분	기록	MLB
2016	48	22	4	8	8	0	0.164	0.222	0.328	타율	0.164	0.255
통산	146	95	17	41	28	0	0.219	0.274	0.403	출루율	0.222	0.322
										장타율	0.328	0.417
										볼넷%	5.6%	8.2%
										삼진%*	27.8%	21.1%
										볼넷/삼진	0.20	0.39
										순장타율	0.164	0.162
										BABIP	0.200	0.30
										wOBA	0.239	0.318

홈 타율 0.181 원정 타율 0.145
VS. 좌투수 0.105 VS. 우투수 0.174
득점권 0.043 L/C 0.111
VS. 류현진 상대 없음
VS. 오승환 상대 없음

SPRAY ZONE: 좌 1 (21%) / 중 0 (37%) / 우 3 (41%) 홈런 타구분포 %

BATTED BALL
항목	비율
볼존 공격률	32%
S존 공격률	68%
볼존 컨택트율	65%
S존 컨택트율	74%
라인드라이브	16%
그라운드볼	45%
플라이볼	39%

DEFENSE
위치	자살	보살	실책	수비율
LF	19	0	1	0.950
RF	4	0	0	1.000

2012년 7라운드 219번째로 휴스턴에 지명되어 2015년 5월 7일 빅리그에 데뷔하였다. 데뷔 첫해 98경기에서 13개의 홈런과 33타점 .243을 기록했다. 휴스턴의 미래자원 유망주로 체격은 크지 않지만 메이저리그 평균 이상의 장타력을 보유하고 있으며 특히 강견의 수비가 좋은 선수. 2016년에는 조지 스프링어의 부상으로 콜업되어 48경기에서 4홈런 8타점 .222를 기록하며 2015년에 비해 성적이 떨어졌다. 그러나 지속적으로 경기에 출장한다면 두 자릿수 홈런이 가능한 선수.

LOS ANGELES ANGELS

트라웃, 푸홀스라는 강력한 선수들이 있다. 그러나 야구는 소수의 인원이 잘한다고 해서 해결될 문제가 아니다. 나머지 선수들이 최선을 다 해주어야 한다. 우승은 힘들지만 최선은 결과와 상관없이 의미심장한 말이기 때문이다.

TEAM IMFORMATION

창단 : 1961년
이전 연고지 : -
월드시리즈 우승 : 1회
AL 우승 : 1회
디비전 우승 : 9회
와일드카드 진출 : 1회
구단주 : 아르티 모레노
감독 : 마이크 소시아
단장 : 빌리 에플러

FRANCHISE

UNIFORM

Home / Away

Alternate

LOS ANGELES ANGELS

MANAGER

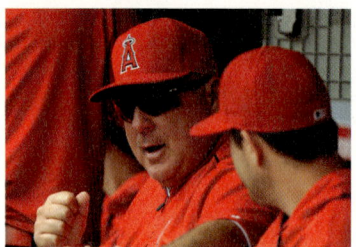

Mike Scioscia

생년월일 : 1958년 11월 27일
출생지 : 어퍼 다비(펜실베이니아)
MLB 감독 경력 : 올해로 18년째
LA 에인절스(2000년~현재)
정규시즌 통산 : 1490승 1264패 승률 0.541
포스트시즌 통산 : 21승 27패 승률 0.438
월드시리즈 우승 : 1회(2002년)
AL 올해의 감독상 : 2회(2002, 2009년)

LINE-UP

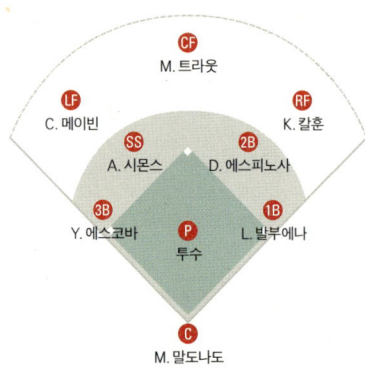

ROTATION	
SP	G. 리차즈
SP	T. 스캑스
SP	R. 놀라스코
SP	M. 슈메이커
SP	J. 차베스

BULLPEN	
RP	C. 베드로시안
RP	A. 베일리
RP	D. 구에라
RP	J. 알바레스
RP	M. 모린
RP	J. 라미레스
CL	H. 스트리트

BATTING	
1	Y. 에스코바
2	D. 에스피노사
3	M. 트라웃
4	A. 푸홀스
5	K. 칼훈
6	L. 발부에나
7	C. 메이빈
8	M. 말도나도
9	A. 시몬스

UTILITY PLAYERS	
IF	페닝턴
IF	K. 코와트
OF	B. 리베리
OF	J. 마르테

BALL PARK : Angel Stadium

주소 : 2000 Gene Autry Way Anaheim, California
펜스 거리 : 왼쪽 106m, 좌중간 119m, 중앙 121m, 우중간 113m, 오른쪽 107m
펜스 높이 : 왼쪽~좌중간 2.4m, 중앙~오른쪽 5.5m
최초공식경기 : 1966년 4월 19일
잔디 : 티프웨이 419 버뮤다그래스(천연잔디)
수용 인원 : 4만 5,957명
홈팀 덕아웃 : 3루
파크팩터 : 0.861(MLB 29위)

18년을 장수한 마이크 소시아에겐 더 이상 시간이 없다

2016 리뷰
전문가들의 시즌 예상 성적에서 오클랜드와 함께 2약으로 분류되었는데 결국 74승 88패 승률 .457로 4위로 시즌을 마감하였다. 옆 동네 다저스는 4년 연속 지구 우승을 차지한 것에 비하면 초라하기 이를 데 없는 성적이었다. 시즌 개막과 함께 윌슨과 히니가 선발진에서 이탈한 에인절스는 스트리트, 리처즈, 라스무스, 트로피아노, 스미스가 차례대로 쓰러지며 마운드가 완전히 붕괴됐다. 그리고 타선에서 시몬스와 크론까지 부상을 당했다. 5월까지 24승 28패로 근근이 버텼던 에인절스는 결국 6월 8승19패를 통해 완전히 무너져버렸다. 특히 에인절스는 양키스, 클리블랜드, 컵스, 세인트루이스를 상대로 2승19패를 기록한 것이 결정적이었다. 2루수와 좌익수 보강에 실패한 것도 문제였다. 그러나 공격에서는 푸홀스가 31홈런 119타점을 기록. 통산 14번째 30홈런을 기록하며, 마이크 트라웃과 공격을 이끌었다. 또한 헥터 산티아고와 리키 놀라스코를 바꾼 것도 성공했다. 산티아고가 미네소타로 가서 3승 6패 5.58에 그친 반면 놀라스코는 4승 6패 3.21로 선전했다.

2017 프리뷰
올해도 상황은 암담하다. 지난해와 마찬가지로 오클랜드와 2약으로 분류되고 있다. 스토브리그에서 강력한 1, 2급 선발을 구하지 못했을 뿐만 아니라 지난해에도 문제가 되었던 2루수 보강에는 실패했으나 새로운 좌익수로 디트로이트에서 카메론 메이빈(.315 .383 .418)을 데려왔다. 위버와 윌슨 계약 종료로 4000만 달러의 여유가 생겼다. 하지만 자연 상승분으로 인하여 내년 연봉 총액은 아무런 영입을 하지 않더라도 올해와 비슷한 규모인 1억 5000만 달러가 될 전망이다(트라웃 2000만, 푸홀스 2600만). 이는 에인절스가 수준급 FA를 잡을 여력이 없다는 것을 뜻한다. 또한 마이너리그에서 쓸 만한 젊은 선수를 올릴 수 있는 유망주가 없다. 결국 기존의 선수들이 분발해줘야 한다. 선발진에서 리처즈, 스캑스, 베드로시안 등이 크게 선전을 하지 않는 한 마운드의 불안함이 계속될 가능성이 높다. 그리고 부상에서 돌아온 마무리 스트리트의 부활도 중요한 변수가 될 전망이다. 공격에서 트라웃과 푸홀스, 칼훈 등은 제몫을 할 것으로 보이나 부상에서 돌아온 선수들의 활약이 필요하다.

LOS ANGELES ANGELS

SQUAD LIST

*선수 명단은 2017년 3월 16일 기준(source : ESPN)

투 수

번호	이름	위치	투	타	나이	출생지
51	Austin Adams	RP	R	R	30	Montgomery, AL
48	Jose Alvarez	RP	L	L	27	Barcelona, Venezuela
37	Andrew Bailey	RP	R	R	32	Haddon Heights, NJ
32	Cam Bedrosian	RP	R	R	25	Senoia, GA
71	Vicente Campos	SP	R	R	24	La Guaira, Venezuela
40	Jesse Chavez	RP	R	R	33	San Gabriel, CA
28	Andrew Heaney	SP	L	L	25	Oklahoma City, OK
67	Greg Mahle	RP	L	L	23	Westminster, CA
23	Alex Meyer	SP	R	R	27	Greensburg, IN
83	Keynan Middleton	RP	R	R	23	Milwaukie, OR
64	Mike Morin	RP	R	R	25	Andover, MN
47	Ricky Nolasco	SP	R	R	34	Corona, CA
81	Eduardo Paredes	RP	R	R	22	Valera, Venezuela
62	Brooks Pounders	RP	R	R	26	Riverside, CA
66	JC Ramirez	RP	R	R	28	Managua, Nicaragua
43	Garrett Richards	SP	R	R	28	Riverside, CA
52	Matt Shoemaker	SP	R	R	30	Wyandotte, MI
45	Tyler Skaggs	SP	L	L	25	Woodland Hills, CA
73	Nate Smith	SP	L	L	25	Spokane, WA
16	Huston Street	RP	R	R	33	Austin, TX
35	Nick Tropeano	SP	R	R	26	West Islip, NY
57	Daniel Wright	SP	R	R	25	Memphis, TN
39	Kirby Yates	RP	R	L	29	Lihue, HI

포 수

번호	이름	위치	투	타	나이	출생지
12	Martin Maldonado	C	R	R	30	Naguabo, Puerto Rico
58	Carlos Perez	C	R	R	26	Valencia, Venezuela

내 야

번호	이름	위치	투	타	나이	출생지
22	Kaleb Cowart	3B	R	B	24	Adel, GA
24	C.J. Cron	1B	R	R	27	Fullerton, CA
–	Yunel Escobar	3B	R	R	34	Havana, Cuba
3	Danny Espinosa	2B	R	B	29	Santa Ana, CA
49	Nolan Fontana	2B	R	L	25	Winter Garden, FL
19	Jefry Marte	1B	R	R	25	La Romana, Dominican Republic
7	Cliff Pennington	2B	R	B	32	Corpus Christi, TX
2	Andrelton Simmons	SS	R	R	27	Mundo-Nobo, Netherlands Antilles
18	Luis Valbuena	3B	R	L	31	Sucre, Venezuela

외 야

번호	이름	위치	투	타	나이	출생지
56	Kole Calhoun	RF	L	L	29	Buckeye, AZ
44	Ryan LaMarre	CF	L	R	28	Royal Oak, MI
9	Cameron Maybin	LF	R	R	29	Asheville, NC
25	Ben Revere	CF	R	L	28	Atlanta, GA
27	Mike Trout	CF	R	R	25	Millville, NJ

지명타자

번호	이름	위치	투	타	나이	출생지
5	Albert Pujols	DH	R	R	37	Santo Domingo, Dominican Republic

SUMMARY

우타자	좌타자	스위치	우투수	좌투수	평균나이	최연소	최연장
10명	4명	3명	18명	5명	27.8세	22세	37세

LOS ANGELES ANGELS

2017 REGULAR SEASON SCHEDULE

* ■ 는 홈경기, 시간은 미국 동부시간 기준

날짜	상대팀	경기시간	날짜	상대팀	경기시간	날짜	상대팀	경기시간
Mon, 4/3	Oakland Athletics	PM 7:05	Sun, 6/4	Minnesota Twins	PM 12:37	Sun, 8/13	Seattle Mariners	PM 1:10
Tue, 4/4	Oakland Athletics	PM 7:05	Tue, 6/6	Detroit Tigers	PM 4:10	Tue, 8/15	Washington Nationals	PM 4:05
Wed, 4/5	Oakland Athletics	PM 7:05	Wed, 6/7	Detroit Tigers	PM 4:10	Wed, 8/16	Washington Nationals	AM 10:05
Thu, 4/6	Oakland Athletics	PM 12:35	Thu, 6/8	Detroit Tigers	AM 10:10	Fri, 8/18	Baltimore Orioles	PM 4:05
Fri, 4/7	Seattle Mariners	PM 7:07	Fri, 6/9	Houston Astros	PM 5:10	Sat, 8/19	Baltimore Orioles	PM 4:05
Sat, 4/8	Seattle Mariners	PM 7:07	Sat, 6/10	Houston Astros	PM 1:10	Sun, 8/20	Baltimore Orioles	AM 10:35
Sun, 4/9	Seattle Mariners	PM 12:37	Sun, 6/11	Houston Astros	AM 11:10	Mon, 8/21	Texas Rangers	PM 7:07
Tue, 4/11	Texas Rangers	PM 7:07	Mon, 6/12	New York Yankees	PM 7:07	Tue, 8/22	Texas Rangers	PM 7:07
Wed, 4/12	Texas Rangers	PM 7:07	Tue, 6/13	New York Yankees	PM 7:07	Wed, 8/23	Texas Rangers	PM 7:07
Thu, 4/13	Texas Rangers	PM 12:37	Wed, 6/14	New York Yankees	PM 7:07	Thu, 8/24	Texas Rangers	PM 7:07
Fri, 4/14	Kansas City Royals	PM 5:15	Thu, 6/15	Kansas City Royals	PM 7:07	Fri, 8/25	Houston Astros	PM 7:07
Sat, 4/15	Kansas City Royals	PM 4:15	Fri, 6/16	Kansas City Royals	PM 7:07	Sat, 8/26	Houston Astros	PM 6:07
Sun, 4/16	Kansas City Royals	AM 11:15	Sat, 6/17	Kansas City Royals	PM 5:15	Sun, 8/27	Houston Astros	TBD
Mon, 4/17	Houston Astros	PM 5:10	Sun, 6/18	Kansas City Royals	PM 12:37	Mon, 8/28	Oakland Athletics	PM 7:07
Tue, 4/18	Houston Astros	PM 5:10	Tue, 6/20	New York Yankees	PM 4:05	Tue, 8/29	Oakland Athletics	PM 7:07
Wed, 4/19	Houston Astros	PM 5:10	Wed, 6/21	New York Yankees	PM 4:05	Wed, 8/30	Oakland Athletics	PM 7:07
Thu, 4/20	Houston Astros	AM 11:10	Thu, 6/22	New York Yankees	PM 4:05	Fri, 9/1	Texas Rangers	PM 5:05
Fri, 4/21	Toronto Blue Jays	PM 7:07	Fri, 6/23	Boston Red Sox	PM 4:10	Sat, 9/2	Texas Rangers	PM 4:15
Sat, 4/22	Toronto Blue Jays	PM 6:07	Sat, 6/24	Boston Red Sox	PM 4:15	Sun, 9/3	Texas Rangers	PM 12:05
Sun, 4/23	Toronto Blue Jays	PM 12:37	Sun, 6/25	Boston Red Sox	AM 10:35	Mon, 9/4	Oakland Athletics	PM 1:05
Mon, 4/24	Toronto Blue Jays	PM 7:07	Mon, 6/26	Los Angeles Dodgers	PM 7:10	Tue, 9/5	Oakland Athletics	PM 7:05
Tue, 4/25	Oakland Athletics	PM 7:07	Tue, 6/27	Los Angeles Dodgers	PM 7:10	Wed, 9/6	Oakland Athletics	PM 12:35
Wed, 4/26	Oakland Athletics	PM 7:07	Wed, 6/28	Los Angeles Dodgers	PM 7:07	Fri, 9/8	Seattle Mariners	PM 7:10
Thu, 4/27	Oakland Athletics	PM 7:07	Thu, 6/29	Los Angeles Dodgers	PM 7:07	Sat, 9/9	Seattle Mariners	PM 6:10
Fri, 4/28	Texas Rangers	PM 5:05	Fri, 6/30	Seattle Mariners	PM 7:07	Sun, 9/10	Seattle Mariners	PM 1:10
Sat, 4/29	Texas Rangers	PM 4:15	Sat, 7/1	Seattle Mariners	PM 7:07	Tue, 9/12	Houston Astros	PM 7:07
Sun, 4/30	Texas Rangers	PM 12:05	Sun, 7/2	Seattle Mariners	PM 12:37	Wed, 9/13	Houston Astros	PM 7:07
Tue, 5/2	Seattle Mariners	PM 7:10	Mon, 7/3	Minnesota Twins	PM 5:10	Thu, 9/14	Houston Astros	PM 7:07
Wed, 5/3	Seattle Mariners	PM 7:10	Tue, 7/4	Minnesota Twins	AM 11:10	Fri, 9/15	Texas Rangers	PM 7:07
Thu, 5/4	Seattle Mariners	PM 7:10	Wed, 7/5	Minnesota Twins	PM 7:07	Sat, 9/16	Texas Rangers	PM 6:07
Fri, 5/5	Houston Astros	PM 7:07	Fri, 7/7	Texas Rangers	PM 5:05	Sun, 9/17	Texas Rangers	PM 12:37
Sat, 5/6	Houston Astros	PM 6:07	Sat, 7/8	Texas Rangers	PM 6:05	Tue, 9/19	Cleveland Indians	PM 7:07
Sun, 5/7	Houston Astros	PM 12:37	Sun, 7/9	Texas Rangers	PM 12:05	Wed, 9/20	Cleveland Indians	PM 7:07
Mon, 5/8	Oakland Athletics	PM 7:05	Fri, 7/14	Tampa Bay Rays	PM 7:07	Thu, 9/21	Cleveland Indians	TBD
Tue, 5/9	Oakland Athletics	PM 7:05	Sat, 7/15	Tampa Bay Rays	PM 6:07	Fri, 9/22	Houston Astros	PM 5:10
Wed, 5/10	Oakland Athletics	PM 12:35	Sun, 7/16	Tampa Bay Rays	PM 12:37	Sat, 9/23	Houston Astros	PM 5:10
Thu, 5/11	Detroit Tigers	PM 7:07	Tue, 7/18	Washington Nationals	PM 7:07	Sun, 9/24	Houston Astros	AM 11:10
Fri, 5/12	Detroit Tigers	PM 7:07	Wed, 7/19	Washington Nationals	PM 7:07	Mon, 9/25	Chicago White Sox	PM 5:10
Sat, 5/13	Detroit Tigers	PM 6:07	Fri, 7/21	Boston Red Sox	PM 7:07	Tue, 9/26	Chicago White Sox	PM 5:10
Sun, 5/14	Detroit Tigers	PM 12:37	Sat, 7/22	Boston Red Sox	PM 6:07	Wed, 9/27	Chicago White Sox	PM 5:10
Mon, 5/15	Chicago White Sox	PM 7:07	Sun, 7/23	Boston Red Sox	PM 12:37	Thu, 9/28	Chicago White Sox	PM 5:10
Tue, 5/16	Chicago White Sox	PM 7:07	Tue, 7/25	Cleveland Indians	PM 4:10	Fri, 9/29	Seattle Mariners	PM 7:07
Wed, 5/17	Chicago White Sox	PM 7:07	Wed, 7/26	Cleveland Indians	PM 4:10	Sat, 9/30	Seattle Mariners	PM 6:07
Fri, 5/19	New York Mets	PM 4:10	Thu, 7/27	Cleveland Indians	PM 9:10	Sun, 10/1	Seattle Mariners	PM 12:07
Sat, 5/20	New York Mets	PM 4:15	Fri, 7/28	Toronto Blue Jays	PM 4:07			
Sun, 5/21	New York Mets	AM 10:10	Sat, 7/29	Toronto Blue Jays	AM 10:07			
Mon, 5/22	Tampa Bay Rays	PM 4:10	Sun, 7/30	Toronto Blue Jays	AM 10:07			
Tue, 5/23	Tampa Bay Rays	PM 4:10	Tue, 8/1	Philadelphia Phillies	PM 7:07			
Wed, 5/24	Tampa Bay Rays	PM 4:10	Wed, 8/2	Philadelphia Phillies	PM 7:07			
Thu, 5/25	Tampa Bay Rays	AM 10:10	Thu, 8/3	Philadelphia Phillies	PM 7:07			
Fri, 5/26	Miami Marlins	PM 4:10	Fri, 8/4	Oakland Athletics	PM 7:07			
Sat, 5/27	Miami Marlins	AM 10:10	Sat, 8/5	Oakland Athletics	PM 6:07			
Sun, 5/28	Miami Marlins	AM 10:10	Sun, 8/6	Oakland Athletics	PM 12:37			
Mon, 5/29	Atlanta Braves	PM 6:07	Mon, 8/7	Baltimore Orioles	PM 7:07			
Tue, 5/30	Atlanta Braves	PM 7:07	Tue, 8/8	Baltimore Orioles	PM 7:07			
Wed, 5/31	Atlanta Braves	PM 7:07	Wed, 8/9	Baltimore Orioles	PM 12:37			
Thu, 6/1	Minnesota Twins	PM 7:07	Thu, 8/10	Seattle Mariners	PM 7:10			
Fri, 6/2	Minnesota Twins	PM 7:07	Fri, 8/11	Seattle Mariners	PM 7:10			
Sat, 6/3	Minnesota Twins	PM 7:07	Sat, 8/12	Seattle Mariners	PM 6:10			

LOS ANGELES ANGELS

■ 15% 이상　■ 12~14%　■ 9~11%　■ 6~8%　■ 3~5%　□ 2% 이하

홈 ERA 2.45　원정 ERA 2.2
VS. 좌타자 2　VS. 우타자 2.7
VS. 김현수 상대 없음
VS. 강정호 상대 없음
VS. 추신수 25타수 7안타 .280

SP Garrett RICHARDS   NO.43
개릿 리차즈

우투우타　1988년 5월 27일　190cm, 95kg

시즌	경기	이닝	피안타	피홈런	볼넷	탈삼진	승-패-세-홀	평균자책
2016	6	34.2	31	2	15	34	1-3-0-0	2.34
통산	148	640.2	580	50	227	531	40-32-0-0	3.58

*는 낮을수록 좋은 기록임

구분	기록	MLB
평균자책*	2.32.45	4.15
탈삼진 / 9	8.83	8.1
볼넷 / 9*	3.89	3.14
탈삼진 / 볼넷	2.27	2.58
피홈런 / 9*	0.52	1.17
피안타율*	0.235	0.252
WHIP*	1.33	1.32
잔루율	70.1%	72.9%
FIP*	3.32	4.24

PITCHING ZONE 좌타자·몸쪽 / 우타자·몸쪽

PITCHING REPERTORY / VELOCITY km/h / MOVEMENT cm

구종	평균	전체	초구	2-2	좌타자	우타자	피타율	상하	좌우
포심패스트볼	154	47%	50%	42%	43%	51%	0.261	↑16	←2
투심 / 싱커	154	14%	17%	7%	18%	9%	0.298	↑15	←13
컷패스트볼	—	—	—	—	—	—	—	—	—
슬라이더	141	32%	30%	44%	27%	37%	0.186	↓9	←8
커브	128	5%	2%	6%	9%	2%	0.200	↓29	←17
체인지업	142	1%	2%	1%	3%	0%	0.250	↑8	→20
스플리터	—	—	—	—	—	—	—	—	—

에인절스의 에이스. 2011년 메이저리그에 데뷔했다. 최고구속 159km/h의 강력한 포심패스트볼을 뿌리며, 투심과 커터도 함께 던진다. 결정구는 슬라이더다. 땅볼 타구 유도율이 높아 지난해에 비해 에인절스의 내야가 크게 강화된 것도 반가운 일이다. 구위 자체가 워낙 위력적인 선수로, 보다 섬세한 커맨드가 이뤄질 수 있다면 리그 정상급 투수로의 도약도 가능하다. 2016시즌 6경기(1승3패 2.34) 만에 팔꿈치 내측측부인대(UCL) 부상을 당했다. 내년 스프링캠프 복귀를 준비하고 있다.

홈 ERA 2.76　원정 ERA 4.86
VS. 좌타자 4.09　VS. 우타자 4.19
VS. 김현수 상대 없음
VS. 강정호 상대 없음
VS. 추신수 2타수 2안타 1.000

SP Tyler SKAGGS   NO.45
타일러 스캑스

좌투좌타　1991년 7월 13일　194cm, 98kg

시즌	경기	이닝	피안타	피홈런	볼넷	탈삼진	승-패-세-홀	평균자책
2016	10	49.2	51	5	23	50	3-4-0-0	4.17
통산	41	230.2	226	27	81	193	11-15-0-0	4.6

*는 낮을수록 좋은 기록임

구분	기록	MLB
평균자책*	4.17	4.15
탈삼진 / 9	9.06	8.1
볼넷 / 9*	4.17	3.14
탈삼진 / 볼넷	2.17	2.58
피홈런 / 9*	0.91	1.17
피안타율*	0.263	0.252
WHIP*	1.49	1.32
잔루율	76.8%	72.9%
FIP*	3.95	4.24

PITCHING ZONE 좌타자·몸쪽 / 우타자·몸쪽

PITCHING REPERTORY / VELOCITY km/h / MOVEMENT cm

구종	평균	전체	초구	2-2	좌타자	우타자	피타율	상하	좌우
포심패스트볼	149	59%	63%	44%	64%	58%	0.313	↑28	←10
투심 / 싱커	—	—	—	—	—	—	—	—	—
컷패스트볼	137	0%	0%	0%	0%	0%	0.000	↑21	←5
슬라이더	—	—	—	—	—	—	—	—	—
커브	123	27%	19%	47%	34%	24%	0.170	↓25	→14
체인지업	138	14%	17%	9%	2%	17%	0.263	↑10	←16
스플리터	—	—	—	—	—	—	—	—	—

2013년 애리조나에서 2년간 활약하다 2014년 에인절스로 이적한 좌완투수. 애리조나 시절 5점대의 방어율이 이적 후 4할 초반대로 낮아졌다. 평균구속 140km/h 후반의 포심패스트볼과 좋은 체격에서 나오는 각도 큰 커브가 주무기다. 2016년 리햅 도중 부상이 재발한 탓에 토미존 수술에서 돌아오는 데 무려 23개월이 걸렸다(2014년 8월 수술, 2016년 7월 복귀). 첫 두 경기에서 12.1이닝 13K 무실점을 기록했지만, 스캑스는 이후 8경기에서 2승4패 5.54에 그치고 시즌을 마쳤다.

LOS ANGELES ANGELS

■ 15% 이상 ■ 12-14% ■ 9-11% ■ 6-8% ■ 3-5% □ 2% 이하

SP Ricky NOLASCO
리키 놀라스코   NO.47

우투우타   1982년 12월 13일   188cm, 106kg   *는 낮을수록 좋은 기록임

시즌	경기	이닝	피안타	피홈런	볼넷	탈삼진	승-패-세-홀	평균자책	구분	기록	MLB
2016	32	197.2	202	26	44	144	8-14-0-0	4.42	평균자책*	4.42	4.15
통산	297	1706.2	1840	204	402	1370	108-103-0-2	4.52	탈삼진 / 9	6.56	8.1
									볼넷 / 9*	2.00	3.14
									탈삼진 / 볼넷	3.27	2.58
									피홈런 / 9*	1.18	1.17
									피안타율*	0.263	0.252
									WHIP*	1.24	1.32
									잔루율	68.5%	72.9%
									FIP*	4.14	4.24

홈 ERA 3.28 원정 ERA 3.08
VS. 좌타자 3.52 VS. 우타자 2.98
VS. 김현수 상대 없음
VS. 강정호 3타수 1안타 .333
VS. 추신수 5타수 1안타 .200

PITCHING REPERTORY / VELOCITY km/h / MOVEMENT cm

구종	평균	전체	초구	2-2	좌타자	우타자	피안타율	상하	좌우
포심패스트볼	146	26%	34%	21%	30%	23%	0.319	↑23	→11
투심 / 싱커	145	23%	23%	16%	24%	22%	0.312	↓13	→22
컷패스트볼	–	–	–	–	–	–	–		
슬라이더	131	32%	31%	41%	18%	43%	0.263	↓3	→5
커브	118	12%	4%	18%	13%	11%	0.177	↓20	→22
체인지업	128	1%	0%	0%	0%	0%	1.000	↑6	→17
스플리터	128	7%	7%	4%	14%	1%	0.237	↑5	→14

플로리다 시절인 2008년부터 6년 연속 두 자릿수 승수를 달성하고 2014년부터 미네소타에서 활약했지만 보여준 것이 아무 것도 없다. 팔꿈치와 발목 부상으로 몸 상태도 좋지 못했다. 평균구속 145km/k의 포심과 투심패스트볼을 던지며, 커브도 곁들인다. 2016년 8월 초 에인절스로 이적해 싱커를 던지면서 반등에 성공했다. 11경기에서 4승 6패 평균자책점 3.21을 기록. 미네소타 시절(21경기 4승 8패 평균자책점 5.13)보다 더 안정된 성적을 보이며 다음 시즌에 대한 기대를 남겼다.

SP Matt SHOEMAKER
맷 슈메이커   NO.52

우투우타   1986년 9월 27일   188cm, 102kg   *는 낮을수록 좋은 기록임

시즌	경기	이닝	피안타	피홈런	볼넷	탈삼진	승-패-세-홀	평균자책	구분	기록	MLB
2016	27	160.0	166	18	30	143	9-13-0-0	3.88	평균자책*	3.88	4.15
통산	80	436.1	425	56	91	388	32-27-0-0	3.75	탈삼진 / 9	8.04	8.1
									볼넷 / 9*	1.69	3.14
									탈삼진 / 볼넷	4.77	2.58
									피홈런 / 9*	1.01	1.17
									피안타율*	0.263	0.252
									WHIP*	1.23	1.32
									잔루율	74.2%	72.9%
									FIP*	3.52	4.24

홈 ERA 3.05 원정 ERA 4.64
VS. 좌타자 3.94 VS. 우타자 3.8
VS. 김현수 3타수 무안타
VS. 강정호 상대 없음
VS. 추신수 11타수 2안타 1홈런 .182

PITCHING REPERTORY / VELOCITY km/h / MOVEMENT cm

구종	평균	전체	초구	2-2	좌타자	우타자	피안타율	상하	좌우
포심패스트볼	146	27%	29%	17%	27%	27%	0.301	↑26	→8
투심 / 싱커	146	25%	30%	22%	31%	19%	0.326	↑19	→19
컷패스트볼	–	–	–	–	–	–	–		
슬라이더	132	13%	15%	14%	2%	26%	0.287	↑9	←1
커브	121	4%	6%	2%	7%	1%	0.281	↓4	←18
스플리터	136	30%	19%	47%	33%	26%	0.196	↑11	→15
체인지업	–	–	–	–	–	–	–		

2014년 16승 4패를 기록하며 혜성처럼 등장했다. 이전까진 2013년 선발 등판 한 경기가 빅리그 이력의 전부였다. 평균 145km/h의 패스트볼을 던지며, 체인지업을 결정구로 삼는다. 슬라이더와 커브도 섞어 던진다. 슈메이커는 2016년 9월 시애틀 매리너스와의 원정 경기에서 선발 등판했다가 시애틀 유격수 카일 시거의 직선타구에 머리를 맞고 두개골이 골절됐다. 타구속도가 169km에 달했기에 충격이 컸다. 몸 상태는 회복됐지만 마운드 복귀 시 머리 보호 장치를 착용할 예정이다.

LOS ANGELES ANGELS

■ 15% 이상   ■ 12~14%   ■ 9~11%   ■ 6~8%   ■ 3~5%   □ 2% 이하

홈 ERA 4.15 원정 ERA 5.19
VS. 좌타자 7.88 VS. 우타자 2.63
VS. 김현수 상대 없음
VS. 강정호 상대 없음
VS. 추신수 상대 없음

SP Alex MEYER
알렉스 메이어

NO.40

좌투좌타   1990년 1월 3일   206cm, 102kg

*는 낮을수록 좋은 기록임

시즌	경기	이닝	피안타	피홈런	볼넷	탈삼진	승-패-세-홀	평균자책	구분	기록	MLB
2016	7	25.1	25	3	17	29	1-3-0-0	5.68	평균자책*	5.68	4.15
통산	9	28	29	3	20	32	1-3-0-0	6.75	탈삼진 / 9	10.30	8.1
									볼넷 / 9*	6.04	3.14
									탈삼진 / 볼넷	1.71	2.58
									피홈런 / 9*	1.07	1.17
									피안타율*	0.250	0.252
									WHIP*	1.66	1.32
									잔루율	68.8%	72.9%
									FIP*	4.41	4.24

PITCHING REPERTORY / VELOCITY km/h **MOVEMENT** cm

구종	평균	전체	초구	2-2	좌타자	우타자	피타율	상하	좌우
포심패스트볼	154	49%	60%	24%	46%	51%	0.367	↑20	→20
투심 / 싱커	153	11%	11%	2%	16%	8%	0.182	↑14	→26
컷패스트볼	–	–	–	–	–	–	–		
슬라이더	–	–	–	–	–	–	–		
커브	136	31%	23%	73%	24%	35%	200	↓9	←9
체인지업	144	9%	6%	0%	14%	5%	0.000	↑12	→22
스플리터	–	–	–	–	–	–	–		

2011년 드래프트에서 1라운드 전체 23픽으로 워싱턴 내셔널스에 입단한 우완투수다. 2012년 11월 트레이드로 미네소타로 이적한 후 2016년 에인젤스로 왔다. 평균 150km/h 초반 수준의 패스트볼을 구사한다. 206cm의 장신인 메이어가 던지는 싱커는 많은 땅볼을 유도할 수 있는 구질이다. 또 130km/h 중반대 커브 역시 패스트볼과 조합을 이루는 공이며 체인지업 또한 계속 발전하고 있다. 중간계투로 활약 중이며 제구력에 문제가 있어 대량실점을 하는 경우가 있다.

홈 ERA 1.13 원정 ERA 6.39
VS. 좌타자 1.26 VS. 우타자 5.65
VS. 김현수 상대 없음
VS. 강정호 1타수 무안타
VS. 추신수 5타수 무안타

RP Jose ALVAREZ
호세 알바레스

NO.48

우투우타   1989년 5월 6일   180cm, 82kg

*는 낮을수록 좋은 기록임

시즌	경기	이닝	피안타	피홈런	볼넷	탈삼진	승-패-세-홀	평균자책	구분	기록	MLB
2016	64	57.1	71	4	15	51	1-3-0-12	3.45	평균자책*	4.35	4.15
통산	144	163.2	172	16	54	142	6-11-0-21	4.01	탈삼진 / 9	8.01	8.1
									볼넷 / 9*	2.35	3.14
									탈삼진 / 볼넷	3.4	2.58
									피홈런 / 9*	0.63	1.17
									피안타율*	0.296	0.252
									WHIP*	1.5	1.32
									잔루율	71.2%	72.9%
									FIP*	3.11	4.24

PITCHING REPERTORY / VELOCITY km/h **MOVEMENT** cm

구종	평균	전체	초구	2-2	좌타자	우타자	피타율	상하	좌우
포심패스트볼	147	25%	21%	31%	38%	15%	0.246	↑23	←19
투심 / 싱커	146	28%	28%	14%	10%	35%	0.307	↑16	→28
컷패스트볼	140	3%	5%	0%	2%	5%	0.500	↑12	→3
슬라이더	136	23%	28%	16%	31%	17%	0.258	↑8	0
커브	123	7%	4%	8%	15%	2%	0.229	↓3	→7
체인지업	128	18%	14%	31%	3%	29%	0.206	↑9	←24
스플리터	–	–	–	–	–	–	–		

좌완 불펜투수. 2013년 디트로이트에서 데뷔해 이듬해부터 에인젤스에서 뛰고 있다. 평균구속 146km/h의 패스트볼을 던지며, 슬라이더, 커브, 체인지업을 곁들인다. 결정구는 좌타자를 상대로는 커브, 우타자에게는 체인지업을 사용한다. 체인지업의 경우 패스트볼을 구사할 때와 팔 속도는 물론 릴리스 포인트까지 차이가 없어 타자들이 타이밍 잡기가 쉽지 않다. 공이 빠르지 않아 낮게 형성되는 제구가 절실히 요구되는 선수로, 지난해는 이 부분이 원활히 이뤄지며 성공적인 시즌을 보냈다.

LOS ANGELES ANGELS

■ 15% 이상　**■** 12~14%　**■** 9~11%　**■** 6~8%　**■** 3~5%　**□** 2% 이하

RP Cam BEDROSIAN   NO.32
캠 베드로시안

우투우타　1991년 10월 2일　183cm, 104kg　　*는 낮을수록 좋은 기록임

시즌	경기	이닝	피안타	피홈런	볼넷	탈삼진	승-패-세-홀	평균자책	구분	기록	MLB
2016	45	40.1	30	1	14	51	2-0-1-7	1.12	평균자책*	1.12	4.15
통산	96	93	93	6	45	105	3-1-1-10	3.77	탈삼진 / 9	11.38	8.1
									볼넷 / 9*	3.12	3.14
									탈삼진 / 볼넷	3.64	2.58
									피홈런 / 9*	0.22	1.17
									피안타율*	0.205	0.252
									WHIP*	1.09	1.32
									잔루율	87.4%	72.9%
									FIP*	2.13	4.24

PITCHING REPERTORY / VELOCITY km/h / MOVEMENT cm

구종	평균	전체	초구	2-2	좌타자	우타자	피타율	상하	좌우
포심패스트볼	153	70%	72%	72%	74%	68%	0.251	↑ 28	← 6
투심 / 싱커	–	–	–	–	–	–	–	–	–
컷패스트볼	–	–	–	–	–	–	–	–	–
슬라이더	133	29%	28%	27%	25%	32%	0.244	↓ 13	← 13
커브	–	–	–	–	–	–	–	–	–
체인지업	144	1%	1%	–	1%	0%	1.000	↑ 18	← 15
스플리터	–	–	–	–	–	–	–	–	–

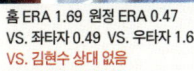

홈 ERA 1.69　원정 ERA 0.47
VS. 좌타자 0.49　VS. 우타자 1.64
VS. 김현수 상대 없음
VS. 강정호 상대 없음
VS. 추신수 3타수 무안타

2010년 1라운드 지명을 받고 2014년 6월 3일 빅리그에 데뷔했다. 평균구속 150km/h 중반대의 강속구 투수다. 낮은 스트라이크 공략이 일품이다. 주무기는 파워 슬라이더이다. 선발투수로 좋은 모습을 보여주지 못해 불펜으로 전향한 이후 커맨드가 안정되면서 좋은 투구를 하였다. 그러나 2014년 방어율 6.52, 2015년 방어율 5.40에서 2016년 방어율 1.12를 기록하며 에인젤스의 핵심불펜 선수로 성장하였다. 1987년 NL 사이영상 수상자 스티브 베드로시안이 아버지다.

RP Nick TROPEANO   NO.35
닉 트로피노

우투우타　1990년 8월 27일　194cm, 91kg　　*는 낮을수록 좋은 기록임

시즌	경기	이닝	피안타	피홈런	볼넷	탈삼진	승-패-세-홀	평균자책	구분	기록	MLB
2016	13	68.1	70	14	31	68	3-2-0-0	3.56	평균자책*	3.56	4.15
통산	25	127.2	129	16	50	119	7-7-0-0	3.81	탈삼진 / 9	–	8.1
									볼넷 / 9*	–	3.14
									탈삼진 / 볼넷	–	2.58
									피홈런 / 9*	–	1.17
									피안타율*	–	0.252
									WHIP*	–	1.32
									잔루율	–	72.9%
									FIP*	–	4.24

PITCHING REPERTORY / VELOCITY km/h / MOVEMENT cm

구종	평균	전체	초구	2-2	좌타자	우타자	피타율	상하	좌우
포심패스트볼	147	52%	58%	41%	54%	50%	0.330	↑ 23	← 19
투심 / 싱커	–	–	–	–	–	–	–	–	–
컷패스트볼	–	–	–	–	–	–	–	–	–
슬라이더	129	24%	21%	34%	13%	37%	0.167	↑ 1	← 1
커브	–	–	–	–	–	–	–	–	–
체인지업	133	19%	21%	7%	27%	10%	0.373	↑ 17	← 22
스플리터	130	5%	0%	7%	6%	3%	0.107	↑ 1	← 14

홈 ERA 4.80　원정 ERA 2.58
VS. 좌타자 3.44　VS. 우타자 3.67
VS. 김현수 2타수 1안타 .500
VS. 강정호 상대 없음
VS. 추신수 2타수 1안타 .500

2015년 행크 콩고와의 맞트레이드를 통해 휴스턴에서 이적해왔다. 평균구속 140km/h 후반대의 패스볼과 체인지업, 130km/h 중반대의 슬라이더를 섞어 던진다. 디셉션 동작은 좋으나 딜리버리가 깔끔하지는 않다. 주로 팀의 6선발이나 임시선발을 맡고 있으나 불펜으로 떨어질 확률이 높은 선수다. 2014년(4경기 1승 3패, 평균자책점 4.57), 2015년(8경기 3승 2패, 평균자책점 3.82), 2016년(13경기 3승 2패 평균자책점 3.56)를 기록하며 나날이 발전되는 모습을 보여주고 있다.

LOS ANGELES ANGELS

■ 15% 이상 ■ 12-14% ■ 9-11% ■ 6-8% ■ 3-5% □ 2% 이하

CL Huston STREET
휴스턴 스트리트 NO.16

우투우타 1983년 8월 2일 183cm, 88kg

*는 낮을수록 좋은 기록임

시즌	경기	이닝	피안타	피홈런	볼넷	탈삼진	승-패-세-홀	평균자책	구분	기록	MLB
2016	26	22.1	31	5	12	14	3-2-9-0	6.45	평균자책*	6.45	4.15
통산	664	676	540	70	182	662	42-34-324-16	2.97	탈삼진/9	5.64	8.1
									볼넷/9*	4.84	3.14
									탈삼진/볼넷	1.17	2.58
									피홈런/9*	2.01	1.17
									피안타율	0.333	0.252
									WHIP*	1.93	1.32
									잔루율	75.0%	72.9%
									FIP*	6.42	4.24

PITCHING ZONE (좌타자 몸쪽 / 우타자 몸쪽)

PITCHING REPERTORY / VELOCITY km/h / MOVEMENT cm

구종	평균	전체	초구	2-2	좌타자	우타자	피타율	상하	좌우
포심패스트볼	142	42%	60%	22%	55%	27%	0.327	↑20	→21
투심/싱커	–	–	–	–	–	–	–	–	–
컷패스트볼	–	–	–	–	–	–	–	–	–
슬라이더	134	37%	29%	51%	7%	72%	0.221	↑8	→2
커브	–	–	–	–	–	–	–	–	–
체인지업	131	21%	11%	27%	38%	1%	0.267	↑13	→19
스플리터	–	–	–	–	–	–	–	–	–

홈 ERA 7.71 원정 ERA 4.32
VS. 좌타자 2.38 VS. 우타자 10.64
VS. 김현수 상대없음
VS. 강정호 1타수 1안타 1.000
VS. 추신수 5타수 1안타 .200

통산 315세이브를 기록 중인 베테랑 마무리 투수. 빅리그 데뷔 첫해에도 클로저 역할을 담당했다. 2005년 오클랜드에서 데뷔해, 콜로라도와 샌디에이고를 거친 후 2014시즌 중반 에인절스에 왔다. 평균구속 142km/h의 싱커를 던진다. 우타자를 상대로는 슬라이더, 좌타자에게는 체인지업을 결정구로 삼는다. 제구가 장점으로, 정교한 로케이션 형성이 일품이다. 다만 연투에는 부담을 느껴, 적절한 체력 안배가 필요한 선수다. 2016년 구속은 더 늘어지고 방어율(6.45)은 치솟았다.

C Martín MALDONADO
마틴 말도나도 NO.12

우투우타 1986년 8월 16일 183cm, 104kg

*는 낮을수록 좋은 기록임

시즌	타수	안타	홈런	타점	볼넷	도루	타율	출루율	장타율	구분	기록	MLB
2016	208	42	8	21	35	1	0.202	0.322	0.351	타율	0.202	0.255
통산	965	209	28	111	99	2	0.217	0.299	0.342	출루율	0.322	0.322
										장타율	0.351	0.417
										볼넷%	13.8%	8.2%
										삼진%*	22.1%	21.1%
										볼넷/삼진	0.63	0.39
										순장타율	0.149	0.162
										BABIP	0.234	3.00
										wOBA	0.294	0.318

PITCHING ZONE (좌타자 몸쪽 / 우타자 몸쪽)

SPRAY ZONE: 4 / 4 / 0 / 37% / 35% / 28% / 홈런 / 타구분포 %

BATTED BALL

항목	비율
볼존 공격률	23%
S존 공격률	58%
볼존 컨택트율	50%
S존 컨택트율	86%
라인드라이브	18%
그라운드볼	44%
플라이볼	38%

DEFENSE

위치	자살	보살	실책	수비율
C	486	39	7	0.987

홈 타율 0.198 원정 타율 0.206
VS. 좌투수 0.237 VS. 우투수 0.188
득점권 0.154 L/C 0.133
VS. 류현진 1타수 무안타
VS. 오승환 상대없음

2004년 엔젤스에 지명되어 2011년 9월 3일 밀워키에서 빅리그에 데뷔했다. 밀워키에서 6시즌(.217/.342/.640 홈런 28개)동안 활약한 후 친정팀 엔젤스로 2016년 겨울 트레이드되었다. 수비에서는 프레이밍이 아주 좋은 포수여서 투수들 성적 향상에도 도움을 줄 것으로 보인다. 2016시즌 보여준 선구안과 펀치력이 실제로 실력 향상이라면 2017시즌 충분히 주전급 포수의 성적 기대해볼 수 있다. 당분간은 카를로스 페레스와 번갈아가며 안방을 지킬 예정이다.

LOS ANGELES ANGELS

Carlos PEREZ
카를로스 페레스 NO.58

우투우타 1990년 10월 27일 183cm, 88kg

*는 낮을수록 좋은 기록임

시즌	타수	안타	홈런	타점	볼넷	도루	타율	출루율	장타율	구분	기록	MLB
2016	268	56	5	31	12	1	0.209	0.244	0.325	타율	0.209	0.255
통산	528	121	9	52	31	3	0.229	0.271	0.335	출루율	0.244	0.322
										장타율	0.325	0.417
										볼넷%	4.1%	8.2%
										삼진%*	16.8%	21.1%
										볼넷 / 삼진	0.24	0.39
										순장타율	0.116	0.162
										BABIP	0.236	0.3
										wOBA	0.321	0.318

SPRAY ZONE
2 / 3 / 0
38% / 31% / 31%
홈런 타구분포 %

BATTED BALL
항목	비율
볼존 공격률	31%
S존 공격률	64%
볼존 컨택트율	62%
S존 컨택트율	90%
라인드라이브	17%
그라운드볼	41%
플라이볼	42%

DEFENSE
위치	자살	보살	실책	수비율
C	571	43	3	0.995
1B	2	0	0	1.000

홈 타율 0.164 원정 타율 0.247
VS. 좌투수 0.208 VS. 우투수 0.209
득점권 0.250 L/C 0.150
VS. 류현진 상대 없음
VS. 오승환 상대 없음

지난해 데뷔한 팀의 안방마님. 베네수엘라 출신으로 2008년 토론토와 계약하며 미국 땅을 밟았다. 데뷔 시즌은 기대 이상이었다. 무엇보다 포수 수비에서 소시아 감독의 믿음을 받았다. 특히 포구에서 송구까지의 시간이 짧고 어깨가 강해 도루 저지 능력에서 인상적인 모습을 보였다.(도루 저지율 38%). .250의 타율도 신인 포수로선 충분히 제 몫을 해낸 편이다. 문제는 타격이 너무 약하다. 2시즌 .229/.335/.607 홈런 9개. 콘택트 능력은 있지만, 배트 스피드는 느린 축에 속한다.

C.J. CRON
C.J. 크론 NO.24

우투우타 1990년 1월 5일 193cm, 107kg

*는 낮을수록 좋은 기록임

시즌	타수	안타	홈런	타점	볼넷	도루	타율	출루율	장타율	구분	기록	MLB
2016	407	113	16	69	–	2	0.278	0.325	0.467	타율	0.278	0.255
통산	1027	274	43	157	815	5	0.267	0.308	0.453	출루율	0.325	0.322
										장타율	0.467	0.417
										볼넷%	5.4%	8.2%
										삼진%*	16.9%	21.1%
										볼넷 / 삼진	0.32	0.39
										순장타율	0.189	0.162
										BABIP	0.302	0.3
										wOBA	0.337	.318

SPRAY ZONE
10 / 5 / 1
34% / 37% / 29%
홈런 타구분포 %

BATTED BALL
항목	비율
볼존 공격률	38%
S존 공격률	70%
볼존 컨택트율	63%
S존 컨택트율	89%
라인드라이브	20%
그라운드볼	41%
플라이볼	39%

DEFENSE
위치	자살	보살	실책	수비율
1B	761	48	6	0.993

홈 타율 0.269 원정 타율 0.286
VS. 좌투수 0.237 VS. 우투수 0.290
득점권 0.333 L/C 0.256
VS. 류현진 2타수 무안타
VS. 오승환 1타수 무안타

에인절스가 30홈런 타자였던 마크 트럼보를 미련 없이 트레이드할 수 있게 만든 선수. 하지만 어째 '트럼보 시즌2'가 되는 분위기다. 2014년 메이저리그 무대를 밟았다. 30홈런도 가능한 파워에는 의심의 여지가 없다. 배트 스피드가 좋아 빠른 공에 강점을 보인다. 하지만 선구안에 문제가 있으며, 콘택트 능력도 떨어진다. 이제 삼진이 많고 볼넷은 적다. 당연히 출루율도 낮다. 수비가 약한 것까지 트럼보를 빼닮았다. 반쪽짜리 신수로 전락하지 않으려면 특별한 계기가 필요해 보인다.

LOS ANGELES ANGELS

타율 0.400 이상 | 0.300–0.399 | 0.200–0.299 | 0.100–0.199 | 타율 0.099 이하

2B Danny ESPINOSA NO.03
대니 에스피노자

우투양타 1987년 4월 25일 183cm, 93kg *는 낮을수록 좋은 기록임

시즌	타수	안타	홈런	타점	볼넷	도루	타율	출루율	장타율	구분	기록	MLB
2016	516	108	24	72	54	9	0.209	0.306	0.378	타율	0.209	0.255
통산	2644	598	92	285	221	60	0.226	0.306	0.388	출루율	0.306	0.322
										장타율	0.378	0.417
										볼넷%	9.0%	8.2%
										삼진%*	29.0%	21.1%
										볼넷/삼진	0.31	0.39
										순장타율	0.169	0.162
										BABIP	0.261	0.3
										wOBA	0.294	0.318

VS. 패스트볼   VS. 변화구
*5타수 미만은 색을 표시하지 않았음, ●●●●● : Ball zone

SPRAY ZONE
5 / 9 / 10 / 27% / 30% / 43% — 홈런 타구분포 %

BATTED BALL

항목	비율
볼존 공격률	32%
S존 공격률	68%
볼존 컨택트율	47%
S존 컨택트율	81%
라인드라이브	18%
그라운드볼	39%
플라이볼	43%

DEFENSE

위치	자살	보살	실책	수비율
SS	181	404	18	0.970

홈 타율 0.219 원정 타율 0.200
VS. 좌투수 0.202 VS. 우투수 0.212
득점권 0.233 L/C 0.258
VS. 류현진 상대 없음
VS. 오승환 상대 없음

멕시코 출신으로 2008년 워싱턴에 3라운드 87번째로 지명되어 2010년 빅리그에 데뷔하였다. 워싱턴에서 7시즌을 활약하는 동안 .226/.388/.690 홈런 92개를 기록했다. 그나마 2016시즌 처음으로 24개의 홈런을 쳤다. 타율은 .209 타점은 72타점을 기록했다. 나머지 공격 지표가 썩 좋았던 것은 아니다. 그래도 WAR(대체선수 대비 승리기여도)에서 1.7을 기록했고, 수비 WAR에서도 1.6을 올렸다. 특히 수비 WAR은 데뷔 후 가장 높은 수치였다.

3B Yunel ESCOBAR NO.06
유넬 에스코바

우투우타 1982년 11월 2일 188cm, 98kg *는 낮을수록 좋은 기록임

시즌	타수	안타	홈런	타점	볼넷	도루	타율	출루율	장타율	구분	기록	MLB
2016	517	157	5	39	40	0	0.304	0.355	0.391	타율	0.304	0.255
통산	4965	1405	83	488	480	33	0.283	0.351	0.385	출루율	0.355	0.322
										장타율	0.391	0.417
										볼넷%	7.1%	8.2%
										삼진%*	11.8%	21.1%
										볼넷/삼진	0.60	0.39
										순장타율	0.087	0.162
										BABIP	0.339	0.3
										wOBA	0.327	0.318

VS. 패스트볼   VS. 변화구
*5타수 미만은 색을 표시하지 않았음, ●●●●● : Ball zone

SPRAY ZONE
2 / 3 / 0 / 34% / 42% / 24% — 홈런 타구분포 %

BATTED BALL

항목	비율
볼존 공격률	27%
S존 공격률	71%
볼존 컨택트율	61%
S존 컨택트율	94%
라인드라이브	21%
그라운드볼	58%
플라이볼	21%

DEFENSE

위치	자살	보살	실책	수비율
3B	95	188	19	0.937

홈 타율 0.280 원정 타율 0.324
VS. 좌투수 0.314 VS. 우투수 0.301
득점권 0.362 L/C 0.317
VS. 류현진 상대 없음
VS. 오승환 1타수 무안타

에인절스의 새로운 주전 3루수다. 2015년 12월 워싱턴에서 이적해왔다. 2007년 데뷔 후 2015년 처음으로 3할 타율에 입성하며 타격에서 진일보한 모습을 보였다(규정타석 기준). 콘택트 능력과 선구안이 좋아 볼넷/삼진 비율이 좋다. 애틀랜타와 토론토 시절 유격수 수비에서도 인정을 받았으나, 30대로 접어들면서 수비력은 떨어지고 있다. 뛰어난 많은 볼넷을 골라내진 못하지만, 삼진을 많이 당하지도 않는다. 그리고 그는 평균 이하의 장타력을 높은 타율로 극복하고 있다.

LOS ANGELES ANGELS

▪ 타율 0.400 이상 ▪ 0.300–0.399 ▪ 0.200–0.299 ▪ 0.100–0.199 ▪ 타율 0.099 이하

홈 타율 0.299   원정 타율 0.267
VS. 좌투수 0.295   VS. 우투수 0.277
득점권 0.283   L/C 0.261
VS. 류현진 상대 없음
VS. 오승환 상대 없음

SS Andrelton SIMMONS
안드렐톤 시몬스   NO.02

우투우타   1989년 9월 4일   188cm, 88kg

*는 낮을수록 좋은 기록임

시즌	타수	안타	홈런	타점	볼넷	도루	타율	출루율	장타율
2016	448	126	4	44	28	10	0.281	0.324	0.366
통산	2295	598	35	212	151	26	0.261	0.308	0.363

구분	기록	MLB
타율	0.281	0.255
출루율	0.324	0.322
장타율	0.366	0.417
볼넷%	5.8%	8.2%
삼진%*	7.9%	21.1%
볼넷 / 삼진	0.74	0.39
순장타율	0.085	0.162
BABIP	0.298	0.3
wOBA	0.302	0.318

VS. 패스트볼   VS. 변화구
우타자

*5타수 미만은 색을 표시하지 않았음. ●●●● Ball zone

SPRAY ZONE
0
4   0
  39%
36% 26%
홈런 타구분포 %

BATTED BALL
항목	비율
볼존 공격률	28%
S존 공격률	70%
볼존 컨택트율	77%
S존 컨택트율	94%
라인드라이브	20%
그라운드볼	55%
플라이볼	26%

DEFENSE
위치	자살	보살	실책	수비율
SS	198	337	10	0.982

퀴라소 출신으로 2010년 2라운드로 애틀랜타에 지명되어 2012년 6월 빅리그에 데뷔했다. 2015년 겨울 엔젤스로 트레이드되었다. 빅리그 최고의 유격수 수비를 자랑한다. 2년 연속 골든글러브를 수상했다. 그러나 타격에서는 빠른 공에 약하고, 변화구에도 약해서 타격에서 고전을 한다. 유격수로는 준수한 타격 성적(통산 5시즌 .261/.308/.671 홈런 35)을 기록하고 있다. 28세의 젊은 나이라 타격에서 발전 가능성은 무궁무진하다. 다만 타고난 펀치력이 약해 장타자는 어려울 듯.

홈 타율 0.374   원정 타율 0.240
VS. 좌투수 0.296   VS. 우투수 0.323
득점권 0.380   L/C 0.152
VS. 류현진 7타수 무안타
VS. 오승환 상대 없음

LF Cameron MAYBIN
카메론 메이빈   NO.17

우투우타   1987년 4월 4일   191cm, 98kg

*는 낮을수록 좋은 기록임

시즌	타수	안타	홈런	타점	볼넷	도루	타율	출루율	장타율
2016	349	110	4	43	36	15	0.315	0.383	0.418
통산	2727	706	46	252	239	131	0.259	0.322	0.373

구분	기록	MLB
타율	0.315	0.255
출루율	0.383	0.322
장타율	0.418	0.417
볼넷%	9.2%	8.2%
삼진%*	17.6%	21.1%
볼넷 / 삼진	0.52	0.39
순장타율	0.103	0.162
BABIP	0.383	0.3
wOBA	0.352	0.318

VS. 패스트볼   VS. 변화구
우타자

*5타수 미만은 색을 표시하지 않았음. ●●●● Ball zone

SPRAY ZONE
0
3   1
  37%
31% 32%
홈런 타구분포 %

BATTED BALL
항목	비율
볼존 공격률	25%
S존 공격률	60%
볼존 컨택트율	63%
S존 컨택트율	90%
라인드라이브	22%
그라운드볼	56%
플라이볼	22%

DEFENSE
위치	자살	보살	실책	수비율
CF	223	0	4	0.982

2005년 신인 드래프트 1라운드 전체 10순위로 디트로이트에 지명되어 2007년 빅리그에 데뷔했다. 플로리다, 샌디에이고, 애틀랜타, 디트로이트를 거쳐 2016년 에인절스 유니폼을 입게 됐다. 빠른 발과 컨택트 능력을 앞세워 팀이 득점하는 데 큰 도움을 주고 팀 클럽하우스의 분위기 메이커 역할을 한다. 2016시즌 .315/.383/.418 홈런 4개로 장타력은 떨어지지만 수비 능력이 뛰어나 엔젤스에서 주전 좌익수로 활약하며 트라웃, 칼훈과 함께 외야진을 이끌 것으로 전망.

LOS ANGELES ANGELS

■ 타율 0.400 이상　■ 0.300–0.399　■ 0.200–0.299　■ 0.100–0.199　■ 타율 0.099 이하

홈 타율 0.330　원정 타율 0.301
VS. 좌투수 0.323　VS. 우투수 0.313
득점권 0.318　L/C 0.326
VS. 류현진 7타수 무안타
VS. 오승환 1타수 무안타

CF　Mike TROUT
마이크 트라웃　　NO.27

우투우타　1991년 8월 7일　188cm, 104kg　　*는 낮을수록 좋은 기록임

시즌	타수	안타	홈런	타점	볼넷	도루	타율	출루율	장타율
2016	549	173	29	100	116	30	0.315	0.441	0.550
통산	2997	917	168	497	477	143	0.306	0.405	0.557

구분	기록	MLB
타율	0.315	0.255
출루율	0.441	0.322
장타율	0.550	0.417
볼넷%	17.0%	8.2%
삼진%*	20.1%	21.1%
볼넷/삼진	0.85	0.39
순장타율	0.235	0.162
BABIP	0.371	0.3
wOBA	0.418	0.318

VS. 패스트볼　　VS. 변화구

*5타수 미만은 색을 표시하지 않음. ●●● : Ball zone

SPRAY ZONE

　　　11
14　　33%　　4
　41%　　27%
　　홈런
　타구분포 %

BATTED BALL

항목	비율
볼존 공격률	22%
S존 공격률	58%
볼존 컨택트율	39%
S존 컨택트율	69%
라인드라이브	22%
그라운드볼	41%
플라이볼	37%

DEFENSE

위치	자살	보살	실책	수비율
CF	360	7	4	0.989

공·수·주를 모두 갖춘 현역 최고의 선수다. 2014년 리그 MVP수상자로, 지난 풀타임 4년 동안 모두 MVP투표 2위 이내에 들었다. 파워와 정교함을 겸비했으며, 주력도 빠르다. 지난해 무실책을 기록했을 만큼 안정된 수비도 자랑한다. 한때 하이 패스트볼에 약점을 드러내기도 했지만, 상대 투수들의 집요한 공략을 이내 극복해내는 천재성도 발휘했다. 햄스트링에 대한 부담으로 도루는 최대한 자제하고 있다. 스물넷에 불과한 어린 선수로, 한동안 메이저리그는 트라웃의 시대가 이어질 것이다.

홈 타율 0.236　원정 타율 0.307
VS. 좌투수 0.290　VS. 우투수 0.264
득점권 0.299　L/C 0.286
VS. 류현진 상대 없음
VS. 오승환 1타수무안타

RF　Kole CALHOUN
콜 칼훈　　NO.56

좌투좌타　1987년 10월 14일　178cm, 91kg　　*는 낮을수록 좋은 기록임

시즌	타수	안타	홈런	타점	볼넷	도루	타율	출루율	장타율
2016	594	161	18	75	61	2	0.271	0.348	0.438
통산	1935	515	69	249	173	14	0.266	0.328	0.436

구분	기록	MLB
타율	0.271	0.255
출루율	0.348	0.322
장타율	0.438	0.417
볼넷%	10.0%	8.2%
삼진%*	17.6%	21.1%
볼넷/삼진	0.57	0.39
순장타율	0.167	0.162
BABIP	0.309	0.3
wOBA	0.340	0.318

VS. 패스트볼　　VS. 변화구

*5타수 미만은 색을 표시하지 않음. ●●● : Ball zone

SPRAY ZONE

　　　5
0　　33%　　13
　26%　　42%
　　홈런
　타구분포 %

BATTED BALL

항목	비율
볼존 공격률	32%
S존 공격률	70%
볼존 컨택트율	55%
S존 컨택트율	87%
라인드라이브	22%
그라운드볼	38%
플라이볼	40%

DEFENSE

위치	자살	보살	실책	수비율
RF	306	9	5	0.984

팀 타선에서 트라웃과 함께 엔젤스를 이끌어가는 타자다. 콤팩트한 타격 폼에서 나오는 펀치력이 좋은 선수. 배트 스피드는 빠르지 않지만, 간결한 스윙으로 약점을 보완한다. 타석에서의 접근법이 영리하다는 평가를 받는다. 좌완에게는 다소 약점이 있다. 2012년 빅리그에 데뷔해 5년을 뛰며 통산 522경기 타율 2할6푼6리 515안타 69홈런 249타점 290득점을 기록했다. 2015,16년에는 홈런 26. 18개를 터뜨리며 첫 골드글러브를 수상하며 외야 수비력도 인정받았다.

LOS ANGELES ANGELS

■ 타율 0.400 이상 ■ 0.300–0.399 ■ 0.200–0.299 ■ 0.100–0.199 ■ 타율 0.099 이하

DH Albert PUJOLS
알버트 푸홀스

NO. 05

우투우타   1980년 1월 16일   190cm, 104kg

*는 낮을수록 좋은 기록임

시즌	타수	안타	홈런	타점	볼넷	도루	타율	출루율	장타율
2016	593	159	31	119	49	4	0.268	0.323	0.457
통산	9138	1670	591	1817	1214	107	0.309	0.392	0.573

구분	기록	MLB
타율	0.268	0.255
출루율	0.323	0.322
장타율	0.457	0.417
볼넷%	7.5%	8.2%
삼진%*	11.5%	21.1%
볼넷 / 삼진	0.65	0.39
순장타율	0.189	0.162
BABIP	0.260	0.3
wOBA	0.331	0.318

VS. 패스트볼 / VS. 변화구 (우타자)

*5타수 미만은 색을 표시하지 않았음. ●●●●● : Ball zone

SPRAY ZONE (24 / 48%) (6 / 34%) (1 / 18%) — 홈런 타구분포 %

BATTED BALL

항목	비율
볼존 공격률	31%
S존 공격률	63%
볼존 컨택트율	73%
S존 컨택트율	92%
라인드라이브	17%
그라운드볼	44%
플라이볼	40%

DEFENSE

위치	자살	보살	실책	수비율
1B	200	16	2	0.991

홈 타율 0.269 원정 타율 0.267
VS. 좌투수 0.279 VS. 우투수 0.265
득점권 0.309 L/C 0.321
VS. 류현진 6타수1안타 .167
VS. 오승환 1타수1안타 1.000

통상 591홈런, 1,817타점을 기록 중인 대표 슬러거다. 하지만 2012년 에인절스 팀을 옮긴 이후의 모습은, 세인트루이스 시절의 괴물 같은 활약과는 거리감이 있다. 2015,16년 40, 31개의 홈런을 때려냈지만, 타율이 .244 .268까지 떨어졌다. 통산 출루율 4할도 무너졌다. 그동안 무릎과 족저근막염 수술을 받는 등 몸 상태도 온전치 않았다. 홈런(591개 역대 9위)보다 병살타 순위가 더 빠르게 올라가고 있는 중으로 벌써 336개를 기록하며 3위를 기록 중이다. 아직 5년의 계약이 남아 있다.

IF Jefry MARTE
제프리 마르테

NO. 19

우투우타   1991년 6월 21일   185cm, 100kg

*는 낮을수록 좋은 기록임

시즌	타수	안타	홈런	타점	볼넷	도루	타율	출루율	장타율
2016	258	65	15	44	18	2	0.252	0.310	0.481
통산	338	82	19	55	26	2	0.243	0.304	0.768

구분	기록	MLB
타율	0.252	0.255
출루율	0.310	0.322
장타율	0.481	0.417
볼넷%	6.3%	8.2%
삼진%*	20.8%	21.1%
볼넷 / 삼진	0.31	0.39
순장타율	0.229	0.162
BABIP	0.267	0.3
wOBA	0.335	0.318

VS. 패스트볼 / VS. 변화구 (우타자)

*5타수 미만은 색을 표시하지 않았음. ●●●●● : Ball zone

SPRAY ZONE (10 / 50%) (5 / 30%) (0 / 20%) — 홈런 타구분포 %

BATTED BALL

항목	비율
볼존 공격률	29%
S존 공격률	65%
볼존 컨택트율	54%
S존 컨택트율	85%
라인드라이브	15%
그라운드볼	46%
플라이볼	39%

DEFENSE

위치	자살	보살	실책	수비율
1B	169	14	2	0.989
3B	10	34	2	0.957
LF	39	2	1	0.976

홈 타율 0.287 원정 타율 0.204
VS. 좌투수 0.244 VS. 우투수 0.256
득점권 0.214 L/C 0.278
VS. 류현진 상대 없음
VS. 오승환 상대 없음

2007년 뉴욕 메츠에 입단해 오클랜드와 디트로이트를 거쳤다. 2015년 빅리그에 데뷔했고, 타율 0.213(80타수 17안타), 4홈런, 11타점의 기록을 남겼다. 주 포지션은 3루로 상황에 따라 1루와 유격수, 지명타자도 맡을 수 있다. 마이너리그 8년 통산 타율 0.259, 59홈런, 368타점을 기록했다. 빅리그 33경기에서 90타석에 나서 타율 0.213 출루율 0.284 장타율 0.413을 기록했다. 2016년 좋은 장타력(.790)을 선보이며, 홈런도 14개를 쳤다.

OAKLAND ATHLETICS

머니볼의 한계인가? 2012, 2013년 2년 연속 지구 우승을 차지했지만 2015, 2016년 연속 지구 꼴찌로 추락했다. 잦은 선수 이동으로 미래가 불확실한 그들에게 팀워크는 없었다.

TEAM IMFORMATION

창단 : 1901년
이전 연고지 : 필라델피아, 캔자스시티
월드시리즈 우승 : 9회
AL 우승 : 15회
디비전 우승 : 16회
와일드카드 진출 : 2회
구단주 : 존 피셔
감독 : 밥 멜빈
단장 : 데이비드 포스트

FRANCHISE

UNIFORM

Home / Away

Alternate

MANAGER

Bob Melvin

생년월일 : 1961년 10월 28일
출생지 : 팔로알토(캘리포니아)
MLB 감독 경력 : 올해로 14년째
시애틀(2003년~2004년), 애리조나(2005년~2009년),
오클랜드(2011년~현재)
정규시즌 통산 : 955승 955패 승률 0.500
포스트시즌 통산 : 7승 11패 승률 0.389
NL 올해의 감독상 : 1회(2007년)
AL 올해의 감독상 : 1회(2012년)

LINE-UP

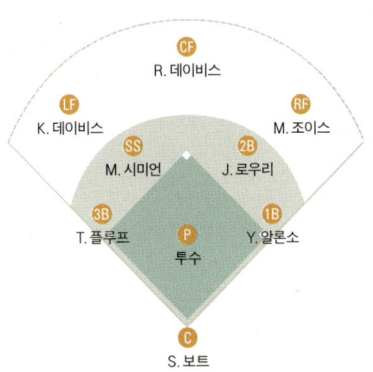

ROTATION	
SP	S. 그레이
SP	K. 그레이브먼
SP	S. 매네아
SP	J. 코튼
SP	A. 트릭스

BULLPEN	
RP	R. 돌
RP	S. 두리틀
RP	S. 카시아
RP	J. 액스포드
RP	L. 헨드릭스
RP	D. 콜롬브
CL	R. 매드슨

BATTING	
1	M. 조이스
2	R. 데이비스
3	K. 데이비스
4	R. 헤일리
5	S. 보트
6	T. 플루프
7	Y. 알론소
8	J. 라우리
9	M. 시미언

UTILITY PLAYERS	
IF	A. 로살레스
IF	J. 웬들
OF	J. 스몰린스키
OF	M. 올슨

BALL PARK : O.co Coliseum

주소 : 7000 Coliseum Way Oakland, California
펜스 거리 : 왼쪽 101m, 좌중간 112m, 중앙 122m,
　　　　　우중간 112m, 오른쪽 101m
펜스 높이 : 왼쪽 2.4m, 좌중간 4.6m, 중앙 2.4m,
　　　　　우중간 4.6m, 오른쪽 2.4m
최초공식경기 : 1964년 4월 15일
잔디 : 티프웨이 버뮤다그래스(천연잔디)
수용 인원 : 3만 5,067명
홈팀 덕아웃 : 3루
파크팩터 : 0.944(MLB 16위)

흔들리는 머니볼의 위상, 빌리 빈은 해답을 찾을 수 있을까?

2016 리뷰
2016년 69승 93패의 참담한 성적을 기록했다. 2년 연속 90패를 당한 오클랜드의 저조한 성적에는 타선(득점 9위 → 15위)과 선발진(평균자책점 3위 → 14위)이 리그 꼴찌 수준으로 추락하면서 성적 향상은 이루어지지 않았다. 특히 팀의 에이스 소니 그레이는 시즌 내내 부상을 달고 다니면서 117이닝, 14경기에서 5승 11패 방어율 5.69를 기록했다. 그리고 다른 선발진 역시, 숀 놀린(6경기 1승2패 5.28), 제시 한(9경기 2승4패 6.02), 크리스 배싯(5경기 2패 6.11), 대니얼 멩든(14경기 2승9패 6.50) 등도 더 성장하지 못했다. 또한 머니볼의 상징인 인내심도 부족하였다. 볼넷과, 출루율, 장타율이 모두 리그 꼴찌였다. 가난한 집에 다툼이 많듯이 지난해 8월 라커룸에서 발렌시아와 버틀러의 시비로 버틀러가 뇌진탕 부상을 당하고 결국 발렌시아는 시즌 후 정리되었다. 그나마 위안은 크리스 데이비스(.247 .307 .524 42홈런)와 유격수 시미언의 27홈런 활약과 지난해에 비해 실책이 많이 준 것이다. 2017시즌도 에인절스와 탈 꼴찌 싸움이 치열할 것 같다.

2017 프리뷰
근본적으로 스몰구단의 한계인 돈 싸움에서 당해낼 수 없는 구조이기 때문에 팜부터 유망주들을 잘 키우는 방법밖에는 도리가 없다. 또는 좋은 선수들을 팔면서 유망주들을 대거 받는 것도 좋은 방법이나 현재 오클랜드에서는 팔 만한 선수들은 이미 다 팔아서 더 이상 팔 선수가 없는 실정이다. 일단 수집한 유망주들이 플로리다대 좌완 A J 퍽을 6순위로 지명했고, 힐-레딕 트레이드를 통해 다저스에서 그랜트 홈즈와 프랭키 몬타스를 받아왔다. 얼마 전 시애틀로 보낸 발렌시아 또한 투수(폴 블랙번)와 바꿨다. 이들을 잘 키워 오클랜드를 이끌어갈 미래의 자원으로 키워내야 한다. 이제 남은 선수는 팀의 에이스 소니 그레이를 트레이드하여 유망주를 받아야 하는데, 소니 그레이의 시장 값어치가 예년에 비해 하락해 선뜻 나서는 구단들이 없다. 공격에서는 머니볼의 핵심인 스몰야구를 펼치면서 끈질기게 물고 늘어져야한다. 타자들의 인내심과 볼넷으로라도 출루하려는 자세를 보여야 한다. 빌리 빈 단장 또한 머니볼보다 더 좋은 방법에 대해 고민을 할 때가 온 것이다.

OAKLAND ATHLETICS

SQUAD LIST

*선수 명단은 2017년 3월 16일 기준(source : ESPN)

투수

번호	이름	위치	투	타	나이	출생지
50	Raul Alcantara	SP	R	R	24	Barahona, Dominican Republic
61	John Axford	RP	R	R	33	Simcoe, Canada
40	Chris Bassitt	SP	R	R	28	Toledo, OH
58	Paul Blackburn	RP	R	R	23	Antioch, CA
46	Santiago Casilla	RP	R	R	36	San Cristobal, Dominican Republic
45	Jharel Cotton	RP	R	R	25	St. Thomas, VI
35	Daniel Coulombe	RP	L	L	27	St. Louis, MO
62	Sean Doolittle	RP	L	L	30	Rapid City, SD
66	Ryan Dull	RP	R	R	27	Winston Salem, NC
49	Kendall Graveman	SP	R	R	26	Alexander City, AL
54	Sonny Gray	SP	R	R	27	Nashville, TN
32	Jesse Hahn	SP	R	R	27	Norwich, CT
31	Liam Hendriks	RP	R	R	28	Perth, Australia
44	Ryan Madson	RP	R	L	36	Long Beach, CA
55	Sean Manaea	SP	L	R	25	Valparaiso, IN
33	Daniel Mengden	SP	R	R	24	Houston, TX
72	Frankie Montas	SP	R	R	23	Sainagua, Dominican Republic
60	Andrew Triggs	RP	R	R	27	Nashville, TN
63	Bobby Wahl	SP	R	R	24	Alexandria, VA

포수

번호	이름	위치	투	타	나이	출생지
13	Bruce Maxwell	C	R	L	26	Weisbaden, Germany
19	Josh Phegley	C	R	R	29	Terre Haute, IN
21	Stephen Vogt	C	R	L	32	Visalia, CA

내야

번호	이름	위치	투	타	나이	출생지
17	Yonder Alonso	1B	R	L	29	Havana, Cuba
1	Franklin Barreto	SS	R	R	21	Caracas, Venezuela
20	Mark Canha	1B	R	R	28	San Jose, CA
25	Ryon Healy	3B	R	R	25	West Hills, CA
	Tyler Ladendorf	2B	R	R	29	Park Ridge, IL
8	Jed Lowrie	2B	R	B	32	Salem, OR
84	Yairo Munoz	SS	R	R	22	Nagua, Dominican Republic
22	Renato Nunez	3B	R	R	22	Valencia, Venezuela
18	Chad Pinder	SS	R	R	24	Richmond, VA
3	Trevor Plouffe	3B	R	R	30	West Hills, CA
16	Adam Rosales	3B	R	R	33	Chicago, IL
10	Marcus Semien	SS	R	R	26	San Francisco, CA
52	Joey Wendle	2B	R	L	26	Wilmington, DE

외야

번호	이름	위치	투	타	나이	출생지
26	B.J. Boyd	LF	R	L	23	Palo Alto, CA
83	Jaycob Brugman	LF	L	L	25	Chandler, AZ
2	Khris Davis	LF	R	R	29	Lakewood, CA
11	Rajai Davis	CF	R	R	36	Norwich, CT
23	Matt Joyce	RF	R	L	32	Tampa, FL
28	Matt Olson	RF	R	L	22	Atlanta, GA
5	Jake Smolinski	CF	R	R	28	Rockford, IL

SUMMARY

우타자	좌타자	스위치	우투수	좌투수	평균나이	최연소	최연장
14명	8명	1명	16명	3명	26.7세	21세	36세

OAKLAND ATHLETICS

2017 REGULAR SEASON SCHEDULE

▇ 는 홈경기, 시간은 미국 동부시간 기준

날짜	상대팀	경기시간	날짜	상대팀	경기시간	날짜	상대팀	경기시간
Mon, 4/3	Los Angeles Angels	PM 7:05	Wed, 6/7	Toronto Blue Jays	PM 12:35	Sun, 8/13	Baltimore Orioles	PM 1:05
Tue, 4/4	Los Angeles Angels	PM 7:05	Fri, 6/9	Tampa Bay Rays	PM 4:10	Mon, 8/14	Kansas City Royals	PM 7:05
Wed, 4/5	Los Angeles Angels	PM 7:05	Sat, 6/10	Tampa Bay Rays	AM 11:10	Tue, 8/15	Kansas City Royals	PM 7:05
Thu, 4/6	Los Angeles Angels	PM 12:35	Sat, 6/10	Tampa Bay Rays	TBD	Wed, 8/16	Kansas City Royals	PM 12:35
Fri, 4/7	Texas Rangers	PM 5:05	Sun, 6/11	Tampa Bay Rays	AM 10:10	Fri, 8/18	Houston Astros	PM 5:10
Sat, 4/8	Texas Rangers	PM 5:05	Tue, 6/13	Miami Marlins	PM 4:10	Sat, 8/19	Houston Astros	PM 4:10
Sun, 4/9	Texas Rangers	PM 12:05	Wed, 6/14	Miami Marlins	AM 9:10	Sun, 8/20	Houston Astros	AM 11:10
Mon, 4/10	Kansas City Royals	PM 1:15	Thu, 6/15	New York Yankees	PM 7:05	Mon, 8/21	Baltimore Orioles	PM 4:05
Wed, 4/12	Kansas City Royals	PM 5:15	Fri, 6/16	New York Yankees	PM 6:35	Tue, 8/22	Baltimore Orioles	PM 4:05
Thu, 4/13	Kansas City Royals	PM 5:15	Sat, 6/17	New York Yankees	PM 1:05	Wed, 8/23	Baltimore Orioles	PM 12:05
Fri, 4/14	Houston Astros	PM 7:05	Sun, 6/18	New York Yankees	PM 1:05	Fri, 8/25	Texas Rangers	PM 7:05
Sat, 4/15	Houston Astros	PM 1:05	Mon, 6/19	Houston Astros	PM 7:05	Sat, 8/26	Texas Rangers	PM 1:05
Sun, 4/16	Houston Astros	PM 1:05	Tue, 6/20	Houston Astros	PM 7:05	Sun, 8/27	Texas Rangers	PM 1:05
Mon, 4/17	Texas Rangers	PM 7:05	Wed, 6/21	Houston Astros	PM 7:05	Mon, 8/28	Los Angeles Angels	PM 7:07
Tue, 4/18	Texas Rangers	PM 7:05	Thu, 6/22	Houston Astros	PM 12:35	Tue, 8/29	Los Angeles Angels	PM 7:07
Wed, 4/19	Texas Rangers	PM 12:35	Fri, 6/23	Chicago White Sox	PM 5:10	Wed, 8/30	Los Angeles Angels	PM 7:07
Thu, 4/20	Seattle Mariners	PM 7:05	Sat, 6/24	Chicago White Sox	AM 11:10	Fri, 9/1	Seattle Mariners	PM 7:10
Fri, 4/21	Seattle Mariners	PM 7:05	Sun, 6/25	Chicago White Sox	AM 11:10	Sat, 9/2	Seattle Mariners	PM 6:10
Sat, 4/22	Seattle Mariners	PM 1:05	Tue, 6/27	Houston Astros	PM 5:10	Sun, 9/3	Seattle Mariners	PM 1:10
Sun, 4/23	Seattle Mariners	PM 1:05	Wed, 6/28	Houston Astros	PM 5:10	Mon, 9/4	Los Angeles Angels	PM 1:05
Tue, 4/25	Los Angeles Angels	PM 7:07	Thu, 6/29	Houston Astros	AM 11:10	Tue, 9/5	Los Angeles Angels	PM 7:05
Wed, 4/26	Los Angeles Angels	PM 7:07	Fri, 6/30	Atlanta Braves	PM 7:05	Wed, 9/6	Los Angeles Angels	PM 12:35
Thu, 4/27	Los Angeles Angels	PM 7:07	Sat, 7/1	Atlanta Braves	PM 1:05	Fri, 9/8	Houston Astros	PM 7:05
Fri, 4/28	Houston Astros	PM 5:10	Sun, 7/2	Atlanta Braves	PM 1:05	Sat, 9/9	Houston Astros	PM 1:05
Sat, 4/29	Houston Astros	PM 4:10	Mon, 7/3	Chicago White Sox	PM 6:05	Sun, 9/10	Houston Astros	PM 1:05
Sun, 4/30	Houston Astros	AM 11:10	Tue, 7/4	Chicago White Sox	PM 1:05	Tue, 9/12	Boston Red Sox	PM 4:10
Tue, 5/2	Minnesota Twins	PM 5:10	Wed, 7/5	Chicago White Sox	PM 12:35	Wed, 9/13	Boston Red Sox	PM 4:10
Wed, 5/3	Minnesota Twins	PM 5:10	Thu, 7/6	Seattle Mariners	PM 7:10	Thu, 9/14	Boston Red Sox	AM 10:35
Thu, 5/4	Minnesota Twins	AM 10:10	Fri, 7/7	Seattle Mariners	PM 7:10	Fri, 9/15	Philadelphia Phillies	PM 7:05
Fri, 5/5	Detroit Tigers	PM 7:05	Sat, 7/8	Seattle Mariners	PM 7:10	Sat, 9/16	Philadelphia Phillies	PM 4:05
Sat, 5/6	Detroit Tigers	PM 6:05	Sun, 7/9	Seattle Mariners	PM 1:10	Sun, 9/17	Philadelphia Phillies	AM 10:35
Sun, 5/7	Detroit Tigers	PM 1:05	Fri, 7/14	Cleveland Indians	PM 7:05	Mon, 9/18	Detroit Tigers	PM 4:10
Mon, 5/8	Los Angeles Angels	PM 7:05	Sat, 7/15	Cleveland Indians	PM 6:05	Tue, 9/19	Detroit Tigers	PM 4:10
Tue, 5/9	Los Angeles Angels	PM 7:05	Sun, 7/16	Cleveland Indians	PM 1:05	Wed, 9/20	Detroit Tigers	AM 10:10
Wed, 5/10	Los Angeles Angels	PM 12:35	Mon, 7/17	Tampa Bay Rays	PM 7:05	Fri, 9/22	Texas Rangers	PM 7:05
Fri, 5/12	Texas Rangers	PM 5:05	Tue, 7/18	Tampa Bay Rays	PM 7:05	Sat, 9/23	Texas Rangers	PM 6:05
Sat, 5/13	Texas Rangers	PM 5:05	Wed, 7/19	Tampa Bay Rays	PM 12:35	Sun, 9/24	Texas Rangers	PM 1:05
Sun, 5/14	Texas Rangers	PM 12:05	Fri, 7/21	New York Mets	PM 4:10	Mon, 9/25	Seattle Mariners	PM 7:05
Mon, 5/15	Seattle Mariners	PM 7:10	Sat, 7/22	New York Mets	PM 4:10	Tue, 9/26	Seattle Mariners	PM 7:05
Tue, 5/16	Seattle Mariners	PM 7:10	Sun, 7/23	New York Mets	AM 10:10	Wed, 9/27	Seattle Mariners	PM 12:35
Wed, 5/17	Seattle Mariners	PM 7:10	Mon, 7/24	Toronto Blue Jays	PM 4:07	Thu, 9/28	Texas Rangers	PM 5:05
Thu, 5/18	Boston Red Sox	PM 7:05	Tue, 7/25	Toronto Blue Jays	PM 4:07	Fri, 9/29	Texas Rangers	PM 5:05
Fri, 5/19	Boston Red Sox	PM 6:35	Wed, 7/26	Toronto Blue Jays	PM 4:07	Sat, 9/30	Texas Rangers	PM 5:05
Sat, 5/20	Boston Red Sox	PM 1:05	Thu, 7/27	Toronto Blue Jays	AM 9:37	Sun, 10/1	Texas Rangers	PM 12:05
Sun, 5/21	Boston Red Sox	PM 1:05	Fri, 7/28	Minnesota Twins	PM 7:05			
Tue, 5/23	Miami Marlins	PM 7:05	Sat, 7/29	Minnesota Twins	PM 6:05			
Wed, 5/24	Miami Marlins	PM 12:35	Sun, 7/30	Minnesota Twins	PM 1:05			
Fri, 5/26	New York Yankees	PM 4:05	Mon, 7/31	San Francisco Giants	PM 7:05			
Sat, 5/27	New York Yankees	AM 10:05	Tue, 8/1	San Francisco Giants	PM 7:05			
Sun, 5/28	New York Yankees	AM 10:05	Wed, 8/2	San Francisco Giants	PM 7:15			
Mon, 5/29	Cleveland Indians	PM 1:10	Thu, 8/3	San Francisco Giants	PM 7:15			
Tue, 5/30	Cleveland Indians	PM 3:10	Fri, 8/4	Los Angeles Angels	PM 7:07			
Wed, 5/31	Cleveland Indians	PM 3:10	Sat, 8/5	Los Angeles Angels	PM 6:07			
Thu, 6/1	Cleveland Indians	AM 9:10	Sun, 8/6	Los Angeles Angels	PM 12:37			
Fri, 6/2	Washington Nationals	PM 7:05	Tue, 8/8	Seattle Mariners	PM 7:05			
Sat, 6/3	Washington Nationals	PM 1:05	Wed, 8/9	Seattle Mariners	PM 12:35			
Sun, 6/4	Washington Nationals	PM 1:05	Thu, 8/10	Baltimore Orioles	PM 7:05			
Mon, 6/5	Toronto Blue Jays	PM 7:05	Fri, 8/11	Baltimore Orioles	PM 7:05			
Tue, 6/6	Toronto Blue Jays	PM 7:05	Sat, 8/12	Baltimore Orioles	PM 6:05			

OAKLAND ATHLETICS

■ 15% 이상 ■ 12~14% ■ 9~11% ■ 6~8% ■ 3~5% □ 2% 이하

SP Sonny GRAY
소니 그레이
NO.54

우투우타 1989년 11월 7일 180cm, 88kg *는 낮을수록 좋은 기록임

시즌	경기	이닝	피안타	피홈런	볼넷	탈삼진	승-패-세-홀	평균자책	구분	기록	MLB
2016	22	117.0	133	18	42	94	5-11-0-0	5.69	평균자책*	5.69	4.15
통산	98	608	537	54	195	513	38-31-0-0	3.42	탈삼진 / 9	7.23	8.1
									볼넷 / 9*	3.23	3.14
									탈삼진 / 볼넷	2.24	2.58
									피홈런 / 9*	1.38	1.17
									피안타율*	0.281	0.252
									WHIP*	1.5	1.32
									잔루율	63.9%	72.9%
									FIP*	4.67	4.24

PITCHING ZONE

PITCHING REPERTORY / VELOCITY km/h MOVEMENT cm

구종	평균	전체	초구	2-2	좌타자	우타자	피타율	상하	좌우
포심패스트볼	150	36%	36%	27%	43%	29%	0.282	↑22	0
투심 / 싱커	150	25%	37%	11%	16%	35%	0.316	↑5	→14
컷패스트볼	147	2%	1%	5%	2%	3%	0.177	↑12	←7
슬라이더	139	15%	4%	38%	12%	17%	0.140	↑1	←13
커브	132	15%	15%	13%	17%	12%	0.191	↓14	←24
체인지업	142	7%	8%	6%	10%	5%	0.271	↓12	→15
스플리터	–	–	–	–	–	–	–		

홈 ERA 5.80 원정 ERA 5.57
VS. 좌타자 5.760 VS. 우타자 5.620
VS. 김현수 상대 없음
VS. 강정호 상대 없음
VS. 추신수 21타수 8안타 .381

팀의 에이스다. 2013년 빅리그에 데뷔했다. 평균구속 150km/h의 포심과 투심패스트볼을 던진다. 커브와 슬라이더를 주 무기로 하며, 최근에는 체인지업도 자신 있게 구사한다. 정교한 제구력을 갖고 있어 라인투구가 가능하다. 어린 나이에도 위기관리 능력이 뛰어나다. 그러나 왜소한 체격의 한계인가? 시즌 후반에 체력이 딸리면서 갈수록 힘이 떨어지는 현상이 반복되고 있다. 2016시즌 부진과 부상이 겹쳐서 5승 11패 평균자책점 5.69이란 커리어 최악의 성적을 기록하고 말았다.

SP Kendall GRAVEMAN
켄달 그레이브맨
NO.49

우투우타 1990년 12월 21일 188cm, 88kg *는 낮을수록 좋은 기록임

시즌	경기	이닝	피안타	피홈런	볼넷	탈삼진	승-패-세-홀	평균자책	구분	기록	MLB
2016	31	186.0	196	22	47	108	10-11-0-0	4.11	평균자책*	4.11	4.15
통산	57	306.1	326	37	85	189	16-20-0-0	4.08	탈삼진 / 9	5.23	8.1
									볼넷 / 9*	2.27	3.14
									탈삼진 / 볼넷	2.3	2.58
									피홈런 / 9*	1.06	1.17
									피안타율*	0.268	0.252
									WHIP*	1.31	1.32
									잔루율	74.4%	72.9%
									FIP*	4.39	4.24

PITCHING ZONE

PITCHING REPERTORY / VELOCITY km/h MOVEMENT cm

구종	평균	전체	초구	2-2	좌타자	우타자	피타율	상하	좌우
포심패스트볼	148	4%	5%	3%	4%	4%	0.469	↑20	→12
투심 / 싱커	149	55%	65%	36%	48%	63%	0.292	↑14	→21
컷패스트볼	141	18%	15%	38%	24%	23%	0.275	↑10	←14
슬라이더	132	0%	0%	0%	0%	0%	0.000	↑2	←13
커브	127	8%	6%	14%	7%	8%	0.207	↓2	←18
체인지업	136	10%	9%	9%	16%	2%	0.296	↑6	→18
스플리터	–	–	–	–	–	–	–		

홈 ERA 3.39 원정 ERA 4.8
VS. 좌타자 3.750 VS. 우타자 4.540
VS. 김현수 3타수1안타 .333
VS. 강정호 상대 없음
VS. 추신수 3타수 2안타 1홈런 .667

2014년 토론토에서 빅리그에 데뷔한 뒤, 도널슨 트레이드 때 건너와 지난해부터 오클랜드에서 뛰고 있다. 평균구속 146km/h의 싱커를 던지며, 메이저리그 데뷔를 앞두고는 커터를 장착해 재미를 보고 있다. 커브와 체인지업도 섞어 던진다. 삼진 대신 맞혀 잡는 투구를 펼친다. 싱커와 커터를 주로 던지기에 땅볼 유도율이 높기는 하나, 지난해 50%의 땅볼 비율은 조금 더 높일 필요가 있다. 역시 낮은 제구가 관건으로, 싱커가 높게 제구되는 날은 집중타를 허용하는 단점도 노출한다.

OAKLAND ATHLETICS

■ 15% 이상 ■ 12-14% ■ 9-11% ■ 6-8% ■ 3-5% □ 2% 이하

SP Sean MANAEA
션 매네아
NO.55

좌투양타 1992년 2월 1일 197cm, 111kg   *는 낮을수록 좋은 기록임

시즌	경기	이닝	피안타	피홈런	볼넷	탈삼진	승-패-세-홀	평균자책	구분	기록	MLB
2016	25	144.2	135	20	37	124	7-9-0-0	3.86	평균자책*	3.86	4.15
통산	25	144.2	135	20	37	124	7-9-0-0	3.86	탈삼진 / 9	7.71	8.1
									볼넷 / 9*	2.30	3.14
									탈삼진 / 볼넷	3.35	2.58
									피홈런 / 9*	1.24	1.17
									피안타율*	0.244	0.252
									WHIP*	1.19	1.32
									잔루율	75.0%	72.9%
									FIP*	4.08	4.24

PITCHING REPERTORY / VELOCITY km/h **MOVEMENT** cm

구종	평균	전체	초구	2-2	좌타자	우타자	피안타율	상하	좌우
포심패스트볼	149	58%	63%	49%	54%	59%	0.301	↑15	←27
투심 / 싱커	–	–	–	–	–	–	–		
컷패스트볼	–	–	–	–	–	–	–		
슬라이더	130	14%	10%	20%	40%	8%	0.124	0	←1
커브	–	–	–	–	–	–	–		
체인지업	137	28%	27%	31%	6%	33%	0.203	↑1	←20
스플리터	–	–	–	–	–	–	–		

홈 ERA 3.02 원정 ERA 4.99
VS. 좌타자 1.880 VS. 우타자 4.340
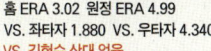

2013년 캔자스시티에서 1라운드 34번째로 지명되었다. 2015년 시즌 트레이드를 통해 오클랜드로 이적한 그는 애리조나 가을리그에서 가장 돋보였던 유망주 가운데 한 명이었다. 평균구속 150km/h의 패스트볼과, 슬라이더, 커브를 섞어 던진다. 투구 시 디셉션 동작이 좋아 타자들을 현혹시키기에 충분하다. 전반기에는 부진했지만 후반기에는 체인지업을 효과적으로 사용하여 직구의 위력까지 배가시키며 피안타율(.281→.215), 방어율(.585→.244)을 낮추었다. 2017년이 기대되는 선수다.

RP Jharel COTTON
자렐 코튼
NO.45

우투우타 1992년 1월 19일 180cm, 88kg   *는 낮을수록 좋은 기록임

시즌	경기	이닝	피안타	피홈런	볼넷	탈삼진	승-패-세-홀	평균자책	구분	기록	MLB
2016	5	29.1	20	4	4	23	2-0-0-0	2.15	평균자책*	2.15	4.15
통산	5	29.1	20	4	4	23	2-0-0-0	2.15	탈삼진 / 9	7.06	8.1
									볼넷 / 9*	1.23	3.14
									탈삼진 / 볼넷	5.75	2.58
									피홈런 / 9*	1.23	1.17
									피안타율*	0.185	0.252
									WHIP*	0.82	1.32
									잔루율	76.1%	72.9%
									FIP*	3.76	4.24

PITCHING REPERTORY / VELOCITY km/h **MOVEMENT** cm

구종	평균	전체	초구	2-2	좌타자	우타자	피안타율	상하	좌우
포심패스트볼	149	39%	44%	32%	39%	40%	0.213	↑26	→11
투심 / 싱커	147	8%	8%	0%	16%	1%	0.500	↑26	→17
컷패스트볼	143	16%	21%	10%	5%	27%	0.177	↑13	→3
슬라이더	–	–	–	–	–	–	–		
커브	125	9%	9%	0%	4%	11%	0.200	↑14	→5
체인지업	124	28%	18%	58%	36%	22%	0.032	↑9	→15
스플리터	–	–	–	–	–	–	–		

홈 ERA 1.40 원정 ERA 3.6
VS. 좌타자 1.980 VS. 우타자 2.300
VS. 김현수 상대 없음
VS. 강정호 상대 없음
VS. 추신수 상대 없음

버진 아일랜드 출신으로 2012년 다저스의 20라운드 지명을 받고, 2016년 오클랜드로 이적했다. 마이너리그에서 155개의 가장 많은 삼진과 0.214의 피안타율을 기록했다. 평균구속 150km/h의 패스트볼과 120km/h 초반의 체인지업은 마치 스크루볼과 같은 움직임으로 최고의 구종으로 평가받는다. 그리고 타자에게 혼란을 주기 위해서 투심과 커터를 던진다. 작은 체격에도 불구하고 운동 능력이 좋아 내구성이 좋다. 2016년 9월 빅리그에 승격된 이후 성공적인 모습을 보여주고 있다.

OAKLAND ATHLETICS

15% 이상　12~14%　9~11%　6~8%　3~5%　2% 이하

홈 ERA 2.81　원정 ERA 5.58
VS. 좌타자 5.040　VS. 우타자 3.730
VS. 김현수 2타수 무안타
VS. 강정호 상대 없음
VS. 추신수 상대 없음

RP Andrew TRIGGS
앤드루 트릭스　　　　　NO.60

우투우타　1989년 3월 16일　194cm, 100kg　　　*는 낮을수록 좋은 기록임

시즌	경기	이닝	피안타	피홈런	볼넷	탈삼진	승-패-세-홀	평균자책	구분	기록	MLB
2016	24	56.1	56	5	13	55	1-1-0-0	4.31	평균자책*	4.31	4.15
통산	24	56.1	56	5	13	55	1-1-0-0	4.31	탈삼진 / 9	8.79	8.1
									볼넷 / 9*	2.08	3.14
									탈삼진 / 볼넷	4.23	2.58
									피홈런 / 9*	0.8	1.17
									피안타율	0.252	0.252
									WHIP*	1.22	1.32
									잔루율	64.6%	72.9%
									FIP*	3.2	4.24

PITCHING ZONE

PITCHING REPERTORY / VELOCITY km/h / MOVEMENT cm

구종	평균	전체	초구	2-2	좌타자	우타자	피타율	상하	좌우
포심패스트볼	147	4%	2%	3%	5%	3%	0.000	↑12	→20
투심 / 싱커	146	51%	59%	36%	54%	49%	0.316	0	→25
컷패스트볼	135	23%	24%	26%	19%	26%	0.175	↑1	←6
슬라이더	124	20%	11%	36%	18%	22%	0.193	↓7	←24
커브	–	–	–	–	–	–	–		
체인지업	134	2%	4%	0%	4%	0%	0.000	↓2	→25
스플리터	–	–	–	–	–	–	–		

2012년 캔자스시티에 19라운드 583번째로 지명되었다. 2016년 4월 25일 오클랜드에서 빅리그에 데뷔하였다. 작년 중반까지 트릭스는 마이너 포함 선발 등판이 한 번밖에 없는 불펜 투수였다. 하지만 선발로 내세웠고 현재 뚜렷한 선발 요원이 없는 가운데 한 자리를 차지할 전망이다. 싱커와 투심을 던지며 슬라이더와 커브에 의존도가 높다. 체인지업 구사율은 높지 않다. 최고구속이 150km/h 정도로 빠르진 않지만 컨트롤이 안정적이다. 볼배합을 잘한다는 평가이고 경기 이해도가 좋다.

홈 ERA 3.92　원정 ERA 2.45
VS. 좌타자 2.000　VS. 우타자 4.290
VS. 김현수 상대 없음
VS. 강정호 상대 없음
VS. 추신수 상대 없음

RP Sean DOOLITTLE
션 두리틀　　　　　NO.62

좌투좌타　1986년 9월 26일　190cm, 95kg　　　*는 낮을수록 좋은 기록임

시즌	경기	이닝	피안타	피홈런	볼넷	탈삼진	승-패-세-홀	평균자책	구분	기록	MLB
2016	44	39.0	33	0	8	200	2-3-4-10	3.23	평균자책*	3.23	4.15
통산	231	231.2	176	2	45	2122	12-13-33-60	3.07	탈삼진 / 9	10.38	8.1
									볼넷 / 9*	1.85	3.14
									탈삼진 / 볼넷	5.63	2.58
									피홈런 / 9*	1.38	1.17
									피안타율	0.224	0.252
									WHIP*	1.05	1.32
									잔루율	82.8%	72.9%
									FIP*	3.45	4.24

PITCHING ZONE

PITCHING REPERTORY / VELOCITY km/h / MOVEMENT cm

구종	평균	전체	초구	2-2	좌타자	우타자	피타율	상하	좌우
포심패스트볼	152	90%	91%	89%	88%	91%	0.220	↑29	←12
투심 / 싱커	–	–	–	–	–	–	–		
컷패스트볼	–	–	–	–	–	–	–		
슬라이더	131	6%	8%	6%	12%	5%	0.333	↓4	→5
커브	–	–	–	–	–	–	–		
체인지업	134	3%	0%	1%	0%	5%	0.500	↑18	←18
스플리터	136	2%	0%	4%	0%	4%	0.500	↑14	←21

2007년 입단 당시에는 거포 1루수로 기대를 모았다. 하지만 무릎에 고질적인 부상이 있었고, 결국 수술을 받은 뒤 2011년 투수로 전향했다. 폭발적인 성장세 속에 마이너리그에서 불과 17경기만을 뛴 뒤 2012년 빅리그 무대를 밟았다. 현재는 팀의 마무리 투수로까지 성장했다. 최고구속 157km/h의 패스트볼 구사율이 90%에 육박할 만큼 빠른 공 위주의 승부를 펼친다. 간간이 커브를 곁들인다. 2015년 어깨 부상으로 결장한 뒤 시즌 막판 복귀했다. 2016년에는 불펜에서 좋은 활약을 했다.

OAKLAND ATHLETICS

■ 15% 이상   ■ 12~14%   ■ 9~11%   ■ 6~8%   ■ 3~5%   □ 2% 이하

RP Liam HENDRIKS
리암 헨드릭스   NO.31

우투우타   1989년 2월 10일   185cm, 93kg   *는 낮을수록 좋은 기록임

시즌	경기	이닝	피안타	피홈런	볼넷	탈삼진	승-패-세-홀	평균자책	구분	기록	MLB
2016	53	64.2	69	6	14	200	0-4-0-10	3.76	평균자책*	3.76	4.15
통산	150	318	368	42	78	2122	8-19-0-18	4.87	탈삼진/9	9.88	8.1
									볼넷/9*	1.95	3.14
									탈삼진/볼넷	5.07	2.58
									피홈런/9*	0.84	1.17
									피안타율	0.265	0.252
									WHIP*	1.28	1.32
									잔루율	70.1%	72.9%
									FIP*	2.85	4.24

홈 ERA 2.78 원정 ERA 4.97
VS. 좌타자 2.670   VS. 우타자 4.540
VS. 김현수 2타수 무안타
VS. 강정호 1타수 무안타
VS. 추신수 8타수 3안타 .375

PITCHING REPERTORY / VELOCITY km/h / MOVEMENT cm

구종	평균	전체	초구	2-2	좌타자	우타자	피타율	상하	좌우
포심패스트볼	153	52%	51%	51%	43%	59%	0.241	↑27	→8
투심/싱커	152	19%	27%	13%	33%	9%	0.330	↑22	→17
컷패스트볼	–	–	–	–	–	–	–		
슬라이더	141	23%	15%	30%	15%	28%	0.200	↑7	←4
커브	125	5%	5%	5%	7%	4%	0.192	↓15	→9
체인지업	142	2%	2%	1%	3%	0%	0.667	↑16	→18
스플리터	–	–	–	–	–	–	–		

호주 출신의 메이저리거. 지난 겨울 제시 차베스와의 맞트레이드로 토론토에서 오클랜드 유니폼으로 갈아입었다. 2014년까지 선발로 뛰며 돌파구를 찾지 못했으나, 지난해 불펜 전향 뒤 최고의 한 해를 보냈다. 패스트볼 구속이 약 6km/h나 뛰어 올랐으며(평균 152km/h), 주무기인 슬라이더 역시 4km/h의 구속 상승을 꾀하며 위력을 더했다. 2016시즌 4패에 .376을 기록하며 빅리그의 높은 벽을 실감했다. 불펜이 약한 오클랜드에 큰 도움이 될 수 있는 선수다.

RP Daniel MENGDEN
대니얼 멩덴   NO.33

우투우타   1993년 2월 19일   188cm, 85kg   *는 낮을수록 좋은 기록임

시즌	경기	이닝	피안타	피홈런	볼넷	탈삼진	승-패-세-홀	평균자책	구분	기록	MLB
2016	0	0	0	0	0	0	0-0-0-0	0	평균자책*	0	0
통산	0	0	0	0	0	0	0-0-0-0	0	탈삼진/9	0	0
									볼넷/9*	0	0
									탈삼진/볼넷	0	0
									피홈런/9*	0	0
									피안타율	0	0
									WHIP*	0	0
									잔루율	0	0
									FIP*	0	0

홈 타율 0.269 원정 타율 0.267
VS. 좌타수 0.279   VS. 우투수 0.265
득점권 0.309 L/C 0.321
VS. 류현진 6타수 1안타 .167
VS. 오승환 1타수 1안타 1.000

PITCHING REPERTORY / VELOCITY km/h / MOVEMENT cm

구종	평균	전체	초구	2-2	좌타자	우타자	피타율	상하	좌우
포심패스트볼	149	53%	51%	53%	51%	55%	0.288	↑9	→10
투심/싱커	146	3%	3%	2%	5%	1%	0.500	↑21	→17
컷패스트볼	–	–	–	–	–	–	–		
슬라이더	141	17%	19%	17%	12%	22%	0.281	↑10	←7
커브	121	12%	5%	16%	11%	13%	0.200	↓24	→18
체인지업	131	15%	11%	11%	21%	9%	0.302	↑10	→21
스플리터	–	–	–	–	–	–	–		

2014년 신인드래프트에서 휴스턴으로부터 4라운드 지명을 받고 2015시즌 트레이드로 인해 오클랜드로 왔다. 2016년 6월 중순부터 하여 콜업되어 오클랜드의 선발 빈자리를 차지했다. 제구력은 문제가 있지만 대체적으로 위기관리 능력이 뛰어나다. 최고구속 153km/h, 평균구속은 패스트볼 140km/h 후반대의 포심과 변화구로서는 체인지업 슬라이더 커브를 구사한다. 구위나 구속보다는 구질로 높은 평가를 받는 투수다. 포심의 무브먼트 그리고 체인지업의 무브먼트가 좋다.

RP Santiago CASILLA NO.36
산티아고 카시아

우투우타   1980년 7월 25일   183cm, 95kg   *는 낮을수록 좋은 기록임

시즌	경기	이닝	피안타	피홈런	볼넷	탈삼진	승-패-세-홀	평균자책	구분	기록	MLB
2016	62	58.0	50	8	19	65	2-5-31-3	3.57	평균자책*	3.32	4.15
통산	566	555	476	50	235	504	38-26-127-88	3.19	탈삼진/9	10.09	8.1
									볼넷/9*	2.95	3.14
									탈삼진/볼넷	3.42	2.58
									피홈런/9*	1.24	1.17
									피안타율	0.230	0.252
									WHIP	1.19	1.32
									잔루율	81.2%	72.9%
									FIP*	3.94	4.24

PITCHING ZONE (좌타자·몸쪽 / 우타자·몸쪽)

PITCHING REPERTORY / VELOCITY km/h / MOVEMENT cm

구종	평균	전체	초구	2-2	좌타자	우타자	피타율	상하	좌우
포심패스트볼	151	22%	26%	15%	22%	22%	0.221	↑21	→15
투심/싱커	151	34%	42%	23%	32%	35%	0.308	↑15	→23
컷패스트볼	–								
슬라이더	143	17%	10%	27%	10%	22%	0.203	↑13	0
커브	130	24%	21%	35%	29%	21%	0.164	↓16	←16
체인지업	141	3%	2%	1%	7%	0%	0.200	↑12	→24
스플리터/기타									

홈 ERA 4.80 원정 ERA 2.25
VS. 좌타자 4.840 VS. 우타자 2.780
VS. 김현수 1타수 무안타
VS. 강정호 상대 없음
VS. 추신수 상대 없음

2016년 FA가 되면서 오클랜드로 이적하였다. 경기 후반을 책임지는 믿음직한 불펜투수. 150km/h 초중반의 무브먼트가 좋은 포심, 투심과 함께 슬라이더 커브를 던진다. 최고의 무기는 낙차 큰 커브로 타자 앞에서 갑자기 떨어지며 헛스윙을 유도한다. 하지만 커맨드의 기복이 심해 커맨드가 흔들리는 날엔 난타당하는 경우가 있다. 큰 경기에 강하다. 그러나 2016년 2승 5패 .357을 기록하며 부진한 한 해를 보냈다. 새로운 팀 오클랜드에서는 마무리를 맡을 가능성이 높다.

CL Ryan MADSON NO.44
라이언 매드슨

좌투양타   1980년 8월 28일   2m, 102kg   *는 낮을수록 좋은 기록임

시즌	경기	이닝	피안타	피홈런	볼넷	탈삼진	승-패-세-홀	평균자책	구분	기록	MLB
2016	63	64.2	63	7	20	49	6-7-30-3	3.62	평균자책*	3.62	4.15
통산	622	758	734	73	225	654	54-39-85-136	3.47	탈삼진/9	6.82	8.1
									볼넷/9*	2.78	3.14
									탈삼진/볼넷	2.45	2.58
									피홈런/9*	0.97	1.17
									피안타율	0.254	0.252
									WHIP	1.28	1.32
									잔루율	77.1%	72.9%
									FIP*	4.06	4.24

PITCHING ZONE

PITCHING REPERTORY / VELOCITY km/h / MOVEMENT cm

구종	평균	전체	초구	2-2	좌타자	우타자	피타율	상하	좌우
포심패스트볼	152	33%	34%	39%	32%	34%	0.200	↑24	→17
투심/싱커	151	25%	36%	9%	23%	27%	0.313	↑15	→23
컷패스트볼	145	14%	17%	8%	11%	17%	0.309	↑12	→1
슬라이더									
커브	131	3%	4%	3%	2%	3%	0.222	↓18	←7
체인지업	135	26%	10%	40%	33%	19%	0.170	↑16	→21
스플리터									

홈 ERA 2.41 원정 ERA 4.94
VS. 좌타자 4.400 VS. 우타자 2.910
VS. 김현수 1타수 무안타
VS. 강정호 1타수 1안타 1.000
VS. 추신수 1타수 1볼넷

2012년 토미존 수술을 받은 뒤 무려 3년의 공백기를 가졌다. 지난해 캔자스시티에서 재기에 성공한 뒤, 3년간 2200만 달러의 FA 계약을 맺고 오클랜드 유니폼을 입게 되었다. 여전히 최고구속 158km/h의 빠른 공을 던지며, 결정구는 체인지업이다. 커터도 함께 던진다. 제구에 자신감이 있어 체인지업을 우타자를 상대로도 과감하게 구사한다. 올해 두리틀에 앞서 등판하는 8회 셋업맨이 예상된다. 새로 영입한 카시아에게 마무리를 물려줄 수도 있다.

OAKLAND ATHLETICS

■ 타율 0.400 이상   ■ 0.300-0.399   ■ 0.200-0.299   ■ 0.100-0.199   ■ 타율 0.099 이하

C Stephen VOGT
스티븐 보트   **NO. 21**

우투좌타   1984년 11월 1일   183cm, 98kg   *는 낮을수록 좋은 기록임

시즌	타수	안타	홈런	타점	볼넷	도루	타율	출루율	장타율
2016	490	123	14	56	35	0	0.251	0.305	0.406
통산	1364	348	45	178	118	1	0.255	0.315	0.415

구분	기록	MLB
타율	0.251	0.255
출루율	0.305	0.322
장타율	0.406	0.417
볼넷%	6.6%	8.2%
삼진%*	15.6%	21.1%
볼넷 / 삼진	0.42	0.39
순장타율	0.155	0.162
BABIP	0.275	3.00
wOBA	0.305	0.318

VS. 패스트볼   VS. 변화구
좌타자   좌타자
*5타수 미만은 색을 표시하지 않음. ● ●: Ball zone

SPRAY ZONE
3
2   9
35%
29%   37%
홈런
타구분포 %

BATTED BALL
항목	비율
볼존 공격률	34%
S존 공격률	57%
볼존 컨택트율	72%
S존 컨택트율	91%
라인드라이브	23%
그라운드볼	30%
플라이볼	47%

DEFENSE
위치	자살	보살	실책	수비율
C	766	45	7	0.991
1B	1	0	0	1.000

홈 타율 0.245   원정 타율 0.255
VS. 좌투수 0.196   VS. 우투수 0.264
득점권 0.198   L/C 0.286
VS. 류현진 상대 없음
VS. 오승환 1타수 무안타

2015년 주전포수로 발돋움했다. 타격에서도 좋은 성적을 올리며 2년 연속 올스타전에도 출전했다. 20홈런도 가능한 펀치력을 갖고 있다. 선구안이 좋아 포수로선 타격의 정교함도 나쁘지 않다. 2016년 타격 쪽에서도 커리어하이인 123안타, 30 2루타, 46 장타를 기록하였다. 템파베이 시절만 해도 주목받는 선수는 아니었지만, 2013년 오클랜드 이적 후 기량이 만개하고 있다. 통산 34%의 도루 저지율은 준수하지만, 포구 능력 등 전체적으로 포수로서의 수비력은 떨어지는 편이다.

C Josh PHEGLEY
조시 페글리   **NO. 19**

우투우타   1988년 2월 12일   177cm, 104kg   *는 낮을수록 좋은 기록임

시즌	타수	안타	홈런	타점	볼넷	도루	타율	출루율	장타율
2016	78	20	1	10	5	0	0.256	0.314	0.372
통산	544	126	17	73	24	2	0.232	0.268	0.386

구분	기록	MLB
타율	0.256	0.255
출루율	0.314	0.322
장타율	0.372	0.417
볼넷%	5.8%	8.2%
삼진%*	15.1%	21.1%
볼넷 / 삼진	0.38	0.39
순장타율	0.115	0.162
BABIP	0.292	3
wOBA	0.300	0.318

VS. 패스트볼   VS. 변화구
우타자   우타자
*5타수 미만은 색을 표시하지 않음. ● ●: Ball zone

SPRAY ZONE
1
0   0
39%
39%   21%
홈런
타구분포 %

BATTED BALL
항목	비율
볼존 공격률	39%
S존 공격률	66%
볼존 컨택트율	63%
S존 컨택트율	91%
라인드라이브	20%
그라운드볼	39%
플라이볼	41%

DEFENSE
위치	자살	보살	실책	수비율
C	164	13	0	1.000
P	0	0	0	0.000

홈 타율 0.235   원정 타율 0.296
VS. 좌투수 0.250   VS. 우투수 0.262
득점권 0.250   L/C 0.500
VS. 류현진 상대 없음
VS. 오승환 상대 없음

2009년 화이트삭스에 지명되어 2013년 7월 15일 빅리그에 데뷔하였다. 콜업되자마자 첫 다섯 게임에서 3개의 홈런을 날리는 쇼크를 보여줬다. 그중 하나는 타이거즈 아니발 산체스 상대로 날린 결승 만루 홈런이었다. 그러나 깊은 인상을 주진 어려웠고 2015년 사마자 트레이드 때 오클랜드로 떠났다. 주로 백업포수로 활약을 하면서 2년간 2할 5푼대의 타격과 10개의 홈런, 44타점을 기록했다. 그러나 장타율은 메이저리그 평균치를 훨씬 뛰어넘는 .749/.686을 보여줬다.

OAKLAND ATHLETICS

■ 타율 0.400 이상   ■ 0.300–0.399   ■ 0.200–0.299   ■ 0.100–0.199   ■ 타율 0.099 이하

1B Yonder ALONSO NO.17
욘더 알론소

우투좌타   1987년 4월 8일   185cm, 100kg

*는 낮을수록 좋은 기록임

시즌	타수	안타	홈런	타점	볼넷	도루	타율	출루율	장타율	구분	기록	MLB
2016	482	122	7	56	45	3	0.253	0.316	0.367	타율	0.253	0.255
통산	2103	565	39	239	208	20	0.269	0.334	0.387	출루율	0.316	0.322
										장타율	0.367	0.417
										볼넷%	8.5%	8.2%
										삼진%*	13.9%	21.1%
										볼넷 / 삼진	0.61	0.39
										순장타율	0.114	0.162
										BABIP	0.284	3
										wOBA	0.299	0.318

VS. 패스트볼 VS. 변화구

*5타수 미만은 색을 표시하지 않았음. ● ●: Ball zone

SPRAY ZONE 1 — 36%, 0 — 25%, 6 — 40% 홈런 타구분포 %

BATTED BALL
항목	비율
볼존 공격률	27%
S존 공격률	67%
볼존 컨택트율	60%
S존 컨택트율	94%
라인드라이브	23%
그라운드볼	44%
플라이볼	33%

DEFENSE
위치	자살	보살	실책	수비율
1B	1155	70	4	0.997
3B	2	9	1	0.917

홈 타율 0.218 원정 타율 0.282
VS. 좌투수 0.227 VS. 우투수 0.257
득점권 0.269 L/C 0.286
vs. 류현진 6타수 1안타 .167
vs. 오승환 1타수 1안타 1.000

2015년 겨울 트레이드를 통해 오클랜드에 합류했다. 신시내티 마이너 시절 주목받는 유망주였다. 하지만 같은 포지션엔 조이 보토라는 거대한 벽이 버티고 있었고, 포지션 전향을 시도하며 2010년 빅리그에 데뷔했지만 이듬해 트레이드 카드로 활용되고 말았다. 2013년부터 지난해까지는 샌디에이고에서 활약해왔다. 1루 수비가 상당히 안정적이다. 하지만 1루수로서 육중한 체구에 어울리지 않는 빈약한 장타력이 그의 최대 난제다. 주전 1루수로선 공격력이 부족한 선수다.

2B Jed LOWRIE NO.08
제드 라우리

우투양타   1986년 5월 22일   178cm, 86kg

*는 낮을수록 좋은 기록임

시즌	타수	안타	홈런	타점	볼넷	도루	타율	출루율	장타율	구분	기록	MLB
2016	338	89	2	27	26	0	0.263	0.314	0.463	타율	0.263	0.255
통산	2821	727	67	341	287	7	0.258	.326	.322	0.4	출루율	0.314	0.322
										장타율	0.463	0.417
										볼넷%	7.0%	8.2%
										삼진%*	17.6%	21.1%
										볼넷 / 삼진	0.40	0.39
										순장타율	0.059	0.162
										BABIP	0.316	3
										wOBA	0.282	0.318

VS. 패스트볼 VS. 변화구

*5타수 미만은 색을 표시하지 않았음. ● ●: Ball zone

SPRAY ZONE 0 — 31%, 0 — 34%, 2 — 35% 홈런 타구분포 %

BATTED BALL
항목	비율
볼존 공격률	30%
S존 공격률	62%
볼존 컨택트율	77%
S존 컨택트율	88%
라인드라이브	26%
그라운드볼	43%
플라이볼	32%

DEFENSE
위치	자살	보살	실책	수비율
2B	141	235	6	0.984
SS	0	1	0	1.000

홈 타율 0.245 원정 타율 0.279
VS. 좌투수 0.298 VS. 우투수 0.252
득점권 0.281 L/C 0.263
VS. 류현진 상대 없음
VS. 오승환 상대 없음

2008년 보스턴에서 데뷔했다. 이후 트레이드와 FA 계약을 통해 휴스턴과 오클랜드를 두 차례씩 오가는 흥미로운 행보를 걷고 있다. 30개의 2루타를 기대할 수 있는 갭 파워를 지니고 있다. 하지만 최근 전체적인 공격력은 하락세다. 지난해는 손가락 부상으로 많은 경기에 결장했다. 수비에서는 가치가 있어, 1루를 제외한 내야의 전 포지션 소화가 가능해 오클랜드의 팀 색깔과도 들어맞는다. 빈번한 선수 이동이 이뤄지는 팀의 특성상, 구단에서는 그에게 클럽하우스 리더 역할도 기대하고 있다.

OAKLAND ATHLETICS

■ 타율 0.400 이상 ■ 0.300-0.399 ■ 0.200-0.299 ■ 0.100-0.199 ■ 타율 0.099 이하

3B Trevor PLOUFFE
트레버 플루프 NO.03

우투우타 1986년 6월 15일 188cm, 98kg

*는 낮을수록 좋은 기록임

시즌	타수	안타	홈런	타점	볼넷	도루	타율	출루율	장타율	구분	기록	MLB
2016	319	83	12	47	19	1	0.260	0.303	0.420	타율	0.260	0.255
통산	2638	651	96	357	218	11	0.247	0.303	0.42	출루율	0.303	0.322
										장타율	0.420	0.417
										볼넷%	5.5%	8.2%
										삼진%*	17.4%	21.1%
										볼넷/삼진	0.32	0.39
										순장타율	0.160	0.162
										BABIP	0.284	3
										wOBA	0.311	0.318

VS. 패스트볼 / 우타자
VS. 변화구 / 우타자
*5타수 미만은 색을 표시하지 않았음. ●●● : Ball zone

SPRAY ZONE: 8 / 2 / 42% / 34% / 24% / 홈런 타구분포 %

BATTED BALL
항목	비율
볼존 공격률	26%
S존 공격률	64%
볼존 컨택트율	68%
S존 컨택트율	87%
라인드라이브	20%
그라운드볼	42%
플라이볼	38%

DEFENSE
위치	자살	보살	실책	수비율
1B	106	10	1	0.991
3B	31	114	6	0.960

홈 타율 0.267 원정 타율 0.252
VS. 좌투수 0.240 VS. 우투수 0.266
득점권 0.233 L/C 0.344
VS. 류현진 상대 없음
VS. 오승환 상대 없음

2010년 메이저리그에 데뷔했다. 2016년까지 7시즌 모두 미네소타에서 뛴 플루프는 통산 723경기 타율 2할4푼7리 651안타 96홈런 357타점 OPS .727을 기록했다. 2012년 홈런 24개를 터뜨리며 미네소타 주전 3루수로 발돋움한 플루프는 2015년에도 홈런 22개를 쏘아 올리며 장타력을 발휘했다. 왼손 투수를 공략할 수 있는 우타자로 기대하고 있다. 통산 타율과 OPS가 우투수(.239-.697)보다 좌투수(.268-.809) 상대로 월등히 좋다. 지난해 데뷔한 힐리와 경쟁에 나선다.

SS Marcus SEMIEN
마커스 세미엔 NO.10

우투우타 1990년 9월 17일 185cm, 88kg

*는 낮을수록 좋은 기록임

시즌	타수	안타	홈런	타점	볼넷	도루	타율	출루율	장타율	구분	기록	MLB
2016	568	135	27	75	51	10	0.238	0.300	0.435	타율	0.238	0.255
통산	1424	350	50	155	115	26	0.246	0.302	0.412	출루율	0.300	0.322
										장타율	0.435	0.417
										볼넷%	8.2%	8.2%
										삼진%*	22.4%	21.1%
										볼넷/삼진	0.37	0.39
										순장타율	0.197	0.162
										BABIP	0.268	3
										wOBA	0.315	0.318

VS. 패스트볼 / 우타자
VS. 변화구 / 우타자
*5타수 미만은 색을 표시하지 않았음. ●●● : Ball zone

SPRAY ZONE: 19 / 8 / 0 / 42% / 35% / 22% / 홈런 타구분포 %

BATTED BALL
항목	비율
볼존 공격률	27%
S존 공격률	64%
볼존 컨택트율	61%
S존 컨택트율	85%
라인드라이브	18%
그라운드볼	39%
플라이볼	43%

DEFENSE
위치	자살	보살	실책	수비율
SS	235	477	21	0.971

홈 타율 0.235 원정 타율 0.240
VS. 좌투수 0.257 VS. 우투수 0.231
득점권 0.290 L/C 0.206
VS. 류현진 상대 없음
VS. 오승환 1타수 무안타

오클랜드의 주전 유격수다. 2013년 화이트삭스에서 데뷔했으며, 지난해부터 오클랜드에서 뛰고 있다. 2015년 리그 3위에 해당하는 99개의 병살타 처리에 성공했으나, 메이저리그 전체에서 가장 많은 35번의 실책을 기록하는 불명예를 안기도 했다. 시즌이 말로 갈수록 개선의 여지도 보였으나, 향후 계속해서 유격수 자리를 지킬 수 있을지 불투명하다. 타석에서는 좌완에 대단히 강점이 있으며, 두 자릿수 홈런이 충분한 펀치력도 갖추고 있다. 유격수로는 드물게 27개(2016년)의 홈런을 쳤다.

LF Khris DAVIS
크리스 데이비스 NO.02

우투우타 1987년 12월 21일 177cm, 88kg   *는 낮을수록 좋은 기록임

시즌	타수	안타	홈런	타점	볼넷	도루	타율	출루율	장타율	구분	기록	MLB
2016	555	137	42	102	42	1	0.247	0.307	0.524	타율	0.247	0.255
통산	1584	394	102	264	129	14	0.249	0.312	0.504	출루율	0.307	0.322
										장타율	0.524	0.417
										볼넷%	6.9%	8.2%
										삼진%*	27.2%	21.1%
										볼넷 / 삼진	0.25	0.39
										순장타율	0.277	0.162
										BABIP	0.270	3
										wOBA	0.349	0.318

홈 타율 0.230 원정 타율 0.262
VS. 좌투수 0.267 VS. 우투수 0.241
득점권 0.243 L/C 0.215
VS. 류현진 상대 없음
VS. 오승환 상대 없음

SPRAY ZONE
18
13 11
39% 36% 25%
홈런
타구분포 %

BATTED BALL
항목	비율
볼존 공격률	31%
S존 공격률	74%
볼존 컨택트율	51%
S존 컨택트율	76%
라인드라이브	17%
그라운드볼	43%
플라이볼	40%

DEFENSE
위치	자살	보살	실책	수비율
LF	159	4	5	0.970

2009년 밀워키에서 7라운드 226번째로 지명되어 2013년 4월 1일 빅리그에 데뷔하였다. 2016년 오클랜드로 이적하여 8할대의 장타력을 뿜어내고 있다. Khris 데이비스(.247 .307 .524 42홈런)는 볼티모어 Chris 데이비스(.221 .332 .459 38홈런)와의 데이비스 대결에서 승리. 데이비스보다 더 많은 홈런을 날린 오클랜드 선수들은 마크 맥과이어(1987년 49개, 1996년 52개) 레지 잭슨(1969년 47개) 호세 칸세코(1991년 44개) 제이슨 지암비(2000년 43개) 4명뿐이다.

CF Rajai DAVIS
라자이 데이비스 NO.11

우투우타 1980년 10월 19일 177cm, 88kg   *는 낮을수록 좋은 기록임

시즌	타수	안타	홈런	타점	볼넷	도루	타율	출루율	장타율	구분	기록	MLB
2016	454	113	12	48	33	43	0.249	0.306	0.388	타율	0.249	0.255
통산	3687	983	55	353	228	365	0.267	0.314	0.387	출루율	0.306	0.322
										장타율	0.388	0.417
										볼넷%	6.7%	8.2%
										삼진%*	21.4%	21.1%
										볼넷 / 삼진	0.31	0.39
										순장타율	0.139	0.162
										BABIP	0.299	3
										wOBA	0.302	0.318

홈 타율 0.279 원정 타율 0.221
VS. 좌투수 0.235 VS. 우투수 0.258
득점권 0.283 L/C 0.207
vs. 류현진 2타수 2안타 1.000
vs. 오승환 상대 없음

SPRAY ZONE
1
11 0
44% 31% 25%
홈런
타구분포 %

BATTED BALL
항목	비율
볼존 공격률	32%
S존 공격률	71%
볼존 컨택트율	55%
S존 컨택트율	89%
라인드라이브	19%
그라운드볼	45%
플라이볼	36%

DEFENSE
위치	자살	보살	실책	수비율
CF	151	5	3	0.981
LF	83	4	2	0.978
RF	1	0	0	1.000

오클랜드 어슬레틱스와 1년 600만 달러 계약에 했다. 데이비스는 2016시즌 클리블랜드 인디언스 소속으로 타율 .249 12홈런 48타점 43도루 OPS .693을 기록했다. 특히 홈런 부문에서 자신의 커리어 최다 기록을 경신했다. 포스트시즌에서도 극적인 한 방으로 이름을 알렸다. 시카고 컵스와의 월드시리즈 7차전에 나선 데이비스는 8회 아롤디스 채프먼을 상대해 동점 투런포를 작렬했다. 클리블랜드는 데이비스의 홈런에 힘입어 연장 10회까지 가는 접전을 펼칠 수 있었다.

OAKLAND ATHLETICS

■ 타율 0.400 이상 ■ 0.300-0.399 ■ 0.200-0.299 ■ 0.100-0.199 ■ 타율 0.099 이하

RF	**Matt JOYCE**	NO.23
	맷 조이스	

우투좌타   1984년 8월 3일   188cm, 93kg   *는 낮을수록 좋은 기록임

시즌	타수	안타	홈런	타점	볼넷	도루	타율	출루율	장타율	구분	기록	MLB
2016	231	56	13	42	59	1	0.242	0.403	0.463	타율	0.242	0.255
통산	2660	645	104	376	388	30	0.242	0.341	0.429	출루율	0.403	0.322

장타율	0.463 / 0.417
볼넷%	20.1% / 8.2%
삼진%*	22.9% / 21.1%
볼넷 / 삼진	0.88 / 0.39
순장타율	0.221 / 0.162
BABIP	0.285 / 3
wOBA	0.375 / 0.318

VS. 패스트볼   VS. 변화구   좌타자
*5타수 미만은 색을 표시하지 않았음. ● ● ● : Ball zone

SPRAY ZONE
6
3   4
21% 32% 47%
홈런 타구분포 %

BATTED BALL
항목	비율
볼존 공격률	17%
S존 공격률	63%
볼존 컨택트율	44%
S존 컨택트율	78%
라인드라이브	18%
그라운드볼	46%
플라이볼	36%

DEFENSE
위치	자살	보살	실책	수비율
RF	55	0	0	1.000
LF	26	1	0	1.000

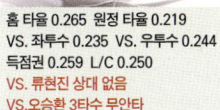
홈 타율 0.265 원정 타율 0.219
VS. 좌투수 0.235 VS. 우투수 0.244
득점권 0.259 L/C 0.250
VS. 류현진 상대 없음
VS. 오승환 3타수 무안타

FA로 오클랜드와 계약했다. 2008년 빅리그에 데뷔했고, 2016년 9년차 시즌을 보냈다. 2008년 디트로이트에서 데뷔했지만, 2009년부터 2014년까지 탬파베이에서 뛰었다. 2015년은 LA 에인절스, 2016년은 피츠버그 소속이었다. 커리어 하이 시즌은 2011년 141경기에서 타율 0.277, 19홈런 75타점, OPS 0.825를 기록했다. 오클랜드에서도 플래툰으로 나설 전망이다. 좌완 상대 타율 0.235, 1홈런 5타점을 기록하고, 우완 상대로는 타율 0.244, 12홈런 37타점을 기록했다.

DH	**Ryon HEALY**	NO.21
	라이언 힐리	

우투우타   1992년 1월 10일   197cm, 102kg   *는 낮을수록 좋은 기록임

시즌	타수	안타	홈런	타점	볼넷	도루	타율	출루율	장타율	구분	기록	MLB
2016	269	82	13	37	12	0	0.305	0.337	0.524	타율	0.305	0.255
통산	269	82	13	37	12	0	0.305	0.337	0.524	출루율	0.337	0.322

장타율	0.524 / 0.417
볼넷%	4.2% / 8.2%
삼진%*	21.2% / 21.1%
볼넷 / 삼진	0.20 / 0.39
순장타율	0.219 / 0.162
BABIP	0.352 / 3
wOBA	0.364 / 0.318

VS. 패스트볼   VS. 변화구   우타자
*5타수 미만은 색을 표시하지 않았음. ● ● ● : Ball zone

SPRAY ZONE
3
10   0
42% 34% 24%
홈런 타구분포 %

BATTED BALL
항목	비율
볼존 공격률	33%
S존 공격률	57%
볼존 컨택트율	62%
S존 컨택트율	89%
라인드라이브	20%
그라운드볼	42%
플라이볼	39%

DEFENSE
위치	자살	보살	실책	수비율
3B	42	144	9	0.954

홈 타율 0.281 원정 타율 0.328
VS. 좌투수 0.313 VS. 우투수 0.302
득점권 0.316 L/C 0.313
VS. 류현진 상대 없음
VS. 오승환 1타수 무안타

2013년 오클랜드 3라운드 100번째로 지명받아 2016년 7월 15일 빅리그에 데뷔하였다. 성적은 269타석 82안타, 13홈런 타율 .305를 기록했다. 강력한 피지컬과 원천 파워를 가지고 있다. 하지만 짧은 라인드라이브 타구를 날리기 위한 스윙을 하고 있으며, 그래서 신체 사이즈를 걸맞는 큰 타구를 잘 보여주지 못하고 있다. 직구와 변화구 모두에 효율적으로 대응한다. 타격에서 괜찮은 재능을 가지고 있는 것으로 보이며, 현 시점에서 힐리는 꽉찬 B등급 유망주로 평가될 수 있다.

SEATTLE
MARINERS

오랜 시간 포스트시즌 진출을 이루지 못했다. 2017시즌만큼은 가을야구를 하고 싶다. 빼앗긴 들에도 봄은 올 것인가?

TEAM IMFORMATION

창단 : 1977년
이전 연고지 : -
월드시리즈 우승 : 0회
AL 우승 : 0회
디비전 우승 : 3회
와일드카드 진출 : 1회
구단주 : 존 스탠턴(BCS 대표)
감독 : 스캇 서베이스
단장 : 제리 디포토

FRANCHISE

UNIFORM

Home / Away

Alternate

SEATTLE MARINERS

MANAGER

Scott Servais

생년월일 : 1967년 6월 4일
출생지 : 라크로스(위스콘신)
MLB 감독 경력 : 올해로 2년째
시애틀(2016년~)
정규시즌 통산 : 86승 76패 승률 0.531
포스트시즌 통산 : -

LINE-UP

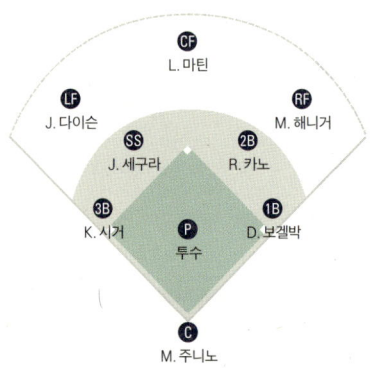

ROTATION		BATTING	
SP	F. 에르난데스	1	L. 마틴
SP	H. 이와쿠마	2	J. 세구라
SP	J. 팩스턴	3	R. 카노
SP	D. 심리	4	A. 벨트레
SP	Y. 가야르도	5	N. 크루즈
		6	K. 시거
BULLPEN		7	M. 해니거
RP	N. 빈센트	8	M. 주니노
RP	M. 잽진스키	9	D. 보겔박
RP	D. 알타비아		
RP	E. 스크리브너	UTILITY PLAYERS	
RP	S. 시몬스	IF	S. 오말리
RP	A. 미란다	IF	T. 모토
CL	E. 디아스	OF	G. 에레디아
		OF	B. 가멜

BALL PARK : Safeco Field

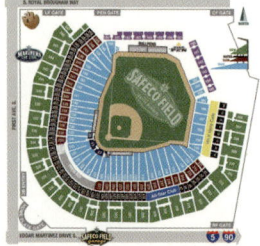

주소 : 1516 First Avenue South Seattle, Washington
펜스 거리 : 왼쪽 101m, 좌중간 115m, 중앙 122m,
우중간 116m, 오른쪽 99m
펜스 높이 : 전 구간 2.4m로 통일
최초공식경기 : 1997년 3월 8일
잔디 : 켄터키 블루그래스(천연잔디)
수용 인원 : 4만 7,574명
홈팀 덕아웃 : 1루
파크팩터 : 0.878(MLB 27위)

간절한 가을야구
16년 만의 포스트시즌을 노린다

2016 리뷰
마지막까지 와일드카드 진출의 끈을 놓지 않았던 시애틀은 아쉽게도, 마지막 두 경기를 모두 한 점 차로 졌다(토론토-볼티모어 89승, 시애틀 86승). 1승 차로 포스트시즌을 놓쳤던 2014년(87승)만큼이나 아쉬운 시즌이었다. 초반 홈 5연패를 당하며 출발은 좋지 않았지만 5월 초 지구 1위로 치고나왔다. 특히 6월 3일 샌디에이고 펫코파크에서 2-12로 뒤지던 경기를 이대호의 대타 스리런 홈런에 힘입어 16-13으로 역전시키는 놀라운 투혼을 보여주었다. 그러나 그 이후 내리막길을 걷기 시작했다. 특히 불펜의 4명(시섹, 빈센트, 페랄타, 누노)이 너무 많은 등판에 혹사를 당해 차례로 무너지면서 역전패를 당하는 게임이 늘어났다. 결정적인 잘못된 트레이드로 좌완 마이크 몽고메리를 컵스로 보냈다. 몽고메리의 빈자리를 카미네로와 스토렌이 막기에는 역부족이었다. 그러나 타격에서는 카노가 데뷔 후 가장 많은 홈런을 때려냈다(.298 .350 .533 39홈런 103타점). 또한 카일 시거는 홈런수를 6년 연속으로 늘리고 마침내 30홈런(99타점) 타자가 됐다. 초보감독 서비스의 혹독한 신고식을 치른 한해였다.

2017 프리뷰
팀의 에이스 펠릭스 에르난데스가 부상을 당하면서 두 달간 전력에 차질을 드러냈다. 두 달을 쉬고 돌아와서는 더 좋지 못했다(15경기 7승 4패 4.48). 에르난데스는 2014년 148km/h에서 패스트볼 평균구속이 145km/h로 더 떨어졌다. 에르난데스가 마지막 7경기(2승 4패 6.06)에서 자신의 역할을 했더라면 시애틀은 가을야구를 했을지도 모른다. 2선발 이와쿠마는 16승 12패 4.12로 선전했다. 그러나 기대를 모았던 팩스턴은 6승 7패 3.79로 평범한 성적에 그쳤다. 나머지 선발 심리 7승 12패 4.88과 가야르도 6승 8패 5.42의 부진이 아쉬웠다. 다른 팀에 비해 강력한 선발진을 구성하지 못한 것이 2017시즌을 불안하게 만든다. 불펜 또한 강력한 투수진을 만들지 못했다. 유망주 에드윈 디아즈를 클로저로 쓰기에는 불안감이 상존한다. 155km/h의 강력한 직구를 보유하고 있지만 경험이 일천하다는 것이 문제다. 공격에서는 카노, 크루즈, 시거로 이어지는 타선은 막강하지만 새로 영입한 유격수 세구라와 1루수 사고뭉치 발렌시아가 어느 정도 활약할지 궁금하다. 전반적으로 와일드카드를 다툴 전력은 구비했다.

SEATTLE MARINERS

SQUAD LIST
*선수 명단은 2017년 3월 16일 기준 (source : ESPN)

투수

번호	이름	위치	투	타	나이	출생지
53	Dan Altavilla	RP	R	R	24	McKeesport, PA
31	Steve Cishek	RP	R	R	30	Falmouth, MA
62	Zac Curtis	RP	L	L	24	Panama City Beach, FL
39	Edwin Diaz	RP	R	R	22	Humacao, Puerto Rico
38	Casey Fien	RP	R	R	33	Santa Rosa, CA
68	Paul Fry	RP	L	L	24	Pontiac, MI
49	Yovani Gallardo	SP	R	R	31	Michoacan, Mexico
34	Felix Hernandez	SP	R	R	30	Valencia, Venezuela
32	Chris Heston	SP	R	R	28	Palm Bay, FL
18	Hisashi Iwakuma	SP	R	R	35	Tokyo, Japan
37	Ariel Miranda	SP	L	L	28	Havana, Cuba
65	James Paxton	SP	L	L	28	Ladner, Canada
47	James Pazos	RP	L	R	25	Gilbert, AZ
25	Marc Rzepczynski	RP	L	L	31	Oak Lawn, IL
58	Evan Scribner	RP	R	R	31	New Milford, CT
59	Shae Simmons	RP	R	R	26	Cape Girardeau, MO
33	Drew Smyly	SP	L	L	27	Little Rock, AR
40	Thyago Vieira	RP	R	R	24	Sao Paulo, Brazil
50	Nick Vincent	RP	R	R	30	Poway, CA
63	Rob Whalen	RP	R	R	23	Stroudsburg, PA
55	Tony Zych	RP	R	R	26	Hazel Crest, IL

포수

번호	이름	위치	투	타	나이	출생지
7	Tuffy Gosewisch	C	R	R	33	Freeport, IL
52	Carlos Ruiz	C	R	R	38	David, Panama
3	Mike Zunino	C	R	R	25	Cape Coral, FL

내야

번호	이름	위치	투	타	나이	출생지
22	Robinson Cano	2B	R	L	34	San Pedro de Macoris, Dominican Republic
6	Mike Freeman	2B	R	L	29	Orlando, FL
36	Shawn O'Malley	SS	R	B	29	Richland, WA
28	D.J. Peterson	3B	R	R	25	Chandler, AZ
15	Kyle Seager	3B	R	L	29	Charlotte, NC
2	Jean Segura	SS	R	R	26	San Juan, Dominican Republic
26	Danny Valencia	3B	R	R	32	Miami, FL
20	Dan Vogelbach	1B	R	L	24	Orlando, FL

외야

번호	이름	위치	투	타	나이	출생지
1	Jarrod Dyson	CF	R	L	32	Mccomb, MS
16	Ben Gamel	RF	L	L	24	Neptune Beach, FL
17	Mitch Haniger	CF	R	R	26	Mountain View, CA
5	Guillermo Heredia	LF	L	R	26	Matanzas, Cuba
12	Leonys Martin	CF	R	L	28	Villa Clara, Cuba
21	Taylor Motter	RF	R	R	27	West Palm Beach, FL
8	Boog Powell	CF	L	L	24	Irvine, CA

지명타자

번호	이름	위치	투	타	나이	출생지
23	Nelson Cruz	DH	R	R	36	Las Matas de Santa Cruz, Dominican Republic

SUMMARY

우타자	좌타자	스위치	우투수	좌투수	평균나이	최연소	최연장
10명	8명	1명	14명	7명	28.2세	22세	38세

SEATTLE MARINERS

2017 REGULAR SEASON SCHEDULE

■ 는 홈경기, 시간은 미국 동부시간 기준

날짜	상대팀	경기시간	날짜	상대팀	경기시간	날짜	상대팀	경기시간
Mon, 4/3	Houston Astros	PM 5:10	Wed, 6/7	Minnesota Twins	PM 7:10	Sun, 8/13	Los Angeles Angels	PM 1:10
Tue, 4/4	Houston Astros	PM 5:10	Thu, 6/8	Minnesota Twins	PM 7:10	Mon, 8/14	Baltimore Orioles	PM 7:10
Wed, 4/5	Houston Astros	PM 5:10	Fri, 6/9	Toronto Blue Jays	PM 7:10	Tue, 8/15	Baltimore Orioles	PM 7:10
Thu, 4/6	Houston Astros	PM 5:10	Sat, 6/10	Toronto Blue Jays	PM 7:10	Wed, 8/16	Baltimore Orioles	PM 12:40
Fri, 4/7	Los Angeles Angels	PM 7:07	Sun, 6/11	Toronto Blue Jays	PM 1:10	Fri, 8/18	Tampa Bay Rays	PM 7:10
Sat, 4/8	Los Angeles Angels	PM 7:07	Mon, 6/12	Minnesota Twins	PM 5:10	Sat, 8/19	Tampa Bay Rays	PM 3:10
Sun, 4/9	Los Angeles Angels	PM 12:37	Tue, 6/13	Minnesota Twins	PM 5:10	Sun, 8/20	Tampa Bay Rays	AM 10:10
Mon, 4/10	Houston Astros	PM 2:10	Wed, 6/14	Minnesota Twins	PM 5:10	Mon, 8/21	Atlanta Braves	PM 4:35
Tue, 4/11	Houston Astros	PM 7:10	Thu, 6/15	Minnesota Twins	AM 10:10	Tue, 8/22	Atlanta Braves	PM 4:35
Wed, 4/12	Houston Astros	PM 7:10	Fri, 6/16	Texas Rangers	PM 5:05	Wed, 8/23	Atlanta Braves	PM 4:35
Fri, 4/14	Texas Rangers	PM 7:10	Sat, 6/17	Texas Rangers	PM 7:10	Fri, 8/25	New York Yankees	PM 4:05
Sat, 4/15	Texas Rangers	PM 6:10	Sun, 6/18	Texas Rangers	PM 12:05	Sat, 8/26	New York Yankees	AM 10:05
Sun, 4/16	Texas Rangers	PM 1:10	Mon, 6/19	Detroit Tigers	PM 7:10	Sun, 8/27	New York Yankees	AM 10:05
Mon, 4/17	Miami Marlins	PM 7:10	Tue, 6/20	Detroit Tigers	PM 7:10	Mon, 8/28	Baltimore Orioles	PM 4:05
Tue, 4/18	Miami Marlins	PM 7:10	Wed, 6/21	Detroit Tigers	PM 7:10	Tue, 8/29	Baltimore Orioles	PM 4:05
Wed, 4/19	Miami Marlins	PM 12:10	Thu, 6/22	Detroit Tigers	PM 7:10	Wed, 8/30	Baltimore Orioles	PM 12:05
Thu, 4/20	Oakland Athletics	PM 7:05	Fri, 6/23	Houston Astros	PM 7:10	Fri, 9/1	Oakland Athletics	PM 7:10
Fri, 4/21	Oakland Athletics	PM 7:05	Sat, 6/24	Houston Astros	PM 7:10	Sat, 9/2	Oakland Athletics	PM 6:10
Sat, 4/22	Oakland Athletics	PM 1:05	Sun, 6/25	Houston Astros	PM 1:10	Sun, 9/3	Oakland Athletics	PM 1:10
Sun, 4/23	Oakland Athletics	PM 1:05	Tue, 6/27	Philadelphia Phillies	PM 7:10	Mon, 9/4	Houston Astros	PM 3:40
Tue, 4/25	Detroit Tigers	PM 4:10	Wed, 6/28	Philadelphia Phillies	PM 12:40	Tue, 9/5	Houston Astros	PM 7:10
Wed, 4/26	Detroit Tigers	PM 4:10	Fri, 6/30	Los Angeles Angels	PM 7:07	Wed, 9/6	Houston Astros	PM 7:10
Thu, 4/27	Detroit Tigers	AM 10:10	Sat, 7/1	Los Angeles Angels	PM 7:07	Fri, 9/8	Los Angeles Angels	PM 7:10
Fri, 4/28	Cleveland Indians	PM 4:10	Sun, 7/2	Los Angeles Angels	PM 12:37	Sat, 9/9	Los Angeles Angels	PM 6:10
Sat, 4/29	Cleveland Indians	PM 1:10	Mon, 7/3	Kansas City Royals	PM 7:10	Sun, 9/10	Los Angeles Angels	PM 1:10
Sun, 4/30	Cleveland Indians	AM 10:10	Tue, 7/4	Kansas City Royals	PM 3:40	Mon, 9/11	Texas Rangers	PM 5:05
Tue, 5/2	Los Angeles Angels	PM 7:10	Wed, 7/5	Kansas City Royals	PM 8:10	Tue, 9/12	Texas Rangers	PM 5:05
Wed, 5/3	Los Angeles Angels	PM 7:10	Thu, 7/6	Oakland Athletics	PM 7:10	Wed, 9/13	Texas Rangers	PM 5:05
Thu, 5/4	Los Angeles Angels	PM 7:10	Fri, 7/7	Oakland Athletics	PM 7:10	Thu, 9/14	Texas Rangers	PM 5:05
Fri, 5/5	Texas Rangers	PM 7:10	Sat, 7/8	Oakland Athletics	PM 7:10	Fri, 9/15	Houston Astros	PM 5:10
Sat, 5/6	Texas Rangers	PM 6:10	Sun, 7/9	Oakland Athletics	PM 1:10	Sat, 9/16	Houston Astros	PM 4:10
Sun, 5/7	Texas Rangers	PM 1:10	Fri, 7/14	Chicago White Sox	PM 5:10	Sun, 9/17	Houston Astros	AM 11:10
Tue, 5/9	Philadelphia Phillies	PM 4:05	Sat, 7/15	Chicago White Sox	PM 4:10	Tue, 9/19	Texas Rangers	PM 7:10
Wed, 5/10	Philadelphia Phillies	AM 10:05	Sun, 7/16	Chicago White Sox	AM 11:10	Wed, 9/20	Texas Rangers	PM 7:10
Thu, 5/11	Toronto Blue Jays	PM 4:07	Mon, 7/17	Houston Astros	PM 5:10	Thu, 9/21	Texas Rangers	PM 7:10
Fri, 5/12	Toronto Blue Jays	PM 4:07	Tue, 7/18	Houston Astros	PM 5:10	Fri, 9/22	Cleveland Indians	PM 7:10
Sat, 5/13	Toronto Blue Jays	PM 1:07	Wed, 7/19	Houston Astros	AM 11:10	Sat, 9/23	Cleveland Indians	PM 1:10
Sun, 5/14	Toronto Blue Jays	AM 10:07	Thu, 7/20	New York Yankees	PM 7:10	Sun, 9/24	Cleveland Indians	PM 1:10
Mon, 5/15	Oakland Athletics	PM 7:10	Fri, 7/21	New York Yankees	PM 7:10	Mon, 9/25	Oakland Athletics	PM 7:05
Tue, 5/16	Oakland Athletics	PM 7:10	Sat, 7/22	New York Yankees	PM 6:10	Tue, 9/26	Oakland Athletics	PM 7:05
Wed, 5/17	Oakland Athletics	PM 7:10	Sun, 7/23	New York Yankees	PM 1:10	Wed, 9/27	Oakland Athletics	PM 12:35
Thu, 5/18	Chicago White Sox	PM 7:10	Mon, 7/24	Boston Red Sox	PM 7:10	Fri, 9/29	Los Angeles Angels	PM 7:07
Fri, 5/19	Chicago White Sox	PM 7:10	Tue, 7/25	Boston Red Sox	PM 7:10	Sat, 9/30	Los Angeles Angels	PM 6:07
Sat, 5/20	Chicago White Sox	PM 12:40	Wed, 7/26	Boston Red Sox	PM 12:40	Sun, 10/1	Los Angeles Angels	PM 12:07
Sun, 5/21	Chicago White Sox	PM 1:10	Fri, 7/28	New York Mets	PM 7:10			
Tue, 5/23	Washington Nationals	PM 4:05	Sat, 7/29	New York Mets	PM 7:10			
Wed, 5/24	Washington Nationals	PM 4:05	Sun, 7/30	New York Mets	PM 1:10			
Thu, 5/25	Washington Nationals	PM 1:05	Mon, 7/31	Texas Rangers	PM 5:05			
Fri, 5/26	Boston Red Sox	PM 4:10	Tue, 8/1	Texas Rangers	PM 5:05			
Sat, 5/27	Boston Red Sox	PM 1:05	Wed, 8/2	Texas Rangers	PM 5:05			
Sun, 5/28	Boston Red Sox	AM 10:35	Thu, 8/3	Kansas City Royals	PM 5:15			
Mon, 5/29	Colorado Rockies	PM 12:10	Fri, 8/4	Kansas City Royals	PM 5:15			
Tue, 5/30	Colorado Rockies	PM 4:10	Sat, 8/5	Kansas City Royals	PM 4:15			
Wed, 5/31	Colorado Rockies	PM 7:10	Sun, 8/6	Kansas City Royals	AM 11:15			
Thu, 6/1	Colorado Rockies	PM 12:40	Tue, 8/8	Oakland Athletics	PM 7:05			
Fri, 6/2	Tampa Bay Rays	PM 7:10	Wed, 8/9	Oakland Athletics	PM 12:35			
Sat, 6/3	Tampa Bay Rays	PM 7:10	Thu, 8/10	Los Angeles Angels	PM 7:10			
Sun, 6/4	Tampa Bay Rays	PM 1:10	Fri, 8/11	Los Angeles Angels	PM 7:10			
Tue, 6/6	Minnesota Twins	PM 7:10	Sat, 8/12	Los Angeles Angels	PM 6:10			

SEATTLE MARINERS

■ 15% 이상   ■ 12~14%   ■ 9~11%   ■ 6~8%   ■ 3~5%   □ 2% 이하

홈 ERA 3.93   원정 ERA 3.67
VS. 좌타자 3.310   VS. 우타자 4.220
VS. 김현수 상대 없음
VS. 강정호 3타수 1안타 .333
VS. 추신수 47타수 11안타 1홈런 .234

SP Felix HERNANDEZ
펠릭스 에르난데스   NO. 34

우투우타   1986년 4월 8일   190cm, 102kg   *는 낮을수록 좋은 기록임

시즌	경기	이닝	피안타	피홈런	볼넷	탈삼진	승-패-세-홀	평균자책	구분	기록	MLB
2016	25	153.1	138	19	65	122	11-8-0-0	3.82	평균자책*	3.82	4.15
통산	359	2415.2	2157	203	695	2264	154-109-0-0	3.16	탈삼진 / 9	7.16	8.10
									볼넷 / 9*	3.82	3.14
									탈삼진 / 볼넷	1.88	2.58
									피홈런 / 9*	1.12	1.17
									피안타율*	0.238	0.252
									WHIP*	1.32	1.32
									잔루율	73.5%	72.9%
									FIP*	4.63	4.24

PITCHING ZONE

PITCHING REPERTORY / VELOCITY km/h   **MOVEMENT** cm

구종	평균	전체	초구	2-2	좌타자	우타자	피안타율	상하	좌우
포심패스트볼	147	16%	13%	27%	18%	14%	0.246	↑19	→8
투심 / 싱커	147	28%	42%	8%	29%	27%	0.307	↑14	→20
컷패스트볼	146	1%	1%	2%	1%	1%	0.214	↑11	→4
슬라이더	136	6%	10%	2%	0%	11%	0.321	↓3	←5
커브	129	21%	19%	24%	27%	16%	0.176	↓18	←17
체인지업	141	28%	15%	38%	25%	31%	0.209	↑2	→16
스플리터	–	–	–	–	–	–	–		

시애틀의 독보적인 에이스. 2010년 리그 사이영상 수상자다. 최근 7년 연속 두 자릿수 승수와 8년 연속 200이닝 돌파에 성공하고 있다. 통산 2264개의 탈삼진은 현역선수 중 3위의 기록이다. 데뷔 초반에는 160km/h에 육박하는 강속구 투수였지만 구속감소가 시작되면서 체인지업 투수로 변신에 성공했다. 평균 148km/h의 싱커와 패스트볼, 체인지업, 커브가 위력적이다. 그러나 2015년 2016년 해가 갈수록 방어율이 치솟고 구위도 떨어지고 있다. 에이스다운 압도적인 모습이 필요하다.

홈 ERA 4.29   원정 ERA 3.97
VS. 좌타자 4.340   VS. 우타자 3.930
VS. 김현수 3타수 1안타 .333
VS. 강정호 상대 없음
VS. 추신수 17타수 4안타 .235

SP IWAKUMA Hisashi
이와쿠마 히사시   NO. 18

우투우타   1981년 4월 12일   190cm, 95kg   *는 낮을수록 좋은 기록임

시즌	경기	이닝	피안타	피홈런	볼넷	탈삼진	승-패-세-홀	평균자책	구분	기록	MLB
2016	33	199.0	218	5	46	147	16-12-0-0	4.12	평균자책*	4.12	4.15
통산	144	852.2	798	13	173	698	63-37-2-0	3.39	탈삼진 / 9	6.65	8.10
									볼넷 / 9*	2.08	3.14
									탈삼진 / 볼넷	3.2	2.58
									피홈런 / 9*	1.27	1.17
									피안타율*	0.278	0.252
									WHIP*	1.33	1.32
									잔루율	75.7%	72.9%
									FIP*	4.27	4.24

PITCHING ZONE

PITCHING REPERTORY / VELOCITY km/h   **MOVEMENT** cm

구종	평균	전체	초구	2-2	좌타자	우타자	피안타율	상하	좌우
포심패스트볼	144	23%	27%	30%	23%	21%	0.191	↑21	→16
투심 / 싱커	143	27%	28%	11%	24%	26%	0.354	↑11	→24
컷패스트볼	135	5%	11%	11%	12%	12%	0.262	↑12	→20
슬라이더	130	16%	14%	12%	8%	17%	0.279	↑4	←9
커브	116	6%	6%	13%	6%	12%	0.284	↓10	←20
체인지업	–	–	–	–	–	–	–		
스플리터	136	23%	7%	33%	23%	18%	0.224	↑2	→20

1년 계약을 맺고 팀에 잔류했다. 2016년 199이닝을 소화하며, 16승 12패. 412를 기록했다. 평균 143km/h의 패스트볼 등 구속은 빠르지 않다. 하지만 정교한 제구를 앞세워 공격적인 투구로 상대를 압박한다. 주무기는 스플리터며, 슬라이더 커브도 곁들인다. 문제는 내구성. 잔부상이 많으며, 팔꿈치 상태에 대한 우려도 꾸준히 제기되고 있다. 시애틀이 올 시즌 이후 2년간 베스팅 옵션의 조건을 연간 162이닝으로 정한 것도 이 같은 연유에서다. 그러나 2016시즌을 잘 마감하였다.

SEATTLE MARINERS

SP James PAXTON
제임스 팩스턴
NO.65

좌투좌타 1988년 11월 6일 193cm, 100kg

*는 낮을수록 좋은 기록임

시즌	경기	이닝	피안타	피홈런	볼넷	탈삼진	승-패-세-홀	평균자책	구분	기록	MLB
2016	20	121.0	134	9	24	117	6-7-0-0	3.79	평균자책*	3.79	4.15
통산	50	286	276	22	89	253	18-15-0-0	3.43	탈삼진 / 9	8.70	8.1
									볼넷 / 9*	1.79	3.14
									탈삼진 / 볼넷	4.88	2.58
									피홈런 / 9*	0.67	1.17
									피안타율	0.276	0.252
									WHIP*	1.31	1.32
									잔루율	66.3%	72.9%
									FIP*	2.8	4.24

PITCHING REPERTORY / VELOCITY km/h **MOVEMENT** cm

구종	평균	전체	초구	2-2	좌타자	우타자	피타율	상하	좌우
포심패스트볼	154	63%	70%	51%	61%	63%	0.300	↑24	←19
투심 / 싱커	155	3%	2%	2%	0%	3%	0.294	↑19	←26
컷패스트볼	144	12%	9%	17%	21%	9%	0.190	↑9	←4
슬라이더	–	–	–	–	–	–	–		
커브	132	14%	10%	25%	16%	13%	0.195	↓11	→3
체인지업	140	9%	9%	4%	1%	11%	0.308	↑15	←19
스플리터	–	–	–	–	–	–	–		

홈 ERA 3.56 원정 ERA 3.99
VS. 좌타자 2.370 VS. 우타자 4.060
VS. 김현수 상대 없음
VS. 강정호 2타수 무안타
VS. 추신수 5타수 3안타 .600

전도유망한 좌완 선발이다. 2013년 데뷔했다. 2014년 어깨, 2015년은 손가락 부상에 발목이 잡혔다. 오른팔을 높게 치켜 올리는 독특한 투구폼을 갖고 있다. 최고구속 157km/h까지 나오는 빠른 공이 매력적인 선수. 2016년 121이닝을 던지는 동안 22.9%의 탈삼진율, 4.7%의 볼넷 허용률을 기록했다. 앞선 2년과 비교하면 이닝은 2배로 늘고, 탈삼진 비율은 조금 올랐는데 볼넷 허용은 반으로 줄었다. 구속을 유지하고 두 번째 구종을 제대로 장착한다면 더 좋은 투수가 될 것이다.

SP Yovani GALLARDO
요바니 가야르도
NO.49

우투우타 1986년 2월 27일 188cm, 93kg

*는 낮을수록 좋은 기록임

시즌	경기	이닝	피안타	피홈런	볼넷	탈삼진	승-패-세-홀	평균자책	구분	기록	MLB
2016	23	118.0	126	16	61	200	6-8-0-0	5.42	평균자책*	5.42	4.15
통산	270	1591.2	1525	167	603	2122	108-83-0-0	3.79	탈삼진 / 9	6.48	8.1
									볼넷 / 9*	4.65	3.14
									탈삼진 / 볼넷	1.39	2.58
									피홈런 / 9*	1.22	1.17
									피안타율	0.272	0.252
									WHIP*	1.58	1.32
									잔루율	68.8%	72.9%
									FIP*	5.04	4.24

PITCHING REPERTORY / VELOCITY km/h **MOVEMENT** cm

구종	평균	전체	초구	2-2	좌타자	우타자	피타율	상하	좌우
포심패스트볼	146	31%	31%	38%	32%	31%	0.257	↑27	→5
투심 / 싱커	146	23%	23%	19%	18%	27%	0.260	↑22	→13
컷패스트볼	–	–	–	–	–	–	–		
슬라이더	141	29%	27%	25%	27%	30%	0.323	↑11	←8
커브	127	12%	14%	14%	14%	10%	0.217	↓14	→9
체인지업	136	5%	5%	4%	9%	2%	0.269	↑18	→18
스플리터	–	–	–	–	–	–	–		

홈 ERA 4.47 원정 ERA 6.22
VS. 좌타자 6.080 VS. 우타자 4.920
VS. 김현수 상대 없음
VS. 강정호 2타수 무안타
VS. 추신수 5타수 3안타 .600

요바니 가야르도는 2007년 밀워키에서 데뷔하였다. 2015년 텍사스로 트레이드되었고, 2016년 볼티모어를 거쳐, 2017년 시애틀로 이적했다. 2009시즌부터 6시즌 연속 180이닝, 2011~2012시즌 2000이닝을 소화하는 등 내구성은 뛰어나나, 에이스가 되기엔 다소 높은 ERA를 기록하고 있다. 2009~2012시즌 4년 연속 200K를 돌파하며 뛰어난 탈삼진 능력을 선보였으나, 이마저도 2013시즌 이후 낮아지고 있다. 꾸준히 선발 등판할 경우 200이닝은 소화할 수 있는 이닝이터다.

SEATTLE MARINERS

■ 15% 이상   ■ 12–14%   ■ 9–11%   ■ 6–8%   ■ 3–5%   □ 2% 이하

SP Ariel MIRANDA
아리엘 미란다
NO.37

좌투좌타　1989년 1월 10일　188cm, 86kg　　*는 낮을수록 좋은 기록임

시즌	경기	이닝	피안타	피홈런	볼넷	탈삼진	승-패-세-홀	평균자책	구분	기록	MLB
2016	12	58.0	47	12	18	44	5-2-0-0	3.88	평균자책*	3.88	4.15
통산	12	58	47	12	18	44	5-2-0-0	3.88	탈삼진 / 9	6.83	8.1
									볼넷 / 9*	2.79	3.14
									탈삼진 / 볼넷	2.44	2.58
									피홈런 / 9*	1.86	1.17
									피안타율*	0.220	0.252
									WHIP*	1.12	1.32
									잔루율	76.8%	72.9%
									FIP*	5.25	4.24

PITCHING ZONE (좌타자·몸쪽 / 우타자·몸쪽)

PITCHING REPERTORY / VELOCITY km/h　MOVEMENT cm

구종	평균	전체	초구	2-2	좌타자	우타자	피안타율	상하	좌우
포심패스트볼	148	58%	75%	28%	54%	59%	0.265	↑26	←22
투심 / 싱커	148	1%	1%	0%	2%	0%	1.000	↑20	←25
컷패스트볼	–	–	–	–	–	–	–	–	–
슬라이더	130	3%	2%	5%	8%	2%	0.000	↑10	←6
커브	–	–	–	–	–	–	–	–	–
체인지업	134	23%	21%	11%	20%	23%	0.205	↑22	←26
스플리터	130	16%	1%	56%	16%	16%	0.169	↑9	←16

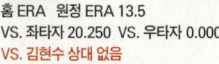

홈 ERA　원정 ERA 13.5
VS. 좌타자 20.250 VS. 우타자 0.000
VS. 김현수 상대 없음
VS. 강정호 상대 없음
VS. 추신수 상대 없음

2016년 7월 3일 빅리그에 데뷔한 좌완 쿠바 출신 선수다. 미란다는 2016년 8월 1일 볼티모어 오리올스에 합류한 웨이드 마일리의 반대급부로 시애틀에 합류하게 됐다. 시애틀의 선발투수 제임스 팩스턴이 팔꿈치 멍 부상으로 빠지고 있는 가운데 미란다가 2번째 임시 선발 등판을 통하여 2016년 8월 5일 경기에서 6이닝 2실점 8피안타의 피칭을 선보였으나 팀이 3-2로 지며 패전투수가 됐다. 140km/h 후반대의 포심패스트볼과 주무기인 체인지업, 슬라이더와 위력적인 스플리터를 구사한다.

RP Steve CISHEK
스티브 시섹
NO.31

우투우타　1986년 6월 18일　198cm, 98kg　　*는 낮을수록 좋은 기록임

시즌	경기	이닝	피안타	피홈런	볼넷	탈삼진	승-패-세-홀	평균자책	구분	기록	MLB
2016	62	64.0	44	8	21	76	4-6-0-9	2.81	평균자책*	2.81	4.15
통산	373	377	310	22	140	408	21-26-0-31	2.82	탈삼진 / 9	10.69	8.1
									볼넷 / 9*	2.95	3.14
									탈삼진 / 볼넷	3.62	2.58
									피홈런 / 9*	1.13	1.17
									피안타율*	0.189	0.252
									WHIP*	1.02	1.32
									잔루율	83.0%	72.9%
									FIP*	3.57	4.24

PITCHING ZONE (좌타자·몸쪽 / 우타자·몸쪽)

PITCHING REPERTORY / VELOCITY km/h　MOVEMENT cm

구종	평균	전체	초구	2-2	좌타자	우타자	피안타율	상하	좌우
포심패스트볼	147	4%	2%	2%	7%	2%	0.217	↑13	→19
투심 / 싱커	147	48%	50%	32%	50%	46%	0.255	↑3	→26
컷패스트볼	146	2%	0%	1%	0%	3%	–	↑14	→12
슬라이더	128	45%	48%	61%	40%	50%	0.182	↓3	←18
커브	128	1%	0%	3%	0%	1%	0.000	0	←17
체인지업	134	0%	0%	0%	0%	0%	0.000	↑5	→25
스플리터	134	0%	0%	0%	0%	0%	0.667	↑4	→26

홈 ERA 2.53　원정 ERA 3.09
VS. 좌타자 1.650 VS. 우타자 3.680
VS. 김현수 상대 없음
VS. 강정호 1타수 무안타
VS. 추신수 2타수 1안타 .500

2년간 1000만 달러의 계약을 맺고 팀에 합류했다. 2013-2014년 73세이브를 올렸지만, 지난해 최악의 부진으로 마이너 강등과 트레이드라는 시련을 맞이했다. 사이드암과 스리쿼터 사이의 팔각도를 가지고 있다. 평균 146km/h의 싱커를 던지며, 슬라이더가 결정구다. 2015년 두 구종 모두 1.6km/h의 구속 감소가 있었다. 제구도 흔들렸으며, 슬라이더의 커맨드를 잡지 못했다. 2016년 시애틀에서 마무리투수로 활약하면서 나름대로 준수한 성적을 올렸다.

SEATTLE MARINERS

| 15% 이상 | 12-14% | 9-11% | 6-8% | 3-5% | 2% 이하 |

RP Evan SCRIBNER 에반 스크리브너   NO.58

우투우타 1985년 7월 19일 190cm, 86kg   *는 낮을수록 좋은 기록임

시즌	경기	이닝	피안타	피홈런	볼넷	탈삼진	승-패-세-홀	평균자책	구분	기록	MLB
2016	12	14.0	5	0	2	200	0-0-0-3	0.00	평균자책*	0.00	4.15
통산	137	161.2	148	24	29	2122	5-2-1-12	3.84	탈삼진 / 9	9.64	8.1
									볼넷 / 9*	1.29	3.14
									탈삼진 / 볼넷	7.5	2.58
									피홈런 / 9*	0	1.17
									피안타율	0.109	0.252
									WHIP*	0.5	1.32
									잔루율	100.0%	72.9%
									FIP*	1.65	4.24

PITCHING REPERTORY / VELOCITY km/h / MOVEMENT cm

구종	평균	전체	초구	2-2	좌타자	우타자	피타율	상하	좌우
포심패스트볼	147	50%	58%	40%	57%	45%	0.207	↑29	→10
투심 / 싱커	–	–	–	–	–	–	–		
컷패스트볼	–	–	–	–	–	–	–		
슬라이더	140	21%	18%	22%	7%	31%	0.283	↑16	←5
커브	117	29%	24%	37%	36%	24%	0.228	↓28	←20
체인지업	133	0%	0%	1%	0%	0%	0.000	↑10	→24
스플리터	–	–	–	–	–	–	–		

홈 ERA 0.00 원정 ERA 0
VS. 좌타자 0.000 VS. 우타자 0.000
VS. 김현수 상대 없음
VS. 강정호 상대 없음
VS. 추신수 5타수 2안타 1홈런 .400

시애틀이 2015년 12월 트레이드를 통해 영입했다. 2011년 샌디에이고에서 데뷔했으며, 2015년까지 오클랜드에서 활약해 왔다. 평균 146km/h의 패스트볼과 커터 그리고 커브를 섞어 던진다. 제구가 상당히 안정되어 있는 선수. 2016년 부상으로 14이닝만을 소화했다. 성적은 승패 없이 방어율 0.00을 기록했다. 2015년 9이닝당 2.1개의 피홈런은 60이닝 이상 던진 투수 중 가장 많은 숫자로, 빈번한 실투가 문제였다. 등판마다 요동치는 경기력의 편차도 고민해봐야 한다.

RP Chris HESTON 크리스 헤스턴   NO.32

우투우타 1988년 4월 10일 191cm, 88kg   *는 낮을수록 좋은 기록임

시즌	경기	이닝	피안타	피홈런	볼넷	탈삼진	승-패-세-홀	평균자책	구분	기록	MLB
2016	12	58.0	47	12	18	44	5-2-0-0	3.88	평균자책*	3.88	4.15
통산	12	58	47	12	18	44	5-2-0-0	3.88	탈삼진 / 9	5.40	8.1
									볼넷 / 9*	10.80	3.14
									탈삼진 / 볼넷	0.5	2.58
									피홈런 / 9*	0	1.17
									피안타율	0.391	0.252
									WHIP*	3	1.32
									잔루율	60.0%	72.9%
									FIP*	5.55	4.24

PITCHING REPERTORY / VELOCITY km/h / MOVEMENT cm

구종	평균	전체	초구	2-2	좌타자	우타자	피타율	상하	좌우
포심패스트볼	144	6%	2%	10%	5%	7%	0.389	↑17	→14
투심 / 싱커	144	54%	58%	47%	54%	54%	0.271	↑9	→24
컷패스트볼	–	–	–	–	–	–	–		
슬라이더	124	14%	15%	12%	2%	24%	0.231	↑2	→19
커브	120	14%	14%	19%	16%	12%	0.153	↓13	→21
체인지업	133	12%	10%	12%	23%	2%	0.253	↑5	→22
스플리터	–	–	–	–	–	–	–		

홈 ERA 원정 ERA 13.5
VS. 좌타자 20.250 VS. 우타자 0.000
VS. 김현수 상대 없음
VS. 강정호 상대 없음
VS. 추신수 1타수 무안타

2009년 드래프트 12라운드 지명되어 샌프란시스코에서 2014년 메이저리그에 데뷔했다. 2016년 겨울 시애틀로 이적했다. 2015년 선발 로테이션에서 31경기를 뛰며 12승 11패 평균자책점 3.95를 기록했다. 2015년 6월 9일 뉴욕 메츠와의 원정 경기에서는 9이닝 3볼넷 11탈삼진 무실점으로 노히터를 기록했다. 헤스턴은 지난해 선발 한 자리를 맡아줄 것으로 기대되었으나, 부상으로 ML에서 5이닝밖에 던지지 못했다. 141km/h의 싱커볼이 주무기이다. 또한 낙차 큰 커브가 일품이다.

SEATTLE MARINERS

■ 15% 이상 ■ 12–14% ■ 9–11% ■ 6–8% ■ 3–5% □ 2% 이하

홈 ERA 2.63 원정 ERA 2.96
VS. 좌타자 2.860 VS. 우타자 2.730
VS. 김현수 1타수1안타 1.000
VS. 강정호 상대 없음
VS. 추신수 상대 없음

Edwin DIAZ
에드윈 디아스

CL NO.39

우투우타   1994년 3월 22일   191cm, 75kg

*는 낮을수록 좋은 기록임

시즌	경기	이닝	피안타	피홈런	볼넷	탈삼진	승-패-세-홀	평균자책	구분	기록	MLB
2016	4	51.2	45	5	15	88	0-4-18-13	2.79	평균자책*	2.79	4.15
통산	4	51.2	45	5	15	88	0-4-18-13	2.79	탈삼진/9	15.33	8.1
									볼넷/9*	2.61	3.14
									탈삼진/볼넷	5.87	2.58
									피홈런/9*	0.87	1.17
									피안타율	0.226	0.252
									WHIP*	1.16	1.32
									잔루율	83.9%	72.9%
									FIP*	2.04	4.24

PITCHING ZONE (좌타자·몸쪽 / 우타자·몸쪽)

PITCHING REPERTORY / VELOCITY km/h / **MOVEMENT** cm

구종	평균	전체	초구	2-2	좌타자	우타자	피타율	상하	좌우
포심패스트볼	156	68%	76%	47%	79%	58%	0.292	↑22	→19
투심/싱커	–	–	–	–	–	–	–		
컷패스트볼	–	–	–	–	–	–	–		
슬라이더	139	32%	23%	53%	21%	41%	0.141	↑4	←3
커브	–	–	–	–	–	–	–		
체인지업	143	0%	0%	0%	0%	0%	0.000	↑15	→21
스플리터	–	–	–	–	–	–	–		

푸에르토리코 출신의 디아스는 2012년 신인드래프트에서 3라운드 전체 98순위로 뽑힌 후 2016년 6월 7일 빅리그 데뷔전을 치렀다. 이날 7회초 낯선 투수의 강속구 쇼에 기립박수를 보냈다. 직구 최고구속은 약 162.5km다. 한가운데로 공이 가도, 칠 수가 없었다. 그렇게 힘들어 던지는 것 같지도 않았는데, 투구 과정에서의 밸런스와 리듬이 매우 부드러웠다. 여기에 140km 초반대의 직구 같은 체인지업이 간간이 섞여 들어오니 타자들은 속수무책이었다. 차기 시애틀의 마무리투수다.

홈 타율 0.228 원정 타율 0.188
VS. 좌투수 0.200 VS. 우투수 0.210
득점권 0.256 L/C 0.227
VS. 류현진 상대 없음
VS. 오승환 상대 없음

Mike ZUNINO
마이크 주니노

C NO.03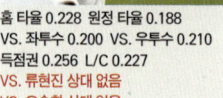

우투우타   1991년 3월 25일   188cm, 104kg

*는 낮을수록 좋은 기록임

시즌	타수	안타	홈런	타점	볼넷	도루	타율	출루율	장타율	구분	기록	MLB
2016	164	34	12	31	21	0	0.207	0.318	0.470	타율	0.207	0.255
통산	1125	219	50	133	75	1	0.195	0.262	0.37	출루율	0.318	0.322
										장타율	0.470	0.417
										볼넷%	10.9%	8.2%
										삼진%*	33.9%	21.1%
										볼넷/삼진	0.32	0.39
										순장타율	0.262	0.162
										BABIP	0.250	3.00
										wOBA	0.338	0.318

VS. 패스트볼 (우타자)   VS. 변화구 (우타자)

*5타수 미만은 색을 표시하지 않았음. ●●●● : Ball zone

SPRAY ZONE
3 / 7 / 2
45% / 33% / 22%
홈런 타구분포 %

BATTED BALL

항목	비율
볼존 공격률	28%
S존 공격률	69%
볼존 컨택트율	46%
S존 컨택트율	74%
라인드라이브	18%
그라운드볼	29%
플라이볼	53%

DEFENSE

위치	자살	보살	실책	수비율
C	400	15	0	1.000

2012년 시애틀에 1라운드 3번째로 지명받을 만큼 유망주였다. 그리고 2013년 6월 12일 빅리그에 데뷔하였다. 4시즌 동안 .195/.262/.370 홈런 50개를 기록했다. 주니노는 파워에서는 인정을 받았으나, 선구안이 떨어져 삼진(1,125타석에서 404 삼진)을 많이 당한다. 타율 또한 1할 후반대를 유지하고 있다. 수비에서는 기민한 포구동작과 평균 정도의 어깨 능력 그리고 평균 이상의 송구 능력을 갖고 있다. 전반적으로 포구 능력과 투수를 리드하는 능력이 뛰어나다.

SEATTLE MARINERS

C Carlos RUIZ
카를로스 루이스   NO.52

우투우타   1979년 1월 22일   177cm, 98kg   *는 낮을수록 좋은 기록임

시즌	타수	안타	홈런	타점	볼넷	도루	타율	출루율	장타율	구분	기록	MLB
2016	201	53	3	15	27	3	0.264	0.365	0.348	타율	0.264	0.255
통산	3414	908	68	404	389	24	0.266	0.352	0.393	출루율	0.365	0.322
										장타율	0.348	0.417
										볼넷%	11.6%	8.2%
										삼진%*	14.2%	21.1%
										볼넷 / 삼진	0.82	0.39
										순장타율	0.085	0.162
										BABIP	0.303	0.3
										wOBA	0.321	0.318

SPRAY ZONE: 3 / 0 / 0 — 36% / 35% / 29% (홈런 타구분포 %)

BATTED BALL
항목	비율
볼존 공격률	19%
S존 공격률	55%
볼존 컨택트율	68%
S존 컨택트율	94%
라인드라이브	21%
그라운드볼	46%
플라이볼	33%

DEFENSE
위치	자살	보살	실책	수비율
C	466	44	4	0.992

홈 타율 0.333 원정 타율 0.238
VS. 좌투수 0.308 VS. 우투수 0.200
득점권 0.182 L/C 0.350
VS. 류현진 4타수 1안타 .250
VS. 오승환 상대 없음

2006년 필라델피아에서 빅리그에 데뷔했지만 1,083경기 중 다저스에서 뛴 14경기를 제외한 1,069경기를 필라델피아에서 뛴 루이스는 빅리그 통산 .266/.352/.393, 68홈런 404타점을 기록 중이다. 루이스는 클레이튼 커쇼의 단짝인 A.J. 엘리스와 트레이드로 필라델피아 필리스를 떠나 다저스 유니폼을 입었다. 좌완 상대 능력과 경험을 높게 샀다. 다저스에서 14경기에 출전해 .278/.350/.333, 3타점을 기록했고 포스트시즌에서는 7경기에 나서 .273/.333/.636, 1홈런 4타점으로 활약했다.

1B Danny VALENCIA
대니 발렌시아   NO.26

우투우타   1984년 9월 19일   194cm, 95kg   *는 낮을수록 좋은 기록임

시즌	타수	안타	홈런	타점	볼넷	도루	타율	출루율	장타율	구분	기록	MLB
2016	471	135	17	51	41	1	0.287	0.346	0.446	타율	0.287	0.255
통산	2258	613	72	303	155	8	0.271	0.317	0.43	출루율	0.346	0.322
										장타율	0.446	0.417
										볼넷%	7.9%	8.2%
										삼진%*	22.2%	21.1%
										볼넷 / 삼진	0.36	0.39
										순장타율	0.159	0.162
										BABIP	0.346	0.3
										wOBA	0.342	0.318

SPRAY ZONE: 8 / 4 / 5 — 40% / 34% / 26% (홈런 타구분포 %)

BATTED BALL
항목	비율
볼존 공격률	30%
S존 공격률	61%
볼존 컨택트율	48%
S존 컨택트율	87%
라인드라이브	23%
그라운드볼	45%
플라이볼	32%

DEFENSE
위치	자살	보살	실책	수비율
1B	134	9	1	0.993
3B	41	122	13	0.926
LF	2	0	0	1.000
RF	65	6	0	1.000

홈 타율 0.260 원정 타율 0.317
VS. 좌투수 0.318 VS. 우투수 0.275
득점권 0.265 L/C 0.264
VS. 류현진 상대 없음
VS. 오승환 상대 없음

클럽하우스에서 다툼으로 오클랜드에서 2016년 130경기에서 타율 2할8푼7리, 17홈런 51타점을 기록했다. 주 포지션은 3루수지만, 시애틀에서는 주로 1루수나 우익수로 출전할 것으로 보인다. 발렌시아는 지난해 우투수를 상대로 타율 2할7푼5리로 나쁘지 않았고, 342타수 동안 10홈런을 날렸다. 하지만 좌투수를 상대로는 더 강했다. 타율이 3할1푼8리로 높았던 동시에 홈런도 129타수 동안 7개를 기록해 좌투수 킬러의 면모를 과시했다. 결국 이대호는 시애틀과 결별의 수순을 밟았다.

SEATTLE MARINERS

■ 타율 0.400 이상 ■ 0.300-0.399 ■ 0.200-0.299 ■ 0.100-0.199 ■ 타율 0.099 이하

2B Robinson CANÓ 로빈슨 카노   NO.22

우투좌타   1982년 10월 22일   183cm, 95kg

*는 낮을수록 좋은 기록임

시즌	타수	안타	홈런	타점	볼넷	도루	타율	출루율	장타율
2016	655	195	39	103	47	0	0.298	0.350	0.533
통산	7210	2210	278	1086	501	50	0.307	0.355	0.498

구분	기록	MLB
타율	0.298	0.255
출루율	0.350	0.322
장타율	0.533	0.417
볼넷%	6.6%	8.2%
삼진%*	14.0%	21.1%
볼넷 / 삼진	0.47	0.39
순장타율	0.235	0.162
BABIP	0.299	0.3
wOBA	0.370	0.318

VS. 패스트볼 / VS. 변화구

*5타수 미만은 색을 표시하지 않았음.   ●: Ball zone

SPRAY ZONE
12
5   35%   22
26%   39%
홈런
타구분포 %

BATTED BALL

항목	비율
볼존 공격률	39%
S존 공격률	67%
볼존 컨택트율	72%
S존 컨택트율	92%
라인드라이브	18%
그라운드볼	46%
플라이볼	36%

DEFENSE

위치	자살	보살	실책	수비율
2B	311	429	3	0.996

홈 타율 0.272 원정 타율 0.323
VS. 좌투수 0.275 VS. 우투수 0.312
득점권 0.230 L/C 0.211
VS. 류현진 2타수 무안타
VS. 오승환 1타수 무안타

현역 최고의 2루수 중 한 명이다. 뉴욕 양키스 팜 출신으로 2005년도에 빅리그에 데뷔해 5번의 실버 슬러거 2번의 골든글러브 등 공수 양면에서 활약했고 지금까지의 통산 타율이 3할을 넘고 매년 20개가 넘는 홈런을 기대할 수 있는 로빈슨 카노는 2014년 시애틀로 10년간의 2억 4,000만 달러라는 초대형 계약을 맺었다. 2015년 컨디션의 저하로 부진(.267/.334/.446 21홈런)을 겪었으나 2016시즌에는 .298/.350/.533, 39홈런을 기록하면서 한물갔다는 세간의 인식을 불식시켰다.

3B Kyle SEAGER 카일 시거   NO.15

우투좌타   1987년 11월 3일   183cm, 95kg

*는 낮을수록 좋은 기록임

시즌	타수	안타	홈런	타점	볼넷	도루	타율	출루율	장타율
2016	597	166	30	99	69	3	0.278	0.359	0.499
통산	3201	851	126	437	0	41	0.266	0.334	0.446

구분	기록	MLB
타율	0.278	0.255
출루율	0.359	0.322
장타율	0.499	0.417
볼넷%	10.2%	8.2%
삼진%*	16.0%	21.1%
볼넷 / 삼진	0.64	0.39
순장타율	0.221	0.162
BABIP	0.295	0.3
wOBA	0.363	0.318

VS. 패스트볼 / VS. 변화구

*5타수 미만은 색을 표시하지 않았음.   ●: Ball zone

SPRAY ZONE
7
1   32%   22
28%   40%
홈런
타구분포 %

BATTED BALL

항목	비율
볼존 공격률	28%
S존 공격률	60%
볼존 컨택트율	66%
S존 컨택트율	91%
라인드라이브	22%
그라운드볼	36%
플라이볼	42%

DEFENSE

위치	자살	보살	실책	수비율
3B	110	373	22	0.956

홈 타율 0.277 원정 타율 0.279
VS. 좌투수 0.227 VS. 우투수 0.307
득점권 0.310 L/C 0.227
VS. 류현진 상대 없음
VS. 오승환 상대 없음

시애틀의 주전 3루수. 다저스 코리 시거의 형이다. 2011년 데뷔했으며, 풀타임으로 활약한 이듬해부터 4년 연속 20홈런 고지를 밟고 있다. 그의 나이와 세이프코 필드에서 뛰고 있음을 감안하면 미래가 더욱 기대되는 선수다. 시애틀은 그가 연봉조정자격 신청을 갖추자마자 지난해부터 시작된 7년간 1억 달러의 장기 계약으로 일찌감치 붙들어 맸다. 2016년 최고의 한 해를 보냈다. 큰 기복 없이 꾸준한 활약을 펼치며 팬들의 신뢰를 쌓고 있다. 수비 범위는 넓지 않지만 3루 수비도 뛰어난 편이다.

SEATTLE MARINERS

277

■ 타율 0.400 이상   ■ 0.300-0.399   ■ 0.200-0.299   ■ 0.100-0.199   ■ 타율 0.099 이하

SS Jean SEGURA
진 세구라   NO. 02

우투우타   1990년 3월 17일   177cm, 93kg   *는 낮을수록 좋은 기록임

시즌	타수	안타	홈런	타점	볼넷	도루	타율	출루율	장타율	구분	기록	MLB
2016	637	203	20	64	39	33	0.319	0.368	0.499	타율	0.319	0.255
통산	2449	685	43	208	118	129	0.280	0.319	0.396	출루율	0.368	0.322

VS. 패스트볼 / VS. 변화구 (우타자)

	기록	MLB
장타율	0.499	0.417
볼넷%	5.6%	8.2%
삼진%*	14.6%	21.1%
볼넷/삼진	0.39	0.39
순장타율	0.181	0.162
BABIP	0.353	0.3
wOBA	0.371	0.318

*5타수 미만은 색을 표시하지 않았음. ●●● : Ball zone

SPRAY ZONE
8: 36%   9: 31%   3: 32%
홈런 타구분포 %

BATTED BALL
항목	비율
볼존 공격률	31%
S존 공격률	62%
볼존 컨택트율	72%
S존 컨택트율	91%
라인드라이브	19%
그라운드볼	53%
플라이볼	28%

DEFENSE
위치	자살	보살	실책	수비율
2B	219	382	9	0.985
SS	22	46	1	0.986

홈 타율 0.325   원정 타율 0.312
VS. 좌투수 0.275   VS. 우투수 0.333
득점권 0.281   L/C 0.227
VS. 류현진 3타수 무안타
VS. 오승환 1타수 무안타

리드오프형 타자. 2013년엔 무려 44개의 도루를 기록했다. 많은 장타를 기대하긴 힘들지만 3할을 칠 수 있는 정확함을 가졌다. 2012년 LA 에인절스에서 빅리그에 데뷔했고, 지난해 1월 트레이드로 애리조나로 향했고, 올겨울 다시 트레이드로 시애틀 유니폼을 입었다. 지난해 애리조나에서 153경기에 출전해 .319/.368/.499, 20홈런 64타점 33도루를 기록하며 생애 최고 시즌을 보냈다. 빅리그 5시즌 통산 632경기에 출전했고 .280/.319/.396, 43홈런 208타점 129도루를 기록 중이다.

OF Jarrod DYSON
제로드 다이슨   NO. 01

우투좌타   1984년 8월 15일   177cm, 75kg   *는 낮을수록 좋은 기록임

시즌	타수	안타	홈런	타점	볼넷	도루	타율	출루율	장타율	구분	기록	MLB
2016	299	83	1	25	26	30	0.278	0.340	0.388	타율	0.278	0.255
통산	1365	355	7	101	126	176	0.260	0.325	0.353	출루율	0.340	0.322

VS. 패스트볼 / VS. 변화구 (좌타자)

	기록	MLB
장타율	0.388	0.417
볼넷%	7.7%	8.2%
삼진%*	11.6%	21.1%
볼넷/삼진	0.67	0.39
순장타율	0.110	0.162
BABIP	0.315	0.3
wOBA	0.316	0.318

*5타수 미만은 색을 표시하지 않았음. ●●● : Ball zone

SPRAY ZONE
0: 39%   0: 26%   1: 35%
홈런 타구분포 %

BATTED BALL
항목	비율
볼존 공격률	22%
S존 공격률	66%
볼존 컨택트율	71%
S존 컨택트율	94%
라인드라이브	20%
그라운드볼	56%
플라이볼	24%

DEFENSE

위치	자살	보살	실책	수비율
CF	132	4	1	0.993
LF	27	0	0	1.000
RF	37	5	1	0.977

홈 타율 0.299   원정 타율 0.258
VS. 좌투수 0.379   VS. 우투수 0.267
득점권 0.311   L/C 0.238
VS. 류현진 상대 없음
VS. 오승환 상대 없음

2010년 데뷔 후 정규시즌 대주자로 출장한 87경기에서 42도루(11실패) 31득점을 올렸다. 다이슨의 존재는 큰 무대에서 더 두드러졌다. 2014년 캔자스시티가 와일드카드 결정전에서 9회말 극적인 동점을 만들 수 있었던 것은 대주자로 나온 다이슨의 공이 컸다(희생번트 2루→3루 도루→희생플라이 득점). 2015년 포스트시즌에서도 모두가 대주자로 나와 내야진을 뒤흔드는 다이슨에 집중했다. 빠른 발로 상대 배터리를 교란시킬 뿐만 아니라 빼어난 수비로 공수에서 큰 보탬이 됐다.

SEATTLE MARINERS

■ 타율 0.400 이상   ■ 0.300-0.399   ■ 0.200-0.299   ■ 0.100-0.199   ■ 타율 0.099 이하

CF Leonys MARTIN   NO. 12
레오니스 마틴

우투좌타   1988년 3월 6일   188cm, 86kg   *는 낮을수록 좋은 기록임

시즌	타수	안타	홈런	타점	볼넷	도루	타율	출루율	장타율
2016	518	128	15	47	44	24	0.247	0.306	0.378
통산	1850	467	35	167	131	69	0.252	0.305	0.366

구분	기록	MLB
타율	0.247	0.255
출루율	0.306	0.322
장타율	0.378	0.417
볼넷%	7.6%	8.2%
삼진%*	25.9%	21.1%
볼넷 / 삼진	0.30	0.39
순장타율	0.131	0.162
BABIP	0.313	0.3
wOBA	0.298	0.318

VS. 패스트볼   VS. 변구
좌타자
*5타수 미만은 색을 표시하지 않았음. ●●●● : Ball zone

SPRAY ZONE: 2 / 0 / 13 / 23% / 31% / 46% 홈런 타구분포 %

BATTED BALL	
항목	비율
볼존 공격률	32%
S존 공격률	68%
볼존 컨택트율	54%
S존 컨택트율	81%
라인드라이브	20%
그라운드볼	43%
플라이볼	37%

DEFENSE				
위치	자살	보살	실책	수비율
CF	353	11	3	0.992

홈 타율 0.227 원정 타율 0.264
VS. 좌투수 0.261 VS. 우투수 0.240
득점권 0.267 L/C 0.221
VS. 류현진 상대 없음
VS. 오승환 상대 없음

트레이드를 통해 시애틀에 합류했다. 지난해까지 텍사스에서 뛰었지만, 포스트시즌 로스터에 탈락한 것에 불만을 품고 팀을 무단이탈하며 물의를 빚은 바 있다. 30도루 이상이 가능한 주력을 갖고 있다. 빠른 타구 판단과 리그 최정상급의 어깨를 앞세운 중견수 수비도 뛰어나다. 타석에서의 인내심이 부족해 볼넷이 적고 출루율이 낮다. 체구에 비해 스윙이 지나치게 커 삼진도 많이 당한다. 낮게 떨어지는 변화구에는 속수무책이다. 지난해 처음으로 두 자릿수 홈런(15개)을 기록했다.

OF Mitch HANIGER   NO. 17
미치 해니거

우투우타   1990년 12월 23일   188cm, 98kg   *는 낮을수록 좋은 기록임

시즌	타수	안타	홈런	타점	볼넷	도루	타율	출루율	장타율
2016	109	25	5	17	12	0	0.229	0.309	0.404
통산	109	25	5	17	12	0	0.229	0.309	0.404

구분	기록	MLB
타율	0.229	0.255
출루율	0.309	0.322
장타율	0.404	0.417
볼넷%	9.8%	8.2%
삼진%*	22.0%	21.1%
볼넷 / 삼진	0.44	0.39
순장타율	0.174	0.162
BABIP	0.256	0.3
wOBA	0.303	0.318

VS. 패스트볼   VS. 변구
우타자
*5타수 미만은 색을 표시하지 않았음. ●●●● : Ball zone

SPRAY ZONE: 4 / 1 / 0 / 41% / 34% / 25% 홈런 타구분포 %

BATTED BALL	
항목	비율
볼존 공격률	26%
S존 공격률	62%
볼존 컨택트율	51%
S존 컨택트율	90%
라인드라이브	18%
그라운드볼	39%
플라이볼	43%

DEFENSE				
위치	자살	보살	실책	수비율
CF	51	1	0	1.000
LF	8	1	0	1.000
RF	3	0	1	0.750

홈 타율 0.286 원정 타율 0.152
VS. 좌투수 0.172 VS. 우투수 0.250
득점권 0.323 L/C 0.222
VS. 류현진 상대 없음
VS. 오승환 상대 없음

2012년 밀워키에서 1라운드 38번째로 지명되었고 2016년 8월 16일 애리조나에서 데뷔하였고 그해 겨울 시애틀로 이적하였다. 해니거는 일단 세스 스미스와 플래툰으로 나올 것이 유력해 보이는 에레디아와 경쟁하거나 마틴이나 가멜이 부상을 당하거나 슬럼프에 빠졌을 때 그 자리에 들어갈 것이 유력하다. 수비가 좋은 우타 코너 외야수를 구하던 매리너스에게 해니거는 찾고 있던 선수가 될 것이다. 2016년 성적은 109타석에서 25안타, 5홈런, 17타점, 타율 .229를 기록했다.

SEATTLE MARINERS

| ■ 타율 0.400 이상 | ■ 0.300–0.399 | ■ 0.200–0.299 | ■ 0.100–0.199 | ■ 타율 0.099 이하 |

OF Ben GAMEL — 벤 가멜 — NO.16

좌투좌타 1992년 5월 17일 180cm, 84kg   *는 낮을수록 좋은 기록임

시즌	타수	안타	홈런	타점	볼넷	도루	타율	출루율	장타율	구분	기록	MLB
2016	48	9	1	5	6	0	0.188	0.278	0.292	타율	0.188	0.255
통산	48	9	1	5	6	0	0.188	0.278	0.292	출루율	0.278	0.322

구분	기록	MLB
장타율	0.292	0.417
볼넷%	10.5%	8.2%
삼진%*	28.1%	21.1%
볼넷 / 삼진	0.38	0.39
순장타율	0.104	0.162
BABIP	0.258	0.3
wOBA	0.258	0.318

VS. 패스트볼 VS. 변화구
*5타수 미만은 색을 표시하지 않음 ●●●●: Ball zone

SPRAY ZONE
0
1   31%   0
31% 37%
홈런 타구분포 %

BATTED BALL
항목	비율
볼존 공격률	31%
S존 공격률	56%
볼존 컨택트율	67%
S존 컨택트율	85%
라인드라이브	22%
그라운드볼	44%
플라이볼	34%

DEFENSE
위치	자살	보살	실책	수비율
CF	6	0	0	1.000
LF	4	0	0	1.000
RF	19	0	0	1.000

홈 타율 0.125 원정 타율 0.000
VS. 좌투수 0.000 VS. 우투수 0.143
득점권 0.125 L/C 0.286
VS. 류현진 상대 없음
VS. 오승환 상대 없음

2010년 양키스에 지명되어, 시애틀로 트레이드되어 2016년 5월 6일 빅리그에 데뷔하였다. 2016년 AAA IL에서 MVP를 수상했다. 밀워키 톱타자였던 맷 가멜의 동생이다. AAA에서 2년 연속 3할을 달성했다. 가멜은 컨택트와 스피드는 평균 이상이나 빅리그 중견수로는 부적합한 수비범위와 파워를 가지고 있다. 당장은 빅리그 전력감은 아니다. 그러나 넬슨 크루즈의 부상에 대비한 백업 외야수 자원이다. 2016년 성적은 9경기 48타석에서 9안타 1홈런으로 타율 .188을 기록했다.

DH Nelson CRUZ — 넬슨 크루즈 — NO.23

우투우타 1980년 7월 1일 188cm, 104kg   *는 낮을수록 좋은 기록임

시즌	타수	안타	홈런	타점	볼넷	도루	타율	출루율	장타율	구분	기록	MLB
2016	589	169	43	105	62	2	0.287	0.360	0.555	타율	0.287	0.255
통산	4683	1287	284	795	426	74	0.275	0.338	0.516	출루율	0.360	0.322

구분	기록	MLB
장타율	0.555	0.417
볼넷%	9.3%	8.2%
삼진%*	23.8%	21.1%
볼넷 / 삼진	0.39	0.39
순장타율	0.268	0.162
BABIP	0.320	0.3
wOBA	0.383	0.318

VS. 패스트볼 VS. 변화구
*5타수 미만은 색을 표시하지 않음 ●●●●: Ball zone

SPRAY ZONE
13
28   37%   2
41% 22%
홈런 타구분포 %

BATTED BALL
항목	비율
볼존 공격률	30%
S존 공격률	70%
볼존 컨택트율	48%
S존 컨택트율	85%
라인드라이브	18%
그라운드볼	44%
플라이볼	38%

DEFENSE

위치	자살	보살	실책	수비율
RF	76	2	1	0.987

홈 타율 0.268 원정 타율 0.306
VS. 좌투수 0.293 VS. 우투수 0.244
득점권 0.318 L/C 0.229
VS. 류현진 상대 없음
VS. 오승환 1타수 무안타

2014년 리그 홈런왕이다. 하지만 2013년 약물 스캔들로 오점을 가진 선수이기도 하다. 2013시즌 50경기 출장 정지 처분을 받은 이후 홈런포는 더욱 불을 뿜고 있는 상황. 2014년 캠든 야즈에서의 40홈런은 그렇다 해도, 2015,16시즌 세이프 코 필드가 홈구장인 시애틀에서 44개, 43개의 홈런을 때려낼 거라고 예상한 전문가는 거의 없었다. 강한 손목 힘에서 비롯되는 파워와 빠른 배트 스피드를 갖추고 있다. 2015년에는 데뷔 첫 3할 타율에도 입성했다(규정타석 기준).

TEXAS RANGERS

텍사스는 아직 월드시리즈 우승 경험이 없는 팀. 2010년부터 2년 연속 월드시리즈 패배는 여전히 한으로 남아 있다. 2년 연속 지구 우승을 차지했다. 1%의 부족을 채워 이번에야말로 월드시리즈 우승이다.

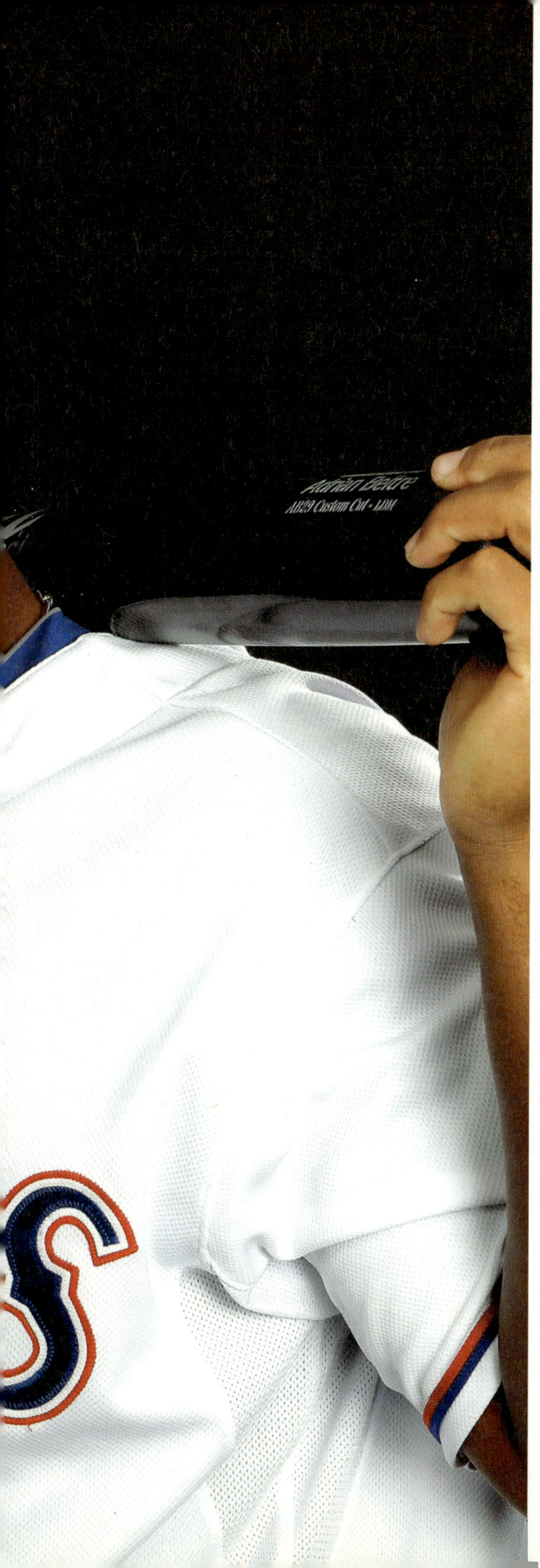

TEAM IMFORMATION

창단 : 1961년
이전 연고지 : -
월드시리즈 우승 : 0회
AL 우승 : 2회
디비전 우승 : 7회
와일드카드 진출 : 1회
구단주 : 레이 데이비스, 밥 심슨
감독 : 제프 배니스터
단장 : 존 대니얼스

FRANCHISE

UNIFORM

Home / Away

Alternate

MANAGER

Jeff Banister

생년월일 : 1964년 1월 15일
출생지 : 웨더포드(오클라호마)
MLB 감독 경력 : 올해로 3년째
　　텍사스(2015년~현재)
정규시즌 통산 : 183승 141패 승률 0.565
포스트시즌 통산 : 2승 6패 승률 0.250
AL 올해의 감독상 : 1회(2015년)

LINE-UP

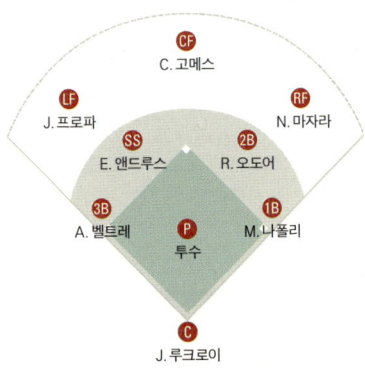

ROTATION	
SP	C. 해멀스
SP	Y. 다르비슈
SP	M. 페레스
SP	A. 캐시너
SP	A. 그리핀

BULLPEN	
RP	J. 제프리스
RP	A. 클라우디오
RP	T. 바넷
RP	A. 포크너
RP	K. 켈라
RP	M. 부시
CL	S. 다이슨

BATTING	
1	E. 앤드루스
2	추신수
3	C. 고메스
4	M. 나폴리
5	A. 벨트레
6	R. 오도어
7	J. 프로파
8	J. 루크로이
9	M. 마자라

UTILITY PLAYERS	
IF	H. 알베르토
IF	J. 갈로
OF	D. 드실즈
OF	R. 루아

BALL PARK : Globe Life Park in Arlington

주소 : 1000 Ballpark Way Arlington, Texas
펜스 거리 : 왼쪽 101m, 좌중간 119m, 중앙 123m,
　　　　　우중간 115m, 오른쪽 99m
펜스 높이 : 왼쪽 4.3m, 좌중간~오른쪽 2.4m
최초공식경기 : 1994년 4월 11일
잔디 : 래티튜드36 버뮤다그래스(천연잔디)
수용 인원 : 4만 8,114명
홈팀 덕아웃 : 1루
파크팩터 : 1.141(MLB 5위)

월드시리즈 우승의 적기
창단 첫 우승에 도전한다

2016 리뷰
허무한 한 해였다. 2년 연속 지구 우승을 차지했지만 와일드카드로 기사회생한 토론토에 힘 한번 쓰지 못하고 탈락하고 말았다. 2년 연속 디비전시리즈 탈락이다. 텍사스는 전반기에 73승 48패를 기록하며, 메이저리그 2위에 해당하는 성적으로 전반기를 마쳤다. 후반기에도 굴곡 없이 순항하며 지구 우승을 차지했다. 특히 같은 지구 2위 시애틀을 상대로 12승 7패, 3위 휴스턴을 상대로 15승 4패를 기록한 것이 큰 도움이 됐다(텍사스 95승 시애틀 86승 휴스턴 84승). 추신수의 끊임없는 부상과 필더의 건강상 은퇴는 포스트시즌에 불길한 예감을 드리웠다. 콜 해멀스(3.1이닝 6자책) 다르빗슈 유(5이닝 5실점) 콜비 루이스(2이닝 5실점) 선발 3명이 평균자책점 13.94로 무너진 것이 결정적이었다. 다르빗슈는 데뷔 후 처음으로 한 경기 4개의 홈런을 맞았고 오도어는 3차전에서 끝내기 송구 실책을 범했다. 포스트시즌에서 끝내기 실책으로 시리즈 패배가 확정된 팀은 텍사스가 최초였다. 탈락은 했지만 여전히 서부지구 강자로 군림하는 것은 당분간 유효하다.

2017 프리뷰
해멀스, 다르비슈, 페레스, 캐시너, 그리핀, 로스로 이어지는 선발진은 리그에서도 강력한 수준이다. 그러나 해멀스의 기복 있는 투구가 변수이고 다르비슈가 부상 없이 시즌을 마치는 것도 중요하다. 그리고 굴러온 복덩이 캐시너와 로스의 활약이 기대된다. 불펜에서는 여전히 마무리 다이슨이 건재하고, 전반적으로 불펜의 힘이 느껴지는 선수(세퍼스, 부시, 제프리스 등)들로 구성되어 있어 불펜의 붕괴와 같은 참사는 일어나지 않을 듯싶다. 공격력에서는 필더의 은퇴로 지명타자의 자리가 비어 있는 상황이다. 백전노장 벨트레의 건재와 앤드루스, 오도어, 루아로 이어지는 내야진은 공.수에서도 리그 최고 수준이다. 문제는 외야진이다. 신인 마자라, 고메스, 추신수로 이어지는 외야의 모든 키는 추신수가 쥐고 있다. 텍사스 이적 후 지속적인 부상은 본인과 팀에 엄청난 마이너스 요인이다. 부상만 없다면 최고의 활약을 기대할 수 있다. 텍사스의 2017시즌 예상은 서부지구에서 우승할 확률이 가장 높다. 다만 포스트시즌에서는 비관적이다. 보스턴과 클리블랜드의 전력이 더 높기 때문이다.

SQUAD LIST

• 선수 명단은 2017년 3월 16일 기준 (source : ESPN)

투 수

번호	이름	위치	투	타	나이	출생지
39	Dario Alvarez	RP	L	L	28	Santiago, Dominican Republic
43	Tony Barnette	RP	R	R	33	Anchorage, AK
51	Matt Bush	RP	R	R	31	San Diego, CA
54	Andrew Cashner	SP	R	R	30	Conroe, TX
58	Alex Claudio	RP	L	L	25	San Juan, Puerto Rico
11	Yu Darvish	SP	R	R	30	Habikino, Japan
41	Jake Diekman DL60	RP	L	L	30	Wymore, NE
47	Sam Dyson	RP	R	R	28	Tampa, FL
56	Andrew Faulkner	RP	L	R	24	Bamberg, SC
78	Eddie Gamboa	SP	R	R	32	Merced, CA
21	Chi Chi Gonzalez	SP	R	R	25	Boynton Beach, FL
64	A.J. Griffin	SP	R	R	29	El Cajon, CA
35	Cole Hamels	SP	L	L	33	San Diego, CA
49	Mike Hauschild	RP	R	R	27	Dayton, OH
23	Jeremy Jeffress	RP	R	R	29	South Boston, VA
50	Keone Kela	RP	R	R	23	Los Angeles, CA
62	Jose Leclerc	RP	R	R	23	Esperanza, Dominican Republic
22	Nick Martinez	SP	R	L	26	Miami, FL
65	Yohander Mendez	RP	L	L	22	Valencia, Venezuela
33	Martin Perez	SP	L	L	25	Guanare, Venezuela
44	Tyson Ross	SP	R	R	29	Berkeley, CA
59	Connor Sadzeck	SP	R	R	25	Crystal Lake, IL
52	Tanner Scheppers	RP	R	R	30	Mission Viejo, CA
53	Tyler Wagner	SP	R	R	26	Las Vegas, NV

포 수

번호	이름	위치	투	타	나이	출생지
61	Robinson Chirinos	C	R	R	32	Punto Fijo, Venezuela
25	Jonathan Lucroy	C	R	R	30	Eustis, FL
6	Brett Nicholas	C	R	L	28	Phoenix, AZ

내 야

번호	이름	위치	투	타	나이	출생지
2	Hanser Alberto	SS	R	R	24	San Francisco de Macoris, Dominican Republic
1	Elvis Andrus	SS	R	R	28	Maracay, Venezuela
29	Adrian Beltre	3B	R	R	37	Santo Domingo, Dominican Republic
67	Ronald Guzman	1B	L	L	22	La Vega, Dominican Republic
5	Mike Napoli	1B	R	R	35	Hollywood, FL
12	Rougned Odor	2B	R	L	23	Maracaibo, Venezuela
19	Jurickson Profar	3B	R	B	24	Willemstad, Netherlands Antilles
68	Drew Robinson	3B	R	L	24	Las Vegas, NV

외 야

번호	이름	위치	투	타	나이	출생지
17	Shin-Soo Choo	RF	L	L	34	Busan, South Korea
3	Delino DeShields	CF	R	R	24	Easton, MD
14	Carlos Gomez	CF	R	R	31	Santiago, Dominican Republic
30	Nomar Mazara	RF	L	L	21	Santo Domingo, Dominican Republic
16	Ryan Rua	LF	R	R	27	Amherst, OH

지명타자

번호	이름	위치	투	타	나이	출생지
84	Prince Fielder	DH	R	L	32	Ontario, CA
13	Joey Gallo	DH	R	L	23	Henderson, NV

SUMMARY

우타자	좌타자	스위치	우투수	좌투수	평균나이	최연소	최연장
9명	8명	1명	17명	7명	27.7세	21세	37세

TEXAS RANGERS

2017 REGULAR SEASON SCHEDULE

* 는 홈경기, 시간은 미국 동부시간 기준

날짜	상대팀	경기시간	날짜	상대팀	경기시간	날짜	상대팀	경기시간
Mon, 4/3	Cleveland Indians	PM 6:05	Fri, 6/9	Washington Nationals	PM 6:05	Wed, 8/16	Detroit Tigers	PM 7:05
Tue, 4/4	Cleveland Indians	PM 7:05	Sat, 6/10	Washington Nationals	AM 11:05	Thu, 8/17	Chicago White Sox	PM 7:05
Wed, 4/5	Cleveland Indians	PM 7:05	Sun, 6/11	Washington Nationals	PM 3:05	Fri, 8/18	Chicago White Sox	PM 7:05
Fri, 4/7	Oakland Athletics	PM 7:05	Mon, 6/12	Houston Astros	PM 7:10	Sat, 8/19	Chicago White Sox	PM 7:05
Sat, 4/8	Oakland Athletics	PM 7:05	Tue, 6/13	Houston Astros	PM 7:10	Sun, 8/20	Chicago White Sox	PM 2:05
Sun, 4/9	Oakland Athletics	PM 2:05	Wed, 6/14	Houston Astros	PM 7:10	Mon, 8/21	Los Angeles Angels	PM 9:07
Tue, 4/11	Los Angeles Angels	PM 9:07	Fri, 6/16	Seattle Mariners	PM 7:05	Tue, 8/22	Los Angeles Angels	PM 9:07
Wed, 4/12	Los Angeles Angels	PM 9:07	Sat, 6/17	Seattle Mariners	PM 4:05	Wed, 8/23	Los Angeles Angels	PM 9:07
Thu, 4/13	Los Angeles Angels	PM 2:37	Sun, 6/18	Seattle Mariners	PM 2:05	Thu, 8/24	Los Angeles Angels	PM 9:07
Fri, 4/14	Seattle Mariners	PM 9:10	Mon, 6/19	Toronto Blue Jays	PM 7:05	Fri, 8/25	Oakland Athletics	PM 9:05
Sat, 4/15	Seattle Mariners	PM 8:10	Tue, 6/20	Toronto Blue Jays	PM 7:05	Sat, 8/26	Oakland Athletics	PM 9:05
Sun, 4/16	Seattle Mariners	PM 3:10	Wed, 6/21	Toronto Blue Jays	PM 2:05	Sun, 8/27	Oakland Athletics	PM 3:05
Mon, 4/17	Oakland Athletics	PM 9:05	Thu, 6/22	Toronto Blue Jays	PM 1:05	Tue, 8/29	Houston Astros	PM 7:10
Tue, 4/18	Oakland Athletics	PM 9:05	Fri, 6/23	New York Yankees	PM 6:05	Wed, 8/30	Houston Astros	PM 7:10
Wed, 4/19	Oakland Athletics	PM 2:35	Sat, 6/24	New York Yankees	PM 12:05	Thu, 8/31	Houston Astros	PM 7:10
Thu, 4/20	Kansas City Royals	PM 7:05	Sun, 6/25	New York Yankees	PM 1:05	Fri, 9/1	Los Angeles Angels	PM 7:05
Fri, 4/21	Kansas City Royals	PM 7:05	Mon, 6/26	Cleveland Indians	PM 6:10	Sat, 9/2	Los Angeles Angels	PM 6:15
Sat, 4/22	Kansas City Royals	PM 7:05	Tue, 6/27	Cleveland Indians	PM 6:10	Sun, 9/3	Los Angeles Angels	PM 2:05
Sun, 4/23	Kansas City Royals	PM 2:05	Wed, 6/28	Cleveland Indians	PM 6:10	Mon, 9/4	Atlanta Braves	PM 6:35
Mon, 4/24	Minnesota Twins	PM 7:05	Thu, 6/29	Cleveland Indians	AM 11:10	Tue, 9/5	Atlanta Braves	PM 6:35
Tue, 4/25	Minnesota Twins	PM 7:05	Fri, 6/30	Chicago White Sox	PM 7:10	Wed, 9/6	Atlanta Braves	PM 6:35
Wed, 4/26	Minnesota Twins	PM 7:05	Sat, 7/1	Chicago White Sox	PM 1:10	Fri, 9/8	New York Yankees	PM 7:05
Fri, 4/28	Los Angeles Angels	PM 7:05	Sun, 7/2	Chicago White Sox	PM 7:10	Sat, 9/9	New York Yankees	PM 7:05
Sat, 4/29	Los Angeles Angels	PM 6:15	Mon, 7/3	Boston Red Sox	PM 7:05	Sun, 9/10	New York Yankees	PM 2:05
Sun, 4/30	Los Angeles Angels	PM 2:05	Tue, 7/4	Boston Red Sox	PM 7:05	Mon, 9/11	Seattle Mariners	PM 7:05
Mon, 5/1	Houston Astros	PM 7:10	Wed, 7/5	Boston Red Sox	PM 7:05	Tue, 9/12	Seattle Mariners	PM 7:05
Tue, 5/2	Houston Astros	PM 7:10	Fri, 7/7	Los Angeles Angels	PM 7:05	Wed, 9/13	Seattle Mariners	PM 7:05
Wed, 5/3	Houston Astros	PM 7:10	Sat, 7/8	Los Angeles Angels	PM 8:05	Thu, 9/14	Seattle Mariners	PM 7:05
Thu, 5/4	Houston Astros	PM 1:10	Sun, 7/9	Los Angeles Angels	PM 2:05	Fri, 9/15	Los Angeles Angels	PM 9:07
Fri, 5/5	Seattle Mariners	PM 9:10	Fri, 7/14	Kansas City Royals	PM 7:15	Sat, 9/16	Los Angeles Angels	PM 8:07
Sat, 5/6	Seattle Mariners	PM 8:10	Sat, 7/15	Kansas City Royals	PM 6:15	Sun, 9/17	Los Angeles Angels	PM 2:37
Sun, 5/7	Seattle Mariners	PM 3:10	Sun, 7/16	Kansas City Royals	PM 1:15	Tue, 9/19	Seattle Mariners	PM 9:10
Mon, 5/8	San Diego Padres	PM 9:10	Mon, 7/17	Baltimore Orioles	PM 6:05	Wed, 9/20	Seattle Mariners	PM 9:10
Tue, 5/9	San Diego Padres	PM 2:40	Tue, 7/18	Baltimore Orioles	PM 6:05	Thu, 9/21	Seattle Mariners	PM 9:10
Wed, 5/10	San Diego Padres	PM 7:05	Wed, 7/19	Baltimore Orioles	PM 6:05	Fri, 9/22	Oakland Athletics	PM 9:05
Thu, 5/11	San Diego Padres	PM 7:05	Thu, 7/20	Baltimore Orioles	PM 6:05	Sat, 9/23	Oakland Athletics	PM 8:05
Fri, 5/12	Oakland Athletics	PM 7:05	Fri, 7/21	Tampa Bay Rays	PM 6:10	Sun, 9/24	Oakland Athletics	PM 3:05
Sat, 5/13	Oakland Athletics	PM 7:05	Sat, 7/22	Tampa Bay Rays	PM 6:10	Mon, 9/25	Houston Astros	PM 7:05
Sun, 5/14	Oakland Athletics	PM 2:05	Sun, 7/23	Tampa Bay Rays	PM 12:10	Tue, 9/26	Houston Astros	PM 7:05
Tue, 5/16	Philadelphia Phillies	PM 7:05	Mon, 7/24	Miami Marlins	PM 7:05	Wed, 9/27	Houston Astros	PM 1:05
Wed, 5/17	Philadelphia Phillies	PM 7:05	Tue, 7/25	Miami Marlins	PM 7:05	Thu, 9/28	Oakland Athletics	PM 7:05
Thu, 5/18	Philadelphia Phillies	PM 1:05	Wed, 7/26	Miami Marlins	PM 7:05	Fri, 9/29	Oakland Athletics	PM 7:05
Fri, 5/19	Detroit Tigers	PM 6:10	Fri, 7/28	Baltimore Orioles	PM 7:05	Sat, 9/30	Oakland Athletics	PM 7:05
Sat, 5/20	Detroit Tigers	PM 6:15	Sat, 7/29	Baltimore Orioles	PM 7:05	Sun, 10/1	Oakland Athletics	PM 2:05
Sun, 5/21	Detroit Tigers	PM 7:05	Sun, 7/30	Baltimore Orioles	PM 2:05			
Tue, 5/23	Boston Red Sox	PM 6:10	Mon, 7/31	Seattle Mariners	PM 7:05			
Wed, 5/24	Boston Red Sox	PM 6:10	Tue, 8/1	Seattle Mariners	PM 7:05			
Thu, 5/25	Boston Red Sox	PM 6:10	Wed, 8/2	Seattle Mariners	PM 7:05			
Fri, 5/26	Toronto Blue Jays	PM 6:07	Thu, 8/3	Minnesota Twins	PM 7:10			
Sat, 5/27	Toronto Blue Jays	PM 12:07	Fri, 8/4	Minnesota Twins	PM 8:10			
Sun, 5/28	Toronto Blue Jays	PM 12:07	Sat, 8/5	Minnesota Twins	PM 6:10			
Mon, 5/29	Tampa Bay Rays	PM 7:05	Sun, 8/6	Minnesota Twins	PM 1:10			
Tue, 5/30	Tampa Bay Rays	PM 7:05	Tue, 8/8	New York Mets	PM 6:10			
Wed, 5/31	Tampa Bay Rays	PM 7:05	Wed, 8/9	New York Mets	AM 11:10			
Fri, 6/2	Houston Astros	PM 7:05	Fri, 8/11	Houston Astros	PM 7:05			
Sat, 6/3	Houston Astros	PM 6:15	Sat, 8/12	Houston Astros	PM 7:05			
Sun, 6/4	Houston Astros	PM 2:05	Sun, 8/13	Houston Astros	PM 2:05			
Tue, 6/6	New York Mets	PM 7:05	Mon, 8/14	Detroit Tigers	PM 7:05			
Wed, 6/7	New York Mets	PM 7:05	Tue, 8/15	Detroit Tigers	PM 7:05			

SP Cole HAMELS
콜 해멀스
NO.35

좌투좌타 1983년 12월 27일 190cm, 88kg *는 낮을수록 좋은 기록임

시즌	경기	이닝	피안타	피홈런	볼넷	탈삼진	승-패-세-홀	평균자책	구분	기록	MLB
2016	32	200.2	185	24	77	200	15-5-0-0	3.32	평균자책*	3.32	4.15
통산	339	2214.1	1979	246	592	2122	11-10-67-27	3.31	탈삼진 / 9	8.97	8.1
									볼넷 / 9*	3.45	3.14
									탈삼진 / 볼넷	2.6	2.58
									피홈런 / 9*	1.08	1.17
									피안타율*	0.242	0.252
									WHIP*	1.31	1.32
									잔루율	79.1%	72.9%
									FIP*	3.98	4.24

PITCHING ZONE (좌타자·몸쪽 / 우타자·몸쪽)

PITCHING REPERTORY / VELOCITY km/h / MOVEMENT cm

구종	평균	전체	초구	2-2	좌타자	우타자	피타율	상하	좌우
포심패스트볼	150	27%	32%	15%	25%	28%	0.279	↑25	←17
투심 / 싱커	150	19%	19%	19%	29%	16%	0.264	↑18	←25
컷패스트볼	144	19%	17%	22%	22%	19%	0.245	↑14	←6
슬라이더	–	–	–	–	–	–	–		
커브	128	13%	15%	16%	12%	14%	0.154	↑16	→7
체인지업	136	21%	17%	27%	12%	24%	0.222	↑14	←23
스플리터	–	–	–	–	–	–	–		

홈 ERA 4.40 원정 ERA 2.4
VS. 좌타자 0.310 VS. 우타자 0.338
VS. 김현수 상대 없음
VS. 강정호 5타수 1안타 1홈런 .200

2015년 7월, 텍사스로 이적해 팀의 지구 우승에 혁혁한 공을 세웠다. 정규 시즌 그가 등판한 마지막 10경기에서 팀은 모두 승리를 거뒀다. 평균 140km/h 후반대의 패스트볼을 던지며, 지금의 그를 있게 한 체인지업이 결정구다. 커브와 커터도 섞어 던진다. 그러나 2016년 AL디비전시리즈 1차전 토론토와의 경기에서 3.1이닝 6안타 7실점(6자책)으로 난조를 보인 텍사스 선발 콜 해멀스와의 대결에서 완승을 거뒀다. 2016시즌 15승 5패 3.32를 기록하며, 올해의 텍사스 레인저스 투수로 선정됐다.

SP Darvish YU
다르빗슈 유
NO.11

우투우타 1986년 8월 16일 196cm, 98kg *는 낮을수록 좋은 기록임

시즌	경기	이닝	피안타	피홈런	볼넷	탈삼진	승-패-세-홀	평균자책	구분	기록	MLB
2016	17	100.1	81	3	31	132	7-5-0-0	3.41	평균자책*	3.41	4.15
통산	100	645.2	515	65	249	812	11-10-67-27	3.29	탈삼진 / 9	11.84	8.1
									볼넷 / 9*	2.78	3.14
									탈삼진 / 볼넷	4.26	2.58
									피홈런 / 9*	1.08	1.17
									피안타율*	0.212	0.252
									WHIP*	1.12	1.32
									잔루율	73.3%	72.9%
									FIP*	3.09	4.24

PITCHING ZONE (좌타자·몸쪽 / 우타자·몸쪽)

PITCHING REPERTORY / VELOCITY km/h / MOVEMENT cm

구종	평균	전체	초구	2-2	좌타자	우타자	피타율	상하	좌우
포심패스트볼	152	42%	39%	31%	43%	41%	0.241	↑26	→6
투심 / 싱커	149	18%	22%	6%	13%	22%	0.271	↑8	←18
컷패스트볼	144	4%	4%	14%	5%	4%	0.286	↑8	←8
슬라이더	133	17%	14%	36%	13%	20%	0.151	↓8	←22
커브	123	10%	10%	17%	11%	8%	0.104	↑20	←18
체인지업	140	2%	2%	1%	3%	2%	0.250	↑13	←13
스플리터	138	5%	2%	5%	4%	1%	0.286	↑9	←14

홈 ERA 4.26 원정 ERA 2.28
VS. 좌타자 0.326 VS. 우타자 0.354
VS. 김현수 2타수1안타 .500
VS. 강정호 상대 없음

지난 2년간 스프링캠프 도중 토미존 수술을 받고 시즌을 통째로 쉬었다. 2012년 미국에 진출했으며, 당시 5170만 달러의 포스팅 비용은 여전히 역대 최고액으로 남아 있다. 최고구속 156km/h의 빠른 공을 던지며, 정상급의 슬라이더가 주무기다. 커터와 커브를 곁들이며, 종종 80km/h 후반대의 초 슬로 커브를 던지기도 한다. 3년 연속 두 자릿수 승수를 기록하며 팀의 주축 투수로 활약했다. 2016년 포스트시즌 2차전에서 토론토 블루제이스를 상대로 홈런 4방을 맞고 패전투수가 되었다.

TEXAS RANGERS

| 15% 이상 | 12–14% | 9–11% | 6–8% | 3–5% | 2% 이하 |

SP Martin PEREZ
마틴 페레스
NO.33

좌투좌타 1991년 4월 4일 183cm, 86kg *는 낮을수록 좋은 기록임

시즌	경기	이닝	피안타	피홈런	볼넷	탈삼진	승-패-세-홀	평균자책
2016	33	198.2	205	18	76	103	10-11-0-0	4.39
통산	87	491.0	519	42	171	295	28-30-0-0	4.29

구분	기록	MLB
평균자책*	4.39	4.15
탈삼진 / 9	4.67	8.1
볼넷 / 9*	3.44	3.14
탈삼진 / 볼넷	1.36	2.58
피홈런 / 9*	0.82	1.17
피안타율*	0.265	0.252
WHIP*	1.41	1.32
잔루율	67.4%	72.9%
FIP*	4.5	4.24

PITCHING ZONE (좌타자·몸쪽 / 우타자·몸쪽)

PITCHING REPERTORY / VELOCITY km/h **/ MOVEMENT** cm

구종	평균	전체	초구	2-2	좌타자	우타자	피타율	상하	좌우
포심패스트볼	150	19%	18%	20%	20%	19%	0.328	↑23	←15
투심 / 싱커	149	41%	46%	37%	46%	40%	0.279	↑16	←25
컷패스트볼	–	–	–	–	–	–	–	–	–
슬라이더	137	12%	9%	13%	19%	10%	0.222	↑6	→1
커브	129	10%	16%	11%	8%	10%	0.329	↓6	←4
체인지업	136	18%	11%	19%	7%	21%	0.225	↑15	←22
스플리터	–	–	–	–	–	–	–	–	–

홈 ERA 3.24 원정 ERA 5.78
VS. 좌타자 2.310 VS. 우타자 4.9
VS. 김현수 상대 없음
VS. 강정호 상대 없음

2012년 스물한 살의 나이로 데뷔했다. 2013시즌 10승 달성에 성공하고 이듬해 두 경기 연속 완봉승을 따내며 자리를 잡는 듯 했지만, 토미존 수술에 제동이 걸렸다. 지난해 복귀 이후에도 특별한 인상을 남기지는 못했다. 평균 140km/h 후반대의 투심과 포심패스트볼을 던진다. 체인지업이 결정구며, 슬라이더와 커브도 던진다. 투심을 통해 땅볼 타구 유도에 능하며, 체인지업 구사가 원활히 이뤄지는 날엔 공략이 쉽지 않다. 들쭉날쭉한 제구에서 비롯되는 기복을 줄이는 것이 관건이다.

SP Andrew CASHNER
앤드루 캐시너
NO.54

우투우타 1986년 9월 11일 200m, 107kg *는 낮을수록 좋은 기록임

시즌	경기	이닝	피안타	피홈런	볼넷	탈삼진	승-패-세-홀	평균자책
2016	27	132.0	142	19	60	112	5-11-0-0	5.25
통산	202	726.1	703	71	255	608	31-53-0-0	3.89

구분	기록	MLB
평균자책*	5.25	4.15
탈삼진 / 9	7.64	8.1
볼넷 / 9*	4.09	3.14
탈삼진 / 볼넷	1.87	2.58
피홈런 / 9*	1.3	1.17
피안타율*	0.273	0.252
WHIP*	1.53	1.32
잔루율	69.1%	72.9%
FIP*	4.84	4.24

PITCHING ZONE (좌타자·몸쪽 / 우타자·몸쪽)

PITCHING REPERTORY / VELOCITY km/h **/ MOVEMENT** cm

구종	평균	전체	초구	2-2	좌타자	우타자	피타율	상하	좌우
포심패스트볼	153	30%	33%	31%	33%	27%	0.259	↑25	←15
투심 / 싱커	152	36%	37%	27%	31%	41%	0.306	↑19	←21
컷패스트볼	145	0%	0%	0%	1%	0%	0.167	↑9	←4
슬라이더	139	20%	14%	27%	16%	23%	0.246	↑5	→4
커브	131	5%	9%	4%	7%	3%	0.342	↓9	←11
체인지업	138	8%	6%	9%	12%	5%	0.283	↑14	←19
스플리터	–	–	–	–	–	–	–	–	–

홈 ERA 2.28 원정 ERA 10.08
VS. 좌타자 6.660 VS. 우타자 5.4

캐시너와 1년 1000만 달러의 계약을 했다. 2008년 신인드래프트 1라운드 전체 19순위로 시카고 컵스에 지명된 캐시너는 2010년 빅리그에 데뷔했다. 컵스는 2012년 앤서니 리조를 영입하기 위해 캐시너를 샌디에이고 파드리스로 보냈고 캐시너는 샌디에이고, 마이애미를 거쳐 트레이드됐다. 캐시너는 빅리그 7시즌 통산 202경기(109GS)에 등판했고 726.1이닝을 투구하며 31승 53패, 평균자책점 3.89를 기록했다. 2015년, 2016년 11승 27패 4.79가 말해주듯 저조한 성적을 남겼다.

TEXAS RANGERS

홈 ERA 4.89 원정 ERA 5.21
VS. 좌타자 5.750 VS. 우타자 4.45

SP A.J. GRIFFIN
A.J. 그리핀

NO.64

우투우타   1988년 1월 28일   197cm, 104kg

*는 낮을수록 좋은 기록임

시즌	경기	이닝	피안타	피홈런	볼넷	탈삼진	승-패-세-홀	평균자책
2016	23	119.0	116	28	46	107	7-4-0-0	5.07
통산	70	401.1	361	74	119	342	28-15-0-0	4.04

구분	기록	MLB
평균자책*	5.07	4.15
탈삼진 / 9	8.09	8.1
볼넷 / 9*	3.48	3.14
탈삼진 / 볼넷	2.33	2.58
피홈런 / 9*	2.12	1.17
피안타율*	0.254	0.252
WHIP*	1.36	1.32
잔루율	77.8%	72.9%
FIP*	5.74	4.24

PITCHING ZONE

PITCHING REPERTORY / VELOCITY km/h   MOVEMENT cm

구종	평균	전체	초구	2-2	좌타자	우타자	피타율	상하	좌우
포심패스트볼	142	54%	55%	52%	54%	54%	0.246	↑27	→14
투심 / 싱커	−	−	−	−	−	−	−		
컷패스트볼	134	19%	22%	9%	18%	19%	0.358	↑12	←2
슬라이더	−	−	−	−	−	−	−		
커브	108	19%	18%	32%	15%	23%	0.189	↓22	←20
체인지업	131	9%	6%	8%	13%	5%	0.275	↓18	→16
스플리터	−	−	−	−	−	−	−		

2010년 오클랜드에 지명되어, 2012년 데뷔하였다. 2013년 14승 10패, 3.83의 성적을 기록하며 주가가 상승했다. 그러나 이후 토미존 수술과 어깨수술로 2년이라는 긴 시간 동안 제대로 된 투구 없이 2016년 텍사스와 마이너 계약하며 선발등판 하였다. 7승, 4패, 5.07을 기록하며 4, 5선발의 가능성을 입증했다. 주무기는 142km/의 포심과, 커브, 체인지업 커터인데 이 커터가 사실 가장 중요한 결정구다. 제구력은 좋은 편이 아니다. 맞혀 잡는 피칭을 하다 피홈런이 28개를 기록했다.

홈 ERA 4.05 원정 ERA 9
VS. 좌타자 8.180 VS. 우타자 5.09
VS. 김현수 상대 없음
VS. 강정호 상대 없음

RP Keone KELA
키오니 켈라

NO.50

우투우타   1993년 4월 16일   185cm, 98kg

*는 낮을수록 좋은 기록임

시즌	경기	이닝	피안타	피홈런	볼넷	탈삼진	승-패-세-홀	평균자책
2016	35	34.0	30	6	17	45	5-1-0-15	6.09
통산	103	94.1	82	10	35	113	12-6-1-37	3.72

구분	기록	MLB
평균자책*	6.09	4.15
탈삼진 / 9	11.91	8.1
볼넷 / 9*	4.50	3.14
탈삼진 / 볼넷	2.65	2.58
피홈런 / 9*	1.59	1.17
피안타율*	0.231	0.252
WHIP*	1.38	1.32
잔루율	64.9%	72.9%
FIP*	4.56	4.24

PITCHING ZONE

PITCHING REPERTORY / VELOCITY km/h   MOVEMENT cm

구종	평균	전체	초구	2-2	좌타자	우타자	피타율	상하	좌우
포심패스트볼	155	60%	62%	40%	65%	57%	0.273	↑27	→7
투심 / 싱커	−	−	−	−	−	−	−		
컷패스트볼	−	−	−	−	−	−	−		
슬라이더	−	−	−	−	−	−	−		
커브	136	33%	32%	56%	22%	40%	0.167	↓6	←5
체인지업	145	7%	6%	4%	13%	3%	0.333	↑19	→14
스플리터	−	−	−	−	−	−	−		

지난해 데뷔한 스물셋의 불펜투수다. 2012년 입단 당시만 해도 주목받지 못했지만, 마이너 시절 패스트볼 구속을 150km/h 초반에서 후반까지 끌어올리며 급성장을 이뤘다. 최고구속 159km/h까지 나오는 빠른 공을 던진다. 주무기는 파워 커브. 140km/h 초반까지 나오는 구속과 폭포수같이 떨어지는 브레이킹 각이 조화를 이룬다. 2015년 데뷔하여 7승 5패, 2.39의 좋은 기록을 올렸으나 2016년 오른쪽 팔꿈치에 관절경 수술을 하고 7월에 복귀하여 6.09의 방어율을 기록했다.

TEXAS RANGERS

■ 15% 이상 ■ 12~14% ■ 9~11% ■ 6~8% ■ 3~5% □ 2% 이하

RP **Jake DIEKMAN** NO.41
제이크 디크먼

좌투좌타   1987년 1월 21일   193cm, 91kg   *는 낮을수록 좋은 기록임

시즌	경기	이닝	피안타	피홈런	볼넷	탈삼진	승-패-세-홀	평균자책	구분	기록	MLB
2016	66	53.0	36	4	26	59	4-2-4-26	3.40	평균자책	3.40	4.15
통산	283	248	214	15	128	304	13-13-4-75	5.06	탈삼진 / 9	10.02	8.1
									볼넷 / 9*	4.42	3.14
									탈삼진 / 볼넷	2.27	2.58
									피홈런 / 9*	0.68	1.17
									피안타율	0.188	0.252
									WHIP*	1.17	1.32
									잔루율	72.4%	72.9%
									FIP*	4.24	4.24

PITCHING REPERTORY / VELOCITY km/h **MOVEMENT** cm

구종	평균	전체	초구	2-2	좌타자	우타자	피타율	상하	좌우
포심패스트볼	−	−	−	−	−	−	−	−	−
투심 / 싱커	155	72%	73%	65%	67%	76%	0.248	↑18	←26
컷패스트볼	−	−	−	−	−	−	−	−	−
슬라이더	137	25%	24%	32%	33%	20%	0.115	↑3	→1
커브	−	−	−	−	−	−	−	−	−
체인지업	143	3%	3%	3%	0%	4%	0.100	↑8	←28
스플리터	−	−	−	−	−	−	−	−	−

홈 ERA 5.06 원정 ERA 1.71
VS. 좌타자 3.440 VS. 우타자 3.38
VS. 김현수 상대 없음
VS. 강정호 상대 없음

2012년 필라델피아에서 데뷔해, 지난해 7월 텍사스로 넘어왔다. 좌완으로서 최고구속 161km/h의 투심 패스트볼이 위력적이다. 결정구는 투심과 함께 슬라이더를 던진다. 제구가 좋지 않았으나 매덕스 코치의 지도 아래 볼넷 비율을 절반 이상 끌어내리는 발전을 했다. 5시즌 통산 283경기에서 13승 13패 75홀드 4세이브(10블론세이브) 평균자책점 3.59을 기록했다. 2016 시즌에는 텍사스 불펜의 중추적 역할을 담당하며 66경기 4승2패 26홀드 4세이브 평균자책점 3.40을 올렸다.

RP **Matt BUSH** NO.51
맷 부시

우투우타   1986년 2월 8일   174cm, 82kg   *는 낮을수록 좋은 기록임

시즌	경기	이닝	피안타	피홈런	볼넷	탈삼진	승-패-세-홀	평균자책	구분	기록	MLB
2016	58	61.2	44	4	14	61	7-2-1-22	2.48	평균자책	2.48	4.15
통산	58	58	44	4	14	61	7-2-1-22	2.48	탈삼진 / 9	8.90	8.1
									볼넷 / 9*	2.04	3.14
									탈삼진 / 볼넷	4.36	2.58
									피홈런 / 9*	0.58	1.17
									피안타율	0.193	0.252
									WHIP*	0.94	1.32
									잔루율	76.8%	72.9%
									FIP*	2.74	4.24

PITCHING REPERTORY / VELOCITY km/h **MOVEMENT** cm

구종	평균	전체	초구	2-2	좌타자	우타자	피타율	상하	좌우
포심패스트볼	157	62%	56%	52%	67%	59%	0.209	↑26	→9
투심 / 싱커	156	6%	5%	7%	3%	6%	0.231	↑20	→18
컷패스트볼	−	−	−	−	−	−	−	−	−
슬라이더	148	13%	18%	12%	5%	19%	0.242	↑10	→9
커브	130	18%	21%	29%	21%	16%	0.105	↓12	←17
체인지업	141	0%	2%	0%	2%	1%	0.000	↑6	→16
스플리터	−	−	−	−	−	−	−	−	−

홈 ERA 3.15 원정 ERA 1.65
VS. 좌타자 5.060 VS. 우타자 1.12
VS. 김현수 1타수 1안타 1.000
VS. 강정호 상대 없음

2004년 드래프트 전체 1순위로 샌디에이고 파드레스에 지명된 부시는 폭행과 뺑소니 사고 등을 저지르며 4년 동안 교도소에 수감되기까지 했다. 오랜 방황을 거쳐 2016년 텍사스에서 메이저리그에 데뷔했다. 평균 157km/h의 묵직한 패스트볼로 58경기에서 61 2/3이닝을 던지며 평균자책점 2.48, 14볼넷 61탈삼진 피안타율 0.196의 좋은 성적을 기록했다. 토론토 블루제이스와의 아메리칸리그 디비전시리즈(ALDS) 2경기에서 3과 2/3이닝을 던지며 평균자책점 0.00을 기록했다.

TEXAS RANGERS

■ 15% 이상 ■ 12–14% ■ 9–11% ■ 6–8% □ 3–5% □ 2% 이하

CL Sam DYSON
샘 다이슨

NO.47

좌투좌타   1988년 5월 7일   185cm, 93kg

*는 낮을수록 좋은 기록임

시즌	경기	이닝	피안타	피홈런	볼넷	탈삼진	승-패-세-홀	평균자책
2016	73	70.1	63	5	21	55	3-2-38-10	2.43
통산	186	199.1	189	12	66	165	11-9-40-31	2.93

구분	기록	MLB
평균자책*	2.43	4.15
탈삼진 / 9	7.04	8.11
볼넷 / 9*	2.94	3.14
탈삼진 / 볼넷	2.39	2.58
피홈런 / 9*	0.64	1.17
피안타율*	0.243	0.252
WHIP*	1.22	1.32
잔루율	85.4%	72.9%
FIP*	3.62	4.24

PITCHING ZONE

PITCHING REPERTORY / VELOCITY km/h / MOVEMENT cm

구종	평균	전체	초구	2-2	좌타자	우타자	피타율	상하	좌우
포심패스트볼	155	17%	21%	6%	22%	14%	0.292	↑19	→15
투심 / 싱커	154	55%	63%	54%	43%	63%	0.249	↑6	→22
컷패스트볼	143	3%	3%	3%	1%	5%	0.385	↑5	←5
슬라이더	135	7%	5%	7%	4%	9%	0.177	↓7	←25
커브	–	–	–	–	–	–	–		
체인지업	144	17%	9%	30%	29%	8%	0.164	↑3	→21
스플리터	–	–	–	–	–	–	–		

홈 ERA 1.00 원정 ERA 3.93
VS. 좌타자 3.000 VS. 우타자 2.01
VS. 김현수 1타수 무안타
VS. 강정호 상대 없음

지난해 트레이드 마지막 날 마이애미에서 이적해왔다. 최고구속158km/h의 싱커가 일품인 선수. 포심패스트볼과 체인지업을 섞어 던진다. 싱커는 구속뿐만 아니라 무브먼트와 묵직함을 동시에 갖추고 있다. 특히 홈플레이트 근처에서 떨어지는 움직임을 갖고 있어 섣불리 공략했다간 땅볼로 물러나기 일쑤다. 지난해 68.8%의 땅볼 타구 비율은 70이닝 이상 소화한 투수들 중 전체 1위의 기록이었다. FA까지 무려 5년의 시간이 남아 있어 당분간 텍사스 불펜의 중심으로 활약할 선수다.

C Jonathan LUCROY
조너선 루크로이

NO.25

우투우타   1986년 6월 13일   183cm, 91kg

*는 낮을수록 좋은 기록임

시즌	타수	안타	홈런	타점	볼넷	도루	타율	출루율	장타율
2016	338	143	31	81	47	100	0.292	0.355	0.5
통산	2990	848	81	418	264	491	0.284	0.343	0.441

구분	기록	MLB
타율	0.292	0.255
출루율	0.355	0.322
장타율	0.5	0.417
볼넷%	8.6%	8.2%
삼진%	18.4%	21.1%
볼넷 / 삼진	0.47	0.39
순장타율	0.208	0.162
BABIP	0.322	0.3
wOBA	0.362	0.318

VS. 패스트볼   VS. 변화구

*5타수 미만은 색을 표시하지 않았음. ●●●● : Ball zone

SPRAY ZONE

16 | 6 | 2
35% | 37% | 28%
홈런
타구분포 %

BATTED BALL

항목	비율
볼존 공격률	29%
S존 공격률	57%
볼존 컨택트율	66%
S존 컨택트율	90%
라인드라이브	24%
그라운드볼	37%
플라이볼	39%

DEFENSE

위치	자살	보살	실책	수비율
C	918	75	6	0.994
1B	40	0	0	1.000

홈 타율 0.293 원정 타율 0.26
VS. 좌투수 0.238 VS. 우투수 0.319
득점권 0.235 L/C 0.282
VS. 류현진 상대 없음
VS. 오승환 상대 없음

2016년 8월 2일 밀워키에서 텍사스로 합류한 포수 루크로이는 자신의 공격적인 재능을 마음껏 발휘했다. 텍사스 소속으로 뛴 15경기에서 홈런 7개를 포함해 14개의 타점을 올렸다. 공격에서 뿐만 아니라 수비에서도 눈부셨다. 텍사스 투수들은 루크로이의 공에 만족하고 있다. 또한 그는 팀 선수에 대해 알기 위해 많은 공부를 하며 많은 대화를 했다. 루크로이가 오면서 로빈슨 치리노스는 백업포수로 밀려났다. 지난 7년간 두 번이나 올스타 선수로 선정되었다.

TEXAS RANGERS

● 타율 0.400 이상   ● 0.300-0.399   ● 0.200-0.299   ● 0.100-0.199   ● 타율 0.099 이하

Robinson CHIRINOS
로빈슨 치리노스   NO.61

우투우타   1984년 6월 5일   185cm, 95kg   *는 낮을수록 좋은 기록임

시즌	타수	안타	홈런	타점	볼넷	도루	타율	출루율	장타율	구분	기록	MLB
2016	147	33	9	20	15	44	0.224	0.314	0.483	타율	0.224	0.255
통산	769	177	33	101	67	196	0.23	0.303	0.423	출루율	0.314	0.322
										장타율	0.483	0.417
										볼넷%	0.092	8.2%
										삼진%*	0.127	21.1%
										볼넷 / 삼진	0.73	0.39
										순장타율	0.158	0.162
										BABIP	0.323	0.3
										wOBA	0.36	0.318

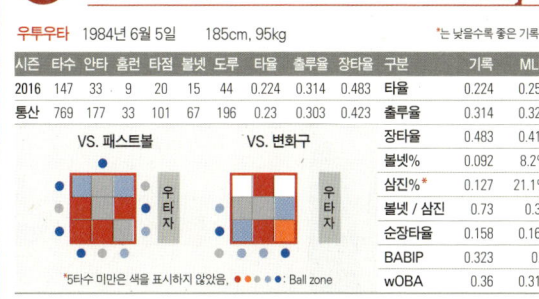

홈 타율 0.23 원정 타율 0.221
VS. 좌투수 0.174 VS. 우투수 0.234
득점권 0.219 L/C 0.333
VS. 류현진 상대 없음
VS. 오승환 1타수 무안타

루크로이의 이적으로 2017시즌부터는 백업요원으로 활약할 가능성이 높아졌다. 2000년 컵스와 계약을 맺고 템파베이에서 빅리그에 데뷔하기까진 11년이 걸렸다. 텍사스에서는 2013시즌부터 뛰고 있다. 타석에선 일발 장타력을 갖추고 있다. 하지만 타격의 정확도는 크게 떨어진다. 2017시즌 패스트볼이나 와일드 피치가 될 공 저지율이 96.6%로 1위에 올랐지만 고작 47경기에 선발 출장했다는 점을 미뤄볼 때 유의미한 표본은 아니다. 전체적인 수비력은 괜찮은 편이다.

Mike NAPOLI
마이크 나폴리   NO.05

우투우타   1981년 10월 31일   183cm, 100kg   *는 낮을수록 좋은 기록임

시즌	타수	안타	홈런	타점	볼넷	도루	타율	출루율	장타율	구분	기록	MLB
2016	557	133	34	101	78	5	.239	.335	.465	타율	0.239	0.255
통산	4147	1043	238	678	601	38	.252	.352	.480	출루율	0.335	0.322
										장타율	0.465	0.417
										볼넷%	12.1%	8.2%
										삼진%*	30.1%	21.1%
										볼넷 / 삼진	0.40	0.39
										순장타율	0.226	0.162
										BABIP	0.296	0.300
										wOBA	0.343	0.318

홈타율 0.281 원정타율 0.198
VS. 좌투수 0.262 VS. 우투수 0.229
득점권 0.237 L/C 0.259
VS. 류현진 2타수2안타 1.000
VS. 오승환 상대 없음

2006년 LA 엔젤스에서 데뷔한 장타력을 갖춘 우타 거포의 베테랑 선수. 정확도는 떨어지나 대신 파워는 경쟁력이 있다. 선구안이 뛰어나 볼 카운트를 즐기는 편으로 타율은 높지 않으나 높은 출루율과 매년 30홈런 이상을 때릴 수 있는 선수다. 2011시즌 113경기 타율 3할2푼 30홈런 커리어 하이 활약을 통해 텍사스를 월드 시리즈로 이끌었다. 텍사스는 아쉽게 준우승에 그쳤으나 포스트시즌에 맹타를 이어갔다. 파워뿐만 아니라 탁월한 리더십으로 인정받는 선수다.

TEXAS RANGERS

범례: 타율 0.400 이상 | 0.300–0.399 | 0.200–0.299 | 0.100–0.199 | 타율 0.099 이하

2B Rougned ODOR NO.12
루그네드 오도어

우투좌타 | 1994년 2월 3일 | 180cm, 80kg

시즌	타수	안타	홈런	타점	볼넷	도루	타율	출루율	장타율
2016	605	164	33	88	19	135	0.271	0.296	0.502
통산	1417	375	58	197	59	285	0.265	0.302	0.464

구분	기록	MLB
타율	0.271	0.255
출루율	0.296	0.322
장타율	0.502	0.417
볼넷%	3	8.2%
삼진%*	21.4	21.1%
볼넷/삼진	0.14	0.39
순장타율	0.231	0.162
BABIP	0.297	0.3
wOBA	0.336	0.318

SPRAY ZONE: 14 / 16 / 3, 19% / 34% / 47%, 홈런, 타구분포 %

BATTED BALL
항목	비율
볼존 공격률	43%
S존 공격률	68%
볼존 컨택트율	65%
S존 컨택트율	87%
라인드라이브	18%
그라운드볼	40%
플라이볼	42%

DEFENSE
위치	자살	보살	실책	수비율
2B	283	428	22	0.970

홈 타율 0.309 원정 타율 0.301
VS. 좌투수 0.252 VS. 우투수 0.343
득점권 0.318 L/C 0.287
VS. 류현진 상대 없음
VS. 오승환 상대 없음

프로파가 부상으로 지난 2년을 통째로 날리는 사이, 본인에게 찾아온 기회를 잘 잡아냈다. 작은 체구지만 펀치력이 있다. 2016시즌(.271/.296/.798, 33홈런)을 기록하며 최고의 성적을 올렸다. 빠른 발과 근성도 가지고 있다. 지난해 5월 경기 도중 호세 바티스타(토론토 블루제이스)의 얼굴에 펀치를 날린 루그네드 오도어(텍사스 레인저스)에게 7경기 출장정지와 함께 벌금 5000달러(약 580만 원)를 부과했다.

3B Adrian BELTRE NO.29
애드리안 벨트레

우투우타 | 1979년 4월 7일 | 180cm, 100kg

시즌	타수	안타	홈런	타점	볼넷	도루	타율	출루율	장타율
2016	583	175	32	104	48	1	0.3	0.358	0.521
통산	10295	2942	445	1571	775	119	0.286	0.339	0.48

구분	기록	MLB
타율	0.3	0.255
출루율	0.358	0.322
장타율	0.521	0.417
볼넷%	7.50%	8.2%
삼진%*	10.30%	21.1%
볼넷/삼진	0.73	0.39
순장타율	0.221	0.162
BABIP	0.293	0.3
wOBA	0.371	0.318

SPRAY ZONE: 18 / 9 / 5, 41% / 35% / 24%, 홈런, 타구분포 %

BATTED BALL
항목	비율
볼존 공격률	36%
S존 공격률	65%
볼존 컨택트율	78%
S존 컨택트율	90%
라인드라이브	18%
그라운드볼	40%
플라이볼	42%

DEFENSE
위치	자살	보살	실책	수비율
3B	104	301	10	0.976

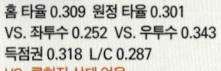

홈 타율 0.309 원정 타율 0.301
VS. 좌투수 0.252 VS. 우투수 0.343
득점권 0.318 L/C 0.287
VS. 류현진 상대 없음
VS. 오승환 2타수 1안타 .500

팀의 클럽하우스 리더다. 1998년 19세의 나이로 다저스에서 데뷔해, 어느덧 20번째 시즌을 맞이하게 되었다. 벨트레는 2할8푼6리-2942안타-445홈런-1571타점을 쌓아올렸다. 명예의 전당 입성이 확실한 페이스를 보이고 있다. 메이저리그를 대표하는 배드볼 히터임에도, 정확도와 파워를 겸비하고 있다. 클러치 상황에서의 해결 능력도 뛰어나다. 휴식 차원의 결정을 극도로 싫어할 만큼, 경기에 대한 열정도 대단하다. 올해 38세지만, 여전히 리그 정상급의 3루 수비를 자랑한다.

TEXAS RANGERS

Elvis ANDRUS
SS 엘비스 앤드루스 NO.01

우투우타   1988년 8월 26일   183cm, 88kg

*는 낮을수록 좋은 기록임

시즌	타수	안타	홈런	타점	볼넷	도루	타율	출루율	장타율	구분	기록	MLB
2016	506	153	8	69	47	24	0.302	0.362	0.439	타율	0.302	0.255
통산	4625	1266	35	436	408	241	0.274	0.335	0.357	출루율	0.362	0.322
										장타율	0.439	0.417
										볼넷%	8.30%	8.2%
										삼진%*	12.30%	21.1%
										볼넷/삼진	0.67	0.39
										순장타율	0.136	0.162
										BABIP	0.333	0.3
										wOBA	0.344	0.318

SPRAY ZONE	BATTED BALL		DEFENSE				
2 / 6 35% 0 / 43% 23% 홈런 타구분포 %	항목	비율	위치	자살	보살	실책	수비율
	볼존 공격률	26%					
	S존 공격률	61%					
	볼존 컨택트율	69%					
	S존 컨택트율	92%	SS	229	413	17	0.974
	라인드라이브	24%					
	그라운드볼	48%					
	플라이볼	29%					

홈 타율 0.309   원정 타율 0.301
VS. 좌투수 0.252   VS. 우투수 0.343
득점권 0.318   L/C 0.287
VS. 류현진 상대 없음
VS. 오승환 상대 없음

2009년 데뷔한 팀의 주전 유격수. 텍사스는 2013시즌을 앞두고 그에게 8년간 1억 2000만 달러의 연장 계약을 안겨줬다. 하지만 타율, 출루율, 도루의 성적이 매년 하락하고 있다. 반대로 실책은 계속해서 증가하는 추세로, 집중력이 산만한 모습이 노출되고 있다. 장타를 기대하기 힘든 유형으로, 콘택트에 집중해야 반전을 꾀할 수 있다. 올해는 8년 계약의 두 번째 해로, 팀의 반등이 시급한 선수다. 2016시즌 성적은(.302/.362/.800)를 기록하며 최초의 3할 대 타율을 기록했다.

Jurickson PROFAR
LF 주릭슨 프로파 NO.19

우투양타   1993년 2월 20일   180cm, 86kg

*는 낮을수록 좋은 기록임

시즌	타수	안타	홈런	타점	볼넷	도루	타율	출루율	장타율	구분	기록	MLB
2016	272	65	5	20	30	2	.239	.321	.338	타율	0.338	0.255
통산	575	135	12	48	56	4	.235	.311	.341	출루율	0.321	0.322
										장타율	0.338	0.417
										볼넷%	9.8%	8.2%
										삼진%*	19.9%	21.1%
										볼넷/삼진	0.49	0.39
										순장타율	0.099	0.162
										BABIP	0.291	0.300
										wOBA	0.295	0.318

SPRAY ZONE	BATTED BALL		DEFENSE				
1 / 0 35% 4 / 26% 39% 홈런 타구분포 %	항목	비율	위치	자살	보살	실책	수비율
	볼존 공격률	24%					
	S존 공격률	59%					
	볼존 컨택트율	66%					
	S존 컨택트율	91%	1B	111	10	0	1.000
	라인드라이브	19%	2B	35	55	2	0.978
	그라운드볼	53%	3B	9	33	4	0.913
	플라이볼	28%	SS	11	26	1	0.974
			LF	11	1	0	1.000

홈타율 0.280   원정타율 0.200
VS. 좌투수 0.197   VS. 우투수 0.254
득점권 0.250   L/C 0.316
VS. 류현진 상대 없음
VS. 오승환 상대 없음

퀴라소 출신으로 앞으로 텍사스를 이끌어갈 팀의 유망주다. 11세 때 2004년 리틀야구 월드시리즈에서 투수로 활약하며 우승의 일등공신이 되었다. 그러나 텍사스에 입단한 뒤 유격수로 변신하며 빠른 발과 안정감 있는 수비력을 보여주었다. 2년 연속 퓨처스 리그 올스타에 선정되었고 왜소한 체격에도 불구하고 언제든지 홈런을 칠 수 있는 파워를 가지고 있다. 2017 월드베이스볼클래식(WBC) 1라운드 A조 한국과의 경기서 우측 담장을 넘어가는 2점 홈런을 쏘아 올렸다.

TEXAS RANGERS

■ 타율 0.400 이상 ■ 0.300-0.399 ■ 0.200-0.299 ■ 0.100-0.199 ■ 타율 0.099 이하

CF Carlos GÓMEZ
카를로스 고메스   NO.14

우투우타   1985년 12월 4일   191cm, 100kg   *는 낮을수록 좋은 기록임

시즌	타수	안타	홈런	타점	볼넷	도루	타율	출루율	장타율
2016	411	95	13	53	34	18	0.231	0.298	0.384
통산	3910	1003	143	453	256	239	0.257	0.312	0.415

구분	기록	MLB
타율	0.231	0.255
출루율	0.298	0.322
장타율	0.384	0.417
볼넷%	7.50%	8.2%
삼진%*	30.00%	21.1%
볼넷 / 삼진	0.25	0.39
순장타율	0.153	0.162
BABIP	0.313	0.3
wOBA	0.296	0.318

VS. 패스트볼   VS. 변화구   우타자

*5타수 미만은 색을 표시하지 않았음. ●●● : Ball zone

SPRAY ZONE
2 / 11 / 0 / 45% 32% 24%
홈런 타구분포 %

BATTED BALL
항목	비율
볼존 공격률	36%
S존 공격률	71%
볼존 컨택트율	53%
S존 컨택트율	79%
라인드라이브	44%
그라운드볼	35%
플라이볼	14%

DEFENSE
위치	자살	보살	실책	수비율
CF	165	7	1	0.994
LF	53	0	0	1.000
RF	7	0	1	0.875

홈 타율 0.309 원정 타율 0.301
VS. 좌투수 0.252 VS. 우투수 0.343
득점권 0.318 L/C 0.287
VS. 류현진 상대 없음
VS. 오승환 1타수 무안타

2007년 뉴욕 메츠에서 빅리그에 데뷔한 고메스는 2008년부터 밀워키에서 뛰었고, 전성기를 보냈다. 2013년에는 타율 0.284, 24홈런 73타점, OPS 0.843을 기록했고, 2014년도 타율 0.284, 23홈런 73타점, OPS 0.833으로 좋았다. 2016시즌 휴스턴에서 방출돼 텍사스와 마이너리그 계약을 맺었고 지난 8월 26일 메이저리그에 올라왔다. 올 시즌 휴스턴에서 타율 0.210 출루율 0.272 5홈런 29타점으로 주춤하던 그는 텍사스에서 타율 0.284 출루율 0.362 8홈런 24타점으로 살아났다.

RF Nomar MAZARA
노마 마자라   NO.30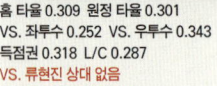

좌투좌타   1995년 4월 26일   194cm, 98kg   *는 낮을수록 좋은 기록임

시즌	타수	안타	홈런	타점	볼넷	도루	타율	출루율	장타율
2016	516	137	20	64	39	0	0.266	0.32	0.419
통산	516	137	20	64	39	0	0.266	0.32	0.416

구분	기록	MLB
타율	0.266	0.255
출루율	0.32	0.322
장타율	0.416	0.417
볼넷%	6.90%	8.2%
삼진%*	19.70%	21.1%
볼넷 / 삼진	0.35	0.39
순장타율	0.153	0.162
BABIP	0.299	0.3
wOBA	0.318	0.318

VS. 패스트볼   VS. 변화구   좌타자

*5타수 미만은 색을 표시하지 않았음. ●●● : Ball zone

SPRAY ZONE
9 / 1 / 10 / 27% 35% 37%
홈런 타구분포 %

BATTED BALL
항목	비율
볼존 공격률	33%
S존 공격률	59%
볼존 컨택트율	66%
S존 컨택트율	91%
라인드라이브	21%
그라운드볼	49%
플라이볼	30%

DEFENSE
위치	자살	보살	실책	수비율
RF	236	6	2	0.992
LF	64	1	0	1.000

홈 타율 0.309 원정 타율 0.301
VS. 좌투수 0.252 VS. 우투수 0.343
득점권 0.318 L/C 0.287
VS. 류현진 상대 없음
VS. 오승환 1타수 무안타

추신수가 종아리 부상을 당하면서 올 시즌 4월 빅리그 데뷔 무대를 가졌다. 데뷔전이었던 4월 11일 LA 에인절스와의 경기에서 마자라는 홈런 포함 3안타 맹타를 휘두르며 이름을 알렸다. 특히 4월 타율 0.333 2홈런 7타점, 5월 타율 0.283, 7홈런 17타점의 성적을 내면서 두 달 연속 아메리칸리그 신인에 뽑히기도 했다. 마자라는 올 시즌 145경기에 출전, 타율 0.266 20홈런 64타점을 기록하며 준수한 데뷔 시즌을 보냈다. 결국 마자라는 2016시즌 텍사스 신인으로 뽑혔다.

TEXAS RANGERS

| 타율 0.400 이상 | 0.300–0.399 | 0.200–0.299 | 0.100–0.199 | 타율 0.099 이하 |

OF Delino DESHIELDS NO.03
델리노 드실즈

우투우타   1992년 8월 16일   175cm, 95kg

*는 낮을수록 좋은 기록임

시즌	타수	안타	홈런	타점	볼넷	도루	타율	출루율	장타율	구분	기록	MLB
2016	182	38	4	13	15	8	0.209	0.275	0.313	타율	0.209	0.255
통산	607	149	6	50	68	33	0.245	0.324	0.356	출루율	0.275	0.322
										장타율	0.313	0.417
										볼넷%	7.40%	8.2%
										삼진%*	26.60%	21.1%
										볼넷 / 삼진	0.28	0.39
										순장타율	0.104	0.162
										BABIP	0.272	0.3
										wOBA	0.261	0.318

VS. 패스트볼 / VS. 변화구 (우타자)
*5타수 미만은 색을 표시하지 않았음. ●●●: Ball zone

SPRAY ZONE: 0 / 4 / 39% / 39% / 0 / 22% — 홈런 타구분포 %

BATTED BALL
항목	비율
볼존 공격률	25%
S존 공격률	56%
볼존 컨택트율	41%
S존 컨택트율	85%
라인드라이브	17%
그라운드볼	55%
플라이볼	28%

DEFENSE
위치	자살	보살	실책	수비율
CF	81	1	2	0.976
LF	21	0	1	0.995

홈 타율 0.309 원정 타율 0.301
VS. 좌투수 0.252 VS. 우투수 0.343
득점권 0.318 L/C 0.287
VS. 류현진 상대 없음
VS. 오승환 상대 없음

지난해 빅리그에 데뷔했던 2010년 전체 8순위로 휴스턴에 지명된 뒤, 지난 시즌을 앞두고 룰 5 드래프트를 통해 텍사스로 이적했다. 리그 최정상급의 주력으로 대표되는 선수. 지난해 25개의 도루를 성공시켰다. 1번 타자로서 기대 이상의 선구안도 보여줬다. 다만 빠른 발을 극대화하기 위해서는 스윙 폭을 줄일 필요가 있다. 중견수로서 넓은 수비 범위를 자랑하나, 타구 판단과 펜스 플레이는 아직 미숙한 점이 있다. 2016시즌 부상과 2년차 징크스로 타율 .209에 그치는 아쉬움을 남겼다.

DH CHOO Shin-Soo NO.17
추신수

좌투좌타   1982년 7월 13일   180cm, 95kg

*는 낮을수록 좋은 기록임

시즌	타수	안타	홈런	타점	볼넷	도루	타율	출루율	장타율	구분	기록	MLB
2016	178	43	7	17	25	6	0.242	0.357	0.399	타율	0.242	0.255
통산	4310	1206	146	566	608	118	0.28	0.381	0.452	출루율	0.357	0.322
										장타율	0.399	0.417
										볼넷%	11.90%	8.2%
										삼진%*	21.90%	21.1%
										볼넷 / 삼진	0.54	0.39
										순장타율	0.157	0.162
										BABIP	0.288	0.3
										wOBA	0.334	0.318

VS. 패스트볼 / VS. 변화구 (좌타자)
*5타수 미만은 색을 표시하지 않았음. ●●●: Ball zone

SPRAY ZONE: 2 / 2 / 34% / 3 / 25% / 41% — 홈런 타구분포 %

BATTED BALL
항목	비율
볼존 공격률	23%
S존 공격률	55%
볼존 컨택트율	61%
S존 컨택트율	88%
라인드라이브	22%
그라운드볼	47%
플라이볼	31%

DEFENSE
위치	자살	보살	실책	수비율
RF	85	4	3	0.967

홈 타율 0.309 원정 타율 0.301
VS. 좌투수 0.252 VS. 우투수 0.343
득점권 0.318 L/C 0.287
VS. 류현진 상대 없음
VS. 오승환 상대 없음

7년간 1억 3000만 달러의 계약을 맺고 2014년부터 텍사스에서 뛰고 있다. 지난해 4월 타율 0.096이라는 최악의 부진 이후 반등에 성공하며, 시즌 막판 팀의 역전 지구 우승에 선봉장 역할을 했다. 20홈런이 가능한 파워를 겸비하고 있다. 좋은 선구안을 바탕으로 한 .382의 통상 출루율은 현역 선수 중 9위의 기록. 투 스트라이크 이후 대처에도 나름의 노하우를 갖고 있다. 세 차례 20-20클럽에 가입했지만, 최근 도루 시도는 자제하고 있다. 2016시즌 부상으로 팀에 도움을 주지 못했다.

NATIONAL LEAGUE

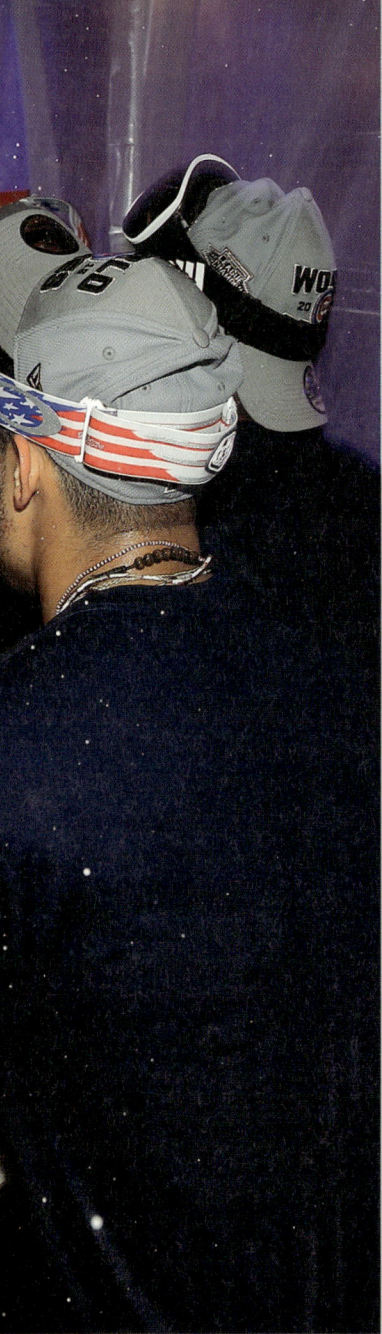

역대 NL 우승팀

는 1903년부터 시작된 월드시리즈 우승.

연도	우승팀		
1876	Chicago White Stockings	1946	St. Louis Cardinals
1877	Boston Red Caps	1947	Brooklyn Dodgers
1878	Boston Red Caps	1948	Boston Braves
1879	Providence Grays	1949	Brooklyn Dodgers
1880	Chicago White Stockings	1950	Philadelphia Phillies
1881	Chicago White Stockings	1951	New York Giants
1882	Chicago White Stockings	1952	Brooklyn Dodgers
1883	Boston Beaneaters	1953	Brooklyn Dodgers
1884	Providence Grays	1954	New York Giants
1885	Chicago White Stockings	1955	Brooklyn Dodgers
1886	Chicago White Stockings	1956	Brooklyn Dodgers
1887	Detroit Wolverines	1957	Milwaukee Braves
1888	New York Giants	1958	Milwaukee Braves
1889	New York Giants	1959	Los Angeles Dodgers
1890	Brooklyn Bridegrooms	1960	Pittsburgh Pirates
1891	Boston Beaneaters	1961	Cincinnati Reds
1892	Boston Beaneaters	1962	San Francisco Giants
1893	Boston Beaneaters	1963	Los Angeles Dodgers
1894	Baltimore Orioles	1964	St. Louis Cardinals
1895	Baltimore Orioles	1965	Los Angeles Dodgers
1896	Baltimore Orioles	1966	Los Angeles Dodgers
1897	Boston Beaneaters	1967	St. Louis Cardinals
1898	Boston Beaneaters	1968	St. Louis Cardinals
1899	Brooklyn Superbas	1969	New York Mets
1900	Brooklyn Superbas	1970	Cincinnati Reds
1901	Pittsburgh Pirates	1971	Pittsburgh Pirates
1902	Pittsburgh Pirates	1972	Cincinnati Reds
1903	Pittsburgh Pirates	1973	New York Mets
1904	New York Giants	1974	Los Angeles Dodgers
1905	New York Giants	1975	Cincinnati Reds
1906	Chicago Cubs	1976	Cincinnati Reds
1907	Chicago Cubs	1977	Los Angeles Dodgers
1908	Chicago Cubs	1978	Los Angeles Dodgers
1909	Pittsburgh Pirates	1979	Pittsburgh Pirates
1910	Chicago Cubs	1980	Philadelphia Phillies
1911	New York Giants	1981	Los Angeles Dodgers
1912	New York Giants	1982	St. Louis Cardinals
1913	New York Giants	1983	Philadelphia Phillies
1914	Boston Braves	1984	San Diego Padres
1915	Philadelphia Phillies	1985	St. Louis Cardinals
1916	Brooklyn Robins	1986	New York Mets
1917	New York Giants	1987	St. Louis Cardinals
1918	Chicago Cubs	1988	Los Angeles Dodgers
1919	Cincinnati Reds	1989	San Francisco Giants
1920	Brooklyn Robins	1990	Cincinnati Reds
1921	New York Giants	1991	Atlanta Braves
1922	New York Giants	1992	Atlanta Braves
1923	New York Giants	1993	Philadelphia Phillies
1924	New York Giants	1994	선수노조 파업으로 중단
1925	Pittsburgh Pirates	1995	Atlanta Braves
1926	St. Louis Cardinals	1996	Atlanta Braves
1927	Pittsburgh Pirates	1997	Florida Marlins
1928	St. Louis Cardinals	1998	San Diego Padres
1929	Chicago Cubs	1999	Atlanta Braves
1930	St. Louis Cardinals	2000	New York Mets
1931	St. Louis Cardinals	2001	Arizona Diamondbacks
1932	Chicago Cubs	2002	San Francisco Giants
1933	New York Giants	2003	Florida Marlins
1934	St. Louis Cardinals	2004	St. Louis Cardinals
		2005	Houston Astros
1935	Chicago Cubs	2006	St. Louis Cardinals
1936	New York Giants	2007	Colorado Rockies
1937	New York Giants	2008	Philadelphia Phillies
1938	Chicago Cubs	2009	Philadelphia Phillies
1939	Cincinnati Reds	2010	San Francisco Giants
1940	Cincinnati Reds	2011	St. Louis Cardinals
1941	Brooklyn Dodgers	2012	San Francisco Giants
1942	St. Louis Cardinals	2013	St. Louis Cardinals
1943	St. Louis Cardinals	2014	San Francisco Giants
1944	St. Louis Cardinals	2015	New York Mets
1945	Chicago Cubs	2016	Chicago Cubs

NATIONAL LEAGUE
EAST

워싱턴이 동부지구 2연패에 도전한다. 지난해의 강력한 타선에 맷 위터스와 애덤 이튼을 추가했다. 여기에 지난 시즌 부진했던 하퍼까지 살아난다면 리그에서 최고의 공격력을 과시할 것으로 보인다. 셔저-스트라스버그 원투펀치와 하위 선발에 로어크까지 버티는 선발진은 리그 최강. 멜란슨이 빠진 불펜진의 약점만 극복한다면 지구 2연패가 유력해보인다. 워싱턴의 2연패를 저지할 가장 강력한 팀은 뉴욕 메츠. 그러기 위해선 작년 부상으로 신음했던 선발 3인방 디그롬-하비-매츠가 건강한 시즌을 보내는 것이 중요하다. 데이비드 라이트가 또다시 부상으로 개막전 출장이 불가능해 보이는 가운데, 재계약에 성공한 세스페데스와 지난 시즌 메츠에서 실망스러운 시즌을 보낸 제이 브루스가 타선의 열쇠를 쥐고 있다. 마이애미는 올 시즌 윈나우(Win-Now) 모드로 좋은 성적이 필요하다. 하지만 에이스 호세 페르난데스가 비극적인 사고로 사망하면서 올 시즌도 다소 힘든 시즌이 예상된다. 애틀랜타와 필라델피아는 리빌딩 중.

최근 3년간 순위

2016

팀	승	패	승률	승차
워싱턴	95	67	0.586	--
NY메츠	87	75	0.537	8
마이애미	79	82	0.491	15.5
필라델피아	71	91	0.438	24
애틀랜타	68	93	0.422	26.5

2015

팀	승	패	승률	승차
NY메츠	90	72	0.556	--
워싱턴	83	79	0.512	7
마이애미	71	91	0.438	19
애틀랜타	67	95	0.414	23
필라델피아	63	99	0.389	27

2014

팀	승	패	승률	승차
워싱턴	96	66	0.593	--
애틀랜타	79	83	0.488	17
NY메츠	79	83	0.488	17
마이애미	77	85	0.475	19
필라델피아	73	89	0.451	23

월드시리즈 우승 배당률

※ 우승 확률이 높을수록 배당률은 낮아짐

ATLANTA BRAVES

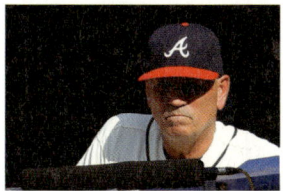

터너 필드를 떠나 새로운 구장인 선트러스트 파크에서의 첫 시즌이다. 팀의 간판 타자 프레디 프리먼은 올 시즌 MVP에, 댄스비 스완슨은 신인왕에 도전한다. 리그 팜랭킹 1위팀으로 올 시즌보다 미래가 더 기대되는 팀이다.

BET365	100배
NL 11위, ML 23위	
LADBROKES	100배
NL 11위, ML 23위	
WILLIAM HILL	100배
NL 10위, ML 22위	

MIAMI MARLINS

호세 페르난데스를 잃은 비극을 이겨내야 하는 한 시즌이다. 구단이 팔릴 수도 있다는 어수선한 분위기 속에 시즌을 시작한다. 매년 부상에 신음하고 있는 간판 타자 스탠튼의 건강이 중요하다. 올 시즌 올스타전 개최지로 성적까지 좋다면 축제를 더 즐겁게 즐길 수 있을 것이다.

BET365	50배
NL 9위, ML 19위	
LADBROKES	80배
NL 9위, ML 19위	
WILLIAM HILL	66배
NL 8위, ML 18위	

NEW YORK METS

2015 월드시리즈 후유증을 제대로 겪었다. 디그롬-하비-매츠가 부상으로 쓰러졌다. '토르' 신더가드만이 마운드를 지킨 유일한 슈퍼히어로였다. 옵트 아웃으로 풀렸던 세스페데스를 다시 한 번 잡았다. 하지만 '캡틴 아메리카' 데이비드 라이트를 볼 날이 얼마 남지 않아보인다.

BET365	18배
NL 5위, ML 9위	
LADBROKES	14배
NL 4위, ML 7위	
WILLIAM HILL	18배
NL 4위, ML 7위	

PHILADELPHIA PHILLIES

하워드까지 계약이 끝나면서 2008년 월드시리즈 우승의 영광을 누린 선수들이 모두 떠났다. 새 시대를 이끌 선수의 선두주자로 마이켈 프랑코 오두벨 에레라가 뽑히는 가운데 마이너 최고의 유망주 J.P. 크로포드가 빅리그 출격의 준비를 마쳤다.

BET365	100배
NL 11위, ML 23위	
LADBROKES	125배
NL 12위, ML 24위	
WILLIAM HILL	100배
NL 10위, ML 22위	

WASHINGTON NATIONALS

짝수해마다 포스트시즌에 진출하지만 매년 고배를 마시는 중. 지난 시즌엔 하퍼의 부진이 아쉬웠다. 위터스-이튼의 가세로 지난 시즌보다 더 강력해진 타선을 보유했다. 월드시리즈를 향하는 키는 하퍼가 쥐고 있다.

BET365	11배
NL 3위, ML 5위	
LADBROKES	10배
NL 2위, ML 4위	
WILLIAM HILL	10배
NL 2위, ML 4위	

ATLANTA BRAVES

터너 필드를 떠나 새로운 구장인 선트러스트 파크에서의 첫 시즌이다. 팀의 간판 타자 프레디 프리먼은 올 시즌 MVP에, 댄스비 스완슨은 신인왕에 도전한다. 리그 팜랭킹 1위팀으로 올 시즌보다 미래가 더 기대되는 팀이다.

TEAM IMFORMATION

창단 : 1871년
이전 연고지 : 보스턴, 밀워키
월드시리즈 우승 : 3회
NL 우승 : 17회
디비전 우승 : 17회
와일드카드 진출 : 2회
구단주 : 리버티 미디어
감독 : 프레디 곤잘레스
단장 : 존 코폴렐라

FRANCHISE

UNIFORM

Home / Away

Alternate

ATLANTA BRAVES

MANAGER

Brian Snitker

생년월일 : 1955년 10월 17일
출생지 : 데카투르(일리노이)
MLB 감독 경력 : 올해로 2년째
애틀랜타 브레이브스(2016년~현재)
정규시즌 통산 : 59승 65패 승률 0.476
포스트시즌 통산 : -

LINE-UP

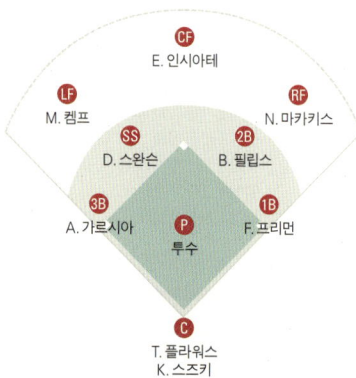

ROTATION	
SP	J. 테에란
SP	B. 콜론
SP	J. 가르시아
SP	R. 디키
SP	M. 폴티네비치

BULLPEN	
RP	A. 비즈카이노
RP	P. 로드리게스
RP	M. 카브레라
RP	I. 크롤
RP	J. 라미레스
RP	B. 보이어
CL	J. 존슨

BATTING	
1	E. 인시아테
2	B. 필립스
3	F. 프리먼
4	M. 켐프
5	N. 마카키스
6	A. 가르시아
7	D. 스완슨
8	T. 플라워스

UTILITY PLAYERS	
IF	C. 다노
IF	J. 피터슨
OF	M. 존슨
OF	E. 보나파시오

BALL PARK : SunTrust Park

주소 : 755 Battery Avenue Atlanta, GA 30339
펜스 거리 : 왼쪽 102m, 좌중간 117m, 중앙 122m,
우중간 114m, 오른쪽 99m
펜스 높이 : 전 구간 2.4m로 통일
2017 MLB 정규 시즌부터 애틀랜타 홈경기장으로 사용
잔디 : 페스페일럼(천연잔디)
수용 인원 : 4만 1,500명
홈팀 덕아웃 : 3루
파크팩터 : -

Good-bye, Turner Field
Hello, SunTrust Park

2016 리뷰
터너 필드에서의 마지막 시즌. 하지만 시즌 개막과 함께 9연패를 당했다. 개막 37경기 만에 프레디 곤잘레스 감독이 해임되고 브라이언 스니커 감독 대행이 지휘봉을 잡았다. 이러한 충격 요법도 큰 효과를 보지 못하고 전반기를 31승 58패, 승률 .348에 그쳤다. 하지만 트레이드 데드라인 이후 반등을 시작했다. FA 1년을 앞둔 에릭 아이바를 디트로이트로 보냈고, 폭력 사건을 일으킨 헥터 올리베라를 샌디에이고로 보내며 맷 켐프를 데려왔다. 타선을 외로이 이끌던 프리먼이 켐프가 뒤를 받쳐주면서 맹타를 휘둘렀다(MVP 투표 6위). 거기에 셸비 밀러를 애리조나로 보내면서 데려온 중견수 엔더 인시아테도 후반기 최고의 리드오프로 활약했다. 또한 리그 최고의 유격수 유망주 댄스비 스완슨이 8월말 데뷔해 가능성을 보여줬다. 투수진 역시도 젊은 에이스 훌리오 테에란을 중심으로, 마이크 폴티네비치, 맷 위즐러 등 젊은 유망주들이 성장세를 보여줬다. 비록 시즌 초반의 부진 때문에 지구 최하위에선 벗어나지 못했지만, 2017년 선트러스트 파크에서의 첫 시즌을 기대케 만드는 시즌 마무리였다.

2017 프리뷰
새로운 구장 선트러스트 파크에서의 첫 시즌. 지난 시즌 중반 감독 대행으로 선수들을 잘 이끈 브라이언 스니커 감독 대행이 감독으로 선임됐다(스니커 감독은 1977년부터 애틀랜타 프랜차이즈에서 선수-코치-마이너 감독으로 활약, 선수들에게 인망이 두텁다). 확실한 리드오프로 자리 잡은 인시아테로 시작으로 프리먼, 켐프로 이어지는 중심 타선까지의 짜임새는 준수하다. 작년 가능성을 보여준 스완슨 역시 올 시즌 강력한 NL 신인왕 후보 중 한 명이다. 선발진엔 테에란을 뒷받쳐주며 젊은 선수들에게 훌륭한 멘토 역할을 해줄 베테랑 투수, R.A. 디키와 바톨로 콜론을 데려왔다. 불펜도 160km/h의 강속구를 뿌리는 '우완 채프먼' 마우리시오 카브레라와 애틀랜타만 오면 잘하는 마무리 짐 존슨의 원투 펀치는 어느 팀에 내놔도 부족하지 않다. 새 구장에서의 첫 시즌, 포스트시즌 진출도 기대하고 있겠지만 워싱턴-뉴욕 메츠를 넘어서긴 쉽지 않아 보인다. 하지만 BA 선정 유망주 랭킹 1위에 선정된 팀이니만큼, 올 시즌 새 구장을 찾는 팬들은 젊은 선수들의 성장을 지켜보는 재미를 느낄 수 있을 것이다.

ATLANTA BRAVES

SQUAD LIST

* 선수 명단은 2017년 3월 25일 기준(soucre : ESPN)

투수

번호	이름	위치	투	타	나이	출생지
63	Jesse Biddle	SP	L	L	25	Philadelphia, PA
36	Aaron Blair	SP	R	R	24	Las Vegas, NV
56	Mauricio Cabrera	RP	R	R	23	Las Matas de Farfan, Dominican Republic
55	Josh Collmenter	RP	R	R	31	Marshall, MI
40	Bartolo Colon	SP	R	R	43	Altamira, Dominican Republic
19	R.A. Dickey	SP	R	R	42	Nashville, TN
26	Mike Foltynewicz	SP	R	R	25	Sterling, IL
66	Max Fried	SP	L	L	23	Santa Monica, CA
54	Jaime Garcia	SP	L	L	30	Reynosa, Mexico
61	Jason Hursh	RP	R	R	25	Dallas, TX
70	Luke Jackson	SP	R	R	25	Southwest Ranches, FL
53	Jim Johnson	RP	R	R	33	Johnson City, NY
46	Ian Krol	RP	L	L	25	Hinsdale, IL
68	Jacob Lindgren DL60	RP	L	L	24	Biloxi, MS
62	Akeel Morris	RP	R	R	24	St. Thomas, Virgin Islands
52	Jose Ramirez	RP	R	R	27	Yaguate, Dominican Republic
69	Armando Rivero	RP	R	R	29	Havana, Cuba
75	Paco Rodriguez	RP	L	L	25	Miami, FL
51	Chaz Roe	RP	R	R	30	Stuebenville, OH
65	Lucas Sims	RP	R	R	22	Lawrenceville, GA
49	Julio Teheran	SP	R	R	26	Cartagena, Colombia
38	Arodys Vizcaino	RP	R	R	26	Yaguate, Dominican Republic
58	Dan Winkler	RP	R	R	27	Effingham, IL
45	Matt Wisler	SP	R	R	24	Bryan, OH

포수

번호	이름	위치	투	타	나이	출생지
25	Tyler Flowers	C	R	R	31	Roswell, GA
20	Anthony Recker	C	R	R	33	Allentown, PA
24	Kurt Suzuki	C	R	R	33	Wailuku, HI

내야

번호	이름	위치	투	타	나이	출생지
67	Johan Camargo	SS	R	B	23	Panama City, Panama
23	Chase d'Arnaud	SS	R	R	30	Torrance, CA
5	Freddie Freeman	1B	R	L	27	Fountain Valley, CA
13	Adonis Garcia	3B	R	R	31	Ciego de Avila, Cuba
2	Micah Johnson	2B	R	L	26	Indianapolis, IN
–	Kyle Kubitza	3B	R	L	26	Arlington, TX
8	Jace Peterson	2B	R	L	26	Lake Charles, LA
4	Brandon Phillips	2B	R	R	35	Raleigh, NC
15	Sean Rodriguez	SS	R	R	31	Miami, FL
14	Rio Ruiz	3B	R	L	22	Covina, CA
7	Dansby Swanson	SS	R	R	23	Kennesaw, GA
17	Christian Walker	1B	R	R	25	Limerick, PA

외야

번호	이름	위치	투	타	나이	출생지
11	Ender Inciarte	CF	L	L	26	Maracaibo, Venezuela
27	Matt Kemp	RF	R	R	32	Midwest City, OK
22	Nick Markakis	RF	L	L	33	Woodstock, GA

SUMMARY

우타자	좌타자	스위치	우투수	좌투수	평균나이	최소소	최연장
10명	7명	1명	18명	6명	27.9세	22세	43세

ATLANTA BRAVES

2017 REGULAR SEASON SCHEDULE

※ ▨ 는 홈경기, 시간은 미국 동부시간 기준

날짜	상대팀	경기시간
Mon, 4/3	New York Mets	PM 1:10
Wed, 4/5	New York Mets	PM 7:10
Thu, 4/6	New York Mets	PM 7:10
Fri, 4/7	Pittsburgh Pirates	PM 1:05
Sat, 4/8	Pittsburgh Pirates	PM 7:05
Sun, 4/9	Pittsburgh Pirates	PM 1:35
Tue, 4/11	Miami Marlins	PM 7:10
Wed, 4/12	Miami Marlins	PM 7:10
Fri, 4/14	San Diego Padres	PM 7:35
Sat, 4/15	San Diego Padres	PM 7:10
Sun, 4/16	San Diego Padres	PM 1:35
Mon, 4/17	San Diego Padres	PM 7:35
Tue, 4/18	Washington Nationals	PM 7:35
Wed, 4/19	Washington Nationals	PM 7:35
Thu, 4/20	Washington Nationals	PM 7:35
Fri, 4/21	Philadelphia Phillies	PM 7:05
Sat, 4/22	Philadelphia Phillies	PM 7:05
Sun, 4/23	Philadelphia Phillies	PM 1:35
Tue, 4/25	New York Mets	PM 7:10
Wed, 4/26	New York Mets	PM 7:10
Thu, 4/27	New York Mets	PM 1:10
Fri, 4/28	Milwaukee Brewers	PM 8:10
Sat, 4/29	Milwaukee Brewers	PM 7:10
Sun, 4/30	Milwaukee Brewers	PM 2:10
Mon, 5/1	New York Mets	PM 7:35
Tue, 5/2	New York Mets	PM 7:35
Wed, 5/3	New York Mets	PM 7:35
Thu, 5/4	New York Mets	PM 7:35
Fri, 5/5	St. Louis Cardinals	PM 7:35
Sat, 5/6	St. Louis Cardinals	PM 7:10
Sun, 5/7	St. Louis Cardinals	PM 1:35
Tue, 5/9	Houston Astros	PM 8:10
Wed, 5/10	Houston Astros	PM 2:10
Fri, 5/12	Miami Marlins	PM 7:10
Sat, 5/13	Miami Marlins	PM 7:10
Sun, 5/14	Miami Marlins	PM 1:10
Mon, 5/15	Toronto Blue Jays	PM 7:07
Tue, 5/16	Toronto Blue Jays	PM 4:07
Wed, 5/17	Toronto Blue Jays	PM 7:35
Thu, 5/18	Toronto Blue Jays	PM 7:35
Fri, 5/19	Washington Nationals	PM 7:35
Sat, 5/20	Washington Nationals	PM 4:10
Sun, 5/21	Washington Nationals	PM 1:35
Mon, 5/22	Pittsburgh Pirates	PM 7:35
Tue, 5/23	Pittsburgh Pirates	PM 7:35
Wed, 5/24	Pittsburgh Pirates	PM 7:35
Thu, 5/25	Pittsburgh Pirates	PM 12:10
Fri, 5/26	San Francisco Giants	PM 10:15
Sat, 5/27	San Francisco Giants	PM 10:05
Sun, 5/28	San Francisco Giants	PM 4:05
Mon, 5/29	Los Angeles Angels	PM 9:07
Tue, 5/30	Los Angeles Angels	PM 10:07
Wed, 5/31	Los Angeles Angels	PM 10:07
Fri, 6/2	Cincinnati Reds	PM 7:10
Sat, 6/3	Cincinnati Reds	PM 4:10
Sun, 6/4	Cincinnati Reds	PM 1:10
Mon, 6/5	Philadelphia Phillies	PM 7:35
Tue, 6/6	Philadelphia Phillies	PM 7:35
Wed, 6/7	Philadelphia Phillies	PM 7:35

날짜	상대팀	경기시간
Thu, 6/8	Philadelphia Phillies	PM 7:35
Fri, 6/9	New York Mets	PM 7:35
Sat, 6/10	New York Mets	PM 4:10
Sun, 6/11	New York Mets	PM 1:35
Mon, 6/12	Washington Nationals	PM 7:05
Tue, 6/13	Washington Nationals	PM 7:05
Wed, 6/14	Washington Nationals	PM 4:05
Fri, 6/16	Miami Marlins	PM 7:35
Sat, 6/17	Miami Marlins	PM 4:10
Sun, 6/18	Miami Marlins	PM 1:35
Mon, 6/19	San Francisco Giants	PM 7:35
Tue, 6/20	San Francisco Giants	PM 7:35
Wed, 6/21	San Francisco Giants	PM 7:35
Thu, 6/22	San Francisco Giants	PM 7:35
Fri, 6/23	Milwaukee Brewers	PM 7:35
Sat, 6/24	Milwaukee Brewers	PM 4:10
Sun, 6/25	Milwaukee Brewers	PM 1:35
Tue, 6/27	San Diego Padres	PM 10:10
Wed, 6/28	San Diego Padres	PM 10:10
Thu, 6/29	San Diego Padres	PM 9:10
Fri, 6/30	Oakland Athletics	PM 10:05
Sat, 7/1	Oakland Athletics	PM 4:05
Sun, 7/2	Oakland Athletics	PM 4:05
Tue, 7/4	Houston Astros	PM 7:35
Wed, 7/5	Houston Astros	PM 7:35
Thu, 7/6	Washington Nationals	PM 7:05
Fri, 7/7	Washington Nationals	PM 7:05
Sat, 7/8	Washington Nationals	PM 4:05
Sun, 7/9	Washington Nationals	PM 1:35
Fri, 7/14	Arizona D-backs	PM 7:35
Sat, 7/15	Arizona D-backs	PM 7:10
Sun, 7/16	Arizona D-backs	PM 1:35
Mon, 7/17	Chicago Cubs	PM 7:35
Tue, 7/18	Chicago Cubs	PM 7:35
Wed, 7/19	Chicago Cubs	PM 12:10
Thu, 7/20	Los Angeles Dodgers	PM 10:10
Fri, 7/21	Los Angeles Dodgers	PM 10:10
Sat, 7/22	Los Angeles Dodgers	PM 9:10
Sun, 7/23	Los Angeles Dodgers	PM 4:10
Mon, 7/24	Arizona D-backs	PM 9:40
Tue, 7/25	Arizona D-backs	PM 9:40
Wed, 7/26	Arizona D-backs	PM 3:40
Fri, 7/28	Philadelphia Phillies	PM 7:05
Sat, 7/29	Philadelphia Phillies	PM 7:05
Sun, 7/30	Philadelphia Phillies	PM 1:35
Mon, 7/31	Philadelphia Phillies	PM 12:35
Tue, 8/1	Los Angeles Dodgers	PM 7:35
Wed, 8/2	Los Angeles Dodgers	PM 7:35
Thu, 8/3	Los Angeles Dodgers	PM 7:35
Fri, 8/4	Miami Marlins	PM 7:35
Sat, 8/5	Miami Marlins	PM 7:10
Sun, 8/6	Miami Marlins	PM 1:35
Tue, 8/8	Philadelphia Phillies	PM 7:35
Wed, 8/9	Philadelphia Phillies	PM 7:35
Fri, 8/11	St. Louis Cardinals	PM 8:15
Sat, 8/12	St. Louis Cardinals	PM 7:15
Sun, 8/13	St. Louis Cardinals	PM 2:15
Mon, 8/14	Colorado Rockies	PM 8:40
Tue, 8/15	Colorado Rockies	PM 8:40

날짜	상대팀	경기시간
Wed, 8/16	Colorado Rockies	PM 8:40
Thu, 8/17	Colorado Rockies	PM 3:10
Fri, 8/18	Cincinnati Reds	PM 7:35
Sat, 8/19	Cincinnati Reds	PM 7:35
Sun, 8/20	Cincinnati Reds	PM 1:35
Mon, 8/21	Seattle Mariners	PM 7:35
Tue, 8/22	Seattle Mariners	PM 7:35
Wed, 8/23	Seattle Mariners	PM 7:35
Fri, 8/25	Colorado Rockies	PM 7:35
Sat, 8/26	Colorado Rockies	PM 7:10
Sun, 8/27	Colorado Rockies	PM 1:35
Mon, 8/28	Philadelphia Phillies	PM 7:05
Tue, 8/29	Philadelphia Phillies	PM 7:05
Wed, 8/30	Philadelphia Phillies	PM 1:05
Thu, 8/31	Chicago Cubs	PM 8:05
Fri, 9/1	Chicago Cubs	PM 2:20
Sat, 9/2	Chicago Cubs	PM 2:20
Sun, 9/3	Chicago Cubs	TBD
Mon, 9/4	Texas Rangers	PM 7:35
Tue, 9/5	Texas Rangers	PM 7:35
Wed, 9/6	Texas Rangers	PM 7:35
Thu, 9/7	Miami Marlins	PM 7:35
Fri, 9/8	Miami Marlins	PM 7:35
Sat, 9/9	Miami Marlins	PM 7:10
Sun, 9/10	Miami Marlins	PM 1:35
Tue, 9/12	Washington Nationals	PM 7:05
Wed, 9/13	Washington Nationals	PM 7:05
Thu, 9/14	Washington Nationals	PM 7:05
Fri, 9/15	New York Mets	PM 7:35
Sat, 9/16	New York Mets	PM 7:10
Sun, 9/17	New York Mets	PM 1:35
Tue, 9/19	Washington Nationals	PM 7:35
Wed, 9/20	Washington Nationals	PM 7:35
Thu, 9/21	Washington Nationals	PM 7:35
Fri, 9/22	Philadelphia Phillies	PM 7:35
Sat, 9/23	Philadelphia Phillies	PM 7:10
Sun, 9/24	Philadelphia Phillies	PM 1:35
Mon, 9/25	New York Mets	PM 7:10
Tue, 9/26	New York Mets	PM 7:10
Wed, 9/27	New York Mets	PM 7:10
Thu, 9/28	Miami Marlins	PM 7:10
Fri, 9/29	Miami Marlins	PM 7:10
Sat, 9/30	Miami Marlins	PM 7:10
Sun, 10/1	Miami Marlins	PM 3:10

ATLANTA BRAVES

■ 15% 이상 ■ 12~14% ■ 9~11% ■ 6~8% ■ 3~5% □ 2% 이하

SP Julio TEHERAN   훌리오 테에란   NO.49

우투우타   1991년 1월 27일   188cm, 91kg   *는 낮을수록 좋은 기록임

시즌	경기	이닝	피안타	피홈런	볼넷	탈삼진	승-패-세-홀	평균자책	구분	기록	MLB
2016	30	188.0	157	22	41	167	7-10-0-0	3.21	평균자책*	3.21	4.19
통산	133	821.1	733	97	219	709	47-40-0-0	3.39	탈삼진 / 9	7.99	8.10
									볼넷 / 9*	1.96	3.14
									탈삼진 / 볼넷	4.07	2.58
									피홈런 / 9*	1.05	1.17
									피안타율	0.222	0.252
									WHIP*	1.05	1.32
									잔루율	77.8%	72.9%
									FIP*	3.69	4.19

PITCHING REPERTORY / VELOCITY km/h **/ MOVEMENT** cm

구종	평균	전체	초구	2-2	좌타자	우타자	피타율	상하	좌우
포심패스트볼	147	44%	44%	45%	37%	51%	0.230	↑21	→13
투심 / 싱커	146	15%	16%	8%	21%	8%	0.287	↑12	→22
컷패스트볼	—	—	—	—	—	—	—		
슬라이더	131	25%	21%	34%	15%	33%	0.193	↑3	←6
커브	116	8%	13%	7%	13%	4%	0.260	↓11	→16
체인지업	133	8%	6%	6%	14%	3%	0.305	↑13	→18
스플리터	—	—	—	—	—	—	—		

홈 ERA 3.59 원정 ERA 2.69
VS. 좌타자 0.236 VS. 우타자 0.211
VS. 강정호 5타수 0안타 0.000
VS. 추신수 3타수 2안타 1홈런 0.667

애틀랜타 마운드의 소년 가장. 150km/h 중초반의 빠른 공과 함께 데뷔 초에는 체인지업이 장점이었으나, 최근엔 슬라이더를 많이 구사 중이다. 간간이 섞는 커브도 위협적. 주자 견제에도 능해 2011년 이후 ML 우투수 중 두 번째로 많은 23개의 픽오프를 기록 중이다(1위 제임스 쉴즈 25개). 가장 큰 단점은 기복. 특히 홈 경기에 강하지만 원정길에 나서면 불안하다. 하지만 MLB 7번째 시즌임에도 불구, 올 시즌 고작 26세에 불과하며 2019시즌까지 연가 계약이 되어 있다는 장점도 있다.

SP Bartolo COLON   바톨로 콜론   NO.40

우투우타   1973년 5월 24일   180cm, 129kg   *는 낮을수록 좋은 기록임

시즌	경기	이닝	피안타	피홈런	볼넷	탈삼진	승-패-세-홀	평균자책	구분	기록	MLB
2016	34	191.2	200	24	32	128	15-8-0-0	3.43	평균자책*	3.43	4.19
통산	509	3172.1	3229	379	888	2365	233-162-0-1	3.93	탈삼진 / 9	6.01	8.10
									볼넷 / 9*	1.50	3.14
									탈삼진 / 볼넷	4.00	2.58
									피홈런 / 9*	1.13	1.17
									피안타율	0.265	0.252
									WHIP*	1.21	1.32
									잔루율	76.5%	72.9%
									FIP*	3.99	4.19

PITCHING REPERTORY / VELOCITY km/h **/ MOVEMENT** cm

구종	평균	전체	초구	2-2	좌타자	우타자	피타율	상하	좌우
포심패스트볼	145	28%	31%	22%	34%	21%	0.292	↑24	→11
투심 / 싱커	141	58%	55%	57%	53%	64%	0.263	↑12	→23
컷패스트볼	139	1%	1%	2%	1%	1%	0.438	↑17	→7
슬라이더	132	7%	8%	11%	3%	11%	0.272	↑5	←4
커브	—	—	—	—	—	—	—		
체인지업	131	5%	5%	8%	4%	3%	0.308	↑14	→19
스플리터	—	—	—	—	—	—	—		

홈 ERA 3.13 원정 ERA 3.72
VS. 좌타자 0.267 VS. 우타자 0.263
VS. 강정호 6타수 1안타 0.167
VS. 추신수 17타수 3안타 1홈런 0.176

빅리그 18년차의 베테랑. 전성기 시절 160km/h의 강속구는 잃었다. 하지만 정교한 제구로 승부를 보는 기교파 투수로 변화를 꾀해 회춘한 모습(최근 4시즌 190이닝 이상 소화). 140km/h 초반대의 포심과 투심을 80% 이상 구사하는데, 특히 투심의 무브먼트가 굉장하다. 변화구로는 슬라이더와 체인지업을 섞는다. 늘어난 체중 때문에 수비에 어려움을 겪는 모습. 빅리그 19년의 경험을 바탕으로 젊은 애틀랜타 선발진들에게 훌륭한 멘토 역할을 해줄 것으로 보인다.

ATLANTA BRAVES

■ 15% 이상　■ 12-14%　■ 9-11%　■ 6-8%　■ 3-5%　□ 2% 이하

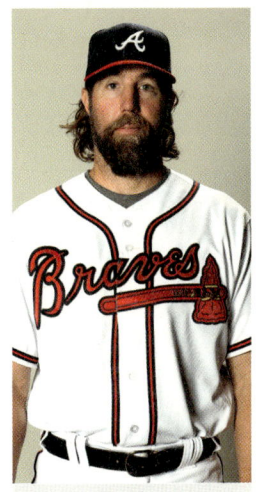

홈 ERA 5.28 원정 ERA 3.56
VS. 좌타자 0.246　VS. 우타자 0.264
VS. 추신수 13타수 6안타 0.462

SP R.A. DICKEY
R.A. 디키 NO.19

우투우타　1974년 10월 29일　191cm, 98kg　*는 낮을수록 좋은 기록임

시즌	경기	이닝	피안타	피홈런	볼넷	탈삼진	승-패-세-홀	평균자책	구분	기록	MLB
2016	30	169.2	169	28	63	126	10-15-0-0	4.46	평균자책*	4.46	4.19
통산	369	1883.2	1840	238	596	1341	110-108-2-6	4.01	탈삼진 / 9	6.68	8.10
									볼넷 / 9*	3.34	3.14
									탈삼진 / 볼넷	2.00	2.58
									피홈런 / 9*	1.49	1.17
									피안타율*	0.256	0.252
									WHIP*	1.37	1.32
									잔루율	70.9%	72.9%
									FIP*	5.03	4.19

PITCHING REPERTORY / VELOCITY km/h / MOVEMENT cm

구종	평균	전체	초구	2-2	좌타자	우타자	피안타율	상하	좌우
포심패스트볼	132	4%	4%	2%	2%	6%	0.368	↑19	→18
투심 / 싱커	132	8%	8%	2%	5%	8%	0.427	↑13	→22
컷패스트볼	−	−	−	−	−	−	−	−	−
슬라이더	−	−	−	−	−	−	−	−	−
커브	−	−	−	−	−	−	−	−	−
체인지업	116	1%	0%	2%	1%	0%	0.071	↑12	→24
스플리터	122	89%	88%	94%	92%	86%	0.233	↑4	→1

현존하는 몇 안 되는 너클볼 투수 중 대부 같은 존재. 하지만 2012년 뉴욕 메츠에서 사이영상을 수상한 후 다소 하락세에 있다. 디키의 변호를 하자면 너클볼 투수들이 어려움을 겪는다는 돔구장을 홈으로 사용하는 토론토에서 뛰어내 다소 손해를 봤다고 할 수 있다. 다른 너클볼 투수와는 차별화된 평균 120km/h 중반대의 빠른 너클볼을 구사하며 빠른 공의 사용 빈도도 높은 편이다. 게다가 너클볼 투수답게 42세의 나이에도 많은 이닝을 소화해줄 수 있다는 것도 장점.

홈 ERA 4.44 원정 ERA 4.98
VS. 좌타자 0.244　VS. 우타자 0.269
VS. 강정호 5타수 0안타 0.000
VS. 추신수 8타수 2안타 0.250

SP Jamie GARCIA
하이메 가르시아 NO.54

좌투좌타　1986년 7월 8일　188cm, 98kg　*는 낮을수록 좋은 기록임

시즌	경기	이닝	피안타	피홈런	볼넷	탈삼진	승-패-세-홀	평균자책	구분	기록	MLB
2016	32	171.2	179	26	57	150	10-13-0-0	4.67	평균자책*	4.67	4.19
통산	158	896.0	889	79	261	723	62-45-0-0	3.57	탈삼진 / 9	7.86	8.10
									볼넷 / 9*	2.99	3.14
									탈삼진 / 볼넷	2.63	2.58
									피홈런 / 9*	1.36	1.17
									피안타율*	0.264	0.252
									WHIP*	1.37	1.32
									잔루율	72.1%	72.9%
									FIP*	4.49	4.19

PITCHING REPERTORY / VELOCITY km/h / MOVEMENT cm

구종	평균	전체	초구	2-2	좌타자	우타자	피안타율	상하	좌우
포심패스트볼	146	28%	45%	9%	28%	28%	0.279	↑18	←8
투심 / 싱커	146	33%	33%	22%	36%	33%	0.297	↑11	→20
컷패스트볼	−	−	−	−	−	−	−	−	−
슬라이더	133	16%	6%	38%	29%	13%	0.186	↓5	→9
커브	119	5%	6%	7%	6%	6%	0.085	↓17	→13
체인지업	133	17%	10%	24%	1%	21%	0.229	↑11	→23
너클볼	−	−	−	−	−	−	−	−	−

빠르지 않은 구종으로 타자를 요리할 줄 아는 투수. 140km/h 중후반대의 싱커와 커터에 슬라이더, 체인지업, 커브 등을 섞어 던진다. 투구 시 공을 몸 뒤에 숨기고 짧은 백스윙으로 던져 타자들이 구종을 알아내는 데 어려움을 겪는다. 준수한 제구로 공을 낮게 뿌릴 줄 알아 땅볼 유도가 많고 홈런 허용이 적은 편. 문제는 부상. 2008년 데뷔 후 토미존 수술을 받으며 이듬해를 날렸다. 2012년부터는 어깨 부상으로 복귀와 이탈을 반복 중.

ATLANTA BRAVES

■ 15% 이상 ■ 12-14% ■ 9-11% ■ 6-8% ■ 3-5% □ 2% 이하

SP Mike FOLTYNEWICZ
마이크 폴티네비치 NO.26

우투우타 1991년 10월 7일 193cm, 100kg *는 낮을수록 좋은 기록임

시즌	경기	이닝	피안타	피홈런	볼넷	탈삼진	승-패-세-홀	평균자책	구분	기록	MLB
2016	22	123.1	125	18	35	111	9-5-0-0	4.31	평균자책*	4.31	4.19
통산	56	228.2	260	38	71	202	13-12-0-2	4.92	탈삼진 / 9	8.10	8.10
									볼넷 / 9*	2.55	3.14
									탈삼진 / 볼넷	3.17	2.58
									피홈런 / 9*	1.31	1.17
									피안타율*	0.258	0.252
									WHIP	1.30	1.32
									잔루율	74.6%	72.9%
									FIP*	4.24	4.19

PITCHING ZONE (좌타자 몸쪽 / 우타자 몸쪽)

PITCHING REPERTORY / VELOCITY km/h / MOVEMENT cm

구종	평균	전체	초구	2-2	좌타자	우타자	피타율	상하	좌우
포심패스트볼	154	41%	46%	34%	41%	40%	0.227	↑23	→16
투심 / 싱커	153	25%	23%	16%	27%	24%	0.342	↑16	→23
컷패스트볼	–	–	–	–	–	–	–	–	–
슬라이더	137	17%	15%	24%	7%	26%	0.288	↑3	←6
커브	125	11%	12%	15%	14%	8%	0.290	↓12	→9
체인지업	137	6%	4%	11%	1%	2%	0.340	↑14	→19
스플리터	–	–	–	–	–	–	–	–	–

홈 ERA 4.19 원정 ERA 4.39
VS. 좌타자 0.247 VS. 우타자 0.268
VS. 강정호 4타수 1안타 0.250
VS. 추신수 1타수 1안타 1.000

193cm 100kg의 당당한 체격에서 뿌리는 최대 160km/h 강속구의 소유자. 하지만 아직까진 커맨드를 잡는 데 어려움을 겪으며 구위에 비해 장타 허용이 많은 편이다. 하지만 처음으로 100이닝 이상을 소화한 지난 시즌엔 이전 시즌보다 장타를 많이 억제한 모습. 주 변화구는 커브이며 이외에도 슬라이더 체인지업을 구사한다. 타자를 압도하기 위해선 좀 더 향상이 필요해 보인다. 지난 시즌엔 마이너에서 시즌을 시작했지만 올 시즌은 당당히 선발 로테이션에서 개막전을 맞이할 것으로 보인다.

RP Arodys VIZCAINO
아로디스 비즈카이노 NO.38

우투우타 1990년 11월 13일 183cm, 104kg *는 낮을수록 좋은 기록임

시즌	경기	이닝	피안타	피홈런	볼넷	탈삼진	승-패-세-홀	평균자책	구분	기록	MLB
2016	43	38.2	37	3	26	50	1-4-10-0	4.42	평균자책*	4.42	4.19
통산	101	94.2	85	6	51	108	5-6-19-8	3.52	탈삼진 / 9	11.64	8.10
									볼넷 / 9*	6.05	3.14
									탈삼진 / 볼넷	1.92	2.58
									피홈런 / 9*	0.70	1.17
									피안타율*	0.239	0.252
									WHIP	1.63	1.32
									잔루율	65.2%	72.9%
									FIP*	3.66	4.19

PITCHING ZONE (좌타자 몸쪽 / 우타자 몸쪽)

PITCHING REPERTORY / VELOCITY km/h / MOVEMENT cm

구종	평균	전체	초구	2-2	좌타자	우타자	피타율	상하	좌우
포심패스트볼	157	64%	76%	48%	68%	60%	0.298	↑21	→19
투심 / 싱커	–	–	–	–	–	–	–	–	–
컷패스트볼	–	–	–	–	–	–	–	–	–
슬라이더	–	–	–	–	–	–	–	–	–
커브	137	35%	24%	52%	31%	39%	0.132	↓2	←3
체인지업	143	1%	0%	0%	1%	0%	0.500	↑15	→18
스플리터	–	–	–	–	–	–	–	–	–

홈 ERA 3.80 원정 ERA 5.19
VS. 좌타자 0.206 VS. 우타자 0.268
VS. 강정호 1타수 1안타 1홈런 1.000

한때 테헤란과 함께 애틀랜타 마운드 유망주 원투 펀치. 테헤란은 선발로 자리 잡은 반면 비즈카이노는 불펜투수로 변신했다(체인지업 장착에 실패). 또한 금지약물 복용으로 징계까지 받는 홍역을 치르기도. 비즈카이노의 최고 장점은 불펜투수로 크지 않은 체구지만 부드러운 투구폼에서 나오는 최대 160km/h의 빠른 공. 140km/h 초반의 빠른 슬라이더 역시 위력적. 하지만 이 구종을 뒷받침할 만한 커맨드가 아직 불안한 편이다. 커맨드만 잡을 수 있다면 팀의 차기 마무리 후보 중 하나.

ATLANTA BRAVES

| 15% 이상 | 12–14% | 9–11% | 6–8% | 3–5% | 2% 이하 |

RP Mauricio CABRERA 마우리시오 카브레라 NO.62

우투우타　1993년 9월 22일　191cm, 110kg　　*는 낮을수록 좋은 기록임

시즌	경기	이닝	피안타	피홈런	볼넷	탈삼진	승-패-세-홀	평균자책	구분	기록	MLB
2016	41	38.1	31	0	19	32	5-1-6-8	2.82	평균자책*	2.82	4.19
통산	41	38.1	31	0	19	32	5-1-6-8	2.82	탈삼진 / 9	7.51	8.10
									볼넷 / 9*	4.46	3.14
									탈삼진 / 볼넷	1.68	2.58
									피홈런 / 9*	0.00	1.17
									피안타율	0.218	0.252
									WHIP*	1.30	1.32
									잔루율	72.6%	72.9%
									FIP*	3.04	4.19

PITCHING ZONE (좌타자·몸쪽 / 우타자·몸쪽)

PITCHING REPERTORY / VELOCITY km/h　**MOVEMENT** cm

구종	평균	전체	초구	2-2	좌타자	우타자	피타율	상하	좌우
포심패스트볼	162	50%	52%	48%	40%	57%	0.254	↑22	→14
투심 / 싱커	161	22%	27%	9%	29%	17%	0.207	↑14	→24
컷패스트볼	–	–	–	–	–	–	–	–	–
슬라이더	136	17%	16%	28%	4%	25%	0.136	↓7	←3
커브	135	0%	0%	0%	0%	1%	0.000	↓13	→1
체인지업	147	11%	6%	15%	27%	7%	0.263	↑18	→20
스플리터	–	–	–	–	–	–	–	–	–

홈 ERA 3.21　원정 ERA 2.59
VS. 좌타자 0.266　VS. 우타자 0.180
VS. 강정호 1타수 0안타 0.000

아롤디스 채프먼의 우완투수 버전. 191cm 110kg의 당당한 체구에서 '평균' 161km/h의 강속구를 뿌린다. 2011년 마이너에서 데뷔할 땐 선발투수로 시작했지만 2014년 불펜투수로 전향했다. 지난 시즌 AAA를 건너 뛰고 메이저리그로 바로 월반했다. 선발투수 출신답게 단순 투피치 불펜투수가 아니라 130km/h 중반대의 커브와 140km/h 초반의 체인지업을 구사한다. 제구만 가다듬을 수 있다면 향후 리그 최고의 마무리로 성장할 것으로 기대를 모으고 있다.

RP Josh COLLMENTER 조시 콜멘터 NO.55

우투우타　1986년 2월 7일　191cm, 108kg　　*는 낮을수록 좋은 기록임

시즌	경기	이닝	피안타	피홈런	볼넷	탈삼진	승-패-세-홀	평균자책	구분	기록	MLB
2016	18	41.1	36	7	19	33	3-0-0-0	3.70	평균자책*	3.70	4.19
통산	203	678.1	636	81	162	476	38-33-2-6	3.50	탈삼진 / 9	7.19	8.10
									볼넷 / 9*	3.48	3.14
									탈삼진 / 볼넷	2.06	2.58
									피홈런 / 9*	1.52	1.17
									피안타율	0.234	0.252
									WHIP*	1.26	1.32
									잔루율	84.1%	72.9%
									FIP*	5.13	4.19

PITCHING ZONE (좌타자·몸쪽 / 우타자·몸쪽)

PITCHING REPERTORY / VELOCITY km/h　**MOVEMENT** cm

구종	평균	전체	초구	2-2	좌타자	우타자	피타율	상하	좌우
포심패스트볼	–	–	–	–	–	–	–	–	–
투심 / 싱커	–	–	–	–	–	–	–	–	–
컷패스트볼	137	66%	70%	67%	62%	69%	0.274	↑27	←6
슬라이더	–	–	–	–	–	–	–	–	–
커브	114	6%	11%	7%	5%	7%	0.333	↓13	→1
체인지업	124	28%	19%	26%	33%	24%	0.248	↑24	→8
스플리터	–	–	–	–	–	–	–	–	–

홈 ERA 3.30　원정 ERA 4.76
VS. 좌타자 0.235　VS. 우타자 0.233
VS. 강정호 1타수 1안타 1홈런 1.000
VS. 추신수 1타수 1안타 1.000

현역 투수 중 가장 팔 각도가 큰 투수. 130km/h 후반에서 140km/h 초반으로 형성되는 커터가 주무기. 좌타자를 상대로는 체인지업을 주로 구사한다. 과장됐지만 반복 가능한 투구폼으로 뛰어난 제구를 보여준다. 선발과 불펜 롱릴리프를 오가는 마운드의 살림꾼이기도 하다. 2015시즌엔 애리조나에서 개막전 선발로 나설 정도. 하지만 선발보단 불펜에서 더 준수한 활약을 해준다(통산 선발 ERA 3.96, 불펜 ERA 2.58). 데뷔 후 아직까지 투수로서 안정적이고 뛰어난 수비를 자랑한다.

ATLANTA BRAVES

■ 15% 이상   ■ 12~14%   ■ 9~11%   ■ 6~8%   ■ 3~5%   □ 2% 이하

홈 ERA 2.36   원정 ERA 3.86
VS. 좌타자 0.217   VS. 우타자 0.252
VS. 강정호 2타수 0안타 0.000
VS. 추신수 2타수 1안타 0.500

CP Jim JOHNSON
짐 존슨 NO.53

우투우타   1983년 6월 27일   198cm, 112kg   *는 낮을수록 좋은 기록임

시즌	경기	이닝	피안타	피홈런	볼넷	탈삼진	승-패-세-홀	평균자책	구분	기록	MLB
2016	65	64.2	57	3	20	68	2-6-20-8	3.06	평균자책*	3.06	4.19
통산	551	584.2	581	37	190	425	27-40-154-97	3.62	탈삼진 / 9	9.46	8.10
									볼넷 / 9*	2.78	3.14
									탈삼진 / 볼넷	3.40	2.58
									피홈런 / 9*	0.42	1.17
									피안타율	0.235	0.252
									WHIP*	1.19	1.32
									잔루율	75.2%	72.9%
									FIP*	2.71	4.19

PITCHING REPERTORY / VELOCITY km/h / **MOVEMENT** cm

구종	평균	전체	초구	2-2	좌타자	우타자	피타율	상하	좌우
포심패스트볼	151	10%	12%	10%	15%	9%	0.196	↑22	→9
투심 / 싱커	152	60%	74%	48%	50%	68%	0.319	↑14	→21
컷패스트볼	–	–	–	–	–	–	–		
슬라이더	–	–	–	–	–	–	–		
커브	128	22%	14%	31%	22%	22%	0.170	↓17	←9
체인지업	142	7%	2%	10%	13%	2%	0.262	↑7	→20
스플리터	–	–	–	–	–	–	–		

리그를 대표하는 싱커볼 마무리투수. 150km/h 초중반의 싱커와 낙차 큰 커브를 구사한다. 구속에 비해서 삼진률을 떨어지며 맞혀 잡는 유형이라 가끔 집중타를 허용하는 단점이 있다. 싱커볼 투수 전문 조련사 로저 맥도웰 투수 코치가 있는 애틀랜타와 궁합이 좋은 편이다. 지난 시즌 초반에 8회 셋업맨으로 활약하다 제이슨 그릴리 이적 후 다시 마무리 보직을 맡아 2년 연속 50세이브를 경험한 베테랑 투수답게 안정된 모습을 보여줬다. 올 시즌도 초반에 마무리 역할을 맡을 것으로 보인다.

홈 타율 0.304   원정 타율 0.233
VS. 좌투수 0.258   VS. 우투수 0.277
득점권 0.348   L/C 0.283

C Tyler FLOWERS
타일러 플라워스 NO.25

우투우타   1986년 1월 24일   191cm, 118kg   *는 낮을수록 좋은 기록임

시즌	타수	안타	홈런	타점	볼넷	도루	타율	출루율	장타율	구분	기록	MLB
2016	281	76	8	41	29	0	0.270	0.357	0.420	타율	0.270	0.255
통산	1548	359	54	183	122	2	0.232	0.302	0.384	출루율	0.357	0.322
										장타율	0.420	0.417
										볼넷%	8.9%	8.2%
										삼진%*	28.0%	21.1%
										볼넷 / 삼진	0.32	0.39
										순장타율	0.149	0.162
										BABIP	0.366	0.300
										wOBA	0.338	0.318

SPRAY ZONE   2: 35%   5: 37%   1: 28%   홈런 타구분포 %

BATTED BALL

항목	비율
볼존 공격률	27%
S존 공격률	66%
볼존 컨택트율	48%
S존 컨택트율	86%
라인드라이브	19%
그라운드볼	42%
플라이볼	39%

DEFENSE

위치	자살	보살	실책	수비율
C	607	29	3	0.995

시카고 화이트삭스 시절 장타력을 갖춘 수비형 포수로 각광 받았지만 아쉽게 기대만큼 성장하지 못했다. 지난 시즌 고향팀인 애틀랜타와 계약했고, 노장 피어진스키의 백업 포수 역할을 했다. 올 시즌은 포수 뎁스가 약한 애틀랜타의 주전 포수를 맡을 예정이다. 장타력을 빼놓으면 타석에서의 능력은 평균 이하. 지난 시즌 .270 타율이 커리어 하이 타율. 볼넷이 적고 삼진도 많이 당하는 편이다. 수비에선 어깨가 약해 도루 저지율이 다소 떨어지긴 하지만 안정된 수비를 자랑한다.

ATLANTA BRAVES

■ 타율 0.400 이상 ■ 0.300-0.399 ■ 0.200-0.299 ■ 0.100-0.199 ■ 타율 0.099 이하

C Kurt SUZUKI
커트 스즈키 NO.24

우투우타 1983년 10월 4일 180cm, 92kg *는 낮을수록 좋은 기록임

시즌	타수	안타	홈런	타점	볼넷	도루	타율	출루율	장타율	구분	기록	MLB
2016	345	89	8	49	18	0	0.258	0.301	0.403	타율	0.258	0.255
통산	4191	1071	83	519	290	19	0.256	0.311	0.372	출루율	0.301	0.322
										장타율	0.403	0.417
										볼넷%	4.8%	8.2%
										삼진%*	12.9%	21.1%
										볼넷/삼진	0.38	0.39
										순장타율	0.145	0.162
										BABIP	0.276	0.300
										wOBA	0.303	0.318

VS. 패스트볼 / VS. 변화구 (우타자)
*5타수 미만은 색을 표시하지 않았음. ● ● : Ball zone

SPRAY ZONE: 8 / 0 / 0 — 45% / 33% / 23% — 홈런 타구분포 %

BATTED BALL
항목	비율
볼존 공격률	29%
S존 공격률	67%
볼존 컨택트율	69%
S존 컨택트율	93%
라인드라이브	21%
그라운드볼	40%
플라이볼	39%

DEFENSE
위치	자살	보살	실책	수비율
C	679	28	5	0.993

홈 타율 0.235 원정 타율 0.283
VS. 좌투수 0.275 VS. 우투수 0.250
득점권 0.295 L/C 0.155

하와이 출신의 일본계 포수. 공격보다 수비력을 인정받는 수비형 포수다. 젊은 시절엔 15홈런까지 기록하긴 했지만 장타력은 떨어진 편. .250 전후를 기록할 수 있는 정확도를 가지고 있다. 삼진을 잘 당하지 않는 편. 2012년까지는 리그 상위권의 수비력을 보여줬지만 미네소타에서 보낸 2014년부터 수비력이 크게 떨어졌다. 전성기 시절 30%까지 나왔던 도루 저지율도 10% 후반까지 떨어졌고, 프레이밍 수치도 좋지 않은 편. 타일러 플라워스의 백업 포수 역할을 맡을 것으로 예상된다.

1B Freddie FREEMAN
프레디 프리먼 NO.05

우투좌타 1989년 10월 12일 196cm, 100kg *는 낮을수록 좋은 기록임

시즌	타수	안타	홈런	타점	볼넷	도루	타율	출루율	장타율	구분	기록	MLB
2016	589	178	34	91	89	6	0.302	0.400	0.569	타율	0.302	0.255
통산	3298	949	138	515	418	19	0.288	0.373	0.484	출루율	0.400	0.322
										장타율	0.569	0.417
										볼넷%	12.8%	8.2%
										삼진%*	24.7%	21.1%
										볼넷/삼진	0.52	0.39
										순장타율	0.267	0.162
										BABIP	0.370	0.300
										wOBA	0.402	0.318

VS. 패스트볼 / VS. 변화구 (좌타자)
*5타수 미만은 색을 표시하지 않았음. ● ● : Ball zone

SPRAY ZONE: 12 / 9 / 13 — 30% / 34% / 37% — 홈런 타구분포 %

BATTED BALL
항목	비율
볼존 공격률	34%
S존 공격률	77%
볼존 컨택트율	64%
S존 컨택트율	77%
라인드라이브	29%
그라운드볼	30%
플라이볼	41%

DEFENSE
위치	자살	보살	실책	수비율
1B	1305	107	5	0.996

홈 타율 0.281 원정 타율 0.324
VS. 좌투수 0.301 VS. 우투수 0.303
득점권 0.295 L/C 0.239

치퍼 존스의 뒤를 잇는 애틀랜타의 간판 타자. 애틀랜타 최초의 1억 달러 계약 선수이기도 하다. 확실하게 자기 스윙을 가져가는 풀 히터(Pull-Hitter)이며 3할-20홈런을 칠 수 있는 정확도와 힘을 겸비했다. 리그에서 가장 많은 라인드라이브 타구를 만들어내는 타자이기도 하다. 1루 수비도 데뷔 이래 꾸준히 좋아지고 있다. 특히 낮은 송구를 다리를 뻗으며 걷어올리는 장면은 프리먼의 전매 특허다. 지난 시즌 맷 켐프가 애틀랜타에 합류한 후 부담감을 덜어내며 MVP급 활약을 펼쳤다.

ATLANTA BRAVES

■ 타율 0.400 이상   ■ 0.300–0.399   ■ 0.200–0.299   ■ 0.100–0.199   ■ 타율 0.099 이하

2B Brandon PHILLIPS
브랜든 필립스  NO.04

우투우타   1981년 6월 28일   183cm, 96kg   *는 낮을수록 좋은 기록임

시즌	타수	안타	홈런	타점	볼넷	도루	타율	출루율	장타율	구분	기록	MLB
2016	550	160	11	64	18	14	0.291	0.320	0.416	타율	0.291	0.255
통산	6783	1863	197	889	395	198	0.275	0.320	0.421	출루율	0.320	0.322
										장타율	0.416	0.417
										볼넷%	3.1%	8.2%
										삼진%*	11.6%	21.1%
										볼넷/삼진	0.26	0.39
										순장타율	0.125	0.162
										BABIP	0.312	0.300
										wOBA	0.315	0.318

VS. 패스트볼   VS. 변화구   우타자
*5타수 미만은 색을 표시하지 않았음.   ●: Ball zone

SPRAY ZONE 3 / 8 / 0 — 33% / 36% / 30% — 홈런 타구분포 %

홈 타율 .286   원정 타율 .296
vs 좌투 .256   vs 우투 .302
득점권 .317   L/C .207
vs 류현진 9타수 2안타 .222
vs 오승환 2타수 1안타 .500

BATTED BALL

항목	비율
볼존 공격률	44%
S존 공격률	74%
볼존 컨택트율	70%
S존 컨택트율	90%
라인드라이브	21%
그라운드볼	46%
플라이볼	32%

DEFENSE

위치	자살	보살	실책	수비율
2B	249	345	14	0.977

골드글러브를 4번이나 수상한 리그 최고의 2루 수비수. 전성기 때보다 범위는 많이 줄었지만 여전히 번뜩이는 재치로 많은 하이라이트 장면을 연출하고 있다. 전성기 시절에는 30홈런-30도루도 기록한 호타준족의 상징이었지만 최근엔 타격 능력은 다소 감소했다. 하지만 아직도 15홈런 정도는 기대해볼 만하다. 도루도 체력 부담 때문에 점점 줄이는 중. 상위 타선 어디에다 놔도 제 역할을 한다. 하지만 출루율이 떨어지고 찬스에 강해 테이블 세터보단 4번 타자로 더 많은 경기에 출전했다.

3B Adonis GARCIA
아도니스 가르시아   NO.13

우투우타   1985년 4월 12일   175cm, 93kg   *는 낮을수록 좋은 기록임

시즌	타수	안타	홈런	타점	볼넷	도루	타율	출루율	장타율	구분	기록	MLB
2016	532	145	14	65	24	3	0.273	0.311	0.406	타율	0.273	0.255
통산	723	198	24	91	29	3	0.274	0.307	0.430	출루율	0.311	0.322
										장타율	0.406	0.417
										볼넷%	4.3%	8.2%
										삼진%*	16.5%	21.1%
										볼넷/삼진	0.26	0.39
										순장타율	0.133	0.162
										BABIP	0.308	0.300
										wOBA	0.308	0.318

VS. 패스트볼   VS. 변화구   우타자
*5타수 미만은 색을 표시하지 않았음.   ●: Ball zone

SPRAY ZONE 3 / 7 / 4 — 36% / 40% / 24% — 홈런 타구분포 %

홈 타율 0.277   원정 타율 0.267
VS. 좌투수 0.302   VS. 우투수 0.262
득점권 0.295   L/C 0.325

BATTED BALL

항목	비율
볼존 공격률	38%
S존 공격률	69%
볼존 컨택트율	70%
S존 컨택트율	87%
라인드라이브	21%
그라운드볼	52%
플라이볼	27%

DEFENSE

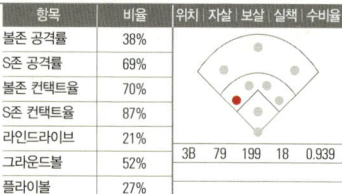

위치	자살	보살	실책	수비율
3B	79	199	18	0.939

쿠바 출신으로 2012년 27세에 양키스와 계약했지만 양키스에선 빅리그 진입에 실패, 애틀랜타에서 2015년에 빅리그 데뷔에 성공했다. 타석에서 인내심은 많이 떨어지는 배드볼 히터로 2할대 후반을 칠 수 있는 정확도를 가지고 있다. 쿠바리그에선 20홈런을 치기도 했지만 30세로 접어든 이 시점에선 두 자릿수 홈런 정도를 기대해볼 만하다. 3루수로 수비는 평균적인 수준. 강력한 어깨를 가지고 있지만 지난 시즌 송구 정확도가 크게 떨어지며 실책이 늘었다. 좌익수도 볼 수 있다.

ATLANTA BRAVES

● 타율 0.400 이상   ● 0.300-0.399   ● 0.200-0.299   ● 0.100-0.199   ● 타율 0.099 이하

SS | Dansby SWANSON | NO. 07
댄스비 스완슨

우투우타 1994년 2월 11일 185cm, 86kg

*는 낮을수록 좋은 기록임

시즌	타수	안타	홈런	타점	볼넷	도루	타율	출루율	장타율	구분	기록	MLB
2016	129	39	3	17	13	3	0.302	0.361	0.442	타율	0.302	0.255
통산	129	39	3	17	13	3	0.302	0.361	0.442	출루율	0.361	0.322
										장타율	0.442	0.417
										볼넷%	9.0%	8.2%
										삼진%*	23.4%	21.1%
										볼넷/삼진	0.38	0.39
										순장타율	0.140	0.162
										BABIP	0.383	0.300
										wOBA	0.334	0.318

VS. 패스트볼   VS. 변화구   우타자

*5타수 미만은 색을 표시하지 않았음. ●●●●● : Ball zone

SPRAY ZONE 1 : 38% 2 : 30% 0 : 33% 홈런 타구분포 %

홈 타율 0.288 원정 타율 0.321
VS. 좌투수 0.294 VS. 우투수 0.304
득점권 0.270 L/C 0.385

BATTED BALL

항목	비율
볼존 공격률	27%
S존 공격률	64%
볼존 컨택트율	58%
S존 컨택트율	86%
라인드라이브	23%
그라운드볼	46%
플라이볼	31%

DEFENSE

위치	자살	보살	실책	수비율
SS	44	79	6	0.953

2015년 전체 1순위(애리조나) 지명자. 하지만 빅리그 데뷔 전에 유니폼을 갈아입었다. 밴더빌트 대학 시절 양키스의 전설 데릭 지터와 비교되기도 했다. 타격 평가는 평균적인 수준. 라인드라이브 타구를 많이 생산하는 준수한 선구안의 2번 타자감이라는 평이다. 훌륭한 운동 능력으로 드래프트되자마자 애리조나 최고의 유격수 수비라는 평가를 받았다. 특히 지터와 비교되는 부분은 강력한 리더십. 지난 시즌 8월말 데뷔해 준수한 활약으로 기대치를 높였다.

LF | Matt KEMP | NO. 27
맷 켐프

우투우타 1984년 9월 23일 193cm, 95kg

*는 낮을수록 좋은 기록임

시즌	타수	안타	홈런	타점	볼넷	도루	타율	출루율	장타율	구분	기록	MLB
2016	623	167	35	108	36	1	0.268	0.304	0.499	타율	0.268	0.255
통산	5288	1513	240	856	439	183	0.286	0.340	0.490	출루율	0.304	0.322
										장타율	0.499	0.417
										볼넷%	5.4%	8.2%
										삼진%*	23.2%	21.1%
										볼넷/삼진	0.23	0.39
										순장타율	0.231	0.162
										BABIP	0.297	0.300
										wOBA	0.333	0.318

VS. 패스트볼   VS. 변화구   우타자

*5타수 미만은 색을 표시하지 않았음. ●●●●● : Ball zone

SPRAY ZONE 8 : 33% 25 : 44% 2 : 23% 홈런 타구분포 %

홈 타율 0.266 원정 타율 0.270
VS. 좌투수 0.306 VS. 우투수 0.258
득점권 0.276 L/C 0.200

BATTED BALL

항목	비율
볼존 공격률	40%
S존 공격률	73%
볼존 컨택트율	57%
S존 컨택트율	82%
라인드라이브	21%
그라운드볼	40%
플라이볼	40%

DEFENSE

위치	자살	보살	실책	수비율
RF	165	8	2	0.989
LF	110	1	1	0.991

전성기 시절 밀어서도 타구를 담장 밖으로 넘길 수 있는 뛰어난 힘을 보여줬다. 하지만 최근에는 밀어치는 타격은 거의 실종된 모습. 선구안도 크게 떨어져 볼넷이 줄었고, 나쁜 공에 배트를 내는 빈도가 증가했다. 이처럼 예전의 타격 능력은 많이 상실했지만, 여전히 20홈런 이상을 때려내며 중심 타자로의 역할을 쏠쏠하게 하고 있다. 중견수로 골드글러브까지 수상했지만 2013년과 어깨 부상 이후로 수비 능력이 크게 감소했다. 현재는 좌익수로 포지션을 옮겼다. 범위는 넓지 않지만 어깨는 준수하다.

ATLANTA BRAVES

■ 타율 0.400 이상 ■ 0.300-0.399 ■ 0.200-0.299 ■ 0.100-0.199 ■ 타율 0.099 이하

홈 타율 0.282 원정 타율 0.300
VS. 좌투수 0.319 VS. 우투수 0.281
득점권 0.179 L/C 0.256

CF Ender INCIARTE
엔더 인시아테   NO. 11

좌투좌타 1990년 10월 29일 180cm, 86kg

*는 낮을수록 좋은 기록임

시즌	타수	안타	홈런	타점	볼넷	도루	타율	출루율	장타율	구분	기록	MLB
2016	522	152	3	29	45	16	0.291	0.351	0.381	타율	0.291	0.255
통산	1464	427	13	101	96	56	0.292	0.337	0.385	출루율	0.351	0.322

구분	기록	MLB
장타율	0.381	0.417
볼넷%	7.8%	8.2%
삼진%*	11.8%	21.1%
볼넷/삼진	0.66	0.39
순장타율	0.090	0.162
BABIP	0.329	0.300
wOBA	0.319	0.318

VS. 패스트볼 / VS. 변화구
*5타수 미만은 색을 표시하지 않았음. ●●●: Ball zone

SPRAY ZONE
0 / 0 / 3
33% / 35% / 32%
홈런 타구분포 %

BATTED BALL
항목	비율
볼존 공격률	30%
S존 공격률	63%
볼존 컨택트율	82%
S존 컨택트율	94%
라인드라이브	24%
그라운드볼	49%
플라이볼	27%

DEFENSE
위치	자살	보살	실책	수비율
CF	332	12	3	0.991
LF	19	2	1	0.955

정교하고 발 빠른 리드오프형 타자. 마이너 시절엔 40도루를 기록한 바 있고, 2015시즌 데뷔 2년 만에 3할 타율을 달성했다. 장타력은 부족하지만 라인드라이브 히터로 필드를 넓게 사용할 줄 안다. 준수한 배트 컨트롤로 삼진도 잘 당하지 않는 편. 수비 역시 넓은 범위로 외야 전 포지션을 소화한다. 또한 강한 어깨로 많은 주자를 저격하며 차기 골드글러브감이라는 평가. 2015시즌까지 1번 타자로 다소 아쉬운 출루율이 단점으로 지적됐지만, 지난 시즌 많이 향상시켰다.

홈 타율 0.262 원정 타율 0.275
VS. 좌투수 0.243 VS. 우투수 0.280
득점권 0.308 L/C 0.318

RF Nick MARKAKIS
닉 마카키스   NO. 22

좌투좌타 1983년 11월 17일 185cm, 98kg

*는 낮을수록 좋은 기록임

시즌	타수	안타	홈런	타점	볼넷	도루	타율	출루율	장타율	구분	기록	MLB
2016	599	161	13	89	71	0	0.269	0.346	0.397	타율	0.269	0.255
통산	6542	1889	157	800	694	63	0.289	0.358	0.426	출루율	0.346	0.322

구분	기록	MLB
장타율	0.397	0.417
볼넷%	10.4%	8.2%
삼진%*	14.8%	21.1%
볼넷/삼진	0.70	0.39
순장타율	0.129	0.162
BABIP	0.300	0.300
wOBA	0.321	0.318

VS. 패스트볼 / VS. 변화구
*5타수 미만은 색을 표시하지 않았음. ●●●: Ball zone

SPRAY ZONE
1 / 1 / 11
29% / 37% / 34%
홈런 타구분포 %

BATTED BALL
항목	비율
볼존 공격률	24%
S존 공격률	58%
볼존 컨택트율	79%
S존 컨택트율	92%
라인드라이브	22%
그라운드볼	43%
플라이볼	35%

DEFENSE
위치	자살	보살	실책	수비율
RF	311	5	4	0.988

전성기 시절 리그 대표 5툴 타자였지만 현재는 한풀 꺾인 모습. 2007-2008시즌 2년 연속 20홈런 이후 한 번도 20홈런 고지를 밟아본 적이 없다. 특히 애틀랜타와 계약 첫해였던 2015시즌엔 고작 3홈런에 그쳤다. 그나마 다행인 건 정확도와 선구안은 전성기와 비교해 크게 떨어지지 않은 것. 또한 4번타자로 부족한 파워를 찬스 때 강한 모습으로 커버했다(득점권 .308). 좌타자이지만 좌투수에게 약하지 않은 것도 마카키스의 장점 중 하나(통산 vs. 우 .292/ 좌 .282).

ATLANTA BRAVES

■ 타율 0.400 이상 ■ 0.300–0.399 ■ 0.200–0.299 ■ 0.100–0.199 ■ 타율 0.099 이하

IF Jace PETERSON NO.08
제이스 피터슨

우투우타 1990년 5월 9일 183cm, 98kg   *는 낮을수록 좋은 기록임

시즌	타수	안타	홈런	타점	볼넷	도루	타율	출루율	장타율
2016	350	89	7	29	52	5	0.254	0.350	0.366
통산	931	221	13	81	110	19	0.237	0.319	0.334

구분	기록	MLB
타율	0.254	0.255
출루율	0.350	0.322
장타율	0.366	0.417
볼넷%	12.7%	8.2%
삼진%*	16.9%	21.1%
볼넷 / 삼진	0.75	0.39
순장타율	0.111	0.162
BABIP	0.296	0.300
wOBA	0.317	0.318

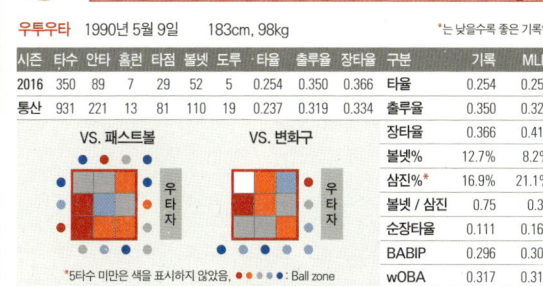

SPRAY ZONE 2 / 0 / 5 / 29% / 37% / 35% / 홈런 / 타구분포 %

항목	비율
볼존 공격률	25%
S존 공격률	56%
볼존 컨택트율	63%
S존 컨택트율	94%
라인드라이브	19%
그라운드볼	58%
플라이볼	24%

DEFENSE

위치	자살	보살	실책	수비율
2B	150	235	11	0.972
LF	25	0	2	0.926

홈 타율 0.293 원정 타율 0.211
VS. 좌투수 0.255 VS. 우투수 0.254
득점권 0.236 L/C 0.239

뛰어난 운동신경을 가진 내야수. 준수한 선구안을 가졌으며 라인드라이브 히터로 필드를 넓게 사용하는 타자다. 마이너에서 150도루에 77.8% 의 성공률을 기록할 정도로 뛰어난 주루 센스를 가지고 있다. 하지만 풀타임 첫해였던 2015시즌과 지난 시즌, 빅리그 적응에 실패하며 마이너에서의 기대만큼은 보여주지 못했다. 특히 변화구 공략에 어려움을 겪었고, 주루에서도 경험 미숙을 드러냈다. 빅리그 적응에만 성공한다면 두 자릿수 홈런에 준수한 중장거리 타자가 기대되는 선수.

OF Sean RODRIGUEZ NO.15
션 로드리게스

우투우타 1985년 4월 26일 183cm, 91kg   *는 낮을수록 좋은 기록임

시즌	타수	안타	홈런	타점	볼넷	도루	타율	출루율	장타율
2016	300	81	18	56	33	2	0.270	0.349	0.510
통산	2165	506	67	259	168	39	0.234	0.303	0.390

구분	기록	MLB
타율	0.270	0.255
출루율	0.349	0.322
장타율	0.510	0.417
볼넷%	9.6%	8.2%
삼진%*	29.8%	21.1%
볼넷 / 삼진	0.32	0.39
순장타율	0.240	0.162
BABIP	0.344	0.300
wOBA	0.363	0.318

SPRAY ZONE 4 / 10 / 4 / 42% / 35% / 24% / 홈런 / 타구분포 %

항목	비율
볼존 공격률	30%
S존 공격률	67%
볼존 컨택트율	43%
S존 컨택트율	77%
라인드라이브	24%
그라운드볼	40%
플라이볼	36%

DEFENSE

위치	자살	보살	실책	수비율
2B	45	60	0	1.000
SS	23	45	4	0.944
OF	30	0	1	0.968

홈 타율 0.291 원정 타율 0.252
VS. 좌투수 0.286 VS. 우투수 0.265
득점권 0.299 L/C 0.204

벤치의 깊이를 더해줄 수 있는 멀티플레이어 자원. 내야 전 포지션뿐 아니라 코너 외야수까지 소화 가능하다. 주포지션은 2루수지만 최근에는 가장 많은 출장을 하고 있다. 넓은 수비 범위와 안정된 글러브로 경기 후반 대수비로 활용도가 높다. 준수한 수비 능력에 비해 공격 능력은 평균 이하. 스윙이 크고 배트 스피드가 빠르지 않아 타율이 낮고 삼진이 많다. 하지만 상대가 방심할 때 터지는 홈런포가 매력적이다(2016년 18홈런). 준수한 주루 센스로 두 자릿수 도루도 될 수 있다.

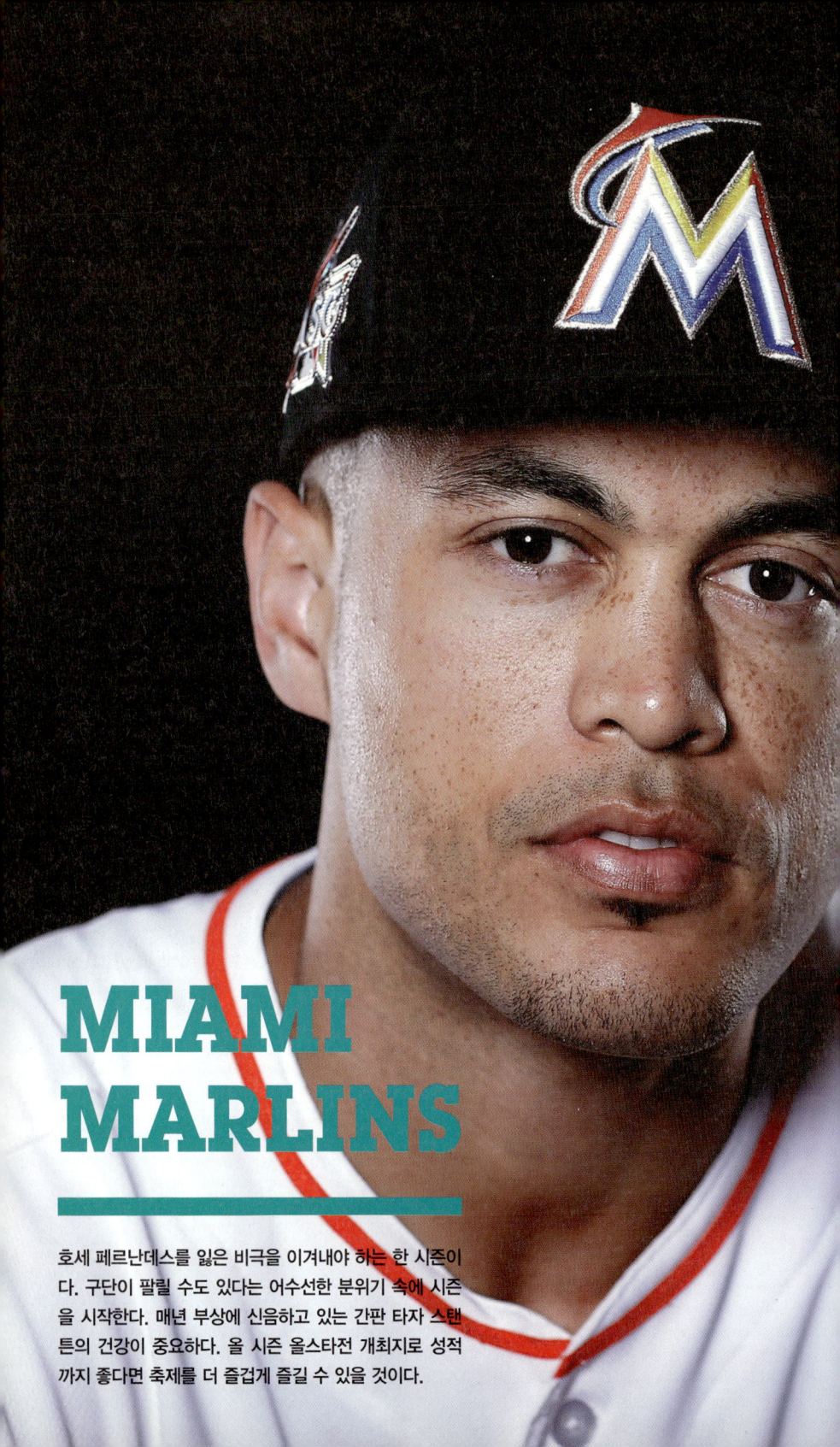

MIAMI MARLINS

호세 페르난데스를 잃은 비극을 이겨내야 하는 한 시즌이다. 구단이 팔릴 수도 있다는 어수선한 분위기 속에 시즌을 시작한다. 매년 부상에 신음하고 있는 간판 타자 스탠튼의 건강이 중요하다. 올 시즌 올스타전 개최지로 성적까지 좋다면 축제를 더 즐겁게 즐길 수 있을 것이다.

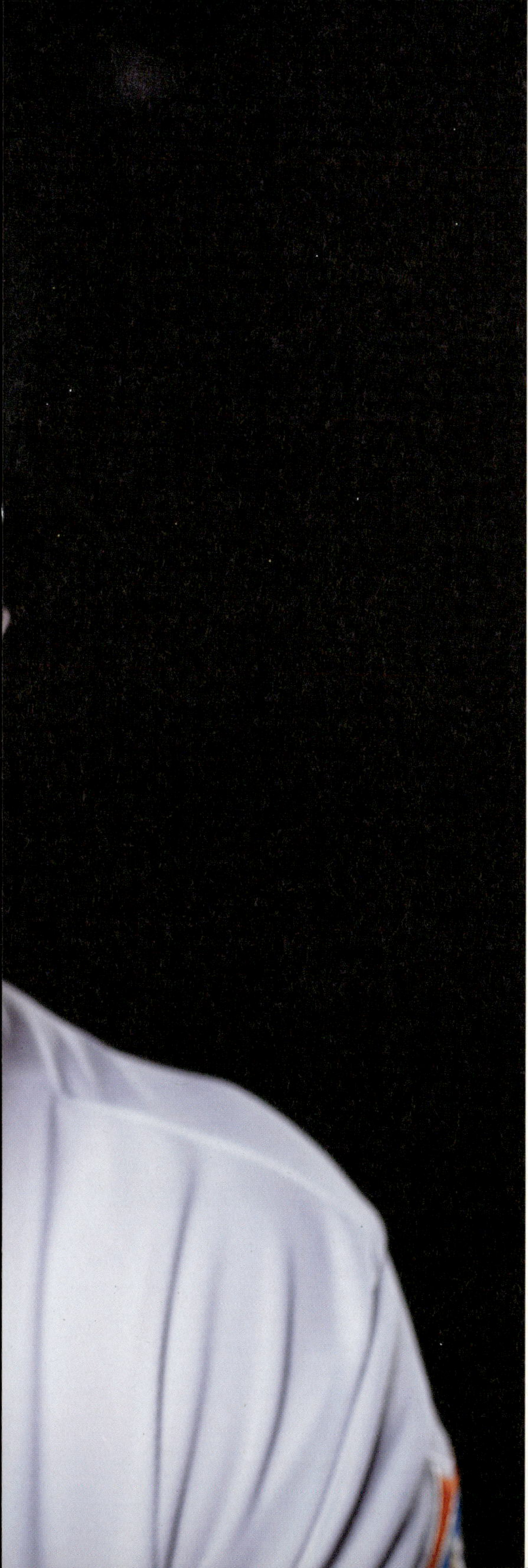

TEAM IMFORMATION

창단 : 1993년
이전 연고지 : -
월드시리즈 우승 : 2회
NL 우승 : 2회
디비전 우승 : 0회
와일드카드 진출 : 2회
구단주 : 제프리 로리아
감독 : 돈 매팅리
단장 : 마이클 힐

FRANCHISE

UNIFORM

Home / Away

Alternate

MIAMI MARLINS

MANAGER

Don Mattingly

생년월일 : 1961년 4월 20일
출생지 : 에반스빌(인디애나)
MLB 감독 경력 : 올해로 7년째
LA 다저스(2011년~2015년), 마이애미(2016년~)
정규시즌 통산 : 525승 445패 승률 0.541
포스트시즌 통산 : 8승 11패 승률 0.421

LINE-UP

ROTATION	
SP	W. 첸
SP	E. 볼케스
SP	A. 콘리
SP	T. 콜러
SP	D. 스트레일리

BULLPEN	
RP	B. 지글러
RP	K. 베어클로
RP	D. 펠프스
RP	D. 맥고완
RP	N. 위트그렌
RP	H. 서벤카
CL	A. 라모스

BATTING	
1	D. 고든
2	C. 옐리치
3	G. 스탠튼
4	J. 보어
5	M. 오주나
6	M. 프라도
7	J. 레알무토
8	A. 에차바리아

UTILITY PLAYERS	
IF	D. 디트릭
IF	M. 로하스
OF	S. 이치로
OF	D. 후드

BALL PARK : Marlins Park

주소 : 501 Marlins Way Miami, Florida
펜스 거리 : 왼쪽 105m, 좌중간 118m, 중앙 124m,
　　　　　우중간 119m, 오른쪽 102m
펜스 높이 : 왼쪽 1.4m, 좌중간~우중간 2.4m
최초공식경기 : 2012년 4월 4일
잔디 : 플래티넘 TE 파스팔룸(천연잔디)
수용 인원 : 3만 6,742명
홈팀 덕아웃 : 1루
파크팩터 : 0.950(MLB 14위)

호세 페르난데스를 떠나보낸 아픔 상실의 고통을 이겨낼 2017시즌

2016 리뷰
월드시리즈 우승이 없는 최고의 슈퍼스타인 돈 매팅리 감독과 배리 본즈 타격 코치를 선임할 때만 해도 기대가 컸다. 하지만 시즌 시작과 함께 2015시즌 타격왕 디 고든이 금지 약물 복용 혐의로 징계를 받았다. 올스타 이후 트레이드로 데려온 앤드루 캐시너는 최악의 모습으로 팬들을 실망시켰다 (같이 데려온 콜린 레이는 부상으로 다시 돌려보내는 해프닝까지 있었다). 거기에 8월 중순엔 주포 지안카를로 스탠튼이 또 다시 부상으로 이탈하고 만다. 하지만 이게 최악이 아니었다. 팀 최고의 에이스 호세 페르난데스가 9월 말 보트 사고로 사망하는 충격적인 사건이 일어난 것. 이러한 슬픔 속에 마이애미의 한 시즌이 끝이 나고 만다. 하지만 긍정적인 면이 없던 시즌은 아니었다. 크리스티안 옐리치가 스탠튼이 없는 동안 팀 타선의 중심을 잡아줬다. 팀의 안방마님 J.T. 레알무토 역시도 수비력에선 아직까지 발전이 필요하지만 공격력에 있어선 리그 상위권의 모습을 보여줬다. 선발진의 애덤 콘리와 불펜진의 카일 베어클로 역시도 팀의 주축으로 성장할 가능성을 보여줬다.

2017 프리뷰
지난 시즌이 끝나자마자 타격 성적 부진을 이유로 배리 본즈 코치를 1시즌 만에 해임했다(득점 순위 2015 613점/ NL 14위, 2016 655점/ NL 13위). 그리고 선수시절 양키스에서 매팅리와 함께 뛴 마이크 팔리아룰로를 타격코치로 선임했다. 빅리그에서 처음으로 코치 생활을 시작하는 팔리아룰로가 어떠한 변화를 만들어낼 수 있을지 지켜보는 것도 흥미로운 부분이다. 마이애미 타선의 가장 큰 변수는 역시 부상. 주포 스탠튼은 2015년엔 74경기, 2016시즌엔 119경기밖에 출장하지 못했다. 2015년 가능성을 보였던 1루수 저스틴 보어 역시도 지난 시즌 부상으로 90경기만 모습을 드러냈다. 올 시즌 이 두 선수만 건강하다면 득점력 향상을 기대해볼 수 있다. 투수진은 역시 에이스 페르난데스가 떠나간 자리가 너무 크다. FA로 에딘슨 볼케스를 데려왔지만 기복이 워낙 심해 올해는 어떤 모습을 보여줄지 걱정부터 앞선다. 선발진에 비해 브래드 지글러, 다자와 준이치를 영입한 불펜진은 지난 시즌보다 단단해진 모습. 올 시즌 성적을 내지 못하면 BA 선정 유망주 랭킹 30위 팀의 미래는 더욱 암울해진다.

MIAMI MARLINS

SQUAD LIST

*선수 명단은 2017년 3월 25일 기준 (soucre : ESPN)

투 수

번호	이름	위치	투	타	나이	출생지
46	Kyle Barraclough	RP	R	R	26	Santa Clara, CA
30	Hunter Cervenka	RP	L	L	27	Baytown, TX
54	Wei-Yin Chen	SP	L	R	31	Kaohsiung City, Taiwan
–	Preston Claiborne	RP	R	R	29	Dallas, TX
61	Adam Conley	SP	L	L	26	Redmond, WA
50	Erik Cordier	SP	R	R	31	Green Bay, WI
43	Odrisamer Despaigne	RP	R	R	29	Havana, Cuba
49	Brian Ellington	RP	R	R	26	Gainesville, FL
67	Jake Esch	SP	R	R	26	St. Paul, MN
66	Jarlin Garcia	SP	L	L	24	Santo Domingo, Dominican Republic
48	Severino Gonzalez	SP	R	R	24	Santiago de Veragua, Panama
72	Tayron Guerrero	RP	R	R	26	Bocachica, Colombia
34	Tom Koehler	SP	R	R	30	Bronx, NY
31	Jeff Locke	RP	L	L	29	North Conway, NH
22	Dustin McGowan	RP	R	R	35	Savannah, GA
20	Justin Nicolino	SP	L	L	25	Orlando, FL
35	David Phelps	RP	R	R	30	St. Louis, MO
44	A.J. Ramos	RP	R	R	30	Lubbock, TX
71	Drew Steckenrider	RP	R	R	26	Atlanta, GA
58	Dan Straily	SP	R	R	28	Redlands, CA
25	Junichi Tazawa	RP	R	R	30	Yokohama, Japan
62	Jose Urena	RP	R	R	25	Santo Domingo, Dominican Republic
36	Edinson Volquez	SP	R	R	33	Barahona, Dominican Republic
64	Nick Wittgren	RP	R	R	25	Torrance, CA
29	Brad Ziegler	RP	R	R	37	Pratt, KS

포 수

번호	이름	위치	투	타	나이	출생지
17	A.J. Ellis	C	R	R	35	Cape Girardeau, MO
73	Austin Nola	C	R	R	27	Baton Rouge, LA
11	J.T. Realmuto	C	R	R	26	Del City, OK
18	Tomas Telis	C	R	B	25	El Tigre, Venezuela

내 야

번호	이름	위치	투	타	나이	출생지
41	Justin Bour	1B	R	L	28	Washington, DC
32	Derek Dietrich	2B	R	L	27	Cleveland, OH
9	Dee Gordon	2B	R	L	28	Windermere, FL
3	Adeiny Hechavarria	SS	R	R	27	Santiago De Cuba, Cuba
14	Martin Prado	3B	R	R	33	Maracay, Venezuela
78	J.T. Riddle	3B	R	L	25	Frankfort, KY
19	Miguel Rojas	2B	R	R	28	Los Teques, Venezuela

외 야

번호	이름	위치	투	타	나이	출생지
68	Destin Hood	LF	R	R	26	Mobile, AL
13	Marcell Ozuna	CF	R	R	26	Santo Domingo, Dominican Republic
77	Yefri Perez	CF	R	B	26	Bani, Dominican Republic
27	Giancarlo Stanton	RF	R	R	27	Panorama, CA
51	Ichiro Suzuki	RF	R	L	43	Kasugai, Japan
21	Christian Yelich	LF	R	L	25	Thousand Oaks, CA

SUMMARY

우타자	좌타자	스위치	우투수	좌투수	평균나이	최연소	최연장
9명	6명	2명	19명	6명	28.3세	24세	43세

MIAMI MARLINS

2017 REGULAR SEASON SCHEDULE

■ 는 홈경기, 시간은 미국 동부시간 기준

날짜	상대팀	경기시간	날짜	상대팀	경기시간	날짜	상대팀	경기시간
Mon, 4/3	Washington Nationals	PM 1:05	Thu, 6/8	Pittsburgh Pirates	PM 7:05	Tue, 8/15	San Francisco Giants	PM 7:10
Wed, 4/5	Washington Nationals	PM 7:05	Fri, 6/9	Pittsburgh Pirates	PM 7:05	Wed, 8/16	San Francisco Giants	PM 1:10
Thu, 4/6	Washington Nationals	PM 4:05	Sat, 6/10	Pittsburgh Pirates	PM 4:05	Fri, 8/18	New York Mets	PM 7:10
Fri, 4/7	New York Mets	PM 7:10	Sun, 6/11	Pittsburgh Pirates	PM 1:35	Sat, 8/19	New York Mets	PM 7:10
Sat, 4/8	New York Mets	PM 7:10	Tue, 6/13	Oakland Athletics	PM 7:10	Sun, 8/20	New York Mets	PM 1:10
Sun, 4/9	New York Mets	PM 8:00	Wed, 6/14	Oakland Athletics	PM 12:10	Tue, 8/22	Philadelphia Phillies	PM 7:05
Tue, 4/11	Atlanta Braves	PM 7:10	Fri, 6/16	Atlanta Braves	PM 7:35	Wed, 8/23	Philadelphia Phillies	PM 7:05
Wed, 4/12	Atlanta Braves	PM 7:10	Sat, 6/17	Atlanta Braves	PM 4:10	Thu, 8/24	Philadelphia Phillies	PM 1:05
Thu, 4/13	New York Mets	PM 7:10	Sun, 6/18	Atlanta Braves	PM 1:35	Fri, 8/25	San Diego Padres	PM 7:10
Fri, 4/14	New York Mets	PM 7:10	Mon, 6/19	Washington Nationals	PM 7:10	Sat, 8/26	San Diego Padres	PM 7:10
Sat, 4/15	New York Mets	PM 7:10	Tue, 6/20	Washington Nationals	PM 7:10	Sun, 8/27	San Diego Padres	PM 7:10
Sun, 4/16	New York Mets	PM 1:10	Wed, 6/21	Washington Nationals	PM 12:10	Mon, 8/28	Washington Nationals	PM 7:05
Mon, 4/17	Seattle Mariners	PM 10:10	Thu, 6/22	Chicago Cubs	PM 7:10	Tue, 8/29	Washington Nationals	PM 7:05
Tue, 4/18	Seattle Mariners	PM 10:10	Fri, 6/23	Chicago Cubs	PM 7:10	Wed, 8/30	Washington Nationals	PM 4:05
Wed, 4/19	Seattle Mariners	PM 3:40	Sat, 6/24	Chicago Cubs	PM 4:10	Thu, 8/31	Philadelphia Phillies	PM 7:10
Fri, 4/21	San Diego Padres	PM 10:10	Sun, 6/25	Chicago Cubs	PM 1:10	Fri, 9/1	Philadelphia Phillies	PM 7:10
Sat, 4/22	San Diego Padres	PM 8:40	Tue, 6/27	New York Mets	PM 7:10	Sat, 9/2	Philadelphia Phillies	PM 7:10
Sun, 4/23	San Diego Padres	PM 4:40	Wed, 6/28	New York Mets	PM 7:10	Sun, 9/3	Philadelphia Phillies	PM 1:35
Tue, 4/25	Philadelphia Phillies	PM 7:05	Thu, 6/29	New York Mets	PM 7:10	Mon, 9/4	Washington Nationals	PM 1:10
Wed, 4/26	Philadelphia Phillies	PM 7:05	Fri, 6/30	Milwaukee Brewers	PM 8:10	Tue, 9/5	Washington Nationals	PM 7:10
Thu, 4/27	Philadelphia Phillies	PM 1:05	Sat, 7/1	Milwaukee Brewers	PM 4:10	Wed, 9/6	Washington Nationals	PM 7:10
Fri, 4/28	Pittsburgh Pirates	PM 7:10	Sun, 7/2	Milwaukee Brewers	PM 2:10	Thu, 9/7	Atlanta Braves	PM 7:35
Sat, 4/29	Pittsburgh Pirates	PM 7:10	Mon, 7/3	St. Louis Cardinals	PM 7:15	Fri, 9/8	Atlanta Braves	PM 7:35
Sun, 4/30	Pittsburgh Pirates	PM 1:10	Tue, 7/4	St. Louis Cardinals	PM 2:15	Sat, 9/9	Atlanta Braves	PM 4:10
Mon, 5/1	Tampa Bay Rays	PM 7:10	Wed, 7/5	St. Louis Cardinals	PM 8:15	Sun, 9/10	Atlanta Braves	PM 1:35
Tue, 5/2	Tampa Bay Rays	PM 7:10	Thu, 7/6	St. Louis Cardinals	PM 1:45	Tue, 9/12	Philadelphia Phillies	PM 7:05
Wed, 5/3	Tampa Bay Rays	PM 7:10	Fri, 7/7	San Francisco Giants	PM 10:15	Wed, 9/13	Philadelphia Phillies	PM 7:05
Thu, 5/4	Tampa Bay Rays	PM 7:10	Sat, 7/8	San Francisco Giants	PM 10:05	Thu, 9/14	Philadelphia Phillies	PM 7:05
Fri, 5/5	New York Mets	PM 7:10	Sun, 7/9	San Francisco Giants	PM 4:05	Fri, 9/15	Milwaukee Brewers	PM 7:10
Sat, 5/6	New York Mets	PM 7:10	Fri, 7/14	Los Angeles Dodgers	PM 7:10	Sat, 9/16	Milwaukee Brewers	PM 7:10
Sun, 5/7	New York Mets	PM 1:10	Sat, 7/15	Los Angeles Dodgers	PM 7:10	Sun, 9/17	Milwaukee Brewers	PM 1:10
Mon, 5/8	St. Louis Cardinals	PM 7:10	Sun, 7/16	Los Angeles Dodgers	PM 1:10	Mon, 9/18	New York Mets	PM 7:10
Tue, 5/9	St. Louis Cardinals	PM 7:10	Mon, 7/17	Philadelphia Phillies	PM 7:10	Tue, 9/19	New York Mets	PM 7:10
Wed, 5/10	St. Louis Cardinals	PM 7:10	Tue, 7/18	Philadelphia Phillies	PM 7:10	Wed, 9/20	New York Mets	PM 1:10
Fri, 5/12	Atlanta Braves	PM 7:10	Wed, 7/19	Philadelphia Phillies	PM 12:10	Fri, 9/22	Arizona D-backs	PM 9:40
Sat, 5/13	Atlanta Braves	PM 7:10	Fri, 7/21	Cincinnati Reds	PM 7:10	Sat, 9/23	Arizona D-backs	PM 8:10
Sun, 5/14	Atlanta Braves	PM 1:10	Sat, 7/22	Cincinnati Reds	PM 7:10	Sun, 9/24	Arizona D-backs	PM 4:10
Mon, 5/15	Houston Astros	PM 7:10	Sun, 7/23	Cincinnati Reds	PM 1:10	Mon, 9/25	Colorado Rockies	PM 8:40
Tue, 5/16	Houston Astros	PM 7:10	Mon, 7/24	Texas Rangers	PM 8:05	Tue, 9/26	Colorado Rockies	PM 8:40
Wed, 5/17	Houston Astros	PM 12:10	Tue, 7/25	Texas Rangers	PM 8:05	Wed, 9/27	Colorado Rockies	PM 3:10
Thu, 5/18	Los Angeles Dodgers	PM 10:10	Wed, 7/26	Texas Rangers	PM 8:05	Thu, 9/28	Atlanta Braves	PM 7:10
Fri, 5/19	Los Angeles Dodgers	PM 10:10	Thu, 7/27	Cincinnati Reds	PM 7:10	Fri, 9/29	Atlanta Braves	PM 7:10
Sat, 5/20	Los Angeles Dodgers	PM 10:10	Fri, 7/28	Cincinnati Reds	PM 7:10	Sat, 9/30	Atlanta Braves	PM 7:10
Sun, 5/21	Los Angeles Dodgers	PM 4:10	Sat, 7/29	Cincinnati Reds	PM 7:10	Sun, 10/1	Atlanta Braves	PM 3:10
Tue, 5/23	Oakland Athletics	PM 10:05	Sun, 7/30	Cincinnati Reds	PM 1:10			
Wed, 5/24	Oakland Athletics	PM 3:35	Mon, 7/31	Washington Nationals	PM 7:10			
Fri, 5/26	Los Angeles Angels	PM 7:10	Tue, 8/1	Washington Nationals	PM 7:10			
Sat, 5/27	Los Angeles Angels	PM 1:10	Wed, 8/2	Washington Nationals	PM 7:10			
Sun, 5/28	Los Angeles Angels	PM 1:10	Fri, 8/4	Atlanta Braves	PM 7:35			
Mon, 5/29	Philadelphia Phillies	PM 7:10	Sat, 8/5	Atlanta Braves	PM 7:10			
Tue, 5/30	Philadelphia Phillies	PM 7:10	Sun, 8/6	Atlanta Braves	PM 1:35			
Wed, 5/31	Philadelphia Phillies	PM 1:10	Mon, 8/7	Washington Nationals	PM 7:05			
Thu, 6/1	Arizona D-backs	PM 7:10	Tue, 8/8	Washington Nationals	PM 7:05			
Fri, 6/2	Arizona D-backs	PM 7:10	Wed, 8/9	Washington Nationals	PM 7:05			
Sat, 6/3	Arizona D-backs	PM 1:10	Thu, 8/10	Washington Nationals	PM 7:05			
Sun, 6/4	Arizona D-backs	PM 1:10	Fri, 8/11	Colorado Rockies	PM 7:10			
Mon, 6/5	Chicago Cubs	PM 8:05	Sat, 8/12	Colorado Rockies	PM 7:10			
Tue, 6/6	Chicago Cubs	PM 8:05	Sun, 8/13	Colorado Rockies	PM 1:10			
Wed, 6/7	Chicago Cubs	PM 8:05	Mon, 8/14	San Francisco Giants	PM 7:10			

MIAMI MARLINS

■ 15% 이상 ■ 12-14% ■ 9-11% ■ 6-8% ■ 3-5% □ 2% 이하

SP Edinson VOLQUEZ
에딘손 볼케스

NO.36

우투우타 　1983년 7월 3일 　183cm, 100kg 　*는 낮을수록 좋은 기록임

시즌	경기	이닝	피안타	피홈런	볼넷	탈삼진	승-패-세-홀	평균자책	구분	기록	MLB
2016	34	189.1	217	23	76	139	10-11-0-0	5.37	평균자책*	5.37	4.19
통산	259	1432.1	1403	148	668	1229	89-79-0-0	4.44	탈삼진 / 9	6.61	8.10
									볼넷 / 9*	3.61	3.14
									탈삼진 / 볼넷	1.83	2.58
									피홈런 / 9*	1.09	1.17
									피안타율*	0.282	0.252
									WHIP*	1.55	1.32
									잔루율	65.7%	72.9%
									FIP*	4.57	4.19

PITCHING ZONE

PITCHING REPERTORY / VELOCITY km/h **MOVEMENT** cm

구종	평균	전체	초구	2-2	좌타자	우타자	피타율	상하	좌우
포심패스트볼	151	3%	2%	2%	2%	3%	0.244	↑23	→13
투심 / 싱커	151	49%	60%	82%	47%	52%	0.322	↑17	→21
컷패스트볼	–	–	–	–	–	–	–		
슬라이더	–	–	–	–	–	–	–		
커브	129	24%	26%	2%	28%	20%	0.242	↓14	←14
체인지업	135	24%	12%	14%	23%	25%	0.207	↑3	→17
스플리터	–	–	–	–	–	–	–		

홈 ERA 5.11 원정 ERA 5.71
VS. 좌타자 0.281 VS. 우타자 0.283
VS. 강정호 3타수 2안타 0.667
VS. 추신수 11타수 3안타 1홈런 0.273

2015년 캔자스시티에서 에이스 역할을 하며 팀의 월드시리즈 우승을 이끌었다. 하지만 지난 시즌 부진하며 이번 겨울 FA에서 기대 이하의 금액으로 계약했다(2년 2200만 달러). 150km/h 초중반의 싱커와 함께 너클 커브 체인지업을 구사한다. 특히 체인지업의 리그 우투수 중 정상급의 위력을 자랑한다. 이렇게 정상급 구위를 가지고도 매년 아쉬운 성적을 기록하고 있는 이유는 바로 제구. 데뷔 초반 때에 비해 많이 좋아지긴 했지만 여전히 제구의 기복이 심한 편.

SP CHEN Wei-yin
천 웨이인

NO.54

좌투우타 　1985년 7월 21일 　183cm, 91kg 　*는 낮을수록 좋은 기록임

시즌	경기	이닝	피안타	피홈런	볼넷	탈삼진	승-패-세-홀	평균자책	구분	기록	MLB
2016	22	123.1	134	22	24	100	5-5-0-0	4.96	평균자책*	4.96	4.19
통산	139	830.0	847	119	196	647	51-37-0-0	3.9	탈삼진 / 9	7.30	8.10
									볼넷 / 9*	1.75	3.14
									탈삼진 / 볼넷	4.17	2.58
									피홈런 / 9*	1.61	1.17
									피안타율*	0.272	0.252
									WHIP*	1.28	1.32
									잔루율	70.7%	72.9%
									FIP*	4.50	4.19

PITCHING ZONE

PITCHING REPERTORY / VELOCITY km/h **MOVEMENT** cm

구종	평균	전체	초구	2-2	좌타자	우타자	피타율	상하	좌우
포심패스트볼	148	52%	51%	55%	49%	53%	0.252	↑25	←17
투심 / 싱커	146	11%	13%	5%	14%	10%	0.377	↑19	←24
컷패스트볼	138	0%	0%	1%	0%	0%	–	↓12	0
슬라이더	135	17%	14%	20%	28%	14%	0.245	↑6	←4
커브	120	9%	12%	8%	7%	10%	0.208	↓17	→8
체인지업	135	11%	9%	10%	2%	13%	0.303	↑16	←21
스플리터	136	0%	1%	0%	0%	0.750	↑15	←23

홈 ERA 5.49 원정 ERA 4.48
VS. 좌타자 0.321 VS. 우타자 0.262
VS. 박병호 3타수 1안타 1홈런 0.333
VS. 추신수 7타수 3안타 3홈런 0.429

왕첸밍 이후 빅리그에서 가장 성공한 대만인 투수. 빅리그 선발 치고는 크지 않은 체구지만 몸에 무리가 가지 않는 간결한 투구폼으로 공을 뿌린다. 투구 시 공을 감추는 동작이 좋아 타자가 타이밍을 잡는 데 어려움을 겪는다. 140km/h 후반대의 포심, 투심을 구사한다. 변화구로는 슬라이더를 주무기로 사용하며 체인지업과 커브도 구사 가능하다. 위력적인 슬라이더에 비해 체인지업의 위력은 다소 떨어지는 편. 지난 시즌엔 부상과 부진이 겹치며 기대 이하의 시즌을 보냈다.

MIAMI MARLINS

■ 15% 이상　■ 12-14%　■ 9-11%　■ 6-8%　■ 3-5%　□ 2% 이하

홈 ERA 4.15 원정 ERA 4.48
VS. 좌타자 0.256 VS. 우타자 0.258
VS. 강정호 5타수 0안타 0.000
VS. 박병호 2타수 0안타 0.000

SP Tom KOEHLER
톰 쾰러   NO.34

우투우타　1986년 6월 29일　190cm, 107kg

*는 낮을수록 좋은 기록임

시즌	경기	이닝	피안타	피홈런	볼넷	탈삼진	승-패-세-홀	평균자책	구분	기록	MLB
2016	33	176.2	176	22	83	147	9-13-0-0	4.33	평균자책*	4.33	4.19
통산	134	711.2	688	78	287	542	35-48-0-0	4.16	탈삼진 / 9	7.49	8.10
									볼넷 / 9*	4.23	3.14
									탈삼진 / 볼넷	1.77	2.58
									피홈런 / 9*	1.12	1.17
									피안타율	0.257	0.252
									WHIP	1.47	1.32
									잔루율	73.3%	72.9%
									FIP*	4.60	4.19

PITCHING REPERTORY / VELOCITY km/h / MOVEMENT cm

구종	평균	전체	초구	2-2	좌타자	우타자	피타율	상하	좌우
포심패스트볼	148	48%	56%	26%	48%	49%	0.290	↑24	→13
투심 / 싱커	149	4%	5%	3%	5%	3%	0.414	↑18	→19
컷패스트볼	147	0%	0%	0%	0%	0%	0.000	↑23	→8
슬라이더	138	19%	12%	28%	11%	28%	0.215	↑6	→6
커브	127	23%	23%	35%	26%	19%	0.211	↓22	→13
체인지업	137	6%	4%	8%	11%	6%	0.282	↑11	→19
스플리터	–	–	–	–	–	–	–		

2012년 26세의 늦은 나이에 빅리그에 데뷔, 2014년부터 빛을 보기 시작했다. 150km/h 초반대의 빠른 공과 함께 슬라이더, 커브를 주로 구사한다. 타자를 압도하는 구위를 보여주진 않지만 안정된 제구로 맞혀잡는 투구를 한다. 하지만 매년 구속이 떨어지고 있고, 그 부작용으로 피홈런이 점점 증가 중이다. 특히 좌타자 상대로 도망가는 체인지업이 없다보니 좌타자에게 허용하는 홈런이 많다(2015시즌 이후 vs. 우 16개, 좌 28개). 타자 친화적인 말린스 파크를 떠나면 부진한 모습을 보인다.

홈 ERA 4.38 원정 ERA 5.53
VS. 좌타자 0.256 VS. 우타자 0.312
VS. 강정호 2타수 1안타 0.500

SP Justin NICOLINO
저스틴 니콜리노   NO.20

좌투좌타　1991년 11월 22일　190cm, 88kg

*는 낮을수록 좋은 기록임

시즌	경기	이닝	피안타	피홈런	볼넷	탈삼진	승-패-세-홀	평균자책	구분	기록	MLB
2016	18	79.1	96	8	20	37	3-6-0-0	4.99	평균자책*	4.99	4.19
통산	30	153.1	168	16	40	60	8-10-0-0	4.52	탈삼진 / 9	4.20	8.10
									볼넷 / 9*	2.27	3.14
									탈삼진 / 볼넷	1.85	2.58
									피홈런 / 9*	0.91	1.17
									피안타율	0.297	0.252
									WHIP	1.46	1.32
									잔루율	68.7%	72.9%
									FIP*	4.39	4.19

PITCHING REPERTORY / VELOCITY km/h / MOVEMENT cm

구종	평균	전체	초구	2-2	좌타자	우타자	피타율	상하	좌우
포심패스트볼	145	4%	4%	3%	5%	3%	0.118	↑24	→19
투심 / 싱커	144	50%	61%	38%	50%	50%	0.317	↑19	→24
컷패스트볼	140	2%	6%	1%	3%	1%	0.273	↑13	→9
슬라이더	139	16%	12%	17%	24%	14%	0.277	↑12	→7
커브	123	10%	13%	10%	10%	10%	0.310	↓8	→4
체인지업	132	18%	10%	32%	8%	21%	0.254	↑12	→24
스플리터	–	–	–	–	–	–	–		

최근에 등장하는 젊은 선발 투수 중 드물게 기교파인 좌완투수다. 140km/h 초중반의 빠른 공과 체인지업을 주무기로 하며 커터, 커브를 섞어 던진다. 특히 체인지업은 마이너 시절부터 마이애미팜 내 최고로 평가받았다. 꾸준함의 대명사이자 느림의 미학을 잘 보여준 마크 벌리와 비슷한 유형의 투수다. 2015시즌 빅리그 데뷔에 성공 후에도 뛰어난 제구를 선보였다. 높은 피안타율과 피홈런은 맞혀잡는 투수에겐 숙명. 미래의 3-4선발감으로 기대가 높다.

MIAMI MARLINS

범례: 15% 이상 | 12~14% | 9~11% | 6~8% | 3~5% | 2% 이하

SP Adam CONLEY 애덤 콘리 NO.61

좌투좌타   1990년 5월 24일   190cm, 91kg

*는 낮을수록 좋은 기록임

시즌	경기	이닝	피안타	피홈런	볼넷	탈삼진	승-패-세-홀	평균자책	구분	기록	MLB
2016	25	133.1	125	13	62	124	8-6-0-0	3.85	평균자책*	3.85	4.19
통산	40	200.1	190	20	83	183	12-7-0-0	3.82	탈삼진/9	8.37	8.10
									볼넷/9*	4.19	3.14
									탈삼진/볼넷	2.00	2.58
									피홈런/9*	0.88	1.17
									피안타율*	0.245	0.252
									WHIP*	1.40	1.32
									잔루율	77.3%	72.9%
									FIP*	4.20	4.19

PITCHING ZONE (좌타자 몸쪽 / 우타자 몸쪽)

PITCHING REPERTORY / VELOCITY km/h MOVEMENT cm

구종	평균	전체	초구	2-2	좌타자	우타자	피타율	상하	좌우
포심패스트볼	147	65%	78%	52%	67%	65%	0.292	↑ 20	← 26
투심/싱커	–	–	–	–	–	–	–	–	–
컷패스트볼	–	–	–	–	–	–	–	–	–
슬라이더	137	18%	11%	29%	20%	17%	0.180	↑ 7	← 9
커브	121	0%	0%	0%	0%	0%	0.000	↓ 2	← 3
체인지업	134	17%	12%	19%	13%	18%	0.250	↑ 14	← 31
스플리터	–	–	–	–	–	–	–	–	–

홈 ERA 3.26 원정 ERA 4.43
VS. 좌타자 0.293 VS. 우타자 0.229
VS. 박병호 2타수 0안타 0.000

마이너 시절 크게 주목받지 못했지만 상위리그로 갈 때마다 성장하는 모습을 보여주며 2015시즌 빅리그 입성에 성공했다. 좌완 기교파 투수로 딜리버리 시 공을 잘 감춰서 타자에게 혼란을 준다. 140km/h 후반대의 빠른 공과 슬라이더, 체인지업을 구사한다. 특히 좌타자 밖으로 크게 휘어지는 슬라이더는 좌타자에게 공포의 대상이다. 지난 시즌엔 장점이었던 제구가 크게 흔들리며 다소 고전한 모습. 올 시즌 천웨이인과 함께 마이애미 선발의 좌완 원투 펀치로 3~4선발로의 활약을 기대 중이다.

RP David PHELPS 데이비드 펠프스 NO.35

우투우타   1986년 10월 9일   188cm, 91kg

*는 낮을수록 좋은 기록임

시즌	경기	이닝	피안타	피홈런	볼넷	탈삼진	승-패-세-홀	평균자책	구분	기록	MLB
2016	64	86.2	61	6	38	114	7-6-4-25	2.28	평균자책*	2.28	4.19
통산	174	498.0	464	52	190	458	26-28-5-33	3.94	탈삼진/9	11.84	8.10
									볼넷/9*	3.95	3.14
									탈삼진/볼넷	3.00	2.58
									피홈런/9*	0.62	1.17
									피안타율*	0.196	0.252
									WHIP*	1.14	1.32
									잔루율	84.2%	72.9%
									FIP*	2.80	4.19

PITCHING ZONE (좌타자 몸쪽 / 우타자 몸쪽)

PITCHING REPERTORY / VELOCITY km/h MOVEMENT cm

구종	평균	전체	초구	2-2	좌타자	우타자	피타율	상하	좌우
포심패스트볼	149	36%	39%	31%	16%	53%	0.210	↑ 23	→ 13
투심/싱커	147	25%	27%	25%	43%	11%	0.268	↑ 16	→ 23
컷패스트볼	143	20%	15%	26%	7%	23%	0.213	↑ 16	→ 2
슬라이더	–	–	–	–	–	–	–	–	–
커브	128	13%	17%	14%	12%	14%	0.260	↑ 17	→ 13
체인지업	134	5%	3%	4%	11%	0%	0.333	↑ 10	→ 25
스플리터	–	–	–	–	–	–	–	–	–

홈 ERA 2.81 원정 ERA 1.80
VS. 좌타자 0.230 VS. 우타자 0.170
VS. 추신수 6타수 1안타 0.167

선발과 불펜 롱릴리프 자원. 2015년 선발로 19경기나 나선 것과는 달리 지난 시즌엔 불펜으로 대부분의 시즌을 보냈다. 펠프스는 140km/h 후반대의 포심, 투심과 함께 슬라이더, 커브, 체인지업 등 다양한 구종을 섞어 던진다. 불펜으로 많이 나선 지난 시즌엔 평균 150km/h 초반까지 빠른 공의 구속이 증가한 모습. 공의 위력이 증가한 대신 아쉽게 제구는 다소 흔들렸다. 올 시즌 역시도 팀의 롱릴리프 역할을 맡을 것으로 보이며 팀 사정에 따라 언제든지 선발 출격 대기 중이다.

MIAMI MARLINS

| ■ 15% 이상 | ■ 12-14% | ■ 9-11% | ■ 6-8% | ■ 3-5% | □ 2% 이하 |

홈 ERA 4.40 원정 ERA 0.48
VS. 좌타자 0.267 VS. 우타자 0.252
VS. 추신수 2타수 2안타 1.000
VS. 김현수 2타수 1안타 0.500

RP Brad ZIEGLER
브래드 지글러   **NO.29**

우투우타 1979년 10월 10일 193cm, 100kg   *는 낮을수록 좋은 기록임

시즌	경기	이닝	피안타	피홈런	볼넷	삼진	승-패-세-홀	평균자책	구분	기록	MLB
2016	69	68.0	67	2	26	58	4-7-22-8	2.25	평균자책*	2.25	4.19
통산	604	596.2	526	23	207	403	34-28-85-119	2.44	탈삼진/9	7.68	8.10
									볼넷/9*	3.44	3.14
									탈삼진/볼넷	2.23	2.58
									피홈런/9*	0.26	1.17
									피안타율	0.258	0.252
									WHIP	1.37	1.32
									잔루율	80.5%	72.9%
									FIP*	3.10	4.19

PITCHING REPERTORY / VELOCITY km/h / MOVEMENT cm

구종	평균	전체	초구	2-2	좌타자	우타자	피타율	상하	좌우
포심패스트볼	–	–	–	–	–	–	–	–	–
투심/싱커	136	62%	85%	35%	58%	66%	0.278	↓17	→19
컷패스트볼	–	–	–	–	–	–	–	–	–
슬라이더	119	15%	8%	30%	4%	24%	0.110	↑9	←16
커브	–	–	–	–	–	–	–	–	–
체인지업	124	23%	7%	35%	38%	10%	0.190	↓22	→12
스플리터	–	–	–	–	–	–	–	–	–

메이저에서 찾기 힘든 언더핸드 투수. 2004년 독립리그를 뛰기도 했고, 28세라는 나이에 처음으로 빅리그 무대를 밟은 산전수전 다 겪은 베테랑이다. 130km 후반~140km 초반의 싱커를 70% 가까이 던지며 체인지업과 커브를 가끔 던진다. 뛰어난 제구로 꾸준히 공을 낮게 구사해 홈런 허용이 적고, 통산 HR/9 0.4), 많은 땅볼을 생산한다(통산 땅볼/뜬공 4.15). 데뷔 초 언더핸드답게 좌타자에게 약했지만 체인지업 장착으로 약점을 극복했다. 올시즌 2년 계약을 맺고 마이애미에 입단했다.

홈 ERA 2.15 원정 ERA 7.08
VS. 좌타자 0.205 VS. 우타자 0.273
VS. 추신수 2타수 1안타 0.500
VS. 김현수 1타수 1안타 1볼넷

RP TAZAWA Junichi
다자와 준이치   **NO.25**

우투우타 1986년 6월 6일 180cm, 91kg   *는 낮을수록 좋은 기록임

시즌	경기	이닝	피안타	피홈런	볼넷	삼진	승-패-세-홀	평균자책	구분	기록	MLB
2016	53	49.2	47	9	14	54	3-2-0-16	4.17	평균자책*	4.17	4.19
통산	302	312.0	323	34	71	308	17-20-4-78	3.58	탈삼진/9	9.79	8.10
									볼넷/9*	2.54	3.14
									탈삼진/볼넷	3.86	2.58
									피홈런/9*	1.63	1.17
									피안타율	0.244	0.252
									WHIP	1.23	1.32
									잔루율	79.0%	72.9%
									FIP*	4.23	4.19

PITCHING REPERTORY / VELOCITY km/h / MOVEMENT cm

구종	평균	전체	초구	2-2	좌타자	우타자	피타율	상하	좌우
포심패스트볼	150	57%	57%	38%	54%	59%	0.278	↑24	→11
투심/싱커	–	–	–	–	–	–	–	–	–
컷패스트볼	–	–	–	–	–	–	–	–	–
슬라이더	129	7%	5%	15%	2%	12%	0.243	↓18	←13
커브	123	14%	28%	5%	13%	7%	0.250	↓24	←15
체인지업	–	–	–	–	–	–	–	–	–
스플리터	140	22%	10%	40%	32%	15%	0.246	↑11	→18

일본 사회인 야구 출신이라는 독특한 경력의 소유자. 일본 프로야구 경력은 없으며 2009년 보스턴에서 빅리그 데뷔했다. 2012년부터 2014년까지 보스턴의 핵심 불펜 요원으로 활약했지만 2015시즌부터 급격한 하락세에 들어섰다. 140km/h 후반에서 150km/h 초반대의 빠른 공을 구사하며 일본인 투수답게 변화구 주무기는 스플리터다. 그 외에도 슬라이더 커브 구사도 가능한 보기 드문 불펜투수다. 올 시즌 2년 계약으로 마이애미에 입단했다.

MIAMI MARLINS

■ 15% 이상 ■ 12-14% ■ 9-11% ■ 6-8% ■ 3-5% □ 2% 이하

홈 ERA 1.67 원정 ERA 3.98
VS. 좌타자 0.205 VS. 우타자 0.234
VS. 추신수 2타수 2안타 1.000
VS. 박병호 1타수 1안타 1.000

CP A.J. RAMOS
A.J. 라모스 NO.44

우투우타 1986년 10월 20일 178cm, 91kg   *는 낮을수록 좋은 기록임

시즌	경기	이닝	피안타	피홈런	볼넷	탈삼진	승-패-세-홀	평균자책
2016	67	64.0	52	1	35	73	1-4-40-2	2.81
통산	285	287.2	199	14	151	332	13-12-72-38	2.66

구분	기록	MLB
평균자책*	2.66	4.19
탈삼진 / 9	10.27	8.10
볼넷 / 9*	4.92	3.14
탈삼진 / 볼넷	2.09	2.58
피홈런 / 9*	0.14	1.17
피안타율*	0.218	0.252
WHIP*	1.36	1.32
잔루율	78.1%	72.9%
FIP*	2.90	4.19

PITCHING ZONE

PITCHING REPERTORY / VELOCITY km/h / **MOVEMENT** cm

구종	평균	전체	초구	2-2	좌타자	우타자	피타율	상하	좌우
포심패스트볼	149	38%	44%	28%	37%	40%	0.240	↑23	→7
투심 / 싱커	148	4%	1%	8%	0%	3%	0.350	↑16	→20
컷패스트볼	146	3%	3%	1%	2%	5%	0.364	↓20	0
슬라이더	130	31%	33%	33%	16%	44%	0.194	↓9	←14
커브	122	3%	7%	1%	5%	1%	0.333	↓22	←17
체인지업	138	21%	8%	37%	32%	10%	0.115	↓4	→20
스플리터	–	–	–	–	–	–	–	–	–

178cm로 크진 않지만 탄탄한 체구에서 뿌리는 최대 155km/h의 묵직한 빠른 공이 주무기. 불펜투수로는 드물게 슬라이더와 체인지업 둘 다 구사해 좌우타자를 특별히 가리지 않는다. 데뷔 초보다 구속이 감소했다. 2015년 제구가 좋아지며 시섹에게 마무리 자리를 물려받았다. 2016년 40세이브를 기록하긴 했지만 제구가 다시 불안해지면서 안정감은 다소 떨어진 상황이다. 시즌 시작은 마무리 역할을 맡겠지만 안정된 제구를 꾸준히 유지하지 못한다면 언제든지 교체될 수도 있다.

홈 타율 0.250 원정 타율 0.352
VS. 좌투수 0.215 VS. 우투수 0.322
득점권 0.287 L/C 0.281

C J.T. REALMUTO
J.T. 레알무토 NO.11

우투우타 1991년 3월 18일 185cm, 95kg   *는 낮을수록 좋은 기록임

시즌	타수	안타	홈런	타점	볼넷	도루	타율	출루	장타율
2016	509	154	11	48	28	12	0.303	0.343	0.428
통산	979	275	21	104	48	20	0.281	0.317	0.416

구분	기록	MLB
타율	0.303	0.255
출루율	0.343	0.322
장타율	0.428	0.417
볼넷%	5.1%	8.2%
삼진%*	18.3%	21.1%
볼넷 / 삼진	0.28	0.39
순장타율	0.126	0.162
BABIP	0.357	0.300
wOBA	0.333	0.318

VS. 패스트볼   VS. 변화구

*5타수 미만은 색을 표시하지 않았음. ●●: Ball zone

SPRAY ZONE   **BATTED BALL**   **DEFENSE**

SPRAY ZONE: 6 5 0 / 41% 34% 25% / 홈런 타구분포 %

항목	비율
불존 공격률	33%
S존 공격률	66%
불존 컨택트율	71%
S존 컨택트율	89%
라인드라이브	20%
그라운드볼	49%
플라이볼	30%

위치	자살	보살	실책	수비율
C	1069	80	10	0.991

고등학교 시절 유격수로 뛰었지만 프로 입단 후 포수로 전향했다. 유격수 출신인만큼 뛰어난 운동신경과 강한 어깨를 자랑한다. 타격에서는 짧은 스윙 어프로치로 필드 전역으로 타구를 보낼 수 있는 중거리 타자. 마이너 시절 홈런에 대한 기대가 크지 않았지만 2015시즌 10홈런을 때려내며 기대 이상의 힘을 보여줬다. 파워 잠재력이 터진다면 15~20홈런도 기대해 볼 만하다. 삼진을 잘 당하진 않지만 떨어지는 출루율은 아쉬운 점. 타석에서 인내심을 좀 더 키울 필요가 있다.

MIAMI MARLINS

● 타율 0.400 이상 ● 0.300-0.399 ● 0.200-0.299 ● 0.100-0.199 ● 타율 0.099 이하

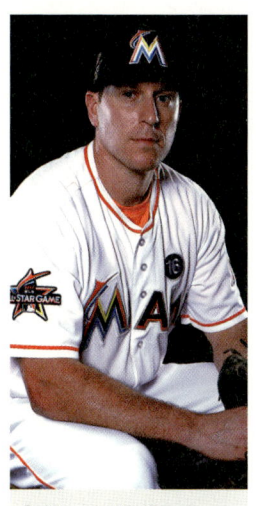

C A.J. ELLIS
A.J. 엘리스 NO.17

우투우타　1981년 4월 9일　188cm, 102kg　*는 낮을수록 좋은 기록임

시즌	타수	안타	홈런	타점	볼넷	도루	타율	출루율	장타율
2016	171	37	2	22	19	2	0.216	0.301	0.298
통산	1654	395	37	200	242	2	0.239	0.340	0.351

VS. 패스트볼　VS. 변화구　우타자

*5타수 미만은 색을 표시하지 않았음. ● : Ball zone

구분	기록	MLB
타율	0.216	0.255
출루율	0.301	0.322
장타율	0.298	0.417
볼넷%	9.7%	8.2%
삼진%*	15.8%	21.1%
볼넷 / 삼진	0.61	0.39
순장타율	0.082	0.162
BABIP	0.252	0.300
wOBA	0.266	0.318

SPRAY ZONE
0 / 1 / 1 / 28% / 40% / 32% / 홈런
타구분포 %

BATTED BALL
항목	비율
볼존 공격률	18%
S존 공격률	59%
볼존 컨택트율	74%
S존 컨택트율	92%
라인드라이브	22%
그라운드볼	41%
플라이볼	36%

DEFENSE
위치	자살	보살	실책	수비율
C	447	33	1	0.998

홈 타율 0.221　원정 타율 0.214
VS. 좌투수 0.224　VS. 우투수 0.212
득점권 0.256　L/C 0.269

국내 팬들에겐 다저스 시절 류현진 도우미로 잘 알려진 안방마님. 전형적인 수비형 포수로 나이가 들면서 점점 타격 능력은 감소 중. 어깨가 매우 강한 것은 아니지만 공을 미트에서 꺼내는 시간이 짧아 도루 저지 능력이 뛰어나다. 엘리스의 최고 장점은 역시 투수 리드. 커쇼를 비롯해 엘리스와 함께한 많은 투수들이 극찬을 한다. 올 시즌을 앞두고 마이애미와 1년 계약을 맺었다. 레알무토의 백업 포수를 맡을 것으로 보이며 포수로 갖춰야될 소양들을 전수해 줄 것으로 팀이 기대하고 있다.

1B Justin BOUR
저스틴 보어 NO.41

우투좌타　1988년 5월 28일　190cm, 120kg　*는 낮을수록 좋은 기록임

시즌	타수	안타	홈런	타점	볼넷	도루	타율	출루율	장타율
2016	280	74	15	51	38	0	0.264	0.349	0.475
통산	763	202	39	135	81	0	0.265	0.335	0.467

VS. 패스트볼　VS. 변화구　좌타자

*5타수 미만은 색을 표시하지 않았음. ● : Ball zone

구분	기록	MLB
타율	0.264	0.255
출루율	0.349	0.322
장타율	0.475	0.417
볼넷%	11.8%	8.2%
삼진%*	17.4%	21.1%
볼넷 / 삼진	0.68	0.39
순장타율	0.211	0.162
BABIP	0.278	0.300
wOBA	0.343	0.318

SPRAY ZONE

4 / 1 / 10 / 25% / 31% / 44% / 홈런
타구분포 %

BATTED BALL
항목	비율
볼존 공격률	31%
S존 공격률	63%
볼존 컨택트율	66%
S존 컨택트율	86%
라인드라이브	22%
그라운드볼	44%
플라이볼	35%

DEFENSE
위치	자살	보살	실책	수비율
1B	544	34	3	0.995

홈 타율 0.261　원정 타율 0.267
VS. 좌투수 0.233　VS. 우투수 0.268
득점권 0.272　L/C 0.128

2005년 댄 어글라에 이어 또 한 번의 Rule 5 드래프트 성공 사례. 배팅 장갑을 끼지 않고 타석에 서며 큰 덩치에 걸맞게 펀치력이 뛰어난 풀히터(Pull Hitter)다. 2015년 23홈런을 치며 가능성을 보여줬지만, 지난 시즌엔 부상으로 90경기 출장에 그쳤다. 확실한 자기 스윙을 하기 때문에 삼진이 많은 것은 아쉽지 않다. 하지만 마이너에서 보여준 선구안을 보여주지 못하는 것은 아쉬움이 남는다. 떨어지는 민첩성 탓에 1루 수비도 불안한 편. 올 시즌 스탠튼과 함께 중심 타선을 이끌 것으로 예상된다.

■ 타율 0.400 이상 ■ 0.300–0.399 ■ 0.200–0.299 ■ 0.100–0.199 ■ 타율 0.099 이하

2B Dee GORDON
디 고든

NO.09

우투좌타 1988년 4월 22일 180cm, 77kg

*는 낮을수록 좋은 기록임

시즌	타수	안타	홈런	타점	볼넷	도루	타율	출루율	장타율	구분	기록	MLB
2016	325	87	1	14	18	30	0.268	0.305	0.335	타율	0.268	0.255
통산	2170	627	9	128	111	218	0.289	0.325	0.364	출루율	0.305	0.322
										장타율	0.335	0.417
										볼넷%	5.2%	8.2%
										삼진%*	15.9%	21.1%
										볼넷/삼진	0.33	0.39
										순장타율	0.068	0.162
										BABIP	0.319	0.300
										wOBA	0.280	0.318

VS. 패스트볼 / VS. 변화구 (좌타자)
*5타수 미만은 색을 표시하지 않았음. ●●●: Ball zone

SPRAY ZONE: 0 / 0 / 1 / 29% / 42% / 29% / 홈런
타구분포 %

BATTED BALL

항목	비율
볼존 공격률	36%
S존 공격률	61%
볼존 컨택트율	75%
S존 컨택트율	92%
라인드라이브	19%
그라운드볼	59%
플라이볼	23%

DEFENSE
2B	150	186	7	0.980

홈 타율 0.297 원정 타율 0.242
VS. 좌투수 0.257 VS. 우투수 0.270
득점권 0.254 L/C 0.208

전형적인 똑딱이 타자 고든의 최고의 무기는 빠른 발. 지난 2년간 가장 많은 내야 안타(149개, 번트 안타 42개)를 기록했으며 2014–2015시즌 2년 연속 도루왕에도 올랐다. 하지만 지난 시즌 초 금지약물 복용 혐의가 들통나 명예가 실추됐다. 공교롭게도 타격 능력과 수비 모두에서 2015년에 비해 성적이 떨어지며 2015시즌 성적이 약물로 얻은 성적이라는 비아냥을 피할 수 없었다. 발이 빨라 1번 타자로 쓰고 있지만 데뷔 초부터 지적되어 왔던 낮은 출루율이 고쳐지지 않고 있다.

3B Martin PRADO
마틴 프라도

NO.14

우투우타 1983년 10월 27일 183cm, 98kg

*는 낮을수록 좋은 기록임

시즌	타수	안타	홈런	타점	볼넷	도루	타율	출루율	장타율	구분	기록	MLB
2016	600	183	8	75	49	2	0.305	0.359	0.417	타율	0.305	0.255
통산	4791	1402	95	564	356	39	0.293	0.342	0.424	출루율	0.359	0.322
										장타율	0.417	0.417
										볼넷%	7.4%	8.2%
										삼진%*	10.5%	21.1%
										볼넷/삼진	0.71	0.39
										순장타율	0.112	0.162
										BABIP	0.331	0.300
										wOBA	0.335	0.318

VS. 패스트볼 / VS. 변화구 (우타자)
*5타수 미만은 색을 표시하지 않았음. ●●●: Ball zone

SPRAY ZONE: 8 / 0 / 0 / 35% / 39% / 27% / 홈런
타구분포 %

BATTED BALL

항목	비율
볼존 공격률	27%
S존 공격률	52%
볼존 컨택트율	82%
S존 컨택트율	96%
라인드라이브	25%
그라운드볼	48%
플라이볼	28%

DEFENSE
위치	자살	보살	실책	수비율
3B	73	240	9	0.972

홈 타율 0.269 원정 타율 0.340
VS. 좌투수 0.424 VS. 우투수 0.274
득점권 0.368 L/C 0.269

리그를 대표하는 유틸리티 플레이어 중 한 명. 뛰어난 허슬플레이로도 유명하다. 한국팬들에게 익숙한 피츠버그의 조시 해리슨 같은 유형. 최근에는 3루수로 많이 출장 중이다. 3할-두 자릿수 홈런에 많은 2루타를 생산하는 중거리 타자. 팀배팅에 능하며 작전 수행 능력이 뛰어나다. 볼넷을 많이 골라내지는 않지만 삼진 잡기 굉장히 까다로운 타자. 하지만 전성기에 비해 장타 생산 능력이 많이 감소했다. 땅볼 타구 비율이 높아 병살타가 많은 편.

MIAMI MARLINS

■ 타율 0.400 이상 ■ 0.300-0.399 ■ 0.200-0.299 ■ 0.100-0.199 ■ 타율 0.099 이하

SS Adeiny HECHAVARRIA NO.03
아데이니 에차바리아

우투우타 1989년 4월 15일 183cm, 88kg *는 낮을수록 좋은 기록임

시즌	타수	안타	홈런	타점	볼넷	도루	타율	출루율	장타율
2016	508	120	3	38	33	1	0.236	0.283	0.311
통산	2183	555	14	177	116	26	0.254	0.292	0.336

구분	기록	MLB
타율	0.236	0.255
출루율	0.283	0.322
장타율	0.311	0.417
볼넷%	6.0%	8.2%
삼진%*	13.3%	21.1%
볼넷 / 삼진	0.45	0.39
순장타율	0.075	0.162
BABIP	0.269	0.300
wOBA	0.256	0.318

VS. 패스트볼 / VS. 변화구 (우타자)
*5타수 미만은 색을 표시하지 않았음. ●●● : Ball zone

SPRAY ZONE
1: 39% 2: 29% 0: 32%
홈런 타구분포 %

BATTED BALL
항목	비율
볼존 공격률	33%
S존 공격률	68%
볼존 컨택트율	75%
S존 컨택트율	91%
라인드라이브	22%
그라운드볼	48%
플라이볼	30%

DEFENSE
SS	203	359	13	0.977

홈 타율 0.215 원정 타율 0.258
VS. 좌투수 0.207 VS. 우투수 0.244
득점권 0.228 L/C 0.250

리그 최고의 수비형 유격수 중 한 명이다. 넓은 수비 범위와 강한 어깨를 자랑한다. 또한 해가 갈수록 실책 수도 줄어들며 안정적인 모습을 보여주고 있다. 브랜든 크로포드의 유격수 골드글러브 수상을 저지할 수 있는 가장 강력한 경쟁자. 타격에선 매년 발전해 오다가 지난 시즌 아쉽게 타율이 크게 감소했다. 공을 맞히는 능력이 탁월하며 타구를 필드 어느 곳으로든 날릴 수 있다. 하지만 선구안이 떨어지며 타석에서의 인내심이 부족한 편. 또한 빠른 발에 비해 주루 센스가 떨어진다.

LF Christian YELICH NO.21
크리스티안 옐리치

우투좌타 1991년 12월 5일 190cm, 88kg *는 낮을수록 좋은 기록임

시즌	타수	안타	홈런	타점	볼넷	도루	타율	출루율	장타율
2016	578	172	21	98	72	9	0.298	0.376	0.483
통산	1879	549	41	212	220	56	0.293	0.368	0.430

구분	기록	MLB
타율	0.298	0.255
출루율	0.376	0.322
장타율	0.483	0.417
볼넷%	10.9%	8.2%
삼진%*	20.9%	21.1%
볼넷 / 삼진	0.52	0.39
순장타율	0.185	0.162
BABIP	0.356	0.300
wOBA	0.367	0.318

VS. 패스트볼 / VS. 변화구 (좌타자)
*5타수 미만은 색을 표시하지 않았음. ●●● : Ball zone

SPRAY ZONE

7: 35% 6: 29% 8: 36%
홈런 타구분포 %

BATTED BALL
항목	비율
볼존 공격률	23%
S존 공격률	60%
볼존 컨택트율	52%
S존 컨택트율	88%
라인드라이브	23%
그라운드볼	57%
플라이볼	20%

DEFENSE
위치	자살	보살	실책	수비율
LF	192	5	3	0.985
CF	68	1	3	0.958

홈 타율 0.272 원정 타율 0.320
VS. 좌투수 0.287 VS. 우투수 0.301
득점권 0.304 L/C 0.298

스탠튼과 함께 마이애미의 미래를 이끌어 갈 기둥. 풀타임 2년째였던 2015시즌 전 7년 장기계약을 맺을 정도로 기대가 크다. 타석에서의 수싸움에 능하며 전 필드를 활용할 줄 안다. 3할-30 2루타가 가능한 중거리 타자. 지난 시즌엔 파워 포텐셜까지 터지면서 커리어 처음으로 20홈런을 넘어섰다. 출루율도 매년 좋아지는 중. 몰아치기에 능하며 슬로우 스타터 기질이 다분하다. 풀타임 첫 해였던 2014시즌 이미 골드글러브를 수상하며 수비에 대한 검증을 마쳤다.

MIAMI MARLINS

■ 타율 0.400 이상   ■ 0.300–0.399   ■ 0.200–0.299   ■ 0.100–0.199   ■ 타율 0.099 이하

CF Marcell OZUNA   NO.13
마르셀 오주나

우투우타   1990년 11월 12일   185cm, 102kg   *는 낮을수록 좋은 기록임

시즌	타수	안타	홈런	타점	볼넷	도루	타율	출루율	장타율	구분	기록	MLB
2016	557	148	23	76	43	0	0.266	0.321	0.452	타율	0.266	0.255
통산	1856	492	59	237	127	10	0.265	0.314	0.427	출루율	0.321	0.322
										장타율	0.452	0.417
		VS. 패스트볼			VS. 변화구					볼넷%	7.1%	8.2%
										삼진%*	18.9%	21.1%
										볼넷/삼진	0.37	0.39
										순장타율	0.187	0.162
										BABIP	0.296	0.300
										wOBA	0.330	0.318

*5타수 미만은 색을 표시하지 않았음. ●●●●: Ball zone

SPRAY ZONE
5
17   39%   1
38%   23%
홈런
타구분포 %

BATTED BALL
항목	비율
볼존 공격률	32%
S존 공격률	66%
볼존 컨택트율	55%
S존 컨택트율	87%
라인드라이브	20%
그라운드볼	44%
플라이볼	37%

DEFENSE
위치	자살	보살	실책	수비율
CF	276	5	5	0.983

홈 타율 0.262 원정 타율 0.269
VS. 좌투수 0.289 VS. 우투수 0.259
득점권 0.264 L/C 0.233

정확도가 뛰어난 편은 아니지만 20홈런 이상을 칠 수 있는 힘을 갖췄다. 전형적인 풀히터로 타구의 대부분을 좌측으로 보낸다. 빠른 공에 굉장한 강점을 보이지만 아직까지 변화구 공략에 어려움을 겪는 모습. 중견수 수비도 수준급이며 특히 리그 최고 수준의 어깨를 자랑한다. 매년 잔부상으로 고생하고 있는 것은 아쉬운 점. 지난 시즌엔 전반기 최고의 활약으로 생애 첫 올스타에 올랐지만 후반기 크게 부진하며 아쉽게 시즌을 마감했다.

RF Giancarlo STANTON   NO.27
지안카를로 스탠튼

우투우타   1989년 11월 8일   198cm, 111kg   *는 낮을수록 좋은 기록임

시즌	타수	안타	홈런	타점	볼넷	도루	타율	출루율	장타율	구분	기록	MLB
2016	413	99	27	74	50	0	0.240	0.326	0.489	타율	0.240	0.255
통산	2980	792	208	540	402	34	0.266	0.357	0.539	출루율	0.326	0.322
										장타율	0.489	0.417
		VS. 패스트볼			VS. 변화구					볼넷%	10.6%	8.2%
										삼진%*	29.8%	21.1%
										볼넷/삼진	0.36	0.39
										순장타율	0.249	0.162
										BABIP	0.290	0.300
										wOBA	0.344	0.318

*5타수 미만은 색을 표시하지 않았음. ●●●●: Ball zone

SPRAY ZONE
9
13   37%   5
40%   23%
홈런
타구분포 %

BATTED BALL
항목	비율
볼존 공격률	31%
S존 공격률	67%
볼존 컨택트율	44%
S존 컨택트율	81%
라인드라이브	17%
그라운드볼	40%
플라이볼	43%

DEFENSE
위치	자살	보살	실책	수비율
RF	215	5	4	0.982

홈 타율 0.257 원정 타율 0.221
VS. 좌투수 0.273 VS. 우투수 0.231
득점권 0.235 L/C 0.186

리그 최고의 천하장사. 2010년 20세의 나이로 데뷔 후 무려 208홈런을 때려냈다. 빅리그에서 7시즌을 보냈지만 올 시즌 아직 27세에 불과하다. 홈런의 방향 역시 당겨치고 밀어치고 자유자재로 넘길 수 있다. 삼진을 많이 당하지만 선구안도 수준급. 수비 역시 큰 덩치에 비해 넓은 수비 범위를 보여주며 강한 어깨로 주자를 저격한다. 문제는 건강. 2011년 150경기 이후 한 번도 150경기 이상 소화한 시즌이 없다. 2013년 WBC에 참가한 후 그 해 116경기 밖에 출전하지 못했다.

MIAMI MARLINS

| 타율 0.400 이상 | 0.300–0.399 | 0.200–0.299 | 0.100–0.199 | 타율 0.099 이하 |

IF Derek DIETRICH   NO.32
데릭 디트릭

우투좌타 1989년 7월 18일 183cm, 93kg

*는 낮을수록 좋은 기록임

시즌	타수	안타	홈런	타점	볼넷	도루	타율	출루율	장타율	구분	기록	MLB
2016	351	98	7	42	32	1	0.279	0.374	0.425	타율	0.279	0.255
통산	974	244	31	106	79	3	0.251	0.338	0.422	출루율	0.374	0.322
										장타율	0.425	0.417
										볼넷%	7.8%	8.2%
										삼진%*	20.4%	21.1%
										볼넷 / 삼진	0.38	0.39
										순장타율	0.145	0.162
										BABIP	0.343	0.300
										wOBA	0.348	0.318

VS. 패스트볼   VS. 변화구

*5타수 미만은 색을 표시하지 않았음. : Ball zone

SPRAY ZONE
0 / 0 / 7
25% / 38% / 38%
홈런
타구분포 %

BATTED BALL
항목	비율
볼존 공격률	34%
S존 공격률	63%
볼존 컨택트율	69%
S존 컨택트율	90%
라인드라이브	22%
그라운드볼	40%
플라이볼	38%

DEFENSE
	위치	자살	보살	실책	수비율
2B		120	165	4	0.986
1B		79	4	0	1.000
3B		5	14	0	1.000

홈 타율 0.261 원정 타율 0.293
VS. 좌투수 0.200 VS. 우투수 0.297
득점권 0.319 L/C 0.240

탬파베이 마이너 시절 거포 내야수로 각광받았지만 기대만큼 성장하지 못했다. 주포지션은 2루이지만 떨어지는 수비 실력으로 외야로 자리를 옮겨, 현재는 전천후 백업 선수가 되었다(내야 전포지션, 좌익수 가능). 그나마 2015-2016시즌 팀에 부상 이탈 선수가 속출하며 많은 출장 기회를 부여 받았다. 타석에 적극적으로 붙어 있어 몸에 맞는 공이 많다. 좌완 투수에 약하고 우완 투수에 강한 전형적인 플래툰에 특화된 타자. 내외야 대수비, 우완 상대 대타 등의 역할을 맡을 것으로 예상.

OF ICHIRO Suzuki   NO.51
스즈키 이치로

우투좌타 1973년 10월 22일 180cm, 79kg

*는 낮을수록 좋은 기록임

시즌	타수	안타	홈런	타점	볼넷	도루	타율	출루율	장타율	구분	기록	MLB
2016	327	95	1	22	30	10	0.291	0.354	0.376	타율	0.291	0.255
통산	9689	3030	114	760	626	508	0.313	0.356	0.405	출루율	0.354	0.322
										장타율	0.376	0.417
										볼넷%	8.2%	8.2%
										삼진%*	11.5%	21.1%
										볼넷 / 삼진	0.71	0.39
										순장타율	0.086	0.162
										BABIP	0.329	0.300
										wOBA	0.320	0.318

VS. 패스트볼   VS. 변화구

*5타수 미만은 색을 표시하지 않았음. : Ball zone

SPRAY ZONE
0 / 0 / 1
30% / 38% / 32%
홈런
타구분포 %

BATTED BALL
항목	비율
볼존 공격률	29%
S존 공격률	58%
볼존 컨택트율	78%
S존 컨택트율	90%
라인드라이브	28%
그라운드볼	48%
플라이볼	24%

DEFENSE
	위치	자살	보살	실책	수비율
RF		81	0	1	0.988
CF		24	2	0	1.000
RF		20	4	0	1.000

홈 타율 0.276 원정 타율 0.302
VS. 좌투수 0.339 VS. 우투수 0.280
득점권 0.293 L/C 0.380

전성기가 한참 지난 43세의 나이. 하지만 지난 시즌 회춘에 성공하며 2010년 이후 가장 좋은 .291의 타율을 기록했다. 그리고 지난해 8월 8일엔 아시아 선수 최초의 3,000안타라는 대기록을 달성했다. 여전히 방망이에 맞히는 능력은 팀 내 최고 수준. 주력 역시도 데뷔 후 16년 연속 두 자릿수 도루를 기록할 정도로 죽지 않았다. 덕분에 삼진도 잘 당하지 않는다. 올 시즌 제4의 외야수, 대주자로 뛸 가능성이 높다. 마이애미와의 계약 마지막 해지만 은퇴는 아직 고려하지 않고 있다.

NEW YORK METS

2015 월드시리즈 후유증을 제대로 겪었다. 디그롬-하비-매츠가 부상으로 쓰러졌다. '토르' 신더가드만이 마운드를 지킨 유일한 슈퍼 히어로였다. 옵트 아웃으로 풀렸던 세스페데스를 다시 한 번 잡았다. 하지만 '캡틴 아메리카' 데이비드 라이트를 볼 날이 얼마 남지 않아보인다.

TEAM IMFORMATION

창단 : 1962년
이전 연고지 : -
월드시리즈 우승 : 2회
NL 우승 : 5회
디비전 우승 : 6회
와일드카드 진출 : 3회
구단주 : 프레드 윌폰
감독 : 테리 콜린스
단장 : 샌디 앨더슨

FRANCHISE

UNIFORM

Home / Away

Alternate

MANAGER

Terry Collins

생년월일 : 1949년 5월 27일
출생지 : 미들랜드(미시건)
MLB 감독 경력 : 올해로 13년째
휴스턴(1994년~1996년), 애너하임(1997년~1999년),
NY 메츠(2011년~현재)
정규시즌 통산 : 925승 925패 승률 0.500
포스트시즌 통산 : 8승 7패 승률 0.533

LINE-UP

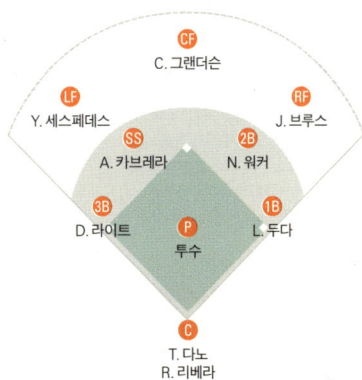

ROTATION	
SP	N. 신더가드
SP	J. 디그롬
SP	M. 하비
SP	S. 매츠
SP	R. 그셀먼

BULLPEN	
RP	A. 리드
RP	F. 살라스
RP	H. 로블레스
RP	J. 블레빈스
RP	J. 에진
RP	J. 스모커
CL	J. 파밀리아

BATTING	
1	C. 그랜더슨
2	A. 카브레라
3	Y. 세스페데스
4	J. 브루스
5	N. 워커
6	D. 라이트
7	L. 두다
8	T. 다노

UTILITY PLAYERS	
IF	J. 레예스
IF	W. 플로레스
OF	M. 콘포토
OF	J. 라가레스

BALL PARK : Citi Field

주소 : 123-01 Roosevelt Avenue Queens
펜스 거리 : 왼쪽 102m, 좌중간 109m, 좌중간 깊은 곳 117m,
중앙 124m, 우중간 깊은 곳 121m, 우중간 114m,
오른쪽 100m
펜스 높이 : 왼쪽 3.7m, 좌중간 5.0m, 중앙 3.3m,
우중간 2.2m, 오른쪽 2.4~5.7m
최초공식경기 : 2009년 4월 13일
잔디 : 켄터키 블루그래스(천연잔디)
수용 인원 : 4만 1,922명
홈팀 덕아웃 : 1루   파크팩터 : 0.870(MLB 28위)

부상에 신음한 슈퍼히어로 군단 다크나이트는 돌아올까?

2016 리뷰
2015시즌 월드시리즈 준우승 이후 전문가들은 젊은 선발진들의 갑작스런 이닝 증가를 우려했다. 결국 그 예상은 그대로 적중했다. 제이콥 디그롬은 148이닝밖에 소화하지 못했다. 토미존 수술 이후 복귀한 투수 중 가장 많은 이닝을 소화했다는 맷 하비는 92.2이닝밖에 던지지 못했고 그마저도 최악의 성적을 기록했다. 기대를 모았던 신인 스티븐 매츠도 22경기밖에 소화하지 못했다. '토르' 신더가드와 '빅 섹시' 바톨로 콜론만이 선발진을 끝까지 지켜냈다. 타선에서도 '캡틴 아메리카' 데이비드 라이트가 또 다시 부상으로 쓰러졌다(37경기 출장). '헐크' 루카스 두다 역시도 47경기 출장에 그쳤다. 이들의 공백을 메우기 위해 데려온 제이 브루스도 대도시의 압박감을 이기지 못하고 기대 이하의 모습을 펼쳤다. 하지만 이러한 악재에도 불구하고 메츠가 포스트 시즌에 나설 수 있었던 건 요에니스 세스페데스가 있었기 때문. 세스페데스는 중심 타선의 파트너가 계속 바뀌어가는 와중에서도 맹활약을 펼치며 MVP 투표 8위에 올랐다.

2017 프리뷰
올 시즌 역시도 워싱턴을 견제할 수 있는 지구 내 유일한 팀으로 평가받고 있다. 메츠의 가장 큰 화두는 역시 부상. 선발진의 디그롬-하비-매츠가 건강한 시즌을 보낸다면 리그 최고의 선발진은 역시 메츠의 차지가 될 것이다. 선발진에 비해 불펜진의 무게감은 다소 떨어지는 편. 마무리 파밀리아는 지난 시즌 메츠 역사상 첫 50세이브 투수가 됐지만 안정감은 2015시즌에 비해 떨어졌다. 파밀리아를 뒷받침해줄 선수들의 무게감도 떨어진다는 평이 많다. 타선에선 옵트 아웃으로 풀린 요에니스 세스페데스를 다시 한 번 잡으며 출혈을 막았다. 지난 시즌 메츠로 넘어와 부진했던 제이 브루스가 살아난다면 파워에 있어선 특별한 보강 없이 업그레이드가 가능하다. 데이비드 라이트와 루카스 두다, 닐 워커 등 부상으로 장기간 이탈했던 선수들의 복귀도 긍정적인 효과를 낼 것으로 보인다. 하지만 아쉽게도 팀의 주장 데이비드 라이트는 시즌 시작 전 어깨 부상으로 개막전 출장이 불투명한 상태다.(이제 캡틴 아메리카의 시대는 끝을 향해 가는 듯하다.)

NEW YORK METS

SQUAD LIST

*선수 명단은 2017년 3월 25일 기준(soucre : ESPN)

투 수

번호	이름	위치	투	타	나이	출생지
39	Jerry Blevins	RP	L	L	33	Johnson City, TN
48	Jacob deGrom	SP	R	L	28	Deland, FL
66	Josh Edgin	RP	L	R	30	Lewiston, PA
27	Jeurys Familia	RP	R	R	27	Santo Domingo, Dominican Republic
64	Chris Flexen	RP	R	R	22	Newark, CA
36	Sean Gilmartin	RP	L	L	26	Thousand Oaks, CA
62	Erik Goeddel	RP	R	R	28	San Mateo, CA
65	Robert Gsellman	SP	R	R	23	Santa Monica, CA
33	Matt Harvey	SP	R	R	27	New London, CT
67	Seth Lugo	RP	R	R	27	Shreveport, LA
32	Steven Matz	SP	L	R	25	Stony Brook, NY
68	Marcos Molina	SP	R	R	22	Santiago, Dominican Republic
50	Rafael Montero	RP	R	R	26	Higuerito, Dominican Republic
43	Addison Reed	RP	R	L	28	Montclair, CA
47	Hansel Robles	RP	R	R	26	Bonao, Dominican Republic
59	Fernando Salas	RP	R	R	31	Huatabampo, Mexico
49	Josh Smoker	RP	L	L	28	Calhoun, GA
34	Noah Syndergaard	SP	R	L	24	Mansfield, TX
45	Zack Wheeler	SP	R	L	26	Smyrna, GA

포 수

번호	이름	위치	투	타	나이	출생지
18	Travis d'Arnaud	C	R	R	28	Long Beach, CA
70	Tomas Nido	C	R	R	22	San Juan, FL
26	Kevin Plawecki	C	R	R	26	Carmel, IN
44	Rene Rivera	C	R	R	33	Bayamon, Puerto Rico

내 야

번호	이름	위치	투	타	나이	출생지
13	Asdrubal Cabrera	SS	R	B	31	Puerto La Cruz, Venezuela
2	Gavin Cecchini	SS	R	R	23	Lake Charles, LA
21	Lucas Duda	1B	R	L	31	Riverside, CA
4	Wilmer Flores	3B	R	R	25	Valencia, Venezuela
7	Jose Reyes	3B	R	B	33	Villa Gonzalez, Dominican Republic
15	Matt Reynolds	SS	R	R	26	Tulsa, OK
54	T.J. Rivera	2B	R	R	28	Bronx, NY
61	Amed Rosario	SS	R	R	21	Santo Domingo Centro, Dominican Republic
20	Neil Walker	2B	R	B	31	Pittsburgh, PA
5	David Wright	3B	R	R	34	Norfolk, VA

외 야

번호	이름	위치	투	타	나이	출생지
60	Wuilmer Becerra	RF	R	R	22	Caracas, Venezuela
19	Jay Bruce	RF	L	L	29	Beaumont, TX
52	Yoenis Cespedes	LF	R	R	31	Campechuela, Cuba
30	Michael Conforto	LF	R	L	24	Seattle, WA
3	Curtis Granderson	RF	L	L	36	Blue Island, IL
12	Juan Lagares	CF	R	R	28	Constanza, Dominican Republic
9	Brandon Nimmo	LF	R	L	23	Cheyenne, WY

SUMMARY

우타자	좌타자	스위치	우투수	좌투수	평균나이	최연소	최연장
13명	5명	3명	14명	5명	27.3세	21세	36세

NEW YORK METS

2017 REGULAR SEASON SCHEDULE

* ■ 는 홈경기, 시간은 미국 동부시간 기준

날짜	상대팀	경기시간	날짜	상대팀	경기시간	날짜	상대팀	경기시간
Mon, 4/3	Atlanta Braves	PM 1:10	Fri, 6/9	Atlanta Braves	PM 7:35	Tue, 8/15	New York Yankees	PM 7:05
Wed, 4/5	Atlanta Braves	PM 7:10	Sat, 6/10	Atlanta Braves	PM 4:10	Wed, 8/16	New York Yankees	PM 7:10
Thu, 4/6	Atlanta Braves	PM 7:10	Sun, 6/11	Atlanta Braves	PM 1:35	Thu, 8/17	New York Yankees	PM 7:10
Fri, 4/7	Miami Marlins	PM 7:10	Mon, 6/12	Chicago Cubs	PM 7:10	Fri, 8/18	Miami Marlins	PM 7:10
Sat, 4/8	Miami Marlins	PM 7:10	Tue, 6/13	Chicago Cubs	PM 7:10	Sat, 8/19	Miami Marlins	PM 7:10
Sun, 4/9	Miami Marlins	PM 8:00	Wed, 6/14	Chicago Cubs	PM 7:10	Sun, 8/20	Miami Marlins	PM 1:10
Mon, 4/10	Philadelphia Phillies	PM 7:05	Thu, 6/15	Washington Nationals	PM 7:10	Mon, 8/21	Arizona D-backs	PM 7:10
Tue, 4/11	Philadelphia Phillies	PM 7:05	Fri, 6/16	Washington Nationals	PM 7:10	Tue, 8/22	Arizona D-backs	PM 7:10
Wed, 4/12	Philadelphia Phillies	PM 7:05	Sat, 6/17	Washington Nationals	PM 4:10	Wed, 8/23	Arizona D-backs	PM 7:10
Thu, 4/13	Miami Marlins	PM 7:10	Sun, 6/18	Washington Nationals	PM 1:10	Thu, 8/24	Arizona D-backs	PM 12:10
Fri, 4/14	Miami Marlins	PM 7:10	Mon, 6/19	Los Angeles Dodgers	PM 10:10	Fri, 8/25	Washington Nationals	PM 7:05
Sat, 4/15	Miami Marlins	PM 7:10	Tue, 6/20	Los Angeles Dodgers	PM 10:10	Sat, 8/26	Washington Nationals	PM 4:05
Sun, 4/16	Miami Marlins	PM 1:10	Wed, 6/21	Los Angeles Dodgers	PM 10:10	Sun, 8/27	Washington Nationals	PM 1:35
Tue, 4/18	Philadelphia Phillies	PM 7:10	Thu, 6/22	Los Angeles Dodgers	PM 10:10	Tue, 8/29	Cincinnati Reds	PM 7:10
Wed, 4/19	Philadelphia Phillies	PM 7:10	Fri, 6/23	San Francisco Giants	PM 10:15	Wed, 8/30	Cincinnati Reds	PM 7:10
Thu, 4/20	Philadelphia Phillies	PM 7:10	Sat, 6/24	San Francisco Giants	PM 7:15	Thu, 8/31	Cincinnati Reds	PM 12:35
Fri, 4/21	Washington Nationals	PM 7:10	Sun, 6/25	San Francisco Giants	PM 4:05	Fri, 9/1	Houston Astros	PM 8:10
Sat, 4/22	Washington Nationals	PM 4:05	Tue, 6/27	Miami Marlins	PM 7:10	Sat, 9/2	Houston Astros	PM 7:10
Sun, 4/23	Washington Nationals	PM 8:00	Wed, 6/28	Miami Marlins	PM 7:10	Sun, 9/3	Houston Astros	PM 2:10
Tue, 4/25	Atlanta Braves	PM 7:10	Thu, 6/29	Miami Marlins	PM 7:10	Mon, 9/4	Philadelphia Phillies	PM 1:10
Wed, 4/26	Atlanta Braves	PM 7:10	Fri, 6/30	Philadelphia Phillies	PM 7:10	Tue, 9/5	Philadelphia Phillies	PM 7:10
Thu, 4/27	Atlanta Braves	PM 1:10	Sat, 7/1	Philadelphia Phillies	PM 4:10	Wed, 9/6	Philadelphia Phillies	PM 7:10
Fri, 4/28	Washington Nationals	PM 7:05	Sun, 7/2	Philadelphia Phillies	PM 7:10	Thu, 9/7	Cincinnati Reds	PM 7:10
Sat, 4/29	Washington Nationals	PM 1:05	Mon, 7/3	Washington Nationals	PM 6:05	Fri, 9/8	Cincinnati Reds	PM 7:10
Sun, 4/30	Washington Nationals	PM 1:35	Tue, 7/4	Washington Nationals	AM 11:05	Sat, 9/9	Cincinnati Reds	PM 7:10
Mon, 5/1	Atlanta Braves	PM 7:35	Wed, 7/5	Washington Nationals	PM 7:05	Sun, 9/10	Cincinnati Reds	PM 1:10
Tue, 5/2	Atlanta Braves	PM 7:35	Fri, 7/7	St. Louis Cardinals	PM 8:15	Tue, 9/12	Chicago Cubs	PM 8:05
Wed, 5/3	Atlanta Braves	PM 7:35	Sat, 7/8	St. Louis Cardinals	PM 4:10	Wed, 9/13	Chicago Cubs	PM 8:05
Thu, 5/4	Atlanta Braves	PM 7:35	Sun, 7/9	St. Louis Cardinals	PM 2:15	Thu, 9/14	Chicago Cubs	PM 8:05
Fri, 5/5	Miami Marlins	PM 7:10	Fri, 7/14	Colorado Rockies	PM 7:10	Fri, 9/15	Atlanta Braves	PM 7:35
Sat, 5/6	Miami Marlins	PM 7:10	Sat, 7/15	Colorado Rockies	PM 7:10	Sat, 9/16	Atlanta Braves	PM 7:10
Sun, 5/7	Miami Marlins	PM 1:10	Sun, 7/16	Colorado Rockies	PM 1:10	Sun, 9/17	Atlanta Braves	PM 1:35
Mon, 5/8	San Francisco Giants	PM 7:10	Mon, 7/17	St. Louis Cardinals	PM 7:10	Mon, 9/18	Miami Marlins	PM 7:10
Tue, 5/9	San Francisco Giants	PM 7:10	Tue, 7/18	St. Louis Cardinals	PM 7:10	Tue, 9/19	Miami Marlins	PM 7:10
Wed, 5/10	San Francisco Giants	PM 1:10	Wed, 7/19	St. Louis Cardinals	PM 7:10	Wed, 9/20	Miami Marlins	PM 1:10
Fri, 5/12	Milwaukee Brewers	PM 8:10	Thu, 7/20	St. Louis Cardinals	PM 12:10	Fri, 9/22	Washington Nationals	PM 7:10
Sat, 5/13	Milwaukee Brewers	PM 7:10	Fri, 7/21	Oakland Athletics	PM 10:05	Sat, 9/23	Washington Nationals	PM 7:10
Sun, 5/14	Milwaukee Brewers	PM 2:10	Sat, 7/22	Oakland Athletics	PM 7:10	Sun, 9/24	Washington Nationals	PM 1:10
Mon, 5/15	Arizona D-backs	PM 9:40	Sun, 7/23	Oakland Athletics	PM 1:10	Mon, 9/25	Atlanta Braves	PM 7:10
Tue, 5/16	Arizona D-backs	PM 9:40	Mon, 7/24	San Diego Padres	PM 10:10	Tue, 9/26	Atlanta Braves	PM 7:10
Wed, 5/17	Arizona D-backs	PM 3:40	Tue, 7/25	San Diego Padres	PM 10:10	Wed, 9/27	Atlanta Braves	PM 7:10
Fri, 5/19	Los Angeles Angels	PM 7:10	Wed, 7/26	San Diego Padres	PM 10:10	Fri, 9/29	Philadelphia Phillies	PM 7:05
Sat, 5/20	Los Angeles Angels	PM 7:15	Thu, 7/27	San Diego Padres	PM 9:10	Sat, 9/30	Philadelphia Phillies	PM 7:05
Sun, 5/21	Los Angeles Angels	PM 1:10	Fri, 7/28	Seattle Mariners	PM 10:10	Sun, 10/1	Philadelphia Phillies	PM 3:05
Tue, 5/23	San Diego Padres	PM 7:10	Sat, 7/29	Seattle Mariners	PM 4:10			
Wed, 5/24	San Diego Padres	PM 7:10	Sun, 7/30	Seattle Mariners	PM 4:10			
Thu, 5/25	San Diego Padres	PM 7:10	Tue, 8/1	Colorado Rockies	PM 8:40			
Fri, 5/26	Pittsburgh Pirates	PM 7:05	Wed, 8/2	Colorado Rockies	PM 8:40			
Sat, 5/27	Pittsburgh Pirates	PM 7:15	Thu, 8/3	Colorado Rockies	PM 3:10			
Sun, 5/28	Pittsburgh Pirates	PM 8:00	Fri, 8/4	Los Angeles Dodgers	PM 7:10			
Mon, 5/29	Milwaukee Brewers	PM 4:10	Sat, 8/5	Los Angeles Dodgers	PM 4:05			
Tue, 5/30	Milwaukee Brewers	PM 7:10	Sun, 8/6	Los Angeles Dodgers	PM 1:10			
Wed, 5/31	Milwaukee Brewers	PM 7:10	Tue, 8/8	Texas Rangers	PM 7:10			
Thu, 6/1	Milwaukee Brewers	PM 1:10	Wed, 8/9	Texas Rangers	PM 12:10			
Fri, 6/2	Pittsburgh Pirates	PM 7:10	Thu, 8/10	Philadelphia Phillies	PM 7:05			
Sat, 6/3	Pittsburgh Pirates	PM 7:15	Fri, 8/11	Philadelphia Phillies	PM 7:05			
Sun, 6/4	Pittsburgh Pirates	PM 1:10	Sat, 8/12	Philadelphia Phillies	PM 7:05			
Tue, 6/6	Texas Rangers	PM 8:05	Sun, 8/13	Philadelphia Phillies	PM 1:35			
Wed, 6/7	Texas Rangers	PM 8:05	Mon, 8/14	New York Yankees	PM 7:05			

NEW YORK METS

■ 15% 이상　■ 12~14%　■ 9~11%　■ 6~8%　■ 3~5%　☐ 2% 이하

홈 ERA 5.59　원정 ERA 4.37
VS. 좌타자 0.311　VS. 우타자 0.278
VS. 추신수 4타수 0안타 0.000
VS. 강정호 2타수 1안타 0.500

SP Matt HARVEY 맷 하비 NO.33

우투우타　1989년 3월 27일　193cm, 98kg　*는 낮을수록 좋은 기록임

시즌	경기	이닝	피안타	피홈런	볼넷	탈삼진	승-패-세-홀	평균자책	구분	기록	MLB
2016	17	92.2	111	8	25	76	4-10-0-0	4.86	평균자책*	4.86	4.19
통산	82	519.2	444	38	119	525	29-28-0-0	2.94	탈삼진 / 9	7.38	8.10
									볼넷 / 9*	2.43	3.14
									탈삼진 / 볼넷	3.04	2.58
									피홈런 / 9*	0.78	1.17
									피안타율*	0.295	0.252
									WHIP*	1.47	1.32
									잔루율	65.2%	72.9%
									FIP*	3.47	4.19

PITCHING ZONE

PITCHING REPERTORY / VELOCITY km/h / MOVEMENT cm

구종	평균	전체	초구	2-2	좌타자	우타자	피타율	상하	좌우
포심패스트볼	154	60%	68%	54%	59%	60%	0.273	↑24	→16
투심 / 싱커	153	1%	1%	0%	1%	0%	0.167	↑17	→21
컷패스트볼	–	–	–	–	–	–	–		
슬라이더	144	16%	14%	17%	9%	23%	0.218	↑10	←2
커브	134	12%	12%	13%	15%	9%	0.198	↓6	←2
체인지업	142	12%	5%	16%	16%	8%	0.265	↑15	→22
스플리터	–	–	–	–	–	–	–		

부드러운 딜리버리를 통해 150km/h 중반대의 빠른 공을 손쉽게 뿌린다. 변화구 또한 슬라이더를 주무기로 커브와 체인지업 등 다양하게 구사한다. 2013시즌 말 토미존 수술 후 2015시즌 성공적으로 복귀했다. 압도적인 구위에 비해 삼진을 뺏앗는 것보다는 맞혀 잡는 효율적인 투구를 선호하는 편. 2015시즌 부상 복귀 후 다소 많은 이닝(PS 포함 216이닝)을 던진 것이 화가 되어, 지난 시즌 어깨 수술을 받고 시즌 아웃됐다. 올 시즌 다시 한 번 이닝 제한을 걸 확률이 상당히 높다.

홈 ERA 2.11　원정 ERA 4.16
VS. 좌타자 0.237　VS. 우타자 0.266
VS. 강정호 2타수 2안타 1홈런 1.000

SP Jacob DEGROM 제이콥 디그롬 NO.48

우투좌타　1988년 6월 19일　193cm, 82kg　*는 낮을수록 좋은 기록임

시즌	경기	이닝	피안타	피홈런	볼넷	탈삼진	승-패-세-홀	평균자책	구분	기록	MLB
2016	24	148.0	142	15	36	143	7-8-0-0	3.04	평균자책*	3.04	4.19
통산	76	479.1	408	38	117	492	30-22-0-0	2.74	탈삼진 / 9	8.70	8.10
									볼넷 / 9*	2.19	3.14
									탈삼진 / 볼넷	3.97	2.58
									피홈런 / 9*	0.91	1.17
									피안타율*	0.251	0.252
									WHIP*	1.20	1.32
									잔루율	80.0%	72.9%
									FIP*	3.32	4.19

PITCHING ZONE

PITCHING REPERTORY / VELOCITY km/h / MOVEMENT cm

구종	평균	전체	초구	2-2	좌타자	우타자	피타율	상하	좌우
포심패스트볼	152	45%	46%	46%	42%	47%	0.221	↑24	→11
투심 / 싱커	152	16%	19%	15%	17%	16%	0.311	↑18	→20
컷패스트볼	–	–	–	–	–	–	–		
슬라이더	144	17%	17%	15%	15%	20%	0.210	↑11	←3
커브	131	10%	13%	9%	12%	8%	0.243	↓6	←11
체인지업	138	12%	6%	14%	14%	7%	0.198	↑10	→18
스플리터	–	–	–	–	–	–	–		

전성기 시절 팀 린스컴을 보는 듯한 투구폼. 하지만 린스컴이 가지지 못한 탄탄한 신체조건을 가졌다. 최대 150km/h 후반대의 빠른 공과 체인지업이 주무기. 우타자 상대로는 슬라이더를 자주 구사하며 커브로 타자의 타이밍을 뺏기도 한다. 디그롬의 강력한 구위를 더욱 돋보이게 하는 것은 정교한 커맨드. 2015시즌 포스트시즌 포함 700이닝 가까이 투구 이닝이 늘어난 것이 몸에 무리를 주며 지난 시즌 다소 부진했다. 올 시즌 부상만 없다면 사이영상까지 기대해볼 만한 에이스급 투수다.

NEW YORK METS   339

■ 15% 이상   ■ 12–14%   ■ 9–11%   ■ 6–8%   ■ 3–5%   □ 2% 이하

| SP | **Noah SYNDERGAARD** | NO.34 |

노아 신더가드

우투좌타   1992년 8월 29일   198cm, 109kg   *는 낮을수록 좋은 기록임

시즌	경기	이닝	피안타	피홈런	볼넷	탈삼진	승-패-세-홀	평균자책	구분	기록	MLB
2016	31	183.2	168	11	43	218	14-9-0-0	2.60	평균자책*	2.60	4.19
통산	55	333.2	294	30	74	384	23-16-0-1	2.89	탈삼진 / 9	10.68	8.10
									볼넷 / 9*	2.11	3.14

PITCHING ZONE

		탈삼진 / 볼넷	5.07	2.58
		피홈런 / 9*	0.54	1.17
		피안타율	0.240	0.252
		WHIP*	1.11	1.32
		잔루율	76.9%	72.9%
		FIP*	2.29	4.19

PITCHING REPERTORY / VELOCITY km/h **/ MOVEMENT** cm

구종	평균	전체	초구	2-2	좌타자	우타자	피타율	상하	좌우
포심패스트볼	157	34%	31%	36%	32%	35%	0.232	↑26	→7
투심 / 싱커	157	27%	33%	20%	29%	25%	0.300	↑23	→16
컷패스트볼	–	–	–	–	–	–	–		
슬라이더	146	13%	10%	16%	9%	16%	0.167	↑7	←7
커브	131	15%	17%	15%	11%	9%	0.195	↓2	→17
체인지업	143	13%	10%	12%	19%	7%	0.239	↑14	→21
스플리터	–	–	–	–	–	–	–		

홈 ERA 2.87 원정 ERA 2.29
VS. 좌타자 0.260 VS. 우타자 0.226
VS. 강정호 9타수 2안타 0.222

R.A. 디키가 토론토로 가면서 안겨준 최고의 선물. 북유럽 혈통과 외모로 '천둥의 신 토르'라는 별명을 얻었다. 당당한 체구에서 최대 161km/h의 포심과 싱커를 손쉽게 뿌린다. 커브의 구속과 낙폭 조정에 능하며, 체인지업도 평균 이상이라는 평. 지난 시즌엔 160km/h의 슬라이더를 선보여 주목을 받았다. 마이너부터 완성된 제구가 모든 구종의 위력을 배가시킨다. 자신의 빠른 공에 자신감이 과해 무리한 승부로 피홈런이 많다는 건 다소 아쉽다. 하지만 강속구 에이스가 될 가능성이 크다.

| SP | **Steven MATZ** | NO.32 |

스티븐 매츠

좌투우타   1991년 5월 29일   188cm, 91kg   *는 낮을수록 좋은 기록임

시즌	경기	이닝	피안타	피홈런	볼넷	탈삼진	승-패-세-홀	평균자책	구분	기록	MLB
2016	22	132.1	129	14	31	129	9-8-0-0	3.40	평균자책*	3.40	4.19
통산	28	168.0	163	18	41	163	13-8-0-	3.16	탈삼진 / 9	8.77	8.10
									볼넷 / 9*	2.11	3.14

PITCHING ZONE

		탈삼진 / 볼넷	4.16	2.58
		피홈런 / 9*	0.95	1.17
		피안타율	0.252	0.252
		WHIP*	1.21	1.32
		잔루율	77.0%	72.9%
		FIP*	3.39	4.19

PITCHING REPERTORY / VELOCITY km/h **/ MOVEMENT** cm

구종	평균	전체	초구	2-2	좌타자	우타자	피타율	상하	좌우
포심패스트볼	151	10%	10%	11%	8%	10%	0.273	↑17	←23
투심 / 싱커	151	53%	56%	44%	56%	52%	0.271	↑17	←23
컷패스트볼	–	–	–	–	–	–	–		
슬라이더	141	9%	6%	9%	13%	7%	0.258	↑6	0
커브	125	17%	19%	22%	17%	17%	0.221	↓14	→12
체인지업	134	11%	8%	13%	6%	13%	0.253	↑13	→26
스플리터	–	–	–	–	–	–	–		

홈 ERA 2.97 원정 ERA 3.92
VS. 좌타자 0.265 VS. 우타자 0.249
VS. 강정호 3타수 2안타 0.667

뉴욕에서 태어나 메츠팬으로 자란 팀의 성골. 몸에 무리가 가지 않는 투구폼으로 편안하게 150km/h 중후반의 빠른 싱커를 던진다. 120km/h대의 커브가 타자를 요리하는 주무기이며 체인지업 역시 수준급이다. 준수한 커맨드로 스트라이크존을 적절하게 활용할 줄 안다. 뛰어난 운동 능력을 바탕으로 한 타격 능력도 수준급. 데뷔전에서 3타수 3안타 4타점을 기록하며 자신의 방망이 실력을 과시하기도 했다. 우투수 일색의 메츠 선발진에 유일한 좌완이다.

NEW YORK METS

■ 15% 이상 ■ 12~14% ■ 9~11% ■ 6~8% ■ 3~5% □ 2% 이하

홈 ERA 2.59 원정 ERA 2.21
VS. 좌타자 0.227 VS. 우타자 0.266

SP Robert Gsellman
로버트 그셀먼 **NO.65**

우투우타 1993년 7월 18일 193cm, 93kg *는 낮을수록 좋은 기록임

시즌	경기	이닝	피안타	피홈런	볼넷	탈삼진	승-패-세-홀	평균자책	구분	기록	MLB
2016	8	44.2	42	1	15	42	4-2-0-0	2.42	평균자책*	2.42	4.19
통산	8	44.2	42	1	15	42	4-2-0-0	2.42	탈삼진 / 9	8.46	8.10
									볼넷 / 9*	3.02	3.14
									탈삼진 / 볼넷	2.80	2.58
									피홈런 / 9*	0.20	1.17
									피안타율*	0.249	0.252
									WHIP*	1.28	1.32
									잔루율	81.3%	72.9%
									FIP*	2.63	4.19

PITCHING REPERTORY / VELOCITY km/h **/ MOVEMENT** cm

구종	평균	전체	초구	2-2	좌타자	우타자	피타율	상하	좌우
포심패스트볼	151	18%	21%	7%	11%	25%	0.250	↑23	→11
투심 / 싱커	151	45%	45%	51%	50%	40%	0.289	↑16	→22
컷패스트볼	–	–	–	–	–	–	–		
슬라이더	142	20%	17%	19%	19%	21%	0.172	↑5	←3
커브	131	11%	15%	12%	11%	10%	0.125	↓15	←12
체인지업	140	6%	2%	11%	9%	3%	0.455	↑14	→19
스플리터	–	–	–	–	–	–	–		

잭 윌러가 부상으로 주춤하는 사이 치고 올라온 투수 유망주. 드래프트 지명은 13라운드에 받았지만 착실하게 성장하며 지난 시즌 처음으로 빅리그에 데뷔했다. 신체 조건은 팀 선배 제이콥 디그롬과 비슷하며 150km/h 초중반의 빠른 공과 함께 슬라이더, 커브, 체인지업 등 다양한 변화구를 구사한다. 체인지업은 좀 더 발전이 필요하다는 평가. 마이너에서도 보여줬던 준수한 제구력이 지난 시즌 빅리그 데뷔해서도 좋은 평가를 받았다. 올 시즌 잭 윌러와 5선발 경쟁을 할 것으로 예상된다.

홈 ERA 9.64 원정 ERA 6.23
VS. 좌타자 0.219 VS. 우타자 0.359
VS. 강정호 2타수 0안타 0.000

RP Sean GILMARTIN
션 길마틴 **NO.36**

좌투좌타 1990년 5월 8일 188cm, 91kg *는 낮을수록 좋은 기록임

시즌	경기	이닝	피안타	피홈런	볼넷	탈삼진	승-패-세-홀	평균자책	구분	기록	MLB
2016	14	17.2	21	4	7	11	0-1-0-1	7.13	평균자책*	7.13	4.19
통산	64	75.0	71	6	25	65	3-3-0-3	3.72	탈삼진 / 9	5.60	8.10
									볼넷 / 9*	3.57	3.14
									탈삼진 / 볼넷	1.57	2.58
									피홈런 / 9*	2.04	1.17
									피안타율*	0.296	0.252
									WHIP*	1.58	1.32
									잔루율	64.1%	72.9%
									FIP*	6.20	4.19

PITCHING REPERTORY / VELOCITY km/h **/ MOVEMENT** cm

구종	평균	전체	초구	2-2	좌타자	우타자	피타율	상하	좌우
포심패스트볼	143	32%	31%	34%	29%	35%	0.303	↑26	→14
투심 / 싱커	142	11%	20%	7%	5%	17%	0.333	↑22	→23
컷패스트볼	–	–	–	–	–	–	–		
슬라이더	127	29%	27%	30%	52%	10%	0.160	↓1	→18
커브	113	7%	15%	0%	4%	9%	0.250	↓16	→15
체인지업	124	21%	7%	29%	10%	29%	0.238	↑19	←17
스플리터	–	–	–	–	–	–	–		

2011년 애틀랜타에서 1라운드에 뽑을 정도로 기대가 컸으나 기대만큼 성장하지 못했다. 당초 선발로 키웠으나 실패하고 불펜투수로 전향해 2015년 메츠에서 데뷔했다. 140km/h 초중반의 불펜투수 치고는 빠르지 않은 공을 던지지만 공을 감추는 능력이 좋은 편. 변화구는 선발투수 출신답게 슬라이더, 체인지업, 커브 등 다양한 구종을 구사한다. 2015년 좋은 활약으로 기대를 모았지만 지난 시즌엔 부진하며 마이너와 빅리그를 오르내렸다.

NEW YORK METS

■ 15% 이상   ■ 12-14%   ■ 9-11%   ■ 6-8%   ■ 3-5%   □ 2% 이하

RP Hansel ROBLES
한셀 로블레스

NO.47

우투우타   1990년 8월 13일   180cm, 84kg   *는 낮을수록 좋은 기록임

시즌	경기	이닝	피안타	피홈런	볼넷	탈삼진	승-패-세-홀	평균자책	구분	기록	MLB
2016	68	77.2	69	7	36	85	6-4-1-13	3.48	평균자책*	3.48	4.19
통산	125	131.2	106	15	54	146	10-7-1-25	3.55	탈삼진 / 9	9.85	8.10
									볼넷 / 9*	4.17	3.14
									탈삼진 / 볼넷	2.36	2.58
									피홈런 / 9*	0.81	1.17
									피안타율	0.235	0.252
									WHIP*	1.35	1.32
									잔루율	76.9%	72.9%
									FIP*	3.56	4.19

PITCHING ZONE
좌타자·몸쪽 / 우타자·몸쪽

PITCHING REPERTORY / VELOCITY km/h / MOVEMENT cm

구종	평균	전체	초구	2-2	좌타자	우타자	피타율	상하	좌우
포심패스트볼	154	67%	66%	73%	73%	63%	0.222	↑24	→18
투심 / 싱커	153	0%	0%	0%	0%	0%	0.500	↑15	→23
컷패스트볼	–	–	–	–	–	–	–	–	–
슬라이더	138	25%	24%	23%	16%	32%	0.232	↑5	←2
커브	–	–	–	–	–	–	–	–	–
체인지업	143	8%	10%	4%	11%	5%	0.182	↑14	→18
스플리터	–	–	–	–	–	–	–	–	–

홈 ERA 3.20 원정 ERA 3.76
VS. 좌타자 0.177 VS. 우타자 0.274
VS. 강정호 2타수 1안타 0.500

마이너에선 주로 선발로 활약했지만 불펜투수로 2015년 빅리그에 데뷔했다. 150km/h 중후반의 빠른 공과 슬라이더로 깊은 인상을 남기며 지난해 첫 풀타임 시즌을 보냈다. 선발투수 출신답게 지난 시즌엔 체인지업도 종종 섞어서 던지는 모습. 커맨드가 들쭉날쭉한 모습만 개선한다면 향후 마무리 역할을 맡기에도 손색이 없어보인다. 올 시즌엔 리드-파밀리아에 앞서 7회에 주로 마운드에 오를 것으로 예상된다.

RP Addison REED
애디슨 리드

NO.43

우투좌타   1988년 12월 27일   193cm, 104kg   *는 낮을수록 좋은 기록임

시즌	경기	이닝	피안타	피홈런	볼넷	탈삼진	승-패-세-홀	평균자책	구분	기록	MLB
2016	80	77.2	60	4	13	91	4-2-2-40	1.97	평균자책*	1.97	4.19
통산	333	326.2	298	31	89	349	16-18-106-58	3.53	탈삼진 / 9	10.55	8.10
									볼넷 / 9*	1.51	3.14
									탈삼진 / 볼넷	7.00	2.58
									피홈런 / 9*	0.46	1.17
									피안타율	0.206	0.252
									WHIP*	0.94	1.32
									잔루율	81.6%	72.9%
									FIP*	1.97	4.19

PITCHING ZONE
좌타자·몸쪽 / 우타자·몸쪽

PITCHING REPERTORY / VELOCITY km/h / MOVEMENT cm

구종	평균	전체	초구	2-2	좌타자	우타자	피타율	상하	좌우
포심패스트볼	149	70%	75%	74%	64%	71%	0.242	↑24	→6
투심 / 싱커	–	–	–	–	–	–	–	–	–
컷패스트볼	–	–	–	–	–	–	–	–	–
슬라이더	139	30%	24%	26%	36%	29%	0.211	↑7	←5
커브	–	–	–	–	–	–	–	–	–
체인지업	138	0%	0%	0%	0%	0.500	↑12	→15	
스플리터	–	–	–	–	–	–	–	–	–

홈 ERA 2.79 원정 ERA 1.15
VS. 좌타자 0.203 VS. 우타자 0.208
VS. 강정호 3타수 1안타 0.333

데뷔 때부터 마무리감으로 기대를 모았으나 기대만큼 성장해주진 못했다. 2013시즌 화이트삭스에서 40세이브를 올리긴 했지만 안정감과는 거리가 있었다. 한때 150km/h 중반까지 찍던 빠른 공의 평균구속은 이제 150km/h 초반까지 떨어졌다. 하지만 스리쿼터 딜리버리에서 나오는 슬라이더의 위력은 좋아지는 중. 볼넷을 많이 내주진 않지만 커맨드가 정교하지 못해 실투가 잦은 편. 그러면서 주요 셋업맨치고는 피홈런 수가 많은 편이다(통산 HR/9 1.0).

■ 15% 이상 ■ 12–14% ■ 9–11% ■ 6–8% ■ 3–5% □ 2% 이하

CP Jeurys FAMILIA
저리스 파밀리아   NO.27

우투우타   1989년 10월 10일   190cm, 109kg   *는 낮을수록 좋은 기록임

시즌	경기	이닝	피안타	피홈런	볼넷	탈삼진	승-패-세-홀	평균자책	구분	기록	MLB
2016	78	77.2	63	1	31	84	3-4-51-0	2.55	평균자책*	2.55	4.19
통산	247	256.0	203	12	100	261	7-11-100-24	2.46	탈삼진 / 9	9.73	8.10
									볼넷 / 9*	3.59	3.14
									탈삼진 / 볼넷	2.71	2.58
									피홈런 / 9*	0.12	1.17
									피안타율*	0.218	0.252
									WHIP*	1.21	1.32
									잔루율	74.8%	72.9%
									FIP*	2.39	4.19

PITCHING ZONE

PITCHING REPERTORY / VELOCITY km/h / **MOVEMENT** cm

구종	평균	전체	초구	2-2	좌타자	우타자	피타율	상하	좌우
포심패스트볼	156	13%	11%	12%	16%	10%	0.214	↑22	→13
투심 / 싱커	156	61%	69%	55%	62%	60%	0.220	↑14	→22
컷패스트볼	–	–	–	–	–	–	–		
슬라이더	142	21%	18%	28%	12%	28%	0.188	↑3	←3
커브	–	–	–	–	–	–	–		
체인지업	–	–	–	–	–	–	–		
스플리터	150	5%	1%	5%	9%	2%	0.212	↑6	→13

홈 ERA 3.05 원정 ERA 1.89
VS. 좌타자 0.237 VS. 우타자 0.201
VS. 강정호 2타수 0안타 0.000
VS. 추신수 1타석 1볼넷

최대 161km/h의 파워 싱커 소유자. 변화구로는 슬라이더와 스플리터를 섞어던진다. 마이너 시절 선발 수업을 받았지만 실패 후 불펜 전환했다. 데뷔 초반 고질적인 제구 불안으로 어려움을 겪었지만 2014시즌부터 비약적으로 향상되기 시작했다. 2015시즌엔 43세이브를 올렸고, 지난 시즌엔 51세이브를 기록, 메츠 역사상 첫 50세이브 마무리 투수가 됐다. 하지만 커맨드가 크게 흔들리는 모습을 보이며 안정성에 있어선 2015시즌에 비해 떨어진 모습. 3년 연속 75이닝을 소화했다.

C Travis d'ARNAUD
트래비스 다노   NO.18

우투우타   1989년 2월 10일   188cm, 95kg   *는 낮을수록 좋은 기록임

시즌	타수	안타	홈런	타점	볼넷	도루	타율	출루율	장타율	구분	기록	MLB
2016	251	62	4	15	19	0	0.247	0.307	0.323	타율	0.247	0.255
통산	974	239	30	102	86	1	0.245	0.311	0.393	출루율	0.307	0.322
										장타율	0.323	0.417
										볼넷%	6.9%	8.2%
										삼진%	18.1%	21.1%
										볼넷 / 삼진	0.38	0.39
										순장타율	0.076	0.162
										BABIP	0.293	0.300
										wOBA	0.279	0.318

VS. 패스트볼   VS. 변화구
*5타수 미만은 색을 표시하지 않았음. ●●: Ball zone

SPRAY ZONE **BATTED BALL** **DEFENSE**

항목	비율
볼존 공격률	26%
S존 공격률	66%
볼존 컨택트율	77%
S존 컨택트율	88%
라인드라이브	17%
그라운드볼	52%
플라이볼	31%

위치	자살	보살	실책	수비율
C	608	36	1	0.998

홈 타율 0.260 원정 타율 0.234
VS. 좌투수 0.190 VS. 우투수 0.264
득점권 0.127 L/C 0.205

수비보단 공격에 특화된 젊은 포수. 높은 타율을 기대하긴 힘들지만 20홈런을 칠 수 있는 힘을 가지고 있다. 포수로서 도루 저지율은 떨어지는 편이지만, 투수진을 이끄는 안방마님 역할에 능하다. 다노의 문제는 건강. 마이너 시절에도 무릎, 발골절로 빅리그 승격이 늦어졌고, 2014시즌엔 뇌진탕으로 고생했다. 2015시즌 역시 손골절과 팔꿈치 부상으로 100경기 가까이 결장하며 팀에 큰 도움이 되지 못했다. 지난 시즌 역시도 75경기 출장에 그쳤다.

NEW YORK METS

■ 타율 0.400 이상   ■ 0.300-0.399   ■ 0.200-0.299   ■ 0.100-0.199   ■ 타율 0.099 이하

C Kevin PLAWECKI
케빈 플래웨키   NO.26

우투우타 1991년 2월 26일   188cm, 95kg   *는 낮을수록 좋은 기록임

시즌	타수	안타	홈런	타점	볼넷	도루	타율	출루율	장타율
2016	132	26	1	11	17	0	0.197	0.298	0.265
통산	365	77	4	32	34	0	0.211	0.287	0.285

구분	기록	MLB
타율	0.197	0.255
출루율	0.298	0.322
장타율	0.265	0.417
볼넷%	11.3%	8.2%
삼진%*	21.9%	21.1%
볼넷 / 삼진	0.52	0.39
순장타율	0.068	0.162
BABIP	0.255	0.300
wOBA	0.255	0.318

SPRAY ZONE: 0 / 1 / 45% / 30% / 24% / 0 / 홈런 타구분포 %

BATTED BALL	비율
볼존 공격률	33%
S존 공격률	64%
볼존 컨택트율	60%
S존 컨택트율	91%
라인드라이브	17%
그라운드볼	56%
플라이볼	27%

DEFENSE

위치	자살	보살	실책	수비율
C	321	20	4	0.988

홈 타율 0.158 원정 타율 0.227
VS. 좌투수 0.250 VS. 우투수 0.177
득점권 0.233 L/C 0.296

2012년 드래프트에서 1라운드 35번픽으로 지명되며 기대를 많이 모은 유망주. 마이너에선 3할 타율을 두 번이나 기록할 정도로 정교함을 보여줬다. 하지만 빅리그 입성 후 제한된 출전 기회 속에 자신의 타격 실력을 제대로 발휘하지 못하고 있다 (통산 .211). 타석에서 선구안만큼은 준수한 편. 주전으로 나선다면 두자릿수 홈런도 기대해 볼만한 파워를 가지고 있다. 수비에서 도루 저지율은 리그 평균 이하 수준이지만 프레이밍은 수준급.

1B Lucas DUDA
루카스 두다   NO.21

우투좌타 1986년 2월 3일   193cm, 116kg   *는 낮을수록 좋은 기록임

시즌	타수	안타	홈런	타점	볼넷	도루	타율	출루율	장타율
2016	153	35	7	23	15	0	0.229	0.302	0.412
통산	2242	552	108	341	295	5	0.246	0.343	0.449

구분	기록	MLB
타율	0.229	0.255
출루율	0.302	0.322
장타율	0.412	0.417
볼넷%	8.7%	8.2%
삼진%*	20.9%	21.1%
볼넷 / 삼진	0.42	0.39
순장타율	0.183	0.162
BABIP	0.250	0.300
wOBA	0.304	0.318

SPRAY ZONE: 3 / 0 / 4 / 28% / 34% / 38% / 홈런 타구분포 %

BATTED BALL	비율
볼존 공격률	28%
S존 공격률	58%
볼존 컨택트율	63%
S존 컨택트율	88%
라인드라이브	24%
그라운드볼	37%
플라이볼	40%

DEFENSE

위치	자살	보살	실책	수비율
1B	313	23	3	0.991

홈 타율 0.233 원정 타율 0.226
VS. 좌투수 0.133 VS. 우투수 0.252
득점권 0.206 L/C 0.158

확실한 자기 스윙을 하는 풀히터로 삼진도 많이 당하고 높은 타율을 기대하기 힘들지만 30홈런 이상을 쳐줄 수 있는 힘이 있다(별명이 헐크). 데뷔 이후 꾸준히 좌투수에 약점을 보이고 있다. 2015시즌에 잠깐 좌투수 공략에 성공했지만(VS. 좌투수 .285 7홈런), 지난 시즌 다시 약해진 모습. 매년 선구안도 좋아지며 볼넷 비율도 증가하고 있다. 1루 수비 범위가 넓진 않지만 안정적이며 특히 땅볼 송구를 걷어내는 능력이 탁월하다. 시즌 중에 롤러코스터 행보가 심한 것은 아쉬운 점.

NEW YORK METS

■ 타율 0.400 이상　■ 0.300-0.399　■ 0.200-0.299　■ 0.100-0.199　■ 타율 0.099 이하

홈 타율 0.290 원정 타율 0.273
VS. 좌투수 0.330 VS. 우투수 0.266
득점권 0.295 L/C 0.339

2B　Neil WALKER
닐 워커　NO.20

우투양타　1985년 9월 10일　190cm, 95kg　*는 낮을수록 좋은 기록임

시즌	타수	안타	홈런	타점	볼넷	도루	타율	출루율	장타율	구분	기록	MLB
2016	412	116	23	55	42	3	0.282	0.347	0.476	타율	0.282	0.255
통산	3475	949	116	473	320	29	0.273	0.339	0.436	출루율	0.347	0.322
										장타율	0.476	0.417
										볼넷%	9.2%	8.2%
										삼진%*	18.3%	21.1%
										볼넷 / 삼진	0.50	0.39
										순장타율	0.194	0.162
										BABIP	0.302	0.300
										wOBA	0.351	0.318

SPRAY ZONE: 8 / 27%, 4 / 37%, 11 / 36%

BATTED BALL
항목	비율
볼존 공격률	30%
S존 공격률	67%
볼존 컨택트율	68%
S존 컨택트율	88%
라인드라이브	21%
그라운드볼	35%
플라이볼	43%

DEFENSE
위치	자살	보살	실책	수비율
2B	181	297	7	0.986

2014시즌 2루수 실버슬러거에 빛나는 리그 대표 공격형 2루수. 2루수로는 AL의 로빈슨 카노와 함께 7년 연속 두 자릿수 홈런을 이어가고 있다. 타석에 따른 파워 넘버의 차이가 특히 심한 편. 좌타석에서 통산 102홈런을 때려냈지만 우타석에선 14개에 그쳤다. 2015시즌엔 하나의 홈런도 때려내지 못했던 우타석에서 지난 시즌엔 8개의 홈런을 기록한 것은 고무적. 포수 출신으로 2루로 포지션 전환 이후 적응에 어려움을 겪었다. 하지만 현재는 리그 평균 수준의 2루 수비를 보여주고 있다.

홈 타율 0.262 원정 타율 0.197
VS. 좌투수 0.194 VS. 우투수 0.238
득점권 0.226 L/C 0.286

3B　David WRIGHT
데이비드 라이트　NO.05

우투우타　1983년 12월 20일　183cm, 93kg　*는 낮을수록 좋은 기록임

시즌	타수	안타	홈런	타점	볼넷	도루	타율	출루율	장타율	구분	기록	MLB
2016	137	31	7	14	26	3	0.226	0.350	0.438	타율	0.226	0.255
통산	5996	1777	242	970	761	196	0.296	0.376	0.491	출루율	0.350	0.322
										장타율	0.438	0.417
										볼넷%	15.9%	8.2%
										삼진%*	33.5%	21.1%
										볼넷 / 삼진	0.47	0.39
										순장타율	0.212	0.162
										BABIP	0.320	0.300
										wOBA	0.344	0.318

SPRAY ZONE: 4 / 35%, 1 / 28%, 2 / 37%

BATTED BALL
항목	비율
볼존 공격률	19%
S존 공격률	60%
볼존 컨택트율	37%
S존 컨택트율	78%
라인드라이브	28%
그라운드볼	23%
플라이볼	49%

DEFENSE
위치	자살	보살	실책	수비율
3B	23	58	4	0.953

메츠의 심장. 하지만 허약함. 2013년 8년짜리 장기 계약을 맺은 지 3년째. 한 번도 140경기 이상 출전하지 못하고 있다. 특히 2015시즌엔 햄스트링에 허리 부상까지 겹치며 고작 38경기 출장에 그쳤고 지난 시즌에도 37경기밖에 나서지 못했다. 정확도나 선구안에서는 전성기 시절의 능력에서 크게 떨어지지 않았다. 하지만 홈런은 점점 감소 중이며(구단에서 펜스를 당기는 노력까지 했지만), 잦은 부상으로 주루와 수비 능력도 크게 쇠퇴한 모습이다.

NEW YORK METS

■ 타율 0.400 이상 ■ 0.300–0.399 ■ 0.200–0.299 ■ 0.100–0.199 ■ 타율 0.099 이하

SS Asdrubal CABRERA — NO.13
아스드루발 카브레라

우투양타 1985년 11월 13일 183cm, 93kg *는 낮을수록 좋은 기록임

시즌	타수	안타	홈런	타점	볼넷	도루	타율	출루율	장타율	구분	기록	MLB
2016	521	146	23	62	38	5	0.280	0.336	0.474	타율	0.280	0.255
통산	4661	1253	125	571	386	83	0.269	0.329	0.419	출루율	0.336	0.322
										장타율	0.474	0.417
										볼넷%	6.7%	8.2%
										삼진%*	18.1%	21.1%
										볼넷/삼진	0.37	0.39
										순장타율	0.194	0.162
										BABIP	0.310	0.300
										wOBA	0.345	0.318

VS. 패스트볼 VS. 변화구

*5타수 미만은 색을 표시하지 않음, ●●●● = Ball zone

SPRAY ZONE: 3 / 27% / 16 / 29% / 44% — 홈런 타구분포 %

BATTED BALL
항목	비율
볼존 공격률	32%
S존 공격률	71%
볼존 컨택트율	61%
S존 컨택트율	88%
라인드라이브	23%
그라운드볼	37%
플라이볼	40%

DEFENSE
위치	자살	보살	실책	수비율
SS	175	329	7	0.986

홈 타율 0.285 원정 타율 0.276
VS. 좌투수 0.321 VS. 우투수 0.269
득점권 0.260 L/C 0.197

2루와 유격수를 볼 수 있는 공격형 내야수. 유격수 수비는 화려해보이지만 내실은 부실한 편(2016시즌 디펜시브 런세이브 -7). 그에 비해 2루 수비는 준수하다. 정확도가 뛰어나지 않지만 두 자릿수 이상의 홈런과 30 2루타를 칠 수 있는 중장거리 타자. 대부분 스위치 타자와 마찬가지로 타석별로 성적에 차이가 크다. 좌석에 들어설 때는 정확도 보다는 힘이, 우타석에 들어설 때는 정확도가 좋다. 젊은 시절엔 15개 이상의 도루도 가능했지만 최근엔 도루 시도 자체를 자제하고 있다.

LF Yoenis CESPEDES — NO.52
요에니스 세스페데스

우투우타 1985년 10월 18일 178cm, 100kg *는 낮을수록 좋은 기록임

시즌	타수	안타	홈런	타점	볼넷	도루	타율	출루율	장타율	구분	기록	MLB
2016	479	134	31	86	51	3	0.280	0.354	0.530	타율	0.280	0.255
통산	2728	743	137	453	199	40	0.272	0.325	0.494	출루율	0.354	0.322
										장타율	0.530	0.417
										볼넷%	9.4%	8.2%
										삼진%*	19.9%	21.1%
										볼넷/삼진	0.47	0.39
										순장타율	0.251	0.162
										BABIP	0.298	0.300
										wOBA	0.369	0.318

VS. 패스트볼 VS. 변화구

*5타수 미만은 색을 표시하지 않음, ●●●● = Ball zone

SPRAY ZONE: 11 / 37% / 0 / 20 / 39% / 24% — 홈런 타구분포 %

BATTED BALL
항목	비율
볼존 공격률	33%
S존 공격률	66%
볼존 컨택트율	64%
S존 컨택트율	87%
라인드라이브	22%
그라운드볼	37%
플라이볼	41%

DEFENSE
위치	자살	보살	실책	수비율
LF	135	4	4	0.972
CF	115	5	1	0.992

홈 타율 0.287 원정 타율 0.273
VS. 좌투수 0.341 VS. 우투수 0.266
득점권 0.278 L/C 0.317

최근에 빅리그에 불고 있는 쿠바 돌풍의 선구자. 크지 않은 키지만 탄탄한 체구의 소유자로 엄청난 힘을 가지고 있다. 거기에 빠른 배트 스피드로 많은 장타를 생산해낼 수 있다. 잡아당겨서 치는 풀히터지만 배트 컨트롤이 좋아 빠지는 공도 당겨서 안타를 곧잘 만들어낸다. 통산 득점권 타율이 3할이 넘을 정도로 클러치 능력도 뛰어나다(통산 .301). 20도루도 가능할 정도로 빠른 발을 가지고 있지만 도루 시도가 많지 않다. 수비 범위가 넓은 편은 아니지만 리그 외야수 중 가장 강한 어깨를 가졌다.

NEW YORK METS

■ 타율 0.400 이상　■ 0.300–0.399　■ 0.200–0.299　■ 0.100–0.199　■ 타율 0.099 이하

홈 타율 0.220　원정 타율 0.252
VS. 좌투수 0.226　VS. 우투수 0.241
득점권 0.152　L/C 0.202

 Curtis GRANDERSON
커티스 그랜더슨　　　NO.03

우투좌타　1981년 3월 16일　185cm, 91kg　　*는 낮을수록 좋은 기록임

시즌	타수	안타	홈런	타점	볼넷	도루	타율	출루율	장타율	구분	기록	MLB
2016	545	129	30	59	74	4	0.237	0.335	0.464	타율	0.237	0.255
통산	6127	1564	293	801	758	145	0.255	0.340	0.474	출루율	0.335	0.322
										장타율	0.464	0.417
										볼넷%	11.7%	8.2%
										삼진%*	20.5%	21.1%
										볼넷/삼진	0.57	0.39
										순장타율	0.228	0.162
										BABIP	0.254	0.300
										wOBA	0.339	0.318

SPRAY ZONE: 1 / 5 / 24, 20% / 37% / 44%, 홈런, 타구분포 %

BATTED BALL

항목	비율
볼존 공격률	23%
S존 공격률	52%
볼존 컨택트율	64%
S존 컨택트율	87%
라인드라이브	22%
그라운드볼	36%
플라이볼	42%

DEFENSE

위치	자살	보살	실책	수비율
RF	206	7	0	1.000
CF	54	1	0	1.000

타율은 낮고 삼진을 당하는 데 거리낌이 없다. 하지만 뛰어난 선구안으로 많은 볼넷을 생산하는 리드오프. 거기에 20홈런 이상을 때려낼 수 있는 힘을 보유했다(2011 41홈런, 2012 43홈런). 나이를 먹고 도루를 많이 시도하지는 않지만 주루 센스는 여전히 뛰어나다. 수비는 전성기 시절 중견수를 볼 정도로 넓은 범위를 자랑했지만 현재는 우익수로 자리를 옮겼다. 하지만 어깨는 아직 녹슬지 않았다. 어딜 가나 존경 받는 뛰어난 인성을 가진 클럽하우스 리더이기도 하다.

홈 타율 0.239　원정 타율 0.261
VS. 좌투수 0.222　VS. 우투수 0.262
득점권 0.323　L/C 0.182

 Jay BRUCE
제이 브루스　　　NO.19

좌투좌타　1987년 4월 3일　190cm, 102kg　　*는 낮을수록 좋은 기록임

시즌	타수	안타	홈런	타점	볼넷	도루	타율	출루율	장타율	구분	기록	MLB
2016	539	135	33	99	44	4	0.250	0.309	0.506	타율	0.250	0.255
통산	4650	1153	241	737	471	61	0.248	0.318	0.467	출루율	0.309	0.322
										장타율	0.506	0.417
										볼넷%	7.5%	8.2%
										삼진%*	21.4%	21.1%
										볼넷/삼진	0.35	0.39
										순장타율	0.256	0.162
										BABIP	0.266	0.300
										wOBA	0.34	0.318

SPRAY ZONE: 4 / 11 / 18, 20% / 36% / 44%, 홈런, 타구분포 %

BATTED BALL

항목	비율
볼존 공격률	34%
S존 공격률	74%
볼존 컨택트율	62%
S존 컨택트율	85%
라인드라이브	22%
그라운드볼	37%
플라이볼	41%

DEFENSE

위치	자살	보살	실책	수비율
RF	265	10	6	0.979

많은 홈런과 삼진을 보여주는 전형적인 공갈포 타자다. 공갈포의 대표였던 은퇴한 애덤 던과 가장 다른 점이 있다면 볼넷이 적다는 점이다. 2014년 무릎 부상으로 파워도 감소한 모습. 2015년 부진을 딛고 2016년 초반 부활에 성공했다. 하지만 메츠로 트레이드 이후 기대 이하의 성적으로 새로운 홈팬들에게 야유를 들었다. 우투수에 비해 좌투수를 상대로 뚜렷한 약점을 보인다. 특히 좌투수가 던지는 흘러가는 변화구에 속수무책으로 속고 있다. 뛰어난 우익수 수비를 보여준다.

NEW YORK METS

■ 타율 0.400 이상　■ 0.300-0.399　■ 0.200-0.299　■ 0.100-0.199　■ 타율 0.099 이하

IF Jose REYES
호세 레예스　　　　　　　　　NO.07

우투양타　1983년 6월 11일　183cm, 88kg　　*는 낮을수록 좋은 기록임

시즌	타수	안타	홈런	타점	볼넷	도루	타율	출루율	장타율
2016	255	68	8	24	23	9	0.267	0.326	0.443
통산	6823	1972	126	645	517	488	0.289	0.338	0.431

구분	기록	MLB
타율	0.267	0.255
출루율	0.326	0.322
장타율	0.443	0.417
볼넷%	8.2%	8.2%
삼진%*	17.6%	21.1%
볼넷 / 삼진	0.47	0.39
순장타율	0.176	0.162
BABIP	0.302	0.300
wOBA	0.329	0.318

SPRAY ZONE　　2 / 35% / 4　　2 33% / 32%

홈 타율 0.243　원정 타율 0.286
VS. 좌투수 0.380　VS. 우투수 0.239
득점권 0.279　L/C 0.241

BATTED BALL

항목	비율
볼존 공격률	33%
S존 공격률	59%
볼존 컨택트율	70%
S존 컨택트율	89%
라인드라이브	22%
그라운드볼	35%
플라이볼	43%

DEFENSE

위치	자살	보살	실책	수비율
3B	26	83	6	0.948
SS	9	26	0	1.000

삼진을 잘 당하지 않고 타구를 어느 방향으로든 보낼 수 있는 정교한 배트 컨트롤을 가졌다. 체구는 왜소하지만 빠른 배트 스피드로 두 자릿수 홈런도 가능하다. 거기에 리그 정상급 주력을 보유했다(2005~2008시즌 4연속 50도루 이상). 물론 전성기 시절의 얘기다. 현재는 하체 쪽의 잦은 부상과 노쇠화로 인해 전성기에서 많이 내려왔다. 수비 역시 예전보다 범위가 좁아졌고 강한 어깨에 비해 정확도가 떨어져 송구 실책이 많다. 올 시즌엔 유격수와 3루 백업, 대주자 역할을 할 것으로 보인다.

OF Michael CONFORTO
마이클 콘포토　　　　　　　　NO.30

우투좌타　1993년 3월 1일　185cm, 98kg　　*는 낮을수록 좋은 기록임

시즌	타수	안타	홈런	타점	볼넷	도루	타율	출루율	장타율
2016	304	67	12	42	36	2	0.220	0.310	0.414
통산	478	114	21	68	53	2	0.238	0.319	0.448

구분	기록	MLB
타율	0.220	0.255
출루율	0.310	0.322
장타율	0.414	0.417
볼넷%	10.3%	8.2%
삼진%*	25.6%	21.1%
볼넷 / 삼진	0.40	0.39
순장타율	0.194	0.162
BABIP	0.267	0.300
wOBA	0.312	0.318

SPRAY ZONE　　3 / 33% / 4　　25% / 43%

홈 타율 0.235　원정 타율 0.206
VS. 좌투수 0.104　VS. 우투수 0.242
득점권 0.219　L/C 0.127

BATTED BALL

항목	비율
볼존 공격률	31%
S존 공격률	61%
볼존 컨택트율	61%
S존 컨택트율	90%
라인드라이브	19%
그라운드볼	36%
플라이볼	45%

DEFENSE

위치	자살	보살	실책	수비율
LF	116	3	3	0.975
RF	9	1	0	1.000

아버지는 대학 풋볼 선수, 어머니는 올림픽 싱크로나이즈드 스위밍 메달리스트 출신의 축복받은 유전자를 물려받았다. 2014년 드래프트되어 빠르게 마이너를 졸업하고 2015시즌 빅리그 무대를 밟았다. 크지 않은 체격이지만 콤팩트한 스윙과 빠른 배트 스피드로 장타 생산 능력이 뛰어나다. 선구안도 대학 시절부터 평균 이상이라는 평을 받았다. 좌익수로도 넓은 수비 범위와 좋은 어깨를 가지고 있다. 다만, 우완투수에 비해 좌완투수를 상대로 약점을 보인다.

PHILADELPHIA PHILLIES

하워드까지 계약이 끝나면서 2008년 월드시리즈 우승의 영광을 누린 선수들이 모두 떠났다. 새 시대를 이끌 선수의 선두주자로 마이켈 프랑코와 오두벨 에레라가 뽑히는 가운데 마이너 최고의 유망주 J.P. 크로포드가 빅리그 출격의 준비를 마쳤다.

TEAM IMFORMATION

창단 : 1883년
이전 연고지 : -
월드시리즈 우승 : 2회
NL 우승 : 7회
디비전 우승 : 11회
와일드카드 진출 : 0회
구단주 : 존 미들턴 외 4명
감독 : 피트 매캐닌
단장 : 맷 클렌탁

FRANCHISE

UNIFORM

Home / Away

Alternate

MANAGER

Pete Mackanin

생년월일 : 1951년 8월 1일
출생지 : 시카고(일리노이)
MLB 감독 경력 : 올해로 5년째
피츠버그(2005년), 신시내티(2007년),
필라델피아(2015년~현재)
정규시즌 통산 : 161승 195패 승률 0.452
포스트시즌 통산 : -

LINE-UP

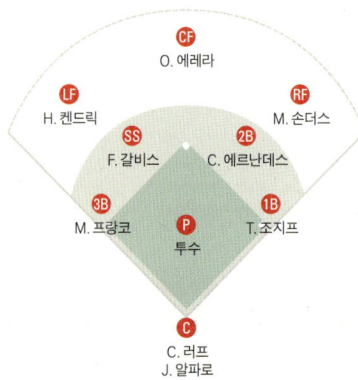

ROTATION	
SP	J. 헬릭슨
SP	C. 벅홀츠
SP	A. 놀라
SP	V. 벨라스케스
SP	J. 아이코프

BULLPEN	
RP	L. 가르시아
RP	A. 모건
RP	J. 로드리게스
RP	E. 라모스
RP	H. 네리스
RP	J. 벤와
CL	J. 고메스

BATTING	
1	C. 에르난데스
2	H. 켄드릭
3	O. 에레라
4	M. 프랑코
5	M. 손더스
6	J. 조지프
7	C. 러프
8	F. 갈비스

UTILITY PLAYERS	
IF	A. 블랑코
IF	J. 크로포드
OF	A. 올테어
OF	R. 퀸

BALL PARK : Citizens Bank Park

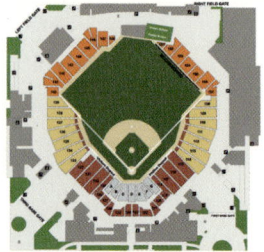

주소 : One Citizens Bank Way Philadelphia, Pennsylvania
펜스 거리 : 왼쪽 100m, 좌중간 114m, 좌중간 깊은 곳 125m,
         중앙 122m, 우중간 112m, 오른쪽 101m
펜스 높이 : 왼쪽~좌중간 3.2m, 좌중간~중앙 3.9~5.8m,
         가운데 1.8m, 우중간~오른쪽 4.0m
최초공식경기 : 2004년 4월 12일
잔디 : 리비에라 버뮤다그래스(천연잔디)
수용 인원 : 4만 3,651명
홈팀 덕아웃 : 1루
파크팩터 : 1.038(MLB 9위)

Post-Howard 시대의 시작
동이 트기 전 추위를 견뎌라

2016 리뷰
라이언 하워드의 필라델피아에서 마지막 시즌을 보냈다. 36세 2500만 달러 선수의 성적은 타율 .196 25홈런. 하지만 그를 대신할 것으로 기대를 모으는 토미 조지프가 107경기에서 21홈런을 쏘아올리며 가능성을 보여줬다. 거기에 팀의 미래로 주목 받고 있는 마이켈 프랑코는 처음으로 150경기 이상을 출전하며 정확도와 출루율에선 아쉬웠지만 25홈런을 때려내며 파워를 과시했다. 룰5 드래프트 신화를 쓰며 팀이 장기계약을 안겨준 오두벨 에레라 역시도 뛰어난 활약으로 팀의 기대를 충족시켰다. 하지만 이러한 선수 개개인의 기대 이상의 활약에도 불구하고, 팀 공격력은 리그 최하위에 그쳤다. 아직 경험이 부족한 선수들이 많았기 때문. 투수진에선 제레미 헬릭슨이 그동안의 부진을 딛고 부활에 성공했다. 하지만 애런 놀라, 빈스 벨라스케스, 알렉 애서와 같은 기대를 모았던 젊은 선수들이 부상과 부진으로 아쉬운 시즌을 보냈다. 불펜에서도 마무리를 맡았던 진마 고메스가 전반기엔 맹활약했지만 후반기에 완전 무너졌다. 하지만 마당쇠 헥터 네리스의 발견은 긍정적인 요소다.

2017 프리뷰
하워드의 계약이 끝나고 본격적인 리빌딩에 나서는 시즌. 젊은 선수들의 성장을 도울 하위 켄드릭-클레이 벅홀츠-마이클 손더스 같은 베테랑 선수들을 영입했다(잔여 계약 1년). 거기에 지난 시즌 부활에 성공한 헬릭슨이 퀄리파잉 오퍼를 받아들이면서 선발진의 중심을 잡아줄 것으로 보인다. 애셔-벨라스케스-놀라 같은 젊은 선수들이 기대만큼 성장해준다면 리그에서 손꼽히는 선발진이 될 가능성도 있다. 하지만 지난 시즌과 크게 달라진 게 없는 불펜은 여전히 불안 요소. 타선의 키는 오두벨 에레라와 마이켈 프랑코가 쥐고 있다. 프랑코는 하워드 이후 필라델피아 최고의 타자 유망주. 지난 2년간 보여줬던 활약은 아직 기대 이하지만 여전히 24세의 젊은 타자이기 때문에 올 시즌 더 발전을 기대해볼 만하다. 유격수 프레디 갈비스는 지난 시즌만큼의 타격 성적을 내긴 힘들어 보인다(.241 20홈런). 하지만 그래도 걱정할 필요가 없다. 리그 최고의 유격수 유망주인 J.P. 크로포드가 빅리그 입성을 준비 중이기 때문. 크로포드가 데뷔한다면 필라델피아의 리빌딩에 가속도가 붙을 전망이다.

PHILADELPHIA PHILLIES

SQUAD LIST *선수 명단은 2017년 3월 25일 기준 (soucre : ESPN)

투수

번호	이름	위치	투	타	나이	출생지
86	Drew Anderson	SP	R	R	23	Reno, NV
66	Mark Appel	SP	R	R	25	Houston, TX
59	Elvis Araujo	RP	L	L	25	Maracaibo, Venezuela
49	Alec Asher	SP	R	R	25	Lakeland, FL
53	Joaquin Benoit	RP	R	R	39	Santiago, Dominican Republic
21	Clay Buchholz	SP	R	L	32	Nederland, TX
56	Zach Eflin	SP	R	R	22	Orlando, FL
48	Jerad Eickhoff	SP	R	R	26	Evansville, IN
71	Elniery Garcia	RP	L	L	22	Cotui Santiago, Dominican Republic
57	Luis Garcia	RP	R	R	30	Santo Domingo, Dominican Republic
46	Jeanmar Gomez	RP	R	R	29	Caracas, Venezuela
58	Jeremy Hellickson	SP	R	R	29	Des Moines, IA
72	Ben Lively	SP	R	R	25	Pensacola, FL
39	Adam Morgan	SP	L	L	27	Tampa, FL
50	Hector Neris	RP	R	R	27	Villa Altagracia, Dominican Republic
17	Pat Neshek	RP	R	B	36	Madison, WI
27	Aaron Nola	SP	R	R	23	Baton Rouge, LA
73	Ricardo Pinto	SP	R	R	23	Guacara, Venezuela
74	Nick Pivetta	SP	R	R	24	Victoria, BC
61	Edubray Ramos	RP	R	R	24	Caracas, Venezuela
63	Joely Rodriguez	RP	L	L	25	Santo Domingo, Dominican Republic
44	Jake Thompson	SP	R	R	23	Dallas, TX
75	Alberto Tirado	SP	R	R	22	Nagua, Dominican Republic
28	Vince Velasquez	SP	R	R	24	Montclair, CA

포수

번호	이름	위치	투	타	나이	출생지
38	Jorge Alfaro	C	R	R	23	Sincelejo, Colombia
64	Andrew Knapp	C	R	B	25	Roseville, CA
29	Cameron Rupp	C	R	R	28	Dallas, TX

내야

번호	이름	위치	투	타	나이	출생지
4	Andres Blanco	3B	R	B	32	Urama, Venezuela
7	Maikel Franco	3B	R	R	24	Azua, Dominican Republic
13	Freddy Galvis	SS	R	B	27	Punto Fijo, Venezuela
16	Cesar Hernandez	2B	R	B	26	Valencia, Venezuela
19	Tommy Joseph	1B	R	R	25	Phoenix, AZ
18	Darin Ruf	1B	R	R	30	Omaha, NE
76	Jesmuel Valentin	2B	R	B	22	Manati, Puerto Rico

외야

번호	이름	위치	투	타	나이	출생지
23	Aaron Altherr	RF	R	R	26	Landstuhl, Germany
77	Dylan Cozens	RF	L	L	22	Scottsdale, AZ
2	Tyler Goeddel	LF	R	R	24	San Mateo, CA
37	Odubel Herrera	CF	R	L	25	Zulia, Venezuela
47	Howie Kendrick	LF	R	R	33	Jacksonville, FL
24	Roman Quinn	CF	R	B	23	Port St. Joe, FL
5	Michael Saunders	RF	R	L	30	Victoria, BC
65	Nick Williams	RF	L	L	23	Galveston, TX

SUMMARY

우타자	좌타자	스위치	우투수	좌투수	평균나이	최연소	최연장
8명	4명	6명	20명	4명	26.1세	22세	39세

PHILADELPHIA PHILLIES

2017 REGULAR SEASON SCHEDULE

* ▓▓▓ 는 홈경기, 시간은 미국 동부시간 기준

날짜	상대팀	경기시간	날짜	상대팀	경기시간	날짜	상대팀	경기시간
Mon, 4/3	Cincinnati Reds	PM 4:10	Fri, 6/9	St. Louis Cardinals	PM 8:15	Wed, 8/16	San Diego Padres	PM 3:40
Wed, 4/5	Cincinnati Reds	PM 7:10	Sat, 6/10	St. Louis Cardinals	PM 2:15	Thu, 8/17	San Francisco Giants	PM 10:15
Thu, 4/6	Cincinnati Reds	PM 12:35	Sun, 6/11	St. Louis Cardinals	PM 2:15	Fri, 8/18	San Francisco Giants	PM 10:15
Fri, 4/7	Washington Nationals	PM 3:05	Mon, 6/12	Boston Red Sox	PM 7:10	Sat, 8/19	San Francisco Giants	PM 9:05
Sat, 4/8	Washington Nationals	PM 7:05	Tue, 6/13	Boston Red Sox	PM 7:10	Sun, 8/20	San Francisco Giants	PM 4:05
Sun, 4/9	Washington Nationals	PM 1:35	Wed, 6/14	Boston Red Sox	PM 7:05	Tue, 8/22	Miami Marlins	PM 7:05
Mon, 4/10	New York Mets	PM 7:05	Thu, 6/15	Boston Red Sox	PM 7:05	Wed, 8/23	Miami Marlins	PM 7:05
Tue, 4/11	New York Mets	PM 7:05	Fri, 6/16	Arizona D-backs	PM 7:05	Thu, 8/24	Miami Marlins	PM 1:05
Wed, 4/12	New York Mets	PM 7:05	Sat, 6/17	Arizona D-backs	PM 4:05	Fri, 8/25	Chicago Cubs	PM 7:05
Fri, 4/14	Washington Nationals	PM 4:05	Sun, 6/18	Arizona D-backs	PM 1:35	Sat, 8/26	Chicago Cubs	PM 7:05
Sat, 4/15	Washington Nationals	PM 1:05	Tue, 6/20	St. Louis Cardinals	PM 7:05	Sun, 8/27	Chicago Cubs	PM 1:35
Sun, 4/16	Washington Nationals	PM 1:35	Wed, 6/21	St. Louis Cardinals	PM 7:05	Mon, 8/28	Atlanta Braves	PM 7:05
Tue, 4/18	New York Mets	PM 7:10	Thu, 6/22	St. Louis Cardinals	PM 1:05	Tue, 8/29	Atlanta Braves	PM 7:05
Wed, 4/19	New York Mets	PM 7:10	Fri, 6/23	Arizona D-backs	PM 9:40	Wed, 8/30	Atlanta Braves	PM 1:05
Thu, 4/20	New York Mets	PM 7:10	Sat, 6/24	Arizona D-backs	PM 10:10	Thu, 8/31	Miami Marlins	PM 7:10
Fri, 4/21	Atlanta Braves	PM 7:05	Sun, 6/25	Arizona D-backs	PM 4:10	Fri, 9/1	Miami Marlins	PM 7:10
Sat, 4/22	Atlanta Braves	PM 7:05	Mon, 6/26	Arizona D-backs	PM 3:40	Sat, 9/2	Miami Marlins	PM 7:10
Sun, 4/23	Atlanta Braves	PM 1:35	Tue, 6/27	Seattle Mariners	PM 10:10	Sun, 9/3	Miami Marlins	PM 1:10
Tue, 4/25	Miami Marlins	PM 7:05	Wed, 6/28	Seattle Mariners	PM 3:40	Mon, 9/4	New York Mets	PM 1:10
Wed, 4/26	Miami Marlins	PM 7:05	Fri, 6/30	New York Mets	PM 7:10	Tue, 9/5	New York Mets	PM 7:10
Thu, 4/27	Miami Marlins	PM 1:05	Sat, 7/1	New York Mets	PM 4:10	Wed, 9/6	New York Mets	PM 7:10
Fri, 4/28	Los Angeles Dodgers	PM 10:10	Sun, 7/2	New York Mets	PM 1:10	Thu, 9/7	Washington Nationals	PM 7:05
Sat, 4/29	Los Angeles Dodgers	PM 9:10	Mon, 7/3	Pittsburgh Pirates	PM 7:05	Fri, 9/8	Washington Nationals	PM 7:05
Sun, 4/30	Los Angeles Dodgers	PM 4:10	Tue, 7/4	Pittsburgh Pirates	PM 4:05	Sat, 9/9	Washington Nationals	PM 7:05
Mon, 5/1	Chicago Cubs	PM 8:05	Wed, 7/5	Pittsburgh Pirates	PM 7:05	Sun, 9/10	Washington Nationals	PM 1:35
Tue, 5/2	Chicago Cubs	PM 8:05	Thu, 7/6	Pittsburgh Pirates	PM 6:05	Tue, 9/12	Miami Marlins	PM 7:05
Wed, 5/3	Chicago Cubs	PM 8:05	Fri, 7/7	San Diego Padres	PM 6:35	Wed, 9/13	Miami Marlins	PM 7:05
Thu, 5/4	Chicago Cubs	PM 2:20	Sat, 7/8	San Diego Padres	PM 4:05	Thu, 9/14	Miami Marlins	PM 7:05
Fri, 5/5	Washington Nationals	PM 7:05	Sun, 7/9	San Diego Padres	PM 4:05	Fri, 9/15	Oakland Athletics	PM 7:05
Sat, 5/6	Washington Nationals	PM 7:05	Fri, 7/14	Milwaukee Brewers	PM 8:10	Sat, 9/16	Oakland Athletics	PM 7:05
Sun, 5/7	Washington Nationals	PM 2:35	Sat, 7/15	Milwaukee Brewers	PM 7:10	Sun, 9/17	Oakland Athletics	PM 1:35
Tue, 5/9	Seattle Mariners	PM 7:05	Sun, 7/16	Milwaukee Brewers	PM 2:10	Mon, 9/18	Los Angeles Dodgers	PM 7:05
Wed, 5/10	Seattle Mariners	PM 1:05	Mon, 7/17	Miami Marlins	PM 7:10	Tue, 9/19	Los Angeles Dodgers	PM 7:05
Fri, 5/12	Washington Nationals	PM 7:05	Tue, 7/18	Miami Marlins	PM 7:10	Wed, 9/20	Los Angeles Dodgers	PM 7:05
Sat, 5/13	Washington Nationals	PM 7:05	Wed, 7/19	Miami Marlins	PM 12:10	Thu, 9/21	Los Angeles Dodgers	PM 1:05
Sun, 5/14	Washington Nationals	PM 1:35	Fri, 7/21	Milwaukee Brewers	PM 7:05	Fri, 9/22	Atlanta Braves	PM 7:35
Tue, 5/16	Texas Rangers	PM 8:05	Sat, 7/22	Milwaukee Brewers	PM 7:05	Sat, 9/23	Atlanta Braves	PM 7:10
Wed, 5/17	Texas Rangers	PM 8:05	Sun, 7/23	Milwaukee Brewers	PM 1:35	Sun, 9/24	Atlanta Braves	PM 1:35
Thu, 5/18	Texas Rangers	PM 2:05	Mon, 7/24	Houston Astros	PM 7:10	Mon, 9/25	Washington Nationals	PM 7:05
Fri, 5/19	Pittsburgh Pirates	PM 7:05	Tue, 7/25	Houston Astros	PM 7:05	Tue, 9/26	Washington Nationals	PM 7:05
Sat, 5/20	Pittsburgh Pirates	PM 4:05	Wed, 7/26	Houston Astros	PM 7:05	Wed, 9/27	Washington Nationals	PM 7:05
Sun, 5/21	Pittsburgh Pirates	PM 1:35	Fri, 7/28	Atlanta Braves	PM 7:05	Fri, 9/29	New York Mets	PM 7:05
Mon, 5/22	Colorado Rockies	PM 7:05	Sat, 7/29	Atlanta Braves	PM 7:05	Sat, 9/30	New York Mets	PM 7:05
Tue, 5/23	Colorado Rockies	PM 7:05	Sun, 7/30	Atlanta Braves	PM 1:35	Sun, 10/1	New York Mets	PM 3:05
Wed, 5/24	Colorado Rockies	PM 7:05	Mon, 7/31	Atlanta Braves	PM 12:35			
Thu, 5/25	Colorado Rockies	PM 1:05	Tue, 8/1	Los Angeles Angels	PM 10:07			
Fri, 5/26	Cincinnati Reds	PM 7:05	Wed, 8/2	Los Angeles Angels	PM 10:07			
Sat, 5/27	Cincinnati Reds	PM 4:05	Thu, 8/3	Los Angeles Angels	PM 10:07			
Sun, 5/28	Cincinnati Reds	PM 1:35	Fri, 8/4	Colorado Rockies	PM 8:40			
Mon, 5/29	Miami Marlins	PM 7:10	Sat, 8/5	Colorado Rockies	PM 8:10			
Tue, 5/30	Miami Marlins	PM 7:10	Sun, 8/6	Colorado Rockies	PM 3:10			
Wed, 5/31	Miami Marlins	PM 1:10	Tue, 8/8	Atlanta Braves	PM 7:35			
Fri, 6/2	San Francisco Giants	PM 7:05	Wed, 8/9	Atlanta Braves	PM 7:35			
Sat, 6/3	San Francisco Giants	PM 4:05	Thu, 8/10	New York Mets	PM 7:05			
Sun, 6/4	San Francisco Giants	PM 1:35	Fri, 8/11	New York Mets	PM 7:05			
Mon, 6/5	Atlanta Braves	PM 7:35	Sat, 8/12	New York Mets	PM 7:05			
Tue, 6/6	Atlanta Braves	PM 7:35	Sun, 8/13	New York Mets	PM 1:35			
Wed, 6/7	Atlanta Braves	PM 7:35	Mon, 8/14	San Diego Padres	PM 10:10			
Thu, 6/8	Atlanta Braves	PM 7:35	Tue, 8/15	San Diego Padres	PM 10:10			

PHILADELPHIA PHILLIES

■ 15% 이상　■ 12~14%　■ 9~11%　■ 6~8%　■ 3~5%　□ 2% 이하

홈 ERA 3.32　원정 ERA 4.04
VS. 좌타자 0.274　VS. 우타자 0.214
VS. 강정호 3타수 0안타 0.000
VS. 박병호 2타수 0안타 0.000

SP Jerad EICKHOFF NO.48
제러드 아이코프

우투우타　1990년 7월 2일　193cm, 111kg　*는 낮을수록 좋은 기록임

시즌	경기	이닝	피안타	피홈런	볼넷	탈삼진	승-패-세-홀	평균자책
2016	33	197.1	187	30	42	167	11-14-0-0	3.65
통산	41	248.1	227	35	55	216	14-17-0-0	3.44

구분	기록	MLB
평균자책*	3.65	4.19
탈삼진 / 9	7.62	8.10
볼넷 / 9*	1.92	3.14
탈삼진 / 볼넷	3.98	2.58
피홈런 / 9*	1.37	1.17
피안타율*	0.246	0.252
WHIP*	1.16	1.32
잔루율	76.4%	72.9%
FIP*	4.19	4.19

PITCHING ZONE (좌타자·몸쪽 / 우타자·몸쪽)

PITCHING REPERTORY / VELOCITY km/h / MOVEMENT cm

구종	평균	전체	초구	2-2	좌타자	우타자	피타율	상하	좌우
포심패스트볼	146	34%	44%	20%	30%	38%	0.227	↑26	→10
투심 / 싱커	147	20%	19%	10%	26%	14%	0.347	↑17	→19
컷패스트볼	–	–	–	–	–	–	–		
슬라이더	132	18%	18%	13%	12%	23%	0.223	↑6	←6
커브	121	23%	14%	53%	24%	23%	0.148	↓20	←13
체인지업	135	6%	5%	4%	8%	3%	0.342	↑19	→17
스플리터	–	–	–	–	–	–	–		

빠른 공은 140km/h 후반대로 크게 위협적인 구속은 아니다. 하지만 낙차 큰 커브와 슬라이더가 위력적이다. 특히 12시에서 6시 방향으로 떨어지는 커브는 공을 뒤로 숨겼다가 빠르게 넘어오는 딜리버리와 시너지 효과를 내며 타자를 요리한다. 콜 해멀스 트레이드 당시 받아온 매물로 메인 카드는 아니었다. 하지만 2015년 8월 빅리그 데뷔 후 지난 시즌까지 인상적인 활약을 보여주며 코칭 스태프와 프런트의 눈을 사로잡았다. 올 시즌 헬릭슨-벅홀츠에 이어 3선발로 나설 것으로 보인다.

홈 ERA 2.88　원정 ERA 5.37
VS. 좌타자 0.262　VS. 우타자 0.249
VS. 추신수 2타수 2안타 1.000

SP Vince VELASQUEZ NO.28
빈스 벨라스케스

우투우타　1992년 6월 7일　190cm, 93kg　*는 낮을수록 좋은 기록임

시즌	경기	이닝	피안타	피홈런	볼넷	탈삼진	승-패-세-홀	평균자책
2016	24	131.0	129	21	45	152	8-6-0-0	4.12
통산	43	186.2	179	26	66	210	9-7-0-0	4.19

구분	기록	MLB
평균자책*	4.12	4.19
탈삼진 / 9	10.44	8.10
볼넷 / 9*	3.09	3.14
탈삼진 / 볼넷	3.38	2.58
피홈런 / 9*	1.44	1.17
피안타율*	0.255	0.252
WHIP*	1.33	1.32
잔루율	76.2%	72.9%
FIP*	3.96	4.19

PITCHING ZONE (좌타자·몸쪽 / 우타자·몸쪽)

PITCHING REPERTORY / VELOCITY km/h / MOVEMENT cm

구종	평균	전체	초구	2-2	좌타자	우타자	피타율	상하	좌우
포심패스트볼	152	59%	57%	55%	58%	60%	0.240	↑25	→10
투심 / 싱커	147	7%	9%	4%	10%	3%	0.250	↑12	→19
컷패스트볼	–	–	–	–	–	–	–		
슬라이더	135	11%	11%	11%	5%	16%	0.266	0	←7
커브	129	13%	13%	13%	11%	14%	0.260	↓16	←11
체인지업	140	11%	10%	13%	15%	7%	0.329	↑9	→19
스플리터	–	–	–	–	–	–	–		

2015년 겨울 켄 자일스를 휴스턴으로 보내고 받은 유망주 중 최고의 선수. 평균 150km/h 초중반, 최대 160km/h까지 찍는 강속구가 최대 무기다. 체인지업 역시 준수하며 슬라이더, 커브도 섞어 던진다. 지난 시즌 4월 15일 16K 완봉승을 기록하는 등 초반 인상적인 투구를 펼쳤지만 6월에 아쉽게 부상으로 이탈했다. 부상 복귀 후 제구가 크게 흔들리며 시즌 마무리가 좋지 않았다. 올 시즌엔 4-5선발로 활약할 것이 유력하며 커리어 처음으로 162이닝을 돌파하는 것이 벨라스케스의 목표다.

PHILADELPHIA PHILLIES

■ 15% 이상   ■ 12-14%   ■ 9-11%   ■ 6-8%   ■ 3-5%   □ 2% 이하

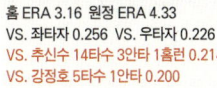

홈 ERA 3.16 원정 ERA 4.33
VS. 좌타자 0.256 VS. 우타자 0.226
VS. 추신수 14타수 3안타 0.214
VS. 강정호 5타수 1안타 0.200

SP Jeremy HELLICKSON   NO.58
제레미 헬릭슨

우투우타   1987년 4월 8일   185cm, 86kg   *는 낮을수록 좋은 기록임

시즌	경기	이닝	피안타	피홈런	볼넷	탈삼진	승-패-세-홀	평균자책	구분	기록	MLB
2016	32	189.0	173	24	45	154	12-10-0-0	3.71	평균자책*	3.71	4.19
통산	174	975.0	921	129	298	738	61-58-0-1	3.9	탈삼진 / 9	7.33	8.10
									볼넷 / 9*	2.14	3.14
									탈삼진 / 볼넷	3.42	2.58
									피홈런 / 9*	1.14	1.17
									피안타율	0.240	0.252
									WHIP	1.15	1.32
									잔루율	72.5%	72.9%
									FIP*	3.98	4.19

PITCHING ZONE

PITCHING REPERTORY / VELOCITY km/h / MOVEMENT cm

구종	평균	전체	초구	2-2	좌타자	우타자	피안타율	상하	좌우
포심패스트볼	146	42%	51%	34%	42%	42%	0.312	↑22	→18
투심 / 싱커	145	11%	12%	6%	6%	15%	0.269	↑16	→22
컷패스트볼	138	5%	4%	5%	9%	2%	0.296	↑18	→1
슬라이더	132	0%	0%	0%	0%	0%	0.000	↑13	→3
커브	124	18%	17%	23%	19%	16%	0.174	↓22	→15
체인지업	130	24%	16%	33%	23%	26%	0.202	↑14	→15
스플리터							—	—	—

2011년 AL 신인상을 수상하며 혜성같이 등장했으나, 이후 별다른 활약 없이 평범한 투수로 전락했다. 140km/h 후반의 빠른 공과 커브, 그리고 리그 정상급의 체인지업을 구사한다. 데뷔 초 체인지업을 지나치게 많이 던진다는 우려가 있었지만 커브가 발전하며 적절한 비율로 섞어 던진다. 투구폼이 간결해 투구 후 수비수로의 전환도 준수하다(2012년 AL 골드글러브). 문제는 지나치게 신중한 투구. 유리한 볼카운트에서도 홈런을 의식해 도망가는 투구를 하는 경우가 많다.

홈 ERA 5.60 원정 ERA 3.90
VS. 좌타자 0.274 VS. 우타자 0.219
VS. 추신수 18타수 4안타 0.222
VS. 김현수 5타수 1안타 0.200

SP Clay BUCHHOLZ   NO.21
클레이 벅홀츠

우투좌타   1984년 8월 14일   190cm, 86kg   *는 낮을수록 좋은 기록임

시즌	경기	이닝	피안타	피홈런	볼넷	탈삼진	승-패-세-홀	평균자책	구분	기록	MLB
2016	37	139.1	130	21	55	93	8-10-0-2	4.78	평균자책*	4.78	4.19
통산	206	1167.2	1104	116	417	899	81-61-0-2	3.96	탈삼진 / 9	6.01	8.10
									볼넷 / 9*	3.55	3.14
									탈삼진 / 볼넷	1.69	2.58
									피홈런 / 9*	1.36	1.17
									피안타율	0.246	0.252
									WHIP	1.33	1.32
									잔루율	68.5%	72.9%
									FIP*	5.06	4.19

PITCHING ZONE

PITCHING REPERTORY / VELOCITY km/h / MOVEMENT cm

구종	평균	전체	초구	2-2	좌타자	우타자	피안타율	상하	좌우
포심패스트볼	149	21%	24%	13%	19%	24%	0.221	↑23	→12
투심 / 싱커	148	21%	18%	23%	21%	21%	0.324	↑15	→19
컷패스트볼	142	23%	21%	24%	18%	28%	0.245	↑14	→3
슬라이더	125	0%	0%	0%	0%	0%	0.000	↑15	0
커브	126	17%	26%	9%	20%	6%	0.327	↓15	→21
체인지업	130	16%	10%	28%	20%	13%	0.179	↑11	→16
스플리터	135	1%	0%	3%	3%	0%	0.125	↑9	→15

한때 보스턴의 에이스로 활약했지만 크고 작은 부상으로 이제는 평범한 투수가 됐다. 커리어 10시즌 동안 단 한 차례도 30선발, 200이닝을 채워본 적이 없다. 지난 시즌엔 불펜으로 16경기나 출전하며 선발에서 밀린 모습. 140km/h 후반에서 150km/h 초반에 형성되는 포심-투심과 함께 커터, 커브, 체인지업을 구사한다. 특히 커브의 낙차는 메이저리그 정상급. 하지만 커맨드의 예리함이 예년 같지 못하며 위력을 잃었다.

PHILADELPHIA PHILLIES

■ 15% 이상 ■ 12~14% ■ 9~11% ■ 6~8% ■ 3~5% □ 2% 이하

홈 ERA 4.67 원정 ERA 4.88
VS. 좌타자 0.238 VS. 우타자 0.277
VS. 박병호 2타수 0안타 0.000

SP Aaron NOLA
애런 놀라   NO.27

우투우타 1993년 6월 4일 188cm, 88kg   *는 낮을수록 좋은 기록임

시즌	경기	이닝	피안타	피홈런	볼넷	탈삼진	승-패-세-홀	평균자책	구분	기록	MLB
2016	20	111.0	116	10	29	121	6-9-0-0	4.78	평균자책*	4.78	4.19
통산	33	188.2	190	21	48	189	12-11-0-0	4.29	탈삼진 / 9	9.81	8.10
									볼넷 / 9*	2.35	3.14
									탈삼진 / 볼넷	4.17	2.58
									피홈런 / 9*	0.81	1.17
									피안타율*	0.259	0.252
									WHIP*	1.31	1.32
									잔루율	60.6%	72.9%
									FIP*	3.08	4.19

PITCHING ZONE (좌타자 몸쪽 / 우타자 몸쪽)

PITCHING REPERTORY / VELOCITY km/h / MOVEMENT cm

구종	평균	전체	초구	2-2	좌타자	우타자	피타율	상하	좌우
포심패스트볼	146	25%	29%	19%	22%	27%	0.276	↑15	→19
투심 / 싱커	145	35%	40%	24%	38%	34%	0.305	↑8	→25
컷패스트볼	–	–	–	–	–	–	–		
슬라이더	–	–	–	–	–	–	–		
커브	123	30%	22%	44%	25%	34%	0.182	↓16	←26
체인지업	132	10%	9%	13%	15%	6%	0.348	↓1	→19
스플리터	–	–	–	–	–	–	–		

2014년 전체 7순위 지명 후 빠르게 마이너를 졸업하고 2015년 7월 메이저리그 데뷔전을 가졌다. 150km/h 초반대 형성되는 빠른 공과 커브, 체인지업을 원하는 곳에 던질 수 있는 능력이 있다. 특히 스리쿼터 딜리버리에서 뿌리는 커브는 우타자들에게 악몽을 선사한다. 반면, 체인지업은 발전이 필요하다는 평가. 체인지업만 향상된다면 팀의 에이스감으로 손색이 없다. 다만, 빅리그 선발 투수 치고는 다소 작은 체구(185cm, 88kg)가 향후 롱런하는 데 어떠한 영향을 줄지 지켜볼 부분이다.

홈 ERA 3.33 원정 ERA 2.70
VS. 좌타자 0.240 VS. 우타자 0.169
VS. 추신수 2타수 0안타 0.000
VS. 김현수 1타수 1안타 1.000

RP Pat NESHEK
팻 니섹   NO.17

우투양타 1980년 9월 4일 190cm, 100kg   *는 낮을수록 좋은 기록임

시즌	경기	이닝	피안타	피홈런	볼넷	탈삼진	승-패-세-홀	평균자책	구분	기록	MLB
2016	60	47.0	33	6	11	43	2-2-0-18	3.06	평균자책*	3.06	4.19
통산	423	383.1	281	47	120	378	28-19-7-108	2.93	탈삼진 / 9	8.23	8.10
									볼넷 / 9*	2.11	3.14
									탈삼진 / 볼넷	3.91	2.58
									피홈런 / 9*	1.15	1.17
									피안타율*	0.190	0.252
									WHIP*	0.94	1.32
									잔루율	75.8%	72.9%
									FIP*	3.68	4.19

PITCHING ZONE (좌타자 몸쪽 / 우타자 몸쪽)

PITCHING REPERTORY / VELOCITY km/h / MOVEMENT cm

구종	평균	전체	초구	2-2	좌타자	우타자	피타율	상하	좌우
포심패스트볼	–	–	–	–	–	–	–		
투심 / 싱커	145	47%	55%	44%	63%	38%	0.236	↑13	→25
컷패스트볼	–	–	–	–	–	–	–		
슬라이더	134	46%	42%	46%	17%	62%	0.210	↑4	0
커브	–	–	–	–	–	–	–		
체인지업	110	7%	3%	11%	20%	0%	0.206	↑11	→14
스플리터	–	–	–	–	–	–	–		

메이저리그에서 보기 드문 언더핸드 투수. 2012년 오클랜드 시절부터 두각을 나타내 2014년 세인트루이스에서 첫 올스타에 선정되며 전성기를 누렸다. 140km/h 중후반에 형성되는 싱커와 함께 슬라이더를 던진다. 슬라이더의 구사 비율이 빠른 공보다 높은 편으로, 위력이 상당히 느린 구속으로도 삼진을 잡아내는 능력이 준수한 편. 주로 우타자 상대 원포인트 릴리프 역할을 맡는다. 언더핸드 치고 허리를 많이 구부리고 던지는 편이 아니라 몸에 큰 무리가 가지 않는 편.

PHILADELPHIA PHILLIES

■ 15% 이상　■ 12~14%　■ 9~11%　■ 6~8%　■ 3~5%　□ 2% 이하

홈 ERA 2.68 원정 ERA 2.48
VS. 좌타자 0.208 VS. 우타자 0.191
VS. 강정호 1타수 1안타 1.000

RP Hector NERIS NO.50
헥터 네리스

우투우타　1989년 6월 14일　188cm, 98kg　*는 낮을수록 좋은 기록임

시즌	경기	이닝	피안타	피홈런	볼넷	탈삼진	승-패-세-홀	평균자책	구분	기록	MLB
2016	79	80.1	59	9	30	102	4-4-2-28	2.58	평균자책*	2.58	4.19
통산	112	121.2	97	17	40	144	7-6-2-30	2.96	탈삼진 / 9	11.43	8.10
									볼넷 / 9*	3.36	3.14
									탈삼진 / 볼넷	3.40	2.58
									피홈런 / 9*	1.01	1.17
									피안타율	0.200	0.252
									WHIP*	1.11	1.32
									잔루율	83.1%	72.9%
									FIP*	3.30	4.19

PITCHING REPERTORY / VELOCITY km/h / MOVEMENT cm

구종	평균	전체	초구	2-2	좌타자	우타자	피타율	상하	좌우
포심패스트볼	151	31%	34%	20%	26%	36%	0.261	↑23	→15
투심 / 싱커	151	18%	22%	13%	23%	14%	0.247	↑15	→22
컷패스트볼	–	–	–	–	–	–	–	–	–
슬라이더	140	6%	9%	5%	2%	10%	0.385	↑8	←1
커브	–	–	–	–	–	–	–	–	–
체인지업	140	0%	0%	0%	1%	0%	0.000	↑15	→22
스플리터	140	44%	34%	62%	49%	40%	0.147	↑2	→20

2015년 가능성을 보인 네리스는 지난 시즌 무려 80.1이닝을 소화하며 빅리그를 대표하는 불펜 마당쇠로 떠올랐다. 150km/h의 초중반의 포심-투심과 함께 뿌리는 스플리터가 그의 주무기. 빠른 공과 스플리터의 비율이 1:1에 가까울 정도로 스플리터의 구사 비율이 높다. 위력적인 구위에 비해 피홈런이 다소 많은 것이 단점. 커맨드의 정교함만 가다듬는다면 향후 마무리 후보로도 손색이 없다. 지난 시즌 2015년에 비해 2배에 가까운 이닝을 소화했다.

홈 ERA 2.70 원정 ERA 4.95
VS. 좌타자 0.260 VS. 우타자 0.222
VS. 강정호 1타수 0안타 0.000

RP Edubray RAMOS NO.61
에두브레이 라모스

우투우타　1992년 12월 19일　183cm, 73kg　*는 낮을수록 좋은 기록임

시즌	경기	이닝	피안타	피홈런	볼넷	탈삼진	승-패-세-홀	평균자책	구분	기록	MLB
2016	42	40.0	36	5	11	40	1-3-0-15	3.83	평균자책*	3.83	4.19
통산	42	40.0	36	5	11	40	1-3-0-15	3.83	탈삼진 / 9	9.00	8.10
									볼넷 / 9*	2.48	3.14
									탈삼진 / 볼넷	3.64	2.58
									피홈런 / 9*	1.13	1.17
									피안타율	0.242	0.252
									WHIP*	1.18	1.32
									잔루율	72.5%	72.9%
									FIP*	3.60	4.19

PITCHING REPERTORY / VELOCITY km/h / MOVEMENT cm

구종	평균	전체	초구	2-2	좌타자	우타자	피타율	상하	좌우
포심패스트볼	153	54%	59%	37%	53%	54%	0.321	↑22	→11
투심 / 싱커	–	–	–	–	–	–	–	–	–
컷패스트볼	–	–	–	–	–	–	–	–	–
슬라이더	131	43%	39%	63%	43%	44%	0.148	↓5	←12
커브	124	1%	1%	0%	1%	2%	0.000	↓8	←9
체인지업	137	1%	1%	0%	3%	0%	0.000	↑19	→17
스플리터	–	–	–	–	–	–	–	–	–

마이너 시절부터 불펜 전문 수업을 받았다. 2010년 세인트루이스와 계약을 맺으며 마이너 생활을 시작했지만 세인트루이스가 베네수엘라 아카데미를 철수하며 2011년과 2012년엔 야구를 쉬었다. 빅리그 투수치고는 왜소한 183cm 72kg의 체격 조건에도 불구, 150km/h 중후반의 강속구를 뿌린다. 변화구 주무기는 슬라이더. 라모스의 가장 강력한 무기는 강심장. 자신의 공을 믿고 과감하게 타자를 공략한다. 덕분에 볼넷 허용이 적은 편. 팀에서는 향후 마무리 후보로 점찍어 놓았다.

■ 15% 이상　■ 12-14%　■ 9-11%　■ 6-8%　■ 3-5%　□ 2% 이하

홈 ERA 5.403　원정 ERA 4.28
VS. 좌타자 0.282　VS. 우타자 0.289
VS. 강정호 3타수 1안타 0.333
VS. 추신수 2타석 2사구

Jeanmar GOMEZ
진마 고메스
NO.46

우투우타　1988년 2월 10일　190cm, 98kg

*는 낮을수록 좋은 기록임

시즌	경기	이닝	피안타	피홈런	볼넷	탈삼진	승-패-세-홀	평균자책	구분	기록	MLB
2016	70	68.2	78	6	22	47	3-5-37-1	4.85	평균자책*	4.85	4.19
통산	255	492.2	536	50	161	300	24-26-38-13	4.26	탈삼진 / 9	6.16	8.10
									볼넷 / 9*	2.88	3.14
									탈삼진 / 볼넷	2.14	2.58
									피홈런 / 9*	0.79	1.17
									피안타율*	0.286	0.252
									WHIP*	1.46	1.32
									잔루율	68.4%	72.9%
									FIP*	3.96	4.19

PITCHING REPERTORY / VELOCITY km/h / MOVEMENT cm

구종	평균	전체	초구	2-2	좌타자	우타자	피타율	상하	좌우
포심패스트볼	150	1%	0%	3%	0%	1%	0.000	↑21	→20
투심 / 싱커	148	63%	64%	55%	59%	65%	0.284	↑11	→24
컷패스트볼	–	–	–	–	–	–	–	–	–
슬라이더	136	17%	19%	19%	10%	22%	0.368	↑5	←6
커브	–	–	–	–	–	–	–	–	–
체인지업	135	12%	11%	15%	21%	5%	0.131	↑6	→23
스플리터	137	8%	6%	8%	10%	6%	0.370	↑5	→18

데뷔 초엔 선발로 활약했으나 불펜으로 빅리그에 자리 잡았다. 선발 출신답게 긴 이닝 소화가 가능하다. 지난 시즌 마무리로 전환해 성공적인 시즌을 보냈다. 간결한 투구폼으로 140km/h 중후반대로 형성되는 싱커를 구사한다. 변화구로는 슬라이더, 체인지업을 섞는다. 구위로 타자를 압도하기보다는 안정된 제구를 바탕으로 맞혀 잡는 유형의 투수다. 데뷔 때 미숙했던 체인지업을 가다듬는 데 성공, 우타자보다 좌타자를 효과적으로 공략하고 있다.

홈 타율 0.100　원정 타율 0.167
VS. 좌투수 0.000　VS. 우투수 0.143
득점권 0.000　L/C 0.000

Jorge ALFARO
호르헤 알파로
NO.38

우투우타　1993년 6월 11일　188cm, 101kg

*는 낮을수록 좋은 기록임

시즌	타수	안타	홈런	타점	볼넷	도루	타율	출루율	장타율	구분	기록	MLB
2016	16	2	0	0	1	0	0.125	0.176	0.125	타율	0.125	0.255
통산	16	2	0	0	1	0	0.125	0.176	0.125	출루율	0.176	0.322
										장타율	0.125	0.417
										볼넷%	5.9%	8.2%
										삼진%	47.1%	21.1%
										볼넷 / 삼진	0.13	0.39
										순장타율	0.000	0.162
										BABIP	0.250	0.300
										wOBA	0.11	0.318

*5타수 미만은 색을 표시하지 않았음. ●●●: Ball zone

SPRAY ZONE
0
0　　　0
25%　38%　38%
홈런
타구분포 %

BATTED BALL

항목	비율
볼존 공격률	41%
S존 공격률	50%
볼존 컨택트율	44%
S존 컨택트율	55%
라인드라이브	13%
그라운드볼	63%
플라이볼	25%

DEFENSE

위치	자살	보살	실책	수비율
C	27	0	0	1.000

콜 해멀스 트레이드 때 받은 주요 유망주 3인방 중 한 명이다. 포수로 뛰어난 운동신경과 강한 어깨로 수비형 포수로의 잠재력을 높게 평가 받고 있다. 블로킹 능력은 좀 더 발전해야 한다는 평가. 타격에선 스윙이 거칠고 인내심은 부족하지만 힘 하나 만큼은 일품. 타율은 낮지만 20홈런 이상을 기대할 만하다. 우려스러운 부분은 부상. 마이너 시절 잦은 부상으로 성장의 기회를 많이 날렸다. 올해 첫 풀타임 시즌이 기대되는 알파로는 카메론 러프와 함께 출장 시간을 나눠 가질 것으로 예상된다.

PHILADELPHIA PHILLIES

■ 타율 0.400 이상　■ 0.300-0.399　■ 0.200-0.299　■ 0.100-0.199　■ 타율 0.099 이하

C Cameron RUPP NO.29
카메론 러프

우투우타　1988년 9월 28일　188cm, 118kg　　*는 낮을수록 좋은 기록임

시즌	타수	안타	홈런	타점	볼넷	도루	타율	출루율	장타율		구분	기록	MLB
2016	389	98	16	54	24	1	0.252	0.303	0.447		타율	0.252	0.255
통산	732	176	25	90	53	1	0.240	0.298	0.403		출루율	0.303	0.322
											장타율	0.447	0.417
											볼넷%	5.7%	8.2%
											삼진%*	27.2%	21.1%
											볼넷/삼진	0.21	0.39
											순장타율	0.195	0.162
											BABIP	0.315	0.300
											wOBA	0.321	0.318

SPRAY ZONE: 4: 33%, 5: 38%, 7: 28%

BATTED BALL
항목	비율
볼존 공격률	29%
S존 공격률	67%
볼존 컨택트율	54%
S존 컨택트율	80%
라인드라이브	17%
그라운드볼	48%
플라이볼	34%

DEFENSE
위치	자살	보살	실책	수비율
C	825	44	5	0.994

홈 타율 0.266　원정 타율 0.239
VS. 좌투수 0.324　VS. 우투수 0.237
득점권 0.286　L/C 0.192

188cm 117kg의 건장한 체구를 자랑하는 포수. 타석에서 정확도는 떨어지지만 덩치에 걸맞게 파워는 좋다. 하지만 선구안이 떨어지고 삼진을 많이 당하는 편. 포수 수비에선 어깨는 나쁘지 않지만 풋워크나 프레이밍은 떨어지는 편이다. 지난 시즌 주전 포수 카를로스 루이스가 이적하며 주전으로 나서기 시작, 커리어 처음으로 100경기 이상을 출전했다. 하지만 미래의 주전으로 점찍기에는 다소 아쉬운 능력을 가지고 있어, 장기적으로 호르헤 알파로의 백업 포수 역할을 맡을 것으로 예상된다.

1B Tommy JOSEPH NO.19
토미 조지프

우투우타　1991년 7월 16일　185cm, 116kg　　*는 낮을수록 좋은 기록임

시즌	타수	안타	홈런	타점	볼넷	도루	타율	출루율	장타율		구분	기록	MLB
2016	315	81	21	47	22	1	0.257	0.308	0.505		타율	0.257	0.255
통산	315	81	21	47	22	1	0.257	0.308	0.505		출루율	0.308	0.322
											장타율	0.505	0.417
											볼넷%	6.3%	8.2%
											삼진%*	21.6%	21.1%
											볼넷/삼진	0.29	0.39
											순장타율	0.248	0.162
											BABIP	0.267	0.300
											wOBA	0.342	0.318

SPRAY ZONE: 12: 42%, 9: 38%, 0: 20%

BATTED BALL
항목	비율
볼존 공격률	35%
S존 공격률	72%
볼존 컨택트율	65%
S존 컨택트율	86%
라인드라이브	18%
그라운드볼	37%
플라이볼	45%

DEFENSE
위치	자살	보살	실책	수비율
1B	612	36	7	0.989

홈 타율 0.270　원정 타율 0.245
VS. 좌투수 0.281　VS. 우투수 0.248
득점권 0.202　L/C 0.269

라이언 하워드에 이어 필라델피아 1루수를 맡을 거포 1루수. 헌터 펜스를 2012년에 샌프란시스코에 주고 받은 핵심 카드다. 185cm 114kg의 건장한 체격을 자랑한다. 지난 시즌 빅리그에 데뷔해 107경기에서 21개의 홈런을 때려내며 가능성을 인정 받았다. 올 시즌이 첫 풀타임으로 30홈런 이상도 기대해볼 만하다. 하지만 중심 타자로서 선구안이 떨어진다는 것은 아쉬운 점. 또한 빠른 공 공략에 비해 아직까지 변화구에는 속수무책으로 당하는 경우가 많다. 수비에서도 좋지 않은 편.

■ 타율 0.400 이상　■ 0.300-0.399　■ 0.200-0.299　■ 0.100-0.199　■ 타율 0.099 이하

2B Cesar HERNANDEZ
세자르 에르난데스　 NO.16

우투양타　1990년 5월 23일　178cm, 73kg

*는 낮을수록 좋은 기록임

시즌	타수	안타	홈런	타점	볼넷	도루	타율	출루율	장타율	구분	기록	MLB
2016	547	161	6	39	66	17	0.294	0.371	0.393	타율	0.294	0.255
통산	1187	333	8	88	124	37	0.281	0.350	0.361	출루율	0.371	0.322

		장타율	0.393	0.417
		볼넷%	10.6%	8.2%
		삼진%*	18.6%	21.1%
		볼넷 / 삼진	0.57	0.39
		순장타율	0.099	0.162
		BABIP	0.363	0.300
		wOBA	0.335	0.318

VS. 패스트볼　VS. 변화구

*5타수 미만은 색을 표시하지 않았음, ●●●: Ball zone

SPRAY ZONE
1
1 34% 4
34%   32%
홈런
타구분포 %

BATTED BALL	
항목	비율
볼존 공격률	24%
S존 공격률	65%
볼존 컨택트율	57%
S존 컨택트율	91%
라인드라이브	24%
그라운드볼	55%
플라이볼	21%

DEFENSE				
위치	자살	보살	실책	수비율
2B	241	390	12	0.981

홈 타율 0.260　원정 타율 0.327
VS. 좌투수 0.341　VS. 우투수 0.279
득점권 0.276　L/C 0.321

내야 전포지션에 중견수까지 소화 가능한 유틸리티 플레이어. 주포지션은 2루수다. 수비 범위는 넓지만 잔실수가 많은 것이 아쉬운 부분. 대부분의 스위치 타자와는 다르게 우타석에서 더 좋은 모습을 보여준다(통산 우타석 .316, 좌타석 .267). 좌타석에 섰을 때 스윙이 커지는 경향이 있다. 여타 똑딱이 타자들과는 다르게 선구안도 준수해 볼넷을 잘 골라내는 편. 하지만 지나치게 신중해 루킹 삼진을 자주 당하는 편이다. 20도루 이상을 기록할 수 있는 빠른 발과 준수한 주루 센스를 보유했다.

3B Maikel FRANCO
마이켈 프랑코　 NO.07

우투우타　1992년 8월 26일　185cm, 98kg

*는 낮을수록 좋은 기록임

시즌	타수	안타	홈런	타점	볼넷	도루	타율	출루율	장타율	구분	기록	MLB
2016	581	148	25	88	40	1	0.255	0.306	0.427	타율	0.255	0.255
통산	941	243	39	143	67	2	0.258	0.312	0.437	출루율	0.306	0.322

		장타율	0.427	0.417
		볼넷%	6.3%	8.2%
		삼진%*	16.8%	21.1%
		볼넷 / 삼진	0.38	0.39
		순장타율	0.172	0.162
		BABIP	0.271	0.300
		wOBA	0.311	0.318

VS. 패스트볼　VS. 변화구

*5타수 미만은 색을 표시하지 않았음, ●●●: Ball zone

SPRAY ZONE
3
18 35% 4
46%   20%
홈런
타구분포 %

BATTED BALL	
항목	비율
볼존 공격률	34%
S존 공격률	74%
볼존 컨택트율	58%
S존 컨택트율	88%
라인드라이브	20%
그라운드볼	45%
플라이볼	36%

DEFENSE				
위치	자살	보살	실책	수비율
3B	93	223	13	0.960

홈 타율 0.246　원정 타율 0.264
VS. 좌투수 0.286　VS. 우투수 0.246
득점권 0.253　L/C 0.274

제2의 마이크 슈미트를 기대하는 젊은 거포 3루수. 마이너 시절 30홈런을 칠 정도로 힘이 대단하며 배트 스피드를 지녔다. 큰 스윙임에도 불구, 배트 컨트롤이 뛰어나 삼진을 잘 당하지 않는다. 바깥쪽으로 휘어지는 브레이킹볼 대처 능력이 좋아진다면 고타율도 기대해볼 만하다. 마이너 초기, 타석에서 인내심이 부족한 모습을 보였으나 점차 개선해 나가는 중. 뛰어난 공격력에 비해 3루 수비는 평균 이하. 수비의 발전이 없다면 장기적으로 1루수로 포지션 전환 가능성도 있다.

■ 타율 0.400 이상　■ 0.300-0.399　■ 0.200-0.299　■ 0.100-0.199　■ 타율 0.099 이하

SS Freddy GALVIS
프레디 갈비스

NO.13

우투양타　1989년 11월 14일　178cm, 84kg

*는 낮을수록 좋은 기록임

시즌	타수	안타	홈런	타점	볼넷	도루	타율	출루율	장타율	구분	기록	MLB
2016	584	141	20	67	25	17	0.241	0.274	0.399	타율	0.241	0.255
통산	1657	400	40	172	83	29	0.241	0.279	0.369	출루율	0.274	0.322
										장타율	0.399	0.417
										볼넷%	4.0%	8.2%
										삼진%*	21.8%	21.1%
										볼넷/삼진	0.18	0.39
										순장타율	0.158	0.162
										BABIP	0.280	0.300
										wOBA	0.284	0.318

VS. 패스트볼 　 VS. 변화구

*5타수 미만은 색을 표시하지 않았음. ●●●● : Ball zone

홈 타율 0.214 원정 타율 0.267
VS. 좌투수 0.215 VS. 우투수 0.250
득점권 0.224 L/C 0.198

SPRAY ZONE
4 : 36%
3 : 26%　13 : 38%
홈런 타구분포 %

BATTED BALL
항목	비율
볼존 공격률	40%
S존 공격률	67%
볼존 컨택트율	71%
S존 컨택트율	87%
라인드라이브	24%
그라운드볼	40%
플라이볼	36%

DEFENSE
위치	자살	보살	실책	수비율
SS	210	407	08	0.987

2012년 데뷔했지만 2015시즌 처음으로 풀타임 시즌을 치렀다. 잦은 부상과 금지 약물 복용 징계가 그 이유. 공격보다는 수비에 치중하는 선수다. 2루수와 유격수가 가능하며 주포지션은 유격수. 2015년 수비에서 기대 이하의 모습을 보였지만 지난 시즌엔 반등에 성공했다. 당초 공격력이 떨어진다는 평가를 받았지만 지난 시즌 생애 첫 두 자릿수 홈런 시즌을 20홈런을 기록하며 만들어냈다. 정확도와 선구안에선 여전히 아쉬운 모습. 하지만 작전 수행 능력이 좋고 빠른 발을 가졌다.

LF Howie KENDRICK
하위 켄드릭

NO.47

우투우타　1983년 7월 12일　180cm, 100kg

*는 낮을수록 좋은 기록임

시즌	타수	안타	홈런	타점	볼넷	도루	타율	출루율	장타율	구분	기록	MLB
2016	487	124	8	40	50	10	0.255	0.326	0.366	타율	0.255	0.255
통산	5068	1465	95	595	288	111	0.289	0.332	0.417	출루율	0.326	0.322
										장타율	0.366	0.417
										볼넷%	9.2%	8.2%
										삼진%*	17.7%	21.1%
										볼넷/삼진	0.52	0.39
										순장타율	0.111	0.162
										BABIP	0.301	0.300
										wOBA	0.303	0.318

VS. 패스트볼 　 VS. 변화구

*5타수 미만은 색을 표시하지 않았음. ●●●● : Ball zone

홈 타율 0.248 원정 타율 0.261
VS. 좌투수 0.234 VS. 우투수 0.264
득점권 0.235 L/C 0.216

SPRAY ZONE
3 : 37%
1 : 26%　4 : 37%
홈런 타구분포 %

BATTED BALL
항목	비율
볼존 공격률	32%
S존 공격률	66%
볼존 컨택트율	63%
S존 컨택트율	91%
라인드라이브	19%
그라운드볼	61%
플라이볼	20%

DEFENSE
위치	자살	보살	실책	수비율
LF	131	5	0	1.000
2B	32	57	3	0.967

한때 리그 정상급 2루수였지만 지난 시즌 포지션을 잡지 못하고 2루와 좌익수를 오갔다. 그러면서 장점이었던 타석에서의 정확도도 크게 떨어져 지난 시즌 커리어 최저인 .255의 타율을 기록했다. 타석에서 장타력이 뛰어난 편은 아니지만 30 2루타와 두 자릿수 홈런을 기록할 수 있다. 가장 큰 장점은 작전 수행 능력. 데릭 지터 이후에 밀어치기를 가장 잘하는 선수 중 한 명으로 평가 받고 있다. 올 시즌도 본 포지션인 2루가 아닌 좌익수로 주로 나설 것으로 예상된다. 올 시즌 종료 후 FA.

PHILADELPHIA PHILLIES

■ 타율 0.400 이상　■ 0.300-0.399　■ 0.200-0.299　■ 0.100-0.199　■ 타율 0.099 이하

홈 타율 0.284　원정 타율 0.289
VS. 좌투수 0.236　VS. 우투수 0.303
득점권 0.277　L/C 0.256

CF Odubel HERRERA　NO.37
오두벨 에레라

우투좌타　1991년 12월 29일　180cm, 93kg

*는 낮을수록 좋은 기록임

시즌	타수	안타	홈런	타점	볼넷	도루	타율	출루율	장타율
2016	583	167	15	49	63	25	0.286	0.361	0.420
통산	1078	314	23	90	91	41	0.291	0.353	0.419

구분	기록	MLB
타율	0.286	0.255
출루율	0.361	0.322
장타율	0.420	0.417
볼넷%	9.6%	8.2%
삼진%*	20.4%	21.1%
볼넷 / 삼진	0.47	0.39
순장타율	0.134	0.162
BABIP	0.349	0.300
wOBA	0.338	0.318

VS. 패스트볼　　VS. 변구

*5타수 미만은 색을 표시하지 않았음. ●●●●: Ball zone

SPRAY ZONE
7
2　　6
36%　38%　27%
홈런
타구분포 %

BATTED BALL
항목	비율
볼존 공격률	34%
S존 공격률	66%
볼존 컨택트율	65%
S존 컨택트율	87%
라인드라이브	22%
그라운드볼	46%
플라이볼	32%

DEFENSE

위치	자살	보살	실책	수비율
CF	372	11	9	0.977

Rule 5 드래프트에서 찾아낸 숨은 진주. 마이너에서 주로 2루수로 활약했으나 메이저리그 무대에서 본격적으로 중견수로 기용되었다(마이너 중견수 2경기, MLB 136경기). 처음 중견수를 보는 선수가 맞나 싶을 정도로 빠른 타구 판단과 넓은 수비 범위로 리그 최고의 중견수 수비를 뽐냈다. 타격에선 전형적인 슬랩히터. 짧고 빠른 스윙으로 빠른 공 공략에 능하다. 좌타자임에도 좌투수에 약하지 않다. 20도루 이상 가능한 빠른 발도 지녔다. 지난 시즌 리그 정상급 1번타자로 발돋움했다.

홈 타율 0.266　원정 타율 0.241
VS. 좌투수 0.275　VS. 우투수 0.247
득점권 0.204　L/C 0.275

RF Michael SAUNDERS　NO.05
마이클 손더스

우투좌타　1986년 11월 19일　193cm, 102kg

*는 낮을수록 좋은 기록임

시즌	타수	안타	홈런	타점	볼넷	도루	타율	출루율	장타율
2016	490	124	24	57	59	1	0.253	0.338	0.478
통산	2237	526	75	242	240	55	0.235	0.323	0.402

구분	기록	MLB
타율	0.253	0.255
출루율	0.338	0.322
장타율	0.478	0.417
볼넷%	10.6%	8.2%
삼진%*	28.1%	21.1%
볼넷 / 삼진	0.38	0.39
순장타율	0.224	0.162
BABIP	0.321	0.300
wOBA	0.348	0.318

VS. 패스트볼　　VS. 변구

*5타수 미만은 색을 표시하지 않았음. ●●●●: Ball zone

SPRAY ZONE
4
7　　13
26%　33%　41%
홈런
타구분포 %

BATTED BALL
항목	비율
볼존 공격률	26%
S존 공격률	68%
볼존 컨택트율	46%
S존 컨택트율	86%
라인드라이브	23%
그라운드볼	41%
플라이볼	37%

DEFENSE

위치	자살	보살	실책	수비율
LF	153	5	2	0.988
RF	35	0	0	1.000

캐나다 출신의 거포. 시애틀 시절부터 유망주로 기대를 모으며 많은 기회를 줬음에도 불구하고 성장하지 못했다. 하지만 2015시즌 토론토로 적을 옮긴 후 지난 시즌 커리어 최다인 24홈런을 기록하며 올스타에도 선정되는 등 전성기를 누렸다. 타석에서의 정확도는 다소 아쉬운 편이지만 30홈런까지 기대해볼 수 있는 장타력을 가지고 있다. 타석에서의 인내심이 좋아 투수로 하여금 많은 공을 던지게 한다. 코너 외야수가 주포지션이지만 수비에는 리그 평균 이하다.

PHILADELPHIA PHILLIES

■ 타율 0.400 이상　■ 0.300-0.399　■ 0.200-0.299　■ 0.100-0.199　■ 타율 0.099 이하

IF　Jesmuel VALENTIN　NO.76
제스뮤엘 발렌틴

우투양타　1994년 5월 12일　175cm, 82kg

*는 낮을수록 좋은 기록임

시즌	타수	안타	홈런	타점	볼넷	도루	타율	출루율	장타율	구분	기록	MLB
2016	-	-	-	-	-	-	-	-	-	타율	-	0.255
통산	-	-	-	-	-	-	-	-	-	출루율	-	0.322

장타율	0.417
볼넷%	8.2%
삼진%*	21.1%
볼넷 / 삼진	0.39
순장타율	0.162
BABIP	0.300
wOBA	0.318

VS. 패스트볼　　VS. 변화구

좌타자　우타자　좌타자　우타자

*5타수 미만은 색을 표시하지 않았음.　●●●●● : Ball zone

SPRAY ZONE　　BATTED BALL

항목	비율
볼존 공격률	-
S존 공격률	-
볼존 컨택트율	-
S존 컨택트율	-
라인드라이브	-
그라운드볼	-
플라이볼	-

NO DATA

홈런
타구분포 %

한때 리그를 대표하던 공격형 유격수 중 한 명인 호세 발렌틴의 아들. 그 피를 인정받아 2012년 다저스가 1라운드 51번픽으로 지명했다. 하지만 마이너에서 기대 이하의 성장세를 보여주는 중. 마이너에서도 최고 타율은 고작 .273. 홈런도 9개에 불과하다. 하지만 떨어지는 타격 정확도를 메워주는 좋은 출루율이 장점. 20도루 이상도 기대할 수 있을 만큼 빠른 발도 가지고 있다. 수비에서도 2루수가 주포지션이지만 유격수, 3루, 코너 외야수를 볼 수 있을 정도로 수비 센스가 좋은 편이다.

OF　Aaron ALTHERR　NO.23
애런 올테어

우투우타　1991년 1월 14일　196cm, 98kg

*는 낮을수록 좋은 기록임

시즌	타수	안타	홈런	타점	볼넷	도루	타율	출루율	장타율	구분	기록	MLB
2016	198	39	4	22	23	7	0.197	0.300	0.288	타율	0.197	0.255
통산	340	72	9	44	39	13	0.212	0.311	0.365	출루율	0.300	0.322

장타율	0.288	0.417
볼넷%	10.1%	8.2%
삼진%*	30.4%	21.1%
볼넷 / 삼진	0.33	0.39
순장타율	0.091	0.162
BABIP	0.288	0.300
wOBA	0.270	0.318

VS. 패스트볼　　VS. 변화구

우타자　우타자

*5타수 미만은 색을 표시하지 않았음.　●●●●● : Ball zone

SPRAY ZONE　　BATTED BALL　　DEFENSE

항목	비율
볼존 공격률	27%
S존 공격률	62%
볼존 컨택트율	50%
S존 컨택트율	85%
라인드라이브	26%
그라운드볼	51%
플라이볼	23%

1　2　1
41%　39%　20%

홈 타율 0.196　원정 타율 0.209
VS. 좌투수 0.250　VS. 우투수 0.190
득점권 0.239　L/C 0.167

홈런
타구분포 %

위치	자살	보살	실책	수비율
RF	62	2	1	0.985
LF	31	1	0	1.000

메이저리그에서 드문 독일 출생 선수로 아버지가 독일에서 축구 선수로 활약한 바 있다. 아버지에게서 좋은 운동신경을 물려받았다(195cm의 키에 고등학교 때까지 농구 선수로 활약). 크지 않은 스윙으로 공을 강하게 때리는 능력이 있다. 정확도는 떨어지지만 두 자릿수 홈런과 많은 2루타를 때려낼 수 있는 장타력을 보유했다. 발도 빨라 마이너 시절엔 한 시즌 37개의 도루를 기록하기도. 넓은 수비 범위와 평균 이상의 어깨로 외야 전 포지션 소화가 가능하다(코너에서 더 좋은 모습).

WASHINGTON NATIONALS

짝수해마다 포스트시즌에 진출하지만 매년 고배를 마시는 중. 지난 시즌엔 하퍼의 부진이 아쉬웠다. 위터스-이튼의 가세로 지난 시즌보다 더 강력해진 타선을 보유했다. 월드시리즈를 향하는 키는 하퍼가 쥐고 있다.

TEAM IMFORMATION

창단 : 1969년
이전 연고지 : 몬트리올
월드시리즈 우승 : 0회
NL 우승 : 0회
디비전 우승 : 4회
와일드카드 진출 : 0회
구단주 : 테드 러너
감독 : 더스티 베이커
단장 : 마이크 리조

FRANCHISE

UNIFORM

Home / Away

Alternate

WASHINGTON NATIONALS

MANAGER

Dusty Baker
생년월일 : 1949년 6월 15일
출생지 : 리버사이드(캘리포니아)
MLB 감독 경력 : 올해로 22년째
샌프란시스코(1993년~2002년),
시카고 컵스(2003년~2006년), 신시내티(2008년~2013년),
워싱턴(2016년~)
정규시즌 통산 : 1766승 1571패 승률 0.529
포스트시즌 통산 : 21승 29패 승률 0.420
NL 올해의 감독상 : 3회(1993, 1997, 2000년)

LINE-UP

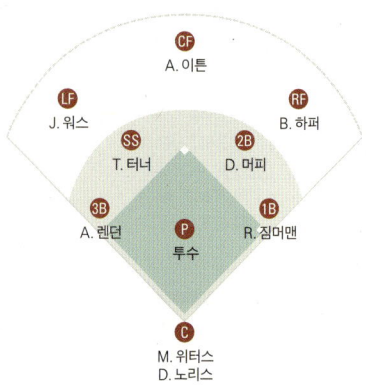

ROTATION	
SP	M. 셔저
SP	S. 스트라스버그
SP	G. 곤잘레스
SP	T. 로어크
SP	J. 로스

BULLPEN	
RP	J. 블랜튼
RP	R. 마틴
RP	T. 갓
RP	O. 페레스
RP	S. 솔리스
RP	B. 트라이넨
CL	S. 켈리

BATTING	
1	T. 터너
2	A. 이튼
3	D. 머피
4	B. 하퍼
5	A. 렌던
6	J. 워스
7	R. 짐머맨
8	M. 위터스

UTILITY PLAYERS	
IF	S. 드류
IF	A. 린드
OF	M. 테일러
OF	C. 로빈슨

BALL PARK : Nationals Park

주소 : 1500 South Capitol Street SE, Washington DC
펜스 거리 : 왼쪽 103m, 좌중간 115m, 중앙 123m,
　　　　　우중간 113m, 오른쪽 102m
펜스 높이 : 왼쪽~좌중간 2.4m, 중앙 3.0m, 우중간 4.3m,
　　　　　오른쪽 2.4m
최초공식경기 : 2008년 3월 30일
잔디 : 켄터키 블루그래스(천연잔디)
수용 인원 : 4만 1,888명
홈팀 덕아웃 : 1루
파크팩터 : 1.000(MLB 12위)

MVP의 부진에도 지구 1위 성공
여전히 요원한 월드시리즈 진출

2016 리뷰
기쁨과 아쉬움이 공존한 시즌이었다. 2015시즌 MVP 브라이스 하퍼는 시즌 초반 반짝한 이후 시즌 내내 부진의 늪에서 빠져나오지 못하며 팬들을 실망시켰다(WAR 2015 9.9 → 1.6). 시즌 중반 장기 계약을 맺은 스티븐 스트라스버그는 부상으로 또 한 번 쓰러졌다. 팀의 프랜차이즈 스타 라이언 짐머맨은 예년의 공격력을 완전히 잃어버렸다. 가장 큰 아쉬움은 역시 디비전 시리즈 탈락. 새로 부임한 베이커 감독은 정규 시즌용 감독이라는 오명을 지우는 데 다시 한 번 실패했다. 하지만 에이스 맥스 셔저는 사이영상을 수상하며 양대 리그 사이영상 수상에 성공했다. FA로 영입한 대니얼 머피는 시즌 전 우려를 모두 불식시키며 MVP 2위에 올랐다. 앤서니 렌던은 2014년에 이어 두 번째 150경기 시즌을 만들어내며 올해의 NL 재기상을 수상했다. 팬들에게 가장 큰 기쁨을 선사한 선수는 신인 트레이 터너. 7월부터 빅리그에서 본격적으로 활약한 터너는 고작 73경기에서 .342 13홈런 33도루의 맹활약을 펼치며 신인왕 경쟁에서 코리 시거를 위협했다.

2017 프리뷰
오프 시즌, 지난 시즌 득점 4위에 오른 공격력을 더욱 강화했다. 팀 내 투수 유망주 원투 펀치였던 루카스 지올리토와 레이날도 로페스를 화이트 삭스에 주고 리드오프 타자 애덤 이튼을 영입했다. 그리고 윌슨 라모스가 떠난 안방 자리를 맷 위터스를 영입하며 업그레이드했다. 라이언 짐머맨의 떨어진 공격력을 보강하기 위해 애덤 린드를 영입하며 1루 플래툰 시스템을 갖추는 데 성공했다. 여기에 하퍼까지 부활에 성공한다면 리그 최고의 공격 생산력을 과시할 것으로 예상된다. 선발진은 여전히 리그 최정상급. 에이스 맥스 셔저부터 리그 최고의 4선발인 태너 로어크에 5선발도 조 로스가 버티고 있다. 가장 큰 변수는 2선발인 스트라스버그의 건강. 2010년 데뷔 후 아직까지 200이닝 시즌이 2014년 단 한 시즌밖에 없다. 올 시즌 장기 계약 첫해인만큼 반드시 건강한 모습을 보여줘야 한다. 마크 멜란슨이 떠난 불펜 역시도 팀의 약점. 숀 켈리가 마무리를 맡을 것으로 보이지만 최악의 경우에는 집단 마무리 체제도 예상된다. 이러한 약점에도 불구하고 여전히 강력한 월드시리즈 우승 후보.

WASHINGTON NATIONALS

SQUAD LIST
*선수 명단은 2017년 3월 25일 기준 (source : ESPN)

투수

번호	이름	위치	투	타	나이	출생지
70	Austin Adams	RP	R	R	25	Tampa, FL
22	A.J. Cole	SP	R	R	25	Winter Springs, FL
52	Jimmy Cordero	RP	R	R	25	San Cristobal, Dominican Republic
30	Koda Glover	RP	R	R	23	Monroe, OK
47	Gio Gonzalez	SP	L	R	31	Hialeah, FL
26	Trevor Gott	RP	R	R	24	Lexington, KY
33	Matt Grace	RP	L	L	28	Palos Verdes, CA
27	Shawn Kelley	RP	R	R	32	Louisville, KY
53	Rafael Martin	RP	R	R	32	San Fernando, CA
46	Oliver Perez	RP	L	L	35	Culiacan, Mexico
57	Tanner Roark	SP	R	R	30	Wilmington, IL
72	Enny Romero	RP	L	L	26	Santo Domingo, Dominican Republic
41	Joe Ross	SP	R	R	23	Berkeley, CA
31	Max Scherzer	SP	R	R	32	St. Louis, MO
36	Sammy Solis	RP	L	R	28	Minneapolis, MN
37	Stephen Strasburg	SP	R	R	28	San Diego, CA
45	Blake Treinen	RP	R	R	28	Wichita, KS
44	Austin Voth	SP	R	R	24	Redmond, WA

포수

번호	이름	위치	투	타	나이	출생지
64	Spencer Kieboom	C	R	R	26	Mount Pleasant, SC
59	Jose Lobaton	C	R	B	32	Acarigua, Venezuela
65	Raudy Read	C	R	R	23	San Jose de Ocoa, Dominican Republic
29	Pedro Severino	C	R	R	23	Bonao, Dominican Republic
32	Matt Wieters	C	R	B	30	Charleston, SC

내야

번호	이름	위치	투	타	나이	출생지
1	Wilmer Difo	2B	R	B	24	Santiago de los Caballeros, Dominican Republic
10	Stephen Drew	2B	R	L	34	Valdosta, GA
73	Adam Lind	1B	L	L	33	Muncie, IN
17	Jose MarmolejosDL60	1B	L	L	24	Perth Amboy, NJ
20	Daniel Murphy	2B	R	L	31	Jacksonville, FL
6	Anthony Rendon	3B	R	R	26	Houston, TX
25	Clint Robinson	1B	L	L	32	Jefferson City, MO
21	Matt Skole	3B	R	L	27	Woodstock, GA
7	Trea Turner	SS	R	R	23	Boynton Beach, FL
11	Ryan Zimmerman	1B	R	R	32	Washington, NC

외야

번호	이름	위치	투	타	나이	출생지
9	Rafael Bautista	CF	R	R	24	Santo Domingo, Dominican Republic
2	Adam Eaton	CF	L	L	28	Springfield, OH
8	Brian Goodwin	CF	R	L	26	Rocky Mount, NC
34	Bryce Harper	RF	R	L	24	Las Vegas, NV
14	Chris Heisey	LF	R	R	32	Mount Joy, PA
3	Michael Taylor	CF	R	R	25	Ft. Lauderdale, FL
28	Jayson Werth	LF	R	R	37	Springfield, IL

SUMMARY

우타자	좌타자	스위치	우투수	좌투수	평균나이	최연소	최연장
10명	9명	3명	13명	5명	27.9세	23세	37세

2016 REGULAR SEASON SCHEDULE

■ 는 홈경기, 시간은 미국 동부시간 기준

날짜	상대팀	경기시간	날짜	상대팀	경기시간	날짜	상대팀	경기시간
Mon, 4/3	Miami Marlins	PM 1:05	Fri, 6/9	Texas Rangers	PM 7:05	Wed, 8/16	Los Angeles Angels	PM 1:05
Wed, 4/5	Miami Marlins	PM 7:05	Sat, 6/10	Texas Rangers	PM 12:05	Thu, 8/17	San Diego Padres	PM 10:10
Thu, 4/6	Miami Marlins	PM 4:05	Sun, 6/11	Texas Rangers	PM 4:05	Fri, 8/18	San Diego Padres	PM 10:10
Fri, 4/7	Philadelphia Phillies	PM 3:05	Mon, 6/12	Atlanta Braves	PM 7:05	Sat, 8/19	San Diego Padres	PM 8:40
Sat, 4/8	Philadelphia Phillies	PM 7:05	Tue, 6/13	Atlanta Braves	PM 7:05	Sun, 8/20	San Diego Padres	PM 4:40
Sun, 4/9	Philadelphia Phillies	PM 1:35	Wed, 6/14	Atlanta Braves	PM 4:05	Tue, 8/22	Houston Astros	PM 8:10
Mon, 4/10	St. Louis Cardinals	PM 7:05	Thu, 6/15	New York Mets	PM 7:10	Wed, 8/23	Houston Astros	PM 8:10
Tue, 4/11	St. Louis Cardinals	PM 7:05	Fri, 6/16	New York Mets	PM 7:10	Thu, 8/24	Houston Astros	PM 8:10
Wed, 4/12	St. Louis Cardinals	PM 4:05	Sat, 6/17	New York Mets	PM 4:10	Fri, 8/25	New York Mets	PM 7:05
Fri, 4/14	Philadelphia Phillies	PM 4:05	Sun, 6/18	New York Mets	PM 1:10	Sat, 8/26	New York Mets	PM 4:05
Sat, 4/15	Philadelphia Phillies	PM 1:05	Mon, 6/19	Miami Marlins	PM 7:05	Sun, 8/27	New York Mets	PM 1:35
Sun, 4/16	Philadelphia Phillies	PM 1:35	Tue, 6/20	Miami Marlins	PM 7:10	Mon, 8/28	Miami Marlins	PM 7:05
Tue, 4/18	Atlanta Braves	PM 7:35	Wed, 6/21	Miami Marlins	PM 12:10	Tue, 8/29	Miami Marlins	PM 7:05
Wed, 4/19	Atlanta Braves	PM 7:35	Fri, 6/23	Cincinnati Reds	PM 7:05	Wed, 8/30	Miami Marlins	PM 4:05
Thu, 4/20	Atlanta Braves	PM 7:35	Sat, 6/24	Cincinnati Reds	PM 4:05	Thu, 8/31	Milwaukee Brewers	PM 8:10
Fri, 4/21	New York Mets	PM 7:10	Sun, 6/25	Cincinnati Reds	PM 1:35	Fri, 9/1	Milwaukee Brewers	PM 8:10
Sat, 4/22	New York Mets	PM 4:05	Mon, 6/26	Chicago Cubs	PM 7:05	Sat, 9/2	Milwaukee Brewers	PM 7:05
Sun, 4/23	New York Mets	PM 8:00	Tue, 6/27	Chicago Cubs	PM 7:05	Sun, 9/3	Milwaukee Brewers	PM 2:10
Mon, 4/24	Colorado Rockies	PM 8:40	Wed, 6/28	Chicago Cubs	PM 7:05	Mon, 9/4	Miami Marlins	PM 7:10
Tue, 4/25	Colorado Rockies	PM 8:40	Thu, 6/29	Chicago Cubs	PM 4:05	Tue, 9/5	Miami Marlins	PM 7:10
Wed, 4/26	Colorado Rockies	PM 8:40	Fri, 6/30	St. Louis Cardinals	PM 8:15	Wed, 9/6	Miami Marlins	PM 7:10
Thu, 4/27	Colorado Rockies	PM 3:10	Sat, 7/1	St. Louis Cardinals	PM 7:15	Thu, 9/7	Philadelphia Phillies	PM 7:05
Fri, 4/28	New York Mets	PM 7:05	Sun, 7/2	St. Louis Cardinals	PM 2:15	Fri, 9/8	Philadelphia Phillies	PM 7:05
Sat, 4/29	New York Mets	PM 1:05	Mon, 7/3	New York Mets	PM 6:05	Sat, 9/9	Philadelphia Phillies	PM 7:05
Sun, 4/30	New York Mets	PM 1:35	Tue, 7/4	New York Mets	AM 11:05	Sun, 9/10	Philadelphia Phillies	PM 1:35
Tue, 5/2	Arizona D-backs	PM 7:05	Wed, 7/5	New York Mets	PM 7:05	Tue, 9/12	Atlanta Braves	PM 7:05
Wed, 5/3	Arizona D-backs	PM 7:05	Thu, 7/6	Atlanta Braves	PM 7:05	Wed, 9/13	Atlanta Braves	PM 7:05
Thu, 5/4	Arizona D-backs	PM 1:05	Fri, 7/7	Atlanta Braves	PM 7:05	Thu, 9/14	Atlanta Braves	PM 7:05
Fri, 5/5	Philadelphia Phillies	PM 7:05	Sat, 7/8	Atlanta Braves	PM 4:05	Fri, 9/15	Los Angeles Dodgers	PM 7:05
Sat, 5/6	Philadelphia Phillies	PM 7:05	Sun, 7/9	Atlanta Braves	PM 1:35	Sat, 9/16	Los Angeles Dodgers	PM 1:05
Sun, 5/7	Philadelphia Phillies	PM 2:35	Fri, 7/14	Cincinnati Reds	PM 7:10	Sun, 9/17	Los Angeles Dodgers	PM 1:35
Mon, 5/8	Baltimore Orioles	PM 7:05	Sat, 7/15	Cincinnati Reds	PM 7:10	Tue, 9/19	Atlanta Braves	PM 7:35
Tue, 5/9	Baltimore Orioles	PM 7:05	Sun, 7/16	Cincinnati Reds	PM 1:10	Wed, 9/20	Atlanta Braves	PM 7:35
Wed, 5/10	Baltimore Orioles	PM 7:05	Mon, 7/17	Cincinnati Reds	PM 12:35	Thu, 9/21	Atlanta Braves	PM 7:35
Thu, 5/11	Baltimore Orioles	PM 7:05	Tue, 7/18	Los Angeles Angels	PM 10:07	Fri, 9/22	New York Mets	PM 7:10
Fri, 5/12	Philadelphia Phillies	PM 7:05	Wed, 7/19	Los Angeles Angels	PM 10:07	Sat, 9/23	New York Mets	PM 7:10
Sat, 5/13	Philadelphia Phillies	PM 7:05	Fri, 7/21	Arizona D-backs	PM 9:40	Sun, 9/24	New York Mets	PM 1:10
Sun, 5/14	Philadelphia Phillies	PM 1:35	Sat, 7/22	Arizona D-backs	PM 8:10	Mon, 9/25	Philadelphia Phillies	PM 7:05
Tue, 5/16	Pittsburgh Pirates	PM 7:05	Sun, 7/23	Arizona D-backs	PM 4:10	Tue, 9/26	Philadelphia Phillies	PM 7:05
Wed, 5/17	Pittsburgh Pirates	PM 7:05	Tue, 7/25	Milwaukee Brewers	PM 7:05	Wed, 9/27	Philadelphia Phillies	PM 7:05
Thu, 5/18	Pittsburgh Pirates	PM 12:35	Wed, 7/26	Milwaukee Brewers	PM 7:05	Thu, 9/28	Pittsburgh Pirates	PM 7:05
Fri, 5/19	Atlanta Braves	PM 7:35	Thu, 7/27	Milwaukee Brewers	PM 12:05	Fri, 9/29	Pittsburgh Pirates	PM 7:05
Sat, 5/20	Atlanta Braves	PM 4:10	Fri, 7/28	Colorado Rockies	PM 7:05	Sat, 9/30	Pittsburgh Pirates	PM 7:05
Sun, 5/21	Atlanta Braves	PM 1:05	Sat, 7/29	Colorado Rockies	PM 7:05	Sun, 10/1	Pittsburgh Pirates	PM 3:05
Tue, 5/23	Seattle Mariners	PM 7:05	Sun, 7/30	Colorado Rockies	PM 1:35			
Wed, 5/24	Seattle Mariners	PM 7:05	Mon, 7/31	Miami Marlins	PM 7:10			
Thu, 5/25	Seattle Mariners	PM 4:05	Tue, 8/1	Miami Marlins	PM 7:10			
Fri, 5/26	San Diego Padres	PM 7:05	Wed, 8/2	Miami Marlins	PM 7:10			
Sat, 5/27	San Diego Padres	PM 4:05	Fri, 8/4	Chicago Cubs	PM 2:20			
Sun, 5/28	San Diego Padres	PM 1:35	Sat, 8/5	Chicago Cubs	PM 2:20			
Mon, 5/29	San Francisco Giants	PM 4:05	Sun, 8/6	Chicago Cubs	TBD			
Tue, 5/30	San Francisco Giants	PM 10:15	Mon, 8/7	Miami Marlins	PM 7:05			
Wed, 5/31	San Francisco Giants	PM 10:15	Tue, 8/8	Miami Marlins	PM 7:10			
Fri, 6/2	Oakland Athletics	PM 10:05	Wed, 8/9	Miami Marlins	PM 7:10			
Sat, 6/3	Oakland Athletics	PM 4:05	Thu, 8/10	Miami Marlins	PM 7:05			
Sun, 6/4	Oakland Athletics	PM 1:05	Fri, 8/11	San Francisco Giants	PM 7:05			
Mon, 6/5	Los Angeles Dodgers	PM 10:10	Sat, 8/12	San Francisco Giants	PM 7:05			
Tue, 6/6	Los Angeles Dodgers	PM 10:10	Sun, 8/13	San Francisco Giants	PM 1:35			
Wed, 6/7	Los Angeles Dodgers	PM 3:10	Tue, 8/15	Los Angeles Angels	PM 7:05			

WASHINGTON NATIONALS

홈 ERA 2.56 원정 ERA 3.28
VS. 좌타자 0.239 VS. 우타자 0.154
VS. 추신수 21타수 12안타 2홈런 0.571
VS. 강정호 6타수 2안타 0.333

SP Max SCHERZER
맥스 셔저   NO.31

우투우타   1984년 7월 27일   190cm, 95kg   *는 낮을수록 좋은 기록임

시즌	경기	이닝	피안타	피홈런	볼넷	탈삼진	승-패-세-홀	평균자책	구분	기록	MLB
2016	34	228.1	165	31	56	284	20-7-0-0	2.96	평균자책*	2.96	4.19
통산	274	1696.1	1463	191	479	1881	125-69-0-0	3.39	탈삼진 / 9	11.19	8.10
									볼넷 / 9*	2.21	3.14
									탈삼진 / 볼넷	5.07	2.58
									피홈런 / 9*	1.22	1.17
									피안타율*	0.196	0.252
									WHIP*	0.97	1.32
									잔루율	81.7%	72.9%
									FIP*	3.24	4.19

PITCHING REPERTORY / VELOCITY km/h **MOVEMENT** cm

구종	평균	전체	초구	2-2	좌타자	우타자	피타율	상하	좌우
포심패스트볼	152	57%	63%	49%	60%	54%	0.227	↑ 21	→ 19
투심 / 싱커	–	–	–	–	–	–	–	–	–
컷패스트볼	143	2%	1%	3%	4%	1%	0.214	↑ 10	→ 2
슬라이더	139	20%	20%	21%	3%	38%	0.158	↑ 4	→ 2
커브	127	8%	12%	7%	14%	5%	0.180	↑ 8	→ 10
체인지업	137	13%	5%	20%	19%	5%	0.195	↑ 3	→ 23
스플리터	–	–	–	–	–	–	–	–	–

리그를 대표하는 우완에이스. 리그 정상급의 150km/h 초중반에 형성되는 빠른 공과 슬라이더, 체인지업 3종 세트로 수많은 삼진을 잡아낸다(최근 5시즌 K/9 10.7). 타자의 타이밍을 뺏는 용도로 가끔 커브를 던지기도 한다. 데뷔 초기 제구가 거친 면이 있었지만 현재는 리그에서 가장 제구가 좋은 투수 중 한 명이다. 최근 3시즌 동안 200이닝을(평균 226이닝) 넘게 던지며 이닝 이터로의 면모도 과시 중. 플라이볼 투수로 피홈런이 많다는 것이 유일한 옥의 티. 지난 시즌 사이영상을 수상했다.

홈 ERA 4.00 원정 ERA 3.00
VS. 좌타자 0.199 VS. 우타자 0.232
VS. 추신수 9타수 2안타 0.222
VS. 강정호 3타수 0안타 0.000

SP Stephen STRASBURG
스티븐 스트라스버그   NO.37

우투우타   1988년 7월 20일   193cm, 107kg   *는 낮을수록 좋은 기록임

시즌	경기	이닝	피안타	피홈런	볼넷	탈삼진	승-패-세-홀	평균자책	구분	기록	MLB
2016	24	147.2	119	15	44	183	15-4-0-0	3.60	평균자책*	3.60	4.19
통산	156	924.1	775	88	236	1084	69-41-0-0	3.17	탈삼진 / 9	11.15	8.10
									볼넷 / 9*	2.68	3.14
									탈삼진 / 볼넷	4.16	2.58
									피홈런 / 9*	0.91	1.17
									피안타율*	0.216	0.252
									WHIP*	1.10	1.32
									잔루율	73.6%	72.9%
									FIP*	2.92	4.19

PITCHING REPERTORY / VELOCITY km/h **MOVEMENT** cm

구종	평균	전체	초구	2-2	좌타자	우타자	피타율	상하	좌우
포심패스트볼	154	60%	68%	54%	57%	63%	0.253	↑ 24	→ 15
투심 / 싱커	151	1%	1%	0%	1%	0%	0.750	↑ 14	→ 22
컷패스트볼	–	–	–	–	–	–	–	–	–
슬라이더	144	9%	9%	6%	6%	13%	0.280	↑ 10	← 6
커브	132	17%	16%	21%	18%	16%	0.195	↑ 14	→ 19
체인지업	143	13%	6%	19%	19%	8%	0.136	↑ 8	→ 23
스플리터	–	–	–	–	–	–	–	–	–

괴물 투수라는 명성에 비해 부상으로 기대만큼의 성적을 올리지 못하고 있다. 손쉽게 평균 150km/h 중반, 최대 160km/h의 빠른 공을 뿌린다. 하지만 데뷔 때보다 빠른 공 구속이 많이 떨어졌다. 반면, 함께 구사하는 커브와 체인지업은 여전히 리그 정상급. 스트라스버그의 발목을 잡는 가장 큰 문제는 건강. 데뷔하자마자 토미존 수술을 받았으며 이후에도 잔부상이 잦았다. 6시즌 동안 200이닝을 넘긴 시즌은 2014시즌 한 시즌뿐이었다.

WASHINGTON NATIONALS

SP	**Tanner ROARK**	NO.57

태너 로어크

우투우타　1986년 10월 5일　188cm, 107kg　　*는 낮을수록 좋은 기록임

시즌	경기	이닝	피안타	피홈런	볼넷	탈삼진	승-패-세-홀	평균자책	구분	기록	MLB
2016	34	210.0	173	17	73	172	16-10-0-1	2.83	평균자책	2.83	4.19
통산	119	573.1	508	51	149	420	42-28-1-7	3.01	탈삼진 / 9	7.37	8.10
									볼넷 / 9*	3.13	3.14
									탈삼진 / 볼넷	2.36	2.58
									피홈런 / 9*	0.73	1.17
									피안타율	0.225	0.252
									WHIP*	1.17	1.32
									잔루율	79.5%	72.9%
									FIP*	3.79	4.19

PITCHING ZONE

PITCHING REPERTORY / VELOCITY km/h / **MOVEMENT** cm

구종	평균	전체	초구	2-2	좌타자	우타자	피타율	상하	좌우
포심패스트볼	149	16%	21%	10%	15%	17%	0.253	↑24	→11
투심 / 싱커	149	48%	45%	48%	49%	46%	0.265	↑9	→20
컷패스트볼	146	0%	0%	0%	0%	0%	0.000	↑10	←2
슬라이더	138	15%	16%	12%	3%	26%	0.212	↑5	→3
커브	124	12%	12%	23%	17%	7%	0.261	↓16	→18
체인지업	135	9%	6%	7%	16%	3%	0.174	↑13	→21
스플리터	–	–	–	–	–	–	–		

홈 ERA 2.72　원정 ERA 2.96
VS. 좌타자 0.213　VS. 우타자 0.236
VS. 강정호 4타수 0안타 0.000
VS. 김현수 3타수 1안타 0.333

대학 졸업 후 독립리그에서 한 시즌을 보낸 후 2008년 텍사스에 무려 25라운드에 드래프트되었다. 대학 출신으로는 길다할 수 있는 6년의 마이너 생활 끝에 2013년 빅리그 무대를 밟은 대기만성형 선수다. 안정된 제구를 바탕으로 150km/h 초반의 투심과 슬라이더, 낙차 큰 커브를 구사한다. 좌타자를 상대로 종종 체인지업을 섞기도 한다. 2015년엔 팀 사정상 불펜으로 더 많이 나왔지만 지난 시즌 선발로 첫 200이닝을 돌파하며 최고의 시즌을 보냈다.

SP	**Gio GONZALEZ**	NO.47

지오 곤잘레스

좌투우타　1985년 9월 19일　183cm, 93kg　　*는 낮을수록 좋은 기록임

시즌	경기	이닝	피안타	피홈런	볼넷	탈삼진	승-패-세-홀	평균자책	구분	기록	MLB
2016	32	177.1	179	19	59	171	11-11-0-0	4.57	평균자책	4.57	4.19
통산	249	1442.0	1303	118	600	1412	102-77-0-0	3.73	탈삼진 / 9	8.68	8.10
									볼넷 / 9*	2.99	3.14
									탈삼진 / 볼넷	2.90	2.58
									피홈런 / 9*	0.96	1.17
									피안타율	0.257	0.252
									WHIP*	1.34	1.32
									잔루율	67.6%	72.9%
									FIP*	3.76	4.19

PITCHING ZONE

PITCHING REPERTORY / VELOCITY km/h / **MOVEMENT** cm

구종	평균	전체	초구	2-2	좌타자	우타자	피타율	상하	좌우
포심패스트볼	148	29%	22%	37%	48%	23%	0.257	↑23	←19
투심 / 싱커	147	37%	52%	15%	26%	40%	0.317	↑16	←26
컷패스트볼	–	–	–	–	–	–	–		
슬라이더	–	–	–	–	–	–	–		
커브	125	19%	16%	30%	22%	18%	0.195	↓21	→13
체인지업	135	16%	11%	12%	8%	19%	0.271	↑9	←24
스플리터	–	–	–	–	–	–	–		

홈 ERA 4.45　원정 ERA 4.69
VS. 좌타자 0.240　VS. 우타자 0.261
VS. 추신수 18타수 5안타 0.278
VS. 강정호 7타수 1안타 0.143

150km/h 초반대로 형성되는 포심, 투심과 커브, 체인지업을 구사한다. 특히 낙차 크게 떨어지는 커브는 리그 최정상급으로 삼진을 많이 유도한다. 무브먼트가 좋아 땅볼 유도에도 능하며 홈런 허용도 적은 편. 단점이 있다면 커맨드의 기복이 심하다는 점이다. 한 번 흔들리기 시작하면 연속 볼넷을 내주는 경우가 많다. 이 때문에 이닝당 투구 수도 많아 이닝 소화 능력이 떨어진다. 2013년 무혐의 판정을 받았지만, 금지 약물 복용 의혹이 있는 것도 옥의 티. 올 시즌 종료 후 FA가 된다.

WASHINGTON NATIONALS

15% 이상 | 12~14% | 9~11% | 6~8% | 3~5% | 2% 이하

홈 ERA 4.13 원정 ERA 2.84
VS. 좌타자 0.313 VS. 우타자 0.218
VS. 강정호 7타수 2안타 0.286

SP Joe ROSS
조 로스
NO.41

우투우타 | 1993년 5월 21일 | 193cm, 102kg

*는 낮을수록 좋은 기록임

시즌	경기	이닝	피안타	피홈런	볼넷	탈삼진	승-패-세-홀	평균자책	구분	기록	MLB
2016	19	105.0	108	9	29	93	7-5-0-0	3.43	평균자책*	3.43	4.19
통산	35	181.2	172	16	50	162	12-10-0-0	3.52	탈삼진 / 9	7.97	8.10
									볼넷 / 9*	2.49	3.14
									탈삼진 / 볼넷	3.21	2.58
									피홈런 / 9*	0.77	1.17
									피안타율	0.262	0.252
									WHIP*	1.30	1.32
									잔루율	76.7%	72.9%
									FIP*	3.49	4.19

PITCHING REPERTORY / VELOCITY km/h **MOVEMENT** cm

구종	평균	전체	초구	2-2	좌타자	우타자	피타율	상하	좌우
포심패스트볼	151	3%	2%	6%	2%	4%	0.294	↑22	→14
투심 / 싱커	150	51%	61%	33%	56%	47%	0.318	↑15	→22
컷패스트볼	–	–	–	–	–	–	–		
슬라이더	135	37%	32%	53%	27%	48%	0.162	↑4	→1
커브	130	0%	0%	1%	0%	0%	1.000	↓5	←3
체인지업	141	8%	5%	6%	15%	1%	0.390	↑15	→23
스플리터	–	–	–	–	–	–	–		

쿼터 코리안으로 유명한 샌디에이고 투수 타이슨 로스의 동생이다. 부드러운 투구폼과 팔스윙에서 최대 156km/h까지 나오는 싱커를 구사한다. 변화구 주무기는 슬라이더로 변화가 늦게 일어나 타자 앞에서 급격하게 휘어진다. 반면, 체인지업은 아직 미숙해 좌타자를 상대로 어려움을 겪는다. 조 로스가 형과 차별화되는 점은 제구가 좋다는 점이다. 타자의 무릎 높이로 낮게 공을 뿌릴 줄 알며 홈런을 잘 허용하지 않는다. 지난해 첫 풀타임 시즌이 기대됐지만 부상으로 아쉬운 시즌을 보냈다.

홈 ERA 2.92 원정 ERA 1.65
VS. 좌타자 0.200 VS. 우타자 0.211

RP Sammy SOLIS
새미 솔리스
NO.36

좌투우타 | 1988년 8월 10일 | 196cm, 113kg

*는 낮을수록 좋은 기록임

시즌	경기	이닝	피안타	피홈런	볼넷	탈삼진	승-패-세-홀	평균자책	구분	기록	MLB
2016	37	41.0	31	1	21	47	2-4-0-9	2.41	평균자책*	2.41	4.19
통산	55	62.1	56	3	25	64	3-5-0-10	2.74	탈삼진 / 9	10.32	8.10
									볼넷 / 9*	4.61	3.14
									탈삼진 / 볼넷	2.24	2.58
									피홈런 / 9*	0.22	1.17
									피안타율	0.207	0.252
									WHIP*	1.27	1.32
									잔루율	79.5%	72.9%
									FIP*	2.78	4.19

PITCHING REPERTORY / VELOCITY km/h **MOVEMENT** cm

구종	평균	전체	초구	2-2	좌타자	우타자	피타율	상하	좌우
포심패스트볼	151	67%	77%	64%	68%	67%	0.250	↑21	←25
투심 / 싱커	–	–	–	–	–	–	–		
컷패스트볼	–	–	–	–	–	–	–		
슬라이더	136	0%	0%	1%	1%	0%	0.500	↑11	←2
커브	130	23%	16%	30%	30%	19%	0.214	↓8	→2
체인지업	138	9%	7%	5%	1%	14%	0.240	↑9	→23
스플리터	–	–	–	–	–	–	–		

마이너 시절엔 선발 수업을 받았지만 빅리그엔 불펜으로 데뷔했다. 2015년 데뷔 당시 나이 26세로 다소 늦은 데뷔를 했다. 좌투수로 150km/h 초중반의 투심을 구사하며 변화구 주무기는 너클 커브. 지난 시즌 투심이 위력을 발휘, 41이닝 동안 고작 1홈런밖에 허용하지 않으며 데뷔 2년차에 2점대 평균자책점을 기록하는 데 성공했다. 좌타자뿐만 아니라 우타자에게도 약하지 않다는 게 솔리스의 장점.

WASHINGTON NATIONALS

■ 15% 이상 ■ 12–14% ■ 9–11% ■ 6–8% ■ 3–5% □ 2% 이하

RP **Blake TREINEN**
블레이크 트라이넨   NO.45

우투우타   1988년 6월 30일   196cm, 102kg   *는 낮을수록 좋은 기록임

시즌	경기	이닝	피안타	피홈런	볼넷	탈삼진	승-패-세-홀	평균자책	구분	기록	MLB
2016	73	67.0	51	5	31	63	4-1-1-22	2.28	평균자책*	2.28	4.19
통산	148	185.1	170	10	76	158	8-9-1-32	2.91	탈삼진/9	8.46	8.10
									볼넷/9*	4.16	3.14
									탈삼진/볼넷	2.03	2.58
									피홈런/9*	0.67	1.17
									피안타율*	0.220	0.252
									WHIP*	1.22	1.32
									잔루율	84.0%	72.9%
									FIP*	3.62	4.19

PITCHING REPERTORY / VELOCITY km/h / **MOVEMENT** cm

구종	평균	전체	초구	2-2	좌타자	우타자	피타율	상하	좌우
포심패스트볼	155	13%	15%	16%	17%	10%	0.258	↑19	→16
투심/싱커	155	57%	63%	45%	55%	57%	0.298	↑8	→25
컷패스트볼	–	–	–	–	–	–	–		
슬라이더	140	30%	21%	38%	27%	32%	0.142	↓6	←5
커브	–	–	–	–	–	–	–		
체인지업	143	1%	1%	1%	1%	0%	0.333	↑9	→22
스플리터	–	–	–	–	–	–	–		

홈 ERA 2.67 원정 ERA 1.89
VS. 좌타자 0.218 VS. 우타자 0.221
VS. 김현수 1타수 1안타 1.000
VS. 강정호 1타수 0안타 0.000

2014년 다소 늦은 26세에 빅리그 무대를 밟은 후 워싱턴 불펜에 큰 힘이 되어주고 있다. 최대 160km/h, 평균 150km/h 중후반의 묵직한 싱커와 함께 슬라이더를 주무기로 한다. 구속에 비해 삼진율이 다소 떨어지지만 땅볼을 유도하는 능력이 탁월하다. 승계주자 실점률도 매년 떨어뜨리며 위기에도 강한 모습. 아쉬운 점은 지난 2년간 평균 4.2개의 9이닝당 볼넷을 기록했다는 점. 올 시즌 시작은 숀 켈리가 마무리를 볼 가능성이 높다.

RP **Oliver PEREZ**
올리버 페레스   NO.46

좌투좌타   1981년 8월 15일   190cm, 102kg   *는 낮을수록 좋은 기록임

시즌	경기	이닝	피안타	피홈런	볼넷	탈삼진	승-패-세-홀	평균자책	구분	기록	MLB
2016	64	40.0	38	4	20	46	2-3-0-15	4.95	평균자책*	4.95	4.19
통산	502	1334.0	1223	187	723	1397	69-86-2-53	4.46	탈삼진/9	10.35	8.10
									볼넷/9*	4.50	3.14
									탈삼진/볼넷	2.30	2.58
									피홈런/9*	0.90	1.17
									피안타율*	0.245	0.252
									WHIP*	1.45	1.32
									잔루율	72.4%	72.9%
									FIP*	4.17	4.19

PITCHING REPERTORY / VELOCITY km/h / **MOVEMENT** cm

구종	평균	전체	초구	2-2	좌타자	우타자	피타율	상하	좌우
포심패스트볼	149	36%	42%	39%	24%	50%	0.302	↑21	←22
투심/싱커	148	21%	17%	10%	24%	18%	0.343	↑10	→30
컷패스트볼	–	–	–	–	–	–	–		
슬라이더	128	42%	41%	46%	51%	31%	0.159	0	→17
커브	126	1%	1%	4%	1%	0%	0.000	↓2	→19
체인지업	140	0%	0%	0%	1%	0%	0.000	↑4	→29
스플리터	–	–	–	–	–	–	–		

홈 ERA 2.22 원정 ERA 9.19
VS. 좌타자 0.227 VS. 우타자 0.269
VS. 추신수 2타수 0안타 0.000
VS. 강정호 1타수 0안타 0.000

커리어 초반은 선발 투수로 보내며 2007년엔 15승을 따내기도 했지만 2012년 이후 전문 불펜 요원으로 활약 중이다. 주로 좌타자 상대 원포인트 릴리프 역할을 하고 있다. 투구폼에 변화를 자주 주면서 타자를 현혹시키는 스타일. 140km/h 후반에서 150km/h 초반대에 형성 되는 포심과 싱커, 슬라이더를 주무기로 한다. 슬라이더를 활용해 탈삼진을 많이 잡아내는 편이다. 하지만 커리어 내내 고질적인 제구 불안을 고치지 못하고 있다. 올 시즌 종료 후 FA가 된다.

WASHINGTON NATIONALS

■ 15% 이상   ■ 12~14%   ■ 9~11%   ■ 6~8%   ■ 3~5%   □ 2% 이하

CP Shawn KELLEY
쇼 켈리   NO. 27

우투우타   1984년 4월 26일   188cm, 104kg   *는 낮을수록 좋은 기록임

시즌	경기	이닝	피안타	피홈런	볼넷	탈삼진	승-패-세-홀	평균자책	구분	기록	MLB
2016	67	58.0	41	9	11	80	3-2-7-13	2.64	평균자책*	2.64	4.19
통산	356	342.1	295	45	108	403	22-21-11-62	3.50	탈삼진 / 9	12.41	8.10
									볼넷 / 9*	1.71	3.14
									탈삼진 / 볼넷	7.27	2.58
									피홈런 / 9*	1.40	1.17
									피안타율	0.192	0.252
									WHIP	0.90	1.32
									잔루율	83.8%	72.9%
									FIP*	2.97	4.19

PITCHING ZONE

PITCHING REPERTORY / VELOCITY km/h / **MOVEMENT** cm

구종	평균	전체	초구	2-2	좌타자	우타자	피타율	상하	좌우
포심패스트볼	149	51%	60%	47%	52%	50%	0.216	↑25	→6
투심 / 싱커	–	–	–	–	–	–	–		
컷패스트볼	–	–	–	–	–	–	–		
슬라이더	134	49%	40%	53%	48%	50%	0.190	↑6	←8
커브	–	–	–	–	–	–	–		
체인지업	–	–	–	–	–	–	–		
스플리터	–	–	–	–	–	–	–		

홈 ERA 2.97   원정 ERA 2.19
VS. 좌타자 0.225   VS. 우타자 0.173
VS. 추신수 5타수 0안타 0.000
VS. 강정호 3타수 0안타 0.000

2015년부터 2년 연속으로 2점대 평균자책점을 기록하며 준수한 활약을 펼치고 있는 셋업맨. 150km/h 초중반의 빠른 공과 슬라이더를 주무기로 한다. 과거 시애틀, 양키스 시절에 비해 2015년 이후 좋아진 점은 제구. 지난 시즌은 자신의 커리어 최저인 1.7개의 9이닝당 볼넷을 기록하기도 했다. 아쉬운 점을 찾으라면 장타 허용율이 높아진 것이다. 파펠본과 멜란슨이 없는 올 시즌 워싱턴의 주전 마무리가 유력하다. 하지만 삐끗할 경우엔 트라이넨에게 마무리 자리를 빼앗길 수도 있다.

C Derek NORRIS
데릭 노리스   NO. 23

우투우타   1989년 2월 14일   183cm, 104kg   *는 낮을수록 좋은 기록임

시즌	타수	안타	홈런	타점	볼넷	도루	타율	출루율	장타율	구분	기록	MLB
2016	415	77	14	42	36	9	0.186	0.255	0.328	타율	0.186	0.255
통산	1788	417	54	223	183	25	0.233	0.309	0.380	출루율	0.255	0.322
										장타율	0.328	0.417
										볼넷%	7.9%	8.2%
										삼진%	30.3%	21.1%
										볼넷 / 삼진	0.26	0.39
										순장타율	0.142	0.162
										BABIP	0.238	0.300
										wOBA	0.252	0.318

VS. 패스트볼   VS. 변화구

*5타수 미만은 색을 표시하지 않았음. ●●●● : Ball zone

SPRAY ZONE

3
11   0
41% 30% 29%

홈런
타구분포 %

BATTED BALL

항목	비율
볼존 공격률	25%
S존 공격률	64%
볼존 컨택트율	47%
S존 컨택트율	85%
라인드라이브	22%
그라운드볼	35%
플라이볼	43%

DEFENSE

위치	자살	보살	실책	수비율
C	875	58	9	0.990

홈 타율 0.180   원정 타율 0.191
VS. 좌투수 0.203   VS. 우투수 0.178
득점권 0.126   L/C 0.141

수비보다는 공격에 특화된 안방마님. 윌슨 라모스의 공백을 메우기 위해 영입했다. 뛰어난 손목힘과 간결한 스윙으로 라인드라이브 타구를 전 필드로 날릴 수 있다. 밀어서도 타구를 넘길 수 있을 정도로 타고난 힘이 좋다. 타석에서 선구안이 뛰어나지만 타격 시 몸이 너무 일찍 열리는 경향이 있어 타율이 낮고 삼진이 많은 편이다. 포수 치고 발이 빠르고 주루 센스가 좋아 허를 찌르는 도루를 감행하기도 한다. 수비는 평균 이하. 포구 능력이나 블러킹 능력이 좋지 않다.

WASHINGTON NATIONALS

■ 타율 0.400 이상   ■ 0.300-0.399   ■ 0.200-0.299   ■ 0.100-0.199   ■ 타율 0.099 이하

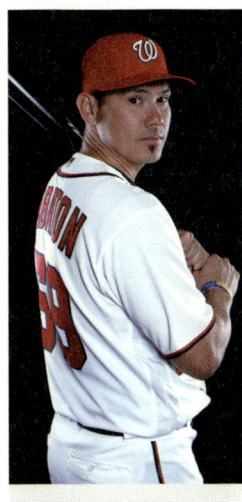

C Jose LOBATON
호세 로바톤   NO.59

우투양타   1984년 10월 21일   185cm, 93kg   *는 낮을수록 좋은 기록임

시즌	타수	안타	홈런	타점	볼넷	도루	타율	출루율	장타율
2016	99	23	3	8	12	0	0.232	0.319	0.374
통산	944	213	17	92	100	0	0.226	0.302	0.331

구분	기록	MLB
타율	0.232	0.255
출루율	0.319	0.322
장타율	0.374	0.417
볼넷%	10.5%	8.2%
삼진%*	15.8%	21.1%
볼넷 / 삼진	0.67	0.39
순장타율	0.141	0.162
BABIP	0.253	0.300
wOBA	0.301	0.318

VS. 패스트볼   VS. 변화구   *5타수 미만은 색을 표시하지 않았음. ●■ : Ball zone

SPRAY ZONE   2: 35% 1: 29% 0: 36%   홈런 타구분포 %

BATTED BALL
항목	비율
볼존 공격률	33%
S존 공격률	77%
볼존 컨택트율	64%
S존 컨택트율	86%
라인드라이브	21%
그라운드볼	46%
플라이볼	33%

DEFENSE
위치	자살	보살	실책	수비율
C	293	16	1	0.997

홈 타율 0.298 원정 타율 0.143
VS. 좌투수 0.067 VS. 우투수 0.262
득점권 0.143 L/C 0.111

빅리그 7시즌 동안 기록한 타율이 .226에 불과할 정도로 전형적인 수비형 포수. 장타력도 2013년 기록한 7홈런이 최다일 정도로 평균 이하다. 그나마 타석에서 장점을 찾으라면 준수한 선구안과 적은 삼진을 들 수 있다. 하지만 백업 포수로 쓰기엔 준수한 수비력을 가지고 있으며 투수들과의 호흡도 좋다. 어깨는 리그 평균을 상회하는 수준이다. 올 시즌 역시도 데릭 노리스의 백업으로 시즌을 소화할 것으로 예상된다. 이번 겨울 1년 158만 달러의 계약을 맺었다.

1B Ryan ZIMMERMAN
라이언 짐머맨   NO.11

우투우타   1984년 9월 28일   190cm, 102kg   *는 낮을수록 좋은 기록임

시즌	타수	안타	홈런	타점	볼넷	도루	타율	출루율	장타율
2016	427	93	15	46	29	4	0.218	0.272	0.370
통산	5416	1505	215	829	539	41	0.278	0.343	0.467

구분	기록	MLB
타율	0.218	0.255
출루율	0.272	0.322
장타율	0.370	0.417
볼넷%	6.2%	8.2%
삼진%*	22.3%	21.1%
볼넷 / 삼진	0.28	0.39
순장타율	0.152	0.162
BABIP	0.248	0.300
wOBA	0.277	0.318

VS. 패스트볼   VS. 변화구   *5타수 미만은 색을 표시하지 않았음. ●■ : Ball zone

SPRAY ZONE   7: 36% 5: 36% 3: 28%   홈런 타구분포 %

BATTED BALL
항목	비율
볼존 공격률	33%
S존 공격률	57%
볼존 컨택트율	66%
S존 컨택트율	86%
라인드라이브	17%
그라운드볼	49%
플라이볼	35%

DEFENSE
위치	자살	보살	실책	수비율
1B	852	44	4	0.996

홈 타율 0.189 원정 타율 0.247
VS. 좌투수 0.200 VS. 우투수 0.222
득점권 0.179 L/C 0.116

워싱턴의 프랜차이즈 스타. 통산 14번의 끝내기 안타(10홈런)를 기록할 정도로 강심장이다. 타구를 필드 어디에나 보낼 수 있는 스프레이 히터. 전성기 시절엔 .280 이상의 타율과 20홈런 이상을 보증할 정도로 정확도와 힘을 겸비했었다. 짐머맨의 가장 큰 단점은 심각한 유리몸이라는 것. 2007년 전 경기 출장하긴 했지만 커리어 내내 부상을 달고 다녔다. 최근 3시즌 동안 평균 90경기밖에 소화하지 못했다. 그러면서 타격 성적은 점점 곤두박질치는 중.

WASHINGTON NATIONALS

■ 타율 0.400 이상 ■ 0.300–0.399 ■ 0.200–0.299 ■ 0.100–0.199 ■ 타율 0.099 이하

2B Daniel MURPHY
대니얼 머피 NO.20

우투좌타   1985년 4월 1일   185cm, 100kg   *는 낮을수록 좋은 기록임

시즌	타수	안타	홈런	타점	볼넷	도루	타율	출루율	장타율
2016	531	184	25	104	35	5	0.347	0.390	0.595
통산	3885	1151	87	506	253	62	0.296	0.339	0.447

구분	기록	MLB
타율	0.347	0.255
출루율	0.390	0.322
장타율	0.595	0.417
볼넷%	6.0%	8.2%
삼진%*	9.8%	21.1%
볼넷 / 삼진	0.61	0.39
순장타율	0.249	0.162
BABIP	0.348	0.300
wOBA	0.408	0.318

VS. 패스트볼 / VS. 변화구 (좌타자)
*5타수 미만은 색을 표시하지 않았음. ● ●: Ball zone

SPRAY ZONE 6 / 1 / 18 — 26% / 33% / 41% — 홈런 타구분포 %

BATTED BALL

항목	비율
볼존 공격률	31%
S존 공격률	65%
볼존 컨택트율	78%
S존 컨택트율	95%
라인드라이브	22%
그라운드볼	36%
플라이볼	42%

DEFENSE

위치	자살	보살	실책	수비율
2B	194	265	9	0.981
1B	134	16	1	0.993

홈 타율 0.361 원정 타율 0.333
VS. 좌투수 0.329 VS. 우투수 0.354
득점권 0.355 L/C 0.267

정교함을 갖춘 공격형 2루수, 20개 전후의 홈런과 많은 2루타를 칠 수 있는 갭히터다. 타격 준비 자세에서 큰 움직임이 없고 간결한 스윙을 가지고 있다. 타석에서 적극적인 스윙을 하는 프리스윙어로 많은 볼넷을 기대하긴 힘들지만 삼진을 잘 당하지 않는다. 2013시즌 23개의 도루를 기록하긴 했지만 양쪽 무릎에 부상을 당한 적이 있어 도루 시도를 자제한다. 주포지션은 2루수지만 공격에 비해 수비는 많이 떨어진다. 팀 사정에 따라 3루수, 좌익수까지 소화할 수 있다.

3B Anthony RENDON
앤서니 렌던 NO.06

우투우타   1990년 6월 6일   185cm, 95kg   *는 낮을수록 좋은 기록임

시즌	타수	안타	홈런	타점	볼넷	도루	타율	출루율	장타율
2016	567	153	20	85	65	12	0.270	0.348	0.450
통산	1842	504	53	228	190	31	0.274	0.345	0.433

구분	기록	MLB
타율	0.270	0.255
출루율	0.348	0.322
장타율	0.450	0.417
볼넷%	10.0%	8.2%
삼진%*	18.1%	21.1%
볼넷 / 삼진	0.56	0.39
순장타율	0.180	0.162
BABIP	0.304	0.300
wOBA	0.342	0.318

VS. 패스트볼 / VS. 변화구 (우타자)
*5타수 미만은 색을 표시하지 않았음. ● ●: Ball zone

SPRAY ZONE 3 / 16 / 1 — 40% / 31% / 29% — 홈런 타구분포 %

BATTED BALL

항목	비율
볼존 공격률	28%
S존 공격률	58%
볼존 컨택트율	80%
S존 컨택트율	87%
라인드라이브	21%
그라운드볼	36%
플라이볼	44%

DEFENSE

위치	자살	보살	실책	수비율
3B	134	239	9	0.976

홈 타율 0.272 원정 타율 0.268
VS. 좌투수 0.276 VS. 우투수 0.268
득점권 0.294 L/C 0.237

올스타급 3루수. 배트가 홈플레이트 부근에 오래 머물며 타구를 필드 어느 곳에나 보낼 수 있는 스프레이 히터다. 강한 손목 힘으로 20홈런-30 2루타를 기록할 수 있는 장타력을 보유했다. 타석에서 인내심과 선구안도 뛰어나 많은 볼넷을 얻어낸다. 2루수와 3루수를 볼 수 있지만 3루수가 주포지션이다. 대학 때 당한 발목 부상으로 수비 범위가 줄어드나 강한 어깨를 보유했다. 20도루까지 할 수 있는 주루 센스도 수준급. 대학과 마이너 시절 발목 부상만 3번 당하는 등 부상이 잦은 유리몸이다.

WASHINGTON NATIONALS

■ 타율 0.400 이상 ■ 0.300-0.399 ■ 0.200-0.299 ■ 0.100-0.199 ■ 타율 0.099 이하

홈 타율 0.363 원정 타율 0.320
VS. 좌투수 0.317 VS. 우투수 0.348
득점권 0.312 L/C 0.283

SS Trea TURNER NO.07
트레이 터너

우투우타 1993년 6월 30일 185cm, 84kg   *는 낮을수록 좋은 기록임

시즌	타수	안타	홈런	타점	볼넷	도루	타율	출루율	장타율	구분	기록	MLB
2016	307	105	13	40	14	33	0.342	0.370	0.567	타율	0.342	0.255
통산	347	114	14	41	18	35	0.329	0.361	0.539	출루율	0.370	0.322
										장타율	0.567	0.417
										볼넷%	4.3%	8.2%
										삼진%*	18.2%	21.1%
										볼넷 / 삼진	0.24	0.39
										순장타율	0.225	0.162
										BABIP	0.388	0.300
										wOBA	0.395	0.318

VS. 패스트볼 VS. 변화구 우타자
*5타수 미만은 색을 표시하지 않았음. ● ● ● : Ball zone

SPRAY ZONE
2
11 41% 0
37%   22%
홈런
타구분포 %

BATTED BALL
항목	비율
볼존 공격률	31%
S존 공격률	64%
볼존 컨택트율	56%
S존 컨택트율	88%
라인드라이브	25%
그라운드볼	43%
플라이볼	32%

DEFENSE
위치	자살	보살	실책	수비율
CF	99	1	2	0.980
2B	52	71	1	0.992

지난 시즌 고작 73경기만 뛰고도 신인왕 투표 2위에 오를 정도로 센세이션한 활약을 한 유망주. 터너의 가장 큰 무기는 빠른 발. 30도루 이상을 기록할 수 있는 발에 주루 센스까지 갖췄다. 또한 타석에서 공을 오래 보고 볼넷을 잘 얻어내 좋은 리드오프의 조건을 갖췄다. 빠른 배트 스피드로 두 자릿수 홈런까지도 가능하다는 평가. 지난 시즌엔 생소한 중견수 자리에서 대부분의 시간을 보냈지만 리그 정상급의 수치를 보여줬다. 올 시즌엔 유격수로 활약할 전망. 유격수로 강한 어깨를 가졌다.

홈 타율 0.216 원정 타율 0.268
VS. 좌투수 0.322 VS. 우투수 0.220
득점권 0.207 L/C 0.321

LF Jayson WERTH NO.28
제이슨 워스

우투우타 1979년 5월 20일 196cm, 107kg   *는 낮을수록 좋은 기록임

시즌	타수	안타	홈런	타점	볼넷	도루	타율	출루율	장타율	구분	기록	MLB
2016	525	128	21	69	71	5	0.244	0.335	0.417	타율	0.244	0.255
통산	5232	1408	219	770	729	128	0.269	0.362	0.458	출루율	0.335	0.322
										장타율	0.417	0.417
										볼넷%	11.7%	8.2%
										삼진%*	22.9%	21.1%
										볼넷 / 삼진	0.51	0.39
										순장타율	0.173	0.162
										BABIP	0.288	0.300
										wOBA	0.327	0.318

VS. 패스트볼 VS. 변화구 우타자
*5타수 미만은 색을 표시하지 않았음. ● ● ● : Ball zone

SPRAY ZONE
8
12 34% 1
43%   23%
홈런
타구분포 %

BATTED BALL
항목	비율
볼존 공격률	24%
S존 공격률	52%
볼존 컨택트율	69%
S존 컨택트율	87%
라인드라이브	17%
그라운드볼	41%
플라이볼	42%

DEFENSE
위치	자살	보살	실책	수비율
LF	197	5	1	0.995

팀 타자 중 최고 연봉자이자 클럽하우스 리더. 간결한 스윙으로 타구를 자유자재로 밀고 당길 줄 아는 스프레이 히터다. 전성기 시절 20-20이 가능한 호타 준족에 선구안까지 갖춘 타자였다. 하지만 2011년 워싱턴 입단 후 제 역할을 한 건 2시즌 정도에 불과하다. 선구안은 여전하지만 힘이 많이 떨어졌고, 결정적으로 잦은 부상으로 전력에서 이탈해 있는 경우가 많다. 가을 야구만 나가면 결정적인 활약을 해주는 강심장으로 지난 시즌 NLDS에서도 친정팀 다저스의 간담을 서늘케 했다.

WASHINGTON NATIONALS

CF Adam EATON 애덤 이튼 NO.02

좌투좌타 1988년 12월 6일 173cm, 84kg

*는 낮을수록 좋은 기록임

시즌	타수	안타	홈런	타점	볼넷	도루	타율	출루율	장타율	구분	기록	MLB
2016	619	176	14	59	63	14	0.284	0.362	0.428	타율	0.284	0.255
통산	2050	582	34	177	195	54	0.284	0.357	0.414	출루율	0.362	0.322
										장타율	0.428	0.417
										볼넷%	8.9%	8.2%
										삼진%*	16.3%	21.1%
										볼넷/삼진	0.55	0.39
										순장타율	0.144	0.162
										BABIP	0.329	0.300
										wOBA	0.344	0.318

SPRAY ZONE: 2: 32%, 1: 37%, 11: 31%

BATTED BALL
항목	비율
볼존 공격률	33%
S존 공격률	60%
볼존 컨택트율	77%
S존 컨택트율	89%
라인드라이브	21%
그라운드볼	54%
플라이볼	26%

DEFENSE
위치	자살	보살	실책	수비율
RF	296	15	3	0.990
CF	120	3	2	0.984

홈 타율 0.279 원정 타율 0.290
VS. 좌투수 0.282 VS. 우투수 0.285
득점권 0.261 L/C 0.313

리그 최고의 리드오프 중 한 명. 3할 가까운 타율을 기록할 수 있는 정확도와 두 자릿수 홈런 30 2루타를 칠 수 있는 장타력을 겸비했다. 20도루도 기록할 수 있는 빠른 주력을 보유했지만 아직까지 한 시즌 최다 도루는 18개. 타석에서 이튼의 가장 큰 장점은 출루율로 통산 .357의 출루율을 기록 중이다. 수비에서 원래 포지션은 중견수이지만 지난 시즌 우익수에서 리그 최고의 수비를 선보였다. 지난 시즌 1번 타자에서 많은 약점을 보였던 워싱턴이 팀 최고의 투수 유망주를 두 명이나 내주고 데려왔다. 그만큼 올 시즌 활약이 기대되는 선수다.

RF Bryce HARPER 브라이스 하퍼 NO.34

우투좌타 1992년 10월 16일 190cm, 98kg

*는 낮을수록 좋은 기록임

시즌	타수	안타	홈런	타점	볼넷	도루	타율	출루율	장타율	구분	기록	MLB
2016	506	123	24	86	108	21	0.243	0.373	0.441	타율	0.243	0.255
통산	2336	651	121	334	387	58	0.279	0.382	0.501	출루율	0.373	0.322
										장타율	0.441	0.417
										볼넷%	17.2%	8.2%
										삼진%*	18.7%	21.1%
										볼넷/삼진	0.92	0.39
										순장타율	0.198	0.162
										BABIP	0.264	0.300
										wOBA	0.343	0.318

SPRAY ZONE: 6: 34%, 3: 26%, 15: 39%

BATTED BALL
항목	비율
볼존 공격률	26%
S존 공격률	64%
볼존 컨택트율	66%
S존 컨택트율	86%
라인드라이브	17%
그라운드볼	40%
플라이볼	42%

DEFENSE
위치	자살	보살	실책	수비율
RF	256	5	2	0.992

홈 타율 0.229 원정 타율 0.255
VS. 좌투수 0.226 VS. 우투수 0.250
득점권 0.267 L/C 0.250

2012년 19세의 나이로 데뷔해 신인왕을 수상했다. 하지만 이후 기대 이하의 성적으로 가장 과대평가된 선수라는 오명을 쓰기도 했다. 2015년 MVP를 수상하며 세간의 안 좋은 평가를 불식시키는 듯했으나 지난 시즌 아쉽게 또 한 번 성적 하락을 겪고 말았다. 뛰어난 힘으로 40홈런도 가능하며 선구안 역시 리그 정상급. 뛰어난 공격력에 비해 수비선 어깨는 강하지만 가끔 어처구니 없는 실수를 저지를 때가 있다. 멘탈적으로 아직 미성숙하다라는 평가가 있다.

WASHINGTON NATIONALS

● 타율 0.400 이상 ● 0.300-0.399 ● 0.200-0.299 ● 0.100-0.199 ● 타율 0.099 이하

IF Clint ROBINSON   NO.25
클린트 로빈슨

좌투좌타　1985년 2월 16일　196cm, 109kg　　*는 낮을수록 좋은 기록임

시즌	타수	안타	홈런	타점	볼넷	도루	타율	출루율	장타율		구분	기록	MLB
2016	196	46	5	26	20	0	0.235	0.305	0.332		타율	0.235	0.255
통산	518	133	15	62	58	0	0.257	0.336	0.384		출루율	0.305	0.322

		장타율	0.332	0.417
		볼넷%	8.9%	8.2%
		삼진%*	17.0%	21.1%
		볼넷 / 삼진	0.53	0.39
		순장타율	0.097	0.162
		BABIP	0.259	0.300
		wOBA	0.282	0.318

VS. 패스트볼　　VS. 변화구
좌타자　　우타자

*5타수 미만은 색을 표시하지 않았음. ●●●●● : Ball zone

SPRAY ZONE
1 / 1 / 3
24% 42% 34%
홈런
타구분포 %

BATTED BALL
항목	비율
볼존 공격률	25%
S존 공격률	63%
볼존 컨택트율	71%
S존 컨택트율	91%
라인드라이브	16%
그라운드볼	47%
플라이볼	37%

DEFENSE
위치	자살	보살	실책	수비율
1B	279	12	2	0.993
LF	6	0	0	1.000

홈 타율 0.229 원정 타율 0.240
VS. 좌투수 0.300 VS. 우투수 0.223
득점권 0.226 L/C 0.283

마이너 생활만 8년을 한 끝에 2015시즌 첫 빅리그 풀타임 시즌을 치렀다. 돈 매팅리 마이애미 감독이 "존 올러루드(1993년 AL 타격왕)의 스윙을 연상시킨다"라고 할 정도로 부드러운 타격폼을 가지고 있다. 두 자릿수 홈런과 많은 2루타를 칠 수 있는 중거리 타자. 선구안과 배트 컨트롤이 좋아 높은 출루율과 낮은 삼진율을 보여준다. 1루가 주포지션이고 코너 외야수도 볼 수 있다. 민첩성이 떨어지는 탓에 수비는 평균 이하. 좌투수에 약하기 때문에 플래툰 시스템으로 기용될 가능성이 크다.

OF Michael TAYLOR   NO.03
마이클 테일러

우투우타　1991년 3월 26일　190cm, 95kg　　*는 낮을수록 좋은 기록임

시즌	타수	안타	홈런	타점	볼넷	도루	타율	출루율	장타율		구분	기록	MLB
2016	221	51	7	16	14	14	0.231	0.278	0.376		타율	0.231	0.255
통산	732	167	22	84	52	30	0.228	0.281	0.363		출루율	0.278	0.322

		장타율	0.376	0.417
		볼넷%	5.9%	8.2%
		삼진%*	32.5%	21.1%
		볼넷 / 삼진	0.18	0.39
		순장타율	0.145	0.162
		BABIP	0.319	0.300
		wOBA	0.283	0.318

VS. 패스트볼　　VS. 변화구
우타자　　우타자

*5타수 미만은 색을 표시하지 않았음. ●●●●● : Ball zone

SPRAY ZONE
4 / 0 / 3
50% 33% 17%
홈런
타구분포 %

BATTED BALL
항목	비율
볼존 공격률	31%
S존 공격률	70%
볼존 컨택트율	58%
S존 컨택트율	75%
라인드라이브	27%
그라운드볼	44%
플라이볼	30%

DEFENSE
위치	자살	보살	실책	수비율
CF	121	5	1	0.992

홈 타율 0.255 원정 타율 0.211
VS. 좌투수 0.259 VS. 우투수 0.214
득점권 0.170 L/C 0.188

미래의 골드글러브감 중견수로 빠른 타구 판단과 넓은 수비 범위를 자랑한다. 유망주 시절 마이크 카메론과 비교되기도 했다. 마이너에서 50도루를 기록할 정도로 빠른 발과 주루 센스를 겸비했다. 짧은 스윙으로 타구에 힘을 실어 보내는 능력이 탁월해 향후 20홈런 이상도 기대해볼 만하다. 파워에 비해 정확도는 크게 떨어진다. 타석에서 인내심이 부족하고 바깥쪽으로 휘어지는 변화구에 약점을 보이며 삼진을 많이 당한다. 선구안 문제가 해결되지 않는다면 하위 타선에 머물 확률이 높다.

NATIONAL LEAGUE
CENTRAL

염소의 저주를 끝내며 108년 만에 우승을 차지한 시카고 컵스가 2연패를 노린다. 마무리 채프먼이 빠져나간 자리는 웨이드 데이비스와 우에하라 고지를 영입하면서 채웠다. 타선에서 제이슨 헤이워드가 부진에서 탈출하고, 카일 슈와버가 건강한 시즌을 보낸다면 지난해 득점력 2위 타선이 더 강력해질 전망이다. 컵스의 독주가 예상되는 가운데 세인트루이스와 피츠버그가 2위 자리를 놓고 경쟁할 것으로 보인다. 세인트루이스가 가을 야구 진출을 위해선 지난 시즌 부진했던 웨인라이트와 와카의 부활이 필수. 올 시즌 풀타임 마무리로 맹활약할 오승환의 모습을 지켜보는 것도 국내 팬들에겐 좋은 볼거리다. 피츠버그 역시 해적선장 앤드루 매커친의 부진 탈출이 절실하다. 매커친이 원래의 모습으로 돌아온다면 타선의 공격력은 특별한 영입 없이도 업그레이드될 것으로 예상된다. 밀워키와 신시내티는 올 시즌 역시도 높은 순위보다 높은 드래프트 지명권을 얻기 위해 노력할 것으로 보인다.

최근 3년간 순위

2016

팀	승	패	승률	승차
시카고컵스	103	58	0.640	-
세인트루이스	86	76	0.531	17.5
피츠버그	78	83	0.484	25
밀워키	73	89	0.451	30.5
신시내티	68	94	0.420	35.5

2015

팀	승	패	승률	승차
세인트루이스	100	62	0.617	-
피츠버그	98	64	0.605	2
시카고컵스	97	65	0.599	3
밀워키	68	94	0.42	32
신시내티	64	98	0.395	36

2014

팀	승	패	승률	승차
세인트루이스	90	72	0.556	-
피츠버그	88	74	0.543	2
밀워키	82	80	0.506	8
신시내티	76	86	0.469	14
시카고컵스	73	89	0.451	17

월드시리즈 **우승 배당률**

※우승 확률이 높을수록 배당률은 낮아짐

CHICAGO CUBS

108년 만에 월드시리즈를 차지하며 염소의 저주를 끝냈다. 이제는 왕조 구축의 시간이다. 브라이언트-리조-러셀 모두 아직 20대 초중반의 젊은 선수들. 월드시리즈 2연패를 위해선 팀 내 최고연봉 타자인 제이슨 헤이워드가 살아나야 한다.

BET365	3.5배
	NL 1위, ML 1위
LADBROKES	3.5배
	NL 1위, ML 1위
WILLIAM HILL	4배
	NL 1위, ML 1위

CINCINNATI REDS

브루스도, 필립스도 없다. 보토만이 외롭게 팀을 이끌게 됐다. 지난 시즌 희망을 보여줬던 해밀턴과 듀발의 도움이 절실하다. 호머 베일리를 기다리는 데 이제 지칠 때도 됐다. 새로운 원투펀치 디스클라파니-피네건의 성장을 주목하자.

BET365	250배
	NL 15위, ML 30위
LADBROKES	150배
	NL 13위, ML 27위
WILLIAM HILL	200배
	NL 14위, ML 29위

MILWAUKEE BREWERS

맥주 공장이 슬슬 리노베이션을 마치고 공장 가동을 준비 중이다. 그러기 위해선 간판 라이언 브론을 중심으로 올랜도 아르시아-도밍고 산타나 같은 유망주들의 성장이 필요하다. 마운드 위에선 여전히 성장이 정체되고 있는 선수들의 각성이 절실하다.

BET365	200배
	NL 13위, ML 27위
LADBROKES	150배
	NL 13위, ML 27위
WILLIAM HILL	200배
	NL 14위, ML 29위

PITTSBURGH PIRATES

지난 시즌 해적 선장의 부진 속에 방향을 잃고 좌초됐다. 해적 선장만 돌아온다면 올 시즌 컵스와 세인트루이스를 견제할 수 있는 강력한 다크 호스다. 마운드의 젊은 선수들의 성장세를 지켜보는 것도 올 시즌의 즐거움이 될 것이다.

BET365	45배
	NL 8위, ML 18위
LADBROKES	40배
	NL 7위, ML 15위
WILLIAM HILL	40배
	NL 7위, ML 15위

SAINT LOUIS CARDINALS

지난 시즌 5년 동안 개근했던 가을 잔치 무대 진출에 실패했다. 다시 시작하기 위해선 부진했던 마운드의 부활이 필요하다. 끝판왕 오승환의 메이저리그 풀타임 마무리 활약도 흥밋거리. 타선에서 베테랑들의 부상을 조심하자.

BET365	22배
	NL 6위, ML 12위
LADBROKES	22배
	NL 6위, ML 10위
WILLIAM HILL	28배
	NL 6위, ML 12위

CHICAGO CUBS

108년 만에 월드시리즈를 차지하며 염소의 저주를 끝냈다. 이제는 왕조 구축의 시간이다. 브라이언트-리조-러셀 모두 아직 20대 초중반의 젊은 선수들. 월드시리즈 2연패를 위해선 팀 내 최고연봉 타자인 제이슨 헤이워드가 살아나야 한다.

TEAM IMFORMATION

창단 : 1876년
이전 연고지 : -
월드시리즈 우승 : 3회
NL 우승 : 17회
디비전 우승 : 6회
와일드카드 진출 : 2회
구단주 : 리케츠 패밀리 5명
감독 : 조 매든
단장 : 제드 호이어

FRANCHISE

UNIFORM

Home / Away

Alternate

CHICAGO CUBS

MANAGER

Joe Maddon
생년월일 : 1954년 2월 8일
출생지 : 헤이즐턴(펜실베이니아)
MLB 감독 경력 : 올해로 14년째
캘리포니아 에인절스(1996년), 애너하임 에인절스(1999년),
탬파베이(2006년~2014년), 시카고 컵스(2015년~현재)
정규시즌 통산 : 981승 852패 승률 0.535
포스트시즌 통산 : 28승 28패 승률 0.500
올해의 감독상 : 3회(2008, 2011, 2015년)

LINE-UP

ROTATION	
SP	J. 레스터
SP	J. 헨드릭스
SP	J. 아리에타
SP	J. 래키
SP	M. 몽고메리

BULLPEN	
RP	B. 던싱
RP	P. 스트롭
RP	J. 그림
RP	C. 에드워즈
RP	K. 우에하라
RP	H. 론돈
CL	W. 데이비스

BATTING	
1	K. 슈와버
2	J. 헤이워드
3	K. 브라이언트
4	A. 리조
5	B. 조브리스트
6	A. 러셀
7	W. 콘트레라스
8	A. 올모라

UTILITY PLAYERS	
IF	J. 바에스
IF	T. 라 스텔라
OF	J. 제이
OF	M. 시저

BALL PARK : Wrigley Field

주소 : 1060 West Addison Street Chicago, Illinois
펜스 거리 : 왼쪽 108m, 좌중간 112m, 중앙 122m,
우중간 112m, 오른쪽 108m
펜스 높이 : 왼쪽 4.6m, 좌중간~우중간 3.5m, 오른쪽 4.6m
최초공식경기 : 1914년 4월 23일
증축 : 1922, 1927, 2006년
재건축 : 1937, 1988, 현재 진행 중(2019년 완성)
잔디 : 메리언 블루글래스(천연잔디)
수용 인원 : 4만 2,495명
홈팀 덕아웃 : 3루   파크팩터 : 0.950(MLB 14위)

염소의 저주는 이제 안녕
컵스 왕조의 시작

2016 리뷰
오프 시즌 라이벌팀인 세인트루이스에서 FA로 풀린 제이슨 헤이워드와 존 래키를 영입했다. 그리고 2015시즌 캔자스시티에서 월드시리즈 우승을 경험한 베테랑 벤 조브리스트도 데려오며 젊은 선수진에 경험을 더했다. 크리스 브라이언트-앤서니 리조를 중심으로 한 타선은 리그 득점 2위를 차지했다. 레스터-아리에타 원투 펀치에 5선발이었던 헨드릭스까지 맹활약을 펼친 선발진은 리그에서 유일하게 2점대 평균자책점을 기록했다. 불펜도 시즌 중반 아롤디스 채프먼까지 영입하며 강화에 성공했다. 그러면서 시즌 내내 지구 1위 자리를 놓치지 않으며 2008년 이후 8년 만에 가을 잔치에 초대됐다. 샌프란시스코-다저스를 연달아 격파하며 1945년 이후 첫 월드시리즈 무대를 밟은 컵스는 1954년 이후 첫 진출한 클리블랜드에게 1승 3패로 밀렸지만, 기적적인 3연승으로 1908년 이후 첫 월드시리즈 우승이라는 쾌감을 맛봤다. 시즌 후 개인상도 쏟아졌다. 크리스 브라이언트는 신인왕 수상 이듬해 MVP를 수상한 4번째 선수가 됐고, 조 매든 감독은 AL 감독상 2회에 이어 개인 처음으로 NL 감독상을 수상했다.

2017 프리뷰
지난 시즌과 비교해서 전력에 큰 변화가 없다. 아롤디스 채프먼이 우승 반지를 가지고 다시 양키스로 돌아갔지만, 그 자리를 우에하라 고지와 웨이드 데이비스로 보강했다. 선발진 역시도 레스터-헨드릭스-아리에타-래키가 건재하며 5선발로 나서는 마이크 몽고메리는 지난 시즌 5선발인 해멀에 비해 밀릴 게 없다. 타선에서 기대를 모으는 선수는 제이슨 헤이워드와 카일 슈와버. 헤이워드는 지난 시즌 컵스 프랜차이즈 역사상 최고 규모인 8년 1억 8,400만 달러에 입단했지만 리그 최악의 공격 생산력을 기록, 수비 전문 선수라는 비아냥을 들었다. 덱스터 파울러가 떠났기 때문에 헤이워드가 부활해 밥상을 잘 차려줘야만 한다. 슈와버는 지난 시즌 2번째 경기 만에 무릎 부상으로 시즌 아웃됐다. 그리고 월드시리즈에서 복귀해 팀의 우승에 일조했다. 슈와버가 성공적으로 풀타임을 소화해 준다면 팀의 장타력이 훨씬 향상될 것이 확실하다. 컵스의 마지막 월드시리즈 2연패는 1907~1908시즌이었다. 염소의 저주를 깬 아기곰 군단이 월드시리즈 2연패로 왕조를 구축할 수 있을지 기대를 모으는 2017년이다.

CHICAGO CUBS

SQUAD LIST

*선수 명단은 2017년 3월 25일 기준 (soucre : ESPN)

투수

번호	이름	위치	투	타	나이	출생지
37	Brett Anderson	SP	L	L	29	Midland, TX
49	Jake Arrieta	SP	R	R	31	Farmington, MO
36	Aaron Brooks	SP	R	R	26	Montclair, CA
43	Jake Buchanan	RP	R	R	27	Charlotte, NC
53	Eddie Butler	SP	R	B	26	Chesapeake, VA
71	Wade Davis	RP	R	R	31	Lake Wales, FL
32	Brian Duensing	RP	L	L	34	Marysville, KS
6	Carl Edwards	RP	R	R	25	Prosperity, SC
52	Justin Grimm	RP	R	R	28	Bristol, TN
28	Kyle Hendricks	SP	R	R	27	Newport Beach, CA
80	Pierce Johnson	RP	R	R	25	Denver, CO
41	John Lackey	SP	R	R	38	Abilene, TX
51	Jack Leathersich	RP	L	R	26	Beverly, MA
34	Jon Lester	SP	L	L	33	Tacoma, WA
24	Alec Mills	SP	R	R	25	Clarksville, TN
38	Mike Montgomery	RP	L	L	27	Mission Hills, CA
60	Felix Pena	RP	R	R	27	San Pedro De Macoris, Dominican Republic
56	Hector Rondon	RP	R	R	29	Guatire, Venezuela
76	Jose Rosario	RP	R	R	26	New York City, NY
62	Caleb Smith	RP	L	R	25	Huntsville, TX
46	Pedro Strop	RP	R	R	31	San Cristobal, Dominican Republic
19	Koji Uehara	RP	R	R	41	Neyagawa, Japan
74	Duane Underwood	SP	R	R	22	Raleigh, NC
29	Rob Zastryzny	RP	L	R	24	Edmonton, TX

포수

번호	이름	위치	투	타	나이	출생지
73	Victor Caratini	C	R	B	23	Ponce, Puerto Rico
40	Willson Contreras	C	R	R	24	Edo Carabobo, Venezuela
47	Miguel Montero	C	R	L	33	Caracas, Venezuela
12	Kyle Schwarber	C	R	L	24	Middletown, OH

내야

번호	이름	위치	투	타	나이	출생지
9	Javier Baez	3B	R	R	24	Bayamon, Puerto Rico
17	Kris Bryant	3B	R	R	25	Las Vegas, NV
7	Jeimer Candelario	3B	R	B	23	Manhattan, NY
2	Tommy La Stella	3B	R	L	28	Westwood, NJ
44	Anthony Rizzo	1B	L	L	27	Fort Lauderdale, FL
27	Addison Russell	SS	R	R	23	Pensacola, FL
18	Ben Zobrist	2B	R	B	35	Eureka, IL

외야

번호	이름	위치	투	타	나이	출생지
5	Albert Almora Jr.	CF	R	R	22	Hialeah, FL
75	Jacob Hannemann	CF	L	L	25	Kahuku, HI
22	Jason Heyward	RF	L	L	27	Ridgewood, NJ
30	Jon Jay	LF	L	L	32	Miami, FL
20	Matt Szczur	LF	R	R	27	Cape May, NJ

SUMMARY

우타자	좌타자	스위치	우투수	좌투수	평균나이	최연소	최연장
6명	7명	3명	17명	7명	27.6세	22세	41세

CHICAGO CUBS

2017 REGULAR SEASON SCHEDULE

● ▭ 는 홈경기, 시간은 미국 동부시간 기준

날짜	상대팀	경기시간	날짜	상대팀	경기시간	날짜	상대팀	경기시간
Sun, 4/2	St. Louis Cardinals	PM 7:35	Thu, 6/8	Colorado Rockies	PM 7:05	Wed, 8/16	Cincinnati Reds	PM 7:05
Tue, 4/4	St. Louis Cardinals	PM 7:15	Fri, 6/9	Colorado Rockies	PM 1:20	Thu, 8/17	Cincinnati Reds	PM 1:20
Wed, 4/5	St. Louis Cardinals	PM 12:45	Sat, 6/10	Colorado Rockies	PM 1:20	Fri, 8/18	Toronto Blue Jays	PM 7:05
Fri, 4/7	Milwaukee Brewers	PM 7:10	Sun, 6/11	Colorado Rockies	PM 1:20	Sat, 8/19	Toronto Blue Jays	PM 1:20
Sat, 4/8	Milwaukee Brewers	PM 6:10	Mon, 6/12	New York Mets	PM 6:10	Sun, 8/20	Toronto Blue Jays	PM 1:20
Sun, 4/9	Milwaukee Brewers	PM 1:10	Tue, 6/13	New York Mets	PM 6:10	Tue, 8/22	Cincinnati Reds	PM 6:10
Mon, 4/10	Los Angeles Dodgers	PM 7:05	Wed, 6/14	New York Mets	PM 6:10	Wed, 8/23	Cincinnati Reds	PM 6:10
Wed, 4/12	Los Angeles Dodgers	PM 7:05	Fri, 6/16	Pittsburgh Pirates	PM 6:05	Thu, 8/24	Cincinnati Reds	PM 6:10
Thu, 4/13	Los Angeles Dodgers	PM 1:20	Sat, 6/17	Pittsburgh Pirates	PM 7:15	Fri, 8/25	Philadelphia Phillies	PM 6:05
Fri, 4/14	Pittsburgh Pirates	PM 1:20	Sun, 6/18	Pittsburgh Pirates	PM 12:35	Sat, 8/26	Philadelphia Phillies	PM 6:05
Sat, 4/15	Pittsburgh Pirates	PM 1:20	Mon, 6/19	San Diego Padres	PM 7:05	Sun, 8/27	Philadelphia Phillies	PM 12:35
Sun, 4/16	Pittsburgh Pirates	PM 1:20	Tue, 6/20	San Diego Padres	PM 7:05	Mon, 8/28	Pittsburgh Pirates	PM 7:05
Mon, 4/17	Milwaukee Brewers	PM 7:05	Wed, 6/21	San Diego Padres	PM 1:20	Tue, 8/29	Pittsburgh Pirates	PM 7:05
Tue, 4/18	Milwaukee Brewers	PM 7:05	Thu, 6/22	Miami Marlins	PM 6:10	Wed, 8/30	Pittsburgh Pirates	PM 7:05
Wed, 4/19	Milwaukee Brewers	PM 1:20	Fri, 6/23	Miami Marlins	PM 6:10	Thu, 8/31	Atlanta Braves	PM 7:05
Fri, 4/21	Cincinnati Reds	PM 6:10	Sat, 6/24	Miami Marlins	PM 3:10	Fri, 9/1	Atlanta Braves	PM 1:20
Sat, 4/22	Cincinnati Reds	PM 12:10	Sun, 6/25	Miami Marlins	PM 12:10	Sat, 9/2	Atlanta Braves	PM 6:10
Sun, 4/23	Cincinnati Reds	PM 12:10	Mon, 6/26	Washington Nationals	PM 6:05	Sun, 9/3	Atlanta Braves	TBD
Mon, 4/24	Pittsburgh Pirates	PM 6:05	Tue, 6/27	Washington Nationals	PM 6:05	Mon, 9/4	Pittsburgh Pirates	PM 3:05
Tue, 4/25	Pittsburgh Pirates	PM 6:05	Wed, 6/28	Washington Nationals	PM 6:05	Tue, 9/5	Pittsburgh Pirates	PM 6:05
Wed, 4/26	Pittsburgh Pirates	PM 6:05	Thu, 6/29	Washington Nationals	PM 3:05	Wed, 9/6	Pittsburgh Pirates	PM 6:05
Fri, 4/28	Boston Red Sox	PM 6:10	Fri, 6/30	Cincinnati Reds	PM 6:10	Thu, 9/7	Pittsburgh Pirates	PM 6:05
Sat, 4/29	Boston Red Sox	PM 3:05	Sat, 7/1	Cincinnati Reds	PM 6:10	Fri, 9/8	Milwaukee Brewers	PM 1:20
Sun, 4/30	Boston Red Sox	PM 7:05	Sun, 7/2	Cincinnati Reds	PM 12:10	Sat, 9/9	Milwaukee Brewers	PM 3:05
Mon, 5/1	Philadelphia Phillies	PM 7:05	Tue, 7/4	Tampa Bay Rays	PM 1:20	Sun, 9/10	Milwaukee Brewers	PM 1:20
Tue, 5/2	Philadelphia Phillies	PM 7:05	Wed, 7/5	Tampa Bay Rays	PM 1:20	Tue, 9/12	New York Mets	PM 7:05
Wed, 5/3	Philadelphia Phillies	PM 7:05	Fri, 7/7	Pittsburgh Pirates	PM 1:20	Wed, 9/13	New York Mets	PM 7:05
Thu, 5/4	Philadelphia Phillies	PM 1:20	Sat, 7/8	Pittsburgh Pirates	PM 6:15	Thu, 9/14	New York Mets	PM 7:05
Fri, 5/5	New York Yankees	PM 1:20	Sun, 7/9	Pittsburgh Pirates	PM 12:10	Fri, 9/15	St. Louis Cardinals	PM 7:05
Sat, 5/6	New York Yankees	PM 6:15	Fri, 7/14	Baltimore Orioles	PM 6:05	Sat, 9/16	St. Louis Cardinals	PM 12:05
Sun, 5/7	New York Yankees	PM 7:05	Sat, 7/15	Baltimore Orioles	PM 6:05	Sun, 9/17	St. Louis Cardinals	TBD
Mon, 5/8	Colorado Rockies	PM 7:40	Sun, 7/16	Baltimore Orioles	PM 12:35	Tue, 9/19	Tampa Bay Rays	PM 6:10
Tue, 5/9	Colorado Rockies	PM 7:40	Mon, 7/17	Atlanta Braves	PM 6:35	Wed, 9/20	Tampa Bay Rays	PM 6:10
Wed, 5/10	Colorado Rockies	PM 2:10	Tue, 7/18	Atlanta Braves	PM 6:35	Thu, 9/21	Milwaukee Brewers	PM 7:10
Fri, 5/12	St. Louis Cardinals	PM 7:15	Wed, 7/19	Atlanta Braves	AM 11:10	Fri, 9/22	Milwaukee Brewers	PM 7:10
Sat, 5/13	St. Louis Cardinals	PM 3:05	Fri, 7/21	St. Louis Cardinals	PM 1:20	Sat, 9/23	Milwaukee Brewers	PM 6:10
Sun, 5/14	St. Louis Cardinals	PM 1:15	Sat, 7/22	St. Louis Cardinals	PM 3:05	Sun, 9/24	Milwaukee Brewers	PM 1:10
Tue, 5/16	Cincinnati Reds	PM 7:05	Sun, 7/23	St. Louis Cardinals	PM 7:05	Mon, 9/25	St. Louis Cardinals	PM 7:15
Wed, 5/17	Cincinnati Reds	PM 7:05	Mon, 7/24	Chicago White Sox	PM 7:10	Tue, 9/26	St. Louis Cardinals	PM 7:15
Thu, 5/18	Cincinnati Reds	PM 1:20	Tue, 7/25	Chicago White Sox	PM 1:20	Wed, 9/27	St. Louis Cardinals	PM 7:15
Fri, 5/19	Milwaukee Brewers	PM 1:20	Wed, 7/26	Chicago White Sox	PM 7:10	Thu, 9/28	St. Louis Cardinals	PM 6:15
Sat, 5/20	Milwaukee Brewers	PM 1:20	Thu, 7/27	Chicago White Sox	PM 7:10	Fri, 9/29	Cincinnati Reds	PM 1:20
Sun, 5/21	Milwaukee Brewers	PM 1:20	Fri, 7/28	Milwaukee Brewers	PM 7:10	Sat, 9/30	Cincinnati Reds	PM 3:05
Mon, 5/22	San Francisco Giants	PM 7:05	Sat, 7/29	Milwaukee Brewers	PM 6:10	Sun, 10/1	Cincinnati Reds	PM 2:20
Tue, 5/23	San Francisco Giants	PM 6:05	Sun, 7/30	Milwaukee Brewers	PM 1:10			
Wed, 5/24	San Francisco Giants	PM 7:05	Tue, 8/1	Arizona D-backs	PM 7:05			
Thu, 5/25	San Francisco Giants	PM 1:20	Wed, 8/2	Arizona D-backs	PM 7:05			
Fri, 5/26	Los Angeles Dodgers	PM 9:10	Thu, 8/3	Arizona D-backs	PM 1:20			
Sat, 5/27	Los Angeles Dodgers	PM 6:15	Fri, 8/4	Washington Nationals	PM 1:20			
Sun, 5/28	Los Angeles Dodgers	PM 3:10	Sat, 8/5	Washington Nationals	PM 1:20			
Mon, 5/29	San Diego Padres	PM 3:40	Sun, 8/6	Washington Nationals	TBD			
Tue, 5/30	San Diego Padres	PM 9:10	Mon, 8/7	San Francisco Giants	PM 9:15			
Wed, 5/31	San Diego Padres	PM 2:40	Tue, 8/8	San Francisco Giants	PM 9:15			
Fri, 6/2	St. Louis Cardinals	PM 1:20	Wed, 8/9	San Francisco Giants	PM 2:45			
Sat, 6/3	St. Louis Cardinals	PM 1:20	Fri, 8/11	Arizona D-backs	PM 8:40			
Sun, 6/4	St. Louis Cardinals	- PM 6:35	Sat, 8/12	Arizona D-backs	PM 7:10			
Mon, 6/5	Miami Marlins	PM 7:05	Sun, 8/13	Arizona D-backs	PM 3:10			
Tue, 6/6	Miami Marlins	PM 7:05	Mon, 8/14	Cincinnati Reds	PM 7:05			
Wed, 6/7	Miami Marlins	PM 7:05	Tue, 8/15	Cincinnati Reds	PM 7:05			

CHICAGO CUBS

Jon LESTER
존 레스터

NO. 34

좌투좌타　1984년 1월 7일　193cm, 109kg

*는 낮을수록 좋은 기록임

시즌	경기	이닝	피안타	피홈런	볼넷	탈삼진	승-패-세-홀	평균자책	구분	기록	MLB
2016	32	202.2	154	21	52	197	19-5-0-0	2.44	평균자책*	2.44	4.19
통산	317	2003.2	1829	182	644	1861	146-84-0-0	3.44	탈삼진 / 9	8.75	8.10
									볼넷 / 9*	2.31	3.14
									탈삼진 / 볼넷	3.79	2.58
									피홈런 / 9*	0.93	1.17
									피안타율	0.209	0.252
									WHIP	1.02	1.32
									잔루율	84.9%	72.9%
									FIP*	3.41	4.19

PITCHING ZONE

PITCHING REPERTORY / VELOCITY km/h **/ MOVEMENT** cm

구종	평균	전체	초구	2-2	좌타자	우타자	피타율	상하	좌우
포심패스트볼	149	45%	56%	42%	46%	45%	0.223	↑25	←15
투심 / 싱커	147	11%	6%	10%	11%	10%	0.305	↑12	←23
컷패스트볼	143	25%	15%	29%	32%	23%	0.233	↑13	0
슬라이더	–	–	–	–	–	–	–		
커브	121	14%	14%	18%	10%	15%	0.136	↓8	→13
체인지업	137	5%	3%	5%	2%	6%	0.250	↑12	←23
스플리터	–	–	–	–	–	–	–		

홈 ERA 1.74　원정 ERA 3.17
VS. 좌타자 0.20　VS. 우타 0.211
VS. 추신수 17타수 2안타 0.118
VS. 강정호 10타수 3안타 0.300

리그를 대표하는 좌완 에이스 중 한 명. 부드러운 투구폼으로 150km/h 초중반의 포심, 싱커와 함께 커터, 커브, 체인지업을 구사한다. 10시즌 중 7시즌을 200이닝 이상 투구할 만큼 이닝 포식자이다. 데뷔 초 제구가 거친 면이 있었으나 30세가 넘어가며 안정된 제구를 뽐내고 있다. 주자에 거의 신경을 쓰지 않으며, 리그에서 가장 많이 도루를 허용하는 투수 중 한 명이다. 가을야구에 굉장히 강한 투수 중 한 명으로 지난 시즌 NLCS MVP를 차지했고, 월드시리즈 우승 반지만 3개.

Jake ARRIETA
제이크 아리에타

NO. 49

우투우타　1986년 3월 6일　193cm, 102kg

*는 낮을수록 좋은 기록임

시즌	경기	이닝	피안타	피홈런	볼넷	탈삼진	승-패-세-홀	평균자책	구분	기록	MLB
2016	31	197.1	138	16	76	190	18-8-0-0	3.10	평균자책*	3.10	4.19
통산	167	992.2	804	86	348	907	74-46-0-1	3.58	탈삼진 / 9	8.67	8.10
									볼넷 / 9*	3.47	3.14
									탈삼진 / 볼넷	2.50	2.58
									피홈런 / 9*	0.73	1.17
									피안타율	0.194	0.252
									WHIP	1.08	1.32
									잔루율	74.9%	72.9%
									FIP*	3.52	4.19

PITCHING ZONE

PITCHING REPERTORY / VELOCITY km/h **/ MOVEMENT** cm

구종	평균	전체	초구	2-2	좌타자	우타자	피타율	상하	좌우
포심패스트볼	152	6%	8%	4%	6%	6%	0.190	↑24	→9
투심 / 싱커	152	52%	64%	39%	50%	53%	0.206	↑19	→19
컷패스트볼	–	–	–	–	–	–	–		
슬라이더	145	24%	18%	28%	22%	26%	0.198	↑7	←9
커브	130	14%	9%	22%	15%	7%	0.149	↓22	←16
체인지업	143	4%	1%	7%	7%	2%	0.095	↑7	→24
스플리터	–	–	–	–	–	–	–		

홈 ERA 2.62　원정 ER 3.59
VS. 좌타자 0.193　VS. 우타자 0.194
VS. 강정호 13타수 2안타 0.154
VS. 추신수 5타수 2안타 0.400

150km/h 중반에 형성되는 무브먼트가 심한 싱커가 주무기. 우타자 바깥쪽으로 크게 휘어지는 슬라이더와 낙차 큰 커브로 많은 삼진을 솎아낸다. 볼티모어 시절도 구위는 좋았지만, 컵스 입단 후 제구가 좋아지며 완전 다른 투수로 탈바꿈했다. 홈플레이트 좌우 끝을 자유자재로 넘나든다. 투구 시 키킹하는 발을 일직선이 아닌 우타자 방향으로 내딛는데, 우타 입장에선 공이 자신의 몸을 향하는 듯한 느낌을 받는다. 지난 시즌 제구가 크게 흔들리며 다소 부진한 시즌을 보냈다.

CHICAGO CUBS

■ 15% 이상 ■ 12-14% ■ 9-11% ■ 6-8% ■ 3-5% □ 2% 이하

SP Kyle HENDRICKS
카일 헨드릭스   NO. 28

우투우타 1989년 12월 7일 190cm, 86kg

*는 낮을수록 좋은 기록임

시즌	경기	이닝	피안타	피홈런	볼넷	탈삼진	승-패-세-홀	평균자책	구분	기록	MLB
2016	31	190.0	142	15	44	170	16-8-0-0	2.13	평균자책*	2.13	4.19
통산	76	450.1	380	36	102	384	31-17-0-0	2.92	탈삼진 / 9	8.05	8.10
									볼넷 / 9*	2.08	3.14
									탈삼진 / 볼넷	3.86	2.58
									피홈런 / 9*	0.71	1.17
									피안타율*	0.205	0.252
									WHIP*	0.98	1.32
									잔루율	81.5%	72.9%
									FIP*	3.20	4.19

PITCHING ZONE

PITCHING REPERTORY / VELOCITY km/h **MOVEMENT** cm

구종	평균	전체	초구	2-2	좌타자	우타자	피타율	상하	좌우
포심패스트볼	142	14%	19%	11%	22%	9%	0.231	↑22	→5
투심 / 싱커	142	53%	60%	38%	40%	62%	0.277	↑13	→16
컷패스트볼	141	2%	2%	1%	3%	1%	0.267	↑17	0
슬라이더	–	–	–	–	–	–	–		
커브	123	8%	11%	3%	10%	6%	0.208	↓10	←19
체인지업	129	24%	8%	46%	25%	22%	0.148	↑13	→10
스플리터	–	–	–	–	–	–	–		

홈 ERA 1.32 원정 ERA 2.95
VS. 좌타자 0.217 VS. 우타자 0.196
VS. 강정호 11타수 3안타 0.273

겉으로 화려하진 않으나 내실 있는 선발투수. 140km/h 중반대의 빠르지 않지만 무브먼트가 심한 싱커로 땅볼을 잘 유도한다. 변화구도 체인지업, 커브, 커터 등 다양하게 구사. 커맨드도 뛰어나 모든 구종을 원하는 곳에 던질 수 있다. 공을 타자 무릎 높이에 형성시켜 홈런 허용이 적고, 홈플레이트 좌우 코너 활용을 잘한다. 그 때문에 구속이 느림에도 불구, 준수한 탈삼진 능력을 가지고 있다. 지난 시즌 잠재력을 폭발시키며 NL 평균자책점 1위를 차지, 사이영상 투표에서 3위를 기록했다.

SP John LACKEY
존 래키   NO. 41

우투우타 1978년 10월 23일 198cm, 107kg

*는 낮을수록 좋은 기록임

시즌	경기	이닝	피안타	피홈런	볼넷	탈삼진	승-패-세-홀	평균자책	구분	기록	MLB
2016	29	188.1	146	23	53	180	11-8-0-0	3.35	평균자책*	3.35	4.19
통산	417	2669.2	2697	283	762	2145	176-135-0-0	3.88	탈삼진 / 9	8.60	8.10
									볼넷 / 9*	2.53	3.14
									탈삼진 / 볼넷	3.40	2.58
									피홈런 / 9*	1.1	1.17
									피안타율*	0.213	0.252
									WHIP*	1.06	1.32
									잔루율	76.2%	72.9%
									FIP*	3.81	4.19

PITCHING ZONE

PITCHING REPERTORY / VELOCITY km/h **MOVEMENT** cm

구종	평균	전체	초구	2-2	좌타자	우타자	피타율	상하	좌우
포심패스트볼	148	44%	54%	32%	50%	40%	0.240	↑21	→10
투심 / 싱커	148	19%	20%	14%	13%	24%	0.288	↑11	→23
컷패스트볼	–	–	–	–	–	–	–		
슬라이더	134	24%	13%	42%	16%	31%	0.195	↓1	←8
커브	126	9%	11%	7%	15%	5%	0.256	↓12	←13
체인지업	135	4%	2%	5%	7%	1%	0.255	↑12	→21
스플리터	–	–	–	–	–	–	–		

홈 ERA 2.62 원정 ERA 4.37
VS. 좌타자 0.233 VS. 우타자 0.198
VS. 추신수 21타수 8안타 1홈런 0.381
VS. 강정호 5타수 0안타 0.000

올해 38세의 나이임에도 불구 노쇠화의 기미가 크게 보이지 않는다. 196cm의 큰 키에서 스리쿼터 딜리버리로 공을 뿌린다. 포심, 투심의 평균구속은 140km/h 후반대, 하지만 상황에 따라서 150km/h 중반까지 구속을 끌어올린다. 타자 앞에서 늦게 변화를 일으키는 커터와 커브, 체인지업을 구사한다. 뛰어난 제구에 원숙미까지 더해져 적은 투구 수로 많은 이닝 소화가 가능하다. 통산 포스트시즌 평균 자책점이 3.27에(26경기) 불과할 만큼 큰 경기에 강한 강심장을 지닌 선수.

CHICAGO CUBS

■ 15% 이상 ■ 12~14% ■ 9~11% ■ 6~8% ■ 3~5% □ 2% 이하

홈 ERA 2.34 원정 ERA 2.70
VS. 좌타자 0.181 VS. 우타자 0.232
VS. 추신수 3타수 1안타 0.333
VS. 김현수 1타수 0안타 0.000

SP Mike MONTGOMERY
마이크 몽고메리   NO.38

좌투좌타 1989년 7월 1일 196cm, 98kg   *는 낮을수록 좋은 기록임

시즌	경기	이닝	피안타	피홈런	볼넷	탈삼진	승-패-세-홀	평균자책	구분	기록	MLB
2016	49	100.0	79	8	38	92	4-5-0-5	2.52	평균자책	2.52	4.19
통산	65	190.0	171	19	75	156	8-11-0-5	3.51	탈삼진 / 9	8.28	8.10
									볼넷 / 9*	3.42	3.14
									탈삼진 / 볼넷	2.42	2.58
									피홈런 / 9*	0.72	1.17
									피안타율*	0.216	0.252
									WHIP*	1.17	1.32
									잔루율	81.2%	72.9%
									FIP*	3.79	4.19

PITCHING REPERTORY / VELOCITY km/h **MOVEMENT** cm

구종	평균	전체	초구	2-2	좌타자	우타자	피타율	상하	좌우
포심패스트볼	149	38%	48%	32%	41%	36%	0.312	↑21	←19
투심 / 싱커	148	15%	17%	12%	12%	17%	0.275	↑17	←25
컷패스트볼	142	13%	8%	15%	19%	11%	0.236	↑8	←10
슬라이더	–	–	–	–	–	–	–		
커브	123	19%	19%	18%	21%	18%	0.103	↓19	→11
체인지업	132	15%	8%	24%	9%	19%	0.150	↑12	←27
스플리터	–	–	–	–	–	–	–		

2008년 캔자스시티에 1라운드 36번픽으로 지명받을 정도로 기대가 컸지만 기대 이하의 성장세로 2015년 시애틀에서 25세의 나이에 데뷔했다. 150km/h 초중반의 빠른 공과 함께 커브, 커터, 체인지업을 구사한다. 특히 커브의 각도가 좋아 좌타자를 효과적으로 잡아낸다. 지난 시즌 선발과 불펜을 오가며 팀의 살림꾼 역할을 톡톡히 했다. 다만 시애틀에서 안정된 모습을 보여줬던 제구가 컵스로 이적하며 흔들린 것은 아쉬운 점. 올 시즌엔 5선발이 유력해 보인다.

홈 ERA 4.09 원정 ERA 1.78
VS. 좌타자 0.140 VS. 우타자 0.171
VS. 추신수 2타수 0안타 0.000
VS. 강정호 3타수 1안타 0.333

RP Pedro STROP
페드로 스트롭   NO.46

우투우타 1985년 6월 13일 185cm, 100kg   *는 낮을수록 좋은 기록임

시즌	타수	안타	홈런	타점	볼넷	도루	타율	출루율	장타율	구분	기록	MLB
2016	54	47.1	27	4	15	60	2-2-0-21	2.85	0	타율	2.85	3.96
통산	376	339.2	241	20	157	377	15-20-9-116	3.23	0	출루율	11.41	7.76
										장타율	2.85	2.92
										볼넷%	4.00	2.66
										삼진%*	0.76	1.02
										볼넷 / 삼진	0.161	0.251
										순장타율	0.89	1.29
										BABIP	74.3%	72.9%
										wOBA	2.91	3.96

PITCHING REPERTORY / VELOCITY km/h **MOVEMENT** cm

구종	평균	전체	초구	2-2	좌타자	우타자	피타율	상하	좌우
포심패스트볼	153	19%	30%	7%	13%	22%	0.189	↑25	→11
투심 / 싱커	153	28%	25%	19%	34%	24%	0.271	↑18	→20
컷패스트볼	144	1%	1%	1%	1%	1%	–	↓13	0
슬라이더	134	50%	43%	67%	46%	52%	0.103	↓3	←6
커브	–	–	–	–	–	–	–		
체인지업	141	0%	0%	0%	0%	0%	0.000	↑16	→20
스플리터	141	3%	1%	5%	6%	1%	0.000	↑7	→9

평균 150km/h 후반대의 강속구를 자랑하는 우완투수. 빠른 공과 함께 날카로운 슬라이더를 50:50 비율로 던진다. 투구 시 팔의 백스윙을 짧게 해 빠르게 공을 뿌린다. 압도적인 구위로 타자에게 안타나 홈런을 거의 허용하지 않는다(통산 HR/9 0.5, 피장타율 .296). 데뷔 때부터 제구불안이라는 꼬리표가 꾸준히 따라다니다가 지난 시즌 처음으로 BB/9가 2.9까지 떨어뜨렸다. 2012년부터 2015년까지 65경기 이상 등판하며 불펜의 마당쇠 역할을 확실히 했다.

CHICAGO CUBS

■ 15% 이상 ■ 12–14% ■ 9–11% ■ 6–8% ■ 3–5% □ 2% 이하

홈 ERA 3.67 원정 ERA 3.38
VS. 좌타자 0.253 VS. 우타자 0.198
VS. 강정호 4타수 1안타 1홈런 0.250
VS. 추신수 4타수 0안타 0.000

RP Hector RONDON
헥토르 론돈 NO.56

우투우타 1988년 2월 26일 190cm, 104kg   *는 낮을수록 좋은 기록임

시즌	경기	이닝	피안타	피홈런	볼넷	탈삼진	승-패-세-홀	평균자책	구분	기록	MLB
2016	54	51.0	42	8	8	58	2-3-18-7	3.53	평균자책*	3.53	4.19
통산	235	239.0	201	20	63	234	14-12-77-18	2.97	탈삼진 / 9	10.24	8.10
									볼넷 / 9*	1.41	3.14
									탈삼진 / 볼넷	7.25	2.58
									피홈런 / 9*	1.41	1.17
									피안타율*	0.221	0.252
									WHIP*	0.98	1.32
									잔루율	78.4%	72.9%
									FIP*	3.50	4.19

PITCHING ZONE

PITCHING REPERTORY / VELOCITY km/h **MOVEMENT** cm

구종	평균	전체	초구	2-2	좌타자	우타자	피타율	상하	좌우
포심패스트볼	155	43%	47%	39%	40%	47%	0.235	↑22	→12
투심 / 싱커	155	17%	19%	12%	27%	9%	0.267	↑14	→21
컷패스트볼	149	1%	2%	1%	0%	2%	0.000	↑15	→3
슬라이더	138	35%	31%	45%	27%	42%	0.182	0	←8
커브	–	–	–	–	–	–	–		
체인지업	146	3%	4%	6%	1%	0.250	↑8	→23
스플리터	–	–	–	–	–	–	–		

Rule 5 드래프트의 수혜자 중 한 명. 클리블랜드 마이너 시절엔 선발투수로 활약하다 불펜으로 전향했다. 160km/h 강속구를 보유한 파이어볼러. 변화구 주무기는 슬라이더다. 데뷔 초기 들쭉날쭉한 제구로 고생했지만, 이후 개선에 성공하며 안정된 제구로 주전 마무리감으로 성장했다. 지난 시즌 초반 마무리로 시작했지만 부상으로 주춤했고, 채프먼이 영입되며 8회 셋업맨 역할을 맡았다. 주자가 있는 상황에 올라와도 흔들리지 않는 강심장의 소유자다.

홈 ERA 4.84 원정 ERA 2.19
VS. 좌타자 0.139 VS. 우타자 0.250
VS. 추신수 4타수 1안타 0.250
VS. 김현수 1타수 0안타 0.000

RP UEHARA Koji
우에하라 고지 NO.19

우투우타 1975년 4월 3일 188cm, 88kg   *는 낮을수록 좋은 기록임

시즌	경기	이닝	피안타	피홈런	볼넷	탈삼진	승-패-세-홀	평균자책	구분	기록	MLB
2016	50	47.0	34	8	11	63	2-3-7-1	3.45	평균자책*	3.45	4.19
통산	387	437.2	312	53	66	522	19-22-93-67	2.53	탈삼진 / 9	12.06	8.10
									볼넷 / 9*	2.11	3.14
									탈삼진 / 볼넷	5.73	2.58
									피홈런 / 9*	1.53	1.17
									피안타율*	0.199	0.252
									WHIP*	0.96	1.32
									잔루율	81.0%	72.9%
									FIP*	3.51	4.19

PITCHING ZONE

PITCHING REPERTORY / VELOCITY km/h **MOVEMENT** cm

구종	평균	전체	초구	2-2	좌타자	우타자	피타율	상하	좌우
포심패스트볼	140	45%	49%	35%	43%	47%	0.151	↑28	→18
투심 / 싱커	139	0%	0%	0%	0%	0%	0.000	↑22	→28
컷패스트볼	132	3%	4%	2%	0%	5%	0.556	↑15	←1
슬라이더	–	–	–	–	–	–	–		
커브	–	–	–	–	–	–	–		
체인지업	–	–	–	–	–	–	–		
스플리터	127	52%	47%	63%	57%	48%	0.212	↑10	→20

올해 나이 42세의 베테랑. 2009년 메이저리그 진출 당시엔 선발이었지만 2010년부터 풀타임 불펜으로 전업해 성공적인 빅 리그 커리어를 쌓아나가고 있다. 140km/h 초중반의 빠른 공과 함께 리그 정상급의 스플리터를 구사한다. 거기에 칼날 제구까지 겸비해 느린 구속에도 불구, 탈삼진율이 높다. 지난 시즌엔 피홈런이 늘어나며 불펜 전환 이후 가장 높은 평균자책점인 3.45를 기록했다. 올 시즌 컵스에서 론돈과 함께 7-8회 셋업맨으로 활약할 것으로 예상된다.

CHICAGO CUBS

■ 15% 이상　■ 12~14%　■ 9~11%　■ 6~8%　■ 3~5%　□ 2% 이하

홈 ERA 2.19 원정 ERA 1.45
VS. 좌타자 0.200 VS. 우타자 0.221
VS. 추신수 5타수 1안타 0.200
VS. 강정호 1타수 0안타 0.000

 Wade DAVIS
웨이드 데이비스　　　　　　　　　 NO.71

우투우타　1985년 9월 7일　196cm, 102kg　　*는 낮을수록 좋은 기록임

시즌	경기	이닝	피안타	피홈런	볼넷	탈삼진	승-패-세-홀	평균자책	구분	기록	MLB
2016	45	43.1	33	0	16	47	2-1-27-0	1.87	평균자책*	1.87	4.19
통산	334	776.2	709	72	284	689	55-37-47-57	3.53	탈삼진 / 9	9.76	8.10
									볼넷 / 9*	3.32	3.14
									탈삼진 / 볼넷	2.94	2.58
									피홈런 / 9*	0.00	1.17
									피안타율*	0.210	0.252
									WHIP*	1.13	1.32
									잔루율	82.7%	72.9%
									FIP*	2.29	4.19

PITCHING ZONE

좌타자 · 몸쪽　　우타자 · 몸쪽

PITCHING REPERTORY / VELOCITY km/h / **MOVEMENT** cm

구종	평균	전체	초구	2-2	좌타자	우타자	피타율	상하	좌우
포심패스트볼	154	51%	52%	47%	47%	55%	0.179	↑26	→6
투심 / 싱커	152	0%	1%	0%	1%	0%	0.000	↑15	→21
컷패스트볼	149	30%	28%	29%	31%	28%	0.151	↑13	→6
슬라이더	–	–	–	–	–	–	–	–	–
커브	135	19%	19%	24%	21%	16%	0.181	↓14	←9
체인지업	146	0%	0%	0%	0%	0%	1.000	↑16	→13
스플리터	–	–	–	–	–	–	–	–	–

2014년 이후 평균자책점 1.18로 리그에서 가장 압도적인 마무리로 활약 중이다. 150km/h 중후반의 빠른 공과 함께 커터와 너클 커브가 주무기. 2009년부터 2011시즌까진 풀타임 선발로 활약했을만큼 마무리 투수임에도 불구, 2-3이닝도 소화가 가능하다. 지난 시즌엔 아쉽게 2차례 부상으로 팀에서 이탈했고, 제구력도 예년만큼 날카롭지 못한 모습이었다. 지난 겨울 호르헤 솔레어와의 1:1 트레이드로 컵스에 입단해 채프먼이 빠진 마무리 자리를 채워줄 것으로 기대를 모으고 있다.

홈 타율 0.301 원정 타율 0.261
VS. 좌투수 0.311 VS. 우투수 0.270
득점권 0.275 L/C 0.294

 Willson CONTRERAS
윌슨 콘트레라스　　　　　　　　　 NO.40

우투우타　1992년 5월 13일　185cm, 95kg　　*는 낮을수록 좋은 기록임

시즌	타수	안타	홈런	타점	볼넷	도루	타율	출루율	장타율	구분	기록	MLB
2016	252	71	12	35	26	2	0.282	0.357	0.488	타율	0.282	0.255
통산	252	71	12	35	26	2	0.282	0.357	0.488	출루율	0.357	0.322
										장타율	0.488	0.417
										볼넷%	9.2%	8.2%
										삼진%*	23.7%	21.1%
										볼넷 / 삼진	0.39	0.39
										순장타율	0.206	0.162
										BABIP	0.339	0.300
										wOBA	0.363	0.318

VS. 패스트볼　　VS. 변화구

우타자　　우타자

*5타수 미만은 색을 표시하지 않았음. ●●●●●: Ball zone

SPRAY ZONE

　　　4
6　34%　2
42%　　23%

홈런
타구분포 %

BATTED BALL

항목	비율
볼존 공격률	35%
S존 공격률	65%
볼존 컨택트율	57%
S존 컨택트율	80%
라인드라이브	18%
그라운드볼	54%
플라이볼	28%

DEFENSE

위치	자살	보살	실책	수비율
C	389	31	6	0.986
LF	26	1	0	1.000

2009년 컵스와 계약을 맺을 당시엔 3루수였으나 이후 1루, 2루, 코너외야수를 거쳐 2012년부터 포수로 자리 잡았다. 덕분에 포수임에도 불구, 뛰어난 운동신경을 자랑하고 있다. 2016년 6월 20일 피츠버그전 데뷔 첫 타석에서 대타 홈런을 때려내며 팬들에게 강한 인상을 남겼다. 3할을 때려낼 수 있는 정확도와 20홈런을 칠 수 있는 파워를 가졌다. 포수로서는 경력이 짧기 때문에 아직 발전해야 할 점이 많다. 하지만 어깨 하나만큼은 리그 어느 포수와 견주어도 밀리지 않는다.

CHICAGO CUBS

| 타율 0.400 이상 | 0.300–0.399 | 0.200–0.299 | 0.100–0.199 | 타율 0.099 이하 |

Miguel MONTERO
미겔 몬테로   NO.47

우투좌타 1983년 7월 9일 180cm, 95kg

*는 낮을수록 좋은 기록임

시즌	타수	안타	홈런	타점	볼넷	도루	타율	출루율	장타율	구분	기록	MLB
2016	241	52	8	33	38	1	0.216	0.327	0.357	타율	0.216	0.255
통산	3605	933	120	534	421	4	0.259	0.342	0.416	출루율	0.327	0.322
										장타율	0.357	0.417
										볼넷%	13.4%	8.2%
										삼진%*	20.4%	21.1%
										볼넷 / 삼진	0.66	0.39
										순장타율	0.141	0.162
										BABIP	0.249	0.300
										wOBA	0.299	0.318

VS. 패스트볼   VS. 변화구

*5타수 미만은 색을 표시하지 않았음. ●●●● : Ball zone

SPRAY ZONE
1: 30% 2: 28% 5: 42%
홈런 타구분포 %

BATTED BALL
항목	비율
볼존 공격률	28%
S존 공격률	72%
볼존 컨택트율	72%
S존 컨택트율	81%
라인드라이브	17%
그라운드볼	50%
플라이볼	33%

DEFENSE
위치	자살	보살	실책	수비율
C	550	37	7	0.988

홈 타율 0.176 원정 타율 0.245
VS. 좌투수 0.189 VS. 우투수 0.221
득점권 0.250 L/C 0.189

2013년 허리 부상 이후 전성기에서 내려오고 있는 모양새. 여전히 15개 이상의 홈런을 칠 수 있는 힘과 좋은 선구안을 가지고 있다. 하지만 컨택트 능력 하락으로 타율이 크게 떨어졌다(타율 09~12시즌 .283, 13~16시즌 .236). 도루 저지 역시 2011~2012시즌 2년 연속 40% 이상의 도루저지율을 찍은 이후 꾸준히 감소하고 있다. 하지만 뛰어난 프레이밍과 투수진을 이끄는 안방마님으로서의 역할은 여전히 가치가 높다. 올 시즌 주로 콘트레라스의 뒤를 보좌하는 백업 포수로 뛸 전망이다.

Anthony RIZZO
앤서니 리조   NO.44

좌투좌타 1989년 8월 8일 190cm, 109kg

*는 낮을수록 좋은 기록임

시즌	타수	안타	홈런	타점	볼넷	도루	타율	출루율	장타율	구분	기록	MLB
2016	583	170	32	109	74	3	0.292	0.385	0.544	타율	0.292	0.255
통산	2764	738	134	425	349	36	0.267	0.362	0.483	출루율	0.385	0.322
										장타율	0.544	0.417
										볼넷%	10.9%	8.2%
										삼진%*	16.0%	21.1%
										볼넷 / 삼진	0.69	0.39
										순장타율	0.252	0.162
										BABIP	0.309	0.300
										wOBA	0.391	0.318

VS. 패스트볼   VS. 변화구

*5타수 미만은 색을 표시하지 않았음. ●●●● : Ball zone

SPRAY ZONE
7: 33% 2: 22% 23: 46%
홈런 타구분포 %

BATTED BALL
항목	비율
볼존 공격률	32%
S존 공격률	63%
볼존 컨택트율	68%
S존 컨택트율	91%
라인드라이브	20%
그라운드볼	38%
플라이볼	41%

DEFENSE
위치	자살	보살	실책	수비율
1B	1268	125	6	0.996

홈 타율 0.295 원정 타율 0.289
VS. 좌투수 0.261 VS. 우투수 0.305
득점권 0.341 L/C 0.290

보스턴 시절부터 주목받던 거포 유망주. 세 번이나 팀을 옮긴 후 컵스에서 잠재력을 폭발시켰다. 30홈런 이상을 칠 수 있는 파워를 지녔으며 짧은 스윙으로 몸쪽 공 대처에 능하다. 선구안도 뛰어나 높은 출루율을 기록할 수 있다. 좌완투수 상대로 약점이 있었지만 지난 시즌 완전히 극복한 모습. 타석에서 홈플레이트 가까이 붙어 있다보니 몸에 맞는 공이 많다(최근 3시즌 61개). 클린업답게 찬스에도 강한 모습. 큰 덩치에 비해 주루 센스가 있고 뛰어난 수비 실력을 자랑한다.

CHICAGO CUBS

■ 타율 0.400 이상 ■ 0.300–0.399 ■ 0.200–0.299 ■ 0.100–0.199 ■ 타율 0.099 이하

2B Ben ZOBRIST NO.18
벤 조브리스트

우투양타 | 1981년 5월 26일 | 190cm, 95kg

*는 낮을수록 좋은 기록임

시즌	타수	안타	홈런	타점	볼넷	도루	타율	출루율	장타율
2016	523	142	18	76	96	6	0.272	0.386	0.446
통산	4840	1287	145	643	700	111	0.266	0.358	0.433

구분	기록	MLB
타율	0.272	0.255
출루율	0.386	0.322
장타율	0.446	0.417
볼넷%	15.2%	8.2%
삼진%*	13.0%	21.1%
볼넷 / 삼진	1.17	0.39
순장타율	0.174	0.162
BABIP	0.290	0.300
wOBA	0.360	0.318

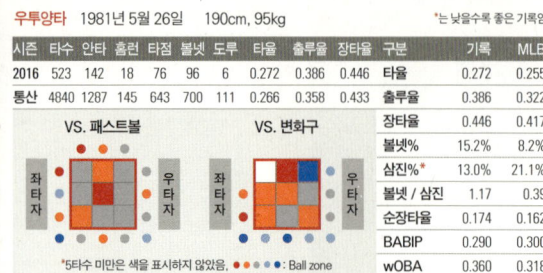

SPRAY ZONE
- 1
- 3 : 25%
- 35%
- 14 : 41%
- 홈런 / 타구분포 %

BATTED BALL

항목	비율
볼존 공격률	21%
S존 공격률	52%
볼존 컨택트율	77%
S존 컨택트율	94%
라인드라이브	22%
그라운드볼	48%
플라이볼	31%

DEFENSE

위치	자살	보살	실책	수비율
2B	177	250	7	0.984
RF	27	1	0	1.000
LF	16	0	0	1.000

홈 타율 0.242 원정 타율 0.297
VS. 좌투수 0.301 VS. 우투수 0.261
득점권 0.228 L/C 0.229

리그를 대표하는 멀티 플레이어. 포수와 투수를 제외한 모든 포지션이 가능하다. 그중 가장 안정적인 수비를 보여주는 포지션은 2루다. 콤팩트한 스윙을 가지고 있으며 조 매든 감독이 '조릴라(Zorilla)'라는 별명을 붙여줄 정도로 힘이 좋아 많은 장타를 생산해낸다. 높은 타율은 기대하기 힘들지만 타석에서 인내심이 강하고, 선구안이 좋아 많이 볼넷을 골라낸다. 주루 센스도 좋아 20도루를 한 시즌도 있었지만(2010년) 나이를 먹고는 도루를 자제하고 있다.

3B Kris BRYANT NO.17
크리스 브라이언트

우투우타 | 1992년 1월 4일 | 196cm, 104kg

*는 낮을수록 좋은 기록임

시즌	타수	안타	홈런	타점	볼넷	도루	타율	출루율	장타율
2016	603	176	39	102	75	8	0.292	0.385	0.554
통산	1162	330	65	201	152	21	0.284	0.377	0.522

구분	기록	MLB
타율	0.292	0.255
출루율	0.385	0.322
장타율	0.554	0.417
볼넷%	10.7%	8.2%
삼진%*	22.0%	21.1%
볼넷 / 삼진	0.49	0.39
순장타율	0.262	0.162
BABIP	0.332	0.300
wOBA	0.396	0.318

SPRAY ZONE
- 9
- 30 : 47%
- 34%
- 0 : 20%
- 홈런 / 타구분포 %

BATTED BALL

항목	비율
볼존 공격률	30%
S존 공격률	73%
볼존 컨택트율	53%
S존 컨택트율	83%
라인드라이브	24%
그라운드볼	31%
플라이볼	46%

DEFENSE

위치	자살	보살	실책	수비율
3B	58	187	12	0.953
LF	69	3	1	0.986

홈 타율 0.275 원정 타율 0.308
VS. 좌투수 0.314 VS. 우투수 0.284
득점권 0.263 L/C 0.253

지난 시즌 데뷔해 올스타, 신인왕을 차지하며 슈퍼스타 대열에 합류했다. 타격 능력은 대학 시절 이미 완성되었다는 평가. 부드러운 스윙으로 타구를 밀어서도 넘길 수 있는 파워를 지녔다(BA 20-80 스케일 파워 80점). 타율은 마이너에선 3할을 쳤지만 빅리그에선 .270~.280을 예상하고 있다. 삼진을 많이 당하지만 선구안이 좋고 신중한 자세로 볼넷을 많이 골라낸다. 지난 시즌 39홈런을 기록하며 리그 MVP를 수상, 역대 4번째 신인왕 이듬해 MVP를 수상한 선수로 이름을 올렸다.

CHICAGO CUBS

■ 타율 0.400 이상   ■ 0.300-0.399   ■ 0.200-0.299   ■ 0.100-0.199   ■ 타율 0.099 이하

SS Addison RUSSELL NO.27

애디슨 러셀

우투우타 1994년 1월 23일 183cm, 91kg   *는 낮을수록 좋은 기록임

시즌	타수	안타	홈런	타점	볼넷	도루	타율	출루율	장타율	구분	기록	MLB
2016	525	125	21	95	55	5	0.238	0.321	0.417	타율	0.238	0.255
통산	1000	240	34	149	97	9	0.240	0.314	0.404	출루율	0.321	0.322

VS. 패스트볼   VS. 변화구

구분	기록	MLB
장타율	0.417	0.417
볼넷%	9.2%	8.2%
삼진%*	22.6%	21.1%
볼넷 / 삼진	0.41	0.39
순장타율	0.179	0.162
BABIP	0.277	0.300
wOBA	0.316	0.318

*5타수 미만은 색을 표시하지 않았음. ●●● : Ball zone

SPRAY ZONE: 4 / 17 / 0 / 44% 34% 22% / 홈런 / 타구분포 %

BATTED BALL

항목	비율
볼존 공격률	31%
S존 공격률	71%
볼존 컨택트율	55%
S존 컨택트율	83%
라인드라이브	21%
그라운드볼	41%
플라이볼	38%

DEFENSE

위치	자살	보살	실책	수비율
SS	152	388	14	0.975

홈 타율 0.272 원정 타율 0.205
VS. 좌투수 0.223 VS. 우투수 0.244
득점권 0.251 L/C 0.280

미래의 올스타감 유격수. 2015시즌 빅리그에 데뷔해 가능성을 보였다. 러셀의 성장세를 보고 컵스는 과감하게 스탈린 카스트로를 양키스로 트레이드할 수 있었다. 콤팩트하고 빠른 스윙으로 20홈런을 칠 수 있는 파워 잠재력을 가졌다. 주루 센스 또한 뛰어나 20도루 이상도 기대해 볼만 하다. 어린 나이 답지 않게 타석에서 신중한 모습을 보여주며 볼을 많이 보는 편. 삼진도 많지만 볼넷 역시 많이 골라낸다. 주포지션은 유격수로 넓은 수비 범위와 강한 어깨로 안정된 수비를 보여준다.

LF Kyle SCHWARBER NO.12

카일 슈와버

우투좌타 1993년 3월 5일 183cm, 107kg   *는 낮을수록 좋은 기록임

시즌	타수	안타	홈런	타점	볼넷	도루	타율	출루율	장타율	구분	기록	MLB
2016	4	0	0	0	1	0	0.000	0.200	0.000	타율	0.000	0.255
통산	236	57	16	43	37	3	0.242	0.353	0.479	출루율	0.000	0.322

VS. 패스트볼   VS. 변화구

구분	기록	MLB
장타율	0.000	0.417
볼넷%	20.0%	8.2%
삼진%*	40.0%	21.1%
볼넷 / 삼진	0.50	0.39
순장타율	0.000	0.162
BABIP	0.000	0.300
wOBA	0.138	0.318

*5타수 미만은 색을 표시하지 않았음. ●●● : Ball zone

SPRAY ZONE: 0 / 0 / 0 / 0% 0% 0% / 홈런 / 타구분포 %

BATTED BALL

항목	비율
볼존 공격률	25%
S존 공격률	59%
볼존 컨택트율	50%
S존 컨택트율	57%
라인드라이브	0%
그라운드볼	100%
플라이볼	0%

DEFENSE

위치	자살	보살	실책	수비율
LF	1	0	0	1.000

홈 타 - 원정 타율 0.000
VS. 좌투수 - VS. 우투수 0.000
득점권 0.000 L/C -

2014시즌 드래프트 (전체 4순위) 되었지만 빠르게 마이너를 졸업해 2015시즌 바로 빅리그 무대를 밟았다. 스윙이 크지 않지만 별명이 헐크일 정도로 힘이 좋아 30홈런 이상을 칠 수 있는 파워 잠재력이 있다. 마이너 시절 3할 타율을 기록했지만 빅리그에선 그 정도의 고타율은 기대하기 힘들 듯. 타석에서 신중한 모습을 보여 볼넷도 많지만 삼진도 많이 당하는 편이다. 주포지션은 포수지만 포수 수비는 평균 이하(본인은 포수를 원한다). 장기적으로 좌익수로 자리 잡을 것으로 보인다.

■ 타율 0.400 이상 ■ 0.300–0.399 ■ 0.200–0.299 ■ 0.100–0.199 ■ 타율 0.099 이하

 Albert ALMORA Jr.
알버트 알모라 주니어  NO.05

우투우타 　1994년 4월 16일 　188cm, 86kg 　　　*는 낮을수록 좋은 기록임

시즌	타수	안타	홈런	타점	볼넷	도루	타율	출루율	장타율	구분	기록	MLB
2016	112	31	3	14	5	0	0.277	0.308	0.455	타율	0.277	0.255
통산	112	31	3	14	5	0	0.277	0.308	0.455	출루율	0.308	0.322
										장타율	0.455	0.417
										볼넷%	4.3%	8.2%
										삼진%*	17.1%	21.1%
										볼넷/삼진	0.25	0.39
										순장타율	0.179	0.162
										BABIP	0.315	0.300
										wOBA	0.325	0.318

VS. 패스트볼　VS. 변화구　우타자

*5타수 미만은 색을 표시하지 않았음. ●●●: Ball zone

SPRAY ZONE 　 **BATTED BALL** 　 **DEFENSE**

항목	비율
볼존 공격률	39%
S존 공격률	64%
볼존 컨택트율	67%
S존 컨택트율	88%
라인드라이브	28%
그라운드볼	43%
플라이볼	29%

위치	자살	보살	실책	수비율
CF	60	0	0	1.000

0 2 37% 1 40% 23% 홈런 타구분포 %

홈 타율 0.184　원정 타율 0.349
VS. 좌투수 0.262　VS. 우투수 0.286
득점권 0.333　L/C 0.316

덱스터 파울러가 떠난 중견수 자리의 주인공. 2012년 전체 6순위로 뽑힌 올 시즌 고작 23세의 젊은 선수로 강력한 NL 신인왕 후보 중 한 명이다. 장타력은 뛰어나지 않지만(마이너 한 시즌 최다 홈런 9개) 정확도가 뛰어나며 빠른 발로 두자릿수 도루를 기록할 수 있다. 향후 1번 타자로 성장하기 위해서는 출루율의 개선이 절실해 보인다(마이너 통산 출루율 .322). 지난 시즌 메이저리그에서 47경기에 나서 수비에서만큼은 합격점을 받았다. 중견수가 주포지션이고 코너 외야 수비 역시도 준수한 편.

 Jason HEYWARD
제이슨 헤이워드  NO.22

좌투좌타 　1989년 8월 9일 　196cm, 109kg 　　　*는 낮을수록 좋은 기록임

시즌	타수	안타	홈런	타점	볼넷	도루	타율	출루율	장타율	구분	기록	MLB
2016	530	122	7	49	54	11	0.230	0.306	0.325	타율	0.230	0.255
통산	3535	926	104	401	425	97	0.262	0.346	0.415	출루율	0.306	0.322
										장타율	0.325	0.417
										볼넷%	9.1%	8.2%
										삼진%*	15.7%	21.1%
										볼넷/삼진	0.58	0.39
										순장타율	0.094	0.162
										BABIP	0.266	0.300
										wOBA	0.282	0.318

VS. 패스트볼　VS. 변화구　좌타자

*5타수 미만은 색을 표시하지 않았음. ●●●: Ball zone

SPRAY ZONE 　 **BATTED BALL** 　 **DEFENSE**

항목	비율
볼존 공격률	26%
S존 공격률	59%
볼존 컨택트율	75%
S존 컨택트율	91%
라인드라이브	21%
그라운드볼	46%
플라이볼	33%

위치	자살	보살	실책	수비율
CF	155	4	1	0.994

0 1 37% 6 23% 41% 홈런 타구분포 %

홈 타율 0.227　원정 타율 0.234
VS. 좌투수 0.207　VS. 우투수 0.238
득점권 0.224　L/C 0.253

리그 최고의 수비를 자랑하는 외야수. 타구가 맞는 순간 본능적으로 빠르게 판단해 쫓아가며 넓은 범위를 커버하는 빠른 발을 지녔다. 어깨 역시 리그 정상급. 주포지션은 우익수(골드글러브 3회)지만 중견수로도 수준급의 수비를 자랑한다. 타격에서도 .280 전후의 타율과 갭히터로 많은 2루타를 생산해낸다. 2012년 27홈런을 기록했지만 현실적으로 13~15홈런 정도를 기대할 만하다. 지난 시즌 컵스와 계약을 맺었지만 계약 첫해 최악의 부진을 경험했다.

CHICAGO CUBS

■ 타율 0.400 이상 ■ 0.300-0.399 ■ 0.200-0.299 ■ 0.100-0.199 ■ 타율 0.099 이하

IF Javier BAEZ
하비에르 바에스   NO.09

우투우타 1992년 12월 1일 183cm, 86kg   *는 낮을수록 좋은 기록임

시즌	타수	안타	홈런	타점	볼넷	도루	타율	출루율	장타율	구분	기록	MLB
2016	421	115	14	59	15	12	0.273	0.314	0.423	타율	0.273	0.255
통산	710	173	24	83	34	18	0.244	0.289	0.391	출루율	0.314	0.322
										장타율	0.423	0.417
	VS. 패스트볼			VS. 변화구						볼넷%	3.3%	8.2%
										삼진%*	24.0%	21.1%
										볼넷 / 삼진	0.14	0.39
										순장타율	0.150	0.162
										BABIP	0.336	0.300
	*5타수 미만은 색을 표시하지 않았음. ● ● ● : Ball zone									wOBA	0.316	0.318

SPRAY ZONE
12 / 1 / 1
46% / 34% / 20%
홈런 타구분포 %

BATTED BALL
항목	비율
볼존 공격률	43%
S존 공격률	66%
볼존 컨택트율	60%
S존 컨택트율	83%
라인드라이브	20%
그라운드볼	44%
플라이볼	36%

DEFENSE
위치	자살	보살	실책	수비율
2B	88	127	6	0.973
3B	27	91	7	0.944
SS	40	61	2	0.981

홈 타율 0.296 원정 타율 0.252
VS. 좌투수 0.311 VS. 우투수 0.258
득점권 0.246 L/C 0.169

타격 잠재력 하나만큼은 최고인 유망주. 삼진을 두려워 하지 않고 확실한 자기스윙을 가져대다. 크지 않은 체격이지만 레그킥으로 타구에 힘을 실을 줄 알며 방향을 가리지 않고 담장을 넘길 수 있다. 뛰어난 파워에 비해 타격 정확성은 떨어지는 편. 게다가 빠지는 공에도 방망이가 따라나가는 경향이 강해 볼넷을 거의 얻지 못한다. 주포지션은 유격수지만 내야 전포지션이 가능하다. 하지만 집중력이 떨어져 어처구니 없는 실책을 자주 저지르는 편이다. 장기적으로 2루에 자리 잡을 것으로 보인다.

OF Jon JAY
존 제이   NO.30

좌투좌타 1985년 3월 15일 180cm, 88kg   *는 낮을수록 좋은 기록임

시즌	타수	안타	홈런	타점	볼넷	도루	타율	출루율	장타율	구분	기록	MLB
2016	347	101	2	26	19	2	0.291	0.339	0.389	타율	0.291	0.255
통산	2703	777	31	253	204	45	0.287	0.352	0.384	출루율	0.339	0.322
										장타율	0.389	0.417
	VS. 패스트볼			VS. 변화구						볼넷%	5.1%	8.2%
										삼진%*	20.9%	21.1%
										볼넷 / 삼진	0.24	0.39
										순장타율	0.098	0.162
										BABIP	0.371	0.300
	*5타수 미만은 색을 표시하지 않았음. ● ● ● : Ball zone									wOBA	0.319	0.318

SPRAY ZONE
0 / 1 / 1
31% / 33% / 36%
홈런 타구분포 %

BATTED BALL
항목	비율
볼존 공격률	33%
S존 공격률	70%
볼존 컨택트율	62%
S존 컨택트율	87%
라인드라이브	24%
그라운드볼	55%
플라이볼	21%

DEFENSE
위치	자살	보살	실책	수비율
CF	155	4	1	0.994

홈 타율 0.307 원정 타율 0.267
VS. 좌투수 0.308 VS. 우투수 0.282
득점권 0.403 L/C 0.283

파워는 떨어지지만 간결한 스윙으로 맞추는 능력이 뛰어나 3할을 칠 수 있는 정확도를 가지고 있다. 상황에 맞는 타격을 하며 작전 수행 능력이 좋아 테이블세터나 하위타선에서 활용도가 높다. 좌타자임에도 좌투수 공략에 능하다. 타석에 바짝 붙어서 치기 때문에 몸에 맞는 공이 많다. 빠른 발에 비해 주루센스는 아쉬운 편. 제이의 가장 큰 장점은 수비. 중견수로 타구 판단이 빨라 넓은 범위를 커버할 수 있다. 중견수 뿐만 아니라 코너 외야수로도 준수한 수비를 보여준다.

CINCINNATI REDS

브루스도, 필립스도 없다. 보토만이 외롭게 팀을 이끌게 됐다. 지난 시즌 희망을 보여줬던 해밀턴과 듀발의 도움이 절실하다. 호머 베일리를 기다리는 데 이제 지칠 때도 됐다. 새로운 원투펀치 디스클라파니-피네건의 성장을 주목하자.

TEAM IMFORMATION

창단 : 1881년
이전 연고지 : -
월드시리즈 우승 : 5회
NL 우승 : 10회
디비전 우승 : 10회
와일드카드 진출 : 1회
구단주 : 밥 카스텔리니
감독 : 브라이언 프라이스
단장 : 딕 윌리엄스

FRANCHISE

UNIFORM

Home / Away

Alternate

CINCINNATI REDS

MANAGER

Bryan Price

생년월일 : 1962년 6월 22일
출생지 : 코퍼스 크리스티(텍사스)
MLB 감독 경력 : 올해로 4년째
신시내티(2014년~현재)
정규시즌 통산 : 208승 278패 승률 0.428
포스트시즌 통산 : -

LINE-UP

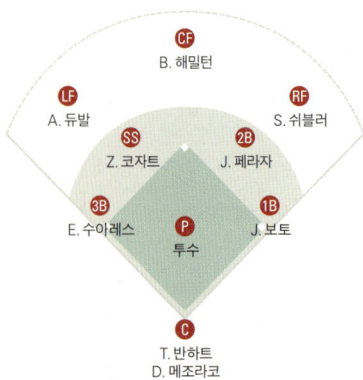

ROTATION	
SP	A. 디스클라파니
SP	B. 피네건
SP	S. 펠드먼
SP	T. 애들먼
SP	R. 스티븐슨

BULLPEN	
RP	W. 페랄타
RP	C. 리드
RP	B. 우드
RP	R. 이글레시아스
RP	M. 로렌젠
RP	T. 싱그라니
CL	D. 스토렌

BATTING	
1	B. 해밀턴
2	J. 보토
3	A. 듀발
4	S. 쉬블러
5	E. 수아레스
6	Z. 코자트
7	T. 반하트
8	J. 페라자

UTILITY PLAYERS	
IF	A. 알칸타라
IF	D. 에레라
OF	J. 윙클러
OF	P. 어빈

BALL PARK : Great American Ball Park

주소 : 100 Joe Nuxhall Way Cincinnati, Ohio
펜스 거리 : 왼쪽 100m, 좌중간 116m, 중앙 123m,
우중간 113m, 오른쪽 99m
펜스 높이 : 왼쪽~좌중간 3.7m, 중앙~오른쪽 2.4m
최초공식경기 : 2003년 3월 31일
잔디 : 페러니얼 라이그래스(천연잔디)
수용 인원 : 4만 2,271명
홈팀 덕아웃 : 1루
파크팩터 : 1.115(MLB 6위)

여전히 머나먼 리빌딩의 길
이제는 보토만이 남았다

2016 리뷰
2015시즌이 끝나고 팀의 마무리 아롤디스 채프먼을 양키스로, 3루수 토드 프레이저를 화이트삭스로 보내며 리빌딩의 시작을 알렸다. 시즌 중반엔 부활에 성공한 제이 브루스를 메츠로 보내며 기존의 핵심 선수 중엔 필립스와 보토만이 남게 됐다. 보토는 2년 연속으로 전반기보다 후반기에 뛰어난 성적을 거두며 팀 성적과 상관없이 MVP 투표에 이름을 올렸다. 거기에 샌프란시스코에서 영입한 애덤 듀발이 기대 이상의 장타력을 뽐내며 보토의 뒤를 보좌했다. 가장 큰 발전을 이룬 선수는 빌리 해밀턴. 시즌 초반만 하더라도 출루율의 향상이 이뤄지지 않아 8-9번 타순에 머물렀던 해밀턴은 후반 들어 보토의 가르침을 받고 반등에 성공하며 붙박이 리드오프로 자리매김했다(하지만 아쉽게 부상으로 시즌을 조기 마감했다). 선발진에선 디스클라파니가 호머 베일리의 자리를 완전히 메우며 에이스로 자리 잡은 가운데, 브랜든 피네건도 좋은 활약을 펼치며 선발진에 자리 잡았다. 하지만 불펜진은 역대 한 시즌 최다인 103피홈런의 불명예를 기록할 정도로 아직 갈 길이 멀어 보인다.

2017 프리뷰
내셔널리그에서 함께 리빌딩 중인 애틀랜타(BA 선정 유망주 랭킹 1위)나 필라델피아(6위), 밀워키(8위), 샌디에이고(9위)에 비하면 팜랭킹이 높지 않다(13위). 리그 100위 유망주 안에 오른 선수는 단 3명뿐. 50위 안에 든 선수는 고작 1명에 불과하다(닉 센젤 9위). 이번 오프 시즌에도 보토와 함께 팀을 이끌던 브랜든 필립스를 애틀랜타로 보내며 페이롤을 비우는 데는 성공했다. 올 시즌도 지구 최하위권에 위치할 것이 유력해 보인다. 리빌딩이 빨리 끝나기 위해서는 보토를 중심으로 해밀턴이 지난 시즌 후반에 보여줬던 출루율을 꾸준히 찍어주고, 듀발도 한 해 반짝이 아니라는 것을 증명해줘야 한다. 또한 올 시즌엔 부상으로 출장조차 하지 못하고 있는 주전 포수 데빈 메조라코가 풀타임을 소화해주길 기대하고 있다. 선발진에선 호머 베일리가 올 시즌도 제 역할을 못할 가능성이 큰 가운데, 디스클라파니-피네건 원투펀치를 중심으로 유망주 로버트 스티븐슨의 성장을 기대하고 있다. 하지만 불펜의 문제는 여전하다. 드류 스토렌을 영입하긴 했지만 확실한 마무리 카드도 보이지 않는다.

CINCINNATI REDS

SQUAD LIST

*선수 명단은 2017년 3월 25일 기준 (soucre : ESPN)

투수

번호	이름	위치	투	타	나이	출생지
46	Tim Adleman	SP	R	R	29	Staten Island, NY
48	Barrett Astin	RP	R	R	25	Forrest City, AR
34	Homer Bailey DL60	SP	R	R	30	La Grange, TX
51	Collin Balester	RP	R	R	30	Huntington Beach, CA
51	Lisalverto Bonilla	RP	R	B	26	Samana, Dominican Republic
40	Austin Brice	RP	R	R	24	Hong Kong, NC
58	Luis Castillo	RP	R	R	24	Bani, Dominican Republic
52	Tony Cingrani	RP	L	L	27	Evergreen, IL
54	Rookie Davis	SP	R	R	23	Sneads Ferry, NC
28	Anthony DeSclafani	SP	R	R	26	Freehold, NJ
70	Jumbo Diaz	RP	R	R	33	La Romana, Dominican Republic
37	Scott Feldman	SP	R	L	34	Kailua, HI
29	Brandon Finnegan	SP	L	L	23	Fort Worth, TX
50	Amir Garrett	SP	L	R	24	Victorville, CA
69	Ariel Hernandez	RP	R	R	25	Santo Domingo, Dominican Republic
26	Raisel Iglesias	RP	R	R	27	Isla de la Juventud, Cuba
21	Michael Lorenzen	RP	R	R	25	Anaheim, CA
60	Matt Magill	RP	R	R	27	Simi Valley, CA
73	Keury Mella	SP	R	R	23	Bonao, Dominican Republic
44	Nefi Ogando	RP	R	R	27	Santo Domingo, Dominican Republic
53	Wandy Peralta	RP	L	L	25	San Francisco de Macoris, Dominican Republic
25	Cody Reed	SP	L	L	23	Memphis, TN
47	Sal Romano	SP	R	L	23	Syosset, NY
62	Jackson Stephens	RP	R	R	22	Anniston, AL
55	Robert Stephenson	SP	R	R	24	Martinez, CA
31	Drew Storen	RP	R	B	29	Indianapolis, IN
60	Nick Travieso	RP	R	R	23	Pembroke Pines, FL
36	Blake Wood	RP	R	R	31	Atlanta, GA

포수

번호	이름	위치	투	타	나이	출생지
16	Tucker Barnhart	C	R	B	26	Indianapolis, IN
39	Devin Mesoraco	C	R	R	28	Punxsutawney, PA
74	Stuart Turner	C	R	R	25	Eunice, LA

내야

번호	이름	위치	투	타	나이	출생지
30	Arismendy Alcantara	SS	R	B	25	Santo Domingo, Dominican Republic
2	Zack Cozart	SS	R	R	31	Memphis, TN
15	Dilson Herrera	2B	R	R	23	Cartagena, Colombia
9	Jose Peraza	SS	R	R	22	Barinas, Venezuela
7	Eugenio Suarez	3B	R	R	25	Edo Bolivar, Venezuela
–	Blake Trahan	SS	R	R	23	Lake Charles, LA
19	Joey Votto	1B	R	L	33	Toronto, Canada

외야

번호	이름	위치	투	타	나이	출생지
66	Aristides Aquino	RF	R	R	22	Santo Domingo, Dominican Republic
23	Adam Duvall	LF	R	R	28	Louisville, KY
71	Phillip Ervin	CF	R	R	24	Mobile, AL
6	Billy Hamilton	CF	R	B	26	Taylorsville, MS
43	Scott Schebler	RF	R	L	26	Cedar Rapids, IA
33	Jesse Winker	LF	L	L	23	Buffalo, NY

SUMMARY

우타자	좌타자	스위치	우투수	좌투수	평균나이	최연소	최연장
10명	3명	3명	23명	5명	26세	22세	34세

CINCINNATI REDS

2017 REGULAR SEASON SCHEDULE

* ▨ 는 홈경기, 시간은 미국 동부시간 기준

날짜	상대팀	경기시간	날짜	상대팀	경기시간	날짜	상대팀	경기시간
Mon, 4/3	Philadelphia Phillies	PM 4:10	Wed, 6/7	St. Louis Cardinals	PM 7:10	Mon, 8/14	Chicago Cubs	PM 8:05
Wed, 4/5	Philadelphia Phillies	PM 7:10	Thu, 6/8	St. Louis Cardinals	PM 12:35	Tue, 8/15	Chicago Cubs	PM 8:05
Thu, 4/6	Philadelphia Phillies	PM 12:35	Fri, 6/9	Los Angeles Dodgers	PM 10:10	Wed, 8/16	Chicago Cubs	PM 8:05
Fri, 4/7	St. Louis Cardinals	PM 8:15	Sat, 6/10	Los Angeles Dodgers	PM 10:10	Thu, 8/17	Chicago Cubs	PM 2:20
Sat, 4/8	St. Louis Cardinals	PM 2:15	Sun, 6/11	Los Angeles Dodgers	PM 4:10	Fri, 8/18	Atlanta Braves	PM 7:35
Sun, 4/9	St. Louis Cardinals	PM 2:15	Mon, 6/12	San Diego Padres	PM 10:10	Sat, 8/19	Atlanta Braves	PM 7:10
Mon, 4/10	Pittsburgh Pirates	PM 7:05	Tue, 6/13	San Diego Padres	PM 10:10	Sun, 8/20	Atlanta Braves	PM 1:35
Tue, 4/11	Pittsburgh Pirates	PM 7:05	Wed, 6/14	San Diego Padres	PM 3:40	Tue, 8/22	Chicago Cubs	PM 7:10
Wed, 4/12	Pittsburgh Pirates	PM 7:05	Fri, 6/16	Los Angeles Dodgers	PM 7:10	Wed, 8/23	Chicago Cubs	PM 7:10
Thu, 4/13	Milwaukee Brewers	PM 7:10	Sat, 6/17	Los Angeles Dodgers	PM 4:10	Thu, 8/24	Chicago Cubs	PM 7:10
Fri, 4/14	Milwaukee Brewers	PM 7:10	Sun, 6/18	Los Angeles Dodgers	PM 1:10	Fri, 8/25	Pittsburgh Pirates	PM 7:10
Sat, 4/15	Milwaukee Brewers	PM 1:10	Mon, 6/19	Tampa Bay Rays	PM 7:10	Sat, 8/26	Pittsburgh Pirates	PM 7:10
Sun, 4/16	Milwaukee Brewers	PM 1:10	Tue, 6/20	Tampa Bay Rays	PM 7:10	Sun, 8/27	Pittsburgh Pirates	PM 1:10
Tue, 4/18	Baltimore Orioles	PM 7:10	Wed, 6/21	Tampa Bay Rays	PM 12:10	Tue, 8/29	New York Mets	PM 7:10
Wed, 4/19	Baltimore Orioles	PM 7:10	Fri, 6/23	Washington Nationals	PM 7:05	Wed, 8/30	New York Mets	PM 7:10
Thu, 4/20	Baltimore Orioles	PM 7:10	Sat, 6/24	Washington Nationals	PM 4:05	Thu, 8/31	New York Mets	PM 12:35
Fri, 4/21	Chicago Cubs	PM 7:10	Sun, 6/25	Washington Nationals	PM 1:35	Fri, 9/1	Pittsburgh Pirates	PM 7:05
Sat, 4/22	Chicago Cubs	PM 1:10	Tue, 6/27	Milwaukee Brewers	PM 7:10	Sat, 9/2	Pittsburgh Pirates	PM 7:05
Sun, 4/23	Chicago Cubs	PM 1:10	Wed, 6/28	Milwaukee Brewers	PM 7:10	Sun, 9/3	Pittsburgh Pirates	PM 1:35
Mon, 4/24	Milwaukee Brewers	PM 7:40	Thu, 6/29	Milwaukee Brewers	PM 7:10	Mon, 9/4	Milwaukee Brewers	PM 1:10
Tue, 4/25	Milwaukee Brewers	PM 7:40	Fri, 6/30	Chicago Cubs	PM 7:10	Tue, 9/5	Milwaukee Brewers	PM 7:10
Wed, 4/26	Milwaukee Brewers	PM 1:40	Sat, 7/1	Chicago Cubs	PM 4:10	Wed, 9/6	Milwaukee Brewers	PM 12:35
Fri, 4/28	St. Louis Cardinals	PM 8:15	Sun, 7/2	Chicago Cubs	PM 1:10	Thu, 9/7	New York Mets	PM 7:10
Sat, 4/29	St. Louis Cardinals	PM 2:15	Mon, 7/3	Colorado Rockies	PM 8:10	Fri, 9/8	New York Mets	PM 7:10
Sun, 4/30	St. Louis Cardinals	PM 2:15	Tue, 7/4	Colorado Rockies	PM 8:10	Sat, 9/9	New York Mets	PM 7:10
Mon, 5/1	Pittsburgh Pirates	PM 7:10	Wed, 7/5	Colorado Rockies	PM 8:40	Sun, 9/10	New York Mets	PM 1:10
Tue, 5/2	Pittsburgh Pirates	PM 7:10	Thu, 7/6	Colorado Rockies	PM 3:10	Tue, 9/12	St. Louis Cardinals	PM 8:15
Wed, 5/3	Pittsburgh Pirates	PM 7:10	Fri, 7/7	Arizona D-backs	PM 9:40	Wed, 9/13	St. Louis Cardinals	PM 8:15
Thu, 5/4	Pittsburgh Pirates	PM 12:35	Sat, 7/8	Arizona D-backs	PM 10:10	Thu, 9/14	St. Louis Cardinals	PM 1:45
Fri, 5/5	San Francisco Giants	PM 7:10	Sun, 7/9	Arizona D-backs	PM 4:10	Fri, 9/15	Pittsburgh Pirates	PM 7:10
Sat, 5/6	San Francisco Giants	PM 7:10	Fri, 7/14	Washington Nationals	PM 7:10	Sat, 9/16	Pittsburgh Pirates	PM 4:10
Sun, 5/7	San Francisco Giants	PM 4:10	Sat, 7/15	Washington Nationals	PM 7:10	Sun, 9/17	Pittsburgh Pirates	PM 1:10
Mon, 5/8	New York Yankees	PM 7:10	Sun, 7/16	Washington Nationals	PM 1:10	Tue, 9/19	St. Louis Cardinals	PM 7:10
Tue, 5/9	New York Yankees	PM 7:10	Mon, 7/17	Washington Nationals	PM 12:35	Wed, 9/20	St. Louis Cardinals	PM 7:10
Thu, 5/11	San Francisco Giants	PM 10:15	Tue, 7/18	Arizona D-backs	PM 7:10	Thu, 9/21	St. Louis Cardinals	PM 7:10
Fri, 5/12	San Francisco Giants	PM 10:15	Wed, 7/19	Arizona D-backs	PM 7:10	Fri, 9/22	Boston Red Sox	PM 7:10
Sat, 5/13	San Francisco Giants	PM 4:05	Thu, 7/20	Arizona D-backs	PM 12:35	Sat, 9/23	Boston Red Sox	PM 4:10
Sun, 5/14	San Francisco Giants	PM 4:05	Fri, 7/21	Miami Marlins	PM 7:10	Sun, 9/24	Boston Red Sox	PM 1:10
Tue, 5/16	Chicago Cubs	PM 8:05	Sat, 7/22	Miami Marlins	PM 7:10	Tue, 9/26	Milwaukee Brewers	PM 7:40
Wed, 5/17	Chicago Cubs	PM 8:05	Sun, 7/23	Miami Marlins	PM 1:10	Wed, 9/27	Milwaukee Brewers	PM 8:10
Thu, 5/18	Chicago Cubs	PM 2:20	Tue, 7/25	New York Yankees	PM 7:05	Thu, 9/28	Milwaukee Brewers	PM 8:10
Fri, 5/19	Colorado Rockies	PM 7:10	Wed, 7/26	New York Yankees	PM 1:05	Fri, 9/29	Chicago Cubs	PM 2:20
Sat, 5/20	Colorado Rockies	PM 4:10	Thu, 7/27	Miami Marlins	PM 7:10	Sat, 9/30	Chicago Cubs	PM 4:05
Sun, 5/21	Colorado Rockies	PM 1:10	Fri, 7/28	Miami Marlins	PM 7:10	Sun, 10/1	Chicago Cubs	PM 3:20
Mon, 5/22	Cleveland Indians	PM 7:10	Sat, 7/29	Miami Marlins	PM 7:10			
Tue, 5/23	Cleveland Indians	PM 7:10	Sun, 7/30	Miami Marlins	PM 1:10			
Wed, 5/24	Cleveland Indians	PM 6:10	Tue, 8/1	Pittsburgh Pirates	PM 7:05			
Thu, 5/25	Cleveland Indians	PM 6:10	Wed, 8/2	Pittsburgh Pirates	PM 7:05			
Fri, 5/26	Philadelphia Phillies	PM 7:05	Thu, 8/3	Pittsburgh Pirates	PM 7:05			
Sat, 5/27	Philadelphia Phillies	PM 4:05	Fri, 8/4	St. Louis Cardinals	PM 7:10			
Sun, 5/28	Philadelphia Phillies	PM 1:35	Sat, 8/5	St. Louis Cardinals	PM 7:10			
Mon, 5/29	Toronto Blue Jays	PM 7:07	Sun, 8/6	St. Louis Cardinals	PM 1:10			
Tue, 5/30	Toronto Blue Jays	PM 7:07	Mon, 8/7	San Diego Padres	PM 7:10			
Wed, 5/31	Toronto Blue Jays	PM 12:37	Tue, 8/8	San Diego Padres	PM 7:10			
Fri, 6/2	Atlanta Braves	PM 7:10	Wed, 8/9	San Diego Padres	PM 7:10			
Sat, 6/3	Atlanta Braves	PM 4:10	Thu, 8/10	San Diego Padres	PM 12:35			
Sun, 6/4	Atlanta Braves	PM 1:10	Fri, 8/11	Milwaukee Brewers	PM 8:10			
Mon, 6/5	St. Louis Cardinals	PM 7:10	Sat, 8/12	Milwaukee Brewers	PM 7:10			
Tue, 6/6	St. Louis Cardinals	PM 7:10	Sun, 8/13	Milwaukee Brewers	PM 2:10			

Homer BAILEY

SP 호머 베일리   **NO. 34**

우투우타   1986년 5월 3일   193cm, 101kg   *는 낮을수록 좋은 기록임

시즌	경기	이닝	피안타	피홈런	볼넷	탈삼진	승-패-세-홀	평균자책	구분	기록	MLB
2016	6	23.0	35	2	7	27	2-3-0-0	6.65	평균자책*	6.65	4.19
통산	174	1033.0	1034	119	332	859	60-54-0-0	4.24	탈삼진 / 9	10.57	8.10
									볼넷 / 9*	2.74	3.14
									탈삼진 / 볼넷	3.86	2.58
									피홈런 / 9*	0.78	1.17
									피안타율*	0.343	0.252
									WHIP*	1.83	1.32
									잔루율	60.7%	72.9%
									FIP*	3.10	4.19

PITCHING REPERTORY / VELOCITY km/h / **MOVEMENT** cm

구종	평균	전체	초구	2-2	좌타자	우타자	피타율	상하	좌우
포심패스트볼	149	42%	47%	32%	47%	38%	0.390	↑21	→12
투심 / 싱커	147	13%	12%	9%	13%	13%	0.546	↑16	→21
컷패스트볼	–	–	–	–	–	–	–		
슬라이더	140	25%	26%	32%	13%	34%	0.268	↓9	←3
커브	126	7%	7%	9%	7%	6%	0.125	↓12	←15
체인지업	–	–	–	–	–	–	–		
스플리터	137	14%	8%	18%	21%	10%	0.250	↑9	→15

홈 ERA 8.59 원정 ERA 5.74
VS. 좌타자 0.419 VS. 우타자 0.288
VS. 추신수 11타수 3안타 0.375

2007년 전체 7순위로 뽑혔으나, 2012년부터 기대에 걸맞은 활약을 보여주기 시작했다. 최대 150km/h 후반, 평균 150km/h 초중반으로 형성되는 포심, 투심을 구사한다. 변화구로는 슬라이더가 주무기, 체인지업도 데뷔 이후 꾸준히 좋아지고 있다. 문제는 건강. 2014년 후반 팔꿈치 부상을 당했고, 2015년에는 토미존 수술까지 받았다. 지난 시즌 복귀했지만 6경기 출장 후 또 부상으로 이탈했다. 올 시즌 건강하게 150이닝만 소화해줘도 성공적인 복귀라고 평가할 수 있을 듯하다.

Anthony DESCLAFANI

SP 앤서니 디스클라파니   **NO. 28**

우투우타   1990년 4월 18일   185cm, 88kg   *는 낮을수록 좋은 기록임

시즌	경기	이닝	피안타	피홈런	볼넷	탈삼진	승-패-세-홀	평균자책	구분	기록	MLB
2016	20	123.1	120	16	30	105	9-5-0-0	3.28	평균자책*	3.28	4.19
통산	64	341.0	354	37	90	282	20-20-0-0	3.99	탈삼진 / 9	7.66	8.10
									볼넷 / 9*	2.19	3.14
									탈삼진 / 볼넷	3.50	2.58
									피홈런 / 9*	1.17	1.17
									피안타율*	0.254	0.252
									WHIP*	1.22	1.32
									잔루율	78.3%	72.9%
									FIP*	3.96	4.19

PITCHING REPERTORY / VELOCITY km/h / **MOVEMENT** cm

구종	평균	전체	초구	2-2	좌타자	우타자	피타율	상하	좌우
포심패스트볼	150	29%	36%	25%	32%	26%	0.295	↑24	→14
투심 / 싱커	149	30%	29%	27%	29%	31%	0.300	↑16	→21
컷패스트볼	–	–	–	–	–	–	–		
슬라이더	141	25%	19%	35%	20%	32%	0.223	↑7	←4
커브	130	9%	9%	8%	10%	8%	0.255	↓14	←12
체인지업	139	6%	7%	5%	2%	2%	0.221	↑9	→21
스플리터	–	–	–	–	–	–	–		

홈 ERA 3.10 원정 ERA 3.44
VS. 좌타자 0.300 VS. 우타자 0.199
VS. 강정호 7타수 2안타 0.286
VS. 추신수 3타수 0안타 0.000

140km/h 후반에서 150km/h 초반대로 형성되는 포심, 투심을 구사한다. 변화구 주무기는 슬라이더, 체인지업과 커브도 구사 가능하지만 슬라이더만큼의 위력을 보여주진 못한다. 부드러운 투구폼을 일관되게 유지해 안정된 제구를 보여준다. 또한 투구 시 공을 감추는 능력이 좋아 타자가 타이밍을 잡는 데 애를 먹는다. 2015시즌부터 호머 베일리가 빠진 신시내티 선발진의 에이스 역할을 톡톡히 해주고 있다. 지난 시즌 안정된 투구로 팀의 에이스 역할을 했다.

| ■ 15% 이상 | ■ 12–14% | ■ 9–11% | ■ 6–8% | ■ 3–5% | □ 2% 이하 |

SP Brandon FINNEGAN
브랜든 피네건
NO.29

좌투좌타 1993년 4월 14일 180cm, 96kg

*는 낮을수록 좋은 기록임

시즌	경기	이닝	피안타	피홈런	볼넷	탈삼진	승-패-세-홀	평균자책	구분	기록	MLB
2016	31	172.0	150	29	84	145	10-11-0-0	3.98	평균자책*	3.98	4.19
통산	58	227.0	193	37	106	200	15-14-0-1	3.81	탈삼진 / 9	7.59	8.10
									볼넷 / 9*	4.40	3.14
									탈삼진 / 볼넷	1.73	2.58
									피홈런 / 9*	1.52	1.17
									피안타율*	0.232	0.252
									WHIP*	1.36	1.32
									잔루율	77.0%	72.9%
									FIP*	5.19	4.19

PITCHING REPERTORY / VELOCITY km/h MOVEMENT cm

구종	평균	전체	초구	2-2	좌타자	우타자	피타율	상하	좌우
포심패스트볼	149	23%	23%	29%	26%	22%	0.251	↑25	←11
투심 / 싱커	148	44%	49%	33%	38%	46%	0.262	↑19	←21
컷패스트볼	136	0%	0%	0%	0%	0%	0.000	↑23	→6
슬라이더	135	21%	19%	22%	34%	17%	0.201	↑1	←6
커브	–	–	–	–	–	–	–	–	–
체인지업	136	12%	9%	16%	2%	14%	0.147	↑15	←18
스플리터	–	–	–	–	–	–	–	–	–

홈 ERA 4.15 원정 ERA 3.81
VS. 좌타자 0.217 VS. 우타자 0.237
VS. 강정호 5타수 2안타 0.400

2014년 대학 월드시리즈와 MLB 월드시리즈에서 동시에 활약한 특이한 이력의 소유자. 빅리그 투수로는 작은 체격(180cm, 96kg)을 가졌다. 하지만 와일드한 투구폼에서 최대 150km/h 후반까지 나오는 위력적인 싱커를 구사한다. 슬라이더는 준수하나 체인지업은 아직 개선의 여지가 있다. 이로 인해 좌타자에겐 강하지만 우타자에겐 약한 편. 지난 시즌 선발로 완벽하게 자리 잡으며 기대 이상의 활약을 펼쳤다. 제구를 좀 더 가다듬는다면 성적 향상을 기대해볼 만하다.

SP Scott FELDMAN
스캇 펠드먼
NO.37

우투좌타 1983년 2월 7일 198cm, 102kg

*는 낮을수록 좋은 기록임

시즌	경기	이닝	피안타	피홈런	볼넷	탈삼진	승-패-세-홀	평균자책	구분	기록	MLB
2016	40	77.0	87	10	19	56	7-4-0-0	3.97	평균자책*	3.97	4.19
통산	321	1275.0	1324	139	404	789	71-77-0-8	4.39	탈삼진 / 9	6.55	8.10
									볼넷 / 9*	2.22	3.14
									탈삼진 / 볼넷	2.95	2.58
									피홈런 / 9*	1.17	1.17
									피안타율*	0.275	0.252
									WHIP*	1.38	1.32
									잔루율	70.5%	72.9%
									FIP*	4.24	4.19

PITCHING REPERTORY / VELOCITY km/h MOVEMENT cm

구종	평균	전체	초구	2-2	좌타자	우타자	피타율	상하	좌우
포심패스트볼	147	1%	1%	1%	1%	0%	0.000	↑22	←12
투심 / 싱커	146	28%	31%	31%	18%	38%	0.321	↑16	←18
컷패스트볼	143	43%	44%	40%	50%	36%	0.269	↑13	←4
슬라이더	126	0%	0%	1%	0%	1%	0.000	↓6	←20
커브	121	24%	22%	25%	27%	22%	0.252	↓15	←21
체인지업	136	3%	1%	2%	5%	2%	0.321	↑13	←20
슬로커브	110	1%	0%	0%	0%	0%	–	↓19	←21

홈 ERA 3.24 원정 ERA 4.53
VS. 좌타자 0.323 VS. 우타자 0.245
VS. 추신수 25타수 7안타 0.280

선발과 불펜을 오가는 스윙맨. 198cm의 큰 키를 이용하여 140km/h 중반대의 싱커와 커터가 주무기다. 변화구로는 커브를 구사한다. 전성기였던 텍사스 시절에 비해선 구속이 크게 감소한 편이다. 또한 싱커볼 투수임에도 불구, 매년 땅볼 유도비율이 떨어지고 있다는 것도 우려스러운 부분이다. 신시내티가 선발 유망주들의 성장을 기다리기 위해 1년 계약을 맺었으며 팀의 사정상 올 시즌도 선발로 많은 시간을 보낼 것으로 보인다. 4-5선발 자리를 맡을 것으로 예상된다.

CINCINNATI REDS

■ 15% 이상   ■ 12-14%   ■ 9-11%   ■ 6-8%   ■ 3-5%   □ 2% 이하

SP   **Robert STEPHENSON**   NO.**55**
로버튼 스티븐슨

우투우타   1993년 2월 24일   188cm, 91kg   *는 낮을수록 좋은 기록임

시즌	경기	이닝	피안타	피홈런	볼넷	탈삼진	승-패-세-홀	평균자책	구분	기록	MLB
2016	8	37.0	41	9	19	31	2-3-0-0	6.08	평균자책*	6.08	4.19
통산	8	37.0	41	9	19	31	2-3-0-0	6.08	탈삼진 / 9	7.54	8.10
									볼넷 / 9*	4.62	3.14
									탈삼진 / 볼넷	1.63	2.58
									피홈런 / 9*	2.19	1.17
									피안타율*	0.279	0.252
									WHIP*	1.62	1.32
									잔루율	73.9%	72.9%
									FIP*	6.50	4.19

PITCHING ZONE

홈 ERA 4.10 원정 ERA 10.97
VS. 좌타자 0.290 VS. 우타자 0.268
VS. 강정호 2타수 2안타 1홈런 1.000

PITCHING REPERTORY / VELOCITY km/h **/ MOVEMENT** cm

구종	평균	전체	초구	2-2	좌타자	우타자	피타율	상하	좌우
포심패스트볼	150	64%	73%	58%	66%	62%	0.349	↑24	→16
투심 / 싱커									
컷패스트볼									
슬라이더									
커브	131	17%	14%	24%	9%	25%	0.200	↓4	←6
체인지업	137	19%	14%	19%	25%	14%	0.167	↑12	→13
스플리터									

2011년 전체 27순위로 뽑은 유망주. 지난 시즌 8월 처음으로 빅리그 무대에 올랐지만 2승 3패 6.08로 초라한 성적을 기록하며 마무리했다. 150km/h 초중반의 빠른 공과 커브 체인지업을 구사한다. 마이너 시절부터 꾸준히 문제가 되오던 제구 불안이 여전히 해결되지 않은 모습. 제구를 잡지 못한다면 실패한 유망주로 이름을 올릴 가능성이 높다. 올 시즌 스프링 트레이닝에서 5선발 경쟁을 할 것으로 보이며 시즌을 또 한 번 마이너에서 시작할 가능성도 있다.

RP   **Tony CINGRANI**   NO.**52**
토니 싱그라니

좌투좌타   1989년 7월 5일   193cm, 97kg   *는 낮을수록 좋은 기록임

시즌	경기	이닝	피안타	피홈런	볼넷	탈삼진	승-패-세-홀	평균자책	구분	기록	MLB
2016	65	63.0	54	5	37	49	2-5-17-8	4.14	평균자책*	4.14	4.19
통산	139	269.1	223	35	142	278	11-20-17-18	3.91	탈삼진 / 9	7.00	8.10
									볼넷 / 9*	5.29	3.14
									탈삼진 / 볼넷	1.32	2.58
									피홈런 / 9*	0.71	1.17
									피안타율*	0.234	0.252
									WHIP*	1.44	1.32
									잔루율	73.6%	72.9%
									FIP*	4.53	4.19

PITCHING ZONE

홈 ERA 3.82 원정 ERA 4.55
VS. 좌타자 0.207 VS. 우타자 0.248
VS. 강정호 2타수 2안타 1.000
VS. 추신수 1타수 1안타 1홈런 1.000

PITCHING REPERTORY / VELOCITY km/h **/ MOVEMENT** cm

구종	평균	전체	초구	2-2	좌타자	우타자	피타율	상하	좌우
포심패스트볼	151	87%	88%	93%	82%	90%	0.247	↑23	←17
투심 / 싱커									
컷패스트볼									
슬라이더	130	10%	12%	6%	18%	6%	0.233	↓4	→1
커브									
체인지업	143	3%	0%	1%	0%	4%	0.000	↑9	←16
스플리터									

2013~2014시즌 5선발급으로 준수한 활약, 선발투수로 성장할 것으로 기대를 모았다. 하지만 2015년부터 불펜으로 활약 중이다. 불펜 전향 초기엔 팀에 불만을 표출하기도 했지만 최근엔 묵묵히 자기 역할을 수행 중. 150km/h 초반으로 형성되는 빠른 공과 슬라이더를 구사한다. 선발 등판 시에는 체인지업도 자주 구사했지만, 불펜에서는 거의 던지지 않는다. 특히 빠른 공의 구사 비율이 80%에 가까울 정도로 구위에 자신감을 가지고 있다. 뛰어난 운동신경으로 투수치고는 타격도 좋은 편이다.

CINCINNATI REDS

■ 15% 이상 ■ 12~14% ■ 9~11% ■ 6~8% ■ 3~5% □ 2% 이하

RP **Raisel IGLESIAS**
라이셀 이글레시아스   NO. 26

우투우타 1988년 2월 26일 188cm, 85kg   *는 낮을수록 좋은 기록임

시즌	경기	이닝	피안타	피홈런	볼넷	탈삼진	승-패-세-홀	평균자책	구분	기록	MLB
2016	37	78.1	63	7	26	83	3-2-6-7	2.53	평균자책*	2.53	4.19
통산	55	173.2	144	18	54	187	6-9-6-7	3.42	탈삼진/9	9.54	8.10
									볼넷/9*	2.99	3.14
									탈삼진/볼넷	3.19	2.58
									피홈런/9*	0.80	1.17
									피안타율	0.214	0.252
									WHIP	1.14	1.32
									잔루율	85.5%	72.9%
									FIP*	3.38	4.19

PITCHING ZONE

PITCHING REPERTORY / VELOCITY km/h / MOVEMENT cm

구종	평균	전체	초구	2-2	좌타자	우타자	피타율	상하	좌우
포심패스트볼	150	23%	26%	26%	19%	27%	0.217	↑21	→16
투심/싱커	148	33%	33%	27%	37%	29%	0.255	↑11	→24
컷패스트볼	–								
슬라이더	134	31%	26%	40%	18%	42%	0.174	0	←14
커브	–								
체인지업	139	13%	15%	6%	25%	2%	0.288	↑7	→22
스플리터	–								

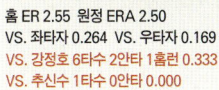

홈 ER 2.55 원정 ERA 2.50
VS. 좌타자 0.264 VS. 우타자 0.169
VS. 강정호 6타수 2안타 1홈런 0.333
VS. 추신수 1타수 0안타 0.000

몸무게가 85kg밖에 나가지 않는 왜소한 체격이지만 최대 153km/h 까지 나오는 포심과 싱커를 구사한다. 변화구 주무기는 슬라이더. 체인지업, 커브도 구사하지만 슬라이더에 비해 위력이 떨어진다(VS. 좌타자 .277, VS. 우타자 .174). 여타 쿠바 출신 기교파 투수들처럼 타자와의 수싸움에 능하며 변화구를 구사할 때 팔각도를 바꿔가며 던진다. 반복적이지 않은 투구폼 때문에 제구는 다소 불안한 편이다. 데뷔 초반 선발 투수로 자리 잡기 위해 노력했지만 실패, 불펜으로 주로 등판하고 있다.

RP **Michael LORENZEN**
마이클 로렌젠   NO. 21

우투우타 1992년 1월 4일 190cm, 98kg   *는 낮을수록 좋은 기록임

시즌	경기	이닝	피안타	피홈런	볼넷	탈삼진	승-패-세-홀	평균자책	구분	기록	MLB
2016	35	50.0	41	5	13	48	2-1-0-10	2.88	평균자책*	2.88	4.19
통산	62	163.1	172	23	70	131	6-10-0-11	4.63	탈삼진/9	8.64	8.10
									볼넷/9*	2.34	3.14
									탈삼진/볼넷	3.69	2.58
									피홈런/9*	0.90	1.17
									피안타율	0.224	0.252
									WHIP	1.08	1.32
									잔루율	83.0%	72.9%
									FIP*	3.67	4.19

PITCHING ZONE

PITCHING REPERTORY / VELOCITY km/h / MOVEMENT cm

구종	평균	전체	초구	2-2	좌타자	우타자	피타율	상하	좌우
포심패스트볼	152	45%	52%	57%	52%	52%	0.304	↑23	→16
투심/싱커	155	8%	9%	4%	5%	10%	0.170	↑17	→21
컷패스트볼	150	10%	11%	9%	17%	3%	0.191	↑13	←1
슬라이더	138	13%	13%	12%	4%	22%	0.263	↑4	←4
커브	130	10%	11%	9%	12%	9%	0.231	↓13	←6
체인지업	138	6%	4%	10%	9%	3%	0.314	↑15	→19
스플리터	–								

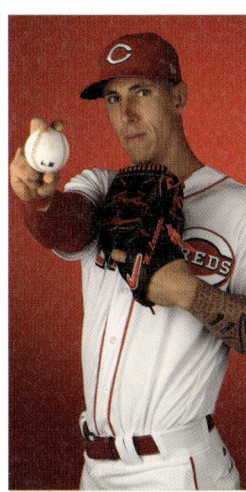

홈 ERA 3.70 원정 ERA 2.10
VS. 좌타자 0.202 VS. 우타자 0.245
VS. 강정호 7타수 3안타 0.429

대학 시절 선발과 마무리를 오가면서 준수한 활약을 보여줬다. 2015시즌 빅리그 데뷔 땐 선발로 자리 잡고자 했으나 실패하고 지난 시즌엔 불펜으로만 등판했다. 부드러운 투구폼으로 150km/h 중반대로 형성되는 빠른 공을 뿌린다. 슬라이더, 커브, 체인지업 등 다양한 변화구 또한 구사 가능하다. 빠른 공의 구속에 비해 삼진 잡는 능력은 크게 떨어지며 맞혀 잡는 투구를 한다. 2015시즌까지 불안했던 제구가 지난 시즌 다소 안정된 모습. 제구만 안정된다면 팀의 마무리 후보로도 손색이 없다.

CINCINNATI REDS

■ 15% 이상　■ 12~14%　■ 9~11%　■ 6~8%　■ 3~5%　□ 2% 이하

홈 ERA 4.73　원정 ERA 5.76
VS. 좌타자 0.315　VS. 우타자 0.244
VS. 김현수 3타수 1안타 0.333
VS. 강정호 1타수 0안타 0.000

CP　Drew STOREN
드루 스토렌　　NO.31

우투양타　1987년 8월 11일　185cm, 88kg　　*는 낮을수록 좋은 기록임

시즌	경기	이닝	피안타	피홈런	볼넷	탈삼진	승-패-세-홀	평균자책	구분	기록	MLB
2016	57	51.2	56	7	13	48	4-3-3-10	5.23	평균자책*	5.23	4.19
통산	412	385.2	337	31	109	369	25-16-98-82	3.31	탈삼진 / 9	8.36	8.10
									볼넷 / 9*	2.26	3.14
									탈삼진 / 볼넷	3.69	2.58
									피홈런 / 9*	1.22	1.17
									피안타율*	0.269	0.252
									WHIP*	1.34	1.32
									잔루율	69.5%	72.9%
									FIP*	4.21	4.19

PITCHING ZONE

PITCHING REPERTORY / VELOCITY km/h / MOVEMENT cm

구종	평균	전체	초구	2-2	좌타자	우타자	피타율	상하	좌우
포심패스트볼	150	29%	31%	16%	30%	29%	0.269	↑21	→13
투심 / 싱커	149	21%	28%	15%	25%	18%	0.338	↑9	→24
컷패스트볼	–	–	–	–	–	–	–		
슬라이더	132	36%	33%	47%	25%	45%	0.168	↓6	←20
커브	–	–	–	–	–	–	–		
체인지업	137	14%	8%	21%	20%	8%	0.262	↓1	→22
스플리터	–	–	–	–	–	–	–		

데뷔 때부터 마무리와 셋업맨을 오가며 준수한 활약을 해주고 있는 엘리트 불펜투수. 마무리로 나올 때마다 준수한 활약을 했지만, 꾸준히 다른 마무리들에게 자리를 빼앗겼다. 투구를 할 때 클레이튼 커쇼와 비슷한 멈춤 동작으로 타자의 타이밍을 뺏는다. 150km/h 중반대로 형성되는 싱커와 슬라이더, 체인지업을 구사한다. 특히 예리하게 꺾이며 떨어지는 슬라이더는 많은 삼진을 잡아내는 스토렌의 리셀웨폰이다. FA를 앞둔 지난 시즌을 망치며 신시내티와 1년 300만 달러 헐값에 계약하고 FA 재수를 노리고 있다.

홈 타율 0.269　원정 타율 0.246
VS. 좌투수 0.20　VS. 우투수 0.271
득점권 0.355　L/C 0.258

C　Tucker BARNHART
터커 반하트　　NO.16

우투양타　1991년 1월 7일　180cm, 87kg　　*는 낮을수록 좋은 기록임

시즌	타수	안타	홈런	타점	볼넷	도루	타율	출루율	장타율	구분	기록	MLB
2016	377	97	7	51	36	1	0.257	0.323	0.379	타율	0.257	0.255
통산	673	168	11	70	65	1	0.250	0.317	0.349	출루율	0.323	0.322
										장타율	0.379	0.417
										볼넷%	8.6%	8.2%
										삼진%*	17.1%	21.1%
										볼넷 / 삼진	0.50	0.39
										순장타율	0.122	0.162
										BABIP	0.299	0.300
										wOBA	0.300	0.318

VS. 패스트볼　　VS. 변화구

*5타수 미만은 색을 표시하지 않았음. ● : Ball zone

SPRAY ZONE / BATTED BALL / DEFENSE

항목	비율
볼존 공격률	31%
S존 공격률	65%
볼존 컨택트율	69%
S존 컨택트율	87%
라인드라이브	25%
그라운드볼	48%
플라이볼	28%

SPRAY ZONE: 2: 38%, 좌 25%, 우 37%　홈런 타구분포 %

DEFENSE: 위치 C, 자살 817, 보살 74, 실책 7, 수비율 0.992

마이너 시절부터 수비만큼은 빅리그급이라고 인정 받은 수비형 포수. 뛰어난 투수리드와 블로킹 능력으로 투수들이 편하게 공을 던질 수 있도록 해준다. 또한 강한 어깨에 공을 미트에서 빼는 시간도 빨라 많은 주자를 저격해냈다. 뛰어난 수비 실력에 비해 공격력은 떨어지는 편이다. 정확도와 파워 모두 평균 이하. 하지만 선구안이 좋고 삼진을 잘 당하지 않는다. 다른 스위치 히터들과 다르게 좌타자에서 스위치 히터가 된 특이 케이스. 지난 시즌 우타석에서 홈런 2개를 기록했다.

CINCINNATI REDS

■ 타율 0.400 이상   ■ 0.300–0.399   ■ 0.200–0.299   ■ 0.100–0.199   ■ 타율 0.099 이하

C | Devin MESORACO | NO.39
데빈 메조라코

우투우타   1988년 6월 19일   185cm, 109kg   *는 낮을수록 좋은 기록임

시즌	타수	안타	홈런	타점	볼넷	도루	타율	출루율	장타율	구분	기록	MLB
2016	50	7	0	1	5	0	0.140	0.218	0.160	타율	0.140	0.255
통산	1017	241	41	145	95	3	0.237	0.308	0.410	출루율	0.218	0.322
										장타율	0.160	0.417
										볼넷%	9.1%	8.2%
										삼진%*	18.2%	21.1%
										볼넷 / 삼진	0.50	0.39
										순장타율	0.020	0.162
										BABIP	0.175	0.300
										wOBA	0.181	0.318

VS. 패스트볼   VS. 변화구   우타자

*5타수 미만은 색을 표시하지 않았음. ●●●● : Ball zone

SPRAY ZONE
0 / 0 / 0
58% / 33% / 10%
홈런 타구분포 %

BATTED BALL
항목	비율
볼존 공격률	27%
S존 공격률	66%
볼존 컨택트율	80%
S존 컨택트율	90%
라인드라이브	23%
그라운드볼	48%
플라이볼	30%

DEFENSE
위치	자살	보살	실책	수비율
C	92	6	1	0.990

홈 타율 0.133 원정 타율 0.150
VS. 좌투수 0.154 VS. 우투수 0.135
득점권 0.063 L/C 0.167

2007년 전체 15순위로 뽑힐 만큼 큰 주목을 받았지만 본격적으로 제 실력을 보여준 건 2014시즌부터였다(.273 25홈런, 올스타 출장)..280의 타율과 20홈런을 칠 수 있는 정확도와 힘을 가졌다. 마이너에서 40%의 도루저지율을 기록할 정도의 준수한 어깨와 훌륭한 투수리드로 수비에도 일가견이 있다. 하지만 이러한 잠재력을 담고 있는 신체가 너무 약하다. 데뷔 후 100경기 이상 시즌이 2시즌에 불과하고 2015시즌엔 23경기, 2016년엔 16경기 출장에 그쳤다.

1B | Joey VOTTO | NO.19
조이 보토

우투좌타   1983년 9월 10일   188cm, 100kg   *는 낮을수록 좋은 기록임

시즌	타수	안타	홈런	타점	볼넷	도루	타율	출루율	장타율	구분	기록	MLB
2016	556	181	29	97	108	8	0.326	0.434	0.550	타율	0.326	0.255
통산	4501	1407	221	730	862	67	0.313	0.425	0.536	출루율	0.434	0.322
										장타율	0.550	0.417
										볼넷%	16.0%	8.2%
										삼진%*	17.7%	21.1%
										볼넷 / 삼진	0.90	0.39
										순장타율	0.225	0.162
										BABIP	0.366	0.300
										wOBA	0.413	0.318

VS. 패스트볼   VS. 변화구   좌타자

*5타수 미만은 색을 표시하지 않았음. ●●●● : Ball zone

SPRAY ZONE
8 / 10 / 11
28% / 35% / 37%
홈런 타구분포 %

BATTED BALL
항목	비율
볼존 공격률	23%
S존 공격률	63%
볼존 컨택트율	79%
S존 컨택트율	85%
라인드라이브	27%
그라운드볼	43%
플라이볼	30%

홈 타율 0.310 원정 타율 0.340
VS. 좌투수 0.31 VS. 우투수 0.330
득점권 0.359 L/C 0.333

배리 본즈의 뒤를 잇는 리그 최고의 눈을 가진 타자. 건강하기만 하다면 시즌 100볼넷-.400 출루율은 보증하는 선수로 별명이 Votto-matic(Votto+Automatic)일 정도다. 뛰어난 선구안에 30홈런과 3할 타율을 칠 수 있는 타격 능력까지 보유하고 있다. 크지 않은 스윙으로 배트 컨트롤에도 능해 경기장 어느 곳으로도 타구를 보낼 수 있다. 지나치게 신중해 루킹 삼진이 많은 것은 옥의 티. 2011년 골든글러브를 수상할 정도로 타격뿐 아니라 수비도 뛰어난 팔방미인이다.

CINCINNATI REDS

■ 타율 0.400 이상　■ 타율 0.300-0.399　■ 타율 0.200-0.299　■ 타율 0.100-0.199　■ 타율 0.099 이하

2B Jose PERAZA　호세 페라자　NO.09

우투우타　1994년 4월 30일　183cm, 89kg

시즌	타수	안타	홈런	타점	볼넷	도루	타율	출루율	장타율
2016	241	78	3	25	7	21	0.324	0.352	0.411
통산	263	82	3	26	9	24	0.312	0.342	0.403

*는 낮을수록 좋은 기록임

구분	기록	MLB
타율	0.324	0.255
출루율	0.352	0.322
장타율	0.411	0.417
볼넷%	2.7%	8.2%
삼진%*	12.9%	21.1%
볼넷/삼진	0.21	0.39
순장타율	0.087	0.162
BABIP	0.361	0.300
wOBA	0.331	0.318

VS. 패스트볼　VS. 변화구　*5타수 미만은 색을 표시하지 않았음, ●●● : Ball zone

홈 타율 0.350　원정 타율 0.298
VS. 좌투수 0.308　VS. 우투수 0.328
득점권 0.250　L/C 0.282

SPRAY ZONE
2: 31% 1: 40% 0: 28%
홈런
타구분포 %

BATTED BALL

항목	비율
볼존 공격률	37%
S존 공격률	65%
볼존 컨택트율	76%
S존 컨택트율	94%
라인드라이브	28%
그라운드볼	44%
플라이볼	29%

DEFENSE

위치	자살	보살	실책	수비율
SS	41	66	2	0.982
CF	2	4	0	1.000
2B	15	22	1	0.974

엄청나게 빠른 발을 가지고 있는 내야 유망주. 2013-2014시즌 마이너에서 2년 연속 60도루 이상을 성공시켰다. 강한 손목 힘을 가져 많은 라인드라이브 타구를 생산하며 짧고 간결한 스윙으로 맞추는 능력이 뛰어나다. 밀어치는 능력도 뛰어나 타구를 필드 전 방향으로 뿌릴 수 있다. 정교함에 비해 홈런을 칠 수 있는 힘은 전무한 수준. 타석에서 지나치게 공격적이라 높은 출루율을 기대하기는 힘들다. 주포지션은 유격수지만 내야 전 포지션을 소화할 수 있다.

3B Eugenio SUAREZ　아유헤니오 수아레스　NO.07

우투우타　1991년 7월 18일　180cm, 97kg

시즌	타수	안타	홈런	타점	볼넷	도루	타율	출루율	장타율
2016	565	140	21	70	51	11	0.248	0.317	0.411
통산	1181	303	38	141	90	18	0.257	0.316	0.406

*는 낮을수록 좋은 기록임

구분	기록	MLB
타율	0.248	0.255
출루율	0.317	0.322
장타율	0.411	0.417
볼넷%	8.1%	8.2%
삼진%*	24.7%	21.1%
볼넷/삼진	0.33	0.39
순장타율	0.163	0.162
BABIP	0.304	0.300
wOBA	0.316	0.318

VS. 패스트볼　VS. 변화구　*5타수 미만은 색을 표시하지 않았음, ●●● : Ball zone

홈 타율 0.255　원정 타율 0.241
VS. 좌투수 0.276　VS. 우투수 0.240
득점권 0.264　L/C 0.220

SPRAY ZONE
8: 39% 8: 35% 5: 25%
홈런
타구분포 %

BATTED BALL

항목	비율
볼존 공격률	27%
S존 공격률	62%
볼존 컨택트율	59%
S존 컨택트율	87%
라인드라이브	22%
그라운드볼	41%
플라이볼	38%

DEFENSE

위치	자살	보살	실책	수비율
3B	103	271	23	0.942

내야 전 포지션을 커버할 수 있는 천전후 내야수. 주포지션은 유격수지만 유격수 수비는 크게 떨어지는 편이다(통산 유격수 수비율 .961). 떨어지는 수비를 공격에서 어느 정도 만회한다. .270~.280을 기대할 만한 정확도와 두 자릿수 홈런을 칠 수 있는 힘이 있다. 지난 시즌엔 빅리그 첫 20홈런 시즌을 만들어냈다. 마이너에서 20도루를 기록할 정도로 주력도 보유했고, 작전 수행 능력이 좋다. 2008년 스카우트 당시에는 스위치 히터였지만 마이너 시절 포기하고 우타자로 자리 잡았다.

CINCINNATI REDS

■ 타율 0.400 이상   ■ 0.300–0.399   ■ 0.200–0.299   ■ 0.100–0.199   ■ 타율 0.099 이하

SS **Zack COZART**
잭 코자트

NO. 02

우투우타   1985년 8월 12일   183cm, 93kg   *는 낮을수록 좋은 기록임

시즌	타수	안타	홈런	타점	볼넷	도루	타율	출루율	장타율	구분	기록	MLB
2016	464	117	16	50	37	4	0.252	0.308	0.425	타율	0.252	0.255
통산	2329	573	58	217	133	18	0.246	0.289	0.385	출루율	0.308	0.322
										장타율	0.425	0.417
										볼넷%	7.3%	8.2%
										삼진%	16.5%	21.1%
										볼넷 / 삼진	0.44	0.39
										순장타율	0.172	0.162
										BABIP	0.274	0.300
										wOBA	0.312	0.318

VS. 패스트볼   VS. 변화구

*5타수 미만은 색을 표시하지 않았음. ●●● : Ball zone

SPRAY ZONE   BATTED BALL   DEFENSE

	3	
13	35%	0
47%		18%

홈런
타구분포 %

항목	비율
볼존 공격률	29%
S존 공격률	65%
볼존 컨택트율	66%
S존 컨택트율	91%
라인드라이브	21%
그라운드볼	39%
플라이볼	40%

위치	자살	보살	실책	수비율
SS	192	300	10	0.980

홈 타율 0.242   원정 타율 0.259
VS. 좌투수 0.226   VS. 우투수 0.260
득점권 0.245   L/C 0.167

리그를 대표하는 수비형 유격수. 수비범위가 넓은 편은 아니지만 뛰어난 글러브질로 안정된 수비를 자랑한다. 강한 어깨를 가지고 있지만 가끔 어이없는 송구 실책을 저지르기도 한다. 수비에 비해 공격력은 아쉬움이 남는다. 정확도가 떨어지며 타석에서 인내심이 부족해(통산 타석당 투구수 3.67개) 볼넷이 적고 삼진이 많다. 하지만 상황에 맞는 타격과 준수한 작전 수행능력으로 하위타선에서 쏠쏠한 활약을 해준다. 가끔 터지는 뜬금포로 시즌 두 자릿수 홈런도 기대 할 수 있는 선수.

LF **Adam DUVALL**
애덤 듀발

NO. 23

우투우타   1988년 9월 4일   185cm, 98kg   *는 낮을수록 좋은 기록임

시즌	타수	안타	홈런	타점	볼넷	도루	타율	출루율	장타율	구분	기록	MLB
2016	552	133	33	103	41	6	0.241	0.297	0.498	타율	0.241	0.255
통산	689	161	41	117	50	6	0.234	0.291	0.480	출루율	0.297	0.322
										장타율	0.498	0.417
										볼넷%	6.7%	8.2%
										삼진%*	27.0%	21.1%
										볼넷 / 삼진	0.25	0.39
										순장타율	0.257	0.162
										BABIP	0.275	0.300
										wOBA	0.333	0.318

VS. 패스트볼   VS. 변화구

*5타수 미만은 색을 표시하지 않았음. ●●● : Ball zone

SPRAY ZONE   BATTED BALL   DEFENSE

	7	
20	31%	6
49%		19%

홈런
타구분포 %

항목	비율
볼존 공격률	36%
S존 공격률	67%
볼존 컨택트율	58%
S존 컨택트율	86%
라인드라이브	19%
그라운드볼	34%
플라이볼	47%

위치	자살	보살	실책	수비율
LF	275	8	8	0.973

홈 타율 0.220   원정 타율 0.259
VS. 좌투수 0.238   VS. 우투수 0.242
득점권 0.262   L/C 0.207

타격폼은 2015년 홈런 더비 우승자인 토드 프레이저와 비슷하며 레벨 스윙으로 많은 라인드라이브를 만들어낸다. 타고난 힘은 좋아 마이너 시절 30홈런 시즌을 두 번이나 만들어 냈다(마이너 통산 장타율 .503). 파워에 비해 정확도는 떨어지는 편이다. 지난해 커리어 첫 풀 타임 시즌에서 33홈런을 기록하며 뒤늦게 잠재력을 터뜨렸다. 하지만 중심타자로서 선구안이 떨어지는 점은 아쉽다. 지난해 마이너를 포함, 커리어 중 가장 많은 경기를 좌익수로 소화하며 안정된 수비를 보여줬다.

CINCINNATI REDS

■ 타율 0.400 이상 ■ 0.300-0.399 ■ 0.200-0.299 ■ 0.100-0.199 ■ 타율 0.099 이하

CF Billy HAMILTON
빌리 해밀턴 NO.06

우투양타 1990년 9월 9일 183cm, 73kg *는 낮을수록 좋은 기록임

시즌	타수	안타	홈런	타점	볼넷	도루	타율	출루율	장타율
2016	411	107	3	17	36	58	0.260	0.321	0.343
통산	1405	348	13	94	100	184	0.248	0.297	0.334

구분	기록	MLB
타율	0.260	0.255
출루율	0.321	0.322
장타율	0.343	0.417
볼넷%	7.8%	8.2%
삼진%*	20.2%	21.1%
볼넷 / 삼진	0.39	0.39
순장타율	0.083	0.162
BABIP	0.329	0.300
wOBA	0.294	0.318

SPRAY ZONE 0: 37%, 1: 27%, 2: 36%

BATTED BALL
항목	비율
볼존 공격률	28%
S존 공격률	61%
볼존 컨택트율	70%
S존 컨택트율	88%
라인드라이브	22%
그라운드볼	48%
플라이볼	31%

DEFENSE
위치	자살	보살	실책	수비율
CF	276	9	3	0.990

홈 타율 0.284 원정 타율 0.240
VS. 좌투수 0.221 VS. 우투수 0.275
득점권 0.200 L/C 0.225

비록 도루왕에 단 한 차례도 오르진 못했지만 3시즌 연속 50도루 이상을 기록 중이다. 도루 성공률도 매년 좋아지는 모습. 하지만 출루율은 아직 기대 이하지만 지난해 부상으로 이탈하기 전 높은 출루율을 기록하며 가능성을 보여줬다. 변화구 대처만 좋아진다면 타율 향상도 기대해볼 수 있다. 원래 포지션은 유격수였지만 중견수 전환 후 리그 정상급의 중견수 수비를 보여주고 있다. 2014년 152경기 출장 후 2015-2016시즌 120경기도 출장하지 못했다.

RF Scott SCHEBLER
스캇 쉬블러 NO.43

우투좌타 1990년 10월 6일 183cm, 103kg *는 낮을수록 좋은 기록임

시즌	타수	안타	홈런	타점	볼넷	도루	타율	출루율	장타율
2016	257	68	9	40	19	2	0.265	0.330	0.432
통산	293	77	12	44	22	4	0.263	0.329	0.440

구분	기록	MLB
타율	0.265	0.255
출루율	0.330	0.322
장타율	0.432	0.417
볼넷%	6.7%	8.2%
삼진%*	20.9%	21.1%
볼넷 / 삼진	0.32	0.39
순장타율	0.167	0.162
BABIP	0.312	0.300
wOBA	0.328	0.318

SPRAY ZONE 0: 28%, 1: 46%, 2: 25%, 추가 2, 5

BATTED BALL
항목	비율
볼존 공격률	33%
S존 공격률	76%
볼존 컨택트율	55%
S존 컨택트율	83%
라인드라이브	18%
그라운드볼	53%
플라이볼	29%

DEFENSE
위치	자살	보살	실책	수비율
RF	89	4	1	0.989
CF	30	1	1	0.969

홈 타율 0.323 원정 타율 0.208
VS. 좌투수 0.195 VS. 우투수 0.278
득점권 0.296 L/C 0.214

드래프트 26라운드 지명으로 큰 기대를 받지는 않았지만 마이너에서 차근 차근 성장하며 빅리그 무대를 밟았다. 정확도가 뛰어난 편은 아니다. 하지만 타고난 힘과 함께 호쾌한 스윙으로 공에 힘을 싣는 능력이 탁월하다(마이너 시절 2013-2014 시즌 25홈런 이상). 약점이었던 선구안 역시 해가 갈수록 개선되고 있다. 코너 외야수가 주포지션이지만 중견수도 가능한 빠른 발을 가졌으며 두 자릿수 도루도 기대해볼 만하다. 다만 어깨는 평균 이하로 우익수보단 좌익수가 적격하다.

CINCINNATI REDS

■ 타율 0.400 이상   ■ 0.300-0.399   ■ 0.200-0.299   ■ 0.100-0.199   ■ 타율 0.099 이하

IF Dilson HERRERA
딜슨 에레라   NO.15

우투우타   생년월일   키cm, 몸무게kg   *는 낮을수록 좋은 기록임

시즌	타수	안타	홈런	타점	볼넷	도루	타율	출루율	장타율	구분	기록	MLB
2016	–	–	–	–	–	–	–	–	–	타율	–	0.255
통산	149	32	6	17	18	2	0.215	0.308	0.383	출루율	–	0.322
										장타율	–	0.417
										볼넷%	–	8.2%
										삼진%*	–	21.1%
										볼넷 / 삼진	–	0.39
										순장타율	–	0.162
										BABIP	–	0.300
										wOBA	–	0.318

VS. 패스트볼   VS. 변화구

*5타수 미만은 색을 표시하지 않았음.   ●●●● : Ball zone

SPRAY ZONE

1: 39%   2: 43%   0: 18%
홈런 타구분포 %

BATTED BALL

항목	비율
볼존 공격률	17%
S존 공격률	64%
볼존 컨택트율	59%
S존 컨택트율	88%
라인드라이브	21%
그라운드볼	33%
플라이볼	46%

2014년 뉴욕 메츠 유망주 랭킹 4위에 오를 정도로 유명한 선수였지만 기대보다 성장세가 다소 더디다. 하지만 여전히 22세의 전도 유망한 선수. 제이 브루스 트레이드를 통해 메츠에서 신시내티로 유니폼을 갈아입었다. 짧고 콤팩트한 스윙을 가지고 있는 에레라는 라인드라이브 타구를 통해 많은 2루타를 생산해낸다. 나이를 먹고 파워가 더 붙으면 두 자릿수 홈런도 가능하다는 평. 또한 마이너에서 20도루 이상을 기록할 정도로 빠른 발과 주루 센스를 가지고 있다.

OF Arismendy ALCANTARA
아리스멘디 알칸타라   NO.30

우투양타   1991년 10월 29일   178cm, 77kg   *는 낮을수록 좋은 기록임

시즌	타수	안타	홈런	타점	볼넷	도루	타율	출루율	장타율	구분	기록	MLB
2016	19	4	0	2	0	3	0.211	0.211	0.263	타율	0.211	0.255
통산	323	63	10	32	22	15	0.195	0.249	0.337	출루율	0.211	0.322
										장타율	0.263	0.417
										볼넷%	0.0%	8.2%
										삼진%*	42.1%	21.1%
										볼넷 / 삼진	0.00	0.39
										순장타율	0.053	0.162
										BABIP	0.364	0.300
										wOBA	0.204	0.318

VS. 패스트볼   VS. 변화구

좌타자 / 우타자   *5타수 미만은 색을 표시하지 않았음.   ●●●● : Ball zone

홈 타율 0.143 원정 타율 0.250
VS. 좌투수 0.167 VS. 우투수 0.231
득점권 0.167 L/C 0.000

SPRAY ZONE

0: 38%   0: 50%   0: 13%
홈런 타구분포 %

BATTED BALL

항목	비율
볼존 공격률	65%
S존 공격률	71%
볼존 컨택트율	50%
S존 컨택트율	68%
라인드라이브	0%
그라운드볼	64%
플라이볼	36%

DEFENSE

위치	자살	보살	실책	수비율
CF	4	0	0	1.000
2B	6	5	0	1.000

한때 컵스에서 촉망 받던 유망주였으나 빅리그 적응에 실패한 후 벌써 세 번째 소속팀을 맞이했다. 마이너 시절엔 .280대의 타율과 두 자릿수 홈런을 기록할 정도로 준수한 타격 재능을 선보였다. 31도루를 포함 20도루 시즌도 4번이나 만들어낼 만큼 준수한 주력도 가지고 있다. 수비에선 원래 내야수로 입단했으나 중견수로 포지션을 전환해 다양한 포지션 소화가 가능하다. 아직 25세에 불과하기 때문에 기대를 아예 접기엔 이르다. 하지만 올 시즌도 많은 출전 기회를 받기는 다소 힘들어 보이며, 페라자와 함께 벤치의 뎁스를 더할 것으로 보인다.

MILWAUKEE BREWERS

맥주 공장이 슬슬 리노베이션을 마치고 공장 가동을 준비 중이다. 그러기 위해선 간판 라이언 브론을 중심으로 올랜도 아르시아-도밍고 산타나 같은 유망주들의 성장이 필요하다. 마운드 위에선 여전히 성장이 정체되고 있는 선수들의 각성이 절실하다.

TEAM IMFORMATION

창단 : 1969년
이전 연고지 : 시애틀
월드시리즈 우승 : 0회
NL 우승 : 0회
AL 우승 : 1회
디비전 우승 : 2회
와일드카드 진출 : 1회
구단주 : 마크 애타나시오
감독 : 크레익 카운셀
단장 : 데이비드 스턴스

FRANCHISE

UNIFORM

Home / Away

Alternate

MILWAUKEE BREWERS

MANAGER

Craig Counsell

생년월일 : 1970년 8월 21일
출생지 : 사우스벤드(인디애나)
MLB 감독 경력 : 올해로 3년째
밀워키(2015년~현재)
정규시즌 통산 : 134승 165패 승률 0.448
포스트시즌 통산 : -

LINE-UP

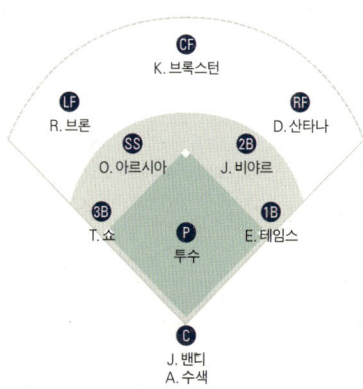

ROTATION	
SP	J. 게라
SP	Z. 데이비스
SP	T. 넬슨
SP	W. 페랄타
SP	M. 가르자

BULLPEN	
RP	T. 영맨
RP	C. 크니블
RP	C. 토레스
RP	M. 블레이젝
RP	T. 크레이비
RP	J. 반스
CL	N. 펠리스

BATTING	
1	J. 비야르
2	O. 아르시아
3	R. 브론
4	E. 테임스
5	D. 산타나
6	T. 쇼
7	J. 밴디
8	K. 브록스턴

UTILITY PLAYERS	
IF	H. 페레스
IF	S. 지넷
OF	N. 뉴엔하이스
OF	B. 필립스

BALL PARK : Miller Park

주소 : One Brewers Way Milwaukee, Wisconsin
펜스 거리 : 왼쪽 105m, 좌중간 113m, 중앙 122m,
　　　　　우중간 114m, 오른쪽 105m
펜스 높이 : 전 구간 2.4m로 통일
최초공식경기 : 2001년 4월 6일
잔디 : 켄터키 블루그라스(천연잔디)
수용 인원 : 4만 1,900명
홈팀 덕아웃 : 1루
파크팩터 : 1.103(MLB 7위)

맥주 공장 리노베이션 중 여전히 멀어보이는 Octofest

2016 리뷰
2015시즌이 끝난 후 본격적인 리빌딩에 들어갔다. 시즌 시작 전 주전 마무리 프란시스코 로드리게스, 유격수 진 세구라, 1루수 애덤 린드, 좌익수 크리스 데이비스를 모두 트레이드시켰다. 그리고 시즌 중반 주전 안방 마님 조너선 루크로이를 텍사스로, 좌완 불펜 윌 스미스를 샌프란시스코로 보내며 유망주를 받아왔다. 그러면서 공수 양면에서의 전력 약화는 불가피했다. 라이언 브론이 30홈런을 때려냈고, 조너선 비야르는 도루왕, 크리스 카터는 홈런왕에 올랐다. 하지만 타선의 시너지 효과가 나지 않으며 득점 11위에 그쳤다. 기대를 모았던 유망주 도밍고 산타나와 올랜도 아르시아 같은 젊은 타자들의 성장세도 아쉬웠다. 선발진에선 잭 데이비스와 주니어 게라가 기대 이상의 활약을 펼쳤지만 기대가 컸던 윌리 페랄타-지미 넬슨-타일러 영맨이 모두 부진했다(선발 ERA 4.40 8위). 그나마 케이로드와 제레미 제프리스, 윌 스미스 같은 주축 선수들이 빠져나간 불펜은 기대 이상의 활약을 펼쳤다는 것이 위안거리였다(불펜 ERA 3.61 6위).

2017 프리뷰
여전히 리빌딩이 진행 중이다. 지난 시즌의 과감한 트레이드를 통해 꾸준히 팜랭킹을 유지하고 있다는 점이 긍정적이다(유망주 랭킹 2015 19위, 2016 9위, 2017 8위). 타선에서의 가장 큰 변화는 지난 시즌 홈런왕에 오른 카터와의 계약을 포기한 것. 그 자리를 KBO에서 맹활약한 에릭 테임즈를 영입, 새로운 주전 1루수로 낙점했다. 지난 시즌 데뷔한 올랜도 아르시아가 올 시즌 풀타임 유격수로 활약할 예정. 아르시아가 기대만큼 성장해준다면 지난 시즌 도루왕 비야르와 함께 뛰어난 테이블세터진을 구성할 수 있을 것으로 보인다. 외야에선 라이언 브론이 건강해야 하며 도밍고 산타나와 키온 브록스턴이 성장세를 기대해볼 만하다. 문제는 투수진. 늦깎이 신인인 주니어 게라가 올 시즌에도 작년 같은 활약을 보여줄 수 있을지 미지수며 다른 팀의 에이스에 비하면 현저히 부족하다. 지미 넬슨-윌리 페랄타-맷 가르자 등 지난 시즌 부진했던 선발진들의 부활이 절실하다. 제레미 제프리스가 떠난 마무리는 네프탈리 펠리스를 영입해 채웠다. 올 시즌 역시도 하위권에 머물겠지만 다크호스가 될 가능성도 없지 않다.

SQUAD LIST

*선수 명단은 2017년 3월 25일 기준 (source : ESPN)

투수

번호	이름	위치	투	타	나이	출생지
57	Chase Anderson	SP	R	R	29	Wichita Falls, TX
50	Jacob Barnes	RP	R	R	26	St Petersburg, FL
54	Michael Blazek	RP	R	R	28	Las Vegas, NV
45	Tyler Cravy	RP	R	R	27	Martinez, CA
27	Zach Davies	SP	R	R	24	Puyallup, WA
37	Neftali Feliz	RP	R	R	28	Azua, Dominican Republic
22	Matt Garza	SP	R	R	33	Selma, CA
41	Junior Guerra	SP	R	R	32	San Felix, Venezuela
71	Josh Hader	RP	L	L	22	Millersville, MD
67	Adrian Houser	SP	R	R	24	Tahlequah, OK
26	Taylor Jungmann	SP	R	R	27	Temple, TX
46	Corey Knebel	RP	R	R	25	Denton, TX
28	Jorge Lopez	SP	R	R	24	Caguas, Puerto Rico
51	Damien Magnifico	RP	R	R	25	Dallas, TX
53	Jhan Marinez	RP	R	R	28	Santo Domingo, Dominican Republic
33	Tommy Milone	SP	L	L	30	Grenada Hills, CA
52	Jimmy Nelson	SP	R	R	27	Klamath Falls, OR
38	Wily Peralta	SP	R	R	27	Samana, Dominican Republic
35	Brent Suter	RP	L	L	27	Chicago, IL
59	Carlos Torres	RP	R	R	34	Santa Cruz, CA
73	Taylor Williams	SP	R	B	25	Vancouver, WA

포수

번호	이름	위치	투	타	나이	출생지
47	Jett Bandy	C	R	R	26	West Hills, CA
9	Manny Pina	C	R	R	29	Barquisimeto, Venezuela
13	Andrew Susac	C	R	R	27	Roseville, CA

내야

번호	이름	위치	투	타	나이	출생지
3	Orlando Arcia	SS	R	R	22	Anaco, Venezuela
2	Scooter Gennett	2B	R	L	26	Cincinnati, OH
14	Hernan Perez	3B	R	R	25	Aragua, Venezuela
29	Yadiel Rivera	3B	R	R	24	Caguas, Puerto Rico
21	Travis Shaw	3B	R	L	26	Washington Court House, OH
5	Jonathan Villar	SS	R	B	25	La Vega, Dominican Republic

외야

번호	이름	위치	투	타	나이	출생지
8	Ryan Braun	LF	R	R	33	Mission Hills, CA
75	Lewis Brinson	CF	R	R	22	Ft. Lauderdale, FL
23	Keon Broxton	CF	R	R	26	Lakeland, FL
70	Ryan Cordell	CF	R	R	24	San Diego, CA
10	Kirk Nieuwenhuis	CF	R	L	29	Santa Maria, CA
77	Brett Phillips	RF	R	L	22	Seminole, FL
25	Michael Reed	RF	R	R	24	Maplewood, MN
16	Domingo Santana	RF	R	R	24	Santo Domingo, Dominican Republic
7	Eric Thames	LF	R	L	30	Santa Clara, CA

SUMMARY

우타자	좌타자	스위치	우투수	좌투수	평균나이	최연소	최연장
12명	5명	1명	18명	3명	26.6세	22세	34세

MILWAUKEE BREWERS

2017 REGULAR SEASON SCHEDULE

■ 는 홈경기, 시간은 미국 동부시간 기준

날짜	상대팀	경기시간	날짜	상대팀	경기시간	날짜	상대팀	경기시간
Mon, 4/3	Colorado Rockies	PM 1:10	Mon, 6/5	San Francisco Giants	PM 6:40	Sat, 8/12	Cincinnati Reds	PM 6:10
Tue, 4/4	Colorado Rockies	PM 6:40	Tue, 6/6	San Francisco Giants	PM 6:40	Sun, 8/13	Cincinnati Reds	PM 1:10
Wed, 4/5	Colorado Rockies	PM 7:10	Wed, 6/7	San Francisco Giants	PM 7:10	Tue, 8/15	Pittsburgh Pirates	PM 6:40
Thu, 4/6	Colorado Rockies	PM 12:40	Thu, 6/8	San Francisco Giants	PM 1:10	Wed, 8/16	Pittsburgh Pirates	PM 7:10
Fri, 4/7	Chicago Cubs	PM 7:10	Fri, 6/9	Arizona D-backs	PM 8:40	Fri, 8/18	Colorado Rockies	PM 7:40
Sat, 4/8	Chicago Cubs	PM 6:10	Sat, 6/10	Arizona D-backs	PM 9:10	Sat, 8/19	Colorado Rockies	PM 7:10
Sun, 4/9	Chicago Cubs	PM 1:10	Sun, 6/11	Arizona D-backs	PM 3:10	Sun, 8/20	Colorado Rockies	PM 2:10
Tue, 4/11	Toronto Blue Jays	PM 6:07	Tue, 6/13	St. Louis Cardinals	PM 7:15	Mon, 8/21	San Francisco Giants	PM 9:15
Wed, 4/12	Toronto Blue Jays	PM 6:07	Wed, 6/14	St. Louis Cardinals	PM 7:15	Tue, 8/22	San Francisco Giants	PM 9:15
Thu, 4/13	Cincinnati Reds	PM 6:10	Thu, 6/15	St. Louis Cardinals	PM 6:15	Wed, 8/23	San Francisco Giants	PM 2:45
Fri, 4/14	Cincinnati Reds	PM 6:10	Fri, 6/16	San Diego Padres	PM 7:10	Fri, 8/25	Los Angeles Dodgers	PM 10:10
Sat, 4/15	Cincinnati Reds	PM 12:10	Sat, 6/17	San Diego Padres	PM 3:10	Sat, 8/26	Los Angeles Dodgers	PM 8:10
Sun, 4/16	Cincinnati Reds	PM 12:10	Sun, 6/18	San Diego Padres	PM 1:10	Sun, 8/27	Los Angeles Dodgers	PM 3:10
Mon, 4/17	Chicago Cubs	PM 7:05	Mon, 6/19	Pittsburgh Pirates	PM 6:40	Tue, 8/29	St. Louis Cardinals	PM 6:40
Tue, 4/18	Chicago Cubs	PM 7:05	Tue, 6/20	Pittsburgh Pirates	PM 6:40	Wed, 8/30	St. Louis Cardinals	PM 1:10
Wed, 4/19	Chicago Cubs	PM 1:20	Wed, 6/21	Pittsburgh Pirates	PM 7:10	Thu, 8/31	Washington Nationals	PM 7:10
Thu, 4/20	St. Louis Cardinals	PM 7:10	Thu, 6/22	Pittsburgh Pirates	PM 7:10	Fri, 9/1	Washington Nationals	PM 7:10
Fri, 4/21	St. Louis Cardinals	PM 6:10	Fri, 6/23	Atlanta Braves	PM 6:35	Sat, 9/2	Washington Nationals	PM 7:10
Sat, 4/22	St. Louis Cardinals	PM 6:10	Sat, 6/24	Atlanta Braves	PM 3:10	Sun, 9/3	Washington Nationals	PM 1:10
Sun, 4/23	St. Louis Cardinals	PM 1:10	Sun, 6/25	Atlanta Braves	PM 12:35	Mon, 9/4	Cincinnati Reds	PM 12:10
Mon, 4/24	Cincinnati Reds	PM 6:40	Tue, 6/27	Cincinnati Reds	PM 6:10	Tue, 9/5	Cincinnati Reds	PM 6:10
Tue, 4/25	Cincinnati Reds	PM 6:40	Wed, 6/28	Cincinnati Reds	PM 6:10	Wed, 9/6	Cincinnati Reds	AM 11:35
Wed, 4/26	Cincinnati Reds	PM 12:40	Thu, 6/29	Cincinnati Reds	PM 6:10	Fri, 9/8	Chicago Cubs	PM 1:20
Fri, 4/28	Atlanta Braves	PM 7:10	Fri, 6/30	Miami Marlins	PM 7:10	Sat, 9/9	Chicago Cubs	PM 3:05
Sat, 4/29	Atlanta Braves	PM 6:10	Sat, 7/1	Miami Marlins	PM 3:10	Sun, 9/10	Chicago Cubs	PM 1:20
Sun, 4/30	Atlanta Braves	PM 1:10	Sun, 7/2	Miami Marlins	PM 1:10	Mon, 9/11	Pittsburgh Pirates	PM 6:40
Mon, 5/1	St. Louis Cardinals	PM 7:15	Mon, 7/3	Baltimore Orioles	PM 1:10	Tue, 9/12	Pittsburgh Pirates	PM 6:40
Tue, 5/2	St. Louis Cardinals	PM 7:15	Tue, 7/4	Baltimore Orioles	PM 3:10	Wed, 9/13	Pittsburgh Pirates	PM 7:10
Wed, 5/3	St. Louis Cardinals	PM 7:15	Wed, 7/5	Baltimore Orioles	PM 7:10	Fri, 9/15	Miami Marlins	PM 6:10
Thu, 5/4	St. Louis Cardinals	PM 12:45	Fri, 7/7	New York Yankees	PM 6:05	Sat, 9/16	Miami Marlins	PM 6:10
Fri, 5/5	Pittsburgh Pirates	PM 6:05	Sat, 7/8	New York Yankees	PM 12:05	Sun, 9/17	Miami Marlins	PM 12:10
Sat, 5/6	Pittsburgh Pirates	PM 6:05	Sun, 7/9	New York Yankees	PM 12:05	Mon, 9/18	Pittsburgh Pirates	PM 6:05
Sun, 5/7	Pittsburgh Pirates	PM 12:35	Fri, 7/14	Philadelphia Phillies	PM 7:10	Tue, 9/19	Pittsburgh Pirates	PM 6:05
Tue, 5/9	Boston Red Sox	PM 6:40	Sat, 7/15	Philadelphia Phillies	PM 6:10	Wed, 9/20	Pittsburgh Pirates	PM 6:05
Wed, 5/10	Boston Red Sox	PM 7:10	Sun, 7/16	Philadelphia Phillies	PM 1:10	Thu, 9/21	Chicago Cubs	PM 7:10
Thu, 5/11	Boston Red Sox	PM 12:10	Mon, 7/17	Pittsburgh Pirates	PM 6:05	Fri, 9/22	Chicago Cubs	PM 7:10
Fri, 5/12	New York Mets	PM 7:10	Tue, 7/18	Pittsburgh Pirates	PM 6:05	Sat, 9/23	Chicago Cubs	PM 6:10
Sat, 5/13	New York Mets	PM 6:10	Wed, 7/19	Pittsburgh Pirates	PM 6:05	Sun, 9/24	Chicago Cubs	PM 1:20
Sun, 5/14	New York Mets	PM 1:10	Thu, 7/20	Pittsburgh Pirates	AM 11:35	Tue, 9/26	Cincinnati Reds	PM 6:40
Mon, 5/15	San Diego Padres	PM 9:10	Fri, 7/21	Philadelphia Phillies	PM 6:05	Wed, 9/27	Cincinnati Reds	PM 7:10
Tue, 5/16	San Diego Padres	PM 9:10	Sat, 7/22	Philadelphia Phillies	PM 6:05	Thu, 9/28	Cincinnati Reds	PM 7:10
Wed, 5/17	San Diego Padres	PM 9:10	Sun, 7/23	Philadelphia Phillies	PM 12:35	Fri, 9/29	St. Louis Cardinals	PM 7:15
Thu, 5/18	San Diego Padres	PM 2:40	Tue, 7/25	Washington Nationals	PM 6:05	Sat, 9/30	St. Louis Cardinals	PM 3:15
Fri, 5/19	Chicago Cubs	PM 1:20	Wed, 7/26	Washington Nationals	PM 6:05	Sun, 10/1	St. Louis Cardinals	PM 2:15
Sat, 5/20	Chicago Cubs	PM 1:20	Thu, 7/27	Washington Nationals	AM 11:05			
Sun, 5/21	Chicago Cubs	PM 1:20	Fri, 7/28	Chicago Cubs	PM 7:10			
Tue, 5/23	Toronto Blue Jays	PM 6:40	Sat, 7/29	Chicago Cubs	PM 6:10			
Wed, 5/24	Toronto Blue Jays	PM 12:10	Sun, 7/30	Chicago Cubs	PM 1:10			
Thu, 5/25	Arizona D-backs	PM 7:10	Tue, 8/1	St. Louis Cardinals	PM 6:40			
Fri, 5/26	Arizona D-backs	PM 7:10	Wed, 8/2	St. Louis Cardinals	PM 7:10			
Sat, 5/27	Arizona D-backs	PM 3:10	Thu, 8/3	St. Louis Cardinals	PM 1:10			
Sun, 5/28	Arizona D-backs	PM 1:10	Fri, 8/4	Tampa Bay Rays	PM 6:10			
Mon, 5/29	New York Mets	PM 3:10	Sat, 8/5	Tampa Bay Rays	PM 5:10			
Tue, 5/30	New York Mets	PM 6:10	Sun, 8/6	Tampa Bay Rays	PM 12:10			
Wed, 5/31	New York Mets	PM 6:10	Mon, 8/7	Minnesota Twins	PM 7:10			
Thu, 6/1	New York Mets	PM 12:10	Tue, 8/8	Minnesota Twins	PM 7:10			
Fri, 6/2	Los Angeles Dodgers	PM 7:10	Wed, 8/9	Minnesota Twins	PM 7:10			
Sat, 6/3	Los Angeles Dodgers	PM 3:10	Thu, 8/10	Minnesota Twins	PM 7:10			
Sun, 6/4	Los Angeles Dodgers	PM 1:10	Fri, 8/11	Cincinnati Reds	PM 7:10			

MILWAUKEE BREWERS

홈 ERA 2.23 원정 ERA 3.39
VS. 좌타자 0.190 VS. 우타자 0.227
VS. 강정호 4타수 0안타 0.000

SP Junior GUERRA
주니어 게라 NO.41

우투우타 1985년 1월 16일 183cm, 93kg *는 낮을수록 좋은 기록임

시즌	경기	이닝	피안타	피홈런	볼넷	탈삼진	승-패-세-홀	평균자책	구분	기록	MLB
2016	20	121.2	94	10	43	100	9-3-0-0	2.81	평균자책*	2.81	4.19
통산	23	125.2	101	11	44	103	9-3-0-0	2.94	탈삼진 / 9	7.40	8.10
									볼넷 / 9*	3.18	3.14
									탈삼진 / 볼넷	2.33	2.58
									피홈런 / 9*	0.74	1.17
									피안타율*	0.211	0.252
									WHIP*	1.13	1.32
									잔루율	79.4%	72.9%
									FIP*	3.71	4.19

PITCHING REPERTORY / VELOCITY km/h **MOVEMENT** cm

구종	평균	전체	초구	2-2	좌타자	우타자	피안타율	상하	좌우
포심패스트볼	151	52%	60%	34%	54%	50%	0.259	↑24	→4
투심 / 싱커	150	9%	8%	3%	6%	12%	0.355	↑20	→16
컷패스트볼	–	–	–	–	–	–	–		
슬라이더	133	17%	25%	10%	11%	21%	0.183	↓4	←6
커브	–	–	–	–	–	–	–		
체인지업	141	0%	0%	1%	0%	0%	0.500	↑15	→11
스플리터	138	22%	7%	51%	29%	16%	0.124	↑9	←1

멕시코리그와 독립리그를 전전하다 2015년 시카고 화이트삭스에서 30세의 늦은 나이로 빅리그 데뷔에 성공했다. 지난 시즌 웨이버 공시를 통해 밀워키로 이적했다. 이 이적은 게라의 커리어에 있어 큰 전환점이 된다. 150km/h 초중반의 빠른 공과 스플리터, 슬라이더를 구사한다. 지난 시즌 특히 스플리터가 엄청난 위력을 발휘하며 재미를 봤다. 올 시즌 33세의 나이로 첫 풀타임 시즌을 치른다. 게라에겐 지난 시즌이 반짝한 시즌이 아니었음을 증명해야 하는 중요한 시즌이 될 것으로 보인다.

홈 ERA 3.75 원정 ERA 4.39
VS. 좌타자 0.271 VS. 우타자 0.251
VS. 강정호 2타수 0안타 0.000

SP Zach DAVIES
잭 데이비스 NO.27

우투우타 1993년 2월 7일 183cm, 70kg *는 낮을수록 좋은 기록임

시즌	경기	이닝	피안타	피홈런	볼넷	탈삼진	승-패-세-홀	평균자책	구분	기록	MLB
2016	28	163.1	166	20	38	135	11-7-0-0	3.97	평균자책*	3.97	4.19
통산	34	197.1	192	22	53	159	14-9-0-0	3.92	탈삼진 / 9	7.44	8.10
									볼넷 / 9*	2.09	3.14
									탈삼진 / 볼넷	3.55	2.58
									피홈런 / 9*	1.10	1.17
									피안타율*	0.260	0.252
									WHIP*	1.25	1.32
									잔루율	72.0%	72.9%
									FIP*	3.89	4.19

PITCHING REPERTORY / VELOCITY km/h **MOVEMENT** cm

구종	평균	전체	초구	2-2	좌타자	우타자	피안타율	상하	좌우
포심패스트볼	144	9%	10%	8%	9%	9%	0.321	↑23	→17
투심 / 싱커	144	48%	49%	47%	44%	52%	0.287	↑16	→22
컷패스트볼	138	10%	9%	8%	12%	0%	0.260	↓12	←1
슬라이더	133	10%	5%	9%	1%	0%	0.167	↑1	←8
커브	117	10%	21%	7%	11%	0%	0.167	↓23	←16
체인지업	127	21%	11%	27%	28%	15%	0.212	↑11	→22
스플리터	–	–	–	–	–	–	–		

메이저리거라기보단 리틀리그에 어울리는 체격 조건을 가졌다(183cm, 70kg). 그로 인해 구위가 위력적이지 않으나, 맞혀 잡는 지능적인 투구로 타자를 상대한다. 140km/h 중반의 빠르지 않지만 무브먼트가 심한 투심으로 땅볼 유도에 능하며 120km/h 초반의 체인지업으로 타자의 타이밍을 뺏는다. 그밖에 커브와 슬라이더를 구사한다. 공을 낮게 구사하는 능력이 탁월해 홈런 허용도 적은 편. 제구가 나쁜 편은 아니지만, 볼넷이 다소 많은 편이다.

MILWAUKEE BREWERS

■ 15% 이상 ■ 12-14% ■ 9-11% ■ 6-8% ■ 3-5% □ 2% 이하

SP Jimmy NELSON
지미 넬슨   NO.52

우투우타   1989년 6월 5일   198cm, 113kg

*는 낮을수록 좋은 기록임

시즌	경기	이닝	피안타	피홈런	볼넷	탈삼진	승-패-세-홀	평균자책	구분	기록	MLB
2016	32	179.1	186	25	86	140	8-16-0-0	4.62	평균자책*	4.62	4.19
통산	80	436.0	433	49	175	353	21-38-0-0	4.38	탈삼진 / 9	7.03	8.10
									볼넷 / 9*	4.32	3.14
									탈삼진 / 볼넷	1.63	2.58
									피홈런 / 9*	1.25	1.17
									피안타율*	0.264	0.252
									WHIP*	1.52	1.32
									잔루율	71.3%	72.9%
									FIP*	5.12	4.19

PITCHING ZONE (좌타자 몸쪽 / 우타자 몸쪽)

PITCHING REPERTORY / VELOCITY km/h   MOVEMENT cm

구종	평균	전체	초구	2-2	좌타자	우타자	피타율	상하	좌우
포심패스트볼	151	25%	24%	25%	25%	25%	0.232	↑24	←11
투심 / 싱커	151	41%	39%	37%	42%	40%	0.316	↑11	←20
컷패스트볼	–	–	–	–	–	–	–	–	–
슬라이더	141	16%	16%	23%	8%	24%	0.144	↑1	←11
커브	134	17%	26%	14%	23%	12%	0.242	↓15	←13
체인지업	139	1%	0%	0%	3%	0%	0.375	↑14	←15
스플리터	–	–	–	–	–	–	–	–	–

홈 ERA 3.40 원정 ERA 6.06
VS. 좌타자 0.248 VS. 우타자 0.278
VS. 강정호 1타수 1안타 0.091

198cm, 113kg의 탄탄한 체격에서 뿌리는 150km/h 초중반의 묵직한 싱커가 주무기. 슬라이더 역시 140km/h 후반대로 형성되며 좌-우타자 가리지 않고 위력적인 모습을 보여준다. 그외에 너클커브와 체인지업도 구사하며 체인지업은 아직 미숙해 구사 비율은 적은 편이다. 문제는 좋을 때와 나쁠 때의 차이가 크다는 것. 특히 어깨에 힘이 많이 들어가 릴리스 포인트가 흔들리는 경우가 잦다. 팀 내 에이스로의 성장을 기대하고 있지만, 기복을 줄이지 못하면 3-4선발로 머물 가능성이 크다.

SP Wily PERALTA
윌리 페랄타   NO.38

우투우타   1989년 5월 8일   185cm, 116kg

*는 낮을수록 좋은 기록임

시즌	경기	이닝	피안타	피홈런	볼넷	탈삼진	승-패-세-홀	평균자책	구분	기록	MLB
2016	23	127.2	152	19	43	93	7-11-0-0	4.86	평균자책*	4.86	4.19
통산	113	647.1	691	75	225	459	42-48-0-0	4.20	탈삼진 / 9	6.56	8.10
									볼넷 / 9*	3.03	3.14
									탈삼진 / 볼넷	2.16	2.58
									피홈런 / 9*	1.34	1.17
									피안타율*	0.299	0.252
									WHIP*	1.53	1.32
									잔루율	72.9%	72.9%
									FIP*	4.71	4.19

PITCHING ZONE (좌타자 몸쪽 / 우타자 몸쪽)

PITCHING REPERTORY / VELOCITY km/h   MOVEMENT cm

구종	평균	전체	초구	2-2	좌타자	우타자	피타율	상하	좌우
포심패스트볼	153	21%	24%	18%	16%	25%	0.363	↑24	←12
투심 / 싱커	153	43%	41%	43%	48%	39%	0.326	↑19	←18
컷패스트볼	–	–	–	–	–	–	–	–	–
슬라이더	135	31%	33%	36%	27%	34%	0.224	↑3	←3
커브	122	0%	0%	0%	0%	0%	0.000	↓6	←6
체인지업	136	5%	2%	3%	9%	1%	0.290	↑19	←16
스플리터	–	–	–	–	–	–	–	–	–

홈 ERA 5.23 원정 ERA 4.29
VS. 좌타자 0.298 VS. 우타자 0.300
VS. 추신수 9타수 2안타 0.222
VS. 강정호 3타수 2안타 0.667

150km/h 중후반으로 형성되는 포심, 투심과 함께 변화구 주무기로는 슬라이더를 구사한다. 체인지업의 구사 비율은 낮은 편. 185cm의 크지 않은 신장이지만 극단적인 오버핸드에 가까운 높이에서 공을 내리꽂는다. 위력적인 구위에 비해 삼진을 많이 잡진 못하며 많은 땅볼을 유도한다. 2014년 커리어 최고의 시즌을 보내고 에이스 역할을 기대했지만 이후 계속 내리막길. 지난 시즌엔 마이너 강등의 수모를 겪기도 했다. 투구 후 몸이 1루쪽으로 많이 넘어가 수비로의 전환이 느린 편.

MILWAUKEE BREWERS

■ 15% 이상 ■ 12–14% ■ 9–11% ■ 6–8% ■ 3–5% □ 2% 이하

홈 ERA 3.38 원정 ERA 5.43
VS. 좌타자 0.288 VS. 우타자 0.268
VS. 추신수 12타수 1안타 0.083
VS. 강정호 2타수 0안타 0.000

SP Matt GARZA
맷 가르자 NO.22

우투우타 1983년 11월 26일 193cm, 100kg
*는 낮을수록 좋은 기록임

시즌	경기	이닝	피안타	피홈런	볼넷	탈삼진	승-패-세-홀	평균자책	구분	기록	MLB
2016	19	101.2	71	11	36	70	6-8-0-0	4.51	평균자책*	4.51	4.19
통산	266	1596.0	1560	181	536	1301	87-97-1-0	4.03	탈삼진 / 9	6.20	8.10
									볼넷 / 9*	3.19	3.14
									탈삼진 / 볼넷	1.94	2.58
									피홈런 / 9*	0.97	1.17
									피안타율*	0.277	0.252
									WHIP*	1.50	1.32
									잔루율	63.3%	72.9%
									FIP*	4.33	4.19

PITCHING REPERTORY / VELOCITY km/h **MOVEMENT** cm

구종	평균	전체	초구	2-2	좌타자	우타자	피타율	상하	좌우
포심패스트볼	149	41%	42%	38%	42%	39%	0.309	↑24	→9
투심 / 싱커	149	27%	25%	25%	27%	27%	0.285	↑21	→16
컷패스트볼	–	–	–	–	–	–	–	–	–
슬라이더	136	17%	12%	26%	7%	26%	0.249	↑4	←6
커브	120	12%	19%	9%	16%	8%	0.316	↓22	←12
체인지업	137	3%	2%	3%	0%	5%	0.360	↑19	→13
스플리터	–	–	–	–	–	–	–	–	–

193cm의 키에서 극단적인 오버핸드에 가까운 팔꿈으로 내리꽂는 투구폼을 가졌다. 150km/h 초중반의 빠른 공을 구사하며 낙차 큰 커브와 날카롭게 꺾이는 슬라이더를 섞는다. 체인지업을 거의 던지지 않는 올드스쿨 스타일이다. 주눅들지 않고 과감하게 타자와 승부하는 스타일, 그 덕분에 피홈런이 다소 많은 편이다. 2011년 198이닝 이후 180이닝 이상 투구한 시즌이 한 차례도 없다. 매년 어깨와 팔꿈치 쪽에 잔부상을 달고 다니는 중. 구속이 점점 감소 중이다.

홈 ERA 3.86 원정 ERA 5.51
VS. 좌타자 0.169 VS. 우타자 0.333
VS. 강정호 3타수 1안타 0.333

RP Corey KNEBEL
코리 크니블 NO.46

우투우타 1991년 11월 26일 193cm, 100kg
*는 낮을수록 좋은 기록임

시즌	경기	이닝	피안타	피홈런	볼넷	탈삼진	승-패-세-홀	평균자책	구분	기록	MLB
2016	35	32.2	32	3	16	38	1-4-2-13	4.68	평균자책*	4.68	4.19
통산	91	91.2	87	11	36	107	1-4-2-16	4.03	탈삼진 / 9	10.47	8.10
									볼넷 / 9*	4.41	3.14
									탈삼진 / 볼넷	2.38	2.58
									피홈런 / 9*	0.83	1.17
									피안타율*	0.250	0.252
									WHIP*	1.47	1.32
									잔루율	64.7%	72.9%
									FIP*	3.58	4.19

PITCHING REPERTORY / VELOCITY km/h **MOVEMENT** cm

구종	평균	전체	초구	2-2	좌타자	우타자	피타율	상하	좌우
포심패스트볼	153	70%	65%	70%	71%	70%	0.246	↑25	→8
투심 / 싱커	–	–	–	–	–	–	–	–	–
컷패스트볼	–	–	–	–	–	–	–	–	–
슬라이더	–	–	–	–	–	–	–	–	–
커브	131	30%	35%	30%	29%	30%	0.236	↓21	←14
체인지업	140	0%	0%	0%	0%	0%	0.000	↑2	→25
스플리터 / 기타	–	–	–	–	–	–	–	–	–

대학 시절부터 꾸준히 마무리 투수로만 활약한 전문 불펜투수. 150km/h 중후반의 빠른 공을 던지는 텍사스산 강속구 투수이다. 빠른 공과 30km/h 가까이 차이나는 낙차 큰 커브로 타자의 타이밍을 뺏어 많은 삼진을 잡아낸다. 체인지업은 거의 던지지 않지만 나쁘지 않다는 평가. 하지만 투구폼이 커 반복하는 데 다소 어려움이 있다. 그러면서 커맨드에 다소 기복이 심한 편이다. 커맨드만 안정된다면 마무리급은 아니더라도 준수한 7-8회 셋업맨까지 기대해볼 만하다.

MILWAUKEE BREWERS

■ 15% 이상 ■ 12~14% ■ 9~11% ■ 6~8% ■ 3~5% □ 2% 이하

RP Taylor JUNGMANN NO.26
타일러 영맨

우투우타 1989년 12월 18일 198cm, 95kg

*는 낮을수록 좋은 기록임

시즌	경기	이닝	피안타	볼넷	피홈런	탈삼진	승-패-세-홀	평균자책	구분	기록	MLB
2016	8	26.2	30	4	17	18	0-5-0-0	7.76	평균자책*	7.76	4.19
통산	29	146.0	136	15	64	125	9-13-0-0	4.50	탈삼진 / 9	6.08	8.10
									볼넷 / 9*	5.74	3.14
									탈삼진 / 볼넷	1.06	2.58
									피홈런 / 9*	1.35	1.17
									피안타율*	0.283	0.252
									WHIP*	1.76	1.32
									잔루율	58.6%	72.9%
									FIP*	6.00	4.19

PITCHING ZONE (좌타자·몸쪽 / 우타자·몸쪽)

PITCHING REPERTORY / VELOCITY km/h MOVEMENT cm

구종	평균	전체	초구	2-2	좌타자	우타자	피타율	상하	좌우
포심패스트볼	147	56%	53%	58%	57%	55%	0.312	↑21	→6
투심 / 싱커	147	12%	13%	12%	11%	13%	0.235	↑17	→18
컷패스트볼	–	–	–	–	–	–	–		
슬라이더	–	–	–	–	–	–	–		
커브	122	26%	31%	25%	24%	29%	0.163	↓19	←20
체인지업	136	6%	3%	5%	9%	4%	0.136	↑18	→17
스플리터	–	–	–	–	–	–	–		

홈 ERA 3.86 원정 ERA 12.08
VS. 좌타자 0.277 VS. 우타자 0.288
VS. 강정호 6타수 3안타 0.500

198cm의 큰 키에서 내리꽂는 싱커가 주무기. 대학 시절 160km/h에 육박하는 강속구를 뿌렸지만 현재는 평균 150km/h 초반에 형성되고 있다. 변화구 주무기는 낙차 크게 떨어지면서 우타자 바깥쪽으로 휘는 슬라이더. 키킹한 발을 3루쪽으로 내딛으면서 던지는 특이한 투구폼. 그 때문에 우타자들이 자신의 몸쪽으로 공이 오는 것 같은 착각을 일으켜 공략에 어려움을 겪는다. 체인지업은 좀 더 발전이 필요하다는 평. 지난 시즌 선발 한 축을 맡아줄 것으로 기대를 모았지만 크게 부진했다.

RP Jhan MARINEZ NO.53
얀 마리네스

우투우타 1988년 8월 12일 185cm, 91kg

*는 낮을수록 좋은 기록임

시즌	경기	이닝	피안타	볼넷	피홈런	탈삼진	승-패-세-홀	평균자책	구분	기록	MLB
2016	46	62.1	72	4	21	50	0-1-0-5	3.18	평균자책*	3.18	4.19
통산	52	67.2	67	5	26	54	1-2-0-0	3.19	탈삼진 / 9	7.22	8.10
									볼넷 / 9*	3.03	3.14
									탈삼진 / 볼넷	2.38	2.58
									피홈런 / 9*	0.58	1.17
									피안타율*	0.256	0.252
									WHIP*	1.33	1.32
									잔루율	76.7%	72.9%
									FIP*	3.68	4.19

PITCHING ZONE (좌타자·몸쪽 / 우타자·몸쪽)

PITCHING REPERTORY / VELOCITY km/h MOVEMENT cm

구종	평균	전체	초구	2-2	좌타자	우타자	피타율	상하	좌우
포심패스트볼	154	16%	12%	8%	9%	14%	0.290	↑20	→14
투심 / 싱커	153	60%	68%	45%	76%	62%	0.283	↑9	→23
컷패스트볼	–	–	–	–	–	–	–		
슬라이더	138	24%	20%	47%	15%	24%	0.197	↓5	←4
커브	–	–	–	–	–	–	–		
체인지업	146	0%	0%	0%	0%	0.000		↑10	→24
스플리터	–	–	–	–	–	–	–		

홈 ERA 3.28 원정 ERA 3.11
VS. 좌타자 0.252 VS. 우타자 0.259

빅리그에선 고작 3시즌밖에 뛰지 못했지만 마이너에서 무려 11시즌을 보낸 산전수전 다 겪은 베테랑이다. 150km/h 초중반의 빠른 공과 함께 슬라이더를 구사한다. 빠른 공의 대부분은 투심으로 땅볼을 유도하는 데 능하다. 구위를 앞세워 삼진을 잡아내는 능력도 준수한 편. 그럼에도 불구하고 빅리그에서 많은 시간을 보내지 못한 원인은 바로 불안한 제구다. 마이너 통산 9이닝당 볼넷이 무려 5.3개에 달한다. 하지만 지난 시즌 메이저리그에서 3.0개까지 줄이는 데 성공했다.

MILWAUKEE BREWERS

■ 15% 이상 ■ 12~14% ■ 9~11% ■ 6~8% ■ 3~5% □ 2% 이하

CP Neftali FELIZ
네프탈리 펠리스

 NO.37

우투우타 1988년 5월 2일 190cm, 107kg   *는 낮을수록 좋은 기록임

시즌	경기	이닝	피안타	피홈런	볼넷	탈삼진	승-패-세-홀	평균자책	구분	기록	MLB
2016	62	53.2	40	10	21	61	4-2-2-29	3.52	평균자책*	3.52	4.19
통산	308	343.1	248	36	131	326	19-14-99-43	3.22	탈삼진 / 9	10.23	8.10
									볼넷 / 9*	3.52	3.04
									탈삼진 / 볼넷	2.90	2.58
									피홈런 / 9*	1.68	1.17
									피안타율*	0.204	0.252
									WHIP*	1.14	1.32
									잔루율	85.4%	72.9%
									FIP*	4.53	4.19

PITCHING ZONE (좌타자·몸쪽 / 우타자·몸쪽)

홈 ERA 3.86 원정 ERA 3.21
VS. 좌타자 0.178 VS. 우타자 0.226
VS. 추신수 2타수 0안타 0.000

PITCHING REPERTORY / VELOCITY km/h / MOVEMENT cm

구종	평균	전체	초구	2-2	좌타자	우타자	피타율	상하	좌우
포심패스트볼	154	66%	75%	59%	75%	58%	0.269	↑24	→6
투심 / 싱커	-	-	-	-	-	-	-	-	-
컷패스트볼	-	-	-	-	-	-	-	-	-
슬라이더	135	26%	20%	30%	9%	41%	0.221	↑3	←8
커브	125	0%	0%	0%	0%	1.000	↓12	←12
체인지업	142	7%	4%	10%	0%	16%	0.231	↑13	→20
스플리터	-	-	-	-	-	-	-	-	-

2010시즌 신인으로 40세이브를 올리며 AL 신인왕을 차지했다. 하지만 2012시즌 토미존 수술 이후 부진이 이어지고 있다. 토미존 수술 전에는 빠른 공의 평균구속이 150km/h 중후반까지 나왔지만 최근에는 다소 감소했다. 선발투수를 했던 경험이 있어 변화구로 슬라이더뿐만 아니라 체인지업도 구사 가능하다. 예전의 명성을 되찾기 위해선 커맨드의 정교함 회복이 절실해 보인다. 지난 시즌 피츠버그에서 부활을 노려봤지만 여전히 들쭉날쭉한 제구로 고전했다.

C Andrew SUSAC
앤드루 수색

 NO.13

우투우타 1990년 3월 22일 185cm, 98kg   *는 낮을수록 좋은 기록임

시즌	타수	안타	홈런	타점	볼넷	도루	타율	출루율	장타율	구분	기록	MLB
2016	17	4	1	2	2	0	0.235	0.316	0.471	타율	0.235	0.255
통산	238	57	7	35	35	0	0.239	0.309	0.412	출루율	0.316	0.322
										장타율	0.471	0.417
										볼넷%	10.5%	8.2%
										삼진%	26.3%	21.1%
										볼넷 / 삼진	0.40	0.39
										순장타율	0.235	0.162
										BABIP	0.273	0.300
										wOBA	0.337	0.318

VS. 패스트볼 VS. 변화구

*5타수 미만은 색을 표시하지 않았음. ●●●: Ball zone

홈 타율 0.200 원정 타율 0.250
VS. 좌투수 1.000 VS. 우투수 0.188
득점권 0.125 L/C 0.750

SPRAY ZONE
0
1   0
50% 25% 25%
홈런
타구분포 %

BATTED BALL

항목	비율
볼존 공격률	27%
S존 공격률	72%
볼존 컨택트율	33%
S존 컨택트율	75%
라인드라이브	33%
그라운드볼	17%
플라이볼	50%

DEFENSE

위치	자살	보살	실책	수비율
C	28	3	1	0.969

타격 정확도는 떨어지지만 힘이 좋은 포수. 타격폼이 크지만 스윙이 짧게 나와 라인드라이브 타구를 필드 전 방향으로 뿌릴 수 있는 스프레이 히터. 레그킥을 해 타격 시 공에 힘을 싣는 능력이 좋아 15~20홈런을 칠 수 있는 잠재력이 있다. 타석에서의 선구안과 인내심이 좋아 많은 볼넷을 기대할 수 있다. 홈플레이트 뒤에서의 수비는 아직 미숙하다. 강한 어깨와 빠른 팝타임으로 도루 저지는 능한 편. 하지만 풋워크가 좋지않아 블러킹 능력이 떨어진다. 공배합 역시 개선이 많이 필요한 부분.

MILWAUKEE BREWERS

■ 타율 0.400 이상　■ 0.300–0.399　■ 0.200–0.299　■ 0.100–0.199　■ 타율 0.099 이하

C Jett BANDY
젯 밴디　　NO.47

우투우타　1990년 3월 26일　193cm, 107kg
*는 낮을수록 좋은 기록임

시즌	타수	안타	홈런	타점	볼넷	도루	타율	출루율	장타율	구분	기록	MLB
2016	209	49	8	25	11	1	0.234	0.281	0.392	타율	0.234	0.255
통산	211	50	9	26	11	1	0.237	0.283	0.408	출루율	0.281	0.322
										장타율	0.392	0.417
										볼넷%	4.8%	8.2%
										삼진%*	16.5%	21.1%
										볼넷 / 삼진	0.29	0.39
										순장타율	0.158	0.162
										BABIP	0.246	0.300
										wOBA	0.289	0.318

VS. 패스트볼　VS. 변화구　우타자
*5타수 미만은 색을 표시하지 않았음. ●●●● : Ball zone

SPRAY ZONE
1
7　　0
43%　33%　24%
홈런 타구분포 %

홈 타율 0.188　원정 타율 0.293
VS. 좌투수 0.203　VS. 우투수 0.247
득점권 0.167　L/C 0.194

BATTED BALL
항목	비율
볼존 공격률	40%
S존 공격률	75%
볼존 컨택트율	74%
S존 컨택트율	82%
라인드라이브	21%
그라운드볼	27%
플라이볼	52%

DEFENSE
위치	자살	보살	실책	수비율
C	412	39	3	0.993

타격보단 수비가 좋은 포수. 정확도가 떨어져 높은 타율을 기대하긴 힘들어보이며 출루율도 낮은 편이다. 하지만 건장한 체구에 걸맞게 뜬금포를 칠 수 있는 능력이 있으며 삼진도 잘 당하지 않는 편이다. 밴디의 가장 큰 장점은 역시 수비로 지난 시즌 68경기에 포수로 나서 뛰어난 프레이밍 능력과 안정된 투수 리드를 선보였다. 또한 무려 40%의 도루저지율을 기록할 정도로 강력한 어깨를 가지고 있다. 올 시즌 수색과 함께 안방을 나눠 맡을 것으로 예상된다.

1B Eric THAMES
에릭 테임즈　　NO.07

우투좌타　1986년 11월 10일　183cm, 95kg
*는 낮을수록 좋은 기록임

시즌	타수	안타	홈런	타점	볼넷	도루	타율	출루율	장타율	구분	기록	MLB
2016										타율	-	0.255
통산	633	158	21	62	38	3	0.250	0.296	0.399	출루율	-	0.322
										장타율	-	0.417
										볼넷%	-	8.2%
										삼진%*	-	21.1%
										볼넷 / 삼진	-	0.39
										순장타율	-	0.162
										BABIP	-	0.300
										wOBA	-	0.318

VS. 패스트볼　VS. 변화구　좌타자
*5타수 미만은 색을 표시하지 않았음. ●●●● : Ball zone

SPRAY ZONE
-
0%　0%　0%
홈런 타구분포 %

BATTED BALL
항목	비율
볼존 공격률	0%
S존 공격률	0%
볼존 컨택트율	0%
S존 컨택트율	0%
라인드라이브	0%
그라운드볼	0%
플라이볼	0%

KBO리그에서 3시즌을 보내고 2012년 이후 5년 만에 빅리그에 돌아왔다. 비록 극심한 타고투저인 KBO리그라고 하더라도, 3년 연속 35홈런과 2015시즌 40홈런-40도루를 기록한 것은 가볍게 볼 성적이 아니다. 일단 탄탄한 몸에서 나오는 파워가 테임즈의 최대 강점. 타율 역시도 KBO 리그만큼은 아니겠지만 .270을 전후한 타율을 기록할 수 있을 것이라는 예상이 나오고 있다. 게다가 작년 1루수 크리스 카터의 수비력은 재앙 수준. 그에 비해 테임즈의 수비는 훨씬 날렵하고 안정적이다.

MILWAUKEE BREWERS

Orlando ARCIA
2B 올랜도 아르시아 **NO.03**

우투우타　1994년 8월 4일　183cm, 75kg

*는 낮을수록 좋은 기록임

시즌	타수	안타	홈런	타점	볼넷	도루	타율	출루율	장타율	구분	기록	MLB
2016	201	44	4	17	15	8	0.219	0.273	0.358	타율	0.219	0.255
통산	201	44	4	17	15	8	0.219	0.273	0.358	출루율	0.273	0.322
										장타율	0.358	0.417
										볼넷%	6.9%	8.2%
										삼진%*	21.8%	21.1%
										볼넷 / 삼진	0.32	0.39
										순장타율	0.139	0.162
										BABIP	0.267	0.300
										wOBA	0.274	0.318

VS. 패스트볼　VS. 변화구　우타자　우타자
*5타수 미만은 색을 표시하지 않았음. ● ● ● ● ● : Ball zone

SPRAY ZONE　1　2　1　36%　34%　31%　홈런　타구분포 %

BATTED BALL

항목	비율
볼존 공격률	39%
S존 공격률	70%
볼존 컨택트율	65%
S존 컨택트율	78%
라인드라이브	17%
그라운드볼	54%
플라이볼	29%

DEFENSE

위치	자살	보살	실책	수비율
SS	98	160	5	0.981

홈 타율 0.236 원정 타율 0.205
VS. 좌투수 0.283 VS. 우투수 0.200
득점권 0.269 L/C 0.189

애리조나의 외야수 오스왈도 아르시아의 동생. 유격수 사관학교라 불리는 베네수엘라 출신이다. 밀워키 최고 유망주로 미래의 리드오프로 기대를 모으고 있다. 타격에서 아르시아의 가장 큰 무기는 역시 빠른 발. 주루 센스도 좋아 30개 이상의 도루를 기대할 수 있다. 파워는 부족하지만 많은 2루타를 칠 수 있는 갭히터다. 타격 정확도도 꾸준히 좋아지며 3할 타율도 기대해볼 만하다. 넓은 수비 범위가 강한 어깨로 이미 골든글러브급 유격수로 평가 받고 있다.

Travis SHAW
3B 트래비스 쇼 **NO.21**

우투좌타　1990년 4월 16일　193cm, 104kg

*는 낮을수록 좋은 기록임

시즌	타수	안타	홈런	타점	볼넷	도루	타율	출루율	장타율	구분	기록	MLB
2016	480	116	16	71	43	5	0.242	0.306	0.421	타율	0.242	0.255
통산	706	177	29	107	61	5	0.251	0.312	0.442	출루율	0.306	0.322
										장타율	0.421	0.417
										볼넷%	8.1%	8.2%
										삼진%*	25.1%	21.1%
										볼넷 / 삼진	0.32	0.39
										순장타율	0.179	0.162
										BABIP	0.299	0.300
										wOBA	0.31	0.318

VS. 패스트볼　VS. 변화구　좌타자　좌타자
*5타수 미만은 색을 표시하지 않았음. ● ● ● ● ● : Ball zone

SPRAY ZONE　1　1　14　27%　34%　39%　홈런　타구분포 %

BATTED BALL

항목	비율
볼존 공격률	34%
S존 공격률	65%
볼존 컨택트율	65%
S존 컨택트율	85%
라인드라이브	19%
그라운드볼	36%
플라이볼	45%

DEFENSE

위치	자살	보살	실책	수비율
3B	76	197	16	0.945
1B	251	19	0	1.000

홈 타율 0.272 원정 타율 0.209
VS. 좌투수 0.187 VS. 우투수 0.257
득점권 0.278 L/C 0.292

박찬호가 다저스에서 뛰던 당시 마무리였던 제프 쇼의 아들. 2015시즌 데뷔해 65경기에서 13홈런을 때려내며 가능성을 인정 받았고, 지난 시즌 산도발이 부상으로 빠진 보스턴 3루 자리를 잘 메워줬다. 20홈런을 기대할 만한 파워를 가지고 있지만 정확도는 떨어지는 편. 또한 중심타자로 나서기엔 선구안이 떨어지는 점이 아쉽다. 3루 수비는 리그 평균 이상. 지난 시즌 3루에서 기록한 디펜시브 런세이브 +10은 메이저리그 전체에서 6위에 해당되는 기록이다.

MILWAUKEE BREWERS

■ 타율 0.400 이상　■ 0.300–0.399　■ 0.200–0.299　■ 0.100–0.199　■ 타율 0.099 이하

SS Jonathan VILLAR — NO.05
조너선 비야르

우투양타　1991년 5월 2일　185cm, 98kg

*는 낮을수록 좋은 기록임

시즌	타수	안타	홈런	타점	볼넷	도루	타율	출루율	장타율	구분	기록	MLB
2016	589	168	19	63	79	62	0.285	0.369	0.457	타율	0.285	0.255
통산	1178	307	29	109	132	104	0.261	0.336	0.405	출루율	0.369	0.322

구분	기록	MLB
장타율	0.457	0.417
볼넷%	11.6%	8.2%
삼진%*	25.6%	21.1%
볼넷 / 삼진	0.45	0.39
순장타율	0.171	0.162
BABIP	0.373	0.300
wOBA	0.356	0.318

VS. 패스트볼　VS. 변화구

*5타수 미만은 색을 표시하지 않았음. ●●● : Ball zone

SPRAY ZONE
10　8　1　42%　34%　25%
홈런 타구분포 %

BATTED BALL
항목	비율
볼존 공격률	23%
S존 공격률	64%
볼존 컨택트율	57%
S존 컨택트율	82%
라인드라이브	20%
그라운드볼	56%
플라이볼	24%

DEFENSE
위치	자살	보살	실책	수비율
SS	152	321	17	0.965
3B	30	59	12	0.881
2B	16	22	0	1.000

홈 타율 0.273　원정 타율 0.297
VS. 좌투수 0.309　VS. 우투수 0.276
득점권 0.313　L/C 0.237

내외야 가리지 않는 유틸리티 플레이어. 마이너 시절 좋은 툴을 가져 높은 평가를 받았으나 기술의 발전이 더디며 빅리그에서 자리를 잡지 못했다. 파워가 뛰어나지 않아 두 자릿수 홈런까진 기대하기 힘들지만 부드럽고 빠른 스윙으로 많은 2루타를 만들어낸다. 떨어지는 출루율이 약점으로 지적됐으나 지난 시즌 개선에 성공하며 무려 62개의 도루를 기록하며 도루왕에 올랐다. 주포지션은 유격수지만 수비가 뛰어난 유격수는 아니다. 아르시아와 포지션을 바꿀 가능성이 높아보인다.

LF Ryan BRAUN — NO.08
라이언 브론

우투우타　1983년 11월 17일　188cm, 93kg

*는 낮을수록 좋은 기록임

시즌	타수	안타	홈런	타점	볼넷	도루	타율	출루율	장타율	구분	기록	MLB
2016	511	156	30	91	46	16	0.305	0.365	0.538	타율	0.305	0.255
통산	5249	1597	285	937	473	181	0.304	0.367	0.544	출루율	0.365	0.322

구분	기록	MLB
장타율	0.538	0.417
볼넷%	8.2%	8.2%
삼진%*	17.4%	21.1%
볼넷 / 삼진	0.47	0.39
순장타율	0.233	0.162
BABIP	0.326	0.300
wOBA	0.378	0.318

VS. 패스트볼　VS. 변화구

*5타수 미만은 색을 표시하지 않았음. ●●● : Ball zone

SPRAY ZONE
14　10　6　37%　36%　27%
홈런 타구분포 %

BATTED BALL
항목	비율
볼존 공격률	36%
S존 공격률	71%
볼존 컨택트율	69%
S존 컨택트율	88%
라인드라이브	19%
그라운드볼	56%
플라이볼	25%

DEFENSE

위치	자살	보살	실책	수비율
LF	208	12	3	0.987

홈 타율 0.317　원정 타율 0.295
VS. 좌투수 0.344　VS. 우투수 0.293
득점권 0.336　L/C 0.263

2011년 MVP를 수상한 리그 최고의 타자였으나 2013년 터진 약물 스캔들로 명성에 먹칠을 했다. 타구를 필드 전 방향으로 뿌리는 스프레이 히터. 간결한 스윙으로 타구에 힘을 싣는 능력이 좋아 밀어서도 타구를 담장 밖으로 넘길 수 있다. 전성기에서 내려와 타율을 예전만 못하지만 여전히 20홈런-20도루를 기록할 수 있는 리그 대표 호타준족. 코너 외야수로서 수비도 수준급이다. 약물 스캔들 이전엔 꾸준히 150경기 이상 출전했지만 이후 잔부상에 자주 시달리고 있다.

MILWAUKEE BREWERS

| 타율 0.400 이상 | 0.300–0.399 | 0.200–0.299 | 0.100–0.199 | 타율 0.099 이하 |

CF Keon BROXTON
키온 브록스턴 NO. 23

우투우타 1990년 5월 7일 190cm, 88kg *는 낮을수록 좋은 기록임

시즌	타수	안타	홈런	타점	볼넷	도루	타율	출루율	장타율
2016	207	50	9	19	36	23	0.242	0.354	0.430
통산	209	50	9	19	36	24	0.239	0.351	0.426

구분	기록	MLB
타율	0.242	0.255
출루율	0.354	0.322
장타율	0.430	0.417
볼넷%	14.8%	8.2%
삼진%*	36.1%	21.1%
볼넷 / 삼진	0.41	0.39
순장타율	0.188	0.162
BABIP	0.373	0.300
wOBA	0.343	0.318

VS. 패스트볼 VS. 변화구

*5타수 미만은 색을 표시하지 않았음. ●●● : Ball zone

SPRAY ZONE
5: 40% 4: 40% 0: 20%
홈런 타구분포 %

BATTED BALL
항목	비율
볼존 공격률	22%
S존 공격률	66%
볼존 컨택트율	34%
S존 컨택트율	77%
라인드라이브	25%
그라운드볼	45%
플라이볼	30%

DEFENSE
위치	자살	보살	실책	수비율
CF	143	0	4	0.973

홈 타율 0.204 원정 타율 0.275
VS. 좌투수 0.289 VS. 우투수 0.210
득점권 0.289 L/C 0.235

고등학교 시절 미식 축구 와이드 리시버를 볼 정도로 뛰어난 운동신경을 가졌다. 운동신경에 비해 야구 기술이 성장하지 못하면서 기대만큼 성장하지 못했다. 준수한 배트스피드로 두 자릿수 홈런과 많은 2루타를 때릴 수 있는 갭히터. 하지만 배트 컨트롤이 떨어져 타격 정확도가 좋지 못하고 삼진을 많이 당한다. 브록스턴의 가장 큰 무기는 빠른 발. 마이너에서 40개에 가까운 도루를 기록하기도 했으며 중견수로 넓은 수비 범위를 가지고 있다. 올 시즌 첫 풀타임 중견수로 활약이 예상된다.

RF Domingo SANTANA
도밍고 산타나 NO. 16

우투우타 1992년 8월 5일 196cm, 100kg *는 낮을수록 좋은 기록임

시즌	타수	안타	홈런	타점	볼넷	도루	타율	출루율	장타율
2016	246	63	11	32	32	2	0.256	0.345	0.447
통산	423	101	19	58	53	2	0.239	0.331	0.423

구분	기록	MLB
타율	0.256	0.255
출루율	0.345	0.322
장타율	0.447	0.417
볼넷%	11.4%	8.2%
삼진%*	32.4%	21.1%
볼넷 / 삼진	0.35	0.39
순장타율	0.191	0.162
BABIP	0.359	0.300
wOBA	0.343	0.318

VS. 패스트볼 VS. 변화구

*5타수 미만은 색을 표시하지 않았음. ●●● : Ball zone

SPRAY ZONE
5: 39% 4: 36% 2: 25%
홈런 타구분포 %

BATTED BALL
항목	비율
볼존 공격률	21%
S존 공격률	63%
볼존 컨택트율	35%
S존 컨택트율	84%
라인드라이브	30%
그라운드볼	44%
플라이볼	26%

DEFENSE
위치	자살	보살	실책	수비율
RF	104	2	2	0.981

홈 타율 0.252 원정 타율 0.260
VS. 좌투수 0.312 VS. 우투수 0.231
득점권 0.319 L/C 0.243

196cm의 큰 키를 가진 거포 외야수. 긴 팔을 이용해 배트로 커버하는 범위가 넓어 밀어서도 담장을 넘길 수 있다. 파워에 비해 정확도는 다소 떨어지는 편. 타석에서 인내심이 좋고 선구안이 좋아 많은 볼넷을 얻어낸다. 큰 키로 인해 손의 위치가 높아 배트가 홈플레이트까지 오기가 오래 걸리는 편. 이 때문에 삼진을 많이 당한다. 우익수가 주포지션이지만 중견수까지 볼 수 있을 정도로 준수한 수비 범위와 센스를 가지고 있다. 첫 풀타임 시즌이던 지난해 부진으로 마이너까지 내려갔다 왔다.

MILWAUKEE BREWERS

■ 타율 0.400 이상　■ 0.300-0.399　■ 0.200-0.299　■ 0.100-0.199　■ 타율 0.099 이하

IF Scooter GENNETT
스쿠터 지넷　　NO.02

우투좌타　1990년 5월 1일　178cm, 84kg　　*는 낮을수록 좋은 기록임

시즌	타수	안타	홈런	타점	볼넷	도루	타율	출루율	장타율	구분	기록	MLB
2016	498	131	14	56	38	8	0.263	0.317	0.412	타율	0.263	0.255
통산	1526	426	35	160	82	17	0.279	0.318	0.420	출루율	0.371	0.322

VS. 패스트볼　　VS. 변화구

구분	기록	MLB
장타율	0.412	0.417
볼넷%	7.0%	8.2%
삼진%*	21.0%	21.1%
볼넷 / 삼진	0.33	0.39
순장타율	0.149	0.162
BABIP	0.315	0.300
wOBA	0.315	0.318

*5타수 미만은 색을 표시하지 않았음. ●○ : Ball zone

SPRAY ZONE　　**BATTED BALL**　　**DEFENSE**

SPRAY ZONE: 2: 35%, 3: 30%, 9: 35%, 홈런 타구분포 %

항목	비율
볼존 공격률	36%
S존 공격률	67%
볼존 컨택율	70%
S존 컨택율	85%
라인드라이브	21%
그라운드볼	45%
플라이볼	35%

위치	자살	보살	실책	수비율
2B	206	344	14	0.975

홈 타율 0.272　원정 타율 0.255
VS. 좌투수 0.260　VS. 우투수 0.264
득점권 0.263　L/C 0.275

빅리그 선수로는 작은 체구지만 부드러운 레벨 스윙으로 많은 2루타를 생산해낸다. 타구를 필드 어느 방향으로든 보낼 수 있는 스프레이 히터. 발이 빠른 편은 아니지만 준수한 주루 센스로 두 자릿수 도루를 기대할 수 있다. 전형적인 프리스윙어로 타석에서 적극적으로 방망이를 내는 스타일. 덕분에 타석당 투구수가 적고 볼넷을 거의 얻지 못한다. 좌투수에 극단적으로 약점을 보인다. 특히 바깥쪽으로 휘어지는 변화구에 속수무책. 이를 극복하지 못하면 플래툰 선수가 될 가능성이 높다.

OF Kirk NIEUWENHUIS
커크 뉴엔하이스　　NO.10

우투좌타　1987년 8월 7일　190cm, 102kg　　*는 낮을수록 좋은 기록임

시즌	타수	안타	홈런	타점	볼넷	도루	타율	출루율	장타율	구분	기록	MLB
2016	335	70	13	44	56	4	0.209	0.324	0.385	타율	0.209	0.255
통산	952	213	30	116	119	20	0.224	0.312	0.388	출루율	0.324	0.322

VS. 패스트볼　　VS. 변화구

구분	기록	MLB
장타율	0.385	0.417
볼넷%	14.3%	8.2%
삼진%*	33.9%	21.1%
볼넷 / 삼진	0.42	0.39
순장타율	0.176	0.162
BABIP	0.302	0.300
wOBA	0.313	0.318

*5타수 미만은 색을 표시하지 않았음. ●○ : Ball zone

SPRAY ZONE　　**BATTED BALL**　　**DEFENSE**

SPRAY ZONE: 2: 27%, 3: 24%, 8: 49%, 홈런 타구분포 %

항목	비율
볼존 공격률	%
S존 공격률	%
볼존 컨택율	%
S존 컨택율	%
라인드라이브	20%
그라운드볼	45%
플라이볼	35%

위치	자살	보살	실책	수비율
CF	157	5	0	1.000
RF	29	3	3	0.914

홈 타율 0.290　원정 타율 0.127
VS. 좌투수 0.135　VS. 우투수 0.218
득점권 0.203　L/C 0.194

2012년부터 메이저리그에서 활약 중인 전문 대타-대수비 요원. 빠른 발과 넓은 수비 범위로 외야 전 포지션 소화가 가능하다. 지난 시즌 데뷔 후 가장 많은 125경기에 출전하며 첫 두 자릿수 홈런을 때려냈다. 타석에서의 정확도는 떨어지는 편. 하지만 그것을 메울 수 있는 준수한 선구안을 가지고 있다. 좌타자로 좌투수에 약한 전형적인 플래툰 타자. 지난 시즌의 활약을 봤을 땐 충분히 주전으로 뛸 수 있겠지만 팀의 사정상 젊은 선수들에게 주전 자리를 양보해야 할 것으로 보인다.

PITTSBURGH PIRATES

지난 시즌 해적 선장의 부진 속에 방향을 잃고 좌초됐다. 해적 선장만 돌아온다면 올 시즌 컵스와 세인트루이스를 견제할 수 있는 강력한 다크 호스다. 마운드의 젊은 선수들의 성장세를 지켜보는 것도 올 시즌의 즐거움이 될 것이다.

TEAM IMFORMATION

창단 : 1882년
이전 연고지 : 앨러게이니
월드시리즈 우승 : 5회
NL 우승 : 9회
디비전 우승 : 9회
와일드카드 진출 : 3회
구단주 : 로버트 너팅
감독 : 클린트 허들
단장 : 닐 헌팅턴

FRANCHISE

UNIFORM

Home / Away

Alternate

MANAGER

Clint Hurdle

생년월일 : 1977년 9월 18일
출생지 : 빅 래피즈(미시건)
MLB 감독 경력 : 올해로 15년째
콜로라도(2002년~2009년), 피츠버그(2011년~현재)
정규시즌 통산 : 1043승 1087패 승률 0.490
포스트시즌 통산 : 10승 9패 승률 0.526
NL 올해의 감독상 : 1회(2013년)

LINE-UP

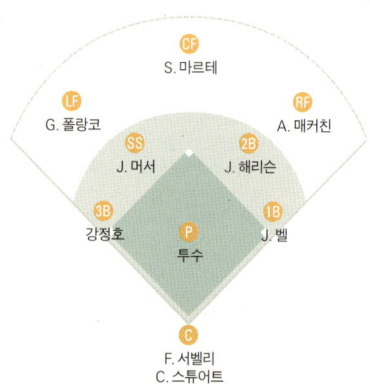

ROTATION	
SP	G. 콜
SP	I. 노바
SP	J. 타이온
SP	C. 쿨
SP	T. 글래스나우

BULLPEN	
RP	A. 슈글
RP	A. 바스타도
RP	F. 리베로
RP	J. 니카시오
RP	J. 휴즈
RP	D. 허드슨
CL	T. 왓슨

BATTING	
1	S. 마르테
2	J. 해리슨
3	A. 매커친
4	G. 폴랑코
5	강정호
6	F. 서벨리
7	J. 벨
8	J. 머서

UTILITY PLAYERS	
IF	P. 고슬린
IF	D. 프리즈
OF	J. 제이소
OF	A. 프레이저

BALL PARK : PNC Park

주소 : 115 Federal Street Pittsburgh, Pennsylvania
펜스 거리 : 왼쪽 99m, 좌중간 117m, 좌중간 깊은 곳 125m, 중앙 122m, 우중간 114m, 오른쪽 98m
펜스 높이 : 왼쪽~좌중간 1.8m, 중앙~우중간 3m, 오른쪽 6.4m
최초공식경기 : 2001년 4월 9일
잔디 : 터커호 블루그래스(천연잔디)
수용 인원 : 3만 8,362명
홈팀 덕아웃 : 3루
파크팩터 : 0.933(MLB 19위)

방향 잃고 좌초된 해적선
아기곰과 홍관조를 잡을 수 있을까?

2016 리뷰
2013시즌부터 2015시즌까지 3년 연속 포스트시즌에 진출했다. 하지만 최근 2번의 가을 잔치 모두 와일드카드 게임 한 경기로 끝났다. 더 높은 자리로 오르기 위해 전력 보강을 해야 했지만 가난한 구단인 피츠버그에겐 무리였다. A.J. 버넷이 은퇴한 선발 자리를 제대로 채우지 못했고 마무리 마크 멜란슨을 붙잡을 여력이 부족해 포스트시즌 경쟁이 한창이던 시즌 중반 트레이드를 시켰다. 여기에 해적 선장 앤드루 매커친의 부진, 에이스 게릿 콜의 잦은 부상이 결정적으로 작용하며 2012년 이후 처음으로 5할 승률에 실패했다. 하지만 긍정적인 요소가 없던 것은 아니었다. 타선에선 강정호가 무릎 부상 복귀 후 가공할 만한 파워를 뽐냈고, 마르테와 폴랑코의 성장이 돋보였다. 선발진에선 팀 내 최고 투수 유망주인 타일러 글래스나우와 제임슨 타이온이 데뷔했다. 특히 타이온은 스트라스버그 다음에 뽑힌 선수다운 클래스를 보여주며 당당히 팀의 2선발로 자리매김했다. 하지만 멜란슨의 빈자리를 채워주길 기대했던 토니 왓슨의 마무리로서의 활약은 아쉬웠다.

2017 프리뷰
지난 시즌의 전력과 크게 달라진 점이 없다. 하지만 여전히 컵스와 세인트루이스를 잡을 만한 저력이 있는 것으로 평가받고 있다. 그러기 위해선 선장 앤드루 매커친의 부활이 절실하다. 매커친은 지난 시즌 초반에 비해 8월 이후 반등에 성공한 바 있다. 게다가 중견수에서 우익수로 전향해 수비 부담을 줄인 만큼, MVP 클래스 회복이 기대된다. 매커친이 부활에 성공한다면 마르테-폴랑코-매커친으로 이어지는 상위 타선은 리그 정상급으로 평가할 만하다. 안방의 건강함도 신경써야 할 부분이다. 지난 시즌 주전 포수 서벨리는 101경기, 스튜어트는 34경기 출장에 그치며 포수 포지션에서만 6명의 선수를 기용했다. 불미스러운 사건으로 인해 시즌 초반 결장이 예상되는 강정호의 공백을 메우는 것도 숙제다. 선발진은 지난해에 비해 강해졌다는 평. 게릿 콜에 이어서 제임슨 타이온, 지난 시즌 피츠버그로 넘어와 좋은 활약을 펼친 이반 노바까지의 3선발은 탄탄하다. 하위 선발진은 채드 쿨-타일러 글래스나우-스티븐 브롤트 같은 젊은 선발진의 성장이 필요하다. 불펜에선 왓슨의 마무리 안착이 필수다.

PITTSBURGH PIRATES

SQUAD LIST
*선수 명단은 2017년 3월 25일 기준(soucre : ESPN)

투수

번호	이름	위치	투	타	나이	출생지
59	Antonio Bastardo	RP	L	L	31	Hato Mayor, Dominican Republic
43	Steven Brault	SP	L	L	24	La Mesa, CA
45	Gerrit Cole	SP	R	R	26	Newport Beach, CA
24	Tyler Glasnow	SP	R	L	23	Newhall, CA
68	Clay Holmes	SP	R	R	23	Dothan, AL
41	Daniel Hudson	SP	R	R	30	Lynchburg, VA
48	Jared Hughes	RP	R	R	31	Stamford, CT
34	Drew Hutchison	SP	R	L	26	Lakeland, FL
49	Nick Kingham	SP	R	R	25	Houston, TX
39	Chad Kuhl	SP	R	R	24	Newark, DE
38	Wade LeBlanc	RP	L	L	32	Lake Charles, LA
35	Pat Light	RP	R	R	25	Colts Neck, NJ
66	Dovydas Neverauskas	RP	R	R	24	Vilnius, Lithuania
12	Juan Nicasio	RP	R	R	30	San Francisco de Macoris, Dominican Republic
46	Ivan Nova	SP	R	R	30	Palenque, Dominican Republic
73	Felipe Rivero	RP	L	L	25	Yaracuy, Venezuela
31	A.J. Schugel	RP	R	R	27	Winter Haven, FL
50	Jameson Taillon	SP	R	R	25	Lakeland, FL
44	Tony Watson	RP	L	L	31	Sioux City, IA
51	Tyler Webb	RP	L	R	26	Nassawadox, VA
57	Trevor Williams	RP	R	R	24	San Diego, CA

포수

번호	이름	위치	투	타	나이	출생지
29	Francisco Cervelli	C	R	R	31	Valencia, Venezuela
32	Elias Diaz	C	R	R	26	Maracaibo, Venezuela
19	Chris Stewart	C	R	R	35	Fontana, CA

내야

번호	이름	위치	투	타	나이	출생지
55	Josh Bell	1B	R	B	24	Irving, TX
63	Chris Bostick	2B	R	R	24	Rochester, NY
23	David Freese	3B	R	R	33	Corpus Christi, TX
17	Phil Gosselin	2B	R	R	28	Bryn Mawr, PA
37	Alen Hanson	SS	R	B	24	La Romana, Dominican Republic
5	Josh Harrison	2B	R	R	29	Cincinnati, OH
28	John Jaso	1B	R	L	33	Chula Vista, CA
16	Jung Ho Kang	3B	R	R	29	Gwangju, South Korea
10	Jordy Mercer	SS	R	R	30	Taloga, OK
62	Max Moroff	2B	R	B	23	Winter Park, FL
61	Gift Ngoepe	2B	R	R	27	Pietersburg, South Africa
64	Jose Osuna	1B	R	R	24	Trujillo, Venezuela

외야

번호	이름	위치	투	타	나이	출생지
26	Adam Frazier	LF	R	L	25	Athens, GA
6	Starling Marte	CF	R	R	28	Santo Domingo, Dominican Republic
22	Andrew McCutchen	RF	R	R	30	Fort Meade, FL
25	Gregory Polanco	LF	L	L	25	Santo Domingo, Dominican Republic

SUMMARY

우타자	좌타자	스위치	우투수	좌투수	평균나이	최연소	최연장
13명	3명	3명	15명	6명	27.3세	23세	35세

PITTSBURGH PIRATES

2017 REGULAR SEASON SCHEDULE

■ 는 홈경기, 시간은 미국 동부시간 기준

날짜	상대팀	경기시간	날짜	상대팀	경기시간	날짜	상대팀	경기시간
Mon, 4/3	Boston Red Sox	PM 2:05	Thu, 6/8	Miami Marlins	PM 7:05	Tue, 8/15	Milwaukee Brewers	PM 7:40
Wed, 4/5	Boston Red Sox	PM 7:10	Fri, 6/9	Miami Marlins	PM 7:05	Wed, 8/16	Milwaukee Brewers	PM 2:10
Thu, 4/6	Boston Red Sox	PM 1:35	Sat, 6/10	Miami Marlins	PM 4:05	Thu, 8/17	St. Louis Cardinals	PM 7:05
Fri, 4/7	Atlanta Braves	PM 1:05	Sun, 6/11	Miami Marlins	PM 1:35	Fri, 8/18	St. Louis Cardinals	PM 7:05
Sat, 4/8	Atlanta Braves	PM 1:05	Mon, 6/12	Colorado Rockies	PM 7:05	Sat, 8/19	St. Louis Cardinals	PM 7:05
Sun, 4/9	Atlanta Braves	PM 1:35	Tue, 6/13	Colorado Rockies	PM 7:05	Sun, 8/20	St. Louis Cardinals	PM 1:35
Mon, 4/10	Cincinnati Reds	PM 7:05	Wed, 6/14	Colorado Rockies	PM 7:05	Mon, 8/21	Los Angeles Dodgers	PM 7:05
Tue, 4/11	Cincinnati Reds	PM 7:05	Fri, 6/16	Chicago Cubs	PM 7:05	Tue, 8/22	Los Angeles Dodgers	PM 7:05
Wed, 4/12	Cincinnati Reds	PM 7:05	Sat, 6/17	Chicago Cubs	PM 8:15	Wed, 8/23	Los Angeles Dodgers	PM 7:05
Fri, 4/14	Chicago Cubs	PM 2:20	Sun, 6/18	Chicago Cubs	PM 1:35	Thu, 8/24	Los Angeles Dodgers	PM 4:05
Sat, 4/15	Chicago Cubs	PM 2:20	Mon, 6/19	Milwaukee Brewers	PM 7:40	Fri, 8/25	Cincinnati Reds	PM 7:10
Sun, 4/16	Chicago Cubs	PM 2:20	Tue, 6/20	Milwaukee Brewers	PM 7:40	Sat, 8/26	Cincinnati Reds	PM 7:10
Mon, 4/17	St. Louis Cardinals	PM 7:05	Wed, 6/21	Milwaukee Brewers	PM 8:10	Sun, 8/27	Cincinnati Reds	PM 1:10
Tue, 4/18	St. Louis Cardinals	PM 8:15	Thu, 6/22	Milwaukee Brewers	PM 2:10	Mon, 8/28	Chicago Cubs	PM 8:05
Wed, 4/19	St. Louis Cardinals	PM 1:45	Fri, 6/23	St. Louis Cardinals	PM 8:15	Tue, 8/29	Chicago Cubs	PM 8:05
Fri, 4/21	New York Yankees	PM 7:05	Sat, 6/24	St. Louis Cardinals	PM 7:15	Wed, 8/30	Chicago Cubs	PM 8:05
Sat, 4/22	New York Yankees	PM 4:05	Sun, 6/25	St. Louis Cardinals	PM 2:15	Fri, 9/1	Cincinnati Reds	PM 7:05
Sun, 4/23	New York Yankees	PM 1:35	Tue, 6/27	Tampa Bay Rays	PM 7:05	Sat, 9/2	Cincinnati Reds	PM 7:05
Mon, 4/24	Chicago Cubs	PM 7:05	Wed, 6/28	Tampa Bay Rays	PM 7:05	Sun, 9/3	Cincinnati Reds	PM 1:35
Tue, 4/25	Chicago Cubs	PM 7:05	Thu, 6/29	Tampa Bay Rays	PM 7:05	Mon, 9/4	Chicago Cubs	PM 4:05
Wed, 4/26	Chicago Cubs	PM 7:05	Fri, 6/30	San Francisco Giants	PM 7:05	Tue, 9/5	Chicago Cubs	PM 7:05
Fri, 4/28	Miami Marlins	PM 7:10	Sat, 7/1	San Francisco Giants	PM 4:05	Wed, 9/6	Chicago Cubs	PM 7:05
Sat, 4/29	Miami Marlins	PM 7:10	Sun, 7/2	San Francisco Giants	PM 1:35	Thu, 9/7	Chicago Cubs	PM 7:05
Sun, 4/30	Miami Marlins	PM 1:10	Mon, 7/3	Philadelphia Phillies	PM 7:05	Fri, 9/8	St. Louis Cardinals	PM 8:15
Mon, 5/1	Cincinnati Reds	PM 7:10	Tue, 7/4	Philadelphia Phillies	PM 4:05	Sat, 9/9	St. Louis Cardinals	PM 7:15
Tue, 5/2	Cincinnati Reds	PM 7:10	Wed, 7/5	Philadelphia Phillies	PM 7:05	Sun, 9/10	St. Louis Cardinals	PM 2:15
Wed, 5/3	Cincinnati Reds	PM 7:10	Thu, 7/6	Philadelphia Phillies	PM 6:05	Mon, 9/11	Milwaukee Brewers	PM 7:40
Thu, 5/4	Cincinnati Reds	PM 12:35	Fri, 7/7	Chicago Cubs	PM 2:20	Tue, 9/12	Milwaukee Brewers	PM 7:40
Fri, 5/5	Milwaukee Brewers	PM 7:05	Sat, 7/8	Chicago Cubs	PM 7:15	Wed, 9/13	Milwaukee Brewers	PM 8:10
Sat, 5/6	Milwaukee Brewers	PM 7:05	Sun, 7/9	Chicago Cubs	PM 1:10	Fri, 9/15	Cincinnati Reds	PM 7:10
Sun, 5/7	Milwaukee Brewers	PM 1:35	Fri, 7/14	St. Louis Cardinals	PM 7:05	Sat, 9/16	Cincinnati Reds	PM 4:10
Mon, 5/8	Los Angeles Dodgers	PM 10:10	Sat, 7/15	St. Louis Cardinals	PM 7:05	Sun, 9/17	Cincinnati Reds	PM 1:10
Tue, 5/9	Los Angeles Dodgers	PM 10:10	Sun, 7/16	St. Louis Cardinals	PM 1:35	Mon, 9/18	Milwaukee Brewers	PM 7:05
Wed, 5/10	Los Angeles Dodgers	PM 10:10	Mon, 7/17	Milwaukee Brewers	PM 7:05	Tue, 9/19	Milwaukee Brewers	PM 7:05
Thu, 5/11	Arizona D-backs	PM 9:40	Tue, 7/18	Milwaukee Brewers	PM 7:05	Wed, 9/20	Milwaukee Brewers	PM 7:05
Fri, 5/12	Arizona D-backs	PM 9:40	Wed, 7/19	Milwaukee Brewers	PM 7:05	Fri, 9/22	St. Louis Cardinals	PM 7:05
Sat, 5/13	Arizona D-backs	PM 8:10	Thu, 7/20	Milwaukee Brewers	PM 12:35	Sat, 9/23	St. Louis Cardinals	PM 7:05
Sun, 5/14	Arizona D-backs	PM 4:10	Fri, 7/21	Colorado Rockies	PM 8:40	Sun, 9/24	St. Louis Cardinals	PM 1:35
Tue, 5/16	Washington Nationals	PM 7:05	Sat, 7/22	Colorado Rockies	PM 8:10	Tue, 9/26	Baltimore Orioles	PM 7:05
Wed, 5/17	Washington Nationals	PM 7:05	Sun, 7/23	Colorado Rockies	PM 3:10	Wed, 9/27	Baltimore Orioles	PM 7:05
Thu, 5/18	Washington Nationals	PM 12:35	Mon, 7/24	San Francisco Giants	PM 10:15	Thu, 9/28	Washington Nationals	PM 7:05
Fri, 5/19	Philadelphia Phillies	PM 7:05	Tue, 7/25	San Francisco Giants	PM 10:15	Fri, 9/29	Washington Nationals	PM 7:05
Sat, 5/20	Philadelphia Phillies	PM 4:05	Wed, 7/26	San Francisco Giants	PM 3:45	Sat, 9/30	Washington Nationals	PM 7:05
Sun, 5/21	Philadelphia Phillies	PM 1:35	Fri, 7/28	San Diego Padres	PM 10:10	Sun, 10/1	Washington Nationals	PM 3:05
Mon, 5/22	Atlanta Braves	PM 7:35	Sat, 7/29	San Diego Padres	PM 8:40			
Tue, 5/23	Atlanta Braves	PM 7:35	Sun, 7/30	San Diego Padres	PM 4:40			
Wed, 5/24	Atlanta Braves	PM 7:35	Tue, 8/1	Cincinnati Reds	PM 7:05			
Thu, 5/25	Atlanta Braves	PM 12:10	Wed, 8/2	Cincinnati Reds	PM 7:05			
Fri, 5/26	New York Mets	PM 7:05	Thu, 8/3	Cincinnati Reds	PM 7:05			
Sat, 5/27	New York Mets	PM 7:15	Fri, 8/4	San Diego Padres	PM 7:05			
Sun, 5/28	New York Mets	PM 8:00	Sat, 8/5	San Diego Padres	PM 7:05			
Mon, 5/29	Arizona D-backs	PM 4:05	Sun, 8/6	San Diego Padres	PM 1:35			
Tue, 5/30	Arizona D-backs	PM 7:05	Mon, 8/7	Detroit Tigers	PM 7:05			
Wed, 5/31	Arizona D-backs	PM 12:35	Tue, 8/8	Detroit Tigers	PM 7:05			
Fri, 6/2	New York Mets	PM 7:10	Wed, 8/9	Detroit Tigers	PM 7:10			
Sat, 6/3	New York Mets	PM 7:15	Thu, 8/10	Detroit Tigers	PM 1:10			
Sun, 6/4	New York Mets	PM 1:10	Fri, 8/11	Toronto Blue Jays	PM 7:07			
Tue, 6/6	Baltimore Orioles	PM 7:05	Sat, 8/12	Toronto Blue Jays	PM 1:07			
Wed, 6/7	Baltimore Orioles	PM 7:05	Sun, 8/13	Toronto Blue Jays	PM 1:07			

■ 15% 이상   ■ 12-14%   ■ 9-11%   ■ 6-8%   ■ 3-5%   □ 2% 이하

홈 ERA 3.53 원정 ERA 4.30
VS. 좌타자 0.321 VS. 우타자 0.248
VS. 이대호 1타수 0안타 0.000

SP Gerrit COLE
게릿 콜

NO.45

우투우타   1990년 9월 8일   193cm, 100kg

*는 낮을수록 좋은 기록임

시즌	경기	이닝	피안타	피홈런	볼넷	탈삼진	승-패-세-홀	평균자책	구분	기록	MLB
2016	21	116.0	131	7	36	98	7-10-0-0	3.88	평균자책*	3.88	4.19
통산	94	579.1	550	36	148	538	47-30-0-0	3.23	탈삼진 / 9	7.60	8.10
									볼넷 / 9*	2.79	3.14
									탈삼진 / 볼넷	2.72	2.58
									피홈런 / 9*	0.54	1.17
									피안타율	0.282	0.252
									WHIP*	1.44	1.32
									잔루율	71.1%	72.9%
									FIP*	3.33	4.19

PITCHING ZONE (좌타자·몸쪽 / 우타자·몸쪽)

PITCHING REPERTORY / VELOCITY km/h / MOVEMENT cm

구종	평균	전체	초구	2-2	좌타자	우타자	피타율	상하	좌우
포심패스트볼	154	51%	58%	43%	52%	49%	0.252	↑21	→17
투심 / 싱커	154	17%	14%	16%	15%	18%	0.283	↑15	→22
컷패스트볼	–	–	–	–	–	–	–	–	–
슬라이더	141	20%	14%	28%	18%	22%	0.228	↑1	←7
커브	131	9%	11%	9%	9%	9%	0.266	↓10	←21
체인지업	142	4%	2%	4%	2%	2%	0.396	↑13	→20
스플리터	–	–	–	–	–	–	–	–	–

2011년 전체 1순위 지명자. 2015시즌 기대에 걸맞은 활약으로 리그를 대표하는 우완 에이스로 우뚝 섰다(NL 사이영상 투표 4위). 탄탄한 체구를 바탕으로 부드럽고 간결한 투구 폼을 지녔다. 스리쿼터에 가까운 팔 동작으로 최대 160km/h, 평균 150km/h 중반대의 빠른 공으로 타자를 윽박지른다. 변화구는 슬라이더 비율이 높고 커브와 체인지업을 섞는다. 운동신경이 좋아 수비뿐 아니라 타격도 나쁘지 않다. 타자와의 승부를 중시해 주자는 신경 쓰지 않는 편이다.

홈 ERA 3.00 원정 ERA 5.74
VS. 좌타자 0.304 VS. 우타자 0.245
VS. 추신수 9타수 2안타 0.222
VS. 김현수 3타수 1안타 0.333

SP Ivan NOVA
이반 노바

NO.46

우투우타   1987년 1월 12일   196cm, 109kg

*는 낮을수록 좋은 기록임

시즌	경기	이닝	피안타	피홈런	볼넷	탈삼진	승-패-세-홀	평균자책	구분	기록	MLB
2016	32	162.0	175	23	28	127	12-8-1-0	4.17	평균자책*	4.17	4.19
통산	142	793.2	842	96	241	595	58-41-1-0	4.30	탈삼진 / 9	7.06	8.10
									볼넷 / 9*	1.56	3.14
									탈삼진 / 볼넷	4.54	2.58
									피홈런 / 9*	1.28	1.17
									피안타율	0.270	0.252
									WHIP*	1.25	1.32
									잔루율	72.9%	72.9%
									FIP*	4.11	4.19

PITCHING ZONE (좌타자·몸쪽 / 우타자·몸쪽)

PITCHING REPERTORY / VELOCITY km/h / MOVEMENT cm

구종	평균	전체	초구	2-2	좌타자	우타자	피타율	상하	좌우
포심패스트볼	150	16%	17%	13%	18%	15%	0.364	↑19	→16
투심 / 싱커	149	49%	53%	40%	42%	55%	0.286	↑12	→23
컷패스트볼	–	–	–	–	–	–	–	–	–
슬라이더	140	1%	1%	2%	0%	2%	0.300	↑12	→5
커브	129	29%	27%	40%	31%	27%	0.184	↑12	←8
체인지업	139	5%	3%	4%	9%	1%	0.279	↑13	→22
스플리터	–	–	–	–	–	–	–	–	–

피츠버그와 궁합이 좋은 싱커볼을 잘 던지는 투수. 양키스에서 부진하다가 피츠버그로 트레이드된 후 성적이 좋아졌다. 그에 힘입어 3년 2600만 달러 계약으로 피츠버그 잔류에 성공했다. 196cm 109kg의 건장한 체구에서 던지는 묵직한 투심이 주무기(140km/h 후반~150km/h 초반). 변화구는 너클 커브가 주무기이며 체인지업도 구사하긴 하지만 자주 던지진 않는다. 덕분에 우타자를 상대할 때보다 좌타자를 상대할 때 고전하는 경우가 많다. 올 시즌 2선발 역할을 할 것으로 보인다.

PITTSBURGH PIRATES

■ 15% 이상 ■ 12-14% ■ 9-11% ■ 6-8% ■ 3-5% □ 2% 이하

SP Jameson TAILLON
제임슨 타이욘 NO.50

우투우타 1991년 11월 18일 196cm, 100kg

*는 낮을수록 좋은 기록임

시즌	경기	이닝	피안타	피홈런	볼넷	탈삼진	승-패-세-홀	평균자책	구분	기록	MLB
2016	18	104.0	99	13	17	85	5-4-0-0	3.38	평균자책*	3.38	4.19
통산	18	104.0	99	13	17	85	5-4-0-0	3.38	탈삼진 / 9	7.36	8.10
									볼넷 / 9*	1.47	3.14
									탈삼진 / 볼넷	5.00	2.58
									피홈런 / 9*	1.13	1.17
									피안타율*	0.249	0.252
									WHIP*	1.12	1.32
									잔루율	78.4%	72.9%
									FIP*	3.71	4.19

PITCHING ZONE (좌타자·몸쪽 / 우타자·몸쪽)

PITCHING REPERTORY / VELOCITY km/h **MOVEMENT** cm

구종	평균	전체	초구	2-2	좌타자	우타자	피타율	상하	좌우
포심패스트볼	152	25%	24%	20%	28%	21%	0.286	↑22	→9
투심 / 싱커	152	38%	47%	34%	33%	45%	0.309	↑16	→17
컷패스트볼	–	–	–	–	–	–	–	–	–
슬라이더	–	–	–	–	–	–	–	–	–
커브	129	26%	23%	35%	23%	30%	0.181	↑21	←12
체인지업	140	11%	6%	11%	16%	4%	0.135	↑16	→8
스플리터	–	–	–	–	–	–	–	–	–

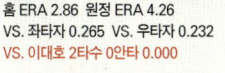

홈 ERA 2.86 원정 ERA 4.26
VS. 좌타자 0.265 VS. 우타자 0.232
VS. 이대호 2타수 0안타 0.000

2010년 스티븐 스트라스버그에 뒤를 이어 전체 2순위에 지명될 정도로 기대가 컸던 고졸 유망주 투수. 하지만 토미존 수술과 탈장 수술로 지난해에야 데뷔에 성공했다. 그리고 신인답지 않은 침착한 투구로 올 시즌에 대한 가능성을 높였다. 150km/h 초중반에 형성되는 포심-투심과 함께 커브, 체인지업을 구사한다. 타이온의 가장 큰 장점은 안정된 제구. 지난 시즌 9이닝당 볼넷 개수가 고작 1.5개에 불과했는데, 이는 100이닝을 소화한 MLB 투수 중 4위에 해당하는 수치다.

SP Tyler GLASNOW
타일러 글래스나우 NO.24

우투좌타 1993년 8월 23일 203cm, 100kg

*는 낮을수록 좋은 기록임

시즌	경기	이닝	피안타	피홈런	볼넷	탈삼진	승-패-세-홀	평균자책	구분	기록	MLB
2016	7	23.1	22	2	13	24	0-2-0-0	4.24	평균자책*	4.24	4.19
통산	7	23.1	22	2	13	24	0-2-0-0	4.24	탈삼진 / 9	9.26	8.10
									볼넷 / 9*	5.01	3.14
									탈삼진 / 볼넷	1.85	2.58
									피홈런 / 9*	0.77	1.17
									피안타율*	0.247	0.252
									WHIP*	1.50	1.32
									잔루율	71.0%	72.9%
									FIP*	4.26	4.19

PITCHING ZONE (좌타자·몸쪽 / 우타자·몸쪽)

PITCHING REPERTORY / VELOCITY km/h **MOVEMENT** cm

구종	평균	전체	초구	2-2	좌타자	우타자	피타율	상하	좌우
포심패스트볼	150	62%	74%	43%	65%	60%	0.300	↑21	→6
투심 / 싱커	–	–	–	–	–	–	–	–	–
컷패스트볼	–	–	–	–	–	–	–	–	–
슬라이더	–	–	–	–	–	–	–	–	–
커브	127	35%	22%	57%	31%	39%	0.205	↓20	←14
체인지업	143	3%	4%	0%	4%	1%	0.250	↑17	→9
스플리터	–	–	–	–	–	–	–	–	–

홈 ERA 6.00 원정 ERA 3.14
VS. 좌타자 0.308 VS. 우타자 0.200

타이온과 함께 피츠버그 최고의 투수 유망주로 평가 받는 선수. 203cm 100kg의 선발투수로서 이상적인 체형을 가지고 있다. 150km/h 초중반에 형성되는 빠른 공과 함께 커브, 체인지업을 구사한다. 마이너에서 압도적인 성적을 거두고도 좀 더 담금질이 필요하다고 여겨지는 이유는 바로 제구. 지난 시즌 AAA에서 평균 자책점 1.87을 기록했지만 9이닝당 볼넷은 5.0개에 달했다. 빅리그에서도 9이닝당 볼넷 5.0개로 고전을 면치 못했다.

PITTSBURGH PIRATES

■ 15% 이상 ■ 12–14% ■ 9–11% ■ 6–8% ■ 3–5% □ 2% 이하

홈 ERA 7.03 원정 ERA 2.72
VS. 좌타자 0.291 VS. 우타자 0.240

SP Chad KUHL
채드 쿨

 NO.39

우투우타   1992년 9월 10일   190cm, 100kg

시즌	경기	이닝	피안타	피홈런	볼넷	탈삼진	승-패-세-홀	평균자책	구분	기록	MLB
2016	14	70.2	73	7	20	53	5-4-0-0	4.20	평균자책*	4.20	4.19
통산	14	70.2	73	7	20	53	5-4-0-0	4.20	탈삼진 / 9	6.75	8.10
									볼넷 / 9*	2.55	3.14
									탈삼진 / 볼넷	2.65	2.58
									피홈런 / 9*	0.89	1.17
									피안타율	0.264	0.252
									WHIP*	1.32	1.32
									잔루율	72.3%	72.9%
									FIP*	3.95	4.19

*는 낮을수록 좋은 기록임

PITCHING REPERTORY / VELOCITY km/h / MOVEMENT cm

구종	평균	전체	초구	2-2	좌타자	우타자	피타율	상하	좌우
포심패스트볼	150	41%	45%	35%	36%	46%	0.311	↑ 19	→ 20
투심 / 싱커	151	20%	21%	13%	27%	14%	0.328	↑ 17	→ 21
컷패스트볼									
슬라이더	140	29%	26%	45%	18%	38%	0.165	↑ 4	← 5
커브									
체인지업	138	10%	8%	7%	18%	2%	0.276	↑ 9	→ 21
스플리터									

2013년 9라운드에 지명될 정도로 크게 주목 받지 못했지만 마이너 수업을 착실하게 받으며 지난 시즌 빅리그 입성에 성공했다. 특히 안정된 제구가 쿨의 최대 강점. 과감하게 타자를 공격하는 스타일로 타석당 투구수도 적게 가져가는 편이다. 150km/h 초중반의 싱커와 슬라이더, 체인지업을 구사한다. 체인지업은 아직 발전이 필요한 단계로 개선되지 않는다면 향후 좌타자를 상대로 고전할 가능성이 높다. 4-5선발 경쟁자들 중 가장 안정된 투구를 하는 투수로 경쟁에서 가장 앞서 있다.

홈 ERA 3.49 원정 ERA 4.70
VS. 좌타자 0.286 VS. 우타자 0.203
VS. 강정호 1타수 0안타 0.000

RP Felipe RIVERO
펠리페 리베로

 NO.73

우투우타   1991년 7월 5일   188cm, 95kg

시즌	경기	이닝	피안타	피홈런	볼넷	탈삼진	승-패-세-홀	평균자책	구분	기록	MLB
2016	75	77.0	66	7	33	92	1-6-1-26	4.09	평균자책*	4.09	4.19
통산	124	125.1	101	9	44	135	3-7-3-32	3.59	탈삼진 / 9	10.75	8.10
									볼넷 / 9*	3.86	3.14
									탈삼진 / 볼넷	2.79	2.58
									피홈런 / 9*	0.82	1.17
									피안타율	0.229	0.252
									WHIP*	1.29	1.32
									잔루율	69.3%	72.9%
									FIP*	3.46	4.19

*는 낮을수록 좋은 기록임

PITCHING REPERTORY / VELOCITY km/h / MOVEMENT cm

구종	평균	전체	초구	2-2	좌타자	우타자	피타율	상하	좌우
포심패스트볼	154	67%	78%	61%	68%	66%	0.266	↑ 21	→ 18
투심 / 싱커									
컷패스트볼									
슬라이더	132	16%	13%	19%	27%	10%	0.167	↓ 4	→ 14
커브	130	1%	1%	1%	1%	1%	0.000	↓ 11	→ 14
체인지업	141	15%	8%	19%	4%	22%	0.120	↑ 3	← 26
스플리터 / 기타									

지옥에서라도 데려온다는 좌완 파이어볼러. 마이너 시절엔 선발투수 유망주로 각광받았다. 하지만 체인지업의 발전이 더뎌 빅리그엔 불펜투수로 데뷔했다. 최대 160km/h까지 나오는 강속구와 140km/h 중반대의 슬라이더가 위력적이다. 투구할 때 디셉션 동작으로 빠른 공의 위력을 배가시킨다. 불안했던 제구도 많이 개선된 모습. 공의 위력에 비해 탈삼진 능력이 뛰어나진 않다. 마이너 초기 우타자를 상대하는 요령이 부족했지만 현재는 좌-우타자 구분 없이 잘 잡아낸다.

PITTSBURGH PIRATES

■ 15% 이상 ■ 12–14% ■ 9–11% ■ 6–8% ■ 3–5% □ 2% 이하

RP Juan NICASIO
후안 니카시오
NO. 12

우투우타 1986년 8월 31일 193cm, 116kg   *는 낮을수록 좋은 기록임

시즌	경기	이닝	피안타	피홈런	볼넷	탈삼진	승-패-세-홀	평균자책	구분	기록	MLB
2016	52	118.0	117	15	45	138	10-7-0-6	4.50	평균자책*	4.50	4.19
통산	193	557.1	596	67	212	497	32-32-1-21	4.80	탈삼진 / 9	10.53	8.10
									볼넷 / 9*	3.43	3.14
									탈삼진 / 볼넷	3.07	2.58
									피홈런 / 9*	1.14	1.17
									피안타율*	0.254	0.252
									WHIP*	1.37	1.32
									잔루율	71.0%	72.9%
									FIP*	3.78	4.19

PITCHING REPERTORY / VELOCITY km/h **MOVEMENT** cm

구종	평균	전체	초구	2-2	좌타자	우타자	피타율	상하	좌우
포심패스트볼	152	68%	72%	57%	72%	64%	0.257	↑24	→13
투심 / 싱커	149	3%	7%	4%	4%	3%	0.370	↑20	→19
컷패스트볼	–	–	–	–	–	–	–	–	–
슬라이더	139	27%	17%	39%	19%	32%	0.254	↑6	→4
커브	131	0%	1%	0%	1%	0%	0.000	↓1	→6
체인지업	140	2%	4%	1%	4%	1%	0.333	↑22	→13
스플리터 / 기타	–	–	–	–	–	–	–	–	–

홈 ERA 4.47 원정 ERA 4.53
VS. 좌타자 0.289 VS. 우타자 0.225
VS. 추신수 9타수 3안타 0.333
VS. 강정호 1타수 1안타 1.000

도미니카 출신의 파이어볼러. 콜로라도 시절 선발 유망주로 기대를 모았다. 하지만 불안한 제구로 선발에서 자리 잡지 못하고 불펜으로 전향했다(마지막 풀타임 선발이던 2013년, 31선발 중 0볼넷 경기 없음). 최고 157km/h까지 나오는 강속구를 뿌린다. 변화구 주무기는 140km/h 초반의 슬라이더. 체인지업은 위력이 떨어져 거의 던지지 않는다. 따라서 좌타자를 상대하는 데 어려움을 겪는 경우가 많다. 올 시즌 불펜에서 롱릴리프 역할을 할 것으로 예상되며 따라 선발로도 등판할 수 있다.

RP Jared HUGHES
제러드 휴즈
NO. 48

우투우타 1985년 7월 4일 200cm, 109kg   *는 낮을수록 좋은 기록임

시즌	경기	이닝	피안타	피홈런	볼넷	탈삼진	승-패-세-홀	평균자책	구분	기록	MLB
2016	67	59.1	62	6	22	34	1-1-1-4	3.03	평균자책*	3.03	4.19
통산	313	309.1	294	23	102	189	15-13-3-57	2.82	탈삼진 / 9	5.16	8.10
									볼넷 / 9*	3.34	3.14
									탈삼진 / 볼넷	1.55	2.58
									피홈런 / 9*	0.91	1.17
									피안타율*	0.270	0.252
									WHIP*	1.42	1.32
									잔루율	80.7%	72.9%
									FIP*	4.68	4.19

PITCHING REPERTORY / VELOCITY km/h **MOVEMENT** cm

구종	평균	전체	초구	2-2	좌타자	우타자	피타율	상하	좌우
포심패스트볼	150	3%	2%	3%	4%	2%	0.100	↑17	→21
투심 / 싱커	150	79%	89%	73%	77%	79%	0.284	↑6	→25
컷패스트볼	–	–	–	–	–	–	–	–	–
슬라이더	139	15%	8%	21%	11%	18%	0.322	↑5	→1
커브	–	–	–	–	–	–	–	–	–
체인지업	141	3%	3%	3%	7%	1%	0.182	↑7	→22
스플리터 / 기타	–	–	–	–	–	–	–	–	–

홈 ERA 3.82 원정 ERA 2.05
VS. 좌타자 0.270 VS. 우타자 0.269
VS. 추신수 2타수 0안타 0.000
VS. 이대호 1타수 0안타 0.000

2m의 큰 키에서 사이드암으로 던지는 150km/h 초중반의 싱커가 위력적인 투수. 안정된 제구로 공을 낮게 유지하는 능력이 뛰어나고 타자의 몸쪽 공략에 능해 많은 땅볼을 유도한다. 130km/h 후반으로 형성되는 슬라이더는 각이 크진 않지만 타자 앞에서 날카롭게 꺾인다. 싱커볼 투수에게 많은 안타 허용은 숙명. 하지만 홈런을 비롯한 장타 허용이 적고, 위기관리 능력이 뛰어나 피해를 최소화한다. 마이너에서 선발 수업을 받아 멀티 이닝 소화가 가능하며 3년 연속 60경기 이상 등판했다.

PITTSBURGH PIRATES

홈 ERA 4.29 원정 ERA 1.69
VS. 좌타자 0.206 VS. 우타자 0.210
VS. 추신수 5타수 3안타 1홈런 0.600

CP Tony WATSON
토니 왓슨 NO.44

좌투좌타 1985년 5월 30일 193cm, 102kg *는 낮을수록 좋은 기록임

시즌	경기	이닝	피안타	피홈런	볼넷	탈삼진	승-패-세-홀	평균자책	구분	기록	MLB
2016	70	67.2	72	10	20	58	2-5-15-23	3.06	평균자책*	3.06	4.19
통산	403	386.1	293	34	107	348	26-13-20-146	2.56	탈삼진 / 9	7.71	8.10
									볼넷 / 9*	2.66	3.14
									탈삼진 / 볼넷	2.90	2.58
									피홈런 / 9*	1.33	1.17
									피안타율*	0.209	0.252
									WHIP*	1.06	1.32
									잔루율	80.3%	72.9%
									FIP*	4.37	4.19

PITCHING ZONE (좌타자 몸쪽 / 우타자 몸쪽)

PITCHING REPERTORY / VELOCITY km/h / MOVEMENT cm

구종	평균	전체	초구	2-2	좌타자	우타자	피타율	상하	좌우
포심패스트볼	151	42%	44%	41%	36%	44%	0.264	↑17	←26
투심 / 싱커	151	30%	39%	23%	42%	25%	0.232	↑12	←29
컷패스트볼	–	–	–	–	–	–	–		
슬라이더	136	7%	3%	5%	21%	2%	0.091	↑5	←1
커브	–	–	–	–	–	–	–		
체인지업	138	22%	14%	32%	2%	29%	0.158	↑12	←32
스플리터	–	–	–	–	–	–	–		

스리쿼터 딜리버리로 150km/h 중반까지 나오는 파워싱커가 주무기. 데뷔 초 불안했던 제구를 완벽하게 잡으며 리그 정상급 좌완 불펜으로 거듭났다. 싱커를 낮게 제구해 많은 땅볼을 유도한다. 불펜투수로 흔치 않게 체인지업을 주요 변화구로 삼는다. 그러면서 우타자들을 완벽 제압, 원포인트 릴리프가 아니라 준수한 8회 셋업맨으로 활약 중이다. 종종 던지는 좌타자 바깥쪽으로 휘어지는 슬라이더도 위력적. 지난 4년간 리그에서 가장 많은 이닝을 던진 마당쇠이기도 하다.

홈 타율 0.265 원정 타율 0.263
VS. 좌투수 0.385 VS. 우투수 0.241
득점권 0.235 L/C 0.191

C Francisco CERVELLI
프란시스코 서벨리 NO.29

우투우타 1986년 3월 6일 185cm, 95kg *는 낮을수록 좋은 기록임

시즌	타수	안타	홈런	타점	볼넷	도루	타율	출루율	장타율	구분	기록	MLB
2016	326	86	1	33	56	6	0.264	0.377	0.322	타율	0.264	0.255
통산	1465	410	18	168	166	13	0.280	0.361	0.374	출루율	0.377	0.322
										장타율	0.322	0.417
										볼넷%	14.2%	8.2%
										삼진%*	18.3%	21.1%
										볼넷 / 삼진	0.78	0.39
										순장타율	0.058	0.162
										BABIP	0.329	0.300
										wOBA	0.318	0.318

VS. 패스트볼 / VS. 변화구 (우타자)

*5타수 미만은 색을 표시하지 않았음 / ● : Ball zone

SPRAY ZONE (0 / 34% / 1 / 42% / 24% / 홈런) 타구분포 %

BATTED BALL	비율
볼존 공격률	19%
S존 공격률	62%
볼존 컨택트율	64%
S존 컨택트율	87%
라인드라이브	20%
그라운드볼	56%
플라이볼	24%

DEFENSE

위치	자살	보살	실책	수비율
C	693	71	7	0.991

2008년 양키스에서 빅리그에 데뷔했지만 백업 포수에 그쳤다. 하지만 2015시즌부터 피츠버그에서 당당히 주전 포수로 자리 잡았다. 양키스 시절부터 타격 재능은 인정을 받았다. 힘은 많이 떨어지지만 3할을 칠 수 있는 정교함을 갖췄다. 포수답게 타석에서 선구안 역시 뛰어난 편. 홈플레이트 뒤에선 리그에서 프레이밍을 가장 잘 하는 포수 중 하나다. 투수들과의 소통에도 능해 상황에 따른 볼배합에 능하다. 다만 지나친 프레이밍으로 인해 패스트볼이 많고, 도루저지율이 떨어진다.

PITTSBURGH PIRATES

■ 타율 0.400 이상　■ 0.300-0.399　■ 0.200-0.299　■ 0.100-0.199　■ 타율 0.099 이하

C Chris STEWART NO.19
크리스 스튜어트

우투우타　1982년 2월 19일　193cm, 93kg

시즌	타수	안타	홈런	타점	볼넷	도루	타율	출루율	장타율	구분	기록	MLB
2016	98	21	1	7	12	0	0.214	0.319	0.286	타율	0.214	0.255
통산	1038	245	9	83	89	6	0.236	0.304	0.302	출루율	0.319	0.322

VS. 패스트볼　VS. 변화구

	기록	MLB
장타율	0.286	0.417
볼넷%	10.6%	8.2%
삼진%*	13.3%	21.1%
볼넷 / 삼진	0.80	0.39
순장타율	0.071	0.162
BABIP	0.244	0.300
wOBA	0.271	0.318

*5타수 미만은 색을 표시하지 않았음. ●●● : Ball zone   *는 낮을수록 좋은 기록임

SPRAY ZONE 0 / 1 / 23% / 0 / 51% / 27% / 홈런 타구분포 %

BATTED BALL
항목	비율
볼존 공격률	14%
S존 공격률	52%
볼존 컨택트율	72%
S존 컨택트율	93%
라인드라이브	17%
그라운드볼	49%
플라이볼	34%

DEFENSE
위치	자살	보살	실책	수비율
C	193	10	2	0.990

홈 타율 0.220 원정 타율 0.205
VS. 좌투수 0.316 VS. 우투수 0.190
득점권 0.148 L/C 0.000

서벨리와 마찬가지로 양키스 출신 포수로 전형적인 수비형 포수다. 하지만 최근 무릎 상태가 좋지 않아 수비력이 크게 하락한 상황이다. 주로 게릿 콜의 전담 포수로 활약했지만 최근엔 전담 포수로 나서는 빈도도 많이 줄었다. 타석에선 빅리그 10년 동안 398경기에서 9개의 홈런에 그칠 정도로 장타력이 전무하다. 타율도 통산 .236에 그칠 정도로 정확도도 떨어지는 편. 하지만 선구안이 나쁘지 않고 삼진을 당하지 않는 편이다. 올 시즌도 서벨리의 백업 포수로 활약할 예정이다.

1B David FREESE NO.23
데이비드 프리즈

우투우타　1983년 4월 28일　190cm, 102kg

시즌	타수	안타	홈런	타점	볼넷	도루	타율	출루율	장타율	구분	기록	MLB
2016	437	118	13	55	45	0	0.270	0.352	0.412	타율	0.270	0.255
통산	2890	795	81	403	265	8	0.275	0.345	0.417	출루율	0.352	0.322

VS. 패스트볼　VS. 변화구 우타자

	기록	MLB
장타율	0.412	0.417
볼넷%	9.1%	8.2%
삼진%*	28.9%	21.1%
볼넷 / 삼진	0.32	0.39
순장타율	0.142	0.162
BABIP	0.372	0.300
wOBA	0.334	0.318

*5타수 미만은 색을 표시하지 않았음. ●●● : Ball zone   *는 낮을수록 좋은 기록임

SPRAY ZONE 4 / 0 / 38% / 9 / 35% / 27% / 홈런 타구분포 %

BATTED BALL
항목	비율
볼존 공격률	27%
S존 공격률	65%
볼존 컨택트율	55%
S존 컨택트율	4%
라인드라이브	19%
그라운드볼	61%
플라이볼	20%

DEFENSE
위치	자살	보살	실책	수비율
3B	40	157	8	0.961
1B	344	31	3	0.992

홈 타율 0.285 원정 타율 0.255
VS. 좌투수 0.337 VS. 우투수 0.252
득점권 0.283 L/C 0.206

2012년 세인트루이스에서 올스타에 선정된 이후 꾸준히 내리막길을 타다 지난 시즌 미약하게나마 반등에 성공했다. 강정호가 부상에서 복귀하기 전까지 3루수로 나서다 복귀 후엔 제이소와 플래툰으로 1루를 나눠 맡았다. 불안했던 3루 수비에 비해 1루 수비는 안정된 편. 큰 스윙을 하지 않아 타구를 필드 전 방향으로 보낼 줄 알며 두 자릿수 홈런은 꾸준히 칠 수 있는 파워를 가지고 있다. 1루 유망주 조시 벨의 등장으로 올 시즌 지난 시즌보다 다소 출전 기회가 줄어들 것으로 보인다.

PITTSBURGH PIRATES

■ 타율 0.400 이상 ■ 0.300–0.399 ■ 0.200–0.299 ■ 0.100–0.199 ■ 타율 0.099 이하

2B Josh HARRISON
조시 해리슨   NO.05

우투우타   1987년 7월 8일   173cm, 86kg   *는 낮을수록 좋은 기록임

시즌	타수	안타	홈런	타점	볼넷	도루	타율	출루율	장타율	구분	기록	MLB
2016	487	138	4	59	18	19	0.283	0.311	0.388	타율	0.283	0.255
통산	1957	555	28	185	74	60	0.284	0.316	0.41	출루율	0.311	0.322
										장타율	0.388	0.417
										볼넷%	3.4%	8.2%
										삼진%*	14.6%	21.1%
										볼넷 / 삼진	0.24	0.39
										순장타율	0.105	0.162
										BABIP	0.323	0.300
										wOBA	0.301	0.318

VS. 패스트볼   VS. 변화구
*5타수 미만은 색을 표시하지 않았음.   ●●● : Ball zone

SPRAY ZONE: 2: 33%, 1: 41%, 1: 26%, 홈런 타구분포 %

BATTED BALL

항목	비율
볼존 공격률	37%
S존 공격률	70%
볼존 컨택트율	79%
S존 컨택트율	84%
라인드라이브	20%
그라운드볼	44%
플라이볼	36%

DEFENSE

위치	자살	보살	실책	수비율
2B	262	366	7	0.989

홈 타율 0.274 원정 타율 0.293
VS. 좌투수 0.311   VS. 우투수 0.277
득점권 0.310   L/C 0.311

내야 전 포지션뿐만 아니라 외야도 소화 가능한 전천후 선수. 그중 가장 안정된 수비를 보여주는 자리는 2루다. 크지 않지만 탄탄한 체구로 두 자릿수 홈런과 많은 2루타를 칠 수 있는 갭히터. 2014년 NL 타율 2위를 기록했을 만큼 정확도가 뛰어난 타자. 마이너에서 30도루를 기록했을 정도로 빠른 발과 함께 주루 센스가 굉장히 좋다. 프리스윙어로 타석에서 적극적으로 배트를 내는 경향이 강해 볼넷은 적은 편. 이 때문에 1번 타자로 활용하기에는 출루율이 많이 떨어지는 편이다.

3B KANG Jung Ho
강정호   NO.16

우투우타   1987년 4월 5일   183cm, 95kg   *는 낮을수록 좋은 기록임

시즌	타수	안타	홈런	타점	볼넷	도루	타율	출루율	장타율	구분	기록	MLB
2016	318	81	21	62	36	3	0.255	0.354	0.513	타율	0.255	0.255
통산	739	202	36	120	64	8	0.273	0.355	0.483	출루율	0.354	0.322
										장타율	0.513	0.417
										볼넷%	9.7%	8.2%
										삼진%*	21.4%	21.1%
										볼넷 / 삼진	0.46	0.39
										순장타율	0.258	0.162
										BABIP	0.273	0.300
										wOBA	0.369	0.318

VS. 패스트볼   VS. 변화구
*5타수 미만은 색을 표시하지 않았음.   ●●● : Ball zone

SPRAY ZONE: 9: 35%, 10: 44%, 2: 21%, 홈런 타구분포 %

BATTED BALL

항목	비율
볼존 공격률	25%
S존 공격률	57%
볼존 컨택트율	58%
S존 컨택트율	86%
라인드라이브	20%
그라운드볼	42%
플라이볼	37%

DEFENSE

위치	자살	보살	실책	수비율
3B	49	191	17	0.934

홈 타율 0.303 원정 타율 0.214
VS. 좌투수 0.209   VS. 우투수 0.267
득점권 0.225   L/C 0.396

KBO 출신 최초 빅리그 직행 내야수. 지난 시즌 모든 우려를 불식시키는 활약으로 빅리그에 안착했다(NL 신인왕 투표 3위). 레그킥으로 타구에 힘을 싣는 능력이 탁월해 많은 라인드라이브 타구를 생산한다. 밀어서도 담장을 넘길 수 있는 힘은 태평양을 건너서도 여전하다. 빠른 공 공략은 리그 정상급 타자들과 어깨를 나란히 하는 중. 하지만 아직까지 바깥쪽으로 휘어지는 변화구에 약점을 보이고 있다. 유격수가 주포지션이지만 3루에서 더 안정된 수비를 보여준다.

PITTSBURGH PIRATES 443

● 타율 0.400 이상　● 0.300-0.399　● 0.200-0.299　● 0.100-0.199　● 타율 0.099 이하

홈 타율 0.290 원정 타율 0.227
VS. 좌투수 0.275 VS. 우투수 0.252
득점권 0.222 L/C 0.309

SS Jordy MERCER NO.10
조디 머서

우투우타　1986년 8월 27일　190cm, 93kg　*는 낮을수록 좋은 기록임

시즌	타수	안타	홈런	타점	볼넷	도루	타율	출루율	장타율	구분	기록	MLB
2016	519	133	11	59	51	1	0.256	0.328	0.374	타율	0.256	0.255
통산	1814	466	35	180	139	11	0.257	0.313	0.377	출루율	0.328	0.322
										장타율	0.374	0.417
										볼넷%	8.7%	8.2%
										삼진%*	14.2%	21.1%
										볼넷/삼진	0.61	0.39
										순장타율	0.118	0.162
										BABIP	0.286	0.300
										wOBA	0.304	0.318

SPRAY ZONE
2 / 9 / 0
34% / 37% / 29%
홈런
타구분포 %

BATTED BALL
항목	비율
볼존 공격률	28%
S존 공격률	60%
볼존 컨택트율	72%
S존 컨택트율	93%
라인드라이브	20%
그라운드볼	49%
플라이볼	32%

DEFENSE
위치	자살	보살	실책	수비율
SS	187	411	9	0.985

공격보다는 수비에서 진가를 발휘하는 수비형 유격수. 넓은 범위와 강한 어깨로 안정된 수비를 보여준다. 특히 송구의 정확성이 뛰어나 통산 5시즌 동안 저지른 송구 실책이 단 11개뿐이다. 수비에 비해 공격은 평범한 수준. 타율은 .270을 넘기가 힘들며 타석에서 인내심이 좋은 것도 아니다. 장타력 역시 떨어지는 편. 하지만 가끔 예상치 못한 뜬금포가 터지는 경우가 있다(지난 시즌 11홈런). 또한 작전 수행 능력이 좋고 상황에 맞는 배팅을 잘해 하위타순에서 활용도가 쏠쏠하다.

홈 타율 0.301 원정 타율 0.319
VS. 좌투수 0.292 VS. 우투수 0.315
득점권 0.294 L/C 0.263

LF Starling MARTE NO.06
스탈링 마르테

우투우타　1988년 10월 9일　185cm, 86kg　*는 낮을수록 좋은 기록임

시즌	타수	안타	홈런	타점	볼넷	도루	타율	출루율	장타율	구분	기록	MLB
2016	489	152	9	46	23	47	0.311	0.362	0.456	타율	0.311	0.255
통산	2240	648	58	235	116	160	0.289	0.345	0.447	출루율	0.362	0.322
										장타율	0.456	0.417
										볼넷%	4.3%	8.2%
										삼진%*	19.7%	21.1%
										볼넷/삼진	0.22	0.39
										순장타율	0.145	0.162
										BABIP	0.380	0.300
										wOBA	0.351	0.318

SPRAY ZONE
4 / 5 / 0
38% / 37% / 25%
홈런
타구분포 %

BATTED BALL
항목	비율
볼존 공격률	40%
S존 공격률	72%
볼존 컨택트율	58%
S존 컨택트율	89%
라인드라이브	23%
그라운드볼	48%
플라이볼	28%

DEFENSE

위치	자살	보살	실책	수비율
LF	168	17	4	0.979
CF	28	0	0	1.000

피츠버그팬들 사이에서 로베르토 클레멘테를 연상시킨다는 얘기를 들을 정도로 뛰어난 타격 재능을 가졌다. 짧고 간결한 스윙을 가진 스프레이 히터. 3할에 가까운 타율을 기록할 수 있는 정확도에 나이를 먹으면서 파워가 붙으며 20홈런도 기대할 수 있는 선수가 됐다. 지난 시즌 커리어 최다인 47개의 도루를 기록할 정도로 빠른 발과 주루 센스도 가지고 있다. 좌익수 수비 역시 리그 정상급. 강한 어깨로 2년 연속으로 리그 외야수 중 가장 많은 보살을 기록했다.

PITTSBURGH PIRATES

■ 타율 0.400 이상　■ 0.300-0.399　■ 0.200-0.299　■ 0.100-0.199　■ 타율 0.099 이하

홈 타율 0.241　원정 타율 0.269
VS. 좌투수 0.229　VS. 우투수 0.262
득점권 0.290　L/C 0.271

CF　Andrew MCCUTCHEN　NO.22
앤드루 매커친

우투우타　1986년 10월 10일　178cm, 88kg　*는 낮을수록 좋은 기록임

시즌	타수	안타	홈런	타점	볼넷	도루	타율	출루율	장타율
2016	598	153	24	79	69	6	0.256	0.336	0.430
통산	4463	1304	175	637	612	160	0.292	0.381	0.487

구분	기록	MLB
타율	0.256	0.255
출루율	0.336	0.322
장타율	0.430	0.417
볼넷%	10.2%	8.2%
삼진%*	21.2%	21.1%
볼넷 / 삼진	0.48	0.39
순장타율	0.174	0.162
BABIP	0.297	0.300
wOBA	0.329	0.318

SPRAY ZONE　5 / 13 / 6 / 45% / 33% / 22%　홈런 타구분포 %

BATTED BALL

항목	비율
볼존 공격률	24%
S존 공격률	69%
볼존 컨택트율	56%
S존 컨택트율	84%
라인드라이브	23%
그라운드볼	36%
플라이볼	42%

DEFENSE

위치	자살	보살	실책	수비율
CF	317	6	3	0.991

리그를 대표하는 5툴 플레이어. 크지 않은 체구지만 빠른 배트 스피드로 많은 장타를 때려낸다. 정확도도 뛰어나 2012년엔 NL 최다 안타 1위에 오르기도 했다. 타석에서 자기가 원하는 공을 기다릴 줄 알며 뛰어난 선구안으로 많은 볼넷을 골라낸다. 빠른 발로 한때는 30도루까지 기록하긴 했지만 최근 무릎이 좋지 않아 도루 시도를 줄였다. 지난 시즌 아쉽게도 커리어 최악의 시즌을 보냈다. 특히 가장 아쉬웠던 것은 수비. 이제 코너 외야수로 전향해야 한다는 목소리도 나오고 있다.

홈 타율 0.296　원정 타율 0.223
VS. 좌투수 0.245　VS. 우투수 0.261
득점권 0.243　L/C 0.169

RF　Gregory POLANCO　NO.25
그레고리 폴랑코

좌투좌타　1991년 9월 14일　196cm, 104kg　*는 낮을수록 좋은 기록임

시즌	타수	안타	홈런	타점	볼넷	도루	타율	출루율	장타율
2016	527	136	22	86	53	17	0.258	0.323	0.463
통산	1397	353	38	171	138	58	0.253	0.318	0.404

구분	기록	MLB
타율	0.258	0.255
출루율	0.323	0.322
장타율	0.463	0.417
볼넷%	9.0%	8.2%
삼진%*	20.3%	21.1%
볼넷 / 삼진	0.45	0.39
순장타율	0.205	0.162
BABIP	0.291	0.300
wOBA	0.331	0.318

SPRAY ZONE　5 / 5 / 12 / 23% / 28% / 49%　홈런 타구분포 %

BATTED BALL

항목	비율
볼존 공격률	32%
S존 공격률	65%
볼존 컨택트율	66%
S존 컨택트율	92%
라인드라이브	24%
그라운드볼	39%
플라이볼	37%

DEFENSE

위치	자살	보살	실책	수비율
RF	203	9	5	0.977

마이너 시절부터 뛰어난 툴을 보유하여 큰 주목을 받았다. 투수 출신으로 강한 어깨를 보유했고, 큰 키를 이용한 넓은 보폭으로 주력 또한 뛰어나다. 타격 스킬도 마이너에서 해가 갈수록 좋아지며 빠르고 부드러운 스윙으로 타구를 자유자재로 밀고 당길 줄 안다. 마이너 계약 당시 70kg로 마른 체구였지만 현재는 100kg가 넘는 당당한 체구로 두 자릿수 홈런을 칠 수 있는 힘까지 갖췄다. 지난 시즌 잠재력을 폭발시키며 커리어 최다인 22홈런을 기록했지만 후반기 부상으로 성적이 떨어졌다.

■ 타율 0.400 이상　■ 0.300-0.399　■ 0.200-0.299　■ 0.100-0.199　■ 타율 0.099 이하

IF Josh BELL
조시 벨

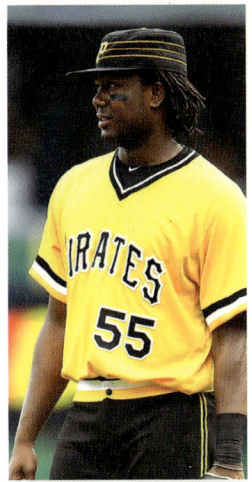

우투양타　1992년 8월 14일　188cm, 104kg　*는 낮을수록 좋은 기록임

시즌	타수	안타	홈런	타점	볼넷	도루	타율	출루율	장타율	구분	기록	MLB
2016	128	35	3	19	21	0	0.273	0.368	0.406	타율	0.273	0.255
통산	128	35	3	19	21	0	0.273	0.368	0.406	출루율	0.368	0.322
										장타율	0.406	0.417
										볼넷%	13.8%	8.2%
										삼진%*	12.5%	21.1%
										볼넷 / 삼진	1.11	0.39
										순장타율	0.133	0.162
										BABIP	0.294	0.300
										wOBA	0.339	0.318

SPRAY ZONE: 0: 35%, 1: 38%, 2: 27%

BATTED BALL
항목	비율
볼존 공격률	25%
S존 공격률	68%
볼존 컨택트율	67%
S존 컨택트율	90%
라인드라이브	21%
그라운드볼	50%
플라이볼	29%

DEFENSE
위치	자살	보살	실책	수비율
1B	157	14	3	0.983
RF	17	0	1	0.944

홈 타율 0.290　원정 타율 0.258
VS. 좌투수 0.211　VS. 우투수 0.284
득점권 0.250　L/C 0.188

피츠버그가 2013년도 홈런왕 페드로 알바레스를 과감하게 포기한 이유. 뛰어난 운동신경과 힘을 가진 거포형 타자다. 스위치 히터로 양타석 모두에서 준수한 선구안과 정확도를 갖췄다. 하지만 대부분의 스위치 히터처럼 좌타석에서 더 많은 홈런을 쳐낸다. 강정호처럼 레그킥을 하면서 타격시 공에 힘을 싣는 능력이 뛰어나다. 큰 덩치에 비해 주루센스도 뛰어난 편. 원래 포지션은 우익수였으나 2015시즌부터 1루수로 전향했다. 아직 풋워크에서 미숙해 수비에선 개선이 많이 필요하다.

OF Adam FRAZIER
애덤 프레이저

우투좌타　1991년 12월 14일　178cm, 82kg　*는 낮을수록 좋은 기록임

시즌	타수	안타	홈런	타점	볼넷	도루	타율	출루율	장타율	구분	기록	MLB
2016	146	44	2	11	12	4	0.301	0.356	0.411	타율	0.301	0.255
통산	146	44	2	11	12	4	0.301	0.356	0.411	출루율	0.356	0.322
										장타율	0.411	0.417
										볼넷%	7.5%	8.2%
										삼진%*	16.3%	21.1%
										볼넷 / 삼진	0.46	0.39
										순장타율	0.110	0.162
										BABIP	0.353	0.300
										wOBA	0.335	0.318

SPRAY ZONE: 0: 36%, 1: 37%, 2: 27%

BATTED BALL
항목	비율
볼존 공격률	33%
S존 공격률	68%
볼존 컨택트율	68%
S존 컨택트율	91%
라인드라이브	33%
그라운드볼	44%
플라이볼	23%

DEFENSE
위치	자살	보살	실책	수비율
LF	15	1	0	0.944
2B	15	30	3	0.938

홈 타율 0.274　원정 타율 0.321
VS. 좌투수 0.417　VS. 우투수 0.279
득점권 0.333　L/C 0.222

단 한 명이지만 벤치의 뎁스를 더욱 깊게 만들어주는 중요한 멀티플레이어 자원. 장타력은 떨어지지만 맞히는 재주가 뛰어나고 삼진을 잘 당하지 않는 편이다. 마이너에서 두 자릿수 도루를 기록할 만큼 준수한 주력과 주루 센스도 가지고 있어 대주자로서의 가치도 있다. 수비에선 투수-포수-1루를 제외한 내야 전 포지션과 외야 전 포지션이 소화 가능하다. 외야 수비에 비해 내야 수비에선 가끔 집중력이 떨어지는 모습을 보인다. 팀에선 션 로드리게스를 대체해주길 기대한다.

SAINT LOUIS CARDINALS

지난 시즌 5년 동안 개근했던 가을 잔치 무대 진출에 실패했다. 다시 시작하기 위해선 부진했던 마운드의 부활이 필요하다. 끝판왕 오승환의 메이저리그 풀타임 마무리 활약도 흥밋거리. 타선에서 베테랑들의 부상을 조심하자.

TEAM IMFORMATION

창단 : 1882년
이전 연고지 : -
월드시리즈 우승 : 11회
NL 우승 : 19회
디비전 우승 : 13회
와일드카드 진출 : 3회
구단주 : 윌리엄 데윗 Jr.
감독 : 마이크 매시니
단장 : 존 모젤리악

FRANCHISE

UNIFORM

Home / Away

Alternate

SAINT LOUIS CARDINALS

MANAGER

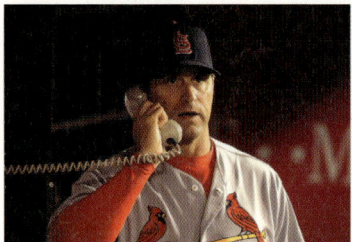

Mike Matheny
생년월일 : 1970년 9월 22일
출생지 : 레이놀즈버그(오하이오)
MLB 감독 경력 : 올해로 6년째
세인트루이스(2012년~현재)
정규시즌 통산 : 461승 349패 승률 0.569
포스트시즌 통산 : 21승 22패 승률 0.488

LINE-UP

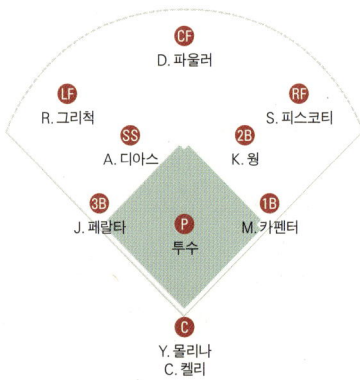

ROTATION	
SP	A. 웨인라이트
SP	C. 마르티네스
SP	M. 리크
SP	L. 린
SP	M. 와카

BULLPEN	
RP	T. 로젠탈
RP	M. 보우먼
RP	B. 시슬
RP	K. 시그리스트
RP	J. 브록스턴
RP	M. 소콜로비치
CL	오승환

BATTING	
1	D. 파울러
2	M. 카펜터
3	S. 피스코티
4	A. 디아스
5	J. 페랄타
6	R. 그리첵
7	Y. 몰리나
8	K. 웡

UTILITY PLAYERS	
IF	J. 저코
IF	M. 애덤스
OF	T. 팸
OF	J. 마르티네스

BALL PARK : Busch Stadium

주소 : 700 Clark Street St. Louis, Missouri
펜스 거리 : 왼쪽 102m, 좌중간 114m, 중앙 122m,
우중간 114m, 오른쪽 102m
펜스 높이 : 전 구간 2.4m로 통일
최초공식경기 : 2006년 4월 10일
잔디 : 켄터키 블루그래스(천연잔디)
수용 인원 : 4만 3,975명
홈팀 덕아웃 : 1루
파크팩터 : 0.931(MLB 20위)

5년 홍관조 왕조 시대의 끝
새로운 시작을 위한 2017시즌

2016 리뷰
2011년 이후 개근하던 가을 야구 참가에 실패했다. 선발진에선 랜스 린이 시즌 시작 전 토미존 수술로 이탈했다. 에이스 애덤 웨인라이트와 성장을 기대했던 마이클 와카는 부진했다. 큰 돈을 주고 계약한 마이크 리크는 최악의 계약이라는 오명을 얻었다. 불펜진도 초반 마무리 트레버 로젠탈의 부진으로 크게 흔들렸다. 하지만 '끝판왕' 오승환이 마무리를 맡으며 안정감을 되찾았다. 마운드에 비해 타선은 나쁘지 않았다. 맷 카펜테와 자니 페랄타, 맷 할러데이 같은 주전 선수들이 부상으로 자주 이탈했지만 백업 선수들이 공백을 잘 메워줬다. 특히 푸홀스가 떠난 2012시즌 이후 최고의 장타력을 과시했는데, 두 자릿수 홈런 타자가 9명이나 됐고 그중 20홈런 이상 기록한 타자는 무려 6명이었다(225홈런/ NL 1위, 779득점 / NL 3위). 가장 큰 수확은 알레드미스 디아스의 발견. 자니 페랄타의 부상으로 인해 빅리그 로스터에 합류한 디아스는 시즌 초반 정확한 타격과 장타력을 뽐내며 코리 시거와 함께 강력한 신인왕 후보에 올랐다. 부상으로 인해 시즌 중반에 이탈한 게 두고 두고 아쉬웠다.

2017 프리뷰
지난 시즌과 크게 달라진 점은 없다. 맷 할러데이가 FA로 양키스에 입단하며 공백이 생긴 외야의 한 자리는 덱스터 파울러로 채웠다. 그러면서 파울러-카펜터라는 리그 최고의 출루율을 자랑하는 테이블 세터진을 보유하게 됐다. 중심 타선에선 디아스-피스코티-그리척 같은 젊은 선수들과 베테랑 페랄타-몰리나와의 조합이 인상적. 제드 저코-맷 애덤스 같은 제 4 내야수들의 파워 역시 다른 팀들에 비해 뛰어나다. 주전 2루수 콜튼 웡이 알에서 깨고 나올 필요가 있다. 선발진은 역시 에이스 웨인라이트와 함께 리크-와카의 부활이 절실하다. 이들이 예년만큼만 활약해준다면 충분히 컵스를 위협할 만하다. 또한 랜스 린이 토미존 수술에서 복귀하는 가운데, 아쉽게도 유망주 알렉스 레예스가 토미존 수술을 받으며 이탈하게 됐다. 불펜진에선 오승환이 올 시즌 시작부터 마무리로 활약할 예정이다. 로젠탈이 살아난다면 시그리스트-로젠탈-오승환 3인방은 리그 정상급 불펜으로 평가할 만하다. 컵스를 넘어서긴 힘들지 모르겠지만 여전히 강력한 와일드카드 후보.

SAINT LOUIS CARDINALS

SQUAD LIST

*선수 명단은 2017년 3월 25일 기준(source : ESPN)

투수

번호	이름	위치	투	타	나이	출생지
67	Matt Bowman	RP	R	R	25	Chevy Chase, MD
30	Jonathan Broxton	RP	R	R	32	Augusta, GA
21	Brett Cecil	RP	L	R	30	Annapolis, MD
29	Zach Duke	RP	L	L	33	Clifton, TX
53	John Gant	RP	R	R	24	Savannah, GA
56	Marco Gonzales	SP	L	L	25	Fort Collins, CO
8	Mike Leake	SP	R	R	29	San Diego, CA
31	Lance Lynn	SP	R	R	29	Indianapolis, IN
70	Tyler Lyons	RP	L	L	29	Lubbock, TX
18	Carlos Martinez	SP	R	R	25	Puerto Plata, Dominican Republic
59	Mike Mayers	RP	R	R	25	Grove City, OH
26	Seung-Hwan Oh	RP	R	R	34	Jeong-Eub Si, South Korea
61	Alex Reyes	RP	R	R	22	Elizabeth, NJ
44	Trevor Rosenthal	RP	R	R	26	Lee's Summit, MO
46	Kevin Siegrist	RP	L	L	27	Buffalo, NY
63	Miguel Socolovich	RP	R	R	30	Caracas, Venezuela
64	Sam Tuivailala	RP	R	R	24	San Mateo, CA
52	Michael Wacha	SP	R	R	25	Iowa City, IA
50	Adam Wainwright	SP	R	R	35	Brunswick, GA
62	Luke Weaver	SP	R	R	23	DeLand, FL
72	Rowan Wick	RP	R	L	24	North Vancouver, BC

포수

번호	이름	위치	투	타	나이	출생지
71	Carson Kelly	C	R	R	22	Chicago, IL
4	Yadier Molina	C	R	R	34	Bayamon, Puerto Rico

내야

번호	이름	위치	투	타	나이	출생지
32	Matt Adams	1B	R	L	28	Philipsburg, PA
74	Eliezer Alvarez	2B	R	L	22	Santiago, Dominican Republic
13	Matt Carpenter	3B	R	L	31	Galveston, TX
36	Aledmys Diaz	SS	R	R	26	Santa Clara, Cuba
35	Greg Garcia	3B	R	L	27	El Cajon, CA
3	Jedd Gyorko	2B	R	R	28	Morgantown, WV
27	Jhonny Peralta	3B	R	R	34	Santiago, Dominican Republic
80	Edmundo Sosa	SS	R	R	21	Panama City, Panama
73	Breyvic Valera	2B	R	B	25	Montalban, Venezuela
16	Kolten Wong	2B	R	L	26	Hilo, HI

외야

번호	이름	위치	투	타	나이	출생지
25	Dexter Fowler	CF	R	B	31	Atlanta, GA
81	Anthony Garcia	LF	R	R	25	Carolina, Puerto Rico
15	Randal Grichuk	CF	R	R	25	Rosenberg, TX
58	Jose Martinez	LF	R	R	28	La Guaira, Venezuela
28	Tommy Pham	CF	R	R	29	Las Vegas, NV
55	Stephen Piscotty	RF	R	R	26	Pleasanton, CA
79	Magneuris Sierra	CF	L	L	20	San Cristobal, Dominican Republic

SUMMARY

우타자	좌타자	스위치	우투수	좌투수	평균나이	최연소	최연장
11명	6명	2명	16명	5명	27.1세	20세	35세

SAINT LOUIS CARDINALS

2017 REGULAR SEASON SCHEDULE

* 　　　는 홈경기, 시간은 미국 동부시간 기준

날짜	상대팀	경기시간	날짜	상대팀	경기시간	날짜	상대팀	경기시간
Sun, 4/2	Chicago Cubs	PM 7:35	Thu, 6/8	Cincinnati Reds	AM 11:35	Tue, 8/15	Boston Red Sox	PM 6:10
Tue, 4/4	Chicago Cubs	PM 7:15	Fri, 6/9	Philadelphia Phillies	PM 7:15	Wed, 8/16	Boston Red Sox	PM 6:10
Wed, 4/5	Chicago Cubs	PM 12:45	Sat, 6/10	Philadelphia Phillies	PM 1:15	Thu, 8/17	Pittsburgh Pirates	PM 6:05
Fri, 4/7	Cincinnati Reds	PM 7:15	Sun, 6/11	Philadelphia Phillies	PM 1:15	Fri, 8/18	Pittsburgh Pirates	PM 6:05
Sat, 4/8	Cincinnati Reds	PM 1:15	Tue, 6/13	Milwaukee Brewers	PM 7:15	Sat, 8/19	Pittsburgh Pirates	PM 6:05
Sun, 4/9	Cincinnati Reds	PM 1:15	Wed, 6/14	Milwaukee Brewers	PM 7:15	Sun, 8/20	Pittsburgh Pirates	PM 12:35
Mon, 4/10	Washington Nationals	PM 6:05	Thu, 6/15	Milwaukee Brewers	PM 6:15	Tue, 8/22	San Diego Padres	PM 7:15
Tue, 4/11	Washington Nationals	PM 6:05	Fri, 6/16	Baltimore Orioles	PM 6:05	Wed, 8/23	San Diego Padres	PM 7:15
Wed, 4/12	Washington Nationals	PM 3:05	Sat, 6/17	Baltimore Orioles	PM 3:05	Thu, 8/24	San Diego Padres	PM 6:15
Fri, 4/14	New York Yankees	PM 7:15	Sun, 6/18	Baltimore Orioles	PM 12:35	Fri, 8/25	Tampa Bay Rays	PM 7:15
Sat, 4/15	New York Yankees	PM 12:05	Tue, 6/20	Philadelphia Phillies	PM 6:05	Sat, 8/26	Tampa Bay Rays	PM 6:15
Sun, 4/16	New York Yankees	PM 7:05	Wed, 6/21	Philadelphia Phillies	PM 6:05	Sun, 8/27	Tampa Bay Rays	PM 1:15
Mon, 4/17	Pittsburgh Pirates	PM 6:05	Thu, 6/22	Philadelphia Phillies	PM 12:05	Tue, 8/29	Milwaukee Brewers	PM 6:40
Tue, 4/18	Pittsburgh Pirates	PM 7:15	Fri, 6/23	Pittsburgh Pirates	PM 7:15	Wed, 8/30	Milwaukee Brewers	PM 1:10
Wed, 4/19	Pittsburgh Pirates	PM 12:45	Sat, 6/24	Pittsburgh Pirates	PM 6:15	Thu, 8/31	San Francisco Giants	PM 9:15
Thu, 4/20	Milwaukee Brewers	PM 7:10	Sun, 6/25	Pittsburgh Pirates	PM 1:15	Fri, 9/1	San Francisco Giants	PM 9:15
Fri, 4/21	Milwaukee Brewers	PM 7:10	Tue, 6/27	Arizona D-backs	PM 8:40	Sat, 9/2	San Francisco Giants	PM 3:05
Sat, 4/22	Milwaukee Brewers	PM 6:10	Wed, 6/28	Arizona D-backs	PM 8:40	Sun, 9/3	San Francisco Giants	PM 3:05
Sun, 4/23	Milwaukee Brewers	PM 1:10	Thu, 6/29	Arizona D-backs	PM 2:40	Mon, 9/4	San Diego Padres	PM 3:40
Tue, 4/25	Toronto Blue Jays	PM 7:15	Fri, 6/30	Washington Nationals	PM 7:15	Tue, 9/5	San Diego Padres	PM 9:10
Wed, 4/26	Toronto Blue Jays	PM 7:15	Sat, 7/1	Washington Nationals	PM 6:15	Wed, 9/6	San Diego Padres	PM 9:10
Thu, 4/27	Toronto Blue Jays	PM 12:45	Sun, 7/2	Washington Nationals	PM 1:15	Thu, 9/7	San Diego Padres	PM 8:10
Fri, 4/28	Cincinnati Reds	PM 7:15	Mon, 7/3	Miami Marlins	PM 6:15	Fri, 9/8	Pittsburgh Pirates	PM 7:15
Sat, 4/29	Cincinnati Reds	PM 1:15	Tue, 7/4	Miami Marlins	PM 7:15	Sat, 9/9	Pittsburgh Pirates	PM 12:05
Sun, 4/30	Cincinnati Reds	PM 1:15	Wed, 7/5	Miami Marlins	PM 7:15	Sun, 9/10	Pittsburgh Pirates	PM 1:15
Mon, 5/1	Milwaukee Brewers	PM 7:15	Thu, 7/6	Miami Marlins	PM 12:45	Tue, 9/12	Cincinnati Reds	PM 7:15
Tue, 5/2	Milwaukee Brewers	PM 7:15	Fri, 7/7	New York Mets	PM 7:15	Wed, 9/13	Cincinnati Reds	PM 7:15
Wed, 5/3	Milwaukee Brewers	PM 7:15	Sat, 7/8	New York Mets	PM 3:10	Thu, 9/14	Cincinnati Reds	PM 12:45
Thu, 5/4	Milwaukee Brewers	PM 12:45	Sun, 7/9	New York Mets	PM 7:15	Fri, 9/15	Chicago Cubs	PM 1:20
Fri, 5/5	Atlanta Braves	PM 6:35	Fri, 7/14	Pittsburgh Pirates	PM 6:05	Sat, 9/16	Chicago Cubs	PM 12:05
Sat, 5/6	Atlanta Braves	PM 6:10	Sat, 7/15	Pittsburgh Pirates	PM 6:05	Sun, 9/17	Chicago Cubs	TBD
Sun, 5/7	Atlanta Braves	PM 12:35	Sun, 7/16	Pittsburgh Pirates	PM 12:35	Tue, 9/19	Cincinnati Reds	PM 6:10
Mon, 5/8	Miami Marlins	PM 6:10	Mon, 7/17	New York Mets	PM 6:10	Wed, 9/20	Cincinnati Reds	PM 6:10
Tue, 5/9	Miami Marlins	PM 6:10	Tue, 7/18	New York Mets	PM 6:10	Thu, 9/21	Cincinnati Reds	PM 6:10
Wed, 5/10	Miami Marlins	PM 6:10	Wed, 7/19	New York Mets	PM 6:10	Fri, 9/22	Pittsburgh Pirates	PM 6:05
Fri, 5/12	Chicago Cubs	PM 7:15	Thu, 7/20	New York Mets	AM 11:10	Sat, 9/23	Pittsburgh Pirates	PM 6:05
Sat, 5/13	Chicago Cubs	PM 3:05	Fri, 7/21	Chicago Cubs	PM 1:20	Sun, 9/24	Pittsburgh Pirates	PM 12:35
Sun, 5/14	Chicago Cubs	PM 1:15	Sat, 7/22	Chicago Cubs	PM 3:05	Mon, 9/25	Chicago Cubs	PM 7:15
Tue, 5/16	Boston Red Sox	PM 7:15	Sun, 7/23	Chicago Cubs	PM 7:05	Tue, 9/26	Chicago Cubs	PM 7:15
Wed, 5/17	Boston Red Sox	PM 7:15	Mon, 7/24	Colorado Rockies	PM 7:15	Wed, 9/27	Chicago Cubs	PM 7:15
Fri, 5/19	San Francisco Giants	PM 7:15	Tue, 7/25	Colorado Rockies	PM 7:15	Thu, 9/28	Chicago Cubs	PM 6:15
Sat, 5/20	San Francisco Giants	PM 6:15	Wed, 7/26	Colorado Rockies	PM 7:15	Fri, 9/29	Milwaukee Brewers	PM 7:15
Sun, 5/21	San Francisco Giants	PM 1:15	Thu, 7/27	Arizona D-backs	PM 6:15	Sat, 9/30	Milwaukee Brewers	PM 3:15
Tue, 5/23	Los Angeles Dodgers	PM 9:10	Fri, 7/28	Arizona D-backs	PM 7:15	Sun, 10/1	Milwaukee Brewers	PM 2:15
Wed, 5/24	Los Angeles Dodgers	PM 9:10	Sat, 7/29	Arizona D-backs	PM 6:15			
Thu, 5/25	Los Angeles Dodgers	PM 9:10	Sun, 7/30	Arizona D-backs	PM 1:15			
Fri, 5/26	Colorado Rockies	PM 7:40	Tue, 8/1	Milwaukee Brewers	PM 6:40			
Sat, 5/27	Colorado Rockies	PM 8:10	Wed, 8/2	Milwaukee Brewers	PM 7:10			
Sun, 5/28	Colorado Rockies	PM 2:10	Thu, 8/3	Milwaukee Brewers	PM 1:10			
Mon, 5/29	Los Angeles Dodgers	PM 1:15	Fri, 8/4	Cincinnati Reds	PM 6:10			
Tue, 5/30	Los Angeles Dodgers	PM 6:05	Sat, 8/5	Cincinnati Reds	PM 6:10			
Wed, 5/31	Los Angeles Dodgers	PM 7:15	Sun, 8/6	Cincinnati Reds	PM 12:10			
Thu, 6/1	Los Angeles Dodgers	PM 12:45	Mon, 8/7	Kansas City Royals	PM 7:15			
Fri, 6/2	Chicago Cubs	PM 1:20	Tue, 8/8	Kansas City Royals	PM 7:15			
Sat, 6/3	Chicago Cubs	PM 1:20	Wed, 8/9	Kansas City Royals	PM 7:15			
Sun, 6/4	Chicago Cubs	PM 6:35	Thu, 8/10	Kansas City Royals	PM 6:15			
Mon, 6/5	Cincinnati Reds	PM 6:10	Fri, 8/11	Atlanta Braves	PM 7:15			
Tue, 6/6	Cincinnati Reds	PM 6:10	Sat, 8/12	Atlanta Braves	PM 6:15			
Wed, 6/7	Cincinnati Reds	PM 6:10	Sun, 8/13	Atlanta Braves	PM 1:15			

SAINT LOUIS CARDINALS

■ 15% 이상　■ 12-14%　■ 9-11%　■ 6-8%　□ 3-5%　□ 2% 이하

홈 ERA 3.20　원정 ERA 6.18
VS. 좌타자 0.304　VS. 우타자 0.263
VS. 추신수 12타수 5안타 1홈런 0.417
VS. 강정호 9타수 1안타 0.111

SP Adam WAINWRIGHT NO.50
애덤 웨인라이트

우투우타　1981년 8월 30일　200cm, 107kg　　*는 낮을수록 좋은 기록임

시즌	경기	이닝	피안타	피홈런	볼넷	탈삼진	승-패-세-홀	평균자책	구분	기록	MLB
2016	33	198.2	220	22	59	161	13-9-0-0	4.62	평균자책*	4.62	4.19
통산	320	1768.1	1650	126	449	1487	134-76-3-17	3.17	탈삼진 / 9	7.29	8.10
									볼넷 / 9*	2.67	3.14
									탈삼진 / 볼넷	2.73	2.58
									피홈런 / 9*	1	1.17
									피안타율	0.281	0.252
									WHIP*	1.40	1.32
									잔루율	69.5%	72.9%
									FIP*	3.93	4.19

PITCHING REPERTORY / VELOCITY km/h **/ MOVEMENT** cm

구종	평균	전체	초구	2-2	좌타자	우타자	피타율	상하	좌우
포심패스트볼	145	15%	16%	9%	19%	12%	0.327	↑22	→6
투심 / 싱커	145	27%	36%	19%	33%	29%	0.382	↑16	→19
컷패스트볼	137	30%	27%	28%	29%	30%	0.248	↑10	←8
슬라이더	–	–	–	–	–	–	–		
커브	119	27%	20%	44%	28%	25%	0.222	↓21	←25
체인지업	133	2%	1%	0%	5%	0%	0.364	↑10	→18
스플리터	–	–	–	–	–	–	–		

리그 최고의 우완투수 중 한 명. 2m의 큰 키로 몸에 무리가 가지 않는 부드럽고 간결한 투구폼으로 공을 뿌린다. 140km/h 후반대 형성되는 싱커와 130km/h 후반대의 커터로 많은 땅볼을 유도해낸다. 웨인라이트의 최고의 무기는 역시 리그 정상급 커브. 타점이 높은 팔에 낙차가 워낙 좋아 마치 2층에서 떨어지는 느낌이 들 정도. 제구까지 완벽해 스트라이크존 외곽을 절묘하게 공략해 타자를 현혹시킨다(통산 커브 피안타율 .170). 뛰어난 운동 능력으로 수비와 타격도 투수 중 최정상급.

홈 ERA 3.60　원정 ERA 2.45
VS. 좌타자 0.256　VS. 우타자 0.204
VS. 강정호 21타수 5안타 0.238
VS. 추신수 5타수 2안타 0.400

SP Carlos MARTINEZ NO.18
카를로스 마르티네스

우투우타　1991년 9월 21일　183cm, 86kg　　*는 낮을수록 좋은 기록임

시즌	경기	이닝	피안타	피홈런	볼넷	탈삼진	승-패-세-홀	평균자책	구분	기록	MLB
2016	31	195.1	169	15	70	174	16-9-0-0	3.04	평균자책*	3.04	4.19
통산	140	492.2	458	33	178	466	34-21-2-21	3.32	탈삼진 / 9	8.02	8.10
									볼넷 / 9*	3.23	3.14
									탈삼진 / 볼넷	2.49	2.58
									피홈런 / 9*	0.69	1.17
									피안타율	0.232	0.252
									WHIP*	1.22	1.32
									잔루율	79.5%	72.9%
									FIP*	3.61	4.19

PITCHING REPERTORY / VELOCITY km/h **/ MOVEMENT** cm

구종	평균	전체	초구	2-2	좌타자	우타자	피타율	상하	좌우
포심패스트볼	155	32%	42%	25%	45%	38%	0.301	↑20	→13
투심 / 싱커	153	26%	30%	10%	29%	32%	0.269	↑9	→22
컷패스트볼	–	–	–	–	–	–	–		
슬라이더	137	24%	16%	43%	5%	26%	0.184	↓1	←15
커브	125	0%	1%	0%	2%	1%	1.000	↓5	←15
체인지업	140	18%	11%	22%	19%	2%	0.216	↑5	→22
스플리터	–	–	–	–	–	–	–		

빅리그 선발투수 치고는 작은 체구지만 최대 160km/h의 강속구를 뿌리는 도미니카 출신 파이어볼러. 마이너 시절부터 페드로 마르티네스와 비교되기도 했다. 부드러운 투구폼으로 평균 150km/h 중반의 포심과 투심을 손쉽게 뿌린다. 변화구 주무기는 슬라이더. 체인지업도 구사 가능하지만 발전이 더 필요하다는 평가. 유격수 출신으로 다른 투수들에 비해 수비 범위도 넓고 가끔 대타나 대주자로 나서기도 한다. 지난 시즌 팀의 실질적인 에이스 역할을 했다.

SAINT LOUIS CARDINALS

■ 15% 이상 ■ 12~14% ■ 9~11% ■ 6~8% ■ 3~5% □ 2% 이하

SP Mike LEAKE
마이크 리크   NO.08

우투우타   1987년 11월 12일   178cm, 77kg   *는 낮을수록 좋은 기록임

시즌	경기	이닝	피안타	피홈런	볼넷	탈삼진	승-패-세-홀	평균자책	구분	기록	MLB
2016	30	176.2	203	20	30	125	9-12-0-0	4.69	평균자책*	4.69	4.19
통산	207	1260.1	1305	154	305	855	73-64-0-0	3.99	탈삼진 / 9	6.37	8.10
									볼넷 / 9*	1.53	3.14
									탈삼진 / 볼넷	4.17	2.58
									피홈런 / 9*	1.02	1.17
									피안타율	0.282	0.252
									WHIP*	1.32	1.32
									잔루율	65.6%	72.9%
									FIP*	3.83	4.19

PITCHING REPERTORY / VELOCITY km/h / MOVEMENT cm

구종	평균	전체	초구	2-2	좌타자	우타자	피타율	상하	좌우
포심패스트볼	147	0%	0%	1%	0%	1%	0.250	↑17	→13
투심 / 싱커	146	46%	58%	34%	41%	51%	0.303	↑1	→19
컷패스트볼	144	27%	19%	32%	29%	25%	0.245	↓9	0
슬라이더	131	9%	5%	17%	4%	15%	0.154	↓5	←15
커브	128	9%	13%	7%	13%	5%	0.238	↓16	←20
체인지업	137	8%	5%	9%	12%	3%	0.298	↑6	→20
스플리터	–	–	–	–	–	–	–		

홈 ERA 4.50   원정 ERA 4.84
VS. 좌타자 0.264   VS. 우타자 0.297
VS. 추신수 11타수 5안타 2홈런 0.455
VS. 강정호 9타수 5안타 1홈런 0.556

빅리그 선발투수 치고는 작은 체구지만 뛰어난 제구로 타자를 상대한다(통산 BB/9 2.2). 140km/h 중후반의 싱커로 많은 땅볼을 생산해낸다. 또한 커터, 슬라이더, 커브, 체인지업 등 다양한 변화구를 구사하는 팔색조 투수다. 애리조나 대학 시절 야수를 본 적이 있을 만큼 뛰어난 운동신경의 소유자. 준수한 방망이 재능으로 통산 6개의 홈런을 기록 중이다. 리그에서 수비를 가장 잘하는 투수 중 한 명이기도 하다. 지난 시즌 기대 이하의 성적을 거둬 올 시즌 반등이 절실하다.

SP Lance LYNN
랜스 린   NO.32

우투우타   1987년 5월 12일   196cm, 127kg   *는 낮을수록 좋은 기록임

시즌	경기	이닝	피안타	피홈런	볼넷	탈삼진	승-패-세-홀	평균자책	구분	기록	MLB
2016									평균자책*	–	4.19
통산	150	791.1	739	59	291	766	61-39-1-0	3.37	탈삼진 / 9	–	8.10
									볼넷 / 9*	–	3.14
									탈삼진 / 볼넷	–	2.58
									피홈런 / 9*	–	1.17
									피안타율	–	0.252
									WHIP*	–	1.32
									잔루율	–	72.9%
									FIP*	–	4.19

PITCHING REPERTORY / VELOCITY km/h / MOVEMENT cm

구종	평균	전체	초구	2-2	좌타자	우타자	피타율	상하	좌우
포심패스트볼	149	57%	56%	59%	55%	58%	0.207	↑20	→12
투심 / 싱커	147	28%	21%	25%	27%	28%	0.329	↑8	→19
컷패스트볼	140	8%	5%	10%	5%	10%	0.226	↑9	←2
슬라이더	–	–	–	–	–	–	–		
커브	126	5%	5%	4%	6%	3%	0.304	↓15	←15
체인지업	138	3%	5%	1%	6%	0%	0.461	↑8	→18
스플리터	–	–	–	–	–	–	–		

홈 ERA   원정 ERA
VS. 좌타자   VS. 우타자
VS. 추신수 14타수 4안타 1홈런 0.286
VS. 강정호 3타수 1안타 0.333

196cm 127kg의 건장한 체격에서 뿌리는 묵직한 빠른 공이 주무기. 빠른 공의 구속은 주로 150km/h 초반대에 형성된다. 빠른 공의 비율이 80%에 육박할 정도로 자신의 빠른 공에 강한 자신감이 있다. 하지만 가끔 이러한 자신감이 독이 되며 한없이 난타당하는 경우가 있다. 빈도가 높진 않지만 변화구로는 슬라이더, 커브, 체인지업을 구사한다. 2016시즌을 앞두고 토미존 수술을 받으며 올 시즌 복귀를 준비 중이다. 복귀 후 구속 하락이 일어나지 않는 게 가장 중요해 보인다.

SAINT LOUIS CARDINALS

■ 15% 이상　■ 12~14%　■ 9~11%　■ 6~8%　□ 3~5%　□ 2% 이하

홈 ERA 6.18　원정 ERA 3.92
VS. 좌타자 0.262　VS. 우타자 0.300
VS. 강정호 9타수 4안타 1홈런 0.444
VS. 추신수 7타수 0안타 0.000

 Michael WACHA
마이클 와카

NO.**52**

우투우타　1991년 7월 1일　198cm, 98kg

*는 낮을수록 좋은 기록임

시즌	경기	이닝	피안타	피홈런	볼넷	탈삼진	승-패-세-홀	평균자책	구분	기록	MLB
2016	27	138.0	159	15	45	114	7-7-0-0	5.09	평균자책*	5.09	4.19
통산	91	491.0	468	45	155	426	33-21-0-0	3.74	탈삼진 / 9	7.43	8.10
									볼넷 / 9*	2.93	3.14
									탈삼진 / 볼넷	2.53	2.58
									피홈런 / 9*	0.98	1.17
									피안타율*	0.284	0.252
									WHIP*	1.48	1.32
									잔루율	64.7%	72.9%
									FIP*	3.91	4.19

PITCHING REPERTORY / VELOCITY km/h　**MOVEMENT** cm

구종	평균	전체	초구	2-2	좌타자	우타자	피타율	상하	좌우
포심패스트볼	151	54%	63%	47%	52%	56%	0.280	↑28	→9
투심 / 싱커	138	19%	7%	32%	28%	11%	0.214	↑14	→14
컷패스트볼	122	11%	15%	9%	12%	9%	0.223	↓15	←10
슬라이더	145	15%	13%	11%	9%	19%	0.286	↑17	→3
커브	–	–	–	–	–	–	–		
체인지업									
스플리터									

리그를 이끌어갈 차세대 에이스급 투수. 198cm의 큰 키에서 내리 꽂는 150km/h 중반의 빠른 공이 주무기. 대학 시절부터 이미 높은 평가를 받았던 체인지업과 함께 커터, 커브를 구사한다. 또한 뛰어난 제구로 세 가지 구종의 가치를 더욱 빛나게 한다. 올 시즌 가장 우려되는 부분은 건강. 2014년 어깨 피로골절로 고생한 와카는 2015시즌 무려 전년도보다 74.1이닝이 증가한 181.1이닝을 던졌다. 그리고 지난 시즌에 또 한 번 부진과 부상을 거듭하며 아쉬운 시즌을 보냈다.

홈 ERA 0.98　원정 ERA 1.95
VS. 좌타자 0.243　VS. 우타자 0.167
VS. 강정호 2타수 1안타 1홈런 0.500

 Alex REYES
알렉스 레예스

NO.**61**

우투우타　1994년 8월 29일　190cm, 79kg

*는 낮을수록 좋은 기록임

시즌	경기	이닝	피안타	피홈런	볼넷	탈삼진	승-패-세-홀	평균자책	구분	기록	MLB
2016	12	46.0	33	1	23	52	4-1-1-1	1.57	평균자책*	1.57	4.19
통산	12	46.0	33	1	23	52	4-1-1-1	1.57	탈삼진 / 9	10.17	8.10
									볼넷 / 9*	4.50	3.14
									탈삼진 / 볼넷	2.26	2.58
									피홈런 / 9*	0.20	1.17
									피안타율*	0.199	0.252
									WHIP*	1.22	1.32
									잔루율	87.9%	72.9%
									FIP*	2.67	4.19

PITCHING REPERTORY / VELOCITY km/h　**MOVEMENT** cm

구종	평균	전체	초구	2-2	좌타자	우타자	피타율	상하	좌우
포심패스트볼	156	50%	52%	46%	36%	58%	0.172	↑25	→12
투심 / 싱커	154	14%	24%	6%	22%	9%	0.321	↑20	→18
컷패스트볼									
슬라이더	134	5%	3%	13%	2%	6%	0.143	↓6	←8
커브	125	8%	16%	6%	8%	8%	0.333	↓29	←11
체인지업	141	24%	5%	29%	32%	19%	0.172	↑13	→18
스플리터 / 기타									

세인트루이스 팀 최고의 투수 유망주. 지난 시즌 퓨처스 올스타에도 참가한 레예스는 8월 불펜투수로 빅리그 데뷔에 성공한다. 그리고 빅리그 선발 5차례를 포함해 12경기에서 4승 1패 1.57로 올 시즌에 대한 기대감을 높인 채 시즌을 마감했다. 올 시즌 여전히 신인왕 자격이 남아 있다. 최대 160km/h, 평균 150km/h 중후반의 강력한 빠른 공이 레예스의 최대 장점. 체인지업과 커브의 위력도 상당한 수준에 올라와 있다. 올 시즌 5선발로 시즌을 시작할 가능성이 크다.

SAINT LOUIS CARDINALS

■ 15% 이상 ■ 12-14% ■ 9-11% ■ 6-8% ■ 3-5% □ 2% 이하

RP Kevin SIEGRIST
케빈 시그리스트
  NO.46

좌투좌타 1989년 7월 20일 196cm, 104kg

*는 낮을수록 좋은 기록임

시즌	경기	이닝	피안타	피홈런	볼넷	탈삼진	승-패-세-홀	평균자책	구분	기록	MLB
2016	67	61.2	42	10	26	66	6-3-3-17	2.77	평균자책*	2.77	4.19
통산	230	206.1	144	20	94	243	17-9-9-72	2.70	탈삼진 / 9	9.63	8.10
									볼넷 / 9*	3.79	3.14
									탈삼진 / 볼넷	2.54	2.58
									피홈런 / 9*	1.46	1.17
									피안타율*	0.190	0.252
									WHIP*	1.10	1.32
									잔루율	89.1%	72.9%
									FIP*	4.43	4.19

PITCHING ZONE
좌타자·몸쪽 / 우타자·몸쪽

PITCHING REPERTORY / VELOCITY km/h MOVEMENT cm

구종	평균	전체	초구	2-2	좌타자	우타자	피타율	상하	좌우
포심패스트볼	151	72%	81%	73%	79%	68%	0.215	↑26	←17
투심 / 싱커	147	0%	0%	0%	0%	0%	0.000	↑15	←25
컷패스트볼	–	–	–	–	–	–	–		
슬라이더	130	4%	2%	3%	10%	0%	0.133	↑7	→6
커브	118	5%	2%	6%	9%	3%	0.143	↓15	←11
체인지업	137	20%	15%	19%	2%	29%	0.153	↑16	←27
스플리터	–	–	–	–	–	–	–		

홈 ERA 2.01 원정 ERA 3.56
VS. 좌타자 0.217 VS. 우타자 0.178
VS. 강정호 6타수 2안타 1홈런 0.333
VS. 추신수 1타수 0안타 0.000

2008년 41라운드에 뽑힐 정도로 큰 기대를 받지 않았다. 하지만 마이너에서 꾸준한 성장을 거듭, 2013시즌 빅리그 무대를 밟았다. 196cm의 높은 타점에서 평균 154km/h의 빠른 공을 던진다. 변화구로는 체인지업과 커브를 구사한다. 체인지업의 위력이 뛰어나 좌투수임에도 불구, 좌타자보다 우타자를 더 잘 요리한다. 하지만 제구가 다소 불안해 타자를 상대할 때 많은 투구수를 소비하는 편이다. 그래도 지난 시즌엔 데뷔 후 가장 적은 3.8개의 9이닝당 볼넷으로 다소 개선된 모습이다.

RP Trevor ROSENTHAL
트레버 로젠탈
NO.44

우투우타 1990년 5월 29일 188cm, 104kg

*는 낮을수록 좋은 기록임

시즌	경기	이닝	피안타	피홈런	볼넷	탈삼진	승-패-세-홀	평균자책	구분	기록	MLB
2016	45	40.1	48	3	29	56	2-4-14-0	4.46	평균자책*	4.46	4.19
통산	278	277.1	244	14	123	359	8-20-110-34	2.92	탈삼진 / 9	12.50	8.10
									볼넷 / 9*	6.47	3.14
									탈삼진 / 볼넷	1.93	2.58
									피홈런 / 9*	0.67	1.17
									피안타율*	0.291	0.252
									WHIP*	1.91	1.32
									잔루율	76.5%	72.9%
									FIP*	3.72	4.19

PITCHING ZONE
좌타자·몸쪽 / 우타자·몸쪽

PITCHING REPERTORY / VELOCITY km/h MOVEMENT cm

구종	평균	전체	초구	2-2	좌타자	우타자	피타율	상하	좌우
포심패스트볼	157	75%	81%	63%	74%	76%	0.292	↑26	→11
투심 / 싱커	–	–	–	–	–	–	–		
컷패스트볼	–	–	–	–	–	–	–		
슬라이더	140	6%	8%	4%	1%	11%	0.290	↑2	←8
커브	131	2%	5%	1%	3%	1%	0.429	↓7	←12
체인지업	141	16%	6%	31%	23%	9%	0.132	↑18	→17
스플리터 / 기타	–	–	–	–	–	–	–		

홈 ERA 5.25 원정 ERA 3.31
VS. 좌타자 0.292 VS. 우타자 0.290
VS. 강정호 7타수 4안타 1홈런 0.571
VS. 추신수 4타수 1안타 0.250

2014-2015시즌 2연속 45세이브 이상을 기록하며 리그 정상급 마무리로 활약했다. 하지만 지난 시즌 제구가 크게 흔들리며 마무리 자리를 내려놨다. 최대 160km/h, 평균 156km/h의 빠른 공으로 과감하게 스트라이크 존을 공략한다. 불펜투수로는 드물게 변화구 주무기로 체인지업을 구사한다. 뛰어난 체인지업으로 좌타자를 손쉽게 요리한다. 하지만 브레이킹볼이 약해 우타자 상대로는 고전할 때가 많다. 마이너에서 선발 수업을 받았으며 아직 빅리그에서의 선발 등판을 꿈꾸고 있다.

SAINT LOUIS CARDINALS

■ 15% 이상　■ 12-14%　■ 9-11%　■ 6-8%　■ 3-5%　□ 2% 이하

CP OH Seung Hwan NO.26
오승환

우투우타　1982년 7월 15일　178cm, 93kg　*는 낮을수록 좋은 기록임

시즌	경기	이닝	피안타	피홈런	볼넷	탈삼진	승-패-세-홀	평균자책
2016	76	79.2	55	5	18	103	6-3-19-14	1.92
통산	76	79.2	55	5	18	103	6-3-19-14	1.92

PITCHING ZONE

구분	기록	MLB
평균자책*	1.92	4.19
탈삼진 / 9	11.64	8.10
볼넷 / 9*	2.03	3.14
탈삼진 / 볼넷	5.72	2.58
피홈런 / 9*	0.56	1.17
피안타율*	0.188	0.252
WHIP*	0.92	1.32
잔루율	80.9%	72.9%
FIP*	2.13	4.19

PITCHING REPERTORY / VELOCITY km/h / MOVEMENT cm

구종	평균	전체	초구	2-2	좌타자	우타자	피타율	상하	좌우
포심패스트볼	150	61%	73%	50%	66%	56%	0.208	↑24	→10
투심 / 싱커	–	–	–	–	–	–	–	–	–
컷패스트볼	–	–	–	–	–	–	–	–	–
슬라이더	138	31%	23%	45%	16%	43%	0.164	↑8	←3
커브	119	1%	1%	0%	2%	0%	0.000	↓18	←13
체인지업	134	7%	3%	5%	16%	0%	0.200	↑11	→18
스플리터 / 기타	–	–	–	–	–	–	–	–	–

홈 ERA 2.58　원정 ERA 1.31
VS. 좌타자 0.173　VS. 우타자 0.200
VS. 강정호 4타수 1안타 1홈런 0.250
VS. 추신수 1타수 1안타 1.000

빠른 공의 구속은 빅리그 불펜투수 치고는 빠르지 않은 140km/h 중후반대로 형성된다. 하지만 공의 회전수가 엄청나 묵직한 구위로 타자를 압도한다. 구위에 대한 넘치는 자신감으로 70% 가까운 비율로 빠른 공을 구사하며 적극적으로 스트라이크존을 공략한다. 커맨드도 뛰어나 공을 꾸준히 낮게 유지할 수 있다. 변화구로 커터에 가까운 슬라이더와 스플리터를 구사한다. 투구 시 약간의 멈춤동작으로 타자의 타이밍을 뺏는다. 올 시즌 빅리그 첫 풀타임 마무리에 도전한다.

C Yadier MOLINA NO.04
야디에르 몰리나

우투우타　1982년 7월 13일　180cm, 93kg　*는 낮을수록 좋은 기록임

시즌	타수	안타	홈런	타점	볼넷	도루	타율	출루율	장타율
2016	534	164	8	58	39	3	0.307	0.360	0.427
통산	5591	1593	108	703	427	47	0.285	0.338	0.400

VS. 패스트볼　　VS. 변화구

구분	기록	MLB
타율	0.307	0.255
출루율	0.360	0.322
장타율	0.427	0.417
볼넷%	6.7%	8.2%
삼진%*	10.8%	21.1%
볼넷 / 삼진	0.62	0.39
순장타율	0.120	0.162
BABIP	0.335	0.300
wOBA	0.342	0.318

*5타수 미만은 색을 표시하지 않았음. ●●●: Ball zone

SPRAY ZONE

　　0
6　34%　2
38%　　28%
홈런
타구분포 %

BATTED BALL

항목	비율
볼존 공격률	37%
S존 공격률	71%
볼존 컨택트율	82%
S존 컨택트율	89%
라인드라이브	22%
그라운드볼	48%
플라이볼	30%

DEFENSE

위치	자살	보살	실책	수비율
C	1113	60	2	0.998

홈 타율 0.288　원정 타율 0.325
VS. 좌투수 0.304　VS. 우투수 0.308
득점권 0.308　L/C 0.358

리그 최고의 안방마님이자 야전사령관. 지난 시즌 포지에게 골든글러브를 빼앗기며 연속 수상이 8년 연속에서 멈췄지만 여전히 리그 최고의 수비형 포수. 한 박자 빠른 마운드 방문은 몰리나의 전매특허와 같은 장면으로 투수의 컨디션과 마음을 읽는 능력이 뛰어나다. 프레이밍 역시 리그 최정상급. 현역 최고의 도루 사냥꾼으로 명성이 높았지만 지난 시즌엔 다소 주춤했다(커리어 최저 21%). 타석에선 배트 컨트롤이 좋아 삼진을 잘 당하지 않고 3할을 칠 수 있는 정확도를 갖췄다.

SAINT LOUIS CARDINALS

타율 0.400 이상 | 0.300–0.399 | 0.200–0.299 | 0.100–0.199 | 타율 0.099 이하

C Carson KELLY NO.71
카슨 켈리

우투우타 1994년 7월 14일 188cm, 100kg *는 낮을수록 좋은 기록임

시즌	타수	안타	홈런	타점	볼넷	도루	타율	출루율	장타율
2016	13	2	0	1	0	0	0.154	0.214	0.231
통산	13	2	0	1	0	0	0.154	0.214	0.231

구분	기록	MLB
타율	0.154	0.255
출루율	0.214	0.322
장타율	0.231	0.417
볼넷%	0.0%	8.2%
삼진%*	14.3%	21.1%
볼넷 / 삼진	0.00	0.39
순장타율	0.077	0.162
BABIP	0.182	0.300
wOBA	0.203	0.318

VS. 패스트볼 / VS. 변화구 *5타수 미만은 색을 표시하지 않았음. ●●●● : Ball zone

SPRAY ZONE
0 / 0 / 0
45% 36% 18%
홈런 타구분포 %

BATTED BALL
항목	비율
볼존 공격률	18%
S존 공격률	76%
볼존 컨택트율	75%
S존 컨택트율	75%
라인드라이브	9%
그라운드볼	64%
플라이볼	27%

DEFENSE
위치	자살	보살	실책	수비율
C	30	2	0	1.000

홈 타율 0.000 원정 타율 0.333
VS. 좌투수 0.667 VS. 우투수 0.000
득점권 0.000 L/C 0.000

야디에르 몰리나의 출장 시간을 덜어줄 수비형 유망주 포수. 마이너에서도 통산 타율 .248에 그칠 정도로 타격엔 큰 소질이 없어보인다. 하지만 타석에서 신중한 편이며 삼진을 잘 당하지 않는다. 또한 잘 성장한다면 두 자릿수 홈런 정도는 기대해 볼 만하다. 켈리의 가장 큰 강점은 수비. 마이너에 입단할 때는 3루수였지만 포수로 전향한 후 수비 잠재력을 폭발시켰다. 마이너 최고의 수비수로 명성이 자자했으며, 투수 리드도 뛰어난 편. 올 시즌 몰리나의 백업 포수로 첫 풀타임 시즌을 보낼 것이다.

1B Matt CARPENTER NO.13
맷 카펜터

우투좌타 1985년 11월 26일 190cm, 93kg *는 낮을수록 좋은 기록임

시즌	타수	안타	홈런	타점	볼넷	도루	타율	출루율	장타율
2016	473	128	21	68	81	0	0.271	0.380	0.505
통산	2579	733	74	335	367	13	0.284	0.376	0.462

구분	기록	MLB
타율	0.271	0.255
출루율	0.380	0.322
장타율	0.505	0.417
볼넷%	14.3%	0.082
삼진%*	19.1%	0.211
볼넷 / 삼진	0.75	0.39
순장타율	0.235	0.162
BABIP	0.307	0.300
wOBA	0.375	0.318

VS. 패스트볼 / VS. 변화구 좌타자 *5타수 미만은 색을 표시하지 않았음. ●●●● : Ball zone

SPRAY ZONE
0 / 5 / 16
19% 33% 48%
홈런 타구분포 %

BATTED BALL
항목	비율
볼존 공격률	23%
S존 공격률	56%
볼존 컨택트율	59%
S존 컨택트율	93%
라인드라이브	26%
그라운드볼	31%
플라이볼	43%

DEFENSE
위치	자살	보살	실책	수비율
3B	20	95	8	0.935
1B	304	16	1	0.997
2B	60	103	4	0.976

홈 타율 0.296 원정 타율 0.247
VS. 좌투수 0.270 VS. 우투수 0.271
득점권 0.255 L/C 0.362

리그를 대표하는 1번타자. 1번타자로 발은 빠르지 않다. 하지만 타석에서 뛰어난 선구안으로 많은 볼넷을 골라내 1루로 무혈입성한다. 스윙이 빠르지 않지만 공을 맞힐 때 힘을 싣는 능력이 좋아 많은 장타를 만들어낸다. 지난 시즌까지 2년 연속 20홈런을 기록했다. 몰아치기에도 능해 멀티히트를 손쉽게 만들어낸다. 지난 시즌엔 부상 이후 성적이 하락하며 아쉽게 시즌을 마감했다. 3루가 주포지션이고 2루와 1루 수비도 가능하다. 올 시즌엔 풀타임 1루수로 활약할 가능성이 높다.

■ 타율 0.400 이상   ■ 0.300-0.399   ■ 0.200-0.299   ■ 0.100-0.199   ■ 타율 0.099 이하

2B Kolten WONG
콜튼 웡   NO.16

우투좌타   1990년 10월 10일   175cm, 84kg

*는 낮을수록 좋은 기록임

시즌	타수	안타	홈런	타점	볼넷	도루	타율	출루율	장타율	구분	기록	MLB
2016	313	75	5	23	34	7	0.240	0.327	0.355	타율	0.240	0.255
통산	1331	330	28	126	94	45	0.248	0.309	0.37	출루율	0.327	0.322
										장타율	0.355	0.417
										볼넷%	9.4%	8.2%
										삼진%*	14.4%	21.1%
										볼넷/삼진	0.65	0.39
										순장타율	0.115	0.162
										BABIP	0.268	0.300
										wOBA	0.300	0.318

VS. 패스트볼   VS. 변화구
*5타수 미만은 색을 표시하지 않았음. ●●●: Ball zone

SPRAY ZONE
0: 32%   0: 23%   5: 45%   홈런   타구분포 %

BATTED BALL
항목	비율
볼존 공격률	31%
S존 공격률	65%
볼존 컨택트율	67%
S존 컨택트율	92%
라인드라이브	20%
그라운드볼	46%
플라이볼	34%

DEFENSE
위치	자살	보살	실책	수비율
2B	132	256	8	0.980
OF	26	0	0	1.000

홈 타율 0.207   원정 타율 0.268
VS. 좌투수 0.242   VS. 우투수 0.239
득점권 0.176   L/C 0.224

타구를 전 지역으로 뿌리는 스프레이 히터. 작은 체구지만 공에 힘을 싣는 콤팩트한 스윙으로 두 자릿수 홈런과 많은 2루타를 때려낼 수 있는 갭히터다. 빠른 발과 준수한 주루 센스로 20도루 이상도 기대할 수 있다. 아직 경험이 부족해 타석에서 급한 모습을 보이는 것은 아쉬운 점. 출루율만 높힐 수 있다면 차기 리드오프로도 손색이 없다. 2루수로서 넓은 수비 범위가 강한 어깨는 인상적. 하지만 불안한 글러브질과 가끔 집중력이 흐트러지는 모습을 보이며 실책을 많이 저지른다.

3B Jhonny PERALTA
자니 페랄타   NO.27

우투우타   1982년 5월 28일   188cm, 102kg

*는 낮을수록 좋은 기록임

시즌	타수	안타	홈런	타점	볼넷	도루	타율	출루율	장타율	구분	기록	MLB
2016	289	75	8	29	20	0	0.260	0.307	0.408	타율	0.260	0.255
통산	6545	1750	202	873	602	17	0.267	0.330	0.425	출루율	0.307	0.322
										장타율	0.408	0.417
										볼넷%	6.4%	8.2%
										삼진%*	17.9%	21.1%
										볼넷/삼진	0.36	0.39
										순장타율	0.149	0.162
										BABIP	0.294	0.300
										wOBA	0.308	0.318

VS. 패스트볼   VS. 변화구
*5타수 미만은 색을 표시하지 않았음. ●●●: Ball zone

SPRAY ZONE
1: 29%   5: 45%   2: 26%   홈런   타구분포 %

BATTED BALL
항목	비율
볼존 공격률	26%
S존 공격률	69%
볼존 컨택트율	65%
S존 컨택트율	89%
라인드라이브	24%
그라운드볼	41%
플라이볼	35%

DEFENSE
위치	자살	보살	실책	수비율
3B	39	125	4	0.976

홈 타율 0.267   원정 타율 0.253
VS. 좌투수 0.182   VS. 우투수 0.288
득점권 0.224   L/C 0.277

리그를 대표하는 공격형 유격수였지만 지난 시즌 알레드미스 디아스의 등장으로 3루로 포지션을 전환했다. 3할의 고타율은 기대하기 힘들지만 5번의 20홈런 시즌을 포함, 11년 연속 두 자릿수 홈런을 때려낼 만큼 펀치력을 갖췄다. 레그킥을 해 공을 치는 순간 힘을 싣는 능력이 뛰어나다. 빠른 공에 강점이 있지만 바깥쪽으로 휘어지는 변화구에 여전히 따라가는 경우가 많다. 발이 느려 범위가 넓지 않지만 리그에서 가장 안정된 수비를 보여준다. 올 시즌 후 FA가 된다.

SAINT LOUIS CARDINALS

■ 타율 0.400 이상 ■ 0.300-0.399 ■ 0.200-0.299 ■ 0.100-0.199 ■ 타율 0.099 이하

SS **Aledmys DIAZ** NO.36
알레드미스 디아스

우투우타 1990년 8월 1일 185cm, 88kg

*는 낮을수록 좋은 기록임

시즌	타수	안타	홈런	타점	볼넷	도루	타율	출루율	장타율	구분	기록	MLB
2016	404	121	17	65	41	4	0.300	0.369	0.510	타율	0.300	0.255
통산	404	121	17	65	41	4	0.300	0.369	0.510	출루율	0.369	0.322
										장타율	0.510	0.417
										볼넷%	8.9%	8.2%
										삼진%*	13.0%	21.1%
										볼넷/삼진	0.68	0.39
										순장타율	0.210	0.162
										BABIP	0.312	0.300
										wOBA	0.37	0.318

VS. 패스트볼 / VS. 변화구 (우타자)
*5타수 미만은 색을 표시하지 않았음. ●●●: Ball zone

SPRAY ZONE
3 / 14 / 0 / 46% / 31% / 23%
홈런 타구분포 %

BATTED BALL
항목	비율
볼존 공격률	26%
S존 공격률	67%
볼존 컨택트율	65%
S존 컨택트율	92%
라인드라이브	16%
그라운드볼	46%
플라이볼	39%

DEFENSE
위치	자살	보살	실책	수비율
SS	122	275	16	0.961

홈 타율 0.283 원정 타율 0.318
VS. 좌투수 0.256 VS. 우투수 0.317
득점권 0.337 L/C 0.230

지난해 혜성같이 등장한 세인트루이스의 보물. 7월 말 부상만 당하지 않았다면 코리 시거의 강력한 신인왕 경쟁자가 되었을 것이다. 2007년 16세의 나이로 쿠바리그에 데뷔한 디아스는 2014년 세인트루이스와 계약을 맺고 미국 무대를 밟았다. 마이너 시절부터 뛰어난 타격 솜씨로 기대를 높였고 지난 시즌 스프링 트레이닝에서 준수한 활약으로 개막전 로스터에 합류했다. 3할을 칠 수 있는 정확도와 20홈런을 칠 수 있는 파워를 겸비했다는 평. 배트 컨트롤이 좋아 삼진도 잘 당하지 않는다.

LF **Randal GRICHUK** NO.15
랜달 그리척

우투우타 1991년 8월 13일 185cm, 93kg

*는 낮을수록 좋은 기록임

시즌	타수	안타	홈런	타점	볼넷	도루	타율	출루율	장타율	구분	기록	MLB
2016	446	107	24	68	28	5	0.240	0.289	0.480	타율	0.240	0.255
통산	879	223	44	123	55	9	0.254	0.302	0.495	출루율	0.289	0.322
										장타율	0.480	0.417
										볼넷%	5.9%	8.2%
										삼진%*	29.5%	21.1%
										볼넷/삼진	0.20	0.39
										순장타율	0.240	0.162
										BABIP	0.294	0.300
										wOBA	0.325	0.318

VS. 패스트볼 / VS. 변화구 (우타자)
*5타수 미만은 색을 표시하지 않았음. ●●●: Ball zone

SPRAY ZONE
7 / 13 / 4 / 47% / 31% / 22%
홈런 타구분포 %

BATTED BALL
항목	비율
볼존 공격률	39%
S존 공격률	71%
볼존 컨택트율	60%
S존 컨택트율	80%
라인드라이브	16%
그라운드볼	41%
플라이볼	44%

DEFENSE
위치	자살	보살	실책	수비율
CF	221	8	0	1.000

홈 타율 0.255 원정 타율 0.227
VS. 좌투수 0.240 VS. 우투수 0.240
득점권 0.327 L/C 0.189

2009년 드래프트에서 마이크 트라웃 바로 앞인 24순위로 뽑혔다. 타격 준비 시 클리블랜드의 제이슨 킵니스처럼 배트를 뒤로 눕히는 특이한 폼을 가지고 있다. 손목 힘이 좋아 빠르고 콤팩트한 스윙으로 고타율은 기대하기 힘들지만 많은 홈런을 때려낼 수 있다. 빠른 공엔 강하지만 아직까지 바깥쪽으로 휘거나 떨어지는 변화구에 약점을 보이고 있다. 선구안도 개선되어야 할 부분 중 하나. 외야 전 포지션 소화가 가능하며 우익수가 주포지션이다. 우익수에 어울리는 강한 어깨를 가졌다.

SAINT LOUIS CARDINALS

■ 타율 0.400 이상   ■ 0.300-0.399   ■ 0.200-0.299   ■ 0.100-0.199   ■ 타율 0.099 이하

CF Dexter FOWLER   NO.25
덱스터 파울러

우투양타   1986년 3월 22일   196cm, 88kg   *는 낮을수록 좋은 기록임

시즌	타수	안타	홈런	타점	볼넷	도루	타율	출루율	장타율		구분	기록	MLB
2016	456	126	13	48	79	13	0.276	0.393	0.447		타율	0.276	0.255
통산	3734	1001	78	339	554	127	0.268	0.366	0.422		출루율	0.393	0.322
											장타율	0.447	0.417
											볼넷%	14.3%	8.2%
											삼진%*	22.5%	21.1%
											볼넷 / 삼진	0.64	0.39
											순장타율	0.171	0.162
											BABIP	0.350	0.300
											wOBA	0.367	0.318

홈 타율 0.252 원정 타율 0.298
VS. 좌투수 0.293 VS. 우투수 0.270
득점권 0.253 L/C 0.214

SPRAY ZONE: 3 / 4 / 6 / 29% / 38% / 33% / 홈런

BATTED BALL
항목	비율
볼존 공격률	19%
S존 공격률	62%
볼존 컨택트율	61%
S존 컨택트율	86%
라인드라이브	24%
그라운드볼	41%
플라이볼	36%

DEFENSE
위치	자살	보살	실책	수비율
CF	219	6	4	0.983

지난 시즌을 앞두고 제이슨 헤이워드가 세인트루이스에서 컵스로 유니폼을 바꿔입었듯이, 올 시즌을 앞두고 파울러가 컵스에서 세인트루이스로 유니폼을 바꿔입었다. 파울러의 1번 타자로서 최고의 장점은 높은 출루율. 지난해에도 출루율이 무려 .393였다. 또한 파울러는 30 2루타, 10 3루타, 두 자릿수 홈런을 칠 수 있는 장타력도 보유한 타자다. 또한 커리어 초반보다 수비가 크게 향상되며 리그 정상급 수비의 중견수로 거듭났다. 파울러의 지난 시즌 부시스타디움 성적은 .405 3홈런.

RF Stephen PISCOTTY   NO.55
스티븐 피스코티

우투우타   1991년 1월 14일   190cm, 95kg   *는 낮을수록 좋은 기록임

시즌	타수	안타	홈런	타점	볼넷	도루	타율	출루율	장타율		구분	기록	MLB
2016	582	159	22	85	51	7	0.273	0.343	0.457		타율	0.273	0.255
통산	815	230	29	124	71	9	0.282	0.348	0.467		출루율	0.343	0.322
											장타율	0.457	0.417
											볼넷%	7.9%	8.2%
											삼진%*	20.5%	21.1%
											볼넷 / 삼진	0.38	0.39
											순장타율	0.184	0.162
											BABIP	0.319	0.300
											wOBA	0.345	0.318

홈 타율 0.295 원정 타율 0.252
VS. 좌투수 0.297 VS. 우투수 0.265
득점권 0.363 L/C 0.265

SPRAY ZONE: 10 / 9 / 3 / 42% / 32% / 26% / 홈런

BATTED BALL
항목	비율
볼존 공격률	33%
S존 공격률	73%
볼존 컨택트율	57%
S존 컨택트율	85%
라인드라이브	20%
그라운드볼	44%
플라이볼	36%

DEFENSE
위치	자살	보살	실책	수비율
RF	256	6	4	0.985

2012년 알버트 푸홀스가 에인절스와 계약하며 선물한 드래프트권으로 지명한 선수. 군더더기 없는 깔끔한 스윙과 배트 컨트롤로 많은 라인드라이브 타구를 필드 전 방향으로 뿌릴 수 있다. 향후 3할 타자로 기대가 크며 지난 시즌엔 22홈런을 때려내며 장타율에서도 괄목상대한 성장을 이뤄냈다. 삼진을 잘 당하지 않고 선구안 또한 준수한 편. 큰 체구에 비해 주루 센스도 탁월하다. 드래프트 당시 3루수였으나 심각한 돌글러브질로 외야수로 전향했다.

SAINT LOUIS CARDINALS

● 타율 0.400 이상   ● 0.300–0.399   ● 0.200–0.299   ● 0.100–0.199   ● 타율 0.099 이하

IF **Jedd GYORKO**
제드 저코

NO.03

우투우타   1988년 9월 23일   178cm, 98kg   *는 낮을수록 좋은 기록임

시즌	타수	안타	홈런	타점	볼넷	도루	타율	출루율	장타율	구분	기록	MLB
2016	400	97	30	59	37	0	0.243	0.306	0.495	타율	0.243	0.255
통산	1707	406	79	230	133	4	0.238	0.296	0.418	출루율	0.306	0.322
										장타율	0.495	0.417
										볼넷%	8.4%	8.2%
										삼진%*	21.9%	21.1%
										볼넷 / 삼진	0.39	0.39
										순장타율	0.253	0.162
										BABIP	0.244	0.300
										wOBA	0.339	0.318

VS. 패스트볼   VS. 변화구

*5타수 미만은 색을 표시하지 않았음, ●●●● Ball zone

SPRAY ZONE
9
18   3
45% 33% 22%
홈런 타구분포 %

BATTED BALL	
항목	비율
볼존 공격률	30%
S존 공격률	70%
볼존 컨택트율	56%
S존 컨택트율	36%
라인드라이브	19%
그라운드볼	41%
플라이볼	40%

DEFENSE

위치	자살	보살	실책	수비율
2B	63	136	1	0.995
3B	21	54	3	0.962
SS	38	74	6	0.949

홈 타율 0.257 원정 타율 0.231
VS. 좌투수 0.245 VS. 우투수 0.241
득점권 0.230 L/C 0.218

2013년 데뷔해 23개의 홈런을 때려내며 거포 2루수로 각광받았다. 이후 샌디에이고에서 기대만큼 활약하지 못했지만 지난 시즌 세인트루이스에서 다시 부활에 성공했다. 바깥쪽으로 휘어지는 변화구에 큰 약점이 있어 고타율은 기대하기 힘들지만 한 방은 꽤나 매력적인 타자다. 전형적인 슬로우 스타터로 지난 시즌 30개의 홈런 중 23개를 후반기에 기록했다. 수비에선 2루수뿐만 아니라 유격수 3루수도 볼 수 있다. 하지만 2루 수비를 제외하고 나머지 포지션의 수비는 평균 이하다.

OF **Tommy PHAM**
토미 팸

NO.28

우투우타   1988년 3월 8일   185cm, 95kg   *는 낮을수록 좋은 기록임

시즌	타수	안타	홈런	타점	볼넷	도루	타율	출루율	장타율	구분	기록	MLB
2016	159	36	9	17	20	2	0.226	0.324	0.440	타율	0.226	0.255
통산	314	77	14	35	39	4	0.245	0.333	0.455	출루율	0.324	0.322
										장타율	0.440	0.417
										볼넷%	10.9%	8.2%
										삼진%*	38.8%	21.1%
										볼넷 / 삼진	0.28	0.39
										순장타율	0.214	0.162
										BABIP	0.342	0.300
										wOBA	0.330	0.318

VS. 패스트볼   VS. 변화구

*5타수 미만은 색을 표시하지 않았음, ●●●● Ball zone

SPRAY ZONE
4
2   3
31% 34% 35%
홈런 타구분포 %

BATTED BALL	
항목	비율
볼존 공격률	26%
S존 공격률	59%
볼존 컨택트율	42%
S존 컨택트율	77%
라인드라이브	25%
그라운드볼	46%
플라이볼	30%

DEFENSE

위치	자살	보살	실책	수비율
CF	50	2	0	1.000
LF	18	0	0	1.000

홈 타율 0.213 원정 타율 0.238
VS. 좌투수 0.206 VS. 우투수 0.240
득점권 0.207 L/C 0.229

준수한 제4의 외야수 자원. 2014년 다소 늦은 26세의 나이로 빅리그 무대를 밟았다. 지난 시즌 커리어 최다인 78경기에 나서며 부상이 많았던 세인트루이스 타선에 도움을 주었다. 20도루까지 가능한 빠른 발을 보유했으며, 넓은 외야 수비를 자랑한다. 주포지션은 중견수지만 코너 외야수도 소화 가능하다. 마이너에서 한 시즌 18홈런을 때려낼 정도로 장타력도 가지고 있어 대타로 나서 뜬금포를 쏘아 올리기도 한다.

NATIONAL LEAGUE
WEST

지난 시즌 다저스는 4년 연속 지구 우승을 차지하고도 4년 연속으로 월드시리즈 진출에 실패했다. 올 시즌 앞서 특별히 보강된 곳도 로건 포사이드를 영입한 2루뿐. 하지만 류현진을 비롯해 부상 선수들만 건강하게 돌아온다면 여전히 강력한 우승 후보다. 짝수해 우승 행진의 마침표를 찍은 샌프란시스코는 마크 멜란슨을 영입하며 지난 시즌 무너진 불펜을 보강했다. 지난 시즌 20홈런 선수가 단 한 명도 없었던 타선의 보강은 없었다는 점이 우려스러운 점. 하지만 부상으로 결장이 잦았던 펜스와 패닉이 건강한 시즌을 보낸다면 지난 시즌보다 공격력이 업그레이드될 것으로 전망된다. 그레인키와 셸비 밀러를 영입하고도 지난 시즌을 거하게 망친 애리조나는 토니 라루사 독재체제에서 벗어났다. 기존의 강력한 타선에 그레인키-밀러만 반등에 성공한다면 다저스와 샌프란시스코를 위협할 다크호스의 자격이 충분하다. 공격력에 올인한 콜로라도와 리빌딩 중인 샌디에이고는 앞선 3팀을 위협하긴 힘들 것으로 보인다.

최근 3년간 순위

2016

팀	승	패	승률	승차
LA 다저스	91	71	0.562	--
샌프란시스코	87	75	0.537	4
콜로라도	75	87	0.463	16
애리조나	69	93	0.426	22
샌디에이고	68	94	0.420	23

2015

팀	승	패	승률	승차
LA 다저스	92	70	0.568	--
샌프란시스코	84	78	0.519	8
애리조나	79	83	0.488	13
샌디에이고	74	88	0.457	18
콜로라도	68	94	0.42	24

2014

팀	승	패	승률	승차
LA 다저스	94	68	0.58	--
샌프란시스코	88	74	0.543	6
샌디에이고	77	85	0.475	17
콜로라도	66	96	0.407	28
애리조나	64	98	0.395	30

월드시리즈 **우승 배당률**

※우승 확률이 높을수록 배당률은 낮아짐

ARIZONA DIAMONDBACKS

토니 라루사의 독재 체제는 실패로 끝났다. 새로운 단장 마이크 헤이즌이 팀 재정비에 나선다. 반등을 위해선 마운드의 잭 그레인키-셸비 밀러-패트릭 코빈의 부활이 절실하다. 골드슈미트를 중심으로 한 타선의 공격력은 리그 최상위급.

BET365	80배
	NL 10위, ML 21위
LADBROKES	80배
	NL 9위, ML 19위
WILLIAM HILL	100배
	NL 10위, ML 22위

COLORADO ROCKIES

리그에서 가장 투-타의 차이가 극심한 팀. 팀 성적만 좋다면 아레나도의 MVP도 꿈이 아니다. 데스먼드까지 가세하며 공격력으로 승부를 보기로 작정한 듯하다. 하지만 그러한 전략은 매번 실패로 끝났다. 투수 출신 버드 블랙 새 감독의 묘수가 기대된다.

BET365	35배
	NL 7위, ML 16위
LADBROKES	66배
	NL 8위, ML 18위
WILLIAM HILL	66배
	NL 8위, ML 18위

LOS ANGELES DODGERS

4년 연속 지구 우승에도 불구, 4년 연속 월드시리즈 진출에 실패했다. 올 시즌엔 29년 만의 월드시리즈 진출의 꿈을 이룰 수 있을까? 국내 팬들은 2014년 이후 잠자고 있는 괴물이 눈을 뜨기를 절실히 바라고 있다.

BET365	10배
	NL 2위, ML 4위
LADBROKES	12배
	NL 3위, ML 5위
WILLIAM HILL	12배
	NL 3위, ML 5위

SAN DIEGO PADRES

A.J. 프렐러 단장의 혁명적 광폭 행보는 결국 실패로 끝났다. 올 시즌부턴 차분히 리빌딩을 준비 중. 타선의 리더 윌 마이어스를 중심으로 최고의 파워 유망주 헌터 렌프로가 신인왕에 도전한다. 마운드를 복구하기까진 아직 많은 시간이 필요해보인다.

BET365	200배
	NL 13위, ML 27위
LADBROKES	200배
	NL 15위, ML 30위
WILLIAM HILL	100배
	NL 10위, ML 22위

SAN FRANCISCO GIANTS

2010-2012-2014 짝수해 월드시리즈 우승 징크스가 지난 시즌으로 끝이 났다. 올 시즌엔 홀수해 우승을 노린다. 불안했던 뒷문도 마크 멜란슨을 영입하며 강화에 성공했다. 관건은 주전 선수들의 건강.

BET365	16배
	NL 4위, ML 8위
LADBROKES	18배
	NL 5위, ML 8위
WILLIAM HILL	18배
	NL 4위, ML 7위

ARIZONA DIAMONDBACKS

토니 라루사의 독재 체제는 실패로 끝났다. 새로운 단장 마이크 헤이즌이 팀 재정비에 나선다. 반등을 위해선 마운드의 잭 그레인키-셸비 밀러-패트릭 코빈의 부활이 절실하다. 골드슈미트를 중심으로 한 타선의 공격력은 리그 최상위급.

TEAM IMFORMATION

창단 : 1998년
이전 연고지 : -
월드시리즈 우승 : 1회
NL 우승 : 1회
디비전 우승 : 5회
와일드카드 진출 : 0회
구단주 : 켄 켄드릭
감독 : 토레이 로블로
단장 : 마이크 헤이즌

FRANCHISE

UNIFORM

Home / Away

Alternate

ARIZONA DIAMONDBACKS

MANAGER

Torey Lovullo

생년월일 : 1965년 7월 25일
출생지 : 산타모니카(캘리포니아)
MLB 감독 경력 : 올해 데뷔
정규시즌 통산 : -
포스트시즌 통산 : -

LINE-UP

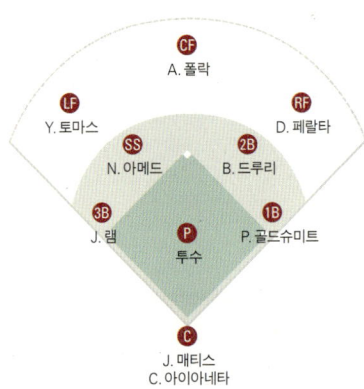

ROTATION	
SP	Z. 그레인키
SP	R. 레이
SP	T. 워커
SP	S. 밀러
SP	P. 코빈

BULLPEN	
RP	Z. 가들리
RP	R. 델가도
RP	S. 브라초
RP	E. 부르고스
RP	J. 바렛
RP	A. 체이핀
CL	F. 로드니

BATTING	
1	A. 폴락
2	D. 페랄타
3	P. 골드슈미트
4	Y. 토마스
5	J. 램
6	B. 드루리
7	N. 아메드
8	J. 매티스

UTILITY PLAYERS	
IF	C. 오윙스
IF	D. 데스칼소
OF	C. 허먼
OF	J. 헤이즐베이커

BALL PARK : CHASE FIELD

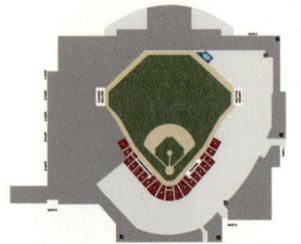

주소 : 401 East Jefferson Street Phoenix, Arizona
펜스 거리 : 왼쪽 101m, 좌중간 114m, 좌중간 깊은 곳 126m, 중앙 124m, 우중간 깊은 곳 126m, 우중간 114m, 오른쪽 102m
펜스 높이 : 왼쪽 2.3m, 중앙 7.6m, 오른쪽 2.3m
최초공식경기 : 1998년 3월 31일
잔디 : 불스아이 버뮤다 그래스(천연잔디)
수용 인원 : 4만 8,519명
홈팀 덕아웃 : 3루
파크팩터 : 1.062(MLB 8위)

실패로 끝난 토니 라루사 독재
재정비에 나선 방울뱀 군단

2016 리뷰
2016시즌을 앞두고 과감한 행보를 보였다. 2015년 전체 1순위인 댄스비 스완슨을 내주면서 셸비 밀러를 데려왔고, 잭 그레인키에게 거액의 계약을 안겨줬다. 샌프란시스코와 다저스를 넘어서기 위한 이러한 노력은 모두 물거품이 됐다. 그레인키는 시즌 초반 홈구장인 체이스 필드 적응에 실패하며 무너졌고, 성적이 좋아질 때쯤 부상으로 이탈했다. 밀러는 시즌 내내 부진한 성적을 기록하며 마이너 강등의 수모를 당하기도 했다. 그에 반해 스완슨은 애틀란타에서 데뷔해 준수한 활약을 펼치며 데이브 스튜어트 단장의 배를 아프게 했다. 선발 원투 펀치가 무너지자 다른 선발진도 연쇄적으로 무너지기 시작했다. 코빈은 부진 속에 선발과 불펜을 오갔고 기대를 모았던 아치 브래들리는 전혀 성장을 하지 못했다. 타선에선 시즌 시작과 함께 A.J. 폴락이 부상으로 이탈한 게 뼈아팠다. 골드슈미트는 리그 볼넷 1위에 올랐지만 예년보다 장타력이 크게 떨어진 모습이었다. 그나마 트레이드로 데려온 진 세구라와 먹튀 오명을 쓰던 야스마니 토마스의 맹활약이 애리조나의 위안거리였다.

2017 프리뷰
지난 시즌 과감한 행보에 비해 조심스러운 오프 시즌을 보냈다. 라루사-스튜어트 체제가 끝나고 보스턴에서 마이크 헤이즌 단장을 데려왔다. 헤이즌 단장은 취임하고 나서 빠르게 팀을 재정비하기 시작했다. 가장 먼저 지난 시즌 준수한 활약을 펼쳤던 2루수 진 세구라와 유망주 미치 해니거를 시애틀로 보내고 선발 타이완 워커와 유격수 케텔 마르테를 데려왔다. 워커의 영입으로 지난 시즌보다 선발진은 더 강력해졌다는 평가. 하지만 성장세가 아쉬운 마르테가 오면서 내야진의 공격력은 떨어졌다. 올 시즌 애리조나의 가장 큰 숙제는 그레인키와 골드슈미트의 부활. 그레인키는 부상으로 인해 2007년 이후 처음으로 규정 이닝을 채우지 못했다. 골드슈미트 역시 예년의 장타력을 회복하지 못한다면 애리조나의 공격 생산력은 크게 떨어질 것이다. 그 밖에도 타선에서 폴락의 성공적 부상 복귀, 투수진의 밀러-코빈의 반등이 반드시 필요하다. 불펜진은 여전히 약점. 페르난도 로드니를 영입하긴 했지만 최근에 기복이 심한 모습이고 7-8회를 믿고 맡길 만한 투수들도 없어 보인다.

ARIZONA DIAMONDBACKS

SQUAD LIST   * 선수 명단은 2017년 3월 25일 기준(soucre : ESPN)

투수

번호	이름	위치	투	타	나이	출생지
70	Anthony Banda	SP	L	L	23	Corpus Christi, TX
33	Jake Barrett	RP	R	R	25	Upland, CA
61	Silvino Bracho	RP	R	R	24	Maracaibo, Venezuela
25	Archie Bradley	SP	R	R	24	Muskogee, OK
36	Enrique Burgos	RP	R	R	26	Panama City, Panama
40	Andrew Chafin	RP	L	R	26	Kettering, OH
46	Patrick Corbin	SP	L	L	27	Clay, NY
48	Randall Delgado	RP	R	R	27	Las Tablas, Panama
43	Edwin Escobar	RP	L	L	24	La Sabana, Venezuela
52	Zack Godley	RP	R	R	26	Bamberg, SC
21	Zack Greinke	SP	R	R	33	Orlando, FL
32	Steve Hathaway	RP	L	L	26	Acton, MA
55	Matt Koch	RP	R	L	26	Storm Lake, IA
50	Evan Marshall	RP	R	R	26	Sunnyvale, CA
26	Shelby Miller	SP	R	R	26	Houston, TX
38	Robbie Ray	SP	L	L	25	Brentwood, TN
56	Fernando Rodney	RP	R	R	40	Samana, Dominican Republic
68	Jimmie Sherfy	RP	R	R	25	Camarillo, CA
34	Braden Shipley	SP	R	R	25	Medford, OR
99	Taijuan Walker	SP	R	R	24	Shreveport, LA

포수

번호	이름	위치	투	타	나이	출생지
28	Oscar Hernandez	C	R	R	23	Punto de Fijo, Venezuela
10	Chris Herrmann	C	R	L	29	Tomball, TX
8	Chris Iannetta	C	R	R	33	Providence, RI
2	Jeff Mathis	C	R	R	33	Marianna, FL

내야

번호	이름	위치	투	타	나이	출생지
13	Nick Ahmed	SS	R	R	27	East Longmeadow, MA
3	Daniel Descalso	3B	R	L	30	Redwood City, CA
44	Paul Goldschmidt	1B	R	R	29	Wilmington, DE
22	Jake Lamb	3B	R	L	26	Seattle, WA
74	Domingo Leyba	2B	R	B	21	Santo Domingo, Dominican Republic
71	Dawel Lugo	SS	R	R	22	Bani, Dominican Republic
4	Ketel Marte	SS	R	B	23	Peravia, Dominican Republic
16	Chris Owings	SS	R	R	25	Charleston, SC
76	Jack Reinheimer	SS	R	R	24	Charlotte, NC
73	Ildemaro Vargas	3B	R	B	25	Monagas, Venezuela

외야

번호	이름	위치	투	타	나이	출생지
19	Socrates Brito	CF	L	L	24	Azua, Dominican Republic
27	Brandon Drury	LF	R	R	24	Grants Pass, OR
41	Jeremy Hazelbaker	RF	R	L	29	Muncie, IN
6	David Peralta	RF	L	L	29	Valencia, Venezuela
11	A.J. Pollock	CF	R	R	29	Hebron, CT
24	Yasmany Tomas	RF	R	R	26	Havana, Cuba

SUMMARY

우타자	좌타자	스위치	우투수	좌투수	평균나이	최연소	최연장
11명	6명	3명	14명	6명	26.5세	21세	39세

ARIZONA DIAMONDBACKS

2017 REGULAR SEASON SCHEDULE

* ▨ 는 홈경기, 시간은 미국 동부시간 기준

날짜	상대팀	경기시간	날짜	상대팀	경기시간	날짜	상대팀	경기시간
Sun, 4/2	San Francisco Giants	PM 1:10	Tue, 6/6	San Diego Padres	PM 6:40	Tue, 8/15	Houston Astros	PM 12:40
Tue, 4/4	San Francisco Giants	PM 6:40	Wed, 6/7	San Diego Padres	PM 6:40	Wed, 8/16	Houston Astros	PM 5:10
Wed, 4/5	San Francisco Giants	PM 6:40	Thu, 6/8	San Diego Padres	PM 12:40	Thu, 8/17	Houston Astros	AM 11:10
Thu, 4/6	San Francisco Giants	PM 6:40	Fri, 6/9	Milwaukee Brewers	PM 6:40	Fri, 8/18	Minnesota Twins	PM 5:10
Fri, 4/7	Cleveland Indians	PM 6:40	Sat, 6/10	Milwaukee Brewers	PM 7:10	Sat, 8/19	Minnesota Twins	PM 4:10
Sat, 4/8	Cleveland Indians	PM 5:10	Sun, 6/11	Milwaukee Brewers	PM 1:10	Sun, 8/20	Minnesota Twins	AM 11:10
Sun, 4/9	Cleveland Indians	PM 1:10	Tue, 6/13	Detroit Tigers	PM 4:10	Mon, 8/21	New York Mets	PM 4:10
Mon, 4/10	San Francisco Giants	PM 1:35	Wed, 6/14	Detroit Tigers	PM 4:10	Tue, 8/22	New York Mets	PM 4:10
Tue, 4/11	San Francisco Giants	PM 7:15	Fri, 6/16	Philadelphia Phillies	PM 4:05	Wed, 8/23	New York Mets	PM 4:10
Wed, 4/12	San Francisco Giants	PM 7:15	Sat, 6/17	Philadelphia Phillies	PM 1:05	Thu, 8/24	New York Mets	AM 9:10
Fri, 4/14	Los Angeles Dodgers	PM 7:10	Sun, 6/18	Philadelphia Phillies	AM 10:35	Fri, 8/25	San Francisco Giants	PM 6:40
Sat, 4/15	Los Angeles Dodgers	PM 6:10	Tue, 6/20	Colorado Rockies	PM 5:40	Sat, 8/26	San Francisco Giants	PM 5:10
Sun, 4/16	Los Angeles Dodgers	PM 1:10	Wed, 6/21	Colorado Rockies	PM 5:40	Sun, 8/27	San Francisco Giants	PM 1:10
Mon, 4/17	Los Angeles Dodgers	PM 7:10	Thu, 6/22	Colorado Rockies	PM 12:10	Tue, 8/29	Los Angeles Dodgers	PM 6:40
Tue, 4/18	San Diego Padres	PM 7:10	Fri, 6/23	Philadelphia Phillies	PM 6:40	Wed, 8/30	Los Angeles Dodgers	PM 6:40
Wed, 4/19	San Diego Padres	PM 7:10	Sat, 6/24	Philadelphia Phillies	PM 6:10	Thu, 8/31	Los Angeles Dodgers	PM 12:40
Thu, 4/20	San Diego Padres	PM 6:10	Sun, 6/25	Philadelphia Phillies	PM 1:10	Fri, 9/1	Colorado Rockies	PM 5:40
Fri, 4/21	Los Angeles Dodgers	PM 6:40	Mon, 6/26	Philadelphia Phillies	PM 12:40	Sat, 9/2	Colorado Rockies	PM 5:10
Sat, 4/22	Los Angeles Dodgers	PM 5:10	Tue, 6/27	St. Louis Cardinals	PM 6:40	Sun, 9/3	Colorado Rockies	PM 12:10
Sun, 4/23	Los Angeles Dodgers	PM 1:10	Wed, 6/28	St. Louis Cardinals	PM 6:40	Mon, 9/4	Los Angeles Dodgers	PM 5:10
Mon, 4/24	San Diego Padres	PM 6:40	Thu, 6/29	St. Louis Cardinals	PM 12:40	Tue, 9/5	Los Angeles Dodgers	PM 7:10
Tue, 4/25	San Diego Padres	PM 6:40	Fri, 6/30	Colorado Rockies	PM 6:40	Wed, 9/6	Los Angeles Dodgers	PM 7:10
Wed, 4/26	San Diego Padres	PM 6:40	Sat, 7/1	Colorado Rockies	PM 6:40	Fri, 9/8	San Diego Padres	PM 6:40
Thu, 4/27	San Diego Padres	PM 6:40	Sun, 7/2	Colorado Rockies	PM 1:10	Sat, 9/9	San Diego Padres	PM 5:10
Fri, 4/28	Colorado Rockies	PM 6:40	Tue, 7/4	Los Angeles Dodgers	PM 6:10	Sun, 9/10	San Diego Padres	PM 1:10
Sat, 4/29	Colorado Rockies	PM 5:10	Wed, 7/5	Los Angeles Dodgers	PM 7:10	Mon, 9/11	Colorado Rockies	PM 6:40
Sun, 4/30	Colorado Rockies	PM 1:10	Thu, 7/6	Los Angeles Dodgers	PM 7:10	Tue, 9/12	Colorado Rockies	PM 6:40
Tue, 5/2	Washington Nationals	PM 4:05	Fri, 7/7	Cincinnati Reds	PM 6:40	Wed, 9/13	Colorado Rockies	PM 6:40
Wed, 5/3	Washington Nationals	PM 4:05	Sat, 7/8	Cincinnati Reds	PM 7:10	Thu, 9/14	Colorado Rockies	PM 12:40
Thu, 5/4	Washington Nationals	AM 10:05	Sun, 7/9	Cincinnati Reds	PM 1:10	Fri, 9/15	San Francisco Giants	PM 7:15
Fri, 5/5	Colorado Rockies	PM 5:40	Fri, 7/14	Atlanta Braves	PM 4:35	Sat, 9/16	San Francisco Giants	PM 6:05
Sat, 5/6	Colorado Rockies	PM 5:10	Sat, 7/15	Atlanta Braves	PM 4:10	Sun, 9/17	San Francisco Giants	PM 1:05
Sun, 5/7	Colorado Rockies	PM 12:10	Sun, 7/16	Atlanta Braves	AM 10:35	Mon, 9/18	San Diego Padres	PM 7:10
Tue, 5/9	Detroit Tigers	PM 6:40	Tue, 7/18	Cincinnati Reds	PM 4:10	Tue, 9/19	San Diego Padres	PM 7:10
Wed, 5/10	Detroit Tigers	PM 6:40	Wed, 7/19	Cincinnati Reds	PM 4:10	Wed, 9/20	San Diego Padres	PM 6:10
Thu, 5/11	Pittsburgh Pirates	PM 6:40	Thu, 7/20	Cincinnati Reds	AM 9:35	Fri, 9/22	Miami Marlins	PM 6:40
Fri, 5/12	Pittsburgh Pirates	PM 6:40	Fri, 7/21	Washington Nationals	PM 6:40	Sat, 9/23	Miami Marlins	PM 5:10
Sat, 5/13	Pittsburgh Pirates	PM 5:10	Sat, 7/22	Washington Nationals	PM 5:10	Sun, 9/24	Miami Marlins	PM 1:10
Sun, 5/14	Pittsburgh Pirates	PM 1:10	Sun, 7/23	Washington Nationals	PM 1:10	Mon, 9/25	San Francisco Giants	PM 6:40
Mon, 5/15	New York Mets	PM 6:40	Mon, 7/24	Atlanta Braves	PM 6:40	Tue, 9/26	San Francisco Giants	PM 6:40
Tue, 5/16	New York Mets	PM 6:40	Tue, 7/25	Atlanta Braves	PM 6:40	Wed, 9/27	San Francisco Giants	PM 12:40
Wed, 5/17	New York Mets	PM 12:40	Wed, 7/26	Atlanta Braves	PM 12:40	Fri, 9/29	Kansas City Royals	PM 5:15
Fri, 5/19	San Diego Padres	PM 7:10	Thu, 7/27	St. Louis Cardinals	PM 4:15	Sat, 9/30	Kansas City Royals	PM 4:15
Sat, 5/20	San Diego Padres	PM 7:10	Fri, 7/28	St. Louis Cardinals	PM 5:15	Sun, 10/1	Kansas City Royals	PM 12:15
Sun, 5/21	San Diego Padres	PM 1:40	Sat, 7/29	St. Louis Cardinals	PM 4:15			
Mon, 5/22	Chicago White Sox	PM 6:40	Sun, 7/30	St. Louis Cardinals	AM 11:15			
Tue, 5/23	Chicago White Sox	PM 6:40	Tue, 8/1	Chicago Cubs	PM 5:05			
Wed, 5/24	Chicago White Sox	PM 12:40	Wed, 8/2	Chicago Cubs	PM 5:05			
Thu, 5/25	Milwaukee Brewers	PM 5:10	Thu, 8/3	Chicago Cubs	AM 11:20			
Fri, 5/26	Milwaukee Brewers	PM 5:10	Fri, 8/4	San Francisco Giants	PM 7:15			
Sat, 5/27	Milwaukee Brewers	PM 1:10	Sat, 8/5	San Francisco Giants	PM 6:05			
Sun, 5/28	Milwaukee Brewers	AM 11:10	Sun, 8/6	San Francisco Giants	PM 1:05			
Mon, 5/29	Pittsburgh Pirates	PM 1:05	Tue, 8/8	Los Angeles Dodgers	PM 6:40			
Tue, 5/30	Pittsburgh Pirates	PM 4:05	Wed, 8/9	Los Angeles Dodgers	PM 6:40			
Wed, 5/31	Pittsburgh Pirates	PM 9:35	Thu, 8/10	Los Angeles Dodgers	PM 6:40			
Thu, 6/1	Miami Marlins	PM 4:10	Fri, 8/11	Chicago Cubs	PM 6:40			
Fri, 6/2	Miami Marlins	PM 4:10	Sat, 8/12	Chicago Cubs	PM 5:10			
Sat, 6/3	Miami Marlins	AM 10:10	Sun, 8/13	Chicago Cubs	PM 1:10			
Sun, 6/4	Miami Marlins	AM 10:10	Mon, 8/14	Houston Astros	PM 6:40			

ARIZONA DIAMONDBACKS

■ 15% 이상 ■ 12~14% ■ 9~11% ■ 6~8% ■ 3~5% □ 2% 이하

SP Zack GREINKE
잭 그레인키 NO.21

우투우타   1983년 10월 21일   188cm, 91kg   *는 낮을수록 좋은 기록임

홈 ERA 4.81 원정 ERA 3.94
VS. 좌타자 0.251   VS. 우타자 0.265
VS. 추신수 45타수 12안타 1홈런 0.267

시즌	경기	이닝	피안타	피홈런	볼넷	탈삼진	승-패-세-홀	평균자책	구분	기록	MLB
2016	26	158.2	161	23	41	134	13-7-0-0	4.37	평균자책*	4.37	4.19
통산	390	2253.1	2133	218	549	2021	155-100-1-12	3.42	탈삼진 / 9	7.60	8.10
									볼넷 / 9*	2.33	3.14
									탈삼진 / 볼넷	3.27	2.58
									피홈런 / 9*	1.3	1.17
									피안타율*	0.257	0.252
									WHIP*	1.27	1.32
									잔루율	71.9%	72.9%
									FIP*	4.12	4.19

PITCHING REPERTORY / VELOCITY km/h **MOVEMENT** cm

구종	평균	전체	초구	2-2	좌타자	우타자	피안타율	상하	좌우
포심패스트볼	148	43%	52%	34%	43%	43%	0.251	↑25	→4
투심 / 싱커	148	7%	6%	7%	3%	10%	0.304	↑20	→16
컷패스트볼	–	–	–	–	–	–	–	–	–
슬라이더	139	20%	12%	31%	9%	31%	0.175	↑4	←10
커브	120	9%	11%	6%	12%	6%	0.274	↑20	←16
체인지업	142	21%	18%	22%	32%	9%	0.191	↑6	→17
슬로커브	109	1%	1%	0%	1%	0%	0.000	↓21	←16

리그를 대표하는 우완 에이스 중 한 명. 150km/h 중반까지 나오는 포심, 투심과 함께 커터, 슬라이더, 커브, 체인지업을 구사한다. 이렇게 다양한 구종들에 대한 구속 조절을 자유자재로 할 뿐만 아니라, 스트라이크존 경계를 넘나드는 완벽한 커맨드까지 갖췄다. 타자를 공격적으로 제압하기보단 신중하게 승부하는 편이라 타석당 투구수는 다소 많은 편. 뛰어난 운동신경을 보유해 수비와 공격도 투수 중 최정상급. 지난 시즌 애리조나와 계약을 맺은 후 첫 시즌은 부상으로 기대 이하였다.

SP Shelby MILLER
셀비 밀러 NO.26

우투우타   1990년 10월 10일   190cm, 102kg   *는 낮을수록 좋은 기록임

홈 ERA 7.39 원정 ERA 4.81
VS. 좌타자 0.326   VS. 우타자 0.279
VS. 추신수 4타수 1안타 0.250
VS. 강정호 2타수 0안타 0.000

시즌	경기	이닝	피안타	피홈런	볼넷	탈삼진	승-패-세-홀	평균자책	구분	기록	MLB
2016	20	101.0	127	14	42	70	3-12-0-0	6.15	평균자책*	6.15	4.19
통산	122	676.1	631	69	249	553	35-47-0-1	3.66	탈삼진 / 9	6.24	8.10
									볼넷 / 9*	3.74	3.14
									탈삼진 / 볼넷	1.67	2.58
									피홈런 / 9*	1.25	1.17
									피안타율*	0.305	0.252
									WHIP*	1.67	1.32
									잔루율	65.4%	72.9%
									FIP*	4.87	4.19

PITCHING REPERTORY / VELOCITY km/h **MOVEMENT** cm

구종	평균	전체	초구	2-2	좌타자	우타자	피안타율	상하	좌우
포심패스트볼	152	49%	44%	52%	50%	47%	0.245	↑23	→13
투심 / 싱커	151	17%	20%	8%	15%	19%	0.323	↑15	→20
컷패스트볼	141	21%	19%	25%	18%	24%	0.240	↑11	→2
슬라이더	–	–	–	–	–	–	–	–	–
커브	127	11%	15%	11%	12%	9%	0.208	↓13	←16
체인지업	139	3%	2%	3%	5%	1%	0.370	↑12	→18
스플리터	–	–	–	–	–	–	–	–	–

강속구 투수의 산실인 텍사스 출신. 평균 150km/h 중반의 빠른 공과 커터, 커브를 구사한다. 데뷔 시절엔 커브로 주목 받았으나 지난 시즌부터 커터를 주무기로 삼기 시작했다. 체인지업의 구사 비율은 낮은 편. 때문에 우타자에 비해 좌타자 상대로 다소 어려움을 겪는다. 공의 구위에 비해 삼진 잡는 능력은 다소 떨어진다. 하지만 투구 시 공을 최대한 앞으로 끌고 나와 던지기 때문에 공끝이 좋아 맞혀 잡는 데 능하다. 에이스급으로 한층 성장하기 위해선 제구의 기복을 줄일 필요가 있다.

SP **Robbie RAY**
로비 레이

NO.38

좌투좌타　1991년 10월 1일　188cm, 88kg

*는 낮을수록 좋은 기록임

시즌	경기	이닝	피안타	피홈런	볼넷	탈삼진	승-패-세-홀	평균자책	구분	기록	MLB
2016	32	174.1	185	24	71	218	8-15-0-0	4.90	평균자책*	4.90	4.19
통산	64	330.2	349	38	131	356	14-31-0-1	4.65	탈삼진 / 9	11.25	8.10
									볼넷 / 9*	3.67	3.14
									탈삼진 / 볼넷	3.07	2.58
									피홈런 / 9*	1.24	1.17
									피안타율	0.265	0.252
									WHIP*	1.47	1.32
									잔루율	68.7%	72.9%
									FIP*	3.76	4.19

PITCHING REPERTORY / VELOCITY km/h **MOVEMENT** cm

구종	평균	전체	초구	2-2	좌타자	우타자	피타율	상하	좌우
포심패스트볼	152	52%	54%	50%	56%	52%	0.263	↑25	←19
투심 / 싱커	151	19%	21%	14%	12%	20%	0.324	↑19	←26
컷패스트볼	-	-	-	-	-	-	-	-	-
슬라이더	136	18%	12%	26%	28%	14%	0.226	↑6	←4
커브	131	4%	6%	2%	4%	4%	0.097	↓3	←2
체인지업	138	7%	7%	7%	2%	11%	0.316	↑18	←19
스플리터	-	-	-	-	-	-	-	-	-

홈 ERA 5.36　원정 ERA 4.50
VS. 좌타자 0.250　VS. 우타자 0.269
VS. 추신수 4타수 1안타 1홈런 0.250
VS. 강정호 1타수 0안타 0.000

150km/h 중반의 빠른 공을 뿌리는 좌완 강속구 투수. 빠른 공과 함께 슬라이더, 체인지업을 구사한다. 마이너 시절엔 체인지업을 자주 구사했으나, 빅리그 입성 후 슬라이더 구사 비율을 크게 늘렸다. 준수한 구위를 가지고 있음에도 불구, 마이너 시절부터 그다지 높은 평가를 받지 못한 이유는 제구. 게다가 타자와 승부하는 요령이 아직 부족해 투구 수가 많아지고 불리한 볼카운트에 몰리는 경우가 많다. 지난 시즌에도 커리어 최다 174.1이닝을 투구했지만 제구 불안으로 고전했다.

SP **Archie BRADLEY**
아치 브래들리

NO.25

우투우타　1992년 8월 10일　193cm, 102kg

*는 낮을수록 좋은 기록임

시즌	경기	이닝	피안타	피홈런	볼넷	탈삼진	승-패-세-홀	평균자책	구분	기록	MLB
2016	26	141.2	154	16	67	143	8-9-0-0	5.02	평균자책*	5.02	4.19
통산	34	177.1	190	19	89	166	10-12-0-0	5.18	탈삼진 / 9	9.08	8.10
									볼넷 / 9*	4.26	3.14
									탈삼진 / 볼넷	2.13	2.58
									피홈런 / 9*	1.02	1.17
									피안타율	0.272	0.252
									WHIP*	1.56	1.32
									잔루율	69.6%	72.9%
									FIP*	4.10	4.19

PITCHING REPERTORY / VELOCITY km/h **MOVEMENT** cm

구종	평균	전체	초구	2-2	좌타자	우타자	피타율	상하	좌우
포심패스트볼	149	65%	70%	62%	63%	67%	0.296	↑24	→10
투심 / 싱커	150	5%	4%	3%	4%	6%	0.394	↑17	→20
컷패스트볼	-	-	-	-	-	-	-	-	-
슬라이더	-	-	-	-	-	-	-	-	-
커브	130	24%	22%	27%	23%	25%	0.217	↓17	→9
체인지업	138	6%	3%	4%	10%	2%	0.256	↑13	→16
스플리터	-	-	-	-	-	-	-	-	-

홈 ERA 5.78　원정 ERA 4.24
VS. 좌타자 0.315　VS. 우타자 0.229
VS. 추신수 2타수 0안타 0.000

애리조나 최고의 투수 유망주로 기대를 안고 2015시즌 빅리그 무대를 밟았다. 하지만 이후 얼굴에 공을 맞는 부상 등 불운과 부진이 겹치며 기대만큼의 성장세는 보여주지 못하고 있다. 150km/h 초중반의 빠른 공에 커브가 주무기. 투구 시 공을 잘 숨기며 빠른 팔동작으로 공을 뿌린다. 하지만 투구 폼이 다소 큰 편이라 아직까지 제구에 어려움을 겪는 모습. 또한 커브에 비해 체인지업의 발전 속도가 더딘 상태. 체인지업의 발전이 계속 정체된다면 선발이 아닌 불펜에서 활약할 가능성이 높다.

ARIZONA DIAMONDBACKS

■ 15% 이상 ■ 12-14% ■ 9-11% ■ 6-8% ■ 3-5% □ 2% 이하

SP Taijuan WALKER
타이완 워커
NO.99

우투우타 1992년 8월 13일 193cm, 107kg   *는 낮을수록 좋은 기록임

시즌	경기	이닝	피안타	피홈런	볼넷	탈삼진	승-패-세-홀	평균자책	구분	기록	MLB
2016	25	134.1	129	27	37	119	8-11-0-0	4.22	평균자책*	4.22	4.19
통산	65	357.0	334	54	99	322	22-22-0-0	4.18	탈삼진 / 9	7.97	8.10
									볼넷 / 9*	2.48	3.14
									탈삼진 / 볼넷	3.22	2.58
									피홈런 / 9*	1.81	1.17
									피안타율	0.244	0.252
									WHIP*	1.24	1.32
									잔루율	72.7%	72.9%
									FIP*	4.99	4.19

PITCHING ZONE (좌타자·몸쪽 / 우타자·몸쪽)

PITCHING REPERTORY / VELOCITY km/h / **MOVEMENT** cm

구종	평균	전체	초구	2-2	좌타자	우타자	피타율	상하	좌우
포심패스트볼	152	63%	70%	61%	64%	62%	0.245	↑26	→12
투심 / 싱커	150	1%	1%	1%	1%	0%	0.143	↑15	→20
컷패스트볼	144	8%	8%	8%	3%	13%	0.261	↑15	←2
슬라이더	137	1%	1%	0%	0%	1%	0.000	↑10	←5
커브	121	9%	11%	8%	10%	9%	0.229	↓16	←15
체인지업	–	–	–	–	–	–	–		
스플리터	143	19%	10%	23%	23%	15%	0.270	↑12	→17

홈 ERA 4.15 원정 ERA 4.33
VS. 좌타자 0.204 VS. 우타자 0.281
VS. 추신수 7타수 2안타 1홈런 0.286
VS. 김현수 4타수 1안타 1홈런 0.250

시애틀 시절 제2의 킹 펠릭스로 주목 받았지만 기대만큼은 성장하지 못하며 애리조나로 트레이드됐다. 하지만 아직 24세의 젊은 투수. 150km/h 초중반의 빠른 공과 스플리터, 커브, 커터를 구사한다. 2015시즌부터 제구가 크게 좋아진 모습. 하지만 커맨드의 세밀함이 떨어지는 편이라 집중타를 맞거나 홈런을 많이 허용한다. 타자 친화적인 애리조나 홈구장에서의 성적이 다소 우려스럽다. 또한, 마운드 위에서 새가슴이라는 평가. 이러한 약점을 극복해야 한다.

RP Patrick CORBIN
패트릭 코빈
NO.46

좌투좌타 1989년 7월 19일 190cm, 95kg   *는 낮을수록 좋은 기록임

시즌	경기	이닝	피안타	피홈런	볼넷	탈삼진	승-패-세-홀	평균자책	구분	기록	MLB
2016	36	155.2	177	24	66	131	5-13-1-2	5.15	평균자책*	5.15	4.19
통산	106	556.0	574	66	162	473	31-34-2-2	4.14	탈삼진 / 9	7.57	8.10
									볼넷 / 9*	3.82	3.14
									탈삼진 / 볼넷	1.98	2.58
									피홈런 / 9*	1.39	1.17
									피안타율	0.281	0.252
									WHIP*	1.56	1.32
									잔루율	64.8%	72.9%
									FIP*	4.84	4.19

PITCHING ZONE (좌타자·몸쪽 / 우타자·몸쪽)

PITCHING REPERTORY / VELOCITY km/h / **MOVEMENT** cm

구종	평균	전체	초구	2-2	좌타자	우타자	피타율	상하	좌우
포심패스트볼	148	39%	40%	37%	51%	34%	0.329	↑21	←15
투심 / 싱커	149	26%	32%	18%	8%	32%	0.310	↑16	←24
컷패스트볼	–	–	–	–	–	–	–		
슬라이더	130	27%	20%	41%	41%	23%	0.169	↓2	→4
커브	–	–	–	–	–	–	–		
체인지업	136	8%	8%	4%	0%	11%	0.375	↑14	←23
스플리터 / 기타	–	–	–	–	–	–	–		

홈 ERA 5.57 원정 ERA 4.74
VS. 좌타자 0.240 VS. 우타자 0.293
VS. 추신수 8타수 0안타 0.000
VS. 강정호 3타수 1안타 0.333

2012년 빅리그에 데뷔(107이닝), 2013년 200이닝을 던지며 에이스급 활약을 했다. 하지만 무려 101.1이닝이 늘어난 이닝 소화 때문에 탈이 나며 2014시즌 전 토미존 수술을 받았다. 2015시즌 복귀해 지난 시즌 팀의 3선발로 활약을 기대했지만 오히려 큰 부진에 빠지며 불펜 등판이 늘어났다. 지난해 구속이 다소 줄었다. 140km/h 후반대 투심으로 땅볼 유도에 능하다. 날카롭게 떨어지는 슬라이더를 변화구 주무기로 삼으며 좌우타자를 가리지 않고 요리할 수 있다.

ARIZONA DIAMONDBACKS

■ 15% 이상 ■ 12-14% ■ 9-11% ■ 6-8% ■ 3-5% □ 2% 이하

RP Randall DELGADO 랜달 델가도 NO.48

우투우타 1990년 2월 9일 193cm, 100kg   *는 낮을수록 좋은 기록임

시즌	경기	이닝	피안타	피홈런	볼넷	탈삼진	승-패-세-홀	평균자책	구분	기록	MLB
2016	79	75.0	77	8	36	68	5-2-0-7	4.44	평균자책*	4.44	4.19
통산	235	468.2	445	58	183	400	27-27-1-22	4.15	탈삼진 / 9	8.16	8.10
									볼넷 / 9*	4.32	3.14
									탈삼진 / 볼넷	1.89	2.58
									피홈런 / 9*	0.96	1.17
									피안타율	0.258	0.252
									WHIP*	1.51	1.32
									잔루율	73.2%	72.9%
									FIP*	4.24	4.19

PITCHING REPERTORY / VELOCITY km/h   MOVEMENT cm

구종	평균	전체	초구	2-2	좌타자	우타자	피타율	상하	좌우
포심패스트볼	150	39%	42%	34%	38%	40%	0.267	↑26	→11
투심 / 싱커	148	17%	18%	14%	20%	15%	0.351	↑23	→17
컷패스트볼	—	—	—	—	—	—	—		
슬라이더	133	24%	27%	16%	12%	33%	0.177	↑2	←7
커브	126	1%	2%	0%	1%	1%	0.200	↓5	←1
체인지업	136	19%	10%	36%	30%	12%	0.231	↑17	→19
스플리터	—	—	—	—	—	—	—		

홈 ERA 5.36 원정 ERA 3.03
VS. 좌타자 0.277 VS. 우타자 0.244
VS. 추신수 4타수 1안타 1홈런 0.250
VS. 강정호 2타수 1안타 0.500

애틀랜타 시절 테에란-비즈카이노와 함께 최고의 투수 유망주로 평가받았지만 기대만큼 성장하는 데 실패, 불펜투수로 전향했다. 2014시즌 이후 불펜으로 꾸준히 70이닝을 소화하고 있지만 좋은 인상을 주는 데는 실패. 140km/h 후반의 포심-투심과 함께 선발투수 출신답게 체인지업, 슬라이더 등 다양한 변화구를 구사한다. 마이너 시절 최고의 무기로 체인지업을 뽑았으나 빅리그에선 우타자를 상대하는 경우가 많아 슬라이더 비중이 더 높은 편.

RP Andrew CHAFIN 앤드루 체이핀 NO.40

좌투우타 1990년 6월 17일 188cm, 102kg   *는 낮을수록 좋은 기록임

시즌	경기	이닝	피안타	피홈런	볼넷	탈삼진	승-패-세-홀	평균자책	구분	기록	MLB
2016	32	22.2	22	1	11	28	0-1-0-6	6.75	평균자책*	6.75	4.19
통산	101	111.2	91	4	49	96	5-3-2-22	3.71	탈삼진 / 9	11.12	8.10
									볼넷 / 9*	4.37	3.14
									탈삼진 / 볼넷	2.55	2.58
									피홈런 / 9*	0.40	1.17
									피안타율	0.256	0.252
									WHIP*	1.46	1.32
									잔루율	49.1%	72.9%
									FIP*	2.84	4.19

PITCHING REPERTORY / VELOCITY km/h   MOVEMENT cm

구종	평균	전체	초구	2-2	좌타자	우타자	피타율	상하	좌우
포심패스트볼	150	42%	46%	39%	47%	38%	0.214	↑23	←19
투심 / 싱커	150	29%	32%	18%	13%	41%	0.191	↑18	←24
컷패스트볼	—	—	—	—	—	—	—		
슬라이더	132	28%	21%	43%	39%	19%	0.153	↓1	←3
커브	—	—	—	—	—	—	—		
체인지업	137	1%	1%	0%	0%	2%	0.143	↑17	←20
스플리터	—	—	—	—	—	—	—		

홈 ERA 1.32 원정 ERA 15.00
VS. 좌타자 0.195 VS. 우타자 0.311
VS. 추신수 2타석 1볼넷 1희비

2015시즌 평균 자책점 2.76의 맹활약으로 애리조나의 주요 불펜으로 활약이 기대됐지만 지난 시즌 부상과 부진으로 고전했다. 140km/h 후반에서 150km/h 초반의 싱커와 함께 슬라이더를 주로 구사한다. 특히 좌타자 바깥쪽으로 휘어지는 슬라이더는 좌타자들에게 공포의 대상(vs 좌타자 .195). 체이핀이 아직까지 빅리그에 자리를 잡지 못하고 있는 이유는 바로 제구. 2015시즌 다소 좋아지긴 했지만 지난 시즌 다시 흔들리는 모습을 보여줬다(BB/9 3.6→4.4).

ARIZONA DIAMONDBACKS

■ 15% 이상   ■ 12~14%   ■ 9~11%   ■ 6~8%   ■ 3~5%   □ 2% 이하

홈 ERA 2.36 원정 ERA 4.65
VS. 좌타자 0.235 VS. 우타자 0.213
VS. 추신수 1打4타수 6안타 1홈런 0.353
VS. 김현수 1타석 1볼넷

Fernando RODNEY
페르난도 로드니   NO.56

우투우타   1977년 3월 18일   180cm, 104kg   *는 낮을수록 좋은 기록임

시즌	경기	이닝	피안타	피홈런	볼넷	탈삼진	승-패-세-홀	평균자책
2016	67	65.1	54	5	37	74	2-4-25-8	3.44
통산	767	765.2	666	58	378	759	39-59-261-89	3.69

구분	기록	MLB
평균자책*	3.44	4.19
탈삼진/9	10.19	8.10
볼넷/9*	5.10	3.14
탈삼진/볼넷	2.00	2.58
피홈런/9*	0.69	1.17
피안타율	0.224	0.252
WHIP*	1.39	1.32
잔루율	77.5%	72.9%
FIP*	3.80	4.19

PITCHING ZONE (좌타자·몸쪽 / 우타자·몸쪽)

PITCHING REPERTORY / VELOCITY km/h / MOVEMENT cm

구종	평균	전체	초구	2-2	좌타자	우타자	피타율	상하	좌우
포심패스트볼	154	17%	10%	28%	19%	16%	0.275	↑25	→12
투심/싱커	152	42%	48%	31%	35%	49%	0.275	↑18	→20
컷패스트볼	–								
슬라이더	139	0%	0%	0%	1%	0.000		↑9	←1
커브	–								
체인지업	134	40%	42%	41%	46%	34%	0.184	↑10	→24
스플리터/기타	–								

국내팬들에겐 화살 쏘는 세리머니로 유명한 마무리투수. 키킹을 거의 하지 않는 간결한 투구폼으로 공을 뿌린다. 150km/h 중후반의 빠른 공과 함께 던지는 체인지업이 일품. 올해 40세의 나이로 최근 3년간 꾸준히 구속이 감소 중이다. 위력적인 구위에 비해 제구는 형편없다. 통산 13시즌 동안 9이닝당 볼넷이 3.0 이하였던 시즌은 올해의 재기상을 수상했던 2012시즌 한 번뿐(2012시즌 1.8개, 통산 4.4개). 지난 시즌 샌디에이고에서 반등에 성공하며 마이애미로 이적했다.

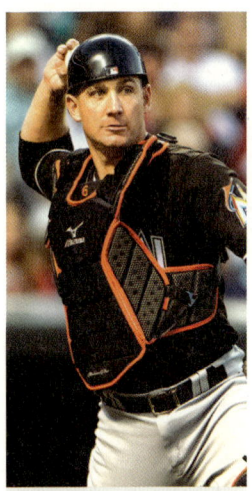

홈 타율 0.250 원정 타율 0.230
VS. 좌투수 0.324 VS. 우투수 0.202
득점권 0.212 L/C 0.214

Jeff MATHIS
제프 매티스   NO.02

우투우타   1983년 3월 31일   183cm, 93kg   *는 낮을수록 좋은 기록임

시즌	타수	안타	홈런	타점	볼넷	도루	타율	출루율	장타율
2016	126	30	2	15	4	0	0.238	0.267	0.333
통산	2038	401	45	234	151	9	0.197	0.254	0.308

구분	기록	MLB
타율	0.238	0.255
출루율	0.267	0.322
장타율	0.333	0.417
볼넷%*	3.0%	8.2%
삼진%*	27.3%	21.1%
볼넷/삼진	0.11	0.39
순장타율	0.095	0.162
BABIP	0.318	0.300
wOBA	0.261	0.318

VS. 패스트볼 (우타자)   VS. 변화구 (우타자)
*5타수 미만은 색을 표시하지 않았음. ● ● ● : Ball zone

SPRAY ZONE
2 0 0
42% 34% 24%
홈런
타구분포 %

BATTED BALL
항목	비율
볼존 공격률	31%
S존 공격률	70%
볼존 컨택트율	42%
S존 컨택트율	82%
라인드라이브	16%
그라운드볼	41%
플라이볼	43%

DEFENSE
위치	자살	보살	실책	수비율
C	304	32	3	0.991

에인절스 시절 소시아 감독이 나폴리를 제쳐두고 애정을 쏟은 수비형 포수. 빅리그 통산 타율이 .197에 불과하며 두 자릿수 홈런을 한 번도 때려내지 못할 만큼 공격력은 형편없다. 하지만 수비력을 인정 받아 백업 포수 치고는 나름 한 팀에 오래 정착해 있는 편(LAA 7시즌, TOR 1시즌, MIA 4시즌). 젊은 투수들을 리드하는 능력이 뛰어나며 플레이트 뒤에서의 움직임이 좋아 블로킹에 능하다. 최근 4시즌 동안 30% 이상의 도루 저지율을 꾸준히 기록할 정도로 어깨도 준수한 편이다.

ARIZONA DIAMONDBACKS

■ 타율 0.400 이상 ■ 0.300–0.399 ■ 0.200–0.299 ■ 0.100–0.199 ■ 타율 0.099 이하

C　Chris IANNETTA
크리스 아이아네타　　NO.08

우투우타　1983년 4월 8일　183cm, 104kg　　*는 낮을수록 좋은 기록임

시즌	타수	안타	홈런	타점	볼넷	도루	타율	출루율	장타율	구분	기록	MLB
2016	295	62	7	24	38	0	0.210	0.303	0.329	타율	0.210	0.255
통산	2848	652	107	402	471	11	0.229	0.346	0.397	출루율	0.303	0.322
										장타율	0.329	0.417
										볼넷%	11.2%	8.2%
										삼진%*	24.6%	21.1%
										볼넷 / 삼진	0.46	0.39
										순장타율	0.119	0.162
										BABIP	0.266	0.300
										wOBA	0.282	0.318

VS. 패스트볼 / VS. 변화구 (우타자)
*5타수 미만은 색을 표시하지 않았음. ● ● ● : Ball zone

SPRAY ZONE: 1, 6, 0, 34%, 42%, 24% / 홈런 타구분포 %

BATTED BALL
항목	비율
볼존 공격률	21%
S존 공격률	69%
볼존 컨택트율	51%
S존 컨택트율	83%
라인드라이브	22%
그라운드볼	41%
플라이볼	36%

DEFENSE
위치	자살	보살	실책	수비율
C	722	42	5	0.993

홈 타율 0.166　원정 타율 0.257
VS. 좌투수 0.248　VS. 우투수 0.185
득점권 0.176　L/C 0.196
vs 류현진 6타수 1안타

1년 150만 달러 계약으로 애리조나에 입단했다. 타석에선 정확도는 떨어지지만 두 자릿수 홈런을 기록할 정도로 준수한 파워를 가지고 있다. 가장 강점은 출루율. 공을 많이 보며 볼넷을 잘 얻어낸다. 젊은 시절 준수한 수비력을 가진 포수였지만 최근 들어서 잔부상이 늘어나며 수비 능력이 많이 떨어졌다. 최근 유행하는 프레이밍 좋은 포수와는 거리가 멀다. 지난 시즌 리그 최하의 프레이밍 수치를 기록했다. 주전 포수로 활약할 당시에도 120경기 이상 출전한 적이 없을 정도였다.

1B　Paul GOLDSCHMIDT
폴 골드슈미트　　NO.44

우투우타　1987년 9월 10일　190cm, 102kg　　*는 낮을수록 좋은 기록임

시즌	타수	안타	홈런	타점	볼넷	도루	타율	출루율	장타율	구분	기록	MLB
2016	579	172	24	95	110	32	0.297	0.411	0.489	타율	0.297	0.255
통산	2824	844	140	507	471	99	0.299	0.398	0.525	출루율	0.411	0.322
										장타율	0.489	0.417
										볼넷%	15.6%	8.2%
										삼진%*	21.3%	21.1%
										볼넷 / 삼진	0.73	0.39
										순장타율	0.192	0.162
										BABIP	0.358	0.300
										wOBA	0.382	0.318

VS. 패스트볼 / VS. 변화구 (우타자)
*5타수 미만은 색을 표시하지 않았음. ● ● ● : Ball zone

SPRAY ZONE: 8, 11, 5, 36%, 39%, 25% / 홈런 타구분포 %

BATTED BALL
항목	비율
볼존 공격률	23%
S존 공격률	58%
볼존 컨택트율	68%
S존 컨택트율	84%
라인드라이브	25%
그라운드볼	47%
플라이볼	29%

DEFENSE
위치	자살	보살	실책	수비율
1B	1378	116	4	0.997

홈 타율 0.298　원정 타율 0.296
VS. 좌투수 0.352　VS. 우투수 0.282
득점권 0.281　L/C 0.295

리그 최고의 우타자. 부드러운 스윙을 가진 스프레이 히터로 3할-30홈런을 칠 수 있는 정확도와 파워를 동시에 갖췄다 (2013 NL 홈런왕, 2015 NL 타율 3위). 선구안 역시 매년 발전을 거듭해 2년 연속 100볼넷 이상을 기록 중이며 지난 시즌엔 보토를 제치고 NL 볼넷 1위에 오르기도 했다. 큰 덩치에도 불구, 번뜩이는 주루 센스를 보유로 20도루도 가능하다(2년 연속 20-20). 리그를 대표하는 좌투수 킬러(통산 타율 .336)이며 찬스에서 가장 믿음직한 타자다(통산 득점권 .311).

ARIZONA DIAMONDBACKS

■ 타율 0.400 이상   ■ 0.300–0.399   ■ 0.200–0.299   ■ 0.100–0.199   ■ 타율 0.099 이하

2B Brandon DRURY NO. 27
브랜든 드루리

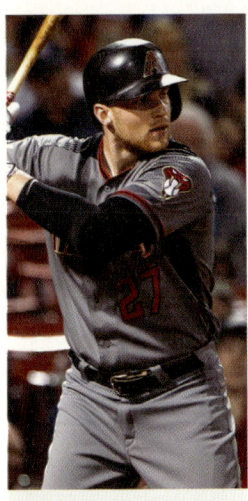

홈 타율 0.322   원정 타율 0.241
VS. 좌투수 0.280   VS. 우투수 0.283
득점권 0.242   L/C 0.275

우투우타   1992년 8월 21일   188cm, 95kg

시즌	타수	안타	홈런	타점	볼넷	도루	타율	출루율	장타율
2016	461	130	16	53	31	1	0.282	0.329	0.458
통산	517	142	18	61	33	1	0.275	0.321	0.449

VS. 패스트볼 / VS. 변화구 (우타자)

*5타수 미만은 색을 표시하지 않았음. ●●●●● : Ball zone

구분	기록	MLB
타율	0.282	0.255
출루율	0.329	0.322
장타율	0.458	0.417
볼넷%	6.2%	8.2%
삼진%*	20.0%	21.1%
볼넷 / 삼진	0.31	0.39
순장타율	0.176	0.162
BABIP	0.327	0.300
wOBA	0.335	0.318

*는 낮을수록 좋은 기록임

SPRAY ZONE 11: 46% 2: 32% 3: 22% (홈런 타구분포 %)

BATTED BALL

항목	비율
볼존 공격률	31%
S존 공격률	60%
볼존 컨택트율	59%
S존 컨택트율	91%
라인드라이브	20%
그라운드볼	51%
플라이볼	30%

DEFENSE

위치	자살	보살	실책	수비율
LF	90	0	1	0.989
RF	50	0	1	0.980
3B	17	42	3	0.952

공수를 겸비한 내야 유망주. 간결하면서 빠른 스윙으로 빅리그에서 20홈런 이상이 기대되는 파워를 가졌다. 배트 컨트롤 역시 뛰어나 공을 맞히는 능력이 뛰어나고 삼진이 적은 편이다. 수비도 공격력 못지않게 좋은 평가를 받고 있다. 주포지션은 3루수. 빠른 퍼스트스텝으로 공을 빨리 쫓아갈 수 있으며 강하고 정확한 어깨를 보유했다. 3루수뿐만 아니라 2루수와 유격수에서도 준수한 수비를 보여준다. 지난 시즌엔 코너 외야수까지 소화했다. 올 시즌엔 풀타임 2루수로의 활약이 기대된다.

3B Jake LAMB NO. 22
제이크 램

홈 타율 0.266   원정 타율 0.231
VS. 좌투수 0.164   VS. 우투수 0.271
득점권 0.255   L/C 0.213

우투좌타   1990년 10월 9일   190cm, 98kg

시즌	타수	안타	홈런	타점	볼넷	도루	타율	출루율	장타율
2016	523	130	29	91	64	6	0.249	0.332	0.509
통산	999	251	39	136	106	10	0.251	0.323	0.448

VS. 패스트볼 / VS. 변화구 (좌타자)

*5타수 미만은 색을 표시하지 않았음. ●●●●● : Ball zone

구분	기록	MLB
타율	0.249	0.255
출루율	0.332	0.322
장타율	0.509	0.417
볼넷%	10.8%	8.2%
삼진%*	25.9%	21.1%
볼넷 / 삼진	0.42	0.39
순장타율	0.260	0.162
BABIP	0.294	0.300
wOBA	0.352	0.318

*는 낮을수록 좋은 기록임

SPRAY ZONE 6: 23% 6: 34% 17: 43% (홈런 타구분포 %)

BATTED BALL

항목	비율
볼존 공격률	29%
S존 공격률	63%
볼존 컨택트율	53%
S존 컨택트율	83%
라인드라이브	17%
그라운드볼	46%
플라이볼	37%

DEFENSE

위치	자살	보살	실책	수비율
3B	92	251	20	0.945

뛰어난 타격 재능을 가진 유망주. 2014시즌 AA 서던리그 MVP에 오르기도 했다. 부드러운 스윙으로 라인드라이브 타구를 전 필드로 보내는 스프레이 히터다. 준수한 뱃컨트롤로 몸쪽 공 공략에도 능해 많은 홈런보다 높은 타율을 기록할 수 있는 타자라는 평가. 마이너에선 좌투수에게 약하지 않았지만 빅리그에선 바깥쪽으로 떨어지는 슬라이더에 약점을 보이는 중이다. 3루 수비도 공격만큼 준수한 편. 부드러운 글러브질과 정확한 송구 정확도를 지녔다.

ARIZONA DIAMONDBACKS

■ 타율 0.400 이상 ■ 0.300-0.399 ■ 0.200-0.299 ■ 0.100-0.199 ■ 타율 0.099 이하

SS Chris OWINGS 크리스 오윙스   NO.16

우투우타 1991년 8월 12일 178cm, 84kg   *는 낮을수록 좋은 기록임

시즌	타수	안타	홈런	타점	볼넷	도루	타율	출루율	장타율	구분	기록	MLB
2016	437	121	5	49	20	21	0.277	0.315	0.416	타율	0.277	0.255
통산	1317	335	15	123	68	47	0.254	0.294	0.379	출루율	0.315	0.322
										장타율	0.416	0.417
										볼넷%	4.3%	8.2%
										삼진%*	18.7%	21.1%
										볼넷/삼진	0.23	0.39
										순장타율	0.140	0.162
										BABIP	0.334	0.300
										wOBA	0.311	0.318

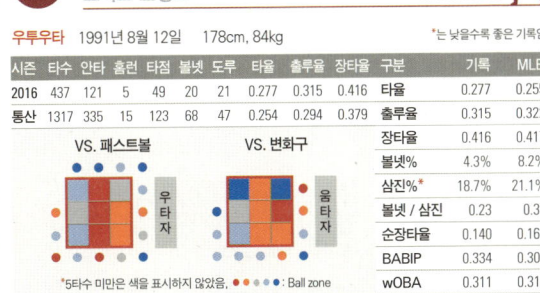

홈 타율 0.255 원정 타율 0.297
VS. 좌투수 0.306 VS. 우투수 0.267
득점권 0.309 L/C 0.282

항목	비율
볼존 공격률	35%
S존 공격률	67%
볼존 컨택트율	61%
S존 컨택트율	90%
라인드라이브	23%
그라운드볼	50%
플라이볼	27%

위치	자살	보살	실책	수비율
SS	92	175	8	0.971
CF	93	4	0	1.000

강한 손목 힘과 빠른 배트 스피드로 많은 장타를 칠 수 있는 공격형 유격수. 20도루 이상도 뛸 수 있는 주력도 보유했다. 2013년 AAA 퍼시픽 코스트 리그 MVP에 뽑힐 정도로 각광을 받았다. 하지만 빅리그에선 아직 잠재력이 터지지 않고 있다. 빅리그 수준의 변화구에 약점을 보이고 있는 것이 주요 원인. 타석에서 지나치게 서두르고 나쁜 공에 쫓아나가는 경우가 많아 볼넷이 적고 삼진이 많다. 하지만 아직 24세밖에 되지 않아 발전의 여지가 남아 있다.

LF David PERALTA 데이비드 페랄타   NO.06

좌투좌타 1987년 8월 14일 185cm, 95kg   *는 낮을수록 좋은 기록임

시즌	타수	안타	홈런	타점	볼넷	도루	타율	출루율	장타율	구분	기록	MLB
2016	171	43	4	15	8	2	0.251	0.295	0.433	타율	0.251	0.255
통산	962	281	29	129	68	17	0.292	0.341	0.481	출루율	0.295	0.322
										장타율	0.433	0.417
										볼넷%	4.4%	8.2%
										삼진%*	23.0%	21.1%
										볼넷/삼진	0.19	0.39
										순장타율	0.181	0.162
										BABIP	0.310	0.300
										wOBA	0.308	0.318

홈 타율 0.270 원정 타율 0.217
VS. 좌투수 0.211 VS. 우투수 0.263
득점권 0.133 L/C 0.147

항목	비율
볼존 공격률	37%
S존 공격률	71%
볼존 컨택트율	61%
S존 컨택트율	90%
라인드라이브	21%
그라운드볼	51%
플라이볼	29%

위치	자살	보살	실책	수비율
RF	84	7	0	1.000

2004년 투수로 세인트루이스와 계약을 맺었지만 자리 잡는 데 실패한 후 방출됐다. 이후 독립리그에 입단해 타자 전향에 성공, 2013년 애리조나와 마이너 계약을 맺었다. 2014시즌 빅리그 무대를 밟는 데 성공했고 2015시즌 첫 풀타임 시즌을 치렀다. 부드럽고 빠른 스윙으로 잡아당기는 데 능한 풀히터다. 뛰어난 정확도와 빠른 발로 많은 2-3루타를 생산해낸다. 우투수를 상대로 뛰어난 성적을 보여주지만 좌투수를 상대론 아직 약점을 보이고 있다.

ARIZONA DIAMONDBACKS

타율 0.400 이상 | 0.300–0.399 | 0.200–0.299 | 0.100–0.199 | 타율 0.099 이하

홈 타율 0.214 원정 타율 0.259
VS. 좌투수 0.125 VS. 우투수 0.273
득점권 0.143 L/C 0.000

CF A.J. POLLOCK
A.J. 폴락   NO.11

우투우타   1987년 12월 5일   185cm, 88kg   *는 낮을수록 좋은 기록임

시즌	타수	안타	홈런	타점	볼넷	도루	타율	출루율	장타율	구분	기록	MLB
2016	41	10	2	4	5	4	0.244	0.326	0.390	타율	0.244	0.255
통산	1439	421	39	150	119	70	0.293	0.346	0.461	출루율	0.326	0.322
										장타율	0.390	0.417
										볼넷%	10.9%	8.2%
										삼진%*	17.4%	21.1%
										볼넷 / 삼진	0.63	0.39
										순장타율	0.146	0.162
										BABIP	0.258	0.300
										wOBA	0.315	0.318

VS. 패스트볼   VS. 변화구   우타자
*5타수 미만은 색을 표시하지 않았음. ●●● : Ball zone

SPRAY ZONE   0 / 2 / 30% / 0 / 52% / 18%   홈런 타구분포 %

BATTED BALL

항목	비율
볼존 공격률	24%
S존 공격률	52%
볼존 컨택트율	71%
S존 컨택트율	92%
라인드라이브	9%
그라운드볼	42%
플라이볼	49%

DEFENSE

위치	자살	보살	실책	수비율
CF	31	1	0	1.000

짧고 간결한 스윙에 빠른 배트 스피드까지 더해지며 많은 라인드라이브 타구를 필드 전 방향으로 뿌릴 수 있다. 30도루 이상도 기록할 수 있는 빠른 다리와 주루 센스도 보유했다. 거기에 데뷔 초보다 힘이 붙으며 2루타가 될 타구가 홈런으로 바뀌기 시작, 그러면서 지난 시즌 첫 두 자릿수 홈런을 20홈런으로 장식했다(2015시즌 20홈런-39도루 가입). 선구안 역시 매년 좋아지며 테이블 세터로 활용도가 더욱 높아졌다. 2015시즌 중견수 골드글러브를 수상할 만큼 정상급의 외야 수비를 자랑한다.

홈 타율 0.265 원정 타율 0.279
VS. 좌투수 0.364 VS. 우투수 0.242
득점권 0.269 L/C 0.262

RF Yasmany TOMAS
야스마니 토마스   NO.24

우투우타   1990년 11월 14일   188cm, 113kg   *는 낮을수록 좋은 기록임

시즌	타수	안타	홈런	타점	볼넷	도루	타율	출루율	장타율	구분	기록	MLB
2016	530	144	31	83	31	2	0.272	0.313	0.508	타율	0.272	0.255
통산	936	255	40	131	48	2	0.272	0.309	0.462	출루율	0.313	0.322
										장타율	0.508	0.417
										볼넷%	5.5%	8.2%
										삼진%*	24.2%	21.1%
										볼넷 / 삼진	0.23	0.39
										순장타율	0.236	0.162
										BABIP	0.310	0.300
										wOBA	0.345	0.318

VS. 패스트볼   VS. 변화구   우타자
*5타수 미만은 색을 표시하지 않았음. ●●● : Ball zone

SPRAY ZONE   5 / 18 / 29% / 8 / 41% / 30%   홈런 타구분포 %

BATTED BALL

항목	비율
볼존 공격률	43%
S존 공격률	78%
볼존 컨택트율	54%
S존 컨택트율	84%
라인드라이브	21%
그라운드볼	48%
플라이볼	31%

DEFENSE

위치	자살	보살	실책	수비율
RF	125	4	4	0.970
LF	67	3	3	0.959

2013년 WBC 쿠바 국가대표 출신의 거포. 탱크라는 별명을 가질 정도로 타고난 힘이 좋으며 부드러운 어퍼스윙을 가지고 있다. 공을 몸에 붙여 치는 능력이 뛰어나 밀어서도 좋은 타구를 만들어낼 수 있다. 2015시즌은 빅리그 적응기로 자신의 타격 잠재력을 다 발휘하진 못했다. 하지만 지난 시즌 빅리그에 적응하며 팀 최다인 31홈런을 기록, 자신에 대한 비난을 종식시켰다. 옥의 티라면 떨어지는 출루율. 수비 역시도 리그 최하위급의 외야 수비를 보여주고 있다.

ARIZONA DIAMONDBACKS

IF Ketel MARTE
케텔 마르테 NO.04

우투양타 1993년 10월 12일 185cm, 75kg

*는 낮을수록 좋은 기록임

시즌	타수	안타	홈런	타점	볼넷	도루	타율	출루율	장타율	구분	기록	MLB
2016	437	113	1	33	18	11	0.259	0.287	0.323	타율	0.259	0.255
통산	656	175	3	50	42	19	0.267	0.309	0.349	출루율	0.287	0.322
										장타율	0.323	0.417
										볼넷%	3.9%	8.2%
										삼진%*	18.0%	21.1%
										볼넷 / 삼진	0.21	0.39
										순장타율	0.064	0.162
										BABIP	0.313	0.300
										wOBA	0.266	0.318

VS. 패스트볼   VS. 변화구

*5타수 미만은 색을 표시하지 않았음, ●●● : Ball zone

SPRAY ZONE
0
0 35% 1
33% 33%
홈런
타구분포 %

BATTED BALL
항목	비율
볼존 공격률	35%
S존 공격률	61%
볼존 컨택트율	74%
S존 컨택트율	89%
라인드라이브	22%
그라운드볼	52%
플라이볼	26%

DEFENSE
위치	자살	보살	실책	수비율
SS	140	315	21	0.956

홈 타율 0.259 원정 타율 0.258
VS. 좌투수 0.217 VS. 우투수 0.279
득점권 0.271 L/C 0.288

1993년생의 젊은 타자로 시애틀에서 최고의 유망주였지만 기대만큼 성장해주지 못하며 애리조나로 이적했다. 마이너에서 보여줬던 정확도 있는 타격이 메이저리그에선 전혀 나오지 않고 있는 중. 볼넷을 잘 얻어내지 못하는 타자라 리드 오프로 자리 잡기 위해서는 타격 정확도를 끌어올리는 것이 필수다. 깡마른 체형이라 파워는 전무한 수준. 두 자릿수 홈런을 기대하긴 힘들다. 당초 마르테가 가장 주목을 받았던 것은 수비. 하지만 빅리그 무대에선 집중력이 흐트러지며 실책이 잦았다.

OF Jeremy HAZELBAKER
제레미 헤이즐베이커 NO.41

우투좌타 1987년 8월 14일 190cm, 86kg

*는 낮을수록 좋은 기록임

시즌	타수	안타	홈런	타점	볼넷	도루	타율	출루율	장타율	구분	기록	MLB
2016	200	47	12	28	18	5	0.235	0.295	0.480	타율	0.235	0.255
통산	200	47	12	28	18	5	0.235	0.295	0.480	출루율	0.295	0.322
										장타율	0.480	0.417
										볼넷%	8.0%	8.2%
										삼진%*	28.6%	21.1%
										볼넷 / 삼진	0.28	0.39
										순장타율	0.245	0.162
										BABIP	0.278	0.300
										wOBA	0.324	0.318

VS. 패스트볼   VS. 변화구

*5타수 미만은 색을 표시하지 않았음, ●●● : Ball zone

SPRAY ZONE
2
2 34% 8
32% 35%
홈런
타구분포 %

BATTED BALL
항목	비율
볼존 공격률	36%
S존 공격률	66%
볼존 컨택트율	57%
S존 컨택트율	88%
라인드라이브	15%
그라운드볼	50%
플라이볼	36%

DEFENSE
위치	자살	보살	실책	수비율
LF	42	0	1	0.977
CF	33	0	3	0.917

홈 타율 0.219 원정 타율 0.250
VS. 좌투수 0.195 VS. 우투수 0.245
득점권 0.205 L/C 0.194

대졸 출신으로 2009년 4라운드로 지명 받고 마이너에서 8년의 시간을 보낸 후 지난 해 28세의 나이에 빅리그 데뷔의 감격을 누렸다. 외야에 부상이 잦았던 세인트루이스 사정상 백업 외야수 치고는 상당히 많은 114경기에 출장했다. 특히 대타로서의 활약이 인상 깊었는데 지난 시즌 기록한 12개의 홈런 중 무려 4개가 대타로 나와 기록한 홈런이었다. 파워에 비해 정확도는 다소 떨어지는 편. 또한 좌투수에게 약한 전형적인 플래툰 타자다. 올 시즌 제4의 외야수로 활약할 예정이다.

COLORADO ROCKIES

리그에서 가장 투-타의 차이가 극심한 팀. 팀 성적만 좋다면 아레나도의 MVP도 꿈이 아니다. 데스먼드까지 가세하며 공격력으로 승부를 보기로 작정한 듯하다. 하지만 그러한 전략은 매번 실패로 끝났다. 투수 출신 버드 블랙 새 감독의 묘수가 기대된다.

TEAM IMFORMATION

창단 : 1993년
이전 연고지 : -
월드시리즈 우승 : 0회
NL 우승 : 1회
디비전 우승 : 0회
와일드카드 진출 : 3회
구단주 : 몬포트 브라더스
감독 : 월트 와이스
단장 : 제프 브리디치

FRANCHISE

UNIFORM

Home / Away

Alternate

COLORADO ROCKIES

MANAGER

Bud Black

생년월일 : 1957년 6월 30일
출생지 : 산 마테오(캘리포니아)
MLB 감독 경력 : 올해로 10년째
샌디에이고 파드레스(2007~2015년),
콜로라도 로키스(2017년~현재)
정규시즌 통산 : 649승 713패 승률 0.477
포스트시즌 통산 : -

LINE-UP

ROTATION	
SP	C. 베티스
SP	T. 챗우드
SP	J. 그레이
SP	T. 앤더슨
SP	G. 마르케스

BULLPEN	
RP	C. 러신
RP	M. 던
RP	M. 마트
RP	G. 홀랜드
RP	J. 라일스
RP	C. 퀄스
CL	A. 오타비노

BATTING	
1	C. 블랙먼
2	D. 르메이휴
3	C. 곤잘레스
4	N. 아레나도
5	I. 데스먼드
6	T. 스토리
7	G. 파라
8	T. 월터스

UTILITY PLAYERS	
IF	C. 아다메스
IF	A. 아마리스타
IF	R. 타피아
OF	D. 달

BALL PARK : Coors Field

주소 : 2001 Blake Street Denver, Colorado
펜스 거리 : 왼쪽 106m, 좌중간 119m, 중앙 126m,
우중간 114m, 오른쪽 107m
펜스 높이 : 왼쪽~우중간 2.4m, 오른쪽 4.3m
최초공식경기 : 1995년 4월 26일
잔디 : 켄터키 블루그래스, 페러니얼 라이그래스(천연잔디)
수용 인원 : 5만 398명
홈팀 덕아웃 : 1루
파크팩터 : 1.436(MLB 1위)

아레나도 시대의 개막
여전히 그늘진 마운드

2016 리뷰

이번엔 다를까 했지만 역시나였다. 강력한 타선에 비해 초라한 마운드로 7년 연속 포스트 시즌 진출에 실패했다. 놀란 아레나도는 41홈런 133타점으로 2년 연속 홈런-타점왕에 오르며 부족한 팀 성적에도 불구, MVP 5위에 올랐다. DJ 르메이휴는 타격왕에 올랐고 신인 트레버 스토리는 부상 전까지 97경기에서 무려 27홈런을 때려내는 괴력을 과시했다. 찰리 블랙먼은 리그 최고의 1번타자로 급부상했고, 카를로스 곤잘레스는 오랜만에 150경기 이상 출전하며 이름값을 했다. 투수진에선 역시 에이스가 보이지 않았다. 채드 베티스가 팀 최다인 186이닝을 소화했지만 평균 자책점은 4.79에 그쳤다. 유망주 존 그레이는 기복이 심한 모습을 보이며 실망을 안겨줬다. 불펜진 역시도 시즌 전 데려온 채드 퀄스, 제이크 맥기 모두 실망스러운 시즌을 보냈다. 유망주인 제프 호프먼과 허먼 마르케스의 성장세도 기대 이하. 그나마 기대가 크지 않았던 신인 타일러 앤더슨과 타일러 챗우드의 성공적인 부상복귀가 콜로라도 마운드의 위안거리였다.

2017 프리뷰

월트 와이즈 감독이 지난 시즌을 마지막으로 떠나고 샌디에이고에서 좋은 모습을 보여줬던 버드 블랙 감독이 선임됐다. 빅리그에서 성공한 몇 안 되는 투수 출신 감독으로 투수진을 어떻게 바꿔줄지 기대를 모은다. 하지만 지난 시즌에 비해 투수진에 큰 변화는 없다. 영입된 선수는 2015년까지 캔자스시티에서 마무리로 활약하다 지난 시즌 부상으로 날린 그렉 홀랜드 정도. 선발진에선 그레이-마르케스-호프먼의 성장이 중요하며 불펜진에선 지난 시즌 중반 토미존 수술에서 복귀한 애덤 오타비노의 활약이 필요하다. 아레나도를 중심으로 한 타선은 여전히 리그 최정상급. 스토리가 부상에서 복귀하며 풀타임 시즌이 기대되는 가운데 지난 시즌 텍사스에서 FA 재수에 성공한 이안 데스먼드까지 추가했다. 데스먼드는 올 시즌 중견수에서 1루수로 수비 위치를 변경해 공격에 더욱 집중할 수 있을 것으로 보인다. 중요한 건 트레이드 여부. 리빌딩이 진행 중인 팀 특성상 중심 타자 중 찰리 블랙먼-카를로스 곤잘레스를 트레이드하여 유망주를 얻어 올 가능성이 높다.

COLORADO ROCKIES

SQUAD LIST

*선수 명단은 2017년 3월 25일 기준(soucre : ESPN)

투수

번호	이름	위치	투	타	나이	출생지
62	Yency Almonte	RP	R	B	22	Miami, FL
44	Tyler Anderson	SP	L	L	27	Las Vegas, NV
35	Chad Bettis	SP	R	R	27	Lubbock, TX
78	Shane Carle	SP	R	R	25	Santa Cruz, CA
46	Miguel Castro	RP	R	R	22	La Romana, Dominican Republic
32	Tyler Chatwood	SP	R	R	27	Fontana, CA
47	Jairo Diaz	RP	R	R	25	Puerto La Cruz, Venezuela
38	Mike Dunn	RP	L	L	31	Farmington, NM
54	Carlos Estevez	RP	R	R	24	Santo Domingo, Dominican Republic
64	Rayan Gonzalez	RP	R	R	26	Arecibo, Puerto Rico
55	Jon Gray	SP	R	R	25	Shawnee, OK
34	Jeff Hoffman	SP	R	R	24	Latham, NY
56	Greg Holland	RP	R	R	31	Marion, NC
60	Zach Jemiola	SP	R	L	22	Temecula, CA
24	Jordan Lyles	RP	R	R	26	Hartsville, SC
67	German Marquez	RP	R	R	22	San Felix, Venezuela
51	Jake McGee	RP	L	L	30	San Jose, CA
77	Sam Moll	RP	L	L	25	Lakeland, TN
30	Jason Motte	RP	R	R	34	Port Huron, MI
45	Scott Oberg	RP	R	R	27	Tewksbury, MA
–	Adam Ottavino	RP	R	B	31	New York, NY
50	Chad Qualls	RP	R	R	38	Lomita, CA
52	Chris Rusin	RP	L	L	30	Detroit, MI
71	Antonio Senzatela	SP	R	R	22	Valencia, Venezuela

포수

번호	이름	위치	투	타	나이	출생지
13	Dustin Garneau	C	R	R	29	Torrance, CA
23	Tom Murphy	C	R	R	25	West Monroe, NY
14	Tony Wolters	C	R	L	24	Vista, CA

내야

번호	이름	위치	투	타	나이	출생지
18	Cristhian Adames	SS	R	B	25	Santo Domingo, Dominican Republic
2	Alexi Amarista	2B	R	L	27	Barcelona, Venezuela
28	Nolan Arenado	3B	R	R	25	Newport Beach, CA
20	Ian Desmond	1B	R	R	31	Sarasota, FL
9	DJ LeMahieu	2B	R	R	28	Visalia, CA
27	Trevor Story	SS	R	R	24	Irving, TX
74	Pat Valaika	SS	R	R	24	Valencia, CA

외야

번호	이름	위치	투	타	나이	출생지
19	Charlie Blackmon	CF	L	L	30	Dallas, TX
26	David Dahl	LF	R	L	22	Birmingham, AL
5	Carlos Gonzalez	RF	L	L	31	Maracaibo, Venezuela
8	Gerardo Parra	LF	L	L	29	Santa Barbara, Venezuela
72	Jordan Patterson	RF	L	L	25	Mobile, AL
68	Raimel Tapia	LF	L	L	23	San Pedro de Macoris, Dominican Republic

SUMMARY

우타자	좌타자	스위치	우투수	좌투수	평균나이	최연소	최연장
7명	8명	1명	19명	5명	26.6세	22세	38세

2017 REGULAR SEASON SCHEDULE

• ▦▦ 는 홈경기, 시간은 미국 동부시간 기준

날짜	상대팀	경기시간	날짜	상대팀	경기시간	날짜	상대팀	경기시간
Mon, 4/3	Milwaukee Brewers	PM 12:10	Tue, 6/6	Cleveland Indians	PM 6:40	Tue, 8/15	Atlanta Braves	PM 6:40
Tue, 4/4	Milwaukee Brewers	PM 5:40	Wed, 6/7	Cleveland Indians	PM 1:10	Wed, 8/16	Atlanta Braves	PM 6:40
Wed, 4/5	Milwaukee Brewers	PM 6:10	Thu, 6/8	Chicago Cubs	PM 6:05	Thu, 8/17	Atlanta Braves	PM 1:10
Thu, 4/6	Milwaukee Brewers	PM 11:40	Fri, 6/9	Chicago Cubs	PM 12:20	Fri, 8/18	Milwaukee Brewers	PM 6:40
Fri, 4/7	Los Angeles Dodgers	PM 2:10	Sat, 6/10	Chicago Cubs	PM 12:20	Sat, 8/19	Milwaukee Brewers	PM 6:10
Sat, 4/8	Los Angeles Dodgers	PM 6:10	Sun, 6/11	Chicago Cubs	PM 12:20	Sun, 8/20	Milwaukee Brewers	PM 1:10
Sun, 4/9	Los Angeles Dodgers	PM 1:10	Mon, 6/12	Pittsburgh Pirates	PM 5:05	Tue, 8/22	Kansas City Royals	PM 6:15
Mon, 4/10	San Diego Padres	PM 6:40	Tue, 6/13	Pittsburgh Pirates	PM 5:05	Wed, 8/23	Kansas City Royals	PM 6:15
Tue, 4/11	San Diego Padres	PM 6:40	Wed, 6/14	Pittsburgh Pirates	PM 5:05	Thu, 8/24	Kansas City Royals	PM 12:15
Wed, 4/12	San Diego Padres	PM 1:10	Thu, 6/15	San Francisco Giants	PM 6:40	Fri, 8/25	Atlanta Braves	PM 5:35
Thu, 4/13	San Francisco Giants	PM 8:15	Fri, 6/16	San Francisco Giants	PM 6:40	Sat, 8/26	Atlanta Braves	PM 5:10
Fri, 4/14	San Francisco Giants	PM 8:15	Sat, 6/17	San Francisco Giants	PM 1:10	Sun, 8/27	Atlanta Braves	PM 11:35
Sat, 4/15	San Francisco Giants	PM 2:05	Sun, 6/18	San Francisco Giants	PM 1:10	Mon, 8/28	Detroit Tigers	PM 6:40
Sun, 4/16	San Francisco Giants	PM 2:05	Tue, 6/20	Arizona D-backs	PM 6:40	Tue, 8/29	Detroit Tigers	PM 6:40
Tue, 4/18	Los Angeles Dodgers	PM 8:10	Wed, 6/21	Arizona D-backs	PM 6:40	Wed, 8/30	Detroit Tigers	PM 1:10
Wed, 4/19	Los Angeles Dodgers	PM 8:10	Thu, 6/22	Arizona D-backs	PM 1:10	Fri, 9/1	Arizona D-backs	PM 6:40
Fri, 4/21	San Francisco Giants	PM 6:40	Fri, 6/23	Los Angeles Dodgers	PM 8:10	Sat, 9/2	Arizona D-backs	PM 6:10
Sat, 4/22	San Francisco Giants	PM 6:10	Sat, 6/24	Los Angeles Dodgers	PM 8:10	Sun, 9/3	Arizona D-backs	PM 1:10
Sun, 4/23	San Francisco Giants	PM 1:10	Sun, 6/25	Los Angeles Dodgers	PM 2:10	Mon, 9/4	San Francisco Giants	PM 1:10
Mon, 4/24	Washington Nationals	PM 6:40	Mon, 6/26	San Francisco Giants	PM 8:15	Tue, 9/5	San Francisco Giants	PM 6:40
Tue, 4/25	Washington Nationals	PM 6:40	Tue, 6/27	San Francisco Giants	PM 8:15	Wed, 9/6	San Francisco Giants	PM 6:40
Wed, 4/26	Washington Nationals	PM 6:40	Wed, 6/28	San Francisco Giants	PM 1:45	Thu, 9/7	Los Angeles Dodgers	PM 8:10
Thu, 4/27	Washington Nationals	PM 1:10	Fri, 6/30	Arizona D-backs	PM 7:40	Fri, 9/8	Los Angeles Dodgers	PM 8:10
Fri, 4/28	Arizona D-backs	PM 7:40	Sat, 7/1	Arizona D-backs	PM 8:10	Sat, 9/9	Los Angeles Dodgers	PM 7:10
Sat, 4/29	Arizona D-backs	PM 6:10	Sun, 7/2	Arizona D-backs	PM 2:10	Sun, 9/10	Los Angeles Dodgers	PM 2:10
Sun, 4/30	Arizona D-backs	PM 2:10	Mon, 7/3	Cincinnati Reds	PM 6:10	Mon, 9/11	Arizona D-backs	PM 7:40
Tue, 5/2	San Diego Padres	PM 8:10	Tue, 7/4	Cincinnati Reds	PM 6:10	Tue, 9/12	Arizona D-backs	PM 7:40
Wed, 5/3	San Diego Padres	PM 8:10	Wed, 7/5	Cincinnati Reds	PM 6:40	Wed, 9/13	Arizona D-backs	PM 7:40
Thu, 5/4	San Diego Padres	PM 1:40	Thu, 7/6	Cincinnati Reds	PM 1:10	Thu, 9/14	Arizona D-backs	PM 1:40
Fri, 5/5	Arizona D-backs	PM 6:40	Fri, 7/7	Chicago White Sox	PM 6:40	Fri, 9/15	San Diego Padres	PM 6:40
Sat, 5/6	Arizona D-backs	PM 6:10	Sat, 7/8	Chicago White Sox	PM 7:10	Sat, 9/16	San Diego Padres	PM 6:10
Sun, 5/7	Arizona D-backs	PM 1:10	Sun, 7/9	Chicago White Sox	PM 3:10	Sun, 9/17	San Diego Padres	PM 1:10
Mon, 5/8	Chicago Cubs	PM 6:40	Fri, 7/14	New York Mets	PM 5:10	Tue, 9/19	San Francisco Giants	PM 8:15
Tue, 5/9	Chicago Cubs	PM 6:40	Sat, 7/15	New York Mets	PM 5:10	Wed, 9/20	San Francisco Giants	PM 1:45
Wed, 5/10	Chicago Cubs	PM 1:10	Sun, 7/16	New York Mets	PM 11:10	Thu, 9/21	San Diego Padres	PM 8:10
Thu, 5/11	Los Angeles Dodgers	PM 6:40	Mon, 7/17	San Diego Padres	PM 6:40	Fri, 9/22	San Diego Padres	PM 8:10
Fri, 5/12	Los Angeles Dodgers	PM 6:40	Tue, 7/18	San Diego Padres	PM 6:40	Sat, 9/23	San Diego Padres	PM 6:40
Sat, 5/13	Los Angeles Dodgers	PM 6:10	Wed, 7/19	San Diego Padres	PM 6:40	Sun, 9/24	San Diego Padres	PM 2:40
Sun, 5/14	Los Angeles Dodgers	PM 1:10	Fri, 7/21	Pittsburgh Pirates	PM 6:40	Mon, 9/25	Miami Marlins	PM 6:40
Tue, 5/16	Minnesota Twins	PM 6:10	Sat, 7/22	Pittsburgh Pirates	PM 6:10	Tue, 9/26	Miami Marlins	PM 6:40
Wed, 5/17	Minnesota Twins	PM 6:10	Sun, 7/23	Pittsburgh Pirates	PM 1:10	Wed, 9/27	Miami Marlins	PM 1:10
Thu, 5/18	Minnesota Twins	PM 11:10	Mon, 7/24	St. Louis Cardinals	PM 6:15	Fri, 9/29	Los Angeles Dodgers	PM 6:10
Fri, 5/19	Cincinnati Reds	PM 5:10	Tue, 7/25	St. Louis Cardinals	PM 6:15	Sat, 9/30	Los Angeles Dodgers	PM 6:10
Sat, 5/20	Cincinnati Reds	PM 2:10	Wed, 7/26	St. Louis Cardinals	PM 6:15	Sun, 10/1	Los Angeles Dodgers	PM 1:10
Sun, 5/21	Cincinnati Reds	PM 11:10	Fri, 7/28	Washington Nationals	PM 5:05			
Mon, 5/22	Philadelphia Phillies	PM 5:05	Sat, 7/29	Washington Nationals	PM 5:05			
Tue, 5/23	Philadelphia Phillies	PM 5:05	Sun, 7/30	Washington Nationals	PM 11:35			
Wed, 5/24	Philadelphia Phillies	PM 5:05	Tue, 8/1	New York Mets	PM 6:40			
Thu, 5/25	Philadelphia Phillies	PM 11:05	Wed, 8/2	New York Mets	PM 6:40			
Fri, 5/26	St. Louis Cardinals	PM 6:40	Thu, 8/3	New York Mets	PM 1:10			
Sat, 5/27	St. Louis Cardinals	PM 7:10	Fri, 8/4	Philadelphia Phillies	PM 6:40			
Sun, 5/28	St. Louis Cardinals	PM 11:40	Sat, 8/5	Philadelphia Phillies	PM 6:10			
Mon, 5/29	Seattle Mariners	PM 1:10	Sun, 8/6	Philadelphia Phillies	PM 1:10			
Tue, 5/30	Seattle Mariners	PM 5:10	Tue, 8/8	Cleveland Indians	PM 5:10			
Wed, 5/31	Seattle Mariners	PM 8:10	Wed, 8/9	Cleveland Indians	PM 10:10			
Thu, 6/1	Seattle Mariners	PM 1:40	Fri, 8/11	Miami Marlins	PM 5:10			
Fri, 6/2	San Diego Padres	PM 8:10	Sat, 8/12	Miami Marlins	PM 5:10			
Sat, 6/3	San Diego Padres	PM 2:10	Sun, 8/13	Miami Marlins	PM 11:10			
Sun, 6/4	San Diego Padres	PM 2:40	Mon, 8/14	Atlanta Braves	PM 6:40			

COLORADO ROCKIES

■ 15% 이상   ■ 12~14%   ■ 9~11%   ■ 6~8%   ■ 3~5%   □ 2% 이하

홈 ERA 4.44 원정 ERA 5.06
VS. 좌타자 0.252 VS. 우타자 0.293
VS. 추신수 3타수 0안타 0.000
VS. 김현수 2타수 1안타 0.500

SP Chad BETTIS
채드 베티스   NO.35

우투우타   1989년 4월 26일   185cm, 91kg   *는 낮을수록 좋은 기록임

시즌	경기	이닝	피안타	피홈런	볼넷	탈삼진	승-패-세-홀	평균자책	구분	기록	MLB
2016	32	186.0	204	22	59	138	14-8-0-0	4.79	평균자책*	4.79	4.19
통산	89	370.1	421	43	131	279	23-19-0-4	5.01	탈삼진 / 9	6.68	8.10
									볼넷 / 9*	2.85	3.14
									탈삼진 / 볼넷	2.34	2.58
									피홈런 / 9*	1.06	1.17
									피안타율	0.273	0.252
									WHIP*	1.41	1.32
									잔루율	68.1%	72.9%
									FIP	4.26	4.19

PITCHING REPERTORY / VELOCITY km/h **MOVEMENT** cm

구종	평균	전체	초구	2-2	좌타자	우타자	피타율	상하	좌우
포심패스트볼	148	47%	50%	41%	47%	48%	0.319	↑19	→5
투심 / 싱커	147	10%	12%	11%	11%	9%	0.258	↑13	→17
컷패스트볼	–	–	–	–	–	–	–	–	–
슬라이더	139	16%	15%	20%	9%	24%	0.256	↑7	←5
커브	120	12%	12%	11%	14%	10%	0.230	↓7	←16
체인지업	138	14%	11%	18%	19%	9%	0.211	↑5	→14
스플리터	–	–	–	–	–	–	–	–	–

평균 150km/h초반대의 포심, 투심과 체인지업, 커브, 슬라이더 등 다양한 변화구를 던진다. 마이너 시절이었던 2012년 어깨 부상을 당하기 전엔 150km/h 후반대도 심심치 않게 찍었다. 변화구 중엔 체인지업이 주무기로 좌우타자 구분 없이 위력을 발휘한다. 그에 비해 브레이킹볼의 위력은 다소 떨어지는 편. 데뷔 초보다 제구가 좋아졌지만 커맨드의 섬세함을 좀 더 가다듬을 필요가 있다. 선발투수 치곤 작은 키에 다이내믹한 투구폼으로 공을 던져 장기적으로 부상에 대한 우려가 큰 투수.

홈 ERA 6.12 원정 ERA 1.69
VS. 좌타자 0.257 VS. 우타자 0.238
VS. 추신수 10타수 2안타 1홈런 0.200
VS. 강정호 3타수 1안타 0.333

SP Tyler CHATWOOD
타일러 챗우드   NO.32

우투우타   1989년 12월 16일   183cm, 84kg   *는 낮을수록 좋은 기록임

시즌	경기	이닝	피안타	피홈런	볼넷	탈삼진	승-패-세-홀	평균자책	구분	기록	MLB
2016	27	158.0	147	15	70	117	12-9-0-0	3.87	평균자책*	3.87	4.19
통산	97	500.0	526	47	223	318	32-31-1-0	4.19	탈삼진 / 9	6.66	8.10
									볼넷 / 9*	3.99	3.14
									탈삼진 / 볼넷	1.67	2.58
									피홈런 / 9*	0.85	1.17
									피안타율	0.247	0.252
									WHIP*	1.37	1.32
									잔루율	73.1%	72.9%
									FIP	4.32	4.19

PITCHING REPERTORY / VELOCITY km/h **MOVEMENT** cm

구종	평균	전체	초구	2-2	좌타자	우타자	피타율	상하	좌우
포심패스트볼	149	38%	34%	28%	49%	25%	0.254	↑21	→4
투심 / 싱커	149	34%	41%	19%	29%	39%	0.269	↑17	→16
컷패스트볼	–	–	–	–	–	–	–	–	–
슬라이더	140	21%	14%	37%	9%	33%	0.206	↑6	←4
커브	124	5%	9%	12%	7%	2%	0.259	↓18	←13
체인지업	136	3%	2%	3%	5%	0%	0.231	↑16	→14
스플리터	–	–	–	–	–	–	–	–	–

150km/h 중반까지 나오는 빠른 공을 70% 이상 구사한다. 변화구로는 슬라이더와 커브를 구사하며 체인지업은 거의 구사하지 않는다. 데뷔 초 불안했던 제구도 해가 갈수록 좋아지는 중이다. 문제는 강속구를 지속적으로 뿌릴 수 있는 체격 조건을 갖추지 않았다는 것. 빅리그 투수로는 작은 183cm의 키에 투구폼도 격렬하다. 고등학교 때 이미 첫 번째 토미존 수술을 받았다. 2014년 4월에 두 번째 토미존 수술을 받으며 2015시즌을 통째로 날렸다.

COLORADO ROCKIES

■ 15% 이상　■ 12~14%　■ 9~11%　■ 6~8%　■ 3~5%　□ 2% 이하

SP　Jon GRAY
존 그레이
NO.55

우투우타　1991년 11월 5일　193cm, 107kg　*는 낮을수록 좋은 기록임

시즌	경기	이닝	피안타	피홈런	볼넷	탈삼진	승-패-세-홀	평균자책	구분	기록	MLB
2016	29	168.0	153	18	59	185	10-10-0-0	4.61	평균자책*	4.61	4.19
통산	38	208.2	205	22	73	225	10-12-0-0	4.79	탈삼진 / 9	9.91	8.10
									볼넷 / 9*	3.16	3.14
									탈삼진 / 볼넷	3.14	2.58
									피홈런 / 9*	0.96	1.17
									피안타율	0.239	0.252
									WHIP*	1.26	1.32
									잔루율	66.4%	72.9%
									FIP*	3.60	4.19

PITCHING ZONE

PITCHING REPERTORY / VELOCITY km/h　**MOVEMENT** cm

구종	평균	전체	초구	2-2	좌타자	우타자	피타율	상하	좌우
포심패스트볼	153	53%	60%	43%	54%	51%	0.319	↑23	→14
투심 / 싱커	154	4%	4%	2%	4%	4%	0.263	↑17	→21
컷패스트볼	–	–	–	–	–	–	–	–	–
슬라이더	143	25%	15%	42%	19%	32%	0.178	↑10	←3
커브	126	9%	11%	8%	11%	7%	0.184	↓12	←15
체인지업	137	9%	11%	5%	13%	5%	0.303	↑17	→15
스플리터	–	–	–	–	–	–	–	–	–

홈 ERA 4.30　원정 ERA 4.91
VS. 좌타자 0.235　VS. 우타자 0.243
VS. 김현수 3타수 1안타 0.333
VS. 강정호 2타수 2안타 1.000

2013년 전체 3순위에 뽑힐 정도로 기대가 큰 투수 유망주(2순위 크리스 브라이언트). 탄탄한 체구에서 부드럽고 간결한 투구폼으로 공을 뿌린다. 최대 158km/h, 평균 150km/h 중반으로 형성되는 빠른 공과 슬라이더가 주무기. 체인지업 역시 평균 이상으로 성장할 것이라고 평가 받고 있다. 극단적인 플라이볼 투수로 낮은 코스 제구가 절대적으로 필요한 투수. 지난 시즌 홈-원정 가릴 것 없이 주자만 나가면 새가슴 모드로 변하며 고전을 면치 못했다. 하지만 이제 풀타임 2년차 투수.

SP　Tyler ANDERSON
타일러 앤더슨
NO.44

좌투좌타　1989년 12월 30일　193cm, 95kg　*는 낮을수록 좋은 기록임

시즌	경기	이닝	피안타	피홈런	볼넷	탈삼진	승-패-세-홀	평균자책	구분	기록	MLB
2016	19	114.1	119	12	28	99	5-6-0-0	3.54	평균자책*	3.54	4.19
통산	19	114.1	119	12	28	99	5-6-0-0	3.54	탈삼진 / 9	7.79	8.10
									볼넷 / 9*	2.20	3.14
									탈삼진 / 볼넷	3.54	2.58
									피홈런 / 9*	0.94	1.17
									피안타율	0.266	0.252
									WHIP*	1.29	1.32
									잔루율	75.1%	72.9%
									FIP*	3.59	4.19

PITCHING ZONE

PITCHING REPERTORY / VELOCITY km/h　**MOVEMENT** cm

구종	평균	전체	초구	2-2	좌타자	우타자	피타율	상하	좌우
포심패스트볼	147	38%	39%	40%	33%	40%	0.258	↑25	←16
투심 / 싱커	145	6%	9%	3%	12%	4%	0.389	↑19	←20
컷패스트볼	140	26%	6%	25%	25%	25%	0.258	↑15	←2
슬라이더	–	–	–	–	–	–	–	–	–
커브	123	1%	2%	3%	1%	2%	0.000	0	→5
체인지업	132	29%	24%	28%	22%	31%	0.300	↑16	←19
스플리터	–	–	–	–	–	–	–	–	–

홈 ERA 3.00　원정 ERA 4.71
VS. 좌타자 0.243　VS. 우타자 0.273
VS. 추신수 2타수 0안타 0.000

2011년 전체 20순위로 지명되어 마이너에서 6년의 세월을 보낸 후 지난해 데뷔했다. 좀 더 일찍 데뷔할 수 있었지만 2013년 팔꿈치 피로골절을 당했고, 2015시즌 전 재발하며 그 해를 통째로 날렸다. 140km/h 중반대의 빠른 공과 커터, 체인지업을 구사하며 체인지업이 뛰어나다는 평가를 받고 있다. 지난 시즌 앤더슨의 성적 중 가장 인상이 깊었던 것은 쿠어스 필드에서의 성적. 원정 평균 자책점이 4.71에 비해, 홈인 쿠어스 필드에서 3.00으로 오히려 좋은 투구 내용을 보여줬다.

COLORADO ROCKIES

 15% 이상 12–14% 9–11% 6–8% 3–5% 2% 이하

홈 ERA 2.25   원정 ERA 9.35
VS. 좌타자 0.319 VS. 우타자 0.310

SP German MARQUEZ NO.67
허먼 마르케스

우투우타   1995년 2월 22일   185cm, 84kg

*는 낮을수록 좋은 기록임

시즌	경기	이닝	피안타	피홈런	볼넷	탈삼진	승-패-세-홀	평균자책	구분	기록	MLB
2016	6	20.2	28	2	6	15	1-1-0-0	5.23	평균자책*	5.23	4.19
통산	6	20.2	28	2	6	15	1-1-0-0	5.23	탈삼진 / 9	6.53	8.10
									볼넷 / 9*	2.61	3.14
									탈삼진 / 볼넷	2.50	2.58
									피홈런 / 9*	0.87	1.17
									피안타율	0.315	0.252
									WHIP*	1.65	1.32
									잔루율	73.1%	72.9%
									FIP*	4.26	4.19

PITCHING REPERTORY / VELOCITY km/h **MOVEMENT** cm

구종	평균	전체	초구	2-2	좌타자	우타자	피안타율	상하	좌우
포심패스트볼	151	59%	60%	35%	63%	56%	0.318	↑18	→12
투심 / 싱커	149	3%	3%	9%	2%	4%	0.429	↑10	→22
컷패스트볼	–	–	–	–	–	–	–		
슬라이더	–	–	–	–	–	–	–		
커브	127	28%	29%	52%	22%	35%	0.286	↓11	←14
체인지업	134	9%	8%	4%	13%	5%	0.429	↑11	→14
스플리터	–	–	–	–	–	–	–		

베네수엘라 출신의 1995년생 젊은 투수다. 2016년 1월 코리 디킨슨을 탬파베이에 내주며 제이크 맥기와 함께 받은 카드. 지난 시즌 마이너에서 담금질을 마치고 9월 확장 로스터 때 빅리그에 데뷔했다. 150km/h 초중반의 빠른 공과 함께 커브, 커터, 체인지업을 구사한다. 빠른 공에 비해 변화구는 아직 개선이 필요하다는 평가. 어린 나이임에도 불구, 준수한 제구를 가지고 있다. 올 시즌 스프링 트레이닝에서 5선발 자리를 경쟁할 것으로 예상된다.

홈 ERA 7.43   원정 ERA 3.72
VS. 좌타자 0.293 VS. 우타자 0.304
VS. 추신수 2타수 1안타 0.500

RP Chad QUALLS NO.50
채드 퀄스

우투우타   1978년 8월 17일   193cm, 107kg

*는 낮을수록 좋은 기록임

시즌	경기	이닝	피안타	피홈런	볼넷	탈삼진	승-패-세-홀	평균자책	구분	기록	MLB
2016	44	32.2	43	5	9	22	2-0-0-4	5.23	평균자책*	5.23	4.19
통산	825	790.2	802	80	206	613	51-47-74-175	3.86	탈삼진 / 9	6.06	8.10
									볼넷 / 9*	2.48	3.14
									탈삼진 / 볼넷	2.44	2.58
									피홈런 / 9*	1.38	1.17
									피안타율	0.301	0.252
									WHIP*	1.59	1.32
									잔루율	66.7%	72.9%
									FIP*	4.62	4.19

PITCHING REPERTORY / VELOCITY km/h **MOVEMENT** cm

구종	평균	전체	초구	2-2	좌타자	우타자	피안타율	상하	좌우
포심패스트볼	147	59%	74%	42%	74%	51%	0.320	↑7	→24
투심 / 싱커	–	–	–	–	–	–	–		
컷패스트볼	–	–	–	–	–	–	–		
슬라이더	138	40%	26%	58%	21%	49%	0.210	↑7	←6
커브	–	–	–	–	–	–	–		
체인지업	131	2%	1%	0%	5%	0%	0.286	↑4	→19
스플리터	–	–	–	–	–	–	–		

올해로 빅리그 13시즌째를 맞이하는 베테랑 불펜투수. 풀타임 첫해였던 2005년부터 큰 부상 없이 매년 50경기 이상을 소화하고 있다. 전성기 시절보다 다소 감소하긴 했지만 140km/h 후반대의 싱커로 땅볼 유도에 능하다. 각이 크게 휘어지는 슬라이더가 퀄스의 주무기. 슬라이더 구사 비율이 40%에 가까울 정도로 위력이 대단하다(통산 슬라이더 피안타율 .204). 안정된 제구를 바탕으로 볼넷 허용이 적으며, 삼진보다 맞혀 잡는 걸 선호해 경제적인 투구수로 타자를 상대한다.

COLORADO ROCKIES

■ 15% 이상   ■ 12~14%   ■ 9~11%   ■ 6~8%   ■ 3~5%   □ 2% 이하

RP **Mike DUNN** 마이크 던 NO.38

좌투좌타   1985년 5월 23일   183cm, 98kg

*는 낮을수록 좋은 기록임

시즌	경기	이닝	피안타	피홈런	볼넷	탈삼진	승-패-세-홀	평균자책	구분	기록	MLB
2016	51	42.1	43	5	11	38	6-1-0-8	3.40	평균자책*	3.40	4.19
통산	434	351.0	307	34	172	389	28-25-4-105	3.54	탈삼진 / 9	8.10	8.10
									볼넷 / 9*	2.34	3.14
									탈삼진 / 볼넷	3.45	2.58
									피홈런 / 9*	1.06	1.17
									피안타율*	0.265	0.252
									WHIP*	1.28	1.32
									잔루율	82.0%	72.9%
									FIP*	3.88	4.19

PITCHING ZONE (좌타자·몸쪽 / 우타자·몸쪽)

PITCHING REPERTORY / VELOCITY km/h / MOVEMENT cm

구종	평균	전체	초구	2-2	좌타자	우타자	피타율	상하	좌우
포심패스트볼	152	61%	53%	58%	58%	63%	0.268	↑27	←9
투심 / 싱커	152	2%	2%	1%	1%	3%	0.000	↑23	←21
컷패스트볼	–	–	–	–	–	–	–		
슬라이더	141	37%	45%	40%	41%	34%	0.222	↑5	→5
커브	123	0%	0%	1%	0%	0%	0.000	↓24	→11
체인지업	–	–	–	–	–	–	–		
스플리터	–	–	–	–	–	–	–		

홈 ERA 3.72 원정 ERA 3.13
VS. 좌타자 0.279 VS. 우타자 0.256
VS. 추신수 2타수 0안타 0.000
VS. 박병호 1타수 0안타 0.000

리그를 대표하는 불펜 마당쇠. 2015시즌까지 3년 연속 70경기 이상 등판한 5명 중 한 명이다. 하지만 지난 시즌엔 부상으로 인해 6월에나 팀에 합류할 수 있었다. 150km/h 중반대의 빠른 공과 슬라이더를 구사한다. 좌우타자 가리지 않고 안타를 잘 내주지 않으며 삼진을 잘 솎아낸다. 지난 시즌 삼진율을 다소 떨어졌지만 고질적인 문제였던 제구 불안이 해소되며 좋은 성적을 거뒀다. 하지만 최근 들어 장타 허용이 늘어나고 있는 상황은 우려스러운 점이다.

RP **Jake MCGEE** 제이크 맥기 NO.51

좌투좌타   1986년 8월 6일   190cm, 104kg

*는 낮을수록 좋은 기록임

시즌	경기	이닝	피안타	피홈런	볼넷	탈삼진	승-패-세-홀	평균자책	구분	기록	MLB
2016	57	45.2	56	9	16	38	2-3-15-4	4.73	평균자책*	4.73	4.19
통산	354	305.1	248	30	88	357	23-14-41-87	3.07	탈삼진 / 9	7.49	8.10
									볼넷 / 9*	3.15	3.14
									탈삼진 / 볼넷	2.38	2.58
									피홈런 / 9*	1.77	1.17
									피안타율*	0.301	0.252
									WHIP*	1.58	1.32
									잔루율	80.1%	72.9%
									FIP*	5.29	4.19

PITCHING ZONE (좌타자·몸쪽 / 우타자·몸쪽)

PITCHING REPERTORY / VELOCITY km/h / MOVEMENT cm

구종	평균	전체	초구	2-2	좌타자	우타자	피타율	상하	좌우
포심패스트볼	152	88%	94%	86%	87%	98%	0.258	↑26	←17
투심 / 싱커	132	4%	2%	3%	7%	0%	0.500	↑9	0
컷패스트볼	–	–	–	–	–	–	–		
슬라이더	–	–	–	–	–	–	–		
커브	120	8%	4%	11%	7%	2%	0.167	↓13	→4
체인지업	–	–	–	–	–	–	–		
스플리터	–	–	–	–	–	–	–		

홈 ERA 6.38 원정 ERA 2.91
VS. 좌타자 0.297 VS. 우타자 0.303

강력한 구위를 바탕으로 상대를 찍어 누르는 투구를 펼친다. 최고구속 159km/h에 달하는 포심과 투심을 던진다. 커브와 슬라이더의 비중은 미미한 수준으로, 통산 패스트볼 구사율이 90.2%에 달한다. 데뷔 초반 불안한 제구로 인해 자리 잡는 데 어려움을 겪었다. 하지만 경험이 쌓이며 제구를 잡는 데 성공, 준수한 좌완 셋업맨으로 거듭났다. 2015년에는 두 차례 부상을 당하며 많은 이닝을 소화했고 지난 시즌에는 쿠어스 필드 적응에 실패하며 부진했다. 올 시즌 8회 셋업맨으로 반등을 노린다.

COLORADO ROCKIES

■ 15% 이상 ■ 12~14% ■ 9~11% ■ 6~8% ■ 3~5% □ 2% 이하

홈 ERA 3.31 원정 ERA 1.69
VS. 좌타자 0.256 VS. 우타자 0.136
VS. 추신수 4타수 2안타 0.500
VS. 김현수 1타수 0안타 0.000

CP Adam OTTAVINO NO.00
애덤 오타비노

우투양타 1985년 11월 22일 196cm, 100kg *는 낮을수록 좋은 기록임

시즌	경기	이닝	피안타	피홈런	볼넷	탈삼진	승-패-세-홀	평균자책	구분	기록	MLB
2016	34	27.0	18	3	7	35	1-3-7-4	2.67	평균자책*	2.67	4.19
통산	228	282.0	274	29	99	289	9-13-11-42	3.77	탈삼진 / 9	11.67	8.10
									볼넷 / 9*	2.33	3.14
									탈삼진 / 볼넷	5.00	2.58
									피홈런 / 9*	1.00	1.17
									피안타율*	0.184	0.252
									WHIP*	0.93	1.32
									잔루율	79.0%	72.9%
									FIP*	3.00	4.19

PITCHING ZONE

PITCHING REPERTORY / VELOCITY km/h / MOVEMENT cm

구종	평균	전체	초구	2-2	좌타자	우타자	피타율	상하	좌우
포심패스트볼	153	26%	30%	19%	26%	26%	0.172	↑17	→16
투심 / 싱커	152	26%	25%	24%	32%	21%	0.225	↑10	→21
컷패스트볼	143	7%	7%	2%	14%	2%	0.250	↑6	→2
슬라이더	132	41%	38%	55%	28%	51%	0.107	↓1	←17
커브	—	—	—	—	—	—	—	—	—
체인지업	142	0%	1%	0%	0%	0%	0.000	↑5	→10
스플리터	—	—	—	—	—	—	—	—	—

마이너 시절 선발 수업을 받았으나 실패 후 불펜으로 전향했다. 선발투수로서의 오타비노의 발목을 잡은 건 제구(마이너 통산 BB/9 4.2). 하지만 불펜 전향 후 매년 제구가 향상되며 준수한 불펜 자원으로 자리 잡았다. 150km/h 중후반의 빠른 공과 날카롭게 꺾이는 슬라이더가 주무기. 두 구종의 비율이 6:4 정도로 슬라이더에 대한 자신감이 대단하다. 2015시즌 초반 완벽한 활약을 보이다가 안타깝게 토미존 수술을 하며 시즌 아웃됐다. 지난 시즌 7월 복귀해 성공적인 복귀 시즌을 보냈다.

홈 타율 0.346 원정 타율 0.168
VS. 좌투수 0.225 VS. 우투수 0.267
득점권 0.333 L/C 0.214

C Tony WOLTERS NO.14
토니 월터스

우투좌타 1992년 6월 9일 178cm, 91kg *는 낮을수록 좋은 기록임

시즌	타수	안타	홈런	타점	볼넷	도루	타율	출루율	장타율	구분	기록	MLB
2016	205	53	3	30	21	4	0.259	0.327	0.395	타율	0.259	0.255
통산	205	53	3	30	21	4	0.259	0.327	0.395	출루율	0.327	0.322
										장타율	0.395	0.417
										볼넷%	9.1%	8.2%
										삼진%	23.0%	21.1%
										볼넷 / 삼진	0.40	0.39
										순장타율	0.137	0.162
										BABIP	0.336	0.300
										wOBA	0.312	0.318

VS. 패스트볼   VS. 변화구

*5타수 미만은 색을 표시하지 않았음.   ● : Ball zone

SPRAY ZONE

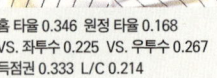

홈런 타구분포 %

BATTED BALL

항목	비율
볼존 공격률	31%
S존 공격률	61%
볼존 컨택트율	64%
S존 컨택트율	85%
라인드라이브	23%
그라운드볼	48%
플라이볼	29%

DEFENSE

위치	자살	보살	실책	수비율
C	451	29	6	0.988

2010년 드래프트 당시엔 유격수였지만 2013년 포수로 전향했다. 타격 능력은 평범한 편. 정확도는 다소 떨어지며 쿠어스 필드 효과를 받는다면 두 자릿수 홈런 정도는 기대해볼 만하다. 출루율 역시 리그 평균 수준. 포수를 본 경력은 얼마 되지 않지만 성장세가 인상적이다. 홈플레이트 뒤에서의 움직임이 좋은 편이며 유격수 출신답게 강한 어깨를 가지고 있다. 프레이밍도 이제 포수를 본 지 3년된 선수라는게 믿어지지 않을 만큼 준수하다. 올 시즌 주전포수가 예상된다.

COLORADO ROCKIES

■ 타율 0.400 이상   ■ 0.300-0.399   ■ 0.200-0.299   ■ 0.100-0.199   ■ 타율 0.099 이하

C Tom MURPHY 톰 머피   NO.23

우투우타   1991년 4월 3일   185cm, 100kg

*는 낮을수록 좋은 기록임

시즌	타수	안타	홈런	타점	볼넷	도루	타율	출루율	장타율
2016	44	12	5	13	4	1	0.273	0.347	0.659
통산	79	21	8	22	8	1	0.266	0.341	0.608

구분	기록	MLB
타율	0.273	0.255
출루율	0.347	0.322
장타율	0.659	0.417
볼넷%	8.2%	8.2%
삼진%*	38.8%	21.1%
볼넷 / 삼진	0.21	0.39
순장타율	0.386	0.162
BABIP	0.350	0.300
wOBA	0.417	0.318

VS. 패스트볼 / VS. 변화구 (우타자)
*5타수 미만은 색을 표시하지 않았음. : Ball zone

SPRAY ZONE (홈런 타구분포 %)
3: 56% 1: 20% 1: 24%

BATTED BALL

항목	비율
볼존 공격률	30%
S존 공격률	64%
볼존 컨택트율	70%
S존 컨택트율	75%
라인드라이브	24%
그라운드볼	28%
플라이볼	48%

DEFENSE

위치	자살	보살	실책	수비율
C	89	7	2	0.980

홈 타율 0.440 원정 타율 0.053
VS. 좌투수 0.154 VS. 우투수 0.323
득점권 0.350 L/C 0.200

한 방을 칠 수 있는 포수 유망주. 타고난 힘에 어퍼스윙까지 더해져 20개 이상의 홈런을 칠 수 있는 잠재력을 가졌다. 배트 컨트롤이 좋지 않아 고타율을 기대하기 힘들고 삼진도 많다. 타석에서의 성급한 모습도 개선해야 될 점 중 하나. 홈플레이트 뒤에서의 수비 역시 좋은 평가를 받고 있다. 2014년 어깨 부상을 당하긴 했지만 마이너에서 2015시즌 39%, 2016시즌 33%의 도루저지율을 기록할 정도로 강한 어깨를 가지고 있다. 준수한 프레이밍과 블로킹 능력을 보유했다.

1B Ian DESMOND 이안 데스먼드   NO.20

우투우타   1985년 9월 20일   190cm, 98kg

*는 낮을수록 좋은 기록임

시즌	타수	안타	홈런	타점	볼넷	도루	타율	출루율	장타율
2016	625	178	22	86	44	21	0.285	0.335	0.446
통산	4105	1095	132	518	276	143	0.267	0.316	0.427

구분	기록	MLB
타율	0.285	0.255
출루율	0.335	0.322
장타율	0.446	0.417
볼넷%	6.5%	0.082
삼진%*	23.6%	0.211
볼넷 / 삼진	0.28	0.39
순장타율	0.162	0.162
BABIP	0.350	0.300
wOBA	0.336	0.318

VS. 패스트볼 / VS. 변화구 (우타자)
*5타수 미만은 색을 표시하지 않았음. : Ball zone

SPRAY ZONE (홈런 타구분포 %)
7: 31% 9: 38% 6: 31%

BATTED BALL

항목	비율
볼존 공격률	32%
S존 공격률	62%
볼존 컨택트율	54%
S존 컨택트율	84%
라인드라이브	21%
그라운드볼	53%
플라이볼	26%

DEFENSE

위치	자살	보살	실책	수비율
CF	293	6	9	0.971
LF	37	2	3	0.929

홈 타율 0.330 원정 타율 0.241
VS. 좌투수 0.336 VS. 우투수 0.270
득점권 0.301 L/C 0.274

지난해 텍사스에서 FA 재수를 해 '중박' 정도를 치며 콜로라도에 입성했다. 타율은 .280정도를 기대할 수 있고 20홈런-20도루가 가능한 호타준족이다. 하지만 타석에서 인내심이 뛰어난 편은 아니고, 볼넷을 얻어내는 빈도가 적다. 지난 시즌 전반기에 비해 후반기에 크게 성적이 떨어지며 FA '대박'의 기회를 놓쳤다. 원래 주포지션은 유격수이지만 유격수 수비는 평균적인 수준. 지난 시즌 처음으로 나선 중견수에서도 수비는 합격점을 받지 못했다.

COLORADO ROCKIES

■ 타율 0.400 이상   ■ 타율 0.300–0.399   ■ 타율 0.200–0.299   ■ 타율 0.100–0.199   ■ 타율 0.099 이하

2B DJ LEMAHIEU   NO.09
DJ 르메이휴

우투우타   1988년 7월 13일   193cm, 98kg

*는 낮을수록 좋은 기록임

시즌	타수	안타	홈런	타점	볼넷	도루	타율	출루율	장타율
2016	552	192	11	66	66	11	0.348	0.416	0.495
통산	2303	690	26	223	182	63	0.300	0.351	0.4

구분	기록	MLB
타율	0.348	0.255
출루율	0.416	0.322
장타율	0.495	0.417
볼넷%	10.4%	8.2%
삼진%*	12.6%	21.1%
볼넷 / 삼진	0.83	0.39
순장타율	0.147	0.162
BABIP	0.388	0.300
wOBA	0.391	0.318

VS. 패스트볼   VS. 변화구   우타자

*5타수 미만은 색을 표시하지 않았음. ●●●●: Ball zone

SPRAY ZONE
5 / 4 / 2
22% / 40% / 38%
홈런
타구분포 %

BATTED BALL

항목	비율
볼존 공격률	26%
S존 공격률	58%
볼존 컨택트율	80%
S존 컨택트율	95%
라인드라이브	27%
그라운드볼	51%
플라이볼	23%

DEFENSE

위치	자살	보살	실책	수비율
2B	276	422	6	0.991

홈 타율 0.391   원정 타율 0.303
VS. 좌투수 0.331   VS. 우투수 0.354
득점권 0.316   L/C 0.339

장타력은 떨어지지만 정확도 높은 타격을 한다. 몸쪽공을 밀어서 반대편으로 보낼 수 있을 정도로 밀어치기에 능하며 상황에 맞는 타격을 할 줄 아는 타자다. 작전 수행 능력이 좋고 주루 센스를 갖췄고, 데뷔 초보다 타석에서의 인내심과 선구안도 좋아지며 테이블 세터진에 어울리는 타자가 됐다. 르메이휴가 진가를 발휘하는 분야는 수비. 뛰어난 풋워크와 빠른 타구 판단으로 넓은 범위를 커버하며 송구 정확도도 뛰어나다. 2루수뿐만 아니라 유격수, 3루수도 소화가 가능하다.

3B Nolan ARENADO   NO.28
놀란 아레나도

우투우타   1991년 4월 16일   188cm, 93kg

*는 낮을수록 좋은 기록임

시즌	타수	안타	홈런	타점	볼넷	도루	타율	출루율	장타율
2016	618	182	41	133	68	2	0.294	0.362	0.570
통산	2152	613	111	376	150	8	0.285	0.331	0.520

구분	기록	MLB
타율	0.294	0.255
출루율	0.362	0.322
장타율	0.570	0.417
볼넷%	9.8%	8.2%
삼진%*	14.8%	21.1%
볼넷 / 삼진	0.66	0.39
순장타율	0.275	0.162
BABIP	0.293	0.300
wOBA	0.386	0.318

VS. 패스트볼   VS. 변화구   우타자

*5타수 미만은 색을 표시하지 않았음. ●●●●: Ball zone

SPRAY ZONE
5 / 34 / 2
46% / 32% / 22%
홈런
타구분포 %

BATTED BALL

항목	비율
볼존 공격률	34%
S존 공격률	67%
볼존 컨택트율	69%
S존 컨택트율	90%
라인드라이브	18%
그라운드볼	35%
플라이볼	47%

DEFENSE

위치	자살	보살	실책	수비율
3B	99	378	13	0.973

홈 타율 0.312   원정 타율 0.277
VS. 좌투수 0.267   VS. 우투수 0.304
득점권 0.356   L/C 0.299

빅리그 데뷔 3시즌 만에 리그 정상급 3루수로 발돋움했다. 뛰어난 배트 컨트롤과 빠른 배트 스피드로 정교함과 힘을 모두 갖췄다. 마이너 시절부터 인정받은 파워 잠재력이 2015시즌부터 확실하게 터지며 2년 연속으로 홈런왕을 차지했다. 지난 시즌엔 타석에서의 인내심 또한 많이 개선된 모습이었다(타석당 투구수 2013-15 3.43 2016 3.94). 공격뿐 아니라 수비도 리그 정상급. 빠른 타구 판단으로 넓은 범위를 커버하며 강한 어깨로 어떠한 자세에서도 송구가 가능하다.

COLORADO ROCKIES

■ 타율 0.400 이상　■ 0.300–0.399　■ 0.200–0.299　■ 0.100–0.199　■ 타율 0.099 이하

Trevor STORY
SS | 트레버 스토리 | NO.27

우투우타　1992년 11월 15일　185cm, 82kg　*는 낮을수록 좋은 기록임

시즌	타수	안타	홈런	타점	볼넷	도루	타율	출루율	장타율	구분	기록	MLB
2016	372	101	27	72	35	8	0.272	0.341	0.567	타율	0.272	0.255
통산	372	101	27	72	35	8	0.272	0.341	0.567	출루율	0.341	0.322
										장타율	0.567	0.417
										볼넷%	8.4%	8.2%
										삼진%*	31.3%	21.1%
										볼넷 / 삼진	0.27	0.39
										순장타율	0.296	0.162
										BABIP	0.343	0.300
										wOBA	0.38	0.318

SPRAY ZONE: 9 / 16 / 2 / 40% / 33% / 27% — 홈런 타구분포 %

BATTED BALL
항목	비율
볼존 공격률	31%
S존 공격률	64%
볼존 컨택트율	60%
S존 컨택트율	80%
라인드라이브	24%
그라운드볼	29%
플라이볼	47%

DEFENSE
위치	자살	보살	실책	수비율
SS	139	293	10	0.977

홈 타율 0.313 원정 타율 0.235
VS. 좌투수 0.280 VS. 우투수 0.268
득점권 0.270 L/C 0.250

2011년 고졸로 전체 45순위로 지명될 정도로 기대가 큰 유격수 유망주. 준수한 배트 스피드와 파워로 많은 장타를 만들어낸다. 빠른 발과 함께 주루 센스도 좋아 20개 이상의 도루도 기대해볼 만하다. 지난 시즌 개막전 로스터에 포함되며 97경기 27홈런을 때리며 야구팬들에게 인상을 남겼다. 불의 부상만 당하지 않았다면 코리 시거의 신인왕 자리를 위협할 수 있었다. 하지만 타석에서 지나치게 당겨치려고 하고 성급하게 나쁜 공에 따라나가는 경향은 개선이 필요해보인다.

Gerardo PARRA
LF | 헤라르도 파라 | NO.08

좌투좌타　1987년 5월 6일　180cm, 95kg　*는 낮을수록 좋은 기록임

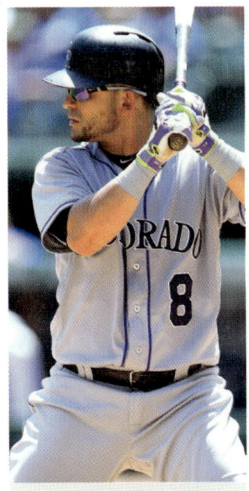

시즌	타수	안타	홈런	타점	볼넷	도루	타율	출루율	장타율	구분	기록	MLB
2016	368	93	7	39	9	5	0.253	0.271	0.399	타율	0.253	0.255
통산	3694	1013	63	350	241	75	0.274	0.321	0.404	출루율	0.271	0.322
										장타율	0.399	0.417
										볼넷%	2.4%	8.2%
										삼진%*	19.2%	21.1%
										볼넷 / 삼진	0.12	0.39
										순장타율	0.147	0.162
										BABIP	0.297	0.300
										wOBA	0.284	0.318

SPRAY ZONE: 3 / 1 / 3 / 25% / 37% / 38% — 홈런 타구분포 %

BATTED BALL
항목	비율
볼존 공격률	42%
S존 공격률	68%
볼존 컨택트율	65%
S존 컨택트율	90%
라인드라이브	19%
그라운드볼	55%
플라이볼	26%

DEFENSE
위치	자살	보살	실책	수비율
LF	78	7	3	0.966
RF	116	9	5	0.962
1B	120	7	0	1.000

홈 타율 0.294 원정 타율 0.210
VS. 좌투수 0.258 VS. 우투수 0.251
득점권 0.256 L/C 0.200

외야 전 포지션이 가능한 전천후 외야수. 특히 코너외야수로는 넓은 수비 범위를 가지고 있고, 작은 체구임에도 불구 강한 어깨를 가지고 있다. 그러면서 2011년엔 좌익수로, 2013년엔 우익수로 골드글러브를 수상하기도 했다. 부드럽고 빠른 스윙으로 라인드라이브 타구를 전 필드로 뿌리는 스프레이히터다. 두 자릿수 도루를 할 수 있는 빠른 발을 가지고 있어 많은 2루타를 생산하다. 작전 수행 능력이 뛰어나 어느 타순에서나 제 몫을 해낸다. 우투수 상대에 비해 좌투수 상대로 어려움을 겪는다.

COLORADO ROCKIES

■ 타율 0.400 이상 ■ 0.300–0.399 ■ 0.200–0.299 ■ 0.100–0.199 ■ 타율 0.099 이하

홈 타율 0.335 원정 타율 0.313
VS. 좌투수 0.331 VS. 우투수 0.320
득점권 0.340 L/C 0.292

CF Charlie BLACKMON
찰리 블랙먼 **NO.19**

좌투좌타 1986년 7월 1일 190cm, 95kg *는 낮을수록 좋은 기록임

시즌	타수	안타	홈런	타점	볼넷	도루	타율	출루율	장타율	구분	기록	MLB
2016	578	187	29	82	43	17	0.324	0.381	0.552	타율	0.324	0.255
통산	2242	667	74	251	134	101	0.298	0.348	0.467	출루율	0.381	0.322
										장타율	0.552	0.417
										볼넷%	6.7%	8.2%
										삼진%*	15.9%	21.1%
										볼넷/삼진	0.42	0.39
										순장타율	0.228	0.162
										BABIP	0.350	0.300
										wOBA	0.394	0.318

SPRAY ZONE: 1: 25%, 2: 31%, 26: 44% 홈런 타구분포 %

BATTED BALL
항목	비율
볼존 공격률	36%
S존 공격률	60%
볼존 컨택트율	76%
S존 컨택트율	91%
라인드라이브	28%
그라운드볼	34%
플라이볼	38%

DEFENSE
위치	자살	보살	실책	수비율
CF	293	4	3	0.990

2014시즌 27세의 나이로 첫 풀타임 시즌을 치른 대기만성형 선수. 오랜 담금질을 해서인지 풀타임 첫해부터 리그 정상급 리드오프로 이름을 올리기 시작했다. 짧고 간결한 스윙으로 라인드라이브 타구를 필드 전방향으로 뿌릴 수 있다. 20홈런-40도루를 기대할 수 있는 장타력과 주력도 보유했다. 매년 선구안과 인내심이 좋아지며 리드오프의 가치를 높이고 있다. 좌타자임에도 좌투수에게 약하지 않은 것도 블랙먼의 장점. 중견수로 넓은 수비 범위를 보여주며 어깨도 수준급.

홈 타율 0.320 원정 타율 0.276
VS. 좌투수 0.273 VS. 우투수 0.309
득점권 0.311 L/C 0.263

RF Carlos GONZALEZ
카를로스 곤잘레스 **NO.05**

좌투좌타 1985년 10월 17일 185cm, 100kg *는 낮을수록 좋은 기록임

시즌	타수	안타	홈런	타점	볼넷	도루	타율	출루율	장타율	구분	기록	MLB
2016	584	174	25	100	46	2	0.298	0.350	0.505	타율	0.298	0.255
통산	3955	1152	201	654	337	114	0.291	0.347	0.521	출루율	0.350	0.322
										장타율	0.505	0.417
										볼넷%	7.3%	8.2%
										삼진%*	20.4%	21.1%
										볼넷/삼진	0.36	0.39
										순장타율	0.207	0.162
										BABIP	0.346	0.300
										wOBA	0.361	0.318

SPRAY ZONE: 3: 25%, 10: 38%, 12: 37% 홈런 타구분포 %

BATTED BALL
항목	비율
볼존 공격률	39%
S존 공격률	70%
볼존 컨택트율	57%
S존 컨택트율	83%
라인드라이브	21%
그라운드볼	46%
플라이볼	33%

DEFENSE
위치	자살	보살	실책	수비율
RF	251	8	3	0.989

리그 정상급 5툴 플레이어 외야수. 부드러운 스윙과 번개 같은 배트 스피드로 라인드라이브로 타구를 담장 밖으로 넘길 수 있다. 2010시즌엔 타율 1위를 기록할 만큼 타격 정확도도 뛰어나다. 2010-2013시즌 4연속 20-20클럽에 가입할 만큼 준수한 주루센스도 보유했다. 타석에서 방망이가 쉽게 나오며 좌투수에 약한 것이 옥의 티. 우익수뿐 아니라 외야 전 포지션을 소화하며 넓은 수비 범위와 정상급의 어깨를 보유했다. 뛰어난 능력에도 불구, 부상이 잦아 결장이 많았다.

COLORADO ROCKIES

■ 타율 0.400 이상　■ 0.300–0.399　■ 0.200–0.299　■ 0.100–0.199　■ 타율 0.099 이하

IF Cristhian ADAMES
크리스티안 아다메스
NO. 18

우투양타　1991년 7월 26일　183cm, 84kg　*는 낮을수록 좋은 기록임

시즌	타수	안타	홈런	타점	볼넷	도루	타율	출루율	장타율	구분	기록	MLB
2016	225	49	2	17	24	2	0.218	0.304	0.302	타율	0.218	0.255
통산	293	63	2	20	27	2	0.215	0.292	0.290	출루율	0.304	0.322
										장타율	0.302	0.417
										볼넷%	9.4%	8.2%
										삼진%*	18.4%	21.1%
										볼넷 / 삼진	0.51	0.39
										순장타율	0.084	0.162
										BABIP	0.267	0.300
										wOBA	0.274	0.318

VS. 패스트볼　VS. 변화구
*5타수 미만은 색을 표시하지 않았음. ●●●● : Ball zone

SPRAY ZONE: 0 / 1 / 1 / 26% 36% 38% / 홈런 타구분포 %

BATTED BALL	
항목	비율
볼존 공격률	31%
S존 공격률	64%
볼존 컨택트율	64%
S존 컨택트율	90%
라인드라이브	18%
그라운드볼	64%
플라이볼	18%

DEFENSE				
위치	자살	보살	실책	수비율
SS	52	121	5	0.972
2B	15	14	1	0.967

홈 타율 0.283　원정 타율 0.160
VS. 좌투수 0.222　VS. 우투수 0.216
득점권 0.140　L/C 0.268

25세의 젊은 스위치 히터. 2014년 데뷔 후 마이너를 오가다 지난 시즌 처음으로 풀타임 시즌을 치렀다. 타석에서의 능력은 리그 평균 이하. 마이너에서 한 시즌 두 자릿수 홈런을 기록하긴 했지만 이는 극심한 타자 친화리그인 PCL에서 기록한 성적. 만약 빅리그에서 꾸준히 출장 기회를 얻는다면 .250을 전후한 타율을 기록할 것으로 평가받고 있다. 준수한 발을 가지고 있지만 주루 센스는 다소 떨어지는 편. 하지만 타석에서 인내심이 좋고 삼진을 잘 당하지 않는 편이다.

OF David DAHL
데이비드 달
NO. 26

우투좌타　1994년 4월 1일　188cm, 88kg　*는 낮을수록 좋은 기록임

시즌	타수	안타	홈런	타점	볼넷	도루	타율	출루율	장타율	구분	기록	MLB
2016	222	70	7	24	15	5	0.315	0.359	0.500	타율	0.315	0.255
통산	222	70	7	24	15	5	0.315	0.359	0.500	출루율	0.359	0.322
										장타율	0.500	0.417
										볼넷%	6.3%	8.2%
										삼진%*	24.9%	21.1%
										볼넷 / 삼진	0.25	0.39
										순장타율	0.185	0.162
										BABIP	0.404	0.300
										wOBA	0.367	0.318

VS. 패스트볼　VS. 변화구
*5타수 미만은 색을 표시하지 않았음. ●●●● : Ball zone

SPRAY ZONE: 2 / 2 / 3 / 31% 35% 34% / 홈런 타구분포 %

BATTED BALL	
항목	비율
볼존 공격률	39%
S존 공격률	69%
볼존 컨택트율	60%
S존 컨택트율	80%
라인드라이브	22%
그라운드볼	45%
플라이볼	33%

DEFENSE				
위치	자살	보살	실책	수비율
LF	65	3	2	0.971
CF	10	1	0	1.000

홈 타율 0.339　원정 타율 0.291
VS. 좌투수 0.313　VS. 우투수 0.316
득점권 0.280　L/C 0.270

콜로라도가 2012년 전체 10순위로 뽑은 유망주. 2015년 중반 경기 중 선수와 충돌로 인해 비장을 절제하는 수술을 하며 빅리그 데뷔를 2016년 7월에야 하게 됐다. 3할 타율과 20홈런을 칠 수 있는 타격 잠재력을 보유하고 있다. 프로에 입성했을 당시보다 타석에서의 인내심과 선구안이 많이 개선된 모습. 빠른 발과 주루 센스를 가지고 있어 20도루 이상도 가능한 타자다. 수비에선 중견수가 주포지션이지만 코너 외야수 소화도 가능하다. 넓은 수비 범위를 자랑하며 어깨 역시 수준급이다.

LOS ANGELES DODGERS

4년 연속 지구 우승에도 불구, 4년 연속 월드시리즈 진출에 실패했다. 올 시즌엔 29년 만의 월드시리즈 진출의 꿈을 이룰 수 있을까? 국내 팬들은 2014년 이후 잠자고 있는 괴물이 눈을 뜨기를 절실히 바라고 있다.

TEAM IMFORMATION

창단 : 1883년
이전 연고지 : 브루클린
월드시리즈 우승 : 6회
NL 우승 : 21회
디비전 우승 : 15회
와일드카드 진출 : 2회
구단주 : 구겐하임 베이스볼 매니지먼트
감독 : 데이브 로버츠
단장 : 파르한 자이디

FRANCHISE

UNIFORM

Home / Away

Alternate

MANAGER

Dave Roberts

생년월일 : 1972년 5월 31일
출생지 : 오키나와(일본)
MLB 감독 경력 : 올해로 2년째
정규시즌 통산 : 91승 72패 승률 0.558
감독 경력 : 5승 6패 승률 0.455
NL 올해의 감독상 : 1회(2016년)

LINE-UP

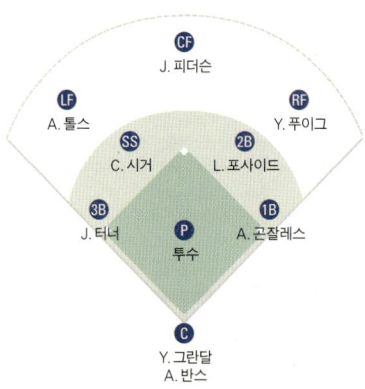

ROTATION	
SP	C. 커쇼
SP	R. 힐
SP	K. 마에다
SP	J. 우리아스
SP	S. 캐즈미어

BULLPEN	
RP	L. 아빌란
RP	A. 우드
RP	S. 로모
RP	P. 바에스
RP	A. 리베토어
RP	C. 해처
CL	K. 젠슨

BATTING	
1	L. 포사이드
2	C. 시거
3	J. 터너
4	A. 곤잘레스
5	Y. 푸이그
6	Y. 그란달
7	J. 피더슨
8	A. 톨스

UTILITY PLAYERS	
IF	C. 어틀리
IF	C. 테일러
OF	A. 이디어
OF	T. 톰슨

BALL PARK : Dodger Stadium

주소 : 1000 Vin Scully Avenue Los Angeles, California
펜스 거리 : 왼쪽 101m, 좌중간 110m, 좌중간 깊은 곳 114m, 중앙 120m, 우중간 깊은 곳 114m, 우중간 110m, 오른쪽 101m
펜스 높이 : 왼쪽 1.4m, 좌중간~오른쪽 2.4m
최초공식경기 : 1962년 4월 10일
잔디 : 샌타아나 버뮤다 그래스(천연잔디)
수용 인원 : 5만 6,000명
홈팀 덕아웃 : 3루
파크팩터 : 0.918(MLB 23위)

4년 연속 지구 우승 but,
4년 연속 월드시리즈 진출 실패

2016 리뷰
3년 연속 지구 우승을 차지했지만 월드시리즈 진출 실패를 이유로 돈 매팅리 감독을 떠나보냈다. 그리고 그 자리를 감독으로 데뷔하는 데이브 로버츠에게 맡겼다. 로버츠는 팀 내 부상 선수들이 속출하는 가운데서도 뛰어난 리더십으로 팀을 4년 연속 지구 우승으로 이끌었다. 하지만 108년 만에 월드시리즈 우승을 차지한 컵스에게 챔피언십 시리즈에서 무릎 꿇으며 감독 커리어 첫 시즌을 아쉽게 마감했다. 세부적으로 시즌을 들여다보면 투수진은 에이스 커쇼가 부상으로 빠진 가운데 물량공세에 성공했다. 최고의 투수 유망주 훌리오 유리아스는 빅리그 무대에 안착했고, 시즌 중반 데려온 리치 힐은 커쇼가 빠진 에이스 자리를 충분히 메웠다. 불펜에서도 마무리 잰슨을 중심으로 블랜튼이 깜짝 활약을 펼쳤으며 바에스는 불펜 마당쇠로 좋은 역할을 해줬다. 타선의 최고의 선수는 역시 코리 시거. 애드리안 곤잘레스가 예년의 생산력을 발휘하지 못한 상황에서 시거의 활약이 없었다면 다저스의 공격력은 크게 떨어졌을 것이다. 시거 외에도 터너와 그란달이 나란히 커리어 최다인 27홈런을 기록했다.

2017 프리뷰
기존의 전력이 워낙 강력했던 만큼, 이번 오프 시즌 때 특별한 보강을 하지 않았다. 올 시즌 관건은 부상 선수들의 성공적 복귀. 특히 2014년까지 팀의 3선발로 활약했던 류현진이 성공적으로 복귀한다면 커쇼-힐-류현진-우리아스로 이어지는 막강한 좌투수 선발 라인을 구축할 수 있을 것이다. 불펜진은 잰슨을 FA 재계약을 잡았지만 블랜튼이 빠져나간 7-8회 셋업맨 자리는 다소 커보인다. 라이벌 샌프란시스코 출신의 로모를 영입하긴 했지만 최근 성적이 크게 떨어진 상황. 물량 공세로 불펜을 운영할 가능성이 높다. 타선에선 시거가 역대 5번째 신인왕 이듬해 MVP 수상을 노린다. 지난 시즌 공격력이 떨어지는 포지션이었던 2루도 로건 포사이드를 트레이드로 영입하면서 강화한 상황. 지난 시즌 생산력이 떨어졌던 곤잘레스가 살아나고 푸이그가 명성에 맞는 활약을 펼쳐준다면 지난 시즌보다 강력한 공격력을 보여줄 것으로 전망된다. 과연 5년 연속 지구 우승을 넘어 1988년 이후 29년 만에 월드시리즈 무대를 밟을 수 있을지 기대를 모으는 다저스의 올 시즌이다.

LOS ANGELES DODGERS

SQUAD LIST

*선수 명단은 2017년 3월 25일 기준(soucre : ESPN)

투 수

번호	이름	위치	투	타	나이	출생지
43	Luis Avilan	RP	L	L	27	Caracas, Venezuela
52	Pedro Baez	RP	R	R	29	Bani, Dominican Republic
55	Joe Blanton	RP	R	R	36	Bowling Green, KY
75	Grant Dayton	RP	L	L	29	Huntsville, AL
70	Chase De Jong	SP	R	L	23	Long Beach, CA
46	Josh Fields	RP	R	R	31	Athens, GA
63	Yimi Garcia DL60	RP	R	R	26	Moca, Dominican Republic
41	Chris Hatcher	RP	R	B	32	Kinston, NC
44	Rich Hill	SP	L	L	37	Boston, MA
74	Kenley Jansen	RP	R	B	29	Willemstad, Netherlands Antilles
29	Scott Kazmir	SP	L	L	33	Houston, TX
22	Clayton Kershaw	SP	L	L	29	Dallas, TX
36	Adam Liberatore	RP	L	L	29	Bellflower, CA
18	Kenta Maeda	SP	R	R	28	Osaka, Japan
38	Brandon McCarthy	SP	R	R	33	Glendale, CA
71	Josh Ravin	RP	R	R	29	West Hills, CA
67	Jacob Rhame	RP	R	R	24	Atlanta, GA
54	Sergio Romo	RP	R	R	34	Brawley, CA
99	Hyun-Jin Ryu	SP	L	R	30	Incheon, South Korea
48	Brock Stewart	SP	R	L	25	Normal, IL
68	Ross Stripling	SP	R	R	27	Bluebell, PA
7	Julio Urias	SP	L	L	20	Culiacan Rosales, Mexico
57	Alex Wood	SP	L	R	26	Charlotte, NC

포 수

번호	이름	위치	투	타	나이	출생지
15	Austin Barnes	C	R	R	27	Riverside, CA
65	Kyle Farmer	C	R	R	26	Atlanta, GA
9	Yasmani Grandal	C	R	B	28	Havana, Cuba

내 야

번호	이름	위치	투	타	나이	출생지
11	Logan Forsythe	2B	R	R	30	Memphis, TN
23	Adrian Gonzalez	1B	L	L	34	San Diego, CA
5	Corey Seager	SS	R	L	22	Charlotte, NC
25	Rob Segedin	3B	R	R	28	Old Tappan, NJ
3	Chris Taylor	3B	R	R	26	Virginia Beach, VA
10	Justin Turner	3B	R	R	32	Long Beach, CA
26	Chase Utley	2B	R	L	38	Pasadena, CA

외 야

번호	이름	위치	투	타	나이	출생지
50	Brett Eibner	CF	R	R	28	San Diego, CA
16	Andre Ethier	RF	L	L	34	Phoenix, AZ
28	Franklin Gutierrez	RF	R	R	34	Caracas, Venezuela
14	Enrique Hernandez	LF	R	R	25	San Juan, Puerto Rico
31	Joc Pederson	CF	L	L	24	Palo Alto, CA
66	Yasiel Puig	RF	R	R	26	Palmira, Cuba
21	Trayce Thompson	CF	R	R	26	Los Angeles, CA
60	Andrew Toles	RF	R	L	24	Decatur, GA
33	Scott Van Slyke	LF	R	R	30	Chesterfield, MO

SUMMARY

우타자	좌타자	스위치	우투수	좌투수	평균나이	최연소	최연장
12명	6명	1명	14명	9명	28.8세	20세	38세

LOS ANGELES DODGERS

2017 REGULAR SEASON SCHEDULE

* ■ 는 홈경기, 시간은 미국 동부시간 기준

날짜	상대팀	경기시간	날짜	상대팀	경기시간	날짜	상대팀	경기시간
Mon, 4/3	San Diego Padres	PM 1:10	Mon, 6/5	Washington Nationals	PM 7:10	Tue, 8/15	Chicago White Sox	PM 7:10
Tue, 4/4	San Diego Padres	PM 7:10	Tue, 6/6	Washington Nationals	PM 7:10	Wed, 8/16	Chicago White Sox	PM 7:10
Wed, 4/5	San Diego Padres	PM 7:10	Wed, 6/7	Washington Nationals	PM 12:10	Fri, 8/18	Detroit Tigers	PM 4:10
Thu, 4/6	San Diego Padres	PM 12:10	Fri, 6/9	Cincinnati Reds	PM 7:10	Sat, 8/19	Detroit Tigers	PM 1:05
Fri, 4/7	Colorado Rockies	PM 1:10	Sat, 6/10	Cincinnati Reds	PM 7:10	Sun, 8/20	Detroit Tigers	AM 10:10
Sat, 4/8	Colorado Rockies	PM 5:10	Sun, 6/11	Cincinnati Reds	PM 1:10	Mon, 8/21	Pittsburgh Pirates	PM 4:05
Sun, 4/9	Colorado Rockies	PM 12:10	Tue, 6/13	Cleveland Indians	PM 4:10	Tue, 8/22	Pittsburgh Pirates	PM 4:05
Mon, 4/10	Chicago Cubs	PM 5:05	Wed, 6/14	Cleveland Indians	PM 4:10	Wed, 8/23	Pittsburgh Pirates	PM 4:05
Wed, 4/12	Chicago Cubs	PM 5:05	Thu, 6/15	Cleveland Indians	AM 9:10	Thu, 8/24	Pittsburgh Pirates	PM 1:05
Thu, 4/13	Chicago Cubs	AM 11:20	Fri, 6/16	Cincinnati Reds	PM 4:10	Fri, 8/25	Milwaukee Brewers	PM 7:10
Fri, 4/14	Arizona D-backs	PM 7:10	Sat, 6/17	Cincinnati Reds	PM 1:10	Sat, 8/26	Milwaukee Brewers	PM 6:10
Sat, 4/15	Arizona D-backs	PM 6:10	Sun, 6/18	Cincinnati Reds	AM 10:10	Sun, 8/27	Milwaukee Brewers	PM 1:10
Sun, 4/16	Arizona D-backs	PM 1:10	Mon, 6/19	New York Mets	PM 7:10	Tue, 8/29	Arizona D-backs	PM 6:40
Mon, 4/17	Arizona D-backs	PM 7:10	Tue, 6/20	New York Mets	PM 7:10	Wed, 8/30	Arizona D-backs	PM 6:40
Tue, 4/18	Colorado Rockies	PM 7:10	Wed, 6/21	New York Mets	PM 7:10	Thu, 8/31	Arizona D-backs	PM 12:40
Wed, 4/19	Colorado Rockies	PM 7:10	Thu, 6/22	New York Mets	PM 7:10	Fri, 9/1	San Diego Padres	PM 7:10
Fri, 4/21	Arizona D-backs	PM 6:40	Fri, 6/23	Colorado Rockies	PM 7:10	Sat, 9/2	San Diego Padres	PM 5:40
Sat, 4/22	Arizona D-backs	PM 5:10	Sat, 6/24	Colorado Rockies	PM 7:10	Sun, 9/3	San Diego Padres	PM 1:40
Sun, 4/23	Arizona D-backs	PM 1:10	Sun, 6/25	Colorado Rockies	PM 7:10	Mon, 9/4	Arizona D-backs	PM 5:10
Mon, 4/24	San Francisco Giants	PM 7:15	Mon, 6/26	Los Angeles Angels	PM 7:10	Tue, 9/5	Arizona D-backs	PM 7:10
Tue, 4/25	San Francisco Giants	PM 7:15	Tue, 6/27	Los Angeles Angels	PM 7:10	Wed, 9/6	Arizona D-backs	PM 7:10
Wed, 4/26	San Francisco Giants	PM 7:15	Wed, 6/28	Los Angeles Angels	PM 7:07	Thu, 9/7	Colorado Rockies	PM 7:10
Thu, 4/27	San Francisco Giants	PM 12:45	Thu, 6/29	Los Angeles Angels	PM 7:07	Fri, 9/8	Colorado Rockies	PM 7:10
Fri, 4/28	Philadelphia Phillies	PM 7:10	Fri, 6/30	San Diego Padres	PM 7:10	Sat, 9/9	Colorado Rockies	PM 6:10
Sat, 4/29	Philadelphia Phillies	PM 6:10	Sat, 7/1	San Diego Padres	PM 7:10	Sun, 9/10	Colorado Rockies	PM 1:10
Sun, 4/30	Philadelphia Phillies	PM 1:10	Sun, 7/2	San Diego Padres	PM 1:40	Mon, 9/11	San Francisco Giants	PM 7:15
Mon, 5/1	San Francisco Giants	PM 7:10	Tue, 7/4	Arizona D-backs	PM 6:10	Tue, 9/12	San Francisco Giants	PM 7:15
Tue, 5/2	San Francisco Giants	PM 7:10	Wed, 7/5	Arizona D-backs	PM 6:10	Wed, 9/13	San Francisco Giants	PM 7:15
Wed, 5/3	San Francisco Giants	PM 7:10	Thu, 7/6	Arizona D-backs	PM 6:10	Fri, 9/15	Washington Nationals	PM 4:05
Fri, 5/5	San Diego Padres	PM 7:10	Fri, 7/7	Kansas City Royals	PM 7:10	Sat, 9/16	Washington Nationals	AM 10:05
Sat, 5/6	San Diego Padres	PM 5:40	Sat, 7/8	Kansas City Royals	PM 4:15	Sun, 9/17	Washington Nationals	AM 10:35
Sun, 5/7	San Diego Padres	PM 1:40	Sun, 7/9	Kansas City Royals	PM 7:10	Mon, 9/18	Philadelphia Phillies	PM 4:05
Mon, 5/8	Pittsburgh Pirates	PM 7:10	Fri, 7/14	Miami Marlins	PM 4:10	Tue, 9/19	Philadelphia Phillies	PM 4:05
Tue, 5/9	Pittsburgh Pirates	PM 7:10	Sat, 7/15	Miami Marlins	PM 4:10	Wed, 9/20	Philadelphia Phillies	PM 4:05
Wed, 5/10	Pittsburgh Pirates	PM 7:10	Sun, 7/16	Miami Marlins	AM 10:10	Thu, 9/21	Philadelphia Phillies	AM 10:05
Thu, 5/11	Colorado Rockies	PM 5:40	Tue, 7/18	Chicago White Sox	PM 5:10	Fri, 9/22	San Francisco Giants	PM 7:10
Fri, 5/12	Colorado Rockies	PM 5:40	Wed, 7/19	Chicago White Sox	PM 5:10	Sat, 9/23	San Francisco Giants	PM 6:10
Sat, 5/13	Colorado Rockies	PM 5:10	Thu, 7/20	Atlanta Braves	PM 7:10	Sun, 9/24	San Francisco Giants	PM 1:10
Sun, 5/14	Colorado Rockies	PM 12:10	Fri, 7/21	Atlanta Braves	PM 7:10	Mon, 9/25	San Diego Padres	PM 7:10
Mon, 5/15	San Francisco Giants	PM 7:15	Sat, 7/22	Atlanta Braves	PM 6:10	Tue, 9/26	San Diego Padres	PM 7:10
Tue, 5/16	San Francisco Giants	PM 7:15	Sun, 7/23	Atlanta Braves	PM 1:10	Wed, 9/27	San Diego Padres	PM 7:10
Wed, 5/17	San Francisco Giants	PM 12:45	Mon, 7/24	Minnesota Twins	PM 7:10	Fri, 9/29	Colorado Rockies	PM 5:10
Thu, 5/18	Miami Marlins	PM 7:10	Tue, 7/25	Minnesota Twins	PM 7:10	Sat, 9/30	Colorado Rockies	PM 5:10
Fri, 5/19	Miami Marlins	PM 7:10	Wed, 7/26	Minnesota Twins	PM 7:10	Sun, 10/1	Colorado Rockies	PM 12:10
Sat, 5/20	Miami Marlins	PM 7:10	Fri, 7/28	San Francisco Giants	PM 7:10			
Sun, 5/21	Miami Marlins	PM 7:10	Sat, 7/29	San Francisco Giants	PM 1:05			
Tue, 5/23	St. Louis Cardinals	PM 7:10	Sun, 7/30	San Francisco Giants	PM 1:10			
Wed, 5/24	St. Louis Cardinals	PM 7:10	Tue, 8/1	Atlanta Braves	PM 4:35			
Thu, 5/25	St. Louis Cardinals	PM 7:10	Wed, 8/2	Atlanta Braves	PM 4:35			
Fri, 5/26	Chicago Cubs	PM 7:10	Thu, 8/3	Atlanta Braves	PM 4:35			
Sat, 5/27	Chicago Cubs	PM 4:15	Fri, 8/4	New York Mets	PM 4:10			
Sun, 5/28	Chicago Cubs	PM 1:10	Sat, 8/5	New York Mets	PM 1:05			
Mon, 5/29	St. Louis Cardinals	AM 11:15	Sun, 8/6	New York Mets	AM 10:10			
Tue, 5/30	St. Louis Cardinals	PM 4:05	Tue, 8/8	Arizona D-backs	PM 6:40			
Wed, 5/31	St. Louis Cardinals	PM 5:15	Wed, 8/9	Arizona D-backs	PM 6:40			
Thu, 6/1	St. Louis Cardinals	AM 10:45	Thu, 8/10	Arizona D-backs	PM 6:40			
Fri, 6/2	Milwaukee Brewers	PM 5:10	Fri, 8/11	San Diego Padres	PM 7:10			
Sat, 6/3	Milwaukee Brewers	PM 1:10	Sat, 8/12	San Diego Padres	PM 6:10			
Sun, 6/4	Milwaukee Brewers	AM 11:10	Sun, 8/13	San Diego Padres	PM 1:10			

LOS ANGELES DODGERS

■ 15% 이상   ■ 12-14%   ■ 9-11%   ■ 6-8%   ■ 3-5%   □ 2% 이하

홈 ERA 1.08 원정 ERA 2.31
VS. 좌타수 0.137 VS. 우타수 0.199
VS. 추신수 9타수 1안타 0.111
VS. 강정호 6타수 1안타 0.167

SP Clayton KERSHAW
클레이튼 커쇼   NO.22

좌투좌타   1988년 3월 19일   193cm, 102kg   *는 낮을수록 좋은 기록임

시즌	경기	이닝	피안타	피홈런	볼넷	탈삼진	승-패-세-홀	평균자책	구분	기록	MLB
2016	21	149.0	97	8	11	172	12-4-0-0	1.69	평균자책	1.69	4.19
통산	265	1760.0	1295	126	477	1918	126-60-0-1	2.37	탈삼진 / 9	10.39	8.10
									볼넷 / 9*	0.66	3.14
					PITCHING ZONE				탈삼진 / 볼넷	15.64	2.58
									피홈런 / 9*	0.48	1.17
									피안타율	0.183	0.252
									WHIP*	0.72	1.32
									잔루율	80.0%	72.9%
									FIP*	1.80	4.19

PITCHING REPERTORY / VELOCITY km/h   **MOVEMENT** cm

구종	평균	전체	초구	2-2	좌타자	우타자	피타율	상하	좌우
포심패스트볼	150	53%	76%	33%	59%	51%	0.236	↑30	←3
투심 / 싱커	–	–	–	–	–	–	–	–	–
컷패스트볼	–	–	–	–	–	–	–	–	–
슬라이더	142	30%	21%	39%	26%	31%	0.160	↑10	→5
커브	118	17%	2%	28%	15%	18%	0.117	↓25	→2
체인지업	141	0%	0%	0%	0%	1%	0.500	↑25	←17
슬로커브	74	0%	0%	0%	0%	0%	0.000	↑22	←12

명실공히 현역 최고의 투수. 150km/h 초중반의 빠른 공과 슬라이더, 커브 모두 리그 최정상급이다(통산 슬라이더 피안타율 .156, 커브 피안타율 .121). 타자를 윽박지르는 공격적인 투구 스타일에 커맨드도 뛰어나 스트라이크존 경계로 핀포인트 컨트롤이 가능하다. 투구뿐만 아니라 수비와 타격 역시 수준급. 특히 주자 견제 능력이 뛰어나 2008년 이후 가장 많은 픽오프를 잡아낸 투수이기도 하다(57개). 2012년 최연소로 로베르토 클레멘테상을 수상할 정도로 인성도 훌륭한 선수.

홈 ERA 2.42 원정 ERA 1.89
VS. 좌타수 0.216 VS. 우타수 0.187
VS. 추신수 3타수 0안타 0.000
VS. 강정호 2타수 0안타 0.000

SP Rich HILL
리치 힐   NO.44

좌투좌타   1980년 3월 11일   196cm, 100kg   *는 낮을수록 좋은 기록임

시즌	경기	이닝	피안타	피홈런	볼넷	탈삼진	승-패-세-홀	평균자책	구분	기록	MLB
2016	20	110.1	77	4	33	129	12-5-0-0	2.12	평균자책	2.12	4.19
통산	221	610.1	520	64	265	616	38-28-0-24	4.10	탈삼진 / 9	10.52	8.10
									볼넷 / 9*	2.69	3.14
					PITCHING ZONE				탈삼진 / 볼넷	3.91	2.58
									피홈런 / 9*	0.33	1.17
									피안타율	0.193	0.252
									WHIP*	1.00	1.32
									잔루율	79.2%	72.9%
									FIP*	2.39	4.19

PITCHING REPERTORY / VELOCITY km/h   **MOVEMENT** cm

구종	평균	전체	초구	2-2	좌타자	우타자	피타율	상하	좌우
포심패스트볼	146	47%	57%	29%	38%	49%	0.192	↑24	←22
투심 / 싱커	144	0%	0%	0%	1%	0%	0.000	↑6	←35
컷패스트볼	–	–	–	–	–	–	–	–	–
슬라이더	126	4%	5%	3%	6%	4%	0.318	↓8	→14
커브	120	45%	36%	66%	54%	43%	0.177	↓20	→23
체인지업	134	3%	2%	2%	0%	4%	0.053	↑11	←24
슬로커브	100	0%	0%	0%	0%	0%	0.000	↓20	→21

2015시즌까지 빅리그 무대에서 별다른 족적을 남기지 못하고 독립리그까지 전전했다. 그리고 데뷔 13년차였던 지난 시즌에서야 드디어 메이저리그 팬들에게 눈도장을 찍을 만한 성적을 남겼다. 140km/h 중반대의 빠른 공과 함께 커브가 주무기다. 특히 커브의 위력은 팀동료 클레이튼 커쇼에 버금가는 수준. 체인지업은 거의 던지지 않지만 우타자 발쪽으로 떨어지는 커브로 우타자 상대에도 능하다. 문제는 건강. 매년 크고 작은 부상에 시달리는 힐은 지난 시즌에도 물집 부상으로 고생했다.

LOS ANGELES DODGERS

■ 15% 이상 ■ 12~14% ■ 9~11% ■ 6~8% ■ 3~5% □ 2% 이하

SP MAEDA Kenta
마에다 겐타
NO.18

우투우타 1988년 4월 11일 185cm, 79kg

*는 낮을수록 좋은 기록임

시즌	경기	이닝	피안타	피홈런	볼넷	탈삼진	승-패-세-홀	평균자책	구분	기록	MLB
2016	32	175.2	150	20	50	179	16-11-0-0	3.48	평균자책*	3.48	4.19
통산	32	175.2	150	20	50	179	16-11-0-0	3.48	탈삼진 / 9	9.17	8.10
									볼넷 / 9*	2.56	3.14
									탈삼진 / 볼넷	3.58	2.58
									피홈런 / 9*	1.02	1.17
									피안타율*	0.228	0.252
									WHIP*	1.14	1.32
									잔루율	75.6%	72.9%
									FIP*	3.58	4.19

PITCHING ZONE 좌타자·몸쪽 / 우타자·몸쪽

PITCHING REPERTORY / VELOCITY km/h MOVEMENT cm

구종	평균	전체	초구	2-2	좌타자	우타자	피타율	상하	좌우
포심패스트볼	145	30%	32%	26%	32%	29%	0.202	↑25	→10
투심 / 싱커	144	13%	17%	13%	13%	13%	0.303	↑17	→19
컷패스트볼	–	–	–	–	–	–	–	–	–
슬라이더	131	29%	14%	44%	15%	41%	0.176	↑10	←8
커브	117	18%	33%	8%	21%	15%	0.398	↓20	←16
체인지업	133	10%	4%	11%	19%	3%	0.217	↑14	→19
스플리터	–	–	–	–	–	–	–	–	–

홈 ERA 3.22 원정 ERA 3.74
VS. 좌타자 0.246 VS. 우타자 0.213
VS. 김현수 2타수 1안타 0.500

일본의 사이영상이라 할 수 있는 사와무라상을 2차례 수상했다(2010, 2015시즌). 빠른 공의 구속은 148~152km/h로 형성되며 싱킹 무브먼트를 보여준다. 변화구 주무기는 큰 각도로 휘어지는 슬라이더이며, 그 외에 체인지업, 커브를 구사한다. 여타 일본 투수들과는 다르게 스플리터는 던지지 않는다. 뛰어난 제구로 볼넷 허용이 적은 편. 왜소한 신체 조건으로 우려가 많았는데 지난 시즌 좋은 활약을 하긴 했지만 이닝 소화에 있어서는 아쉬움을 남겼다.

SP Julio URIAS
훌리오 우리아스
NO.07

좌투좌타 1996년 8월 12일 183cm, 98kg

*는 낮을수록 좋은 기록임

시즌	경기	이닝	피안타	피홈런	볼넷	탈삼진	승-패-세-홀	평균자책	구분	기록	MLB
2016	18	77.0	81	5	31	84	5-2-0-0	3.39	평균자책*	3.39	4.19
통산	18	77.0	81	5	31	84	5-2-0-0	3.39	탈삼진 / 9	9.82	8.10
									볼넷 / 9*	3.62	3.14
									탈삼진 / 볼넷	2.71	2.58
									피홈런 / 9*	0.58	1.17
									피안타율*	0.269	0.252
									WHIP*	1.45	1.32
									잔루율	77.1%	72.9%
									FIP*	3.17	4.19

PITCHING ZONE 좌타자·몸쪽 / 우타자·몸쪽

PITCHING REPERTORY / VELOCITY km/h MOVEMENT cm

구종	평균	전체	초구	2-2	좌타자	우타자	피타율	상하	좌우
포심패스트볼	149	55%	54%	63%	59%	54%	0.295	↑26	←8
투심 / 싱커	151	1%	0%	0%	0%	1%	0.000	↑22	←19
컷패스트볼	–	–	–	–	–	–	–	–	–
슬라이더	137	15%	9%	24%	21%	13%	0.227	↑7	→4
커브	123	16%	28%	5%	17%	16%	0.375	↓4	←16
체인지업	129	13%	8%	5%	3%	16%	0.174	↑19	←22
스플리터	–	–	–	–	–	–	–	–	–

홈 ERA 3.05 원정 ERA 3.72
VS. 좌타자 0.227 VS. 우타자 0.281
VS. 강정호 2타석 2볼넷

다저스 최고의 투수 유망주. 지난해 19세의 나이로 빅리그 무대를 밟았다. 140km/h 후반에서 150km/h 초반에 형성되는 빠른 공과 함께 커브, 슬라이더, 체인지업 등 다양한 공을 구사한다. 특히 커브는 벌써부터 리그 상위권으로 분류되고 있다. 지난해 데뷔 초반엔 제구가 되지 않아 고전했으나 후반기 들어 적응에 성공하며 포스트시즌에서도 준수한 활약을 펼쳤다. 투구 외에도 픽오프 동작에 상당히 능한데 지난 시즌 기록한 6개의 픽오프는 리그 1위다.

LOS ANGELES DODGERS

■ 15% 이상　■ 12-14%　■ 9-11%　■ 6-8%　■ 3-5%　□ 2% 이하

SP　RYU Hyun Jin　　NO.99
류현진

좌투우타　1987년 3월 25일　190cm, 113kg　　*는 낮을수록 좋은 기록임

시즌	경기	이닝	피안타	피홈런	볼넷	탈삼진	승-패-세-홀	평균자책
2016	1	4.2	8	1	2	4	0-1-0-0	11.57
통산	57	348.2	342	24	80	297	28-16-0-0	3.28

구분	기록	MLB
평균자책	11.57	4.19
탈삼진 / 9	7.71	8.10
볼넷 / 9*	3.86	3.14
탈삼진 / 볼넷	2.00	2.58
피홈런 / 9*	1.93	1.17
피안타율*	0.364	0.252
WHIP*	2.14	1.32
잔루율	46.5%	72.9%
FIP*	5.50	4.19

PITCHING ZONE

PITCHING REPERTORY / VELOCITY km/h　**MOVEMENT** cm

구종	평균	전체	초구	2-2	좌타자	우타자	피타율	상하	좌우
포심패스트볼	144	56%	65%	20%	65%	54%	0.455	↑25	←16
투심 / 싱커									
컷패스트볼									
슬라이더	134	12%	9%	60%	25%	8%	0.000	↑9	→3
커브	111	13%	17%	20%	5%	15%	0.250	↓19	←14
체인지업	132	19%	9%	0%	5%	23%	0.333	↑18	←20
스플리터									

홈 ERA 11.57 원정 ERA -
VS. 좌타자 0.200　VS. 우타자 0.412
VS. 추신수 2타수 1볼넷 0안타 0.000

KBO 최초로 빅리그에 직행한 투수로 준수한 3선발 요원으로 확실하게 자리 잡았다. 부드러운 투구폼으로 공을 숨기는 능력이 뛰어나다. 최대 155km/h, 평균 140km/h 중후반의 빠른 공과 체인지업, 슬라이더, 커브를 구사한다. KBO에서도 최고였던 체인지업은 빅리그에서도 그 위력이 여전하다(통산 체인지업 피안타율 .220). 거기에 2014시즌 중반부터 보여주기 시작한 고속 슬라이더도 새로운 주무기로 자리잡았다. 올 시즌이 빅리그 커리어에 터닝 포인트가 될 것으로 보인다.

RP　Pedro BAEZ　　NO.52
페드로 바에스

우투우타　1988년 3월 11일　183cm, 107kg　　*는 낮을수록 좋은 기록임

시즌	경기	이닝	피안타	피홈런	볼넷	탈삼진	승-패-세-홀	평균자책
2016	73	74.0	52	11	22	83	3-2-0-23	3.04
통산	145	149.0	115	18	38	161	7-4-0-39	3.08

구분	기록	MLB
평균자책*	3.04	4.19
탈삼진 / 9	10.09	8.10
볼넷 / 9*	2.68	3.14
탈삼진 / 볼넷	3.77	2.58
피홈런 / 9*	1.34	1.17
피안타율*	0.192	0.252
WHIP*	1.00	1.32
잔루율	80.9%	72.9%
FIP*	3.81	4.19

PITCHING ZONE

PITCHING REPERTORY / VELOCITY km/h　**MOVEMENT** cm

구종	평균	전체	초구	2-2	좌타자	우타자	피타율	상하	좌우
포심패스트볼	156	62%	55%	73%	60%	64%	0.222	↑25	→10
투심 / 싱커	155	12%	15%	5%	10%	12%	0.233	↑19	→18
컷패스트볼	152	0%	0%	1%	1%	0%	0.000	↑16	→1
슬라이더	142	14%	20%	7%	3%	19%	0.186	↑8	←3
커브	117	0%	0%	0%	0%	0%	0.000	↓20	←20
체인지업	140	12%	9%	14%	25%	5%	0.216	↑16	→16
스플리터									

홈 ERA 2.14 원정 ERA 4.22
VS. 좌타자 0.160　VS. 우타자 0.209
VS. 강정호 3타수 1안타 1홈런 0.333

183cm의 작은 키지만 107kg의 당당한 체구에서 나오는 강속구가 일품인 투수. 최대 160km/h의 빠른 공과 함께 슬라이더, 체인지업을 구사한다. 빠른 공의 구사 비율이 75%일 정도로 빠른 공에 대한 자신감이 대단하며 과감하게 타자를 공격하기 때문에 볼넷 허용이 적은 편이다. 하지만 이 선수가 나오면 위기가 아님에도 불구하고 경기가 굉장히 늘어진다. 인터벌이 상당히 길기 때문. 이 때문에 빅리그팬들 사이에선 '인간 레인 딜레이'라는 별명을 가지고 있다.

LOS ANGELES DODGERS

홈 ERA 1.32 원정 ERA 5.73
VS. 좌타자 0.271 VS. 우타자 0.231
VS. 강정호 7타수 1안타 0.143
VS. 추신수 1타수 0안타 0.000

RP **Alex WOOD**   NO. 57
알렉스 우드

좌투우타 1991년 1월 12일 193cm, 93kg *는 낮을수록 좋은 기록임

시즌	경기	이닝	피안타	피홈런	볼넷	탈삼진	승-패-세-홀	평균자책	구분	기록	MLB
2016	14	60.1	56	5	20	66	1-4-0-0	3.73	평균자책*	3.73	4.19
통산	112	499.1	481	39	151	452	27-30-0-3	3.35	탈삼진 / 9	9.85	8.10
									볼넷 / 9*	2.98	3.14
									탈삼진 / 볼넷	3.30	2.58
									피홈런 / 9*	0.75	1.17
									피안타율	0.241	0.252
									WHIP*	1.26	1.32
									잔루율	68.1%	72.9%
									FIP*	3.18	4.19

PITCHING REPERTORY / VELOCITY km/h **MOVEMENT** cm

구종	평균	전체	초구	2-2	좌타자	우타자	피타율	상하	좌우
포심패스트볼	147	0%	0%	0%	0%	0%	0.000	↑28	←11
투심 / 싱커	144	60%	69%	46%	59%	60%	0.297	↑16	←24
컷패스트볼	–	–	–	–	–	–	–		
슬라이더	–	–	–	–	–	–	–		
커브	130	24%	25%	38%	35%	21%	0.208	↓4	→4
체인지업	133	16%	10%	16%	6%	19%	0.294	↑5	←27
스플리터	–	–	–	–	–	–	–		

데뷔 후 꾸준히 선발과 불펜을 오가고 있는 롱릴리프 투수. 몸을 과도하게 흔드는 허키저키한 투구폼으로 공을 숨기는 동작이 뛰어나 타자가 구종을 파악하는 데 어려움을 겪는다. 스리쿼터로 나오는 팔동작으로 무브먼트가 좋은 140km/h 중후반의 빠른 공과 함께 너클 커브와 체인지업을 구사한다. 특히 낙차 큰 너클 커브는 좌우타자 가리지 않고 공략하기에 어려움을 겪는다(통산 너클 커브 피안타율 .191). 반면, 체인지업의 위력은 떨어져 우타자를 상대로 어려움을 겪는 편이다.

홈 ERA 4.00 원정 ERA 2.53
VS. 좌타자 0.200 VS. 우타자 0.133
VS. 추신수 1타수 0안타 0.000
VS. 김현수 1타수 0안타 0.000

RP **Luis AVILAN**   NO. 43
루이스 아빌란

좌투좌타 1989년 7월 19일 188cm, 102kg *는 낮을수록 좋은 기록임

시즌	경기	이닝	피안타	피홈런	볼넷	탈삼진	승-패-세-홀	평균자책	구분	기록	MLB
2016	27	19.2	12	0	10	28	3-0-0-3	3.20	평균자책*	3.20	4.19
통산	268	217.1	174	10	78	173	15-6-0-60	2.98	탈삼진 / 9	12.81	8.10
									볼넷 / 9*	4.58	3.14
									탈삼진 / 볼넷	2.80	2.58
									피홈런 / 9*	0.00	1.17
									피안타율	0.171	0.252
									WHIP*	1.12	1.32
									잔루율	66.7%	72.9%
									FIP*	2.13	4.19

PITCHING REPERTORY / VELOCITY km/h **MOVEMENT** cm

구종	평균	전체	초구	2-2	좌타자	우타자	피타율	상하	좌우
포심패스트볼	150	58%	73%	48%	67%	50%	0.260	↑18	←22
투심 / 싱커	–	–	–	–	–	–	–		
컷패스트볼	140	0%	0%	0%	0%	0%	0.000	↑25	←10
슬라이더	137	0%	0%	0%	0%	0%	0.000	↑8	←8
커브	124	7%	5%	11%	12%	7%	0.235	↓9	→13
체인지업	132	35%	20%	41%	20%	49%	0.161	↑8	←23
스플리터	–	–	–	–	–	–	–		

베네수엘라 출신의 좌완 셋업맨. 준수한 활약을 보였던 애틀랜타 시절과는 달리 다저스 이적 후 부진이 이어지고 있다. 140km/h 후반대의 포심-투심과 함께 체인지업과 커브를 구사한다. 체인지업의 위력이 좋아 좌우타자 가리지 않고 안타를 잘 허용하지 않는다. 문제는 제구. 매년 들쭉날쭉한 제구로 고전을 면치 못하고 있다. 지난 시즌엔 무려 4.6개의 9이닝당 볼넷을 기록하며 마이너에 강등되는 수모를 겪기도 했다.

LOS ANGELES DODGERS

홈 ERA 1.60 원정 ERA 2.15
VS. 좌타자 0.190 VS. 우타자 0.107
VS. 김현수 2타수 0안타 0.000
VS. 추신수 1타수 0안타 0.000

 Kenley JANSEN
켄리 젠슨  NO.74

우투양타 1987년 9월 30일 196cm, 122kg *는 낮을수록 좋은 기록임

시즌	경기	이닝	피안타	피홈런	볼넷	탈삼진	승-패-세-홀	평균자책	구분	기록	MLB
2016	71	68.2	35	4	11	104	3-2-47-0	1.83	평균자책*	1.83	4.19
통산	409	408.2	246	30	119	632	19-13-189-38	2.20	탈삼진 / 9	13.63	8.10
									볼넷 / 9*	1.44	3.14
									탈삼진 / 볼넷	9.45	2.58
									피홈런 / 9*	0.52	1.17
									피안타율*	0.147	0.252
									WHIP*	0.67	1.32
									잔루율	80.2%	72.9%
									FIP*	1.44	4.19

PITCHING REPERTORY / VELOCITY km/h **MOVEMENT** cm

구종	평균	전체	초구	2-2	좌타자	우타자	피타율	상하	좌우
포심패스트볼	–	–	–	–	–	–	–	–	–
투심 / 싱커	151	5%	2%	2%	9%	0%	0.053	↑ 25	→ 12
컷패스트볼	150	87%	94%	87%	85%	89%	0.168	↑ 23	← 6
슬라이더	134	8%	4%	11%	6%	10%	0.150	↓ 4	← 10
커브	–	–	–	–	–	–	–	–	–
체인지업	–	–	–	–	–	–	–	–	–
스플리터	–	–	–	–	–	–	–	–	–

포수로 프로에 입단했지만 마이너에서 투수로 전향했다. 마리아노 리베라에 이은 최고의 커터 마무리 투수. 큰 키에 긴 스트라이드로 공을 최대한 끌고 나와 뿌린다. 150km/h 초중반의 커터를 90%의 비율로 구사한다. 커터보다 각이 크게 휘어지는 슬라이더도 가끔 섞는다. 좌타자 몸쪽으로도 과감히 커터를 찔렀던 리베라와 달리, 좌타자를 상대로는 백도어로 커터를 구사한다. 데뷔 후 꾸준히 제구가 날카로워지며 리그 정상급 마무리로 자리 잡았다(BB/9 2010~12 3.9 → 2013~16 1.9).

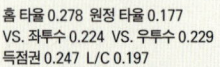
홈 타율 0.278 원정 타율 0.177
VS. 좌투수 0.224 VS. 우투수 0.229
득점권 0.247 L/C 0.197

 Yasmani GRANDAL
야스마니 그란달  NO.09

우투양타 1988년 11월 8일 185cm, 107kg *는 낮을수록 좋은 기록임

시즌	타수	안타	홈런	타점	볼넷	도루	타율	출루율	장타율	구분	기록	MLB
2016	390	89	27	72	64	1	0.228	0.339	0.477	타율	0.228	0.255
통산	1402	333	67	213	236	2	0.238	0.348	0.428	출루율	0.339	0.322
										장타율	0.477	0.417
										볼넷%	14.0%	8.2%
										삼진%*	25.4%	21.1%
										볼넷 / 삼진	0.55	0.39
										순장타율	0.249	0.162
										BABIP	0.250	0.300
										wOBA	0.350	0.318

SPRAY ZONE 13 4 10 38% 26% 36% 홈런 타구분포 %

BATTED BALL

항목	비율
볼존 공격률	25%
S존 공격률	56%
볼존 컨택트율	53%
S존 컨택트율	85%
라인드라이브	16%
그라운드볼	45%
플라이볼	39%

DEFENSE

위치	자살	보살	실책	수비율
C	1022	55	5	0.995

타격의 정확도가 떨어져 높은 타율은 기대하기 힘들지만 15개 이상의 홈런을 칠 수 있는 힘을 가지고 있다. 또한 타석에서의 선구안과 인내심이 좋아 많은 볼넷을 얻어낸다. 스위치 히터로 장타력은 주로 좌타석에서 발휘된다(통산 좌타석 57홈런, 우타석 10홈런). 포수로서 그란달의 최고의 무기는 리그 정상급 프레이밍 능력. 많은 볼을 스트라이크로 탈바꿈시키며 투수들의 사랑을 받고 있다. 다만 그 부작용으로 패스트볼이 많은 편. 어깨는 강한 편이 아니라 도루저지 능력은 리그 평균 이하다.

LOS ANGELES DODGERS

■ 타율 0.400 이상　■ 0.300-0.399　■ 0.200-0.299　■ 0.100-0.199　■ 타율 0.099 이하

C　Austin BARNES　NO.15
오스틴 반스

우투우타　1989년 12월 28일　178cm, 88kg

*는 낮을수록 좋은 기록임

시즌	타수	안타	홈런	타점	볼넷	도루	타율	출루율	장타율	구분	기록	MLB
2016	32	5	0	2	5	0	0.156	0.270	0.188	타율	0.156	0.255
통산	61	11	0	3	11	0	0.180	0.315	0.230	출루율	0.270	0.322
										장타율	0.188	0.417
										볼넷%	13.5%	8.2%
										삼진%*	24.3%	21.1%
										볼넷/삼진	0.56	0.39
										순장타율	0.031	0.162
										BABIP	0.217	0.300
										wOBA	0.222	0.318

SPRAY ZONE: 0 / 0 / 52% 26% 22% / 0 / 홈런 타구분포 %

BATTED BALL
항목	비율
볼존 공격률	25%
S존 공격률	72%
볼존 컨택트율	50%
S존 컨택트율	84%
라인드라이브	9%
그라운드볼	32%
플라이볼	59%

DEFENSE
위치	자살	보살	실책	수비율
C	47	1	0	1.000
2B	4	9	0	1.000

홈 타율 0.111　원정 타율 0.174
VS. 좌투수 0.222　VS. 우투수 0.130
득점권 0.286　L/C 0.250

A.J. 엘리스가 떠난 자리를 메워줄 백업 포수. 올해 27세의 나이지만 아직까지 빅리그에 확실하게 자리 잡지는 못하고 있다. 마이너에선 두 자릿수 홈런과 3할에 가까운 타율을 기록하기도 했지만 빅리그에선 적은 출장 기회 탓에 타격 재능을 거의 보여주지 못했다. 포수와 내야수를 병행하는 특이한 유형. 포수로 어깨가 강한 편은 아니지만 준수한 프레이밍 실력을 가지고 있다. 올 시즌 그란달의 백업 포수 역할을 주로 할 예정이며 팀 상황에 따라 내야수로도 출전하는 모습을 볼 수도 있을 것이다.

1B　Adrian GONZALEZ　NO.23
애드리안 곤잘레스

좌투좌타　1982년 5월 8일　188cm, 98kg

*는 낮을수록 좋은 기록임

시즌	타수	안타	홈런	타점	볼넷	도루	타율	출루율	장타율	구분	기록	MLB
2016	568	162	18	90	55	0	0.285	0.349	0.435	타율	0.285	0.255
통산	6739	1954	308	1146	751	6	0.290	0.362	0.492	출루율	0.349	0.322
										장타율	0.435	0.417
										볼넷%	8.7%	8.2%
										삼진%*	18.5%	21.1%
										볼넷/삼진	0.47	0.39
										순장타율	0.150	0.162
										BABIP	0.328	0.300
										wOBA	0.334	0.318

SPRAY ZONE: 4 / 5 / 9 / 28% 34% 38% / 홈런 타구분포 %

BATTED BALL
항목	비율
볼존 공격률	33%
S존 공격률	67%
볼존 컨택트율	65%
S존 컨택트율	87%
라인드라이브	26%
그라운드볼	46%
플라이볼	28%

DEFENSE
위치	자살	보살	실책	수비율
1B	1105	85	2	0.998

홈 타율 0.268　원정 타율 0.302
VS. 좌투수 0.244　VS. 우투수 0.303
득점권 0.297　L/C 0.238

타격 정확도와 파워를 겸비한 리그 정상급 타자. 부드러운 어퍼스윙으로 많은 라인드라이브를 만들어내는 풀히터다. 나이를 먹으며 서서히 전성기에서 내려오는 중이지만 여전히 .280의 타율과 20홈런 이상을 기대할 수 있다. 좌타자이지만 좌투수를 상대로도 약하지 않다. 첫 풀타임 시즌이던 2006년 이후 꾸준하게 150경기 이상 출장할 정도로 건강관리도 잘한다. 1루 수비도 리그 최고 수준. 발은 느리지만 빠른 타구 판단으로 넓은 범위를 커버한다.

Logan FORSYTHE 2B NO. 11
로건 포사이드

우투우타　1987년 1월 14일　185cm, 93kg　*는 낮을수록 좋은 기록임

시즌	타수	안타	홈런	타점	볼넷	도루	타율	출루율	장타율	구분	기록	MLB
2016	511	135	20	52	46	6	0.264	0.333	0.444	타율	0.264	0.255
통산	2037	519	55	203	185	34	0.255	0.326	0.395	출루율	0.333	0.322
										장타율	0.444	0.417
										볼넷%	8.1%	8.2%
										삼진%*	22.4%	21.1%
										볼넷/삼진	0.36	0.39
										순장타율	0.180	0.162
										BABIP	0.314	0.300
										wOBA	0.336	0.318

SPRAY ZONE — 2: 33%, 10: 39%, 8: 28%, 홈런 타구분포 %

BATTED BALL
항목	비율
볼존 공격률	22%
S존 공격률	57%
볼존 컨택트율	66%
S존 컨택트율	84%
라인드라이브	23%
그라운드볼	42%
플라이볼	35%

DEFENSE
위치	자살	보살	실책	수비율
2B	206	264	9	0.981

홈 타율 0.265　원정 타율 0.264
VS. 좌투수 0.270　VS. 우투수 0.263
득점권 0.284　L/C 0.329

2011년 샌디에이고에서 데뷔했지만 2015년 탬파베이에서 28세의 나이로 빛을 보기 시작한 대기만성형 타자. .280대 타율을 칠 수 있는 정확도와 함께 20홈런까지 가능한 파워를 가지고 있다. 발이 빠른 선수는 아니지만 출루율이 좋기 때문에 리드오프로도 활용 가치가 높다. 수비 주포지션은 2루이며 3루수비와 코너 외야수도 가능하다. 2루 수비는 리그 평균적인 수준. 지난 시즌엔 부상으로 127경기밖에 나서지 못하면서도 커리어 처음으로 20홈런을 쳐냈다.

Justin TURNER 3B NO. 10
저스틴 터너

우투우타　1984년 11월 23일　180cm, 93kg　*는 낮을수록 좋은 기록임

시즌	타수	안타	홈런	타점	볼넷	도루	타율	출루율	장타율	구분	기록	MLB
2016	556	153	27	90	48	4	0.275	0.339	0.493	타율	0.275	0.255
통산	2070	583	58	282	176	23	0.282	0.348	0.439	출루율	0.339	0.322
										장타율	0.493	0.417
										볼넷%	7.7%	8.2%
										삼진%*	17.2%	21.1%
										볼넷/삼진	0.45	0.39
										순장타율	0.218	0.162
										BABIP	0.293	0.300
										wOBA	0.353	0.318

SPRAY ZONE — 6: 33%, 16: 35%, 5: 31%, 홈런 타구분포 %

BATTED BALL
항목	비율
볼존 공격률	24%
S존 공격률	64%
볼존 컨택트율	75%
S존 컨택트율	87%
라인드라이브	24%
그라운드볼	36%
플라이볼	40%

DEFENSE
위치	자살	보살	실책	수비율
3B	67	240	9	0.972

홈 타율 0.262　원정 타율 0.288
VS. 좌투수 0.209　VS. 우투수 0.305
득점권 0.325　L/C 0.278

준수한 공격력을 가진 내야 유틸리티 자원. 최근에는 3루수로 주로 출장하고 있다. 안정적인 수비를 보여주지만 3루수로는 어깨가 다소 약하다. 여타 유틸리티 내야수들과 다르게 수비보단 공격이 뛰어난 선수다. 레그킥을 크게 해 타격 시 공에 힘을 실어보내며 밀어치기에 능하다. 배트 컨트롤이 뛰어나 빠지는 공을 잘 커트해내며, 높은 타율을 기대할 수 있다. 데뷔 초 장타력이 돋보이는 타자는 아니었지만 2015시즌 16개, 지난 시즌 27개의 타구를 담장 밖으로 넘겼다.

LOS ANGELES DODGERS

■ 타율 0.400 이상 ■ 0.300-0.399 ■ 0.200-0.299 ■ 0.100-0.199 ■ 타율 0.099 이하

Corey SEAGER
SS 코리 시거
NO.05

우투좌타 1994년 4월 27일 193cm, 98kg *는 낮을수록 좋은 기록임

시즌	타수	안타	홈런	타점	볼넷	도루	타율	출루율	장타율	구분	기록	MLB
2016	627	193	26	72	54	3	0.308	0.365	0.512	타율	0.308	0.255
통산	725	226	30	89	68	5	0.312	0.374	0.519	출루율	0.365	0.322
										장타율	0.512	0.417
										볼넷%	7.9%	8.2%
										삼진%*	19.4%	21.1%
										볼넷 / 삼진	0.41	0.39
										순장타율	0.204	0.162
										BABIP	0.355	0.300
										wOBA	0.372	0.318

VS. 패스트볼   VS. 변화구

SPRAY ZONE   BATTED BALL   DEFENSE

항목	비율
볼존 공격률	33%
S존 공격률	77%
볼존 컨택트율	58%
S존 컨택트율	89%
라인드라이브	24%
그라운드볼	46%
플라이볼	29%

위치	자살	보살	실책	수비율
SS	195	356	18	0.968

홈 타율 0.321 원정 타율 0.295
VS. 좌투수 0.250 VS. 우투수 0.334
득점권 0.297 L/C 0.263

시애틀의 3루수 카일 시거의 동생이다. 올스타 출신인 형보다 더 좋은 재능을 가지고 있다고 평가받고 있다. 부드럽고 빠른 스윙으로 정확도와 힘을 모두 겸비했다. 준수한 선구안으로 많은 볼넷을 얻어낼 수 있고 해를 거듭할 수록 삼진율도 떨어지고 있다. 지난 시즌 9월 처음 선 빅리그 타석에서 신인답지 않은 침착함을 보여주며 올 시즌에 대한 기대를 높였다. 공격에 비해 유격수 수비는 평균적인 수준. 지난해 다저스 타자 중 최고의 성적을 기록하며 신인왕을 기록했다.

Andrew TOLES
LF 앤드루 톨스
NO.60

우투좌타 1992년 5월 24일 178cm, 84kg *는 낮을수록 좋은 기록임

시즌	타수	안타	홈런	타점	볼넷	도루	타율	출루율	장타율	구분	기록	MLB
2016	105	33	3	16	8	1	0.314	0.365	0.505	타율	0.314	0.255
통산	105	33	3	16	8	1	0.314	0.365	0.505	출루율	0.365	0.322
										장타율	0.505	0.417
										볼넷%	7.0%	8.2%
										삼진%*	21.7%	21.1%
										볼넷 / 삼진	0.32	0.39
										순장타율	0.190	0.162
										BABIP	0.385	0.300
										wOBA	0.365	0.318

VS. 패스트볼   VS. 변화구

SPRAY ZONE   BATTED BALL   DEFENSE

항목	비율
볼존 공격률	40%
S존 공격률	78%
볼존 컨택트율	54%
S존 컨택트율	88%
라인드라이브	22%
그라운드볼	48%
플라이볼	30%

위치	자살	보살	실책	수비율
LF	26	3	1	0.967

홈 타율 0.292 원정 타율 0.333
VS. 좌투수 0.231 VS. 우투수 0.326
득점권 0.333 L/C 0.278

2016년 혜성같이 등장한 인생 역전 스토리의 주인공. 2014년까지 탬파베이 마이너 생활을 하다가 야구를 그만둔 후 2015년엔 애틀랜타에 있는 슈퍼에서 일을 했다. 하지만 탬파베이 시절 자신을 눈여겨봤던 다저스 프리드먼 사장의 부름을 받고 2016년 다저스에 입단, 지난해 7월 빅리그 입성의 감격을 맛봤다. 2013시즌 마이너에서 62도루를 기록할 정도로 빠른 발을 가지고 있는 전형적인 똑딱이 타자로 장타력과 출루율은 다소 떨어지는 편이다. 수비에선 외야 전 포지션 소화 가능하다.

LOS ANGELES DODGERS

■ 타율 0.400 이상 ■ 0.300–0.399 ■ 0.200–0.299 ■ 0.100–0.199 ■ 타율 0.099 이하

CF Joc PEDERSON   NO.31
작 피더슨

좌투좌타 1992년 4월 21일 185cm, 100kg   *는 낮을수록 좋은 기록임

시즌	타수	안타	홈런	타점	볼넷	도루	타율	출루율	장타율	구분	기록	MLB
2016	406	100	25	68	63	6	0.246	0.352	0.495	타율	0.246	0.255
통산	914	205	51	122	164	10	0.224	0.349	0.443	출루율	0.352	0.322
										장타율	0.495	0.417
										볼넷%	13.2%	8.2%
										삼진%*	27.3%	21.1%
										볼넷 / 삼진	0.48	0.39
										순장타율	0.249	0.162
										BABIP	0.296	0.300
										wOBA	0.360	0.318

홈 타율 0.247 원정 타율 0.246
VS. 좌투수 0.125 VS. 우투수 0.269
득점권 0.281 L/C 0.138

항목	비율
볼존 공격률	27%
S존 공격률	59%
볼존 컨택트율	63%
S존 컨택트율	82%
라인드라이브	21%
그라운드볼	40%
플라이볼	40%

위치	자살	보살	실책	수비율
CF	258	3	2	0.992

향후 리그를 책임질 거포 유망주. 2014년 AAA 퍼시픽 코스트 리그 MVP를 수상하며 타격 재능을 인정받았다. 빠른 배트 스피드로 엄청난 비거리의 타구를 만들어낸다. 어린 선수답지 않게 타석에서 선구안과 인내심이 좋아 많은 볼넷을 얻어낸다. 하지만 스윙이 지나치게 큰 편이라 삼진이 많고 정확도가 떨어진다. 마이너에서 30도루를 기록할 정도로 빠른 발을 지녔지만, 주루 센스는 아직 발전이 필요하다. 수비는 이미 골드글러브급이라는 평가.

RF Yasiel PUIG   NO.66
야시엘 푸이그

우투우타 1990년 12월 7일 188cm, 109kg   *는 낮을수록 좋은 기록임

시즌	타수	안타	홈런	타점	볼넷	도루	타율	출루율	장타율	구분	기록	MLB
2016	334	88	11	45	24	5	0.263	0.323	0.416	타율	0.263	0.255
통산	1556	447	57	194	153	30	0.287	0.361	0.472	출루율	0.323	0.322
										장타율	0.416	0.417
										볼넷%	6.5%	8.2%
										삼진%*	20.1%	21.1%
										볼넷 / 삼진	0.32	0.39
										순장타율	0.153	0.162
										BABIP	0.306	0.300
										wOBA	0.32	0.318

홈 타율 0.267 원정 타율 0.261
VS. 좌투수 0.261 VS. 우투수 0.265
득점권 0.301 L/C 0.234

항목	비율
볼존 공격률	32%
S존 공격률	75%
볼존 컨택트율	55%
S존 컨택트율	84%
라인드라이브	16%
그라운드볼	49%
플라이볼	35%

위치	자살	보살	실책	수비율
RF	160	6	3	0.982

탄탄한 체구를 자랑하는 그라운드의 야생마. 빠른 배트 스피드로 라인드라이브 타구를 필드 전 방향으로 뿌린다. 밀어서도 타구를 담장 밖으로 넘길 수 있는 힘을 가졌다. 타석에서 지나치게 공격적인 점은 아쉬운 부분. 빠른 발에도 불구, 주루 센스가 떨어져 도루 실패가 잦다. 우익수로 리그 최고의 어깨를 가졌지만 지나치게 의욕적인 모습으로 실수를 저지를 때가 있다. 음주운전, 가정 폭력 등 각종 구설수에 휘말리는 등 아직 인성이 미성숙한 편이다.

LOS ANGELES DODGERS

■ 타율 0.400 이상　■ 0.300–0.399　■ 0.200–0.299　■ 0.100–0.199　■ 타율 0.099 이하

IF Chase UTLEY NO.26
체이스 어틀리

우투좌타　1978년 12월 17일　185cm, 88kg　*는 낮을수록 좋은 기록임

시즌	타수	안타	홈런	타점	볼넷	도루	타율	출루율	장타율	구분	기록	MLB
2016	512	129	14	52	40	2	0.252	0.319	0.396	타율	0.252	0.255
통산	6384	1777	250	977	675	145	0.278	0.361	0.472	출루율	0.319	0.322
										장타율	0.396	0.417
										볼넷%	7.1%	8.2%
										삼진%*	20.4%	21.1%
										볼넷 / 삼진	0.35	0.39
										순장타율	0.145	0.162
										BABIP	0.299	0.300
										wOBA	0.312	0.318

VS. 패스트볼　VS. 변화구
*5타수 미만은 색을 표시하지 않았음. ●●● Ball zone

SPRAY ZONE
　　3
1　　　10
　19% 34% 47%
홈런 타구분포 %

BATTED BALL
항목	비율
볼존 공격률	24%
S존 공격률	56%
볼존 컨택트율	64%
S존 컨택트율	90%
라인드라이브	22%
그라운드볼	44%
플라이볼	34%

DEFENSE
위치	자살	보살	실책	수비율
2B	195	266	5	0.989

홈 타율 0.216 원정 타율 0.281
VS. 좌투수 0.154 VS. 우투수 0.273
득점권 0.276 L/C 0.202

몸에 맞는 공을 두려워하지 않고 홈플레이트에 바짝 붙어서 타격을 한다. 빠른 배트 스피드와 짧고 간결한 스윙으로 몸쪽 공에 대한 대처 능력이 뛰어나다. 전성기 시절엔 3번의 30홈런 시즌과 2번의 3할 시즌을 만들어낼 만큼 힘과 정교함을 겸비한 타자였다. 주력은 평균 수준이지만 뛰어난 주루 센스로 역대 최고인 89%의 도루성공률을 자랑한다. 하지만 노쇠화와 함께 2012년 이후로 고질적인 무릎 통증에 시달리며 타격 능력을 많이 상실했다.

OF Andre ETHIER NO.16
안드레 이디어

좌투좌타　1982년 4월 10일　188cm, 95kg　*는 낮을수록 좋은 기록임

시즌	타수	안타	홈런	타점	볼넷	도루	타율	출루율	장타율	구분	기록	MLB
2016	24	5	1	2	1	0	0.208	0.269	0.375	타율	0.208	0.255
통산	4766	1359	160	684	515	29	0.285	0.359	0.463	출루율	0.269	0.322
										장타율	0.375	0.417
										볼넷%	7.7%	8.2%
										삼진%*	23.1%	21.1%
										볼넷 / 삼진	0.33	0.39
										순장타율	0.167	0.162
										BABIP	0.235	0.300
										wOBA	0.263	0.318

VS. 패스트볼　VS. 변화구
*5타수 미만은 색을 표시하지 않았음. ●●● Ball zone

SPRAY ZONE
　　0
0　　　1
　22% 28% 50%
홈런 타구분포 %

BATTED BALL
항목	비율
볼존 공격률	27%
S존 공격률	73%
볼존 컨택트율	67%
S존 컨택트율	91%
라인드라이브	11%
그라운드볼	39%
플라이볼	50%

DEFENSE
위치	자살	보살	실책	수비율
LF	5	0	0	1.000

홈 타율 0.400 원정 타율 0.158
VS. 좌투수 0.000 VS. 우투수 0.217
득점권 0.143 L/C 0.143

공수를 겸비한 외야수. 부드러운 스윙으로 타구를 필드 전체로 뿌리는 스프레이 히터. 3할에 가까운 타율을 기록할 수 있는 정확도와 20홈런을 칠 수 있는 힘을 갖췄다. 좌투수 상대로 큰 편차를 보이는 것은 옥의 티(통산 vs. 우투수 .303, vs. 좌투수 .234).'우익수로 수비 범위가 넓은 편은 아니지만 강한 어깨를 보유했다. 최근에는 우익수뿐만 아니라 중견수와 좌익수로도 자주 출장하고 있다. '캡틴 클러치'라는 별명을 얻을 만큼 클러치 상황에서 강한 타자다.

SAN DIEGO PADRES

A.J. 프렐러 단장의 혁명적 광폭 행보는 결국 실패로 끝났다. 올 시즌부턴 차분히 리빌딩을 준비 중. 타선의 리더 윌 마이어스를 중심으로 최고의 파워 유망주 헌터 렌프로가 신인왕에 도전한다. 마운드를 복구하기까지엔 아직 많은 시간이 필요해보인다.

TEAM IMFORMATION

창단 : 1969년
이전 연고지 : -
월드시리즈 우승 : 0회
NL 우승 : 2회
디비전 우승 : 5회
와일드카드 진출 : 0회
구단주 : 론 파울러
감독 : 앤디 그린
단장 : A.J. 프렐러

FRANCHISE

UNIFORM

Home / Away

Alternate

SAN DIEGO PADRES

MANAGER

Andy Green
생년월일 : 1977년 7월 7일
출생지 : 렉싱턴(켄터키)
MLB 감독 경력 : 올해로 2년째
정규시즌 통산 : 68승 94패 승률 0.420
포스트시즌 통산 : -

LINE-UP

ROTATION	
SP	C. 리차드
SP	J. 위버
SP	J. 차신
SP	L. 퍼도모
SP	C. 프리드릭

BULLPEN	
RP	C. 캡스
RP	B. 핸드
RP	R. 벅터
RP	K. 퀴켄부시
RP	K. 헤슬러
RP	J. 토레스
CL	R. 마우어

BATTING	
1	A. 디커슨
2	T. 잔코스키
3	W. 마이어스
4	H. 렌프로
5	R. 쉼프
6	Y. 솔라르테
7	L. 사디나스
8	A. 헤지스

UTILITY PLAYERS	
IF	A. 코르도바
IF	S. 스팬진버그
OF	M. 마곳
OF	F. 코데로

BALL PARK : Petco Park

주소 : 19 Tony Gwynn Drive San Diego, California
펜스 거리 : 왼쪽 102m, 좌중간 109m, 좌중간 깊은 곳 119m, 중앙 121m, 우중간 깊은 곳 119m, 우중간 116m, 오른쪽 98m
펜스 높이 : 왼쪽~가운데 2.3m, 우중간 3.0m, 오른쪽 2.3~3m
최초공식경기 : 2004년 4월 8일
잔디 : 불스아이 버뮤다 그래스(천연잔디)
수용 인원 : 4만 1,164명
홈팀 덕아웃 : 1루
파크팩터 : 0.931(MLB 20위)

캘리포니아 남부에 찾아온 겨울
아직도 머나먼 봄날

2016 리뷰
A.J. 프렐러 단장이 취임 후 펼친 광폭 행보의 결말은 결국 실패였다. 그리고 지난 시즌 다시 팀을 재정비하기 시작했다. 시즌 시작 전 크렉 킴브렐을 보스턴으로 보내며 유망주 3명을 데려왔다. 욘더 알론소를 오클랜드로 보내며 데려온 드류 포머란츠도 시즌 중반 보스턴으로 보냈고, 부진했던 에이스 앤드루 캐시너도 마이애미로 유망주를 받고 보냈다. 그리고 제임스 쉴즈와 맷 켐프도 각각 화이트삭스와 애틀랜타로 보내며 페이롤에 여유를 만들었다. 주축 선수들이 빠져나갔기 때문에 성적 부진은 당연한 결과. 하지만 타선에선 긍정적인 요소를 찾을 수 있었다. 2013년 AL 신인왕 이후 나태함으로 부진했던 윌 마이어스가 부활에 성공했다(28홈런-28도루). 늦깎이 신인 라이언 쉼프는 89경기에서 20홈런을 치며 기대 이상의 활약을 펼쳤고, 지난 시즌 9월 데뷔한 팀 최고의 파워 유망주 헌터 렌프로의 활약도 인상적이었다. 희망을 보았던 타선과는 달리 투수진은 암울하기만 했다. 선발진은 타이슨 로스-캐시너-쉴즈 3인방 모두 부진했고, 불펜도 마무리 시즌 중반 팀을 떠난 로드니만이 좋은 활약을 펼쳤다.

2017 프리뷰
샌디에이고는 올 시즌 역시도 리빌딩 기간으로 내년 시즌 드래프트 상위지명권을 위해 노력할 것으로 보인다. 하지만 지난 시즌보다는 미래가 밝아진 상황. 지난 시즌 시작 전 팜랭킹은 25위인 데 반해 올 시즌엔 9위에서 시작한다. 지난 시즌 막판 인상적인 활약을 보여준 렌프로가 신인왕에 도전한다. 렌프로가 좋은 활약을 펼쳐준다면 마이어스의 어깨도 좀 더 가벼워질 것으로 보인다. 그 밖에 라이언 쉼프, 잔코스키, 알렉스 디커슨 같은 선수들도 성장을 기대해볼 만한 선수들. 또한 킴브렐 트레이드로 얻은 유망주 마누엘 마곳과 카를로스 아수아헤 역시도 언제든지 빅리그 로스터의 한 자리를 차지할 수 있는 선수들이다. 미래가 밝은 타선과는 달리 투수진은 아직 시간이 필요해 보인다. 올 시즌 팀의 1선발로 예상되는 선수가 클레이튼 리차드일 정도(2016시즌 36경기(9선발) 3승 4패 3.33). 불펜 역시도 확실한 마무리 후보가 없는 가운데 브랜든 마우어가 마무리를 맡을 것으로 보인다. 마우어의 지난 시즌 성적은 5패 13세이브(6블론) 4.52였다.

SAN DIEGO PADRES

SQUAD LIST

*선수 명단은 2017년 3월 25일 기준(soucre : ESPN)

투수

번호	이름	위치	투	타	나이	출생지
77	Buddy Baumann	RP	L	L	29	Chicago, IL
40	Ryan Buchter	RP	L	L	30	Reading, PA
38	Trevor Cahill	SP	R	R	29	Oceanside, CA
56	Carter Capps	RP	R	R	26	Kinston, NC
46	Jhoulys Chacin	RP	R	R	29	Maracaibo, Venezuela
55	Jarred Cosart	SP	R	R	26	League City, TX
65	Miguel Diaz	RP	R	R	22	San Cristobal, Dominican Republic
41	Robbie Erlin	SP	L	R	26	Oakland, CA
53	Christian Friedrich	SP	L	R	29	Evanston, IL
52	Brad Hand	RP	L	L	27	Minneapolis, MN
54	Keith Hessler	RP	L	L	28	Washington, DC
84	Tyrell Jenkins	SP	R	R	24	Henderson, TX
57	Zach Lee	RP	R	R	25	Plano, TX
62	Walker Lockett	RP	R	R	22	Jacksonville, FL
37	Brandon Maurer	RP	R	R	26	Newport Beach, CA
61	Luis Perdomo	SP	R	R	23	Santo Domingo, Dominican Republic
59	Kevin Quackenbush	RP	R	R	28	Land O'Lakes, FL
29	Colin Rea DL60	SP	R	R	26	Cascade, IA
3	Clayton Richard	RP	L	L	33	Lafayette, IN
63	Jose Ruiz	RP	R	R	22	Guacara, Venezuela
76	Jose Torres	RP	L	L	23	Caracas, Venezuela
49	Cesar Vargas	SP	R	R	25	Puebla, Mexico
27	Jered Weaver	SP	R	R	34	Northridge, CA

포수

번호	이름	위치	투	타	나이	출생지
12	Christian Bethancourt	C	R	R	25	Panama City, Panama
18	Austin Hedges	C	R	R	24	San Juan Capistrano, CA
68	Luis Torrens	C	R	R	20	Valencia, Venezuela

내야

번호	이름	위치	투	타	나이	출생지
20	Carlos Asuaje	2B	R	L	25	Barquisimeto, Venezuela
60	Allen Cordoba	SS	R	R	21	Changuinola, Panama
70	Javier Guerra	SS	R	L	21	David, Panama
4	Wil Myers	1B	R	R	26	Thomasville, NC
13	Jose Rondon	SS	R	R	23	Villa de Cura, Venezuela
2	Luis Sardinas	SS	R	B	23	Upata, Venezuela
11	Ryan Schimpf	2B	R	L	28	New Orleans, LA
26	Yangervis Solarte	3B	R	B	29	Valencia, Venezuela
15	Cory Spangenberg	2B	R	L	26	Clarks Summit, PA

외야

번호	이름	위치	투	타	나이	출생지
71	Franchy Cordero	CF	R	L	22	Azua, Dominican Republic
24	Alex Dickerson	LF	L	L	26	Poway, CA
16	Travis Jankowski	CF	R	L	25	Lancaster, PA
7	Manuel Margot	CF	R	R	22	San Cristobal, Dominican Republic
10	Hunter Renfroe	RF	R	R	25	Crystal Springs, MS

SUMMARY

우타자	좌타자	스위치	우투수	좌투수	평균나이	최연소	최연장
8명	7명	2명	15명	8명	25.6세	20세	34세

SAN DIEGO PADRES

2017 REGULAR SEASON SCHEDULE

■ 는 홈경기, 시간은 미국 동부시간 기준

날짜	상대팀	경기시간	날짜	상대팀	경기시간	날짜	상대팀	경기시간
Mon, 4/3	Los Angeles Dodgers	PM 1:10	Tue, 6/6	Arizona D-backs	PM 6:40	Mon, 8/14	Philadelphia Phillies	PM 7:10
Tue, 4/4	Los Angeles Dodgers	PM 7:10	Wed, 6/7	Arizona D-backs	PM 6:40	Tue, 8/15	Philadelphia Phillies	PM 7:10
Wed, 4/5	Los Angeles Dodgers	PM 7:10	Thu, 6/8	Arizona D-backs	PM 12:40	Wed, 8/16	Philadelphia Phillies	PM 12:40
Thu, 4/6	Los Angeles Dodgers	PM 12:10	Fri, 6/9	Kansas City Royals	PM 7:10	Thu, 8/17	Washington Nationals	PM 7:10
Fri, 4/7	San Francisco Giants	PM 3:40	Sat, 6/10	Kansas City Royals	PM 1:10	Fri, 8/18	Washington Nationals	PM 7:10
Sat, 4/8	San Francisco Giants	PM 5:40	Sun, 6/11	Kansas City Royals	PM 1:40	Sat, 8/19	Washington Nationals	PM 5:40
Sun, 4/9	San Francisco Giants	PM 1:40	Mon, 6/12	Cincinnati Reds	PM 7:10	Sun, 8/20	Washington Nationals	PM 1:40
Mon, 4/10	Colorado Rockies	PM 5:40	Tue, 6/13	Cincinnati Reds	PM 7:10	Tue, 8/22	St. Louis Cardinals	PM 5:15
Tue, 4/11	Colorado Rockies	PM 5:40	Wed, 6/14	Cincinnati Reds	PM 12:40	Wed, 8/23	St. Louis Cardinals	PM 5:15
Wed, 4/12	Colorado Rockies	PM 12:10	Fri, 6/16	Milwaukee Brewers	PM 5:10	Thu, 8/24	St. Louis Cardinals	PM 4:15
Fri, 4/14	Atlanta Braves	PM 4:35	Sat, 6/17	Milwaukee Brewers	PM 4:10	Fri, 8/25	Miami Marlins	PM 4:10
Sat, 4/15	Atlanta Braves	PM 4:10	Sun, 6/18	Milwaukee Brewers	AM 11:10	Sat, 8/26	Miami Marlins	PM 4:10
Sun, 4/16	Atlanta Braves	AM 10:35	Mon, 6/19	Chicago Cubs	PM 5:05	Sun, 8/27	Miami Marlins	AM 10:10
Mon, 4/17	Atlanta Braves	PM 4:35	Tue, 6/20	Chicago Cubs	PM 5:05	Mon, 8/28	San Francisco Giants	PM 7:10
Tue, 4/18	Arizona D-backs	PM 7:10	Wed, 6/21	Chicago Cubs	AM 11:20	Tue, 8/29	San Francisco Giants	PM 7:10
Wed, 4/19	Arizona D-backs	PM 7:10	Fri, 6/23	Detroit Tigers	PM 7:10	Wed, 8/30	San Francisco Giants	PM 6:10
Thu, 4/20	Arizona D-backs	PM 6:10	Sat, 6/24	Detroit Tigers	PM 7:10	Fri, 9/1	Los Angeles Dodgers	PM 7:10
Fri, 4/21	Miami Marlins	PM 7:10	Sun, 6/25	Detroit Tigers	PM 1:40	Sat, 9/2	Los Angeles Dodgers	PM 5:40
Sat, 4/22	Miami Marlins	PM 5:40	Tue, 6/27	Atlanta Braves	PM 7:10	Sun, 9/3	Los Angeles Dodgers	PM 1:40
Sun, 4/23	Miami Marlins	PM 1:40	Wed, 6/28	Atlanta Braves	PM 7:10	Mon, 9/4	St. Louis Cardinals	PM 1:40
Mon, 4/24	Arizona D-backs	PM 6:40	Thu, 6/29	Atlanta Braves	PM 6:10	Tue, 9/5	St. Louis Cardinals	PM 7:10
Tue, 4/25	Arizona D-backs	PM 6:40	Fri, 6/30	Los Angeles Dodgers	PM 7:10	Wed, 9/6	St. Louis Cardinals	PM 7:10
Wed, 4/26	Arizona D-backs	PM 6:40	Sat, 7/1	Los Angeles Dodgers	PM 7:10	Thu, 9/7	St. Louis Cardinals	PM 6:10
Thu, 4/27	Arizona D-backs	PM 6:40	Sun, 7/2	Los Angeles Dodgers	PM 1:40	Fri, 9/8	Arizona D-backs	PM 6:40
Fri, 4/28	San Francisco Giants	PM 7:15	Tue, 7/4	Cleveland Indians	PM 4:10	Sat, 9/9	Arizona D-backs	PM 5:10
Sat, 4/29	San Francisco Giants	PM 6:05	Wed, 7/5	Cleveland Indians	PM 4:10	Sun, 9/10	Arizona D-backs	PM 1:10
Sun, 4/30	San Francisco Giants	PM 1:05	Thu, 7/6	Cleveland Indians	PM 4:10	Tue, 9/12	Minnesota Twins	PM 5:10
Tue, 5/2	Colorado Rockies	PM 7:10	Fri, 7/7	Philadelphia Phillies	PM 3:35	Wed, 9/13	Minnesota Twins	PM 5:10
Wed, 5/3	Colorado Rockies	PM 7:10	Sat, 7/8	Philadelphia Phillies	PM 1:05	Fri, 9/15	Colorado Rockies	PM 5:40
Thu, 5/4	Colorado Rockies	PM 12:40	Sun, 7/9	Philadelphia Phillies	AM 10:35	Sat, 9/16	Colorado Rockies	PM 5:10
Fri, 5/5	Los Angeles Dodgers	PM 7:10	Fri, 7/14	San Francisco Giants	PM 7:10	Sun, 9/17	Colorado Rockies	PM 12:10
Sat, 5/6	Los Angeles Dodgers	PM 5:40	Sat, 7/15	San Francisco Giants	PM 5:40	Mon, 9/18	Arizona D-backs	PM 7:10
Sun, 5/7	Los Angeles Dodgers	PM 1:40	Sun, 7/16	San Francisco Giants	PM 1:40	Tue, 9/19	Arizona D-backs	PM 7:10
Mon, 5/8	Texas Rangers	PM 7:10	Mon, 7/17	Colorado Rockies	PM 5:40	Wed, 9/20	Arizona D-backs	PM 6:10
Tue, 5/9	Texas Rangers	PM 12:40	Tue, 7/18	Colorado Rockies	PM 5:40	Thu, 9/21	Colorado Rockies	PM 7:10
Wed, 5/10	Texas Rangers	PM 5:05	Wed, 7/19	Colorado Rockies	PM 12:10	Fri, 9/22	Colorado Rockies	PM 7:10
Thu, 5/11	Texas Rangers	PM 5:05	Thu, 7/20	San Francisco Giants	PM 7:15	Sat, 9/23	Colorado Rockies	PM 5:40
Fri, 5/12	Chicago White Sox	PM 5:10	Fri, 7/21	San Francisco Giants	PM 7:15	Sun, 9/24	Colorado Rockies	PM 1:40
Sat, 5/13	Chicago White Sox	PM 4:10	Sat, 7/22	San Francisco Giants	PM 1:05	Mon, 9/25	Los Angeles Dodgers	PM 7:10
Sun, 5/14	Chicago White Sox	AM 11:10	Sun, 7/23	San Francisco Giants	PM 1:05	Tue, 9/26	Los Angeles Dodgers	PM 7:10
Mon, 5/15	Milwaukee Brewers	PM 7:10	Mon, 7/24	New York Mets	PM 7:10	Wed, 9/27	Los Angeles Dodgers	PM 7:10
Tue, 5/16	Milwaukee Brewers	PM 7:10	Tue, 7/25	New York Mets	PM 7:10	Fri, 9/29	San Francisco Giants	PM 7:15
Wed, 5/17	Milwaukee Brewers	PM 7:10	Wed, 7/26	New York Mets	PM 7:10	Sat, 9/30	San Francisco Giants	PM 1:05
Thu, 5/18	Milwaukee Brewers	PM 12:40	Thu, 7/27	New York Mets	PM 6:10	Sun, 10/1	San Francisco Giants	PM 12:05
Fri, 5/19	Arizona D-backs	PM 7:10	Fri, 7/28	Pittsburgh Pirates	PM 7:10			
Sat, 5/20	Arizona D-backs	PM 7:10	Sat, 7/29	Pittsburgh Pirates	PM 5:40			
Sun, 5/21	Arizona D-backs	PM 1:40	Sun, 7/30	Pittsburgh Pirates	PM 1:40			
Tue, 5/23	New York Mets	PM 4:10	Tue, 8/1	Minnesota Twins	PM 7:10			
Wed, 5/24	New York Mets	PM 4:10	Wed, 8/2	Minnesota Twins	PM 12:40			
Thu, 5/25	New York Mets	PM 4:10	Fri, 8/4	Pittsburgh Pirates	PM 4:05			
Fri, 5/26	Washington Nationals	PM 4:05	Sat, 8/5	Pittsburgh Pirates	PM 4:05			
Sat, 5/27	Washington Nationals	PM 1:05	Sun, 8/6	Pittsburgh Pirates	AM 10:35			
Sun, 5/28	Washington Nationals	AM 10:35	Mon, 8/7	Cincinnati Reds	PM 4:10			
Mon, 5/29	Chicago Cubs	PM 1:40	Tue, 8/8	Cincinnati Reds	PM 4:10			
Tue, 5/30	Chicago Cubs	PM 7:10	Wed, 8/9	Cincinnati Reds	PM 4:10			
Wed, 5/31	Chicago Cubs	PM 12:40	Thu, 8/10	Cincinnati Reds	AM 9:35			
Fri, 6/2	Colorado Rockies	PM 7:10	Fri, 8/11	Los Angeles Dodgers	PM 7:10			
Sat, 6/3	Colorado Rockies	PM 1:10	Sat, 8/12	Los Angeles Dodgers	PM 6:10			
Sun, 6/4	Colorado Rockies	PM 1:40	Sun, 8/13	Los Angeles Dodgers	PM 1:10			

SAN DIEGO PADRES

■ 15% 이상 ■ 12~14% ■ 9~11% ■ 6~8% ■ 3~5% □ 2% 이하

SP Clayton RICHARD
클레이튼 리처드   NO.03

좌투좌타   1983년 9월 12일   196cm, 109kg

*는 낮을수록 좋은 기록임

시즌	경기	이닝	피안타	피홈런	볼넷	탈삼진	승-패-세-홀	평균자책	구분	기록	MLB
2016	36	67.0	81	4	31	41	3-4-1-1	3.33	평균자책*	3.33	4.19
통산	206	883.1	946	97	301	543	53-53-1-3	4.23	탈삼진 / 9	5.45	8.10
									볼넷 / 9*	4.12	3.14
									탈삼진 / 볼넷	1.32	2.58
									피홈런 / 9*	0.53	1.17
									피안타율*	0.297	0.252
									WHIP*	1.66	1.32
									잔루율	72.9%	72.9%
									FIP*	4.17	4.19

PITCHING REPERTORY / VELOCITY km/h   MOVEMENT cm

구종	평균	전체	초구	2-2	좌타자	우타자	피타율	상하	좌우
포심패스트볼	148	8%	4%	6%	5%	10%	0.306	↑17	←25
투심 / 싱커	146	68%	75%	56%	75%	65%	0.312	↑7	←29
컷패스트볼	137	2%	2%	7%	3%	2%	0.375	↑11	←7
슬라이더	134	0%	0%	1%	0%	0%	0.000	↓2	←7
커브	131	11%	12%	12%	15%	9%	0.281	↓3	←5
체인지업	136	10%	6%	17%	2%	14%	0.381	↑3	←24
스플리터	–	–	–	–	–	–	–		

홈 ERA 3.16 원정 ERA 3.47
VS. 좌타자 0.282 VS. 우타자 0.302
VS. 추신수 9타수 2안타 0.222

2009년부터 2013년까지 뛰던 샌디에이고로 지난 시즌 복귀했다. 지난 시즌 샌디에이고에서 3승 3패 2.52로 부활에 성공하며 올 시즌 1년 계약을 맺었다. 140km/h 중후반의 투심을 구사하고 체인지업 슬라이더 등을 섞어던지는 기교파 투수다. 하지만 지나치게 코너웍에 신경을 쓰다가 볼넷을 내주는 경우도 왕왕 있다. 투심을 통해 땅볼 유도에 능하며 홈런 허용이 적다. 다른 팀에서는 선발 자리를 보장 받긴 힘들겠지만 리빌딩을 준비하는 샌디에이고라 1-2선발 자리를 맡을 것으로 보인다.

SP Luis PERDOMO
루이스 퍼도모   NO.61

우투우타   1993년 5월 9일   188cm, 84kg

*는 낮을수록 좋은 기록임

시즌	경기	이닝	피안타	피홈런	볼넷	탈삼진	승-패-세-홀	평균자책	구분	기록	MLB
2016	35	146.2	187	23	46	105	9-10-0-0	5.71	평균자책*	5.71	4.19
통산	35	146.2	187	23	46	105	9-10-0-0	5.71	탈삼진 / 9	6.44	8.10
									볼넷 / 9*	2.82	3.14
									탈삼진 / 볼넷	2.28	2.58
									피홈런 / 9*	1.41	1.17
									피안타율*	0.307	0.252
									WHIP*	1.59	1.32
									잔루율	67.9%	72.9%
									FIP*	4.84	4.19

PITCHING REPERTORY / VELOCITY km/h   MOVEMENT cm

구종	평균	전체	초구	2-2	좌타자	우타자	피타율	상하	좌우
포심패스트볼	152	12%	13%	14%	12%	12%	0.463	↑20	→10
투심 / 싱커	151	56%	55%	52%	50%	61%	0.308	↑12	→21
컷패스트볼	–	–	–	–	–	–	–		
슬라이더	135	3%	3%	4%	3%	2%	0.071	↓4	←2
커브	134	21%	21%	24%	22%	20%	0.270	↓8	←5
체인지업	140	1%	1%	1%	0%	2%	0.333	↑8	→15
스플리터	142	7%	7%	6%	12%	4%	0.229	↑10	→18

홈 ERA 6.33 원정 ERA 5.30
VS. 좌타자 0.309 VS. 우타자 0.306
VS. 김현수 3타수 1안타 0.333

23세의 젊은 도미니카 출신 선발투수. 지난 시즌 빅리그에 데뷔하며 선발과 불펜을 오가는 풀타임 시즌을 보냈다. 150km/h 초중반의 투심과 함께 커브와 체인지업을 던진다. 변화구는 아직 많은 개선이 필요해보인다. 볼넷을 많이 내주진 않지만 커맨드의 세심함이 부족해 몰리는 공이 많고, 이로 인해 장타 허용이 많은 편이다. 그래도 극도의 부진에 빠졌던 전반기에 비해 후반기에 반등에 성공하며 올 시즌을 기대하게 만들었다. 올 시즌 팀의 2-3선발로 180이닝 이상을 소화할 것으로 예상된다.

SAN DIEGO PADRES

■ 15% 이상　■ 12–14%　■ 9–11%　■ 6–8%　■ 3–5%　□ 2% 이하

홈 ERA 4.66 원정 ERA 7.39
VS. 좌타자 0.207 VS. 우타자 0.328
VS. 추신수 9타수 2안타 0.222

SP Jarred COSART
제러드 코자트　　　　　　　　NO.55

우투우타　1990년 5월 25일　190cm, 93kg

시즌	경기	이닝	피안타	피홈런	볼넷	탈삼진	승-패-세-홀	평균자책
2016	13	57.0	61	4	39	38	0-4-0-0	6.00
통산	67	367.0	343	26	180	233	16-21-0-0	3.92

*는 낮을수록 좋은 기록임

구분	기록	MLB
평균자책*	6.00	4.19
탈삼진 / 9	8.10	8.10
볼넷 / 9*	6.16	3.14
탈삼진 / 볼넷	0.97	2.58
피홈런 / 9*	0.63	1.17
피안타율*	0.269	0.252
WHIP*	1.75	1.32
잔루율	63.3%	72.9%
FIP*	4.88	4.19

PITCHING ZONE
(좌타자·몸쪽 / 우타자·몸쪽)

PITCHING REPERTORY / VELOCITY km/h MOVEMENT cm

구종	평균	전체	초구	2-2	좌타자	우타자	피타율	상하	좌우
포심패스트볼	–	–	–	–	–	–	–	–	–
투심 / 싱커	–	–	–	–	–	–	–	–	–
컷패스트볼	151	73%	75%	63%	73%	73%	0.249	↑16	→3
슬라이더	–	–	–	–	–	–	–	–	–
커브	127	21%	23%	28%	17%	24%	0.283	↓19	←11
체인지업	134	6%	3%	10%	9%	3%	0.286	↑16	←11
스플리터	–	–	–	–	–	–	–	–	–

2013년 휴스턴에서 데뷔했을 당시 준수한 활약으로 기대가 큰 유망주였으나 부상으로 피지 못하고 있다. 2014년 180.1이닝 소화 이후 지난 2년간 총 126.2이닝만을 소화했다. 150km/h 초중반에 형성되는 빠른 공과 커브는 여전히 매력적인 카드. 체인지업의 발전이 없는 것이 다소 아쉽다. 또한 데뷔 때부터 고질적인 약점으로 지적되던 제구 불안이 전혀 개선되지 않고 있는 중. 이러한 약점을 극복하지 못한다면 4-5선발급에 머물 가능성이 높다.

홈 ERA 4.78 원정 ERA 4.82
VS. 좌타자 0.235 VS. 우타자 0.261
VS. 이대호 3타수 1안타 0.333
VS. 추신수 1타수 0안타 0.000

SP Christian FRIEDRICH
크리스티안 프리드릭　　　　　　NO.53

좌투우타　1987년 7월 8일　193cm, 98kg

시즌	경기	이닝	피안타	피홈런	볼넷	탈삼진	승-패-세-홀	평균자책
2016	24	129.1	131	13	52	100	5-12-0-0	4.80
통산	124	296.2	333	35	117	246	10-28-0-12	5.37

*는 낮을수록 좋은 기록임

구분	기록	MLB
평균자책*	4.80	4.19
탈삼진 / 9	6.96	8.10
볼넷 / 9*	3.62	3.14
탈삼진 / 볼넷	1.92	2.58
피홈런 / 9*	0.9	1.17
피안타율*	0.255	0.252
WHIP*	1.41	1.32
잔루율	66.6%	72.9%
FIP*	4.16	4.19

PITCHING ZONE

PITCHING REPERTORY / VELOCITY km/h MOVEMENT cm

구종	평균	전체	초구	2-2	좌타자	우타자	피타율	상하	좌우
포심패스트볼	145	36%	38%	28%	33%	37%	0.298	↑25	←8
투심 / 싱커	145	17%	17%	13%	13%	19%	0.330	↑24	←15
컷패스트볼	138	17%	12%	21%	27%	12%	0.244	↑9	→3
슬라이더	133	10%	5%	20%	13%	9%	0.177	↑1	→3
커브	124	18%	24%	16%	14%	19%	0.340	↓15	←8
체인지업	135	3%	4%	2%	1%	4%	0.219	↑24	←14
스플리터	–	–	–	–	–	–	–	–	–

2008년 콜로라도가 1라운드에 뽑을 정도로 기대가 컸던 유망주. 하지만 기대만큼 성장하지 못하며 불펜 투수로 활약하다 지난 시즌 샌디에이고에서 다시 선발 자리를 꿰찼다. 140km/h 초중반의 빠른 공과 함께 슬라이더, 커브, 체인지업을 구사하는 기교파 투수. 하지만 지나치게 피해가는 투구로 볼넷 허용이 다소 많은 편이다. 체인지업이 상대적으로 약한 편이라 우타자를 상대로 고전하는 경우가 많다. 올 시즌 팀의 4선발을 맡을 예정이며 커리어 첫 규정이닝 투구가 기대된다.

SAN DIEGO PADRES

SP **Jhoulys CHACIN** NO.46
요울리스 차신

우투우타   1988년 1월 7일   190cm, 98kg   *는 낮을수록 좋은 기록임

시즌	경기	이닝	피안타	피홈런	볼넷	탈삼진	승-패-세-홀	평균자책	구분	기록	MLB
2016	34	144.0	153	14	55	119	6-8-0-0	4.81	평균자책*	4.81	4.19
통산	163	842.2	796	78	345	654	46-57-0-0	3.94	탈삼진 / 9	7.44	8.10
									볼넷 / 9*	3.44	3.14
									탈삼진 / 볼넷	2.16	2.58
									피홈런 / 9*	0.88	1.17
									피안타율*	0.267	0.252
									WHIP*	1.44	1.32
									잔루율	68.3%	72.9%
									FIP*	4.01	4.19

PITCHING REPERTORY / VELOCITY km/h   **MOVEMENT** cm

구종	평균	전체	초구	2-2	좌타자	우타자	피타율	상하	좌우
포심패스트볼	146	25%	36%	22%	24%	27%	0.302	↑20	→9
투심 / 싱커	145	27%	24%	25%	33%	20%	0.320	↑13	→8
컷패스트볼	140	9%	9%	5%	5%	13%	0.422	↑12	←1
슬라이더	132	22%	16%	30%	9%	34%	0.153	↑6	←19
커브	126	10%	8%	15%	16%	4%	0.180	↓7	←18
체인지업	135	8%	7%	3%	14%	2%	0.265	↑13	→14
스플리터	–	–	–	–	–	–	–	–	–

홈 ERA 3.52 원정 ERA 5.85
VS. 좌타자 0.262 VS. 우타자 0.273
VS. 추신수 3타수 1안타 0.333
VS. 강정호 2타수 1안타 1홈런 0.500

2013년 콜로라도에서 197.1이닝 평균자책점 3.47을 기록한 이후 부진을 거듭하며 떠돌이 생활을 하고 있다. 지난 시즌 부진했던 전반기에 비해 후반기에 반등에 성공하며 샌디에이고와 1년 175만 달러의 계약을 맺는 데 성공했다. 140km/h 중후반의 포심-투심과 함께 슬라이더, 커터, 커브, 체인지업 등 다양한 구종을 구사한다. 데뷔 초창기때보다 제구는 많이 좋아졌지만 여전히 기복이 심한 편.

RP **Brad HAND** NO.52
브래드 핸드

좌투좌타   1990년 3월 20일   190cm, 100kg   *는 낮을수록 좋은 기록임

시즌	경기	이닝	피안타	피홈런	볼넷	탈삼진	승-패-세-홀	평균자책	구분	기록	MLB
2016	82	89.1	63	8	36	111	4-4-1-21	2.92	평균자책*	2.92	4.19
통산	172	378.0	354	40	156	301	13-29-2-23	4.29	탈삼진 / 9	11.18	8.10
									볼넷 / 9*	3.63	3.14
									탈삼진 / 볼넷	3.08	2.58
									피홈런 / 9*	0.81	1.17
									피안타율*	0.193	0.252
									WHIP*	1.11	1.32
									잔루율	76.6%	72.9%
									FIP*	3.07	4.19

PITCHING REPERTORY / VELOCITY km/h   **MOVEMENT** cm

구종	평균	전체	초구	2-2	좌타자	우타자	피타율	상하	좌우
포심패스트볼	149	29%	25%	30%	44%	22%	0.229	↑23	←20
투심 / 싱커	149	36%	42%	26%	14%	47%	0.296	↑14	←28
컷패스트볼	–	–	–	–	–	–	–	–	–
슬라이더	134	19%	14%	29%	31%	13%	0.155	0	→11
커브	127	10%	15%	7%	10%	9%	0.222	↓9	→13
체인지업	139	6%	5%	4%	1%	8%	0.394	↑17	←20
스플리터	–	–	–	–	–	–	–	–	–

홈 ERA 3.33 원정 ERA 2.43
VS. 좌타자 0.124 VS. 우타자 0.233
VS. 강정호 3타수 1안타 0.333
VS. 김현수 1타수 0안타 0.000

선발과 불펜을 오가며 마운드의 살림꾼 역할을 하는 투수. 지난 시즌엔 불펜으로만 나와 리그에서 가장 많은 82경기를 소화했다 포심과 투심은 150km/h 초반대로 형성되며 커브, 체인지업, 슬라이더 등 다양한 변화구를 구사한다. 특히 딜리버리 시 공을 뒤로 숨긴 후 빠르게 공을 뿌리며 타자의 타이밍을 빼앗는다. 마이너 시절과 데뷔 초반까지 불안했던 제구는 해가 갈 수록 발전 중. 선발로 나왔을 때보다 불펜으로 나왔을 때 성적이 좋은 편.

SAN DIEGO PADRES

■ 15% 이상 ■ 12-14% ■ 9-11% ■ 6-8% ■ 3-5% □ 2% 이하

RP Kevin QUACKENBUSH
케빈 쿼켄부시
NO.59

우투우타　1988년 11월 28일　193cm, 107kg　*는 낮을수록 좋은 기록임

시즌	경기	이닝	피안타	피홈런	볼넷	탈삼진	승-패-세-홀	평균자책	구분	기록	MLB
2016	60	59.2	55	8	22	42	7-7-2-9	3.92	평균자책*	3.92	4.19
통산	173	172.1	149	16	60	156	13-12-8-21	3.50	탈삼진 / 9	6.34	8.10
									볼넷 / 9*	3.32	3.14
									탈삼진 / 볼넷	1.91	2.58
									피홈런 / 9*	1.21	1.17
									피안타율	0.238	0.252
									WHIP*	1.29	1.32
									잔루율	76.0%	72.9%
									FIP*	4.59	4.19

PITCHING ZONE (좌타자·몸쪽 / 우타자·몸쪽)

PITCHING REPERTORY / VELOCITY km/h / MOVEMENT cm

구종	평균	전체	초구	2-2	좌타자	우타자	피타율	상하	좌우
포심패스트볼	147	69%	62%	70%	71%	67%	0.245	↑25	→8
투심 / 싱커	134	2%	1%	4%	0%	4%	0.143	↑2	→8
컷패스트볼	–	–	–	–	–	–	–	–	–
슬라이더	–	–	–	–	–	–	–	–	–
커브	127	28%	36%	25%	26%	29%	0.236	↓18	←11
체인지업	–	–	–	–	–	–	–	–	–
스플리터	135	1%	0%	1%	2%	0%	0.286	↑18	←11

홈 ERA 3.78　원정 ERA 4.10
VS. 좌타자 0.292　VS. 우타자 0.204
VS. 강정호 1타수 0안타 0.000
VS. 김현수 1타석 1볼넷

마이너 시절부터 마무리투수로 활약하며 불펜 유망주로 주목받았다. 빠른 공의 구속은 불펜 투수치고는 빠르지 않은 140km/h 중후반대로 형성된다. 하지만 빠른 팔스윙으로 타자들이 타이밍을 잡기가 힘들고 볼끝이 좋아 공략이 까다롭다 (통산 피안타율 .232). 빠른 공에 대한 자신감이 넘쳐 70%가 넘는 비율로 구사한다. 낙차 크게 떨어지는 커브 역시 준수한 편. 데뷔 시즌이었던 2014시즌에 비해 최근 2년간 공을 낮게 제구하는 데 어려움을 겪으며 장타 허용이 늘어났다.

RP Ryan BUCHTER
라이언 벅터
NO.40

좌투좌타　1987년 2월 13일　193cm, 113kg　*는 낮을수록 좋은 기록임

시즌	경기	이닝	피안타	피홈런	볼넷	탈삼진	승-패-세-홀	평균자책	구분	기록	MLB
2016	67	63.0	34	4	31	78	3-0-1-20	2.86	평균자책*	2.86	4.19
통산	68	64.0	34	4	32	79	4-0-1-20	2.81	탈삼진 / 9	11.14	8.10
									볼넷 / 9*	4.43	3.14
									탈삼진 / 볼넷	2.52	2.58
									피홈런 / 9*	0.57	1.17
									피안타율	0.159	0.252
									WHIP*	1.03	1.32
									잔루율	76.6%	72.9%
									FIP*	3.07	4.19

PITCHING ZONE (좌타자·몸쪽 / 우타자·몸쪽)

PITCHING REPERTORY / VELOCITY km/h / MOVEMENT cm

구종	평균	전체	초구	2-2	좌타자	우타자	피타율	상하	좌우
포심패스트볼	149	85%	85%	87%	71%	91%	0.167	↑29	←12
투심 / 싱커	–	–	–	–	–	–	–	–	–
컷패스트볼	145	7%	8%	3%	11%	5%	0.182	↑18	→4
슬라이더	138	7%	5%	9%	13%	4%	0.071	↑9	→2
커브	130	2%	2%	1%	4%	1%	0.250	↓4	→4
체인지업	–	–	–	–	–	–	–	–	–
스플리터	–	–	–	–	–	–	–	–	–

홈 ERA 3.44　원정 ERA 2.17
VS. 좌타자 0.145　VS. 우타자 0.167

지난 시즌 샌디에이고에서 가장 좋은 활약을 해준 불펜투수. 150km/h 초반대 형성되는 빠른 공을 80% 가까이 던질 정도로 빠른 공에 대한 자신감이 있다. 변화구는 슬라이더를 구사한다. 투구 시 짧은 팔동작으로 공을 던져 타자들이 공을 파악하는 데 어려움을 겪는다. 좌우타자 특별히 가리지 않고 안타 허용이 적은 편이다. 아쉬운 점은 제구. 마이너 통산 9이닝당 볼넷이 5.9개로 좋지 않다. 지난 시즌 그나마 개선이 된게 4.4개다. 올 시즌 6-7회에 주로 등장할 것으로 예상된다.

SAN DIEGO PADRES

 15% 이상 12–14% 9–11% 6–8% 3–5% 2% 이하

CP Brandon MAURER
브랜든 마우어
NO. 37

우투우타   1990년 7월 3일   196cm, 104kg   *는 낮을수록 좋은 기록임

시즌	경기	이닝	피안타	피홈런	볼넷	탈삼진	승-패-세-홀	평균자책	구분	기록	MLB
2016	71	69.2	67	7	23	72	0-5-13-13	4.52	평균자책*	4.52	4.19
통산	184	280.1	292	32	84	236	13-21-13-30	4.85	탈삼진 / 9	9.30	8.10
									볼넷 / 9*	2.97	3.14
									탈삼진 / 볼넷	3.13	2.58
									피홈런 / 9*	0.90	1.17
									피안타율*	0.236	0.252
									WHIP*	1.26	1.32
									잔루율	66.1%	72.9%
									FIP*	3.46	4.19

홈 ERA 4.66 원정 ERA 4.35
VS. 좌타자 0.213 VS. 우타자 0.259
VS. 강정호 2타수 2안타 1.000
VS. 이대호 3타수 2안타 1홈런 0.667

PITCHING ZONE (좌타자 몸쪽 / 우타자 몸쪽)

PITCHING REPERTORY / VELOCITY km/h / MOVEMENT cm

구종	평균	전체	초구	2-2	좌타자	우타자	피타율	상하	좌우
포심패스트볼	154	46%	49%	48%	47%	52%	0.262	↑26	→17
투심 / 싱커	152	3%	4%	0%	6%	2%	0.385	↑19	→22
컷패스트볼	–	–	–	–	–	–	–		
슬라이더	140	36%	41%	35%	36%	46%	0.194	↑3	←4
커브	132	0%	0%	0%	0%	0%	0.000	↓9	←10
체인지업	139	14%	6%	17%	11%	1%	0.164	↑15	→21
스플리터	–	–	–	–	–	–	–		

다이내믹한 투구폼으로 최대 160km/h, 평균 150km/h 중반대의 빠른 공을 구사한다. 40%에 가까운 구사율을 보여주는 커 터성 슬라이더가 주무기다(2015 슬라이더 피안타율 .224). 마이너에서 선발 수업을 받아 불펜투수로는 드물게 체인지업도 능숙하게 구사한다. 다른 강속구 투수와는 달리 삼진으로 잡기보다는 맞혀 잡기를 선호한다. 항상 선발 자리를 욕심을 내 지만 팀에서는 불펜투수를 원하는 중. 지난 시즌 전반기 부진을 딛고 후반기에 반등에 성공하며 기대치를 높였다.

C Austin HEDGES
오스틴 헤지스
NO. 18

우투우타   1992년 8월 18일   185cm, 95kg   *는 낮을수록 좋은 기록임

시즌	타수	안타	홈런	타점	볼넷	도루	타율	출루율	장타율	구분	기록	MLB
2016	24	3	0	1	0	0	0.125	0.154	0.167	타율	0.125	0.255
통산	161	26	3	12	8	0	0.161	0.206	0.236	출루율	0.154	0.322
										장타율	0.167	0.417
										볼넷%	0.0%	8.2%
										삼진%	26.9%	21.1%
										볼넷 / 삼진	0.00	0.39
										순장타율	0.042	0.162
										BABIP	0.167	0.300
										wOBA	0.143	0.318

VS. 패스트볼   VS. 변화구   우타자
*5타수 미만은 색을 표시하지 않았음. ●●● : Ball zone

홈 타율 0.118 원정 타율 0.143
VS. 좌투수 0.400 VS. 우투수 0.053
득점권 0.000 L/C 0.400

SPRAY ZONE
0 / 0 / 50% / 22% / 28% / 홈런
타구분포 %

BATTED BALL

항목	비율
볼존 공격률	46%
S존 공격률	67%
볼존 컨택트율	52%
S존 컨택트율	87%
라인드라이브	6%
그라운드볼	44%
플라이볼	50%

DEFENSE

위치	자살	보살	실책	수비율
C	47	2	1	0.980

마이너 시절부터 수비력 하나만큼은 빅리그급으로 인정받았다. 홈플레이트 뒤에서 풋워크가 좋아 블로킹 능력이 뛰어나다. 프레이밍 능력이 뛰어나고 어린 나이임에도 불구하고 투수들을 편안하게 만들어준다. 또한 강한 어깨와 함께 공을 빼는 시 간도 빨라 도루 저지에도 능하다. 뛰어난 수비력에 비해 공격력은 떨어지는 편. 두 자릿수 홈런을 칠 수 있는 힘은 있지만 정 확도가 떨어진다. 타석에서 인내심이 떨어져 볼넷이 적고 삼진이 많다.

SAN DIEGO PADRES

■ 타율 0.400 이상 ■ 0.300–0.399 ■ 0.200–0.299 ■ 0.100–0.199 ■ 타율 0.099 이하

C Christian BETHANCOURT   NO. 12
크리스티안 베탄코트

우투우타 1991년 9월 2일 188cm, 95kg

시즌	타수	안타	홈런	타점	볼넷	도루	타율	출루율	장타율
2016	193	44	6	25	10	1	0.228	0.265	0.368
통산	462	103	8	46	18	3	0.223	0.253	0.318

구분	기록	MLB
타율	0.228	0.255
출루율	0.265	0.322
장타율	0.368	0.417
볼넷%	4.9%	8.2%
삼진%*	27.5%	21.1%
볼넷 / 삼진	0.18	0.39
순장타율	0.140	0.162
BABIP	0.288	0.300
wOBA	0.273	0.318

VS. 패스트볼 / VS. 변화구 (좌타자)

*5타수 미만은 색을 표시하지 않았음. ●●● : Ball zone

홈 타율 0.260 원정 타율 0.191
VS. 좌투수 0.244 VS. 우투수 0.224
득점권 0.227 L/C 0.178

SPRAY ZONE 홈런 타구분포 %
4 / 2 / 0
39% / 39% / 22%

BATTED BALL
항목	비율
볼존 공격률	41%
S존 공격률	74%
볼존 컨택트율	62%
S존 컨택트율	77%
라인드라이브	16%
그라운드볼	47%
플라이볼	37%

DEFENSE
위치	자살	보살	실책	수비율
C	248	32	2	0.993
OF	15	0	1	0.938

원래는 애틀랜타 최고의 포수 유망주였으나 지난 시즌 샌디에이고에서 멀티플레이어 자원으로 키워지고 있다. 주포지션인 포수로서의 수비 실력은 수준급. 강력한 어깨를 가지고 있고, 홈플레이트 뒤에서의 움직임도 훌륭하다. 하지만 프레이밍은 리그 평균 이하. 포수 외에도 코너 외야수 2루수, 심지어 투수까지 지난 시즌 출전했다. 투수로도 150km/h에 가까운 강속구에 너클볼까지 구사한다. 다재다능한 수비 실력에 비해 타격 능력은 리그 평균 이하.

1B Wil MYERS   NO. 04
윌 마이어스

우투우타 1990년 12월 10일 190cm, 93kg

시즌	타수	안타	홈런	타점	볼넷	도루	타율	출루율	장타율
2016	599	155	28	94	68	28	0.259	0.336	0.461
통산	1484	382	55	211	162	44	0.257	0.331	0.429

구분	기록	MLB
타율	0.259	0.255
출루율	0.336	0.322
장타율	0.461	0.417
볼넷%	10.1%	0.082
삼진%*	23.7%	0.211
볼넷 / 삼진	0.43	0.39
순장타율	0.202	0.162
BABIP	0.305	0.300
wOBA	0.341	0.318

VS. 패스트볼 / VS. 변화구 (우타자)

*5타수 미만은 색을 표시하지 않았음. ●●● : Ball zone

홈 타율 0.306 원정 타율 0.210
VS. 좌투수 0.261 VS. 우투수 0.258
득점권 0.280 L/C 0.223

SPRAY ZONE 홈런 타구분포 %
9 / 11 / 8
38% / 38% / 24%

BATTED BALL
항목	비율
볼존 공격률	25%
S존 공격률	59%
볼존 컨택트율	68%
S존 컨택트율	86%
라인드라이브	21%
그라운드볼	45%
플라이볼	34%

DEFENSE
위치	자살	보살	실책	수비율
1B	1246	76	3	0.998
OF	15	0	0	1.000

2013시즌 AL 신인왕을 수상한 전도유망한 타자. 장갑을 끼지 않고 타석에 들어서며 큰 움직임이 없는 준비 동작으로 부드러운 스윙을 가지고 있다. 마이너 시절 37홈런을 때려낼 만큼 타고난 힘이 좋으며 타격 정확도 또한 뛰어나다. 타석에서 선구안과 인내심이 좋아 높은 출루율도 기대할 수 있다. 지난 시즌 1루수로 전환해 커리어 처음으로 150경기 이상을 소화하며 20-20클럽에 가입했다. 팀은 6년 8,300만 달러의 장기 계약을 안겨주며 프랜차이즈 스타로 성장해주길 기대하고 있다.

SAN DIEGO PADRES

■ 타율 0.400 이상　■ 0.300-0.399　■ 0.200-0.299　■ 0.100-0.199　■ 타율 0.099 이하

2B Ryan SCHIMPF
라이언 쉼프　　　NO. 11

홈 타율 0.224 원정 타율 0.211
VS. 좌투수 0.157 VS. 우투수 0.231
득점권 0.347 L/C 0.200

우투좌타　1988년 4월 11일　175cm, 81kg　*는 낮을수록 좋은 기록임

시즌	타수	안타	홈런	타점	볼넷	도루	타율	출루율	장타율	구분	기록	MLB
2016	276	60	20	51	42	1	0.217	0.336	0.533	타율	0.217	0.255
통산	276	60	20	51	42	1	0.217	0.336	0.533	출루율	0.336	0.322
										장타율	0.533	0.417
										볼넷%	12.7%	8.2%
										삼진%*	31.8%	21.1%
										볼넷/삼진	0.40	0.39
										순장타율	0.315	0.162
										BABIP	0.260	0.300
										wOBA	0.362	0.318

VS. 패스트볼　VS. 변화구　좌타자
*5타수 미만은 색을 표시하지 않았음. ●●●●● : Ball zone

SPRAY ZONE
8 / 2 / 10 / 24% / 36% / 40%
홈런 타구분포 %

BATTED BALL
항목	비율
볼존 공격률	28%
S존 공격률	60%
볼존 컨택트율	59%
S존 컨택트율	81%
라인드라이브	16%
그라운드볼	20%
플라이볼	65%

DEFENSE
위치	자살	보살	실책	수비율
2B	106	193	6	0.980
3B	6	28	0	1.000

지난 시즌 28세의 늦은 나이로 빅리그 무대를 밟았다. 마이너에서 인정받은 파워는 명불허전. 빅리그 89경기에서 무려 20개의 홈런을 때려냈다. 삼진이 많고 정확도가 떨어지며 좌투수에게 약점을 보인다. 하지만 타석에서의 인내심이 뛰어나고 볼넷을 골라내는 능력이 탁월하다. 수비 주포지션은 2루수이지만 수비는 리그 평균 이하 수준. 2루뿐 아니라 3루와 좌익수 수비도 가능하다. 올 시즌 주전 2루수가 유력하며, 스팬진버그의 성장세에 따라 출전 경기수를 나눠 가질 가능성도 있다.

3B Yangervis SOLARTE
얀헤르비스 솔라르테　　　NO. 26

홈 타율 0.287 원정 타율 0.286
VS. 좌투수 0.271 VS. 우투수 0.291
득점권 0.302 L/C 0.175

우투양타　1987년 7월 7일　180cm, 93kg　*는 낮을수록 좋은 기록임

시즌	타수	안타	홈런	타점	볼넷	도루	타율	출루율	장타율	구분	기록	MLB
2016	405	116	15	71	30	1	0.286	0.341	0.467	타율	0.286	0.255
통산	1400	380	39	182	117	2	0.271	0.332	0.419	출루율	0.341	0.322
										장타율	0.467	0.417
										볼넷%	6.8%	8.2%
										삼진%*	14.2%	21.1%
										볼넷/삼진	0.48	0.39
										순장타율	0.180	0.162
										BABIP	0.306	0.300
										wOBA	0.346	0.318

VS. 패스트볼　VS. 변화구
*5타수 미만은 색을 표시하지 않았음. ●●●●● : Ball zone

SPRAY ZONE
2 / 2 / 11 / 27% / 30% / 43%
홈런 타구분포 %

BATTED BALL
항목	비율
볼존 공격률	35%
S존 공격률	69%
볼존 컨택트율	72%
S존 컨택트율	92%
라인드라이브	22%
그라운드볼	41%
플라이볼	37%

DEFENSE
위치	자살	보살	실책	수비율
3B	59	190	9	0.965
1B	180	16	4	0.980
2B	20	34	2	0.964

마이너에서 무려 8년이라는 시간을 보내고 2014년 26세의 다소 늦은 나이로 빅리그 무대를 밟았다. 배트를 적극적으로 내는 프리스윙어로(통산 타석당 투구수 3.61개) 볼넷은 적지만 삼진을 잘 당하지 않는다. 두 자릿수 홈런을 칠 수 있는 힘을 가지고 있고 밀어치기에 능하다. 지난 시즌엔 커리어에서 가장 적은 109경기에 출전하고도 커리어 최다인 15홈런을 때려냈다. 빠른 공에는 강하지만 아직까지 변화구에는 약점을 보이는 중. 원래 포지션은 3루수이지만 1, 2루수도 가능하다.

SAN DIEGO PADRES

■ 타율 0.400 이상 ■ 0.300–0.399 ■ 0.200–0.299 ■ 0.100–0.199 ■ 타율 0.099 이하

SS Luis SARDINAS
루이스 사디나스  NO.02

우투양타   1993년 5월 16일   185cm, 82kg   *는 낮을수록 좋은 기록임

시즌	타수	안타	홈런	타점	볼넷	도루	타율	출루율	장타율	구분	기록	MLB
2016	180	44	4	18	12	4	0.244	0.295	0.356	타율	0.244	0.255
통산	392	93	4	30	23	9	0.237	0.284	0.309	출루율	0.295	0.322
										장타율	0.356	0.417
										볼넷%	6.1%	8.2%
										삼진%*	24.4%	21.1%
										볼넷 / 삼진	0.25	0.39
										순장타율	0.111	0.162
										BABIP	0.313	0.300
										wOBA	0.279	0.318

홈 타율 0.188 원정 타율 0.295
VS. 좌투수 0.302 VS. 우투수 0.214
득점권 0.353 L/C 0.261

SPRAY ZONE: 0 - 34%, 3 - 37%, 1 - 29%, 홈런 타구분포 %

BATTED BALL
항목	비율
볼존 공격률	39%
S존 공격률	62%
볼존 컨택트율	68%
S존 컨택트율	84%
라인드라이브	18%
그라운드볼	54%
플라이볼	28%

DEFENSE
위치	자살	보살	실책	수비율
SS	58	125	7	0.963

2014년 루그네드 오도어와 함께 텍사스의 젊은 내야수로 주목받았다. 하지만 이미 빅리그에 자리 잡은 오도어와는 다르게 샌디에이고가 벌써 4번째 팀일 정도로 자리를 잡지 못하고 있다. 전형적인 똑딱이 타자로 .280정도의 타율을 때려낼 만한 정확도를 갖췄다. 마이너에서 30도루 이상을 기록한 적이 있을 정도로 빠른 발을 가지고 있지만 빅리그에선 아직 선보이지 못하고 있다. 볼넷을 많이 골라내지 못해 리드오프로는 쓰기 힘들지만 삼진을 잘 당하지 않고 작전 수행 능력이 좋은 편.

LF Alex DICKERSON
알렉스 디커슨  NO.24

좌투좌타   1990년 5월 26일   190cm, 107kg   *는 낮을수록 좋은 기록임

시즌	타수	안타	홈런	타점	볼넷	도루	타율	출루율	장타율	구분	기록	MLB
2016	253	65	10	37	26	5	0.257	0.333	0.455	타율	0.257	0.255
통산	261	67	10	37	26	5	0.257	0.331	0.448	출루율	0.333	0.322
										장타율	0.455	0.417
										볼넷%	9.1%	8.2%
										삼진%*	15.4%	21.1%
										볼넷 / 삼진	0.59	0.39
										순장타율	0.198	0.162
										BABIP	0.274	0.300
										wOBA	0.336	0.318

홈 타율 0.294 원정 타율 0.229
VS. 좌투수 0.267 VS. 우투수 0.254
득점권 0.267 L/C 0.429

SPRAY ZONE: 1 - 30%, 0 - 27%, 9 - 43%, 홈런 타구분포 %

BATTED BALL
항목	비율
볼존 공격률	32%
S존 공격률	67%
볼존 컨택트율	69%
S존 컨택트율	91%
라인드라이브	22%
그라운드볼	37%
플라이볼	41%

DEFENSE
위치	자살	보살	실책	수비율
LF	104	0	3	0.972

대학 시절 리그 타격 3관왕을 차지할 정도로 타격 재능을 인정받았다. 당당한 체구로 타고난 힘이 좋으면 간결하고 빠른 레벨 스윙으로 정확도와 파워를 모두 갖췄다. 좌타자임에도 좌타자 공략에 능한 편. 방망이 재능은 뛰어나지만 타석에서의 인내심과 선구안은 개선의 여지가 많다. 2011년 드래프트 당시에는 1루수였으나 2013년 코너 외야수로 포지션 전환을 했다. 수비 범위는 넓지 않지만 안정된 수비를 보여주며 준수한 어깨를 가지고 있다.

SAN DIEGO PADRES

■ 타율 0.400 이상 ■ 0.300~0.399 ■ 0.200~0.299 ■ 0.100~0.199 ■ 타율 0.099 이하

CF Travis JANKOWSKI
트래비스 잔코스키   NO. 16

우투좌타   1991년 6월 15일   188cm, 84kg   *는 낮을수록 좋은 기록임

시즌	타수	안타	홈런	타점	볼넷	도루	타율	출루율	장타율	구분	기록	MLB
2016	335	82	2	12	42	30	0.245	0.332	0.313	타율	0.245	0.255
통산	425	101	4	24	46	32	0.238	0.315	0.320	출루율	0.332	0.322
										장타율	0.313	0.417
										볼넷%	11.0%	8.2%
										삼진%*	26.1%	21.1%
										볼넷 / 삼진	0.42	0.39
										순장타율	0.069	0.162
										BABIP	0.343	0.300
										wOBA	0.293	0.318

SPRAY ZONE: 0 / 1 / 1 / 39% / 37% / 24% — 홈런 타구분포 %

BATTED BALL
항목	비율
볼존 공격률	21%
S존 공격률	58%
볼존 컨택트율	65%
S존 컨택트율	87%
라인드라이브	26%
그라운드볼	58%
플라이볼	16%

DEFENSE
위치	자살	보살	실책	수비율
CF	193	0	0	1.000
RF	18	0	0	1.000
LF	10	0	1	0.909

홈 타율 0.251 원정 타율 0.238
VS. 좌투수 0.155 VS. 우투수 0.275
득점권 0.136 L/C 0.222

샌디에이고에서 1라운드 44번픽으로 뽑을 정도로 기대를 받고 있는 선수. 2015시즌 데뷔해 지난 시즌 선발과 벤치를 오가며 풀타임 시즌을 치렀다. 잔코스키의 가장 큰 무기는 빠른 발. 2013년엔 마이너에서 71개의 도루를 기록하기도 했다. 출루율도 좋은 편이라 향후 리드오프로 기대가 크다. 많은 홈런 수를 기대할 순 없는 선수. 빠른 발을 이용한 많은 2-3루타를 기록하는 타자다. 외야 전포지션을 소화하며 넓은 수비 범위를 자랑한다. 어깨는 다소 약한 편.

RF Hunter RENFROE
헌터 렌프로   NO. 10

우투우타   1992년 1월 28일   185cm, 100kg   *는 낮을수록 좋은 기록임

시즌	타수	안타	홈런	타점	볼넷	도루	타율	출루율	장타율	구분	기록	MLB
2016	35	13	4	14	1	0	0.371	0.389	0.800	타율	0.371	0.255
통산	35	13	4	14	1	0	0.371	0.389	0.800	출루율	0.389	0.322
										장타율	0.800	0.417
										볼넷%	2.8%	8.2%
										삼진%*	13.9%	21.1%
										볼넷 / 삼진	0.20	0.39
										순장타율	0.429	0.162
										BABIP	0.346	0.300
										wOBA	0.487	0.318

SPRAY ZONE: 3 / 1 / 0 / 40% / 47% / 13% — 홈런 타구분포 %

BATTED BALL
항목	비율
볼존 공격률	42%
S존 공격률	77%
볼존 컨택트율	70%
S존 컨택트율	95%
라인드라이브	13%
그라운드볼	43%
플라이볼	43%

DEFENSE
위치	자살	보살	실책	수비율
RF	14	1	2	0.882

홈 타율 0.346 원정 타율 0.444
VS. 좌투수 0.333 VS. 우투수 0.385
득점권 0.357 L/C 0.167

샌디에이고 최고의 파워 유망주. 2016년 마이너에서 30홈런을 기록했고, 9월 말 빅리그에 데뷔해 11경기에서 4개의 홈런, 장타율 .800을 기록하며 자신의 힘을 과시했다. 특히 펫코 파크 왼쪽 공장 건물 꼭대기로 보내는 홈런이 팬들에게 강한 인상을 남겼다. 타율은 .270대를 기대해볼 만하다. 30홈런 이상을 기록할 수 있는 엄청난 힘을 지녔다. 주포지션은 우익수로 수비 범위가 넓은 편은 아니지만 강력한 어깨를 자랑한다. 올 시즌 첫 풀타임 시즌을 치르며 신인왕에 도전할 것으로 보인다.

■ 타율 0.400 이상　■ 0.300–0.399　■ 0.200–0.299　■ 0.100–0.199　■ 타율 0.099 이하

IF Cory SPANGENBERG NO. 15
코리 스팬진버그

우투좌타　1991년 3월 16일　183cm, 88kg

*는 낮을수록 좋은 기록임

시즌	타수	안타	홈런	타점	볼넷	도루	타율	출루율	장타율	구분	기록	MLB
2016	48	11	1	8	4	1	0.229	0.302	0.354	타율	0.229	0.255
통산	413	111	3	38	34	14	0.269	0.327	0.402	출루율	0.302	0.322

장타율	0.354　0.417
볼넷%	7.5%　8.2%
삼진%*	24.5%　21.1%
볼넷 / 삼진	0.31　0.39
순장타율	0.125　0.162
BABIP	0.294　0.300
wOBA	0.289　0.318

VS. 패스트볼　VS. 변화구　(좌타자)

*5타수 미만은 색을 표시하지 않았음. ●●●● : Ball zone

SPRAY ZONE　0 0 1 17% 43% 40%　홈런 타구분포 %

BATTED BALL
항목	비율
볼존 공격률	33%
S존 공격률	65%
볼존 컨택트율	47%
S존 컨택트율	84%
라인드라이브	16%
그라운드볼	69%
플라이볼	16%

DEFENSE
위치	자살	보살	실책	수비율
2B	22	35	5	0.919

홈 타율 0.238　원정 타율 0.222
VS. 좌투수 0.333　VS. 우투수 0.182
득점권 0.222　L/C 0.500

2011년 전체 10순위로 뽑힐 정도로 큰 기대를 받은 유망주. 파워는 많이 떨어지지만 빠르고 정교한 스윙으로 많은 2루타와 높은 타율을 기록할 수 있는 잠재력이 있다. 스팬진버그의 최고의 무기는 마이너에서 36도루를 성공할 만큼의 빠른 주력. 하지만 주루 센스를 좀 더 갖고 닦을 필요가 있다. 타석에서 인내심을 갖고 출루율을 높이는 것이 준수한 리드오프 타자로의 성장을 위한 최우선 과제. 주포지션은 2루수지만 내야수비는 평균 이하. 최근 외야수로도 경험을 쌓고 있다.

OF Manuel MARGOT NO. 07

마누엘 마곳

우투우타　1994년 9월 28일　180cm, 82kg

*는 낮을수록 좋은 기록임

시즌	타수	안타	홈런	타점	볼넷	도루	타율	출루율	장타율	구분	기록	MLB
2016	37	9	0	3	0	2	0.243	0.243	0.405	타율	0.243	0.255
통산	37	9	0	3	0	2	0.243	0.243	0.405	출루율	0.243	0.322

장타율	0.405　0.417
볼넷%	0.0%　8.2%
삼진%*	18.9%　21.1%
볼넷 / 삼진	0.00　0.39
순장타율	0.162　0.162
BABIP	0.300　0.300
wOBA	0.272　0.318

VS. 패스트볼　VS. 변화구　(우타자)

*5타수 미만은 색을 표시하지 않았음. ●●●● : Ball zone

SPRAY ZONE　0 0 0 33% 47% 20%　홈런 타구분포 %

BATTED BALL
항목	비율
볼존 공격률	36%
S존 공격률	63%
볼존 컨택트율	72%
S존 컨택트율	91%
라인드라이브	23%
그라운드볼	63%
플라이볼	13%

DEFENSE
위치	자살	보살	실책	수비율
CF	26	0	0	1.000

홈 타율 0.348　원정 타율 0.071
VS. 좌투수 0.308　VS. 우투수 0.208
득점권 0.333　L/C 0.429

샌디에이고가 크렉 킴브럴을 보스턴으로 보내며 받은 최고의 카드 중 한 명. 22세의 도미니카 출신의 외야수로 수비만큼은 벌써부터 리그 최고 수준으로 평가받고 있다. 넓은 범위와 강한 어깨 어느 하나 빠지는 게 없다. 타석에선 삼진을 적게 당하며 .280대의 타율과 두 자릿수 홈런을 기대할 수 있는 타자다. 또한 30도루 이상이 가능한 빠른 발을 가지고 있고 주루 센스도 훌륭한 편. 출루율의 개선만 이뤄진다면 향후 훌륭한 리드오프가 될 것으로 기대가 크다.

SAN FRANCISCO GIANTS

2010-2012-2014 짝수해 월드시리즈 우승 징크스가 지난 시즌으로 끝이 났다. 올 시즌엔 홀수해 우승을 노린다. 불안했던 뒷문도 마크 멜란슨을 영입하며 강화에 성공했다. 관건은 주전 선수들의 건강.

TEAM IMFORMATION

창단 : 1883년
이전 연고지 : 뉴욕
월드시리즈 우승 : 8회
NL 우승 : 23회
디비전 우승 : 8회
와일드카드 진출 : 3회
구단주 : 샌프란시스코 베이스볼 LLC
감독 : 브루스 보치
단장 : 보비 에반스

FRANCHISE

UNIFORM

Home / Away

Alternate

SAN FRANCISCO GIANTS

MANAGER

Bruce Bochy

생년월일 : 1955년 4월 16일
출생지 : 랑드 드 뷔삭(프랑스)
MLB 감독 경력 : 올해로 23년째
샌디에이고(1995년~2006년), 샌프란시스코(2007년~현재)
정규시즌 통산 : 1789승 1757패 승률 0.505
포스트시즌 통산 : 44승 33패 승률 0.571
월드시리즈 우승 : 3회(2010, 2012, 2014년)
MLB 올스타전 NL 감독 : 4회(1999, 2011, 2013, 2015년)
NL 올해의 감독상 : 1회(1996년)

LINE-UP

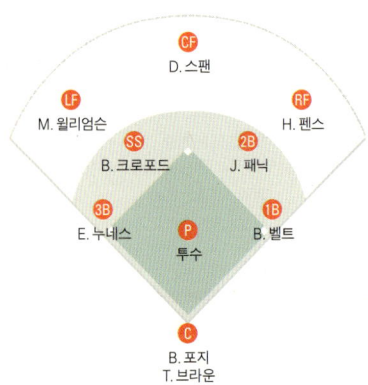

ROTATION	
SP	M. 범가너
SP	J. 쿠에토
SP	J. 사마자
SP	M. 무어
SP	M. 케인

BULLPEN	
RP	G. 콘토스
RP	H. 스트릭랜드
RP	W. 스미스
RP	J. 오시치
RP	D. 로우
RP	A. 수아레스
CL	M. 멜란슨

BATTING	
1	D. 스팬
2	J. 패닉
3	B. 포지
4	B. 벨트
5	H. 펜스
6	B. 크로포드
7	M. 윌리엄슨
8	E. 누네스

UTILITY PLAYERS	
IF	K. 톰린슨
IF	C. 길라스피
OF	J. 파커
OF	G. 에르난데스

BALL PARK : AT&T Park

주소 : 24 Willie Mays Plaza San Francisco, California
펜스 거리 : 왼쪽 103m, 좌중간 111m, 좌중간 깊은 곳 123m, 중앙 122m, 우중간 깊은 곳 128m, 우중간 111m, 오른쪽 94m
펜스 높이 : 왼쪽~가운데 2.4~3.4m, 오른쪽 7.6m
최초공식경기 : 2000년 4월 11일
잔디 : 티프웨이419 버뮤다 그래스(천연잔디)
수용 인원 : 4만 1,915명
홈팀 덕아웃 : 3루
파크팩터 : 0.845(MLB 30위)

드디어 깨진 거인의 짝수해 우승 징크스
홀수해 우승에 도전하는 2017시즌

2016 리뷰
시즌 시작 전 자니 쿠에토-제프 사마자를 영입하며 범가너와 함께 리그 최강의 3선발을 구축했다. 시즌 중반 맷 무어까지 영입하며 선발진을 강화했다. 하지만 문제는 선발진이 아니었다. 불펜에서 마무리 산티아고 카시야와 로모 모두 부진했고, 최고의 투수 유망주를 내주고 데려온 좌완 불펜 윌 스미스도 기대 이하의 활약을 펼쳤다. 그러면서 전반기 리그 최고 승률팀이었지만 후반기 추락하며 와일드카드 게임으로 포스트시즌에 턱걸이했다. 메츠를 와일드카드 게임에서 꺾으며 가을 바퀴벌레의 위력을 보여주는가 했지만 컵스에게 디비전시리즈에서 패하며 짝수해 우승 행진의 마침표를 찍었다. 비록 시즌 시작 전 기대에 미치진 못했지만 지난 시즌 샌프란시스코는 좋은 시즌을 보냈다. 범가너와 쿠에토는 리그 최고의 원투 펀치를 형성했고 무어는 시즌 중반 넘어와 기대를 충족시켰다. 또한 버스터 포지가 생애 첫 골드글러브를 수상한 것을 포함, 2루수 패닉, 유격수 크로포드까지 무려 3명의 내야수가 골드글러브를 수상했다. 펜스-스팬 등 주전 외야수들의 잦은 부상은 다소 아쉬운 점.

2017 프리뷰
기존의 강력한 선발 4인방(범가너-쿠에토-무어-사마자)에 부활을 꿈꾸는 맷 케인과 지난 시즌 데뷔해 인상적 활약을 펼친 타이 블락이 5선발을 경쟁한다. 지난 시즌 후반기 부진의 원흉이었던 불펜에선 카시야-로모 모두 FA로 풀렸고 그 자리를 리그 최고의 마무리인 마크 멜란슨으로 채웠다. 그 밖에 데릭 로우, 헌터 스트릭랜드, 조시 오시치 같은 젊은 선수들의 활약이 필요하다. 타선은 기존의 멤버에서 큰 변화가 없다. 펜스-스팬이 건강한 시즌을 보내야만 지난 시즌보다 좋은 공격 생산력을 기대할 수 있다. 지난 시즌 공격에서는 기대 이하의 성적을 올렸던 조 패닉의 반등도 공격 부활의 열쇠가 될 듯 하다. 약점으로 지적되는 포지션은 3루와 좌익수. 주전 3루수로 유력한 누네스가 지난 시즌에 활약을 그대로 이어갈 수 있을지는 미지수. 3루 경쟁자인 길라스피와 톰린슨 역시도 못미덥다. 파간이 빠져나간 좌익수도 윌리엄슨과 재럿 파커의 성장에 기대를 걸고 있지만 아쉬움이 남는 건 사실. 이러한 약점에도 불구, 올 시즌도 역시 다저스와 함께 가장 강력한 지구 우승 후보다.

SAN FRANCISCO GIANTS

SQUAD LIST

*선수 명단은 2017년 3월 25일 기준(source : ESPN)

투수

번호	이름	위치	투	타	나이	출생지
50	Ty Blach	RP	L	R	26	Denver, CO
65	Raymond Black	RP	R	R	26	Laflin, PA
52	Clayton Blackburn	RP	R	L	24	Amarillo, TX
40	Madison Bumgarner	SP	L	R	27	Hickory, NC
18	Matt Cain	SP	R	R	32	Dothan, AL
73	Kyle Crick	RP	R	L	24	Fort Worth, TX
47	Johnny Cueto	SP	R	R	31	San Pedro de Macoris, Dominican Republic
75	Ian Gardeck	RP	R	R	26	Park Ridge, IL
62	Cory Gearrin	RP	R	R	30	Chattanooga, TN
67	Joan Gregorio	SP	R	R	25	Santo Domingo, Dominican Republic
86	Chase Johnson	RP	R	R	25	Fallbrook, CA
70	George Kontos	RP	R	R	31	Lincolnwood, IL
64	Derek Law	RP	R	R	26	Pittsburgh, PA
41	Mark Melancon	RP	R	R	31	Arvada, CO
45	Matt Moore	SP	L	L	27	Fort Walton Beach, FL
92	Reyes Moronta	RP	R	R	24	Santiago, Dominican Republic
48	Steven Okert	RP	L	L	25	Riverside, CA
61	Josh Osich	RP	L	L	28	Boise, ID
29	Jeff Samardzija	SP	R	R	32	Merrillville, IN
80	Dan Slania	RP	R	R	24	Phoenix, AZ
13	Will Smith	RP	L	R	27	Newnan, GA
34	Chris Stratton	RP	R	R	26	Tupelo, MS
60	Hunter Strickland	RP	R	R	28	Thomaston, GA
56	Albert Suarez	SP	R	R	27	San Felix, Venezuela

포수

번호	이름	위치	투	타	나이	출생지
14	Trevor Brown	C	R	R	25	Newhall, CA
90	Miguel Gomez	C	R	B	24	Santo Domingo, Dominican Republic
5	Nick Hundley	C	R	R	33	Corvallis, OR
28	Buster Posey	C	R	R	29	Leesburg, GA

내야

번호	이름	위치	투	타	나이	출생지
9	Brandon Belt	1B	L	L	28	Nacogdoches, TX
63	Orlando Calixte	SS	R	R	25	Santo Domingo, Dominican Republic
35	Brandon Crawford	SS	R	L	30	Mountain View, CA
21	Conor Gillaspie	3B	R	L	29	Omaha, NE
1	Jae-Gyun Hwang	3B	R	R	29	Seoul, South Korea
10	Eduardo Nunez	3B	R	R	29	Santo Domingo, Dominican Republic
12	Joe Panik	2B	R	L	26	Yonkers, NY
37	Kelby Tomlinson	2B	R	R	26	Chickasha, OK

외야

번호	이름	위치	투	타	나이	출생지
66	Gorkys Hernandez	CF	R	R	29	Guiria, Venezuela
6	Jarrett Parker	RF	L	L	28	Fort Belvoir, VA
8	Hunter Pence	RF	R	R	33	Fort Worth, TX
2	Denard Span	CF	L	L	33	Washington, DC
51	Mac Williamson	RF	R	R	26	Jacksonville, FL

SUMMARY

우타자	좌타자	스위치	우투수	좌투수	평균나이	최연소	최연장
10명	6명	1명	18명	6명	27.7세	24세	33세

SAN FRANCISCO GIANTS

2017 REGULAR SEASON SCHEDULE

• ▬ 는 홈경기, 시간은 미국 동부시간 기준

날짜	상대팀	경기시간	날짜	상대팀	경기시간	날짜	상대팀	경기시간
Sun, 4/2	Arizona D-backs	PM 1:10	Tue, 6/6	Milwaukee Brewers	PM 4:40	Sun, 8/13	Washington Nationals	AM 10:35
Tue, 4/4	Arizona D-backs	PM 6:40	Wed, 6/7	Milwaukee Brewers	PM 5:10	Mon, 8/14	Miami Marlins	PM 4:10
Wed, 4/5	Arizona D-backs	PM 6:40	Thu, 6/8	Milwaukee Brewers	AM 11:10	Tue, 8/15	Miami Marlins	PM 4:10
Thu, 4/6	Arizona D-backs	PM 6:40	Fri, 6/9	Minnesota Twins	PM 7:15	Wed, 8/16	Miami Marlins	AM 10:10
Fri, 4/7	San Diego Padres	PM 3:40	Sat, 6/10	Minnesota Twins	PM 1:05	Thu, 8/17	Philadelphia Phillies	PM 7:15
Sat, 4/8	San Diego Padres	PM 5:40	Sun, 6/11	Minnesota Twins	PM 1:05	Fri, 8/18	Philadelphia Phillies	PM 7:15
Sun, 4/9	San Diego Padres	PM 1:40	Tue, 6/13	Kansas City Royals	PM 7:15	Sat, 8/19	Philadelphia Phillies	PM 6:05
Mon, 4/10	Arizona D-backs	PM 1:35	Wed, 6/14	Kansas City Royals	PM 12:45	Sun, 8/20	Philadelphia Phillies	PM 1:05
Tue, 4/11	Arizona D-backs	PM 7:15	Thu, 6/15	Colorado Rockies	PM 5:40	Mon, 8/21	Milwaukee Brewers	PM 7:15
Wed, 4/12	Arizona D-backs	PM 7:15	Fri, 6/16	Colorado Rockies	PM 5:40	Tue, 8/22	Milwaukee Brewers	PM 7:15
Thu, 4/13	Colorado Rockies	PM 7:15	Sat, 6/17	Colorado Rockies	PM 12:10	Wed, 8/23	Milwaukee Brewers	PM 12:45
Fri, 4/14	Colorado Rockies	PM 7:15	Sun, 6/18	Colorado Rockies	PM 12:10	Fri, 8/25	Arizona D-backs	PM 6:40
Sat, 4/15	Colorado Rockies	PM 1:05	Mon, 6/19	Atlanta Braves	PM 4:35	Sat, 8/26	Arizona D-backs	PM 5:10
Sun, 4/16	Colorado Rockies	PM 1:05	Tue, 6/20	Atlanta Braves	PM 4:35	Sun, 8/27	Arizona D-backs	PM 1:10
Tue, 4/18	Kansas City Royals	PM 5:15	Wed, 6/21	Atlanta Braves	PM 4:35	Mon, 8/28	San Diego Padres	PM 7:10
Wed, 4/19	Kansas City Royals	PM 5:15	Thu, 6/22	Atlanta Braves	PM 4:35	Tue, 8/29	San Diego Padres	PM 7:10
Fri, 4/21	Colorado Rockies	PM 5:40	Fri, 6/23	New York Mets	PM 7:15	Wed, 8/30	San Diego Padres	PM 6:10
Sat, 4/22	Colorado Rockies	PM 5:10	Sat, 6/24	New York Mets	PM 4:15	Thu, 8/31	St. Louis Cardinals	PM 7:15
Sun, 4/23	Colorado Rockies	PM 12:10	Sun, 6/25	New York Mets	PM 1:05	Fri, 9/1	St. Louis Cardinals	PM 7:15
Mon, 4/24	Los Angeles Dodgers	PM 7:15	Mon, 6/26	Colorado Rockies	PM 7:15	Sat, 9/2	St. Louis Cardinals	PM 1:05
Tue, 4/25	Los Angeles Dodgers	PM 7:15	Tue, 6/27	Colorado Rockies	PM 7:15	Sun, 9/3	St. Louis Cardinals	PM 1:05
Wed, 4/26	Los Angeles Dodgers	PM 7:15	Wed, 6/28	Colorado Rockies	PM 12:45	Mon, 9/4	Colorado Rockies	PM 12:10
Thu, 4/27	Los Angeles Dodgers	PM 12:45	Fri, 6/30	Pittsburgh Pirates	PM 4:05	Tue, 9/5	Colorado Rockies	PM 5:40
Fri, 4/28	San Diego Padres	PM 7:15	Sat, 7/1	Pittsburgh Pirates	PM 1:05	Wed, 9/6	Colorado Rockies	PM 5:40
Sat, 4/29	San Diego Padres	PM 6:05	Sun, 7/2	Pittsburgh Pirates	AM 10:35	Fri, 9/8	Chicago White Sox	PM 5:10
Sun, 4/30	San Diego Padres	PM 1:05	Tue, 7/4	Detroit Tigers	AM 10:10	Sat, 9/9	Chicago White Sox	PM 4:10
Mon, 5/1	Los Angeles Dodgers	PM 7:10	Wed, 7/5	Detroit Tigers	PM 4:10	Sun, 9/10	Chicago White Sox	AM 11:10
Tue, 5/2	Los Angeles Dodgers	PM 7:10	Thu, 7/6	Detroit Tigers	AM 10:10	Mon, 9/11	Los Angeles Dodgers	PM 7:15
Wed, 5/3	Los Angeles Dodgers	PM 7:10	Fri, 7/7	Miami Marlins	PM 7:15	Tue, 9/12	Los Angeles Dodgers	PM 7:15
Fri, 5/5	Cincinnati Reds	PM 4:10	Sat, 7/8	Miami Marlins	PM 7:05	Wed, 9/13	Los Angeles Dodgers	PM 7:15
Sat, 5/6	Cincinnati Reds	PM 4:10	Sun, 7/9	Miami Marlins	PM 1:05	Fri, 9/15	Arizona D-backs	PM 7:15
Sun, 5/7	Cincinnati Reds	PM 1:10	Fri, 7/14	San Diego Padres	PM 7:10	Sat, 9/16	Arizona D-backs	PM 6:05
Mon, 5/8	New York Mets	PM 4:10	Sat, 7/15	San Diego Padres	PM 5:40	Sun, 9/17	Arizona D-backs	PM 1:05
Tue, 5/9	New York Mets	PM 4:10	Sun, 7/16	San Diego Padres	PM 1:40	Tue, 9/19	Colorado Rockies	PM 7:15
Wed, 5/10	New York Mets	AM 10:10	Mon, 7/17	Cleveland Indians	PM 7:15	Wed, 9/20	Colorado Rockies	PM 12:45
Thu, 5/11	Cincinnati Reds	PM 7:15	Tue, 7/18	Cleveland Indians	PM 7:15	Fri, 9/22	Los Angeles Dodgers	PM 7:10
Fri, 5/12	Cincinnati Reds	PM 7:15	Wed, 7/19	Cleveland Indians	PM 12:45	Sat, 9/23	Los Angeles Dodgers	PM 6:10
Sat, 5/13	Cincinnati Reds	PM 1:05	Thu, 7/20	San Diego Padres	PM 7:15	Sun, 9/24	Los Angeles Dodgers	PM 1:10
Sun, 5/14	Cincinnati Reds	PM 1:05	Fri, 7/21	San Diego Padres	PM 7:15	Mon, 9/25	Arizona D-backs	PM 6:40
Mon, 5/15	Los Angeles Dodgers	PM 7:15	Sat, 7/22	San Diego Padres	PM 1:05	Tue, 9/26	Arizona D-backs	PM 6:40
Tue, 5/16	Los Angeles Dodgers	PM 7:15	Sun, 7/23	San Diego Padres	PM 1:05	Wed, 9/27	Arizona D-backs	PM 12:40
Wed, 5/17	Los Angeles Dodgers	PM 12:45	Mon, 7/24	Pittsburgh Pirates	PM 7:15	Fri, 9/29	San Diego Padres	PM 7:15
Fri, 5/19	St. Louis Cardinals	PM 5:15	Tue, 7/25	Pittsburgh Pirates	PM 7:15	Sat, 9/30	San Diego Padres	PM 1:05
Sat, 5/20	St. Louis Cardinals	PM 4:15	Wed, 7/26	Pittsburgh Pirates	PM 12:45	Sun, 10/1	San Diego Padres	PM 12:05
Sun, 5/21	St. Louis Cardinals	AM 11:15	Fri, 7/28	Los Angeles Dodgers	PM 7:10			
Mon, 5/22	Chicago Cubs	PM 5:05	Sat, 7/29	Los Angeles Dodgers	PM 1:05			
Tue, 5/23	Chicago Cubs	PM 4:05	Sun, 7/30	Los Angeles Dodgers	PM 1:10			
Wed, 5/24	Chicago Cubs	PM 5:05	Mon, 7/31	Oakland Athletics	PM 7:05			
Thu, 5/25	Chicago Cubs	AM 11:20	Tue, 8/1	Oakland Athletics	PM 7:05			
Fri, 5/26	Atlanta Braves	PM 7:15	Wed, 8/2	Oakland Athletics	PM 7:15			
Sat, 5/27	Atlanta Braves	PM 7:05	Thu, 8/3	Oakland Athletics	PM 7:15			
Sun, 5/28	Atlanta Braves	PM 1:05	Fri, 8/4	Arizona D-backs	PM 7:15			
Mon, 5/29	Washington Nationals	PM 1:05	Sat, 8/5	Arizona D-backs	PM 6:05			
Tue, 5/30	Washington Nationals	PM 7:15	Sun, 8/6	Arizona D-backs	PM 1:05			
Wed, 5/31	Washington Nationals	PM 7:15	Mon, 8/7	Chicago Cubs	PM 7:15			
Fri, 6/2	Philadelphia Phillies	PM 4:05	Tue, 8/8	Chicago Cubs	PM 7:15			
Sat, 6/3	Philadelphia Phillies	PM 1:05	Wed, 8/9	Chicago Cubs	PM 12:45			
Sun, 6/4	Philadelphia Phillies	AM 10:35	Fri, 8/11	Washington Nationals	PM 4:05			
Mon, 6/5	Milwaukee Brewers	PM 4:40	Sat, 8/12	Washington Nationals	PM 4:05			

SAN FRANCISCO GIANTS

■ 15% 이상   ■ 12~14%   ■ 9~11%   ■ 6~8%   ■ 3~5%   □ 2% 이하

홈 ERA 2.14 원정 ERA 3.39
VS. 좌타자 0.176 VS. 우타자 0.218
VS. 강정호 6타수 1안타 0.167

SP Madison BUMGARNER
매디슨 범가너   NO.40

좌투우타   1989년 8월 1일   196cm, 113kg   *는 낮을수록 좋은 기록임

시즌	경기	이닝	피안타	피홈런	볼넷	탈삼진	승-패-세-홀	평균자책	구분	기록	MLB
2016	34	226.2	178	26	54	251	15-9-0-0	2.74	평균자책*	2.74	4.19
통산	217	1397.2	1211	131	322	1381	100-67-0-0	2.99	탈삼진 / 9	9.97	8.10
									볼넷 / 9*	2.14	3.14
									탈삼진 / 볼넷	4.65	2.58
									피홈런 / 9*	1.03	1.17
									피안타율	0.209	0.252
									WHIP*	1.02	1.32
									잔루율	79.1%	72.9%
									FIP*	3.24	4.19

PITCHING ZONE (좌타자·몸쪽 / 우타자·몸쪽)

PITCHING REPERTORY / VELOCITY km/h / MOVEMENT cm

구종	평균	전체	초구	2-2	좌타자	우타자	피타율	상하	좌우
포심패스트볼	148	49%	57%	37%	60%	46%	0.242	↑24	←13
투심 / 싱커	–	–	–	–	–	–	–		
컷패스트볼	140	32%	31%	32%	26%	34%	0.232	↑11	→1
슬라이더	–	–	–	–	–	–	–		
커브	122	16%	9%	30%	13%	16%	0.143	↓13	→14
체인지업	136	3%	3%	0%	0%	3%	0.220	↑14	←22
슬로커브	112	0%	0%	0%	0%	0.667		↓11	→15

큰 키에서 스리쿼터로 던지는 투구폼은 마치 랜디 존슨을 연상시킨다. 150km/h 초중반의 빠른 공과 함께 날카롭게 휘어지는 슬라이더가 주무기. 가끔씩 던지는 커브로 타자의 타이밍을 뺏기도 한다. 공을 숨기고 나오는 동작이 좋아 타자들이 구종을 파악하는 데 어려움을 겪는다. 데뷔 초 제구에 어려움을 겪었던 랜디 존슨과 달리 27세의 범가너의 제구는 리그 최정상급. 6년 연속 200이닝 이상 투구 중일 정도로 이닝 소화 능력 역시 뛰어나다. 실버슬러거를 수상할 정도로 타격 능력도 최고.

홈 ERA 2.79 원정 ERA 2.78
VS. 좌타자 0.252 VS. 우타자 0.221
VS. 추신수 12타수 3안타 0.250
VS. 김현수 4타수 3안타 0.750

SP Johnny CUETO
자니 쿠에토   NO.47

우투우타   1986년 2월 15일   180cm, 100kg   *는 낮을수록 좋은 기록임

시즌	경기	이닝	피안타	피홈런	볼넷	탈삼진	승-패-세-홀	평균자책	구분	기록	MLB
2016	32	219.2	195	15	45	198	18-5-0-0	2.79	평균자책*	2.79	4.19
통산	258	1640.0	1463	160	455	1369	114-75-0-0	3.23	탈삼진 / 9	8.11	8.10
									볼넷 / 9*	1.84	3.14
									탈삼진 / 볼넷	4.40	2.58
									피홈런 / 9*	0.61	1.17
									피안타율	0.236	0.252
									WHIP*	1.09	1.32
									잔루율	78.0%	72.9%
									FIP*	2.96	4.19

PITCHING ZONE (좌타자·몸쪽 / 우타자·몸쪽)

PITCHING REPERTORY / VELOCITY km/h / MOVEMENT cm

구종	평균	전체	초구	2-2	좌타자	우타자	피타율	상하	좌우
포심패스트볼	149	31%	27%	39%	31%	31%	0.226	↑23	→15
투심 / 싱커	148	20%	26%	11%	14%	25%	0.238	↑17	→21
컷패스트볼	140	18%	16%	21%	21%	16%	0.265	↑13	→1
슬라이더	136	12%	15%	8%	10%	14%	0.259	↑7	←3
커브	130	3%	4%	1%	3%	2%	0.244	↓2	←5
체인지업	134	16%	12%	27%	21%	11%	0.211	↑5	→17
스플리터	–	–	–	–	–	–	–		

180cm의 키는 빅리그 선발 투수에겐 큰 콤플렉스. 하지만 과거 노모 히데오처럼 극단적으로 트위스트하여 던지는 투구폼으로 공의 위력을 증대시킨다. 150km/h 초중반의 투심으로 땅볼 유도에 능하다. 변화구로는 리그 정상급의 체인지업, 커터, 슬라이더를 구사한다. 최근 들어 변형된 투구폼으로 공을 던져가며 타자를 현혹시키기도 한다. 과장된 투구폼임에도 불구, 뛰어난 제구력을 과시한다. 작은 체구로 잔부상에 대한 우려가 있지만 최근 3년간 부상 없이 200이닝 이상을 소화했다.

SAN FRANCISCO GIANTS

■ 15% 이상　■ 12~14%　■ 9~11%　■ 6~8%　■ 3~5%　□ 2% 이하

SP Matt MOORE
맷 무어　　　　NO.45

좌투좌타　1989년 6월 18일　190cm, 95kg

*는 낮을수록 좋은 기록임

시즌	경기	이닝	피안타	피홈런	볼넷	탈삼진	승-패-세-홀	평균자책	구분	기록	MLB
2016	33	198.1	184	25	72	178	13-12-0-0	4.08	평균자책*	4.08	4.19
통산	108	608.1	554	68	260	563	45-33-0-1	3.91	탈삼진/9	8.08	8.10
									볼넷/9*	3.27	3.14
									탈삼진/볼넷	2.47	2.58
									피홈런/9*	1.13	1.17
									피안타율	0.242	0.252
									WHIP*	1.29	1.32
									잔루율	74.5%	72.9%
									FIP*	4.17	4.19

PITCHING REPERTORY / VELOCITY km/h **MOVEMENT** cm

구종	평균	전체	초구	2-2	좌타자	우타자	피타율	상하	좌우
포심패스트볼	150	58%	64%	45%	60%	57%	0.249	↑24	←20
투심/싱커	149	2%	3%	1%	1%	3%	0.394	↑19	←27
컷패스트볼	145	5%	2%	7%	6%	4%	0.283	↑17	←5
슬라이더	–	–	–	–	–	–	–	–	–
커브	131	22%	22%	31%	26%	21%	0.227	↓17	→9
체인지업	136	13%	9%	16%	6%	15%	0.305	↑10	←25
스플리터	–	–	–	–	–	–	–	–	–

홈 ERA 3.36　원정 ERA 5.02
VS. 좌타자 0.238　VS. 우타자 0.243
VS. 추신수 6타수 1안타 0.167
VS. 박병호 2타수 2안타 1.000

2011년 혜성같이 등장한 이후 2013년 올스타에 오르며 리그 최고의 투수로 발돋움하는 듯했다. 하지만 2014년 토미존 수술 이후 2015년 복귀, 부진한 성적을 거두며 우려를 샀다. 하지만 지난 시즌 198.1이닝을 던지며 건강에 대한 우려를 불식시켰다. 150km/h 초중반의 빠른 공과 커브, 체인지업을 구사한다. 원래 체인지업이 좋은 투수였으나 지난 시즌엔 커브가 위력을 발휘했다. 아직까지 제구의 기복이 큰 편이고 토미존 수술 복귀 후 장타 허용이 늘어난 점이 우려스럽다.

SP Jeff SAMARDZIJA
제프 사마자　　　　NO.29

우투우타　1985년 1월 23일　196cm, 102kg

*는 낮을수록 좋은 기록임

시즌	경기	이닝	피안타	피홈런	볼넷	탈삼진	승-패-세-홀	평균자책	구분	기록	MLB
2016	32	203.1	190	24	54	167	12-11-0-0	3.81	평균자책*	3.81	4.19
통산	163	1195.0	1131	134	380	1068	59-72-1-16	4.04	탈삼진/9	7.39	8.10
									볼넷/9*	2.39	3.14
									탈삼진/볼넷	3.09	2.58
									피홈런/9*	1.06	1.17
									피안타율	0.245	0.252
									WHIP*	1.20	1.32
									잔루율	74.3%	72.9%
									FIP*	3.85	4.19

PITCHING REPERTORY / VELOCITY km/h **MOVEMENT** cm

구종	평균	전체	초구	2-2	좌타자	우타자	피타율	상하	좌우
포심패스트볼	151	22%	27%	18%	24%	19%	0.242	↑19	←16
투심/싱커	152	24%	27%	19%	19%	25%	0.319	↑12	←24
컷패스트볼	149	19%	17%	19%	22%	17%	0.268	↑18	→7
슬라이더	138	20%	18%	21%	13%	28%	0.241	↑3	←2
커브	130	4%	5%	4%	4%	3%	0.189	↓11	←8
체인지업	140	1%	1%	1%	2%	0%	0.385	↑12	→21
스플리터	137	10%	5%	17%	16%	3%	0.199	↑10	→16

홈 ERA 3.53　원정 ERA 4.03
VS. 좌타자 0.269　VS. 우타자 0.222
VS. 추신수 16타수 4안타 2홈런 0.250
VS. 강정호 8타수 2안타 1홈런 0.250

노트르담 대학 재학 시절 야구와 미식축구 와이드리시버를 병행할 정도로 뛰어난 운동신경의 소유자. 몸을 살짝 트위스트하며 쓰리쿼터로 던지는 투구폼을 가지고 있다. 최고 160km/h, 평균 150km/h 중반까지 나오는 포심, 투심과 커터, 슬라이더, 스플리터를 구사한다. 구위에 대한 자신감이 넘쳐 스트라이크존을 적극적으로 공략한다. 데뷔 초 제구 불안으로 불펜에서 시작했으나 선발 전환 후 안정된 제구를 보여주고 있다. 2013시즌부터 4년 연속 200이닝 이상 소화 중.

SAN FRANCISCO GIANTS

■ 15% 이상 ■ 12–14% ■ 9–11% ■ 6–8% ■ 3–5% □ 2% 이하

홈 ERA 5.55 원정 ERA 5.81
VS. 좌타자 0.312 VS. 우타자 0.268
VS. 추신수 3타수 1안타 0.333
VS. 김현수 3타수 1안타 0.333

SP Matt CAIN
맷 케인   NO.18

우투우타 1984년 10월 1일 190cm, 104kg *는 낮을수록 좋은 기록임

시즌	경기	이닝	피안타	피홈런	볼넷	탈삼진	승-패-세-홀	평균자책	구분	기록	MLB
2016	21	89.1	103	16	32	72	4-8-0-0	5.64	평균자책*	5.64	4.19
통산	315	1961.1	1692	193	663	1619	101-107-0-0	3.57	탈삼진 / 9	7.25	8.10
									볼넷 / 9*	3.22	3.14
									탈삼진 / 볼넷	2.25	2.58
									피홈런 / 9*	1.61	1.17
									피안타율	0.287	0.252
									WHIP*	1.51	1.32
									잔루율	70.0%	72.9%
									FIP*	5.14	4.19

PITCHING REPERTORY / VELOCITY km/h **MOVEMENT** cm

구종	평균	전체	초구	2-2	좌타자	우타자	피타율	상하	좌우
포심패스트볼	146	45%	44%	45%	45%	46%	0.314	↑20	→14
투심 / 싱커	145	5%	5%	2%	6%	3%	0.371	↓12	→22
컷패스트볼	144	1%	1%	1%	0%	1%	0.333	↑16	→3
슬라이더	137	25%	23%	29%	16%	32%	0.241	↑6	←5
커브	124	12%	13%	12%	11%	12%	0.266	↓13	←19
체인지업	137	13%	14%	11%	22%	5%	0.333	↑4	→17
스플리터									

탄탄한 체구에 부드러운 투구폼으로 묵직한 공을 뿌린다. 전성기 시절엔 150km/h 초중반의 포심, 투심을 뿌렸지만 최근엔 140km/h 중후반까지 구속이 떨어졌다. 변화구로 슬라이더, 체인지업, 커브를 구사한다. 특히 커터처럼 빠르게 휘는 슬라이더의 위력이 굉장하다(통산 슬라이더 피안타율 .197). 플라이볼 투수임에도 불구, 공을 낮게 제구하는 능력이 뛰어나 장타 허용이 적다. 최근 3년간 부상으로 100이닝도 채우지 못했다. 올 시즌 부상 없이 시즌을 보내는 게 중요.

홈 ERA 3.66 원정 ERA 2.48
VS. 좌타자 0.270 VS. 우타자 0.194
VS. 강정호 1타수 1안타 1홈런 1.000
VS. 추신수 1타수 0안타 0.000

RP Hunter STRICKLAND
헌터 스트릭랜드   NO.60

우투우타 1988년 9월 24일 193cm, 100kg *는 낮을수록 좋은 기록임

시즌	경기	이닝	피안타	피홈런	볼넷	탈삼진	승-패-세-홀	평균자책	구분	기록	MLB
2016	72	61.0	50	4	19	57	3-3-3-18	3.10	평균자책*	3.10	4.19
통산	136	119.1	89	8	29	116	7-6-4-39	2.64	탈삼진 / 9	8.41	8.10
									볼넷 / 9*	2.80	3.14
									탈삼진 / 볼넷	3.00	2.58
									피홈런 / 9*	0.59	1.17
									피안타율	0.218	0.252
									WHIP*	1.13	1.32
									잔루율	76.5%	72.9%
									FIP*	3.16	4.19

PITCHING REPERTORY / VELOCITY km/h **MOVEMENT** cm

구종	평균	전체	초구	2-2	좌타자	우타자	피타율	상하	좌우
포심패스트볼	157	61%	55%	62%	50%	66%	0.178	↑19	→9
투심 / 싱커	155	11%	12%	7%	24%	1%	0.283	↑10	→21
컷패스트볼	-	-	-	-	-	-	-	-	-
슬라이더	137	24%	30%	14%	28%	0.241	↓3	←11	
커브	130	1%	0%	0%	1%	0.500	↓14	←18	
체인지업	143	4%	3%	11%	0%	0.300	↑12	→20	
스플리터									

2007년 보스턴에서 18라운드에 지명될 정도로 큰 기대를 받지 못했고, 마이너에서도 팀을 3번이나 옮겼다. 이러한 인내가 2014년 결실을 맺어 샌프란시스코에서 빅리그 데뷔에 성공한다. 최대 160km/h까지 나오는 강속구를 뿌리며 변화구로는 슬라이더를 구사한다. 빠른 공에 대한 자신감이 상당해 70% 이상의 비율로 빠른 공을 뿌린다. 데뷔 초반 너무 과감하게 스트라이크존을 공략하다 포스트시즌에서 연일 피홈런을 허용하며 고전했다.

SAN FRANCISCO GIANTS

■ 15% 이상 ■ 12~14% ■ 9~11% ■ 6~8% ■ 3~5% □ 2% 이하

RP Derek LAW
데릭 로 NO.64

우투우타 1990년 9월 14일 188cm, 95kg

*는 낮을수록 좋은 기록임

시즌	경기	이닝	피안타	피홈런	볼넷	탈삼진	승-패-세-홀	평균자책	구분	기록	MLB
2016	61	55.0	44	3	9	50	4-2-1-14	2.13	평균자책*	2.13	4.19
통산	61	55.0	44	3	9	50	4-2-1-14	2.13	탈삼진 / 9	8.18	8.10
									볼넷 / 9*	1.47	3.14
									탈삼진 / 볼넷	5.56	2.58
									피홈런 / 9*	0.49	1.17
									피안타율*	0.215	0.252
									WHIP*	0.96	1.32
									잔루율	82.0%	72.9%
									FIP*	2.53	4.19

PITCHING REPERTORY / VELOCITY km/h **MOVEMENT** cm

구종	평균	전체	초구	2-2	좌타자	우타자	피타율	상하	좌우
포심패스트볼	150	52%	50%	51%	53%	52%	0.195	↑21	→3
투심 / 싱커	–	–	–	–	–	–	–		
컷패스트볼	–	–	–	–	–	–	–		
슬라이더	135	24%	32%	23%	11%	32%	0.191	↓1	←8
커브	124	19%	12%	26%	23%	16%	0.267	↓13	←8
체인지업	134	5%	6%	0%	13%	0%	0.200	↑12	→21
스플리터	–	–	–	–	–	–	–		

홈 ERA 1.47 원정 ERA 2.96
VS. 좌타자 0.188 VS. 우타자 0.232
VS. 강정호 2타수 1안타 1홈런 0.500

과거 보스턴에서 뛰던 싱커볼 투수인 데릭 로와 발음이 똑같다. 하지만 샌프란시스코의 로는 150km/h 초중반의 '포심'을 던지며 슬라이더, 커브, 체인지업을 섞어 던진다. 2011년 9라운드로 지명되어 큰 기대는 받지 않았지만 착실하게 마이너리그에서 수업을 받으며 지난 시즌 빅리그 무대를 밟았다. 통산 마이너에서 9이닝당 볼넷 2.7개에 불과할 정도로 안정된 제구가 장점. 빅리그에서 내준 9이닝당 볼넷도 1.5개에 불과했다..

RP Will SMITH
윌 스미스 NO.13

좌투우타 1989년 7월 10일 196cm, 120kg

*는 낮을수록 좋은 기록임

시즌	경기	이닝	피안타	피홈런	볼넷	탈삼진	승-패-세-홀	평균자책	구분	기록	MLB
2016	53	40.1	31	3	18	48	2-4-0-23	3.35	평균자책*	3.35	4.19
통산	242	292.1	280	32	113	327	18-19-1-79	3.88	탈삼진 / 9	10.71	8.10
									볼넷 / 9*	4.02	3.14
									탈삼진 / 볼넷	2.67	2.58
									피홈런 / 9*	0.67	1.17
									피안타율*	0.209	0.252
									WHIP*	1.21	1.32
									잔루율	67.7%	72.9%
									FIP*	3.15	4.19

PITCHING REPERTORY / VELOCITY km/h **MOVEMENT** cm

구종	평균	전체	초구	2-2	좌타자	우타자	피타율	상하	좌우
포심패스트볼	150	49%	46%	41%	47%	50%	0.254	↑27	→13
투심 / 싱커	146	1%	1%	0%	–	3%	0.333	↑16	→22
컷패스트볼	–	–	–	–	–	–	–		
슬라이더	131	39%	25%	57%	47%	32%	0.175	↑2	→10
커브	125	11%	28%	2%	6%	16%	0.188	↓10	→10
체인지업	142	0%	0%	0%	–	0%	0.000	↑18	←16
스플리터	–	–	–	–	–	–	–		

홈 ERA 4.42 원정 ERA 2.45
VS. 좌타자 0.229 VS. 우타자 0.192
VS. 추신수 7타수 3안타 0.429
VS. 강정호 3타수 1안타 0.333

캔자스시티 시절 선발 투수 유망주로 각광받았으나 실패 후 불펜투수로 전환했다. 탄탄한 체구를 바탕으로 몸에 무리가 가지 않는 간결하고 부드러운 투구폼을 가졌다. 빠른 공의 구속은 선발 시절 140km/h 후반대 형성됐지만 불펜 전환 후 150km/h 초중반까지 끌어올렸다. 변화구 주무기는 슬라이더. 빠른 공과 슬라이더의 비율이 6:4 정도로 슬라이더 구사 비율이 높다(통산 슬라이더 피안타율 .149). 빨라진 구속의 부작용으로 제구의 기복이 심해진 것은 아쉬운 부분.

SAN FRANCISCO GIANTS

■ 15% 이상 ■ 12~14% ■ 9~11% ■ 6~8% ■ 3~5% □ 2% 이하

홈 ERA 1.76   원정 ERA 1.48
VS. 좌타자 0.219   VS. 우타자 0.189
VS. 추신수 6타수 2안타 0.333
VS. 김현수 1타수 1안타 1.000

Mark MELANCON   NO.41
마크 멜란슨

우투우타   1985년 3월 28일   188cm, 95kg   *는 낮을수록 좋은 기록임

시즌	경기	이닝	피홈런	피안타	볼넷	탈삼진	승-패-세-홀	평균자책	구분	기록	MLB
2016	75	71.1	3	52	12	65	2-2-47-0	1.64	평균자책*	1.64	4.19
통산	444	447.0	25	362	101	407	21-18-168-54	2.60	탈삼진 / 9	8.20	8.10
									볼넷 / 9*	1.51	3.14
									탈삼진 / 볼넷	5.42	2.58
									피홈런 / 9*	0.38	1.17
									피안타율*	0.202	0.252
									WHIP*	0.90	1.32
									잔루율	80.6%	72.9%
									FIP*	2.42	4.19

PITCHING ZONE   좌타자·몸쪽   우타자·몸쪽

PITCHING REPERTORY / VELOCITY km/h / MOVEMENT cm

구종	평균	전체	초구	2-2	좌타자	우타자	피타율	상하	좌우
포심패스트볼	148	9%	16%	3%	5%	12%	0.313	↑20	→5
투심 / 싱커	149	0%	0%	0%	0%	0%	0.000	↑15	→14
컷패스트볼	146	65%	71%	54%	71%	57%	0.214	↑11	←4
슬라이더	–	–	–	–	–	–	–		
커브	131	26%	12%	43%	23%	30%	0.167	↓23	←9
체인지업	138	0%	0%	0%	0%	0%	0.000	↑10	→2
스플리터	134	0%	1%	0%	1%	0%	0.000	↑11	→5

마리아노 리베라 이후 리그 최고의 커터볼 마무리투수. 148~152km/h의 구속으로 형성되는 커터와 너클 커브를 구사한다. 완벽한 제구로 좌우타자 몸쪽 바깥쪽 가리지 않고 커터를 던질 수 있다. 다른 마무리들에 비해 탈삼진 능력이 뛰어나진 않지만 공을 낮게 구사해 홈런 허용이 적고 많은 땅볼을 유도해내며 위기를 극복한다. 지난 4년 연속 70이닝을 넘게 던지며 리그에서 가장 많은 이닝을 소화한 불펜투수 중 한 명. 커터의 구속 역시 꾸준히 감소 추세다.

홈 타율 0.304   원정 타율 0.273
VS. 좌투수 0.312   VS. 우투수 0.277
득점권 0.287   L/C 0.224

Buster POSEY   NO.28
버스터 포지

우투우타   1987년 3월 27일   185cm, 98kg   *는 낮을수록 좋은 기록임

시즌	타수	안타	홈런	타점	볼넷	도루	타율	출루율	장타율	구분	기록	MLB
2016	539	155	14	80	64	6	0.288	0.362	0.434	타율	0.288	0.255
통산	3278	1005	116	527	344	14	0.307	0.373	0.476	출루율	0.362	0.322
										장타율	0.434	0.417
										볼넷%	10.4%	8.2%
										삼진%*	11.1%	21.1%
										볼넷 / 삼진	0.94	0.39
										순장타율	0.147	0.162
										BABIP	0.303	0.300
										wOBA	0.341	0.318

VS. 패스트볼   VS. 변화구
*5타수 미만은 색을 표시하지 않았음   ● ● ● : Ball zone

SPRAY ZONE
4 / 8 35% 2 / 35% 29%
홈런   타구분포 %

BATTED BALL

항목	비율
볼존 공격률	30%
S존 공격률	67%
볼존 컨택트율	77%
S존 컨택트율	92%
라인드라이브	22%
그라운드볼	49%
플라이볼	30%

DEFENSE

위치	자살	보살	실책	수비율
C	1003	65	3	0.997
1B	95	8	1	0.990

공격과 수비를 겸비한 리그 최고의 안방마님. 군더더기 없는 스윙으로 라인드라이브 타구를 필드 전 방향으로 보낼 수 있다. 정교한 배트 컨트롤로 삼진을 잘 당하지 않고 2012년 타율 1위에 오를 정도로 뛰어난 타격 정확도를 자랑한다. 20개 이상의 홈런을 때려낼 수 있을 정도로 강한 힘도 보유했다. 무릎 부상 경력으로 인해 1루수로 출장하는 경우가 잦아졌지만 여전히 뛰어난 포수 수비를 보여준다. 특히 마운드에서 투수들을 편안하게 해주는 능력에 있어서 높은 점수를 받고 있다.

Trevor BROWN

C 트레버 브라운 **NO.14**

우투우타 1991년 11월 15일 188cm, 88kg

*는 낮을수록 좋은 기록임

시즌	타수	안타	홈런	타점	볼넷	도루	타율	출루율	장타율
2016	173	41	5	19	10	0	0.237	0.283	0.364
통산	212	50	5	24	13	1	0.236	0.282	0.354

구분	기록	MLB
타율	0.237	0.255
출루율	0.283	0.322
장타율	0.364	0.417
볼넷%	5.4%	8.2%
삼진%*	21.2%	21.1%
볼넷 / 삼진	0.26	0.39
순장타율	0.127	0.162
BABIP	0.279	0.300
wOBA	0.282	0.318

VS. 패스트볼 / VS. 변화구
*5타수 미만은 색을 표시하지 않았음. ●●● : Ball zone

SPRAY ZONE
0 / 5 / 32% / 0 / 38% / 30%
홈런
타구분포 %

BATTED BALL
항목	비율
볼존 공격률	28%
S존 공격률	71%
볼존 컨택트율	49%
S존 컨택트율	86%
라인드라이브	21%
그라운드볼	43%
플라이볼	37%

DEFENSE
위치	자살	보살	실책	수비율
C	316	26	2	0.994

홈 타율 0.203 원정 타율 0.266
VS. 좌투수 0.254 VS. 우투수 0.227
득점권 0.186 L/C 0.304

버스터 포지의 백업 포수. 공격보다는 수비에 특화된 포수다. 공격에선 마이너 4시즌간 통산 타율 .244에 7홈런에 그칠 정도로 평균 이하다. 출루율도 좋지 않은 편. 그나마 장점이라면 삼진을 잘 당하지 않는다는 것. 마이너에서 두 자릿수 도루를 기록할 정도로 포수치고는 준수한 주력을 가지고 있다. 포수로서의 수비는 평균적인 수준. 플레이트 뒤의 움직임이나 도루 저지는 나쁘지 않지만 프레이밍 수치는 평균 이하다. 포수뿐 아니라 유격수를 제외한 내야 전 포지션의 소화가 가능하다.

Brandon BELT

1B 브랜든 벨트 **NO.09**

좌투좌타 1988년 4월 20일 196cm, 100kg

*는 낮을수록 좋은 기록임

시즌	타수	안타	홈런	타점	볼넷	도루	타율	출루율	장타율
2016	542	149	17	82	104	0	0.275	0.394	0.474
통산	2355	641	80	318	304	32	0.272	0.359	0.460

구분	기록	MLB
타율	0.275	0.255
출루율	0.394	0.322
장타율	0.474	0.417
볼넷%	15.9%	0.082
삼진%*	22.6%	0.211
볼넷 / 삼진	0.70	0.39
순장타율	0.199	0.162
BABIP	0.346	0.300
wOBA	0.374	0.318

VS. 패스트볼 / VS. 변화구
*5타수 미만은 색을 표시하지 않았음. ●●● : Ball zone

SPRAY ZONE
5 / 1 / 33% / 11 / 30% / 36%
홈런
타구분포 %

BATTED BALL
항목	비율
볼존 공격률	26%
S존 공격률	73%
볼존 컨택트율	60%
S존 컨택트율	83%
라인드라이브	28%
그라운드볼	26%
플라이볼	46%

DEFENSE
위치	자살	보살	실책	수비율
1B	1284	94	8	0.994

홈 타율 0.281 원정 타율 0.269
VS. 좌투수 0.279 VS. 우투수 0.273
득점권 0.293 L/C 0.263

2009년 5라운드 입단 후 마이너를 초토화시키며 주목받았다. 빅리그에선 기대만큼은 아니지만 팀의 중심 타자로 훌륭한 역할을 해주고 있다. 짧고 간결하게 끊어치는 스윙으로 공을 몸에 붙여 치는 능력이 탁월하다. 탄탄한 체구에 강력한 손목 힘으로 20홈런 이상도 칠 수 있는 힘을 가지고 있다. 타석에서의 선구안도 해가 갈수록 좋아지며 지난해 처음으로 100볼넷을 넘었다. 좌타자임에도 불구, 좌투수에게 크게 약점을 보이지 않는다. 빠른 발로 허를 찌르는 도루를 하기도 한다.

SAN FRANCISCO GIANTS

타율 0.400 이상 ■ 0.300-0.399 ■ 0.200-0.299 ■ 0.100-0.199 ■ 타율 0.099 이하

2B Joe PANIK 조 패닉 NO.12

우투좌타 1990년 10월 30일 185cm, 86kg

*는 낮을수록 좋은 기록임

시즌	타수	안타	홈런	타점	볼넷	도루	타율	출루율	장타율
2016	464	111	10	62	50	5	0.239	0.315	0.379
통산	1115	312	19	117	104	8	0.280	0.343	0.403

VS. 패스트볼   VS. 변화구

구분	기록	MLB
타율	0.239	0.255
출루율	0.315	0.322
장타율	0.379	0.417
볼넷%	9.5%	8.2%
삼진%*	8.9%	21.1%
볼넷 / 삼진	1.06	0.39
순장타율	0.140	0.162
BABIP	0.245	0.300
wOBA	0.300	0.318

*5타수 미만은 색을 표시하지 않았음. ●●●: Ball zone

SPRAY ZONE
0 0 10
26% 39% 35%
홈런
타구분포 %

홈 타율 0.260 원정 타율 0.216
VS. 좌투수 0.226 VS. 우투수 0.245
득점권 0.235 L/C 0.163

BATTED BALL
항목	비율
볼존 공격률	25%
S존 공격률	59%
볼존 컨택트율	77%
S존 컨택트율	96%
라인드라이브	18%
그라운드볼	46%
플라이볼	37%

DEFENSE
위치	자살	보살	실책	수비율
2B	233	363	5	0.992

간결하고 부드러운 스윙에 뛰어난 배트 컨트롤을 가지고 있다. 파워는 많이 떨어지지만 삼진을 잘 당하지 않고 3할 타율을 할 수 있는 정확도를 가지고 있다. 밀어치기에 능해 좌투수가 던지는 빠지는 공도 쉽게 공략해낸다(통산 vs. 우투수 .278, vs. 좌투수 .285). 타석에서 유리한 카운트를 이끌어내는 데 능하다. 또한 상황에 맞는 영리한 타격과 뛰어난 작전 수행 능력을 갖춰 테이블 세터진에서의 활용도가 높다. 데뷔 당시 2루 수비에 어려움을 겪었지만 매년 성장하고 있다.

3b Eduardo NUNEZ 에두아르도 누네스 NO.10

우투우타 1987년 6월 15일 183cm, 88kg

*는 낮을수록 좋은 기록임

시즌	타수	안타	홈런	타점	볼넷	도루	타율	출루율	장타율
2016	553	159	16	67	29	40	0.288	0.325	0.432
통산	1697	464	34	187	97	105	0.273	0.314	0.402

VS. 패스트볼   VS. 변화구

구분	기록	MLB
타율	0.288	0.255
출루율	0.325	0.322
장타율	0.432	0.417
볼넷%	4.9%	8.2%
삼진%*	14.8%	21.1%
볼넷 / 삼진	0.33	0.39
순장타율	0.145	0.162
BABIP	0.314	0.300
wOBA	0.324	0.318

*5타수 미만은 색을 표시하지 않았음. ●●●: Ball zone

SPRAY ZONE
13 2 1
35% 35% 30%
홈런
타구분포 %

홈 타율 0.286 원정 타율 0.289
VS. 좌투수 0.265 VS. 우투수 0.295
득점권 0.266 L/C 0.228

BATTED BALL
항목	비율
볼존 공격률	37%
S존 공격률	70%
볼존 컨택트율	75%
S존 컨택트율	91%
라인드라이브	17%
그라운드볼	50%
플라이볼	34%

DEFENSE
위치	자살	보살	실책	수비율
3B	48	134	5	0.973
SS	58	138	6	0.970

내야 유틸리티 요원. 양키스 시절부터 주로 백업 자원으로 활약했으나 지난 시즌 주전으로 발돋움했다. 양키스 시절 유망주 시절부터 공격력은 인정받았다. .280을 칠 수 있는 정확도와 두 자릿수 홈런을 칠 수 있는 파워를 가지고 있다. 지난 시즌 커리어 최다인 40개의 도루를 기록할 정도로 빠른 발도 보유하고 있다. 누네스의 최대 장점은 멀티 플레이어 능력. 내야 전 포지션뿐만 아니라 코너 외야수 수비도 가능하다. 3루수가 약점인 샌프란시스코 팀 사정상 주로 3루로 나설 가능성이 높다.

SAN FRANCISCO GIANTS

■ 타율 0.400 이상 ■ 0.300-0.399 ■ 0.200-0.299 ■ 0.100-0.199 ■ 타율 0.099 이하

SS	**Brandon CRAWFORD**	NO.35
	브랜든 크로포드	

우투좌타 1987년 1월 21일 188cm, 98kg   *는 낮을수록 좋은 기록임

시즌	타수	안타	홈런	타점	볼넷	도루	타율	출루율	장타율
2016	553	152	12	84	57	7	0.275	0.342	0.430
통산	2681	675	59	346	253	21	0.252	0.319	0.393

구분	기록	MLB
타율	0.275	0.255
출루율	0.342	0.322
장타율	0.430	0.417
볼넷%	9.1%	8.2%
삼진%*	18.5%	21.1%
볼넷 / 삼진	0.50	0.39
순장타율	0.156	0.162
BABIP	0.322	0.300
wOBA	0.327	0.318

VS. 패스트볼   VS. 변화구   *5타수 미만은 색을 표시하지 않았음. ●●● : Ball zone

SPRAY ZONE: 1: 38%, 3: 24%, 8: 37% 홈런 타구분포 %

BATTED BALL	
항목	비율
볼존 공격률	32%
S존 공격률	74%
볼존 컨택트율	55%
S존 컨택트율	84%
라인드라이브	21%
그라운드볼	43%
플라이볼	36%

DEFENSE

위치	자살	보살	실책	수비율
SS	209	413	11	0.983

홈 타율 0.284 원정 타율 0.265
VS. 좌투수 0.276 VS. 우투수 0.274
득점권 0.291 L/C 0.243

뛰어난 운동신경을 가진 리그 최고의 수비형 유격수(2015-2016시즌 2년 연속 골드글러브 수상). 빠른 타구 판단으로 넓은 범위를 커버하며 글러브질이 뛰어나 빠른 타구도 안정적으로 잡아낸다. 강한 어깨를 가지고 있지만 송구 정확도는 다소 떨어지는 편. 수비에 비해서 뛰어나진 않지만 공격력 역시 준수한 편. 타격의 정교함은 떨어지지만 20개 가까운 홈런을 칠 수 있는 힘과 배트 스피드를 가지고 있다. 마이너 시절 레그킥을 하지 않는 타격폼으로 바꾸며 몸이 흔들리지 않게 됐다.

LF	**Mac WILLIAMSON**	NO.51
	맥 윌리엄슨	

우투우타 1990년 7월 15일 193cm, 109kg   *는 낮을수록 좋은 기록임

시즌	타수	안타	홈런	타점	볼넷	도루	타율	출루율	장타율
2016	112	25	6	15	13	0	0.223	0.315	0.411
통산	144	32	6	16	13	0	0.222	0.298	0.382

구분	기록	MLB
타율	0.223	0.255
출루율	0.315	0.322
장타율	0.411	0.417
볼넷%	10.2%	8.2%
삼진%*	27.6%	21.1%
볼넷 / 삼진	0.37	0.39
순장타율	0.188	0.162
BABIP	0.268	0.300
wOBA	0.317	0.318

VS. 패스트볼   VS. 변화구   *5타수 미만은 색을 표시하지 않았음. ●●● : Ball zone

SPRAY ZONE: 2: 27%, 4: 55%, 0: 18% 홈런 타구분포 %

BATTED BALL	
항목	비율
볼존 공격률	31%
S존 공격률	68%
볼존 컨택트율	48%
S존 컨택트율	76%
라인드라이브	17%
그라운드볼	56%
플라이볼	27%

DEFENSE

위치	자살	보살	실책	수비율
RF	40		0	0.976
LF	22	1	1	0.958

홈 타율 0.136 원정 타율 0.321
VS. 좌투수 0.212 VS. 우투수 0.239
득점권 0.212 L/C 0.143

샌프란시스코가 2012년 3라운드로 뽑았다. 2013년 마이너에서 25홈런을 치며 가능성을 보여줬지만 이후의 행보는 다소 실망스럽다. 빅리그 적응에 성공한다면 .260전후의 타율과 20홈런 이상을 기대해볼 만하다. 타석에서 삼진을 많이 당하긴 하지만 인내심이 뛰어나며 볼넷을 잘 얻어낸다. 주포지션은 코너 외야수로 평균적인 수비 범위와 어깨를 가지고 있다. 스프링 트레이닝 성적이 굉장히 중요하다. 만약 실망스러운 성적을 거둔다면, 좌익수 자리를 빼앗기게 될 수도 있다.

SAN FRANCISCO GIANTS

● 타율 0.400 이상　● 0.300–0.399　● 0.200–0.299　● 0.100–0.199　● 타율 0.099 이하

CF Denard SPAN
디나드 스팬　NO.02

좌투좌타　1984년 2월 27일　183cm, 95kg

시즌	타수	안타	홈런	타점	볼넷	도루	타율	출루율	장타율
2016	572	152	11	53	53	12	0.266	0.331	0.381
통산	4392	1249	48	389	424	164	0.284	0.350	0.393

*는 낮을수록 좋은 기록임

구분	기록	MLB
타율	0.266	0.255
출루율	0.331	0.322
장타율	0.381	0.417
볼넷%	8.3%	8.2%
삼진%*	12.4%	21.1%
볼넷/삼진	0.67	0.39
순장타율	0.115	0.162
BABIP	0.291	0.300
wOBA	0.312	0.318

VS. 패스트볼 (좌타자)　VS. 변화구 (좌타자)

*5타수 미만은 색을 표시하지 않음, ●●●: Ball zone

SPRAY ZONE　타구분포 %
0 / 0 / 11
24% / 38% / 38%
홈런

BATTED BALL

항목	비율
볼존 공격률	31%
S존 공격률	64%
볼존 컨택트율	55%
S존 컨택트율	81%
라인드라이브	17%
그라운드볼	55%
플라이볼	28%

DEFENSE

위치	자살	보살	실책	수비율
CF	286	3	1	0.997

홈 타율 0.277　원정 타율 0.255
VS. 좌투수 0.217　VS. 우투수 0.289
득점권 0.248　L/C 0.245

빠른 발을 보유한 리드오프형 타자. 두 자릿수 홈런은 기대하기 힘들다. 하지만 부드럽고 정교한 스윙으로 라인드라이브 타구를 필드 전 방향으로 뿌린다. 또한 빠른 발을 이용해 많은 2루타와 3루타를 만들어낸다. 볼넷이 적은 여타 슬랩히터들과는 다르게, 스팬은 많은 볼넷으로 높은 출루율을 기록할 수 있다. 좌타자임에도 불구하고 좌투수에게 약점을 보이지 않는 것도 스팬의 장점. 중견수로 수비 범위가 넓고 준수한 어깨를 가졌으나 최근 잔부상과 엉덩이 수술로 수비 능력이 다소 감소했다.

RF Hunter PENCE
헌터 펜스　NO.08

우투우타　1983년 4월 13일　193cm, 100kg

시즌	타수	안타	홈런	타점	볼넷	도루	타율	출루율	장타율
2016	395	114	13	57	43	1	0.289	0.357	0.451
통산	5354	1520	207	786	440	107	0.284	0.339	0.470

*는 낮을수록 좋은 기록임

구분	기록	MLB
타율	0.289	0.255
출루율	0.357	0.322
장타율	0.451	0.417
볼넷%	9.7%	8.2%
삼진%*	21.5%	21.1%
볼넷/삼진	0.45	0.39
순장타율	0.162	0.162
BABIP	0.348	0.300
wOBA	0.349	0.318

VS. 패스트볼 (우타자)　VS. 변화구 (우타자)

*5타수 미만은 색을 표시하지 않음, ●●●: Ball zone

SPRAY ZONE　타구분포 %
6 / 4 / 3
34% / 36% / 30%
홈런

BATTED BALL

항목	비율
볼존 공격률	31%
S존 공격률	64%
볼존 컨택트율	55%
S존 컨택트율	81%
라인드라이브	17%
그라운드볼	55%
플라이볼	28%

DEFENSE

위치	자살	보살	실책	수비율
RF	193	7	0	1.000

홈 타율 0.311　원정 타율 0.270
VS. 좌투수 0.256　VS. 우투수 0.302
득점권 0.321　L/C 0.239

타격 교본에서 추천하지 않을 크게 과장된 타격폼을 가졌다. 프리스윙어로 어처구니 없는 공에 배트를 내기도 한다. 하지만 두 번의 3할 타율 시즌과 7번의 20홈런 시즌을 만들어낼 정도로 정확도와 힘을 겸비했다. 빠른 발과 준수한 주루 센스로 매년 20개에 가까운 도루를 기록한다. 우익수로 수비 범위가 넓은 편은 아니지만 강한 어깨로 주자의 추가 진루를 저지해낸다. 항상 최선을 다해 뛰는 허슬 플레이어이며 클럽하우스의 리더로 선수들 사이에서 존경받고 있다.

SAN FRANCISCO GIANTS

■ 타율 0.400 이상 ■ 0.300-0.399 ■ 0.200-0.299 ■ 0.100-0.199 ■ 타율 0.099 이하

 IF HWANG Jae Kyun NO.01
황재균

우투우타　1987년 7월 28일　183cm, 96kg　　*는 낮을수록 좋은 기록임

시즌	타수	안타	홈런	타점	볼넷	도루	타율	출루율	장타율	구분	기록	MLB
2016	-	-	-	-	-	-	-	-	-	타율		0.255
통산										출루율		0.322
	VS. 패스트볼			VS. 변화구						장타율		0.417
										볼넷%		8.2%
	NO DATA		우타자	NO DATA		우타자				삼진%*		21.1%
										볼넷 / 삼진		0.39
										순장타율		0.162
										BABIP		0.300
*5타수 미만은 색을 표시하지 않았음, ●●●● : Ball zone										wOBA		0.318

SPRAY ZONE　　BATTED BALL

항목	비율
볼존 공격률	0%
S존 공격률	0%
볼존 컨택트율	0%
S존 컨택트율	0%
라인드라이브	0%
그라운드볼	0%
플라이볼	0%

홈런 타구분포 %

지난 시즌 시애틀에 입단한 이대호와 마찬가지로 초청선수 자격으로 샌프란시스코에 입단했다. 부모님이 모두 테니스 국가 대표 출신으로 부모님의 운동신경을 물려받았다. 2014년까지 20홈런 시즌이 단 한 차례도 없었다. 하지만 2014년 시즌 종료 후 웨이트에 열중해 2015-2016시즌 2년 연속 25홈런을 기록하며 파워 잠재력을 폭발시켰다. 20도루 시즌도 3번이나 있을 정도로 준수한 주력을 보유했다. 주포지션은 3루수지만 유격수와 2루수도 소화 가능하다.

 OF Gorkys HERNANDEZ NO.66
고키스 에르난데스

우투우타　1987년 9월 7일　185cm, 86kg　　*는 낮을수록 좋은 기록임

시즌	타수	안타	홈런	타점	볼넷	도루	타율	출루율	장타율	구분	기록	MLB
2016	54	14	2	4	2	0	0.259	0.298	0.463	타율	0.259	0.255
통산	215	44	5	17	16	8	0.205	0.269	0.335	출루율	0.298	0.322
										장타율	0.463	0.417
										볼넷%	5.3%	8.2%
										삼진%*	19.3%	21.1%
										볼넷 / 삼진	0.27	0.39
										순장타율	0.204	0.162
										BABIP	0.293	0.300
*5타수 미만은 색을 표시하지 않았음, ●●●● : Ball zone										wOBA	0.324	0.318

SPRAY ZONE　　BATTED BALL　　DEFENSE

항목	비율
볼존 공격률	30%
S존 공격률	64%
볼존 컨택트율	59%
S존 컨택트율	87%
라인드라이브	20%
그라운드볼	39%
플라이볼	42%

Spray Zone: 1 / 42% / 1 / 28% / 30%

홈런 타구분포 %

홈 타율 0.222 원정 타율 0.296
VS. 좌투수 0.273 VS. 우투수 0.238
득점권 0.125 L/C 0.250

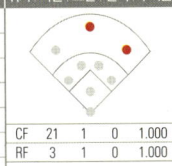

위치	자살	보살	실책	수비율
CF	21	1	0	1.000
RF	3	1	0	1.000

애틀랜타와 피츠버그 마이너 시절 준수한 외야 유망주로 평가받았지만 빅리그 무대 적응에 실패했다. 2012년 데뷔 당시 70경기 뛴 게 빅리그 최다 출장 경험으로 이후 마이너를 전전하다 2015년에야 다시 빅리그 무대를 밟았다. 지난 시즌엔 샌프란시스코에서 8월말에야 승격에 성공했다. 타격 능력은 평범한 수준. 두 자릿수 홈런을 기대하긴 힘들며 대타로 타율 .250 정도를 기대해볼 만하다. 하지만 마이너 시절 50도루를 기록하던 빠른 발은 아직 남아 있다. 외야 전 포지션을 소화한다.

메이저리그
스카우팅 리포트 2017

ⓒ박노준 · 장원구 · 강준막 · 이희영, 2017

초판 1쇄 2017년 4월 10일 찍음
초판 1쇄 2017년 4월 14일 펴냄

지은이 | 박노준, 장원구, 강준막, 이희영
펴낸이 | 이태준
기획 · 편집 | 박상문, 박효주, 김예진, 김환표
마케팅 | 박상철
디자인 | 최진영, 최원영

외주 디자인 | studio Y (02-433-0314)
사진제공 | Getty Images
인쇄 · 제본 | 대정인쇄공사

펴낸곳 | 북카라반
출판등록 | 제17-332호 2002년 10월 18일
주소 | (121-839) 서울시 마포구 서교동 392-4 삼양E&R빌딩 2층
전화 | 02-486-0385
팩스 | 02-474-1413

www.inmul.co.kr   cntbooks@gmail.com

ISBN 979-11-6005-015-8 13690
값 25,000원

북카라반은 도서출판 문화유람의 브랜드입니다.
이 저작물의 내용을 쓰고자 할 때는 저작자와 문화유람의 허락을 받아야 합니다.
파손된 책은 바꾸어 드립니다.

이 도서의 국립중앙도서관 출판예정도서목록(CIP)은 서지정보유통지원시스템 홈페이지(http://seoji.nl.go.kr)와
국가자료공동목록시스템(http://www.nl.go.kr/kolisnet)에서 이용하실 수 있습니다.(CIP제어번호: CIP2017007880)